德国天才
近现代德意志的思想、科技和文化

上 册

〔英〕彼得·沃森 著

张 弢 孟钟捷 王志华 译

商务印书馆
The Commercial Press

Peter Watson
THE GERMAN GENIUS
Europe's Third Renaissance,
the Second Scientific Revolution,
and the Twentieth Century
Copyright ©2010 by Peter Watson
据哈珀柯林斯出版社 2010 年版译出

德国与西方之间的鸿沟将是历史学家永恒的重要话题。

——哈约·霍尔鲍恩

"天才"这个词在德国有一层特殊的意味,它甚至是一种魔力、一股神秘的力量与活力;人们认为天才——无论他是艺术家还是科学家——更易受到中伤、更容易动摇,他的一生充满了风险而且时常被卷入扰人的动荡之中。

——弗里茨·斯特恩

从地理上看,美国在文明世界中距离我们(德国)最远;但从思想与精神上看,与我们最为贴近。

——阿道夫·冯·哈纳克

德国首相俾斯麦在1898年被问及近代史上最具决定性的事件是什么,他的答复是"北美成为了说英语的国家"。

——尼古拉斯·奥斯特勒

德国思想家对我们(美国人)的思想轮廓进行的改造要比德国设计师施与形体轮廓的改造更为彻底。

——艾伦·布卢姆

德国人潜得更深——而他们翻出来的污泥也更厚。

——威克汉姆·斯蒂德

对那些生于"二战"期间及之后的[德国]人而言,1933年之前的德国文化史宛若隔世,他们对此毫不知情。

——基思·布利范特

有无数的美国人依旧视德国人为邪恶的终极象征,是对文明脆弱性的骇人警示。

——戴德丽·伯杰

爱国主义作用在法国人身上是温暖了心灵,令其膨胀扩展,使他用爱不仅仅拥抱近邻而是整个法国,拥抱自己国家的全部文化。相反,爱国主义使德国人的心胸愈发狭窄,就像在冷水里缩紧的皮革。这使他憎恶外国人,不想做一名世界公民,而只想当德国人。

——海因里希·海涅

英国人嗜阅读,法国人好美味,德国人则爱思考。

——库尔特·图霍尔斯基

法国人伊波利特·泰纳曾说,所有当下的主导思想都产生于1780—1830年的德意志。

——约翰·杜威

我们的星球正处于水深火热之中……只有在德国人当中才能产生对世界历史的认知,前提是他们找到并保存着德国元素。

——马丁·海德格尔

我们在德国所见的天才与传统之间的分工区别要远胜于其他地区，没有国家比在德国出现的年轻叛逆的类型与不知疲倦的空谈家更为普遍和极端。

——乔治·桑塔亚纳

我无法想象有比德意志更为破碎的民族，你能看得见工人却见不到活生生的人，你能看见主人与奴仆、青年人与老古板，却见不到活生生的人。

——弗里德里希·荷尔德林

几十年以来，任何声称自己依旧欣赏卡斯帕尔·大卫·弗里德里希的人，都会被指责为没有以充分的批判精神去对待德国的历史。

——弗洛里安·伊利斯

纳粹与任何西方传统全无干系，无论是德意志的传统，还是天主教抑或新教的、希腊的或是罗马的。

——汉娜·阿伦特

德国人所受的苦难与犹太人的苦难不可等量齐观……然而，他们受过的苦都是真实的。

——史蒂夫·克劳肖

从某些方面来看，当下美国的精神生活更接近于德国而不是英国。

——亨利·佩尔

德语的不幸在于，它既允许一个相当微不足道的想法在云里雾里坦陈出鲜明的深刻，也与此相反地让多重含义潜藏在一个单一名词的背后。

——埃尔文·潘诺夫斯基

还是用德语去理解弗洛伊德更为准确。

——弗兰克·科莫德

死亡是主宰者，这个观念来自于德国。

——保罗·策兰

无论谁开始质疑[德国]社会，最终只会把自己置身世外。

——拉尔夫·达伦多夫

德国的问题鲜有只涉及自身的。

——拉尔夫·达伦多夫

我一直对一点特别之处无法释怀，即：有如此之多的对现代文化既伟大又透彻的分析来自德国人和奥地利人，而不是英国人或法国人。

——弗里茨·林格

盟军[在"二战"中]的获胜是由于服务于我方的德国科学家比对方的德国科学家更出色。

——伊恩·雅各布爵士,温斯顿·丘吉尔的军事秘书

"二战"产生了这样的后果:做德国人成为了一种奇耻大辱,它使人克制忍耐,行为检点充其量只降低了它的程度。

——康拉德·雅劳施

德裔犹太人的文化遗产属于德意志民族。

——芭芭拉·约翰,柏林外事专员

当有人说现在的德国是一个完全正常的民族,维系着一个秩序社会,又有什么要受到怀疑呢?

——马丁·瓦尔泽

德国的音乐过剩了。

——罗曼·罗兰

世界最终或许可以通过德国的方式获救。

——埃马努埃尔·盖布尔

德国人对待自己历史的方式将不但对德国自身而且对欧洲所有国家都产生至关重要的意义。

——海因里希·奥古斯特·温克勒

伙计们,难道你们不知道自己在好莱坞吗?说德语!

——奥托·普雷明格,冲一群匈牙利移民的叫喊

所有德语文学都在美国扎根了。

——托马斯·曼

我们这些可怜的德国人啊!从根本上讲我们是孤独的,即便我们"出名"了!没有人真心喜欢我们。

——托马斯·曼

只要德国人说德语而我说英语,我们之间就可能展开真正的对话;我们可不应该纯粹对着镜子说话。

——威斯坦·休·奥登

希特勒"就是每一个无知德国人的镜子……是将德国灵魂发出的隐隐低语放大的扩音器"。

——卡尔·荣格

我曾听一位在海德堡学习的来自加利福尼亚的大学生清醒地说过,他宁愿少喝两杯也不愿多学一个德语形容词。

——马克·吐温

直到现在,我们几乎没有认识到发生在18、19世纪的一个现象,其值得注意的程度堪比意大利的文艺复兴所爆发出的创造力。

这就是德意志的文艺复兴——一次被三十年战争中断了的文化复兴。

——诺埃尔·安南

德国不是西方的一部分。然而,德国将永远离不开西方。

——格雷戈尔·舍尔根

[德国]大概是当今世界上最成熟的国家。

——马克·马德尔

随着纳粹的历史渐行渐远,人们对第三帝国的记忆不断加深。

——赫尔曼·吕贝

德国人的典型特征是,他们对"什么是德国人"这个问题的追问永无止境。

——弗里德里希·尼采

在两次世界大战中战败的德国却好像已经入侵了思想世界的绝大部分领土。

——埃里希·黑勒尔

非德国人能成为音乐家吗?

——托马斯·曼

美国和英国说的是英语,但他们很清楚他们在用德语思考。

——彼得·沃森

中文版序言

我很高兴,也很荣幸地看到《德国天才》在中国出版,非常期待中国读者和我写作此书时一样,能获得愉悦并有所领悟。

中国和德国犹如两条宽阔并行的直线,初看隐而不见,但读者或许可以感觉到。我要强调的是这条平行线是宽阔的,不是很紧密的,但无论如何,是发人深思的。

1750年,最伟大的作曲家约翰·塞巴斯蒂安·巴赫去世前后,德国在知识、政治和经济方面都是仰人鼻息的。至1933年,即阿道夫·希特勒攫取权力之时,德国已跃居世界前列。哲学、科学、历史研究、工业、制造业和艺术——首先是音乐,然后是戏剧、电影、考古、诗歌等领域,均已领先世界,而在绘画方面与法国不相上下。至1933年,德国获得的诺贝尔奖已超过法国、英国和美国的总和。

《德国天才》的目的即是记录这一举世瞩目的变革。其核心是关注德国的教育观念,首先是研究性大学的创建,然后是专业文献(学术期刊等)出版和博士学位教育。这些后来为美国和英国所仿效,并产生重大影响。博士教育的观念,即一个人花费三到四年的时间详尽地研究某个课题,并把它作为一种职业,意味着我们要以前所未有的方式跳跃式地理解周围的世界,造福于全人类。

中文版序言

我的意思并不是说,中国曾一度在知识、政治和经济方面"仰人鼻息",但是我确实认为中国在许多方面经历了德国在1750年至1933年期间所经历的类似变迁。中国读者或许从这本书中发现德国在那些年代里所发生的一切是非常有趣的,也是十分适宜的。譬如,很显然,德国历史学家弗里茨·林格把德国的成功归因于一个特殊的个体"阶层",他们集非凡的组织能力、学术技能和创造性于一身,构成了一个社会群体——文化市民阶层(Bildungsburgertum)或受教育的中间阶层。他认为,这一定是任何成功的、技术精湛的民族国家的支柱,他把这一个体阶层称为"士大夫阶层"(Mandarin)。然而,至少在西方人看来,这个词源自中国的历史,事实上是中国古代的历史。德国的"士大夫阶层"一直作为一股强大的力量担负着自己国家发展的重任。

我不想过多讨论这条平行线,毕竟读者会得出自己的结论。但是,我的确认为读者在阅读过程中,应牢记某种东西,尤其是由于导致纳粹灾难的魏玛政府所引起的士大夫阶层的背叛。在1905年至1925年的二十年间,士大夫阶层的收入下降了50%。

国家最重要的机构无疑是政治组织,其次便是大学,这是《德国天才》中的一个重要思想。在某种程度上,天赋是与生俱来的。但是没有充分的——不只是充分的——教育,它也不会开花结果。大学及学术创造性都是至关重要的。

彼得·沃森
于伦敦 2016 年秋

目 录

作者的话 ·· 1

导言　眼花缭乱:希特勒、犹太人大屠杀与"不会消逝的过去" ··· 1

第一编　德意志的命运大转折

第一章　"德意志秉性"的形成 ···················· 61
第二章　教养与驱向完美的天性 ···················· 97

第二编　第三次文艺复兴:在怀疑论与达尔文之间

第三章　温克尔曼、沃尔夫、莱辛:古希腊文化的第三次
　　　　复兴与现代学术的起源 ···················· 135
第四章　纸质印刷时代的至尊产物 ················ 165
第五章　照耀思维架构的晨光 ···················· 200
第六章　音乐的大复兴:哲学交响乐 ················ 225
第七章　宇宙,楔形文字,克劳塞维茨 ·············· 246
第八章　语言之母,心声与浪漫主义的颂歌 ·········· 280

目 录

第九章　勃兰登堡门,铁十字与德意志的拉斐尔 ………… 306

第三编　受教育中间阶层的崛起：
现代繁荣的发动机和工程师

第十章　洪堡的礼物:研究的创始和普鲁士(新教)知识
　　　　概念 ……………………………………………… 337
第十一章　异化的演变 ………………………………………… 357
第十二章　德国历史主义:"观念史中的一个独特事件" …… 388
第十三章　生物学的英雄时代 ………………………………… 403
第十四章　走出"德意志落后的悲惨境地" …………………… 427
第十五章　法国、英国和美国的"德国热" …………………… 462
第十六章　瓦格纳的另一个指环:费尔巴哈、叔本华和
　　　　　尼采 ……………………………………………… 488
第十七章　物理为王:亥姆霍兹、克劳修斯、玻尔兹曼和
　　　　　黎曼 ……………………………………………… 509
第十八章　实验室的兴起:西门子、霍夫曼、拜耳和蔡司 …… 527
第十九章　金属的主宰者:克虏伯、本茨、狄塞尔和拉特瑙 … 546
第二十章　疾病的动力:菲尔绍、科赫、孟德尔和弗洛伊德 … 565

第四编　现代性的痛苦与奇迹

第二十一章　历史的滥用 ……………………………………… 591
第二十二章　民族主义的病理学 ……………………………… 615

第二十三章	金钱、大众、大都市："首个承续的社会学派"	647
第二十四章	不协和音与最富争议的音乐家	676
第二十五章	无线电的发明、相对论与量子	700
第二十六章	维也纳的敏感与魅惑	720
第二十七章	慕尼黑-施瓦宾：德国的"蒙马特尔"	742
第二十八章	柏林大忙人	768
第二十九章	英雄与商人之战	787
第三十章	为丧父的孩子祈祷：失败者的文化	810
第三十一章	魏玛："前所未有的心灵警觉"	841
第三十二章	魏玛：20世纪物理学、哲学与历史学的黄金年代	885
第三十三章	魏玛：一个有待解决的难题	909

第五编 帝国之歌：希特勒与"斗争的精神化"

第三十四章	纳粹美学：褐色之变	933
第三十五章	第三帝国的学术：没有所谓的客观性	962
第三十六章	神学家的黄昏	995
第三十七章	德国战时科学的成果、失败与耻辱	1017
第三十八章	流亡，通往外界之路	1031

第六编 希特勒之后：困境下德国传统之承续

| 第三十九章 | "第四帝国"：德意志思想在美国的影响 | 1051 |

目 录

第四十章 "陛下最忠诚的敌国子民" …………………… 1101
第四十一章 "分裂的天空":从海德格尔到哈贝马斯
　　　　　再到拉青格 …………………………… 1125
第四十二章 德国咖啡馆:"一个前所未见的德国"………… 1177

结语 德国天才:眼花缭乱,奉若神明以及内在性的危机 … 1222

附录 三十五位被低估的德国人 ……………………… 1269
索引 …………………………………………………… 1276
编辑说明 ……………………………………………… 1357

作者的话

美国历史学家芭芭拉·塔奇曼（Barbara Tuchman）写过一本关于欧洲进入（或者说陷入）第一次世界大战的杰作《骄傲之塔》（*The Proud Tower*），她在书中曾经描述过这样一幕场景：当超现实主义艺术家马克斯·恩斯特（Max Ernst）的父亲菲利普·恩斯特（Philip Ernst）为自己的花园作画时，略去了园中一棵有碍画面构成的大树。而后，由于冒犯了现实主义的原则，"为了克服良心上的不安"，菲利普竟将这棵树伐倒了。

这是一则典型的事例。如果人们非要对此提出批评，可能就会批评这则故事坠入了刻板化描写德国人的陷阱，认为他们固执己见、吹毛求疵、学究迂腐、望文生义。而您手中这本书的部分主旨是（正如目录之前的引文所言）既要超越陈词滥调，也要展示出这些由人自身产生的先入之见，就如同从邻人、对手、敌人那里得来的成见一样，可能会误人子弟——甚至是危险的。

当然，这远非本书的唯一要点，本书旨在撰写一部自巴赫去世以降逾250余年的德国思想史。任何一位专家都无法顾及如此之长的时间段，在研究过程中，我获得过很多人的协助，我想在此一表谢忱。他们中的一些人阅读过全部或是部分手稿，并提供了修改建议。我衷心地感谢下列所有人士,他们对书中遗留的错误、疏漏以及失礼之处均不承担任何责任。

我首先要向乔治·韦登菲尔德勋爵(George [Lord] Weidenfeld)致谢,是他鼓励我着手此书并为我在德国打开了无数大门。接下来,我要感谢一位老朋友 Keith Bullivant,他现在担任佛罗里达大学(University of Florida)当代德国研究的教授,还曾于20世纪70年代在华威大学与 R. H. 托马斯(R. H. Thomas)一起创建了第一个德国研究系。这项创举已被英语世界纷纷效仿。而我的谢意还要致给他们:Charles Aldington, Rosemary Ashton, Volker Berghahn, Tom Bower, Neville Conrad, Claudia Amthor-Croft, Ralf Dahrendorf, Bernd Ebert, Hans Magnus Enzensberger, Joachim Fest, Corinne Flick, Gert-Rudolf Flick, Andrew Gordon, Roland Goll, Karin Graf, Ronald Grierson, David Henn, Johannes Jacob, Joachim Kaiser, Marion Kazemi, Wolf-Hagen Krauth, Martin Kremer, Michael Krüger, Manfred Lahnstein, Jerry Living, Robert Gerald Livingston, Günther Lottes, Constance Lowenthal, Inge Märkl, Christoph Mauch, Gisela Mettele, Richard Meyer, Peter Nitze, Andrew Nurnberg, Sabine Pfannensteil-Wright, Richard Pfennig, Werner Pfennig, Elisabeth Pyroth, Darius Rahimi, Ingeborg Reichle, Rudiger Safranski, Anne-Marie Schleich, Angela Schneider, Jochen Schneider, Kirsten Schroder, Hagen Schulze, Bernd Schuster, Bernd Seerbach, Kurt-Victor Selge, Fritz Stern, Lucia Stock, Robin Straus, Hans Strupp, Michael Stürmer, Patricia Sutcliffe, Clare Unger, Fritz Unger, David Wilkinson。

本书的结尾附有很多页参考文献。然而在此之外，我要将我特别感谢和倚重的一些书目记录于此——它们全部堪称各自领域内的经典之作。按照作者或者编者姓氏的字母顺序，它们是：T. C. W. Blanning, *The Culture of Power and the Power of Culture: Old Regime Europe, 1660—1789* (Oxford, 2002); John Cornwell, *Hilter's Scientists: Science, War and the Devi's Pact* (Penguin, 2003); Steve Crawshaw, *Easier Fatherland: Germany and the Twenty-First Century* (Continuum, 2004); Eva Kolinsky and Wilfried van der Will, eds., *The Cambridge Companion to Modern German Culture* (Cambridge, 1998); Timothy Lenoir, *The Strategy of Life: Teleology and Mechanics in Nineteenth-Century German Biology* (Chicago, 1982); Bryan Magee, *Wagner and Philosophy* (Penguin, 2000); Suzanne L. Marchand, *Down from Olympus: Archaeology and Philhellenism in Germany, 1750—1970* (Princeton, 1996); Peter Hanns Reill, *The German Enlightenment and the Rise of Historicism* (Berkeley, 1975); Robert J. Richards, *The Romantic Conception of Life: Science and Philosophy in the Age of Goethe* (Chicago, 2002)。我还要感谢以下各处的工作人员，他们就职于伦敦的歌德学院、伦敦的德国大使馆文化与出版部、伦敦图书馆、维也纳图书馆以及分别设于伦敦和华盛顿的德国史研究所。

本书的一些段落重复使用了我以前著作中用过的材料，它们均在参考文献中的相应位置被征引。

|导言|

眼花缭乱:希特勒、犹太人大屠杀与"不会消逝的过去"

这是众多有裨益的历史事件中的一件。2004年,有一对德国兄弟住在伦敦。两人都有极富影响力的显赫职位——这使他们有能力一起对自己的暂住之地加以非常有针对性的观察。不过,他们虽是兄弟,但职业完全不同,因而其影响力远非相互叠加那么简单。

托马斯·马图塞克(Thomas Mattusek)是当时驻伦敦的德国大使。在那一年,他公开抱怨说,在"二战"结束几乎六十年之后,英国的历史教学仍然主要集中在纳粹时期。他说自己已经发现许多英国人对第三帝国"念念不忘","但是却少有人真正了解德国"。他指出,英国的历史课程标准是"不平衡的"——它丝毫不提战后德国的成功之处,忽略了德国的再统一,完全掩盖了有关德国历史的其他看法。他告诉《卫报》:"当我得知,三个最经常被考核的英国中学高级水平考试考题中的一个居然是关于纳粹分子时,感到十分吃惊。"[①]他的弟弟马蒂亚斯·马图塞克(Matthias Mattusek)

---

① 这些事件在英国报刊上一再得到讨论,其中不少已经编辑成册,收入约翰·拉姆斯登(John Ramsden)的《别再提起战争》(*Don't Mention the War*),伦敦:利特,布朗,2006年,第393页中。

导言　眼花缭乱：希特勒、犹太人大屠杀与"不会消逝的过去"

则是德国《明镜周刊》驻伦敦的通讯记者。他走得更远。他说，把德国这样一个拥有歌德(Johann Wolfgang von Goethe)、席勒(Friedrich von Schiller)与贝多芬(Ludwig van Beethoven)的国度的历史缩减为纳粹统治的十二年，是"荒谬绝伦的"。他带着讽刺的口吻开玩笑说，现在，英国的一大特点就是"抵抗纳粹德国"。这种非外交辞令引发了兄弟之间的"冰霜"，但几乎在同一时刻，甚至连德国外交部长约施卡·菲舍尔(Joschka Fischer)也在指责英国教师延续着一种关于德国的"普鲁士正步"的印象*——而这种印象已是三代人之外的过时画了。

马图塞克并非提出批评的第一人。格布哈特·冯·毛奇(Gebhardt von Moltke)是马图塞克的前任。1999年，他在离任前接受的访谈中说道，"人们的印象是，在这个国家中，历史教学在1945年驻足不前"。他还对年轻的英国人拒绝学习德语或访问德国而感到遗憾。①

德国政府看上去的确关注自己的形象，至少是其在英国的形象。在2003年7月，伦敦的歌德(文化与语言)学院举行了一次会议，目的是为了找寻如何让德国打上更好"标签"的方法——例如将其作为一个富于魅力的旅游、学习、商务、语言学习的目的地而大力推广——正如最近几年加拿大魁北克与澳大利亚所成功做到的那样。根据收视指南杂志《广播时报》的调查显示——该调查发生在会议举行期间——在六天时间中，"完全涉及'二战'题材"的

---

* 普鲁士正步(goose stepping)，又译鹅步，一种起源于普鲁士的正步步伐，因被纳粹德国军队所沿用，几乎成为当时德国的象征。——译者

① 拉姆斯登：《别再提起战争》，第392页。

导言　眼花缭乱:希特勒、犹太人大屠杀与"不会消逝的过去"

节目不少于13个。在该会议之前进行的调查显示,81%的德国青年人可以说出一位健在的英国名流,而60%的英国人无法说出一位健在的德国人。① 2004年10月,德国政府资助20位英国教师访问德国——让他们住在顶级宾馆——来讨论这些问题。一位参加访问的教师说:"孩子们发现纳粹时期十分有趣,发生了许多事情,那时有很多暴力。"相较而言,他认为,战后德国历史"有些干巴巴"。一位来自纽卡斯尔的教师认为,他的学生们"顽固而淡漠。他们的普遍印象是德国人都是盗窃太阳椅的纳粹分子,这完全是一种卡通化的观点。但问题是,倘若你严肃地向他们提问,他们对德国根本毫无想法"。②

一些证据表明,德国政府完全有理由感到担忧。2004年7月的一项调查发现:97%的德国人拥有英语基本知识,其中25%的人达到流利程度;相反,只有22%的英国学生拥有德语基本知识,其中仅有1%的人达到流利程度。52%的德国青年人曾经去过英国,却只有37%的英国青年人曾经访问过德国。2003年的《旅游趋势》调查表明,英国居民一年进行6000万人次的国外访问,但其中只有3%踏足德国,等同于访问比利时的比例,相当于访问美国人次的一半、访问法国人次的1/6、访问西班牙人次的1/7。在此前四年间,到德国旅行的人数是稳固不变的,落后于(英国人)访问荷兰、意大利与希腊的人数。③

或许情况正在变得更为糟糕。在1986年,一项观念调研表

---

① 拉姆斯登:《别再提起战争》,第413页。
② 同上书,第394页。
③ 同上书,第411页。

导言　眼花缭乱:希特勒、犹太人大屠杀与"不会消逝的过去"

明,26%的(英国)人把德国视为英国在欧洲最好的朋友;但是到1992年,这一比例下跌到12%。1977年,当英国人被问到"纳粹主义或类似的东西"是否可能在德国变得强大一类的问题时,23%的受访者回答"是",61%的受访者回答"不"。但是到1992年,情况发生逆转,53%的人表示赞成,31%的人表示反对。① 2005年5月,《每日电讯报》的编辑总结说,在欧战胜利日(VE Day)60周年后,"我们成为一个集中关注第二次世界大战的国度,而且还将愈发如此……"②

在短期内,这一点看上去很难发生转变。另一份调查针对的是英国2000所公立和私立学校,调查结果于2005年11月公布。它表明,自从2004年秋季英国政府让外语学习成为选修课后,"上千名"14岁英国儿童已经放弃了德语,而去选择"更简单的"学科(例如媒介分析)。在受到调查的学校中,超过一半的学校承认,它们在前一年已经砍掉了德语班。2007年公布的一份调查表明,自1998年以来,英国提供德语课程的机构数量已经下降了25%,在伦敦获得德语学士学位的人数已经下降了58%。③

马图塞克大使很自然地厌恶这些调查结果,但是他也并不认为这些变化源自于英国人的排外情绪——更大的原因可能是漠视。他着重指出,由于德国是英国的最大贸易伙伴,调查所反映出来的结果是一种存在潜在"危险"的发展。他警告说,"去问14岁

---

① 拉姆斯登:《别再提起战争》,第412页。
② 同上书,第364页。
③ 《泰晤士报高等教育增刊》(*Times Higher Education Supplement*),2007年2月2日,第6版。

导言　眼花缭乱:希特勒、犹太人大屠杀与"不会消逝的过去"

的儿童,他们是否希望放弃某种语言学习——这是极其冒险的行为",并且补充指出,十几岁儿童会认为西班牙语"简单",而德语"困难"。"大多数小学生会想到西班牙的海滩,而不是德国的博物馆与城堡"。

这位大使对于英国教育"不平衡性"的担忧,在2005年圣诞节期间得到了验证。当时,英国资格与课程局(Qualification and Curriculum Authority, QCA)的年度报告总结道,中学的历史教学"继续由希特勒占据统治地位……在大于14岁的儿童所接受的历史教育中,存在着一种缓慢狭窄化与'希特勒化'的趋势……14岁后的历史教育继续由都铎王朝与20世纪的独裁体制一类的话题所主导"。该部门随后就教授战后历史提出了指导意见,以"更为平衡地理解20世纪的德国"。①

正因如此,当马图塞克大使指出英国学校中的历史教学是"不平衡的",他是正确的。然而,他把这种现象与英国对纳粹德国的"难以忘怀"联系起来的想法也是对的吗?他在谈及自己祖国时说道:"在那里,人们并不欢度假期。青年人之间的交流是一种单向道……我们的青年一代慢慢地彼此分道扬镳了,越来越不愿意彼此倾听。我只能猜测其中的缘由。但是,我也同许多英国人聊过此事,其中一种不断重复的回答认为,每一个国家都需要完成身份建构进程。在1940年,英国事实上面临着一个呼啸而来的敌人。借助集结所有优势的方法,英国最终扭转战局。这正是集体心灵中的重要时刻:回过头看一看,想一想你真的可以做到这一点。"

---

① 《泰晤士报高等教育增刊》,2007年2月2日,第6版。

导言　眼花缭乱:希特勒、犹太人大屠杀与"不会消逝的过去"

"正如征服西部是美国神话的一部分那样,英国击败纳粹主义同样如此。与此同时,英国失去了她的帝国——这一点让一些人感到悲痛不已,以至于产生了对德国的沉湎之情,而且也不总是以一种十分风趣的方式来加以推进。我们必须在确属风趣之作的老套形式(如《父亲的军队》[*Dad's Army*]或者《舞台塔》[*Fawlty Towers*],这些是电视台喜剧节目)与一些更为深刻的表述之间做出区分。当我听说,德国儿童常常遭到英国少年的殴打与侮辱,而这些少年却对德国一无所知时,任何幽默戛然而止。"

在这里,这位大使再次受到一些独立调查的支持。2004年,英国的一次调查结果发现,当10—16岁英国儿童被询问他们以何种方式与德国相联系时,78%的受访者回答为"二战",50%的人提到希特勒。阿伯丁大学的一项研究指出,特别在12岁以上的儿童受访者中,当他们被告知照片上的人是德国人时,其反应的消极性远胜于此前两周在未告知同张照片主人公国籍时的反应。

马图塞克指出,这些反应都是一种独特的英国问题。"这种态度在其他国家并不普遍。我们的不少邻国所遭受的灾难远胜英国人。但是在俄罗斯、波兰或捷克的青年人那里,你看不到这种态度。或许相对于一个生活在岛上的国家而言,一个拥有九个邻国的国家会持续不断地被迫达成妥协,并且更在意联络关系。"[①]

他的兄弟马蒂亚斯则再次更为强烈地表达了这一观点。"英国人的行为就如同他们单枪匹马地征服了希特勒的铁骑。并且他

[①] 《每日电讯报》,2005年5月8日,第18版。

导言　眼花缭乱:希特勒、犹太人大屠杀与"不会消逝的过去"

们仍继续视我们为纳粹分子,好像他们不得不在每个晚上(例如在电视中)再次战斗。他们被这种纳粹特征所迷惑。"吉塞尔·斯图亚特(Gisela Stuart)是一位伯明翰-埃奇巴斯顿选区的德裔议员。他说,当这对马图塞克兄弟"认为不列颠人始终沉湎于纳粹时期时,他们完全正确"。①

2006年,伦敦玛丽女王大学现代史教授约翰·拉姆斯登出版了一本著作,题为《别再提起战争》。此书研究的是1890年以来的德国人与英国人之间的关系。他的结论认为,在这段时期中,存在着摩擦的不同时段——20世纪之初、走向第一次世界大战、战争期间——但是英国人曾经高度尊重魏玛德国,甚至在第二次世界大战期间,他们也没有显示出自己在此前冲突(它更多是一种意识形态的冲突,而不是民众的冲突)中所流露出来的那种痛恨程度。自1945年以来,战争电影与战争小说便始终保持着这种摩擦热度,而且此举得到了撒切尔政府的支持——在其统治期间,"英国经历了比1945年以来任何时期都更为公开的反德偏见"②。他总结说,德国战败"看上去对于英国人回答'他们是谁'、'他们如何获得现在身份'一类问题而言,仍然是核心要素"③。

这种沉湎仍然没有出现任何消逝的迹象。2005年7月,巴伐利亚的约瑟夫·拉青格(Joseph Ratzinger)大主教成为教皇。翌日,伦敦的通俗小报《太阳报》在其首页上触目惊心地用了这样一个标题"从希特勒青年团到教皇拉奇(Ratzi)"。其他一些通俗小

---

① 《每日电讯报》,2005年5月8日,第18版。
② 拉姆斯登:《别再提起战争》,第402页。
③ 同上书,第417页。

7

报也做出了类似反应。《每日镜报》在一篇文章中揭露了新教皇在战争期间的举动,并引用了来自其家乡因河畔马克特尔(Marktl am Inn)的一位84岁老妪的证词。后者称,尽管教皇声称他除了登记参加希特勒青年团外别无选择,但事实恰恰与此相反,"还是有可能进行抵制的"。她称自己的兄弟就是一位有意识的抗拒者,结果因其信仰被送到达豪集中营。[①]

在柏林,大众报刊《图片报》的专栏作家弗朗茨·约瑟夫·瓦格纳(Franz Josef Wagner)对此感到极为愤慨。他在一份给英国通俗小报的公开信中警告说:"恶魔看上去已经溜进你们的新闻编辑室……任何阅读你们英国大众新闻报的人必定已经认为希特勒被制造成教皇。"

以上所有一切看上去都使马图塞克大使的两点判断显得确凿无疑,即英国正沉湎于纳粹时期;英国中学的历史教学正处于不平衡状态,过于关注1933—1945年间的事件。

然而,这种对于第三帝国的纠缠(所产生的影响)更胜于英国教育的不平衡性,它强化了(英国人)对于十二年独裁统治的念念不忘,使之无视现代德国的实际。正如马图塞克兄弟所言,极有可能的情况是,现在,击败纳粹主义成为英国自我身份认同的组成部分。更有甚者,现在出现的一种更为广泛流行的想法认为,纳粹时期应被视作一种障碍、一块绊脚石、一面反思镜,它阻止我们回顾历史时超越那个时代,让英国人不去关注希特勒之前的德国——那是一个非凡的国度——希特勒(作为维也纳贫民区的产物)上任

[①] 《国际先驱论坛报》(*International Herald Tribune*),2005年4月22日。

导言　眼花缭乱:希特勒、犹太人大屠杀与"不会消逝的过去"

伊始就开始用一种令人震惊和前所未有的方式拆解它。尽管俄国人、波兰人与捷克人或许未曾如英国人那样纠缠于纳粹时代,但是这种对纳粹之前时期的视而不见的确也出现在这些国家中。无论你看哪里,希特勒始终在制造历史,而且也在曲解历史。

2006年2月20日,在奥地利的维也纳,一位英国历史学家大卫·欧文(David Irving)——他曾经专门写过有关第二次世界大战的著作——被判四年监禁,理由是他拒绝承认"大屠杀"(the Holocaust)。(在德国宣扬"奥斯维辛谎言"(the Auschwitz Lie)同样会被判刑。)欧文的罪行发生在1989年他在奥地利发表的两场演讲期间。此事距离其判刑已有十六年之久。当时,他在演讲中拒绝承认希特勒曾考虑过犹太人大屠杀并导致数百万犹太人被杀。2005年11月,当欧文再次进入该国时,遭到逮捕。在奥地利,从1946年开始,拒绝承认犹太人大屠杀之举被视作犯罪行为。这绝非欧文在此问题上跨越法律界限的第一次尝试。他业已由于发表上述观点而被禁止进入十几个国家,从加拿大到南非。在2000年,当他在起诉德博拉·利普施塔特(Deborah Lipstadt)败北时,不得不在英国宣布破产。利普施塔特是一位美国学者,他在其著作《否认犹太人大屠杀》(*Denying the Holocaust*)一书中给欧文贴上最恶劣罪魁祸首之一的标签。欧文输掉官司后,被判支付300万英镑的打官司费用,为此,他不得不出售其位于伦敦中时尚区梅菲尔的房屋。①

---

① D. D. 古滕普兰(D. D. Gutenplan):《诉讼中的犹太人大屠杀:历史、司法与大卫·欧文案》(*The Holocaust on Trial: History, Justice and the David Irving Libel Case*),伦敦:格兰塔,2001年。

9

导言　眼花缭乱:希特勒、犹太人大屠杀与"不会消逝的过去"

欧文的官司发生在伊朗总统马哈茂德·内贾德(Mahmoud Ahmadinejad)发表演讲仅仅两个月之后。伊朗总统把犹太人大屠杀称作"虚构的事",并宣称他自己根本不相信600万犹太人死于纳粹之手的结论。倘若我们考虑到中东政治所具有的煽动性背景,那么内贾德总统的言论或许还不足以同大卫·欧文的言论相提并论——我们无法如同指望历史学家那样,去指望政治家坚守同等水平的诚实。(很不幸!)不过,这两件几乎前后相继的事件却向我们指出了犹太人大屠杀如何形成了(以及它还将如何继续成为)一个重要的争论焦点——甚至在今天,在其发生的六十多年之后,依然如此。倘若我们纠缠于希特勒——正如我们看上去那样——那么,可以认为我们以类似的方式纠缠于犹太人大屠杀吗?

乍看起来,这或许是一个充满争议且懵懂无知的言论。难道屠杀600万人(仅仅是因为他们曾经是一个特殊族群的成员)的凶手,在这件事发生很久之后,便不能成为争论与记忆的重要焦点吗?但是,问题不仅限于此。特别重要的是如下事实:在第二次世界大战之后的许多年间,犹太人大屠杀并非是争论的焦点。它不过是在最近几十年里才达到现有地位,即在本文中所谈到的焦点程度。这种"聚焦"(倘若不是一种纠缠的话)同样正在扭曲我们对过去的观点,特别是在美国。

犹太人大屠杀:记忆的责任,遗忘的权利

彼得·诺维克高水平的研究著作《美国生活中的大屠杀》,出版于2000年,在英国更名为《大屠杀与集体记忆》,正如他自己指

导言　眼花缭乱:希特勒、犹太人大屠杀与"不会消逝的过去"

出的那样,该书旨在揭示"大屠杀如何在我们生活中若隐若现地铺展开来"。他开宗明义地提出了如下观察:一般而言,历史事件总是在其发生不久之后被谈论,大约四十年后,它们"跌入记忆之洞,在那里,唯有历史学家们才会在黑暗中凿开光明"。他说,对于越南战争一类的历史事件而言,这一点是确切的。但是,"对于犹太人大屠杀而言,节奏却变得完全不同;在第二次世界大战后的最初二十年间,几乎没有人谈起它",然而从 20 世纪 70 年代开始,它"却成为美国公共讨论中越来越核心化的话题——当然,特别是在犹太人中间,不过大范围的文化讨论也无二致"。①他记录下最近几年"大屠杀幸存者"如何成为一个值得尊敬的头衔,它"激发的不仅仅是同情,而是敬意,甚或敬畏"。战争刚刚结束时,情况绝非如此。那时,大屠杀幸存者还远不是值得尊敬的头衔。诺维克引用了欧洲一个美国人社团领袖在一份给纽约同事的书信中所透露的观点:"那些幸存下来的人并非最强者……大部分人都是拥有最少犹太特征的人。他们凭借狡黠与动物般的敏锐,得以逃脱其他拥有更明显(犹太)特征的人被屠杀的恐怖命运。"②他写道,不止像大卫·本-古里安(David Ben-Gurion)这样的人物试图淡化这一悲剧的重要性,因为他们认为,该事件或许会对犹太复国运动产生影响——它或许让其他人觉得,世间没有足够的犹太人可以去创建以色列国。在美国,从 1946 年到 1948 年,连续三年间,主要的犹太人组织(其中包括犹太人老兵组织)全体一致地否决了在纽约

---

① 彼得·诺维克(Peter Novick):《大屠杀与集体记忆》(*The Holocaust and Collective Memory*),伦敦:布鲁姆伯利,2000 年,第 2 页。
② 同上书,第 69 页。

导言　眼花缭乱:希特勒、犹太人大屠杀与"不会消逝的过去"

市建立一个犹太人大屠杀纪念碑的想法。其理由是,这样一种纪念碑将导致其他美国人把犹太人视作受害者,而纪念碑将成为"标志犹太人懦弱与无力反抗的永恒纪念"。"远不像今天的情况",在战后初期,犹太人大屠杀被历史化了——人们仅仅将大屠杀作为已经伴随纳粹德国战败而终结时期的一个恐怖特征而加以思考和讨论。"在战后岁月里,大屠杀没有获得一种超凡地位,并未成为可从对该事件的思考中能够得出的永恒真理或教训的承载者。由于大屠杀业已结束和完毕,因此为了补偿损失而投身于可怕深渊的做法毫无实践意义。"内森·格莱泽(Nathan Glazer)在其1957年的著作《美国犹太人》(*American Judaism*)——这是50年代唯一一本有关犹太人的学术调查著作——中发现,犹太人大屠杀"对于美国犹太人的内心生活仅仅起到了较小的影响"。①

在第二次世界大战刚刚结束的年代里,"当时所有报道、声明、照片与新闻片的呈现,都与战时将纳粹暴行描述为主要针对第三帝国的政治反对派相一致"。"犹太人"或"犹太的"这些字眼没有出现在爱德华·R. 默罗(Edward R. Murrow)有关进入布痕瓦尔德集中营的(使人震惊和敬畏的)广播报道之中。德怀特·艾森豪威尔将军对集中营的情况感到震惊,表示他希望"议员和编辑们"访问这些纳粹分子监禁"政治犯"的地方——在这里,同样没有提到犹太人。另一份报告则谈及"政治犯、奴役劳工和许多国家的公民"。但犹太人并非毫无提及。一些报告也发现,犹太人受到了比其他群体更糟糕的对待。"但是,有关解放集中营的报

---

① 彼得·诺维克:《大屠杀与集体记忆》,第105页。

导言 眼花缭乱:希特勒、犹太人大屠杀与"不会消逝的过去"

道只是将犹太人作为纳粹暴政受害者**中**的一员加以对待……也没有任何报告把这些事情与现在标识为'犹太人大屠杀'的事件联系起来。"[1]

诺维克认为,当1961—1962年出现艾希曼审判、1967年中东爆发六日战争,以及最为重要的1973年10月爆发赎罪日战争时——在那场战争中,以色列看上去一度几乎面临战败的危险——对待"犹太人大屠杀"的立场才开始发生变化。诺维克再次写道:"作为这一进程的组成部分,在美国文化中,出现了一个十分明显的**事物**,它被称为'犹太人大屠杀'——这一历史事件拥有着它的自主性,而不仅仅作为纳粹野蛮行径的一般性组成部分。"[2]现在,"犹太人大屠杀"一词如同所有恐怖行为的描述词汇那样,进入了语汇之中。

诺维克指出,直到此时,犹太人大屠杀才在事实上被神圣化,以至于几乎(但并非完全)超越了任何批判。以色列作家阿莫斯·奥茨(Amos Oz)是《触摸自然》(*Touch the Water, Touch the Wind*)一书的作者。该书描写了两位犹太人大屠杀幸存者坠入情网的故事。奥茨也是提出下列问题的众多思考者之一:除了记忆的责任外,大屠杀幸存者是否有遗忘的权利?"我们……坐在那里,永久性地悼念逝者吗?"在1987年巴勒斯坦人起义发生的第一年,杰出的以色列哲学家耶胡达·埃尔卡纳(Yehuda Elkana)——他幼年时曾被监禁在奥斯维辛——发表了《恳求遗忘书》(*A Plea*

---
[1] 彼得·诺维克:《大屠杀与集体记忆》,第65页。
[2] 同上书,第144页。

导言　眼花缭乱：希特勒、犹太人大屠杀与"不会消逝的过去"

for Forgetting）。对于埃尔卡纳而言，所谓犹太人大屠杀的"教训"，即认为"整个世界都反对我们"，"犹太人是'永恒的受害者'"，实际上就是"希特勒造成的悲剧性而又充满矛盾性的胜利"。他认为，这种教训导致了以色列在西岸地区的野蛮举动，并且让后者不愿意同巴勒斯坦人实现和平。①这种感觉上的变化在 1998 年达到顶峰。当时，一份有关美国犹太人主张的调查要求受访者判断各种行为对其犹太人身份的重要性程度。这是首次把"纪念犹太人大屠杀"这一行动容纳在选项之列（其本身也是发人深思的），而且它最后成为最多人的选择，远胜于"去犹太人会堂"或"庆祝犹太人节日"。②

诺维克继续发现，自从 20 世纪 70 年代以来，犹太人大屠杀不仅被呈现为一种犹太记忆，而且也被呈现为一种美国记忆。在 1995 年有关美国人对"二战"知识之掌握的调查中，97％的受访者知道什么是犹太人大屠杀，其比例远远高出知晓珍珠港事件的人，或知道美国向日本投掷过两颗原子弹的人，知晓苏联曾在战争中与美国肩并肩作战的受访者更是只有 49％。③到 2002 年，在越来越多的州中，法律明文规定必须在公立学校教授犹太人大屠杀。

诺尔曼·G. 芬克尔施泰因（Norman G. Finkelstein）远比诺维克更为尖刻。他在 2000 年付梓并得到一定赞誉的著作《大屠杀产业》（*The Holocaust Industry*），在德国引发了人们的巨大关注（及批评），却在美国反响平平。芬克尔施泰因的母亲曾经被关押在马

---

① 彼得·诺维克：《大屠杀与集体记忆》，第 164 页。
② 同上书，第 202 页。
③ 同上书，第 232 页。

导言　眼花缭乱：希特勒、犹太人大屠杀与"不会消逝的过去"

伊丹内克(Majdanek)集中营和琴斯托霍瓦(Czestochowa)及斯卡日斯卡(Skarszysko)奴役劳动营*。但他却指责美国犹太人特意利用犹太人大屠杀,成了"犹太人大屠杀的推销商",他们夸大受难者以及幸存者的人数,使之为自己的目标服务,其中主要使以色列国受益。他描述了被他称作"肮脏模式"的东西,并详细揭露了由处理赔付工作的高级管理人员所支取的大量报酬与花销,其数额要远高于那些索赔金额本身。他的话题再一次着重指出了如下事实:对于犹太人大屠杀的关注不过是一种最近才出现的现象。①

历史学家之争

那么,犹太人大屠杀究竟曾如何极端或不同寻常呢?这是一个敏感的问题,连德国人自己都很难做出回答。正如诺维克已经指出的那样,当美国各地近来越来越对大屠杀话题显示出巨大兴趣时,在德国,同样出现了一些强大推动力,以至于相关争辩发生在相反方向上,并在某种程度上淡化其重要性与独特性。查尔斯·梅尔(Charles Maier)正是这样一位美国历史学家:他已经发现,德国学术共同体是如何被这一话题分为截然不同的两个阵营。

这种分裂的第一个迹象初显在20世纪80年代,是当时被称为"历史学家之争"(Historikersstreit)的现象。这是一次极为尖

---

* 三地均位于今波兰境内。——译者

① 诺尔曼·G.芬克尔施泰因(Norman G. Finkelstein):《大屠杀产业:对消费犹太苦难经历的反思》(*The Holocaust Industry: Reflections on the Exploitation of Jewish Suffering*),伦敦:弗塞,2000年,各处。

导言　眼花缭乱:希特勒、犹太人大屠杀与"不会消逝的过去"

锐的争论,发生在一批杰出历史学家之间,例如赫尔穆特·迪瓦尔德(Helmut Diwald)、恩斯特·诺尔特(Ernst Nolte,海德格尔的学生)以及安德烈亚斯·希尔格鲁贝尔(Andreas Hillgruber)——此前他们每个人都曾经出版过扎实而"常规"的历史著作。当争论爆发时,它包含着下列论点:

(1)辩论者认为,法西斯主义不是斯大林主义模式中的一种极权主义体制,而是对斯大林主义的回应;

(2)奥斯维辛不是一个特殊事件,而是古拉格的翻版;换言之,在20世纪,大屠杀早已发生过;

(3)与犹太人相比,在死亡营中被杀的雅利安人更多;

(4)波兰人与罗马尼亚人类似于德国人,都是半反犹主义者;

(5)这场战争最为糟糕的多余举动是入侵俄国与屠杀犹太人,但它们之所以发生,则是因为一个人即希特勒使之成为现实。

正如查尔斯·梅尔的冷静分析所显示的那样,回应上述论点的好答案不止一个,"最终解决方案(the Final Solution)绝不能被转变为一种簿记问题"①。但是,在表层之下,是否还有更多与之相关的东西?在战争结束四十年后,历史学家之争是否表明,一种更为深层的不满情绪终于已经浮显出来了?

的确有一些人是这样认为的。德国哲学家于尔根·哈贝马斯(Jürgen Habermas)发现,"最近以来,这些记忆刺激了那些数十年间不能谈论自己遭遇的人。我们真的不知道,一个人是否仍然

---

① 查尔斯·梅尔:《不能克服的过去:历史、犹太人大屠杀与德意志民族认同》(*The Unmasterable Past: History, Holocaust and German National Identity*),剑桥(马萨诸塞):哈佛大学出版社,1988年,第55页。

导言　眼花缭乱：希特勒、犹太人大屠杀与"不会消逝的过去"

相信该词汇的赎罪力量"。他认为，在历史学家之争中，"记忆的闸门"最终被打开，"以至于（德国）公众认识到，过去并未轻而易举地消逝"。1986年，赫尔曼·鲁道夫（Hermann Rudolph）在一本德国历史杂志上表示，他同意如下说法，即认为德国人更关注这场战争，而不是他们在过去曾经的形象。他说，这种关注"显然不是过于狭隘；恰恰相反……现在业已被叩问的问题是：第三帝国是否应该通过编修史书的方式加以研究，以便于它不再仿佛一些昏暗丑陋的纪念碑那般阻挡我们通往自身过去的道路？"①

是否存在这方面的研究呢？英国剑桥大学历史学教授理查德·埃文斯在解释历史学家之争时已经指出，"二战"后，在德国，"鲜有人谈论纳粹分子。学校中的相关教育也少得可怜。经济领域中重要人物对纳粹的附庸作为从未被人提起。甚至在政坛上，那些拥有纳粹背景者也不会得到任何污名。直到很久之后，上述一切才成为公共争议中令人尴尬的对象"②。埃文斯写道，直到1960年以色列的艾希曼审判和1964年奥斯维辛审判后，联邦德国才更坚定地直面德国的过去。③正因如此，如同美国那样，这里对于犹太人大屠杀的兴趣日益增长。

在我们的语境中，历史学家之争的重要性在于，它进一步证明了人们执着于希特勒、犹太人大屠杀，也证明了一种遗忘的特殊模

---

① 梅尔：《不能克服的过去》，第56页。
② 理查德·J. 埃文斯（Richard J. Evans）：《在希特勒的阴影下：西德历史学家与逃离纳粹过去的企图》（*In Hitler's Shadow: West German Historians and the Attempt to Escape from the Nazi Past*），伦敦：陶里斯，1989年，第13页。
③ 玛丽·富布鲁克（Mary Fulbrook）：《犹太人大屠杀之后的德意志民族认同》（*German National Identity after the Holocaust*），剑桥：政治出版社，1999年，第36页。

导言 眼花缭乱:希特勒、犹太人大屠杀与"不会消逝的过去"

式,或更确切地说,一种不要遗忘的特殊模式。德国的民意调查表明,当 80% 的美国人对自己的美国人身份感到骄傲、50% 的英国人对自己的英国人身份感到骄傲时,只有 20% 的德国人自豪成为德国人。另一位历史学家米夏埃尔·施蒂默尔(Michael Stürmer)争论说,德国人唯有恢复自己的历史,才能重新发现他们的自豪之情。他接下去说,德国人"执念于自己的罪责",而这种执念阻碍他们去发展一种民族认同感——其言下之意是,它已经产生了政治和文化后果。他对下列暗示愤愤不平:德国"必须被持续性地视为心理治疗中的病人"[1]。正如历史学家查尔斯·梅尔指出的那样,"这场辩论没有终止,有的只是疲惫"[2]。

这一点被延宁格事件所强化。1988 年 11 月,在一次"水晶之夜"发生五十周年的纪念仪式上,德国联邦议会议长(仅次于共和国总统的第二高官)菲利普·延宁格(Philip Jenninger)发表了演说。在演说中,他将犹太人大屠杀视作一次历史事件,因此它并不一定是独一无二的;并且在这一事件中,许多德国人只是"旁观者"——换言之,德国人并不负有直接责任。尽管许多人(包括许多美国人在内)都认为他的演讲是勇敢无畏的,但是其他许多人却感到气愤,延宁格因此被迫辞职。[3]

同样的记忆模式一再出现在人们对待艺术的态度上。直到

---

[1] 梅尔:《不能克服的过去》,第 101 页。
[2] 同上书,第 54 页。
[3] 伍尔夫·坎施坦恩(Wulf Kansteiner):《追寻德国记忆:奥斯维辛之后的历史、电视广播和政治》(*In Pursuit of German Memory: History, Television and Politics after Auschwitz*),雅典,俄亥俄:俄亥俄大学出版社,2006 年,第 54—56 页。

导言 眼花缭乱:希特勒、犹太人大屠杀与"不会消逝的过去"

20世纪90年代中叶,整个世界才如梦初醒般地发现,纳粹分子从犹太人所有者手中掠夺来的上千幅绘画作品(如老一代大师与印象派的作品)如今在竞拍市场中自由地流转,且这种现象从1945年后不久便已开始。多少年以来,竞拍目录都公开印制绘画作品的来源,讲明这些作品曾经为一些著名的纳粹分子所拥有,从赫尔曼·戈林到那些知名掮客。但在整整六十年间,居然没有人真正关注过此事。只有当两位俄罗斯艺术史学家发现了一个在莫斯科的画作储藏室——人们原本认为,其中的作品已经在柏林被毁坏——以及有关犹太人大屠杀的感受得以增强之后,这桩丑闻才彻底被揭露。这一点也适用于瑞士银行的"冬眠账户"。在这里,无以计数的账户属于那些被运往死亡营的犹太人,直到20世纪90年代末,这些账户在瑞士"被重新发现"——当时,任何人都竞相表达了自己的愤慨之情。(原因之一是,瑞士人拒绝接受早期索取要求,理由是这些要求缺少死亡证明书,即便党卫队业已在集中营内签署过死亡证明书。)2006年3月,一本瑞士作品《观察与问题》(*Observe and Question*)断言,在第二次世界大战期间,瑞士当局拒绝了上千名犹太难民通过边界前往中立国瑞士的请求。瑞士民族主义者发誓要阻止该书传播。在这里,这些信息也应该更早得到披露。

同样的争论出现在比利时。该国首相正式为比利时在犹太人大屠杀中的角色而向比利时犹太社团道歉——不过道歉时间已是2002年。一份政府资助完成的报告长达1116页,以"顺从的比利时"为题。它在结语中说道,该国的高层公务员曾经以一种"配不上民主制的"方式来做事。"二战"期间曾经流亡伦敦的比利时政

导言 眼花缭乱：希特勒、犹太人大屠杀与"不会消逝的过去"

府曾经建议他的公务员与纳粹占领方合作，阻止经济崩溃。但是，该报告指出，在许多个案中，此举却"退化为合作迫害犹太人、将之运送到集中营"。战争结束后，这种行动仍在继续。许多（赔偿）个案被军事法庭视作"由于需要极其谨慎的处理而难以实行"，"比利时官方在迫害与运送犹太人之举中的责任被否认了"。这又是一次不当的延迟之举。①

尽管奥地利早在1946年便规定否认犹太人大屠杀的言论是非法的，但是它同样在透彻理解有关奥地利在"二战"中所扮角色一事上存在困难——当然，这不仅仅是因为希特勒不是德国人，而是奥地利人。② 在贝乌热茨（Belzec）、索比堡（Sobibor）与特雷布林卡（Treblinka）灭绝营*，40%的人员及绝大多数指挥官都是奥地利人，同样，艾希曼的手下有80%是奥地利人。然而，即便存在这些极为糟糕的统计数据，但是该国战后的第一任总统、资深的社会党领袖卡尔·伦纳博士（Karl Renner）仍强调，奥地利没有犹太商人的"活动空间"，他不认为"奥地利在现实情况下仍然允许犹太人再次建立这些家族垄断企业"。在1947—1948年举行的美国调查中，几乎四分之一的维也纳人认为，犹太人在纳粹主义统治下"得到了他们应得的惩罚"，而40%的受访者认为，"犹太特性"应

---

① 伦敦《每日邮报》，2007年2月15日，第43版。
② 即便有了《否认犹太人大屠杀法案》，2006年大卫·欧文被判入狱的案件也是非同寻常的。2004年是此前最近一次可以获得相关数据的年份。当时，一共有724人被判监禁，原因是他们在奥地利否认犹太人大屠杀。这一数字在两方面可以引起我们的兴趣。一方面，它表明，奥地利人在强制执行该法令的进程中百折不挠；另一方面，它也表明，在第二次世界大战结束六十年后，这样一部法律仍然有必要。

* 三地均位于今波兰境内。——译者

导言　眼花缭乱：希特勒、犹太人大屠杀与"不会消逝的过去"

为反犹主义负责。在数十年间，奥地利人把自己描述为纳粹分子的"第一批受害者"，并以此为理由，断然拒绝接受犹太人提出的赔偿要求——他们认为，其中不少赔偿要求是不诚实的。（尽管奥地利作为"第一批受害者"的说法是被1943年盟军渥太华会议所接受的理论，但是在德奥合并后，党卫队确实"陷于"奥地利人的申请热情之中。）

或许，最为荒唐、也最为尴尬的片段出现在电影《音乐之声》于1965年在萨尔茨堡上演之时。当时，地方当局拒绝批准纳粹万字旗悬挂在主教宫广场来作为背景图案。他们的理由是，萨尔茨堡人从来没有支持过纳粹——他们始终坚持这一观点，直到电影导演表示，影片方将使用真实的纪录片素材时，这座城市的市政要员们才做出让步。①

奥地利至少有三位著名的政治家，汉斯·欧林格尔（Hans Öllinger）、弗里德里希·彼得（Friedrich Peter）和库尔特·瓦尔德海姆（Kurt Waldheim）均被人揭露曾为党卫队成员或武装部队军官（如瓦尔德海姆曾担任军阶极低的军官）——他们多半是由纳粹猎手西蒙·维森塔尔（Simon Wiesenthal）所发现，维森塔尔后来因其作为而受到死亡威胁。但直到1991年7月，社会党人、联邦总理弗朗茨·弗拉尼茨基（Franz Vranitzky）才公开承认，奥地利人对第三帝国中所发生之事"共同承担责任"——有人或许认为，这一天来得太迟了。约尔格·海德尔（Jörg Haider）领导下的极

---

① 史蒂夫·克劳肖：《一个更宽容的祖国：德国与21世纪》(*An Easier Fatherland: Germany and the Twenty-First Century*)，伦敦：统一出版社，2004年，第199页。

导言　眼花缭乱:希特勒、犹太人大屠杀与"不会消逝的过去"

右翼政党奥地利自由党(FPÖ)受到了越来越多人的欢迎——此事掩盖了如下事实,即该国确实曾经努力处理它的过去。当时,自由党的宣传游走在否认犹太人大屠杀的边缘地带,宣称此举在任何方面都与苏联的古拉格集中营并无二致。与此同时,该党对移民的态度重新恢复了生物学意义上的种族主义论调,让人不禁会想起纳粹分子。

所有这一切都被发生在毛尔巴赫(Mauerbach)的事情超越了。在1997年10月底,维也纳的佳士得拍卖行拍卖了毛尔巴赫修道院的物品。该修道院是一座古老的加尔都西会(Carthusian)建筑,位于奥地利首都以西30分钟路程的冷清村庄中。从奥地利犹太人手中掠夺而来的大约8400幅艺术作品,自20世纪60年代起,便被保存在该修道院内。这一凄惨故事让奥地利官方丧失了所有人的尊敬。1945—1969年,该国政府没有做出任何努力来寻找任何犹太人大屠杀幸存者。有一段时间,那个负责处置艺术品的人,正是从一开始就负责策划没收艺术品的头目。在另外两起事件中,奥地利政府通过了严格法律,使犹太人无法确认他们的财产——当时,大量"犹太人大屠杀艺术品"正在国外装饰着奥地利领事馆。在一件申诉者最终取得胜利的案件里,申诉者还被收取了8000美元的保存费——用于一幅曾经**被没收**的画作。只有3.2%的作品曾经被归还给它们的合法拥有者。直到美国杂志《艺术新闻》揭露出毛尔巴赫所发生的事,随后才出现了对应举动。[①]

[①] 彼得·沃森:"与希特勒掠夺品之战"("Battele over Hitler's Loot"),伦敦《观察者杂志》(*Observer Magazine*),1996年7月21日,第28页及以下诸页。

导言　眼花缭乱：希特勒、犹太人大屠杀与"不会消逝的过去"

被关闭的维希档案

尽管在两次世界大战期间，法国曾经是众多更为自由的国度之一，它向来自波兰、罗马尼亚和德国的犹太难民打开了大门，但是自战争爆发以后，它却在面对如此困难之时，不得不同自己的心魔作斗争。有关法国在犹太人大屠杀中的角色，经典但又是辩护性的言论来自总统弗朗索瓦·密特朗（François Mitterrand）。1992年，他以一种令人吃惊的轻描淡写的口吻宣布，曾经在1940—1944年统治未被占领之法国的通敌者、亲德派维希政权，是非法和"畸形的"，"与今天的法国毫无关联"。他说，"法兰西民族从未卷入其中，共和国也是如此"。①

在此暗示下，"二战"期间法国人的通敌行为获得了自己的记忆模式。亨利·鲁索（Henry Rousso）将此命名为"维希综合征"（The Vichy Syndrome）。鲁索的理论认为，在法兰西人中间，内部争吵造成了比战败或被德国占领更为严重的伤痕。他发现，这一理论"得到了极大的证实"。其著作的两个章节都以"困扰"为题，并且在他所描绘的该综合征的"程度曲线"中——即按照年份来衡量法国人"困扰于"维希政权的"程度"，衡量指标包括政治事件、出版的著作、上演的电影等，他区分了1945—1953年间的"尖锐危机"、1954—1979年的相对"平静"以及此后的"尖锐危机"（该

---

① 皮埃尔·佩昂：《一位法国青年：弗朗索瓦·密特朗（1934—1947）》（*A French Youth: François Mitterrand, 1934—1947*），巴黎：法亚尔，1994年。

导言　眼花缭乱:希特勒、犹太人大屠杀与"不会消逝的过去"

书出版于1991年）。①这种记忆模式与美国的犹太人大屠杀记忆模式并非毫无相同之处。

有关法国人通敌的真实情况（甚至热情），是由1981年迈克·R. 马鲁斯(Michael R. Marrus)与罗伯特·帕克斯顿(Robert Paxton)的划时代研究《维希法国与犹太人》(*Vichy France and the Jews*)最终并完整揭示出来的。该书认为，"几乎毫无疑问的是"，维希政府在迫害犹太人方面，甚至做得比德国人要求的还要多。战争期间，从法国运出去的犹太人达到7.5万名，其中绝大多数是由法国警察逮捕的。在这些人中，只有3000人幸存下来。

随后，在1991年11月，一位法国纳粹猎手、法国犹太被驱逐者子女组织主席塞尔日·克拉斯菲尔德(Serge Klarsfeld)宣布，他已经在有关法国退伍军人部的地下室中发现了所谓的犹太人档案。这些档案据说是由巴黎警察编辑成册的，时间在1940年10月人口普查统计之后，其目的是为了识别法国的所有犹太人聚居情况。稍后，一个由职业历史学家组成的委员会则确认，真实档案已经在1948年被摧毁。不过，这一案例却让人们产生了众多质疑，如公众是否可以获得有关维希政权的官方档案？这些质疑在1994年变得更为激烈，因为当时索尼娅·孔布(Sonia Combe)在其著作《被封存的档案》(*Archives Interdite*)中，指责法国政府在档案服务中，限制公众获取有关维希的历史档案。她断言，短缺的基金资助以及"避免丑闻的特殊努力"联合起来，限制了公众获取

---

① 亨利·鲁索(Henry Rousso):《维希综合征——1944年以来的法国历史与记忆》(*The Vichy Syndrome: History and Memory in France Since 1944*),剑桥(马萨诸塞):哈佛大学出版社,1991年,各处。

24

导言　眼花缭乱:希特勒、犹太人大屠杀与"不会消逝的过去"

战时档案。①

20 世纪 90 年代初在法国举行的四场以"反人类罪"起诉的审判,也未能缓解上述问题。克劳斯·巴比(Klaus Barbie)是前里昂盖世太保头子,于 1992 年受审,罪名是逮捕 44 名犹太儿童,并将他们运送到奥斯维辛。1994 年,法国民兵组织领袖之一保罗·图维耶(Paul Touvier)在凡尔赛受审,罪名是在里昂附近的希勒拉帕普,组织杀害犹太人。1998 年,曾经负责监督从波尔多运出 2000 名犹太人的莫里斯·帕蓬(Maurice Papon)最终受审,并被宣判有罪。在此之前,他曾经在公共生活中拥有过颇为成功的事业。没有任何其他审判比勒内·布斯凯(René Bousquet)的审判更能吸引人的眼球。此人被指控在 1942 年 7 月与盖世太保合作,在巴黎组织了一场臭名昭著的围捕犹太人行动,1.3 万名犹太人被集中在维勒迪夫自行车运动馆,接着被押上开往法国境内转运营的船只,随后前往奥斯维辛。在这一案件中,引起人们特别争议的问题是,布斯凯在围捕行动中的角色,实际上早在 1978 年便被披露出来,但法国司法系统却耗费了十二年时间来处理此事。1993 年,布斯凯于受审前遭到刺杀。

同样,围绕法国总统弗朗索瓦·密特朗本人也存在着丑闻。1994 年,为总统写作传记的作家皮埃尔·佩昂(Pierre Péan)发现,密特朗既是法国抵抗运动的一位领袖,也是为维希政府效力的公务员——确切地说,他在 1943 年的几个月间同时拥有着双重身

---

① 迈克·R.马鲁斯与罗伯特·O.帕克斯顿:《维希法国与犹太人》,纽约:基础图书,1981 年。

导言　眼花缭乱:希特勒、犹太人大屠杀与"不会消逝的过去"

份。但密特朗总是拒绝承认他曾参与维希政权的事实,因为这令人十分尴尬——甚至比尴尬更糟的是,这将使他落入众目睽睽之下。上述发现无疑让他有关维希不是真正法国的断言被置于道德审视的灯光之下。直到1995年,法国才为其在犹太人大屠杀中的角色表示歉意——这已经是该事件发生半个世纪之后,远远落后于奥地利和德国。①

在这种背景下,美国法庭于20世纪90年代中叶对一系列案例进行了立案,目标直指法国公司曾经在"二战"期间利用犹太人的艰难处境并从中获利的问题(例如法国国家铁路与一些银行)。这一案件紧随与之相似的、在美国法院得以立案的瑞士银行保管大屠杀时期财产案之后。法国案件虽然遭到否决,但在1997年3月,阿兰·朱佩(Alain Juppé)领导下的法国政府却对此做出了回应,成立了马泰奥利委员会(Mattéoli Commission)来调查所有的证据。该委员会以国家资金雇用了120名研究者,并提交了有关犹太人在维希政权下相关经历的12份报告。其结果是,一个纪念基金会在2000年宣布成立,它获得捐赠资金24亿法郎(3.42亿美元),作为未来发还犹太所有者相关财产的赔偿金。这也是该国最大的慈善基金会。②

最后,在欧洲我们或许还会注意波兰。在波兰2007年的普

---

①　马鲁斯与帕克斯顿:《维希法国与犹太人》,第341页及以下诸页中提到,维希政府知道"最后解决方案"。

②　例如参见李·永诺维奇(Lee Yonowitch):"法国努力推动向犹太人发还被纳粹掠夺之财产"("France to Boost Efforts to Restore Nazi-looted Property to Jews"),《犹太新闻周刊》(*Jewish News Weekly*),1998年12月4日。

导言　眼花缭乱：希特勒、犹太人大屠杀与"不会消逝的过去"

选中，第二次世界大战成为了话题，或者说被卡钦斯基（Kaczynski）兄弟制造成一个话题。莱赫（Lech）成为总统，雅罗斯瓦夫（Jaroslaw）成为总理。二人将自己的国家引向一个极端民族主义的方向，同时与德国和俄罗斯开战。正如一位观察家指出的那样，波兰试图利用其在欧盟中的新身份，"扫荡所有第二次世界大战尚未完结的事情"。尤其是他们宣称，倘若纳粹没有杀害那么多人，波兰人口实际上会更多；因此，德国在索赔问题上"拥有道德责任"。①

如同所有上述最近发生之事所确证的那样，希特勒、纳粹主义和犹太人大屠杀已经违背了历史忘却与消化的所有正常规律。自1990年以来，官方道歉、赔偿以及对前纳粹分子的审判，已经明显比此前更为频繁。

行刑者之歌

在所有围绕犹太人大屠杀纪念的搅浑水之举中，没有比丹尼尔·戈德哈根（Daniel Goldhagen）的著作《希特勒的志愿行刑者：普通德国人与犹太人大屠杀》（*Hitler's Willing Executioners: Ordinary Germans and the Holocaust*，1996）更好的例子了。这本书在大西洋两岸都是畅销作品，凸显了作者所声称的"对为何是德国人而不是其他欧洲人将反犹主义的偏见转变为大屠杀这一问题的全新回答"。他论证说，德国人之所以如此为之，"不是因为他

① 《泰晤士报》，2007年10月13日，第52版。

导言　眼花缭乱:希特勒、犹太人大屠杀与"不会消逝的过去"

们受到强迫,不是因为德国人的顺从传统使得高层少数爱好幻想的人可以为所欲为,不是因为他们屈从于同辈战友们的压力,不是因为他们都是野心勃勃的投机分子,不是因为他们如同机器上的齿轮那样自动运行,不是因为他们倘若拒绝遵守命令便将面临死亡威胁。"[1]事实上,戈德哈根认为,德国人之所以杀害了数百万犹太人,是因为他们喜欢如此为之;而他们之所以喜欢如此,则是因为"他们的心灵和情感都已经被一种灭绝性的、对于犹太人的满腔仇恨所浸透。这种情感保存在德国政治文化中的时间也已数十年,甚或数个世纪"。他把对于犹太人的"酝酿已久的仇恨"视作19世纪德国的"文化准则",并且发现它造成的社会感觉是"(反犹主义是)常规之事"。他发现,1861—1895年,德国出版了19部著作号召人们对犹太人进行身体检查。如此一来,他"重新构思了"现代德国的反犹主义,将之置于一个新的框架中,即把反犹主义构想为"深刻反映在德国文化与政治生活及对话中,并融入到社会的道德结构里"[2]。

在1997年出版的该书平装版后记中,戈德哈根对精装版产生的批评进行了一些回应。他说,该书已经成为尖酸刻薄攻击的对象,批评来自记者与学术界,但是他们所提出的观点"包含着几乎所有的责难及其对本书内容的误读……批评者没有提出严肃的论

---

[1] 理查德·J.埃文斯(Richard J. Evans):《重读德国历史:从统一到重新统一1800—1996》(*Rereading German History: From Unification to Re-unification, 1800—1996*),伦敦:劳特利奇,1997年,第146页以及以下诸页。

[2] 丹尼尔·约翰·戈德哈根:《希特勒的志愿行刑者:普通德国人与犹太人大屠杀》,纽约:兰登书屋,1996年,第77页。

导言　眼花缭乱：希特勒、犹太人大屠杀与"不会消逝的过去"

辩观点，也没有用证据来支持他们的立场……他们没有如此为之，则是因为他们的论辩观点和证据都是不存在的"。他指出，另一方面，公众欢迎此书，它已经成为奥地利和德国的头等畅销书。他通过举行一系列专题讨论会研讨自己的观点以维持此书的热度，其批评者由此失分很多。①

为装帧此书封面而选择最佳书评是一回事：一个书籍护封的功能是卖掉这本书。不过，当人们讨论严肃辩论中的实际问题时，忽略曾经提出过的有说服力且关键性的批评意见，则完全是另一回事。在有关丹尼尔·戈德哈根及其著作的问题上，毫无疑问，他确实疏漏了大量事实——这表明，他完全罔顾那些获取尚有困难的数据。

职业历史学家指出的第一个问题是，尽管戈德哈根声称，他对理论有所创新，但显然并不新颖。该书的一个核心研究对象是101预备役警察营中的成员，其大部分上年纪的德国成员驻扎于德占东欧时，在一段相当长的时间内，负责枪杀了至少3.8万名犹太人。1992年，就在戈德哈根著作付梓前不久，北卡罗来纳大学的克里斯托弗·布朗宁（Christopher Browning）在查珀尔希尔出版社推出了《普通人》（Ordinary Men）一书，所研究的完全是同一支部队，但却得出了完全不同的结论。布朗宁发现，"普通人"确实被卷入到屠杀行动中，但是他接下来描述的是，这些预备役警察在首次接到屠犹命令后是如何感到震惊和惊讶的。他们的指挥官威廉·特拉普（Wilhelm Trapp）少校由于让那些并不情愿者参加执

---

① 戈德哈根：《希特勒的志愿行刑者》，第465页。

导言　眼花缭乱：希特勒、犹太人大屠杀与"不会消逝的过去"

行枪决命令而感到焦虑不安；其结果之一是，特拉普麾下的一位军官接受了调动命令。①

戈德哈根接下去提出，自从中世纪以来，德国已经深深坠入到反犹主义思潮中。但该论点同样遭到了攻击。正如对戈德哈根提出最严厉、最正式、最公平批评的理查德·埃文斯所言："倘若如戈德哈根所称，德国平民与精英们都已深深坠入到反犹主义思潮中，那么为什么在19世纪的进程中，犹太人在德意志全境都通过立法授权而确实获得了公民平等权？"弗里茨·斯特恩曾经把"德国犹太人"在19世纪的"擢升"描述为"欧洲史中最光彩夺目的社会飞跃之一"。在第一次世界大战之前，与德国相比，法、俄两国的反犹主义更严重。在法国，德雷福斯事件在30多个城镇激发了反犹主义暴动；在俄国，出现过690起有记载的屠杀事件，报告说有3000多名凶手，并造成10万人无家可归。在沙皇俄国，犹太人被安排居住在"定居区"内。与此相反，埃文斯记录下一个讲述故事的小插图——在图中，来自汉堡的酒吧监督员报告说，在社会民主党的基层支持者中，"的确没有"任何反犹主义情绪。进一步而言，即便在1930—1933年的选举中，鼓动大众支持纳粹分子的主要原因也不是反犹主义。威廉·艾伦（William Allen）曾经对一个德国城镇诺特海姆（Northeim）做过深入研究。他发现，从1928年开始，纳粹宣传事实上淡化了该党意识形态中的反犹主义观念，其中最有可能的原因是，反犹主义在选民中并不受到欢迎。倘若普通德国人如戈德哈根所坚持的那样持灭绝性态度，那么海因里

---

① 埃文斯：《重读德国历史》，第155页及以下诸页。

导言 眼花缭乱:希特勒、犹太人大屠杀与"不会消逝的过去"

希·希姆莱(Heinrich Himmler)何需将"最后解决方案"当作机密？希姆莱又为何总要抱怨"每个德国人都有他希望保护的犹太人"呢？①

戈德哈根引用了一个吸引人的证据,来证明流行的德国反犹主义,在德国,犹太人被反复指控"实行人祭"。他引用了彼得·普尔策(Peter Pulzer)所著《德国政治反犹主义的兴起》(*The Rise of Political Anti-Semitism in Germany*)中的一句话:"在德国与奥匈帝国,有12场这种类型的审判发生在1867—1914年。"但是,这并非是该书中的完整表述。戈德哈根省略了后面一句话:"其中11场虽然是陪审团审判,但仍以失败告终。"②戈德哈根还提到了托马斯·曼(Thomas Mann)。他说后者虽然长期充当纳粹的反

---

① 弗里茨·斯特恩(Fritz Stern):《文化绝望的政治:一项有关德意志意识形态崛起的研究》(*The Politics of Cultural Despair: A Study in the Rise of the German Ideology*),伯克利和洛杉矶:加利福尼亚大学出版社,1961/1974年,第202页。对于德国和四个欧洲国家(法国、英国、意大利与罗马尼亚)在1899—1939年反犹举动和大众媒体中的反犹观念所进行的比较研究表明,在1933年之前,德国人是抱有反犹主义态度最少的人群。威廉·I.布鲁斯坦(William I. Brustein):《仇恨的根源:犹太人大屠杀之前的欧洲反犹主义》(*Roots of Hate: Anti-Semitism in Europe Before the Holocaust*),剑桥:剑桥大学出版社,2003年,第六章。据此,到1933年为止,德国的人口统计都没有收集有关民族的任何数据。引自克劳迪娅·康茨(Claudia Koonz):《纳粹的良知》(*The Nazi Conscience*),剑桥(马萨诸塞):哈佛大学贝尔纳普出版社,2003年,第9页。弗里茨·斯特恩也告诉我们,阿图尔·默勒·范登布鲁克(Arthur Moeller van den Bruck)——此人所著的《第三帝国》(*The Third Reich*)曾经是魏玛共和国中文化悲观主义的经典著作——虽然有助于创造纳粹党苗壮成长的精神氛围,但是在其'一战'之前出版的许多著作中,却没有表露出任何反犹主义的倾向。(见第33章)

② 诺尔曼·G.芬克尔施泰因(Norman G. Finkelstein)和露丝·贝蒂娜·伯恩(Ruth Bettina Birn):《被审判的民族:戈德哈根的主题与历史真相》(*A Nation on Trial: The Goldenhagen Thesis and Historical Truth*),纽约:霍尔特,1998年。

导言　眼花缭乱:希特勒、犹太人大屠杀与"不会消逝的过去"

对派,但是他"仍然找到了一些与(他们)拥有共同语言的地方",曼曾经写道"……犹太人在司法机构中的消失……并不是一件天大的不幸"。弗里茨·斯特恩指出,曼的妻子卡蒂娅·普林斯海姆(Katia Pringsheim)便是犹太名门之女,而且上述引文中被戈德哈根所忽略的后面一句话是,曼对自己的想法深感厌恶,并且将之形容为"秘密的、令人不安的,极不自在的"①。

进一步损害戈德哈根学识的是如下事实:他以一种引人注意的方式错误翻译了一些德国人的短文。例如,他曾经引用了一首突击队成员写的诗,并且指出,这个人"努力让其工作融入到他的诗歌中,以便取悦所有人,他提到了'打碎头骨的一击'……毫无疑问,他们必定让犹太受害者已经亲身体验"。尽管这首诗确实属于极端反犹主义风格,但是引文中的词汇实际上指的是"打破坚果壳"。②埃文斯最后总结说(他只是众多做出下述类似总结的人之一):戈德哈根的著作"已经被学识上令人吃惊的败笔"所损害,这是以"狂妄矫饰的武断语言"写成的著作,暴露了一种"惴惴不安的自负情结",它是"对某种新奇现象加以夸张又支离破碎的妄语"。③

---

①　弗里茨·斯特恩:《爱因斯坦的德意志世界》(*Einstein's German World*),普林斯顿(新泽西):普林斯顿大学出版社,1999年,第276—278页。
②　芬克尔斯坦和伯恩:《被审判的民族》,第139页。
③　埃文斯:《重读德国历史》,第164页。戈德哈根对反犹主义意味着什么避而不谈。正如克莱夫·詹姆斯(Clive James)在其有关奥地利犹太剧作家阿图尔·施尼茨勒(Arthur Schnitzler)的文章中指出的那样:"倘若他在(维也纳的)大厅中迎合了反犹主义,那么他几乎可以走进任何其他厅堂。"《文化健忘症:我这个时代的页边注释》(*Cultureal Amnesia: Notes in the Margin of My Time*),伦敦:皮卡多,2007年,第684—705页。

导言　眼花缭乱:希特勒、犹太人大屠杀与"不会消逝的过去"

但《希特勒的志愿行刑者》正好契合了诺维克所说的观点。我们(或戈德哈根)的历史意识不再对犹太人大屠杀的穷凶极恶性或独一无二性感兴趣,而是越来越指向其发生的原因,认为它不是由希特勒独自引起的,也非希特勒的精英同伙干的,抑或党卫队所为,而是所有德国人的罪责,其中也包括普通德国人。之所以所有德国人都会如此,则是因为在整个历史发展中,德国总是反犹主义的,并且远胜于其他任何国家。这种推理几乎等同于认为,犹太人大屠杀在德国是不可避免的。

同样,此事迫使我们去关注应该审查与批判的现象,去关注德国人(与其他民族相比)曾经犯错的地方:元历史(meta-history)的写作——我所说的"元历史"是指通过简单而包罗万象的理论去理解过去的努力——实际上如雅各布·布克哈特(Jacob Burckhardt)所言,等同于"危险的简单化"。

"戈德哈根事件"为我们呈现了历史书写如何受到歪曲的过程。倘若考虑到作者造成的歪曲与疏漏,任何人都有权怀疑,他是否没有理解大屠杀开始前的过往和其将要发生的时期,甚至进一步地怀疑作者是从其结论入手,随后发现这些"事实"以应对自己的理论。戈德哈根的成果当然不像英国街头小报那样粗糙,但是它的确存在着类似的过度糟糕的品质。正如弗里茨·斯特恩发现的那样:"该书也重振和复兴了早先的偏见:美国人、特别是犹太人中潜在的反德情绪;以及在德国人中的一种感觉,即认为犹太人在纪念犹太人大屠杀时有着一种特殊利益,由此德国人被固定为其

导言　眼花缭乱：希特勒、犹太人大屠杀与"不会消逝的过去"

历史的囚徒。"[1]正如德国历史学家K. D. 布拉赫尔（K. D. Bracher）已经指出的那样，德国的所有现代发展都不可避免地与第三帝国所发生的事情联系起来。对于绝大多数人而言，在此时段之前的德国，简直不复存在。

尽管人们对所有一切感到惊奇，但在两位英国观察者伊恩·克肖（Ian Kershaw）和史蒂夫·克劳肖（Steve Crawshaw）看来，还存在着另一种视角。尤其在电视时代，历史既是一种有关事实的学问，也是有关认知的学问。不仅在世界范围内，而且在其他西方国家中，有关德国的错误呈现或无知，体现在1968年种种事件中。布拉格之春、1968年5月的巴黎学生骚乱以及发生在法国各地的暴动、美国大学学生静坐，所有这一切都被人很好地记住了。然而被人极少记住的——甚或根本没有被人记住的——是同年在德国所发生的事情。这些事情被详细记录在本书第41章中。在这里，我们只需要指出，在德国，1968年见证了新一代的出现，他们是上一代的儿女们（六八年一代［die Achtundsechsiger］），直面他们父母的"褐色"过去以及他们与纳粹的牵连。这是德国的一场真正的大变动。它是紧随战争结束而出生的那代人所发起的激情昂扬而又严肃认真的努力。他们迫使这个民族直面自己的过去。许多德国人相信，他们开始"前行"，现在已经很好地摆脱了这一创伤。当然，并非每一个人都同意这一切已然发生（巴德尔-迈因霍夫［Baader-Meinhof］*的暴力行径持续了几乎整个20世纪70年代，

---

[1]　弗里茨·斯特恩：《爱因斯坦的德意志世界》，第287页。

*　也称"红军旅"（*Rote Armee Fraktion*），是20世纪70—80年代活跃于当时联邦德国的极左翼恐怖主义组织。——译者

导言　眼花缭乱：希特勒、犹太人大屠杀与"不会消逝的过去"

"历史学家之争"直到20世纪80年代才爆发，德国小说家在21世纪初仍在描写战争，老一代德国人把青年反叛行动描述为一种神话以至于让年轻人对前辈心怀嫉妒——而不论他们是否拥有一段褐色的过去——老一辈曾制造了"经济奇迹"这样的一段胜利），但是，克肖与克劳肖却认为，这一点有助于解释"戈德哈根现象"。尽管戈德哈根的书在许多知识渊博的批评家那里受到质疑，但它仍然在公众中广受好评。他们指出，该书有助于年轻一代（即纳粹分子的孙辈们）与过去打交道。"接受任何乃至所有对旧德国的攻击，为现代德国提供了一把标尺，以此让德国人自己记住，他们确实直面了可怕的过去，并有助于抵消过去所产生的恶魔。正好一代人之后戈德哈根成为了德国自我辩论场上的一个选手。其辩论的细节——无论是否站得住脚——与其说对德国人很重要，倒不如说体现了他对德国人的高要求。"2002年，一本第三帝国家庭讨论的社会学分析著作出版，题目为《爷爷不是纳粹》(*Grandad Wasn't a Nazi*)。该书"令人不安地"揭示了如下现象：德国儿童倾向于"毁灭"那些证明其祖父（与纳粹）难脱干系的证据，"即便这些证据已被发现，而且毫无争议"。①

与此同时，比他们年长的人却对战争越来越感兴趣。伍尔夫·坎施坦恩(Wulf Kansteiner)对德国电视进行了研究，特别是德国二台的广播节目和吉多·克诺普(Guido Knopp)的纪录片。他发现，与其他主题相比，关于"最后解决方案"的节目长度从1964年每年100分钟不到已经增长到1995年的1400多分钟，尤其在

---

① 克劳肖：《一个更宽容的祖国：德国与21世纪》，第144页。

导言　眼花缭乱:希特勒、犹太人大屠杀与"不会消逝的过去"

1987年后观众的兴趣增长明显。坎施坦恩认为,在20世纪80至90年代,德国出现了一场"记忆革命",德国人"重新找回并重新确立了他们的历史"。在1995年左右,还出现了一次"重新打包纳粹过去"的事件。在奥斯维辛被解放五十周年之际,犹太人大屠杀研究被重新定位。当时,作为"虚幻目标"的正常化,已经变成了一种"真实有形的现实"。这一点在本质上如同赫尔曼·吕贝(Hermann Lübbe)所言:"随着与纳粹过去的时间距离越长,第三帝国的记忆已经得到增强。"这一关键性的十年,这个转折点,再次指向20世纪90年代。

德国内部何以在面对其过去时存在上述延迟的现象?其中一种解释来自A.迪尔克·摩西(A. Dirk Moses)。他是悉尼大学的一位历史学家(尽管他也曾在弗赖堡大学工作过)。他给出的解释是"代际原因"。其研究成果出版于2007年。本文第41章将对此加以更为细致的讨论。摩西参考了大量书目。他认为,在德国,被界定为"四五年"一代的人出生于20世纪20年代末,在30年代第三帝国期间社会化,到1945年达到成年人的标准。这一代人除了纳粹主义外,毫无其他社会政治体验,但又不认为其个人应该为暴行负责(因为他们当时还未长大,不足以制造这些暴行)。不过在此之后,这一代人返回到家庭生活与工作的"私人空间"中,他们同其父辈之间的精神斗争并没有得到解决;他们"在精神上"与希特勒"划清界限",把自己投入到重建国家的工作中,对纳粹时代发生的事情保持缄默——以免中断重建的使命。他说,这一点意味着到20世纪60年代该国大部分仍然同纳粹主义最后一年的情形相同,亦即等级制与极权主义的思想继续存在,而这种"沉默的大多

导言　眼花缭乱:希特勒、犹太人大屠杀与"不会消逝的过去"

数""记住的是纳粹主义对他们自己带来的痛苦,而非这一思想给其他受害者带来的痛苦"。进一步而言,许多年轻一代感到,受过教育的中产阶层是"以一种特别致命的方式"体现出这些症状。他说,以上所有一切都很好地保留在1967年由两位精神分析学家亚历山大·米切利希(Alexander Mitscherlich)与玛格丽特·米切利希(Margaret Mitscherlich)写就的《无力悲伤》(*The Inability to Mourn*)所描述的画面中。该书提出,即便到晚近时期,德国仍然被一种"精神上的墨守成规心态"所固化,无法接受它在纳粹主义罪行中的责任,因为此举将使人感到羞愧,并达到让"继续生存的自尊心"变得无法维系的地步。

这种"精神分析式的"解释似乎很有道理。与此同时,波茨坦军事研究所在其"德国与第二次世界大战"研究2008年付梓的第9卷为该事件提供了两个新视角。首先,这一着重于细节研究的项目(第9卷长达1074页)否定了任何残留下来的疑虑,即认为,第三帝国中的"几乎任何一个德国人"都知道正在犹太人身上发生的事情。现在,证据铺天盖地,例如在汉堡发生的公开拍卖活动中,3万户犹太家庭的财产被卖给10万名成功的竞拍者,再如不来梅的囚徒们曾经暴露在众目睽睽之下,特别是在清除轰炸造成的废墟时,由于他们所穿的囚服,被人称为"斑马";再如科隆莱茵河上的船只装满着犹太人,在空袭刚刚结束后,便来清除轰炸造成的废墟;再如杜塞尔多夫所发生的事情,那里的市长要求被监禁的犹太人工作更努力一些。历史学家们得出的结论是,在这场战争结束后,德国出现了一种"集体沉默",从而保护了那些曾经参与第三帝国罪行的前纳粹分子,"因为在1945年前,每一个人都曾经以

导言　眼花缭乱:希特勒、犹太人大屠杀与"不会消逝的过去"

各种方式,从纳粹政权中获益"。与此同时,正如马克斯·黑斯廷斯(Max Hastings)在一篇针对该书的书评中所言,这项研究是对新一代德国人做出的"值得关注的贡献",特别是对那些在战争结束很久之后出生的人——他们最终做好了准备,去编辑有关第三帝国的完整而客观的画面,以一种其他国家极少能够采取的方式,来对其父辈一代加以评判。①

德国的"错误转向"

在犹太人大屠杀将其影响施加在历史写作以及我们对过去之认识的过程中,还存在着一种终极感受。就总体而言的纳粹分子,特别是犹太人大屠杀,是如此极端、如此独一无二(当然诺尔特教授、希尔格鲁贝尔教授和迪瓦尔德教授正是这么提出的),以至于在一些人的看法中存在着这么一种倾向:把过去二百五十年中的每一段历史都视作通往犹太人大屠杀的插曲,似乎(如戈德哈根所暗示的那样)现代德国发生的所有事件和观念之巅峰就是犹太人

---

①　坎施坦恩:《追寻德国记忆:奥斯维辛之后的历史、电视广播和政治》,第104、109、116、210页。A.迪尔克·摩西:《德国知识分子与纳粹历史》(*German Intellectual and the Nazi Past*),剑桥:剑桥大学出版社,2007年,特别是第55—73页。亚历山大与玛格丽特·米切利希:《无力悲伤:集体行为的基础》(*Die Unfähigkeit zu trauern: Grundlagen kollektiven Verhalterns*),慕尼黑:皮珀,1967年。拉尔夫·布兰科(Ralf Blank)等:《战时德国社会,1939—1945:政治化、崩溃以及为生存而挣扎》(*German Wartime Society 1939—1945: Politicization, Disintegration, and the Struggle for Survival*),戴利·库克-拉德莫尔(Derry Cook-Radmore)译,牛津:克拉伦登出版社,2008年。马克斯·黑斯廷斯:"德国直面纳粹历史"("Germans Confront the Nazi Past"),《纽约书评》(*New York Review of Books*),2009年2月26日—3月11日,第16—18页。

导言　眼花缭乱:希特勒、犹太人大屠杀与"不会消逝的过去"

大屠杀。这一点还产生了进一步影响,亦即正因如此,正因纳粹主义和犹太人大屠杀的那种特性,现代德国的历史不可避免地被视作政治史,其中包括国内外政策的模式与结果、政治事件、外交事件和军事事件。在这里,犹太人大屠杀的那种存在,再次产生了一种狭隘化与收缩化的影响力。

最重要的例证是德国历史学家汉斯-乌尔里希·韦勒(Hans-Ulrich Wehler)的著作。在1998—2003年,他出版了大部头的四卷本研究著作。在该书中,他进一步推进了下列观点,即认为,德国之所以在1933年"坠入野蛮中",并非是如其他历史学家时常指出的那样,源于其位于欧洲中心以至于威胁所有邻国的地理位置,而是在于"特殊道路"(Sonderweg)——在19世纪中叶到20世纪中叶之间,在德国社会发展出现代性的过程里,它采取了这条"特殊道路"(著名历史学家利奥波德·冯·兰克最早在1833年就谈到了一条德意志特殊道路)[①]。在这种观点看来,德国在一些步骤上采取了"错误转向"。一种思想认为,这条异常之路起始于中世纪碎片化的帝国。另一种则认为,马丁·路德必须遭到谴责,正是他激烈拒斥罗马,才导致德国发生了致命性的转向。随后,第三种观点提出,德国哲学家(从伊曼努尔·康德开始)仅仅以一种狭隘而学术化的方式去考虑自由观念,从而只关注观念领域,却把政治降低到一种无关紧要的角色。

[①] 埃文斯:《在希特勒的阴影下:联邦德国历史学家与逃离纳粹过去的企图》,第12页。利奥波德·冯·兰克:"论列强"("Die grosse Mächte")收入其著作《普鲁士史》(*Preussische Geschichte*),威利·安德鲁斯编,威斯巴登:1833年,第1卷,第16页。感谢维尔纳·普芬宁(Werner Pfenning)的提示。

导言　眼花缭乱:希特勒、犹太人大屠杀与"不会消逝的过去"

　　韦勒认为,看上去更有道理的是德国史上那种独特的政治特性与历史事件。在三十年战争中,德国在根本上遭受到蹂躏,基础设施受到破坏,人口锐减,耗费数代人才得以恢复。进一步而言,例如在17世纪,当英国议会精英们已经获得了凌驾于斯图亚特王朝的权力时,普鲁士的市镇财富却受到大选侯(the Great Elector)*的控制。①这种论调继续指出,在稍后的舞台上,即在1848年,德国资产阶级在其从贵族手中夺取政治权力的斗争中败北,未能如1640年英国资产阶级或1789年法国资产阶级那样完成使命。这正是A.J.P.泰勒(A.J.P.Taylor)著名的历史转折观:"在这一点上,历史未能出现转折。"正因如此,普鲁士贵族阶层继续维持了它的社会政治霸权。它继续用一种保守主义式的"自上而下的革命"来巩固自己的影响力。正是在这种革命中,(在普鲁士的主导下)从1866年到1871年,德国实现了统一。尽管工业化引起了社会变革,使之对上层始终施加着越来越大的压力,但是,军队、公务员和帝国管理层仍然把权力的重要岗位都垄断性地控制在自己手中,使他们自己能够牢牢把控政府。这些努力又因为一种"资产阶级的封建化"而得到加强——亦即资产阶级醉心于模仿贵族阶层的生活方式,如决斗、争取头衔,以及拒斥民主制与议会制这一最受人批判的举动。这种特殊道路的第三种表现发生在大型工业联合企业领域中。1873—1896年发生了"大萧条"。其结果之一是这些工业巨兽们寻求同其他大型企业(以卡特尔的方式)进行

---

*　指普鲁士的弗里德里希·威廉(Fridrich Wilhelm,1620—1688),首位勃兰登堡选侯。——译者

①　梅尔:《不能克服的过去》,第103页。

导言　眼花缭乱:希特勒、犹太人大屠杀与"不会消逝的过去"

联盟,或寻求与政府结盟——此举让后者干预的可能性急剧增加。[①]韦勒认为,这种策略让德国从自由竞争的资本主义(如同法国、英国、美国以及其他地方都出现的形式)转变到"组织化的、由寡头垄断的资本主义"。

韦勒的观点是一个令人印象深刻且条理清晰的理论。它富有争议性,但却以最好的方式引发了思考与进一步研究。而且事实上不少研究也得益于此。德国的历史学家们恭维韦勒在研究德国中间阶层历史方面建立起一个综合性的研究派别。该派别以比勒菲尔德(Bielefeld)为中心。

"特殊道路"是有关德国内外利益的理论。最早的一些批评声音来自外国学者。这部分是因为在韦勒把英国的政治发展及其通往现代性的道路视作"正常模式"时——英国内部却出现了有关该国何以成为"欧洲病夫"的争论。正因如此,当英国的两位现代史教授(他们两人都曾在美国任教)出版《德国历史的特殊性》(*The Peculiarities of German History*)时,并非一件令人感到十分惊奇的事。该书正是对特殊道路论的全面批判。大卫·布莱克本(David Blackbourn)和杰弗里·伊利(Geoffrey Eley)辩称,根本没有任何通往"现代性"的普遍道路;每一个国家都拥有自己建立在一连串特殊因素混合基础上的独特经历。这些混合因素的存在,其本身是所有国家的共性——但是其比例和相互关系却是彼此各异的。他们同时指出的事实是,德国工业曾经创造出非常现代的技术(参见第17—20章)——那么,倘若这样的工业是一种实践性

[①] 埃文斯:《在希特勒的阴影下》,第13页。

导言　眼花缭乱:希特勒、犹太人大屠杀与"不会消逝的过去"

的、创新性的成功,它又怎么是落后的呢?学术领域也是如此:倘若19世纪的德国为我们带来了许多新学科(如细胞生物学、社会学、非欧几里得几何学、量子物理学和艺术史),那么德国的教授们又怎么会墨守成规呢?[①]

起初,韦勒拒绝接受这些(以及其他)批评。但是,当他出版其历史丛书的最后一卷时,却完全修改了自己的理论。正如一位批评家指出的那样,韦勒的理论,现在被一个包含12种观点的罗列所取代。"在该观点罗列中,德意志帝国的经历仍然是西欧国家中独一无二的。"这一点体现在军队、立法机构、公务员系统、劳工运动、贵族权力上——换言之,作为一种事后产生的想法,韦勒认为,在严格意义上的政治问题中,天主教会与受过教育的中间阶层——即所谓"教化之民众"(Bildungsbürgertum)——扮演了重要角色。"因此,(韦勒)放弃了特殊道路论中的核心要素——亦即认为,社会与政治都没有实现现代化。现在,整个理论都集中在政治领域。"[②]

[①] 梅尔:《不能克服的过去》,第107页。1871年2月,德意志帝国在凡尔赛宫宣告成立的三周后,本杰明·迪斯雷利(Benjamin Disraeli)这位当时英国反对派领袖在国会下议院说,德国统一将是"比法国革命更为重大的政治事件",欧洲的权力平衡"被完全摧毁,而新平衡却遥遥无期"。瓦尔特·杜斯曼(Walter Dussman):"俾斯麦时代"("Das Zeitalter Bismarcks"),《德国历史手册》(Handbuch der deutschen Geschichte),美因河畔法兰克福:雅典城邦学术出版社,1968年,第2卷第2部分,第129页。理查德·明兴(Richard Münch)同样比较了美国、英国、法国与德国的启蒙运动之发展。其结论是,尽管对于现代之内涵,仍然存在许多差异,但以下四点因素是决定性的:理性主义、行动主义、个人主义、普世主义。参见其两卷本的《现代文化》(Die Kultur der Moderne),美因河畔法兰克福:祖尔坎普,1986年。感谢维尔纳·普芬宁的提示。

[②] 埃文斯:《在希特勒的阴影下》,第17页。

导言　眼花缭乱:希特勒、犹太人大屠杀与"不会消逝的过去"

　　韦勒重要著作的许多论述还将在后文中提及。不过,现在需要大家记住的是,无论其理论多么成功,或者受到怎样的评价,它首先是一种试图去解释德国历史特殊(独特)道路的努力。这是一条通向现代性的**政治**道路,这种现代性导致了纳粹主义、极端行为与犹太人大屠杀。正如理查德·埃文斯一再强调指出的那样,这一点导致韦勒——就算没有使他的著作扭曲失真——忽略了大量重要且相关的材料,这和对戈德哈根、诺尔特、希尔格鲁贝尔以及英国中学历史课程大纲的批评意见并无不同。①

　　希特勒与犹太人大屠杀正在吸引着这个世界——在我看来,它已经达到了让我们否定德国历史其他重要方面的程度。我们绝不可忘记犹太人大屠杀——这一点是毋庸置疑的——但是,与此同时,我们也必须学会翻过它去看历史。美国犹太历史学家查尔斯·梅尔写道:"从历史中收益的努力(让犹太人大屠杀保持生机活力)是存在缺陷的……尼采曾经担心历史会干扰生活……难道可以存在如此之多的记忆吗?"②

德国的文化"特殊道路"

　　正如马丁·瓦尔泽(Martin Walser)的行动所表明的那样,与德国的过去彻底决裂是不可能的。瓦尔泽与海因里希·伯尔(Heinrich Böll)、君特·格拉斯(Günther Grass)三人,是德国战

---

① 埃文斯:《在希特勒的阴影下》,第141页。
② 梅尔:《不能克服的过去》,第161页。

后杰出的作家。1998年,他曾发表过一次演说,指责那些把奥斯维辛视作"道德俱乐部"、让德国不断回想过去的人。他认为,尽管他"从来不愿意离开受害者一边",但是他倾向于在私下里哀伤与回顾过往。那些能够赞同这一立场的人在获悉他的新小说《批评家之死》(*Tod eines Kritikers*)被谴责为一部反犹主义小说后一定很忧虑。

其他插曲则表明,纳粹历史继续干扰着德国的生活。更为年轻的现代小说家——如W.G.泽巴尔德(W. G. Sebald)和伯恩哈德·施利克(Bernhard Schlike)——的作品关注的是,这场战争或者对于这场战争的记忆仍然决定着人们生活的色彩(参见第42章)。2008年,《法兰克福周日汇报》(*Frankfurter Allgemeine Sonntagszeitung*)的文学编辑兼特辑部主任福尔克尔·魏德曼(Volker Weidermann)出版了《焚书之书》(*Das Buch der verbrannten Bücher*)。该书细致地研究了那些在1933年5月10日柏林火刑庆典中被纳粹分子焚毁其著作的作者们。几乎在同一时间,原定把铁十字勋章重新确立为颁发给勇士的军事奖章之计划被撤回,因为这种奖章看上去与纳粹的联系过于紧密。同样,2008年初,出版一本《我的奋斗》(*Mein Kampf*)权威最终版的计划遭到议论。这种议论旨在阻止极右翼团体利用该书为其自身目的服务的企图。正如《福克斯》杂志所观察的那样,德国永远在"清白权利与记忆责任"之间走钢丝。①

的确如此。而且可以想象的是,在可见的未来,这些行为还将

---

① 克劳肖:《一个更宽容的祖国:德国与21世纪》,第202页。

导言　眼花缭乱：希特勒、犹太人大屠杀与"不会消逝的过去"

持续存在。但是，尽管它无法做到取悦每个人，本书仍然坚持认为，倘若我们回头看，越过希特勒与大屠杀，那么会发现，那是一段令人振奋的时代。与第三帝国相比，现代德国拥有的面相还有很多。从这段历史中，我们还能得到重要的教益。从巴赫的华丽曲风到当今教皇的神学，我们被来自德国的观念所包围。

上述辩词还应该被下述观察所调和：就英国而言，德国及其成就之所以被淡化以及（或者）不被认同，还存在其他理由。正如尼古拉斯·博伊尔（Nicholas Boyle）已经指出的那样，英语读者在评估德国文学时得不到帮助，因为他们缺少自己同时代的文学作品来做比较："德国最伟大的文学繁荣期是从1780年到1806年左右——而这在英国文学史上，却是相对平静的时期；同样，在法国也是如此。"[①]进一步的因素是，18世纪90年代的混乱——法国大革命与拿破仑战争造成的后果，也把人们的注意力从许多杰出的德意志人身上移开。在德国，旧制度已经结束，取而代之的社会"既是特别德意志的，又明显是后革命类型的"，中产阶级并非是工业资本主义（直到19世纪中叶才出现）的，而是带有维多利亚女王时代特征。但是，这种事实却导致产生了理解的分歧，而且这种分歧从来没有完全被修补过，纳粹的暴行也对这一分歧加以利用并使其加剧——这将在本书中得到讨论。

即便没有希特勒，没有大屠杀，传统的德国史大体上也只讲述了一个单向度的故事。如同现在对它的处理，历史从本质而言，就

---

① 尼古拉斯·博伊尔（Nicholas Boyle）：《歌德：诗与时代》（*Goethe：The Poet and the Age*），第一卷《希望之诗（1749—1790）》（*The Poetry of Desire* [1749—1790]），牛津：克拉伦登出版社，1991年，第4页。

导言　眼花缭乱：希特勒、犹太人大屠杀与"不会消逝的过去"

是一种德国观念（参见第12章）。德国所有的伟大历史学家们，从利奥波德·冯·兰克到弗里德里希·迈内克（Friedrich Meinecke，1862—1954），都争辩说，德意志民族国家的创建和维系是"漫长"19世纪（1789—1914）的"宏大故事"。倘若我们考虑到这些年德国所发生的政治变化，那么，在某种程度上，我们可以理解如此之多的历史学家接受这一观点的理由。但是，在更为根本的意义上，必须响亮而清晰指出的一点是，这仅仅是画面的一半而已。当政治叙事正在徐徐打开时，另一个同样戏剧化的、同样重要的、同样令人印象深刻的故事却仍然在形成之中。托马斯·尼佩代（Thomas Nipperdey）在其权威性的德国史著作中总结说，音乐、大学和科学是使该国在19世纪得到赞誉的三个伟大成就。从1754年约翰·约阿希姆·温克尔曼（Johann Joachim Winckelmann）出版开创性的《古代艺术史》（*Geschichte der Kunst des Altertums*），到1933年诺贝尔物理学奖被授予埃尔文·薛定谔（Erwin Schrödinger），德国已经从西方国家中的无名小卒成长为（从学术上而言的）决定性力量——它在观念领域中，比法国、英国、意大利或荷兰更有影响力，甚至超越了美国。这种令人瞩目的转型正是《德国天才》一书的主题。

但是在这里，警示之语仍然是必要的，因为情况远比最初看起来更为复杂，特别是对于非德意志人而言。本书是一部文化史著作。它研究的是在普通英国读者、法国读者、意大利读者、荷兰读者或美国读者所理解的"文化"领域中德国取得的成绩。在本书开头，首先必须指出的是，对于德国人而言，在传统上，"文化"这一概念完全不同于其他国家对此概念的理解。事实上，很多人认为，正

导言　眼花缭乱:希特勒、犹太人大屠杀与"不会消逝的过去"

是对"文化"所进行的历史理解存在着差异,才在事实上导致产生了德国真正的"特殊道路"。因此,在我们开始正文之前去思考这种差异性,仍然是有意义的。

柏林自由大学社会学教授沃尔夫·莱佩尼斯(Wolf Lepenies)以及在普林斯顿高等研究院工作数年之久的那些学者,最近业已对这种差异性进行了彻底研究。因此,我们可以这样认为,这些研究已经有别于上述两种观点。莱佩尼斯的著作《德国历史中的文化诱惑》开宗明义地引用了诺贝特·埃利亚斯(Norbert Elias)在1996年以英语出版的《德国人》(*The Germans*)一书中的话:"镶嵌在德国词汇'文化'中的含义也许是非政治的,甚至有可能是反政治的偏见,这是反复出现在德国中产阶级精英中的症候,即政治与国家事务代表着他们引为羞耻、缺乏自由的领域,而文化则代表了他们的自由之邦,而且代表了他们的尊严与骄傲。在18世纪与19世纪的一些阶段,中产阶级'文化'概念中的反政治偏见将矛头指向了王公贵族的独裁政治……在此之后,这种反政治偏见的矛头则转向民主国家的议会政治。"[①](该书在德国出版于1989年,正好在埃利亚斯去世前一年。)而且,这一点也体现在德国人热衷于区分"文明"与"文化"的举动中。"在德语用法中,**文明**指的是有真正用途的事物,但无论如何,其重要性只能屈居**第二**,它只是由人类的外部表现和人类生存状态的表象组成的。最令德国人引以为豪、用以阐释其自身成就与自身存在状态的词汇则是**文化**。"莱佩尼斯接下去继

---

① 沃尔夫·莱佩尼斯(Wolf Lepenies):《德国历史中的文化诱惑》(*The Seduction of Culture in German History*),普林斯顿(新泽西)和牛津:普林斯顿大学出版社,2006年,第4页。

续引用说,"法语和英语中的**文化**概念也能指涉政治和经济、技术和运动、道德与社会现实,而德国的**文化**概念则在本质上指向思想、艺术和宗教事实,而且还拥有一种倾向,即在此类事实和另一类政治、经济和社会现实之间,画出明确的分界线。"①

特别在19世纪,科学就其那种特质而言,与机械、商业及工业构成了自然联盟。与此同时,科学尽管取得了巨大成就,但是它仍然遭到了艺术家、哲学家和神学家们的轻视。在英美等国中,在很大程度上,科学与艺术看起来像同一块硬币的两面,共同构建知识精英。但是在19世纪的德国,这一景象却极少出现。

"文化"(Kultur)与"文明"(Zivilisation)之间的区分,又被第二种对立所加强,即"**精神**"(Geist)与"**权力**"(Macht)之间的区分。它们分别指的是知识或精神努力的领域与权力及政治控制的领域。

C. P. 斯诺(C. P. Snow)讨论20世纪50年代的英国时提到"双元心态"。换言之,德国传统上也受到这种心态的困扰,而且只会比英国的更为严重。斯诺所辨识出的两种文化指的是"文学知识分子"的文化和自然科学家的文化——在他看来,两者存在"明显的相互不信任感,而且互不理解"。斯诺指出,文学知识分子在政府与更高的社会圈中控制着权柄。这意味着只有那些拥有(所谓)古典学、历史和英国文学知识的人才是可资教育的对象。但是,德国的分野并非完全一样。在这里,社会学家与政治学家们被人们同科学家们混杂在一起,作为"文明"的表现,反对"文化"——

---

① 莱佩尼斯:《德国历史中的文化诱惑》。在德国,学术、艺术、文化、生活方式(纯粹的生活方式)以及文明之间完全不同。

导言　眼花缭乱:希特勒、犹太人大屠杀与"不会消逝的过去"

当然,这种分野仍然来自同样的思维习惯,甚至更为深刻。

还有更多远胜于此的表现。莱佩尼斯说,德国对"文化"的诉求伴随着对日常政治生活的"轻视之情"。而且德国人对"文化"的诉求,建立在对"'德国精神'的深层的不关注政治之天性"的信仰之上。他指出,从19世纪末开始,这滋生了德国的一种想法,亦即它作为一种"文化民族"(Kulturnation)的存在,优越于那些仅仅"文明化的"西方国家。在德国,对于政治的"陌生与漠视"所导致的结果比其他地方更为明显地表现出来。与文化相连,以此来牺牲政治、代替政治,这种态度"始终成为贯穿德国历史的一种盛行的态度——从18、19世纪魏玛的光荣岁月开始,直到共产主义结束后两德重新统一,即便现在其形式更为弱化"①。德国的文化成就、认为自己曾经走过一条特殊道路的信念,"总是诗歌与思想家国度中的一个自豪理由。由德意志唯心主义、魏玛古典文学和音乐中的古典及浪漫主义风格所形成的精神王国,比政治国家的建立,要早一百多年。它们赋予个人以一种特别的自尊心,使之得以从政治中撤退,转入到文化和私人生活中。文化被视作政治的一种高贵替代品"②。其他许多观察家业已评论过德国的精神性本质特征,即"对于政治的陌生和漠视"。一些人走得更远,说这就是两次世界大战造成"噩梦般后果"的原因之一。德国人登上了托马斯·霍布斯的船,而非约翰·洛克的。基于这种考虑,那么,过去确实在德国出现过一种特殊道路,不过这条特殊道路是文化性的,

---

① 莱佩尼斯:《德国历史中的文化诱惑》,第6页。
② 同上书,第5页。

导言　眼花缭乱：希特勒、犹太人大屠杀与"不会消逝的过去"

而不是政治性的——正如韦勒所声称的那样。卡尔·兰普雷希特（Karl Lamprecht）早在1891年出版的《德意志史》（*German History*）中也是如此评论的。[1]

美国杰出的德国史学家戈登·克雷格（Gordon Craig）注意到相同的趋势。[2]"在德意志帝国，艺术家们的疏离感……很大程度上是他们自觉自愿的。与法国相比，德国艺术家在面对真实世界、权力世界和政治时，总是抱有一种矛盾的态度。他……被一种信念所挤压，即认为，参与政治，甚或撰写有关政治的文章，都是其天命的减损。对于一位艺术家而言，内在世界远比外在世界更属真实……1870—1871年的事件也未能成功动摇他们的冷淡。对法战争的胜利和德意志国家的统一，未能激发文学或音乐或绘画方面的伟大作品……"。克雷格在谈到19世纪末的自然主义作家和画家时，补充指出，他们"从来没有关注帝国体制内固有的政治危险。实际上，当这些危险……在威廉二世统治下……变得越来越清晰可见时……该国大多数小说家和诗人却移开了视线，退缩到'内心世界'（Innerlichkeit）中——当现实世界对于他们而言变得过于混乱时，这种'内心世界'总是他们的天堂"[3]。

1914年10月4日，第一次世界大战爆发两个月后，93名德国知识分子发表了一份宣言，即《九十三人宣言》，题为"致文化世界"

---

[1] 亦可参见弗里茨·斯特恩（Fritz Stern）：《我所知的五个德国》（*Five Germanies I Have Known*），纽约：法勒、斯特劳斯、吉鲁，2006年，第16页。

[2] 亦可参见莱佩尼斯：《德国历史中的文化诱惑》，第24页。

[3] 戈登·克雷格（Gordon Graig）：《德国人》（*The Germans*），纽约：默里迪恩，1991年重印，帕特南初版：1982年，第214—218页。

导言　眼花缭乱：希特勒、犹太人大屠杀与"不会消逝的过去"

("An die Kulturwelt")。在宣言中，知识分子们维护了帝国的行动，抵制了外界批评声音。在这些人中，有画家马克斯·利伯曼（Max Liebermann）、实验心理学创始人威廉·冯特（Wilhelm Wundt）。这些个体清楚地表明，他们不把战争视作一场针对德国军国主义的运动，而是从根本上将之视作针对德意志文化的一次进攻。"未能被外界所理解的是，德国的军国主义与德意志文化是不可能彼此分离的……本宣言的签字者发誓，他们将作为一个文化民族（Kulturvolk），为了歌德、贝多芬和康德的遗产等这些如同德意志国土一般神圣的东西而战斗……德意志的统一不是通过政治而是通过文化实现的。""九十三人宣言"说，德意志思想是欧洲精神不可或缺的组成部分，"正是因为它与那些适合如英法一类国家的价值观与观念如此不同。德国人坚持认为，文化与文明之间的差异性是不可逾越的"[①]。（见原书第 535 页，关于马克斯·韦伯有关德国人为何进行伟大战争的观点。）

离我们的时代稍近一些，许多德国人把魏玛共和国——这是在德国首次建立一个民主政权的努力——视作对德国政治理想的背叛之举。托马斯·曼在"战争中的思考"（"Gedanken im Krieg"）一文中写道，民主精神"是同德国人完全疏离的。德国人是偏向道德层面的，而不是政治事务。德国人感兴趣的是形而上学、诗歌和音乐；对投票权或议会制的正确程序不感兴趣。对于他们而言，康德的《纯粹理性批判》是比《人权宣言》更为激进的行动"。在第二次世界大战结束，曼在美国流亡时，他又回到了这一

[①]　莱佩尼斯：《德国历史中的文化诱惑》，第 17—19、28 页。

导言　眼花缭乱:希特勒、犹太人大屠杀与"不会消逝的过去"

话题。他相信,正是因为政治在德国取得了胜利——如俾斯麦的崛起、皇帝的角色、魏玛共和国、纳粹运动——所有一切(所有,而不仅仅是纳粹)才导致文化沦丧。①但稍后,曼却改变了他的口吻,在对国会的一次演讲中,他论证道:"内在性与浪漫主义式的反对革命,导致思想领域同社会政治领域出现了灾难性的分离,从而使德国人不适应现代民主。"②

对于非德国人而言,这一切听上去总有些奇怪——甚至可以说是不真实的。对于"文化"的西式但非德式观念,是由 T. S. 艾略特在其《试论文化的定义》中加以适当总结的。在该书中,他说出了下列名言:"'文化'这一术语……包含了一个民族的所有典型行为和兴趣;德比赛马日、亨利皇家划船赛、考斯赛舟、8 月 12 日节(狩猎季节开幕)、一场杯赛决赛、赛狗、行针表、飞镖板、文斯德勒奶酪、切片的水煮白菜、醋腌甜菜根、19 世纪的哥特式教堂与埃尔加(Elgar)的音乐。"这些并不必然意味着参与者拥有着任何一种独特的"内在性",或者它们产生了任何伟大的教育作用,使之如此。与德国的文化观相比,这种有关人类事务的想法少了一些等级色彩,多了一些普遍元素。至少到第二次世界大战时,德国精英用"文化"(Kultur)所涵盖的东西,正是我们在西方、德国之外的人传统上称之为"高级文化"(high culture)的内容,即文学、戏剧、绘画、音乐与歌剧、神学以及哲学。③

---

①　莱佩尼斯:《德国历史中的文化诱惑》,第 27—29 页。
②　同上书,第 73 页。
③　T. S. 艾略特(T. S. Eliot):《试论文化的定义》(*Notes Toward a Definition of Culture*),伦敦:法伯 & 法伯,1948 年/1962 年,第 31 页。

导言　眼花缭乱:希特勒、犹太人大屠杀与"不会消逝的过去"

但是——这是十分重要的转折——这并不能被视作对于德国的批判。这种对于我们精神生活应该如何组织的不同理解,或许倒是一种关键点,它是一种具有教益的差异。至少教训也可以从差异性得出。例如,让我们考虑一下这些论述。

"20世纪本该成为德国世纪"。此话来自美国学者诺尔曼·康托(Norman Cantor),他当时谈的是纳粹政权对德国杰出历史学家们——如佩尔西·恩斯特·施拉姆(Percy Ernst Schramm)和恩斯特·坎托罗维奇(Ernst Kantorowicz)——所造成的毁灭性影响。接下去,在弗里茨·斯特恩的《爱因斯坦的德意志世界》中出现了这样一句话:"本来可能会出现德国世纪。"这句话则出自雷蒙·阿隆(Raymond Aron)。1979年,这位法国哲学家与斯特恩一起在柏林参观一场纪念物理学家阿尔伯特·爱因斯坦、奥托·哈恩(Otto Hahn)和莉泽·迈特纳(Lise Meitner)百年寿诞的展览时,向斯特恩说出了上面所引之语。当康托与阿隆坚称20世纪本该或可能成为德国世纪时,他们的意思是,对他们自己而言,德国的思想家、艺术家、作家、哲学家、科学家与工程师们都是世界上最杰出的——这些人有能力把新近统一的国家推向新的、从未梦想过的高度。然而,事实上,当这些人正在为此而奋斗时,1933年降临了。1933年1月,当希特勒成为总理时,德国已经(毋庸置疑)在思想上成为世界的领导力量。或许,在纯粹的经济数据方面,德国还赶不上美国——即便在当时,美国已经是一个人口更为稠密的统一体。不过,在生活的所有其他方面,德国却一马当先。倘若任何一个国家的历史学家在1932年底出版一本有关现代德国的思想史,那么该书很大程度上是一部高歌凯旋的历史。到1933年为止,德国人获得的诺贝尔奖数量已经超过任何国家的人,比英美两个国家的获奖者加在一起的数量还要多。从思想上而言,德国组织自身的方式曾经是一次伟大胜利。[①]

但是,德国的天才却在其盛期被斩断了。所有人都知道这一切何以发生。不过,很少有人知道的是,德国人为何以及如何获得了他们的卓越成就。是的,人们知道,在纳粹统治下,德国失去了许多智者(根据一份统计数据表明,6万名作家、艺术家、音乐家和科学家在1939年或逃亡,或被送往集中营)。然而,即便是许多德国人看起来也似乎忘记了他们的国家在1933年之前曾经是思想界如此占据主导地位的强国。正如 A.迪尔克·摩西的著作较早指出的那样,大屠杀与希特勒横挡在路上。基思·布利范特(Keith Bullivant)明确写道:"对于在'二战'期间或在'二战'后出生的人来说,1933年前的德国文化史就是一个他们一无所知的、失落国家的文化史。"

笔者认为,许多今天健在的人并未抓住1933年前有关德国卓越贡献的关键要点。当然,这一结论不包括专家在内。在专家中,情况更可能是相反的:纳粹暴行的穷凶极恶特别意味着"二战"后英语世界对德国的研究深入细致。作为撰写本书而进行的研究组成部分,笔者访问了华盛顿特区的德国历史研究所。这些研究所建立在伦敦、巴黎、华盛顿和其他地方。华盛顿的研究所除了拥有德英两种文字的著作及期刊的华丽图书馆外,还推出了自己的出

[①] 弗里茨·斯特恩的提示。

导言　眼花缭乱:希特勒、犹太人大屠杀与"不会消逝的过去"

版计划,其中包括一本大部头的著作《北美的德国研究:学者目录》(*German Studies in North America: A Directory of Scholars*)。该书有1165页篇幅,收录了(大约)1000名学者的名录。研究主题从德国战争文学到堪萨斯州德语口音地图集,再到德国社会的严谨、古板性研究,或是1800—2000年柏林与华盛顿作为首都城市的比较研究。在德国话题上,至少在美国学者中,并不缺乏研究兴趣。但是,这种现象只是再次增强了下列核心要点,即对于德国事务,普通大众的漠视态度是普遍存在的。

我们业已习惯被告知,20世纪曾是美国世纪;但是,事实更为复杂,而且正如本书旨在揭示的现象那样,也更为富有趣味。本书旨在把过去半个世纪由于与战争和大屠杀有关的历史原因而被忽略的那些人的名字和成就,重新嵌入到非德语圈与德语圈的意识之中。

这就是一本有关德国天才的著作。该书将要研究的是:天才是如何诞生、达到顶峰,并以超出我们所知的方式来形塑我们的生活,或者它致力于揭示:这一切是如何被希特勒所毁灭的,但是——这又是一次重要的转折——其又如何在时常不被人承认的情况下还续存下来。其存续不仅在战后诞生的两个德国——这两个德国从未得到其(文化、科学、工业、商业、学术)成就的全部声望——而且也针对下列问题:德国思想究竟是如何形塑现代美国和英国及其文化的?合众国与大不列颠或许说的是英语,但他们有所不知的事是,他们以德国方式思考。

笔者所谓的"德国的"(German),简言之,是基于托马斯·曼所谈及的"德语圈"之意义上的使用。在曼看来,"德语圈"是一种

导言　眼花缭乱:希特勒、犹太人大屠杀与"不会消逝的过去"

文化世界,是令其感到身处家乡的地方。它包含德国自身,还包括其他德语国家——奥地利、瑞士的部分地区、匈牙利的部分地区、捷克斯洛伐克和波兰。当然,在一段时间内,还曾存在过一个维也纳-布达佩斯-布拉格德语圈和德意志思想圈。在其他时期,丹麦的部分地区、荷兰与波罗的海国家同样处在德语圈的影响之下。当时,科学家或作家们将柏林、维也纳、慕尼黑或哥廷根视作学术中心。西格蒙德·弗洛伊德(Sigmund Freud)、埃德蒙德·胡塞尔(Edmund Husserl)以及格雷戈尔·孟德尔(Gregor Mendel)都来自摩拉维亚(Moravia),这是今天属于捷克共和国的地区,但那里的人都用德语说话、思考和写作,而且其生活体现出占有主导地位的德语圈传统。伊万格利斯塔·浦肯野(Evangelista Purkyne)也是捷克人。他以捷克语参加竞选,但在其科学工作中却以德语写作,并几乎完全向德语期刊投稿;其学术工作的核心所在(细胞本质研究)正是德国科学家占据主导地位的学术领域。卡尔·恩斯特·冯·贝尔(Karl Ernst von Baer)是爱沙尼亚人,但以德语写作,并在哥廷根大学获得职位;蒂莫西·勒努瓦(Timothy Lenoir)在其有关19世纪初德国生物学史的著作中,称贝尔为核心人物。格奥尔格·康托尔(Georg Cantor)是一位数学家,出生在圣彼得堡,父母是丹麦移民。但是,当他11岁时,便迁居法兰克福,并在苏黎世、柏林和哥廷根的大学中攻读学位。在其职业生涯的大多数时间里,在哈勒大学任教。卡尔·曼海姆(Karl Mannheim)是古典社会学的奠基人之一。他出生在布达佩斯,但深受格奥尔格·齐美尔(Georg Simmel)的影响,并在德国的海德堡与法兰克福(用德语)撰写其最重要的著作。在哈罗德·勋伯格

导言 眼花缭乱：希特勒、犹太人大屠杀与"不会消逝的过去"

(Harold Schoenberg)看来，胡戈·沃尔夫(Hugo Wolf)"把德国艺术歌曲带到巅峰"。胡戈·沃尔夫出生在施蒂里亚的温迪施格拉茨，该城后来成为南斯拉夫的斯洛文尼格拉代茨，今属斯洛文尼亚。笔者采纳和格奥尔格·卢卡奇(Georg Lukács)一样的原则：卢卡奇在谈起瑞士小说家戈特弗里德·凯勒(Gottfried Keller)时说，他更像一个德国作家——如同卢梭那样，虽然来自日内瓦，却是一个法国作家。[①]

当然，笔者并不是说，人们无法写作题为"法国天才"或"英国天才"或"美国天才"的著作——当然可以！像新西兰、丹麦和特立尼达这样的小国，也会拥有它们的天才——如欧内斯特·卢瑟福(Ernest Rutherford)、尼尔斯·玻尔(Niels Bohr)、V. S. 奈保尔(V. S. Naipaul)。笔者的观点是，这些人对于现代思想发展的贡献已经得到很好的认同。法国启蒙运动、英国经验主义哲学家，如托马斯·霍布斯、约翰·洛克、大卫·休谟、亚当·斯密和约翰·斯图亚特·密尔以及美国实用主义者，都是重要的，但已经被人研究过的对象。另一方面，现代德国文化历史却很少为普通读者所熟知。笔者希望，本书能够为矫正这种不平衡现象做出些许努力。

[①] 基思·布利范特(Keith Bullivant)：《现实主义的今天：当代西德小说的面面观》(*Realism Today: Aspects of the Contemporary West German Novel*)，利明顿温泉、汉堡和纽约：奥斯瓦尔德·沃尔夫，1987年，第158页。格奥尔格·卢卡奇：《19世纪的德国现实主义作家》(*German Realists in the Nineteenth Century*)，杰里米·盖恩斯(Jeremy Gaines)译，保罗·基斯特(Paul Keast)编，罗德尼·利文斯通(Rodney Livingstone)撰写导言和评论，伦敦：利伯瑞斯，1993年，第168页。

第一编

德意志的命运大转折

| 第一章 |

"德意志秉性"的形成

1747年春,一个周日的夜晚,当伟大的弗里德里希二世国王[*]的宫廷乐师们集结在一起正为日常演奏做准备的时候,侍者将一份名单交到了这位普鲁士国王的手里,名单上是于当天抵达波茨坦的访客。国王扫了一眼名单,突然失声喊道:"先生们,老巴赫来了!"根据后来的报道记述,国王的声调中含有"一种激动的情绪"[①]。

作曲家约翰·塞巴斯蒂安·巴赫(Johann Sebastian Bach)年高62岁,他从80英里之外的莱比锡前来看望他的儿子卡尔,时任普鲁士王家宫廷乐队的首席大键琴乐师。自从卡尔来到了波茨坦,普鲁士国王就派人知会过他,国王很想认识一下"老巴赫"。然而,卡尔深知自己的父亲与国王是多么不同的两类人,也就没有安

---

[*] 伟大的弗里德里希二世国王(Friedrich the Great),汉语常译为弗里德里希大帝或者腓特烈大帝,但这是一个错误的历史概念。普鲁士国王在1871年才成为德意志帝国的皇帝,在此之前并没有普鲁士国王称帝。本书只在这个人物第一次出现时称其为伟大的弗里德里希二世国王,下文均译为国王弗里德里希二世。国内学界有时也字译为弗里德里希大帝。——译者

[①] 詹姆斯·盖恩斯(James Gaines):《理性宫廷的夜晚》(*Evening in the Palace of Reason*),伦敦:哈珀柯林斯出版社,2005年,第5页。

排他们会面。卡尔并没有看错。这次偶遇被证明是两个完全不同的世界之间发生的一次冲突。①

巴赫是一位正统的路德派信徒,坚信圣经中的传统,认为音乐是属于宗教的。他是一位家庭型的男人,当时已经丧偶,曾经和两任妻子养育过20位子女。詹姆斯·盖恩斯在对这场会面的描述中写道:"弗里德里希二世是一位不合群的双性恋者,生活在政治婚姻中且无子嗣。他背离了加尔文教义的信仰,其对宗教持宽容态度的声名乃是源自如下事实:他对所有宗教全都不屑一顾。"巴赫用德语写作和交流。而在国王显赫的宫廷中,人人都说法语。弗里德里希二世就曾以自己"从未读过德语书"为荣。②

他们之间的不同也渗透到了对音乐的品位当中。巴赫是教会音乐最为杰出的演绎大家,尤为擅长在卡农曲和赋格曲中做"娴熟的对位"。这是一项古老的技艺,但已演化得如此精密,以至于当时很多音乐家认为自己"所坚守的技艺近乎于神技"。弗里德里希二世则视此言论为夸大其词。在他看来,对位已然过时了。他嫌恶他所讽刺的"散发着教会气息的"音乐。③

尽管这两个人是如此迥异,当国王在访客名单上看见了"老巴

---

① 简·基亚普索(Jan Chiapusso):《巴赫的世界》(*Bach's World*),布卢明顿:印第安纳大学出版社,1968年,第37页。阿尔贝特·施魏策尔(Albert Schweitzer):《巴赫传》(*J. S. Bach*),欧内斯特·纽曼(Ernest Newman)英译,两卷本,伦敦:布赖特科普夫-克特尔出版社,1911年。
② 盖恩斯:《理性宫廷的夜晚》,第7页。
③ 罗伯特·艾特纳(Robert Eitner):"约翰·戈特弗里德·瓦尔特"("Johann Gottfried Walter"),《音乐史月刊》(*Monatshefte für Musikgeschichte*),第4卷,第8期,1872年,第165—167页。转引自盖恩斯:《理性宫廷的夜晚》,第8页。

赫"的名字时,还是命人当晚就将这位作曲家带到了宫内,甚至都没给作曲家留有换衣服的时间。巴赫来了,带着旅行后的疲倦;国王给了作曲家一段冗长而且复杂的乐旨,并请他(如果真可以视作请求的话)谱一首三声部的赋格曲。尽管时间已晚,虽然旅途劳顿,巴赫仍以"几乎不可思议的创造力"为王命全力以赴,这令国王乐队中所有的行家都"叹为观止"。[①] 但弗里德里希二世仍不想适可而止,或许是他甚至有些失望于年迈的巴赫演绎得如此完美。他又要求作曲家,能否将同一乐旨重谱为一首六声部的赋格曲。巴赫无法隐忍受命,反正此时此刻绝对不行。但他保证,将会把乐谱写到纸上再寄给国王。

同年7月,就在波茨坦之夜的两个月之后,高傲的巴赫完成并寄出了这首六声部的赋格曲。没有资料可以表明弗里德里希二世是否让人演奏过此曲;然而,倘若果真如此的话,这位令人难以捉摸的精明国王一定会感觉受到了不小的冒犯。因为,这首乐曲中包含了——正如一位历史学家所描述的——"对弗里德里希二世一切主张的毁灭性攻讦"。[②] 首当其冲的便是乐曲有很强的宗教性。另外,曲中含有一段形式微妙的乐谱意在讽刺挖苦,注解将此处释为国王的时运正在上升——而实际上这段音乐的旋律却是下沉进入悲调。[③] 对位法以及其他充满宗教意味的音乐形式弥漫在整首乐曲当中,所有这些令音乐学家得出如下结论,在这份"音乐

---

① 盖恩斯:《理性宫廷的夜晚》,第9页。
② 同上书,封底。
③ 卡尔·赫尔曼·比特(Karl Hermann Bitter):《约翰·塞巴斯蒂安·巴赫传》(*Johann Sebastian Bach*),两卷本,第2版,柏林:本施出版社,1881年,第2卷,第181页。

献礼"中,巴赫的弦外之音是在藐视、谴责,乃至讽刺这位国王,同时也在提醒他,"还有比国王更高的法则,它是永恒不变的,你以及我们每一个人都会受到它的审判"[①]。

这是一次全方位的交锋——微妙而睿智,却又针锋相对,它代表了两个截然不同的世界之间发生在1747年的冲突,其激烈程度前所未有。又过了三年,巴赫去世了。他在生命将逝的岁月里完成了人生中最后一件伟大的功绩,《B小调弥撒曲》,这是西方音乐中大师级的作品之一(用乐评家哈罗德·勋伯格的话来说就是"宏伟的")。而巴赫自己却未能亲耳听其奏响。随着B小调弥撒曲的诞生以及巴赫的逝去,一个唯美的、神圣的、人文的和知性的世界彻底终结了。巴洛克艺术本质上是反宗教改革的教会艺术风格。诚如天主教会重要的改革者之一、罗马的枢机主教加布里埃莱·帕莱奥蒂(Gabriele Paleotti)的总结所言,巴洛克在视觉艺术中的目标是"决心要点燃教会子民们的灵魂",展示"华丽的奇观于信众之眼前",将教堂装点为"人间的天堂"。巴赫虽然从事的是新教音乐,但他在音乐中的追求却与此极为契合。然而这样的领悟与审美已随他而去。

巴洛克艺术之火渐熄,新的信念、新的热情、新的思维方式正在取而代之。其中的一些创新是颠覆性的,它们像过去一千年乃至两千年中所有深邃的、革命性的事物一样,重新塑造了思维。很多新观念改变了整个欧洲甚至北美。而其中的不少观念是德意志式的,或者说相比其他地域更适用于德意志。

---

① 盖恩斯:《理性宫廷的夜晚》,第237页。

第一章 "德意志秉性"的形成

用哈佛的历史学家史蒂文·奥兹门特的话来说,直到18世纪中叶,具体地说,直到1763年,说德语的地方还是"欧洲任人践踏之地"。它们位于欧洲地理的核心,从中世纪开始,地理位置就使这里成为了国际性的商道,自然环境带来了不菲的经济利益。例如在16世纪的早期,德意志帝国的自由市,包括奥格斯堡、乌尔姆、科隆、汉堡、不莱梅、吕贝克,业已孕育出了市民文化,仅次于意大利和瑞士的城市。正如蒂姆·布兰宁所指出的,当时的纽伦堡是阿尔布雷希特·丢勒(Albrecht Dürer)、法伊特·施托斯(Veit Stoss)、亚当·克拉夫特(Adam Krafft)、彼得·费舍尔(Peter Vischer)、汉斯·萨克斯(Hans Sachs)这些艺术家的故乡。然而到了17世纪,亦如奥兹门特所言,同样是地理上的中心位置,却使德意志沦为了法兰西、俄罗斯、统治着奥地利-匈牙利的哈布斯堡王室,以及不列颠这些欧洲强权之间的战场。三十年战争(1618—1648年)是天主教与新教之间的一场苦斗,主要发生在德意志的土地上。这场惨绝人寰的战争使暴行成为常态。例如,菲利普·维森特当时的作品《德意志哀歌》,其画作特点便是展示了"克罗地亚人食孩童"、"割鼻子耳朵做帽檐儿"等等。战争末期,《威斯特伐利亚和约》——一项出于筋疲力尽而达成的和约——打造出了一个新的政治现实,规模与地位迥异的邦国结成了松散的联合体:包括7位(后增为9位)选侯(拥有这个头衔的人——在很大程度上是仪式性地——选举皇帝及其当然继任人,即罗马人的国王),94位教会与世俗的诸侯,103位伯爵,40位高级神职人员,51个自由市,他们全都有同等的主权地位(或者半主权地位),还有近1000

第一编　德意志的命运大转折

位骑士声称拥有自主权,但他们治下的臣民加起来也不过20万人。① 在如此的泥沼当中,重要的创新之举就是,德意志(主要是信奉新教的)的主权邦国一个接一个地脱离了从前的历史中心——信仰天主教的奥地利哈布斯堡王朝。巴伐利亚、勃兰登堡-普鲁士、萨克森以及符腾堡,通过行使新近获得的领土权利而开始实施独立的外交政策,并发展自己的武装,走出奥地利的阴影(虽然只有勃兰登堡-普鲁士拥有一支名副其实的职业军队)。② 1667年,法学家塞缪尔·普芬道夫(Samuel Pufendorf)——正是他创造出了"三十年战争"这一术语——将那时的帝国描述为一个政治与体制的"怪物"。③ 人口出现了锐减,以符腾堡为例,其人口数从1622年的44.5万人减少到1639年的9.7万人。德意志的邦国在当时是如此碎片化,以至于到了17世纪90年代的时候,在莱茵河中航行的驳船平均每行驶六英里就要上缴一份过境税。④ 而随着航海大发现,商贸转向北大西洋,德意志的经济萧条了。

这种新的世界格局并没能持续多久。在接下来的两百年里,发生在欧洲中部最重要的政治、文化、社会变化就是勃兰登堡-普鲁士的崛起,其成为孕育着未来的细胞。1700年,强大的奥地利

---

①　博伊尔:《歌德》,第1卷,第9页。
②　史蒂文·奥兹门特(Steven Ozment):《坚固的堡垒》(*A Mighty Fortress*),纽约:哈珀柯林斯出版社,2004年,第125页。
③　普芬道夫的很多著作都被译为了英文。参见伊恩·亨特(Ian Hunter)《匹敌启蒙运动:近代早期德意志的市民哲学与形而上学》(*Rival Enlightenments: Civil and Metaphysical Philosophy in Early Modern Germany*),剑桥大学出版社,2001年,第xvii页、148—196页。
④　奥兹门特:《坚固的堡垒》,第126页。

第一章 "德意志秉性"的形成

哈布斯堡家族统治着900万人口,依旧是"德意志民族神圣罗马帝国"的主导者。而同一时期的普鲁士,人口不过300万,领土面积仅排在欧洲第11位。然而到了18世纪中期,普鲁士打造出了欧洲排名第三的强大军队,对奥地利的地位虎视眈眈。① 发生如此转变的根本原因多多少少要归功于《威斯特伐利亚和约》,因为它使勃兰登堡-普鲁士获得了东波美拉尼亚、马格德堡、明登,以及西里西亚等地区。普鲁士的成功还要归功于前后相继的几位君主,他们都很长寿而且颇有作为。但是,在普鲁士自己以及在其他国家的眼中,造就普鲁士个性最为重要的发展环节则是,在基督教信仰中产生出一种新的变体。我们现在把它称为德意志秉性(Germanness),它产生于17世纪末至18世纪初,只有在牢牢把握住虔信运动(Pietism)之后,人们才能理解它。

虔信运动与普鲁士主义

国王弗里德里希二世的强大人格有理由让他获得历史学家们最多的青睐,他集军人的英勇、个人的非凡魅力,以及智识与风雅兼顾的性情于一身,在这些因素的综合作用下,他为加速德意志文艺复兴的进程大助其力,这是接下来几章的主题。毫无疑问,他的作用举足轻重。然而,近来的学界却更关注他的父亲弗里德里希·威廉一世(Friedrich Wilhelm Ⅰ)。如果没有此君的先业以及他开启的改革,弗里德里希二世未必能够造就如此

---

① 奥兹门特:《坚固的堡垒》,第27页。

灿烂的基业。

弗里德里希二世于1740年开始掌权,时年28岁。当时的普鲁士国家已然具有的特征是,国家的官员史无前例地具有恪守本职的责任心。"在欧洲其他王国的首府中,君主们统治的宫廷尽显奢华,与之相反,普鲁士的历代国王身着军服,在操守方面提倡极度的节俭与朴素。"普鲁士的官僚机构还以其在正直与效率上的高标准而著称,这一点远胜于当时欧洲的其他国家。①

德国历史学家卡尔·欣里希斯(Carl Hinrichs)在20世纪50年代深化了一则论点,即普鲁士服务于国家的意识形态根源可以被更透彻地理解为虔信主义者的运动成果,他强调虔信运动与弗里德里希·威廉一世所导入的重大政策创举之间的一些显著关联。欣里希斯的核心著作《普鲁士与虔信运动》(*Preussentum und Pietismus*)在他逝世后才出版,而且只是一部论文的合集,并非专注这一论点。近来,理查德·高思罗普弥补了这些短板。下文所列就是高思罗普的论据。②

虔信运动率先出现于1670年,它强调的纪律性吸引了马丁·路德教派的信徒,因为他们发现,自己的教会曾经致力于避免腐败,然而此时却已被腐蚀了。这些早期的虔信主义者寻求回归到路德所秉持的"原初的简朴",他们"以对神职属于全体信众的强调反对神职等级制,以内心的明光取代教义的权威,以心灵的信仰取

---

① 理查德·L. 高思罗普(Richard L. Gawthrop):《虔信运动与18世纪普鲁士的形成》(*Pietism and the Making of Eighteenth-century Prussia*),剑桥大学出版社,1993年,第1—2页。

② 同上书,第9页。

代头脑的宗教……以践行慈善取代经院式的论辩"①。应当言明的是,还有其他诸多因素使得虔信运动具有吸引力,特别是对于当权者而言。其中的重要一条便是如下事实,在1648年《威斯特伐利亚和约》之后产生了多个经过了改革的教会,而当时的教宗失去了大量的世俗权力,改革后的教会由于强调的是"内心的明光",与早前更正统、组织更完善的教会相比具有更小的政治威胁。向"内在的"信仰转变,这使得当权者们能够利用宗教忏悔的手段将更严格的道德规范强加给信众。据此,虔信运动的目标与弗里德里希·威廉一世的目标达成了一致。

虔信运动深受英格兰清教的影响,后者以"介入式道德训教"著称,它提倡**今生今世**的善举将有助于末日审判时获得的裁定。清教徒声称,上帝确实**想要**人们在世上行善举——这正是上帝显现自己的方式。弗里德里希·威廉一世本人并非正式的虔信主义者,但他的成长环境中饱含的那种感知与行事规范却与虔信主义者相去无二。这种互动所展示的结果便是,在1713—1740年,弗里德里希·威廉一世给予了虔信主义者空前的机遇去实现他们的抱负,这反过来又帮助国王巩固了在王国内彻底重组行政、军事和经济生活的合法性。托马斯·尼佩代则认为出现了全然不同的功效:新教实质上对人性持悲观态度;这导致了它的保守且反现代性。这种态度导致了一系列严重的后果。②

---

① 高思罗普:《虔信运动与18世纪普鲁士的形成》,第10页。
② 对虔信主义者信仰重生的描述及其与清教的联系,参见吉赛尔·梅特莱(Gisele Mettele)"宗教本性的构建:摩拉维亚改宗与横跨大西洋的传播"("Constructions of the Religious Self: Moravian Conversion and Transatlantic Communication"),《摩拉维亚教会史刊》(*Journal for Moravian History*),第2期,2007年。也见该文作者与高思罗普的个人通信,高思罗普《虔信运动与18世纪普鲁士的形成》,第12页。

第一编　德意志的命运大转折

第一位将注意力转向新信仰方式的是菲利普·雅各布·施佩纳(Philipp Jacob Spener),他于1635年生于阿尔萨斯,其著作《虔诚的期望》(Pia Desideria)刊于1675年*。[1] 然而,构想出虔信运动形制的人物却是奥古斯特·赫尔曼·弗兰克(August Hermann Francke,1663—1727)。这场运动后来改造了普鲁士。在17世纪90年代,施佩纳促使柏林的当权者为新组建的哈勒大学任命了两位虔信主义者做神学院的教授。到了18世纪,哈勒大学与哥廷根大学一道,改造了德意志境内(最后波及全球)对研习与学术的观念。弗兰克生于吕贝克,在被莱比锡禁止教学后加入了哈勒大学,成为了近东语言(后称为东方学)教授。他由此获得了位置与机遇,从1695年开始反思国家在虔信主义者目标光照下的角色。[2]

弗兰克自己早年的信仰危机以及一次"重生式"的改宗使他相信,"心灵的教化"、祈祷、阅读《圣经》、真心的悔改以及每日的内省,组成了纯正宗教生活的基本成分,而不是心智的缜密与教义的

---

* 此处原为1685,应为1675年,据本书的德文译本改正。——译者

[1] 约翰内斯·瓦尔曼(Johannes Wallmann):《菲利普·雅各布·施佩纳与虔信运动的开端》(Philipp Jakob Spener und die Anfänge des Pietismus),图宾根:莫尔(保罗·西贝克)出版社,1979年,第300页。马丁·布莱希特(Martin Brecht):"菲利普·雅各布·施佩纳:纲领与影响"("Philipp Jakob Spener, sein Programm und dessen Auswirkungen"),《17世纪至18世纪早期的虔信运动》(Der Pietismus vom siebzehnten bis zum frühen achtzehnten Jahrhundert),马丁·布莱希特(编著),哥廷根:范登赫克—鲁布雷希特出版社,1993年,第315页。该书是一部四卷本的虔信运动史的权威著作。

[2] 马丁·布莱希特:"奥古斯特·赫尔曼·弗兰克与哈勒的虔信运动"("August Hermann Francke und der Hallische Pietismus"),《17世纪至18世纪的虔信运动》,第1卷,第440—539页。

第一章 "德意志秉性"的形成

争论。他强调,虔信不是在离群索居中可以觅得的,而是要履行圣经中的指令去爱邻人,"人应该通过践行善举去追寻社会的进步"①。这距离弗兰克的下一个观点仅有一步之遥,即职业化的劳动必须成为践行活动的主要领域,借此,虔信主义者能够服务于自己的同胞。② 从神学的视角看,弗兰克的思维方式相当大胆:他通过论证创世(Creation)是能够被不断改善的,从而为践行主义(activism)辩护,不但如此,这样的改善工作还必然可以构成个人寻求救赎的核心支柱。③

在我们称之为对三十年战争的觉悟时期,弗兰克的设想卷入了其中。对于信仰的怀疑即便还没有广泛地传播开来,但肯定正在滋长。④ 这有助于解释为什么弗兰克教育体系的主要特征是严格的——非常严格的——监督,它设定了向学生灌输苦行主义习性以及对上帝的权威毫不质疑地服从。同时,弗兰克强调通过世俗化的、实用的科目开展教育,由此,虔信主义者开设的学校中的学生能够"产出对邻人有用之物"。⑤ 对于这些改革举措负有首要

---

① 高思罗普:《虔信运动与18世纪普鲁士的形成》,第94页。
② 同上书,第143—144页。哈勒至今还有弗兰克基金会,自两德统一后恢复了生机。感谢维尔纳·普芬尼希(Werner Pfennig)提供了这条信息。
③ 同上书,第145页。
④ 瓦尔曼:《菲利普·雅各布·施佩纳与虔信运动的开端》,第89—90页、94—95页。
⑤ 沃尔夫·奥施利斯(Wolf Oschlies):《奥古斯特·赫尔曼·弗兰克(1663—1727)的劳动教育学与职业教育学:哈勒虔信运动主要代表人物对学校与人生的观点》(*Die Arbeits und Berufspädagogik August Hermann Franckes 1663—1727: Schule und Leben im Menschenbild des Hauptvertreters des halleschen Pietismus*),维腾:路德出版社,1969年,第107页。高思罗普:《虔信运动与18世纪普鲁士的形成》,第160页。

71

责任的机制就是教士,弗兰克在当时视他们为"施教阶层"(teaching estate)。哈勒大学的毕业生呈网状遍布于各地,甚至到了德意志最北端的城市。①

思想的中心化与一种新的集体心智

上述便是弗里德里希·威廉一世1713年继承王位之时国家的教育状况。国王自己在1708年的时候经历了一次信仰重生,这使他产生了与弗兰克类似的愿景。登基之后,他迫不及待地成为了哈勒大学神学院毕业生的保护人,第一时间内就与哈勒虔信运动的势力结成了同盟。②

为此,弗里德里希·威廉一世需要动员教会、学校、所有国家机关,乃至普鲁士的每一个社会性机构。如此的方式被称为"国家主导的虔信运动"。③ 出于激励的目的,弗里德里希·威廉一世于1729年下诏规定,王国中路德派的牧师必须在哈勒大学学习至少两年。这是一项非比寻常的思想中心化的措施。1725年,哈勒的两位重要的虔信主义者亚伯拉罕·沃尔夫(Abraham Wolff)和格奥尔格·弗里德里希·罗加尔(Georg Friedrich Rogall),被任命

---

① 高思罗普:《虔信运动与18世纪普鲁士的形成》,第183页。
② 马丁·布莱希特:"18世纪中叶哈勒的虔信运动——影响与衰落"("Der Hallische Pietismus in der Mitte des 18. Jahrhunderts-seine Ausstrahlung und sein Niedergang"),《虔信运动史:受虔信运动史研究会之委托》(*Geschichte des Pietismus: im Auftrag der Historisches Kommission zur Erforschung des Pietismus*),第2卷,第319—357页。高思罗普:《虔信运动与18世纪普鲁士的形成》,第198页。
③ 高思罗普:《虔信运动与18世纪普鲁士的形成》,第213页。

第一章 "德意志秉性"的形成

为柯尼斯堡大学的神学教授。虔信主义者的源源涌入，就此改变了德意志东北部教会的特性。①

然而，虔信运动的影响力体现最为深远的领域则是军队和官僚机构。军队中的教会组织在1718年得以重组，最终有100多位虔信主义者被任命为军团中的牧师。② 牧师们面对的是无知的人群，于是他们教授士兵及其妻子们阅读和书写，同时也向他们介绍《圣经》，并借此传播了虔信主义者的信念和价值观。军队中的教会也负责教育士兵们的子女——18世纪20年代就成立了上百个军团学校。（为了加速进程，弗里德里希·威廉一世命令牧师们，禁止为不会阅读者举行坚信礼仪式。）③ 荣誉（Ehre）的概念就此发生了转变。荣誉不再仅是在单纯的军事作战中突出功绩的反映；现在，荣誉对于一名军官来说是需要履行更为广泛的、对他人的职责——包括作为军需官、教练官乃至会计。重要的是，一名军官在多大程度上能够为邻人提供帮助，即便这些人是他的下属。

同样的风气也渗入官僚机构当中。三十年战争之后，新近获得独立的地方诸侯们需要更多的钱财来维持他们法兰西宫廷式的

---

① 高思罗普：《虔信运动与18世纪普鲁士的形成》，第221页。
② 哈特穆特·鲁道夫（Hartmut Rudolph）：《普鲁士军队中新教教会的形态：从绝对主义时代至第一次世界大战前的制度与组织的发展》（*Das evangelische Militärkirchenwesen in Preussen: Die Entwicklung seiner Verfassung und Organisation vom Absolutismus bis zum Vorabend des ersten Weltkrieg*），哥廷根：范登赫克-鲁布雷希特出版社，1973年，第22页。高思罗普：《虔信运动与18世纪普鲁士的形成》，第225页。
③ 高思罗普：《虔信运动与18世纪普鲁士的形成》，第228页。

生活。而这意味着,需要更能干的官僚机构来有效地管理王侯们的事务。① 由此,"官员阶层"(Beamtenstand)在德意志的各邦国内形成了。1693年,司法系统引入了职位进阶的考试制度。之后在1727年,弗里德里希·威廉一世设置了两个财政学的教授席位,一个在哈勒大学,另一个在奥德河畔的法兰克福大学。这是德国大学史中的创举,教授们的授课包括普鲁士国家的经济、财政、警察制度等方面的专业知识和法理根源。正如汉斯·罗森贝格(Hans Rosenberg)在其1958年的著作《普鲁士经验》(The Prussian Experience)中所写的那样,官僚机构、贵族统治、独裁政治是三个决定性的因素。同时,弗里德里希·威廉一世也强有力地促成了英才管理制度的形成,不断地为低阶的官吏提供通达高级职位的机会,如升作税务专员或者部门主管。② 在这样的大气候之下,官员成为了一种进取意识的拥护者,这种意识致力于通过教育提升公民社会的素养。1742年的时候,某王家委员会报告说,新建或者经过整修的学校数量超过了1660所。(然而这里也不必夸大其词。因为直到19世纪中叶,普鲁士才建立起义务教育制度。)

重要性不亚于此的是,随着时间的推移,由弗里德里希·威廉一世和虔信主义者带来的教育进步创造出了一种全新的集体心智:用沃尔特·多恩(Walter Dorn)的话来讲就是,普鲁士人变成

---

① 特里·平卡德(Terry Pinkard):《1760—1860年的德意志哲学:唯心主义的遗产》(German Philosophy 1760—1860: The Legacy of Idealism),剑桥大学出版社,2002年,第5页。

② 高思罗普:《虔信运动与18世纪普鲁士的形成》,第241页。

了"近代欧洲纪律性最强的民众"。① 国王弗里德里希二世明智地、原封不动地保留了这样的军事-官僚-教育-经济的总体结构。到他1786年去世之时,国家主导的虔信运动已成为普鲁士文化的核心。它被证明是如此地稳定,以至于经受住了拿破仑战争的破坏——这是史蒂芬·茨威格(Stefan Zweig)在战后一百年的赞誉之词。

大学的崛起:德意志的命运大转折

与官员阶层一道,普鲁士的大学为德意志缔造了另一项与众不同之处:一种对今后产生了长期影响的、特有的知识分子。18世纪的德意志大学在很多重要方面都与不列颠的大学迥异。首先,德意志在18世纪早期拥有的大学数量众多——差不多有50所。这令不列颠相形见绌,例如英格兰只有牛津和剑桥两所大学。尽管很多德意志的大学规模颇小(罗斯托克大学在1419年建立之初曾有约500名学生,而在当时才有74名学生,帕德博恩大学则只有45名学生),而大学的数量和它的地方性特征却表明,在当时的德意志,贫穷家境出身的、赋有天资的子弟更容易获得接受高等教育的机会。②

然而在17—18世纪之交,教学的方法还是很落后的。教学的

---

① 高思罗普:《虔信运动与18世纪普鲁士的形成》,第268页。
② 查尔斯·E.麦克莱兰(Charles E. McClelland):《德意志的国家、社会与大学,1700—1914年》(State, Society, and University in Germany, 1700—1914),剑桥大学出版社,1980年,第28页。

基准是传授一成不变的真知,而不是新颖的观念;教授们并不被寄希望于产出新知识;文哲学院尤为萎靡。在很多天主教大学当中,仅有神学和哲学两个科目。而且,它们的地位还受到新兴的贵族学院(Ritterakademie,Ritter本义为骑士)的排挤。后者面向的是家境优越的子弟,为他们提供更为时尚的课程,重点在于数学、现代外语、社交礼仪、格斗技能、粗略的科学知识——以涉世知识之广泛取代经院学术的深奥。科学性的研究工作则是在新出现的王家科学院内完成的(以法兰西模式为典范,1700年成立了柏林科学院,之后是1742年的哥廷根科学院,1759年的慕尼黑科学院)。除此之外,当时的德意志大学处于诸侯的支配之下,对于世俗权力的(特别是功利的)意志惟命是从;与当时的牛津和剑桥不同,德意志的大学并不是学人自治的共同体,也没有将所有精力投入到对古典语言或数学的研究当中。[①]

矛盾的是,虽说1700年前后的很多人都认为德意志的大学无关紧要、行将就木,但17世纪末至18世纪的上半叶,新成立的四所大学改变了德意志的知识氛围。他们是普鲁士的哈勒大学(1694年),西里西亚的布雷斯劳大学(1702年),汉诺威选侯治下的哥廷根大学(1737年),位于拜罗伊特的弗兰肯边疆伯爵领地内的埃尔兰根大学(1743年)。海德堡大学也至关重要,但它不是新建的,而是成立于1386年。

哥廷根大学的作用力非同凡响,其影响仅次于哈勒大学。建立哥廷根大学的主导人物是格拉赫·阿道夫·冯·明希豪森

[①] 麦克莱兰:《德意志的国家、社会与大学(1700—1914)》,第199页。

(Gerlach Adolf von Münchhausen)。① 他生于1688年,曾在荷兰的乌德勒支大学求学,后来又遍游意大利。在当时,若想求得"高雅之学"就必须出离德意志,这令明希豪森深感不幸,并使他产生了对大学进行改革的意愿。当明希豪森于1728年成为了汉诺威枢密院的成员之后,便开始筹措建立一所大学。他的运作获得了成功,自己也被任命为新大学的学监(Kurator)。很快,明希豪森便引入了多项被证明为影响深远的创举。②

明希豪森首先明确,神学的地位将不再突出。哥廷根是首所对神学院由来已久的审查权进行限制的大学。正如托马斯·霍华德(Thomas Howard)在其对德意志大学的研究中所言,"这项措施的历史意义无法估量"。其直接的结果是,宗派分立的时代对于大学来讲成为了过去。格策·冯·泽勒将这项举措定性为"德意志命运大转折的枢纽,其重心从宗教转向了国家"。③ 通过这项启蒙式的措施,哥廷根大学在思想、写作、出版等方面获得了在德意志内部无与伦比的自由。

至关重要的一步是,明希豪森改变了神学院与哲学院之间的比重。传统意义上,哲学是明显低人一等的学科,对于教授和学生来说,它都是进入高级学院的"准备阶段"。明希豪森加大了哲学

---

① 格茨·冯·泽勒(Götz von Selle):《格奥尔格—奥古斯特—哥廷根大学注册簿:(1734—1837)》(*Die Matrikel der Georg-August-Universität zu Göttingen，1734—1837*),两卷本,希尔德斯海姆和莱比锡:拉克斯出版社,1937年,第1卷,第14页。
② 麦克莱兰:《德意志的国家、社会与大学(1700—1914)》,第37页。
③ 托马斯·霍华德(Thomas Howard):《新教神学与近代德国大学的形成》(*Protestant Theology and the Making of the Modern German University*),牛津大学出版社,2006年,第110页。

院内各个学科——例如历史学、语言学、数学——的权重和意义。在他的坚持之下,这些科目不再单纯服务于基础较差的大学生。[1]最终,哥廷根大学的哲学院在逻辑学、形而上学和伦理学这些传统科目之外,还开设了如"经验心理学"、自然法则、物理学、政治学、自然史、理论及实用数学(即测量学以及军事与民用建筑学)、历史、地理、艺术、现代语言等课程。而在这些隶属于哲学的科目之外,哥廷根大学也提供为宫廷生活做准备的最佳训练课程——包括舞蹈、击剑、绘画、骑术、音乐和外语交谈等,[2]这些在当时适用于欧洲任意一所机构。当时的人已然注意到,年轻的新贵们渴望获得大学教育,而且偏爱"研究与学术",这可以为他们升任"要职"铺平道路。历史学、语文学、古典学等从此终止了在研究中处于次要与附属领域的地位,开始赢得作为自主学科的尊敬,这些都要归功于哥廷根大学。不单是历史学,古典语文学也在哥廷根兴起了。古典语文学及其姐妹学科古代通学(Altertumswissenschaft)成为了最卓越的属于"德意志的科学"。[3]约翰·马蒂亚斯·格斯纳(Johann Matthias Gesner,1691—1761)以及他的继任者克里斯蒂安·戈特洛布·海涅(Christian Gottlob Heyne,1729—1812)转变了研习经典文献的轨迹,将着眼点从语法转移

---

[1] 埃米尔·F.勒斯勒尔(Emil F. Rössler):《哥廷根大学的建立:计划、报告及同时代人的通信》(*Die Gründung der Universität Göttingen: Entwürfe, Berichte, und Briefe der Zeitgenossen*),哥廷根:范登赫克-鲁布雷希特出版社,1855年,第36页。麦克莱兰:《德意志的国家、社会与大学(1700—1914)》,第42页。

[2] 骑师在当时受到极高的尊重,在学界的庆典队伍中,他们甚至排在副教授之前。麦克莱兰:《德意志的国家、社会与大学(1700—1914)》,第45页。

[3] 霍华德:《新教神学与近代德国大学的形成》,第116—117页。

到视文本为古代创造力的实例来进行赏鉴。如此一来,新兴学术的意旨就转为追问,古典文献到底揭示了哪些文化、民风、宗教内容。"最重要的是,一直以来被忽略的古希腊文明成为了焦点。"①哥廷根大学的其他创举还包括,例如发行了第一批专业的学术期刊。②

哥廷根大学还进一步发展了研讨班。这又是一项创举,其重要性难以估量。我们将会看到,研讨班的形式启发了现代意义上的研究,导致了现代意义上的博士学位的出现,引出了学术化、科学化的"学科"或者专业,使现代大学的组织形式嬗变为以"院系"为单位,还使教学与研究在比例关系上平分秋色。究其根源,研讨班是由弗兰克在哈勒大学引入的,它在很多重要方面均区别于讲课,所反映出来的是知识与学习的概念发生了深层次的改变。具有决定性的区别存在于中世纪晚期对于知识或者说科学的概念与启蒙运动之后的学术观之间。经院哲学式的亚里士多德逻辑学认为,存在一种唯一的、正确的思维方法,如果可以恰当地使用这种方法——三段论式的推理、辩论、正确的定义以及"对论据的清晰梳理",那么它就可以适用于任何一门学术科目。③研究领域的不同并不要求方法上的差别,因为一切事物都可以通过正当理性(recta ratio)被捕捉和被理解,也可以通过学习逻辑被领悟。讲课这种形式的教育主旨就是帮助学生获取普遍的理性。

---

① 霍华德,《新教神学与近代德国大学的形成》,第119页。
② 同上书,第87页。
③ 同上书,第55页。

第一编　德意志的命运大转折

而研讨班的参加人数较少,班上鼓励相互批评,知识被看作是可变的、不确定的,于是新的知识就这样被揭示出来了。教师在研讨班上的目标并不是要重复"既有的知识",而是要提升班上学子们的"品鉴力、判断力、理解力"。

研讨班是随着时间的推移而发展的。它所包含的是一种更为紧密的教学形式,它看重的是观念上以及知识之间的交流,班上的学生们被期望有更多的投入。渐进式地、被动地去掌握通过照本宣科而获得的、经指定的知识大全,让位于积极主动地参与教育过程。研讨班在德意志大学甫一出现,便要求参加者在开班前提交书面功课,以此作为班上讨论与评估的基础。[1] 这种要求培养了注重原创性的研究概念,而这种概念在浪漫主义时期发展到了顶峰,当时,原创研究被视作艺术的一种形式,我们在后文将会看到更多的细节。哥廷根大学的一些研讨班的实际操作是,在开班前一周上交原创论文,以便班上的其他学生提早准备各自的回应。

与此一脉相承的是,也正是在哥廷根大学,"学术"(Wissenschaft)这个词在18世纪晚期至19世纪初才率先获得了它的现代含义。从哥廷根赋予它的意义上看,学术集科学、学习、知识、学问于一身,它不但含有一种以研究为基础的要素,还意味着一种观念,即知识是一个动态的过程,它可以被每个人独立发现,而不是

---

[1]　威廉·克拉克(William Clark):《象牙塔的变迁:学术卡里斯玛与研究性大学的起源》(*Academic Charisma and the Origins of the Research University*),芝加哥大学出版社,2006年,第174页。

第一章 "德意志秉性"的形成

靠手把手地交接。① 随着新的科学化学科的出现,研讨班根据各学科的要求组织各自的形式。而研讨班规定提交书面功课的实践则导致了学位论文与专题论文之间的分野,这也关系到了博士学位。学位论文实质上是对博学的一种展示(学生被要求将某位不重要的古代作家的已知篇章全部找出并辑录起来);相对而言,专题论文是研究的一部分,它或者检验或者引导出一则假设性结论。最终,博士学位成为在德意志文官体制内获得承认的头衔,从此确立了它的优势地位——我们也将在后文详查其细节。②

研讨班的发展以及博士学位的转型是与古典学和语文学之下各学科的演进以及《圣经》的文本校勘学的演进息息相关的,这种关联所产生的冲击力要比看上去大得多。由这些发展所推动的新人文主义思想有助于重新定义什么才是受过教育的人:变化之处在于,从最初的大学改革运动时期(即弗兰克时代的哈勒大学)更多地从外在去定义,转为由内在去定义,核心的概念表达是教养(Bildung)一词。③ 本书将要对教养大书特书。这个概念很难翻译,它本质上是指个人的内在发展,是一个通过教育和求知才能成就的过程,其效果是个人在世上追求完美,其表现是在知识面上和道德层次上的进取与提升,它糅合了智慧与自我实现。

哈勒大学与哥廷根大学一起推动了一种新式教育的形成,这种教育为德意志社会内一个新阶层的产生做出了准备,其结果不

---

① 克拉克:《象牙塔的变迁:学术卡里斯玛与研究性大学的起源》,第 8 页。
② 同上书,第 237 页。
③ 同上书,第 60 页。

第一编　德意志的命运大转折

容小觑。用蒂姆·布兰宁的话讲,这个阶层很小,还不足以构成阶级,尽管如此,该阶层在德意志还是占据了主导的地位,它所借助的是控制住国家的官僚体系、教会、军队、教授席位以及各种专业性的行当。这个新阶层对自身的理解是,在辅助德意志文化实现复兴方面比其他群体更负有责任,这使它脱离了传统意义上的、更具商贾特征的中产阶级。① 一种上进的、合理的、英才式的且以国家为导向的社会愿景被这个新兴阶层带入了上述的各个机构当中,这一愿景也影响了19世纪历史的总体走势。② 托马斯·霍华德认为,这种愿景在19世纪的早期为建立一种特殊形态的国家起到了作用,"这是一种被描述为文化型国家(Kulturstaat)或者教育型国家(Erziehungsstaat)的形态,它是指一个国家对其人民要负有家长式的责任,其中包括启发与教育人民成为'合格公民'的目标……这样的公民认为自己的追求应与突然出现的民族国家所持有的高层次的、道义严肃的意图相一致。"霍华德还写道,1871年之后,"文化型新教(Kulturprotestantismus)"或者叫作"教养型新教(Bildungsprotestantismus)"就成为德意志帝国的"内政与宗教基础"。③

综上所述,可以总结出如下一项重要的观察:德意志的知识分

---

① 麦克莱兰:《德意志的国家、社会与大学(1700—1914)》,第96页。
② 克拉克:《象牙塔的变迁:学术卡里斯玛与研究性大学的起源》,第19页。
③ 托马斯·阿纳特(Thmoas Ahnert):《宗教与德意志启蒙运动的起源:克里斯蒂安·托马修斯思想中的信仰以及对学习的改革》(*Religion and the Origins of the German Enlightenment: Faith and the Reform of Learning in the Thought of Christian Thomasius*),罗彻斯特大学出版社,2006年。还可参见亨特:《匹敌启蒙运动》,以及霍华德:《新教神学与近代德国大学的形成》,第26页。

第一章 "德意志秉性"的形成

子与其他国家的类似阶层截然不同。在法兰西,知识分子与王权渐行渐远,以至于最终对传统权威发起了攻讦。在俄罗斯,知识分子几乎全是贵族出身。而在不列颠,知识分子这个名词和概念直到20世纪才出现。在德意志,由于政府中的职位要求大学的教育背景,知识分子的组成人员就来自于社会的各个阶层。还有一点事实也并非无关紧要,当时的德意志缺少像伦敦或者巴黎那样的大都会式的首府。这使德意志的知识分子分布得很分散,但比其他任何地方都更加紧密地投身于邦国切实的行政当中。与此相对立的是,英国和美国的社会学家将"远离政府与行政的实际层面"定性为辨别知识分子身份的典型特征之一,但这显然不适用于德意志。①

阅读革命,新公共空间与民族特性的形成

1775年的5月,克里斯蒂安·舒巴特(Christian Schubart)在他编刊的杂志《德意志编年》(*Deutsche Chronik*)中记述了与一位来自那不勒斯的女士的会面。他写道,在那位女士的"印象"中"德意志不过是一座大城市"。生动性不亚于此的是,奥地利启蒙运动的杰出代表之一约瑟夫·冯·索南费尔斯(Joseph von Sonnenfels)曾在一封通信中写道:"众所周知,法兰西人习惯用有失偏颇的轻视态度谈论和描写德意志人的传统、智力、社会、品位以及一切哺育在德意志阳光之下的东西。法语中表达'德意志'的形容词

---

① 克拉克:《象牙塔的变迁:学术卡里斯玛与研究性大学的起源》,第211页。

83

'条顿的'(tudesque)、'日耳曼的'(germanique)、'德意志的'(allemande)对于法国人来说就是'粗俗的'、'笨重的'、'不文明的'的同义词。"①

确实,在17世纪晚期至18世纪早期,大多数受过教育的德意志人视法兰西的文学和艺术文化远超自己,而英格兰的政治自由与议会制也令人羡慕。然而,这是在由虔信运动引入的变革被多位君主固定下来之前,以及大学进行彻底转型之前的状况。就在同一时期,欧洲发生了一系列经济、政治、社会和知识领域的变革。这些变革对德意志形成的冲击力之大要甚于对其他地域。它们促成了德意志文化在18世纪结束之前与法兰西和英格兰的成就平起平坐,在某些领域中甚至有所超越。②

首当其冲的是阅读革命。这与审查制度的慢慢废除或者说放松有部分关联。审查制度在德意志很难执行,因为有太多各自为政的邦国。人们现在还可以读到与阅读相关的轶事或者统计数据。有人曾经在18世纪末期写道:"对阅读的热衷在德意志是那么普遍,没有哪个国家能与之相比,也没有哪个时代能与当下相提并论……无论是优秀作家还是蹩脚作家的作品都被搜罗进诸侯们的宅邸,码放在织机旁边,以此显示自己并非没有文化。民族的上

---

① 托马斯·C. M. 布兰宁(T. C. M. Blanning):《文化的力量与权力文化:1600—1789年旧制度之下的欧洲》(*The Power of Culture and the Culture of Power: Old Regime Europe, 1600—1789*),牛津大学出版社,2002年,第242页。
② W. H. 布拉福德(W. H. Bruford):《古典魏玛的文化与社会(1775—1806)》(*Culture and Society in Classical Weimar, 1775—1806*),剑桥大学出版社,1962年,第1页。

层社会在用书籍装饰房间而不是用织锦。"①

罗伯特·达恩顿(Robert Darnton)指出,书籍出版业尽管经历了三十年战争之后的大幅萎缩,然而 1764 年莱比锡的新书登记目录显示,它已经恢复到了战前的水平,每年出版的新书达 1200 种;1770 年的时候(这也是格奥尔格·威廉·弗里德里希·黑格尔和弗里德里希·荷尔德林的生年)增长到 1600 种,1800 年则达到了 5000 种。18 世纪的另一种现象也对普及阅读产生了激励作用,即可借阅的图书馆的产生,(尽管)它为每一位读者持有任何书籍都限定了时间。1800 年的时候,莱比锡有 9 家可借阅的图书馆,不莱梅有 10 家,美因河畔的法兰克福有 18 家。于尔根·哈贝马斯指出,18 世纪末的时候,德意志有 270 个读书社团,一些人被认为患上了一种叫"读书瘾"(Lesesucht)的新疾病。② 到了 19 世纪早期,普鲁士和萨克森的识字率之高,只有新英格兰可以与之媲美。③

伴随着普及阅读而来的是本民族语言的大量使用。"正是在 18 世纪,拉丁语主导印刷品的局面最终被打破了",在德意志,拉丁语作品在出版物中所占比重从 1600 年的 71% 跌落到了 1700 年的 38%,到了 1800 年只剩 4%。④ 就在同一时期,还可以观察到

---

① 布兰宁:《文化的力量与权力文化》,第 133 页。
② 同上。于尔根·哈贝马斯(Jürgen Habermas):《公共领域的结构转型:一种市民社会的调查》(*The Structural Transformation of the Public Sphere*: *An Inquiry into a Category of Bourgeois Society*),托马斯·伯格(Thomas Burger)、弗雷德里克·劳伦斯(Frederick Lawrence)译,剑桥:政体出版社,1989 年,第 72 页。
③ 平卡德:《1760—1860 年的德意志哲学》,第 7 页。
④ 在 18 世纪的法兰西,连色情作品都是以拉丁语出版的。布兰宁:《文化的力量与权力文化》,第 144 页。还可参见该书第 145 页的图表。

德意志人在阅读趣味上的显著变迁,神学著作的比重从1625年的46%降至1800年的6%,哲学著作与此同时从19%上升到40%,文学作品从5%升至27%。此外,由于存在太多的政治实体,德意志在文化上呈分散状态,用蒂姆·布兰宁的话来说,这造就了德意志成为"期刊杂志卓越超群的国度"。① 法兰西出版的期刊杂志从1745年的15种增长至1785年的82种,德意志的相应数据是从260种增至1225种(当然,很多法兰西期刊杂志的发行量要高于德意志的刊物,但是,德意志的期刊杂志比其他任何地域都更早地插入了木版画)。"1806年,奥地利的警察主管不得不承认,报纸已经成为受过教育阶层的'不可或缺之物',这要早于黑格尔的著名断言,即每天读报对于现代人而言就是晨经。"阅读革命所带来的不仅仅是对事务更多的批判态度,还有"正规期刊杂志"的增长。②

德意志不但从拉丁语中解脱了出来,德语也在经历着发展。1700年的时候,德语的声誉降至最低点。1679年,当法兰西太阳王*的影响力正处于顶峰之时,戈特弗里德·莱布尼茨(1646—1716)就写了一本小册子,名为《告诫德意志人更好地训练自己的理性和自己的语言》(Ermahung an die Deutschen, ihren Verstand und ihre Sprache besser zu üben)。与以往用拉丁语或者法语撰写科学和哲学著作的习惯相反,莱布尼茨用德语写下了这本

---

① 布兰宁:《文化的力量与权力文化》,第150页。
② 同上书,第159页。哈贝马斯:《公共领域的结构转型》,第25—28页。
* 即路易十四(Louis XIV,1643—1715年在位)。——译者

小册子。[①] 这位哲学家的告诫被一些新出的期刊杂志认真地听取了，特别是一本从18世纪20年代开始在苏黎世出版的杂志《研磨絮语》(Discourse der Mahlern)，尤为关注德语问题。这是一本由一众友人推出的周刊，其精神领袖是约翰·雅各布·博德默尔(Johann Jakob Bodmer, 1698—1783)和约翰·雅各布·布赖廷格(Johann Jakob Breitinger, 1701—1776)。[②] 在经历了几次失败之后，博德默尔与布赖廷格发表系列文章，意在展示德语并非是一种冗长的语言，它很亲切、很流畅，并不是一味的训诫之词。他们宣称，这门语言将对妇女更具吸引力（这是一项非常重要的觉察）。

以上的创举奠基了未来。在哈勒大学，克里斯蒂安·托马修斯成为了第一位用德语而不是拉丁语教学的德意志教授。[③] 克里斯托弗·戈特舍德(Christoph Gottsched, 1700—1766)生于柯尼

[①] 有关莱布尼茨是如何将拉丁语词汇转变为德语的，参见克里斯蒂安·默瑟(Christian Mercer)《莱布尼茨的形而上学：起源与发展》(Leibniz's Metaphysics: Its Origin and Development)，剑桥大学出版社，2001年，第278页注46。还可参见莱布尼茨《论形而上学及其他论文》(Discourse on Metaphysics and Other Essays)，大卫·加伯(David Garber)、罗杰·阿里夫(Roger Ariew)编译，伦敦：哈克特出版社，1991年；以及莱布尼茨《原态》(Protogaea)，克洛迪娜·科昂(Claudine Cohen)、安德列·韦克菲尔德(Andre Wakefield)编译，芝加哥大学出版社，2008年。

[②] 埃里克·布莱克尔(Eric Blackall)：《德语作为文学语言的形成(1700—1775)》(The Emergence of German as a Literary Language, 1700—1775)，剑桥大学出版社，1959年，第69页。

[③] 有关席勒对托马修斯的印象，参见席勒于1799年5月29日致歌德的书信，西德尔(S. Siedel)编：《席勒与歌德通信集》(Der Briefwechsel zwischen Schiller und Goethe)，第2卷，《1798—1805年的通信》(Briefe der Jahre 1798—1805)，慕尼黑：贝克出版社，1985年。还可参见阿纳特《宗教与德意志启蒙运动的起源》，以及布兰宁《文化的力量与权力文化》，第201页。

斯堡,后来成为莱比锡大学诗学与哲学教授,他组织了一个致力于语言纯正的德语社团:"任何时候都应该发扬语言的纯粹性与正确性……标准德语(High German)应是唯一的书面语言,而不是西里西亚的、迈森的、法兰克尼亚的,或者下萨克森的方言,这样才能使其通行全德意志。"①以莱比锡为楷模的德语社团也出现在了其他一些城市当中。戈特舍德还曾经全力支持过小说和戏剧的发展。克里斯蒂安·格勒特(Christian Gellert)也是同道中人,他于1751年发表了一篇颇受欢迎的有关书信写作的论文,意在鼓励年轻人,"特别是女性",培养一种自然的写作文风,去除"广为流传的误解"——认为德语缺乏"表达文化主题和温柔情感"的柔和与灵活。②就在此后不久,开始出现了德语的书信体小说。

阅读革命所产生的最终效果是自我意识。本尼迪克特·安德森指出,伴随着印刷品成为商品,对于同时性的"全新观念"产生了,因为社会各个阶层的人——通过阅读——意识到,其他人与此同时在分享着相同的经验、做着同步的思考。"我们……正处在这样一个历史时间点上,共同体内的世俗平等、实时同步成为可能。"如此一来,公共权威获得了巩固,当然,国家权威逐渐去个人化的性质也为此提供了助力。③ 这些发展变化的重要性要比初看上去大得多,因为,如安德森所言,正是这些(本民族语言的)印刷品,为

---

① 布兰宁:《文化的力量与权力文化》,第239页。
② 同上书,第201页。
③ 本尼迪克特·安德森(Benedict Anderson):《想象的共同体:民族主义的起源与散布》(*Imagined Communities*:*Reflections on the Origin and Spread of Nationalism*),伦敦:左页出版社,1983年,第41页。哈贝马斯:《公共领域的结构转型》,第18—19页。

民族国家的意识奠定了基础。安德森的结论是,在语言多样性的基础之上,印刷术与资本主义的共同作用为现代民族国家搭建了舞台,从而创造出了一种新式的"想象的共同体","民族文学"是其中的一个重要成分。① 约翰·沃尔夫冈·冯·歌德那部描写自由的戏剧《伯利欣根的铁手格茨》(*Götz von Berlichingen mit der eisernen Hand*)反映了一位帝国骑士的沉沦与没落,作者自己认为,这部戏剧的主题是"德意志秉性的形成"。② 到了19世纪,托马斯·尼佩代认为,所有这一切使德意志成为了"学校之国"。

无论小说、报纸、期刊杂志、书信往来在18世纪是如何地激增,它们其实长久以来一直存在着。而就在同一时期,一种全新的文化和智识媒介在音乐领域出现了:公开的音乐会。时至1800年,音乐会取代了所有其他的艺术形式而成为"音乐本身的主要媒介"。③ 而且,由于音乐会是在王宫与教堂以外的地方举行的,作曲家们就可以自由地创作他们自己的音乐形式和编曲。"其结果是交响乐、交响音乐会,以及演奏大厅征服了音乐的世界。这种看上去实属自然的发展进步引导了很多历史学家将音乐会的兴起视作文化上的法国大革命。在这场革命当中,新兴的市民阶层冲破了封建的上流社会将文化产品占为己有的藩篱。"④ 伴随着上述的

---

① 安德森:《想象的共同体》,第49页。
② 19世纪末期,皇帝威廉二世(Wilhelm II)将自己描述为"德意志帝国第一公民"。但安德森指出,如此的表述内含着"威廉二世承认他是很多自己同类中的一员,原则上,他可以成为他德国同胞的叛徒,这在国王弗里德里希二世的时代是不可想象的。"同上书,第82页。
③ 布兰宁:《文化的力量与权力文化》,第161页。
④ 同上书,第162页。

转变,出现了乐器和总谱的销量大增、音乐教师就业机会增多的良性循环,而德意志全境都是主要的受益者。

在18世纪的前二十五年里,音乐家们经常出没于酒馆的音乐室中,由此,他们的演出频率得以增加,这样的小型演出最终演进为更正式的音乐会。布兰宁指出,这在美因河畔的法兰克福、汉堡、吕贝克和莱比锡尤为普遍,四地的共通点是全为商业城市,城市的商业特质将音乐会的出现与市民阶层的兴起联系到了一起。1780年代的时候,演奏大厅的数量达到了空前的规模。

上述内容都是在音乐方面的消费情况。音乐上的创举主要体现在器乐方面,特别是交响乐的形式,这发生在曼海姆、艾森施塔特、萨尔斯堡、柏林、维也纳等宫廷驻跸城市。在这样的城市当中,听众主要是国家的官员,大部分是贵族出身而不是"市民"。从欣赏音乐的角度讲,维也纳的贵族受教育的水平高,这使他们尤为愿意接受音乐上的创新。布兰宁认为,这有助于加速弗朗兹·约瑟夫·海顿、沃尔夫冈·阿马多伊斯·莫扎特、路德维希·范·贝多芬推进他们各自艺术的不同形式。在1784年2月26日至4月3日这37天当中,莫扎特在维也纳做了22场义演。[①] 音乐会数量的急剧增长也对新形式的推进有所助益,因为观众需要听到新的东西。

在18世纪末19世纪初,作为单纯器乐的交响乐被视作一种尤为德意志式的艺术形式。伊曼纽尔·康德曾经对作为纯娱乐的器乐不屑一顾,认为没有歌喉、没有歌词的音乐就是一张"墙纸"而不是文化。然而,我们将会在第六章里看到,交响乐的产生带来了

---

① 布兰宁:《文化的力量与权力文化》,第176页。

第一章 "德意志秉性"的形成

一种新的听音乐的途径,人们开始思考器乐中包含的伟大的哲学深邃性。最后一个因素是,在音乐的伴奏下用地方性的语言讲授圣经文本,这种方式从意大利率先传到了信仰天主教的奥地利。在信仰新教的德意志地区,这种方式被路德宗在传承史事的实践中所接受,圣经故事被谱上了音乐(特别是在格奥尔格·弗里德里希·亨德尔的宗教剧当中)。这种类型的重要性在于,使面向公众的音乐获得了尊敬。"宗教剧通过自我彰显教诲人们将金钱投入善举,这就改变了想在公共场合聆听音乐只能去酒肆乐坊和舞厅的旧式风貌……由此开启了直至今日依然存在的一种现象:艺术的神圣化。"①

而且,正如德语的发展以及阅读和教育的水平上升所带来的作用一样,音乐也帮助德意志人改变了在文化领域中的落后形象。杰出的作曲家大量涌现,约翰·帕赫尔贝尔(1653—1706年)、格奥尔格·菲利普·特勒曼(1681—1767年)、约翰·塞巴斯蒂安·巴赫(1685—1750年)、格奥尔格·弗里德里希·亨德尔(1685—1759年),这些名字不容忽视。蒂姆·布兰宁曾经引用了一份于1741年在布伦瑞克发行的期刊《音乐爱国者》(*Der musikalische Patriot*),刊中自夸地写道:"意大利人——德意志人曾经的导师,难道他们现在不该嫉羡德意志拥有那么多可敬的作曲家,要默默地向他们学习吗?哎,那些高傲强势的巴黎人,他们惯于将德意志人的天赋嘲笑为土气,难道他们现在不需要去汉堡向特勒曼求教吗?"②

---

① 布兰宁:《文化的力量与权力文化》,第180页。
② 同上书,第243页。

第一编　德意志的命运大转折

德意志的摩西

还有一项独一无二的特质帮助德意志完成了向欧洲政治与文化强权的转型。这就是他们的国王,弗里德里希·威廉一世的儿子弗里德里希二世。当下的普遍观点认为,弗里德里希二世的思想具有两面性,一方面他致力于建立王朝的独裁政治,而另一方面他却终生仰慕约翰·洛克,一位至少在理论上支持文化和政治自由的自由主义思想家。实际上,弗里德里希二世的内心分裂状态恰恰反映了正在演进中的18世纪的政治。他治下的行政系统与欧洲其他地域以及北美的政治体系相比都是保守的,这首先反映的是如下的德意志式的观念,即获得自由与平等最好的先决条件是秩序,而秩序则存在于一个稳固的权威当中,在王朝的领袖身上。

虽然以欧洲的标准来衡量,弗里德里希二世是保守的,但他的确带来了伟大的变革。在他1740年继位之后,外战方面节节胜利(这要归功于他从父王那里继承了一支强大而优秀的军队,而他自己还在不断地打造这支队伍),内政方面实行了很多改革,完成了使普鲁士成为德意志最重要的邦国的伟大转型,普鲁士跃升为欧洲的强国之一。[①]

[①] 有关弗里德里希二世的政府理论,参见赖因霍尔德·科泽(Reinhold Koser)《国王弗里德里希二世传》(*Geschichte Friedrichs des Grossen*),三卷本,柏林:1925年;还可参见1981年柏林展览的配套目录《回顾普鲁士》(*Preussen: Versuch einer Bilanz*),五卷本,汉堡—赖贝克:罗沃尔特出版社,1981年;特奥多尔·席德尔(Theodor Schieder):《国王弗里德里希二世》(*Frederick the Great*),萨宾娜·贝克莱(Sabina Berkeley)、H. M. 司各特(H. M. Scott)译,纽约:朗曼出版社,2000年。最后一部书是近来被视作研究国王弗里德里希二世及其治下普鲁士的最为权威的著作。还可参见布兰宁《文化的力量与权力文化》,第131页。

第一章 "德意志秉性"的形成

弗里德里希二世的母亲索菲·多罗特娅（Sophie Dorothea）是汉诺威的公主,她的兄长是英格兰的国王乔治二世。丈夫的虔信精神和男子汉气概虽然卓有成效,却完全不符合索菲·多罗特娅的品位,她竭力使自己的孩子们少受其影响。弗里德里希的教育首先是从胡格诺教派的士兵那里获得的,他学习了数学、经济学、普鲁士法律、近代历史,以及筑垒设防、战术等战争技能。然而,他的母亲却坚持要给他一座有几千本藏书的私人图书馆。结果,弗里德里希在年方十几岁时就已经对优秀的法语、英语、德语作家全都滚瓜烂熟了（他掌握语言的熟练程度大概也是这个次序）。①

弗里德里希二世甫一登基就在柏林设立了一座艺术与科学学院。学院的主管是杰出的法国数学家皮埃尔·德·莫佩尔蒂（Pierre de Maupertuis）。设立学院的目的之一就是要为柏林吸引来最强的大脑,在弗里德里希二世身边形成一个学术圈子。国王每天的政务处理是在位于柏林郊外的夏洛滕堡王宫中进行的,而弗里德里希二世则和他的学者圈子相会于无忧宫（Sans Souci）,这座用来休闲的宫殿位于柏林西南的波茨坦,坐落在湖边。国王在这里与当时的人杰相娱、讨论,其中包括伏尔泰、卷帙浩繁的法语《百科全书》的主编之一让·勒·龙·达朗贝尔（Jean le Rond d'Alembert）。② 弗里德里希二世想读的书都要准备五册,因为他在波茨坦、无忧宫、夏洛滕堡宫、柏林、布雷斯劳拥有五座藏书一致的

---

① 布兰宁:《文化的力量与权力文化》,第132页。这座图书馆后来在弗里德里希·威廉一世的命令下被拍卖了。

② 席德尔:《国王弗里德里希二世》,第37页。

第一编　德意志的命运大转折

图书馆。①

从我们现代人的视角来看,普鲁士的国王和他的朝臣之间只说法语是件不可思议的事(伏尔泰曾经在信中提及,他从未在普鲁士的宫廷中听到过德语)。② 弗里德里希二世将自己的母语贬谪为"野蛮的",感觉它的文学时代尚未到来。1780 年,他甚至在一本小册子中公开地批评德语,还下达命令,他想读的德语书必须先要翻译成法文。而正是这样一个人,他自己写诗、写政治和军事短文、哲学论文,还和当时的思想领袖们有成百甚至上千封的书信往来(仅和伏尔泰一人的通信就达 645 封,时间跨度四十二年,编辑起来足有三卷)。③

尽管如此,弗里德里希二世还是无法欣赏当时的文化。例如,他对莫扎特置若罔闻,将海顿的音乐贬为"刺耳的喧闹"。他在 1775 年的时候向伏尔泰抱怨说,德语文学不过是"句子拉长后的大杂烩",而就在此前一年,歌德才刚出版了《少年维特的烦恼》。弗里德里希二世对新的艺术形式例如市民戏剧(drama bourgeois)不屑一顾,对古老的德语史诗如《尼伯龙根之歌》同样不感兴趣。④ 他于 1780 年发表了一篇恶名昭彰的文章《论德语文学:

---

①　G. P. 古奇(G. P. Gooch):《国王弗里德里希二世》(*Frederick the Great*),纽约:多塞特出版社,1990 年,第 140 页。

②　还可参见席德尔《国王弗里德里希二世》,第 257 页。

③　同上,书中第 9 章"哲学家国王"讨论了弗里德里希二世的很多著作,第 233—267 页。弗里德里希·迈内克(Friedrich Meinecke):《马基雅维里主义》(*Machiavellism*),英译本,曼彻斯特大学出版社,1957 年,第 275—310 页也研究了国王弗里德里希二世的思想性论著。

④　布兰宁:《文化的力量与权力文化》,第 219 页。

第一章 "德意志秉性"的形成

责其病错,究其原因,矫正手段》(Conerning German Literature ; the faults of which it can be accused ; the causes of the same and the means of rectifying them),文中认为,德意志终于从三十年战争的劫掠中恢复了过来,时下物质丰富,但文化仍旧贫瘠。当务之急是需要天才人物,但在这些人涌现出来之前,德意志人必须继续依赖经典文献的法文译本和法语作家的作品。弗里德里希二世认为,德意志的文化水平要落后法兰西大概两个半世纪。"我就像是摩西,从远方望见了应许之地,但自己却不能进入。"①

尽管弗里德里希二世有文化上的悲观情怀,很多德意志的艺术家和学者还是服膺于国王为普鲁士打造的强国地位,认为这给了德意志文化决定性的推动力。歌德甚至认为,由于弗里德里希二世的个人品位使得法语文学广泛地渗透进了普鲁士,德意志人是从中"大为获益"的,因为这刺激了他们给予还击。很多人对此都感同身受。

而且,弗里德里希二世还有一项与其他君王截然不同的作为,他经常进入公共领域。正如歌德曾经明确地指出,弗里德里希二世只是通过发表了一本论德语文学的小册子,就为知识领域中的大讨论提供了动力,这是世人无法匹敌的。② 此外,弗里德里希二世也鼓励他人以批评之精神进入公共领域,他让学院组织年度的论文竞赛奖,还出过满怀壮志的论题,如"政府对在各民族之间繁荣兴盛的文化有何影响力?"(获奖者是约翰·戈特弗里德·赫尔

① 布兰宁:《文化的力量与权力文化》,第222页。
② 同上书,第228页。

德),"蒙蔽民众是否乃有效之手段?","什么使法语成为了通行欧洲的语言,它是否配享如此至高无上之地位?"等。

弗里德里希二世在军事政治领域取得了与他在文学思想领域的成就相匹配的功绩。通过多场战争的胜利,普鲁士成为了欧洲主要强国,这一地位一直(吹毛求疵地讲1806—1813年除外)保持至第一次世界大战。伴随着军事胜利而来的是弗里德里希二世在政府其他领域内推行的新举措:包括设立了一个致力于经济策略性发展的部门,更宽松的新闻自由,减少死罪判决的数量,推进普鲁士法典的编纂。弗里德里希二世坚决贯彻所有人都要接受教育的义务,实施(一定程度上的)宗教宽容政策。"时至弗里德里希二世统治的末期,一个新的中间阶层和公民社会发展了出来,一些德意志的智识人士甚至认为,北美和法国爆发的革命是在为追赶普鲁士而做出的迟来的努力。"[①]

弗里德里希二世长达四十六年的统治无疑帮助普鲁士成就了强权地位。从文化和思想的角度来看,在巴赫去世的1750年至弗里德里希二世崩殂的1786年之间,德意志毫无疑问地见证了属于它自己的文艺复兴式的涌动,这堪与14—16世纪意大利的文艺复兴相媲美。

[①] 席德尔:《国王弗里德里希二世》,第43—44页;布兰宁:《文化的力量与权力文化》,第141页。

| 第二章 |

教养与驱向完美的天性

正当德意志在宗教、语言、大学、公共空间、自身形象、强权地位等领域的改变都显现出卓有成效的进展之时,其所处的欧洲(也包括北美)同时在经历着一场翻天覆地的变化。这场变化的重要意义或许并不亚于基督教的产生,它就是对信仰的怀疑。[1]

在西方思想史中,1687年至1859年是一个独一无二的时期,尽管人们并没有充分认识到它的重要性:1687年,艾萨克·牛顿在他的《自然哲学的数学原理》中确证了尼古拉斯·哥白尼、约翰内斯·开普勒、伽利略·伽利雷等人的观测,并将之系统化;而查尔斯·达尔文则在1859年出版了《物种起源》。在这两个年份之间的那段时期,生命被赋予的纯粹宗教意义(即在死后世界获得救赎)虽遭到怀疑,但还没有其他模式可以取而代之,直至达尔文从

---

[1] 参见,例如约翰·雷德伍德(John Redword):《理性、愚弄、宗教(1600—1750)》(*Reason, Ridicule, and Religion, 1660—1750*),伦敦:泰晤士-赫德森出版社,1976年,第150页;卡伦·阿姆斯特朗(Karen Armstrong):《从亚伯拉罕到如今:对神灵四千年的求索史》(*A History of God from Abraham to the Present: The 4000-Year Quest for God*),伦敦:海涅曼出版社,1993年,第330页;理查德·波普金(Richard Popkin):《17世纪思想中的第三种势力》(*The Third Force in the Seventeenth-Century Though*),莱顿:博睿出版社,1992年,第102—103页。

生物学的角度去理解人类。也正是在这两个年份之间,德意志经历了一个黄金时代,其对德意志影响之深远是无可匹敌的。理性地讲,国家在这一具有决定性的、独特的过渡时期内被塑造成形。尤为重要的是,历史主义(historicism)的发展与生物学的兴起就发生在这个过渡时期内。

甚至在17世纪末期,即从本书开篇的时间点再上溯五十年,欧洲就已经有为数不少的人严肃地质疑基督教信仰。那时的新教徒与天主教徒相互厮杀,几十万甚至数百万生灵被荼毒,只是因为各派所持的主张无法说服对方。开普勒和伽利略的观测结果改变了人们的天堂观,而来自新大陆的大量发现激起了人们对大西洋彼岸各种风俗与信仰的兴趣。在很多人看来,上帝明显更偏爱多样性而不是单一性,基督教与基督教的观念——例如灵魂以及对死后的看重——并不是必要的决定性因素,因为那么多没有这些信念的人也活得很好。在印刷术已经成熟的16和17世纪,《圣经》的地方性语言译本将其中的内容展示在了平信徒眼前,人们发现很多传统其实并不是由圣经规定的。对《圣经》越来越系统的校勘显示出,《旧约》最初不是用希伯来文写就的,而是采用阿拉米语。也就是说,圣经不可能是摩西从上帝那里领受的:《旧约》并非"天启"。

由于越来越多的人开始失去对《圣经》的信任,奠基在《圣经》之上的地球年龄也就失去了支撑。地质学作为一门新兴的科学测算出地球肯定比《旧约》记载的六千年要古老得多。在位于伦敦的皇家学会里,罗伯特·胡克(Robert Hooke)观察到了一些在当时就被认定为已灭绝动物的化石,这也说明地球的年龄远比《圣经》

中记述的更为古老：这些物种在《圣经》被写定之前就曾经存在过，后来又消失了。上帝创世说受到了质疑。

所有这一切的结果是创造出了一个新的世界，在其中，怀疑论自身（或者说质疑的原因）也处在不断的变换之中。实际上，怀疑论的成长走过了四个清晰的步骤：理性的超自然主义、自然神论、怀疑主义，最终是成熟的无神论。

自然神论的思想是最为重要的一步。它成形于英格兰，又从那里传到了欧洲大陆和北美。"自然神论者"（deist）这个名词源于热纳瓦·皮耶尔·维雷（Genevois Pierre Viret, 1511—1571），他对这个词的描述是信仰上帝的存在，但不信耶稣基督的人。人类学在北美、非洲，以及其他地区的发现说明，所有人都有宗教意识，但是生活在其他大陆的人并不认知耶稣。影响自然神论者的还有物理学领域的各种新发现。其中包括，例如上帝并不似古老的犹太教所描述的那样任意而为，而是自然法则的创造者，这些法则又被哥白尼、伽利略、牛顿等人揭示了出来。自然神论者实际上在如何理解上帝的问题上完成了一次重大的转化，可以这么说，这是一神论自公元前六世纪通行以来最为重要的观念改变。上帝不再有"神的恣意任性"，从此成为了立法者和守法的神。

无神论者当中法国人居多，他们以机械论者著称（是牛顿思想的继承人，受宇宙机械论的观念引导）。伏尔泰就是其中的一员，他认为科学已然展示出宇宙是受"自然法则"掌控的，既然自然法则对所有人都有效力，那么王国、国家也不应例外。伏尔泰通过实践确定了自己的信念，宗教观念最终会被科学理念替代。他坚信，人不再需要把人生意义建立在救赎原罪的基础之上，取而代之的是，人应该通过劳作去改善他在现实中的生存状态，去改造政府、教会、教育等领域的积习。"劳作与规划应该取代苦行式的遁世。"

新出现的这些态度都立足于最新的科学进展，相辅相成的事实是，越来越多的人能够通过阅读了解新发现，也就是说，由进步所带来的乐观态度突如其来地占据了每个人的头脑，这既是宗教信仰会发生变化的一项动因，也是一种征兆。在米歇尔·德·蒙田（Michel de Montaigne）、伏尔泰这类人物出现之前，基督徒的生命犹如思想上的冷宫：世人都尽量以教会制定的善的方式生活，而其结果是人们接受了这样的观念，即创世之初一切尽善尽美，随后就只有堕落与衰退。信徒们只能寄希望于通过死后进入"天国"获得救赎。

虔信运动自然是对上述观念的回应，一种宗教上的回应。它强调的是在今生可以获得的（道德）回报。然而，随着时间的推移，还有另外一种全然不同的回应在 17 世纪发展成熟了。它的主导观念认为，既然宇宙的其他部分是由（相对）简单的法则掌控的——这些法则对于勒内·笛卡尔、艾萨克·牛顿、戈特弗里德·莱布尼茨、安托万·拉瓦锡（Antoine Lavoisier）、卡尔·林奈*等人来说是可知的，那么人类的天性肯定也应该由同样简单的、可知的通行法则来掌控。

由此引出了一个更为深入的变化——将灵魂作为精神（mind）再重新概念化，精神越来越多地通过认知、语言及其与今

---

* 卡尔·林奈（Carl Linnaeus，1707—1778），瑞典自然科学家，奠定了现代生物分类学及生态学的基础。——译者

第二章　教养与驱向完美的天性

生的关系而被人理解,它与在后世中起着显著作用的、不死的灵魂完全相反。换句话说,这是用生物学(这个词直到1802年才出现)去取代神学。我们将会看到,德意志出类拔萃地在用——恕我牵强的遣词——生物学的系统分类去解释世界。

这种思想的主要始作俑者要归于英国人约翰·洛克从1671年开始便着手准备的、1690年出版的《人类理解论》。他在书中的用词就是"精神"而不是"灵魂",他将体验与观察视为观念的源泉,而不是某种"先天的"或者宗教性质的(天启)。洛克进一步认为,动机基于体验——自然——之上,精神的形成得益于体验,而不是源自某种超然力量对灵魂的作用。由此引起的令人不安的结果是让上帝与道德分离了。洛克认为,道德是需要教导的,它不是先天的。最为重要的是他所认为的对于自身的意识,也就是"我"不是与灵魂连结在一起的神秘实体,而是一个"建立在体验之上的感知与情欲的集合体"。这是心理学得以产生的一个关键性因素,虽然这个名词术语在当时还未通行。

随着心理学经洛克之手蔚然兴起,以及灵魂的概念(逐渐)被精神所取代,对于人脑的研究变得越发深入。托马斯·威利斯(Thomas Willis)做过大量的脑解剖实验,这帮助他展示出脑室(被大脑皮层包围着的中间部分)并没有获得供血,也就不太可能是很多人信以为真的灵魂之居所。疯癫越来越多地被解释为一种精神疾病(Gemütskrankheit),是"精神出了问题",患病之处则是人体的器官之一——大脑。这越来越靠近生物学的系统分类了。

这些在发生变化的信仰问题被纳入到一部著作当中,该书将这些问题——或许这根本不可避免——推向了极端。这就是法国外科医生朱利安·奥弗鲁瓦·德·拉美特利(Julian Offroy de La Mettrie)于 1747 年出版的《人是机器》(*L'homme machine*)一书。他在书中认为,思维有"像电一样的"物质特征,它倾向于决定论、唯物论、无神论,而这些却将拉美特利置于窘境。尽管如此,他影响至深的观点是,人之本性与动物本性相通,人之本性就是自然本性。他还坚信,不存在"无形的物质",这就更加深了人们对灵魂存在论的质疑。拉美特利认为,物质被自然的力量赋予了生命,有属于它自己的组合能力,没有给上帝留下发挥的余地。

拉美特利的著作既极端又饱受争议,它触发了强有力的反击,而这个反击正是由德意志引导的。

历史主义的兴起

德意志有两个尤为重要的研究领域对于国家的学术事业产生过长远的影响:历史学与生物学。当然,美学和天才论也不可或缺。

如同理查德·高思罗普的新近著作使许多被埋没的虔信主义作家及其作品重获新生一样,皮特·汉斯·雷尔对 17 世纪及 18 世纪早期德意志历史学家的研究也有异曲同工的功效。雷尔的研究表明,启蒙(Aufklärung)——使用这个德语词是为了与法兰西、英格兰、苏格兰的启蒙运动相区别——所取得的一系列成就在巴赫去世前已经足以值得赞颂,截止到国王弗里德里希二世驾崩之时就更为斐然。

雷尔指出,德意志的启蒙要比"西欧"(例如法兰西、英格兰、苏

第二章 教养与驱向完美的天性

格兰等地)的启蒙运动来得晚,"所以,它可以也确实借鉴了邻国"。德意志的启蒙思想家(Aufklärer,雷尔如此称呼他们)师从伏尔泰与休谟,但他们也是有选择性的,他们对与学术事业相关的问题特别感兴趣。这些问题大多源自莱布尼茨的哲学所带来的冲击。[①]莱布尼茨认为,物质世界与精神世界的特质都是变化。这个观点在21世纪看来再普通不过,但在当时却并非如此:基督教的世界观并不像古希腊人那样视事物完全处于静止的状态,而是认为这个世界处于一种两个极端之间的中间状态;基督教徒乃至虔信主义者盼望的是,在死后的世界里达到圆满。我们将会不断地提到这一点。而莱布尼茨所想象的变化是出于目的论:这种变化被理解为向一个特定的目标发展,该目标既若隐若现,却又是处于不断变化中的实体所固有的自然属性。

重要的一点是:变化的观念于17世纪晚期至18世纪早期在欧洲被接受了,特别是在德意志,然而它被寄希望于要有一个方向,虽然没人知道这个方向是什么、需要什么。另外,发现方向这件事已经在教会的活动范围之外了。

变化的原则一旦被接受,历史学的概念也就相应改变了(还包括对政治学的理解,详见后文)。直到18世纪中叶,德意志历史学家的普遍观点——与西格蒙德·鲍姆加滕[*]的立场相类似,是认为历史学的主要目的是在上帝的意志面前确证人类的无能,换句

[①] 皮特·汉斯·雷尔(Peter Hanns Reill):《德意志的启蒙与历史主义的兴起》(*The German Enlightenment and the Rise of Historicism*),洛杉矶:加州大学出版社,1975年,第31页。

[*] 鲍姆加滕(Sigmund Baumgarten,1706—1757),德意志新教神学家。——译者

话说就是历史学是用来证明基督教的真实性的。^① 1726 年,在哈勒大学接受过教育的历史学家兼法学家约翰·大卫·科勒(Johann David Köhler)宣称:"最优秀的年代学者将世界的时间起点定在了大洪水之前 1657 年的 10 月 26 日,也就是耶稣降生前 3947 年。这是确定无疑的。"他还说:"古代埃及人、迦勒底人,以及当下中国人的记载使世界的年龄增长了几千岁,但《圣经》比其他任何记录异教神话的书籍都更为可信,那些神话都是古人用来追求名望的。"^②

然而到了 1760 年的时候,具有决定意义的转变出现了。利用历史学确证基督教轶事被取代了,思想家们(在德意志被叫作新词创造家[Neologists])企图在正统的、自然神论的以及虔信主义者的信仰之间另辟蹊径。他们不否认教条的重要性,但也不接受其普世有效性。例如,他们认为可以放弃基督教的年表,但不必拒绝基督教的其他内容。这是走向怀疑的重要里程碑。^③ 德意志的新

---

① 摩西·门德尔松(Moses Mendelssohn):《论感受》(*Über die Empfindungen*),柏林:克里斯蒂安·弗里德里希·沃斯出版社,1755 年,第 25 页。并参见雷尔《德意志的启蒙与历史主义的兴起》,第 43 页。

② 半个世纪之后,第一批在哥廷根大学获得教席的历史学家约翰·克里斯托弗·加特雷尔(Johann Christoph Gatterer)仍嘲笑中国人说:"他们想使自己的历史比实际更为古老……他们玩弄年代就像孩子在玩球。"雷尔:《德意志的启蒙与历史主义的兴起》,第 78 页。

③ 约翰·扎洛莫·泽姆勒(Johann Salomo Semler):《对人生片段的应答,对学界名流的描述》(*Beantwortung der Fragmente eines Lebens, Beschreibungen berühmter Gelehrter*),莱比锡,1766 年,第 2 卷,第 290 页。哈特穆特·莱曼(Hartmut Lehmann):"虔信运动"("Der Pietismus"),《德意志的记忆所系之处》(*Deutsche Erinnerungsorte*),艾蒂安·弗朗索瓦(Etienne Franäois)、哈根·舒尔策(Hagen Schulze)编,慕尼黑:贝克出版社,2001 年,第 2 卷,第 571—584 页。

第二章　教养与驱向完美的天性

词创造家们认为,《圣经》应该被理解为在不同的时代、为应对不同的状况而写成的书卷的合集。他们所采用的是——在我们看来可以归为——人类学的方法：他们接受的是,上帝的指令在这些书卷中获得了传达,而他们也承认,人是完成传达的主体,这是人在对特定的状况做出反应。这些书卷的重要性在于,它们总是在表达一种道德法则,而启示（message）则被装进了约翰·扎洛莫·泽姆勒*所称的"区域性的"或"地方性的"的方言当中。照此看来,认为"上帝用牛顿式的语言来传达启示"的观点应该是不合时宜了,因为"这种语言在当时完全无法理解"。与此相类似的是,如果一位生活在18世纪的人还认为世界是在六天当中被创造出来的,就是老朽的表现,因为"这是早期游牧民族领会和表达上帝之威严的方式"。①

约翰·大卫·米夏埃利斯拓展了泽姆勒的观点。他认为,古代以色列人传达宗教知识的方式与18世纪的欧洲人大相径庭。他坚信,年表对于摩西时代的古以色列人而言是相对无关紧要的。取而代之的是,摩西为信众们提供了一份经过了筛选的宗谱,里面记录的"仅是关乎全民记忆的以及揭示神启的重大事件"。除此之外均不重要。② 而且,既然《圣经》是由生活在异时异地的不同作

---

*　约翰·泽姆勒(Johann Semler,1725—1791),教会史学家,被誉为德意志理性主义的先驱。——译者

①　雷尔：《德意志的启蒙与历史主义的兴起》,第82页。

②　约翰·大卫·米夏埃利斯(Johann David Michaelis)："就自大洪水到扎洛莫所涉及的纪年问题致施勒策教授"("Schreiben an Herrn Professor Schlötzer die Zeitrechnung von der Sündflut bis auf Salomo betreffend"),《短文杂集》(*Zerstreute kleine Schriften*),两卷本,耶拿：学术书店,1794年,第1卷,第262页及以下诸页。

者的作品汇编而成的合集,内容上的抵牾自然不可避免。这是一步大胆的前行,新词创造家们据此坚称,抵牾之处恰恰确证了圣经文本的真实性,从而推翻了对《圣经》的抨击。

新的视角使富有想象力的学者们对年表做出了新颖的理解。例如约翰·克里斯托弗·加特雷尔将《圣经》中人的寿命与人类的堕落联系到了一起。他发现,圣经年表中人的寿长可以分为六个等级:平均寿命在此期间呈减少的趋势,从 900 岁至 969 岁(大洪水之前)、600 岁、450 岁、239 岁(建造巴别塔时期)、120 岁(摩西的时代),降到 70 岁至 80 岁(自大卫王以来)。加特雷尔将对人的寿长变化的解释建立在了对自然发展史的推测之上:上帝创世之初的地球是完美的,而经历了从亚当犯下原罪到当下的世世代代之后已经不完美了。"在紧随亚当其后的时代,空气更清洁、更健康,土地更富饶、更肥沃,水果和蔬菜更大、更新鲜、更有营养。"加特雷尔认为这就是当时的人类长寿的原因,在大洪水之前地球上的人类数量之大是后世无法比拟的。①

而正如雷尔所言,基督教创世神话的年表就是这样避开了史学分析的余波被"密封地搁置了起来"。② 这样做既可以让人们保持自己的信仰,也可以让迥异于圣经年表叙事的历史认知继续发展。虽然学者们可能早就对圣经纪年以来历史的实际历程各怀己见,但当时的人们接受了这样的观点:在此期间,有过发展和演化(尽管还不是像达尔文所说的那样),它们有待勤勉的历史学家去

---

① 雷尔:《德意志的启蒙与历史主义的兴起》,第 78—79 页。
② 同上书,第 92—93 页。

揭示。"历史主义的兴起是近代伟大的思想革命之一。"①

17世纪的另一次思想革命是自然法(Natural Law)的确立,对历史学家也影响至深。这一方面归功于哥白尼、开普勒、伽利略、牛顿在天文学、物理学、数学等领域的发现,另一方面是通过在新大陆、非洲以及其他地区的生物学和人类学方面的发现。根据牛顿等人发现的定律,再基于在世界多地新发现的"原始"部落不信仰基督教但有自己的宗教,而且也生活在公共社会的事实,人类的事务当中一定包含着基本规律——自然法——的观念应运而生了。它的存在就像重力一样,只不过是需要一位牛顿把它揭示出来而已。有鉴于此,自然法就被理解为"支配事物的力量"。②

"自然"与"自然的"这两个词的含义并不总是一目了然。古代的思想家——他们当然对大多数"原始人群"一无所知——认为,自然的状态就是生活在一个健全的公共社会里。而基督徒总是要在自然状态(又分为纯自然状态和堕落后的自然状态)与蒙恩状态之间做出区分。然而,像托马斯·霍布斯和胡戈·格劳秀斯这样的人,他们试图重新定义自然的观念,以便对事物的起源做出新的解释。霍布斯本人就尤为关注进入到公共社会之前的自然状态。这本身就意味着变化、发展、进化。③

雷尔特别提及了三位德意志学者,他们都任教于哥廷根大学,都将思想建立于霍布斯的理论之上,而且提倡用自然法解释社会的进化。约翰·大卫·米夏埃利斯(1717—1791年)构想的原始

---

① 雷尔:《德意志的启蒙与历史主义的兴起》,第220页。
② 同上书,第90页。
③ 同上。

第一编　德意志的命运大转折

社会是"类似家庭"那么小的国家的集合体。① 这些小国由选举出来的法官统治，从未有过腐败问题，以至于统治可以用简单的"家长制"方式实施下去。生活在那里的人们在他们的圣诗中表述了这样的经验。戈特弗里德·阿亨瓦尔（Gottfried Achenwall，1719—1772）认为，小国之间通过"缔结契约"建立起了规模更大的国家，其目的是为了保障更大的、共有的福祉。对制订契约的一致态度构成了制度的基础，而制度又塑造了国家的特性。阿亨瓦尔的同僚约翰·斯蒂凡·皮特（Johann Stephan Pütter，1725—1807）认为，在家庭与国家之间还存在社会性组织的其他形式，即社区（Gemeinde）和民众（Volk）。他称社区为民众的松散集群，民众则是家庭与家庭、社区与社区，或者家庭与社区组成的集合体。但他觉得这两种形式都缺少了主权，没有一种形式能够令人完全满意。然而，这正是对处于发展阶段的市民社会的形成进行解析的开始。奥古斯特·路德维希·冯·施勒策（1735—1809年）对新思想做了综合："自从人类出现以来——我们不知道何时为起点也无法进行理性重构——三种基本的社会性组织就陆续发展出来了，家庭（häuslich）组织、公民（bürgerlich）团体、国家社会（Staatsgesellschaften）。"对施勒策来说，国家的形成是历史与史前的分割点。就此而言，《圣经》中讲述的创世记也被搁置了起来，它只适用于古以色列人。这使得作为启蒙思想家的施勒策能够言明其主

---

① 约翰·大卫·米夏埃利斯（Johann David Michaelis）：《摩西之法》（*Mosaisches Recht*），六卷本，法兰克福：1770—1775 年，第 88 页及以下诸页。

第二章　教养与驱向完美的天性

张：全面掌控着人类的基本原则就是自然法。①

正是通过这样的途径，历史学逐渐获得了一项新功能——它要去发现社会在过去是如何发展的，以便能够理解将来的进化。②

艺术传达了什么知识？

既然社会是随着时间的推移发展的，那么是哪股力量或者哪几股力量驱动了这个变化呢？自然法可能是在某个层面起了作用。然而，吸引启蒙思想家们的观念却是，完美既不是事物与生俱来的，也不是静止不变的。相反，他们将完美理解为要通过"精神的力量"才能达成。对他们来说，精神（它本身就是一个相对较新的概念）不仅是感受的被动反应，还"拥有天生的、富有创造性的活力……渐渐地，启蒙思想家们开始将历史发展的动力因素定位于人类的精神活动"。③

研究体验与创造之间关系的"科学"被称为"美学"（aesthet-

---

① 奥古斯特·路德维希·冯·施勒策（August Ludwig von Schlözer）：《北欧通史：德意志与英格兰学者协会所编之世界通史续篇》（Allgemeine nordische Geschichte: Fortsetzungen der Allgemeinen Welt-Historie durch eine Gesellschaft von Gelehrten in Teutschland und Engeland ausgefertiget），第 31 部，哈勒：1771 年，第 263 页。

② 奥古斯特·路德维希·冯·施勒策：《世界史引介》（Vorstellung der Universal-Historie），两卷本，哥廷根：1772—1773 年，第 2 卷，第 272 页。

③ 乌尔苏拉·弗兰克（Ursula Franke）：《艺术作为认知：感受在亚历山大·戈特利布·鲍姆加滕美学思想中的作用》（Kunst als Erkenntnis: Die Rolle d. Sinnlichkeit in d. Ästhetik d. Alexander Gottlieb Baumgarten），威斯巴登：施泰纳出版社，1972 年。雷尔：《德意志的启蒙与历史主义的兴起》，第 56 页。

ics),这个称呼是亚历山大·鲍姆加滕在1739年创造的。而对于启蒙思想家们来说,美学与史学之间的纽带是,这两个学科"都假定了向更高层次的理解力做出跨越的可能性……在对历史发展形成更为全面的理论表述中,完美的可实现性、天才,以及精神的现象是核心要素"。①

鲍姆加滕是克里斯蒂安·沃尔夫*"最为出色的弟子",也是在他自己开辟的研究领域中的第一位探索者。鲍姆加滕曾经问道:"艺术传达了什么知识?"他的观点是,感知一定能够通达完美,就像理性所能做到的一样。但是他不认为完美可以通过数学的方式实现。对于鲍姆加滕来说,一张图片或者一篇诗作是"完美形象的一种感官再现"。完美是可以通过创造活动来实现的——一件艺术作品的完美就体现在它独一无二的能力当中,这是一种"将不同的印象与纷繁的感受拿捏成一体、幻化成一个单纯形象"的能力。② 约翰·雅各布·博德默尔也加入了鲍姆加滕的行列。博德默尔主张,诗歌(也意味着其他的艺术形式)是真理的一种形式,它即便不高于哲学(包含我们所说的科学),也与之等量齐观,它越是这样就越是因为它与史学靠得很近。这是一项真知灼见,因为这见识到了,一个民族独一无二的、卓尔不群的本质最好是建立在本

---

① H. R. 施魏策尔(H. R. Schweizer)编:《理论美学:"美学"基本段论》(*Theoretische Ästhetik: Die grundlegenden Abschnitte der "Aesthecita"*),汉堡:菲利克斯迈纳出版社,1983年。这个编本包含了法兰克福原版(1750—1758年)的精选。

* 克里斯蒂安·沃尔夫(Christian Wolff,1679—1754),德意志哲学家、数学家,介于莱布尼茨和康德之间的重要的启蒙思想家。——译者

② 雷尔:《德意志的启蒙与历史主义的兴起》,第61页。

第二章　教养与驱向完美的天性

民族的诗歌与神话的传统之上。①

对博德默尔而言,艺术家成为了普罗米修斯式的角色,是"睿智的创造家",艺术家的先见之明"推动了同时代的其他人以新的模式去思考和行动",艺术家不但是其所属时代的集中体现,同时也努力去改变和推动时代的进步。博德默尔也引入了一个目的论的要素:天才的每项创造都会引起意识的扩展,为理解一个更好的——更完美的——世界开辟了道路,能够使我们超越当下。②

雷尔认为,其实到了18世纪60年代的时候,莱布尼茨所设想的完美的可实现性就已经是德意志美学的核心概念之一了。摩西·门德尔松(1729—1786年)是这一领域的典型人物。他于1755年将完美的可实现性的观念应用到了对艺术的解读之上,并声称:"健康的、高雅的、美观的、实用的,所有这些乐趣都源于完美的观念。"他对人的外在完美和内在完美做了区分,认为外在完美或多或少已经实现了,而内在完美仍没有实现:"只是,内在的人还没有达成……人们还要努力,不知疲倦地为进步而工作。"门德尔松被人称为"犹太人中的苏格拉底",他主张灵魂当中有一种特殊的能力,它单独作用于美,使人能够对美产生反应,它让人"认识"美、识别美的方式是分析的能力做不到的。照此看来,是灵魂为人类迈向更高的文化做了准备。

而对启蒙时代的美学家来说,所有艺术创造,推而广之也包括所有史学创作,都是追求完美的天性——也就是德意志自然神论

---

① 雷尔:《德意志的启蒙与历史主义的兴起》,第202页。
② 同上书,第62页。

者、哲学家赫尔曼·赖马鲁斯（Hermann Reimarus）所说的指导观念（notion diretrix）*——结出来的果实。而且，完美的可实现性这个观念还将所有个人的创造连在了一起。完美被定义为"内在生命与外在生活之间达成和谐后的成果"，于是就出现了杰作，杰作就是精神与自然之间的和谐。

启蒙思想家对创造型天才的洞察还在不断发展。集个人境界与大千世界于一身的天才，越来越被视为具有先知的特质。1760年前后，来自各种各样不同学科的启蒙思想家全都倾力去领悟天才的确切属性。弗里德里希·加布里尔·雷泽维茨（Friedrich Gabriel Resewitz）在1760年出版的著作《试论天才》（Versuch über das Genie）中主张，天才的特点是"直觉"（anschauende Erkenntnis），也就是能在同一时刻既掌握一般性又领会独特性知识的能力。雷泽维茨的意思其实是，天才的作品本身就是完美知识的一种形式。他是在用自己的主张来暗示，天才就是神授知识的"范例"。①

正处于发展中的天才的概念产生了一系列的影响。首先，对它的全新理解意味着，历史的变化是精神改变所造成的结果；而它还意味着变化不会自动发生，因为众所周知，天才是不可预知的。而且，鉴于完美的定义，（对于教徒来说无论如何）完美的每一种形象最终只能是不完全的，虽然有了方向，但是永远也达不到目的

---

* 原文如此，疑为notion directrix的讹误。——译者
① 雷氏：《德意志的启蒙与历史主义的兴起》，第65页。后来，马丁·海德格尔（Martin Heidegger）甚至认为，哲学思考只能通过古希腊语和德语来完成。

地。"艺术和历史的未来潜力都是广阔无限的。"①

伊萨克·伊泽林在其1768年修订出版的著作《人类历史的哲学假设》*中将历史定性为人类征服自然的精神斗争。这种理解方式让他推导出了三种理想型的人类行为：人受感官支配，人受想象支配，人受自己的理性支配。由此，历史也分为了三个时期：野蛮状态（感官时期），文明状态（想象时期），人类成熟状态或者三种能力的和谐状态（理性时期）。伊泽林的分期有助于德意志的（与英格兰的和美国的相对）自由观念的产生。对于他而言，自由是通过知识获得的；他关心的是内在的自由，而不是外在的（政治）自由。（英语中的自由对应两个词freedom和liberty，而德语词汇中的自由只是Freiheit）此外，在伊泽林以及其他启蒙思想家看来，要实现未来就只能通过一种自觉的行为。未来不会就那么简简单单地发生，它是被塑造、培育、制订出来的，而天才们将会是取得如此进步的重要预兆。② 这两种观念对德意志的思想史产生了各种强有力的影响。

诗歌对照数学

历史主义者的核心信念是，自然与历史表现出根本性的区别，

---

① 雷尔：《德意志的启蒙与历史主义的兴起》，第65页。

* 该书的全名为 *Philosophische Muthmassungen über die Geschichte der Menschheit*，中文书名据原书名译出。——译者

② 伊萨克·伊泽林（Isaak Iselin）：《人类历史的哲学假设》（*Über die Geschichte der Menschheit*），两卷本，巴塞尔；1768年，第1卷，第7—8页。

由此而生的是,社会科学及文化科学与自然科学之间具有天生的差异性。①启蒙思想家更是对理性的或者说抽象的理解与道德的抑或"直接的"理解做出了区分。他们相信,理性的思维最适于研究人之外的自然界,而直接的理解则用于探索人类世界。在此观点之上,数学是理性理解的典范代表,而诗歌则是直觉理解的绝佳证明。由于历史关乎外部世界和精神世界,它的书写就必须兼顾两者。对于启蒙思想家而言,天才未必是伟大的哲学巨擘,而更像是杰出的诗人。"诗歌先于也优于反思……伟大的诗人在近乎神明的层次上为民众提供了其所处时代真实情况的直觉再现。"②而历史学家的任务就变成了,根据一个民族非凡的、具有创造力的作品对这部分民众的民族性进行探究。在启蒙思想家看来,对于历史的解读与对诗人和艺术家所取得成就的理解是等值的,因为它能使民众"通过理解他人的人性而领悟到自己的人性"③。

诗学的理路对于浪漫主义运动是至关重要的核心。而文化科学与自然科学之间的区别到今天都一直在德国备受关注。18世纪晚期,昙花一现却又急促地蓬勃发展的狂飙突进运动(Sturm und Drang)早就将诗歌的重要意义凸显了出来。运动得名于弗里德里希·马克西米里安·克林格尔(Friedrich Maximilian Klinger)的一部戏剧,他是一位非常年轻的运动参与者;而运动的其他参与人——约翰·格奥尔格·哈曼(Johann Georg Hamann)、

---

① 雷尔:《德意志的启蒙与历史主义的兴起》,第217页。
② 同上书,第219页。
③ 同上书,第214页。

约翰·戈特弗里德·冯·赫尔德、约翰·海因里希·默克(Johann Heinrich Merck)、约翰·米夏埃尔·赖因霍尔德·伦茨(Johann Michael Reinhold Lenz),再加上克林格尔——他们的特点是全都非常年轻(伦茨到1770年时19岁,克林格尔才18岁)。运动的另一个特征是天生的不稳定性,它蔑视公认的思维模式和行为准则,喋喋不休、不满现状,甚至好高骛远。运动参与人(全都上过大学)的作品主要是写给中间阶层的,他们的作品贬斥近代国家和所有商业公司,他们热衷身体锻炼和大自然(越原始的越好)。他们攻讦"文雅"社会,凭自己的直觉行事,相信生命既是悲剧性的又令人愉快。

人们可以视狂飙突进运动很幼稚也很恼人,然而我们将要看到,当这些参与人更加成熟之后,他们中的大多数都开始创作杰出的作品。通过与拿撒勒会画家们的对照我们还会看到,青年时期发展出来的团体认同感给予了他们自信,这是他们从其他渠道无法获取的。

历史主义启蒙思想家践行的路径所取得的、最终也是最为卓越的功绩是,确立了教化之国(Bildungsstaat)的概念,它是指一个国家的主要理想是使人的内在生命更为丰富。[1]

---

[1] 瓦尔特·霍费尔(Walter Hofer):《史著与世界观:对弗里德里希·迈内克著作的思考》(*Geschichtsschreibung und Weltanschauung: Betrachtungen zum Werk Friedrich Meineckes*),慕尼黑:奥尔登堡出版社,1950年,第370页及下页。英语世界研究狂飙突进运动的典范著作,见罗伊·帕斯卡尔(Roy Pascal):《德意志的狂飙突进运动》(*The German Sturm und Drang*),曼彻斯特大学出版社,1953年。

第一编　德意志的命运大转折

现代生物学的起源

对自然的全新认知还产生了其他的重要影响，这为18世纪欧洲的思想革命奠定了根基，而德意志的作家则为此指明了道路。戈特霍尔德·埃弗拉伊姆·莱辛（Gotthold Ephraim Lessing）、摩西·门德尔松、约翰·祖尔策*、托马斯·阿布特**，所有这些人都批评——而且是严厉地批评——机械论世界观的缺陷，转而推崇生物世界的视角。他们感觉牛顿定律的时间无限性完全是不适当的、也是不充分的。他们坚信，对生命形式的探索能够获得他们称为"直接的"或者"体验式的"认知。对他人、动物、植物的体验是直接的，与从数学中获得的经验是不同的。雷泽维茨主张的"直觉"的认知模式成为18世纪下半叶获取知识的主要路径。美学家不再研究艺术作品固定不变的规则，转而去查验艺术创作的过程；法学家不再致力于去领悟规范市民联合的固有法律，而更愿意聚焦于法律在社会内部的发展；或许最为重要的是，自然科学家转而去研究生长与发育了。① 这些都表明了一场伟大的思想革命：历史主义正在促成对现代世界的开创。

"'生物学'这个词是19世纪的产物。"直到17世纪，我们今天

---

*　约翰·祖尔策（Johann Sulzer，1720—1779），瑞士神学家、启蒙思想家，编纂了第一部德语的美学百科全书。——译者

**　托马斯·阿布特（Thomas Abbt，1738—1766），德意志作家、启蒙思想家。——译者

①　雷尔：《德意志的启蒙与历史主义的兴起》，第98页。

第二章　教养与驱向完美的天性

所理解的生物科学还包含两个领域:自然史和医学。在17世纪向18世纪过渡的时间里,自然史开始分化成了动物学和植物学,虽然有很多人例如后来的林奈和让-巴蒂斯特·拉马克(Jean-Baptiste Lamarck)在这两个领域中都游刃有余。就在同一时期,解剖学、生理学、外科医学和临床医学也都独立出来了。起初,解剖学和植物学的首要研究者是医师(他们既解剖人体也搜集医用草药),而动物学则主要是自然神学中的一个分支。[1] 这背后的事实是,所谓的贯穿15—17世纪的科学革命实际上只发生在物理科学的领域当中,生物科学基本上未被触及。[2]

18世纪之前很久的古希腊人就信奉,在大自然里以及自然界的各种进程当中都存在着一个目的——一个预先决定了的归宿。到了17和18世纪,这种想象又与自然阶梯(scala naturae)的理念融合到了一起,人类处于伟大的生命阶梯的顶端。生物对其所处环境——随处可见——的各种适应性培养出了一种观念,它认为自然界中的"和谐"只可能是由上帝创造出来的。生命个体的成长过程明显具有目标导向,这让人无法视而不见。就像伊曼纽尔·康德等人公认的,一定存在着终极目标(参见原书第82页)。

总体而言,这就是宇宙目的论——宇宙正朝着由上帝预先决定的某个特定归宿发展着。在自然选择的进程被揭示之前,很多生物学家(拉马克就是其中之一)主张各种非物理(乃至非物质)力

---

[1] 恩斯特·迈尔(Ernst Mayr):《生物学思想的发展》(*The Growth of Biological Thought*),哈佛大学出版社,1982年,第36页。
[2] 雷尔:《德意志的启蒙与历史主义的兴起》,第126页。

第一编　德意志的命运大转折

量的存在,它们驱动着生命"朝着更完美的方向上进前行"。① 这被称为定向进化学说(orthogenesis)。莱布尼茨、林奈、赫尔德,以及几乎所有英国科学家都持相同的观点,其中一些人甚至把这一观点保持到了19世纪中叶。

于是乎,从16世纪中叶至19世纪中叶就存在着两大并行的思想潮流:物理科学家相信,上帝在创世之时就制定了永恒的定律来掌管这个世界的进程(本质上是自然神论的观点)。与此相对,真诚的自然主义者(naturalists)——即研究生物界的人——得出的结论是,只要注意到生物适应能力的差异性和多样性,那么建立在数学基础上的伽利略定律和牛顿定律就失去了意义。② 德意志是后一种思潮的主要中心。

在生物学(借用它的现代概念)的领域之内,奥托·布伦费尔斯(Otto Brunfels,1488—1534)、希罗尼穆斯·博克(Hieronymus Bock,1489—1554)、莱昂哈特·福克斯(Leonhart Fuchs,1501—1566),三位被称为德意志植物学之父的学者的研究工作开启了一个全新的观察时代。对医用植物的研究在中世纪的晚期尤为兴盛,这在很多草药学家的著作中也有体现。大航海和对新大陆的发现所引起的结果之一就是发现了地球上种类繁多的动植物。③ 这几位德意志的植物学家突破了中世纪那种无休止地重复神话和寓言式的研究轨迹。取而代之的是,他们的描述都建立在对真实植物在自然状态中进行观察的基础之上。而且,他们逼真的描图

---

① 雷尔:《德意志的启蒙与历史主义的兴起》,第50页。
② 同上书,第104页。
③ 感谢维尔纳·普芬尼希提供了这一信息。

第二章　教养与驱向完美的天性

对植物学的推动作用就如同维萨里*对解剖学所作的贡献一样。希罗尼穆斯·博克的描述——用直白的德语讲就是一丝不苟地——生动记录了他的切身观察。重要的是，他打破了之前的草药学家以字母顺序排列草药的习惯，代之以自己的方法，"将有亲缘关系的以及有联系的，或者彼此相像的植物放到一起，然后再进行区分"。① 德意志的草药学家们正是因为引进了新的分类原则才值得留名史册。这种初露头角的分类传统在 1623 年获得了一个发展高峰，加斯帕尔·博安（Caspar Bauhin）出版了《植物图录纵览》（Pinax），全书分 12 卷 72 节，记录了 6000 种植物。② 有亲缘关系的植物由于共同的属性被编排在了一起，每种植物都被标明了"属"和"种"，虽然当时还没有对"属"进行定义。另外，《植物图录纵览》含蓄地区分出了单子叶植物，还将双子叶植物划分成了 9 个或 10 个"科"。至此，繁殖问题的重要性已现。

从康拉德·格斯纳（Conrad Gesner，1567）、安德雷阿·切萨尔皮诺（Andrea Cesalpino，1583）到林奈等一众植物学家，他们都意识到了植物的果实对于分类的重要性。然而，由于存在过多的果实特征，在植物分类领域还留有巨大的讨论空间。③ 已知植物的数量在 16 和 17 世纪内的疯长对于讨论来说既有帮助，也添负担。莱昂哈特·福克斯在 1542 年确认了 500 种植物，博安在

---

*　维萨里（Vesalius，1514—1564），生于布鲁塞尔的医学世家，近代解剖学家、御用名医，其名著《人体的构造》（De humani corporis fabrica）中配有精细的人体解剖版画。——译者

① 雷尔：《德意志的启蒙与历史主义的兴起》，第 156 页。
② 同上书，第 157 页。
③ 同上书，第 187 页。

1623年著录了6000种,而约翰·罗伊(John Roy)在1682年罗列了不下18 000种。① 排序和分类刻不容缓,但还是赶不上对新物种的发现。几乎就在同时,当其他学者还在迷恋本质主义(essentialism)的时候(即所有物种都有不变之本质[eidos],每个物种都与其他的所有物种是断裂的),莱布尼茨却反而强调连续性。德裔的哈佛大学生物史学家恩斯特·迈尔主张,莱布尼茨的兴趣点是自然阶梯,是(早先通过对植物的分类被揭示出来的)不同生命形式之间的纽带。这不但帮助林奈奠定了基础,而且有助于进化论思想的最终出现。

阿尔布雷希特·冯·哈勒尔(Albrecht von Haller,1707—1777)是一位关键性的人物。他开启了广泛的动物实验,研究各种体内器官的活动。哈勒尔并没有找到"灵魂"控制生理功能的证据,但研究使他确信,身体器官确有一些无生命物质缺少的属性(例如应激性)。② 虽然这或许对我们来说太过初级了,但哈勒尔的应激性概念十分关键,因为他并不是活力论者(vitalist)*:对他而言,有机物与无机物是不同的,其区别性虽然秘不可知但仍属于自然进程而不是超自然的。这有助于在18世纪末至19世纪初的德意志形成一种意见氛围,它强有力地反对牛顿的追随者们那种纯机械主义式的认知(当然,这并不是忽视法国人乔治·布丰[George Buffon,1707—1788]和法裔瑞士人查理·博内[Charles

---

① 雷尔:《德意志的启蒙与历史主义的兴起》,第158页。
② 同上书,第106页。
* 活力论(vitalism)认为生物体含有某些非物理的因素或者受特有的生命原理支配,由此区别于没有生命的物体。——译者

第二章 教养与驱向完美的天性

Bonnet，1720—1793]为18世纪的生物学所作的贡献)。① 有三位生物学家的大名要特别提及，当然也不应忘记柯尼斯堡的伊曼纽尔·康德所起的重要作用。

约翰·弗里德里希·布卢门巴赫(Johann Friedrich Blumenbach，1752—1840)是引路人，他的实验与观察所产生的影响力是不可估量的——粗略地讲，大概有一半19世纪早期重要的德意志生物学家都是他的门生或者受到了他的启发：例如，亚历山大·冯·洪堡(Alexander von Humboldt)、卡尔·弗里德里希·基尔迈尔(Carl Friedrich Kielmeyer)、格奥尔格·莱因霍尔德·特雷维拉努斯(Georg Reinhold Treviranus)、海恩里希·弗里德里希·林克(Heinrich Friedrich Link)、约翰·弗里德里希·梅克尔(Johann Friedrich Meckel)、约翰内斯·伊利格尔(Johannes Illiger)、鲁道夫·瓦格纳(Rudolf Wagner)等，我们将会详述其中的一些人物。弗里德里希·谢林(Friedrich Schelling)和康德一致认为，布卢门巴赫是"近代生物理论界影响至深的大家之一"。②

布卢门巴赫把他的基本理论都写入了一本短小的著作《生长动力与繁殖活动》(*Über den Bildungstrieb und das Zeugungsgeschäfte*)。他在书中认为，种子"通过它特别容易引起刺激的那

---

① 雷尔：《德意志的启蒙与历史主义的兴起》，第130页。
② 提摩太·勒努瓦(Timothy Lenoir)：《生命的策略：19世纪德意志生物学界中的目的论与构成法》(*The Strategy of Life*：*Teleology and Mechanics in Nineteenth-Century German Biology*)，芝加哥大学出版社，1989年，第17—18页。约翰·布卢门巴赫的《生态学的创立》(*The Institutions of Physiology*)在1817年由约翰·埃利奥森(John Elliotson)译成英语，该版由本斯雷(Bensley)为考克斯出版社印刷，敬献给了苏塞克斯公爵、亲王奥古斯特·弗里德里克(Augustus Frederick)。

121

部分所散发出的微妙气味"将胚胎"从永恒的沉睡中"唤醒。①他通过观察到后代经常展露出亲本的混合特性,认识到了一个至关重要的问题:"为什么后代总是与亲本不同?"这说明他正在接近遗传学和进化论的观念。只不过,他的理论部分本末倒置了:在他看来,世界上的各色人种都是由白种人退化而来的。

布卢门巴赫的核心观念深深地影响了康德和谢林。他认为,在生物世界存在一种"牛顿式的强制力",它主管器官的结构,他称之为生长动力(Bildungstrieb)。②他在针对不起眼的水螅进行多次实验之后确信了自己的理解模式。这种生物吸引布卢门巴赫之处是:首先,它能够使被切断的部位再生,"而没有在结构上出现明显的改变";其次,再生出来的部位总是比原来的要小。而且,这似乎是普遍的现象。布卢门巴赫观察到,人的身体在受了严重的外伤之后,新长出来的部分不再完好如初,而总是留有一些疤痕。他总结道:"首先,在所有的生物体内都存在一种天生的特殊原生力或者动力(Trieb),它在生物的整个生命时期之内都是活跃的,生物体通过它获得了确定的原始形态,然后保持这种形态,当形态受到破坏后,再尽可能地修复。其次,一切有机体组织的生命体都有一种动力,它既区别于生命体的一般属性也与其特有的强制力不同。这种动力似乎是繁殖、再生、吸收营养的动因。我称之为生长动力。"③

布卢门巴赫相信,生长动力具有目的论的性质,是生物体的体

---

① 勒努瓦:《生命的策略》,第 19 页。
② 同上书,第 20 页。
③ 同上。

质中所"固有的"。诚然,生长动力最终并没有为任何事物给出解释——它只是一种神秘进程的名字。但是,正是这一点吸引了康德。因为康德坚持认为,即使自然使用了某种机械的方法构造了具有机体组织的生命体,人哪怕仅从理论的角度也无法理解这个进程。在康德看来,问题是人的理解力只能建构"线性"因果关系模式的科学理论。而在生物世界里"是互为因果的关系,不可能在两者中只取其一……这是目的论的解释模式,因为它认为存在一个'终极目标'"。康德确信,不可能用机械的方法——例如通过化学合成——制造出有机能的生物体。流产现象使康德深有触动,他以此为有力的证据,认为生物世界中就有相类似的"目的性"活动,"因为构造一个有机能的生物体的目标在生物世界中总是显而易见的,也包括在失败的构造尝试中"。故而,对于康德来说不言自明的是,生命科学建立在一套与物理科学完全不同的原理之上。①

约翰·克里斯蒂安·赖尔(Johann Christian Reil,1759—1818)于1779—1780年在哥廷根大学求学,并与年轻的布卢门巴赫结识。蒂莫西·勒努瓦在他针对德意志早期生物学家的研究著作中曾说,赖尔可能比布卢门巴赫更具有原创力。赖尔的论文"论生命力"(Von der Lebenskraft)于1795年发表在一本新专业期刊《生理学档案》(Archiv für die Physiologie)的创刊号中,他在文中于康德的思想框架内介绍了自己有关生命强制力的概念。赖尔也相信,每一个生物体都以"有目的的形状"(zweckmässige

---

① 勒努瓦:《生命的策略》,第26页。

Form)示人，这是由组成生物的物质之间的化学亲和力决定的，"就像是一颗结晶盐根据某个特有的定律在吸附小的粒子，而它构成立方体形状的基础就藏于这个定律之中"①。这是介于布卢门巴赫与康德之间的中间理论。在赖尔看来，胚胎在母体中"一般处于不发育的沉睡状态，这大概是因为它的机体组织具有较少的应激性。父体则增强了处于蛰伏状态的胚胎的动物性力量，这或许是通过种子中的液体注入到了胚胎当中。"②

卡尔·弗里德里希·基尔迈尔（1763—1844年）是从斯图加特来到哥廷根大学求学的，于1786—1788年从学于布卢门巴赫。他的成就有助于开创植物化学，这是有机化学的开端。基尔迈尔将自己开设的有关比较动物学的课程称为动物界的物理学，旨在通过对鸟类、两栖类动物、鱼类、昆虫、蠕虫的解剖比较，揭示生物形态的规则。当他用胚胎学的标准在动物的形态之间建立起关联的时候，新的领域被开辟出来了。他意识到，胚胎发育的模式确证了，动物的机体组织系统并不需要"在生物个体**之外存**在某种特定的指导性强制力，生物界的生命和运转须依靠这股力量才能维持的假设不能成立"（黑体由本书作者所加）。也就是说，不需要任何"超物质"的力量来组成生物。基尔迈尔像布卢门巴赫一样，并不服膺伟大的生命阶梯这个传统观念；反而相信物种之间是以一种独特的方式进行转化的："很多物种明显是从其他物种转化而来的，就如同蝴蝶脱胎于毛虫……它们原来只处在发育阶段，只是

---

① 勒努瓦：《生命的策略》，第36—37页。
② 同上。

到后来才成为独立的物种；它们是经过转化和发育之后的阶段。而其他的则是地球最初的孩子。或许，所有这些原始的先祖都已经灭绝了。"基尔迈尔还注意到，形体较小的生物体比形体大的倾向于产生更多的后代。他据此总结出，物种有一种特别的"内在强制力"，是它引起了物种在结构和行为方面的特性。①

从纯生物学的角度来看，这些18世纪晚期的科学家和哲学家得出了三项工作总结或者说三种信念。② 首先，动物学与植物学作为新的领域其任务是研究生物世界，就像物理学对非生物世界所做的工作一样——也就是"探究物质最为普遍的现象，以及现象所属的各种小到无法再小的独特分类"。③ 其次，他们确认（或者说猜想）存在一种生命力或者叫作生长动力，它是每一种有组织生命体的成形原理。最后，康德强调说，人的理性不足以胜任去发现生物界的这些"自然用意"或者叫作"目的论的介质"。

进化论的兴起

机械论思想与活力论思想之间的交锋贯穿了18和19世纪，甚至持续到了20世纪最初的二十五年。然而，正如恩斯特·迈尔所指出的，林奈在1758年出版了《自然体系》(*Systema Naturae*)的第10版，达尔文在1859年发表了《物种起源》，这之间的百年是一个过渡时期。在此期间，拉马克于1809年发表了他的转化理

---

① 勒努瓦：《生命的策略》，第43页。
② 同上书，第48页。
③ 同上书，第50页。

论。该理论主张"生物体在内在驱使作用下努力向完美生长",生物具有适应环境的能力(并遗传所获得的特征)。也正是在这个过渡时期内,"向下分类"被淘汰了,取而代之的是"向上分类"。"向下分类"是根据生物世界的内在逻辑对其进行划分或者组织,生物世界给予了理论家什么样的印象,理论家就怎么运用他们眼中的自然真相,他们相信物种之间以本性(essence)相区别,本性是其本质(eidos)的反映,是它们特有的实质。"向上分类"中的观察则从生物的种类着手——也就是立足于不可再削减的基石,然后再观察记录这个种类与其他生物体的相似点,向上归纳出高一级别的分类组。①

然而,分类的观念也在经历着自身的进化。几个世纪以来,自然阶梯作为完美的理念,事实上是唯一一种可以想象的、对多样性进行归类的方式。但是,这个观念在植物学家中间不如在动物学家中间那么流行,因为除了从藻类向显花植物(开花植物的一个门类)的一般性发展以外,从植物中几乎观察不到任何向完美生长的倾向。于是,人们又尝试了其他的分类方法。生物体根据它们与不太完美的以及略显完美的相邻生物的相似度,来确定它们在完美的自然阶梯中的位置。② 当时存在着这么一种信念,认为(任何一种)相似点都反映出一个潜在的因果关联。德意志的作家如弗里德里希·谢林和洛伦茨·奥肯(Lorenz Oken)特别指出了两类相似性:真正的类同和类似。"企鹅与鸭子是真的类同,但企鹅

---

① 勒努瓦:《生命的策略》,第197页。
② 同上书,第202页。

第二章　教养与驱向完美的天性

与其他水生的哺乳动物是类似。鹰隼与鹦鹉和鸽子是类同，但鹰隼与哺乳动物中的食肉动物则是类似。"如此的重新概念化看来异乎寻常，但这种方法在后续的生物学科发展史中至关重要，理查德·欧文（Richard Owen）在它的影响之下祭出了同源论（homology）和趋同论（analogy），这些观念在后来成为了比较解剖学的主宰。

如果没有上述分类思想的铺垫，进化的理论几乎是发展不出来的。而此时仍旧任重道远。进化所面临的巨大问题是，它与石头下落和开水沸腾等物理现象不同，它不能被直接地观察到。确实，进化只能被推断出来，随后化石或者岩层才能作为证据被举出。①

在我们看来，从莱布尼茨在其 1694 年完成的《原态》（*Protogaea*）中让进化论第一次崭露头角，到 1809 年拉马克的理论臻于成熟，这期间所耗费的时间似乎过长了。一生钟情于进化论的布丰是法国人，拉马克也是法国人，达尔文是英格兰人。但进化论却在德意志比其他任何地方都更为流行。② 有多位历史学家曾经探究过，进化论的传播到底有多普遍。亨利·波托尼（Henry Potonié）、奥托·海因里希·申德沃尔夫（Otto Heinrich Schindewolf）、奥思维·特姆金（Oswei Temkin），仅这三位学者就从被湮没的记忆中重新唤醒了为数众多的德意志早期进化论者的名字：在布卢门巴赫、赖尔、基尔迈尔之外，还有弗里德里希·蒂德曼

---

① 勒努瓦：《生命的策略》，第 310 页。
② 同上书，第 343 页。

第一编　德意志的命运大转折

(Friedrich Tiedemann)、赖内克(Reinecke)、福格特(Voight)、陶舍尔(Tauscher)、巴伦施泰特(Ballenstedt)。虽然有这么多人在其所处的时代致力于进化的观念,但令人惊奇的是,最终是一位英格兰人——查尔斯·达尔文揭示了自然选择。我们应当记住,在这些为达尔文搭桥铺路的人物当中,有一位维也纳的植物学家弗朗茨·翁格尔(Franz Unger)尤为出众。翁格尔认为,较简单的水生和海洋植物先于较复杂的种类出现,所有植物一定都来源于一种原始的胚胎,新的物种一定是从某个已存在的物种产生出来的,所有植物之间都以"一种遗传的方式"相互联系。在翁格尔的学生中就有格雷戈尔·孟德尔。①

于是,在18世纪晚期的德意志,怀疑论、自然神论、虔信运动、驱向完美的动力——所有这些都汇集在历史学、艺术、生物学当中——共同开创了一条审视世界的路径,它要求在同一时刻内外兼明,既要瞻前也要顾后。在当时那个过渡时期,人们在摸索、犹豫不决地尝试用生物学的认知去取代神学意义上人的概念——或许时人自己并没有觉察到这一点。

很早接触到这些观念的、有影响力的人物当中就有威廉·冯·洪堡。② 后来,他协助创建了柏林大学。这所大学的地位之重要,以至于在任何一部德国文化史的著作中都要有一章专论。

---

① 勒努瓦:《生命的策略》,第391页。
② 皮特·汉斯·雷尔:"19世纪早期的历史学与生命科学"("History and the Life Sciences in the Early Nineteenth Century"),《利奥波德·冯·兰克与历史学科的形成》(*Leopold von Ranke and the Shaping of the Historical Discipline*),格奥尔格·G. 伊格尔斯(George G. Iggers)、詹姆斯·M. 鲍威尔(James M. Powell)编,锡拉丘兹大学出版社,1990年,第2章,第21页及以下诸页。

第二章 教养与驱向完美的天性

洪堡最初是布卢门巴赫的学生,他接受了后者的生长以及生长动力等概念。① 在洪堡看来,自然是由一个个特定的能量与活动的中心构成的,每一个中心都在活动中显露出自己的特质。活动——也就是纯粹的运动——是关键所在。在经典的(牛顿)物理学当中,运动总是外力作用的结果。然而,很多思想家都对用牛顿的科学原理去解释有生命的系统表示不满,他们更倾向于一种所谓的"有生命的自然秩序",在此秩序当中,不存在静止不动,"自我生成的运动"是指自然中任何一个有生命的部分都处于不断的运动当中,而且,"这种运动不是随意的"。对这些人而言,物质包含着一种自我运动的内在原理。"与机械论中力的概念(磁力、电力、重力)不同,他们相信存在多种内在的力量在直接起作用:这些力的隐含目标是实现完美(Vervollkommung)。"②

这个经过修订的物质定义也要求对自然进行重新定义。新的视角认为,自然的内在本性在通过自然说话。"自然的终极目的(telos)只能被直觉感知,却无法被完全透彻地揭示出来。"③洪堡对此的注解是——本质上是布卢门巴赫的观点——物质是由各种一般的和个别的力(Kräfte)组成的,每种力都有其各自的本性。

---

① 威廉·冯·洪堡(Wilhelm von Humboldt):《洪堡全集:普鲁士科学院版》(*Gesammelte Schriften, Preussischen Akademie der Wissenschaften*),阿尔贝特·莱茨曼(Albert Leitzmann)编,柏林:1903—1906 年,第 1 卷,第 262 页。
② 勒努瓦:《生命的策略》,第 27 页。
③ 在这一点上,威廉·冯·洪堡受到了他的弟弟亚历山大的影响。参见伊尔莎·雅恩(Ilse Jahn)《发现生命的轨迹:亚历山大·冯·洪堡的生物学研究》(*Dem Leben auf der Spur: Die biologischen Forschungen Alexander von Humboldts*),莱比锡—耶拿—柏林:乌拉尼亚出版社,1969 年,第 40 页及以下诸页。

在这些固有的特质当中,最重要的是一些一般性的强制力,如生长(Bildung)、繁殖(Zeugung)、习性(Trägheit/Gewohnheit)等。这些特质造就了无数个体,如果用民族与具有机体组织的生命体相类比的话,那么民族就是由这些个体组成的。"所谓现实性就是指通过力量上的或者观念上的积极奋斗去实现自我,也就是要去获取形态。"①

除却生物学不谈,经过 18 世纪旧词新意(neologism)改造后的教养(Bildung)一词的概念根源于马丁·路德笔下的 Bild,即"形象"(image)的意思,请见他在两段关键的《圣经》译文中对这个词的使用:

> 神说,要照着我们的形象、按着我们的模样造人……神就照着自己的形象造人,照着他的形象创造了男人和女人。(《旧约·创世记》,1:26-27)

> 我们众人既然敞着脸得以看见主的荣光,好像从镜子里反照,就变成主的形象,荣上加荣,如同从主的灵变成的。(《新约·哥林多后书》,3:18)

---

① 我主要参考的是保罗·斯威特(Paul Sweet)《威廉·冯·洪堡传》(*Wilhelm von Humboldt*),俄亥俄州立大学出版社,1980 年,与此处相关的是第 2 卷,第 394 页及以下诸页。还可参见威廉·冯·洪堡"论新大陆的诸种语言"("Essai sur les langues du nouveau continent"),《洪堡全集:普鲁士科学院版》(*Gesammelte Schriften, Preussischen Akademie der Wissenschaften*),第 3 卷,第 300—341 页;以及克莱门斯·门策(Clemens Menze)《洪堡的学术》(*Humboldts Lehre*),杜塞尔多夫:亨恩出版社,1965 年。

第二章 教养与驱向完美的天性

新的词义自然是虔信主义者引入的。对他们而言,这个词具有独一无二的宗教意识。但在弗里德里希·威廉一世和弗里德里希二世两位国王在位时期,教养这个词脱离了与宗教的联系,不过,它并没有失去实现个人完美的主观理想色彩。"即便是对那些拒绝宗教天启与圣经权威的人,教养也为他们提供了一种方法,通过文化去获取人世间的救赎。"①而且,教养在普鲁士是面向每一个人的,在那个王国里,公共空间正在飞速地扩展(参见第 1 章)。

教养"是一个新兴人群所属的文化,这个人群没有将自己完全等同于市民阶层,因为他们认为自己是有教养的、有学问的,特别重要的是他们有自主性……一位有教养的男士或者女士不单要博学,还要有良好的品位,对于自己周围的世界要有全面的熟知掌握,因此才有'自主'的能力。而自主就是要与迫向协调一致的普遍压力相对立"。② 教养其实就是虔信运动的一种世俗形式:这两者当中都包含了莱布尼茨以及克里斯蒂安·沃尔夫提及的完美的理念。

---

① 弗里德里希·席勒(Friedrich Schiller):《弗里德里希·席勒与威廉·冯·洪堡通信集》(*Die Briefwechsel zwischen Friedrich Schiller und Wilhelm von Humboldt*),两卷本,西格弗里德·塞德尔(Siegfried Seidel)编,柏林:建设出版社,1962 年;克莱门斯·门策(Clemens Menze):《威廉·冯·洪堡与克里斯蒂安·戈特洛布·海涅》(*Wilhelm von Humboldt und Christian Gottlob Heyne*),杜塞尔多夫:亨恩出版社,1966 年;阿蕾达·阿斯曼(Aleida Assmann):《民族记忆研究:德国的教养观念简史》(*Arbeit am nationalen Gedächtnis:Eine kurze Geschichte der deutschen Bildungsidee*),法兰克福:校园出版社,1993 年。感谢吉塞拉·梅特勒博士(Dr. Gisele Mettele)提醒我注意参考阿斯曼的著作。

② 平卡德:《1760—1860 年的德意志哲学》,第 7 页。

当时，教养对于洪堡等一些人来说一方面是生物学意义上的强制力，另一方面是精神的必须，还有一方面是自然界的一部分，就如同重力。由于它是从虔信运动发展出来的，它依旧包含宗教色彩：就像虔信主义者能够通过切实地帮助今世的邻人而"完善创世"并更接近上帝一样，教养是内在的进程，个人可以借助于它完善自身，提高自我意识，向着完美靠近。天才——也就是那些通过自己的作品使神授智慧得到展现、使完美烁烁发光的个人——的概念意味着，自我培养（self-cultivation）可以通过研习天才们的成就，为有教养的个人展开一个在今生今世接近神授智慧的前景。

这的确只是观念在发展过程中的一个驿站，它只可能出现在从《自然哲学的数学原理》到《物种起源》之间的过渡时期，存在于怀疑论与达尔文之间的时段。在驱向完美的框架之内，这种既是历史的、又是唯美的，且来自生物学的世界观塑造了很多德意志思想家，其中有不少人是虔信运动牧师们的子弟。[1]

在一定程度上，教养是怀疑论的发展所带来的最为精妙的副产品。

---

[1] 托马斯·阿尔伯特·霍华德（Thomas Albert Howard）：《新教神学与近代德国大学的形成》（*Protestant Theology and the Making of the Modern German University*），牛津大学出版社，2006年，第7页；布兰宁：《文化的力量与权力文化》，第205页。

第二编

第三次文艺复兴：
在怀疑论与达尔文之间

| 第三章 |

温克尔曼、沃尔夫、莱辛:古希腊文化的第三次复兴与现代学术的起源

意大利文艺复兴的观念是德意志人的一项创意。《意大利文艺复兴时期的文化》(1878年)一书的作者雅各布·布克哈特(1818—1897年)对此做出过最为清晰的表述。布克哈特1818年生于瑞士的巴塞尔,但是在柏林大学接受的教育。他参加了当时最为知名的历史学家利奥波德·冯·兰克开设的研讨班。1843年,布克哈特返回了巴塞尔并执教于当地的大学,同时还担任《巴塞尔日报》(Basler Zeitung)的编辑。出于对新闻业的日益失望之情,他放弃了这项工作而全身心地投入到了历史研究当中。这一醒悟促成了他的首部力著《君士坦丁大帝的时代》(1853年);他随后出版的《导引》(Der Cicerone,1855)是一本针对意大利艺术珍藏的史学指南。这两部著作广受好评,使布克哈特获得了于1855年刚成立的苏黎世联邦理工学院的建筑学与艺术史教授席位。三年之后,布克哈特又返回了巴塞尔大学,在那里度过了余生,期间还放弃了柏林大学让他成为兰克继任者的邀请。就是在

第二编　第三次文艺复兴：在怀疑论与达尔文之间

巴塞尔，布克哈特于1860年出版了那部最为知名的著作。①

早在布克哈特之前，著作家和史学家已然论及过文艺复兴的现象。彼特拉克（1304—1374年）——至少从理论上来说——首次认识到了"黑暗时代"的观念，即在他生活时代之前的差不多一千年，是一个衰落的时期；他还认识到了古代史著、诗歌、哲学曾经是一种文明的"闪光体现"，这种文明在基督诞生之前是生活的最高形式。不单有伏尔泰、萨韦里奥·贝蒂内利*、法国历史学家儒勒·米什莱（Jules Michelet），还有于1859年发表著作《古代的复兴，或人文主义的第一个世纪》（*Die Wiederbelebung des classischen Altertums: oder, das erste Jahrhundert des Humanismus*）的慕尼黑史学教授格奥尔格·福格特（Georg Voigt），他们全都将注意力投向了意大利的文艺复兴。布克哈特的观念并非无源之水。

然而较之任何一位前人，布克哈特对文艺复兴的理解都更加清晰与彻底。② 正是他确证了，意大利的文艺复兴远不止于对古代的重新发现：那时，个性获得了发展，现代性的容貌第一次展现了出来。布克哈特坚持认为，当时的社会是一个有自我意识的实

---

① 有关布克哈特在巴塞尔的岁月，参见莱昂内尔·戈斯曼（Lionel Gossman）：《布克哈特时代的巴塞尔：一项超前的观念的研究》（*Basel in the Age of Burckhardt: A Study in Unseasonable Ideas*），芝加哥大学出版社，2000年。

* 萨韦里奥·贝蒂内利（Saverio Bettinelli，1718—1808），耶稣会会士、博学的意大利作家，其作品涉及诗歌、戏剧、文论等多个领域。——译者

② 参见彼得·伯克（Peter Burke）为米德尔莫尔（S. G. C. Middlemore）翻译的《意大利文艺复兴时期的文化》的英文本所写导论的第12页，伦敦：企鹅出版社，1990年。

第三章　温克尔曼、沃尔夫、莱辛:古希腊文化的第三次复兴与现代学术的起源

体,而且它是世俗化的,在那之前却从未如此。

正如剑桥大学的思想史家彼得·伯克所强调的,《意大利文艺复兴时期的文化》一书并不乏批评者。在过去的一百五十年里,学术研究日渐专业化,所以他说:"很容易找出书中的夸大之处、草率的概论,以及其他弱点。"然而,尽管布克哈特针对文艺复兴的观点或许是有缺陷的,伯克还是赞同"它是难以取代的"。也许,针对布克哈特论点的唯一重要修正,来自于20世纪初哈佛大学的历史学教授查尔斯·霍默·哈斯金斯(Charles Homer Haskins)。哈斯金斯的论点是,发生在意大利14和15世纪的(现象),实质上是柏拉图主义的重生,它后来导致了意大利的文艺复兴,这其实是古典在西方世界的第二次复兴。第一次发生在12世纪,伴随着对亚里士多德而不是对柏拉图的重新发现,其标志是例如法学作为新学科的诞生以及形成了统一的法律体系。这又促进了知识共享的理念,知识可以被拿来争论,拉丁语的使用得以推广,大学获得了发展,系统的怀疑论在学术领域成长起来。伟大的阿尔伯图斯(Albertus Magnus)*和托马斯·阿奎那的哲学都展望世俗化的世界,随之而来的是神学思想与博雅教育(liberal arts)的统一。当时兴起了大全式著作(Summae),它以百科全书式的论述形式,旨在综合所有的知识;变化也发生在宗教崇拜当中,这推动了自我表达与个性特征的发展;而且,也许意义最为重大的就是,实验方法的兴起,由此诞生了我们熟知的科学。即便不被普罗大众所知,在历史学家眼里确是有过两次复兴而不是一次,第一次的重要性甚至要高

---

* 也译作大阿尔伯特。——译者

第二编　第三次文艺复兴:在怀疑论与达尔文之间

于第二次。

在上述背景之下,再对布克哈特的著作进行仔细研读,可以发现他的一些有趣的深入观察。[①] 布克哈特言道,意大利文艺复兴的特征包括如下要素:古代的复兴、重新发现柏拉图的著作,以及对古希腊和古罗马文明的再发现,该文明发生在正统基督教义"成为文化的根源与基础……作为生存的目标和理想"之前。他还说,古代经典的失而复得导致了文献校勘学的发展,进而是对语言的深入研究——学术获得了新生,语文学(philology)的作用至关重要。正是在文艺复兴的鼎盛时期(即 1513 年),教皇利奥十世(Leo X)重组了罗马大学(La Sapienza)。佛罗伦萨人则"将对古代文物的兴趣作为人生的主要目标之一";同时,他们在科学领域也锐意进取。论著与史著均重获新生,成为了文学与探究的两种新形式。在哲学方面,佛罗伦萨的柏拉图主义者对思想、对文学,尤其是对美学产生了巨大的影响力。在诗歌方面,古希腊和古罗马再次成为典范,在激发模仿的同时也在唤起诗人们极富想象力的作品,而很多诗人本身还是学者。在自然研究史方面,进步体现在植物学(出现了第一批植物园)和动物学(异域的动物首次被豢养了起来)。在艺术方面,那是一个"全才"的时代,像莱昂·巴蒂斯塔·阿尔伯蒂(Leon Battista Alberti)和莱奥纳多·达·芬奇这样的巨人在不同的领域中光彩照人。

布克哈特在自己的著作中还提到,人们对待战争的态度和看

[①] 有关布克哈特给予文化史的概念,参见菲利克斯·吉尔伯特(Felix Gilbert)《历史:政治还是文化? 对兰克与布克哈特的反思》(*History: Politics or Culture? Reflections on Ranke and Burckhardt*),普林斯顿大学出版社,1990 年,特别是第 4、5 两章。

第三章　温克尔曼、沃尔夫、莱辛:古希腊文化的第三次复兴与现代学术的起源

法在意大利文艺复兴时期发生了变化。在名为"战争的艺术"的章节中,他指出,"战争会吸收艺术作品中的特质"。而且,自但丁和彼特拉克以来,爱国主义和民族主义就持续在意大利发酵。"但丁和彼特拉克在他们的时代就曾高歌统一的意大利,这是所有意大利儿女的最高奋斗目标。"

在书的结尾处,布克哈特在音乐中认定了意大利文艺复兴的一个特色,"管弦乐队趋于专业化,发明了新的乐器和发声模式,而与这种趋势紧密相关的是出现了一批艺术大师,他们将全部心血倾注在某些特定的乐器上或者特定的音乐领域内"。所有这些汇总成了对人文主义的颂扬——这些是人力所及的荣耀,无须刻意祈求神灵,也不必始终依赖上帝。

军事领域中有一句格言,灯下最黑,我正好以此作为本章开篇的论点。布克哈特的思想光芒与历史想象照耀着 14—15 世纪的意大利,却对自己所处时代的文化投射出了阴影。我想在这里指出,从 18 世纪中叶开始,欧洲经历了第三次古代的复兴,它引起了一场艺术与科学的繁荣——一场复兴,也见证了在军事行动中产生的巨大反响与革新,还激发了无与伦比的哲学复兴。由此推动了新的美学理论中的一场波澜(在前一章中已有过介绍),其中包括像歌德和席勒这样的诗人被抬升到了学者乃至全才的高度。伴随着这次复兴而来的是爱国主义的风起云涌以及对统一的要求,这一次发生在德意志境内。诸如此类的情形也发生在音乐和人文科学(Humanität)领域,后者就是人文主义的德意志形式。从莫扎特到阿诺德·勋伯格(Arnold Schoenberg),音乐史中最伟大的名人全都属于德意志。存在于学术、教养、内在性(Innerlichkeit

第二编 第三次文艺复兴:在怀疑论与达尔文之间

之间的关联被新建的柏林大学(1810年)以最为强有力的方式表达了出来,这些关联是人文主义在德意志的思想中最为鲜明的体现(我们将在下文做全面讨论)。

如同教宗利奥十世在意大利文艺复兴时期重组罗马大学一样,一种对于学问的全新观念在德意志境内演化了出来,从根本上塑造了现代世界。此时又产生了不少新的文学类型和探究的新形式,而语文学再次成为核心。考古学——古物研究的现代形式——经历了它的英雄时代。第三次文艺复兴毫无疑问是属于德意志的。

古典考古学之父与艺术史的奠基者

如果说,基督徒在伊比利亚半岛发起了收复失地运动(Reconquista)之后,在托莱多(Toledo)、里斯本(Lisbon)、塞哥维亚(Se-govia)、科尔多瓦(Cordoba)发现的亚里士多德名著的阿拉伯译本激发了对其哲学的重新认知;或者说,柏拉图哲学的重放光芒主要归功于像吉奥瓦尼·奥利斯帕*这样的一众学者——在土耳其人攻占君士坦丁堡的前夕,他的一次游访带回来了238部古希腊文手稿;那么在18世纪,同样的荣誉则属于卡尔·韦伯(Karl Weber,1767—1832)和约翰·约阿希姆·温克尔曼(Johann Joachim Winckelmann,1717—1768)。温克尔曼自然是大名鼎鼎的人物,

---

* 吉奥瓦尼·奥利斯帕(Giovanni Aurispa,1376—1459),意大利人文主义学者,多次游历拜占庭帝国,带回的古希腊文手稿激发了意大利学人对古希腊文明的研究兴趣。——译者

第三章　温克尔曼、沃尔夫、莱辛:古希腊文化的第三次复兴与现代学术的起源

但学术界近来更看重韦伯,他本是瑞士军队中的一位工程师。韦伯的高效率与注重细节确保了在那不勒斯南部——包括赫库兰尼姆(Herculaneum)、庞贝(Pompeii)、斯塔比埃(Stabiae),特别是对帕霹雳庄园别墅(Villa dei Papiri)——的考古发掘确实是在精工细作之下完成的。在此基础之上,温克尔曼才开启了他对古代艺术石破天惊的考察。[1]

温克尔曼1717年生于普鲁士的施腾达尔(Stendal),是一位鞋匠之子,父亲的工作坊也是全家的唯一住房,他就是在那里长大的。他缠着父母送他去上学,但这超出了他们的能力所限。无论如何,温克尔曼想方设法来到了柏林,从学于克里斯蒂安·托比亚斯·达姆(Christian Tobias Damm),"在那个对古希腊语的研习几乎被完全忽略的时代,达姆是德语区为数不多的积极地视古希腊语比拉丁语更为重要的学者之一"[2]。离开柏林之后,温克尔曼就读于哈勒大学和耶拿大学,他的专业是医学、哲学、数学,并通过担任家庭教师维持生计。[3] 温克尔曼阅读古希腊文经常至深夜,

---

[1] 克里斯托弗·查尔斯·帕斯洛(Christopher Charles Parslow):《重现古代:卡尔·韦伯与赫尔库兰尼姆、庞贝、斯塔比埃的考古发掘》(*Rediscovering Antiquity: Karl Weber and the Excavation of Herculaneum, Pompeii and Stabiae*),剑桥大学出版社,1995年,特别是第4,5两章。

[2] E. M. 巴特勒(E. M. Butler):《古希腊文明雄霸德国:古希腊艺术与诗学对18—20世纪德国著名作家的影响研究》(*The Tyranny of Greece over Germany: A Study of the Influence Exercised by Greek Art and Poetry over the Great German Writers of the Eighteenth, Nineteenth, and Twentieth Centuries*),波士顿:灯塔出版社,1958年,第12页。

[3] 亨利·哈特菲尔德(Henry Hatfield):《德语文学中的审美崇拜:从温克尔曼到歌德》(*Aesthetic Paganism in German Literature: From Winckelmann to the Death of Goethe*),哈佛大学出版社,1964年,第6页。

第二编　第三次文艺复兴:在怀疑论与达尔文之间

裹着一件旧外套在扶手椅上就睡着了,而早上四点他又醒了,继续阅读。① 夏天的时候,他睡在一条长凳上,脚下垫一块木头,略微的移动就会使木头掉落,借此可以叫醒他。

温克尔曼在受雇成为比瑙伯爵(Count Bünau)的研究助理(我们姑且这么称呼)之后来到了德累斯顿(这里所拥有的艺术品使其他德意志城市难以望其项背),这使他对艺术与古代文物的兴致如沐甘露。然而至关重要的是,温克尔曼在这里遇到了教廷的使节,后者为他提供了一个去罗马工作的机会——前提是要他皈依天主教。②

温克尔曼在 1755 年来到了罗马。对于像他这样的人而言,伫立在罗马城中的那些雕塑无疑是古代艺术造就的最为重要的杰作。③ 温克尔曼先是受雇于枢机主教阿列桑德罗·阿尔巴尼(Alessandro Albani),后者在罗马城外有一座别墅,他被委任管理那里的图书和古代文物收藏。不过,温克尔曼即将享有的盛名更多的是得自他对赫尔库兰尼姆和庞贝的多次探访,正是那里引起了他的广泛兴趣。

这些地方是在 1738 年重现天日的。当时,西班牙的军队工程师罗克·华金·阿尔库维雷(Rocque Joachin Alcubierre)接受了考察任务,准备为波旁王朝的国王查理七世修建一座新的王宫避

---

①　巴特勒:《古希腊文明雄霸德国》,第 14 页。
②　哈特菲尔德:《德语文学中的审美崇拜》,第 6—7 页。
③　苏珊·L. 马钱德(Suzanne L. Marchand):《诸神下凡:1750—1970 年德国的考古学与古希腊文化热》(*Down from Olympus*: *Archaeology and Philhellenism in Germany*,*1750—1970*),普林斯顿大学出版社,1996 年。

第三章　温克尔曼、沃尔夫、莱辛:古希腊文化的第三次复兴与现代学术的起源

暑,选址就在那不勒斯南部意大利海岸上的伯蒂奇(Portici)。对遗迹的发现并非完全出于意外。附近雷西纳镇(Resina)的当地居民长久以来通过打自流井获取水源,他们对地下埋有遗迹是全然知晓的——自文艺复兴时期开始,捡到古代文物的事情时有发生。阿尔库维雷就是被国王授命,"打一些洞井,看看能发现点什么"。①

考古发掘是在 1738 年的 10 月开始的。有些地方的火山熔岩厚达 50 英尺,直到 11 月才挖出了一件赫拉克勒斯的大理石雕像,转年的 1 月中旬发现了一座原以为是神庙的建筑,在发现了刻有"L.安妮乌斯·马尼亚努斯·鲁弗斯"("L. Annius Mammianus Rufus")的碑铭之后才知道,那里其实是一座剧场。② 正确的辨识具有重大的意义,因为与神庙不同的是,剧场预示着它是属于城市的建筑。鲁弗斯出资建造了这座名为赫库兰尼姆(Theatrum Herculanense)的剧场,由此确认了该城名为赫库兰尼姆。对庞贝的考古发掘则始于 1748 年的 4 月。

温克尔曼到赫库兰尼姆和庞贝来过两次,不过他的探访并不受欢迎(发掘者担心他会抢了他们的风头)。但温克尔曼还是设法掌握了在维苏威火山脚下的城市挖掘出的内容,以及考古发掘的内部情况,还了解到了帕霹雳庄园别墅重大发现的细节。③

---

① 帕斯洛:《重现古代》,第 27 页。
② C. M. 策拉姆(C. M. Ceram):《神祇、陵墓与学者:考古学传奇》(*Gods, Graves and Scholars: The Story of Archaeology*),加赛德(E. B. Garside)、苏菲·威尔金斯(Sophie Wilkins)译,伦敦:格兰茨出版社,1971 年,第 4 页。该书德文原版由汉堡的罗沃尔特出版社于 1949 年出版。
③ 帕斯洛:《重现古代》,第 104 页。还可参见沃尔夫冈·莱普曼(Wolfgang Leppmann):《温克尔曼传》(*Winckelmann*),伦敦:格兰茨出版社,1971 年,第 170 页。

143

第二编　第三次文艺复兴:在怀疑论与达尔文之间

　　这一系列的巧合、竞争、轰动性的发现都为温克尔曼的著作奠定了基础。他的著作被证明对于激发古希腊文化的第三次复兴是至关重要的。这些著作中的第一部是一系列公开信(Sendschreiben),内容是关于在那不勒斯南部的发现;第二部则是温克尔曼的重要著作《古代艺术史》(Die Geschichte der Kunst des Altertums);第三部是《未刊录之古代遗迹》(Monumenti antichi inediti,1767)。然而,正如巴特勒笔下所写的:"他的代表作独树一帜,因为他的作品通过将艺术视为人类发展过程中的一部分而进行有机地处理(这是温克尔曼的首创),使艺术研究彻底地脱胎换骨。"[①]

　　《古代艺术史》一书分为两个部分。第一部分偏于概念,侧重检验艺术本身的现象及其"本质"。其中,温克尔曼以广阔的视角比较了不同时期以及不同民族所创作的艺术。第二部分则专注古希腊艺术的传承——自早期时代直至罗马帝国灭亡导致的艺术衰落。正是这条由温克尔曼的隽秀文笔勾勒出来的发展"轨迹"启发了令人印象深刻的后续成果。

　　为了支持自己的论点,温克尔曼倚重在那不勒斯南部新近被发掘出来的雕像,但他也将那里的发现与老普林尼的著作尽量地糅合(老普林尼的《自然史》完成于公元79年,不仅是一本地理志,还是一部古代世界的艺术史)。老普林尼认为,大多数古希腊的知名艺术家都在公元前五至前四世纪时期完成了自己的杰作。对于老普林尼而言,古希腊的雕塑在公元前五世纪中叶达到了完美的

[①]　巴特勒:《古希腊文明雄霸德国》,第26页。

第三章　温克尔曼、沃尔夫、莱辛:古希腊文化的第三次复兴与现代学术的起源

程度,艺术家菲狄亚斯(Phidias)是其顶峰;然而众所周知,他也坚持认为,亚历山大大帝的时代过后,"艺术从此停滞了"。温克尔曼根据自己在那不勒斯南部的亲眼所见,升华了老普林尼的论点,并分辨出了一种——用他的话讲——"高度"简朴的"早期古典"风格,其代表性的艺术家是菲狄亚斯,以及另一种"华丽的或者优美的晚期古典风格,代表性的艺术家是晚期的大师如普拉克西泰勒斯(Praxitiles)、利西普斯(Lysippus)"。温克尔曼鉴别出了从一种风格向另一种风格的演进,这是从"强烈风格化"的古老形式、经过"简朴的早期古典"的精细化、再发展到优美的"晚期古典"而步入繁芜、最终走向衰亡的过程。温克尔曼提出了一个赏心悦目的、有机的、连贯的系统,其完美的对称性令很多人心悦诚服。[1]

温克尔曼用作证据的雕塑后来逐渐被鉴定为是罗马人对早期古希腊艺术杰作的低级仿制,但这无关紧要。重要的是,研究古代的学者们先前只是笼统地观察艺术在古代的兴衰,而温克尔曼却甄别出了一条由明确定义的时段所组成的发展脉络。不仅如此,他还认为,古代艺术的古典时期与被历史学家称为古希腊文化的黄金时代同步,这个时期始于公元前五世纪早期、在希波战争之后,而终于公元前四世纪末期马其顿王国侵入希腊半岛。在温克尔曼之前,古代的纪念物被一成不变地根据其图像或者主题归类,而他则参考艺术品的起源时期根据其风格分类。这就是艺术的鉴

---

[1] 哈特菲尔德:《德语文学中的审美崇拜》,第39页。相关的历史背景见约瑟夫·奇特里(Josef Chytry):《美学的国度:探索现代德国思想》(*The Aesthetic State: A Quest in Modern German Thought*),加州大学出版社,1989年。

第二编 第三次文艺复兴:在怀疑论与达尔文之间

赏能力。

温克尔曼的另一项创举是将史学与美学融合在一起,"一项传统的本质,当它被认为达成了完美的时候,应该被历史性地定位在某个专属的时刻。"在将艺术的"完美"与特定的历史时期相结合的过程中,温克尔曼改造了艺术史,突出了它前所未有的重要意义,这也赋予了艺术史与现实的关联性。由此看来,在温克尔曼自己的时代还没有任何真正意义上的古代复兴的端倪。①

温克尔曼对保存在梵蒂冈的拉奥孔群像的描述尤为知名。"古希腊的艺术杰作无论是在形态上还是表现力方面,普遍具有的卓越品质是高贵的朴素和静穆的伟大(相较英文,德文原文更为优美:edle Einfalt und stille Grösse)。就像大海的深邃保持着永远的静谧,海面上却是惊涛骇浪;古希腊艺术造型的表现力也是如此,它的激情越是强烈,显露出来的是伟大而稳重的精神。"②如此的评析在当时所产生的反响要比相类似的辞藻在当下深远得多。拉奥孔群像的重要性在于,当它1506年在罗马被重新发掘出来以后,它搭建了一条通向过去的直接路径,老普林尼早已明确地指出了这点。这座现存于梵蒂冈的古典时期的大理石雕像表现的是,特洛伊城的祭司拉奥孔和他的儿子们正受到一条凶猛海蛇的缠绕攻击。很多观者都感受到了一个极度紧张的瞬间,而无论我们当

---

① J. 艾泽莱恩(J. Eiselein):《约翰·温克尔曼全集》(*Johann Winckelmanns sämtliche Werke*),多瑙埃兴根:1825—1829年,第6卷,第297—299页。

② 这是温克尔曼针对《望楼上的阿波罗》(*Apollo Belvedere*)雕像所发表的评论,参见汉斯·策勒(Hans Zeller):《温克尔曼对〈望楼上的阿波罗〉的描述》(*Winckelmanns Beschreibung des Apollo im Belvedere*),苏黎世:阿特兰蒂斯出版社,1955年。

第三章　温克尔曼、沃尔夫、莱辛:古希腊文化的第三次复兴与现代学术的起源

下对此感受的反应如何,温克尔曼的观点在当时具有"启示的力量"。他是如此有原创性和敏锐性,以至于在一夜之间成为了民族英雄:"他几乎是在莱布尼茨和歌德的两个时代之间、仅次于普鲁士国王弗里德里希二世的最为知名的德意志人。"而拉奥孔群像也变身为被崇拜的对象,引起了各地的热议。①

温克尔曼的观点产生了诸多影响,其中被赫尔德、歌德、弗里德里希·施莱格尔(Friedrich Schlegel)、奥古斯特·威廉·施莱格尔(August Wilhelm Schlegel)、黑格尔接受的观念是,在古代文化与现代文化之间存在一个历史的分水岭,现代文化其实是"古代文化的对立面,对照的是全部古希腊文化的综合、是它纯真的简朴和自我意识、是它本身与自然之间率直的关系"。② 无论人们是否认同,温克尔曼的功绩都在于以严肃的态度去对待美,将美置于存在的核心位置而不是视为装饰。他尤其认为,如果人们用古希腊的理想去影响和渗透人们的生活,那么人们就能够寄希望于再次营造出创作伟大艺术作品的必要条件;换句话说,人们就可以达成一种完美的形式。③

这样的观念在当时令人陶醉。乔治·桑塔亚那[*]曾经如此揶揄道:"雕像上的一双瞽目是如此纯净,大理石的白色皱褶是那样纯洁。"④然而,除却温克尔曼无与伦比的文风以及他关于美拥有

---

① 哈特菲尔德:《德语文学中的审美崇拜》,第8页。
② 同上书,第19—20页。
③ 同上书,第6页。
[*] 乔治·桑塔亚那(George Santayana,1863—1952),西班牙裔的美国哲学家、作家。——译者
④ 哈特菲尔德:《德语文学中的审美崇拜》,第10页。

第二编　第三次文艺复兴:在怀疑论与达尔文之间

使事物高尚的力量的观念,人们还可以从他的著作中领悟到更深层的含义。他将古希腊人生活中的另一个方面完全忽略掉了——悲惨的受难、异常的持续性兴奋、酒神节中的纵饮,所有这一切被尼采称为"狂欢的"。的确如此,因为受到温克尔曼敬佩的古希腊斯多葛主义具有清教主义的性质。在温克尔曼看来,古希腊艺术与巴洛克艺术的丰富截然相对,与洛可可艺术的"享乐主义和放荡不羁"全然相反。温克尔曼以及正在形成中的德意志的中间阶层将洛可可艺术与贵族的没落以及法国宫廷文化联系到了一起,在这一点上,他们憎恶国王弗里德里希二世和德意志大地上的统治阶层。温克尔曼为黄金一代的诗人和思想家树立了范例,以此帮助他们在国王的阴影之下实现一些突破,即重塑德意志文化和文化习俗。希腊是一个"衰弱的、几近灭亡的国家",然而它拥有影响力巨大的文化遗产是不争的事实,这对德意志的教化之民(Bildungsbürger)来说是一种呼唤。因为这与他们自身的窘境是如此相像。①

亨利·哈特菲尔德曾说:"由温克尔曼带来的'古希腊的复兴'深刻地改变了德语文学的进程:如果没有他立下的训诫和范例,就没有从莱辛到我们所处时代的很多最伟大作家的杰出作品。"不夸张地讲,这场复兴影响了西方赏鉴力的整体发展史,甚至越洋远播触动了托马斯·杰斐逊。时至今日,温克尔曼不但被视作古典考古学的奠基人,还可以被称为历史主义的造就者之一;他对赫尔德产生了结构性的影响,又通过后者左右了历史的书写。古希腊文

---

① 哈特菲尔德:《德语文学中的审美崇拜》,第6页。

第三章　温克尔曼、沃尔夫、莱辛:古希腊文化的第三次复兴与现代学术的起源

化热是定义教化之民众——即受过教育的中间阶层——的特征之一,其影响力不仅覆盖了大学,甚至还波及到了国家的官僚体系。对黑格尔而言,"……温克尔曼被视作这群人中的一员,他们创造了一种新的语言工具,为人类的精神在看待事物方面铺设了一条新的路径"①。有人曾经说:"到了1871年的时候,对古希腊文化的热爱已然成为了国家遗产的一个组成部分。"②而对于歌德来说,温克尔曼的地位就如同哥伦布一般。

温克尔曼在特里斯特惨死于血腥的刺杀(这是托马斯·曼的小说《威尼斯之死》的故事原型),这在当时震惊了整个欧洲的知识精英,辉煌的人生最后以灰暗的反转终结了。③

古希腊文明雄霸德国

温克尔曼的盛名经久不衰。针对他的批评当然也是有的,最显著的是1777年由卡塞尔的古文物学会组织的一次征文,其意在着重检验温克尔曼对古代文物研究做出的贡献。其间,克里斯蒂安·戈特罗布·海涅激烈地主张,温克尔曼曾经宣称古代艺术在经历了公元前5至前4世纪的古典时期之后便走向衰落,但没有实在的证据可以印证这一点。不过,尽管有上述的批评,我们还是

---

① 哈特菲尔德:《德语文学中的审美崇拜》,第20页。
② 巴特勒:《古希腊文明雄霸德国》,第5页。
③ 霍斯特·吕迪格(Horst Rüdiger):《温克尔曼之死:原始的报道》(Winckelmanns Tod: Die Originalberichte),威斯巴登:岛屿出版社,1959年。

第二编 第三次文艺复兴:在怀疑论与达尔文之间

可以强调,温克尔曼的观念具有持久性。1935年,第二次世界大战来临之前,巴特勒出版了他的《古希腊文明雄霸德国》,这是一本检验温克尔曼——也包括古希腊——对莱辛、歌德、席勒、荷尔德林、卡尔·弗里德里希·申克尔(Karl Friedrich Schinkel)、卡尔·戈特哈特·朗汉斯(Carl Gotthard Langhans)、海因里希·施里曼(Heinrich Schliemann)、弗里德里希·尼采、斯特凡·格奥尔格(Stefan George)等人所产生影响的著作。①"如果硬要我写一部1700年以来的德语文学史,我只能从这个角度下笔;因为在我看来,温克尔曼所描述的古希腊是推动德语诗歌在18世纪下半叶以及整个19世纪发展的本质性要素……古希腊通过她的思想、她的规范、她的文学形式、她的雕像、她的愿景和梦想,以及关于她的一切知识施加了影响力,这深刻地改变了现代文明的整体趋势。而德意志就是受其精神统治的典型实例。德意志人对古希腊人的模仿更像是奴隶式的;他们对古希腊人的痴迷更为彻底……"巴特勒并不认为这种痴迷是完全健康的。"只有在内心悲切地感受到对自身不满的民族,才能让这场为外来理想进行的苦斗持续了如此长久的时间。"②亨利·哈特菲尔德对此并不认同。他在《德语文学中的审美崇拜》(1964年)中总结认为,从《浮士德》到《魔山》(The Magic Mountain),"从温克尔曼到里尔克(Rilke),从歌德到格奥尔格,绝大多数最伟大的德语作家在很大程度上都是'古希腊

---

① 哈特菲尔德:《德语文学中的审美崇拜》,第1页。
② 同上书,第334—335页。

第三章　温克尔曼、沃尔夫、莱辛:古希腊文化的第三次复兴与现代学术的起源

的信徒'"①。

"全才"的回归

温克尔曼在德意志的地位堪比彼特拉克,而戈特霍尔德·埃弗拉伊姆·莱辛(1729—1781年)则被视作阿尔卑斯山以北的马尔西利奥·斐奇诺(Marsilio Ficino),后者是文艺复兴时期的大家,其著作包罗万象,包括了哲学、神学、天文、魔术、数学等。一般来讲,莱辛被认为是现代德语文学的奠基者,但他也是一位学者,融古代研究家、哲学家、语文学家、神学家于一身。他是首屈一指的"全才",而这类人才则是发生在德意志的第三次文艺复兴的特征。莱辛在创新方面首当其冲,他是18世纪在德意志大地上诞生的、后又延伸至整个欧洲的新世界的象征。这正是本章的主题。事实胜于雄辩,莱辛是依靠手中之笔获得永生的德意志第一人。

莱辛1729年生于德累斯顿东北的卡门茨(Kamenz),是一位牧师之子。其父生育了12个子女,但有5位夭折了(在当时属正常情况)。② 莱辛从6岁开始就早早地对书籍产生了热情,据说他不愿意画家在他手里画上一只鸟笼子,而是画了一堆书。1746年

---

① 看起来,歌德的后学们非常严肃地接受了他"每个人都是一位古希腊人,只不过各自的方式不同,但一定要当古希腊人"(Jeder sei auf seine Art ein Grieche, aber er sei's)的告诫。哈特菲尔德:《德语文学中的审美崇拜》,第5页。

② H. B. 加兰(H. B. Garland):《莱辛:现代德语文学的奠基者》(Lessing: The Founder of Modern German Literature),伦敦:麦克米兰出版社,1963年,第4页。

第二编　第三次文艺复兴:在怀疑论与达尔文之间

开始,他就读于莱比锡大学。莱比锡是知名的"小巴黎",是时尚和出版的中心。戈特舍德正在那里通过德语社团推进他的文学改革。①

通过我们的观察,第一代具有创造力的德语作家首次发出自己的心声是在 1750 年左右。其中最知名的是比莱辛稍早一些的弗里德里希·戈特利布·克洛普施托克(Friedrich Gottlieb Klopstock,1724—1803),他在 1748 年出版了宗教叙事诗《弥赛亚》(Der Messias)的前三首。② 这些诗歌篇章通过"惊人持久力,以及规范且丰富的比喻"深深地感染着德语读者。当今的读者若想读懂它,必须了解 18 世纪中期天才的产生理论——天才的作品是得自神的灵光一现。③ 诗章采用了古典式的文体,而内容上则从宗教转换到了科学以及抽象的哲学主题,其中还点缀了鲜活的时事,通篇都以华丽的语言成文。这部诗篇的目的、也是唯一的目的是要展示出,诗人能够像弥赛亚一样激起足够的热情和信心。

克洛普施托克也是一位全才。他的论文《德意志的学者共和国》(Die deutsche Gelehretenrepublik,1774)曾经感染了一批青年

---

①　古斯塔夫·西歇施密特(Gustav Sichelschmidt):《莱辛:传记与著作》(Lessing: Der Mann und sein Werk),杜塞尔多夫:德罗斯特出版社,1989 年;皮特·皮茨(Peter Pütz):《形式的功效:莱辛的戏剧》(Die Leistung der Form: Lessings Dramen),法兰克福:祖尔坎普出版社,1986 年。

②　维克多·兰格(Victor Lange):《德语文学的古典时代(1740—1815)》(The Classical Age of German Literature, 1740—1815),伦敦:爱德华·阿诺德出版社,1982 年。

③　格哈德·凯泽(Gerhard Kaiser):《克洛普施托克:宗教与诗歌》(Klopstock: Religion und Dichtung),居特斯洛:格尔德·莫恩出版社,1963 年,第 133—166(关于天才的产生理论),第 204 页及以下诸页。

第三章　温克尔曼、沃尔夫、莱辛:古希腊文化的第三次复兴与现代学术的起源

作家,例如歌德。他在文中广传一幅"学术共和国"的愿景,在他的诸多比拟中,他将这幅愿景喻为"小树林"(Hain)或"树丛",也就是古希腊语中的 helicon。① 这个观念激励了哥廷根大学的一群青年作家组织了一个小圈子起名为"林盟"(Hainbund)。在他们的讨论中,自然科学、社会科学、文学、艺术获得了同等的重视。

莱辛醉心于戈特舍德和克洛普施托克,在很大程度上受到了这二人的启发。但很少有人知晓他的表兄克里斯特洛布·米利乌斯(Christlob Mylius,1722—1754),正是他将莱辛引领进了戏剧世界。起初,莱辛很多的早期剧作都被他大刀阔斧的报刊文章(但经常是充满才气的),以及针对戏剧的雄心勃勃的期刊评论掩盖住了光辉。他借此获得了为《柏林特刊报》(*Berlinishe privilegierte Zeitung*)——知名的《福斯报》(*Vossische Zeitung*)的前身——做评阅人的职位。② 在有了固定收入之后,莱辛就放弃了戏剧创作,而专心撰写评论。与此同时,他与另两位全才建立起了牢固的友谊:弗里德里希·尼古莱(Friedrich Nicolai)——一位书商、编辑、出版家、作家、哲学家、讽刺评论家,摩西·门德尔松——哲学家、数学家、一位敢于冒险批评国王弗里德里希二世诗作的批评家。

---

① 有关克洛普施托克为德意志设定的文学抱负,参见罗伯特·M.布朗宁(Robert M. Browning):《启蒙时代的德语诗学:从布洛克斯到克洛普施托克》(*German Poetry in the Age of Enlightenment: From Brockes to Klopstock*),宾州大学出版社,1978 年,第 230—231 页。还可参见阿道夫·博萨(Adolphe Bossert):《歌德及其前辈与同侪:克洛普施托克、莱辛、赫尔德、威兰特、拉瓦特尔;歌德的青年时代》(*Goethe, ses précurseurs et ses contemporains: Klopstock, Lessing, Herder, Wieland, Lavater; la jeunesse de Goethe*),巴黎:阿谢特出版社,1891 年。

② 加兰:《莱辛》,第 12 页。

我们在谈及柏林的时候还会再详论这三位人物。

年复一年,莱辛或发起或参与了不下五种期刊的创立,均旨在提高德语文学的水平,并使其脱离平庸。① 他研究过温克尔曼(对后者很多关于古希腊艺术的结论并不赞同),也涉猎考古学,还探索他所认为的艺术与诗学之间的关键性区别。② 1765 年,汉堡的一家新创办的剧院为莱辛提供了剧作家兼顾问的职位。这是一个为德意志开创一家国家剧院的机会。就在剧院于 1767 年 4 月开张的同时,莱辛出版了他经手的第四份期刊《汉堡剧评》(*Die Hamburgische Dramaturgie*)的创刊号,以此来激发大众对戏剧的普遍兴趣。莱辛在这份期刊中曾经发表过著名的鼓吹之词,他认为最能打动人们的正是我们周围距离自己最近的事件,舞台上出现的君王诸侯形象虽然彰显出了伟大,却又减少了亲密感,因为这使观众难以与角色形成认同,从而削弱了感染力。③

汉堡的剧院和《汉堡剧评》都未能获得莱辛所期望的成功。此后的莱辛命运多舛。他在去意大利考察古代文物的路上结识了爱娃·柯尼希并与之结婚,1778 年 1 月,他们的孩子在出生后不到一天就夭折了,孩子的母亲也在五天之后辞世。④ 绝望的莱辛陷入自我挣扎之中。而在此前一年,他开始在他的第五份期刊《历史与文学》(*Zur Geschichte und Literatur*)上刊登赫尔曼·赖马鲁斯的手稿《为神的理性崇拜者而辩》(*Apologie oder Schutzschrift*

---

① 西歇施密特:《莱辛》,第 5—8 章。
② 加兰:《莱辛》,第 83 页。
③ 同上书,第 69 页。
④ 同上书,第 32 页。

第三章　温克尔曼、沃尔夫、莱辛:古希腊文化的第三次复兴与现代学术的起源

für die vernünftigen Verehrer Gottes)中的摘录。赖马鲁斯(1694—1768年)是汉堡的一位受尊敬的学校教师,他在其手稿中主张,耶稣是"一位高尚但轻率的煽动家",他的复活是信徒们虚构的,因此,基督教从根本上讲是建立在谎言之上的。围绕着这部手稿的问题是,莱辛想让它马上出版,而赖马鲁斯想等待更为宽容的时机到来再拿去发表。两人都意识到公开发表后会招致报复,所以手稿是匿名分期刊登的。① 果不其然,文稿受到了正统新教徒风暴般的抗议。莱辛的敌手意识到他们不能从思想上击败对方,就强硬地要求统辖莱辛住地的布伦瑞克的公爵审查其著作。最后,莱辛由于经济上依赖公爵,只得被迫屈服。

这对莱辛来说是一次打击。而在抗争的过程当中,莱辛时常与赖马鲁斯的女儿通信,他借此重获了信念,要恢复早先的戏剧创作。于是,莱辛的杰作《智者纳坦》(*Nathan der Weise*)诞生了,并于1779年出版。

莱辛的这部"杰作中的精品"没有采用韵文,他这样做可比歌德和席勒早了十多年。② 剧中的情节来自薄伽丘的一则寓言。一位父亲拥有一枚戒指,"戴上它的人如果相信它就会得到取悦上帝和民众的力量"。③ 这位父亲爱自己的三个儿子一视同仁,不想让一个人独得青睐,就让人做了两枚赝品,这样每个儿子都得到了一枚戒指。父亲死后,儿子们无法确定谁得到了真戒指就向法官求教。睿智的法官做出裁决,三枚戒指中没有真的。

---

① 加兰:《莱辛》,第159页。
② 同上书,第142页。
③ 同上书,第180—181页。

第二编　第三次文艺复兴:在怀疑论与达尔文之间

《智者纳坦》将背景设置在了十字军时代的巴勒斯坦地区。剧情一开始是一位基督教圣殿骑士和一位被犹太人收养的少女相爱了,但他们不知道他们本是兄妹。① 血缘关系很快被揭开了以避免他们成亲,而就在同时,他们也发现自己的生父是萨拉丁的兄弟。信奉穆斯林的萨拉丁就相当于薄伽丘寓言中的三个儿子之一。剧中的另两位主人公是犹太人纳坦和基督教圣殿骑士。萨拉丁问纳坦,三大宗教中的哪一种才是真谛,纳坦的回答就是三枚戒指的寓言。而故事在剧中也有所反转,纳坦被塑造成具有睿智的思想——宽容而善解人意;萨拉丁骄傲且高贵,认可纳坦的品质;而基督徒的形象从一开始就是瞧不起别人、心胸狭隘,尤其是针对犹太人。最终,角色的命运转折感化了圣殿骑士的狭隘,但没能改变基督教的大主教。而这正是该剧的要点所在。莱辛展示给我们三种人性,从道德的角度讲分为:在道德判断上毫无能力,能够辨识正确的行事轨迹却无动于衷,既能正确判断又相机而动。莱辛对于中间那类人是绝对蔑视的。②

莱辛在当下被认为主宰了歌德之前的德语文学。他的剧作有助于终结德语文学中长久以来的地区偏狭性;他的评论结束了法语文学样式对德意志的持续统领。他还在一封书信中特别批评了戈特舍德对于让·拉辛(Jean Racine)、皮埃尔·高乃依(Pierre Corneille),以及伏尔泰"奴隶式的依附"。莱辛意识到,莎士比亚提供了更好的戏剧模式;他主张,《奥赛罗》《李尔王》《哈姆雷特》是

---

① 皮茨:《形式的功效》,第242页及下页。
② 加兰:《莱辛》,第180页。

第三章　温克尔曼、沃尔夫、莱辛:古希腊文化的第三次复兴与现代学术的起源

现代戏剧的开山之作,它们达成了像索福克勒斯的作品一样的情感冲击。莱辛还主张,应该将从中世纪木偶戏开始就被德语观众熟知的浮士德博士的形象托付给莎士比亚式的戏剧。这为"歌德和席勒在接下来的十余年间开创的魏玛古典主义奠定了基石(歌德在1772—1775年完成了戏剧《早期浮士德》[*Urfaust*]的最初版本,该剧直到19世纪晚期才被发现,而且从未上演。而《浮士德:悲剧第一部》的问世,至今已被广泛地认作德语戏剧舞台发生创新性转变的决定性时刻)"。①

最后但并非不重要的是,莱辛对福音书的起源所作的精细研究是首次不带任何偏见的科学性检验,这促进了学术的发展。一位批评家曾说过,莱辛是"从路德到尼采的德国思想史和文学史上最令人钦佩的人"②。

现代学术的起源

现在,我们要考查两位将温克尔曼的理论转化成具体的制度化创新的学者。

就我们今天所理解的古典学研究而言,它的发展在很大程度上是仰仗弗里德里希·奥古斯特·沃尔夫(Friedrich August Wolf,1759—1824)的努力和"绝不妥协的信念",他是19世纪古典学的肇启者。19世纪著名的古典语文学家乌尔里希·冯·维

---

① 加兰:《莱辛》,第57页。
② 同上书,第198页。

第二编 第三次文艺复兴:在怀疑论与达尔文之间

拉莫威茨-默伦多夫(Ulrich von Wilamowitz-Moellendorff)将古典学描述为"以学术去征服古代世界"。沃尔夫从一开始就排斥神学训练的影响,决心使古典学研究摆脱教会的控制。他并不是首位现代意义上的古典语文学家,然而,他用严格的史料批判法塑造并推动古典语文学成为了诸多学科中新一代的王者。他于1795年发表的荷马研究被安东尼·格拉夫敦(Anthony Grafton)喻为"宣布古典学成为独立学科的宪章"①。

沃尔夫生于1759年,是一位教师之子,六岁的时候便能阅读古希腊文、拉丁文,以及法文。在哥廷根大学就读期间,尽管他与当地最知名的古典学家克里斯蒂安·戈特洛布·海涅保持了距离,却竭力效仿这位前辈学者的奉献精神。像海涅一样,沃尔夫曾经在六个月内每周只睡两晚,以此使自己尽快地浸入所钟爱的古典作家当中去。为了保持清醒不瞌睡,他坐在椅子上把两只脚泡在冷水里;还用绷带蒙住一只眼睛,用另一只眼阅读,然后交替休息。沃尔夫的勤勉令人回忆起温克尔曼在脚下垫木块睡觉的往事。

沃尔夫的全心投入得到了回报。1783年,年仅24岁的他获得了哈勒大学教育与哲学的教授职位。②哈勒大学是研讨班的发

---

① 亚历克斯·波茨(Alex Potts):《肉体与理想:温克尔曼与艺术史的起源》(*Flesh and the Ideal: Winckelmann and the Origins of Art History*),耶鲁大学出版社,1994年,第26页。

② 从沃尔夫的信件中可以了解到这所规模虽小、却极具动力的德意志大学的内部世界,参见西格弗里德·赖特尔(Siegfried Reiter)《弗里德里希·奥古斯特·沃尔夫:书信集》(*Friedrich August Wolf: Ein Leben in Briefen*),三卷本,斯图加特:梅茨勒出版社,1935年。

第三章　温克尔曼、沃尔夫、莱辛:古希腊文化的第三次复兴与现代学术的起源

祥之地,沃尔夫自己的研讨班就是旨在培养出专业的古典学者。他获得了巨大的成功,以至于19世纪德意志的新型大学都以他的研讨班为典范。苏珊·马钱德认为,沃尔夫骄傲地坚信对古典语文学进行研究是"养成自律的、富有理想的、高尚人格"的力量,在19世纪,这种信念不但感染了专业学者,也在国家的官僚体系内广为传播。

沃尔夫的名著包括《荷马研究绪论》(*Prolegomena ad Homerum*,1795)、《古代通学概论》(*Darstellung der Altertumswissenschaft*,1807)等。这些著作并不具有特别的原创性,然而,沃尔夫在文本阐释方面细致入微,再加之对荷马及其时代鞭辟入里的思考,由此将古典语文学的专门知识提升到了高于哲学知识的境界。"(沃尔夫)第一次展示出了,进入古希腊的精神世界所必须借助的手段是严谨地注重语言、语法、正字法的细节。"①

沃尔夫认为荷马史诗直到公元前6世纪中叶才被写成文字,雅典当时正处在庇西特拉图(Pisistratus)的独裁统治之下。沃尔夫以事实支持自己的论点,他指出,古代各种不同的语言风格可以昭示整段整段的文字是如何被篡入最早的手稿当中的;而且,通过对缺失的研究(即"沉默的论据"),他演绎出一系列进一步的结论——例如,古代的注疏家没有在荷马史诗中找到任何有关书写的内容。在研究的过程当中,沃尔夫对自己的方法开诚布公,他承认自己所熟知的知识与全凭推测得来的内容存在区别,还言明了

---

① 马钱德:《诸神下凡》,第19页。

自己所信赖的和不信赖的作家。①

在《古代通学概论》中,沃尔夫将古希腊人、古罗马人划为一类,古埃及人、古以色列人、古波斯人归为另一类。他毫不含糊地指出,只有古希腊人和古罗马人拥有"更高的精神文化"(Geistescultur)。而余者"东方人"(Orientals)被他描绘为,只达到了"被规诫的礼仪或者文明"(bürgerliche Policirung oder Civilisation)的水平。沃尔夫认为,文化需要"安全、秩序、闲暇",如此才能进化出"高贵的感悟与知识",这在古代除了希腊和罗马之外别无他处可以做到。文学对于一种文化而言尤为重要——它是一个民族无拘无束的自由之作。所以,对于沃尔夫而言,只有古希腊和古罗马文明才构成了古代(Altertum)。古埃及人、古以色列人等余者全都是"野蛮人"(Barbari)。② 依沃尔夫而见,羽翼丰满的古代通学(Altertumswissenschaft)涵盖了不少于 24 个分支学科——从语法学到碑铭学再到钱币学直至地理学,所有这一切都需要对文献的全面掌握。

沃尔夫的学者盛名是至高无上的,连歌德也聆听过他的讲课。1796 年,荷兰的莱顿大学为沃尔夫提供了教席,那在当时可是古典学的尊座。但沃尔夫拒绝了,他继续在哈勒大学执教了十年,直至 1806 年法国占领该地后改变了一切。那可谓一场劫难。不过,仅仅三年过后,沃尔夫就接受了新成立的柏林大学的邀请,成为了那里第一任古代通学的教授。

---

① 马钱德:《诸神下凡》,第 20 页。
② 同上书,第 21 页。

第三章　温克尔曼、沃尔夫、莱辛:古希腊文化的第三次复兴与现代学术的起源

苏珊·马钱德认为,沃尔夫对古典语文学专门知识的不懈追求"为1800年之后的大学转型做出了贡献"。这对学术而言是重要的创新。"沃尔夫对'公正无私'和学术自治的不懈坚持使古典语文学和古代通学达到了某种程度的与社会分离,这在18世纪的学者当中很少见,因为他们中的很多人要么依赖权贵的赞助,或者需要在大学之外的兼职收入。而且,18世纪的教授一般是依仗讲课的技巧而博得尊崇,却不是依靠独立的研究。"

本来,沃尔夫在古希腊人与现代人之间做的比较要多于在古希腊人与德意志人之间的比较。而与法国的战争将这一切全都改变了。处于全面失败之中的德意志所面临的困局与古代的雅典越来越像——政治上四分五裂,被军事强权征服,却在文化上高于对方(罗马),其文化由单一语言所凝聚。"在1806年耶拿之战普鲁士被击败的阴影下,德意志的古希腊文化热经历了一场深刻的变革;它反权贵的一面转化为了向往统一国家的情绪,转化出了——在对教养有明确意识的基础上——一种教育的新形式,从而能与国家和现状和平共处。"[①]无视出身与地位,新人文主义(neohumanism)——这是新兴的有教养之民众的根本性信念——只根据他的或者她的文化才干对个体做出判断。

威廉·冯·洪堡是沃尔夫的挚友之一,他们两位都笃信研习古代所能产生的重要意义。在洪堡看来,研习古典文献为结识过去那些能够自学成才的天人提供了工具,他还感受到,研习古典文献也是"规范思想"的一条路径。沃尔夫和席勒这两位密友使洪堡

[①] 波茨:《肉体与理想》,第25页。

第二编　第三次文艺复兴:在怀疑论与达尔文之间

相信,学习古希腊的知识适用于抵销18世纪晚期至19世纪早期的社会分裂状态。1802年,洪堡被任命为普鲁士驻教廷的使节,这为他与罗马城的古代文物朝夕相处提供了充足的机会。这些经验到了1808年都产生了效用。当时,普鲁士正在开启一系列改革的计划,起因就是在耶拿之战中普鲁士全面溃败给了拿破仑。1806—1812年的改革是在两位精力过人的贵族主持之下实施的,卡尔·奥古斯特·冯·哈登贝格(Karl August von Hardenberg,1750—1822)、卡尔·冯·施泰因·楚·阿尔滕施泰因(Karl vom Stein zum Altenstein,1770—1840)。最重要的改革措施包括解放农奴、赋予犹太人(有限的)公民权、经济改革、重构官僚体系——洪堡就身处其中。教育和宗教事务归新成立的内务部管理,而洪堡——他是哈登贝格和阿尔滕施泰因的好友——被任命为内务大臣。直到当时,德意志的教育机构(特别是小学和中学)都由教会管理,而哈登贝格和阿尔滕施泰因确信,需要在国家与学校之间建立一种新型关系。① 洪堡的职责包括监督学校、大学、文艺与科学学院、文化协会、王家剧院等,这都是他关心的事务。于是,洪堡成为了理想教育的倡导者和守护者,而他自己就受教于这个理想。

　　洪堡采取的一项根本性措施是将资金集中了起来。他还为所有想读大学的学生确立了一个必要条件,必须要通过新设置的中学毕业考试(Abitur),其中的主要内容是考查对古希腊语和拉丁语文献的翻译。进而,洪堡又使参加中学毕业考试成为古典式学

---

① 波茨:《肉体与理想》,第27页。

第三章　温克尔曼、沃尔夫、莱辛:古希腊文化的第三次复兴与现代学术的起源

校——高级中学(Gymnasium)——独享的特权。只有这类学校能够为大学输送学生,这种情况持续了将近百年。洪堡改革的顶峰是按照他的设想于1810年成立的柏林大学。洪堡延伸了明希豪森在哥廷根大学开通的方向,在柏林大学内将哲学学院(包括古典语文学、哲学,以及自然科学)的地位提升至高于医学、法学、神学等更为"实用的"学院之上。不仅如此,在哲学学院内部,他还将自然科学安排在人文学科之下,"否则的话,他担心前者会滑向毫无思想的经验主义"。洪堡通过高薪延聘人才(也是从明希豪森的书中借鉴而来的),用时不久就为柏林大学吸引来了各个学科的大量杰出的年轻学者。"柏林大学很快就成为知名的实干大学,一座专为勤勉、成熟、不喜社交的学者而设的学府,沃尔夫和洪堡就是这样的人。"[①]

洪堡在内务大臣的位子上并没有坐多久——他在1810年6月就去职了。然而,洪堡在当时通过柏林大学、中学毕业考试、高级中学等几项措施将新人文主义的教育打造成了"普鲁士国家的文化哲学"。

洪堡对于教养具体是什么有一个清晰的认知。在他看来,养成个体内心的社会道德是最为重要的,这种进步建立在个体从无知和幼稚的自然状态,到"具有自我意志的公民"这样一个"自我转变的进程"之上:共识是,公民内部的和谐以及对国家的忠诚;信念是,通过人文教育获得精神解放才是通向(内心)自由与"有意志的公民"的真正路径。这一愿景同时兼有平等主义和精英主义的成

[①] 波茨:《肉体与理想》,第28页。

分,这个悖论后来还产生了更为深远的后果。①

洪堡受到的影响部分来自沃尔夫、部分来自赫尔德,所以他才明确指出,语言应该是教育的核心焦点。他坚持认为,语言的具体形态与结构显露出了一个民族的个性。因此,在他看来,教养只有通过研习古希腊文才能达成,它与理解一门语言是关联在一起的。洪堡认为教养——真正的(内心)自由——包括三项内容:无目的性(Zwecklosigkeit)、内在性(Innerlichkeit)、学术性(Wissenschaftlichkeit)。高级中学里的所有(男性)学生必须为这种历史学再加上古典语文学的学习形式而努力。②

洪堡的理想部分得以实现、部分未能如愿。到他1824年去世的时候,沃尔夫的愿景已然盛行了起来:古典语文学被认作是专业化了的人文学科的根基。③ 而到了19世纪晚期,当德国的学术研究受到全世界的艳羡之时,很多学科倒是和古代的希腊没什么联系。不过,这些学科取得成功所基于的方法论却要回溯到洪堡、沃尔夫,最终还是温克尔曼。

---

① 波茨:《肉体与理想》,第28页。
② 马钱德:《诸神下凡》,第31页。
③ 波茨:《肉体与理想》,第22页。

| 第四章 |

纸质印刷时代的至尊产物

在15世纪意大利文艺复兴的鼎盛时期,从佛罗伦萨的老桥(Ponte Vecchio,或称维奇奥桥)徒步穿过拥挤的人群走到圣马可广场需要20分钟。9.5万人把这座城市塞得满满的。① 依照现在的标准,文艺复兴时期的佛罗伦萨算不上大城市,但足以使魏玛相形见绌了。而在德意志的文艺复兴中,魏玛就充当了佛罗伦萨的角色。

如果人们在18世纪远眺魏玛城,会看见高过六七百间民房和城墙的是十几座教堂的塔尖以及公爵的宫邸(佛罗伦萨在15世纪时有一座主教座堂和110座教堂)。② 魏玛市内有两座客栈,分别叫作太子和大象,还有三家能称得上商铺的小店。街道上虽然安置了500盏路灯,但由于开销昂贵,很少一齐点亮。③ 1786年的时候,魏玛的人口接近6200人,而其中有2000人是宫

---

① 皮特·霍尔(Peter Hall):《文明中的城市:文化,创新,城市秩序》(*Cities in Civilisation: Culture, Innovation, and Urban Order*),伦敦:韦登菲尔德-尼克尔森出版社,1998年,第69页。
② 同上书,第72页。
③ 布拉福德:《古典魏玛的文化与社会(1775—1806)》,第59页。

内的侍者、官员、士兵,或者靠税金供养的退职人员。① 城中的商贸并不发达,没有游客,当然也没有工厂。难怪斯塔埃尔夫人(Madame de Staël)* 感觉魏玛"不是座小城镇,倒像个大一点的城堡"。②

尽管当时的魏玛人口稀少,城市规模也一般(连排水系统都很初级),但它是一座都城,是宫廷的驻地。宫中的贵人——(或者用歌德的话说)"缪斯"——是布伦瑞克的安娜·阿玛利亚公主(Princess Anna Amalia of Brunswick)。她在1756年嫁过来的时候还是个女孩子,丈夫是年仅18岁的魏玛公爵恩斯特·奥古斯特·康斯坦丁(Ernst August Konstantin of Weimar)。这位公爵的狭小领地一点都不起眼,它不过是北至波罗的海、南到阿尔卑斯山这片地域内300个相互雷同的诸侯领地中的一块而已。③ 魏玛公国实际上是由四块组成的,包括两块公爵领地魏玛和爱森纳赫(Eisenach)、前公爵领地耶拿,以及伊尔默瑙(Ilmenau)大行政区。而这四块领地当时还分别保持着各自的财税体系。

安娜·阿玛利亚公主成亲的时候不到17岁,她的夫君也还不满19岁。婚后两年,公主的夫君就亡故了,她在此前已诞下一名男婴卡尔·奥古斯特(Karl August),而在当时又身怀有孕。由于儿子年幼,安娜·阿玛利亚就成为魏玛的摄政,直到卡尔成年继位,而在这十九年的摄政期间,她不仅改变了魏玛的宫廷,还为其

---

① 博伊尔:《歌德》,第236—237页。
* 斯塔埃尔夫人(1766—1817),法国著名女作家。可详见本书第15章。——译者
② 布拉福德:《古典魏玛的文化与社会(1775—1806)》,第57页。
③ 博伊尔:《歌德》,第1卷,第244页。

第四章 纸质印刷时代的至尊产物

今后的发展铺平了道路。安娜·阿玛利亚的母亲是普鲁士国王弗里德里希二世的妹妹*，她和自己的兄长一样看重艺术、文学和戏剧。①席勒在第一次见到安娜·阿玛利亚后，认为她的思想"很狭隘"。不过，安娜·阿玛利亚努力与毗邻的诸侯宫廷比肩，把戏剧家、音乐家，也包括"文人"都请到了魏玛。在她的运作之下，有四位世界级的人物来到魏玛。第一位是克里斯托夫·维兰德（Christoph Wieland，1733—1813）。

维兰德在1772年被任命为年方15岁的卡尔·奥古斯特的导师，他本人在当时已经是德意志作家的领袖之一。维兰德生于一个中产阶级家庭（父亲是一位牧师）。贵族阶层与中间阶层通过他结合在了一起，这在不经意间开启了一项进程，两个阶层的不同文化部分地融汇其中，它们共同作用的结果被人们称之为"魏玛的古典"（Weimar Klassik）（这里沿用德语词 Klassik 是为了与研究古代的古典主义[classicism]相区别。）。在巴黎或者伦敦，社会出身低微的作家也可以挣得体面的生活；而在当时的德意志，社会地位的壁垒仍旧相当牢固。在魏玛产生的所有改变当中，社会变革是头等重要的。

维兰德的早期作品已经在有地位的贵族中间为自己赢得了声誉。他曾经是家乡符腾堡的比伯拉赫的议员，也在（位于德意志中部图林根地区的）埃尔福特大学做过哲学教授。在他的小说《金色明镜》（Der goldene Spiegel，1772）当中，维兰德继承《波斯人信

---

* 即公主菲力皮涅·夏洛特（Philippine Charlotte，1716—1801）。——译者
① 布拉福德：《古典魏玛的文化与社会（1775—1806）》，第18页。

第二编 第三次文艺复兴:在怀疑论与达尔文之间

札》(*Lettres persanes*)的形式呈现了一种政治哲学,其写作手法是将对欧洲现实事务的批评置于充满想象的东方假面之下(法兰西是这种笔法的肇启之地)。小说中强调教育的作用甚至对亲王公子们也很重要,尤其是对历史的学习。而维兰德的另一部小说《阿迦通的故事》(*Geschichte des Agathon*,1766—1767)也很知名。故事讲述的是一位青年男子,他受教于切身的经历,明白了年轻时过度的思想"狂热"是多么愚蠢。由此,此书使教养的思想初露端倪,而维兰德的重要性就在于他最早领悟到了这个观念。启蒙时代的很多大人物都经历过信仰的迷失,这种迷失看上去在德意志比在法兰西和英格兰来得更强、更早。维兰德追随的是沙夫茨伯里伯爵(此人对德意志影响至深)*,维兰德认为,一个生在怀疑时代的人仍然可以为了知识、艺术、反省——"丰富自己的思想"——而活,而同时还可以继续履行传统的职责。[①]

维兰德于 1772 年 9 月到魏玛就职,他很快就着手开启了一项事业,在教授卡尔·奥古斯特的同时编刊了一份新的文学月刊《德意志的信使墨丘利》(*Der deutsche Merkur*)。1773 年出版的创刊号很快就获得了成功,之后连续出版了近四十年,为德意志的中部地区提供了文学性的文化,也成就了小小的魏玛成为文化的都城。维兰德的视野盖过了当时还健在的国王弗里德里希二世。他也意

---

* 即安东尼·阿什利–库珀(Anthony Ashley-Cooper,1671—1713),第三任沙夫茨伯里伯爵(Earl of Shaftesbury),英格兰政治家、作家、伦理学家。——译者

[①] 雷吉娜·申德勒–许尔利曼(Regine Schindler-Hürlimann):《维兰德的人生观:对阿迦通的阐释》(*Wielands Menschenbild: Eine Interpretation des Agathon*),苏黎世:亚特兰蒂斯出版社,1963 年。

第四章 纸质印刷时代的至尊产物

识到,德意志人在品位方面具有"长久以来的不确定性",这使得德意志与英格兰相反,英格兰——用我们现在的话讲——拥有属于自己的"经典"。于是,维兰德翻译并出版了莎士比亚的几部剧作,力图为德意志人展现出,在古典时代过后,一部"经典之作"是"什么样子"的。①

维兰德一贯坚信戏剧对文化产生的重要意义。他指出,戏剧舞台在古代的希腊是一种政治机制,它曾经是一个道德机构,甚至在当下的欧洲内部开明而非绝对君主制的地区仍是如此,"它能够对一个民族整体的思想和行为施加健康的影响"。我们不能忘记,剧院在维兰德的写作年代还须与教会的反对之声斗争。虽然其他人没能做到,但维兰德认识到了,剧院是民众能够一起领略新观念的地点。(这也正是教会——以及其他权力机构——排斥剧院的原因之一。)本尼迪克特·安德森笔下的"想象的共同体"就是在剧院的帮助之下建立起来的;它有助于点燃中间阶层的自我意识和自信心。

和其他很多人一样,在维兰德看来,德意志民族"不是真正意义上的单一民族,而是很多民族的集合体,就像古代的希腊"②。虽然如此,他却认为现代的德意志拥有属于它自己的个性。这意味着他对正在形成过程中的早期狂飙突进运动满怀同情,还在自

---

① 布拉福德:《古典魏玛的文化与社会(1775—1806)》,第 42 页。
② 扬·克林(Jan Cölin):《语文学与小说:论维兰德在〈阿瑞斯提普斯〉中对古代希腊的叙述性重构》(*Philologie und Roman: Zu Wielands erzählerischer Rekonstruktion griechischer Antike im "Aristipp"*),哥廷根:范登赫克-鲁布雷希特出版社,1998 年。

169

己的刊物中激励过该派诗人。维兰德欣赏歌德的《伯利欣根的铁手格茨》,认为它是"最优美、最有趣的怪物,价值一百部煽情的喜剧"①。在其中,维兰德感受到了热盼的新声。

第一部伟大的悲剧式小说

约翰·沃尔夫冈·歌德能够到魏玛这座"大一点的城堡"来,要归结于他与卡尔·奥古斯特——也就是恩斯特·奥古斯特与安娜·阿玛利亚的儿子——在法兰克福的一次碰面。卡尔·奥古斯特公爵当时即将年满18岁,且已选定了王妃——黑森-达姆施塔特的露易丝公主,此时的他身无羁绊地开启了游学旅行。他敏锐地选择了卡尔斯鲁厄(Karlsruhe)作为第一站,露易丝公主就住在那里。卡尔·奥古斯特在途经法兰克福时小做停留,被引荐与歌德相识。歌德在当时已经因《伯利欣根的铁手格茨》和《少年维特的烦恼》而声名鹊起(参见下页)。这两位迥异的人物出人意料地相聚甚欢,几个月之后就在卡尔斯鲁厄再次谋面,卡尔·奥古斯特刚从巴黎返回,而歌德正要前往瑞士。巴黎把卡尔·奥古斯特迷住了,他的品位和雄心都在滋长,变得更老练、更具有世界眼光,于是,他邀请歌德到魏玛去。②

魏玛与法兰克福的差距之大超乎了歌德的想象。法兰克福是

---

① 布拉福德:《古典魏玛的文化与社会(1775—1806)》,第45页。
② 尼古拉斯·博伊尔(Nicolas Boyle):《歌德:诗人与时代》(*Goethe: The Poet and the Age*),第2卷:《革命与抛离(1790—1803)》(*Revolution and Renunciation [1790—1803]*),牛津:克拉伦登出版社,2000年。

商业中心，人们的社会地位在很大程度上根据资产的标准来决定。而在魏玛则不然，社会地位的基本区别存在于能在宫廷任职的人（die Hoffähige）和其余的人这两者之间。贵族头衔是进入宫廷的敲门砖，这种固定模式还在不断地重复。歌德于是被晋升为贵族，成为约翰·沃尔夫冈·冯·歌德（von Goethe），席勒和赫尔德在几年后也是如此。①

起初，歌德将自己视为魏玛的访客，而这似乎也符合其他人对歌德的态度。歌德在这一时期的画像都是大眼睛、鼓凸的鼻梁上略有隆肉、厚嘴唇。他抵达魏玛时年方26岁，卡尔·奥古斯特公爵18岁——年龄差距颇大，而这还不是两者之间唯一的重要区别。卡尔·奥古斯特即将成为执掌一方的诸侯，歌德已是文坛名人。就在之前一年，歌德出版的《少年维特的烦恼》——不夸张地说——席卷了欧洲。这本小说通常被视为"自白"文学的先河，正由于其中加入了作者自传的成分而平添了趣味。书中情节线索与歌德生平的贴近程度之大，甚于其他任何作者和他们的作品。

歌德在20岁出头的时候曾经在距法兰克福40英里远的小镇韦茨拉尔度过了一段时光*。他表面上是一名法律实习生，其实并未用心，却将大把的时光用来阅读和创作诗歌，还爱上了一位名叫夏洛特·布夫的女子，不过她已经与别人订婚了。歌德费时良久才意识到无法与夏洛特成就姻缘，就离开去了科布伦茨。依他的性情，到那里不久后就爱上了别人。但他与夏洛特及其未婚夫

---

① 布拉福德：《古典魏玛的文化与社会（1775—1806）》，第62—63页。

* 这是当时德意志帝国最高法院（Reichskammergericht）的所在地。——译者

保持着通信,由此,歌德获知了一位他们共同的朋友卡尔·威廉·耶路撒勒姆(Karl Wilhelm Jerusalem)的自杀细节。耶路撒勒姆爱上了一位有夫之妇,而妇人对他并无情愫。于是,这位年轻人就(从夏洛特的未婚夫那里)借来手枪饮弹自尽了。迈克·赫尔斯(Michael Hulse)认为,由此看来歌德于1774年在莱比锡出版《少年维特的烦恼》并不令人诧异,它在当时(以及一直以来)都被视为一部既有作者自传、也有人物传记成分的作品。① 歌德只用了四周时间就完成了这部小说的创作,他在后来也经常指其为一部"自白"。

尼古拉斯·博伊尔认为,书中的故事情节其实很简单,是由于歌德释放出了宗教情结而成就了这部小说。② 书中的维特爱上了夏洛特(或称为绿蒂),但她已经许配他人。虽然维特的爱得到了绿蒂的回应,但由于命中注定和处在身不由己的世界之中,这对恋人的痛楚吞噬了维特。他觉得别无选择,用绿蒂丈夫的手枪自杀身亡。一位"编者"将维特的信件"收集"了起来,将它们发表出来并配上了些许评论。

《少年维特的烦恼》问世不久就被翻译成了欧洲各大语种,而这部小说引起的热潮波及更广。在维也纳有维特焰火表演,在伦敦有维特形象的墙纸,迈森(Meissen)出产的瓷器上面有维特的故事场景,而巴黎的香水店则售卖维特香水,在意大利还有维特歌剧院。拿破仑在1798年远征埃及的时候,身边就有一部法语译本。

---

① 布拉福德:《古典魏玛的文化与社会(1775—1806)》,第11页。
② 博伊尔:《歌德:诗人与时代》,第1卷,第170页。

第四章 纸质印刷时代的至尊产物

赫尔斯记录道:"拿破仑在1808年会见歌德的时候告知他说,这本书自己读了七遍。"(不单如此,拿破仑还发表了一些评论。)①

并不是每一个人都被这股热潮所感染。有一些人认为,这部小说的危险之处在于会引发自杀行为的泛滥。然而,对殉情(Liebestode)大潮的担心看起来是夸大其词了。尽管如此,这部小说在莱比锡被禁了,在丹麦也是如此。在其他地区,这部小说还遭遇了冷嘲热讽。有一位批评家挖苦道:"薄饼的香味是比年轻的维特那些所谓高傲的弃世论更为有力的活下去的理由。"如今,尘埃已定,《少年维特的烦恼》被视为"第一部伟大的悲剧式小说,其风格令人振奋而且直指内心"。②

尽管歌德大名鼎鼎,他的小说席卷了欧洲,他与卡尔·奥古斯特的友谊还是真诚而牢固的。这位作家欣然加入年轻的公爵喜爱的宫廷活动当中——特别是骑马、射击、跳舞。而渐渐地,歌德的出现带来了改变。他开始朗读正在创作中的作品(他将大多数著作都大声地读给友人们听),特别是还没有完成的《浮士德》(现在被称为《早期浮士德》)。③

时光荏苒,大约过了一年之后,事态变得明朗起来,歌德不是简单地"来访",而卡尔·奥古斯特也与这位朋友更为亲密。歌德

---

① 博伊尔:《歌德:诗人与时代》,第1卷,第176页及以下是诸页对《少年维特的烦恼》与席勒的《强盗》(The Robbers,1781)的比较,博伊尔认为《强盗》一书是狂飙突进运动热潮之下的又一部代表作。有关拿破仑对《少年维特的烦恼》的评论,参见古斯塔夫·赛布特(Gustav Seibt)《歌德与拿破仑:一次历史性的会面》(Goethe und Napoleon: Eine historische Begegnung),慕尼黑:贝克出版社,2008年。

② 布拉福德:《古典魏玛的文化与社会(1775—1806)》,第13、18页。

③ 博伊尔:《歌德:诗人与时代》,第1卷,第267页。

第二编 第三次文艺复兴:在怀疑论与达尔文之间

被说动加入了宫廷生活中另一项流行的娱乐:戏剧爱好者的表演。① 由此,他成为公爵非正式的趣味导师。而正是这次非官方的委任不但为歌德在不久的将来接受更繁重、责任更大的职责做了铺垫,也塑造了魏玛的未来。不止一位历史学家注意到,卡尔·奥古斯特对歌德的青睐不仅是由于他的名望和写作文笔,更是出于歌德的人格魅力。(于尔根·哈贝马斯提醒我们魏玛只是一个特例,大多数文人在类似的关系中仅比仆从的地位稍好。)歌德在宫廷中获得的地位提升并不被普遍认可(他曾被某些人喻为"伏尔泰式的万事通,但只有一知半解")。然而,在那个绝对主义的时代,公侯就是绝对君主——当时就是这样。②

从歌德的角度来观察,大的转变发生在 1776 年 6 月,歌德被任命为卡尔·奥古斯特的顾问,成为由公爵自己以及三位顾问组成的枢密院的成员。歌德被要求宣誓以表忠诚,也从此有权身穿与众不同的饰有花纹的外衣。③ 他的权责不断地扩大,掌管过矿业委员会、军事委员会,甚至被任命为临时的财政主管。他参与了筑路计划,还帮助设计了一套新的税收体系。所有的记载都表明,歌德确是一把好手,他能一贯地觉察什么是不可行的、哪些事是可行的,这使他颇得人心、更为自己赢得了尊重。歌德代表了德意志

---

① 迪特里希·费舍尔–迪斯考(Dietrich Fischer-Dieskau):《歌德作为舞台监督:魏玛古典时期的戏剧热》(*Goethe als Intendant: Theaterleidenschaften im klassischen Weimar*),慕尼黑:德语袖珍丛书出版社,2006 年。
② 博伊尔:《歌德:诗人与时代》,第 1 卷,第 104 页。哈贝马斯:《公共领域的结构转型》,第 38 页。
③ 布拉福德:《古典魏玛的文化与社会(1775—1806)》,第 97 页。

的一种信念:"知识分子未必都住在象牙塔里胡思乱想。"①

在魏玛的经历让歌德获益良多。当他身不由己去掌管矿业部门时,他意识到要培养自己对此的兴趣,要增长有关化学、植物学、矿物学的知识,这使他与科学走得更近了。他马上着手搜集植物,还研读卡尔·林奈的《植物的哲学》(*Philosophia botanica*)。他开始了与林奈的大量书信往来,同时还请求卡尔·奥古斯特派他的一位助手约翰·卡尔·威廉·福格特(J. C. W. Voigt)到位于萨克森的弗赖贝格矿业学院接受培训,学院的主管是当时最重要的矿物学家亚伯拉罕·戈特洛布·维尔纳(Abraham Gottlob Werner)。(维尔纳在1789年的暮夏拜会过歌德,参见第7章。)后来,歌德又转而研究解剖学,并求教于耶拿的教授洛德(Loder),还在他自己于魏玛绘图学院开设的课上传授学到的知识。②

歌德在从事各种各样活动的同时仍旧笔耕不辍,仅与另一位也叫作夏洛特的女士,夏洛特·施泰因(Charlotte Stein)就有1800封通信(歌德的著作和书信全集的标准版足有138册)。这位夏洛特女士悉心地收藏着这些通信,她"深知它们是对一位伟人内心世界的独一无二的记录"。他们之间的关系在歌德的两部"夏洛特"剧作中若隐若现,即《在陶里斯的伊菲革涅亚》(*Iphigenie auf Tauris*)和《托尔夸托·塔索》(*Torquato Tasso*)。这位夏洛特女士在剧中被塑造为德意志女性之极致,是一位"德意志的贝阿

---

① 布拉福德:《古典魏玛的文化与社会(1775—1806)》,第10页。
② 博伊尔:《歌德:诗人与时代》,第1卷,第145、592页。

特丽丝"(Beatrice),她帮助不成熟的诗人完善自身,还向他引介了"人性的愉悦与责任"①。

歌德从未真正放弃他在"夏洛特"时期就探索出来的内心志趣:对"教养"的求索(他颇爱使用这个词)。他在书信中直抒胸臆,表达了由内而生的对完美的追求,但他也从未放弃关注个人在自身内在发展方面所应负的责任。②

从歌德到魏玛的第六个年头即1781年开始,歌德向夏洛特·施泰因吐露衷肠,他无法再称她为"您",而必须改为更亲密的"你"。这就产生了天渊之别。正如一位评论家指出的,歌德的书信从此成为了"在任何作品中都少有的反映幸福爱情的散文诗。"然而,就在他们之间的关系发展到应该水到渠成之时,一切都结束了——最后的结局是灾难性的。就我们所知,夏洛特虽身处一个"奇怪的家庭",却无意离开自己的丈夫。而当她最终向歌德坦白爱恋的时候,歌德的回应却是不告而别去了意大利。当歌德从温暖的南欧(游历了维罗纳、威尼斯、费拉拉、佛罗伦萨、阿雷佐、罗马、那不勒斯)回来时,情形发生了翻天覆地的变化。③ 他很享受游历的时光("这次旅行真是如同成熟的苹果自然落地"),而他对爱情的观念发生了转变(有人说是从浪漫情怀转向了"异教"观念)。④ 歌德的一位友人蒂施拜因(Tischbein)在罗马画了一幅素描,表现的是歌德暴躁地丢开了"多余的枕头"——也就是夏洛特

---

① 博伊尔:《歌德:诗人与时代》,第1卷,第156页。
② 同上书,第164页。
③ 同上书,第259页。
④ 同上书,第420页。

第四章　纸质印刷时代的至尊产物

丈夫的枕头。① 夏洛特很难接受歌德移情别恋克里斯蒂亚娜·伍碧斯(Christiane Vulpius)的事实。("我感兴趣的只是实在的东西、渴望的眼睛和强烈的热吻。")夏洛特在自己的剧作《狄多》(Dido)中试图以此将歌德贬为笑柄,然而并没有成功。② 他们之间曾经美好的关系变味儿了,尽管最终得以修复,却已经时过境迁。

虽然经历了种种,但歌德从未停笔。他是一位现实主义和浪漫主义的混合体,对抽象的思索不感兴趣。他认同我们在第二章中讨论过的观点:"上帝只通过杰出的选民影响这个世界"。③ 歌德认为自己从内心里就要成为一位人杰,就像他描写的伊菲革涅亚的形象一样,成就"伟大的灵魂"。④ 他也深受古希腊人及其观念的感染(这要感谢赫尔德),认为个人——乃至天才——的内心可能具有不自知的创造冲动,这在平常人看来简直登峰造极,不过,天才的作品仍旧还是需要被认知、被完成,这项任务需要技艺、毅力、个人努力。人生即是任务(task)这种观念当然是源自虔信主义者。然而,似乎是古希腊人的影响促使歌德精心打造了又一部杰作《威廉·迈斯特》(Wilhelm Meister)。该书大获成功,甚至连詹姆斯·乔伊斯(James Joyce)这样爱挑刺儿挖苦的作家都不得不把歌德与莎士比亚和但丁相提并论(他们三人就是乔伊斯笔

---

① 博伊尔:《歌德:诗人与时代》,第 1 卷,第 443 页。
② 同上书,第 170—171 页。
③ 同上书,第 180 页。
④ 同上书,第 515 页。

177

第二编　第三次文艺复兴:在怀疑论与达尔文之间

下的三位一体"Shopkeeper、Daunty、Gouty")。①

1798年,弗里德里希·施莱格尔在一份德意志早期浪漫主义的期刊《雅典娜神殿》(*Athenäum*)中发表了一份著名的"断言",他在文中将法国大革命、约翰·戈特利布·费希特的《知识学》(*Wissenschaftslehre*,1794)、歌德的《威廉·迈斯特》指称为"时代的三大'趋势'"。② 施莱格尔虽然主动地急于登场,若是现在转而论彼却难免突兀。我们马上就会再遇到他,届时可以考查他的这三个选项到底意味着什么。我们也会在后文再述及费希特,去发掘其《知识学》的意义和重要性。然而,无论施莱格尔的本意如何,他对《威廉·迈斯特》的褒奖正中我们的下怀。毫无疑问,作为一部小说、一则故事而言,《威廉·迈斯特》不仅是一份杰作,它还是一种文体类型的开山之作,一种德意志特有的文类,即被人们熟知的教化小说(Bildungsroman)。

一部典型的教化小说是一本观念的合集。威廉·布拉福德是"二战"后剑桥大学的德语文学教授,他在专门研究德语教化小说的书中展示了歌德的范例曾经被德意志的很多作家效仿过。布拉福德如此定义道:"展示在我们眼前的,是一位赋有才智、思想开明

---

① 有关歌德作品的英文译本,参见德里克·格拉斯(Derek Glass)《英语中的歌德:20世纪译本的论著目录》(*Goethe in English: A Bibliography of the Translations in the Twentieth Century*),马休·贝尔(Matthew Bell)、马丁·H.琼斯(Martin H. Jones)编,利兹:梅尼出版社,专为英语歌德学会(English Goethe Society)和现代人文科学研究协会(Modern Humanities Research Association)所作,2005年。还要参见尼古拉斯·博伊尔、约翰·格思里(John Guthrie)编《歌德与英语世界:第250届剑桥讨论会论文集》(*Goethe and the English-speaking World: Essays from the Cambridge Symposium for His 250th Anniversary*),罗彻斯特(纽约州):卡姆登出版社,2002年。

② 哈特菲尔德:《德语文学中的审美崇拜》,第 x 页。

第四章　纸质印刷时代的至尊产物

的年轻人的成长历程,他处在复杂的近代社会当中,却不承认普遍的价值观……我们看到,他正在形成自己的观点,首先是他的'世界观'(Weltanschauung)、一种非基督教的宗教观或者说是对人生的一般哲学,……在一部教化小说当中,核心志趣并非主人公的角色抑或他的冒险经历以及丰功伟绩,而是存在于主人公的一次次经历、对价值模范的觉察、逐渐形成的全面且饱满的个性,以及经受过考验的人生哲学这些成分之间显而易见的联系。"① 这其实是一次勇往直前的内心之旅。

在歌德描写的故事里,威廉生在一个市民家庭,在他经历过种种冒险之后,他开始领悟自身存在的局限正是自己是一个由中间阶层"悉心抚养长大的儿子"。他在很长一段时间内与戏剧演员为伍,为他们自然流露出来的魅力折服。之后,他被引导成为一位"无需才干"的绅士,才干这种东西大体上是被否定的——而绅士则"不显露自己的情感"。于是他对任何事都三缄其口,总是不急不忙。后来,歌德让威廉在武装劫匪的袭击中受伤。在经历所有这些的同时,威廉结识了一群女性——年老的、善变的、出身高贵的,等等。他观察到了哪些男人可以讨异性的欢心、他们的奥秘何在。② 然后,威廉让自己沉浸在莎士比亚的作品之中,发现了一个他之前未知的多彩世界。最终,威廉与一位生长在一个大家庭的女性结婚,而且——也是全书的要旨——实现了对人生的领悟、并开始有度地掌控自己的生活。

---

① 布拉福德:《古典魏玛的文化与社会(1775—1806)》,第 30 页。
② 同上书,第 50 页。

第二编　第三次文艺复兴:在怀疑论与达尔文之间

歌德抱有一个严肃的目标。他曾经告诉卡罗利妮·赫尔德(Caroline Herder),他在 1788 年的夏天就对神力失去信念了,也迷失了人生的方向。他在《威廉·迈斯特》中说到,没有了上帝就只能靠未来,人要在未来突破自我。[①] "我们所具有的人性就其终极意义而言,既在于我们在内心发展成为更高级的人,这在坚持去增强我们真正的人性力量时就会出现;还在于驯服非人性的一面。"[②] 一些外国人认为这样的要求过高了。据说,19 世纪末期剑桥大学的哲学家亨利·西奇威克(Henry Sidgwick)谴责过一位德国的访客,因为来客认为英语中没有与德语"有教养的"(gelehrt,英语译为 cultivated)对应的概念。西奇威克的回应是:"哦不对,是有的,我们称为道学先生(prig)。"

然而,歌德最著名的杰作,无论在德意志境内还是境外,都是《浮士德》。这部"最能体现其天才特性的作品"断断续续写了六十年,是在四个创作力爆发期完成的。[③] 它并不是一个新编的故事,而是源自一则知名的中世纪传说,曾经被克里斯托弗·马洛(Christopher Marlowe)改写成了戏剧。然而,歌德是在完成了多一半的创作之后才发现了马洛的作品。[④]

---

① 博伊尔:《歌德:诗人与时代》,第 1 卷,第 605 页。
② 布拉福德:《古典魏玛的文化与社会(1775—1806)》,第 47 页。
③ 约翰·沃尔夫冈·冯·歌德:《浮士德》(*Faust*),牛津大学出版社,1998 年,第 ix 页由大卫·卢克(David Luke)撰写的导言。
④ 大卫·霍克(David Hawke):《浮士德神话:宗教与表现的兴起》(*The Faust Myth: Religion and the Rise of Representation*),贝辛斯托克:帕尔格雷夫/麦克米兰出版社,2007 年;约翰·吉尔里(John Gearey):《歌德的浮士德:第一部的诞生》(*Goethe's Faust: The Making of Part I*),耶鲁大学出版社,1981 年。

第四章 纸质印刷时代的至尊产物

　　这则传说或许也是基于事实。在 15—16 世纪之交，曾经生活着一位叫格奥尔格·浮士德(Georg Faust)的人，他穿行于欧洲中部，声称自己掌握着由深奥知识赋予他的特殊治愈力。在他死后，他的名字被改写了，还被冠以学术头衔，成为了维滕堡大学的教授约翰内斯·浮士德博士(Dr. Johannes Faust)。据说，他在讲课过程中"施魔法随意变出了"古希腊的名人。众人皆知的传闻还包括，他为教皇和皇帝都表演过戏法。而获得魔力是要付出代价的。[121]浮士德博士据说与魔鬼订了二十四年的"期限"，在此之后他的身体"就要被众魔撕碎"。浮士德的形象经常出现在木偶戏中，歌德可能就是在孩童时代通过木偶戏知晓了这个故事。①

　　传说中浮士德对其所钻研的神秘知识的很多形式都已厌倦。而魔鬼靡菲斯特(Mephistopheles)则与上帝打赌，说自己可以引诱浮士德进入他的魔界。靡菲斯特保证自己在浮士德使用魔法和炼金术的过程中被召唤出来，于是他才提出了那项著名的协议：靡菲斯特会把世界上所有的欢愉都带给浮士德，唯一的条件是，如果浮士德在任何一项欢悦上想要尝试"比规定更长的时间"，他的生命就将结束，他就要将自己交给魔鬼。空虚而百无聊赖的浮士德接受了这个条件。

　　歌德笔下《浮士德》第一部的主要内容是，浮士德引诱而后又抛弃了玛格丽塔(Margareta)(也称作格蕾琴[Gretchen])，这是他在教堂外遇到的一位美丽少女。而在写于几十年之后的第二部里面，浮士德从长睡中醒来，他在睡梦中已然忘记了玛格丽塔，醒后迷恋上了

---

① 歌德：《浮士德》，第 xiv 页。

181

第二编　第三次文艺复兴:在怀疑论与达尔文之间

特洛伊的海伦(Helen of Troy)(书中所写毕竟是一个魔幻的世界)。①

仅靠简介无法公正地展示《浮士德》的魅力——书中的语言、机智,以及对人性敏锐的洞察,也无法诠释打在靡菲斯特身上的玩世不恭的标签,"这是一种本真且极具感染力的魔鬼形象——还是不要用有亲和力这个词吧"。《浮士德》以及靡菲斯特甚至被拿来与旧约中的《约伯记》做比较,因为它们都是对邪恶之本性的沉思(在《约伯记》中也出现了与上帝的协议)。歌德也从莎士比亚的著作中汲取了成分:就像这位大诗人的剧作一样,《浮士德》抗拒基督教的渗透。上帝不是以色列人的那个小心眼、易嫉妒的上帝,而是具有更宽宏大量的——甚至有幽默感的——神性。

这部剧作是歌德在18世纪70年代早期开始动笔的,后来他撕毁了初稿——至少他自己是这么认为的。直到歌德逝后六十五年即1887年,一部《早期浮士德》的发现确证了歌德早期手稿的存在。它显然是由魏玛宫廷中的一位年轻女士誊抄下来的,她的手稿没有被毁掉。歌德将《浮士德》描绘为"一次伟大自白中的断章",人们不应忘记这点。他自己写道:

> ……我们的剧作更像是人生;
> 我们设置了起点,也预见了终点——
> 但我们能掌控全程么?如果你能,好吧,做出来看看。②*

---

① 歌德:《浮士德》,第 xxxv 页。
② Des Menschen Leben ist ein ähnliches Gedicht: es hat wohl einen Anfang, hat ein Ende, allein ein Ganzes ist es nicht.

* 此处根据原书的英文版译出,而根据德语原文则可译为"诗歌好似人生,它有始又有终,却偏不是全程"。——译者

歌德是在说这就是对待生活的最佳途径么？要汲取不同的成分，就像席勒所言的"抓住每一刻"，不要苛求一致。① 对于浮士德而言，他的困扰并不是寻求一致，而在于运动、创造、活力，以及之前的单纯享乐。仅仅对美进行静谧思考是空洞无物的。在这一点上，歌德属于前浪漫主义。

尼古拉斯·博伊尔在为歌德及其时代所写的传记中认为："我们对歌德所知比常人更多，或者说应该知之更多……他有近3000幅画稿流传至今，内容包括他建造的别墅、他重建的宫苑、他率先奠基的公园等。他私人搜集的矿物标本、宝石切片非常丰富……歌德到了魏玛之后的日程纪事现在经过罗伯特·施泰格纳（Robert Steiger）的首次编辑足有七大册，毫无遗漏，特别是歌德从1796年开始写的日记。歌德参与的对话录……刊印后有4000页，还有12 000多封他的亲笔信，以及约20 000封写给他的信件。"博伊尔在自己的书中如此总结道："随着纸质印刷时代的流逝，歌德看上去是该时代的至尊产物。"

"民族"和"文化"的新概念

约翰·戈特弗里德·赫尔德（1744—1803年）比歌德年长五岁，他像温克尔曼、海涅、费希特一样生于贫苦，纯粹凭自己的能力摆脱了社会出身，当然还有一次机遇相助。1761—1762年，在赫尔德所在的东普鲁士的小镇上驻扎着一支俄国军队，他们在七年

---

① 歌德：《浮士德》，第vii页。

第二编　第三次文艺复兴:在怀疑论与达尔文之间

战争之后正要归国,赫尔德结识了军中的一位外科医生。这位军医很喜欢赫尔德,想把他带到柯尼斯堡大学去学医。而作为回报,赫尔德要把一篇医学论文翻译成拉丁文。赫尔德接受了军医的提议。然而到了柯尼斯堡之后,赫尔德发现自己对医学兴味索然,却转向了神学。

这是赫尔德的第二次偶然性人生转折,因为他从此开始受教于康德,而康德又将卢梭和休谟引介给了赫尔德,后两者对赫尔德的思想影响甚大。1767年赫尔德被委以神职,他想方设法来到了巴黎,与当时启蒙运动的领袖人物德尼·狄德罗和达朗贝尔等人打成一片。但赫尔德还是一如既往地贫困,只好去做荷尔斯泰因公爵之子的私人教师和旅行陪护。这是他的第三次偶然性人生转折。就职途中,赫尔德在汉堡小住并结识了莱辛。之后不久,他陪同公爵之子去了斯特拉斯堡,在那里认识了歌德(1770年7月间)。歌德当时就意识到,赫尔德对自己的境遇并不满意,于是就说服了卡尔·奥古斯特公爵邀请赫尔德到魏玛主管公国中的教会。这是赫尔德终身担任的职务,而且他对此也心满意足——赫尔德的子女们曾经在歌德的花园中寻找复活节的彩蛋。[①]

赫尔德不像歌德那么尽人皆知。但是在很多方面,赫尔德的观念和影响传播得更迅速、更直接、更广泛。[②] "就像一个多世纪

[①] 博伊尔:《歌德:诗人与时代》,第1卷,第346页。

[②] 马克斯·科默雷尔(Max Kommerell):《德意志古典文学中的领袖诗人:克洛普施托克、赫尔德、歌德、席勒、让·保罗、荷尔德林》(*Der Dichter als Führer in der deutschen Klassik: Klopstock, Herder, Goethe, Schiller, Jean Paul, Hölderlin*),第三版,法兰克福:克洛斯特曼出版社,1982年;F. M. 巴纳德(F. M. Barnard):《赫尔德的社会与政治思想:从启蒙运动到民族主义》(*Herder' Social and Political Thought: From Enlightenment to Nationalism*),牛津:克拉伦登出版社,1965年,第 xix 页。

第四章 纸质印刷时代的至尊产物

之后的马克斯·韦伯一样,赫尔德痴迷于社会关系问题,在他看来,世界越来越像一台巨型的机器,人就是机器上的轮齿,人们的生活由机械式官僚体制的无情运转掌控着。"他将这种困境写入了两本书中,《论人类历史哲学的观念》(*Ideen zur Philosophie der Geschichte der Menschheit*, 1784—1791,四卷)和刊于1774年的《人之形成的又一历史哲学》(*Auch eine Philosophie der Geschichte zur Bildung der Menschheit*)。赫尔德在当时主要关注的是,如他所言,去发现社会团体中的道德规则。使政治性团体自然成形的那只看不见的手是什么样的?

在休谟与康德之外,对赫尔德的主要影响来自莱布尼茨。赫尔德将莱布尼茨仰视为"德意志有史以来最伟大的人物",视自己与莱布尼茨、托马修斯(Thomasius)、莱辛一脉相承。他们都坚信"变"的观念,视宇宙为"有机的"整体。莱布尼茨将历史理解为"连续的发展进程,人类的奋斗可以激励它",这深深地影响了赫尔德对历史的看法。莱辛将道德上的奋进、"道德的流变"视作教育与培养的重中之重。"人在自觉地认识到自己的个性时才能真正成就自身。"而赫尔德对此又进行了极具说服力的提炼。他坚持认为,人性并非是人与生俱来的状态,"而是一项**任务**,它需要通过自觉的发展才能实现"。在一系列重要的德意志作家的哲学思想当中,这种视教养为任务的观念占据了主流,上文的歌德就是如此,之后还有洪堡、费希特等人。① 回顾一下亨利·西奇威克的嘲讽,读者可以想象他快要从墓中跳出来了。然而,在德意志的思想中

---

① 巴纳德:《赫尔德的社会与政治思想》,第16页。

第二编　第三次文艺复兴：在怀疑论与达尔文之间

的确存在着一种一致性：将教养视为任务明显源自虔信主义者的谱系，它之后又进入了韦伯新教伦理的概念里。其颠覆性还在于，重视个人判断力的内在价值，与此相应的就是在宗教领域和道德方面抗拒将（外在的）权威作为根源。

赫尔德还认为，卢梭的思想其实是本末倒置的。赫尔德认为"社会契约"是一种误称，因为在他看来，社会的状态正是人之自然状态。一个人生于何种家庭是无法选择的。但是，人并不只是社会动物——人还是政治动物，因为社会生活需要秩序与组织。[①]赫尔德在这一点上与博德默尔、戈特舍德、沃尔夫、洪堡的立场相同：依他所言，所有这些组织的"维持力量"是语言。亦如洛克所为，赫尔德不认可语言的起源来自于神。他认为，在史前时代不存在某个发明语言的阶段或者时期，语言也不是从动物的叫声中发展出来的。他强调，人的思维不能没有词汇，所以语言一定是伴随着自觉意识的发展而出现的。[②] 也就是说，对赫尔德而言，语言反映出了一种独特社会遗产的历史和当前心理状态，而他迄今最有影响力的论据就是——语言标识出了一个民族（Volk）。在他看来，这个由共同语言造就的历史与心理的实体，"对政治组织而言是最自然和最有组织性的基础……一个没有自己语言的民族一无是处（Unding）。因为，血缘、国土、征服、政令均无法产生独一无二的自觉意识，正是这种自觉意识维持了一个社会实体的存在与

[①] 巴纳德：《赫尔德的社会与政治思想》，第 55 页。
[②] 有关赫尔德如何看待人与猿的区别，参见 H. B. 尼斯比特（H. B. Nisbet）：《赫尔德与科学的哲学和历史》（*Herder and the Philosophy and History of Science*），剑桥：现代人文科学研究协会，1970 年，第 250 页及以下页。

第四章 纸质印刷时代的至尊产物

延续"。① 语言不但使一个社会共同体成为一体,而且也将这个共同体针对自己与说其他语言的共同体之间区别的自觉意识标识了出来。"照此理论,一个民族是人类的一种自然分划,它被赋予了自己的语言,一个民族必须保护住它的这项最具特色的和最神圣的财富。"由此,语言被赋予了一种前所未有的力量。

正是语言与自我意识的紧密结合导致了曾被广泛接受的"民族"观念发生了剧变。"民族不再简单地意味着联合在一起、服从共同政治君主的一群民众。"②它现在被视作一个单独的、自然的实体,其对政治上获得承认的诉求"是基于拥有一门共同的语言"。③

而赫尔德走得更远。在他看来,在任何一个民族集群当中都有两个重要成分:一个是市民阶层(das Volk der Bürger),另一个是少数的知识人群(das Volk der Gelehrsamkeit)。市民阶层不仅人数更多,而且也更有助益(赫尔德还称他们为"地球上的盐")。他将市民阶层与下层民众(Pöbel)截然分开,后者俨然构成了第三个成分。赫尔德认为,市民阶层的与众不同之处,以及导致其社会地位低下而且(直至当时仍旧)政治无力的主要原因,就是他们缺乏教育。他坚信,这种局面的产生不可能是由于他们摒弃了或者缺少先天的能力,"而是持续且顽固的忽视所导致的恶果"。所以,赫尔德大胆地站了出来,指责位于统治阶层的权贵应对此负责。"仅仅是由于血统的高贵,一部分没出生的人命中注定要统

---

① 巴纳德:《赫尔德的社会与政治思想》,第57页。
② 同上书,第59页。
③ 同上书,第63页。

第二编　第三次文艺复兴:在怀疑论与达尔文之间

治另一部分也还未出生的人,这对赫尔德而言是最无法理解的命题。"①

所以,赫尔德并不寄希望于社会顶层的人等能够施行任何伤及其地位的措施。他转而去发表自己的论点,期望借此能够激励出"大众领袖"去推广教育的理念。赫尔德感觉,国家应该承担起帮助每一个人去发展实现自身特质的工作。"如果没能使人们运用其神授且高贵的天赋,如果让它荒废以至于产生了愤懑与挫折,这就不仅是违背人性之举,更是一个国家所能加于自身的最大伤害。"赫尔德的声言表明,他对于经济、政治、教育或者说教养之间彼此联系的理解是极具现代性的。在赫尔德(以及洪堡)看来,人的自我发展、自我的人性化不但会将人塑造成更优秀的个体,还可以使人成为更好的——更具认同感的——社会成员。对赫尔德而言,人类协同共生的全部要旨就是相互性。②

总的来说,与赫尔德的目标相符的就是要为文化——也为民族——赋予一层新的含义。赫尔德对人性的观点具有深刻的历史性,又秉承了莱布尼茨认为变才是本质的遗风,由此他总结出,无论一个民族的"集体意识"在任何一个指定的时间段内的表象如何,它都曾是这个民族的文化。③ 而这与启蒙的传统全然背道而驰,启蒙时期盛行的思潮认为文化与文明和理解力紧密相连,是心智成熟的反映。正是赫尔德开现代之先河,率先采用了"政治文

---

① 巴纳德:《赫尔德的社会与政治思想》,第 75 页。
② 同上书,第 93 页。
③ 有关赫尔德对进化的观点,参见尼斯比特《赫尔德与科学的哲学和历史》,第 210 页及以下诸页。

第四章 纸质印刷时代的至尊产物

化"、"农民文化"等短语和概念。究其根本,赫尔德是在质疑,文化不只是单单来自经验的结果,它还包含了一些遗传因素(当然,现代遗传学的概念在当时还不存在)。① 他认为,遗传与经验的结合反过来又推动主流思潮进而形成了历史,任一特定阶段都会产生各自的时代精神(Zeitgeist)。一般认为,是赫尔德创造了这个术语。②

赫尔德的观点其实就是弗兰克的虔信主义神学的现代化版和世俗版:创世是可以被完善的。人可以发展、进化、使自己优于从前,万众归一之路就是教化。教化将知识抬升到至上之善的高度,是人类协同共生的最重要的基础。赫尔德强调,如果人们准备接受,人的意志在历史形成的过程中将起到作用,那么对人具有可完善性的信念就是一项必要条件。③ 对他而言,人认识到存在一种驱向完美的天性,是人发展自我意识的一部分。这是在达尔文的时代到来之前的、充满疑窦的进化过程的一部分。

就像先贤亚里士多德以及莱布尼茨一样,赫尔德探求人的内在发展与外在的社会安排相结合。④ 在他的有生之年(他卒于1803年),工业革命的到来还未对德意志(以及任何一个波及到的地区)产生足够大的冲击。然而,内心世界与外部社会之间的分裂

---

① 巴纳德:《赫尔德的社会与政治思想》,第120页。
② 同上书,第124页。
③ 同上书,第147页。
④ 约翰内斯·冯·米勒(Johannes von Müller):《与约翰·戈特弗里德·赫尔德及卡罗利妮·赫德尔的通信集(1782—1808)》(*Briefwechsel mit Johann Gottfried Herder und Caroline v. Herder, 1782—1808*),K.E.霍夫曼(K. E. Hoffmann)编,沙夫豪森:迈尔出版社,1962—1965年,第3册,第109页。

第二编　第三次文艺复兴:在怀疑论与达尔文之间

状态将要在 19 世纪的思想当中占据比其他任何事务都重要的主导地位,因为这个"异化"的概念,是从黑格尔到卡尔·马克思直至弗洛伊德的每一位思想家都曾讨论过的。而赫尔德率先用我们今天熟知的表述方式勾勒出了它的轮廓。

贵族的新类别

约翰·克里斯托弗·弗里德里希·席勒(Johann Christoph Friedrich Schiller,1759—1805)生于内卡河畔的马尔巴赫,父亲是一名军医。席勒不但接受了良好的教育还专攻过医学。附近的军校内有一所出众的医学院,而席勒又是院中出类拔萃的学生:他有关心理学的毕业论文被当地的公爵钦点出版。(在小公国中,公爵王子们有时候会将精明的花销投入给个人的志趣。)席勒在第三次提交论文时才获得通过——然而,他却开辟了一片新天地,自己也以科学家的身份横空出世。在他 1780 年的论文《论人的动物属性与精神本质之间的联系》(On the Connection between the Animal and Spiritual Nature of Man)当中,席勒不但发展了思维可以支配躯体的观点,还引申出反之亦然。而他主张,思维与躯体之间的"和谐"——用我们今天的话讲——并非处于"缺省"状态,而是一种不稳定的平衡,只不过,人的心理"是一个充满张力的过程",所以这种平衡需要培养和维护。这就意味着,饮食、物理环境、人际关系都会对人的"心智健康"产生影响,而不仅仅是人与上帝的关系在起作用。

医学对席勒很重要,却并非他的最爱。席勒在医学院读书时

第四章 纸质印刷时代的至尊产物

接触到了康德——特别是他的美学著作,也拜读了莎士比亚(席勒后来以"德意志的莎士比亚"而闻名)。与歌德一道,席勒的作品也构成了著名的"魏玛古典主义"(Weimar classicism)典籍中的重要组成部分。①

像赫尔德一样,席勒在成年后不久时常搬家——从曼海姆到德累斯顿再到莱比锡。他的第一部剧作《强盗》(*Die Räuber*)写于1781年,是由他自费刊印的,并于转年在曼海姆上演。剧中的主人公是一位强盗头子,但全剧的主旨是在讲主人公抗拒自己父亲的价值观。该剧的本质是有关自由的本性问题——它在多大程度上是内心的自由,又在多大程度上是外在的社会自由、政治自由?——该剧以此为焦点既新颖又大胆(至少在四处都是绝对主义君主治下邦国的德意志境内是如此)。②

在席勒所有的剧作中,《阴谋与爱情》(*Kabale und Liebe*,1784)最受欢迎,朱塞佩·威尔第据此改编的歌剧《路易莎·米勒》(*Luisa Miller*)也久演不衰。这部剧作抨击了绝对主义的残酷与压制。剧中的两位主角斐迪南和露易丝试图逃离自己的出身阶层,也试图抛开市民阶层与贵族权贵阶层强加给他们的旧俗。但

---

① 斯蒂文·D. 马丁森(Steven D. Martinson)编:《弗里德里希·席勒作品指南》(*A Companion to the Works of Friedrich Schiller*),罗彻斯特(纽约州):卡姆登出版社,2000年,第3页。
② 伯恩特·冯·海泽勒(Bernt von Heiseler):《席勒传》(*Schiller*),约翰·贝德纳尔(John Bednall)翻译并注释,伦敦:艾尔—斯波蒂斯伍德出版社,1962年,第52页及以下诸页有关首演的情况。还可参见皮特—安德列·阿尔特(Peter-André Alt):《席勒:生平—作品—时代》(*Schiller: Leben-Werk-Zeit*),两卷本,慕尼黑:贝克出版社,2000年,第276页及以下诸页。

第二编 第三次文艺复兴:在怀疑论与达尔文之间

他们失败了。斐迪南甘为一切冒险,而露易丝却不能如此,她(正确地)预见到了自己的父亲会遭到报复。席勒要强调的是,绝对主义之下没有人能够掌握自己的命运。①

席勒的第一部"盖世"杰作是接下来创作的《唐·卡洛斯》(*Don Carlos*),甚至有评论家赞其为"世界文坛最优秀的剧目之一"。②该剧的主题延续了父与子之间的冲突。剧中情节设定在了16世纪的西班牙腓力二世(Phillip II)统治时期。王位继承人唐·卡洛斯起初与儿时玩伴瓦卢瓦家族的伊丽莎白相爱,两人还曾订下婚约,然而后来伊丽莎白嫁给了腓力二世,成为了卡洛斯的继母。卡洛斯决心斩断与伊丽莎白的情愫,为此求助于友人伯萨侯爵罗德里格给两位倾情之人安排一次会面。罗德里格当时正为受压迫的佛兰德斯的民众打抱不平,他认为这是一次卡洛斯掀起全面暴动的机会,能够推翻其父的残暴政权,这不仅可以改变卡洛斯在政治上的从属地位,还会重组他的家庭。席勒所要表达的远不止于此,他深层次的设计是要展示出,懦弱与强悍一样都是暴政的主要成分。腓力二世或许在政治上强势、过分生硬,他孤独、好嫉妒、令人怜悯。③

《唐·卡洛斯》在1787年上演,席勒于同年来到魏玛意欲造访歌德,而歌德当时正在意大利游历。但席勒结识了赫尔德和维兰德,还时常陪伴公爵夫人安娜·阿玛利亚左右。两年后,在歌德的荐举之下,席勒被耶拿大学聘为历史学教授。

---

① 海泽勒:《席勒传》,第126页。
② 同上书,第3页。
③ 同上书,第141页。

第四章　纸质印刷时代的至尊产物

虽然席勒获此教职是拜歌德所助,但我们现在知道,当初在魏玛的时候他们也曾保持过距离。这里有相互竞争,抑或彼此仰慕的因素。尽管席勒确信歌德过于妄自尊大,但当他在1794年初开始为自己的期刊《时令女神》(Die Horen,1795—1797)组稿的时候(时令女神共有三位,她们对应古希腊的(三个)季节,也同时看守着奥林匹斯天庭的大门。),歌德自然而然地列在席勒约稿的名单当中。有一次,他们在耶拿参加完一次自然科学协会的会议之后,不期而遇地走到一起展开了谈话。在这次对话中,席勒——礼貌而恭敬地——批评了歌德的原始植物(Urpflanze)概念,即认为它是所有植物的起源。他随后还致信歌德,将自己看待现实的方法与歌德的做对照:席勒的方法是批判-分析性的("情感的"),而歌德笃信自然的朴素性和与生俱来的天才(天才的直觉内在地胜于批判),歌德的思维方式更为接近自然("朴素")。席勒的论断得益于他所受的医学训练,也得益于康德以及在本书第二章中提及的德意志的思想传统。他的论断获得了歌德的尊重:他们俩也从此结为了密友。虽然歌德和席勒是非常迥异的两类人,但他们之间的通信佐证了,他们彼此都影响了对方在此后的创作,尤其体现在《浮士德》和《华伦斯坦》(Wallenstein)当中。[①]

来自大革命的消息以及随后而至的法兰西恐怖统治时期(1793—1794年)对席勒产生的影响应该要甚于对歌德。旧王朝的一百多位成员被处以极刑,这不仅使席勒,也令很多德意志人心生厌恶。不少德意志的有识之士自屠杀发生后就转向了内敛,而

---

① 海泽勒:《席勒传》,第9页。

第二编 第三次文艺复兴：在怀疑论与达尔文之间

席勒则不然，他没有退避到虔信主义的内心世界中去，也没有因此走向政治虚无主义。① 在席勒看来，世界所面临的主要威胁来自于野蛮，而野蛮是从古至今与人类共生的。这些反思激发出了他重要的理论性著作之一《论人类的美育》(Über die ästhetische Erziehung des Menschen)*。席勒在书中为其身处的困境提供了出路。他认为，教育是最佳的——也是唯一的——前路，但所需的是一类特殊的教育：也就是审美文化，理性与情感之间的"健康"联系乃由它而生。对席勒而言，艺术与文学以及图像与文字都提供了绝佳的机遇，它们展示了想象力与理解力是如何能在一起协同合作的，其中的任何一方都限制了另一方将人们引向极端。而极端倾向在席勒看来正是导致残暴行为的主要根源。席勒认为，个体通过知识和审美文化而获得教养，这会对高尚品德的形成产生影响。②

虽然席勒并非旗帜鲜明的虔信主义者，但他也像赫尔德一样认同弗兰克关于创世可以被改善的观点。席勒似乎是认为，人的思维分为两个部分：理解的工具和想象的工具。想象和创造的目的是要扩展理解力和自我觉悟。于是，他将文明的进化分为了三个时期——自然状态，个体受制于自然的力量；道德状态，人类认识到了自然的规则，还将这些规则作为共同生活的基础；审美状态，人摆脱了自然的力量而自由地生活。在第一个时期，原始的力

---

① 吕迪格·萨弗兰斯基(Rüdiger Safranski)：《席勒传》(Friedrich Schiller, oder, die Erfindung des deutschen Idealismus)，慕尼黑：汉泽尔出版社，2004年。

* 书名也译作《美育书简》。——译者

② 马丁森编：《弗里德里希·席勒作品指南》，第11页。

量盛行；到了"伦理"时期，法律成为主宰；而在"审美"时期，人人自由、平等相待，就如同在戏剧中——人都可以选择属于自己的角色。① 在审美社会当中，美"使人以其全部的潜力认识到了自我"。

上述观念中已然包含了不可思议的理性主义色彩。而在《朴素的诗与感伤的诗》(Über naäve und sentimentalische Dichtung)中，席勒深化立论进而提出的观点至少被某些人视作"现代性文学的奠基石之一"。席勒认为，朴素的诗人专注的是自然，而感伤的诗人醉心于艺术，后者在形成的过程中失去了某些东西。② 在他看来，古代的人更贴近自然，所以他们比现代人"更接近人之本性"，这主要是因为古代人没有被文化腐蚀（这里出现了德意志思想中将文化与文明做出区分的根源之一）。他还认为，古希腊人比现代人高贵，恰恰在于古希腊人否认"任何欲望会超越人性"。③ 诗歌之所以使人高贵，正是由于它使人靠近了人的真正本性。对于席勒而言（同样也适用于爱德华·吉本、休谟、亚当·斯密等一众18世纪的学者），中间阶层对高尚、对自我改善、对教养所产生的渴望是"近代历史最重要的组成部分"。④

至此，席勒研究过医学，还是一位剧作家、诗歌理论家、美学家，而在1792年，他又转向了历史领域，出版了《三十年战争史》(Geschichte des Dreissigjährigen Krieges)。他在书中对主要历

---

① 弗雷德里克·拜斯尔(Frederick Beiser)：《哲学家席勒：再次正名》(Schiller as Philosopher: A Re-examination)，牛津：牛津大学出版社，2005年，第37页。
② 马丁森编：《弗里德里希·席勒作品指南》，第43页。
③ 同上书，第54页。
④ 同上书，第77页。

第二编　第三次文艺复兴:在怀疑论与达尔文之间

史人物、特别是古斯塔夫·阿道夫*和华伦斯坦**的描写令人难忘。①而撰写此书又激发了席勒戏剧创作的灵感。四年之后,他开始写作生命晚期的三部伟大剧目,《华伦斯坦》《玛丽亚·斯图亚特》(Maria Stuart)、《威廉·退尔》(Wilhelm Tell),它们都成为了魏玛古典主义的典籍之作。

《华伦斯坦》完成于1799年,席勒当时年届四十,正在凝聚悲剧作家的创作力量。莱辛曾在《汉堡剧评》中呼唤属于市民阶层的悲剧,理由是"国家的概念过于抽象,远不能唤起人们的感知"。席勒却截然相反,他效仿古希腊人,因为他意识到了舞台本质上是一个审美的公共空间,或许可以把它打造成人们能够消除存在于国家与个体之间的异化的唯一场所。

华伦斯坦公爵出身于(地地道道的)波希米亚新教家庭,他后来皈依了天主教,效忠于皇帝斐迪南,是三十年战争期间最著名的将领。起初,华伦斯坦在战争中的残忍度不亚于其他任何人所犯下的暴行,然而在1634年***,他瞅准了一个与(新教的)瑞典王国缔结和约的时机,尽管这样的一个和约有悖于皇帝的意志。华伦斯坦的主动媾和并非只源于高尚的动机和甘做和平缔造者——他

---

*　古斯塔夫·阿道夫(Gustavus Adolphus),即瑞典国王古斯塔夫二世(1611—1632年在位),他介入德意志的三十年战争、打击哈布斯堡王朝,意图使瑞典成为北欧霸主,在与华伦斯坦的会战中于吕岑阵亡。——译者

**　华伦斯坦(Wallenstein),也译作瓦伦施泰因(1583—1634年),哈布斯堡王朝贵族、杰出的军事家,在三十年战争期间率领帝国的军队先是击退了丹麦,之后与瑞典军队苦战而两败俱伤。——译者

①　马丁森编:《弗里德里希·席勒作品指南》,第84页。

***　原书错印为1643年。——译者

第四章　纸质印刷时代的至尊产物

的腐败程度当然是不逊于他人，他被控犯有通敌罪，在皇帝的指令下被谋杀了。然而，席勒在剧中质疑和平的动机是否一定要纯粹。他提出，战争是如此腐朽堕落，即便是不那么单纯的动机，若它能造就和平，则仍是出于高尚的目的。

> 左右手互搏。
> 人人各执一词，
> 没人能够裁断。何日是终了？
> 这无穷的死结，
> 何人能开解。

华伦斯坦审时度势，但却事与愿违。所以席勒说，大革命的经验教育了人们，任何单纯以摧毁一个现存国家为理由（即无视其他政治现实情况、无视既有的权力构架及其已唤起的情感）的企图只能导致灾难和混乱。①《华伦斯坦》的剧中情景以及华伦斯坦的人物形象都更贴近席勒生活的时代，而不是三十年战争时期——它只是个布景。从以往的战争中涌现出来的英雄人物，全都没有华伦斯坦本人那样接近拿破仑，而当时的观众认识到了这一点。《华伦斯坦》的重要意义就在于它显露出了一种（主要流行于德意志的）观点的端倪，即认为理性并非是塑造人类生存条件的诸多力量当中最要紧的以及最终极的那一支。秉承这个思想传统的有马克思、阿图尔·叔本华、理查德·瓦格纳，将其发挥到极致的则是尼

---

① 马丁森编：《弗里德里希·席勒作品指南》，第207页。

采、弗洛伊德、马丁·海德格尔。

席勒为我们塑造了不少舞台上崇高女性的形象。在《阴谋与爱情》中,露易丝与社会出身极为高贵的米尔福特夫人之间的小冲突从未停止,这是具有鲜明的修辞特征的对手戏。《玛丽亚·斯图亚特》里面伊丽莎白和玛丽之间的敌对状态——如果存在的话——则是更高层次的争斗。该剧的情景是英格兰女王伊丽莎白一世与苏格兰女王玛丽在后者最后岁月中的会面,玛丽当时是福瑟陵格城堡中的囚徒。不过在现实生活中,伊丽莎白和玛丽从未谋面。但这部戏剧想象出了一次会见,剧中设定两位女王是"姐妹"——她们并不是从开始起就相互对立。然而随着剧情的发展,伊丽莎白的行事越来越受自己的意识所支配,这来自对现实的切身感受;而玛丽则反之走向了精神与思想的层面。虽然这两位女性本来同等强大、同样高贵、也都孤立无援,但玛丽的"卓越之态"在两者之间制造了一条越来越宽的鸿沟——最终无法逾越。席勒剧中的伊丽莎白,尽管政治手腕超群,在本质上却是王位的囚徒,这阻碍了她去做真正的自我。而玛丽虽然政治失势又身陷囹圄,但获得了道义上的自由。两位女性君王于外在的很多方面都很相像,而于内在的心性却截然迥异——这正是本剧想要阐述的。① 伊丽莎白对待玛丽的种种行径完全是由于政治形势的步步紧逼么,还是出自个人原因,如果是这样,又源于哪些方面呢?伊丽莎白能够知晓么?我们能够知晓么?自知之明是否可能呢?

对很多人而言,《唐·卡洛斯》、《华伦斯坦》、《玛丽亚·斯图亚

---

① 马丁森编:《弗里德里希·席勒作品指南》,第 220 页。

特》当中的人物与困境要比歌德的《浮士德》或者《少年维特的烦恼》更使人醍醐灌顶。朱塞佩·威尔第根据席勒的戏剧创作了四部歌剧(《路易莎·米勒》《圣女贞德》《强盗》《唐·卡洛斯》),贝多芬将"欢乐颂"谱成了交响乐的合唱,而约翰内斯·勃拉姆斯、弗朗兹·李斯特、菲利克斯·门德尔松、弗朗兹·舒伯特、罗伯特·舒曼、理查德·施特劳斯,以及皮特·伊里奇·柴可夫斯基等人的创作均受到过席勒诗作的启发。席勒赋予音乐的灵感要远多于莎士比亚所为。

| 第五章 |

照耀思维架构的晨光

135　　哲学家伊曼纽尔·康德曾经在柯尼斯堡（这是一座港口城市，外国人众多）与一位名叫约瑟夫·格林（Joseph Green）的英格兰商人结下过深厚的友谊。根据康德的另一位友人、也是他最早的传记作家之一赖因霍尔德·雅赫曼（Reinhold Jachmann）的记述，康德几乎每天下午都会去格林的住所。在屋中，康德"会发现格林正在安乐椅中熟睡，于是就在旁边坐了下来，在沉思中自己也睡了过去。然后，通常是银行主管鲁夫曼先来，也在此小睡。直到最后，莫特比（格林的商贸伙伴）总是在同一时刻登门，将三人从睡梦中唤醒。之后，他们之间饶有兴味的对话一直持续到七点钟而后散场。他们是如此之准时，以至于街坊四邻都习惯性地说，现在一定还没到七点，康德教授还没走呢"。①

　　这则故事像其他很多康德的轶事一样，被其现代的传记作家贬为幻想出来的无稽之谈。这就意味着，我们现在要质疑世代流

---

① 维利巴尔德·克林克（Willibald Klinke）：《人人读懂康德》（*Kant for Everyman*），伦敦：劳特利奇-基根·保罗出版社，1951年，第43页。

第五章　照耀思维架构的晨光

传下来的有关康德的一切有声有色的细节，例如，他是否真是一位撞球高手又精通纸牌，后来却因为没有对手而不再打牌。他真的因为嫌邻居家的鸡打鸣儿吵他就把家搬了——又由于公寓离监狱太近，狱中犯人们的合唱令他分心而再次搬家么？而毫无疑问的是，康德身上马甲的色调总是与时令花开的颜色不匹配，亦如某些"观察家"所言。这些全都无关紧要。从很多方面看，康德依旧是一位彻头彻尾的天才。恩斯特·卡西尔（Ernst Cassirer）曾经说过，18世纪普鲁士最根本的"精神力量"是温克尔曼、赫尔德、康德。存世的画像和半身像（我们大致可以信赖）必然会把康德描绘成好似正欲发笑的容貌。他是第一位成为大学教授的大哲学家，他对哲学以及学术生活都产生过巨大的冲击。

在很多人看来，康德（1724—1804年）是在柏拉图和亚里士多德之后最重要的哲学家。原因之一就是——在本书的前文已然提及——他生活在一个有决定性意义的时代，过去那种对基督信仰的坚信不疑正在遭受涤荡。这也是达尔文的《物种起源》（1859年）问世之前的时代。在康德生活的年代里，完全没有人们从生物学的视角对自己形成的新认知，也不存在随之而来的衡量思想一致性的尺度。如我们所见，神学不再是科学之王。

了解些背景有助于解释18世纪晚期唯心主义在德意志的出现。只要明白了这些事情，也就理解了唯心主义大概只会出现在德意志而不是其他地方，这是因为——当时普鲁士是最狂热的新教国家，它具有阳刚的传统，坚强、绝不妥协、半神话的自我反省形

第二编 第三次文艺复兴:在怀疑论与达尔文之间

式驱动着它向内心去寻找真实。① 柯尼斯堡是英格兰和苏格兰启蒙运动观念尤为盛行之地。这与英国海军时常驻港直接相关,因为军舰上的桅杆需要一种既有韧性又坚硬的木材,波罗的海沿岸的木材正合此需,而柯尼斯堡就是交易的中心。城中的不列颠人云集,观念也随商贸而至。

我们已然提及,在哥廷根大学重组后的哲学院中有一门新科学,我们现在称之为"经验心理学",当时还不存在这个术语。德意志——乃至全欧洲——将研究的兴趣转向心理学是在康德身上完成的。然而,是另外三位德意志学者铺设了来路:克里斯蒂安·托马修斯、克里斯蒂安·沃尔夫、摩西·门德尔松。②

托马修斯是哈勒大学的缔造者之一,他大胆尝试用德语授课而不是拉丁语。他最知名的主张是,自然乃法之本源,它于上帝的意志之外独立存在,而伦理学则根植于一种"特殊的物理学"——(人之)本性的经验科学。③ 托马修斯发明了一种他称之为"情绪的算法"(calculus of passions),以此使对行为做出理性判断成为

---

① 有关康德在早期与唯心主义的对立,参见《新解释》(*Nova dilucidatio*),第 1 卷,第 411—412 页。收入《康德全集》(*Kant's Gesammelte Schriften*),由柏林的普鲁士(以后的德意志)王家科学院(Royal Prussian [Later German] Academy of Sciences)编纂,先由格奥尔格·赖纳出版社出版,后改名为瓦尔特·德·格鲁伊特出版社。

② 有关门德尔松对"哲学的专注",参见亚历山大·阿尔特曼(Alexander Altmann):《摩西·门德尔松:传记研究》(*Moses Mendelssohn: A Biographical Study*),伦敦;波特兰(俄勒冈州):利特曼犹太文明图书馆,1998 年,第 313 页及以下诸页。对门德尔松在哲学史上地位的更充分的定义,参见弗雷德里克·C. 拜斯尔(Frederick C. Beiser)《理性的命运:从康德到费希特的德意志哲学》(*The Fate of Reason: German Philosophy from Kant to Fichte*),哈佛大学出版社,1987 年,第 92 页及以下诸页。

③ 克林克:《人人读懂康德》,第 254 页。

第五章 照耀思维架构的晨光

(或者应该成为)可能。他用数字将不同的情绪标示为从 5 到 60 的等级。这套系统中的精准刻度现在看上去很荒谬。然而它的重要性是在于,托马修斯确信人之本性乃是一个心理主体,与神学无涉。①

克里斯蒂安·沃尔夫是一位皮匠之子,时常被称作德意志之师。他在 1723 年被逐出了哈勒大学而斯文扫地,原因是他不明智地主张:"理性自身不受摆布。"他对数学情有独钟,因为数学包含了相互关联的知识,这种关联是有逻辑的。沃尔夫还试图将类似的推理应用于心理学。他认为,灵魂的本性可以通过经验、通过科学被领悟到,所以他也用心理学的理解力去取代神学的感悟。

摩西·门德尔松 1729 年生于德绍(Dessau),1743 年来到柏林后结识了莱辛。在莱辛出版的第一部哲学著作《哲学对话录》(*Philosophische Gespräche*)当中,门德尔松主张,天才的创作是自然所不能及的,在创作的过程中将涌现出新的完美。② "一件美的作品增强了我们身体状态的完美度",而这种完美又撞击着灵魂。门德尔松也认同,个体的心理学会取代通行的神学。③

---

① 克林克:《人人读懂康德》,第 202 页。
② 刘易斯·怀特·贝克(Lewis White Beck):《德意志的早期哲学:康德及其前辈学人》(*Early German Philosophy: Kant and His Predecessors*),哈佛大学出版社,1969 年,第 327 页。
③ 阿尔特曼《摩西·门德尔松》。还可参见亚历山大·阿尔特曼(Alexander Altmann)《摩西·门德尔松有关形而上学的早期著作》(*Moses Mendelssohns Frühschriften zur Metaphysik*),图宾根:莫尔/西贝克出版社,1969 年;以及大卫·索金(David Sorkin)《摩西·门德尔松与宗教启蒙》(*Moses Mendelssohn and the Religious Enlightenment*),伦敦:皮特·哈尔班出版社,1996 年,第 xl 页。

第二编　第三次文艺复兴:在怀疑论与达尔文之间

这些都曾经是重要的新思潮,在他们的年代尚属激进,事后看来不过千篇一律。而与康德相比,他们既粗浅又混乱。

理性的局限

二百多年之前,在传统意义上的造物主缺失的情况下,在清晰的生物学解释还没有形成的时代,要去发现人为何物、该走向何方,要去发现由困境引发的历史性革新,这项任务所苛求的纯粹智力对于今天的我们而言很难把握。这种难于把握在例如康德、费希特、谢林、黑格尔等人的著作中显而易见。他们思想中的很多层面都很费解,而这只是部分缘于他们几乎被公认为不属于文笔绝佳的作家行列。他们探求去揭示和描述的事物太难以表达了;他们力图从自己神清志明一刻的灵光一现中提炼出现象。然而,"德意志唯心主义时期构造了一种文化现象,与它的形式和影响经常做比较的恰恰是雅典的黄金时代。"这是著名的康德研究专家卡尔·阿梅里克斯在其《剑桥德意志唯心主义指南》中的评语。[1] 阿梅里克斯所特指的是,从18世纪70年代到19世纪40年代的唯心主义哲学家们成就的思想上的整体转化,而并非其他。"德意志唯心主义的著作对其他领域例如宗教研究、文学理论、政治学、艺术,以及人文科学的普遍方法论等,在持续地施加巨大的影响力。"[2]

---

[1] 卡尔·阿梅里克斯(Karl Ameriks):《剑桥德意志唯心主义指南》(The Cambridge Companion to German Idealism),剑桥大学出版社,2000年,第1页。

[2] 同上书,第2页。

第五章 照耀思维架构的晨光

唯心主义是在柯尼斯堡、柏林、魏玛、耶拿等地发展起来的。其中,只有柏林城的人口规模达到了约13万人。赫尔德和费希特都曾经从学于康德,之后则与歌德走得更近,而歌德对康德的思想也感同身受。在距魏玛不远的耶拿大学执教的卡尔·莱昂哈德·莱因霍尔德(Karl Leonhard Reinhold)被证明是康德思想的杰出普及者,在他之后就是费希特、谢林,最终是黑格尔。这些学者都发展出了属于自己的唯心主义哲学,同时还和当时的文坛巨匠——席勒、荷尔德林、诺瓦利斯(Novalis,即弗里德里希·冯·哈登贝格[Friedrich von Hardenberg])、弗里德里希·施莱格尔等人惺惺相惜。后来,他们之中又加入了新一代的天才人物:弗里德里希·海因里希·雅各比(Friedrich Heinrich Jacobi)、弗里德里希·施莱尔马赫(Friedrich Schleiermacher)、路德维希·蒂克(Ludwig Tieck)、让·保罗·里希特(Jean Paul Richter)、奥古斯特·威廉·施莱格尔、弗里德里希·施莱格尔、多罗特娅·(法伊特)施莱格尔(Dorothea [Veit] Schlegel)、卡罗利妮·(伯默尔)施莱格尔(Caroline [Böhmer] Schlegel),以及威廉·洪堡和亚历山大·洪堡,"这是一群创造力无穷的人"。[1] 当新式的柏林大学开始组建之后,他们中的大多数人最终迁居柏林(参见第10章)。拿破仑于1806年在耶拿的胜利震人心魄,在此之后,正是德意志的唯心主义辅助了普鲁士的复兴,也特别推动了民族主义和保守主义在德意志的兴起。[2]

---

[1] 阿梅里克斯:《剑桥德意志唯心主义指南》,第2页。
[2] 《耶拿大学校史:1548 或 1558—1958 年》(*Geschichte der Universität Jena, 1548/58—1958*),耶拿:费舍尔出版社,1958年。

"德意志唯心主义受到的重视是理所应得的。它填补了介于哲学的传统期待与由现代科学无从质疑的权威的兴起而引发的问题之间的明显沟壑。"唯心主义志向高远,它寻求用一种统一的、自主的方法对人的全部最根本困惑做出纵观全局的把握。对唯心主义哲学家而言,哲学不应该是针对专业领域中抽象迷局的一系列特殊解法。唯心主义最终延伸到了个人主义之上的层面,它视"文化"和"民族"是"更高的"道德共同体,是基督徒之本分的健全反映。① 唯心主义哲学超越了宗教和与宗教交织在一起的政治。

简而言之,唯心主义主张,身体的器官使人能够理解自然的构造,这一定是现象,而现象被"内置"于自然当中并与自然同生。由此,理性一定存在局限,那么人之所知和人之能知也存在局限。唯心主义明确地回应了柏拉图哲学中的"观念"问题,"现实还有另外一个层面或者境域,它超越了我们平常的'经验'生活所在的共同感知的层面。对唯心主义哲学家而言,世界并不完全以我们认为的那个样子存在……还存在着一批特质和实体,它们拥有更高级的、更'理想化'的本性"②。康德称其为"本体"(noumenal)世界,以区别于"现象"(phenomenal)世界,也就是我们所感知到的属于现象的境域。

康德的早期著作更多的是讨论科学与哲学。③ 在 1755 年里

---

① 阿梅里克斯:《剑桥德意志唯心主义指南》,第 4 页。
② 同上。
③ 伯特兰·罗素(Bertrand Russell):《西方哲学史》(*History of Western Philosophy*),伦敦:劳特利奇出版社,2005 年,第 640 页。

第五章 照耀思维架构的晨光

斯本大地震之后,他开创了一套地震理论;他还在同年构想出了一套天体理论,认为太阳系是由被重力压缩的气云形成的——这要早于皮埃尔-西蒙·拉普拉斯(Pierre-Simon Laplace)*的星云说。但是,康德主要是以哲学家而闻名。他的哲学确定了、后来他又试图去澄清——他眼中的——人类所面临的三个最重要的问题。第一个是真(Truth)的问题:人如何认知世界,世界是真实的反映吗?第二个是善(Goodness)的问题:什么是操控人之行为的准则?第三个是美(Beauty)的问题:是否存在审美的法则,是否必须满足某些前提条件才能成就自然的美和艺术的美?①

康德在1781年于里加(Riga)出版的《纯粹理性批判》中处理了第一个问题。这是公认的康德最重要的著作,是他经过了十年反复沉思后的成果——不止一位批评家指出,康德在这十年期间并没有改进自己的写作风格。康德似乎极少认为有必要为自己抽象的论点辅以例证,他从未想象过借此能使自己的论证更容易被接受。他的切入点是,他眼中的两种判断的根本区别何在。当有人说"屋里很热",这个人其实是想表达:"对我而言,屋里很热——也许其他人并不觉得热。"而另一方面,数学命题的正确性,例如三角形的内角之和与两直角之和都是180度,是不需要人去度量的。其命题为真,不需要参考经验,亦如康德所言:这是普遍的真,而且

---

* 皮埃尔-西蒙·拉普拉斯(Pierre-Simon Laplace,1749—1827),法国天文学家、数学家,他提出星云说的《宇宙系统论》(*Exposition du systeme de monde*)发表于1796年。——译者

① 克林克:《人人读懂康德》,第78页。

是先验的(a priori)*。①

这样的区别是如何产生的？康德的答案是,几何形状是人思维中的"理想构造"。几何其实是人类思维的创造物,因为不存在一个不具任何其他属性的"纯然的"三角形。这种现象并不存在,也不可能存在。人所见的数字和形状都不是完美的表述。康德认为这很重要,因为这显示出人对世界的认知,以及人如何认知世界,都"不一定只是经验的产物,不一定只来自人的感官活动"。经验只不过是原始的材料,只有那些经过了思维的"创造性活动"的经验才是完全可理解的。思想创造出了概念。

康德是在说,人头脑中对世界形成的印象并不是世界在"人脑外"的本来面目。取而代之的是,人的观念是世界给人的表象,是根据人的思维构造力的种种法则形成的。思维法则的存在是先验的,它们——一贯地、必然地、也是必要地——将经验塑造成后验的(a posteriori)**。正因为这样,人永远无法"从其本身"(in itself)认知任何事物。②

康德认清了人思维中的几个先验的方面,其中最重要的是空间和时间。他的意思是,人生来就有时空的直觉而无须经验,人对时空的认知要先于任何真实的感觉。他主张,空间和时间不是物体的属性,而是人强加给它们的主观的观念。他认为人的观念可

---

* 字面义为从一开始(德语的 von vornherein,英语的 from the first),也可译为推理的、演绎的。——译者

① 克林克:《人人读懂康德》,第 81 页。

** 与 a priori 相对,也可译为归纳的。——译者

② 克林克:《人人读懂康德》,第 83 页。还可参见安德鲁·沃德(Andrew Ward)《康德的三大批判》(Kant: The Three Critiques),剑桥:政体出版社,2006 年。

以证明空间是无限的,"但没有人能够经历或者展示这种无限性"。尽管人可以想象空间里空无一物,但是人无法想象空间本身不存在了。① 这对时间而言同样有效。就像思考空间一样,人可以想象在一个时间段之内没有任何事情发生,但是人无法想象时间本身的缺失。时间——正如人对它的认知——无始无终,它和空间一样是无限的。它不可能来自于经验。

康德要强调的是,人的思维是"活的、积极运转的组织",而不是被动地接受外部的信息,通过感受积累经验;相反地,人的思维根据其自身的法则塑造了人的认知。康德并没有止步于空间和时间,而是又列举了12个思维的范畴或者说法则,它们塑造了人对世界的认知。其中包括"统一性"、"多样性"、"因果性"、"可能性"等。"事物本身并不具有统一性或者多样性……是人通过运用人的认知力,将某些先验的印象结合进了统一性或者综合性(例如树干、树枝、小枝、树叶进入了树的概念)。"康德并没有说,外在的世界与内在的世界不存在联系。科学性的实验证明了它们之间存在紧密的联系。既然人有能力通过很多可重复的手段去操纵现象,"在感官世界和认知之间就一定存在着共通之处"。②

从怀疑论的产生到达尔文的发现公布之前的这一时期内,康德的思想引发了一系列令人着迷的问题。例如,康德的思想置上帝于何处?康德所说的存在形而上世界的证据是否是超现实的、

---

① 卡尔·阿梅里克斯:《康德的思维理论:对纯粹理性中谬论的分析》(*Kant's Theory of Mind: An Analysis of the Paralogisms of Pure Reasons*),牛津:克拉伦登出版社,1982年。

② 克林克:《人人读懂康德》,第87页。

第二编 第三次文艺复兴:在怀疑论与达尔文之间

超出了人的感官和认知?很多人都无法想象一个没有上帝的世界,就如同他们无法想象一个没有空间的世界,那么,这能使上帝成为一种先验的直觉么,就像时空一样实实在在?康德认为,是识别外部现象之间联系的直觉引出了总体(universe)的观念,即绝对的总体。而与"总体"的观念并存的是一个更深层的观念,即总体的终极原因(cause)。同理,人思维的内部结构——或者说法则——构成了一个总体,一个相互联系、环环相扣、可以被认知的总体;而这一事实又产生出了一个与自身相对应的观念,它把所有一切都维系在了一起——这就是灵魂的概念。由此就可以顺理成章地过渡到:内在世界与外部世界、灵魂与总体,它们都指向了一个最终的共通基础。人们把这个"维系和联合"所有一切的实体称为上帝。[1]

然而问题远不止这么简单。总体可能是一个"绝对的必要",是人思维的结构给定的,但不能忘记,总体并不是人可以在其中亲身体验它的物体,它仅是一则推论(inference)——这是它的悖谬之处。例如,总体的概念意味着它有界限。如果是这样,界限之外是什么?总体又怎能是无穷的?换句话说,总体是一个"自相矛盾的也因此不能成立的观念。"同样的论证也适用于时间以及"之前"和"之后"的观念。没有终点的时间简直令人难以置信,所以时间

---

[1] 有关"理想状态"(ideality)这个难懂的观念,参见阿梅里克斯《康德的思维理论》,第280页及以下诸页;以及迪特·亨里希(Dieter Henrich)《在康德与黑格尔之间:德国观念论讲座》(*Between Kant and Hegel: Lectures on German Idealism*),大卫·S.帕齐尼(David S. Pacini)编,哈佛大学出版社,2003年。

要有一个终点。"空间与时间本身就是人的思维方式。"①

与此相类似，在康德看来，永远无法理性地证实上帝的存在。上帝是一种信念，人的信念，就像空间和时间一样，就这么简单。"上帝不是我之外的一个存在，而只是我脑子里的一个念头。"康德小心翼翼地避免否定上帝的存在——取而代之的是他否认了人对上帝的认知（康德因此受到了国王的严责）。康德主张，上帝只能被设想为世界的道德秩序。他认为，人类"被迫"信仰上帝（和不朽），并不是因为某门科学或者某种见识把人引上了这个方向，而是因为人的思维就是以这种方式构成的。

向着道德演进

《纯粹理性批判》是康德的扛鼎之作。在《实践理性批判》（1788年）当中，康德将注意力扩展到去考查"欲望的能力"，也就是道德。康德的出发点是，承认道德判断可以有两条路径。一条是，如果行为的结果是好的，那么此行为就可以被视作善。另一条是，如果行为是出于善的动机，那么此行为也将是善。问题的复杂性在于，观测行为的结果要比衡量其动机容易得多。更为错综复杂的情况则是，善意可能会导致灾难，而恶意却可能产生有益的副作用。②

康德的第一步是将宗教以及更广泛意义上的人之心理排除在

---

① 克林克：《人人读懂康德》，第82页。
② 保罗·盖耶编：《剑桥康德指南》，剑桥大学出版社，1992年。

外。当人因为希冀个人的或者宗教方面的利益而做出某些行为的时候,善——或者说符合伦理的行为举止——就名不符实了。因为这样的行为是自私的,而不是在善念之中抑或本身为善(虽然结果可能是好的)。① 康德由此断言:"世界上没有能够被视作无条件的善,只存在善的意愿。"但是,他又马上问道,善的意愿又如何被认定?康德自己的答案是:本分(duty)。他的意思是:跟从人的良心——这就是他著名的"绝对命令"(categorical imperative)的概念。绝对命令或者叫作"内在指令"(inner command)是良心发出的声音。康德说:"良心是对判断力在人之内心地位的觉悟。"人类内部的伦理道德并不是源自经验,而是理性中的天赋、是先验的,且具有两点要素。一个人必须决定源于自己内心的举止。而其伦理基础则与圣经中的强制指令非常相像:不被"情绪所控";设身处地、推己及人;己所不欲、勿施于人。②

再次提醒读者,这在当时要比现在听上去激进得多。善包含在正义之中,而"正义则是在所有人的自由利益范围之内的个体自由的极限,只有通行的法律体系可以保障这种情况的实现"③。更多的正义来自于更深入的自我认知,康德认为教育对后者起了作用。在康德看来,人与动物最重要的区别是,人具有能力"去设定自己的目标和方向,还能去培养天性中不成熟的潜力……教育的背后隐藏着完善人性的巨大奥秘"④。

---

① 克林克:《人人读懂康德》,第 91 页。
② 同上书,第 97 页。
③ 同上书,第 114 页。
④ 同上。

康德认为,人的中心问题——或许是最重要的问题——就是"向着道德进化",追求由善的准则所引导的道德品质。① 与此相应,教育在康德看来主要就是将人导向服从(obedience)、诚实(veracity)、社会性(sociality)。必须率先确定绝对的服从,它逐渐地被经过个人深思熟虑的自愿服从所取代。康德之所以认为服从重要,是因为他主张,没有学会服从别人的人将没有能力服从自身、服从他自己的信念。② 康德还说,诚实对人格的统一至关重要;人只在没有内在的自相矛盾时才能完整。社会性,也就是友善,是第三个要素,它同样不应被忽视:"仅凭快乐的内心就足能感受善中的愉悦。"

艺术乃天才之作

康德的第三大著作是《判断力批判》(*Kritik der Urteilskraft*,1790)。恩斯特·卡西尔对该书的评论是:"康德在书中对所处时代的精神与思想的全部神经的触动,要胜于他的其他著作……"③康德的切入点是目的性的概念。与我们在第2章提及的启蒙的背景、科学革命,以及其他所有发展趋势相反,康德聚焦于局部与整体之间关系中存在的逻辑——或者逻辑的缺失。先有局部还是先有整体?这个问题是否有意义?一个有机体例如动物

---

① 法尔克·文德利希(Falk Wunderlich):《康德与18世纪的认知理论》(*Kant und Bewusstseinstheorien des 18. Jahrhunderts*),柏林:德·格鲁伊特出版社,2005年。
② 克林克:《人人读懂康德》,第128页。
③ 恩斯特·卡西尔:《康德的生平与思想》(*Kant's Life and Thought*),耶鲁大学出版社,1981年,第271—273页。

以整体存在,却是由各个部分组成的。没有局部,整体活不下去;而局部也不能脱离整体而存活。成为局部意味着什么?动物或者植物的不同种类"属于"更高的分类。这意味着什么?这些群体(属或者说科,这些分类名称在当时还不具有它们的现代含义)是否在人脑之外真正存在,或者说,是否有某些内在的先验的过程决定了人如何理解局部、整体,以及两者之间的关系?①

在康德之前,伟大的生物链条被认为是上帝之自然目的的真实反映。对康德而言,即便是自然的目的——其实就是目的自身的概念,也构建在了人之本性的内部,所以人永远无法知晓"目的"是否存在于人本身之外。人对目的的本能想法会决定人理解自然的路径;自然法的存在无"外乎"此理;是人将法则强加给了自然。

这又将康德引向了对艺术的思考。如果自然的秩序——就像通过它特有的法则所展现出来的那样——反映出的无非是人将统一性强加给自然的构建能力,那么它形成的原因就在于,达成这个统一性总是伴随着一种愉悦的感觉,"而愉悦的感觉又是由一个先验的、对所有人都有效的原因决定的"②。

"对所有人都有效"这句是关键。在康德看来,艺术是一个"纯"形式的世界,每种艺术都达成了内在的完整。"艺术作品……有其自身的基础、有其纯然内在的目标,就此,它同时也为我们呈现了一个新的整体、呈现了现实的一个新形象。"科学通过从前提推导出结论的方式,关注的是因果关系中的主与从。在审美当中,

---

① 卡西尔:《康德的生平与思想》,第288页。
② 同上书,第303页。

第五章　照耀思维架构的晨光

人会直接领悟整体和局部,而且,局部与整体之间的关系是直接的,并不是因果关系;人将自己交给了全然的沉思。审美的意识"就在卸去抵抗的转瞬之间领悟出了纯粹永恒意义的理由"。对康德而言,艺术的目的是要唤起"没有利益纠葛的愉悦"。很多人认同一些事物是美的,美对所有人都"有效",这些事实引发了康德提出"主观的普遍性"。对他来说,大家都对一件艺术作品产生相似的愉悦这一事实,是经验的一个重要方面。它是普遍的心声无须借助于概念而存在的重要证据。① 艺术中的观念是比其他任何经验都更直接的一种经验。

明确这种差别的重要性在于,它引导康德去思考天才的问题,他的例证就是莱辛。"天才的创作不接受来自外部的规则,作品本身就是规则。内在的合法性与目的性就遮蔽在其中。天才就是给艺术赋予规则的才能(自然的天赋)……艺术精品只可能出自天才之手。"天才的存在使艺术家的创作区别于科学的成果。康德认为:"科学领域不可能出现天才。"他所认为的决定性区别在于,科学的考察——自它一经被认定开始——就不具有高于或者超越考察本身的形式。科学家的个性无关紧要。然而在艺术当中,"作品的形式与艺术家所要传达的洞察力融为一体"②。

康德的天才理论成为浪漫主义运动与该运动观点的汇集点,该观点认为:审美的想象是"世界与现实的制造者"。③ 我们将会

---

① 卡西尔:《康德的生平与思想》,第 320 页。
② 同上书,第 323 页。
③ 曼弗雷德·弗兰克(Manfred Frank):《德意志早期浪漫主义的哲学基础》(*The Philosophical Foundations of Early German Romanticism*),伊丽莎白·米连-扎伊伯特(Elizabeth Millán-Zaibert)英译,纽约州立大学出版社,2004 年。

215

在第 8 章详述浪漫主义运动。而单从哲学的角度来分析,康德观点的特别之处是,它与历经启蒙运动发展出来的"理性"的概念背道而驰。康德觉得自己辨析出了一个"更深入的"概念,即"意识的自发性"(spontaneity of consciousness),它反映在艺术当中,既超越了理性而又是真实的。在康德看来,这一新发现的意识的"决定因素"是自由的重要——或许是最重要的——组成部分。"只有艺术家的洞察力为人揭示了一条新的路径。在艺术当中,也就是在对思维的力量尽情地发挥当中,自然在人眼中好似自由的一件作品,它好像是按照一个先天的终局被塑造而成的……"①

艺术与科学的区别、艺术家与科学家的不同,这些使得康德洞察了人生的目标。目的观念正是来源于此,人被其内在本性驱使将统一性强加给了艺术,普遍的主观性是存在的,它允许人去强迫目的。在此过程之中,人提升了自己,还能够与他人分享这种提升。这就是康德所认为的自由,它是一种内在的提升,是一个对德语国家产生了深刻影响的观念。

1795 年,康德将思想和抱负延伸到了一个新的议题,他雄心勃勃地要——为人类——探究永久的和平。对于经历过 20 世纪大震荡的人而言,这样的观念近于荒谬,而康德的努力在其所处时代的作用也微乎其微。欧洲还处于各个专制主义国家的分裂状态,法国大革命的血迹未干。康德在不久之前(1793—1794 年)曾经提出了伦理共和国的观念,它是一个道德的共同体、一个无形的

---

① 卡西尔:《康德的生平与思想》,第 333 页。

教会，借此可以达成至高的善，也就是"人的自主意志"。康德在他永久和平的计划中设置了多个前提条件——如常备军应该受到睦邻友好的约束，其中的很多条件——即便不是全部——在今天看来（例如对同事和邻居不存芥蒂）也是不可能实现的理想主义。然而其中有一条并非如此，它横空出世，随着时代的变迁起码实现了一半。这就是康德提出的"每个国家的公民宪法都应该是共和制"。他认为这是公民宪法各种形式的原初基础，但这在他的时代实属激进。不过，这个提议影响至今，它不仅存活在普遍实行的民主制度以及共和国体里，还存在于民主政体之间不情愿诉诸战争的观念之中（人们感觉这个观念很现代却源自康德）。

耶拿的崛起

耶拿既像魏玛，也有不同之处。它一直以来只是无数小城中的一座，市民多为工匠，还有一所二流的大学，仅此而已。而在18世纪末期，它一下子就突然兴盛了起来，成为德意志思想界一场新兴革命的中心。[1]

歌德本人对此有一定的贡献。通过他的职位、他的人格魅力，以及他的亲力亲为，歌德使魏玛和耶拿面貌一新，耶拿大学也成为经过改制的、被称为"康德式"大学的突出典范。当时，很多大学都被视为无关紧要，而且是不守规矩的麻烦制造者。然而，耶拿大学采纳了比哈勒大学和哥廷根大学更为成功、更为现代的模式——

---

[1] 平卡德：《1760—1860年的德意志哲学》，第88页。

将教学与研究结合到一起,让学生们与引领潮流的大师一起开创最新的观念。仍是以哥廷根大学为蓝本,耶拿大学的学术重心是在哲学院而不是神学院。在耶拿新创办的《文学通报》(Allgemeine Literatur-Zeitung)很快就成为风靡德意志思想界的期刊。① 特里·平卡德对唯心主义的遗产的研究表明,期刊的读者群例如《文学通报》的读者,阅读和讨论康德"就像阅读小说和更为大众性的文学一样津津有味"。

在后康德时代,将康德的批判方法最先应用于这位大师自身的人当中,有一位名叫弗里德里希·海因里希·雅各比(1743—1819年)。他发展出的观点是,从根本上看,理性是从内心而不是大脑中"获得了它的原初准则",这与康德所说的"所有认知一定是基于某种信念"截然相反。雅各比的意思是要强调对所有的思想而言,无论它是什么,一定存在某种原初准则,其自身不能通过参照物或者他物被证明出来,而它展示了"直接的确定性"。② 例如,他认为人对自己的身体就具有直接的确定性。因此,雅各比提出,既然如此,人为什么不信任上帝赋予的"直接的确定性"? 他逐渐确信,唯心主义是虚无主义(nihilism)的一种形式。正是雅各比创造了虚无主义这个哲学术语。③

卡尔·莱昂哈德·莱因霍尔德在1786年出版了自己的书信集,又在1790年将通信再次编纂成《有关康德哲学的通信录》(Briefe über die kantische Philosophie)出版。莱因霍尔德在书

---

① 平卡德:《1760—1860年的德意志哲学》,第89页。
② 亨里希:《在康德与黑格尔之间》,第96页及以下诸页。
③ 平卡德:《1760—1860年的德意志哲学》,第95页。

第五章　照耀思维架构的晨光

信中支持康德的观点,而且还添枝加叶,以至于他一时——非常短暂地——被视作哲学苍穹中比康德本人更耀眼的明星。莱因霍尔德最初是耶稣会的见习修士,后来皈依了新教。在1787年被任命为耶拿大学的教授之后,他给自己设定的任务是要将康德的思想系统化为一门正规的科学。① 这或许是当时的德意志思想当中力图构建精细而环环相扣的体系,并尽可能地探究原初准则倾向的根源,这种方法在费希特、黑格尔、马克思那里被发挥到了极致。莱因霍尔德补充了前辈的思想,他断言意识具有直接确定性的实质,它使意识作为一个有待解释的实体移动到了中心位置,对它的解释需要高于康德对于经验和直觉的强调。②

自我取代了上帝

在上述的种种之外,还有另外一个侧面。我们已经看到了,柯尼斯堡与不列颠联系紧密,很多人认同源于苏格兰脚踏实地的思想常识。对于这些人而言,"超验的唯心主义"的全部构成看上去都很牵强,在德意志不乏对它的批评和怀疑。③ 也许更富有成效的是,有整整一代人并没有全盘接受康德的学说,而是在他的哲学中找到了足够的源泉去推进它。费希特、谢林、黑格尔是这些人中的佼佼者。我们将在论及浪漫主义的篇章中详述谢林,黑格尔则放在论及异化的章节中。而费希特另当别论。

---

① 亨里希:《在康德与黑格尔之间》,第113页及以下诸页、第127页及以下诸页。
② 平卡德:《1760—1860年的德意志哲学》,第103页。
③ 同上书,第105页。

第二编　第三次文艺复兴:在怀疑论与达尔文之间

伯特兰·罗素认为,费希特的体系"近乎于某种疯狂"。[1] 的确,费希特是思辨哲学家的重要代表,他力图将整个体系都建立在一个核心观念或者构架之上。他还是我们现在称为心理学的学科在形成阶段的重要人物。[2]

约翰·戈特利布·费希特(1762—1814年)生于萨克森,是一位贫穷的织带工之子,像赫尔德一样,意想不到的机遇为他打开了教育之门。费希特八岁的时候就能全篇复述教堂中的布道,这给目睹此事的一位当地的贵族留下了深刻的印象,于是他决定送费希特去正规的学校。[3] 这一善举虽然没有获得善终,但是,它帮助费希特最终前往柯尼斯堡结识了康德。起初,费希特并没有给大师留下太多的印象。为了引起注意,费希特撰写了一部短篇"对一切天启的尝试性批判"("Ein Versuch einer Kritik aller Offenbarung")。康德很喜欢文中的内容,还帮助他联系出版。然而,出版商——或许是故意的——没有在成书上刊印费希特的名字,因为书中的内容完全呼应了康德的理论,人人都猜想这是大师自己的著作。真相大白之后,费希特就奠定了自己的盛名。当莱因霍尔德1794年获得了更高的薪水转赴基尔大学任教时,费希特被认为是他

---

[1] 罗素:《西方哲学史》,第650—651页。还可参见罗伯特·汉纳(Robert Hanna)《康德与分析哲学的基础》(*Kant and the Foundations of Analytic Philosophy*),牛津:克拉伦登出版社,2001年。

[2] 有关费希特的观念的漫长形成过程,参见《认知的科学:费希特1804年的知识学讲义》(*The Science of Knowing: J. G. Fichte's 1804 Lectures on the Wissenschaftslehre*),瓦尔特·E. 赖特(Walter E. Wright)英译,纽约州立大学出版社,2005年,译者所写的导言。

[3] 平卡德:《1760—1860年的德意志哲学》,第106页。

第五章　照耀思维架构的晨光

在耶拿大学当然的继任者。平步青云的费希特当时只有32岁。

来到耶拿之后,费希特投入了一场论战,起因是一本引起了骚动的著作《埃奈西德穆》(*Aenesidemus*)。该书的作者是黑尔姆施泰特大学的哲学教授舒尔策(G. E. L. Schulze)。舒尔策赞同康德而驳斥莱因霍尔德,他认为人不可能确定地认知任何事物的本身。相反,他强调人能够确定的只是自己的精神状态。费希特在反对此说的过程中构建了——或者说力图构建——一个局部之间环环相扣的完整的思想体系。① 紧接着,他写就了《全部知识学的基础》(*Die Grundlage der gesamten Wissenschaftslehre*)一书。*谢林将此书与歌德的作品以及法国大革命总结为时代的三大"趋向"(参见原文第119页)。②

费希特认为自己的关键认识深化了康德思想,这一关键认知就是,人在主观与客观之间做出的分别是其自身主观地建立起来的。③ 费希特接受的观念包括雅各比的直接确定性、莱因霍尔德的意识的直接确定性,以及康德的主观普遍性,但他还补充了他认

---

① 迪特·亨里希(Dieter Henrich):"主观理论溯源"("Die Anfänge der Theorie des Subjekts"),《剖析启蒙的进程》(*Zwischenbetrachtungen im Prozess der Aufklärung*),阿克塞尔·洪内特(Axel Honneth)等编,法兰克福:祖尔坎普出版社,1989年,第106页及以下诸页;此文的英语版是亨里希:《在康德与黑格尔之间》,书中的第10章"舒尔策与后康德时代的怀疑主义"("Schulz and Post-Kantian Scepticism")。还可参见拜斯尔:《理性的命运》,第226页及以下诸页(有关莱因霍尔德),第266页及以下诸页(有关舒尔策)。

*　德语中 *Wissenschaft* 的词义包含了科学与学术。——原书

② 费希特的著作见《费希特全集》(*J. G. Fichtes sämmtliche Werke*),伊曼纽埃尔·赫尔曼·费希特(J. H. Fichte)编,柏林:法伊特出版社,1845—1846年。

③ 平卡德:《1760—1860年的德意志哲学》,第109页。

为最为重要的要素,即自我意识的直接确定性。费希特强调,自我意识是意识的基本成分,它们同是人赖以掌握现实的不可化约的要素。此外,自我意识和意识的基本成分是"非我"(not-self)。"自我并非一个静态的实体——它随着时间而发展,因为它对自身的知觉在增长和变化,与'非我'的相遇也令它成长"(也就是说遭遇其他的自我和"外在的"客体)。理性其实是意识和自我意识的副产品——人推断出了身处其中的世界、它的彼此联系以及依附关系。①

在某种层面上,费希特的论点对 21 世纪的读者而言似乎是在用一种令人困惑和繁芜的方式陈述显而易见之事,甚至还重复了洛克早已说明的很多东西。很多人都这么分析费希特,而另一些人则认为黑格尔才是康德之后最重要的哲学家。然而,梳理一下本书述及的从 18 世纪末以来的认知世界的形式,便会发现费希特写在讲义和著作中的理论在两个方面意义重大,而这对我们未必一目了然。首先,是他最终将对人之本性(这里沿用它原始的含义)的研究"心理学化"了。费希特强调的是"自我"以及"非我",但没有借助于普遍意义上的宗教特别是基督教。这对修正人的认知来说是一个重要阶段,即从神学过渡到了心理学,弗洛伊德及其身后的时代大兴此法。同时,费希特所理解的自我位于中心位置、自我对"非我"的理解及其互动,这些都对启迪自由的观念意义非凡。我们在上文提及了,在德意志,尤其是在康德的思想当中,自由被

---

① 亨里希:《在康德与黑格尔之间》,第 206 页及以下诸页,亨里希还讨论了费希特认为处于中心地位的想象力理论。

第五章 照耀思维架构的晨光

视为"内在的"现象,通过学识、教育,以及内心求索就可以成就心理上的自由。而费希特认识到的自由(一种截然不同的观念)是基于自我和"非我"的联系之上,即自我只在自己的自由不侵犯或者不剥夺他人自由的范围之内才是自由的。在一个专制君主制的小国里,这个观念所具有的争议性——乃至革命性——要比我们今天能想象的大得多。

与此相类似,费希特的理论还向国家及其所担负的责任投射出了一缕晨光。"国家在'客观的'立场上运转,它凝聚了公民的各式各样的主观立场,因为他们各有自己的小算盘。"[1] 这已经开始像是杰里米·边沁(Jeremy Bentham)的"幸福计算"(felicific calculus)了,通过绝大多数人的满意度来评判国家的德行。而且,每一个自我与其他的自我都是平等的,这也为费希特的观点涂上了一层民主的乃至共和主义的色彩。

费希特是一位具有领袖魅力的教师,他的课上总是人满为患,有的学生还蹬着梯子爬上窗户听他讲课。但他在耶拿的执教生涯却突然中断了,他以威胁辞职来高调回应对他的批评,而大学接受了他的辞呈。[2] 之后他到了柏林,当了一阵子的私人教师。最后被选聘为1810年新创立的柏林大学的首位哲学教授(参见第10章)。

---

[1] 平卡德:《1760—1860年的德意志哲学》,第123页。
[2] 很多专业的历史学家都曾经考证过此事。相关的论著目录见《〈知识学〉及1797—1800年的其他著作导论》(*Introductions to the Wissenschaftslehre and Other Writings, 1797—1800*),丹尼尔·布雷齐尔(Daniel Breazeale)编译,印第安纳波利斯:哈克特出版社,1994年,第xlv页及以下诸页。

第二编　第三次文艺复兴：在怀疑论与达尔文之间

值得一提的是，《全部知识学的基础》一书刊印过16个不同的版本。① 这要归功于费希特的个人魅力，也与认知人的新形式正在生成有关。新的认知是通过一条心理学的路径去理解人类。洛克、弗兰克，以及虔信主义都曾为这种新的认知添砖加瓦。而康德引入的另一种变化也不应被忽视。虽然唯心主义有时候被指为思辨哲学的一种形式，但这并不十分公正。康德引入了一条观察的全新路径，一种观察人自身的方法。它有时候不好掌握——费希特或许就未能掌握。然而，对人自身的观察、对主观普遍性的专注、意识与自我意识，这些的确是现代心理学的开端，确确实实至少是开端之一。这条新路径的问题在于，由于它的演进要早于达尔文的发现，这对心理学产生了重要影响，心理学对很多人而言一直被视为哲学的一种形式而不属于生物学。这就是为什么无意识——以及基于它的治疗方法——从根本上讲是一种德意志观念的原因之一。

---

① 费希特：《超验哲学的基础》(*Foundations of Transcendental Philosophy*)，丹尼尔·布雷齐尔(Daniel Breazeale)编译，康奈尔大学出版社，1992年。

| 第六章 |

音乐的大复兴:哲学交响乐

直至16世纪,在德意志以及欧洲各地,声乐要比器乐更为盛行。(马丁·路德就有一副好嗓子。)①而欧洲第一所出色的风琴学校出现在意大利。就像画家们例如丢勒到威尼斯拜师学艺一样,当时很多德意志人也到这座祥和的"大城邦"来学习风琴,在掌握了复调谱曲的新技巧之后再衣锦还乡。②引领这股风潮的是海因里希·许茨(Heinrich Schütz,1585—1672),他是不胜枚举的前往威尼斯求教于吉奥瓦尼·加布里埃利(Giovanni Gabrieli)的音乐家之一,在此行列的还包括约翰·雅各布·弗罗贝尔格(Johann Jacob Froberger,约1617—1667)、约翰·帕赫尔贝尔(1653—1706)、迪特里希·布克斯特胡德(Dietrich Buxtehude,1637—1707)。像格奥尔格·菲利普·特勒曼(1681—1767年)一样,布克斯特胡德在世的时候远比巴赫知名(巴赫曾经步行了60英里去

---

① 沃尔夫冈·维克多·鲁特科夫斯基(Wolfgang Victor Ruttkowski):《德国的文艺颂歌》(*Das Literarische Chanson in Deutschland*),伯尔尼;慕尼黑:弗兰克出版社,1966年。
② 哈罗德·C.勋伯格(Harold C. Schonberg):《伟大作曲家生平》(*Lives of the Great Composers*),伦敦:戴维斯-波伊特-麦克唐纳德·福图拉出版社,1970/1980年,第616页。

第二编　第三次文艺复兴:在怀疑论与达尔文之间

听他的演奏)。然而,这些人的声望都没有巴赫那么持久,德意志音乐的第一次高峰期乃是建立在这位久居莱比锡的大师的作品之上。还有另外一位作曲家的名字与巴赫密不可分:格奥尔格·弗里德里希·亨德尔(Georg Friedrich Handel)*。

巴赫与亨德尔生于同年,他们俩的出生地相距不过 80 英里,但却素昧平生。不过,他们二人分享了前辈们虽然趋之若鹜却从未企及过的完美技巧的至高顶峰。然而除此之外,他们俩再无共同之处。亨德尔蜚声世界,游历海外而且安享荣华;而巴赫则不然,他以虔敬为本,是一位"十足的乡下人"。①

亨德尔被喻为"最擅长吸纳音乐史中既有的素材"。也就是说他惯于鸠占鹊巢,不断地借用或者剽窃——主要是意大利作曲家们的——旋律,甚至将整部乐章加工后占为己有。他的清唱剧《以色列人在埃及》(Israel in Egypt)中的 39 个曲调至少有 16 个是基于(甚至严重依赖)其他作曲家所谱写的旋律。亨德尔在其中炮制自己的风格再简单打磨而已。②

在很多人看来,特别是在专业的音乐家眼中,约翰·塞巴斯蒂安·巴赫(1685—1750 年)才是有史以来最伟大的作曲家。与亨德尔不同,巴赫从未离开过德意志,而是长年担任莱比锡圣托马斯教堂的合唱指挥。他在世的时候几乎没有作品发表,他的声望并

---

*　德语本名为 Händel。——译者
①　勋伯格:《伟大作曲家生平》,第 618 页。
②　同上书,第 620 页。

不是源于作曲,更多地是作为风琴大师和对键盘器乐的改进。①确实,巴赫对风琴的演进居功至伟,他根据自己的意愿改装了乐器。巴赫的幸运还在于,他与伟大的巴洛克风格的风琴制造大师们如阿尔普·施尼特格尔(Arp Schnitger,1648—1718)以及著名的西尔伯曼家族生活在同一时代。安德雷亚斯·西尔伯曼(Andreas Silberman)开家族传统之先河,设计并制作了斯特拉斯堡大教堂的风琴(1714—1716年),他的兄弟戈特弗里德(Gottfried)也在1714年为萨克森的弗赖贝格大教堂完成了同样的工作。戈特弗里德·西尔伯曼还将巴尔托洛梅奥·克利斯托福里(Bartolomeo Cristofori)在佛罗伦萨发明的钢琴带进了德意志。

巴赫在驾驭旋律、设置主旨与反衬、在不同的方向上探索一种曲调、再在不知不觉之中返回音乐主线等方面,展示了一种在人类的音乐成就中无以比肩的编排能力。这不仅体现在技巧上的复杂性,其复杂程度至今无人能及;还表现在它持久地包含着丰富和饱满的情感。我们也不应该忽略巴赫在形式上的创新:在他的指挥之下,大键琴从和声乐器转化成了一种卓越的独奏乐器。②

虽然约翰·塞巴斯蒂安·巴赫以任何标准来衡量都是一位天才,但是在18世纪中叶,人们熟知的巴赫却是大师的次子卡尔·

---

① 有人认为钢琴在19世纪早期的盛行危害了其他乐器的健康发展。参见大卫·格拉米特(David Gramit)《培育音乐:1770—1848年德意志音乐文化的抱负、志趣与局限》(Cultivating Music: The Aspirations, Interests, and Limits of German Musical Culture, 1770—1848),伯克利:加州大学出版社,2002年,第136页。

② 勋伯格:《伟大作曲家生平》,第622页。

菲利普·埃马努埃尔·巴赫（Carl Philipp Emanuel Bach,1714—1788）。大师巴赫有诸多秉承了天赋的儿子,长子名叫威廉·弗里德曼·巴赫（Wilhelm Friedman Bach,1710—1784）,是一位教会清唱剧和键盘协奏曲的作曲家。最小的儿子约翰·克里斯蒂安·巴赫（Johann Christian Bach,1735—1782）被称为"伦敦的巴赫",因为他在泰晤士河畔的城市居住过多年,还写下过数部意大利歌剧和协奏曲。

人人都对巴赫家族至少略知一二,然而几乎在同一时期,德意志还有另一群作曲家,他们被称为曼海姆学派（Mannheim school）,这个具有天赋的群体襄助当时驻跸曼海姆的选侯、帕拉丁伯爵兼巴伐利亚公爵卡尔·特奥多尔（Karl Theodor,1724—1799）组建了管弦乐队。就是在那里首次出现了管弦乐的完整配置,每个组成部分的乐谱都被写了下来而且被单独演练。这一创举被视为管弦乐主导的现代音乐的诞生。

大歌剧的起源

直到18世纪中叶,意大利的歌剧在德意志、英格兰、法兰西都占据着主导地位。剧中的歌词是一成不变的意大利语,而演唱者不管是不是意大利人（通常来讲是的,但水平很差）被请来演唱主角,要加上"原汁原味的意大利手势"。[①] 18世纪末期,此风开始转变。当时流行歌舞喜剧（Singspiel）,这种滑稽歌剧的特点之一是

---

① 勋伯格：《伟大作曲家生平》,第624页。

第六章 音乐的大复兴:哲学交响乐

用地方语言说对白(在德意志就说德语),后来连在对话之间加入的串唱也开始用地方语言了。莫扎特1782年的歌剧《后宫诱逃》(*Die Entführung aus dem Serail*)将这一点发挥到了极致。然而,这种新形式更多地要归功于克里斯托弗·维利巴尔德·格鲁克(Christoph Willibald Gluck,1714—1798)的创意。

格鲁克几乎一手包办了对意大利歌剧理念的改造,他鉴别出了一条新的路径,完成了一系列强有力的作品,将自己独到的眼光融入了其中。1762年,他在维也纳上演了实验性的新作《奥菲欧与尤丽迪茜》(*Orfeo ed Euridice*)。然而,格鲁克在另一部古典主题的"意大利式"歌剧《阿尔切斯特》(*Alceste*)中展示了他的新哲学,也以该剧的序幕而闻名。[①] 他认为,演唱者应该将自己限定于歌喉的展现,以便于突出和演绎剧情的发展,而不是做班门弄斧的表演;剧中的序幕应该是剧情"必要的情绪准备","而不是观众们在找座位时的伴奏"。他特别强调,音乐应该根据剧本的需要强化戏剧效果。这又是一个在我们今天看来无出意料的观念,然而它在当时极具争议性。格鲁克的观点得以流行开来,完全是因为他的歌剧情节抓人,由此使得他的意见具有显而易见的正确性。哈罗德·勋伯格评论道:"人们有理由宣称,现代剧院中的大歌剧传

---

① 有关从音乐方面对格鲁克在《阿尔切斯特》之前的作品所做的比较研究,参见杰克·M. 斯泰因(Jack M. Stein):《德语民歌中的诗与乐:从格鲁克到胡戈·沃尔夫》(*Poem and Music in the German Lied from Gluck to Hugo Wolf*),哈佛大学出版社,1971年,第29—32页。还要参见汉斯·约阿希姆·莫泽尔(Hans Joachim Moser):《克里斯托弗·维利巴尔德·格鲁克:成就、生平、遗留》(*Christoph Willibald Gluck: Die Leistung, der Mann, das Vermächtnis*),斯图加特:克塔出版社,1940年,第323页。

第二编　第三次文艺复兴：在怀疑论与达尔文之间

统就始于格鲁克。"

四大巨擘

　　在意大利，"文艺复兴的盛期"是指1497—1527这三十年，三位艺术大家——拉斐尔、米开朗基罗、列奥纳多·达·芬奇——在此期间都异常活跃。德意志文艺复兴中与之对等的时期大约是在18世纪的最后二十五年，当时涌现出的四位伟大的音乐巨擘——天才——的卓越之处毋庸置疑，他们为随之而来的伟大的德意志音乐时代搭建了舞台。确实，我们可以将接下来论及的百年视为谱曲史上最伟大的世纪。①

　　弗朗兹·约瑟夫·海顿（1732—1800年）生于下奥地利的一个贫困家庭，他作为维也纳圣施蒂凡大教堂唱诗班的少年歌者直到17岁，20多岁时还是以做音乐教师为生。海顿生命中的转折发生在1761年，他开始为保罗·安东·艾什泰哈齐（Paul Anton Esterházy）公爵效力。此后的三十年，他一直担任艾什泰哈齐宫廷乐队的指挥直至1790年，这毫无疑问是海顿的黄金时期。艾什泰哈齐家族是最具有启蒙观念的资助人，海顿在他们的庇护之下创作了一系列赋有才气的交响乐曲和室内乐的杰作，由此使他获得了国际性的声誉。美誉将海顿于18世纪90年代带到了伦敦，他在那里写出了12部优美至极的交响乐曲。之后他又远离了公众视野重回艾什泰哈齐的宫廷，在维也纳的最后岁月中，他创作出

---

①　勋伯格：《伟大作曲家生平》，第624页。

第六章 音乐的大复兴:哲学交响乐

了伟大的弦乐四重奏作品第76号、第77号,以及两部清唱剧《创世记》(*Die Schöpfung*)和《四季》(*Die Jahreszeiten*)。① 海顿的作品包括100多部交响乐曲、50余首协奏曲、84支弦乐四重奏、42首钢琴奏鸣曲,还有各种弥撒曲和歌剧以及不同乐器的独奏曲等。海顿的伟大在于亲和力和不矫揉造作的品质。这或许可以从他广泛地采用民间曲调反映出来——特别是克罗地亚的音乐元素,这使得他的音乐简朴、直接、贴近于人。海顿对自己的天赋心知肚明。"我在这个世上与众不同;既然没有人能使我迷乱抑或困扰,我不得不做出原创。"②

海顿虽是管弦乐的作曲大家,但他本人则希望创作杰出的歌剧。虽然《创世记》(*The Creation*)中存在着多处这种可能性的暗示,人们却从未意识到这一点。倒是莫扎特在这方面大放异彩。在莫扎特生命最后的十年中(他卒于1791年),海顿和他曾有过多次会面。二人作品的比较可以明显地体现出他们相互之间的至深影响。所以马尔科姆·帕斯利(Malcolm Pasley)说:"如果不经过精挑细选,海顿和莫扎特几乎无法分辨。"而从另一方面看,他们各自的巅峰之作则不会让人搞错。

沃尔夫冈·阿马多伊斯·莫扎特(1756—1791年)一生短暂,

---

① 勋伯格:《伟大作曲家生平》,第625—626页。
② 有关海顿的晚年,参见汉斯-胡贝尔·舍恩茨勒(Hans-Huber Schönzler)编:《论德意志的音乐》(*Of German Music*),伦敦:奥斯瓦尔德·沃尔夫出版社,1976年,第92页;以及西格哈特·勃兰登堡(Sieghard Brandenburg)编《海顿、莫扎特、贝多芬:古典时期的音乐研究;纪念艾伦·泰森文集》(*Haydn, Mozart & Beethoven: Studies in the Music of the Classical Period; Essays in Honour of Alan Tyson*),伦敦:克拉伦登出版社,1998年。

第二编　第三次文艺复兴:在怀疑论与达尔文之间

其生平与海顿截然不同。他生于音乐世家,父亲利奥波德是萨尔斯堡大主教的宫廷乐师(其作品直至今日还偶尔能听到)。莫扎特不但是一位神童,而且是"神童中的神童":他三岁就会演奏钢琴,五岁既能创作短曲,七岁的时候又学会了小提琴。他和姐姐玛丽亚·安娜——以昵称南妮儿(Nannerl)而闻名——配合默契,被父亲带到欧洲很多城市巡演引起了轰动(莫扎特从八岁巡演到十一岁)。莫扎特创作第一部歌剧《善意的谎言》(*La finta semplice*)时年仅十二岁。后来,他被任命为萨尔斯堡的宫廷乐师,然后又去了维也纳。像海顿一样,莫扎特的事业依赖于资助人,他的很多作品都是专为宫廷而作(的确如此,例如三首著名的弦乐四重奏K.575、K.589、K.590)。莫扎特擅于急现实之所需,他的很多作品都是专为杰出的演奏家而作,例如他给当时的演奏大家安东·施塔德勒(Anton Stadler)写过单簧管协奏曲,而单簧管在彼时乃是一门新出的乐器。[1]

在音乐理论家看来,莫扎特对独奏的演绎是其最为出众的成就。在18世纪的早期,传统意义上的协奏曲中的音乐主题在独奏者与管弦乐队之间来回传递,这是源自大协奏曲中的一项原则,一组独奏者被安排好与乐队争鸣。莫扎特通过增加优美的旋律所必需的精湛技巧从而推进了独奏的独立性。也正是在他的带动之下,协奏曲才有了三个乐章并以此为定式。第一乐章一般为快板,

---

[1] 彼得·盖伊(Peter Gay):《莫扎特》(*Mozart*),伦敦:韦登菲尔德-尼克尔森出版社,1999年,第109页及以下页。还有罗伯特·W.古特曼(Robert W. Gutman):《莫扎特:一部文化传记》(*Mozart: A Cultural Biography*),伦敦:塞克-沃伯格出版社,2000年,第668页及以下诸页。

第六章 音乐的大复兴：哲学交响乐

之后是一个慢板乐章，最终以一个回旋结束。这种结构在19世纪成为了标准曲式。

不但莫扎特创作的古典协奏曲颇受欢迎，他的(25首)钢琴协奏曲以及他最杰出的三部交响乐曲——作品第39号E大调(K.543)、作品第40号G小调(K.550)、作品第41号C大调(《朱庇特》，K.551)——都被普遍视作世间能有的最优美的音乐。然而在很多人看来，即便是这些作品，比起莫扎特在歌剧领域的成就也是相形见绌。"很多人会说，他的歌剧无与伦比。"①

或许，是格鲁克率先正式地提出了新式歌剧力争发展的方向，然而，莫扎特比任何人都更好地——以无与伦比的完美——成就了新的理想。② 在莫扎特的歌剧中，音乐化的个性描述异常鲜活，它既反映也升华了歌词，以至于使剧中人物具有心理上的深邃感。这在之前的剧作家笔下是完全没有过的。剧情就从这种深邃之中"直接而迫不及待地"油然而生，从而使音乐本身成为了表达主旨的手段。无从争辩的是，莫扎特最伟大的德语歌剧是《魔笛》(*Die Zauberflöte*)，这是他在生命的最后一年完成并上演的，也是他的巅峰之作。如果说，在乐器的精湛技巧方面只有海顿可与莫扎特相提并论，在所注入感情深厚程度上只有贝多芬可与他一较高下，

---

① 勋伯格：《伟大作曲家生平》，第628页。
② 有关格鲁克与莫扎特的比较研究，参见阿多尔夫·戈尔德施密特(Adolf Goldschmitt)：《莫扎特：天才与凡人》(*Mozart: Genius und Mensch*)，汉堡：韦格纳出版社，1955年，第288页及以下诸页。有关格鲁克对莫扎特的影响，参见古特曼：《莫扎特》，第571页。

第二编　第三次文艺复兴:在怀疑论与达尔文之间

却没有什么能与莫扎特歌剧中夜之女王花腔女高音的咏叹调相媲美。①

海顿、莫扎特、路德维希·范·贝多芬(1770—1827年)常被放在一起称为"维也纳古典乐派"。确实,贝多芬与海顿和莫扎特一样都在维也纳辞世。然而实际上,他们三人并没有以共通的艺术追求,或者哪怕是同样的乐法去组成一个维也纳乐派。

贝多芬生于波恩,像莫扎特一样长在音乐世家。他的父亲和祖父都是科隆选侯的宫廷专业乐师。贝多芬22岁的时候在维也纳从学于海顿。之后,他开始为贵族的子弟开设音乐课程。不过,贝多芬自己一直想成为作曲家,而他也是在这条道路上逐渐成名的。②

贝多芬的个人生活并不幸福,这或许是他的音乐有别于巴赫和莫扎特的原因。巴赫和莫扎特的大师技巧、神秘感、完美度就像磨光的宝石散发着古典的冷艳。"他们的音乐乃是神的乐曲,而贝多芬——他谱写的是人的乐章,他的音乐来自于他的痛楚、他的难耐、他的愉悦,它与这个世界抗争,同时也确证了世界的存在

---

① 阿方斯·罗森堡(Alfons Rosenberg):《魔笛:莫扎特歌剧的历史与阐释》(Die Zauberflöte:Geschichte und Deutung Mozarts Oper),慕尼黑:普雷斯特尔出版社,1964年。胡戈·策尔纳(Hugo Zelzer)说,从1791年9月30日的首演到1792年的11月份,这部歌剧一共上演了一百多场,而且,在魏玛的演出是由歌德指挥的。"从莫扎特到韦伯的德语歌剧"("German Opera from Mozart to Weber"),见舍恩茨勒编:《论德意志的音乐》,第127页。有关莫扎特的歌剧受欢迎的风潮,参见克里夫·艾森(Cliff Eissen):《新莫扎特档案:对 O.E. 多伊奇文献式传记的补充》(New Mozart Documents:A Supplement to O. E. Deutsch's Documentary Biography),伦敦:麦克米伦出版社,1991年。

② 勋伯格:《伟大作曲家生平》,第630页。

第六章 音乐的大复兴:哲学交响乐

感……随着[贝多芬的]音乐前行也就是通向人类之伟大的路径……其音乐成就是人类精神领域中无可争议的丰碑。"①

或许可以通过三个时期去理解贝多芬的作品。1800 年之前,他的作品是受海顿的影响。1800 年,他的第一钢琴协奏曲(Op. 15)以及第一交响曲(Op. 21)问世,这标志着贝多芬式音乐的诞生,也是一般听众最为熟知的贝多芬。在第一交响曲中,贝多芬的创举是将第三乐章中的小步舞曲替换为了更欢快的谐谑曲,最后以一个快板结束全曲,这极大地增强了作品的紧张感,也发出了贝多芬与众不同的声音:充满张力的乐章和从不停歇的激情。从不停歇正是贝多芬中年时期的特征写照:八部早期的交响乐曲、五首钢琴协奏曲、小提琴协奏曲、歌剧《费德里奥》(*Fidelio*),还有《激情》(*Appassionata*)和《致瓦尔德施泰因》(*Waldstein*)等钢琴奏鸣曲。贝多芬擅于谱写器乐曲。他曾经说过:"我总是通过乐器来听我的音乐,而不是通过嗓音。"②

到了晚年,贝多芬一如既往地出众,还谱写出了他最出色的作品,乃至世界公认的杰作。芒福德·琼斯(Mumford Jones)说过:"所有的音乐都汇于贝多芬,所有的音乐又都源自于他。"贝多芬在这一时期创作的包括《第九(合唱)交响曲》《庄严弥撒》(*Missa Solemnis*)、最后的三首钢琴奏鸣曲、《迪亚贝利变奏》(*Diabelli*

---

① 勋伯格:《伟大作曲家生平》,第 631 页。
② 大卫·温·琼斯(David Wyn Jones):《贝多芬时代维也纳的交响乐》(*The Symphony in Beethoven's Vienna*),剑桥大学出版社,2006 年,第 264 页。

第二编　第三次文艺复兴:在怀疑论与达尔文之间

Variations)钢琴曲,以及最后五支弦乐四重奏。① 贝多芬在经历了一生的狂乱、动荡、纷争之后,晚年不幸失聪,他后期的作品平静而洒脱,是这位作曲家在平生的其他阶段未曾达到过的境界。

就像海顿在交响乐的形式方面著称、莫扎特以歌剧闻名、贝多芬擅长谱写器乐,四位维也纳杰出大师中的最后一位舒伯特的强项是歌曲。

弗朗兹·舒伯特(1797—1828年)生于维也纳,终其一生都没有离开过那里。他的生命比莫扎特更为短暂,去世时年仅31岁。然而,他却是最多产的作曲家之一。② 舒伯特从未获得过贵族资助人的庇荫,是一位彻底的(用我们的话说)自由作曲家。他在音乐天赋方面的早熟程度堪比莫扎特,很早就开始谱曲。然而,少年舒伯特并没有引起像莫扎特那样的轰动。直到1821年(舒伯特当时24岁),一群朋友出资刊印了他的20首歌曲出版,才引起了人们的注意。当时,舒伯特已然完成了他一生中九部交响乐曲中的七部,其他作品还有弦乐三重奏、《鳟鱼》(Trout)五重奏,以及一些歌剧和弥撒曲。舒伯特的很多作品在他的有生之年都没能上演,更有很多在他逝后才得以示人。③

---

① 埃斯特邦·布赫(Estéban Buch):《贝多芬的第九交响曲:一部政治史》(Beethoven's Ninth: A Political History),理查德·米勒(Richard Miller)译,芝加哥大学出版社,2003年。还可参见西莉亚·阿普尔盖特(Celia Applegate)、帕梅拉·波特(Pamela Potter)编:《音乐与德意志民族国家的认同》(Music and German National Identity),芝加哥大学出版社,2002年,第8页。

② 勋伯格:《伟大作曲家生平》,第632页。

③ 有关舒伯特产生的影响,参见司各特·梅辛(Scott Messing):《欧洲想象中的舒伯特》(Schubert in the European Imagination),两卷本,罗彻斯特大学出版社,2007年,特别是第一卷第199页及以下页有关人们对舒伯特逝世的反应。

第六章 音乐的大复兴:哲学交响乐

舒伯特主要是以歌曲闻名。他也是一位高产的音乐家——600多首歌曲,其中有71首是对歌德诗作的谱曲、42首来自席勒的诗作。除却歌德和席勒的诗作,舒伯特选诗的目光并不是特别敏锐。然而他的音乐却展示出,他利用曲调超越其他音乐家那种单纯谱曲的无可比拟的能力,由此产生的优质音乐与诗文原作旗鼓相当。在此过程中,舒伯特将钢琴伴奏的重要性提升到了一个前所未有的高度,"使伴奏这个词不再适用了"[①]。

音乐创作方面的(与音乐欣赏相对,我们将在下节讨论)最后一部分新的元素是由卡尔·玛利亚·冯·韦伯(Carl Maria von Weber,1786—1826)引介进来的。他生来患有髋关节疾病,走路需要拄拐,但他的吉他技法娴熟而且是一名出色的歌者。然而出于意外,他喝了一杯硝酸水毁了嗓子。后来,韦伯被任命为德累斯顿歌剧院的主管,他将指挥家(也就是他自己)打造成为了唯一的歌剧主导者,这种时尚一直持续至今。韦伯还竭力与当时的意大利歌剧热相抗争,其针对的主要是罗西尼[*]的作品。应该感谢韦伯,是他让德意志孕育了自己的歌剧传统,并在瓦格纳时代到达了

---

① 查尔斯·菲斯克(Charles Fisk):"舒伯特最后一支奏鸣曲的可能含义"("What Schubert's Last Sonata Might Hold"),珍妮弗·罗宾森(Jenefer Robinson)编:《音乐与意义》(*Music and Meaning*),康奈尔大学出版社,1997年,第179页及以下诸页。另参见洛兰妮·伯恩(Lorraine Byrne):《舒伯特谱曲歌德》(*Schubert's Goethe Settings*),奥尔德肖特:阿什盖特出版社,2003年;赫尔曼·阿贝特(Hermann Abert):《歌德与音乐》(*Goethe und die Musik*),斯图加特:恩格尔斯哈恩继承人出版社,1922年。

* 焦阿基诺·安东尼奥·罗西尼(Gioacchino Antonio Rossini,1792—1868),意大利音乐家,他著名的歌剧作品包括《塞维利亚的理发师》《威廉·退尔》等。——译者

第二编 第三次文艺复兴:在怀疑论与达尔文之间

顶峰。① 韦伯自己创作的歌剧《射手》(Der Freischütz)首演于1821年,它开创了一个新时代,而海因里希·海涅就坐在观众席中。《射手》中的管弦乐队不再是作为歌唱的背景。例如,剧中的弦乐组和管乐组就配合起来演绎出了它们各自的独立性,以此增添了剧中的气氛和色彩。这样的改进给予了指挥家更大的空间去营造歌剧的体验。歌剧从此或多或少地获得了我们今天熟知的形式。

以音乐为哲学

当今的认识是,古典音乐的标准"脊梁"是由巴赫、亨德尔、海顿、莫扎特、贝多芬、舒伯特、勃拉姆斯组成的——他们全都是德意志人。这根脊梁率先出现在德意志,时间是在18—19世纪之交,之后又贯穿了整个19世纪。其中,只有埃克托·柏辽兹(Hector Berlioz)、弗雷德里克·肖邦、柴可夫斯基、威尔第等寥寥几位大作曲家不是德意志人。

然而,音乐作品只是全部图景的一半。就像意大利文艺复兴时期鼎盛的绘画艺术一样,它现在被理解为是在抗拒当时的商业与宗教倾向。所以,在18世纪末、19世纪初的德意志,音乐欣赏、音乐消费、音乐理解都受到了盛行的唯心主义哲学的震动和影响。它与我们当下理解的音乐体验有着天壤之别。

---

① 韦伯的一些观点发表在《布拉格帝王特许报》(Königlich kaiserliche privil-igierte Prager Zeitung),1815年10月20日,第293期。

第六章 音乐的大复兴:哲学交响乐

对艺术的全新理解——特别是对音乐——是在18世纪末期于德意志产生的。如马克·埃文斯·邦兹所示,音乐欣赏具有了一种新的严肃性,尤其是针对器乐曲。①

当时,交响乐是相对而言较为新颖的形式。它在18世纪20年代才刚出现,脱胎自歌剧中的序曲,当时它常被称为一幕"交响乐",这种称呼一直沿用至18世纪90年代。② 1800年左右,交响乐的地位还远不如歌剧重要。甚至连康德在《判断力批判》中都众所周知地将器乐曲贬为"享受多于文化",还将它与墙纸相提并论。康德相信音乐能够打动听众的能力,但由于器乐曲中并不包含观念(它没有歌词),它的影响力瞬间即逝,"会使精神一时迟钝"③。康德的观点虽然流传甚广,但在世纪之交的时候,交响乐的地位还是发生了深刻的变化。

原因之一在于,较之前而言,面向私人的演出逐渐转向了公众。广大的听众群有更为宽泛的品位,而由新生成的中间阶层构成的听众群渴望获得教育、提高自身。同样重要的是——从长时段来看或许更为重要——对艺术之本性的态度正在发生变化,特别是音乐与哲学之间的关系开始被人察觉。而这又潜移默化地改

---

① 马克·埃文斯·邦兹(Mark Evans Bonds):《以音乐为思想:欣赏贝多芬时代的交响乐》(*Music as Thought: Listening to the Symphony in the Age of Beethoven*),普林斯顿大学出版社,2006年,第 xiii 页。还要参见温·琼斯《贝多芬时代维也纳的交响乐》,第11—33页。有关乐坛中的等级,参见格拉米特《培育音乐》,第23—24页;以及罗宾森编:《音乐与意义》。
② 邦兹:《以音乐为思想》,第1页。
③ 同上书,第7、17页。

第二编　第三次文艺复兴:在怀疑论与达尔文之间

变了音乐欣赏的实践。①

对器乐曲艺术价值的全新审美直接源自唯心主义。它认为,从艺术中所获的收益不仅是"慵懒的接受",更多的是活力。任何艺术成品、天才的任一作品都反映了一个更高的理想境域,受众必须置身其内、参与其中。对很多人而言,在演奏过程中被"带走",到达了着迷的境界而"忘却了自我",是通往这个更高的理想境域之旅的第一步。贝多芬自己就相信,音乐艺术可以在人世与神界之间搭建一座桥梁。②

上述的观点在18世纪90年代得以展开。谢林率先主张,艺术与哲学阐述的乃是同一根本性问题,也就是现象世界与观念世界之间的联系。在他看来,声音是五种感官之中"最深层的"一种,它是精神上的,这就意味着它的"本质"比其他感官更完美。奥古斯特·施莱格尔也有同感。③

至此,唯心主义与无歌唱音乐之间的联系显而易见了,马可·邦兹把这一发展路径所达到的制高点称为"音乐评论中有史以来

---

① 有关贝多芬从他的交响乐曲中所赢得的一切,参见路德维希·范·贝多芬:《书信全集》(*Briefwechsel：Gesamtausgabe*),西格哈特·勃兰登堡(Sieghard Brandenburg)编,七卷本,慕尼黑:亨勒出版社,1996年,第1卷,第317页及以下诸页。有关音乐会的发展史,参见格拉米特:《培育音乐》,第25、138页。
② 邦兹:《以音乐为思想》,第16页。德意志音乐的"思想"特质开辟出了它的"深邃",其程度之深成为了音乐中的特殊道路(*Sonderweg*),参见阿普尔盖特、波特编:《音乐与德意志民族国家的认同》,第40—42、51—55页。
③ 阿普尔盖特、波特编:《音乐与德意志民族国家的认同》,第51—52页。邦兹:《以音乐为思想》,第22页。

第六章 音乐的大复兴:哲学交响乐

最重要的一篇"。① 他所指的就是恩斯特·特奥多尔·阿马多伊斯·霍夫曼(E. T. A. Hoffmann,1776—1822)于1809年在《音乐通报》(Allgemeine musikalische Zeitung)上发表的一篇有关贝多芬第五交响曲的评论文章。霍夫曼在评论中断定,音乐"占据着一个超越了现象世界的单独境域",从而赋予了音乐能力,使人"瞥见无穷"。他还说,器乐曲"为人们揭示了一个未知的世界,这个与外在的感官世界毫无共通之处的世界包围着人们,人在其中抛却了所有能用概念陈述出来的情感,就是为了使自己服膺于"无法用言语表达的体验,器乐曲"对那些积极地运用(他们自己的)创造性想象力去理解音乐作品的人而言,是接近天启的潜在催化剂"。② 随之发生的是,"理解的义务"从作曲家那里转移到了听众的身上。邦兹还说:"这种音乐欣赏的新框架其实是哲学式的,它基于听众必须力争去理解作曲家的想法并将其内化于心的前提之上,听众必须跟随音乐的主旨,将其视为一个整体去领悟。"

霍夫曼对贝多芬第五交响曲的评论是首次将一种哲学的方法专门运用到一首作品之上。他声言自己辨别出了一种"目的论的发展历程,从海顿的纯真童年到莫扎特的超人阶段,再到贝多芬的

---

① 有关更加唯物主义的分析,参见弗朗兹·哈达莫夫斯基(Franz Hadamowsky):《由起源至第一次世界大战末的维也纳歌剧史》(Wien, Theatergeschichte von den Anfängen bis zum Ende des Ersten Weltkriegs),维也纳:万库拉出版社,1994年,第308—310页。

② 《霍夫曼有关音乐的著作:论克莱斯勒曲风、论诗人与作曲家、音乐评论》(E. T. A. Hoffmann's Musical Writing: Kreisleriana, the Poet and the Composer, Music Criticism),大卫·查尔顿(David Charlton)编,马丁·克拉克(Martyn Clark)英译,剑桥大学出版社,1989年。

第二编　第三次文艺复兴:在怀疑论与达尔文之间

神之境界……通过欣赏贝多芬的音乐,人可以朦胧地觉察出一种现实的更高形式,这是人以其他方式感觉不到的……音乐不再是娱乐的媒介,而是真实的载体……艺术通常就在哲思终止的地方开始了"。①

对一部器乐作品做如此深入的解读本身就是新生事物。它是从更为宽泛的教养概念中滋长出来的,而教养与音乐欣赏之间的纽带也与对欣赏本身的理解发生了变化有关。以交响乐为例,借用康德思想中对庄严的见解来说,它是一种通过无边无垠的广阔和征服了感官的"大海似的"力量来定义的艺术形式。② 很多哲学家和艺术家都认为,透过庄严去沉思无穷可以洞悉到单纯的美所无法表达的境界。交响乐中"被聚集起来的力量"正好支持了上述观念。③

霍夫曼对音乐的描述是从海顿"展开"的,而后经历了莫扎特和贝多芬的发展历程,与此同时,他也是在为历史主义的一种形式,乃至黑格尔主义的一种形式立证,他实际上是接受了一种"世界精神"的存在,即人的意识在向越来越高的状态演进。贝多芬的

---

① 邦兹:《以音乐为思想》,第35—40页。
② 另有从音乐爱好者协会这个不同以往的视角展开的分析,参见卡尔·费迪南德·波尔(Carl Ferdinand Pohl):《声乐家协会百周年纪念文集:暨纪念1862年重组的维也纳"海顿"声乐家遗孀与遗孤赡养协会》(*Denkschrift aus Anlass des hundertjährigen Bestehens der Tonkünstler-Societät: Im Jahre 1862 reorganisiert als "Haydn," Witwen- und Waisen-Versorgungs-Verein der Tonkünstler in Wien*),维也纳:1871年,第67—69页。
③ 阿普尔盖特、波特编:《音乐与德意志民族国家的认同》,第6页,参见该书第18页有关与民族主义的联系,以及第2页有关音乐的德意志秉性。还可参见邦兹:《以音乐为思想》,第46页。

第六章 音乐的大复兴:哲学交响乐

交响曲就代表了音乐的一个高峰,"是历史永恒的一刻",作曲家在这一瞬间成就了内圣(Besonnenheit)。这是一个难以翻译的德语词,它试着去描述这样一项特质,沉浸其中的艺术家并没有多少创作出来的东西,这些东西近乎天赐,好像一直就等在那儿,只待人去揭示它或者把它变为现实。①

以交响乐为社会学

在(没有歌词的)交响乐中还包含着一个特有的因素,尤其表现在法国大革命风暴的余波未消之时,就是它具有公众性的特点,这被视为与协奏曲形成了鲜明的对照。交响乐是公众的、严肃的,协奏曲则相反,表现的是浮华和空疏。这就使交响乐曾经一度为德意志所特有。根据文化产生于个体、国家、教养三者的相互关系之中这一看法,在文化产生的过程中,个体要在和谐的国家里寻求他们富有创造力的角色,这与交响乐的形式是相通的。正因为如此,合唱队的演唱被(歌德等人)理解为一种适于认知公民身份的训练。② 社会和谐就如同管弦乐队,它只存在于一群个体之间,而这些个体必先使自己达到了最低水平的自我实现。③

上述的内容之所以重要,是因为德意志的概念在贝多芬生活

---

① 邦兹:《以音乐为思想》,第51页。
② 阿贝特:《歌德与音乐》;以及鲁特科夫斯基《德国的文艺颂歌》。
③ 有关对音乐厅产生史的描述,参见爱德华·汉斯利克(Eduard Hanslick):《维也纳音乐会的形式史》(Geschichte des Concertwesens in Wien),两卷本,维也纳,1897年,第1卷,第289页及以下页。

的时代发生了决定性的转变。当贝多芬的《第九交响曲》于1824年在维也纳首演的时候,德意志仍旧是一个抽象名词。不过,一个泛德意志国家的观念却不再虚无缥缈,而19世纪早期的音乐被公认为在建立德意志民族国家认同感上率先起到了作用。① 新发行的《音乐通报》的主编弗里德里希·罗赫利茨(Friedrich Rochlitz)曾于1799年撰写了一篇社论,文中表达了他对音乐应该被施用于"民族的教育(教化)"之中的希望或者期盼。另一位作家在1805年写道:"德意志人可以声称自己在音乐作曲的世界里占据了所有民族的头把交椅,而不被指责为是民族自傲。"② 音乐既是民族主义的制造者也是它的产物,音乐节的发展壮大就凸显了这一点。其重要性要比看上去大得多,因为在当时的德意志,集会权被严厉地限制了,而音乐节要上演二至三天的交响乐和宗教剧,它吸引了大批的"音乐爱好者",他们在醉心于音乐审美的同时,还被吸引到了一个微观世界当中,即想象中的德意志国家可能的样子——这个国家的缩影更多的是文化意义上的而不是基于所掌握的地域权力。在此,交响乐再一次被视为与有组织的共同体拥有相同的形式,是社会的理想型结构。③

交响乐属于德意志文化的门类,尤其是出于以下这最后一个原因。交响乐除了是"严肃的"、具有健全的哲学基础之外,它还制衡了长期以来由意大利人和法兰西人把持的歌剧。这种态度或者

---

① 阿普尔盖特、波特编:《音乐与德意志民族国家的认同》,第2、9页。
② 邦兹:《以音乐为思想》,第87页。
③ 贝多芬本人对上述的见解并不十分认同。参见温·琼斯:《贝多芬时代维也纳的交响乐》,第155页及以下诸页。

第六章 音乐的大复兴:哲学交响乐

说信念留下了持久且重要的遗产。瓦格纳让他剧中的一个人物说出了如下观念:尽管贝多芬本人并"不是将军",但通过谱写《英雄交响曲》(Eroica Symphony),贝多芬开发了"一块领地,他在其中能够完成与拿破仑·波拿巴在意大利战场上所获得的同等的丰功伟绩"。在瓦格纳看来,贝多芬的交响乐曲代表了艺术的综合进步中的一个阶段。他在交响乐方面已无力超越贝多芬所取得的成就,于是就出奇制胜。瓦格纳强调,这位大师曾经宣告《第九交响曲》是其本人在这一艺术门类中的巅峰之作;而后瓦格纳坚称,由于贝多芬用辞藻粉饰了传统上本无须言语的艺术门类,大师就是在含蓄地承认,器乐曲的时代结束了。瓦格纳说,天将降大任于自己,在贝多芬终结之处继往开来。①

---

① 邦兹:《以音乐为思想》,第 106 页。

|第七章|

宇宙,楔形文字,克劳塞维茨

亚伯拉罕·戈特洛布·维尔纳(1749—1817)是众人口中的极端怪人。他在位于萨克森公国弗赖贝格市的矿业学院任教时,"无论季节如何",他都要在讲课的教室里点上炉火,还雷打不动地"在肚子上围件皮护腰"。他总是无休止地为他在宴会中的座席吵闹,图书馆中书籍的排放也令其鼓噪,而最"令他发狂的还是他的石头"。根据他一位学生的记述,维尔纳收集了十万块岩石,每一块都含有不同的矿物质。有一次,当课上的学生们传阅装标本的盒子时,一个学生撞了一下盒子,里面的标本几乎洒落地下。"顿时……维尔纳脸色转白,几近失声……过了七八分钟之后(他)才恢复了言语。"①

这个特立独行的人就是现代地质学的奠基者。18世纪末期的地质学(并非我们现在用这个术语的含义)主要关注的不是基础科学,而是致力于用岩石里的证据迎合圣经中对地球起源的

---

① 莫特·T.格林(Mott T. Greene):《十九世纪的地质学:变换世界中的视野转换》(Geology in the Nineteenth Century: Changing Views of a Changing World),康奈尔大学出版社,1982年,第36页。

第七章 宇宙,楔形文字,克劳塞维茨

表述。① 德意志开矿的历史悠久,所以也最精于此道。② 当时,欧洲的货币支付主要依靠白银,之前仅能维持生存的经济状态正在被货币经济所取代。15世纪晚期至16世纪的早期,德意志各公国——主要是萨克森——的银矿开采有了爆发式的增长,这曾经加速了像弗赖贝格、圣约阿希姆斯塔尔(Saint Joachimstahl)、开姆尼茨(Chemnitz)等市镇的总体建设。而到了16世纪中叶,在新大陆发现的银矿引发了欧洲同行业的萧条。不过,德意志的其他矿藏依旧很丰富——包括高岭土(它是正在成长中的瓷器工业的原材料,该行业是通过16世纪从中国引入到欧洲的高品质瓷器刺激发展起来的),依然需要大批优秀的矿物学家。弗赖贝格是个繁荣的地区,它在矿物学和地质学的发展中起到了领导者的作用。除却采银业不谈,欧洲对中国高品质瓷器的引入掀起了一场寻找其制作工艺秘诀的竞赛,这对矿物学家们是极大的利好。法国率先于17世纪末在圣克卢(St. Cloud)开设了瓷器工场,然而却被德意志后来居上,专营此道的地区包括维也纳、豪赫斯特(Höchst)、纽芬堡(Nymphenburg),更不用说柏林和迈森了。高岭土——也被称为中国土——很快就被断定为是起到决定作用的成分,紧接

---

① 亚伯拉罕·戈特洛布·维尔纳(Abraham Gottlob Werner):《简述不同矿脉的分类和说明》(*Kurze Klassifikation und Beschreibung der verschiedenen Gebirgsarten*),亚历山大·奥斯波瓦特(Alexander Ospovat)英译并作导言,纽约:哈夫纳出版社,1971年,德文原版刊于1789年。

② 蕾切尔·劳登(Rachael Laudan):《从矿物学到地质学:一门科学的建立(1650—1830)》(*From Mineralogy to Geology: The Foundations of a Science: 1650—1830*),芝加哥:芝加哥大学出版社,1987年,第48页及以下诸页。有关维尔纳的色彩理论,参见帕特里克·塞姆(Patrick Syme)《维尔纳的色彩命名》(*Werner's Nomenclature of Colours*),爱丁堡:布莱克伍德出版社,1821年。

着就开始了对这种新发现的宝贵物质的寻觅。1710年,萨克森选侯弗里德里希·奥古斯特一世(Friedrich August I of Saxony)在迈森开设了制瓷工场,首任工场主管约翰·弗里德里希·伯特格尔(J. F. Böttger,1682—1719)发现,某些助燃剂(如雪花石膏、大理石、长石)能使高岭土可熔。这项发现经历了不下三万次的实验,它几乎成了国家机密被保守起来。① 由此,矿学与化学紧密地结合到了一起,决定了德意志的矿物学将要出类拔萃。

德意志的大学对人文学科有所偏爱,它在当时并没有被视为鼓励发展高技术学科的理想场所。进入到18世纪以后,各地的诸侯开始意识到技术性的学院是时代所需。弗赖贝格的矿业学院就建于1765年,又过了十年,维尔纳被任命为该院的教授。

如今,维尔纳是因其为"水成论者"(Neptunist)辩护而最为知名,其对地球生成史的见解与"火山论者"(Vulcanist)或者称为"火成论者"(Plutonist)相对立。相互对立的见解全都与宗教信仰联系紧密。在水成论者看来,构成地球的岩石是在原本在太古时期覆盖着地球的海洋里沉积而成的。在了解了维尔纳的见解之后,人们会发现这种理论存在严重的缺陷。它甚至无心解释为什么某些种类的岩石要比其他种类形成得晚,但却位于下层。更麻烦的是这一理论中所需要的能够覆盖整个地球的全部用水总量,它会是一场高达数英里的大洪水。由此又引出了另一个更棘手的问题:洪水退去之后流向了哪里呢?

维尔纳的主要对手是苏格兰人詹姆斯·赫顿(James Hut-

---

① 劳登:《从矿物学到地质学》,第49页。

第七章　宇宙,楔形文字,克劳塞维茨

ton)及其以火神命名的火山论(Vulcanism),尽管该理论在起初并无太大的影响力。① 赫顿通过观察周围环境而得出结论认为,风化和侵蚀至今仍会将砂岩、石灰石、泥土、鹅卵石的细小颗粒堆积在距离河流入海口不远的海底。他质疑,是什么使这些细小颗粒变为我们周围随处可见的坚硬岩石;他给出的唯一答案就是高温。而高温又源于何处呢? 赫顿相信它来自地球的内部,是火山爆发把它带了出来。

无疑的是,赫顿的火山论要比维尔纳的水成论与现实情况更为贴近。然而,很多批评者反对火山论的原因是,它暗示了地质的形成时间相当之长,"长得令人根本无法想象"。

近来的研究还将另一个更为重要的观念归功于维尔纳。该观念从根本上塑造了现代地质学,与水成论不同的是,它经受住了时间的考验:这就是将岩石的层化与地球形成的时间联系到了一起。起初,最有影响的观点来自皮特·西蒙·帕拉斯(Peter Simon Pallas,1741—1811)。他分辨出了地壳岩石第一层、第二层、第三层的顺序。如此说来,所有的山脉都是由同一种方式构造而成的。结晶体的岩石构成了中心部分——也就是核心——直至山峦的顶峰。山体的侧面是沉积性的岩石(如石灰石、泥灰岩、页岩),而最外的表层、同时也是更靠近山体下方的部位则是含有机物质的松软堆积物。在德意志,福克瑟尔(J. C. Fuchsel)*深化了上述观念,他分辨出了地层的具体形成,每一个地层内均嵌有各具自身特

---

①　劳登:《从矿物学到地质学》,第113页及以下诸页。

*　即格奥尔格·克里斯蒂安·福克瑟尔(Georg Christian Füchsel,1722—1773),原书中的名字可能有误。——译者

第二编　第三次文艺复兴:在怀疑论与达尔文之间

点的化石。由此,"岩层形成"的观念出现了,不同地域的地层在同一地质序列里是相类似的。①

俄克拉荷马州立大学的奥斯波瓦特等现代学者认为,维尔纳生活在历史主义和进化论正在生成阶段的德意志,正是他把握住了岩石与岩石之间的本质区别并不在于矿物学和化学的层面,而是各自"形成的方式和时间",岩石的形成就是最基本的地质进程。② 维尔纳认为,只存在 20—30 个"普遍的形成期",由此就将矿物学中的杂乱无章简化成了"非常明显和可定义的"各个部分。从此,化石由于可以指示出更为具体的生成时代和顺序,其重要性凸显了出来。维尔纳也像其他人一样,认识到了化石在更晚近(更高级)的地层中会更加多样、更为复杂。③ 从 1799 年开始,维尔纳开辟出了后来形成的古生物学学科,还开设了相关的课程。

对地层学的意义做出更为思辨的理解是维尔纳主要的、持久性的成就。夏威夷大学的蕾印尔·劳登确证,存在着她所称的"维尔纳辐射"。她认为,维尔纳推动了地质学中的一场"运动",造就了一个"连贯的谱系"。其中的一个分支接受、发展、修正了维尔纳有关岩石"形成"的观念,其根基是他认为化石是理解过去的最清晰的路径。而维尔纳辐射的另一个分支则是成因学说。这一分支将兴趣点保留在了矿物学,但以矿物为因果过程的标记。它认为高温在地球的日常活动中有日益重要的作用,这混合了维尔纳和

---

① 劳登:《从矿物学到地质学》,第 40 页。
② 维尔纳:《简述不同矿脉的分类和说明》,同前。
③ 劳登:《从矿物学到地质学》,第 100 页。

第七章　宇宙,楔形文字,克劳塞维茨

赫顿的理论。①

劳登勾勒出了维尔纳辐射的传导轨迹,从弗赖贝格开始,通过在那里学习过的人波及到了不列颠、爱尔兰、斯堪的纳维亚、法兰西、美国、墨西哥。她还发现,在法兰西、苏格兰、英格兰西南部的康沃尔有维尔纳的教科书和研究协会,有受维尔纳影响而创办的学术期刊,法兰西的矿物学校和墨西哥的矿业学校中有维尔纳的学生在任教,牛津大学和爱丁堡大学有秉承了维尔纳风格的课程。而在地质学之外,维尔纳辐射也触及了其他。例如歌德,他在晚年认同了维尔纳的理论,亦如很多浪漫主义作家之所为。他们其中的一些人——也包括诺瓦利斯——甚至还上过维尔纳的课。②

欧洲的首位数学家

每个人都知晓艾萨克·牛顿的大名。在现代世界中,任何领域中的第二名都得不到什么褒奖。然而,在约翰·西奥多·默茨(John Theodore Merz)的《19世纪欧洲思想史》(*History of European Thought in the Nineteenth Century*)中,卡尔·弗里德里希·高斯(Carl Friedrich Gauss)被誉为了与牛顿齐名的两位近代最伟大的数学家之一。另一位德语世界的学者、瑞士人莱昂哈德·奥伊勒(Leonhard Euler)更认为他们二人不相上下。拉普拉

---

① 劳登:《从矿物学到地质学》,第105页。
② 同上书,第111页。

斯则称高斯为欧洲的首位数学家。很多人也都认为现代数学并非肇启于牛顿,而是高斯。但高斯又受到了康德的极大影响,因为后者的论证意味着数学是想象力的一个方面,所以,数学是自由的一种形式。

卡尔·弗里德里希·高斯(1777—1855年)生在布伦瑞克的一个工人家庭,是像莫扎特一样的早熟天才。他在学会说话之前就能算数了,年仅三岁就纠正过父亲的计算错误,十九岁的时候确立了支撑十七边形几何结构的公式。[①] 古希腊人曾经做到了用圆规和直尺画出一个完美的五边形。然而在那之后直至1796年,还没人能够使用这些简单的工具勾画出边线数目是质数的"规则多边形"。高斯为自己的发现兴奋不已,从那以后,他就立志要做一位专业的数学家,也开始记录长达十八年的数学日志。高斯的家人将他的日志保存了一个世纪直至1898年,它是数学史当中最为重要的文献之一。日志率先确证了,高斯曾经证明过——却没能发表——其他的数学家在很久以后才得出的许多结论。

也许,高斯比其他任何人都适合于用数学想象力的化身来形容。对数字性态的理解具有实用性,同时也是一件审美方面的事情。数字模型未必是实用的。我们无从洞悉质数为何令人如此着迷、为何对理解数字的特性如此重要。部分原因在于,数学家们或许注定要生活在他们自己的、单独的世界里,而高斯正是如此。他很少与人合作,一生的大多数时间都是独自一个人在工作。他与

[①] 马科斯·杜·索托伊(Marcus du Sautoy):《素数的音乐:为什么黎曼假设那么重要》(*The Music of the Primes*),伦敦:哈珀柯林斯出版社,2003/2004年,第20页。

第七章　宇宙,楔形文字,克劳塞维茨

妻子和儿子们的关系也很不理想,还劝阻儿子们不要从事数学研究。也就是说,这可以使高斯的大名万无一失地不与低水平的辅助联系在一起。高斯的妻子在生下第三个孩子之后不久就故去了,这个孩子也随之夭折。所以,高斯余生中的大部分时间都是在消沉的寂寞与孤独中度过的。尽管高斯一生过得并不轻松,但他在《科学家传记辞典》(*Dictionary of Scientific Biography*)中的词条被写得很明确,他的观念影响了13个相互独立的领域。[①]

高斯的盛名来自以下几个方面:最小平方数使他能够预知天体的运行轨迹;他有关质数(即只能被1及其本身整除的数字)的概念揭示出了一个别人完全忽略了的隐秘的秩序,以及质数与对数的关系;他发明的"时钟算法"最终被证实对互联网的安全性至关重要;他发明的虚数不但改造了人们对数学的理解,还在很久以后联通了量子物理学。[②] 然而,是高斯提出的一系列理念,如非欧几里得几何学、交换代数、电报机等,才真正显示出他的想象力超出其所处时代的程度。

[①] 参见路德维希·施莱辛格(Ludwig Schlesinger):"高斯青年时代对代数—几何方法的研究"("Über Gauss Jugendarbeiten zum arithmetisch-geometrischen Mittel"),《德国数学家协会年刊》(*Jahresbericht d. Deutschen Mathematiker-Vereinigung*),第20期,第11—12册(1911年11—12月),第396—403页。

[②] 罗伯特·乔丹(Robert Jordan):"失落的塞尔斯"("Die verlorene Ceres"),《最新消息》(*Neueste Nachrichten*),布伦瑞克:1927年5月1日。"引力定论:亦如任一天体引起的长期摄动,其与在运行轨迹上分布的其他天体的功效随着时间的变化应当一致"("Determinatio attractionis, quam in punctum quoduis positionis datae exerceret planeta, si eius massa per totam orbitam, ratione temporis, que[quo] singulae partes describuntur, uniformiter esset dispertita"),《评论》(*Comment*),哥廷根:IV,1816—1818年,第21—48页。

第二编　第三次文艺复兴:在怀疑论与达尔文之间

　　根据高斯的数学日志记载,他从很年轻的时候就开始考虑,古希腊的数学家们——特别是欧几里得——得出的几何学基本定理可能是错误的。他尤其质疑的是平行线。欧几里得设置了经典的模型并得出了经典的解法:画出一条直线,在此线之外取一点,在通过此点的直线中只有一条与前线平行。① 高斯在16岁的时候就开始——大胆地——考虑,是否存在欧几里得定理之外的几何变化。由于顾忌外界的嘲笑,他将自己的质疑隐匿了很多年,因为——如果他是对的——将引起连锁反应,例如三角形内角和并非总是180度。而这些颠覆性的想法在高斯的头脑中挥之不去:他甚至爬上过三座小山的山顶,观察三个顶点之间的光线,计算三角之和是否为180度。这说明高斯动过光在空间里有可能弯曲的念头,比爱因斯坦的理论早了近一个世纪。而高斯确实想到了,三维空间可以按照地球二维表面一样的方式扭曲。这个想法来自他对经线的观察,地球表面两点之间最短的距离是根据经线测量出来的,所有经线交汇于极点。它们看似平行,而实则不然。当时还没有人想到过三维空间也可能弯曲。

　　阿瑟·艾丁顿(Arthur Eddington)在1919年证实了光可以弯曲,高斯和爱因斯坦都被证明是正确的。但要再次强调,高斯从未公开发表过他的想法,而与这个总惹麻烦的人分享过该想法

---

① 杜·索托伊:《素数的音乐》,第109页。G.沃尔多·邓宁顿(G. Waldo Dunnington):《卡尔·弗里德里希·高斯:科学的巨人》(*Carl Friedrich Gauss: Titan of Science*),纽约:哈夫纳出版社,1955年,第174页以及以下诸页。

第七章 宇宙,楔形文字,克劳塞维茨

的友人们都发誓为他保守秘密。①

非交换代数是对非交换几何的数学描述,是在19世纪与物理学和化学的关联之下产生的。简而言之,它指的是数学里——看起来陌生的——xy并不总是等于yx。我们在讨论化学中的异构体时还会碰见这种现象,就像苯环中向右或者向左的键位会影响其化学属性。这与我们将在第17章,讨论的热力学第二定律(它表明时间是空间的一个基本维度)加在一起显示出,纯机械式地(也就是牛顿式地)去理解宇宙肯定是不全面的。高斯引入的非交换代数就是处理这一问题的一种早期尝试。他又一次领先于自己所处的时代。

尽管高斯将其事业的大部分时间都用在了高度抽象的数字方面,但他也将两项非常实用的发现收入囊中。第一项——他对运动天体轨迹的计算——已经提到过了。第二项是高斯在50多岁的时候完成的,他当时已经有了很多抽象的、富有想象力的发现。他感兴趣的非数学现象(当然也是其中与数学有关的方面),是陆地上的磁力问题,特别是磁力在地球上的不均匀分布以及磁暴的存在。② 麦克・法拉第(Michael Faraday)在1831年发现了感应电流。受此激发,高斯(只此一次)与人合作,伙伴是当时最杰出的实验物理学家威廉・韦伯(Wilhelm Weber)——后来(自由派的)

---

① 莫里斯・克兰(Morris Kline):《为非数学家讲数学》(*Mathematics for Non-Mathematicians*),纽约:多弗出版社,1967年,第456页。

② 邓宁顿:《卡尔・弗里德里希・高斯》,第147—162页。还可参见凯瑟琳・戈尔茨坦(Catherine Goldstein)等编:《数学的形成:高斯〈数学研究〉的影响》(*The Shaping of Arithmetic: After C. F. Gauss's Disquisitiones arithmeticae*),柏林:斯普林格出版社,2007年。

第二编　第三次文艺复兴：在怀疑论与达尔文之间

"哥廷根七君子"之一。[*] 他们共同研究了一系列有关电的现象，发现了包括静电、热电、摩擦电，在很长时间内他们在这些方面只是在积蓄力量，因为他们的主要兴趣点是地球磁力。磁力计的观念由此而生，它或许可以像电流计一样工作，反之，它也可以用于感应一股电流，从而能够传递信息。韦伯将哥廷根大学的天文台与自己在一英里以外的物理实验室用两根铜丝连接了起来，"他在架设的过程中要越过很多屋顶和两座塔楼，期间这两根铜丝折断了'无数'次"。[①] 1833年，实验的结果先是传送了几个单词，后来可以传送完整的句子。1834年8月9日的《哥廷根学术公告》（Göttingische gelehrte Anzeigen）上，高斯在一则通告中（简短地）提及了第一台"可工作的电报机"。他意识到这项发明对军事和经济的意义重大，却没能赢得政府的青睐。直到慕尼黑大学的数学与物理教授卡尔·奥古斯特·冯·施坦因海尔（Carl August von Steinheil）在1837年，以及美国的塞缪尔·莫尔斯（Samuel Morse）在1838年分别开发出了更为便捷的技术，电报才得以通行。对高斯而言，领先于时代就要敢冒专业领域中的风险。

无论如何，高斯被他的同侪视为数学领域的君主。现如今，人们一般认为他与阿基米德和牛顿在同一水平线上。他还启发了一代后辈数学家，包括奥古斯特·费迪南德·默比乌斯（August

---

[*] 1837年，哥廷根大学的七位教授联名抗议汉诺威公国废除自由宪法，并拒绝向新登基的国王宣誓效忠，七人均被解除教职。领袖人物是历史学家达尔曼（Dahlmann），其他人包括法学家阿尔布雷希特（Albrecht）、东方学家埃瓦尔德（Ewald）、文学史家格维努斯（Gervinus）、文学家格林兄弟二人（Grimm）以及韦伯。——译者

[①] 邓宁顿：《卡尔·弗里德里希·高斯》，第139页及以下诸页。

第七章　宇宙,楔形文字,克劳塞维茨

Ferdinand Möbius)、彼得·古斯塔夫·勒热纳·狄利克雷(Peter Gustav Lejeune Dirichlet)、伯恩哈德·黎曼(Bernhard Riemann)、理查德·戴德金(Richard Dedekind)、格奥尔格·康托尔(Georg Cantor)等人。正如马科斯·杜·索托伊所言,高斯与韦伯在电报研究中的合作,还有高斯发明的时钟计算及其在计算机安全性中的应用,使他们成为了"电子商务和因特网的先祖"。哥廷根市内的一座双人塑像铭记了他们之间不朽的合作。①

人类医学时代的来临

与高斯形成鲜明对照的是塞缪尔·克里斯蒂安·弗里德里希·哈内曼(Samuel Christian Friedrich Hahnemann),在华盛顿、巴黎、莱比锡、德绍、克滕(Köthen)等地都矗立着他的塑像。对他的另一种纪念形式是,在(从19—20)世纪之交的北美有22座顺势疗法学院(homeopathic colleges),每五位医生当中就有一位采用顺势疗法。1945年的时候,美国、匈牙利、印度还出现了顺势疗法的大学。到了21世纪,加拿大有一家顺势疗法学院,华盛顿哥伦比亚特区有一处国家顺势疗法中心,印度有顺势疗法协会,牛津有一座正统顺势疗法学院,还有一本名为《顺势疗法》(Homeopathy)的专业期刊在英格兰的卢顿(Luton)编刊、由全世界科学期刊的发行领袖之一、荷兰的爱思唯尔(Elsevier)出版集团刊行。顺

---

① 杜·索托伊:《素数的音乐》,第74页。

势疗法还应用在了牙科、产科,以及宠物和牲畜的治疗方面。①

而与此同时,也有一个叫作"顺势观察"(Homeowatch)的组织及同名的网站,致力于揭穿顺势疗法中的"庸医骗术"。他们认为这一疗法的科学基础完全是错误的,甚至有欺诈性,以此疗法的名义生产的产品全无药物价值。马丁·冈佩尔特在其为哈内曼所写的传记中说:"顺势疗法仅是科学的一颗赘疣么,抑或其核心乃是真实有效的,只不过我们不喜欢它的外壳而已?"②在大多数正规的从医者中间,哈内曼的名字只会引起敌意和奚落,然而也是挥之不去的。不过据说,英国的王室好像曾经一度崇信顺势疗法。

哈内曼(1755—1843年)是迈森瓷器工场中的一位画工之子,他也是早熟的天才之一:他年幼之时就能说拉丁语和古希腊语,能给古钱币分类,为书籍编目。而医学才是他的挚爱。1799年,哈内曼从埃尔兰根大学(University of Erlangen)毕业,他先来到了缺医少药的矿业城镇黑特施泰特(Hettstedt)行医,遇见了一种时常致命的由铜引起的难解病症。在研究这种顽疾的过程中,哈内曼第一次对当时所有医生都在采用的传统放血疗法产生了质疑。

---

① 有关顺势疗法不同形式的讨论,参见马杰里·G.布莱基(Margery G. Blackie):《患者而非疗法:顺势疗法的挑战》(*The Patient Not the Cure: The Challenge of Homeopathy*),伦敦:麦克唐纳—简斯出版社,1976年,第3页及以下诸页。还可参见托马斯·林赛·布拉德福德(Thomas Lindsay Bradford):《塞缪尔·哈内曼医生的生平与书信》(*The Life and Letters of Dr. Samuel Hahnemann*),费城:贝里基—塔费尔出版社,1895年。

② 马丁·冈佩尔特(Martin Gumpert):《哈内曼传:医学叛逆者的冒险事业》(*Hahnemann: The Adventurous Career of a Medical Rebel*),纽约:费舍尔出版社,1945年,第6页。

第七章　宇宙,楔形文字,克劳塞维茨

这种疗法的基本方法是让患者泄泻,以此来排空患者体内沉积的任何有毒物质。对患者的治疗是让他们出汗,服用泻药,不断漱口,强制呕吐或者分泌唾液。最极端的做法就是放血。①

后来,哈内曼去了马格德堡附近的戈门(Gommern),遇上了另一件棘手的病例。有一位木匠突然(用今天的话讲)精神崩溃了,哈内曼陪护他去了(同样是今日所称的)精神病院。在那里,这位木匠被捆在了一把椅子上,而椅子又固定在了一部每分钟能快速旋转 60 圈的机器上面。这种"疗法"启用了椅子旋转产生的离心力,目的是将血液飞快地输送进患者的大脑,由此使他头晕眼花、呕吐,从而清空肠和肾脏,"以致眼部周围的皮肤都有血渗出来"。这种残忍的场面会令哪怕是最野蛮的观者也产生精神性紧张。这些经验最终促成了哈内曼的著作《健康之友》(*Freund der Gesundheit*,1792),该书是在他移居莱比锡之后写成的。在莱比锡,哈内曼积极推动公共卫生政策的理念,成为它的首批倡导者之一。也是在莱比锡,哈内曼还翻译了爱丁堡大学的医学教授威廉·卡伦(William Cullen)的《论医药物质》(*Treatise on the Materia Medica*)。② 正是在翻译的过程中,哈内曼产生了令世界熟知自己的观念。

卡伦在讨论金鸡纳树皮(奎宁的原料)的特性时,认为它是一种"解热药",是可以退烧的物质,他写道:"在这种情况下,金鸡纳

---

① 冈佩尔特:《哈内曼传》,第 22 页。布拉德福德:《塞缪尔·哈内曼医生的生平与书信》,第 24—26 页。有关哈内曼时代的医生,参见布莱基:《患者而非疗法》,第 25 页及以下诸页。

② 布拉德福德:《塞缪尔·哈内曼医生的生平与书信》,第 35 页;布莱基:《患者而非疗法》,第 16 页。

树皮借助的是加强胃部的消化。"哈内曼翻译至此产生了困惑。他自己的体验是,金鸡纳从未帮助过他的胃消化,相反,奎宁令他作呕。由此,哈内曼决定拿自己试验。"在实验中,我每天服用两次上好的金鸡纳、每次四打兰*。我的脚、我的指尖首先感觉到了冷。"没有任何迹象表明他的胃消化"增强"了。"我感觉疲倦、昏昏欲睡,然后我的心跳开始悸动,脉搏增强、加快,伴随着难忍的焦躁、颤栗(但不是打冷战)、四肢无力,然后就是脑部充血、面色发红。简而言之,所有间歇性发烧的常见症状一个接一个地都出现了。"他在此后不久记录下的自己的观察改变了一切:"引起发热的物质会令间歇性发烧的症状消失。"

用发热治疗发烧。这就是哈内曼发明的新学说。如冈佩尔特所言:"我们应当记住,这个学说产生于疾病的细菌与细胞理论出现之前,哈内曼的新观念为当时通行的清空'有毒体液'的残忍疗法提供了一种替代。"[1]1796年,哈内曼向新创刊的《实用医学杂志》投了一篇"探索麻药疗效的新原理,以及对目前所用麻药的一些讨论"的稿件。他在文中明确地表达了自己的核心观念:"为了治愈疾病,我们必须找到能引起人体产生类似病症的药物。"顺势疗法的实质就是——"以毒攻毒!"(Similia similibus!)[2]

哈内曼在《合理疗法的原则》(*Die Organon der rationellen Heilkunde*,1810)和《慢性疾病的理论》(*Theory of Chronic Diseases*,1828—1839)中全盘托出了自己的理念。他主张微量用药,

---

* 每打兰(dram)约为1.772克。——译者
[1] 冈佩尔特:《哈内曼传》,第68页。
[2] 同上书,第70页。

第七章　宇宙，楔形文字，克劳塞维茨

而所用的药物在大剂量服用时就会产生与要医治的疾病相类似的症状。①他更加非传统的见解使他进一步相信，小剂量的药物可以通过有力的震颤（succussion）而产生强大的疗效。他称这种潜力的增强为稀释增效法（dynamization）。在哈内曼看来，这种方法释放出了"能量"，他视之为"无形的精神"力量。到了最后，他认为患者连"被稀释增效过的"药物都不用服用了，只要闻闻它们就足够了。

而今的大多数医生放弃了顺势疗法，是因为药物中的有效成分经常被稀释了一万倍，药力所起到的疗效被降低到了不能再低的水平。

哈内曼一生都在践行顺势疗法，最后逝于巴黎（他在1843年88岁的时候与一位法国的女患者结婚）。他的患者来自世界各地。1848年，费城开办了一所顺势疗法医学院。到了1900年，美国已有了111家顺势疗法医院，还有之前我们提及的22所顺势疗法医学院，1000家顺势疗法的药店。之后，顺势疗法的时尚经历了衰落，20世纪60年代重又浮现。而今，它在印度、拉美、欧洲颇为流行；大不列颠有五家顺势疗法医院，这种疗法也被其国民健康服务体系所覆盖——虽然不乏极力的反对之声。

新大陆的科学发现

西蒙·玻利瓦尔（Simón Bolívar）曾经说："（亚历山大·冯

---

① 布拉德福德：《塞缪尔·哈内曼医生的生平与书信》，第72页。

第二编　第三次文艺复兴：在怀疑论与达尔文之间

·）洪堡为美洲大陆所做的贡献要大于它的征服者们，（他）才是南美洲真正的发现者。"这位生于委内瑞拉的将军被奉为委内瑞拉、哥伦比亚、厄瓜多尔、秘鲁、巴拿马、玻利维亚获得解放的领袖。拉尔夫·沃尔多·爱默生（Ralph Waldo Emerson）将洪堡描述为"世界的奇迹之一，就像是亚里士多德、恺撒……他们时而涌现，似乎就是为了向我们展示人类心智的可能性"。一部近来出版的洪堡传记直言："很有可能，再没有其他的欧洲人对19世纪美洲的思想文化产生过如此巨大的冲击。"[1]在洪堡生活的时代，他与拿破仑齐名。他的友人当中包括歌德（与洪堡一样都爱好植物与矿物）、席勒、高斯。他的哥哥威廉·洪堡创建了柏林大学。古生物学家斯蒂芬·杰伊·古尔德（Stephan Jay Gould）认为洪堡是"世界上最著名的、最有影响力的知识分子"。洪堡还被视作"科学史上最伟大的也是最没人提及的人物"，而这也的确是事实。[2]

亚历山大于1769年在柏林出生，他和哥哥威廉都接受的是私人教育（他们的父亲严格意义上讲是贵族，只不过是在他出生前不久才受封）。亚历山大终其一生都是一位闲不住的人。他擅长绘画，他在自画像中风度翩翩，不过总是用头发盖住年少时出天花留

---

[1] 阿伦·萨克斯（Aaron Sachs）：《洪堡潮流：一位欧洲探险家与他的美洲门徒》（*The Humboldt Current: A European Explorer and His American Disciples*），牛津大学出版社，2007年，第4页。

[2] 赫伯特·斯库尔拉（Herbert Scurla）：《亚历山大·冯·洪堡：人物传记》（*Alexander von Humboldt: Eine Biographie*），杜塞尔多夫：克拉森出版社，1982年，第188—191页。还可参见赫尔曼·克伦克（Hermann Klencke）：《洪堡兄弟的生平：亚历山大与威廉》（*Lives of the Brothers Humboldt: Alexander and William*），朱丽叶特·鲍尔（Juliette Bauer）英译，伦敦：因格拉姆—库克出版社，1852年。

第七章　宇宙,楔形文字,克劳塞维茨

下的疤痕。哥哥威廉认为亚历山大总以"自我为中心",而且还"爱管闲事",他担心弟弟在他人眼中会是自负的形象。

亚历山大20岁的时候进入哥廷根大学学习法律。他结识了一位教授的女婿格奥尔格·福斯特(Georg Forster)。福斯特在十几岁的时候就和自己的父亲一道,陪同詹姆斯·库克船长完成了第二次环球航行。[①] 少年福斯特已然因对冒险旅途的精彩描述而闻名。他响应了也鼓舞了亚历山大好动的个性,二人于是结伴做了跨越欧洲的旅行。

亚历山大早年最重要的老师是在他离开哥廷根大学转到弗赖贝格的矿业学校时认识的:亚伯拉罕·韦伯。在从韦伯那里学成之后,亚历山大加入了普鲁士的矿业部门,成就了一番杰出的事业。他良好地发挥了自己的才智,他的发明当中包括安全照明灯以及一套矿工的救援装置,以防在地底下受到缺氧的威胁。(亚历山大在具有潜在危险性的实验中亲身检测了这些设备。)他是一位彻头彻尾的实验主义者——事实、数字、测量对他来说才是构建科学的砖石,而不是用哲学的思辨。

不过,令亚历山大卓尔不群的正是他对旅行的癖好。在欧洲范围内做了多次旅行之后——包括去观察活火山,他迈出了一生中两次"伟大之旅"的第一步。

旅途的第一站也是极为重要的一站是去南美洲。1798年10月20日,亚历山大·洪堡与今后六年中的旅行伙伴、法国植物学家艾梅·邦普朗(Aimé Bonpland)动身离开了巴黎。(亚历山大

[①] 斯库尔拉:《亚历山大·冯·洪堡》,第51—57页。

263

曾经从学于拉普拉斯,而且法语很流利——他的大部分著作也都是法语的。)①他们先去了马赛,然后到了马德里。亚历山大在那里被引荐给了西班牙的国王,他说服了国王允许他去南美洲做科学探险。这很值得注意:首先,在此之前,对西班牙的新大陆殖民地只进行过六次科学探险(它们几乎只对那里富含的金银感兴趣);其次,亚历山大是一名新教教徒。* 不过,二人在1799年3月获得的皇家通行许可给了他们在殖民地绝对的活动自由。② 他们从拉科鲁尼亚出发,穿过了英格兰的海上封锁,于1799年7月16日在现如今的委内瑞拉海岸登陆。就此开启了"新大陆的科学大发现"。

两个人在探索的途中面对的是巨大的艰难困苦和可想而知的危险——他们步行、骑马、划当地的独木舟、搭乘航船,连续穿越了委内瑞拉、古巴、哥伦比亚(邦普朗在那里染上了疟疾而耽搁了两个月)、秘鲁、厄瓜多尔、墨西哥。③ 在行程当中,他们对60 000种植物样本做了"记录、绘图、描述、测量、比较和采集",其中有6300种植物是欧洲人未知的。然而,亚历山大·洪堡不仅仅是对地理、地质和植物感兴趣,他还研究了古代印第安人的遗迹,以及当地的人口数字、社会机构和经济条件。他惊骇于亲眼所见的奴隶生活,从此开始了与奴隶制的斗争。亚历山大曾沿着奥里诺科河(Orinoco)与马格达莱纳河(Magdalena)航行(一条自西至东横穿了委

---

① 斯库拉尔:《亚历山大·冯·洪堡》,第102页及以下诸页。
* 西班牙一直是传统的天主教王国。——译者
② 杰勒德·赫尔弗里希(Gerard Helferich):《洪堡的宇宙》(*Humboldt's Cosmos*),纽约:戈瑟姆出版社,2004年,第21页。亚历山大·洪堡本人曾被称作"哥伦布第二"。斯库尔拉:《亚历山大·冯·洪堡》,第415页。
③ 《科学家传记辞典》,第6卷,第550页。

第七章　宇宙，楔形文字，克劳塞维茨

内瑞拉流向特立尼达，另一条则由南至北纵贯哥伦比亚注入加勒比海），他探明了卡西基亚雷河（Casiquiare River）的支流，确证了该河连通了奥里诺科河与亚马逊河的传言。[①] 他还创造了一项新的登山记录，于1802年6月攀上了位于厄瓜多尔的海拔1.9万英尺的钦博拉索山（Mount Chimborazo，也就是 Urcorazo，它在当地的克丘亚语[Quichua]中是"雪山"的意思）。虽然他最终没能登顶，但他的记录也保持了将近30年。

亚历山大·洪堡和邦普朗在旅途中曾经携带了42件仪器——温度计、气压计、四分仪、显微镜、雨量器、测气管（用来测量空气中的含氧量）等，每一件都装在有丝绒内衬的盒子里。而当他们在奥里诺科河中不止一次地与可怕的湍流搏击时，几乎丢失了所有仪器。正是在奥里诺科河以及在它无数的支流上航行的过程中，亚历山大发现了一种橡胶，他还发现"当地人"可以通过品尝河水的味道来区别河流。

1804年，亚历山大·洪堡取道美国返回欧洲，他走访了费城和华盛顿，在白宫和蒙蒂塞洛（Monticello）拜会了美国总统托马斯·杰斐逊，还被选为了美国哲学学会的成员。[②] 亚历山大将奎宁、箭毒（一种神经毒剂）以及一种类似橡胶的物质（叫作dapicho）带回了欧洲。他还是宣扬灿烂的印加文明和阿兹台克文明的第一人。在巴黎，亚历山大结识了西蒙·玻利瓦尔，两人从此开始通信

[①] 斯库尔拉：《亚历山大·冯·洪堡》，第138页及以下页。
[②] 同上书，第178页。在阿伦·萨克斯看来，亚历山大·洪堡启迪了四位美国的探险家：杰里迈亚·N.雷诺兹（J. N. Reynolds）、克拉伦斯·金（Clarence King）、乔治·华莱士（George Wallace）、约翰·缪尔（John Muir）。萨克斯：《洪堡潮流》。

第二编　第三次文艺复兴:在怀疑论与达尔文之间

直至玻利瓦尔1830年去世。他们都认识到玻利维亚的发展需要科学家的帮助,而亚历山大·洪堡也为此竭尽了所能。

亚历山大·洪堡在旅途中已着手编辑资料,在返欧后继续着这项事业,最终以期刊的形式出版——在25年里出了34期。最具吸引力的是其中所刊印的约1200幅铜板插图,展示出了南美洲的植物、动物、地形等风貌。亚历山大还撰写了很多正式的科学专业论文,他在文中不但把气候学发展成了一门科学,也建立起了植物地理学与地形学(一门有关山脉的科学)的专业知识,还开创了一些我们至今仍在使用的概念,例如平均气温和等温线。

1829年,亚历山大·洪堡受俄国政府之邀去探索西伯利亚。9000英里的行程跋涉了喀山、乌拉尔山脉的北侧、西伯利亚的西部,最远到了阿尔泰山脉以及中国的通古斯地区。他正确地预言了,乌拉尔山脉中蕴藏着钻石。

1845年,亚历山大·洪堡以76岁的高龄出版了《宇宙》(Kosmos)的第一卷,第二卷也于两年之后问世。[1] 该书的成功如同盛大的凯旋,普及性的科学书籍是对其最恰如其分的描述。"从各个星系到泥沼的不同地理状况,全部的物质世界都以'赏心悦目的语言'呈现了出来。"[2]《宇宙》一书共有四卷。该书与众不同的特性或许可以用如下的事实展现出来,尽管书中有9000多条注释,但

---

[1]　关于亚历山大·洪堡对宇宙(Kosmos)和国民教育(Volksbildung)的观念,参见尼古拉斯·A.鲁普克(Nicolaas A. Rupke):《亚历山大·冯·洪堡:人物本传》(Alexander von Humboldt: A Metabiography),法兰克福;柏林:皮特·朗出版社,2005年,第38—43页。

[2]　赫尔弗里希:《洪堡的宇宙》,第23页。

第七章　宇宙,楔形文字,克劳塞维茨

依旧获得了普罗大众的欢迎。

查尔斯·达尔文曾在他的自传中写道:"在剑桥的最后一年,我怀着极大的兴趣仔细阅读了洪堡的《自述》(*Personal Narrative*)。这部著作以及约翰·赫谢尔爵士(Sir J. Herschel)的《自然哲学研究导论》(*Introduction to the Study of Natural Philosophy*)在我心中燃起了热情,要为构建崇高的自然科学做出哪怕是最微不足道的贡献。"1869年,在亚历山大·洪堡诞辰一百周年之际,《纽约时报》将整幅头版都献给了对亚历山大的纪念(没有图片也去掉了所有广告)。①

亚历山大·洪堡还帮助了很多年轻的科学家推进他们的事业。不过,对他最为持久的纪念或许是世界上以他命名的地方要多于他人——一共有 35 个地域以洪堡为名:墨西哥有一座洪堡市,加拿大也有一座,美国有十座洪堡市,还有三个洪堡县;有九个水体叫作洪堡(包括太平洋中的洪堡洋流),还有以之为名的七座山峦和冰河(新西兰有洪堡山),以及四处公园或者森林(包括古巴的洪堡国家公园)。另外还有月球上的洪堡海(Mare Humboldtianum)。②

语言长城的突破口

"直到 1771 年之后,这个世界才真正地完整了;知识谱系上不

---

① 斯库尔拉:《亚历山大·冯·洪堡》,第 206—207 页。
② 有关对亚历山大·洪堡更广泛的重要性的讨论,参见鲁普克:《亚历山大·冯·洪堡》,第 162—218 页。

第二编　第三次文艺复兴:在怀疑论与达尔文之间

再有一半是空白的了。"这是法国学者雷蒙·施瓦布(Raymond Schwab)在其著作《东方的复兴》(*The Oriental Renaissance*)中写下的话。他所指的是对"亚洲语言的长城"——梵语、印地语、象形文字、楔形文字等——的解密,用他的话来说,这可是"智力所成就的大事之一"。策拉姆也同意这种观点。在他看来,对楔形文字的解读"是人类智慧所达成的最精巧的造诣之一",是真正的天才之作。① 这一切发生在翻译的黄金时代,也就是很多种近东的以及印度的文字被揭秘的时代。我们将在第8章全面地讨论翻译的黄金时代对欧洲的思想,特别是对德意志的思想所形成的冲击。

除了其本身的重要性之外,对楔形文字的解读之所以引人入胜还出于两个有趣的原因。其一,解读是源于一场打赌的结果;其二,解读的过程非常简单明了:巧妙至极有目共睹。打赌和解密之人名叫格奥尔格·弗里德里希·格罗特芬德(Georg Friedrich Grotefend),1775年6月9日生于汉诺威附近的明登。他在哥廷根大学学习过古典语文学,由此结交了克里斯蒂安·戈特洛布·海涅(参见第1章)。在海涅的举荐之下,格罗特芬德在1797年成为哥廷根高级中学的助理教师,后来又被提升为法兰克福市立高级中学的副校长。

格罗特芬德早年的兴趣点是拉丁文,而在他年近三十的时候,开始对17世纪就已被发现但一直无人能识的楔形文字着迷。格罗特芬德与一群同事在一家饭店饮宴时突发奇想,要打赌破解

---

① 策拉姆:《神祇、陵墓与学者》,第228页。

第七章　宇宙,楔形文字,克劳塞维茨

这种文字。没人相信他能成功,同事们立即就接受了他的提议。格罗特芬德所能获得的文字资料只不过是在波斯波利斯(Persepolis)遗址中发现的碑铭的模糊复本而已。但他没有退却,也没有被当时的顶尖学者曾宣布这个谜团无法解开所困扰。①

如果格罗特芬德不是在德意志接受了传统式的教育——如上文所述的重视古代经典和古代语言——他大概无法取得突破。他注意到了,在波斯波利斯的图版中,有一些上面写了三种不同的文字,分别排列在平行的三栏当中。② 由于研读过古希腊作家的著作,格罗特芬德对古代波斯的历史有一定的了解。他知道居鲁士在公元前540年毁灭了巴比伦,从而实现了波斯帝国的首次盛世。格罗特芬德由此推断,图版中至少有一种文字是用征服者的语言写下的。他断定是中间的一栏,因为最重要的文字在古代都是居中的。

以此为起点,格罗特芬德又注意到楔形文字中没有曲线,这激发他联想到这些字符其实并不是"写"下来的,照它们的样子应该是在湿软的泥土上印下的。我们现在知道,楔形文字(cuneiform 来自拉丁语中的 cuneus,就是楔子形状的意思)起源于象形文字,但——为了更简明和便于书写——逐渐变得越来越程式化,而晚

---

① 策拉姆:《神祇、陵墓与学者》,第228页。
② 阿瑟・约翰・布思(Arthur John Booth):《对三语楔形碑铭的发现与解读》(*The Discovery and Decipherment of the Trilingual Cuneiform Inscriptions*),伦敦:朗曼斯—格林出版社,1902年,第173页。格罗特芬德自述的英文版见 A. H. L. 希尔(A. H. L. Heere):《史学著作》(*Historical Works*),牛津,1833年,第337页。还可参见丹尼斯・施曼特—贝瑟尔特(Denise Schmandt-Besserat):《文字出现之前》(*Before Writing*),第1卷,《从计数到楔形文字》(*From Counting to Cuneiform*),德克萨斯大学出版社,1992年。

第二编　第三次文艺复兴:在怀疑论与达尔文之间

期的波斯文字近于字母系统,已将原本的 600 个字符缩减为 36 个。在此背景之下,格罗特芬德观察到大多数楔形文字笔画的楔入点要么是从上至下、要么是从左到右。而且,两个笔画相交所形成的角总是向右敞开的。这明确地说明:楔形文字是水平书写的,而不是垂直的;它的阅读方向是从左到右,而不是相反。①

　　但真正的解读工作则始于格罗特芬德的进一步观察,他发现有一组符号在文本中反复出现,还有另一个单独的符号也是如此。他推测,这一组符号组成的单词是"国王"的意思,那个单独的符号——从左下向右上斜着楔入的简单一划——是要把一个单词与另一个单词分开的符号,相当于古代的空格键。格罗特芬德接下来的推测——或许是最伟大的一项——是假定碑铭当中还有某些特定的习惯用法,它代代相传不会被更改。他以自己生活时代中的现实情况做了类比,例如"安息"这个词。他指出,这个刻在墓碑上的词用了几个世纪都没有被改动过。所以,古老的波斯文字中大概也会有类似的情况出现。格罗特芬德从研习过的古希腊文和拉丁文等古代文献中获得了经验,他认为在任何碑铭当中都应该能找到像"大王"、"王中之王"、"某某之子"的表达。这样的王朝谱系应该在图版的三个文字栏中反复出现。而实际上,图版中的文字表达确与已知的语言类似:

　　　　X,大王、王中之王、A 地与 B 地之王,乃大王、王中之王
　　Y 之子。

---

① 策拉姆:《神祇、陵墓与学者》,第 230 页。

第七章　宇宙，楔形文字，克劳塞维茨

如果这种句法成立的话，格罗特芬德推测第一个词一定是一位国王的名字。名字之后是一个分隔符号，然后是两个词，其中一个应该是"国王"，这应该很容易就能辨认出来，因为它被重复了很多次。① 由此切入对碑文的解读，格罗特芬德发现在文字栏开始的地方同一组楔形文字有两种版本——每次出现的词都一样只是顺序不同。如果他正确解读了"国王"这个词，那么这组文字就可以写成：

X(王)，Z之子
Y(王)，X(王)之子

格罗特芬德又猜对了，这篇碑铭的内容所指正是一个王朝的世袭继承：父亲X与儿子Y都是国王，但是祖父Z并没有王的称号。于是，格罗特芬德就开始寻找符合这一王位继承关系的时代。他从其他的研究中整理出波斯国王的列表，很快就得出结论，碑铭中所指的不可能是居鲁士(Cyrus)和冈比西斯(Cambyses)，因为楔形文字名字的开头笔画是不同的，也不可能是居鲁士和阿塔薛西斯(Artaxerxes)，因为这两个名字的长度相差太远了。那就只剩下大流士(Darius)和薛西斯(Xerxes)，他们名字中的字符数是相同的，开头的字符也不一样。格罗特芬德认为："这么容易就对应上了，我对做出正确的抉择毫不犹豫。"② 史实确证了格罗特芬德的成功，薛西斯的父亲是大流士，他们二人都曾经是波斯国王，

---

① 策拉姆：《神祇、陵墓与学者》，第231页。
② 同上书，第233页。

而大流士的父亲希斯塔斯派斯(Hystaspes)并不是国王。这与碑铭所记述的完全吻合。

格罗特芬德的发现是在耽搁了一段时间后才发表出来的,原因是人们感觉相对于如此重要的学术突破而言他太过年轻了,还因为他"只不过"是一位中学教师,而不是羽翼丰满的大学学者。实际上,又过了三十年才有人在格罗特芬德发现的基础之上有了新进展。法国人埃米尔·比尔努夫(Émile Burnouf)和在挪威出生但在德意志做研究的克里斯蒂安·拉森(Christian Lassen)对楔形文字做出了进一步的解读。

战争方式的转变

《战争论》(Vom Krieg)是一本并非前后全然一致的鸿篇巨著,其作者普鲁士将军卡尔·菲利普·戈特利布·克劳塞维茨(Carl Philipp Gottlieb Clausewitz)在拿破仑时代除此书之外并不知名,然而该书在西方的战争思想当中占据着崇高的地位。克劳塞维茨被一些人斥为头脑狭隘的空谈家,一位彻头彻尾的痴迷于战争"是一种政治手段"的军国主义者,他视战争"乃理性行动"的态度也被人攻评。[①] 而另一方面,美国核时代战略家伯纳德·布

---

① 休·史密斯(Hugh Smith):《论克劳塞维茨:军事和政治思想研究》(On Clausewitz: A Study of Military and Political Ideas),贝辛斯托克:帕尔格雷夫/麦克米兰出版社,2005 年,第 viii 页。皮特·帕尔特(Peter Paret):《克劳塞维茨与军力史论文集》(Essays on Clausewitz and the History of Military Power),普林斯顿大学出版社,1992 年,第 117 页,认为克劳塞维茨所说的大部分都是常识。

第七章 宇宙,楔形文字,克劳塞维茨

罗迪(Bernard Brodie)认为,《战争论》"不单是研究战争的杰作,书中所论的主题均很出众。"该书的冲击力甚至可以和亚当·斯密的《国富论》以及达尔文的《物种起源》相提并论。①

《战争论》无疑是一本经典著作,但在当时并没有马上显现出来。它是时代的产物,实际上,该书既要归功于它的德意志著者,也要感谢拿破仑。不要忘记,书中的主要观念形成之时正是普鲁士作为独立的国家命悬一线之际。拿破仑彻底打破了欧洲列强的均势,法国大革命与人权思想撼动了各地的旧政权。② 皇帝的铁蹄激怒了像弗里德里希·冯·根茨(Friedrich von Gentz)这样的作家以责骂的文章相回应,然而这些"哑炮"无法对抗当时的情形:只要是战事波及之处,拿破仑就征募普通百姓助战,相当于建立了一支民众大军。克劳塞维茨认识到,普鲁士及其军事力量必须改革以应对这些新形势。像威廉·冯·洪堡一样(参见第10章),他也认为重大的改革势在必行,专制的时代确实该结束了,改革要事关民众。

以当下的视角来看,克劳塞维茨早年的军旅生涯令人震惊。他出身军人世家,12岁既从军入伍直至1831年逝世。他还不到13岁就目睹了战争杀场,到了35岁的时候已经身经五次与法国的大战。③

克劳塞维茨擅于思考的能力并没有被埋没,他被格哈德·

---

① 帕尔特:《克劳塞维茨与军力史论文集》,第96页,认为克劳塞维茨所提出的问题在核武力的时代看来比在当时更为严重。
② 史密斯:《论克劳塞维茨》,第 ix 页。
③ 同上书,第3页。

冯·沙恩霍斯特（Gerhard von Scharnhorst，1755—1813）收至麾下，加入了由后者组建的、在当时唯一讨论战争方式的军事协会。会中的成员还包括了国王弗里德里希·威廉三世的侄子奥古斯特亲王。克劳塞维茨在1806年的耶拿之战中虽然表现英勇却最终被俘。① 他在被释放之后大声疾呼改革，发表文章提倡变革。当然，开始时是匿名的。

与法军五次大战后，尽管他一度曾效力于沙皇的军队，因为普鲁士国王决定与仇敌并肩作战来对付俄国人，克劳塞维茨最终还是归队复职，并被提升为上校，后又被任命为柏林战争学院的校长。② 此后，他便动手写作从1816年就开始构思的有关战争的长篇大论。休·史密斯在对克劳塞维茨的研究中认为，六卷本《战争论》的初稿在1827年就已然成型了——手稿约有1000页。③ 这本书是一部未竟之作。克劳塞维茨在平定了1830年波兰的革命之后染上了霍乱并因此殒命。他的遗孀玛丽（Marie）继承了手稿，完成了为丈夫出版该书所需的繁重的准备工作。

一支更残酷的新军

如果要读懂《战争论》，就要先了解在克劳塞维茨生活的时代

---

① 威廉·冯·施拉姆（Wilhelm von Schramm）：《克劳塞维茨传》（*Clausewitz：Leben und Werk*），内卡河畔的埃斯林根：贝希特勒出版社，1981年，第140页及以下诸页。

② 同上书，第363页及以下诸页。

③ 作为战争学院的主管，其主要精力还是放在了成员的管理方面。马约尔·冯·罗德尔（Major von Roder）：《献给孩子们！》（*Für Euch，meine Kinder！*），柏林：1861年。

第七章　宇宙,楔形文字,克劳塞维茨

在军事作战方面发生过数个重要的改变。① 例如在1793年,克劳塞维茨12岁第一次经历战场的时候,18世纪的战略还在主导着战争,军事行动有被限定的目标,军队更多地采用小规模作战的战术而不是全面交战。所以经常面临的局面是,交战双方没有胜者。而到了1806年,克劳塞维茨在耶拿和奥尔施泰特(Auerstedt)经历人生中第二场大战的时候,拿破仑改变了所有交战规则。②

拿破仑时代的会战要比18世纪的战斗有着更高的伤亡率,因为军队的性质发生了变化。在18世纪,军队实际上是王室的所有物,军官是从对君主保持个人忠诚的贵族中选拔出来的。所以,大多数的战争根本没有把普通百姓作为战斗人员卷入其中。军队由职业士兵、雇佣兵、招募的外国士兵组成,而逃兵也很多。

正在此时,发生了法国大革命,拿破仑上台。1789年之后,战争在法兰西成为"全民的战事——3000万大众,所有人都视自己为国家公民。"由于法国人从此有了国家认同感,他们愿意被征召入伍以扩充军队。"1789年之前,投入战场的军队很少超过五万人。而才十年的光景,征兵制度和民兵体系已经可以动员十万人以上,法国在1812年远征俄国时集结了60万人的大军。"③ 有了如此大规模的兵源补充,大型的战役越来越频繁。"1790—1820年,欧洲经历了713场大战,平均每年23次战事,而在之前的三个

---

① 史密斯:《论克劳塞维茨》,第25页。卡尔·冯·克劳塞维茨:"对比洛先生纯实用性战略的意见"("Bemerkungen über die reine und angewandte Strategie des Herrn von Bülow"),《新战神》(*Neue Bellona*),第9卷,1805年第3期,第271页。

② 施拉姆:《克劳塞维茨传》,第557页及以下诸页;史密斯:《论克劳塞维茨》,第25页。

③ 史密斯:《论克劳塞维茨》,第27页。

第二编　第三次文艺复兴:在怀疑论与达尔文之间

世纪内,这个数字是每年八到九次。"①

在接受了七年战争*屈辱的和平条款之后,法国的军队继续改革,开始改变它的军队建制。法军传统上是以1000人为一个团,它是最基本的军队编制。而在当时,更大的编制组成被构想出来了,也就是师。一个师由10 000—12 000人组成,由司令官独立领导,它包括了步兵、骑兵、炮兵,而且有工程、医疗、通信部队的支持。拿破仑还将师组合在一起开创了"军",一个军约30 000人,又以数个军构成了兵团。庞大的编制具有重要意义,它表现在一个20 000—30 000人的军"不可能就在一个下午被消灭掉,它能坚持更长时间的抵抗,等待援军的到来"。② 庞大的规模也意味着司令官能够更容易追击敌人,迫使对方交战。行军也更安全了,因为大批的部队可以分散到不同的道路上行进,不容易受到攻击。拿破仑还发现,在追击被击溃的敌军时,把骑兵安排在先头部队就可以显著地"扩大已经取得的胜利战果"。③ 尽管有上述种种优势,普鲁士军队直到1806年开战之前才组建了师的固定编制。

所以,当克劳塞维茨在军事方面走向成熟时,战争正变得更加残酷。这深刻地影响了《战争论》,也令很多在他之前的军事理论家——包括亚当·海因里希·迪特里希·冯·比洛(Adam Hein-

---

① 史密斯:《论克劳塞维茨》,第27页。
* 欧洲各列强及其在全世界的殖民地在1756—1763年之间的混战,法国失去了大量殖民地并负债累累。——译者
② 史密斯:《论克劳塞维茨》,第44页。
③ 有关历史对此的赏识,参见汉斯·德尔布吕克(Hans Delbrück):"克劳塞维茨将军"("General von Clausewitz"),《历史与政治论文集》(*Historische und Politische Aufsätze*),柏林:瓦尔特—阿波兰特出版社,1887年。

第七章　宇宙，楔形文字，克劳塞维茨

rich Dietrich von Bülow)、格奥尔格·海因里希·冯·贝伦霍斯特(Georg Heinrich von Berenhorst)、安托万·亨利·德·若米尼(Antoine Henri de Jomini)，甚至沙恩霍斯特在内——都顿显过时了，尽管沙恩霍斯特是第一个呼吁在德意志的军队中引入师级建制的人。① 人们在当时公认，战机是战争中重要的因素，士气也同样重要，除此之外就再没有什么共识了。如果有哪位作家对克劳塞维茨产生过大于旁人的影响的话，那大概就是尼科洛·马基雅维里(Niccolò Marchiavelli)。克劳塞维茨接受了他人之本性不会改变以及政治就是不断的冲突的观点。

《战争论》有时候被认为是一本"自相矛盾、含糊费解、难以琢磨的"大部头，然而它依旧保持着影响力，"因为它通过简化复杂的问题和阐发战争的人为因素而获得了闪光点……(克劳塞维茨)在论述时全情投入，同时也保持着超然与客观"②。书中的关键问题大致在于把战争分为了两类——一种是为了击溃敌人，另一种是为了保护有限的目标；而且，战争不应该被理解为是孤立的变量，它是一种政治的手段。如果说克劳塞维茨想要传达某种信息，那么它就是："只有动员一切力量加大战争投入才会获得巨大的胜利……《战争论》中贯穿的精神就是全面战争，看重的是大型的、决定性战役的价值。"③这个看上去显而易见的常识性论断在当时要

---

① 施拉姆：《克劳塞维茨传》，第135—158、220—255页。还可参见迈克·埃利奥特·霍华德(Michael Eliot Howard)：《克劳塞维茨传》(*Clausewitz*)，牛津大学出版社，1983年。

② 史密斯：《论克劳塞维茨》，第65—66页。

③ 施拉姆：《克劳塞维茨传》，第181页；史密斯：《论克劳塞维茨》，第130页。

277

比现代新奇得多,因为在18世纪,仅通过一场战役就决定整个战争的胜负总是极少的例外。看起来,拿破仑给他的手下败将们上了一课。(克劳塞维茨还有一个论点——战败者对失败的感受要比战胜者欢庆胜利更为痛彻,他的这个言论不但在整个19世纪获得了呼应,还响彻至1939年。)

克劳塞维茨还引入了"战略重心"的概念。他借此来强调,战略"要求在军事行动与政治目标之间建立某种联系"。他列举了四个战略重心:领土、国家首都、该国家的武装力量,以及它的盟友。① 其中,处于显著地位的战略重心是一个国家的军队。必须要摧毁它才能取得具有决定意义的胜利。

在某种意义上,克劳塞维茨的成就是以正视听。他认识到了,随着战斗的规模从营、团的级别转变为师、军和兵团,战争的整体概念变得更加恐怖,而且,随着征兵制度的施行和集团兵力的增长,指挥官们也不得不面对很多新的现实情况。

自《战争论》在1832—1834年陆续出版以来,克劳塞维茨成为了人们理解战争的关键性人物。② 起初,他饱受批评,至少若米尼是这种态度,后者在19世纪获得的赞誉远远超过克劳塞维茨。然而,克劳塞维茨的著作逐渐赢得了那些意识到其价值所在的人的支持。弗里德里希·恩格斯在19世纪的中期将克劳塞维茨的思想介绍给了马克思,而马克思虽然没有读过《战争论》,却与书中的主要观念产生了共鸣。不过,直到彼时,第一版刊印的1500套还

---

① 史密斯:《论克劳塞维茨》,第134页。
② 同上书,第237页。

第七章　宇宙,楔形文字,克劳塞维茨

没有卖完,不夸张地说,克劳塞维茨陷入了被"恭敬地遗忘"了的境地。尽管如此,柏林的出版商迪姆勒(Dümmler)在1853年推出了《战争论》的第二版,销量要好于从前。19世纪60年代,普鲁士的优秀将领们非常看重此书,特别是赫尔穆特·冯·毛奇(Helmuth von Moltke)。令他印象至深的是被克劳塞维茨所鼓吹的"拿破仑式的"战争,它强调规模、士气、爱国主义、指挥能力。毛奇自己在1866年的普奥战争、1870—1871年的普法战争中大获全胜,而这助长了如下观念的形成:战争是"为了贯彻国策所使用的一种实用的、正当的、荣尚的工具"[1]。毛奇还为克劳塞维茨的观念添枝加叶,他甚至主张在战争期间士兵应该取代政客。

1849—1850年,出现了《战争论》的法文版,英文版于1873年问世。大西洋两岸的各所军事院校开始吸纳该书为主要的阅读文献。英国军队在南非的布尔战争(Boer War,1899—1902)中没有成功遏制非正规军,于是开始对克劳塞维茨的著作产生兴趣。他们从中获得的主要信息是,需要推行军国主义。而这种观点也传播了开来。20世纪初期,欧洲大陆的所有国家都开始打造强大的军队和舰队,而克劳塞维茨被认为是推动这一发展的主要责任人之一。陆军上校莫德(F. N. Maude)在1908年为《战争论》的英文版所写的导言中说:"目前,欧洲所有的军队都或多或少地处在临战状态,这应归于克劳塞维茨观念的蔓延。"[2]

---

[1] 史密斯:《论克劳塞维茨》,第238页。
[2] 同上书,第239页。

| 第八章 |

语言之母，心声与浪漫主义的颂歌

17世纪80年代末期，法兰西国王路易十四在他派往暹罗（今泰国）的使团中安排了六位年轻的耶稣会会士——全都是精通科学的高级教士。使团在印度的南部登陆，第一支来自法国的"印度使团"（葡萄牙人早已领先一步）就这么形成了。这支使团之所以出名，乃是因为那部详述了他们亲身经历的《教益与猎奇书简》（*Lettres édifiantes et curieuses*）[*]。法国国王的图书管理员、修道院长让-保罗·比尼翁（Abbé Jean-Paul Bignon）曾请求使团的成员们，留心搜罗"印度语的"抄本文献，他正热衷于构建一座亚洲图书馆，想要以此作为基石。1733年，耶稣会士们在《教益与猎奇书简》中宣布了他们的回应：他们发现了第一件"大猎物"，一部完整的《吠陀经》（Veda），人们长久以来认为它已经佚失了。（这其实是一部用梵语写就的《梨俱吠陀》[Rig-Veda]）。随后，大批的印度语手稿文献在18世纪被带回了欧洲。这股风潮，连同几乎在同一时期对古埃及象形文字以及对楔形文字的释读，一起激励了反

---

[*] 常被译为《耶稣会士中国书简集》，但其中不单收录了去往中国的耶稣会士的书信，还包括了耶稣会士们在美洲、印度、阿拉伯地区的行。现根据该书的字面义译出。——译者

第八章 语言之母，心声与浪漫主义的颂歌

对教会参政的法国历史学家埃德加·基内（Edgar Quinet），他在1841年将此誉为"或多或少"堪与对古希腊语和拉丁语文献的发现"相媲美的"重大事件。很多古希腊语和拉丁语文献都是通过阿拉伯语的译本才流传下来的，对它们的重新发现改变了欧洲11—12世纪的风貌。雷蒙·施瓦布在其《东方的复兴》中主张，对梵语的语言和文献的发现是"精神领域的一件大事。"

东方的复兴

这次所谓的东方的复兴大致开始于威廉·琼斯（William Jones）抵达加尔各答并于1784年1月组建了孟加拉亚洲协会（Asiaic Societ of Bengal）。琼斯是一位英国诗人、语言学家（能说13种语言），还身兼法官。亚洲协会是由一群受雇于东印度公司的英国有为官员组成的，他们在执行辅助管理这片次大陆的官方职责之外，也在追逐着更为广泛的兴趣，其中包括对各种语言的研究，以及发现和翻译印度的经典，如天文学和自然科学的文献等。

琼斯身为孟加拉亚洲协会的主席，在协会成立三周年的演讲中宣布了重大的发现，即梵语与古希腊语和拉丁语之间的联系，从此改变了学术的走向。他在发表于1786年2月2日名为"论印度人"（"On the Hindus"）的演讲中说："梵语，无论它有多么古老，它具有奇妙的结构；它比古希腊语更完美，比拉丁语更丰富，比两者更精巧和优雅，而又与两者都有极大的密切联系——无论是从词根上还是从语法的构成方面看，这已经超过了偶然形成的可能性；

第二编　第三次文艺复兴:在怀疑论与达尔文之间

实际上,其联系之紧密已使得语文学家在研究这三者的时候,无法不相信它们皆来自某个或已消失了的共同源头。"

琼斯强调了梵语与古希腊语和拉丁语的联系,他主张存在某种东方的语言,它比西方的语言更古老、更发达。在此过程中,他挑战了西方文化的根基,反对视西方文化比其他任何文化都高级的假想。东方的历史至少是与西方的历史等量齐观的,它不再从属于西方历史,不再仅是后者的一部分。

尽管,是英国人发现了梵语与古希腊语和拉丁语之间惊天的重大联系,又是法国人率先将印度教的经文和典籍翻译了出来,但东方的复兴却是在德意志充分展开的。①

就东方的复兴而言,需要强调一下它的维度。威廉·施莱格尔曾在1832年说,他所处的世纪产生出的关于印度的知识,要比"自亚历山大大帝以来的21个世纪"所积累的都多。(施莱格尔像琼斯一样是一位语言神童。他15岁的时候就掌握了阿拉伯语和希伯来语,17岁的时候开始讲授神话学,虽然他自己当时还是赫尔德的学生。)《薄伽梵歌》(Bhagavad Gita)和《牧神之歌》(Gita Govinda)的德文译本在19世纪的第一个十年出版了,所产生的影

---

① 卡伊·哈默迈斯特(Kai Hammermeister):《德意志的美学传统》(*The German Aesthetic Tradition*),剑桥大学出版社,2002年,第62—86页。还要参见弗里德里希·冯·施莱格尔(Friedrich von Schlegel):《美学及其他著作》(*The Aesthetic and Miscellaneous Works*),E. J. 比林顿(E. J. Millington)英译,伦敦:贝尔出版社,1875年。19世纪,德意志的东方学家弗里德里希·马克斯·米勒(Friedrich Max Müller)成为牛津大学的首位比较语文学教授,他曾说:"如果我被问及,什么是我认为的19世纪时期有关人类古代历史的最重大的发现,我会用以下的等号式来回答:梵语中的天父(Dyaus Pitar)=古希腊语中的宙斯(Zeùs)=拉丁语中的朱庇特(Juppiter)=古北欧语中的蒂尔神(Tyr)。"

第八章 语言之母，心声与浪漫主义的颂歌

响是巨大的，触动了弗里德里希·施莱尔马赫、谢林、施莱格尔兄弟、席勒、诺瓦利斯、歌德，乃至阿图尔·叔本华。

《薄伽梵歌》中的诗篇、它的睿智，及其复杂性与丰富性，使得人们对印度以及东方文化的态度产生了巨大的转变。弗里德里希·施莱格尔在其《论印度人的语言与智慧》(*Über die Sprache und Weisheit der Indier*)中，将印度的形而上学传统与古希腊和拉丁的观念置于平等的水平做了讨论。其重要意义要比我们现在能体会到的要大得多，因为在反对自然神教与怀疑论的背景之下，如此的思潮是在承认，古老的印度人——那些远在东方的居民们——像欧洲人一样，拥有对真正的神灵彻底的了解和信念。这可与教会的说教大相径庭。梵语的丰富性也和启蒙运动认为语言的发展是由简入繁的信念相抵触。这成就了伟大的语文学时代的到来——首先是在德意志，然后就有目共睹地遍及了各地。当时，很多笃信宗教的人坚信，最古老的（而且是很完美的）语言应该是希伯来语，或者相近的语种，因为它是上帝的选民所使用的语言。弗朗茨·博普(Franz Bopp, 1791—1867)在巴黎和伦敦钻研了梵语文献之后，开始扭转上述的偏见。他展示出几千年前的梵语是如此之复杂，由此质疑希伯来语是语言之源的观念。弗里德里希·谢林在琼斯的观念之上更进一步。他在1799年的讲稿《神话的哲学》(*Philosophie der Mythologie*)中提出，就像曾经肯定存在过一种"语言之母"一样，世界上也一定曾经有过一种全人类共享的神话。

琼斯的发现以一种终极的、根本性的方式深深地影响了人们，它提出了"形成"(becoming)的理念。如果各种宗教处于不同的

发展阶段，而又以某种神秘的方式全都关联在一起——人们当时只能理解至此——这是不是意味着，上帝并非就是简单的存在（being），而可以被理解为是形成的（becoming），也经历了一个生长（Bildung）的过程？上帝由此不再被赋予人形，而开始被视作一个抽象的、形而上的实体。

古典传统的可替代方案与伊甸园中的语言之源

东方的复兴在浪漫主义运动的兴起中发挥了举足轻重的作用。其中最重大的关联性就存在于对印度的研究和浪漫主义的德意志形式之间。对印度的研究在德意志得以盛行大体是出于民族主义的原因。在当时的德意志学者看来，雅利安或印度或波斯的传统与罗马帝国第一次受到从东方来的蛮族入侵有关，把它与斯堪的纳维亚的神话结合起来，就为两千五百年以来占据了欧洲人的生活与思想的地中海古希腊和拉丁的古典传统提供了一种（来自北方的）可替代方案。进而，对佛教和基督教之间相似性的发现，再结合印度教中世界神灵的观念，这些对德意志学者来说都像是在启示一种上古形式，它是一种原初的形式，犹太教和基督教或许就脱胎于此；但这也意味着，上帝的真实意图隐藏在了东方宗教中的某个地方。而这种观点也表明，所有人类只拥有一位上帝，也说明存在一种世界性的神话，对它的理解会触及最根本的源头。用赫尔德的话来说，祖先的神话是"我们人类的儿时之梦"。

影响过浪漫主义的又一事实是，古老的印度文献都是以诗歌

第八章　语言之母，心声与浪漫主义的颂歌

的形式写就的。于是，诗歌是"语言之母"的观念流行了起来，诗文是上帝将智慧传递给人类的原始途径（"人是会吟诵的动物"）。诗歌被认为是伊甸园中的语言之源。①

受到上述观点影响的诗人、作家、哲人遍布大西洋两岸，但以德意志为最。歌德学习了波斯语之后，在《西东诗集》（*West-östlicher Divan*）的前言中写道："我在其中想要看穿人类的最早起源，他们当时还在以人间的语言接受来自于神的天国指令。"海因里希·海涅曾经研习过梵语，他在波恩从学于威廉·施莱格尔，在柏林是博普的学生。他如此写道："我们的抒情诗作旨在颂扬东方。"威廉·施莱格尔与另一位德意志东方学家费迪南德·埃克施泰因（Ferdinand Eckstein）都相信，印度的、波斯的、古希腊的史诗都基于相同的神话寓言，它构成了《尼伯龙根之歌》的基础，这是一部德意志中世纪时期的伟大的复仇史诗，理查德·瓦格纳据此谱写了《尼伯龙根的指环》（*Der Ring des Nibelungen*）。用丽卡达·胡克（Ricarda Huch）的话来说，对施莱尔马赫以及对诺瓦利斯身边的整个学者圈子而言，所有宗教的来源都"能够被找到，在无意识中抑或在东方，所有宗教都源自那里"②。

---

① 弗兰克：《德意志早期浪漫主义的哲学基础》。还要参见杰拉尔德·N. 艾岑伯格（Gerald N. Izenberg）：《浪漫主义、革命与现代利己主义的起源（1787—1802）》（*Romanticism, Revolution, and the Origins of Modern Selfhood, 1787—1802*），普林斯顿大学出版社，1992 年。

② 雷蒙·施瓦布（Raymond Schwab）：《东方的复兴：1680—1880 年欧洲对印度和东方的再发现》（*The Oriental Renaissance: Europe's Rediscovery of India and the East 1680—1880*），哥伦比亚大学出版社，1984 年，第 11 页。

第二编　第三次文艺复兴:在怀疑论与达尔文之间

个性含义的转变

牛津大学的思想史教授以赛亚·伯林说过,在西方政治思想史中,"曾经出现过三个重大的拐点"。第一个出现在公元前4世纪末期,从亚里士多德(公元前384—前322年)辞世至斯多葛主义兴起之间的短暂间隙,雅典的各所哲学学校在当时都"放弃了只有在社会生活的背景之下才能够理解个体的想法……而突然转向了全然的内心体验和个人救赎"。第二个拐点是由尼科洛·马基雅维里(1469—1527年)开辟的,他承认政治的价值"与基督教的伦理非但不同,更从原则上相矛盾"[①]。由此产生了有关宗教的功利主义观点,任何为政治协定所做出的神学辩护都受到了质疑。

第三个重要的拐点——也是伯林认为最伟大的一个——被认为是在18世纪末出现的,德意志正是其先锋。"简而言之,浪漫主义的观念认为,伦理与政治当中的真实性与合法性的概念遭到了破坏,这不仅发生在客观的或称绝对的真实之上,对主观的或称相对的真实而言也是一样——真实性与合法性莫不如此。"伯林认为这产生了无法估量的影响。之前,人们总能看到一些道德和政治命题,例如"什么才是人最好的生活方式","什么是自由"。回答这些提问在原则上与回答如"水是由什么构成的",以及"尤里乌斯·

[①] 以赛亚·伯林(Isaiah Berlin):《现实感》(*The Sense of Reality*),伦敦:查托－温达斯出版社,1996年,第168页。

第八章 语言之母,心声与浪漫主义的颂歌

恺撒死于何时"等问题的方式是一样的。人们预设,答案是可以被找到的。因为,如伯林所言,除却长久以来存在的各种宗教分歧不论,存在一个根本性的观念将人与人联合在了一起,它包含三个方面。"第一,人之本性乃是一个存在的实体,它是自然的或者超自然的,是能够被专家理解透的;第二,拥有某种特性就是要追求某些特定的目标,这些目标是上帝抑或事物的某种非人本性强加或者造就的……第三,这些目标以及相应的利益和价值(这正是神学、哲学或者科学要去发现和表述的),相互之间不可能有冲突——实际上它们必须构成一个和谐的整体。"

上述的观念引起了自然法概念的兴起以及对和谐的追寻。浪漫主义者所持的对立论点——源于康德——则对此观念表示怀疑,他们质疑价值——作为行为和选择性问题的答案——究竟能不能被发现。这在欧洲自觉意识的发展史上是一个重要的时刻。① 浪漫主义者主张,有些问题根本就没有答案。他们还最先主张,无法保证各种价值之间在原则上不互相冲突。最后,浪漫主义者制定了一套新价值观,一种审视价值的新方法,它与过去的方法截然不同。

我们已然提及,康德最伟大的贡献是认为人的精神塑造了知识,存在着这样一个好似直觉的过程——它出于本能,人们最有把握确定的世间现象正是"我"与"非我"之间的区别。② 由此,康德

---

① 以赛亚·伯林(Isaiah Berlin):《自由及其背叛》(*Freedom and Its Betrayal*),伦敦:查托—温达斯出版社,2002 年,第 60 页。
② 尼古拉斯·哈尔米(Nicholas Halmi):《浪漫主义象征的谱系》(*The Genealogy of the Romantic Symbol*),牛津大学出版社,2007 年,第 51—53、63—65、144—147 页。

认为,理性"像一束光一样照亮了自然的秘密",这样的解释并不适当,也安错了位置。相反,康德认为出生的过程是一个很好的比喻,它暗示了人之理性创造了知识。人若要得知在特定情况下该如何做,他必须倾听"内在心声"。根据科学的解释,理性的实质是逻辑性,它对于整个自然全都适用。然而,内在的心声与上面的场景并不契合。它的指令未必是对事实的陈述,而且,其指令也未必区分真伪。常见的情况是,内在心声的意图是给某人设定一个目标或一种价值,这些与科学全无干系,而只是由个体创造出来的。这在个性的含义中是一个焕然一新的根本性转变。

首先(也是第一次),上述观念认识到了道德是一个创造的过程;然而其次,重要性并不逊色的是,创作成为了新的着重点,它将艺术家抬升至了科学家的高度。艺术家在创作,他在表现自身,在创造价值。艺术家所为不是科学家(或者哲学家)所做的发现、计算、推论。艺术家构思出他的目标,然后在他自己的路径上去实现这个目标。"赫尔岑*曾经问道,在作曲家构思之前,歌曲何在?"在这层意义上,创作仅是人完全自主的行为,基于此原因,创作是卓越的表现。倏然之间,艺术获得了转型,也被放大了,它不再仅限于模仿或者再现,而是要表现,是一种重要性深远、含义重大且雄心勃勃的行为。"一个人在创作的时候是最真实的自我。那才是神在他身上擦出的火花,而不是推理的能力;那才是人被塑造成上帝之形象的意义。"①

---

* 亚历山大·赫尔岑(Aleksander Herzen,1812—1870),俄国哲学家、革命家,著有《谁之罪》等。——译者

① 伯林:《现实感》,第179页。

第八章 语言之母,心声与浪漫主义的颂歌

我们至今仍生活在这次大变革所引发的后果当中。相互对立的审视世界的方法——一方是既冷酷又超然的无任何倾向性的科学理性,另一方是有血有肉的艺术家充满激情的创作——构成了现代的不一致性。两者时常表现出同等的真实,具有同等的合法性,但它们从根本上是不相容的。如伯林所言,人们颇为不易地从一只脚换到另一只脚,因为人们认识到了其中的势不两立。

两者之间的分裂最先也最清晰地在德意志表现了出来。[①] 18—19 世纪的过渡时期见证了拿破仑的节节大胜,奥地利、普鲁士,还有很多德意志的小邦均被征服,而这些失利制造了在德意志的土地上重新来过的诉求。与此相应,很多操德语的人转向内心,以思想和美学观念作为团结和激励同胞的路径。"浪漫主义就扎根于痛苦与不幸之中,18 世纪末期,说德语的诸多小国遭受了欧洲最深切的苦痛。"[②]

从康德通向浪漫主义者的道路是曲折的,然而也是清晰可辨的。在赫尔德看来,是人之本性中的"表现力"造就了世界上各不相同的多种文化。费希特则将自我描绘成"活力、努力、自主,它要在思想里和行动中去左右、改变、开辟这个世界,所依据的则是它自己的打算和绸缪"。康德认定这是一个不自觉的、本能的过程;

[①] 艾岑伯格:《浪漫主义》,特别是书中第 1、2 两部分,该书对理解政治与心理之间的联系以及讽刺的作用尤为有益。还可参见凯瑟琳·M. 惠勒(Kathleen M. Wheeler)编:《德国的美学与文学批评》(German Aesthetic and Literary Criticism),剑桥大学出版社,1984 年;书中囊括了一些名气稍逊的浪漫主义作家的材料:诺瓦利斯、路德维希·蒂克、卡尔·佐尔格(Karl Solger)、让·保罗·里希特。

[②] 巴特勒:《古希腊文明雄霸德国》,第 6 页。

第二编　第三次文艺复兴:在怀疑论与达尔文之间

而费希特的观点却代之以"一种自觉的创造性行为……我拒绝被动接受,因为我必须如此",他还强调说:"我之所以相信是因为我愿意如此。"人属于两个世界。有一个物质世界,它是"外在的",受原因和结果的操控;还有一个内在的精神世界,"在那里,我是我自己全然的创造物"。费希特认为,中世纪那种理想型的"冥想而得的知识"是错误的典范,"重要的是行动……知识不是被动地供人观瞻的,而是要拿来用的,用来帮助人们创造,因为创造是一种自由"①。

伯林认为,这是一个煽动性的观念,因为它通过费希特被运用到了民族上面,而民族只有通过创造、行动、实干才能形成。于是,民族主义、积极的民族主义成为自然而然的事情。"所以,费希特最终成为了激进的德意志爱国主义者和民族主义者,他认为,德意志没有像各个拉丁民族那样遭遇过沉沦。"②在拿破仑征服普鲁士之后,费希特在对德意志民族的著名演讲中又强化了他的观点。费希特为此发表的演讲本身影响力不大;然而后来,当人们阅读这些讲稿时,它们激起了巨大的民族主义情绪,"它们在整个19世纪都在被德意志人阅读,1918年之后又成为了他们的圣经"。

"所有人,那些在内心具有生命的创造冲动的人,或者那些以为这项天赋在他们身上被限制住了的人——至少他们期待着被卷入壮观的巨大洪流以及陷入原初生命这一时刻的到来,或者那些对如此的自由满怀带有疑惑的预感的人,以及那些对此现象不具敌意或恐惧而是深怀热爱的人,他们是原始民族的一部分。这些

---

① 伯林:《自由及其背叛》,第89页。
② 同上书,第91页。

第八章　语言之母，心声与浪漫主义的颂歌

人或者可以被视作真正的人，他们组成了原始民族（Urvolk）——我的意思是德意志人。而另一方面，所有那些听任自己不过是再现衍生品以及二手货的人……他们应该为自己的信念付出代价。他们不过是生命的附属品……他们不在原始民族之列……承担着'德意志'之名的民族，至今都没有停止过在各式各样的领域当中给出自己具有创造性和原创性活力的证据。"①

无意识在增长

弗里德里希·谢林（1775—1854年）是黑格尔的教席接任者，他在精神的自我发展方面的观点比起费希特来更为有机，也少了煽动性。在谢林看来，世界由现象构成，而现象在不同程度的自我意识上又各不相同，这个程度从全然的无意识逐渐过渡到对自身的充分意识。最基本的是构成地球的粗糙岩石，它代表了全然无意识状态下的"意志"（will）。② 逐渐地，生命注入了其中，产生了第一个生物物种。随后又出现了植物和动物，自我意识也在随之生长，它引领了对某种目的的实现。自然再现了意志的渐进步骤，自然也在努力地实现些什么，"但自然并不知道要努力实现的是什么"。③ 人，以及人所付出的努力，慢慢知道了要努力实现的是什

---

① 伯林：《自由及其背叛》，第96页。
② 曼弗雷德·施勒特尔（Manfred Schröter）编："谢林的第一概要"（"Schelling's Erster Entwurf"），《谢林集》（Schellings Werke），12卷本，慕尼黑：贝克出版社，1927—1959年，第2卷，第63页。
③ 可参见卡尔·雅斯贝尔斯（Karl Jaspers）：《谢林：伟人与灾难》（Schelling: Grösse und Verhängnis），慕尼黑：皮铂出版社，1955年，第154页及以下诸页。

么。这对整个宇宙来讲都具有重大的意义。谢林认为,宇宙由此被带入了对自身有意识的更高层次。对谢林而言,上帝就是一个正在自我发展的意识,是处于进化状态中的一个渐进的现象。[1]

这对德意志产生了至深的影响,因为根据这种理解的模式,艺术家的作用当中又加入了一种能力,即深入挖掘直达"在艺术家的内心中运动"的无意识力量,再把它带向有意识,无论这样的苦斗有多么艰难。在谢林看来,为了使艺术具有价值,艺术必须与一个"意识不完整的生命的脉动"悄然合拍。否则,艺术就不过是一张"照片",是一类知识例如科学,艺术不再是仔细的观察。费希特对意志的理解和谢林对无意识的理解这两种学说构成了浪漫主义运动中美学的重要脊梁。托马斯·尼佩代说过,艺术的真实性问题是19世纪最伟大的悬疑。[2]

弗里德里希·施莱格尔却有另外的观点。[3] 在他看来,有三种因素塑造了浪漫主义。施莱格尔认为费希特的知识理论是其中之一,他又额外补充了法国大革命和歌德的知名小说《威廉·迈斯特》。法国大革命对德意志产生了影响是因为,当拿破仑战争过后,"民族主义感情的创伤迸裂"激发出了火花,特别是在普鲁士境内。

---

[1] 伯林:《自由及其背叛》,第98页。
[2] 同上。
[3] 曼弗雷德·弗兰克(Manfred Frank):《德意志浪漫主义中的"时间"问题》(*Das Problem "Zeit" in der deutschen Romantik*),慕尼黑:温克勒出版社,1972年,第22—44、54—55页。还有一本很实用的书是《弗里德里希·施莱格尔的美学及其他著作》(*The Aesthetic and Miscellaneous Works of Friedrich von Schlegel*),E. J. 比林顿(E. J. Millington)译,伦敦:亨利·G. 博恩出版社,1849年,其中包含了"论印度人的语言与智慧"一文。

第八章　语言之母，心声与浪漫主义的颂歌

大革命时期的恐怖统治下的种种事件触目惊心，这些事件以无法预期的方式发生，而又摇摆不定，仿佛在向浪漫主义者指出，对人类行为的了解还很不足够，已被知晓的不过是隐蔽中的巨大冰山的一角，一些还不知晓的、无法控制的，甚至无法被发现的非人为的力量之强，是无法被扭转的。① 施莱格尔认为歌德的《威廉·迈斯特》施加了第三个重大的影响，其被赞誉的原因在于它展示出了，"在高贵的和不受限制的自由意志的支配之下"，一个人如何能够作用于自身以求自我完善、增强自己的自我意识（歌德自己对此并不认同。他后来认为："浪漫主义乃是疾病，古典主义才是健康的。"）。②

劳作含义的转变

上述的影响产生了重大的效力。其原因中包括一件事，就是浪漫主义的革命强化了新教对劳作（work）的理解。劳作之前被认为是令人厌恶的生活必需，而现在取而代之的是它转化成了"人的神圣职责"，因为只有通过劳作——它是一种意志正在伸展的表现，人才能将出众的、创造性的人格应用到自然界中"无生命的原料"上面。至此，人已经脱离中世纪的修道院式理想而前行得很远了，因为人的本质不再被理解为冥想而是行动。于是，对个体而言，重要的是追寻他的自由，特别是追求"能够实现他个人目标的、体现出创造力的终点。"而对艺术家而言，重要的是"主旨、完好、真

---

① 伯林：《自由及其背叛》，第98页。
② 伯林：《自由及其背叛》，第111页。

第二编　第三次文艺复兴：在怀疑论与达尔文之间

挚……心灵的纯净、自然而然"。真正重要的是用意,而非智慧或者成功。传统的模式——全知的智者,即"通过理解的手段成就快乐,或者美德,抑或智慧"的人——被悲剧式的英雄所取代,"英雄不惜代价、不计得失地求索自我的实现"。人世间的成功是全无形质的。①

对这一转变的重要意义怎么估量都不过分。既然,人的各种价值不是被发现的而是被创造出来的,那么就不存在一种可以描述或者归类人之价值的途径,"因为这些价值不是事实行为,不是世上的实体"。它们显然在科学、伦理或者政治的范围之外。和谐是无法得到保障的,即便是在单独一个个体的内部,他自己的价值也可能随着时间的推移而变换。在浪漫主义者看来,那些不顾失败的可能、为自己的信念而战的烈士、悲剧式的英雄们成了完美的典范。无取胜希望的艺术家或者英雄就是以这种方式诞生的。

第二个自我

这是一种观念和理想,在它指引之下形成了一种我们立刻就能辨认出来的文学、绘画和(淋漓尽致的)音乐形式:无畏的烈士、流浪的天才、桀骜不驯的受难者,他们是反抗驯化和社会鄙俗的人。阿诺德·豪泽尔*正确地指出,现代艺术的方方面面无不受惠于浪漫主义当中的重要成分。"现代艺术中的繁茂、混乱、暴

---

① 伯林:《自由及其背叛者》,第 184—185 页。
* 阿诺德·豪泽尔(Arnold Hauser,1892—1978),匈牙利艺术史家、评论家。——译者

第八章　语言之母，心声与浪漫主义的颂歌

虐……它无节制的、无顾忌的表现主义，全都肇启于浪漫主义。"[1]

与此同时，"第二自我"的观念随之产生了。这一信念认为，在每位浪漫主义者的心中，在其灵魂的黑暗深处，都是一个完全不同的人。通向这个第二自我的通路一旦被找到，另一种——更深刻的——现实就会被揭示出来。其实，这里发现的就是无意识，它在此时被诠释成某种神秘的、迷人的东西，它首先是不可思议的、与黑夜相伴的、鬼魂似的，还时常与死亡相关。（歌德曾经将浪漫主义描述为"医院的诗歌"，诺瓦利斯也将生命喻为"意识的顽疾"。）第二自我，也就是无意识，被视为一条扩宽精神领域的通路。19世纪的早期正是先锋（avant-garde）概念崛起的时刻，艺术家在当时被视作领先时代、脱离世俗的人。天才的概念渲染出了新涌现的天才身上与生俱来的光辉，而盖过了以毕生艰苦努力为代价所获得的学识。

诗歌与生物学联姻：浪漫主义的科学

浪漫主义的心智是在德意志形成的，它出现于18世纪末期至19世纪早期。最初，紧密友情和创作激情结成了一个圈子，他们以"早期浪漫主义者"而闻名。他们当中有诗人与画家、哲学家与史学家、神学家与科学家，而且全都很年轻。[2] 像古往今来的年轻

---

[1] 艾岑伯格：《浪漫主义》，第18页及以下诸页。
[2] 罗伯特·J.理查兹（Robert J. Richards）：《浪漫主义的生命理念：歌德时代的科学与哲学》（*The Romantic Conception of Life: Science and Philosophy in the Age of Goethe*），芝加哥大学出版社，2002年，第18页。

第二编　第三次文艺复兴:在怀疑论与达尔文之间

革命者一样,他们开始摒弃约定俗成的思想。他们的行为在很大程度上被视为是对启蒙运动的反抗或者叛离,他们断言,"来自内心的诗歌"是居于首位的,它凌越于现代世界的平淡自然之上。他们尤为蔑视巴黎1793年的恐怖统治,也对启蒙运动的盲目乐观不屑一顾。康德在其"论永久和平"("Zum ewigen Frieden",1784)中曾经雄辩地表述过这种乐观,但早期浪漫主义者却坚信,这已被证明为只是幻影而已。

浪漫主义运动的"思想建筑师"——罗伯特·J.理查兹的原话——是弗里德里希·施莱格尔(1772—1829年)。作为诗人、文学评论家、历史学家,施莱格尔提出了浪漫主义的(romantisch)最初含义。法语中的小说(roman)这个词是在接近17世纪末期的时候进入德语的,当时出现的德语词小说般的(romanhaft),其义是指活力十足的冒险。然而,到了18世纪90年代,施莱格尔主张,浪漫主义的(romantisch)文学作品是以"不停地为美的完美实现而努力"为特征的,它总是在尝试去达到人的更高境界,即便永远无法确定这种更高的境界到底是什么。①

早期浪漫主义者的圈子既紧密又封闭,这在施莱格尔兄弟身上有集中体现。弟弟弗里德里希·施莱格尔曾经爱上了卡洛琳·伯默尔(Caroline Böhmer),她是东方学家约翰·大卫·米夏埃利斯的女儿。这位"热情似火、才华全面的女士"好像使早期浪漫主义者圈子中的所有人都为之倾倒,她前后有过三任丈夫,其中包括

---

① 理查兹:《浪漫主义的生命理论》,第22页。

第八章　语言之母，心声与浪漫主义的颂歌

弗里德里希的哥哥威廉·施莱格尔*以及谢林。（另一个说明这个圈子紧密程度的例子是，谢林与弗里德里希·荷尔德林[1770—1843年]以及格奥尔格·威廉·弗里德里希·黑格尔[1770—1831年]曾经是室友。）①

圈子中的另一位成员弗里德里希·施莱尔马赫(1768—1834年)是一位神学家。当其他大多数人都在使艺术和科学结盟的时候，他却在倾力打造诗人与艺术家在宗教中的角色。"他们将天赐的与不朽的传达成快乐和统一的对象……他们努力去唤醒蛰伏中的更高人性的胚芽，去点燃对更高级事物的热爱，将普通的生活转换到更高的层次……他们是更高级的教士，传达的是最内在的精神隐秘，是在为上帝的国度代言。"②

诺瓦利斯(1772—1801年)强调的是人之本性当中的黑暗面、黑夜要优于白天、死亡凌驾于生命。海因里希·冯·克莱斯特(Heinrich von Kleist, 1777—1811)也同样地突出了人之存在的脆弱性、怀疑与绝望，以及人并非自己命运的主宰——他在其戏剧《洪堡亲王》(*Prinz Friedrich von Homburg*)中就尽力地展示了这一点。后来，这些母题被约瑟夫·冯·艾兴多夫(Joseph von Eichendorff, 1788—1857)、恩斯特·特奥多尔·阿马多伊斯·霍夫曼、理查德·瓦格纳、托马斯·曼等人不断采用。托马斯·曼于

---

* 兄弟俩名字当中都有威廉，哥哥叫作奥古斯特·威廉·施莱格尔(August Wilhelm Schlegel)，弟弟的全名是卡尔·威廉·弗里德里希·施莱格尔(Karl Wilhelm Friedrich Schlegel)。——译者

① 卡门·卡恩－瓦勒施泰因(Carmen Kahn-Wallerstein)：《谢林的妻室：卡洛琳与宝琳娜》(*Schellings Frauen: Caroline und Pauline*)，伯尔尼：弗兰克出版社，1959年。

② 理查兹：《浪漫主义的生命理念》，第102页。

1932年在"面向维也纳工人的演讲"("Rede vor Arbeitern in Wien")中,向听众们吐露了德意志浪漫主义的重要意义,它是德意志艺术的终极形式。(实际上,我们将会看到,它是与社会现实主义的作品交相辉映的。)

浪漫主义者中的一些成员也对科学感兴趣,典型的学科就是生物学。有一个来自康德、也被谢林和歌德认同的主要观念是,有生命的自然界是由一些最基本的类型组成的,也就是"原型"(archetypes,也可称之为 archetypi、Urtypen、Haupttypen、Urbilden 等等)。照此理解,动物界存在四种基本的构成:无脊椎动物(如海星和海参)、关节动物(如昆虫和虾)、软体动物(如蛤蚌和章鱼)、脊椎动物(如鱼和人类)。[①] 康德持有如下的观点,即生物世界的原型结构恰好反映出了它们所含有的理想类型。对他而言,实际上存在着一种神的思维构想出了这些原型的观念。

康德之后的自然哲学家坚信,存在某些特定的因果关系的因素,原型的"具现化"(instantiation)及其不断的变化就归因于它们。这些因果关系被理解为是一些物理力量的具体使用,而这些物理力量是在 18 世纪被揭示出来的,例如动物电。人们当时称之为生命力(Lebenskraft)或生长动力(Bildungstrieb)。对其而言,物质(matter)与精神(Geist,对它的理解是灵魂和心智合二为一)被认为是同基础原材料(Urstoff)的两个面向。自然世界具有一个最基本的统一性,这是始终可以被发现的。由此就又激发了在自然中存在更高等级形态的多种理论。以康德的理想型现实为起

[①] 理查兹:《浪漫主义的生命理念》,第 8 页。

第八章　语言之母，心声与浪漫主义的颂歌

点，自然哲学家将生物世界中的变种解释为渐进发展的一个结果——也就是演化。它将理想型形态的渐进变化"具现化"。这并非是达尔文的进化论，而是动力演进说(dynamische Evolution)，谢林就是这么称呼它的。①

自然哲学家也接受自然是经由目的论安排的。从赫尔德、歌德、谢林开始，他们就站在了笛卡尔和牛顿发展出来的机械理想型的对立面。他们反过来相信，自然是从一个简单的、组织无序的早期状态平稳地转化到了后来更高级、更成熟的状态。他们也接受了康德在其《判断力批判》中的论点，即目的论的判断与美学判断之间具有相似性。这一点的重要影响是，浪漫主义者将这两种判断力等同了起来，也就意味着"和科学家的实验与博物家的观察所能做到的一样，自然的基本结构也可以通过艺术家的素描和诗人的隐喻被领会和再现出来"②。浪漫主义的生物学家相信，对生物体的美学理解是最先出现的，它先于科学对其各个部分的分析。

虽说弗里德里希·施莱格尔也在赞同者之列，但弗里德里希·谢林是提倡生物学与诗歌联姻的最有力拥护者。③ 谢林在其论文《论世界灵魂》(*Von der Weltseele*, 1798) 中探究了当时最新的科学研究，包括"一切有生命的被创造物都具有目的论的结构特征"。他认为，自然可以无限地生长（他并不了解遗传学），自然所

① 理查兹:《浪漫主义的生命理念》，第10页。
② 同上书，第12页。
③ 弗里德里希·谢林:《超验唯心主义的体系(1800年)》，施勒特尔编，《谢林集》，第2卷，第249页。

获得的形态是出于持续受到相反的力量抑制或者限制的结果。这些力量——磁力、电力、化学过程——将变化带入了组织力(识别、敏感、生长动力)。"谢林坚信,自然的无限生长力是没有终点的进化,期间生长出来的物种是瞬间休憩之所,这只是延缓了进化的进程但并不能使其停滞。"① 如此看来,这是在达尔文之前产生出来的适应理念。

而笼统地讲,我们可以说,德意志浪漫主义科学的一个显著成就是前达尔文时代的进化观念。其次则是前弗洛伊德时代的精神失常理念。约翰·克里斯蒂安·赖尔是其所处时代最知名的医学理论家之一。他生于德意志的最北部,祖父是路德教派的牧师。他对精神疾病做过不少研究,最终写成了富有创意的《对使用心理疗法医治精神分裂的狂想》。② 也许,这是在弗洛伊德之前对德意志精神病治疗法产生影响最大的著作。赖尔认为,精神失常源自"自我分裂,源于不完整的或者被损害的人格,也由于自我无力构建一个非我的连贯性世界——所有这些的结果是自我意识的机能失常,而自我意识正是精神最基本的创造活力"。赖尔的体系当中显著的一点是,文明也有其黑暗的一面。他坚持,自我意识"将精神层面的人,连同人的各种不同特质,都综合进了作为单独个体的一个人之中"。这显然是很现代的。③

---

① 理查兹:《浪漫主义的生命理念》,第 144 页。
② 约翰·克里斯蒂安·赖尔(Johann Christian Reil):《对使用心理疗法医治精神分裂的狂想》(*Rhapsodien über die Anwendung der psychischen Curmethode auf Geisteszerrüttungen*),哈勒:库尔琛书店,1815 年。
③ 理查兹:《浪漫主义的生命理念》,第 267 页及以下诸页。

第八章 语言之母,心声与浪漫主义的颂歌

赖尔也持有进化的观点。他相信,新物种会不断出现,更高级、更成熟的形态会尾随不成熟的物种进化而来。他宣称(基尔迈尔也赞同),这个进程背后的力量与胎儿发育的驱动力是一样的。203 他还相信,随着时间的推移,全方位进化了的个体将会出现,它将会更完整地以实例证明物种的潜能。这并不是说,物种好像是朝着一个预定的未来从背后向前被推行,而是它们发展得越来越接近"实现绝对生命体的理想型"①。这是生物唯心主义的一种形式。

歌德的原现象

歌德始终对科学抱有兴趣,对此有事实为依据,他于1770年在斯特拉斯堡大学注册之后上了一批通选课程,包括政治学、历史、解剖学、外科医学以及化学。② 不过,他对科学的兴趣还未见成熟,直至他从1786—1788年的意大利长期旅行返回之后。此后的差不多20年里,歌德在创作了很多他最优秀的诗篇的同时,花了大把的时间研究科学史,还对两个领域尤为投入,植物形态学和色彩理论。当他于1832年3月22日辞世时,不但留下了大量的通信、各种著作以及5000部书籍,还有一座总计有50 000多件藏品的科学博物馆,其中包括仪器、装满动植物标本的橱柜、数不胜数的矿石——维尔纳也会对此心生妒忌。从1947年开始,歌德的

---

① 理查兹:《浪漫主义的生命理念》,第305—306页。
② 卡尔·J.芬克(Karl J. Fink):《歌德的科学史》(*Goethe's History of Science*),剑桥大学出版社,1991年,第9页。

第二编　第三次文艺复兴:在怀疑论与达尔文之间

科学著作开始以利奥波德版(Leopoldina)*陆续刊印。①

歌德对科学的贡献可以分为五个主要门类——地质学、解剖学、植物学、光学、实验的属性。卡尔·芬克强调了歌德具有现代性的科学观:他明白,科学的"事实"往往是解释,它既依赖科学家自己也依赖自身的"外在"表现。歌德与很多人不同,他从不被实验所束缚,因为他视实验并非为全然的"证据",而更多的是科学"呈现"自身的途径。在歌德的科学世界里,他居于怀疑论与达尔文之间。他认为,现实的属性能够在观察对象的"临界地带"被更好地捕捉到,其中的变化正是自然显露自身之处。歌德的著名思想是,存在着原现象(Urphänomene),它是自然中的最初形态,它为其他的后续形态提供了动力。例如花岗岩,歌德视之为原始形态的岩石,"是所有地质构造的基础"。他视玄武岩(现在知道它是一种火山岩)是花岗岩的一种"过渡"形态;同理,鲸鱼(在歌德看来)是鱼和哺乳动物之间的过渡动物,水螅是动物形态与植物形态之间的过渡。②

歌德的观点是,结晶花岗岩是"自然的第一个个体化产物",是脱离原材料的第一步;而"第二层次的"转化造就了简单的生物形态,例如珊瑚和蕨类。正如卡尔·芬克进一步挑明的,这是"形成"(becoming)在作用于自然。

歌德曾经痴迷于上颌骨化石,因为他相信,它或许可以揭示头

---

* 这是由德国的国家自然科学院(Die Deutsche Akademie der Naturforscher Leopoldina)编刊的版本。——译者

① 大卫·辛普森(David Simpson)编:《德国的美学与文学批评:康德、费希特、谢林、叔本华、黑格尔》(*German Aesthetic and Literary Criticism: Kant, Fichte, Schelling, Schopenhauer, Hegel*),剑桥大学出版社,1984年。

② 芬克:《歌德的科学史》,第17页。

第八章　语言之母，心声与浪漫主义的颂歌

骨在物种之间是如何转化而成的。他自学掌握了卡尔·林奈的各种理论，并且认为面部的骨骼是区别动物类型的特征。正是歌德论证了上颌骨位于上颚的两块骨板之间，它含有四颗门齿。他确认了很多家养的和野生的动物都有这块骨骼如海象、狮子、公牛、猿猴，从而自圆其说；然而更重要的是，他视这块骨骼为猿类与人类之间的"区别标志"，"它在前者的面部结构当中无足轻重，但对于后者非常重要"。这又是一个在当时的激进程度要远大于现在的观念——照此理解，动物被视作与人在同一个连续的体系内，这是在达尔文之前就与圣经中的教义相抵触的想法。[①] 歌德相信，鱼类、两栖类动物、鸟类、哺乳动物全都源自一种"太古的形态"，这是不言自明的。他认为，曾经有过一系列的"连续性变化"，由此造就了人们所见的身边的多样性；在有生命的物质世界和无生命的物质世界之间存在两项关键的区别：后者相互之间"各不相干"，而前者则有"目的"、有组织，再加之有生命的物质世界有"边界"，它由植物个体或者动物个体构成。在这一点上，歌德在以一种前达尔文时代的、脱离圣经的方式摸索着去理解世界。

歌德有关光学和色彩理论的探究则对另一组边界做出了论断，即黑暗与光明的结合点。[②] 他对此的想法是色彩有三种形

---

① 芬克：《歌德的科学史》，第 22 页。
② 维尔纳·海森贝格（Werner Heisenberg）："现代物理学照耀之下的歌德与牛顿的色彩学说"（"Die Goethesche und Newtonsche Farbenlehre im Lichte der Modern Physik"），《时代精神》（*Geist der Zeit*），1941 年第 19 期，第 261—275 页；于尔根·布莱休斯（Jürgen Blasius）："论歌德的科学理论"（"Zur Wissenschaftstheorie Goethes"），《哲学研究杂志》（*Zeitschrift für philosophische Forschung*），1979 年第 33 期，第 371—388 页。

态——其一源自眼睛的生理构造,其二源自眼睛的外部(通过光学仪器可以观测到),第三个则位于被观测的物质。尽管如此,色彩的所有形态——生理的、物理的、化学的——在歌德看来都得自一个原现象,这就是光明和黑暗的两极性。他认为,这种两极性等同于磁力中的吸引力和排斥力,如同电流中的正极与负极,甚至像音乐中的大调音阶和小调音阶。这种类比是如此不拘常理,可谓浪漫主义科学的范例,只不过它在问世之初就已经过时了。①

最后,我们谈一下歌德对科学方法的理解,也就是实验的方法。歌德接受"自然没有体系"的根本观点,自然"脱胎于一个未知的中心","向着一个无法识别的边界"进化。所以,精神构想出来的抽象概念只能是误入歧途:"人不能照此方式推动自然;人力之所及仅是尝试在'无意中听到'自然的秘密。"②

歌德承认,语言或许——根本——不能严密地与自然相匹配,所以,语言或许以非自然的方式无可奈何地"凝固"了理解。"人通过词语既不能完全再现研究对象也不能充分表达自身。"对歌德而言,诗性的语言是语言与自然之间最深层的纽带,而实验只是自然的一种示范,"这两者都或多或少地比语言要生动"③。歌德还说,"现代科学的标志是掌握了足够的反思技能,能够将人自身、人的语言、人研究的对象区别开来……人必须要避免的是:将感觉转化为概念,再将概念转化为词语,然后只处理这些词语就好像它们就

---

① 芬克,《歌德的科学史》,第 33—34 页。
② 同上书,第 44 页。
③ 同上书,第 45 页。

第八章　语言之母,心声与浪漫主义的颂歌

是研究对象一样。"①这类指责明显针对的是康德,而且也很具有现代性。

从某些方面看,歌德最伟大的成就乃是:通过强调边界体验以及定位"与自然真正连接"的衔接之处,在自然当中探寻连续性的关联是与揭示变化的过程、发展的路径以及构成组织的规则极为相似的。这也就是为什么既需要诗人也需要科学家的原因,他们两者能够将"想象、观察、思想通过语言"结合起来。

---

① 鲁普莱希特·马特伊(Rupprecht Matthaei)等编:"歌德,'与哲学之关系'"("J. W. Goethe,'Verhältnis zur Philosophie'"),《自然科学文稿》(*Die Schriften zur Naturwissenschaft*),两部 11 卷,魏玛:伯劳出版社,1947 年,上部第 4 卷,第 210 页。

|第九章|

勃兰登堡门,铁十字与德意志的拉斐尔

我们将在本章描述一个奇妙的现象:曾经有过一大群艺术家,他们完全不合 20 和 21 世纪的品位,不过他们在自己生活的时代确实炙手可热。实际上,他们是当时最为知名的画家、雕塑家、建筑设计家。这群艺术家所经历的命运转折在安东·拉斐尔·门斯(Anton Raphael Mengs,1728—1779)身上体现得再明显不过了。[①]

门斯的第一部传记是由乔万尼·洛多维科·比安科尼(Giovanni Lodovico Bianconi)撰写的《安东·拉斐尔·门斯雅士的行迹》(*Elogio storico del Cavaliere Antonio Raffaelle Mengs*,米兰,1780 年)。书中的门斯被认为是"他所处时代最显赫的画家,其在整个美术史中的地位与重要性堪与拉斐尔和阿佩利斯[*]比

[①] 门斯作品的详尽目录已于 1999 年出版,尽管它姗姗来迟(但很出色),参见施特菲·勒特根(Steffi Roettgen)《安东·拉斐尔·门斯(1728—1779)》(*Anton Raphael Mengs,1728—1779*),两卷本,慕尼黑:希米尔出版社,1999 年。该书作者通过这部著作查清了门斯宗教题材画作的数目。

[*] 阿佩利斯(Apelles),公元前 4 世纪时期古希腊的著名画家。——译者

第九章 勃兰登堡门，铁十字与德意志的拉斐尔

肩"①。对门斯的最高赞誉则是来自温克尔曼本人，后者的《古代艺术史》就是敬献给这位画家的。书中认为，门斯是"其所掌握的艺术门类内唯一一位最无限接近古人的品位与完美的现代画家"。门斯在罗马的画室是一个聚会的场所，也是一座对"所有的鉴赏家以及爱好古典品位、胸怀大志的年轻艺术家们"都产生了自然吸引力的圣殿。

门斯的父亲伊斯迈尔是德累斯顿的宫廷画师，他为自己儿子起的名字取自安东·柯勒乔*和拉斐尔。儿时的门斯受到了严格而正统的绘画训练，六岁时在父亲的监督之下开始画简单的直线，进而画圆形"以及其他的纯几何形状"。② 1741 年，门斯在 13 岁的时候被带到罗马强制集中研习拉斐尔的画作，然而，这已经是在他"精通"了米开朗基罗的雕塑之后。(他在每天睡前必须向父亲禀告学习心得。)在罗马生活了三年之后，门斯一家返回德累斯顿，安东·拉斐尔在那里被"发掘"为神童(他当时 15 岁)，1745 年被任命为宫廷画师时年仅 16 岁。选侯弗里德里希·奥古斯特二世(Friedrich August II)对门斯很青睐，收藏了他 17 幅画作。而德累斯顿是德意志唯一能够见到门斯画作的地方。

尽管少年成名，父亲伊斯迈尔决定，再去一趟意大利对自己的

---

① 托马斯·佩尔策尔(Thomas Pelzel):《安东·拉斐尔·门斯与新古典主义》(*Anton Raphael Mengs and Neoclassicism*)，纽约:加兰出版社，1979 年，第 1 页。

* 安东·柯勒乔(Anton Corregio, 1489—1534)，意大利文艺复兴时期的著名画家，后被 18 世纪的洛可可艺术所推崇。——译者

② 佩尔策尔:《安东·拉斐尔·门斯与新古典主义》，第 15 页。

天才儿子而言是有益的,只画肖像画不及历史题材的画作有价值。这一次,门斯一家——经德累斯顿宫廷的准许离开后——途经威尼斯时研习了提香*的画作,去博洛尼亚学习了卡拉奇家族**的作品,又到帕尔马临摹了柯勒乔。经过了第二次罗马之旅后,门斯再次回到德累斯顿,从宫廷画师被擢升为选侯弗里德里希·奥古斯特二世的首席画师。如此快速的提拔不仅没能使门斯心满意足,更激发了他的雄心壮志。1752年,他第三次来到罗马,一待就是九年,从此再也没有回到德累斯顿与他的王室赞助人谋面。

罗马的出众地位要部分地归功于温克尔曼,但也不是全靠他一人。法兰西学术院(French Academy)早在1666年就于罗马建立起来了,它接收最优秀的年轻画家、雕塑家、建筑家做进一步的训练。他们通常在这座台伯河畔的城市中学习几年后就返回法兰西(一般的时限是六年,但也有一位画家在那里待了将近二十年)。

门斯在当地与如下两位大人物结下友谊:阿尔贝里科·阿基托(Albericho Archinto,1756年成为枢机主教)——他曾经说服温克尔曼皈依了天主教,以及枢机主教阿列桑德罗·阿尔巴尼——教宗克莱门特十一世的侄子。正是通过这些关系使门斯在1757年接到了第一个真正意义重大的艺术委托,罗马圣尤西比奥

---

* 提香(Titian,1488/1490—1576),意大利著名画家,威尼斯画派的重要代表。——译者
** 卡拉奇家族(Carracci),意大利博洛尼亚的绘画世家,延续了父子、兄弟、叔侄等几代人。——译者

第九章　勃兰登堡门,铁十字与德意志的拉斐尔

教堂的天顶壁画。① 这是罗马最古老的教堂之一,建于公元 5 世纪。门斯的画作在揭幕后被普遍赞誉为"魔力艺术的杰作"(eine Schöpfung der Zauberkunst)。②

门斯与温克尔曼在罗马自然而然地成为朋友,他们相互寻求对方的帮助,还曾经计划共同写一篇有关古希腊人品位的论文。实际上,二人的友情对门斯的品位和画作都很重要,他越来越对古代的艺术感兴趣。在1758—1759年对那不勒斯的游访当中,门斯开始搜集伊特鲁里亚式的瓶子。他最终将这项有 300 多件实物的收藏赠送给了梵蒂冈图书馆。门斯同时还搜集以古代著名雕像为模本的石膏作品。他把这项收藏赠给了西班牙的国王,寄希望于它们能够帮助改进被他视为"可悲的西班牙公众品味"。门斯的另一项收藏在其逝后被德累斯顿的宫廷购得,"它影响了 18 世纪的最后二十五年中德累斯顿和迈森的瓷器制造"③。

门斯第一幅以古代历史为题材的画作已经佚失了(他的很多作品都没有流传下来),他现存的最早的古代历史画作是《帕里斯的评判》(The Judgement of Paris)。画中的帕里斯保持坐姿,审视着三位裸体的女神,亦如奥维德(Ovid)在其诗作中的描写,拉斐尔流传下来的一幅同题材画作也是如此。门斯在向着新古典主义迈进,这在一张小幅圆形画当中表现得尤为清晰。这幅《狱中的

---

① 约翰·基尔施(Johann Kirsch):《古代时期罗马的冠名教堂。古代时期的历史与文化研究,第 9 册》(Die römischen Titelkirchen im Altertum, Studien zur Geschichte und Kultur des Altertums, IX),帕德博恩:舍宁出版社,1918 年,第 58 页及以下诸页。
② 佩尔策尔:《安东·拉斐尔·门斯与新古典主义》,第 66 页。
③ 同上书,第 72 页。

309

第二编　第三次文艺复兴:在怀疑论与达尔文之间

尤瑟夫》(*Joseph in Prison*)现在保存在马德里,它好似用平坦的大石与光滑的细石铺设了一条通向雅克-路易·大卫*的道路。①门斯在罗马还发现了尼古拉斯·普桑**的画作。

　　门斯的这些作品使他自然而然地成为了适合那些好大喜功的赞助人口味的艺术家,然而,要奠定自己是古典主义严肃代言人的地位,他还需要一件品位更为高雅的作品。这个机会在他受命装点枢机主教阿尔巴尼的庄园时到来了,托马斯·佩尔策尔认为这是门斯的事业中最为重大的一项艺术委托。这座富丽堂皇的新建庄园位于萨拉里亚港(Porta Salaria)附近,其中的收藏是如此重要,以至于任何一位对它有所耳闻的前往罗马的游客都必须在此驻足一观。② 庄园的天顶画花费了门斯大约九个月的时间。画作的中心是一幅《帕纳索斯山》(*Parnassus*),头戴桂冠的阿波罗在画中手持着月桂和七弦琴。他被九位缪斯女神和她们的母亲尼莫西妮围绕着,这是在暗指枢机主教阿尔巴尼是文艺的赞助者和保护人。众所周知,这些缪斯女神的面容与阿尔巴尼所青睐的一些最为迷人的罗马妇女相像。正是在这种取悦于人的视觉中,阿尔巴尼庄园被建成了新古典主义世界的

---

*　雅克-路易·大卫(Jacque-Louis David,1748—1825),法国画家、新古典主义的重要代表之一。——译者

①　佩尔策尔:《安东·拉斐尔·门斯与新古典主义》,第86页。

**　尼克拉斯·普桑(Nicolas Poussin,1594—1665),法国画家、巴洛克艺术的代表人物。——译者

②　卡尔·尤斯蒂(Carl Justi):《温克尔曼及与他同时代的人》(*Winckelmann und seine Zeitgenossen*),三卷本,莱比锡:福格尔出版社,1923年,第2卷,第382页。还可参见勒特根:《安东·拉斐尔·门斯》。

第九章　勃兰登堡门，铁十字与德意志的拉斐尔

中心。[1]

佩尔策尔认为，门斯相信他在这幅作品中已然比拉斐尔走得更远了。门斯坚信，拉斐尔并不具备"古希腊人曾经拥有的对于真正的美是什么的知识"[2]。然而另一方面，门斯的见解受益于在赫库兰尼姆的最新考古发现。所以在阿尔巴尼庄园天顶的画作中，门斯的目的就是要证明，"在自己所掌握的强于他人的古希腊艺术知识的照耀之下"，其风格已然在拉斐尔之上了。当这幅画作于1761年揭幕的时候，温克尔曼曾说自己无法"回想起拉斐尔的任何一幅作品能够与它比肩"。正是由于这幅天顶画作，温克尔曼将门斯称为"德意志的拉斐尔"。[3]

门斯现在已经是声名赫赫。1772年，他被选为圣卢卡学院（Accademia di S. Luca）的主席，不久之后又接到了教皇克莱门特十四世的一项重要的画作委托。[4] 门斯为此选择了《历史的寓意》（*Allegory of History*）作为题材。即便是在疾患之中被迫在病榻上作画，他始终都保持着对古代的兴致直至辞世。在此之后，他获得了事业中最为丰厚的一份奖励，接受了为圣彼得大教堂的大祭坛作画的委托。不过，这幅计划中的《钥匙的交接》（*Giving of the*

---

[1] 佩尔策尔：《安东·拉斐尔·门斯与新古典主义》，第109页。
[2] 同上书，第111页。
[3] 同上书，第126页。
[4] G. L. 比安科尼（G. L. Bianconi）《安东·拉斐尔·门斯雅士的行迹》（*Elogio storico del Cavaliere Antonio Raffaelle Mengs*），米兰，1780年，第195页。有关门斯在西班牙的岁月，参见迪特尔·霍尼施（Dieter Honisch）：《安东·拉斐尔·门斯与早期古典主义的构图》（*Anton Raphael Mengs und die Bildform des Frühklassizismus*），雷克灵豪森：奥雷尔·邦格尔斯出版社，1965年，第38页及以下诸页。

第二编　第三次文艺复兴：在怀疑论与达尔文之间

Keys)却只停留在了创作草稿当中,因为门斯在1779年6月去世了。

温克尔曼认为,门斯是一位"明显最接近古人品位的"现代画家,后世研究新古典主义运动的作家也下过同样的判断。在温克尔曼的书信当中保存着有关门斯在罗马的住所中社交生活的丰富资料,门斯的不少学生也在德意志各地获得了学术职位。其中就有海因里希·威廉·蒂施拜因,他把自己的老师描写为"自丢勒以来最有造诣的德意志画家"[①]。有人做过统计,在门斯的时代有500多位德意志的艺术家曾到罗马学习。

门斯的影响力持续得最久的地方不是在他的故乡,而是在法国新古典主义的开创时期。用法国历史学家让·洛坎的话说,每一位爱好古典和考古的法国人,只要他在18世纪末曾经到过罗马,就会"从大师(门斯)的口中"获得灵感,"他全然代表了时代的呼吸"[②]。约瑟夫-玛丽·维安[*]、让-巴蒂斯特·格勒

[①] 佩尔策尔:《安东·拉斐尔·门斯与新古典主义》,第197页。
[②] 让·洛坎(Jean Locquin):《历史画作在1747—1785年的法国》(La peinture d'histoire en France de 1747 à 1785),巴黎,1912年,第104页。转引自佩尔策尔《安东·拉斐尔·门斯与新古典主义》。还可参见休·昂纳(Hugh Honour)编:《新古典主义时代。第十四届欧洲评议会展览目录,位于王家学院及维多利亚-阿尔贝托博物馆,伦敦,1972年9月9日—11月19日》(The Age of Neoclassicism. Catalog of the Fourteenth Exhibition of the Council of Europe, at the Royal Academy and the Victoria and Albert Museum, London, September 9-November 19, 1972),伦敦:大不列颠艺术评议会,1972年。

[*] 约瑟夫-玛丽·维安(Joseph-Marie Vien,1716—1809),法国画家,最后一位法兰西王家画师。——译者

第九章　勃兰登堡门,铁十字与德意志的拉斐尔

兹*、特别是大卫,都受到了门斯和温克尔曼及其周围环境的影响。当然,大卫绝不仅是受到了门斯的影响,人们一般会追溯至18世纪中叶的普桑,然而"大卫逗留罗马的时候正是门斯的声誉达到顶峰的一刻,大卫据说曾经参加过'雅士门斯门下的'绘画班"①。

"新古典主义"这个词直到19世纪80年代才通行,而这种艺术形式在当时已经完全过时了。② 然而在18世纪中叶的时候,它曾被视作"真正的"或者"正确的"绘画形式,甚至被看作一次复兴运动(Risorgimento)**。运动的主旨是要回归原初的准则——古代,它是通过对罗马的不断访学、研习拉斐尔和普桑、阅读温克尔曼的著作和古希腊罗马的经典而实现的。有一种观点认为,对于所有的艺术家来说,存在着一种普遍意义上的古典主义,但它缺乏明确的纲领。正因为如此,像让-安托万·乌东***、于贝尔·罗贝尔****、格勒兹、乔治·斯塔布斯*****、

---

* 让-巴蒂斯特·格勒兹(Jean-Baptiste Greuze,1725—1805),法国画家。——译者

① 佩尔策尔:《安东·拉斐尔·门斯与新古典主义》,第215页。

② 昂纳编:《新古典主义时代》,第xxii页。

** 这个词本来专指意大利19世纪的一场争取统一的政治、社会和思想运动。——译者

*** 让-安托万·乌东(Jean-Antoine Houdon,1741—1828),法国画家。——译者

**** 于贝尔·罗贝尔(Hubert Robert,1733—1808),法国画家。——译者

***** 乔治·斯塔布斯(George Stubbs,1724—1806),英国画家。——译者

第二编 第三次文艺复兴：在怀疑论与达尔文之间

乔舒亚·雷诺兹*和弗朗西斯科·戈雅**这样的艺术家，虽然受到同一源泉的启发但他们却各不相同。然而他们又都致力于同一实践当中，即如何能够把自然表现得"既纯净又高贵"。① 正如温克尔曼所言，线条优于色彩，克制重于激情。在1780—1795年，产生出了一批新古典主义的最伟大的杰作，这个"冰冷星球"上的登峰造极之人就是大卫。

鉴于在建筑以及绘画中出现了形式上统一的短暂时期，新古典主义就显得尤为有趣。文德·冯·卡尔奈因（Wend von Kalnein）认为它"是那个世纪中最为出色的部分，从罗马到哥本哈根、从巴黎到圣彼得堡，全都是一种风格的建筑"。② 立柱与门廊成为各地公共建筑的特征，无论是银行、剧院、教堂还是市政大厅。

打造柏林的天际线

除了门斯和温克尔曼在新古典主义的形成初期所起到的作用之外，这场运动在德意志的出现姗姗来迟。它的发生要比法兰西和英格兰晚了将近一代人，1800年之后才渐入佳境。③ 虽然柏林和慕尼黑引领了运动的风潮，但卡尔斯鲁厄、汉诺威、布伦瑞克，以及魏玛全都修起了新古典主义式的建筑。弗里德里希·威廉二世

---

* 乔舒亚·雷诺兹（Joshua Reynolds，1723—1792），英国画家。——译者
** 弗朗西斯科·戈雅（Francisco Goya，1746—1828），西班牙画家。——译者
① 昂纳编：《新古典主义时代》，第 xxiii 页。
② 同上书，第 liii 页。
③ 同上书，第 lxi 页。

第九章　勃兰登堡门，铁十字与德意志的拉斐尔

于1786年继承了伯父弗里德里希二世的王位之后，为柏林引来了一众建筑师，包括弗里德里希·埃德曼斯多夫（Friedrich Erdmannsdorff，1736—1800）、卡尔·戈特哈特·朗汉斯（1732—1808）、大卫·吉利（David Gilly，1748—1808）、约翰·戈特弗里德·沙多夫（Johann Gottfried Schadow，1764—1850）等人，从那时开始，新古典主义风格的建筑统领了普鲁士的首府。

开天辟地之作是戈特哈特·朗汉斯设计建造的勃兰登堡门（建于1789—1793年）。朗汉斯虽然身为王家的建筑主管，但他有关古希腊建筑的知识并非得于经验，而是从书本中学来的。这解释了勃兰登堡门为何显现出了很多非古希腊的特征。即便如此，它被广泛地理解为新风格的一次表现，模仿的是雅典卫城的山门（Propylaeum）。而勃兰登堡门也饱经沧桑，遭受过多次破坏，最知名的一次就是拿破仑在1806年将门上的沙多夫的作品、和平女神艾琳娜（Eirene）铜像带回了巴黎（后来又归还了）。

除了朗汉斯之外还有吉利父子。大卫·吉利来自波美拉尼亚，他被任命为负责柏林公共建筑的主管，还于1793年在柏林成立了一所建筑学校，之后升格成一座学院。正是这座学院培养了年轻一代的建筑师——包括海因里希·根茨（Heinrich Gentz）、卡尔·弗里德里希·申克尔以及利奥·冯·克伦茨（Leo von Klenze）等人。①

德意志早期新古典主义的主要天才型人物是大卫·吉利的儿

---

① 默利斯·拉默特（Merlies Lammert）：《大卫·吉利，一位德意志古典主义的建筑大师》(*David Gilly，Ein Baumeister des deutschen Klassizismus*)，柏林：学术出版社，1964年，第60页及以下诸页。

子弗里德里希·吉利(Friedrich Gilly,1772—1800)。他1800年的时候英年早逝,年仅28岁。然而在1796年的一场为普王弗里德里希二世修建纪念堂的公开竞赛中,他的作品比任何人都更接近古希腊的理想,这座纪念堂立于柏林的莱比锡广场。① 在他的草图中表现出来的是在被垫高了的台基上矗立着一座多立克风格的神庙,甬路上是多立克式的柱廊和一座凯旋门。这一设计与勃兰登堡门形成了鲜明对照,为德意志的新古典主义"树立了标杆"。

吉利对卡尔·弗里德里希·申克尔的影响最大,"普鲁士的古典主义能够在整个欧洲都至关重要应归功于后者"。② 阿道夫·鲁斯*将申克尔描述为"最后一位伟大的建筑家"。他获得了建筑师所能得到的一切荣誉,和当时的很多杰出人物也都有交往,包括克莱门斯·布伦塔诺(Clemens Brentano)、费希特、洪堡兄弟、弗里德里希·卡尔·冯·萨维尼(Friedrich Karl von Savigny)以及艺术史家古斯塔夫·弗里德里希·瓦根(Gustav Friedrich Waagen)。申克尔更受到了很多现代建筑师的仰慕,包括菲利普·约翰逊(Philip Johnson)、詹姆斯·斯特林(James Stirling)、I. M. 佩伊(I. M. Pei)等。

申克尔的父亲、祖父、曾祖父都是路德派的牧师,他本人1781年生于新鲁平(Neuruppin),该市在柏林西北二十英里处,市内的高级中学闻名遐迩。当申克尔六岁的时候,他父亲在一场几乎将

---

① 昂纳编:《新古典主义时代》,第 lxii 页。
② 同上。
* 阿道夫·鲁斯(Adolf Loos,1870—1933),奥地利建筑理论家。——译者

第九章 勃兰登堡门,铁十字与德意志的拉斐尔

这座城市夷为平地的大火中丧生,他的母亲在1794年把家迁到了柏林。在那里,申克尔被年轻的弗里德里希·吉利的一场绘图展览吸引得入了迷,于是他在16岁的时候决心成为一名建筑师。他的学业开始于1798年3月,从学弗里德里希·吉利的父亲大卫·吉利,而年轻的弗里德里希·吉利当时正在国外。当他归来之后,申克尔与他结下了亲密的友谊,甚至在1799年还搬到了吉利家的房子里居住。也正是在同年,一家独立的建筑学院在由海因里希·根茨新建造的柏林造币局的第一层正式开学了,申克尔成为95名学生中的一员。卡尔·戈特哈特·朗汉斯则是教员之一。[①]

当申克尔1794年举家迁居柏林的时候,那里的人口不过15.6万人,而当他1841年去世之时已经增长至33.2万人。当时的柏林市地基湿软、沟渠纵横,上面的木桥摇摇欲坠,难以想象这是一座正在崛起中的国家的首府。不过,柏林却有一群纪念性的建筑物:施普雷河中小岛上有一座古老的市内城堡,柏林的第一位伟大的建筑师安德雷亚斯·施吕特(Andreas Schlüter,1659—1714年)曾经对它做过重新装饰;在它的北边是趣味花园(Lustgarten),从约翰·布曼(Johann Boumann)建造的路德派大教堂(建于1747—1750年)可俯看花园;市内还有一座图书馆和一座帕拉第奥式的剧院,但它们的规模较小,因为弗里德里希二世国王更喜

[①] 迈克尔·斯诺丁(Michael Snodin)编:《卡尔·弗里德里希·申克尔:一位通才。位于维多利亚—阿尔贝托博物馆的展览,1991年7月31日至10月27日》(*Karl Friedrich Schinkel: A Universal Man. Exhibition at the Victoria and Albert Museum, July 31-October 27, 1991*),耶鲁大学出版社及维多利亚—阿尔贝托博物馆,1991年。

第二编　第三次文艺复兴：在怀疑论与达尔文之间

爱打造波茨坦。19世纪的初期，柏林少有的几处现代建筑中最显著的两座就是勃兰登堡门和新建的造币局。①

　　由于拿破仑战争带来的种种不确定性，申克尔在事业的初期只是一位舞台设计师，同时画些浪漫主义的风景画。但他在1809年的时候以一幅全景画引起了一位与王室走得很近的人的注意，借用这股力量，申克尔被委派去重新装饰王后露易丝在夏洛特堡王宫中的卧室。而王后在当年的晚些时候去世了，申克尔就提交了一份陵墓的设计规划。虽然修建陵墓的委托最终给了根茨，但申克尔更为幸运，他获得了柏林最重要的战争纪念物的设计委托，铸造了哥特式的铁十字，后来被立于滕铂尔霍夫山上（Tempelhofer Berg，在此之后就以十字山而闻名了）。在这件纪念物当中使用了铸铁，这是该材料被首次运用于艺术。铁在不久之后就在每个人的脑海中挥之不去了，因为在1813年争取自由的战争初期，申克尔同国王弗里德里希·威廉三世一起设计出了铁十字勋章，它成为普鲁士最高的军事荣誉奖章。铁的使用并不是因为它反映出了工业发展的程度（柏林有出色的铸造厂），而是作为贵重金属的替代物，是为祖国做出了牺牲的象征。王室号召富贵之家捐出珠宝以助军费，作为收据的形式这些家族获得了铁质的珠宝。上面经常刻有一个小十字以及国王的头像，所镌

---

　　①　戈特弗里德·里曼（Gottfried Riemann）、克里斯塔·黑塞（Christa Hesse）：《卡尔·弗里德里希·申克尔：建筑绘图》（*Karl Friedrich Schinkel*：*Architekturzeichnungen*），柏林：亨舍尔出版社，1991年。还可参见赫尔穆特·伯尔施－祖潘（Helmut Börsch-Supan）、卢修斯·格里泽巴赫（Lucius Grisebach）：《卡尔·弗里德里希·申克尔：建筑、绘画、工艺美术。1981年的柏林展览》（*Karl Friedrich Schinkel*：*Architektur*，*Malerei*，*Kunstgewerbe*. Exhibition, Berlin, 1981），柏林：尼古莱出版社，1981年。

第九章　勃兰登堡门,铁十字与德意志的拉斐尔

的铭文为"我上缴黄金而获得铸铁,1813年"。据估计,1813—1815年有超过11 000万件铁质的珠宝被铸造了出来,其中包括5000枚铁十字。①

当十字山的纪念物建成之时(1821年),拿破仑战争早已结束了,繁荣又回到了普鲁士。申克尔全身心地投入到了柏林市内及其周边的一系列改进工程当中,他获得了对很多建筑项目更大的管理责任。②

虽然,申克尔位列最杰出的新古典主义建筑师行列——即便不是执牛耳者,他的兴趣点却不单单是古希腊。1803—1805年,当申克尔首次游访意大利时,他对意大利中世纪的建筑投入了极大的关注。③ 他的天赋是如此之高,以至于可以用不同的风格表现自我。他所接受的建筑委派包括卫宫(Palace Guard)的新哨所(Neue Wache,建于1816年),王家剧院(Schauspielhous,建于1819—1821年,老剧院毁于大火),老博物馆(Altes Museum,建于1824—1828年)。在上述的每一件杰作中,申克尔都把古典主义发挥得淋漓尽致,他能够自如地运用它的规则,为新的风格奠定了基石。例如,在老博物馆的爱奥尼亚式柱廊背后——"这是各地

---

① 路易斯·施赖德尔(Louis Schreider):《铁十字之书:勋章集录》(*Das Buch des Eisernen Kreuzes: Die Ordenssammlung*),柏林,1971年。

② 戈登·威廉姆斯(Gordon Williams):《铁十字的历史(1813—1957)》(*The Iron Cross: A History, 1813—1957*),普尔:布兰福德出版社,1984年,第12页。据威廉姆斯说,申克尔的设计是国王本人的首选。

③ 斯诺丁编:《卡尔·弗里德里希·申克尔》,尤要参见书中戈特弗里德·里曼(Gottfried Riemann)和亚历克斯·波茨(Alex Potts)的论文。还可参见里曼、黑塞:《卡尔·弗里德里希·申克尔》,这本小书中配有申克尔绘图的优美图版,并附注解、草图以及精心绘制的内饰。

第二编　第三次文艺复兴：在怀疑论与达尔文之间

的新古典主义建筑必须展现出的其最为优美之处,而老博物馆的又远胜于大英博物馆和由沙尔格兰*设计建造的巴黎证券交易所"——是简单而合理的线条,正立面与建筑主体相得益彰。申克尔在后来的发展使他脱离了古希腊而趋向意大利的文艺复兴和英国的工业建筑,他所展示出的是,他过于优秀了,不可能被任何一种承继下来的观念限定住。

申克尔在1824年再次造访意大利,这一次有艺术史家古斯塔夫·瓦根同行。申克尔此行的目的是要鉴定艺术展品;两年之后,他又去了英格兰为新建的大英博物馆做鉴定。在伦敦,申克尔更多地是被艺术品本身所打动而不是陈列它们的建筑,他对英式建筑单纯而简洁的印象还不如当地的工程结构设计——隧道与桥梁(又是用铁造的)——它们的建造者是伊桑巴德·金德姆·布鲁内尔(Isambard Kingdom Brunel)和托马斯·特尔福德(Thomas Telford)。当时,教堂建筑让位给了博物馆、剧院,连工厂厂房都是建筑的焦点。① 申克尔在返回普鲁士之后在很多新设计的建筑中都采用了铁质的楼梯。②

----

*　沙尔格兰(Chalgrin,1739—1811),法国建筑师、巴黎凯旋门的设计者。——译者

①　莱因哈德·韦格纳(Reinhard Wegner)编:《卡尔·弗里德里希·申克尔1826年的法兰西与英格兰之旅》(*Karl Friedrich Schinkel, Die Reise nach Frankreich und England in Jahre 1826*),慕尼黑:德意志艺术出版社,1990年,书中附有原始文献的摹本。

②　兰德·卡特(Rand Carter):《卡尔·弗里德里希·申克尔:最后一位建筑大师》(*Karl Friedrich Schinkel: The Last Great Architect*),芝加哥:埃克塞得尔书店,1981年。

第九章　勃兰登堡门,铁十字与德意志的拉斐尔

申克尔在晚年时期设想出了一种"更高级的建筑",一种不那么实用的楼体形式,虽然它从未被建造出来。人们或许可以称它为理想型的、甚至康德式的建筑形式。自申克尔在1841年逝后,他就不再是潮流的品位了,但后来又被鲁斯、皮特·贝伦斯*以及年轻的路德维希·密斯·范·德·罗厄**等人再次发掘,不过这已经是一个世纪之后的事了。①

柏林以及其他德意志的城市(例如慕尼黑)对古希腊建筑的热情收获了可观的成果,以至于当利奥·冯·克伦茨于1835年游历希腊的时候,他不仅成功地使当地通过了一部保护雅典卫城以及其他古代遗迹的法律,还为奥托一世(Otto I)设计了雅典城的整体分区以及一座王宫。奥托一世是巴伐利亚的路德维希一世(Ludwig I of Bavaria)之子,在1832年成为了希腊的国王。新古典主义者终于回到了自己的发源地。②

---

* 皮特·贝伦斯(Peter Behrens,1868—1940),德国建筑家、现代派的重要人物。——译者

** 路德维希·密斯·范·德·罗厄(Ludwig Mies van derRohe),1886—1969年,德裔美国建筑家、现代派建筑的代表人物。——译者

① 埃里克·福斯曼(Erik Forssman):"高级建筑艺术"("Höhere Baukunst"),《卡尔·弗里德里希·申克尔:建筑物与建筑思想》(*Karl Friedrich Schinkel: Bauwerke und Baugedanken*),慕尼黑:施奈尔—施泰纳出版社,1981年,第211—233页。

② 奥斯瓦尔德·黑德雷尔(Oswald Hederer):《利奥·冯·克伦茨:个性与作品》(*Leo von Klenze: Persönlichkeit und Werk*),慕尼黑:格奥尔格·卡尔维出版社,1964年,参见书中第172—180页有关他在巴伐利亚的作品。克伦茨还是一位颇有造诣的画家,参见诺贝特·利布(Norbert Lieb)、弗洛里安·胡夫纳格尔(Florian Hufnagl):《利奥·冯·克伦茨:画作与绘图》(*Leo von Klenze: Gemälde und Zeichnungen*),慕尼黑:卡尔维出版社,1979年。

第二编　第三次文艺复兴：在怀疑论与达尔文之间

艺术的第一次出走

浪漫主义作家是一个小圈子，新古典主义的艺术家也是如此，甚至可以说仅是以普鲁士或者德意志为核心的，仅限与艺术相关的范围。这两个圈子中的绝大多数才俊都互相熟识，他们相互画像、塑像，或是翻译对方的作品。格奥尔格·弗里德里希·克斯廷（Georg Friedrich Kersting）、门斯、蒂施拜因为歌德绘过画像；海因里希·凯勒（Heinrich Keller）、马丁·克劳尔（Martin Klauer）、特劳戈特·马约尔（Traugott Major）为歌德塑过像。约瑟夫·安东·科赫（Joseph Anton Koch）和戈特利布·希克（Gottlieb Schick）曾分别为洪堡绘像，克劳尔、克里斯蒂安·劳赫（Christian Rauch）、克里斯蒂安·弗里德里希·蒂克（Christian Friedrich Tieck）也都为歌德塑过像。亨利·富泽利（Henry Fuseli，即Johann Heinrich Füssli）翻译过温克尔曼的著作，还给博德默尔画过像；约瑟夫·科赫画过奥古斯特·威廉·施莱格尔；门斯画过温克尔曼。沙多夫为克洛普施托克和吉利都塑过像；蒂克曾为莱辛塑像；卡尔·维克曼（Karl Wickmann）为黑格尔塑过像；而阿尔伯特·沃尔夫（Albert Wolff）又为弗里德里希·沙多夫塑过像。这个圈子对自己是时代的天才心知肚明，这很像当初意大利文艺复兴时期的景象。

在门斯与温克尔曼之后，罗马还有一群颇具造诣的德意志画

第九章　勃兰登堡门，铁十字与德意志的拉斐尔

家，他们有不同的名字，如圣路加兄弟会、丢勒会、拿撒勒会。① 开始时，他们是维也纳学院里一些志趣相投的人结成的小组，学院的主管是门斯的学生弗里德里希·海因里希·菲格尔（Friedrich Heinrich Füger）。菲格尔人称其职——大卫本人就很仰慕他。然而约翰·弗里德里希·奥弗贝克（Johann Friedrich Overbeck）、弗朗兹·普福尔（Franz Pforr）、约翰·大卫·帕萨万特（Johann David Passavant）等人对维也纳学院的刻板常规却产生了怨气。在他们这些人的共通之处中，除了既不喜欢常规也不喜欢维也纳之外——那里的宗教氛围对他们而言不够浓郁，还有就是对意大利早期大师的偏爱——包括佩鲁吉诺*、拉斐尔、米开朗基罗——要胜过后世的画家，如柯勒乔、提香和时尚的博洛尼亚画派等，他们尤为喜爱的是中世纪晚期及文艺复兴早期所谓的意大利原始画风。这是哥特风格的复活，它和浪漫主义是同时并存的。②

---

① 有关他们的画作，参见克劳斯·加尔维茨（Klaus Gallwitz）编《罗马的拿撒勒会画家：浪漫主义中的一个德意志艺术家团体》(*Die Nazarener in Rom: Ein deutscher Künstlerbund der Romantik*)，慕尼黑：普雷斯特尔出版社，1981年。这些人的画作曾在罗马展出，它们一目了然地显示出了这些远离（现在）时尚的画家们笔下照片般的出色画质。

* 佩鲁吉诺（Perugino，1445/1450—1523），意大利文艺复兴时期的画家、拉斐尔的业师。——译者

② 米切尔·本杰明·弗兰克（Mitchell Benjamin Frank）：" 作为修道士-艺术家的奥弗贝克"("Overbeck as the Monk-Artist")，《重新定义德意志浪漫主义绘画：拿撒勒传统与浪漫主义叙事》(*German Romantic Painting Redefined: Nazarene Tradition and the Narratives of Romanticism*)，弗兰克（Frank）编，奥尔德肖特：阿什盖特出版社，2000年，第49页及以下诸页；有关艺术家们的手绘，参见书中第26—27页。还可参见弗里茨·施马伦巴赫（Fritz Schmalenbach）："奥弗贝克风格的家庭画"("Das Overbecksche Familienbild")，《绘画与绘画史研究》(*Studien über Malerei und Malereigeschichte*)，柏林：曼氏兄弟出版社，1972年，第77—81页。

第二编　第三次文艺复兴:在怀疑论与达尔文之间

这些画家的观点被一本 1797 年匿名出版的小册子再次强化了。用基思·安德鲁(Keith Andrew)的话来说,这本名为《一位爱好艺术的修道士的心声》(*Herzensergiessungen eines kunstliebenden Klosterbruders*)的小书"造成了与其短小篇幅并不相称的冲击力"。① 它的作者叫威廉·海因里希·瓦肯罗德(Wilhelm Heinrich Wackenroder),该书出版于他 25 岁早逝的前夕,是由他的朋友、诗人路德维希·蒂克汇编而成的。此书并不是一本真正的艺术史,而是一系列与艺术有关的故事,是从伟大画家的生平中选取的鲜活事例,再加上德意志前辈艺术家们生活的私密细节,这主要取材于约阿希姆·桑德拉特(Joachim Sandrart)为丢勒写的传记。瓦肯罗德和蒂克用全然浪漫主义的笔调将艺术解释为来自于神的灵感。

在维也纳学院中,有四位还是学员的画家逆潮流而上,加入了奥弗贝克、普福尔、帕萨万特这三者的行列。他们是来自瑞士的路德维希·福格尔(Ludwig Vogel)和约翰·康拉德·霍廷格(Johann Konrad Hottinger)、来自施瓦本的约瑟夫·温特格斯特(Josepph Wintergerst)、来自奥地利本地的约瑟夫·祖特尔(Joseph Sutter)。这七位画家定期会面、互相品评画作,很快就结成了一个反对学院政策的小团体。受瓦肯罗德的小册子启发,他们称自己为"兄弟会",而名字的另一半很容易就决定下来了,借用画家们的圣徒保护者:福音传播者圣路加之名。他们的目标是宗教性的、

---

① 玛格丽特·霍维特(Margaret Howitt):《弗里德里希·奥弗贝克:生平与作品》(*Friedrich Overbeck: Sein Leben und Schaffen*),两卷本,伯尔尼:赫伯特·隆出版社,1971 年,第 1 卷,第 82 页。原版由弗赖堡的赫德尔出版社 1886 年刊印。

324

第九章　勃兰登堡门,铁十字与德意志的拉斐尔

僧侣式的,画家兼修道士安杰利科(Fra Angelico)就是他们的理想型。奥弗贝克曾在一封书信中写道:"艺术家必须通过自然把人输送到一个更高的理想境界……"①

这群画家由于与维也纳学院的冲突不断,于是就计划南下到"拉斐尔的故乡"去。而法国的占领使维也纳学院被迫于1809 年 5 月关闭了,虽然后来被准许复校,但是成了一个规模更小的实体。叛逆者们——他们并不在被挑选出来的更小的实体之内——就趁机撤离了。1810 年 5 月,艺术在现代的第一次出走发生了。

他们驻足于罗马,在一座名为圣伊西多尔的修道院里落脚,里面由爱尔兰的方济各修士修建的教堂和学院源于 16 世纪。每一位画家在这里都有一间自己的小室用于生活和创作。晚间,他们聚在餐厅里,或阅读或作画。绘画——像祈祷一样——成为一种仪式。当他们拜访梵蒂冈时,他们可以徜徉于平图里乔*和拉斐尔创作的壁画之间。"瓦肯罗德笔下爱好艺术的修道士成真了。"

奥弗贝克是这群画家的领袖,然而最具影响力的则是他与普福尔之间的友谊,"这为德意志艺术的重生奠定了基础"。② 他们互相为对方作画,而且画风相近,对比普福尔的《友谊》(Friend-

---

① 佩尔策尔:《安东·拉斐尔·门斯与新古典主义》,第 21 页。
* 平图里乔(Pinturicchio,1454—1513),意大利文艺复兴时期的画家,本名贝尔纳尔迪诺·迪·贝托(Bernardino di Betto),而他常用 Pinturicchio(字译为"小画家")签名。——译者
② 佩尔策尔:《安东·拉斐尔·门斯与新古典主义》,第 26 页。

ship)与奥弗贝克的《意大利与德意志》(Italia and Germania)就可以一目了然。然而,就在双方的协作本可以走得更远的时候,普福尔于 1812 年 7 月死于肺结核,年仅 24 岁。还在普福尔患病期间,这群画家中的一些人开始在枢机主教皮耶特罗·奥斯迪尼(Pietro Ostini)的宅邸集会,后者是罗马学院的神学教授。普福尔逝后,"圣伊西多尔兄弟们"终止了修道院式的与世隔绝,修道院的住所也放弃了。圣路加兄弟会的成员将自己更名为"丢勒会"。不过,由于这些人都笃信天主教,崇尚修道院式的生活,更不必说他们的长袍和发型,人们将他们称为"拿撒勒会"。像很多艺术史上的讽刺性绰号一样,这个外号维持了下来。①

尽管兄弟会的经历喜忧参半,但他们的画作逐渐在阿尔卑斯山以北声名鹊起,又一批年轻的画家翻山越岭前来投奔。其中包括鲁道夫·沙多夫(Rudolf Schadow)和威廉·沙多夫(Wilhelm Schadow),他们是柏林著名雕塑家约翰·戈特弗里德·沙多夫的儿子;此外还有约翰·法伊特(Johann Veit)和菲利普·法伊特(Philipp Veit),他们是多罗特娅·法伊特的儿子、弗里德里希·施莱格尔的继子。不过,这群年轻人当中新涌现的最出色的天才是彼得·冯·柯内留斯(Peter von Cornelius)。②

柯内留斯固执己见、一意孤行,还深受歌德《浮士德》的影响,为歌德的这部戏剧创作了一系列的插图。歌德很欣赏这些绘画,但他还是鼓励柯内留斯去意大利向同侪学习。在意大利,柯内留

---

① 佩尔策尔:《安东·拉斐尔·门斯与新古典主义》,第 29 页。
② 弗兰克编:《重新定义德意志浪漫主义绘画》,第 26 页。还可参见加尔维茨编:《罗马的拿撒勒会画家》。

第九章 勃兰登堡门，铁十字与德意志的拉斐尔

斯结交了奥弗贝克，填补了普福尔的空位。实际上，柯内留斯的到来标志着拿撒勒会朝着一个新的方向发展下去了。柯内留斯不像其他成员那么崇尚拉斐尔，他劝说兄弟会不要仅为自己的小圈子创作。他还本能地捕捉到了，如果真有一次民族艺术的新生的话，那么就需要一种新的、不朽的艺术，这种艺术要主宰教堂、修道院以及重要的公共建筑。他说服了自己还有其他人，认为壁画具有裱在框中的绘画所不具备的不朽特质。于是他劝说普鲁士驻罗马的总领事萨洛蒙·巴托尔迪（Salomon Bartholdy），委派拿撒勒会的四位成员去装饰其官邸祖卡里宫（Palazzo Zuccari，现在的赫尔茨亚娜图书馆[Biblioteca Hertziana]）。他们所选的主题是《旧约》中约瑟在埃及的故事。①

这四位成员完成的壁画是伟大的成功之作（1887年的时候被移至柏林）。当时，奥弗贝克、柯内留斯、菲利普·法伊特、弗里德里希·沙多夫，这四位画家全都尽情挥洒，为画笔下的形象注入了力量与神韵，烘托出了强烈的气氛。"这是一次超越过往的集体性突破，脱离了门斯、巴洛克、新古典主义；其鲜活性以及在色彩运用上惊人的纯净与和谐，简直是一次天启。"②各国的同道艺术家云集罗马，为的就是观瞻这些新创作的壁画。安东尼奥·卡诺瓦*和柏

---

① 其间发生的巧合使他们大为欣悦。他们发现了一位老画工，他曾经帮助过门斯准备石膏，由此他教会了他们一门几乎失传的技艺的基本要领。参见弗兰克编：《重新定义德意志浪漫主义绘画》，第26页。
② 弗兰克编：《重新定义德意志浪漫主义绘画》，第140页。
* 安东尼奥·卡诺瓦（Antonio Canova，1757—1822），意大利威尼斯的雕塑家、新古典主义的重要代表人物。——译者

第二编　第三次文艺复兴:在怀疑论与达尔文之间

特尔·托瓦尔森*对此毫不吝惜赞叹之词,拿撒勒会的艺术家们成为了罗马艺术圈的固定焦点。我们曾在前文提及有500多位德意志艺术家或者到罗马访学或者在此长居,其中有一位弗里德里希·冯·鲁莫尔男爵(Friedrich von Rumohr,1785—1842),他成为第一位现代意义上的艺术史家。他专注于去发掘拿撒勒会画家们的观念是如何演进的,在此过程中,他是第一批考查档案的人之一,为的是对早期的大师们做第一手的检验,要做到"入木三分"(不能忘记的是,当时是雕刻的时代,照片还没有出现)。艺术史能够成为一门学术科目在很大程度上要归功于鲁莫尔以及他的著作《意大利研究》(Italienische Forschungen,1827—1832),他在书中系统地阐明了他的调查结果,也最早使用了"研究"(Forschung)这个词。①

在19世纪20年代的早期,兄弟会开始分化。② 柯内留斯、奥弗贝克、尤里斯·施诺尔·冯·卡罗尔斯费尔德(Julius Schnorr von Carolsfeld)被国王路德维希一世吸引去了慕尼黑。这位新登基的国王陷入了巨大的逆时代的漩涡之中,他本人坚信,自己可以发动一场国家的艺术复兴运动,主要借助于一系列重塑往日辉煌的艺术工程——他兴建了包括古希腊式的庙宇、拜占庭和罗马风格的教堂、哥特式的房屋等。古代的一些技法如镶嵌法、蜡画法等被再次采用。

---

* 柏特尔·托瓦尔森(Bertel Thorvaldsen,1770—1844),丹麦著名雕塑家。——译者
① 佩尔策尔:《安东·拉斐尔·门斯与新古典主义》,第40页。
② 弗兰克编:《重新定义德意志浪漫主义绘画》,第143页。

第九章　勃兰登堡门，铁十字与德意志的拉斐尔

刚开始的时候，柯内留斯如鱼得水。他接受的第一项委派是去装饰雕塑馆（Glyptothek），这是一座收藏路德维希一世所搜集的古代雕像的博物馆。[①] 然而，柯内留斯后康德式的观点过于理论化了，他认为壁画应该由巨大的画块组合而成，每一个部分都必须单独去理解，然后才能领会整幅画作的主旨。这是在（不遗余力地）强调说教性，这在他的下一项重要委托中表现得更为鲜明。在慕尼黑市中心要新建一座路德维希教堂，柯内留斯设想出的是一部基督教的宏大史诗——这个雄心勃勃的方案是用整部圣经的内容画满这座建筑。这对于国王来说也力不从心了，他削减了任务，只让柯内留斯负责教堂的后殿和唱诗班的位置。

但这还不算完。国王在此之后主要受他的建筑师利奥·冯·克伦茨、弗里德里希·冯·格特纳（Friedrich von Gärtner）的影响，他们憎恨柯内留斯的所作所为（他们认为，柯内留斯的画作是想使那些承载它的建筑相形见绌）。结果，柯内留斯与国王起了争执；画家在 1840 年的时候想转投新主，普鲁士的国王弗里德里希·威廉四世立即把他邀请到了柏林。在那里，柯内留斯达到了事业的顶峰，其问鼎之作占用了他生命的最后二十五年。普王非常在意重修柏林的大教堂，而柯内留斯则被委以重任。这项工程的规模正趁他意，然而就在大教堂奠基之前，1848 年的政治风暴打乱了整个计划。柯内留斯继续固执地做着一稿稿的设计，绘制的草图堆积如山。他肯定知道，将上帝的仁慈在人的罪恶面前展示出来再以救赎为高潮，以此为题作一组壁画是永远不可能实现

[①] 佩尔策尔:《安东·拉斐尔·门斯与新古典主义》，第 56 页。

了。当大英美术馆的馆长夫人、出色的旅行家和作家伊斯特雷克夫人(Lady Eastlake)在柯内留斯的工作室内看到这些草图时,惊讶于它们铺开之后所占的"英亩"面积。她为柯内留斯所下的结论是,他并非德意志艺术中的"大炮",而至多"只是一支玩具枪"。除此之外,柯内留斯在海外有很多艺术的同道中人,例如让-奥古斯特-多米尼克·安格尔(Jean-Auguste-Dominique Ingres)、弗朗索瓦-帕斯卡-西蒙·热拉尔(François-Pascal-Simon Gérard)、欧仁·德拉克鲁瓦(Eugène Delacroix)等人,他们都很仰慕柯内留斯,至少是他的雄心。德拉克鲁瓦赞赏"他的勇气,他甚至敢于触犯极大的错误,如果表现力需要如此的话"①。

施诺尔在1827年来到慕尼黑加入了柯内留斯的行列,而路德维希一世对他也是同样以礼相待。他接受的第一项委托是为模仿碧提宫(Palazzo Pitti)在慕尼黑新建的王宫创作以"奥德赛"为题的壁画,然而路德维希一世时过不久就喜新厌旧,提出要以《尼伯龙根之歌》取而代之。宫内的壁画历时近40年才算完成,主要就是因为施诺尔对一项与宗教无关的艺术创作提不起热情。不过,其他的艺术规划也同样费时。而当柯内留斯弃离慕尼黑转赴柏林以后,施诺尔就成了攻讦过柯内留斯的同一群批评家的靶子。随后,当施诺尔于1841年走访德累斯顿并被邀请执掌当地的学院时,路德维希一世也并未对他挽留。

施诺尔在德累斯顿完成了一项非常成功的作品,一套240幅的木刻版画《图画圣经》(*Picture Bible*)。"如果拿撒勒会留有遗

---

① 佩尔策尔:《安东·拉斐尔·门斯与新古典主义》,第61页。

第九章　勃兰登堡门，铁十字与德意志的拉斐尔

嘱的话，他们一定想要完成一次对其总体的辩护，而这在这些圣经图画中展现得再巧妙不过了……虽然它们不是集体的创作，即便它们只是出于一人之手，而此人甚至并非他们当中的核心成员。"[1]拿撒勒会没能长盛不衰。原因很简单，他们太过理论化了。

绘画中的新词汇

在本书的第一部分提及的很多观念与话题都在画家卡斯帕尔·大卫·弗里德里希（Caspar David Friedrich）的作品中有集中的体现，他于1798年来到了德累斯顿。他画中的象征意义、他的民族主义、他对崇高的关切、他的浪漫主义、他在内心与基督信仰的抗争……所有这些都在他出类拔萃的艺术形式中反映了出来。"他所画的是神秘的事物，也保留了自身的一些神秘感。"[2]

弗里德里希生于1774年，出生地是波美拉尼亚的波罗的海港口城市格赖夫斯瓦尔德，是一位制蜡烛、熬肥皂的工人之子。[3] 他在哥本哈根艺术学院完成学业之后，走访了德意志境内几处风景如画的地域，最终选择了德累斯顿定居，一直到他辞世。他超然卓越的艺术风格或许可以从其个人经历上获得部分解释：他七岁时丧母，和他最亲近的弟弟在兄弟俩滑冰时为了救他而落水身亡。

---

[1] 尤里斯·施诺尔·冯·卡罗尔斯费尔德（Julius Schnorr von Carolsfeld）：《图画圣经》（*Die Bibel in Bildern*），莱比锡：维甘德出版社，1860年。
[2] 汉斯·约阿希姆·克鲁格（Hans Joachim Kluge）：《卡斯帕尔·大卫·弗里德里希：墓碑与纪念碑的草图》（*Caspar David Friedrich: Entwürfe für Grabmäler und Denkmäler*），慕尼黑：德意志艺术科学出版社，1993年，第11—14页。
[3] 同上书，第17页及以下诸页。

331

卡斯帕尔终生饱受自责。

在哥本哈根,弗里德里希的老师都是新古典主义在丹麦的代表人物。他们强调绘画取材于自然,再加上弗里德里希很早就迷恋旅行,这些好像在他心中培养出了对风景的痴迷。显而易见的是,他的风景画中是孤单而渺小的人物,以及巨石与"壮丽的遗迹"。逐渐地,他发展出了自己的图像语汇。"他以天启的维度画出了北欧的图景,他的风景画很少描绘白日或者阳光,而表现的是黎明、黄昏、薄雾、水汽。"①他的同侪认定,他描绘的是被法国人入侵之后的德意志"境遇"——政治羸弱而思想强大。无论如何,弗里德里希逐渐确信,对自然的凝视会让人更深入地去赏鉴事物的本质。他明朗的技术、神秘的场景以及光照的效果(尤其在这一点上他可称萨尔瓦多·达利[Salvodor Dalí]的先驱),这些确保了他的声誉快速地攀升。他的赞助人与酬金也在同步增长。弗里德里希还与德意志浪漫主义的重要人物都结下了友情。

弗里德里希最具代表性的——也是最具争议性的——画作是1808年创作的《山上的十字架》(*Cross on the Mountains*),也以杰钦的祭坛(Tetschen Altarpiece)而闻名。基督以被钉在十字架上的形象示人,他茕茕孑立,矗立在山的顶端,围绕着他的只有大自然。从尺寸来看,画中的十字架是个无关紧要的元素,整幅画被落

---

① 可参见一份展览目录:《卡斯帕尔·大卫·弗里德里希的浪漫眼光:苏联收藏的画作,1990—1991年展于纽约大都会美术馆和芝加哥艺术学院》(*The Romantic Vision of Caspar David Friedrich*: Paintings and Drawings from the U. S. S. R, at the Metropolitan Museum of Art, New York, and the Chicago Art Institute, 1990—1991),纽约:哈里·艾布拉姆斯出版社。

第九章　勃兰登堡门，铁十字与德意志的拉斐尔

日的光芒所笼罩，弗里德里希坦承，这象征着基督诞生前的旧世界。[①] 同样有象征意义的是，山代表着不能撼动的信仰，成林的杉树则是对希望的隐喻。在绘画史上，这是第一次有人以风景画为母题来表现祭坛，但它并没有获得所有人的欣赏。然而，弗里德里希还是创作了不少其他的画作，都以十字架作为风景的主宰。而无论是否有基督的象征占据着画面，他画笔下的风景首先是精神的实体，"洋溢着神秘的气息"。与浪漫主义作家们的交往使弗里德里希坚信——用他自己的话说——"艺术的源泉必来自人的内在存在感，然而，它也必将依赖于人的道德或者宗教价值观"[②]。

弗里德里希的另一幅名作是《翻越雾海的流浪者》(*The Wanderer above the Sea of Fog*)，展示的是一位男子的背影，他站在山顶，俯视着群山与云层。画面充满神秘感，技法上依然完美无缺。这幅画深深地打动了申克尔，据说，他从此丢下画笔转向了建筑设计。

政治时事也对弗里德里希的画风产生过影响。拜拿破仑战争

[①] 有关对他的象征意义的讨论，参见约瑟夫·利奥·克尔纳(Joseph Leo Koerner)：《卡斯帕尔·大卫·弗里德里希与风景画主题》(*Caspar David Friedrich and the Subject of Landscape*)，伦敦：反响书店，1990年，第122页及以下页。还可参见胡贝图斯·加斯纳(Hubertus Gassner)编：《卡斯帕尔·大卫·弗里德里希：发现浪漫主义》(*Caspar David Friedrich: Die Erfindung der Romantik*)，慕尼黑：希尔默出版社，2006年；以及维尔纳·霍夫曼(Werner Hofmann)：《卡斯帕尔·大卫·弗里德里希：自然真实与艺术之真》(*Caspar David Friedrich: Naturwirklichkeit und Kunstwahrheit*)，慕尼黑：贝克出版社，2000年。

[②] 汉斯—格奥尔格·伽达默尔(Hans-Georg Gadamer)认为，弗里德里希对共同体的强调确证了他正在发生蜕变。克尔纳：《卡斯帕尔·大卫·弗里德里希与风景画主题》，第130页；还可参见本书第41章。

所赐，他对法兰西产生了强烈的厌恶，而培养出了对自己祖国的炙热情感。他支持各种形式的德意志解放运动，这在他的画作中也有所表现：法兰西的士兵们迷失在了冷峻的德意志群山之中。然而总体看来，他的目的是要描绘出"凡间的神之体验"，这是他在对哥特式教堂遗迹的忧郁描画里或者生动的丛林景观中要尽力展现出来的。在弗里德里希的画作当中，人常常是无助的，无力抗拒强大的自然——这正是康德有关崇高的观念。

弗里德里希的声誉在1820年达到了顶峰，当时，俄国沙皇的皇太子妃亚历山德拉·菲奥德洛芙娜（Alexandra Feodorovna，即普鲁士的公主夏洛特）购得了他的不少画作。在普鲁士王朝的复辟逆流当中，弗里德里希对政治的态度使他的艺术招致越来越多的官方批评，像柯内留斯一样，他也成为了落伍之人。弗里德里希逝于1837年，之后就被大众遗忘了，只有少数人例外。

弗里德里希富于情感的绘画风格在20世纪早期被重新发现，德意志的表现主义艺术家如马克斯·恩斯特以及一些超现实主义的艺术家视他为近似空想家一类的人。很多美国的画家都受他的影响，包括哈德逊河画派（Hudson River school）、落基山画派（Rocky Mountain school）以及新英格兰光色主义的艺术家们（New England Luminists）。与其他浪漫主义的画家一道——如约瑟夫·马洛德·威廉·特纳（J. M. W. Turner）或者约翰·康斯坦布尔（John Constable）——弗里德里希使风景画成为西方艺术中的一种主要类型。

第三编

受教育中间阶层的崛起：
现代繁荣的发动机和工程师

| 第十章 |

洪堡的礼物：
研究的创始和普鲁士（新教）知识概念

"从 1790 年到 1840 年之间的五十年是现代学术演进关键的成形年代。到了 1840 年，自然和物理科学、历史学和语言学在确定了学科边界的同时，生成了主宰 20 世纪学术研究的核心问题。"这一段话出自 R. 史蒂文·特纳 1972 年在普林斯顿撰写的博士论文《普鲁士大学和研究律令（1806—1848）》，他接着说道，"大多数欧洲国家的学者都促成了这个知识组织化的英雄时代，但其中，德意志学者起了决定性的作用"[①]。

19 世纪上半叶，意识形态发生着变化，以至于到了 1850 年，德意志的大学几乎完全转化成研究机构，"以适应知识在许多深奥领域的扩张"[②]。这一"研究律令"，按特纳的说法，包含了四项创新：其一，在原创研究的基础上出版新的成果不仅成为一个教授的责任，而且成为他获得一个哪怕并不重要的大学教职的必要条件；其二，为了支持研究，大学开始兴建图书馆、学院和实验室等基础

[①] R. 史蒂文·特纳（R. Steven Turner）：《普鲁士大学和研究律令（1806—1848）》（*The Prussian Universities and the Research Imperative*），普林斯顿（新泽西）：普林斯顿大学出版社，1972 年，第 1 页。

[②] 同上书，第 3 页。

设施;其三,教学重新定位,尝试向学生介绍研究方法;其四,普鲁士教授认同一种大学意识形态,即赞美原创研究。正是在19世纪早期的德意志大学中,"探索的体制化"第一次融入了教学。[①]1860年后,这一意识形态被传播到了英国和美国。

一定程度上,如上所述,大学是这一发展最后光顾的地区。其他的机构诸如科学院,往往能快速地回应新知识潮流(比如在英国)。如第一章所讨论的,18世纪大学的存在是为了"保存和传播"知识。但是,19世纪的教授认为,他们有责任培养学生的创造能力。这一新思维出现在费希特、谢林和施莱尔马赫的一系列论文中,它们的出版恰逢洪堡推动改革的时期。正如历史学家弗里德里希·保尔森(Friedrich Paulsen)写道:"无论是谁,一旦开始追求以学术为业,他就不能满足于学习现存的知识,他还应该有能力从他自己的独立研究中创造新的知识。"[②]

现代的教授同时属于两个共同体:他任教的学院和他的学科同僚们。第一个学科共同体,按照特纳的说法可以追溯到黑尔姆施塔特的教授约翰·弗里德里希·普法夫(Johann Friedrich Pfaff,1765—1825)和莱比锡的卡尔·弗里德里希·兴登堡(Carl Friedrich Hindenburg,1741—1808)。他们创立了德国第一份专业数学杂志《纯数学和应用数学档案》(*Archiv der reinen und angewandten Mathematik*)。在化学领域,卡尔·胡夫鲍尔(Karl Hufbauer)将黑尔姆施塔特的洛伦茨·克雷尔(Lorenz Crell,

---

① R. 史蒂文·特纳:《普鲁士大学和研究律令(1806—1848)》,第4页。
② 同上书,第8页。

第十章　洪堡的礼物：研究的创始和普鲁士（新教）知识概念

1744—1816)和他的《化学期刊》(Chemisches Journal)认定为新形成的化学共同体的中心。在这些领域中,正如第一章提到的古典语文学家一样,一个核心集团正在形成中。[1]

这些具有自觉意识的共同体的重要意义在于,他们开始获得权威。在18世纪,权威受到限制,国家垄断了教育,可以不与教学人员和学科商议就任免教授。[2]（哥廷根是一个例外,这也成就了该大学的卓越。）尽管有鼓励教授出版（研究成果）的尝试,但针对的不是原创研究著作；要求的是教科书,而不是专业著作。

在1790年前,我们关于研究的现代观念还没有形成,学院语言可以证实这一点,人们会说起学术中的"探索"(Entdeckungen)和"修正"(Verbesserungen),而不使用"科学研究"(Forschung)一词。人们假定,"探索"只能由高智力的人士承担,他们拥有强大的思维能力,可以注意到事物间从不为人所知的关联,可以将大量的知识体系化,最后得出高度普遍化的结论。换句话说,这是天才的专利。此外,人们认为,大多数的学术领域本质上是静止的。这些人中就有约翰·大卫·米夏埃利斯,他相信,在一些学科中,将不再可能出现新的真理,它们是：哲学、法学、神学和史学的大部分。[3]

---

[1] 约翰·弗里德里希·威廉·科赫(Johann Friedrich Wilhelm Koch)编：《普鲁士大学：关于机构制度和管理条例集》(Die preussischen Universitäten: Eine Sammlung der Verordnungen, welche die Verfassung und Verwaltung dieser Anstalten betreffen),共两卷,柏林,1839—1840年,第2卷,第531—532页。

[2] 同上书,第181页。

[3] 威廉·克拉克(William Clark)：《象牙塔的变迁：学术卡里斯玛与研究性大学的起源》(Academic Charisma and the Origins of the Research University),芝加哥：芝加哥大学出版社,2006年,第211页。

第三编　受教育中间阶层的崛起:现代繁荣的发动机和工程师

没有拿破仑和他强加于普鲁士的惨败,可能什么都不会发生。(托马斯·尼佩代在他权威的 19 世纪德意志史的开篇写道:一开始是拿破仑。)之后,改革者掌握了权力。他们认为,国家的崩溃源自弗里德里希二世兵营国家"腐朽的内核",及其对"机械服从和铁的纪律"的强调。现在,他们呼吁道德的重建,这包括了教育体系的重建。

重建在三条战线上同时实施:组织、行政和意识形态。[①] 相对陈旧无能的机构被废除,其他的被合并。最振奋人心的是,新式大学在柏林和波恩创建。

改革开始于柯尼斯堡,面对拿破仑的侵略,普鲁士国王弗里德里希·威廉三世把宫廷搬到了那里,大学里的爱国主义思潮给他留下了深刻的印象。对启动改革起决定性作用的是,弗里德里希·威廉拒绝了哈勒大学教授代表团要求将该大学整体搬迁至柏林的请求,然而他同意在首都创立一所全新的大学。在此期间,费希特、施莱尔马赫和弗里德里希·奥古斯特·沃尔夫都移居至柏林。在那儿,国王的决定引发了关于大学建设理论的大讨论。然而决定性的一步由倾向于改革的首相哈登贝格迈出。他把威廉·洪堡从在罗马的外交闲差任中调回,并任命他为新设立的宗教教育事务部门的大臣。因为洪堡撰写过语文学的文章,所以他和沃尔夫的亲近程度超过任何人。两人携手为新成立的大学招揽学者。1810 年冬季学期,大学开课,费希特(被选举)为第一任校长。

[①] R.史蒂文·特纳:《普鲁士大学和研究律令 1806—1848 年》,第 223 页。

第十章 洪堡的礼物:研究的创始和普鲁士(新教)知识概念

从此开启了 19 世纪德国"对教化虔诚追求"(尼佩代语)的时代。①

洪堡招揽到了大量卓越的学者:法学家弗里德里希·卡尔·冯·萨维尼(Friedrich Karl von Savigny,1779—1861),解剖学家卡尔·阿斯蒙德·鲁道菲(Karl Asmund Rudolphi,1771—1832),加上施莱尔马赫和沃尔夫,当然还有约翰·克里斯蒂安·赖尔(Johann Christian Reil,1759—1813)和约翰·戈特洛布·伯恩斯坦(Johann Gottlob Bernstein,1747—1835)。他还从柏林科学院引进了许多科学家。一开始,哲学和法学是新大学最强的学科,在这两个领域,柏林很快就超过了哥廷根。然而事实上,直到 19 世纪 20 年代,该校的自然科学才开始变得出类拔萃。是时,第二所新式大学在波恩创立,卡斯帕·弗里德里希·冯·舒克曼(Kaspar Friedrich von Schuckmann,1755—1834)接替了洪堡在柏林的职位。②

如特纳所言,比大学的机构组织改革更重要的是理论的创新,是精神上和哲学上的重新焕发青春。共同的原则可以用一个词来概括:学术意识形态(Wissenschaftsideologie)。柏林大学创建后,这个概念得到了空前成功的实践。它成为了 19 世纪德意志大学的官方意识形态,人们不但赋予它一种令人敬畏的、几乎是宗教的地位,而且还将它定义为德意志大学的"思想",它强调科研和教学

---

① R. 史蒂文·特纳:《普鲁士大学和研究律令 1806—1848 年》,第 229 页。
② R. 克普克(R. Köpke):《纪念约翰·舒尔策博士》(*Zum Andenken an Dr John Schulze*),载于《高中期刊》(*Zeitschrift für das Gymnasialwesen*),第 23 期(1869 年),第 245—256 页。

第三编　受教育中间阶层的崛起:现代繁荣的发动机和工程师

的统一。①

除了洪堡,还有五个人参与了学术意识形态(Wissenschaftsideologie)根基的塑造。其中,费希特最为著名,《论学者的使命》(On the Vocation of the Scholar)收入了他的一系列演讲,以及1794—1807年在耶拿和柏林期间撰写的小册子。此外,谢林、亨里克·斯特芬斯(Henrik Steffens,1773—1845)、施莱尔马赫和沃尔夫也都贡献了自己的思想。在他们的努力下,两个知识传统在学术意识形态中交汇。② 一方面,新的传统很大部分源自唯心主义哲学,它当时的中心在耶拿。紧跟洛伦兹·奥肯和谢林,斯特芬斯成为自然哲学的主要代表,这也被称为唯心主义的自然科学分支(在本书第8章关于浪漫主义的部分有提及)。另一方面,学术意识形态根植于哥廷根大学的学院新人文主义传统。沃尔夫和洪堡都曾师从克里斯蒂安·戈特洛布·海涅,而语文学家施莱尔马赫通过编辑柏拉图的著作而出名。"他们认定,希腊和罗马的荣耀可以加强德意志学生对于道德和美学的感觉能力。因此,学生应该在专业课程之前修习这些课程,不但在高中,而且在大学。新人文主义者相信,一旦学生能够深入地阅读经典,他们不但能够远离18世纪大学的粗俗的功利主义,而且还可以摆脱堕落的生活。"③

事实上,学术意识形态的支持者主张,中小学和大学是有重大

---

① R.史蒂文·特纳:《普鲁士大学和研究律令(1806—1848)》,第247—248页。
② 威廉·克拉克:《学术卡里斯玛与研究性大学的起源》,第218页,提及学识和研究的区别。
③ R.史蒂文·特纳:《普鲁士大学和研究律令(1806—1848)》,第252页。

第十章 洪堡的礼物:研究的创始和普鲁士(新教)知识概念

区别的。在中小学中,学生的任务是获取知识,而大学生应当学习独立判断的能力。尤其是施莱尔马赫,他要求将大学建设成为连接中小学和科学机构之间的桥梁,"适合'德意志的天才'……大学应该启动一个进程,……完全是一个全新的知识生命进程,以启发年轻人的学术思想……从而养成习惯,以学术的观点看待一切事物"①。施莱尔马赫和其他人认为,大学不只是高等的中小学。他们发明了一个概念:面包学业(Brotstudium),它只能提供学生一份工作所需要的足够知识,却并不能促进学术知识的积累。

这一切表明,人们在学术意识形态中,发展出了一种对于何为教育的新认识。康德主义和后康德主义的哲学体系认定两种存在形式:现实和理想。对谢林来说,学术是"存在于绝对现实和绝对理想之间统一的知识"。学术是一种哲学上的见解,它认为,现实和理想是统一的。学术思想是人类天生所具有的,但同时也在逐渐成熟,在动态发展。因此,其核心是从唯心主义哲学中推导出来的教化(Bildung)理念,即,教育意义上的变化进程。在这个体系中,探索和科学研究也成了一种道德行为。②

这个看法和费希特的论断颇为接近,即学者和教授是天然的领导者和人类的教师。"学者应该是这个时代最有道德的人;他应

---

① 康拉德·瓦伦特拉普(Conrad Varrentrapp):《约翰·舒尔策和他那个时代的普鲁士高等教育》(*Johannes Schulze und das höhere preussische Unterrichtwesen in seiner Zeit*),莱比锡,1889年,第447—448页。

② 马克西米连·伦茨(Maximilian Lenz):《柏林国王弗里德里希·威廉大学的历史》(*Die Geschichte der königlichen Friedrich-Wilhelms-Universität zu Berlin*),共4册,哈勒,1910—1919年,第2册,第470—472页。

该表现自己最高程度的道德文化。"①有人怀疑,新人文主义者都是颠覆性的无神论者。但奇怪的是,这些学者又被视为浪漫主义的代表。到了1817年,柏林取代了耶拿,成为新式大学意识形态的中心。

但是通常来说,新式大学的创立恰逢普鲁士和其余德意志国家的爱国主义的复兴。由于大学生在自由战争中的贡献使人们转变了观念,大学变得比以前任何时候都更为流行。②

从普鲁士和欧洲其他地区开始享有一定程度的政治稳定的1818年,一直到革命爆发的1848年,追求科学和学术研究成为德意志大学的核心特点。"学术意识形态赞美大学里的探索和创造。……它假定,通过对明确定义的研究方法的缜密应用可以获得学术知识,这还意味着,多数大学生都能掌握这些探索方法。"③这就是普鲁士的学习新理念。

对人们来说,重要的是区分这种新理念是什么,不是什么。在德意志,其开始于康德式的批判,与其同等重要的还有:对古典语文学、历史学和印欧语言的研究(在第8章提及)。在知识领域,这些学科的创新程度不亚于法国科学家拉瓦锡(Antoine Laurent de Lavoisier,1743—1794)、拉普拉斯(Pierre-Simon Laplace,1749—1827)和乔治·居维叶(George Cuvier,1769—1832)几乎同时取得成功的自然科学。比起法国,当时德意志的自然科学还不具世

---

① 威廉·克拉克:《学术卡里斯玛和研究性大学的起源》,第237页。
② R.史蒂文·特纳:《普鲁士大学和研究律令(1806—1848)》,第270页。
③ 同上书,第279页。

第十章　洪堡的礼物:研究的创始和普鲁士(新教)知识概念

界影响力,这一领域的创造力直到1830年才开始显现。[1]

从海涅和沃尔夫的时代开始,除了纯理论的哲学,古典语文学成为德意志学术的代表。它崭新的方法和严格的标准,逐渐被推广到法学、历史学和其他学科。另外,海涅和沃尔夫带给古典语文学强烈的、对知识的严谨态度,以及因此而获得的成就,促进了新的专题研究。其中就有日耳曼文化。浪漫主义者弗里德里希·冯·德·哈根(Friedrich von der Hagen,1780—1856)、阿希姆·冯·阿尼姆(Achim von Arnim,1781—1831)和克莱门斯·布伦塔诺(Clemens Brentano,1778—1842)从遗忘中拯救了大量古老的日耳曼文学。格林兄弟(雅各布和威廉)(Jacob Grimm,1785—1863;Wilhelm Grimm,1786—1859)通过共同完成《儿童与家庭童话集》(*Kinder- und Hausmärchen*),建立了名声。与此同时,雅各布还在1819—1837年单独出版了影响力不逊于前者的《德语语法》。此外,两兄弟还试图完成一部词源学词典,《德语词典》,又称"格林词典"。(他们生前只完成了四卷,最后一卷,也就是第三十二卷直到1961年才出版。)上述这些都为德意志语文学的发展奠定了坚实的基础。[2]

---

[1] 威廉·冯·洪堡(Wilhelm von Humboldt):"关于柏林高等学校的内部和外部组织"("Ueber die innere und äussere Organisation der höheren wissenschaftlichen Anstalten in Berlin"),不完整文稿,写于1810年,于1896年第一次出版,载于恩斯特·安里希(Ernst Anrich)编:《德国大学的思想》(*Die Idee der deutschen Universität*),达姆施塔特,1964年,第377—378页。引自R.史蒂文·特纳:《普鲁士大学和研究律令1806—1848年》,注释3。

[2] 威廉·克拉克:《学术卡里斯玛和研究性大学的起源》,第178—181页;R.史蒂文·特纳:《普鲁士大学和研究律令(1806—1848)》,第285页。

第三编　受教育中间阶层的崛起:现代繁荣的发动机和工程师

与之相类似的是,在历史写作领域,巴托尔德·尼布尔(Barthold Niebuhr,1776—1831)接受了滥觞于古典语文学的批判性传统。他生于哥本哈根,在短暂的公务员生涯后,成为新成立的柏林大学教授。在那儿,他于1811年和1812年做了一系列著名的演讲,以后,他陆续将讲稿结集出版,也就是《罗马史》(*Römische Geschichte*),一部非常令人印象深刻的多卷本著作。其中,尼布尔通过对罗马史材料进行批判性的分析,从神话和从古代流传下来的口述传说中确立可靠的叙述。虽然尼布尔的成就被后来特奥多尔·蒙森(Theodor Mommsen,1817—1903)的著作超越和改进,但他的罗马研究曾轰动一时,它不但被广泛认为是历史写作的新形式,而且被利奥波德·冯·兰克(Leopold von Ranke,1795—1886)视为典范。[①] 重要的是,语文学和历史学这两个学科都成为了哲学院的中心,而这一点反过来让该学院变得更为重要。如我们所见,这一优先次序的转换肇始于18世纪的哈勒和哥廷根。

"德国学术中最精确和最高贵的学科"

由于都植根于浪漫主义,德意志新学术的各学科在题材和视野上都达到了显著的一致。[②] 此外,批判方法正发生着转变。
与"学术"和"教化"一样,"批判"(Kritik)这个术语也属于学院思维的基本概念。很确定的是,人们首先从18世纪80年代康

[①] 爱德华·富埃特(Eduard Fueter):《近代历史写作的历史》(*Die Geschichte der neueren Historiographie*),慕尼黑,1936年,第415页及以下诸页。
[②] 威廉·克拉克:《学术卡里斯玛和研究性大学的起源》,第158页。

第十章　洪堡的礼物：研究的创始和普鲁士（新教）知识概念

德哲学中了解到这一概念。其中，该术语意味着，焦点从现存的知识内容转向针对知识来源和现存知识真实性的批判性评估。到了19世纪20年代，柏林大学奠定其完全统治地位之时，学者使用的依旧是康德意义上的批判方法（该方法被称为来源批判的[quellenkritisch]）。此外，该术语意味着对于知识来源的持续的怀疑性评判。它还暗示着，比起学术中更具建设性的方面，对证据进行批判性的仔细考察更为重要。它从技术上指出了，人们应该以"仔细精确"来处理档案和手稿这样的知识来源。[1]

针对一篇文章的"校订"成为新方法的一个缩影。在这一过程中，学者比较不同版本的来源，在准确鉴定它们年代的同时，指出其中的偏误。最著名的例子是，沃尔夫在1795年出版的《荷马导论》（*Prolegomena ad Homerum*）中使用该方法并指出（见本书第3章）荷马这个人事实上是不存在的。很快，沃尔夫很多的具体论据都被他自己的学生推翻。但这从某种意义上说并不是重点。这本书一举揭示了用批判性方法挖掘真实历史知识的绝对力量，从而引发了热烈的讨论，沃尔夫本人也参与其中。在此后的二十年中，该方法扩展到了其他领域，比如，德语史诗和圣经文本。综上所述，"《导论》将语文学建设成为德意志学术中最精确和最高贵的学科"[2]。

尼佩代认为，普鲁士的新式教育是高度自觉，但又是非常独立

---

[1]　R. 史蒂文·特纳：《普鲁士大学和研究律令(1806—1848)》，第293—294页。
[2]　康拉德·布尔西安(Conrad Bursian)：《德国古典语文学历史》（*Geschichte der classischen Philologie in Deutschland*），共两册，慕尼黑，1883年，第1册，第526—527页。

的事业。特纳说道,一种对快速知识进步的强烈兴奋感渗透于19世纪早期学者的信件和论文中。"伯克(August Boeckh,1785—1867)重复地提及'新知识',沃尔夫称古典学(Altertumswissenschaft)为'生来就是崭新的学科',利奥波德·冯·兰克带着敬畏告诉大家,在维也纳档案馆有着'至今不为人知的欧洲史'等待发掘。"①

伴随着这些变化,"学科共同体"开始出现,与之相联系的图书馆和手稿集、知名学术期刊和它们的编辑团队也一同涌现。现在,书评和评论成为学者成果产出非常重要的一个部分,尤其是因为它们帮助维护了严格的方法和标准。

并不是所有人都有时间或倾向使用这一方法,所以,从很久以前开始,语文学家逐渐地开始互相为对方在学术期刊上写文章。专业文献诞生了。这个发展并没有为公众所忽视。举例来说,语文学家因为自我中心主义和绝对的傲慢而闻名。一些人,比如卡尔·康拉德·拉赫曼(Karl Konrad Lachmann,1793—1851),以写作那些尖酸刻薄的书评而著称。②

然而,除了傲慢,批判性方法还帮助形成了针对学术创造力和探索进程的新态度。其中还发展出对单纯博学多闻这一18世纪重要特质的不满。现在,人们越来越强调原创性,并将其看作衡量学术进取心的价值标准。它带来的一个后果是,人们不再像18世纪时那样坚信,探索之路"仅对天才开启"。取而代之的是,大量拥

---

① 威廉·克拉克:《学术卡里斯玛和研究性大学的起源》,第303页。
② 同上书,第287页。

第十章 洪堡的礼物：研究的创始和普鲁士（新教）知识概念

有较少天赋的个人可以取得一些有价值的成就。这鼓舞了人们对于渐进的普遍感觉，以及对于无穷进步的期待。这标志着18世纪到19世纪对知识理解的重要转变。① 这不但促进了创造性的理念化，还使得原创研究成为了一种意识形态。

费希特坚信："知识本身是人类文化的分支。"洪堡基于此观点提出，大学的目的在于，"将知识推向最深和最广"。大学教育不应是实用主义或功利主义的，它本身应该是"精神和道德教化的准备材料"②。

19世纪30年代，知识开始被划分为不同的、不相关联的专业领域。从那以后，做学问被看成是一个层累的过程。③ "理解整个体系总是学者们最终的理想，但是，它的实现只存在理论上的可能性。"这多多少少仍然是我们今天的态度。

自然科学研讨班的发展

三月革命前（即1840年到1848年三月革命间的时期）其他的主要变化有：在18世纪早期普鲁士大学中只是最不重要的哲学院，不但确立了优势，还逐渐占据了领导地位。*特纳告诉我们，从1800年到1854年，在哲学院注册的学生从2.4%上升到了21.3%，

---

① R. 史蒂文·特纳：《普鲁士大学和研究律令(1806—1848)》，第325页。
② 恩斯特·安里希编：《德国大学的思想》，第377页。
③ F. W. J. 谢林(F. W. J. Schelling)：《论大学学习》(On University Studies)，E. S. 摩根(E. S. Morgan)英译，雅典，俄亥俄：俄亥俄大学出版社，1966年，第26—27页。

* 大学中，地位最高的往往是神学、医学和法学三个学院，参德译本补充。——译者

第三编　受教育中间阶层的崛起:现代繁荣的发动机和工程师

教职员工也有类似的增长。哲学、语文学和历史学都在这一地位低下的学院落脚。"围绕着这三个学科,高速更新的不仅有德意志的学术,还有德意志所有的知识生活。"①

哲学院走向卓越还主要归功于一个事实,它为洪堡改革引进的新型高中(Gymnasien)培养了教师。以前,大多数教师都在神学院受训,因为教会负责着学校的运行。洪堡的创新不但使得学校脱离教会的控制,而且提供了高中毕业考试(Abiturexamen),学生必须通过了才能进入大学。根据新人文主义原则,高中毕业考试强调了古希腊语、拉丁语和数学。在普鲁士,这些改革不仅塑造出一个职业教师阶层,还引发了高中数量的剧增,从1818年的91所上升到1862年的144所。②

同时,越来越多的学生开始学习自然科学,这又一次地提升了哲学院的人数*。自然科学学科发展迅速,特别是在1840年以后,尽管大多数的学生开始学业是为了成为教师,这是因为甚至到了1860年,普鲁士还没有足够的工业设施,以吸纳大批毕业生。在这些变化中牺牲的是一些应用学科,比如农业科学和财政学。③

---

① R.史蒂文·特纳:《普鲁士大学和研究律令(1806—1848)》,第373页。
② L.维泽(L. Wiese):《普鲁士的高中:历史的、统计的叙述》(*Das höhere Schulwesen in Preussen: Historische-statistische Darstellung*),共4册,柏林,1864—1902年,第1册,第420页及以下诸页。
* 彼时,德意志大学的哲学院开设有物理学、数学、化学等自然科学课程,见第一章。——译者
③ 按照历史学家马克西米连·伦茨的说法,在柏林下级学院学习数学和物理的学生比例从1810年的6%上升到了1860年的16%,同期学化学的从1%上升到了15%,学古典语文学的从22%上升到了37%。参见L.维泽:《普鲁士的高中:历史的、统计的叙述》,第1册,第24页。

第十章 洪堡的礼物:研究的创始和普鲁士(新教)知识概念

到目前为止,研讨班已经稳固地建立起来。如第一章所述,研讨班的实质在于,它比起讲座有着更小的课堂规模和更亲密的气氛。这儿不是表达口才的地方,而被认为是学习的高级阶段,是为那些真正投身于专业研究的人才而设。其一般运行方式如下:每两个礼拜,一名成员介绍自己的研究论文并接受大家的评论。最优秀的论文由政府部门资助出版,作者还将得到价值500塔勒的奖金。因此,许可参加研讨班预示着物质的奖励。其他的学科,比如历史和神学,也复制了这个模式。新型研讨班在传遍德意志、传遍各个学科的同时,有力地促进了新型批判方法的普及。它逐渐成为了聪明学生走上精英道路的捷径。

如上所述,19世纪30年代是学术批判的十年。其中,独立学科开始拥有自己的学术期刊和学科基础。在这十年中,各个自然学科开始吸收历史和语文学的概念。[1] 直到那时,自然科学还没有参与到发生在德意志的学院革命,如同它们所教授的内容那样,还在初级阶段:化学强调"配方",生物学主要致力于分类。这些坦率的功利主义者成为了物质主义"面包学业"的代表。学术意识形态将其视为对精神上和知识上重新焕发青春以及对教化的主要障碍。对分类的痴迷让新人文主义者感到特别的无趣。[2]

然而最后,自然科学却从新人文主义者的攻击中获益。准确来说,因为这些攻击以学术意识形态的措辞呈现,学术是一种无限

---

[1] R.史蒂文·特纳:《普鲁士大学和研究律令(1806—1848)》,第391页。

[2] 迪特里希·格哈特(Dietrich Gerhard)和威廉·诺温(William Norvin)编:《巴托尔德·尼布尔的信件》(*Die Briefe Barthold George Niebuhrs*),共两卷,柏林:德格鲁伊特,1926年,第2卷,第222页。

第三编　受教育中间阶层的崛起:现代繁荣的发动机和工程师

有组织展开的"文化产品",年轻的自然科学家开始反驳,和人文科学一样,自然科学也旨在训练智力(Geist),以使个体臻于完美(这就是教化)。这一论断的一个重要的副作用在于,人们把"纯"自然科学看得比应用科学重要,后者被认为是"面包学业"而受到忽视。①

1830年之后的自然科学家开始确信,研究不但增加知识的总量,而且在个人从事研究的同时,有助于他道德的发展。结果就是,在自然科学和数学中,纯技术课程的数量显著下降,特别在柏林和哈勒。技术教育移交给其他的机构,尤其是那些技术高等学校的前身。取而代之的是,现在的大学开始以一种"更纯粹"的方式来教授自然科学,化学和生物学成为哲学院不可分割的一部分。1825年波恩大学的制度创新反映了这一态度的重大改变,在那里有了全德第一个"总体自然科学专业研讨班"。"波恩低调的研讨班恰恰可以被认为是普鲁士走向大型研究机构网络的第一步,到了1880年,德国拥有了世界闻名的自然科学组织。"②

1830—1850年见证了德意志自然科学的蓬勃发展。约翰内斯·米勒(Johannes Müller,1801—1858)、艾尔哈特·米切利希(Eilhardt Mitscherlich,1794—1863)、彼得·古斯塔夫·勒热纳·狄利克雷(Peter Gustav Lejeune Dirichlet,1805—1859)、扬·伊万杰利斯塔·蒲肯野(Jan Evangelista Purkyně,1787—1869)、弗朗茨·恩斯特·诺伊曼(Franz Ernst Neumann,1798—

---

① 路易丝·诺伊曼(Luise Neumann):《弗朗茨·诺伊曼,他女儿的回忆》(*Franz Neumann,Erinnerungsblätter von seiner Tochter*),莱比锡:J. C. B. 莫尔(P. 西贝克),1904年,第360页。

② R. 史蒂文·特纳:《普鲁士大学和研究律令(1806—1848)》,第403页。

第十章 洪堡的礼物:研究的创始和普鲁士(新教)知识概念

1895)、尤利乌斯·普吕克(Julius Plücker,1801—1868)和卡尔·古斯塔夫·雅各布·雅可比(Carl Gustav Jacob Jacobi,1804—1851)的重大研究都在这一时期完成。此外,赫尔曼·冯·亥姆霍兹(Hermann von Helmholtz,1821—1894)、埃米尔·海因里希·迪布安-雷蒙(Emil Heinrich Du Bois-Reymond,1818—1896)、鲁道夫·克劳修斯(Rudolf Clausius,1822—1888)和恩斯特·布吕克(Ernst Brücke,1819—1892)于这一时期开始了在普鲁士大学的学业。照此看来,这是第二次学术革命的开端,这一时期,普鲁士的自然科学在欧洲奠定了优势地位,而这种优势地位德意志古典学和历史学已享有多时。[①]

其中,卡尔·古斯塔夫·雅各布·雅可比起到了决定性的作用,他的职业生涯是广阔变换的一个缩影。从波茨坦的高中毕业后,他于1821年在柏林大学开始学业,在那儿,他参加了奥古斯特·伯克的研讨班,学习语文学。接着他从语文学转到了数理物理学。因为表现出色,他获得了柯尼斯堡的一个教席,在那儿他讲授自己关于椭圆函数的研究。然后,和诺伊曼一道,于1835年在柯尼斯堡,借鉴伯克的模式开设了数学物理学研讨班。课上,他督促学生开展原创性研究,每位递交论文的学生将获得20塔勒的奖学金,如果论文发表,奖学金将上升到30塔勒。通过这个方法,雅可比在柯尼斯堡的研讨班成为德国数理物理学的中心,它在哈勒(1839年)、在哥廷根(1850年)、柏林(1864年)和其他地方被广泛效仿。就此,自然科学研讨班促使了学科的合理转型,终于在19

[①] R. 史蒂文·特纳:《普鲁士大学和研究律令(1806—1848)》,第404页。

第三编　受教育中间阶层的崛起:现代繁荣的发动机和工程师

世纪 70 年代发展出了大型的实验室。①

大学和文化国家的思想

但是,有关这一切发展还有一个新的层面值得关注:政府对于新意识形态的接受。在 19 世纪 30 年代,或早或晚,任命教授越来越多地参照他在同僚中的声望,而非教学质量。事实上,照特纳所言,大学知识分子和普鲁士国家间达成了一个社会契约:这就是文化国家(Kulturstaat)的理念。它主张,社会的存在是为了文化(Kultur)的演变。"在大学里,文化获得了高度自觉的表现形式,在那儿得以发展和保存。所以,国家不但应该为它的大学和文化的寄托者提供服务和支持,还要保障大学的学术自由,从而使文化的保存和发展成为了可能。一个国家的大学充当了它知识强国地位的象征。如果国家这么做了,大学便应对国家支持、尊敬和服务……在此基础上,大量金钱流入大学,文化国家理念为普鲁士知识分子和国家在政治上引人注目的合作奠定了基础。尽管有着很多冲突,这样的合作还是绵延了整个 19 世纪。"②

---

① 参见尤斯图斯·李比希(Justus Liebig):"普鲁士化学现状"("Der Zustand der Chemie in Preussen"),《化学和药学年鉴》(Annalen der Chemie und Pharmacie),第 34 期,1884 年,第 123 页及以后诸页。引自 R. 史蒂文·特纳:《普鲁士大学和研究律令(1806—1848)》,第 408,419 页。

② 赫尔穆特·舍尔斯基(Helmut Schelsky):《孤独和自由:德意志大学的思想、结构和它们的改革》(Einsamkeit und Freiheit: Idee und Gestalt der deutschen Universität und ihrer Reformen),汉堡周边的赖恩贝克:罗沃尔特,1963 年,第 131 页及以下诸页。

第十章　洪堡的礼物:研究的创始和普鲁士(新教)知识概念

德意志是幸运的,因为它的国家官僚和领军学者在大体上达成一致。1817年,普鲁士首相卡尔·冯·哈登贝格任命卡尔·冯·施泰因·楚·阿尔滕施泰因为新成立的文化部部长。他是一个浪漫主义植物学家,费希特和洪堡热情的支持者。阿尔滕施泰因不但保障大学不受宗教和政治的干涉,而且认可新学问和新态度的繁荣。他的接替者是约翰内斯·舒尔策(Johannes Schulze,1786—1869)。后者在哈勒上过大学,参加过沃尔夫的研讨班,在歌德的建议下,他个人承担了温克尔曼文集的新版本出版工作。受到德意志高中的全权委托,他支持学术意识形态成为教育的理念基础。是他,让希腊语成为所有高中生的必修课,也是他决定,只有高中毕业生才能进入大学。①

根据R.史蒂文·特纳、威廉·克拉克和查尔斯·麦克莱兰(碰巧都是美国人)收集到的数据,这样的图景更为具体。1805年,普鲁士给大学的投入是10万塔勒,这一数字在1853年上升到了58万。在此期间,教职员工的数量上升了157%。事实上,在1820—1840年,教授数量的上升速度超过学生(哲学院:187%:50%;医学院:113%:22%)。在柏林,对科学机构的资助份额从1820年的15.5%上升到1850年的34%。"知识分子的地位再怎么被高估也不过分,国家强盛将永远有赖于他们的努力。"②

普鲁士的文化部时常强加它的知识观点。最有名的例子是黑

---

① 康拉德·瓦伦特拉普:《约翰·舒尔策和他那个时代的普鲁士高等教育》,第350页及以下诸页。

② 马克西米连·伦茨:《柏林国王弗里德里希·威廉大学的历史》,第3册,第530页。

第三编　受教育中间阶层的崛起:现代繁荣的发动机和工程师

格尔哲学。其在1830年前的普鲁士成为实质上的国家哲学。文化部几乎将所有的哲学教席都授予黑格尔的学生,从而确保了该哲学流派的统治地位。在阿尔滕施泰因、艾希霍恩(Johann Albrecht Friedrich von Eichhorn,1779—1856)和舒尔策的要求下,完成一部"坚实的"著作成为担任教授的必备条件。[①] 教授职位的双重特性,教学和研究,成为学术生涯的现实情况。年轻的学者,于新兴的"研究律令"之下披荆斩棘,将专业研究视为通向教授席位的唯一道路。这一新的价值观将为伟大的新型机构和实验室奠定基础,并成为俾斯麦时代的珍贵财富。[②]

[①] 威廉·克拉克:《学术卡里斯玛和研究性大学的起源》,第246页及以下诸页;R. 史蒂文·特纳:《普鲁士大学和研究律令(1806—1848)》,第453页。

[②] F. A. W. 迪斯特韦格(F. A. W. Diesterweg):《关于德国大学的沉沦》(Ueber das Verderben auf den deutschen Universitäten),埃森:1836年,第1页及以下诸页。

| 第十一章 |

异化的演变

关于知识的品位和时尚是古怪的。1808年,贝多芬的第五和第六交响曲首演的同时恰逢卡斯帕·大卫·弗里德里希完成《山上的十字架》。1839年,当彼得·冯·科内留斯完成他为慕尼黑的路德维希教堂创作的巨幅壁画《创世》、《救赎》和《最后的审判》的时候,费利克斯·门德尔松正指挥着弗朗茨·舒伯特(Franz Schubert,1797—1828)C大调第九交响曲《伟大》的首演。德意志音乐的流行程度依然如旧,但在1750—1850年,事实上一直到稍许晚些时候,德意志的绘画,即使没有被遗忘的话,也受到了明显的忽视。与之相关的悖论也涉及德意志的思辨哲学。在当时,人们称其为天空中明亮的星辰。在19世纪早期,谢林、费尔巴哈(Ludwig Feuerbach,1804—1872),以及最重要的黑格尔,被所有人(不只是德意志人),挂在嘴上。然而,在21世纪人们冷静的注视下,这些名字,和哲学思辨这样的行为本身一样,似乎变得非常遥远。需要再一次强调的是,思辨哲学能够在那个时候获得特殊地位,正是因为欧洲处在怀疑论和达尔文之间的知识境况中。宗教,特别是基督教,伴随着《启示录》的观念正在撤退。哲学很自然地填入了这个知识缺口中,但它是思辨的,在这个意义上,哲学家

第三编　受教育中间阶层的崛起:现代繁荣的发动机和工程师

无论来自哪里,由于没有教会的权威,他必须依靠他思想和见解中理性的力量和内部统一性说服别人。但这同时又是个悖论,因为从这样的思辨哲学(特别是黑格尔的哲学)中,产生了世界所见证的、最强大、最有影响力哲学的一种(或许就是最有影响力的哲学):马克思主义。即使在当前,作为一种政治力量的马克思主义正在衰退,在很多方面,它依然是一种有用的认知分析形式。在"异化"这个概念中,我们找到了最有力量思想的一种,这种思想由现代主义的现象塑造而成。受其影响的有绘画、小说、戏剧和电影,更不必说心理学。

我们的叙述从弗里德里希·谢林(而不是黑格尔或马克思)开始。他是德意志浪漫主义封闭小圈子中的一员,其中包括了他最亲密的朋友,如诺瓦利斯、路德维希·蒂克和施莱格尔兄弟。在自己的思想中,他主要关心的是人和自然间"深刻的、普遍的密切联系"。[1] 对他和他的思想同道们来说,自然是"组织原则"的有效产物,或者是"世界的灵魂"(*Weltseele*)。这一原则使其自身表现为一种客观现象,其共同反映了一种最终以目的论方式理解的统一。换句话说,简而言之,存在一个创造的连续过程,其各个阶段都服务于同一个目的。[2] 通过自然科学的不同学科(物理和生物),可以研究这些创造的阶段。但是,它们不能真正地被独立观察,为了

---

[1] 马尔科姆·帕斯利(Malcolm Pasley)编:《德国:德国研究指南》(*Germany: A Companion to German Studies*),伦敦:梅休因,1972年,第393页。

[2] 弗里德里希·谢林:《实证哲学的基础》(*The Grounding of Positive Philosophy*),布鲁斯·马修斯(Bruce Matthews)编译,奥尔巴尼:纽约州立大学出版社,2007年,第200页。

第十一章 异化的演变

获得全面的视角,我们需要一个包罗万象的体系。对谢林来说,存在三个可以理解的、重要的层面:机械法则支配着非有机的层面;生物法则支配着有机层面;而意识层面只存在于人类中。谢林将意识的发展看成整个进程的"顶点和目标"。[①] 同时,他声称自己发现了历史中的循环运动。在自然世界中,精神体现为一种现象,但其作为一种思想"返回自身"。研究"思想"的实质,现在成为了哲学思考的首要任务;对精神自身的理解是人类的"最终任务"。

为了构建这一思维方式,谢林强调了艺术创造力的深远意义。有了创造力的累积,人们将能够更好地理解那些谢林口中的"绝对同一"、"纯粹同一"和"绝对理性"。再一次强调,我们感觉这听起来几乎是荒谬的,但这就是一种终极真理的观念,它既无法在宗教中找到依据,当时的人们也无法从生物学角度来解释。现在的人们回头来看,可能会把一些关于"意外演变"的概念归功于他,但他的思想事实上处在一个过渡阶段,最终将步入死胡同。

或者并不完全是这样。谢林可能是黑格尔最相关的先行者。他的一些概念,特别是关于"绝对精神"的思想或念头,都被黑格尔吸收了。

格奥尔格·威廉·弗里德里希·黑格尔于1770年出生于斯图加特。1788年到1793年在图宾根大学学习神学,他在那里的同学包括了谢林和后来伟大的浪漫主义诗人弗里德里希·荷尔德

[①] 弗里德里希·谢林:《实证哲学的基础》,第36页。另见弗里德里希·谢林:《自然哲学的思想》(*Ideas for a Philosophy of Nature*),埃罗尔·E.哈里斯(Errol E. Harris),彼得·希思(Peter Heath)英译,罗伯特·斯特恩(Robert Stern)撰写导言,剑桥:剑桥大学出版社,1988年。

第三编　受教育中间阶层的崛起：现代繁荣的发动机和工程师

林（Friedrich Hölderlin 1770—1843）。毕业后，黑格尔首先在伯尔尼和法兰克福当家庭教师，他对自己的职业展望似乎是教育改革家。但是，可能是通过与谢林和荷尔德林的接触，他受到了康德和费希特的影响。他去了耶拿大学，为与谢林更近地一起工作。两个人编辑了《哲学评论杂志》（*Kritische Journal der Philoso-phie*），他还写作关于谢林和费希特哲学的论文，研究他们之间的不同。逐渐地，他与谢林发生了分歧。在 1806 年出版的《精神现象学》一书中他的观点逐渐变得清晰。① 谢林将此书中的一些段落看作是对他的攻击，他们间的友谊就此结束。拿破仑的军队占领耶拿后，大学关闭，黑格尔被迫离开。一开始，他在班贝克从事记者工作，接着，他成为了纽伦堡一所高中的校长和哲学教师，在那儿他结了婚，成立了家庭。1816 年，他获得了海德堡的哲学教席，然后，1818 年，获得了柏林的教席。

和这个时代很多德国人一样，从很早的时候开始，黑格尔就受到了现代社会和古希腊社会的二元对立观点的影响。与充满了分裂和对立的现代社会相比，古代社会据说很和谐。当前欧洲生活中的"无政府个人主义"让他深感忧虑。他认为，由于大多数人民感觉不到共同目标和荣誉，他们将不再能够认同那些传统上满足他们愿望的制度和习惯。曾经可以提供救济的宗教（基督教）已经失灵。目力所及，皆是疏离。

---

① 更详细内容参见：格奥尔格·威廉·弗里德里希·黑格尔（George Wilhelm Friedrich Hegel）：《精神哲学讲座（1827—1828）》（*Lectures on the Philosophy of Spirit, 1827—1828*），罗伯特·R. 威廉姆斯（Robert R. Williams）英译，牛津：牛津大学出版社，2007 年，第 18 页及以下诸页，第 165 页及以下诸页。

第十一章 异化的演变

虽然疏离还不被称作为异化,但其在黑格尔的思想中,它已经起到了重要的作用。正是这样的疏离,引导他提出一个巨大的、纵观全局的叙事,它不但为世界的每一个方面,每一个知识科目都分派了位置,而且还提供诠释和理论基础。在这个巨大的体系中,两种对立的思想将以更令人印象深刻的形象,改头换面重新出现。[1]

黑格尔和谢林一样,把世界、现象的发展理解成精神的演变,描述为"精神自身变化的进程"。和谢林不同,黑格尔认为,既不存在类似于"纯粹的、无法区分的同一",也不存在,在某种程度上,"在逻辑上先于"现象实在的精神。与之相反,黑格尔的精神只存在于其自我呈现的多种途径之中,在他的体系中不存在"另一个世界"。他描述了一种"内在的"真实,其存在于日常经验世界的"背后",赤裸裸地表达了事物的真相,但这一真实并非独立的存在,而是呈现于纯粹思想中的逻辑关系。黑格尔认为解释这些逻辑关系是哲学合适的主题。[2]

---

[1] 马尔科姆·帕斯利编:《德国:德国研究指南》,第397—398页。另见托马斯·泽伦·霍夫曼(Thomas Sören Hoffmann):《格奥尔格·威廉·弗里德里希·黑格尔:概论》(*George Wilhelm Friedrich Hegel: Eine Propädeutik*),威斯巴登:莫里克斯,2004年,第51页及以下诸页,关于他的体系构建,见第278页。

[2] 马尔科姆·帕斯利编:《德国:德国研究指南》,第398页。关于黑格尔语言的讨论,见约翰·麦坎伯(John McCumber):《词语的陪伴:黑格尔,语言和系统哲学》(*The Company of Words: Hegel, Language and Systematic Philosophy*),埃文斯顿(伊利诺伊州):西北大学出版社,1993年,第215页及以下诸页。克劳斯·格罗奇(Klaus Grotsch)编:《格奥尔格·威廉·弗里德里希·黑格尔:全集》(*Georg Wilhelm Friedrich Hegel: Gesammelte Werke*),与德意志研究联合会(Deutschen Forschungsgemeinschaft)合作,底本来自北莱茵-威斯特法伦科学院(Nordrhein-Westfälischen Akademie der Wissenschaften),第10卷,《纽伦堡高级中学教程和讲话(1808—1816)》(*Nürnberger Gymnasialkurse und Gymnasialreden(1808—1816)*),汉堡:迈纳,2006年。

第三编　受教育中间阶层的崛起:现代繁荣的发动机和工程师

黑格尔想展现的是——他所思考的是最重要的问题——主观意识和客观存在间必须总是存在一个"无法克服的二元对立"。哲学的任务就是要超越这一观点,是要指出,在哪里,"我们熟悉的概念架构分解了"。和谢林一样,只是更进一步,黑格尔把精神看作一个向着终点发展的实体,"只有到了终点,人们才可以确认精神自身的存在"①。在日常用语中,世界历史被理解为目的论的进程,借此,精神首先以表现其最终可能性的形式自我呈现。该进程发生于两个不同的层面。在第一个层面,精神"无意识地"自我的呈现伴随着自然现象的产生,自然现象不但包括个别事物,还包括社会和文明,包括代表了演变不同阶段的具体表达的实体,演变指向了进步的、更完全的意识和自我了解。在第二个层面,黑格尔强调,发展可以从历史的角度理解,生命和文化中连续的模式是精神连续的体现。黑格尔的基本理念是,在不同的社会形式和制度演变的同时,还有思想的进步提供了诠释经验的新模式,"逐渐地,精神向着对自身本性更深层次理解的方向运动"。他称终点为"绝对的知识",一个哲学理解的状态,"借此,精神最后认识到,拥有多样化表现形式的整个世界是其自身的产物和表达"。"绝对的知识"标志着一种理解的形式,借此,精神借助哲学的沉思和理解"返回其自身"。通过这个方式,外在的客观世界和内在主观世界达到了统一,从而克服了自我疏离的原初状态,或自我异化。②

在这里,传统基督教教义中的原罪、忏悔和救赎可以找到相当

---

① 马尔科姆·帕斯利编:《德国:德国研究指南》,第399页。
② 同上书,第401页。

第十一章 异化的演变

明显的对应。这些黑格尔自己也承认,他甚至表明神的思想和他关于绝对精神的概念是一致的。也许,他在和一种后基督教或前达尔文主义的理解作斗争。但公正地来说,黑格尔的绝对精神不能被视作超越经验的存在,在世界之上并独立于世界。① 在这个非常重要的意义上,黑格尔的哲学体系是非宗教的。

该体系的细节在他的两本主要作品中有叙述,即早期的(和相当抽象的)《精神现象学》和身后出版的较明确基于史实的《哲学史讲演录》。② 在黑格尔看来,人的条件的决定性方面,是他的"自我创造的社会世界"和他针对这个环境变化无常的态度之间不断的摇摆。于进程的创造性阶段和批判性阶段之间存在一个连续的"辩证法"。随着社会和政治环境的演变,精神在针对人的本质更深刻的理解中自我呈现,这就是黑格尔所认定的自由的发展。历史在连续的文明中自我呈现,其揭示了增长中的自我意识和自由,即人们"对自身需要把握更全面,对彼此关系的认识更深刻"。③"主人-奴隶"社会让位于个人主义的个体,后者反过来为社会秩序的概念所取代,在这个秩序中,"人与人之间的相互尊重取代了对立和不信任。"人们可以获得真正的自由,只要个人的内在潜力在

---

① 约翰·麦坎伯:《词语的陪伴:黑格尔,语言和系统哲学》,第 328 页,认为这是一个循环的自我指涉的论证。

② 托马斯·泽伦霍夫曼:《格奥尔格·威廉·弗里德里希·黑格尔:概论》,第 197 页及以下诸页。

③ 当然,这些不同的形式有伦理和经济的意义,见阿尔贝那·内申(Albena Neschen):《黑格尔哲学和现代经济伦理构思中的伦理和经济》(*Ethik und Ökonomie in Hegels Philosophie und in modernen wirtschaftsethischen Entwürfen*),汉堡:迈纳,2008 年。

他自己创造的世界实现,其中他会感觉自己"像是在家里一样"。①

黑格尔的哲学是全面的,他也试图使其全面(尼佩代将其称为"抽象的暴政")。尽管如此,正是在社会和历史理论中,他发挥了最大的影响力,即使这种影响力源自于激进的作家对他的反动,他们完全颠覆了他的思想。

黑格尔余波

首先,黑格尔被视为一股让人安心的力量。他的历史叙述暗示了,迄今为止,人类经历了一切走向完美的演变。因此,人们应该巩固现存的社会制度,而非寻求用更好的制度来代替他。

1831年,黑格尔去世。不久前贝多芬和舒伯特刚刚去世,而歌德死于1832年。世界正在变化中。与此同时,在19世纪30年代后期和19世纪40年代早期,出现了一群后来被称为"青年黑格尔派"(Young Hegelians)的德国知识分子,他们提出了更为激进的观点,即黑格尔学说的真正意义不是被忽视了,就是被曲解了,因为,比起大多数人所愿意相信的版本要激进得多。

现在,我们很难回到那个时代的思维方式,但事实上,在19世纪20年代,黑格尔的哲学在德意志已经是至高无上的了。它受到了文化部部长卡尔·阿尔滕施泰因的鼎力支持。1827年,集中研究黑格尔哲学的"柏林评论协会"宣告成立。同时,其开始出版《学术评论年鉴》(*Jahrbücher für wissenschaftliche Kritik*),一份黑

---

① 马尔科姆·帕斯利编:《德国:德国研究指南》,第406页。

第十一章 异化的演变

格尔学派的期刊。1832年,在黑格尔去世后的第二年,他在柏林最亲密的朋友和学生之间成立了一个协会,从而成为该学派的知识中坚力量。协会的任务有传播黑格尔的学说和筹备他著作授权版本的出版。他的体系是如此强大,让许多人认为黑格尔的哲学是最好的,集所有哲学思想之大成。他们认为,除了处理那些黑格尔没有时间去追问的细节,他们几乎没有什么别的事情可以做了,但是,不可避免地,青年黑格尔派中的矛盾开始显现。①

事实上,那些被马克思整合到自己无所不包的理论中的思想,是由这些年轻的激进分子中的一部分人首先提出来的。例如,在1835年,大卫·施特劳斯(David Strauss,1808—1874)出版的《耶稣传》(*Das Leben Jesu*)一书。他在图宾根师从反传统的旧约学者费迪南德·克里斯蒂安·鲍尔(Ferdinand Christian Bauer,1792—1860),随后转学到柏林,在黑格尔去世前不久,听了他的讲座。② 黑格尔似乎从来就对《福音书》的历史真实性不感兴趣,但是,施特劳斯却把它们看成基督教的本质,反映"人民深切渴望"的神话。③ 他将福音书理解为,在特定的(黑格尔式的)发展阶段,一个社会的集体意识所抛出的"对事实的想象"。这意味着,启示和

---

① 戴维·T. 麦克莱伦(David T. McLellan):《青年黑格尔派与马克思》(*The Young Hegelians and Marx*),伦敦:麦克米伦,1969年,第2页。

② 威廉·朗(Wilhelm Lang):"费迪南德·鲍尔和大卫·弗里德里希·施特劳斯"("Ferdinand Bauer und David Friedrich Strauss"),《普鲁士年鉴》(*Preussische Jahrbücher*),第160期,1915年,第474—504页。

③ 赫斯顿·哈里斯(Heston Harris):《大卫·弗里德里希·施特劳斯和他的神学》(*David Friedrich Strauss and His Theology*),剑桥:剑桥大学出版社,1973年,第41页及以下诸页。关于他退出研讨班,见第58页及以下诸页。

第三编 受教育中间阶层的崛起：现代繁荣的发动机和工程师

化身的想法只不过是通向更高、更好、更自由道路上的一个阶段。施特劳斯的书轰动一时，一篇书评将斯特劳斯称为"当代的伊斯加略人"*。《圣经》批评对马克思造成两个影响。① 其一，他对信仰的背弃得到了巩固。其二，鉴于当时社会存在着严格的书报审查，政治讨论充满了危险，圣经的批评使得哲学或社会学思想能够相对安全地发展。

马克思还吸收了其他青年黑格尔派成员的一些更具体的想法，他们中包括了奥古斯特·冯·切斯考夫斯基（August von Cieszkowski，1814—1894）。他第一个认为，"发现过往历史的规律是不够的，人们必须利用这些知识来改变世界"；洛伦茨·冯·斯泰因（Lorenz von Stein，1815—1890）第一个确信，工业化意味着无产阶级薪水的减少，因此，他们"永远不可能拥有私有财产"；阿诺德·卢格（Arnold Ruge，1802—1880）强调，人是由他的社会关系来定义的，而社会关系则是由人通过工作来定义的。许多这样的观点在柏林所谓的"博士俱乐部"（Doktor Club）的讨论里已经出现。从1837年开始，一种正统观点开始形成，黑格尔在生前掩饰了真实的想法，实际上，他那些一度让人感到放心的哲学，包

---

* 即出卖耶稣的犹大。——译者

① C. A. 埃申迈尔（C. A. Eschenmayer）：《当代的伊斯加略主义》（*Der Ischariothismus unserer Tage*），图宾根：路德维希·弗里德里希·菲斯，1835年。另参见约尔格·F. 赞德贝格（Jörg F. Sandberger）：《作为神学黑格尔派的大卫·弗里德里希·施特劳斯：附带未出版的信件》（*David Friedrich Strauss als theologischer Hegelianer: Mit unveröffentlichten Briefen*），哥廷根：范登赫克和鲁普雷希特，1972年；以及大卫·F. 施特劳斯（David F. Strauss）：《旧信仰和新信仰：一部忏悔录》（*The Old Faith and the New: A Confession*），玛蒂尔德·布林德（Mathilde Blind）授权译自第六版，伦敦：阿舍，1873年。

第十一章　异化的演变

含着"革命的倾向"。然而,在其他三个有重大意义的人物面前,这些想法便不再显得重要了,他们是:路德维希·费尔巴哈,摩西·埃斯(Moses Hess,1812—1875)和弗里德里希·恩格斯(Friedrich Engels,1820—1895)。

路德维希·费尔巴哈的重要性

1841年,路德维希·费尔巴哈出版了《基督教的本质》一书,一部被广泛阅读并倍受赞誉的作品。借此,他转向斯特劳斯和其他人已经开启的、针对基督教的批判性研究。[①] 但是,费尔巴哈并不仅仅满足于更新和打磨黑格尔的思想,根据新的德国传统,他对黑格尔进行了彻底的批判性分析。费尔巴哈认为黑格尔犯了一个严重的错误,即存在先于思考而来。费尔巴哈说,思考自然地依赖于"通过感官认知的、物体和事件的自然世界"。人类是这个世界的一部分,只有参照了他们,意义和内容才能够生成。因此,哲学不能从相反的方向开始,以纯粹的概念作为起点。[②]

在《基督教的本质》中,费尔巴哈试图揭示宗教的运行过程。他早于弗洛伊德很多年就认为,宗教"暗示人将自己的本性和力量投送至超验领域,宗教用这样的方式,以一个在他之上的神的存

[①] 戴维·T.麦克莱伦:《青年黑格尔派与马克思》,第88页。路德维希·费尔巴哈(Ludwig Feuerbach):《基督教的本质》(*Das Wesen des Christentums*),共两册,柏林:学术出版社,1956年,最初由奥托·维甘德于1841年出版于莱比锡,对神秘主义的分析见第10章。

[②] 马尔科姆·帕斯利编:《德国:德国研究指南》,第407页。

在,出现在他面前"。他接着说:"神正是人。换句话说,通过他人的凝视和敬拜,从个人局限中解脱出来的、完美的人性,成为一个独特的客观存在。"在敬拜神的同时,人们就是在敬拜自己。但是,这并不一定是坏事,或者说是死路一条。费尔巴哈说,从历史的角度思考,敬拜神使人对他自己和他希望成为的自己,有了更深入的了解。他认为,消极的一面在于,对于神的理想化观念,必然会导致人的自我矮化和在世俗领域中的自我贫困化。[①] 可能与实际之间的差距就是我们对异化的描述。人们可以这么理解,命运"并不是绝对事物通过自我认知,回归自身,而是人通过对他自己的力量和可能性的认知和实现,回归自身"。这是康德哲学的黑格尔化。

年轻的卡尔·马克思(Karl Marx,1818—1883)深受费尔巴哈影响(事实上,在一段时间内,费尔巴哈比马克思更重要)。特别是,费尔巴哈认为,人类学和生理学是最根本的科学。这促成了马克思的核心思想——哲学应该实现"自然的人类化"和"人的自然化"。受费尔巴哈的影响,马克思把人"看成一种存在,他与自然以及与社会中同伴的联系,改造着他的本质"[②]。

这就是马克思如何跟随费尔巴哈,视黑格尔的异化概念为核心的。不过,当费尔巴哈把异化思想集中视为宗教体验的核心时,对马克思来说,异化——人的自我疏离——和他所处的具体社会

---

① 约瑟夫·维尼格(Josef Winiger):《路德维希·费尔巴哈:人类思想家,传记》(*Ludwig Feuerbach:Denker der Menschlichkeit;Biographie*),柏林:建设袖珍书,2004年。维尼格将费尔巴哈视为"哲学的路德",另见马克思·W.瓦尔托夫斯基(Marx W. Wartofsky):《费尔巴哈》(*Feuerbach*),剑桥和纽约:剑桥大学出版社,1977年。
② 戴维·T.麦克莱伦:《青年黑格尔派与马克思》,第107、110页。

第十一章　异化的演变

情况紧密相连。

马克思的另一个先行者是埃斯,也属于青年黑格尔派。他的《人类神圣的历史》(*Die heilige Geschichte der Menschen*)*是德意志连贯的社会主义思想的第一次表述。他的目的是探讨人类如何"可以在已经失去原来和谐的当前,重获与上帝的联系",这也是一个重新诠释黑格尔的尝试。① 在随后的著作《欧洲的三足鼎立》(*Die europäische Triarchie*)中,埃斯认为,私有财产的废除对于任何新的社会秩序都是必需的,只有把"奴隶阶级"从经济剥削中解放出来,"精神异化"才能被消除。他像其他人一样,认为第一次(或下一次)革命将会发生在英国,因为那里有着最大的贫富差距。1841年,埃斯和马克思在波恩相见,随后,埃斯把马克思描述成"卢梭、伏尔泰、霍尔巴赫、莱辛、海涅和黑格尔的集中化身"。② 埃斯坚信:"钱使人的价值体现在数字上,是我们奴役制度的标志。"对于马克思来说,"钱是以色列的嫉妒之神,在它身边,没有其他的神可以存在"③。1842年,马克思从波恩搬去科隆,他和埃斯一同聆听了布鲁诺·鲍尔的讲座。埃斯同意马克思的观点,比起其他国家,德国是"一个更加理论化的国家",这是异化的一种形式。据戴维·麦克莱伦观察,埃斯一度走在马克思的前面。

---

*　原文作"Heilige Geschichte"。——译者

①　关于对马克思的其他影响,见威廉·利·麦克布莱德(William Lea McBride):《马克思的哲学》(*The Philosophy of Marx*),伦敦:哈钦森,1977年,第21—48页。

②　威廉·利·麦克布莱德:《马克思的哲学》,第38页;戴维·T.麦克莱伦:《青年黑格尔派与马克思》,第145页。

③　戴维·T.麦克莱伦:《青年黑格尔派与马克思》,第157页。

第三编　受教育中间阶层的崛起:现代繁荣的发动机和工程师

"可能是有史以来最有意义的思想合作"

布鲁斯·马兹利什将马克思视为早期社会主义的一个"艾赛尼派信徒"*。① 这意在指出,他确实有着虔诚和禁欲的一面,但实际上,马克思反对简单的普遍化。有时,他视自己为一名科学家,援引达尔文的名字,来类比自己在发现"人类技术"(而非"自然技术")规律中所起的作用。19世纪30年代后期恰逢浪漫主义晚期,马克思本人写作诗歌,并与海因里希·海涅、费迪南德·弗莱利格拉特(Ferdinand Freiligrath,1810—1876)和格奥尔格·赫尔韦格(Georg Herwegh,1817—1875)缔结友谊。这些诗人将在第十四章中谈及。但是,马兹利什指出,马克思主义的传播与基督教和伊斯兰教的扩张相类似。② "有些人认为,马克思是伟大的犹太先知传统的继承人,他的言语使人类振聋发聩……但是,马克思以路德教的方式接受了这一传统,因为他接受了成为一名虔诚基督徒的所需教育。不用说,马克思不是一个虔诚的基督徒,如同路德也并非共产主义的先驱。……他们分享的……是同一种修辞结构,即启世传统的典型表达,一步一步地……从统治和压迫的原始状态走向完美社会的巅峰。"③ 虽然他成为一个好战的无神论者,一个"嘲笑

---

*　一个推崇禁欲和苦修的犹太教派。——译者

①　布鲁斯·马兹利什(Bruze Mazlish):《卡尔·马克思的意义》(*The Meaning of Karl Marx*),牛津和纽约:牛津大学出版社,1984年,第13页。

②　布鲁斯·马兹利什:《卡尔·马克思的意义》,第23页。

③　同上书,第37—38页。

第十一章 异化的演变

'与基督一致'的人",但是,宗教的功能,它在我们心里的位置,对马克思来说仍然至关重要,这也就是为什么他认为黑格尔和费尔巴哈是如此吸引人。马克思认为,虽然黑格尔并没有明确表述,但是,他和所有的人类,都被宗教纳入其中了。在《路易·波拿巴的雾月十八日》(1852年)一书中,他声称:"人创造自己的历史,但……不在自己选择的条件下。"这个时刻,他以为他已经超越了黑格尔。

马克思的父亲是一个成功的律师,受他的影响,马克思一开始学的是法律。[①] 当他从特里尔的高中毕业的时候,他的学校报告显示,他已经在基督教信仰知识方面拥有"深厚的功底",有古典语言天赋,但法语和物理表现平平。(事实上,马克思后来能够像德语一样流利地书写法语和英语)。

进入波恩大学大约一年以后,他把专业换成了哲学。在父亲的坚持下,他转学到柏林。在那里,他写信给父亲表示,由于受到黑格尔很大的影响,他开始从辩证的角度看待自己的人生。他有他的内心的挣扎,但是,他认为,考虑到他所面临的历史和社会境遇,这些都是"合乎逻辑的"。沉浸在挣扎之中,他认识了一些黑格尔其他的学生,并加入了由青年黑格尔派组成的"博士俱乐部"。[②] 在那里,他见识了布鲁诺·鲍尔和他标志性的激进主义。

这种激进主义有时让马克思感到不安。代表马克思人生的第一个成功是他和燕妮·冯·威斯特法伦(Jenny von Westphalen)的婚姻。以任何标准衡量,她都是一个值得追求的女人。在一封

[①] 布鲁斯·马兹利什:《卡尔·马克思的意义》,第45页。
[②] 同上书,第48页。

第三编　受教育中间阶层的崛起:现代繁荣的发动机和工程师

信中,马克思写道:"每天(这是 1862 年),我在四处都被问及以前'特里尔最美女子'和'舞会女王'的近况。"他的妻子在整个城市的印象中就是一个可爱的公主,对一个男人来说,这是非常令人愉悦的,①马克思坚持要燕妮在她的名片上使用"生于威斯特法伦"这样的表达。

这段婚姻持续着,她给他很大的实际帮助。在 1850 年左右,厄运降临,他们的第一个孩子离世了。

马克思和布鲁诺·鲍尔以及其他的左翼黑格尔派成员的关系使他失去成为大学老师的机会。然而,他证明自己是一个有能力的记者,在他的领导下,《莱茵报》发行量翻了一倍。19 世纪 40 年代,工业化已经开始在德意志出现,如同在上个世纪的英国一样,社会和经济问题不但越来越严重,而且越来越复杂,正如恩格斯和马克思所意识到的。上流社会人们的嘴上都挂着社会主义和共产主义的解决方案(在那个时候,两者大致相同)。但是,马克思还没有接受这些理论。1842 年,在一篇关于木材盗窃的著名文章中,他主要从法律条文上捍卫农民收集枯木的传统权利,该权利正面临日益增长的工业需求的挑战。私有财产权还没有成为他的核心关切。②

---

① 布鲁斯·马兹利什:《卡尔·马克思的意义》,第 54 页。
② 同上书,第 59—60 页。某一时期,《莱茵报》曾有计划由一位同样生活丰富多彩的经济学家弗里德里希·李斯特担任编辑。来自符腾堡的李斯特曾经在狱中过于热情地为政治改革辩护,因此被迫流亡美国,最后以美国领事的身份重返莱比锡。他的理论有凯恩斯主义的意味,他为政府干预经济辩护,但他的名气主要来源于的关于国民经济学的理论,即国民经济应该总是被视为一个整体,因此,多数人的利益应该首先被考虑到。

第十一章　异化的演变

逐渐地,有时也并非如此渐进地,政府书报检查员对《莱茵报》的干涉让马克思越来越恼怒,1843年3月,在他辞职的同时,报纸也被查封。他作为一个全职记者的职业生涯历时不到一年,现在,他开始了作为职业革命家的流亡生活。

马克思首先到了巴黎。他觉得自己还可以继续当一名记者,因此接受卢格作为新期刊的共同编辑。期刊的标题为《德法年鉴》(*Deutsch-Französische Jahrbücher*),其旨在成为一家国际性的媒体。然而,《年鉴》一共就出版了一次,两期合刊,没有任何法国作者,所以它既不是按年出版的,也没有获得国际性的影响力。尽管如此,它包括了三篇开创性的文章:马克思的"论犹太人问题"和"《黑格尔法哲学批判》导言",以及恩格斯的"国民经济学批判大纲"。马克思受到恩格斯很深的影响,后者来到巴黎后,两人一度连续十天形影不离,"从而为可能是有史以来最成功的、最有意义的思想合作奠定了基础"①。这不需要感谢法国人,尽管他们有自己革命的资历,但还是在1845年1月驱逐了马克思和卢格,并查封了他们的期刊。

马克思和恩格斯没有退缩,他们在布鲁塞尔创立了"共产主义通讯委员会",旨在确保在不同国家的共产主义者间的相互联系(未来的共产国际的前身)。次年,他们组建了"德意志工人协会",帮助成立了"正义者同盟",一个激进的秘密社团。马克思变得越来越积极主动。除了上述活动,他利用他父亲的遗产帮助武装布鲁塞尔的革命工人。被发现并被驱逐后,他辗转经过巴黎来到科

---

① 布鲁斯·马兹利什:《卡尔·马克思的意义》,第61页。

第三编　受教育中间阶层的崛起:现代繁荣的发动机和工程师

隆,在那里,他又创办了一家致力于革命的报纸,即《新莱茵报》。

在一些地区,人们在整个"饥饿的 19 世纪 40 年代"中都翘首期盼着革命的到来。1848 年,革命终于在许多城市爆发,但不久以后,它就逐渐停息。随着革命在各地的失败,保守派重新占了上风。因为试图在科隆准备起事,马克思被逮捕。通过精彩演讲,他征服了陪审团,从而被无罪释放。在 1849 年 5 月,他再次陷入困境。这次,他不仅被普鲁士驱逐,他的新报纸也被查封。接着,马克思在巴黎的尝试也很快失败,他再次被驱逐出境。在 1849 年的夏天,他"承认'行动'的失败",并横渡海峡去到了伦敦。马克思在那里待到去世,却从未失去对革命的渴望。①

马克思的新心理学

虽然马克思自诩为一个民主主义者,但瑞士历史学家雅各布·布克哈特(Jacob Burckhardt)谴责他为历史上的一个"糟糕的简化者"。在一定程度上,布克哈特是正确的。马克思在他的著作中,几乎没有顾及对个人权利的保护,因为他假设,在共产主义社会,不再存在提供这种保护的必要。"他远离了约翰·洛克,詹姆斯·麦迪逊(James Madison,1751—1836),或约翰·斯图亚特·密尔(John Stuart Mill,1806—1873)的传统。他们关心制度对人的权力欲望的控制和平衡。他们对'自由'的定义与马克思的相去

---

① 布鲁斯·马兹利什:《卡尔·马克思的意义》,第 63 页。

第十一章　异化的演变

甚远。"①

虽然他是一个没有故乡的人,但同时,他又是一个非常德意志的作家。黑格尔和他关于宗教使信徒自我异化的考问影响了马克思。终其一生,马克思选择了德意志的学术批评方法来研究异化。他把主要焦点对准德意志,希望在那里能爆发革命。他坚持认为,德意志尽管实际上落后,但"在思想上领先"。1848 年革命的失败在他思想中起了很大的作用:人们不能期望小资产阶级发动革命,"他们还没有准备好发挥其历史作用。必须找到一个新演员或主角"。这个新的主角是无产阶级。马克思宣称:"必须形成一个阶级,它有与生俱来的枷锁,一个身在资产阶级社会中、却不属于该社会的阶级。"他只是非常清楚地知道,无产阶级"在德意志才刚刚开始形成"。"只要资产阶级扮演好被分派的角色、一个真正的反面角色,扮演主角的新阶级就能发展起来。……只要一个阶级是公开的压迫阶级,另一个阶级就能成为完美的解放阶级。"②这些观点,对于理解马克思是决定性的。

1844 年,在巴黎,马克思终于开始认真对待英国古典经济理论,并为批判黑格尔奠定了实质性基础。尽管我们永远不应该忘记,是恩格斯在 1844 年写作的《英国工人阶级状况》(出版于 1845 年)一书中揭示了曼彻斯特工厂制度的悲惨现状。当恩格斯关注曼彻斯特的污垢的时候,马克思正花时间来分析亚当·斯密。在

---

① 伯特尔·奥尔曼(Bertell Ollmann):《异化:马克思论资本主义社会中人的概念》(*Alienation: Marx's Conception of Man in Capitalist Society*),剑桥:剑桥大学出版社,1971 年。第 2 部分涉及马克思对人性的构想。

② 布鲁斯·马兹利什:《卡尔·马克思的意义》,第 80 页。

· 375 ·

第三编 受教育中间阶层的崛起:现代繁荣的发动机和工程师

关键部分中,马克思指出,社会财富的增加意味着个人必然的穷困和潦倒。(斯密本人也认识到这种威胁,但总的来说,他认为利远甚于弊。)然而,马克思认为,雇主对自身利益的追求总是会胜出,并会扭曲市场。①

马克思常常既是哲学家,也是经济学家。他的基本论点是,工人"生产越多的财富,他就会变得越穷"。马克思坚持认为,即使工人"能够得到更好的报酬",他也会越来越穷,因为异化在增加。作为人,这名工人已经变得赤贫。所以马克思发展了异化的概念,在他看来,它起源于劳动,有四个决定性的方面:(1)在资本主义制度下,劳动不再属于工人自己,一个相异的实体在支配着他;(2)生产行为使他疏远了他自己的本性,他变得不再是一个人了;(3)市场(和工厂)的需求使人和人互相疏远;(4)这种需求也使人疏离于周边的文化。马克思认为这些异化的力量正在催生一种新的心理。②

1845年,卡尔和燕妮住在布鲁塞尔,燕妮怀上了劳拉。恩格斯搬到了隔壁,接着两个人花了六个星期访问英国,特别是曼彻斯特,在英国他们既观察事物也阅读报纸。回到布鲁塞尔后,两人着手开始写作《德意志意识形态》一书。由于两人都无法找到出版商,1846年,此书的出版被搁置下来。(最终,此书直到1932年才首次出版)。虽然感到失望,马克思后来还是觉得,这本书已经达到了它的目的,即他们俩从中获得了某种程度的自我清醒。布鲁

---

① 布鲁斯·马兹利什:《卡尔·马克思的意义》,第84页。
② 伯特尔·奥尔曼:《异化:马克思论资本主义社会中人的概念》,关于异化理论和劳动价值理论,见第3部分,第168页及以下诸页。

斯·马兹利什说:"他太谦虚了,《德意志意识形态》中的观点将破坏资本主义的根基。"①

马克思的第一个成就是,通过他的文字揭示了一种新的科学,这将开启人类发展的一个新阶段,并迈上黑格尔自我意识的一个新台阶。马克思认为,为了"创造历史",人必须生活,这意味着他们必须满足他们的需求。在工业化阶段,虽然合作的特定模式是必需的,但一套特定的社会安排,以及这种合作模式,会造成后果。他赞扬了英国和法国对经济史的重视,因为他们认识到,历史是工业和交易的历史。同时,马克思摈弃政治史,因为在他眼里,并不存在卢梭的社会契约,只有"将人与人联系起来"的经济关系。"这样的观点,标志着一场在政治学领域内深远的革命。"②

马克思也认为,经济上的劳动分工成为国家"崛起"的基础。国家提供的,实际上是一种虚幻的公社式生活。③ 家庭和阶级的存在提供了认同,但是,"从中可以推断,国家之内所有的斗争,在民主制、贵族制和君主制之间的斗争,为专营权的斗争等,只是一些虚幻的表现形式,其中,真正的斗争发生在不同的阶级之间"。政治生活掩盖了真正的、建筑于劳动分工和私有财产之上的斗争,这是产生疏离的深层次原因。这引出了马克思关于社会中占统治地位的思想的著名段落:"在每一个时代,统治阶级的思想都是占统治地位的思想。这就是说,该阶级是社会上占统治地位的物质力量,同时也是社会上占统治地位的精神力量。"正因为如此,人的

---

① 布鲁斯·马兹利什:《卡尔·马克思的意义》,第90页。
② 同上书,第94页。
③ 伯特尔·奥尔曼:《异化:马克思论资本主义社会中人的概念》,第215页。

"大幅度"改变只能通过一个行为实现,革命。"只有通过革命行为本身,人才能够使自己成为一个新人,一个纯化、洁净的人。"劳动分工,私有财产和对国家思想上的自我认知,组合成"一个相互支撑的合体"。①

《德意志意识形态》一书完成后,两人在1848年撰写了更为激进的、预言革命到来的《共产党宣言》。1836年,德意志的激进工人在巴黎成立了正义联盟,一个致力于德意志革命的秘密组织。1839年,在一次起义失败后,大多数成员离开了巴黎前往伦敦。1847年,该组织的名称改为共产主义者联盟。在当年的年会上,因为派系斗争而四分五裂的联盟委托马克思和恩格斯,两名最近加入的拥护者,起草一份宣言。

在宣言的起草工程中,恩格斯做了大部分的工作,但随后马克思意识到,这将是使他们的意见获得更广泛的知名度的完美媒介。因此,他在恩格斯的草稿中加入了他的观点,从而使得《宣言》成为经典的"信仰纲领"。②

他的文章开始于著名的段落:"一个幽灵,共产主义的幽灵,在欧洲游荡。"在当时的伦敦,可能有20—100名共产主义者,但马克思将他们视为"针对现状唯一的替代方案"。紧接着这一激动人心的宣传文字,马克思提供了具有宏大视野的历史,他像一个科学家那样确定地告诉人们,资产阶级是如何反对封建贵族,并以其为代价发展起来的。他们改造了生产技术和资金,扩大和改造了市场,

---

① 布鲁斯·马兹利什:《卡尔·马克思的意义》,第99页。
② 马克·考林(Mark Cowling):《共产党宣言:新的诠释》(*The Communist Manifesto: New Interpretations*),爱丁堡:爱丁堡大学出版社,1998年。

第十一章 异化的演变

创造了一个前所未有的、基于国际贸易和交流的文明。在此过程中,他们的技术受到威胁,从而"为自己的末日创造了条件"。资产阶级的需求造就了现代工人阶级——无产者。"资产阶级将阶级斗争,简化为两大阶级的摩尼教式二元对立的斗争:有产者和无产者,资本家和无产者。按马克思的说法,阶级斗争是'所有现存社会的历史'"①矛盾简单明了得几乎就像圣经一样。

考虑到那些以马克思名义制造的(或者说归咎于他的)恐怖事件,人们需要公平地指出,除了废除私人土地所有权和继承权之外,马克思实践措施的清单在今天看来一点都不激进:累进或分级的所得税;信贷集中在国家手中;通讯和运输的国有化;农业与制造业的结合;针对所有儿童的免费教育。这些措施受到忽视,可能是由于书中激动人心的语言和爆发性的剧情,马克思宣称他正见证其上演,也可能是由于他的结论:"全世界无产者,联合起来!……让统治阶级在共产主义革命面前发抖吧。无产者在这个革命中失去的只是锁链。他们获得的将是整个世界。"②

接下来是《资本论》。布鲁斯·马兹利什说道,毫无疑问,此书是马克思最伟大的成就,或者说,是一部伟大的著作。"问题在于:在什么意义上,可称其为一部伟大的著作?"③

该书的中心思想是:一、劳动价值理论,二、剩余价值理论,三、

---

① 布鲁斯·马兹利什:《卡尔·马克思的意义》,第 104 页。
② 同上书,第 105 页。
③ 关于此书的历史,见弗朗西斯·惠恩(Francis Wheen):《马克思的〈资本论〉,一部自传》(*Marx's "Das Kapital": A Biography*),伦敦:大西洋图书出版社,2006 年。

第三编 受教育中间阶层的崛起：现代繁荣的发动机和工程师

资本积累和结果理论，四、贫困积累定律。劳动价值理论思想并非源自于马克思，而是亚当·斯密。事实上，这一在19世纪初期很广泛传播的理论，让马克思的理论一度看上去很新潮。然而，《资本论》出版后不久，经济学就受到另一场革命的强烈影响：这就是所谓的边际效用理论，这一数学方法动摇了劳动价值理论，这也就是为什么现代经济学家几乎不关注马克思的经济理论。

马克思认为，劳工创造了所有的价值的同时，却没有能够获得全部的劳动价值，他们得到的只有一部分，而资本家从他们手中夺走了更大的份额，这使得他们屈服于苦难和潦倒的生活。[①] 马克思说道，核心问题是利润。"如果资本家只取回他们最初投入的资本，而让劳工得到流入商品的合理劳动价值，利润如何从生产过程中提取？"只有支付给劳工远少于他应得的，资本家才能够保住利润。马克思把这个过程看成剥削。"从来没有读过《资本论》的劳工，现在可以确信，他们受到剥削的感觉是有科学基础的。"[②]

马克思的论证中有很多缺陷。比如，如果剩余价值增加，是因为资本家低估了劳动价值，那怎么解释，使用大量机器和少量劳工的产业，往往比劳动密集型产业，更有利可图？对此马克思没有能够提出一个令人满意的答案。

他用最生动的文字揭示并批判了资本的积累。它源自何处？对于他来说，这并不来自于资本家的辛勤工作和储蓄，而是通过"残酷的没收、奴役和劫掠，……资本来到世间，从头到脚，每一个

---

① 伯特尔·奥尔曼：《异化：马克思论资本主义社会中人的概念》，第168页。
② 布鲁斯·马兹利什：《卡尔·马克思的意义》，第111页。

第十一章　异化的演变

毛孔都滴着血和肮脏的东西……对直接生产者的剥削是通过最残酷无情的野蛮手段,在最下流、最肮脏、最卑鄙、最可憎的贪欲的驱使下完成的"。这样下去,没有出路。他坚持认为,资本将会进一步地集中在少数人的手中,此外,随着竞争的加剧,利润在长周期内是下降的。最终结果,至少也是最终结果的一部分,是贫困积累规律的呈现。马克思称其为"规律",但实际上,在大多数资本主义国家的大多数工人的条件都得到了改善。①

但是,人们是否只能把《资本论》当作枯燥的教科书来阅读呢?并非如此。"它是一部热情的戏剧,一部史诗,它带领我们进入到资本主义的最内在的区域,穿过炼狱,从而让我们在尽头,可以看到其最终的灭亡,可以得到对未来救赎的承诺。打动了我们的……是马克思形象的叙述。"②

马克思理论中其他的缺陷,现在众所周知。最重要的是他的假定,资本家控制了所有的政治权力,并把工人排除在外。"资产阶级民主是一场骗局。"马克思自己用来谴责资本主义的、关于工人状况的议会调查,事实上导致了重要的改良。尽管姗姗来迟,但事实如此。1867 年,《资本论》出版那年,英国的城市工人获得了选举权。在欧洲的资产阶级民主社会中,虽然缓慢地但却稳步地实现了"福利国家"。现在,由于《资本论》的出版已经是足够久远的事情,我们能够做出结论,当工人在政治上拥有了投票权,他们不会选择推翻资本主义工业体系,而是争取从剩余价值中获得更

---

① 布鲁斯·马兹利什:《卡尔·马克思的意义》,第 113 页。
② 同上书,第 115 页。

第三编　受教育中间阶层的崛起:现代繁荣的发动机和工程师

大的份额。正如恩格斯所见,《资本论》成为了工人的圣经,成为引发革命的抗争的一部分,但是,利用《资本论》去争取更多的剩余价值终究还是对《资本论》目的的误读和误解。

除了以上这些缺点,人们可以领悟马克思的核心见解,社会生产力的发展创造了新的社会关系,从而将经济学和社会学联系在一起。① 此外,鉴于他的黑格尔派思想背景,他提供了一个演变的视角。

在个人层面上,马克思是一个伟大的斗士,至死不渝地为一个更美好的世界而奋斗。撇开马克思主义,马克思作为个人和弗兰克、赫尔德以及黑格尔一样,强调社会的道德和价值都应由其成员自己来创造。这是另一种德意志的意识形态,也是一种我们今天可以不顾那些过往而仍然拥护的思想。

欧洲最博学的人

1890 年,恩格斯 70 岁的时候,马克思的女儿埃莉诺总结了他的性格:"他除了拥有年轻人的朝气和善良,更值得注意的是他的多才多艺。没有什么东西对他来说是陌生的,自然历史、化学、博物学、物理学、语言学……政治经济学,以及最后但同样重要的军事策略。"②1872 年,恩格斯还救过西奥多·库诺(Theodor Cuno)

---

①　布鲁斯·马兹利什:《卡尔·马克思的意义》,第 150 页。
②　J. D. 亨雷(J. D. Hunley):《弗里德里希·恩格斯的人生和思想》(*The Life and Thought of Friedrich Engels*),纽黑文(康涅狄格州):耶鲁大学出版社,1991 年,第 1 页。

第十一章　异化的演变

的命。后者是第一国际的米兰支部创始人，后来美国劳工骑士团的成员。当时，库诺第一次在海里游泳，几乎溺水，被恩格斯所救，他这样评论他的救命恩人，"他的头脑就是一个习得知识的宝库"。马克思也"为恩格斯感到自豪"，事实上，马克思将恩格斯称作"欧洲最博学的人"。[①]

1820年，弗里德里希·恩格斯出生于莱茵河小镇巴门，现在是伍珀塔尔的一部分。他的父亲是坚定的虔信主义者，但恩格斯自己却受到了该地区工业化初期很深的影响。令他惊讶的是，不像德意志的其他地方，在伍珀河畔，"人民蓬勃酣畅的生活"和传统的民谣一样，已经失落。在毕业前，他就离开了高中，进入了他父亲的办事处，接着他被派到了公司的其他办事处，一直在享乐——骑马、滑冰和击剑。他参加了合唱团，甚至尝试作曲。[②] 通过阅读，他受到了施莱尔马赫、费希特和大卫·施特劳斯《耶稣传》的影响，这导致他放弃了信仰。接着，他接触了黑格尔，后者对他的影响犹如改宗。从此，他建立了和青年黑格尔派的联系。马克思也是其中的一员。恩格斯于1842年出版了《谢林和启示》。这本小册子甚至吸引了遥远的俄国的注意。接着他开始频繁地为报纸写作，尽管他的父亲建议他为公司在曼彻斯特的办事处花更多的时

---

① 关于两个男人的互相吸引，见特雷尔·卡弗（Terrell Carver）：《马克思和恩格斯：学术思想关系》(*Marx and Engels: The Intellectual Relationship*)，伦敦：惠特谢夫图书，1983年。

② 汉斯·彼得·布洛伊尔（Hans Peter Bleuel）：《弗里德里希·恩格斯：市民和革命家：对一个伟大德国人符合时代的传记》(*Friedrich Engels: Bürger und Revolutionär: Die zeitgerechte Biographie eines grossen Deutschen*)，伯尔尼：舍茨，1981年。

第三编　受教育中间阶层的崛起:现代繁荣的发动机和工程师

间,以提高经商的能力。①

在英国,恩格斯尽管认为生活不如在大陆那么有意思,如特里斯特拉姆·亨特(Tristram Hunt)所说的那样,他还是遇到了后来的女友,玛丽·白恩士(Mary Burns),事实上是一个家仆。在她的引领下,恩格斯进入了曼彻斯特的无产阶级圈子,这些联络人成为了他《英国工人阶级状况》一书的背景。② 1844年,回到巴门前,他经过巴黎,并在那里遇到了马克思。在家里,他写作了《英国工人阶级状况》,戴维·麦克莱伦称其为"在城市地理学和社会学这样相对现代的领域中的先锋之作"。我们现在知道,这只是对英国工人阶级单方面的叙述,夸大了他们在工业化前的富有,并宣传了机器的影响。尽管如此,文本是栩栩如生的。"除了伊丽莎白·盖斯凯尔(Elizabeth Gaskell)的《玛丽·巴顿》(*Mary Barton*,1810—1865)之外,可能没有其他书可以如此形象地刻画当时英国工人阶级遭遇的真实不幸。"③

在1848年革命之前,马克思和恩格斯合作完成了《神圣家族》《德意志意识形态》和《共产党宣言》。在革命中,当马克思去巴黎的时候,恩格斯是巴登民主革命中坚守到最后一刻的前线士

---

① J. D. 亨雷:《弗里德里希·恩格斯的人生和思想》,第10、14页。
② 恩格斯并非唯一关注这个问题的人,见迈克尔·列文(Michael Levin):《英国问题的境况:卡莱尔、密尔、恩格斯》《*The Condition of England Question: Carlyle, Mill, Engels*》,贝辛斯托克:麦克米伦,1981年。
③ 特里斯特拉姆·亨特(Tristram Hunt):《穿着双排扣长礼服的共产主义者:弗里德里希·恩格斯的革命生活》,(*The Frock-Coated Communist: the Revolutionary Life of Friedrich Engels*),伦敦:艾伦巷,2009年;J. D. 亨雷:《弗里德里希·恩格斯的人生和思想》,第17页。

第十一章　异化的演变

兵,虽然普鲁士军队轻易地取得了胜利。事实上,恩格斯参加了四场战斗,"从中发现,自己比想象中的更为勇敢"。但是之后,恩格斯和马克思的家庭流亡到英国。在那里,恩格斯重新为埃门和恩格斯棉纺厂在曼彻斯特的分部工作。这使他不但可以养活自己,还可以贴补收入微薄的马克思。后来,随着他收入的增加,他给予马克思的资助"变得颇为可观"。除了和马克思的合作外,恩格斯,一个从前的战士,还在撰写军事方面的文章。

在这个时候,除了有街垒战斗中的经历,他绝不像是一个革命者。他骑马纵犬,参加了阿尔伯特俱乐部(名称来自于维多利亚女王的德国丈夫阿尔伯特,该俱乐部成员一半英国人,一半德意志人)。1860年,他开始独享埃门和恩格斯棉纺厂的利润,"马克思收入的主要来源,至少在这个时候,是资本主义的"[①]。

1870年,恩格斯回到了伦敦,在离马克思和燕妮很近的地方租了公寓。现在,他开始借助大量的阅读撰写自己的著述。其中有,《家庭、私有制和国家的起源》。其中,他接受了路易斯·摩尔根(Lewis Morgan,1818—1881)在著名的《古代社会》中的观点,认为,从野蛮到文明发展的关键在于生产。[②] 他自己最后的重要作品是出版于1886年的《路德维希·费尔巴哈和德国古典哲学的终结》,借此书,他阐述了他和马克思与黑格尔、费尔巴哈间的关系。他不但重申了黑格尔的论述:事实的发展,"归根结底无法达到绝对的真理",而且呼应了费尔巴哈的思想:自然(其中包括人

[①] J.D.亨雷:《弗里德里希·恩格斯的人生和思想》,第24页。
[②] 特雷尔·卡弗:《马克思和恩格斯:学术思想关系》,第144页。

第三编　受教育中间阶层的崛起：现代繁荣的发动机和工程师

类)之外空无一物,哲学和宗教是对"人类自身本性的简单反映"。

今天,恩格斯的博学可能得不到足够的赞赏。比起马克思,他有着更广阔的兴趣爱好,他英语和法语的书面口头表达能力不逊于德语,和马克思一样,他还能够说希腊语、拉丁语和少量的意大利语、西班牙语和葡萄牙语。他对自己的学识淡然处之,但这些却对他很有用。借此,他预见了威廉二世,威廉一世的孙子,会犯很多错误,从而成为德国的灾难。恩格斯没有无视英国无产阶级越来越富有的现实,但和他人不同的是,他将这一现象归因于大英帝国的扩张。他认为,这可以解释,为什么在欧文主义(Owenism)之后,英国几乎没有社会主义。他预见到,随着帝国的衰落、英国垄断的废除,以及美国的商业成功,英国的工人阶级会丧失他们的特权地位,社会主义也会随之重新出现。和很多其他方面一样,他对此的预见被证明是正确的。①

恩格斯几乎与马克思同样令人感兴趣。人们经常争论,究竟是谁,在合作中第一个提出了主要的思想。恩格斯在比马克思多活的十几年里,为亡友编辑了《资本论》的第二、第三卷。可能并不令人惊讶的是,J.D.亨雷在最近的一篇评论中以强有力的论据表明,事实上,马克思和恩格斯在对历史、经济和政治的唯物主义认知上,几乎没有区别。恩格斯撰写的《共产主义原理》与他俩共同完成的《共产党宣言》相比,几乎一样,尽管后者稍微激进了些。②

---

① J.D.亨雷:《弗里德里希·恩格斯的人生和思想》,第40页。
② 杰拉德·贝克曼(Gerard Bekerman):《马克思和恩格斯:观念的一致》(*Marx and Engels: A Conceptual Concordance*),特雷尔·卡弗译,牛津:布莱克韦尔,1983年。

第十一章 异化的演变

亨雷认为，比起马克思，恩格斯可能对革命事业稍微少了些狂热，但这可能是因为恩格斯活得更长，能够看到德国社会民主党的强大。在《资本论》第一卷的英译本前言中，马克思和恩格斯一致认为，英国的革命性变化可能以和平合法的方式发生。两人都更希望这样。尽管如此，恩格斯和马克思一样坚信，暴力在一些国家是必要的。①

马克思和恩格斯自始至终坚持某种形式的黑格尔主义，相信历史是非人为力量的结果，但终究由人来建构。恩格斯公开声明，用经济因素来解释历史上的一切，是很可笑的。"在一定程度上，历史乃基于人们对所有相关事务的无意识……"②

马克思对达尔文《物种起源》的评论可能透露一些内情。"这本书从自然史的角度支持了我们的观点。"注意用词"我们"。但是，仅就《资本论》第一卷而言，几乎没有证据表明，恩格斯给予的经济上的和评论性的贡献要大于实质贡献。然而鉴于马克思手稿的混乱，第二、第三卷就是另一回事了。我们不知道，恩格斯添加了什么，但是，历史学家认为，其中没有任何证据表明，恩格斯有欺骗的意图。他们的合作标志着互相的尊重，这对于"可能是有史以来最有意义的思想合作"是决定性的。③

------

① J. D. 亨雷：《弗里德里希·恩格斯的人生和思想》，第108页。
② 同上书，第123页。
③ 弗朗茨·诺伊鲍尔（Franz Neubauer）：《马克思－恩格斯传》（*Marx-Engels Bibliographie*），莱茵河畔博帕德：博尔特，1979年。卡弗认为，他俩的关系自始至终是和谐的，但是在马克思去世后，恩格斯在一些原来可以相当(但不是完全)明确的问题上设置了一系列含糊性，见特雷尔·卡弗《马克思和恩格斯：学术思想关系》，题为"二把手?"的第一章。

| 第十二章 |

德国历史主义:"观念史中的一个独特事件"

多亏了约翰·赫尔德(Johann Herder,1744—1803),历史才成为所有文化的基础,发展和演变成为所有关注点的核心。赫尔德在《人类历史哲学思想》(*Ideen zur Philosophie der Geschichte der Menschheit*)中指出:"我们存在的意义……是发展植根于我们内心的、原始的人性成分,……我们的理性能力有待开发,……我们更细微的感官有待培养……。每一个人所承担的任务,就是将自己独特的个性发挥到极致。"费希特、谢林、黑格尔都赞同个人和国家在历史中的基本独特性。他们和威廉·冯·洪堡一样,都认为,人生追求的全然不是"快乐",而是潜力的实现。[1]

从启蒙运动到历史主义世界观的变迁的决定性因素是,发生于1792年和1815年之间的、影响德意志知识分子的一系列政治灾难和重建。首先,在德意志,有教养的中间阶层已经大体上接受了法国大革命。但是,"恐怖时代"之后,他们面临着深切的不安,这导致了他们对自然法理论的广泛质疑。拿破仑对德意志国家的

---

[1] 格奥尔格·G.伊格尔斯(George G. Iggers):《利奥波德·冯·兰克和历史学科的成型》(*Leopold von Ranke and the Shaping of the Historical Discipline*),雪城(纽约州):雪城大学出版社,1990年,第38—39页。

第十二章 德国历史主义:"观念史中的一个独特事件"

占领更是加剧了这一思潮,人们的民族感情被激发了起来,从而将启蒙价值与对法国文化的憎恨联系了起来。这些事件刺激了一系列改革,并从三个方面改变了德意志人对待历史的态度。①

其一,对普世政治价值的启蒙信仰被打破。德意志人现在认为,所有的价值观都源自历史和民族,外来的制度和思想不能原封不动地植根于德意志的土壤。关键是历史,而非抽象的(法国的)理性。其二,国家的概念发生了转变。赫尔德已经是一个理性的世界主义者,他认为,民族间的差别使得生活更为丰富。然而,费希特在1806年的《对德意志民族的演讲》(Reden an die deutsche Nation)中指出,德意志是一个独特唯一的民族,和法兰西不同,她始终没有失去独特的天才。法兰西被认为是一个"肤浅的民族",如洪堡所说的,缺乏"对神性的追求"。其三,国家的角色也有了改变,赫尔德视国家为人造的实体,将有碍于人类的满足程度。在他之后,人们逐渐开始从权力政治的角度来看待国家。费希特在1807年的一篇有关马基雅维利的论文中指出,国家间来往,既不存在法律,也不存在正义,只有强者的正义。兰克沿袭了他的观点,认为,"强权即公理"②。对于该新观念最清晰的表达来自于威廉·冯·洪堡,他认为,世界的历史确实有一个目标:"生命的终点不会是抽象的,我们必须让创造力走向它愿意的方向……既不存在很高的目标,也不存在超级的模式。"③这种说法在今天看来是习以为常的,但是在怀疑论和达尔文之间的历史阶段,这是极端

---

① 格奥尔格·G.伊格尔斯,《利奥波德·冯·兰克和历史学科的成型》,第40页。
② 同上书,第42页。
③ 同上书,第57页。

第三编　受教育中间阶层的崛起:现代繁荣的发动机和工程师

的,甚至可能是危险的。

如我们所见,对洪堡来说,最高的伦理财富蕴含在教养之中,即每一个男人和女人个性和独特性的发展。① 这个观点产生了深远的影响。于是,政治、文化和历史的理解和物理性质迥然不同。"没有生命力的"性质往往通过抽象概念和它的变化的精确规律性来理解,而同时,真正有生命力的力量,只能通过它们释放的、反映内在性质的能量,而为人所知。毫无疑问,人性中有一些相同之处。"要是没有这些,就不可能有统计。"但是,自由创造的存在使得历史预测成为不可能。研究变得重要,正是因为它自身的创造力。鉴于历史正是个人愿望的堆积,历史必须是"对事件精确的、不偏不倚的和批判性的考察"②。

格奥尔格·伊格尔斯认为,这些思想的后果就是,德意志的历史学家对于现代历史有一种特殊的看法。"比起英法美三国,人们可以更准确地指出德意志史学的主流。"其集中于政治权力的本质、强大国家间的对抗、对外交文件的重视,以及作为后果的对社会经济史和社会学方法和统计的忽视。

弗里德里希·迈内克(Friedrich Meinecke)、恩斯特·特勒尔奇(Ernst Troeltsch),和其他的德国历史学家意识到,历史主义推翻了自然法理论长达两千年的统治地位。在自然法理论中,构成

---

① 赫尔曼·克伦克(Hermann Klencke):《洪堡兄弟(亚历山大和威廉)的一生》(*Lives of the Brothers Humboldt, Alexander and William*),古斯塔夫·施勒希尔(Gustav Schlesier)英译,伦敦:英格拉姆、库克和朋友们,1852年。

② 格奥尔格·G.伊格尔斯:《利奥波德·冯·兰克和历史学科的成型》,第61页。

第十二章 德国历史主义:"观念史中的一个独特事件"

世界的是"永远的、与统治世界的理性秩序相对应的绝对真理"①。取代它的是,对于人类历史经验丰富性和多样性的观念。"迈内克认为,这样的认知不但成为了德国自宗教改革以来对西方思想的最大贡献,而且达到了对于人类事务理解的顶点。"此外,根据伊格尔斯的说法,迈内克和特勒尔奇坚信,在整个 19 世纪,甚至到了 20 世纪,除了德国之外的欧洲思想界仍然没有摆脱自然法理论的束缚。他说,这个区别为德国和"西欧"在文化和政治发展上"深度分歧"奠定了基础。这是另一条独特道路。②

"欧洲思想史的新纪元"

德意志的历史学家以更为实际的方式推动着变化。我们首先考虑一下一些我们认为是理所当然的事:对于档案的使用和对于

---

① 弗里德里希·迈内克(Friedrich Meinecke):《国家和个人》(*Staat und Persönlichkeit*),柏林:E. S. 米特勒和他的儿子,1933 年,第 23 章讨论了特勒尔奇、施泰因、洪堡和德罗伊森。弗里德里希·迈内克:《马基雅维里主义:国家理性学说和它在现代历史中的地位》,道格拉斯·斯科特(Douglas Scott)译,伦敦:劳特里奇和基根·保罗,1957 年,第 343 页及以下诸页,此书介绍了德国历史上马基雅维利主义、观念论和历史主义之间的关系。弗里德里希·迈内克:《世界主义与民族国家》(*Cosmopolitanism and the National State*),罗伯特·B. 金伯(Robert B. Kimber)译,普林斯顿(新泽西州):普林斯顿大学出版社,1970 年,此书研究了洪堡、施勒格尔和费希特。弗里德里希·迈内克:《历史主义的兴起》(*Historicism: The Rise of a New Historical Outlook*),伦敦:劳特里奇和基根·保罗,1972 年,此书研究了德国运动是如何脱胎于英国、法国和意大利的启蒙运动的。

② 瓦尔特·霍弗(Walther Hofer):《历史写作和世界观:关于弗里德里希·迈内克著作的思考》(*Geschichtschreibung und Weltanchauung: Betrachtungen zum Werk Friedrich Meineckes*),慕尼黑:R. 奥登堡,1950 年,第 232 页及以下诸页,讨论因果关系的思想。

第三编 受教育中间阶层的崛起:现代繁荣的发动机和工程师

发掘出来的资料的自由出版。① G. P. 古奇提醒我们,这并不是经常正确的,巴托尔德·尼布尔是现代历史学第一位具有崇高意义的历史学者,他不但将历史学提升到一门独立学科的地位,而且启发了很多后来的历史学家。他是丹麦伟大的研究者和旅行家卡斯滕·尼布尔(Carsten Niebuhr)那个略有些多愁善感的儿子,在父亲的引导下,巴托尔德涉猎了其他文明的伟大经典。在基尔(Kiel),他学习了法律、哲学和历史。在 19 岁的时候,他就知道了自己的人生目标:"若能留下身后名声,我希望是历史学家、出版家、古典学家和语文学家。"②先后在丹麦和柏林担任公职之后,1810 年,巴托尔德·尼布尔获得了在柏林大学的教职。在那里,他开始写作有关罗马史的宏大著述。在战争中,他出版了此书的前两册,我们现在将其视为罗马史系统研究的开山之作。尼布尔总是自称,他的公职经历有助于他对历史的理解,这一点,以前的历史学家是没有经历过的。这给予了他一个视角,即在历史叙述中,"制度比事件重要,阶级比个人重要,习惯比立法者重要。"这是一个关注点的决定性转换,但不是他唯一的贡献。他另外的成就是辨识早期罗马历史的史料,并鉴定其可靠性。他完全地吸收了沃尔夫在《荷马导论》中的方法和结果,这使他坚信,可以通过对文献的批判性考察发现早期罗马的历史。对此,歌德感到影响深刻。

---

① G. P. 古奇(G. P. Gooch):《十九世纪历史学与历史学家》(*History and Historians in the Nineteenth Century*),伦敦:朗文、格林和朋友们,1913 年,第 12 页。
② 托基尔·汉森(Thorkild Hansen):《阿拉伯福地:丹麦的征服,1761—1767 年》(*Arabia Felix: The Danish Expedition of 1761—1767*),詹姆斯和凯瑟琳·麦克法兰(James and Kathleen McFarlane)译,伦敦:柯林斯,1964 年,第 34 页。

第十二章　德国历史主义:"观念史中的一个独特事件"

在英国,托马斯·巴宾顿·麦考莱(Thomas Babington Macaulay)将尼布尔研究罗马的著述称为"欧洲思想史的新纪元"[①]。

法律:文明的成就

在德意志,正在发展中的历史意识的一个重要部分发生在法律领域。两名柏林的教授决定性地指出,法律并非如人们所认为的那样,是上帝订立的,而是在不断地演变之中。卡尔·弗里德里希·艾希霍恩(Karl Friedrich Eichhorn)在哥廷根学习的是法律、政治学和历史。他一开始的想法是成为一名从事实践工作的律师,但是,在获得奥德河畔法兰克福大学的教职后,他转向了研究和写作。1808年,当他27岁的时候,他出版了《德意志国体与法制史》(Deutsche Staats-und Rechtsgeschichte)一书,从而获得了来自柏林大学的邀请。

艾希霍恩旨在说明,国家和公法是"影响民族生活所有因素的产物"。他阐述了法律思想和制度之间的联系,指出它们是如何演变的。同时,他促进了民族意识的发展,但是,在柏林,他逐渐开始认为,法律与艺术和哲学一样,是伟大文明决定性成就的一部分。

弗里德里希·卡尔·冯·萨维尼是艾希霍恩一生的朋友。萨维尼同样在哥廷根接受教育,1803年,他出版了一部有关罗马财产法的著作。次年,他启程游历遍及欧洲的图书馆。这些旅行给了他独特的经历和自信,以至于,伴随着拿破仑的胜利,有人呼吁

[①] G.P.古奇:《十九世纪历史学与历史学家》,第23页。

第三编　受教育中间阶层的崛起：现代繁荣的发动机和工程师

在全德意志范围内推广法国式法典的时候，萨维尼有效地阻止了这个建议。当时，他已经是柏林大学的教授，他有说服力地指出，法律只能从习俗和惯例中发展出来。任何"强加于"人民的法典，必定是个人主观臆断的，必定是弊大于利的。在《中世纪罗马法史》(Geschichte des römischen Rechts im Mittelalter)一书中，他强调了这个观点。该书的第一卷出版于 1815 年，其中他描绘了罗马法在城镇制度和当地习俗中的残存，同时他指出，该法律是如何保留下来的，甚至在日耳曼"蛮族"中间扩散。他的观点是，罗马法不但比日耳曼法更为古老，而且在实践中发展，并由资深的法学家来诠释。

在尼布尔、萨维尼和艾希霍恩出版最早著作的同一个十年，雅各布·格林开创了有关日耳曼起源的学科。[①] 格林在 1785 年出生于黑森，在马尔堡(Marburg)大学学习法律，在那儿，萨维尼的讲座启发了他对历史的兴趣。在萨维尼的图书馆里，格林第一次接触了早期的日耳曼文学，他将其视为"未开垦的田地"。当萨维尼在巴黎的图书馆从事研究时，格林陪伴着他，并开始收集自己的材料。这让他想到收集德意志的传说和童话。

在他兄弟威廉的帮助下，出版于 1812 年的《儿童与家庭童话集》第一卷使得两兄弟变得有名。"该书不但超越了所有其他的浪

---

① 詹姆斯·M.麦克格拉特雷(James M. McGlathery)编：《格林兄弟和民间传说》(The Brothers Grimm and Folklore)，伊利诺伊大学出版社，1988 年，特别是第 66 页及以下诸页、第 99 页及以下诸页、第 164 页及以下诸页和第 205 页及以下诸页。关于他们和萨维尼的联系，见加布里尔·塞茨(Gabriele Seitz)：《格林兄弟：生活–著作–时代》(Die Brüder Grimm: Leben-Werk-Zeit)，慕尼黑：温克勒，1984 年，第 37 页及以下诸页，包括很多有意思的图片。

第十二章 德国历史主义:"观念史中的一个独特事件"

漫主义作品,而且成为德意志民族生活的一部分。"①格林兄弟相信,所有民族最早的历史都是民间传说,历史却忽略它们,因为它们不包含任何"事实"。雅各布认为,与之恰恰相反,比起任何的思想,传说有着更多历史性的内容。他将中世纪的文学比作中世纪的大教堂,它们是"对人民灵魂匿名的表达"。在《德意志神话》(Deutsche Mythologie)一书中,他将口述的历史转化为成文的故事,他描述了一个天鹅仙子、小妖精、小妖魔、仙女、矮人和巨人的世界,在基督教传遍欧洲的时候,它们全都隐退了。②

当一些德意志历史学家聚集起来建构德意志特有历史的时候,这一学术上的民族主义最具持久性的部分开始发展。为此他们决定完善研究所需的档案和史料。1819年,在海因里希·弗里德里希·卡尔·冯·施泰因(Heinrich Friedrich Karl vom und zum Stein)和柏林的几位教授的引领下,"早期德意志历史学会"在法兰克福成立,《德意志历史文献》(Monumenta Germaniae Historica)杂志创刊*。当编辑、会长格奥尔格·海因里希·佩尔茨(Georg Heinrich Pertz)在半个世纪后退休的时候,已有超过25卷皇皇巨著出版,再一次强调,这一成就对未来影响太过重大,以至于

---

① G.P.古奇,《十九世纪历史学与历史学家》,第55—57页。
② 现在有很多格林民间故事和神话的版本。我用的是约瑟夫·沙尔(Josef Scharl)配图的"完整版本",伦敦:劳特里奇和基根·保罗,1948年。文中点缀的图片保持了故事的基调。

* 《德意志历史文献》是该协会出版的史料名称,1820年创刊的杂志应为《早期德意志历史学会档案》(Archiv der Gesellschaft für ältere deutsche Geschichtskunde)。——译者

第三编　受教育中间阶层的崛起:现代繁荣的发动机和工程师

我们在今天视其为理所当然的。[1] 围绕着《文献》,其他有关德意志历史的著作影响和激励着正在崛起的民族主义:海因里希·卢登(Heinrich Luden)出版于1825年和1837年的两卷《德意志民族的历史》(*Geschichte des teutschen Volkes*)、约翰内斯·福格特(Johannes Voigt)出版于1827年到1839年的九卷《普鲁士史》(*Geschichte Preussens*)以及约翰·弗里德里希·伯默尔(Johann Friedrich Böhmer)编辑、从1843年开始陆续出版的《德意志史料》(*Fontes rerum Germanicarum*)。接下来我们要谈的是兰克。

"现代最伟大的历史学家"

根据G. P. 古奇关于德国历史学家一书中的说法,兰克是一位在现代无与伦比的、最伟大的历史作家,"不但因为他开创了对资料的专业研究,并拥有无可企及的公正态度,而且因为,他的工作效率和生命长度使得他能够比其他的历史作家写出更多的一流著作。是他,使得德国的历史学在欧洲鹤立鸡群,还没有人曾这么接近一位历史学家的理想状态"[2]。

---

[1] G. P. 古奇:《十九世纪历史学与历史学家》,第67—68页。
[2] 同上书,第102页。沃尔夫冈·J. 蒙森(Wolfgang J. Mommsen)编:《利奥波德·冯·兰克和现代历史学》(*Leopold von Ranke und die moderne Geschichtswissenshaft*),斯图加特:克勒特-科塔,1988年,此书研究了兰克和黑格尔以及达尔文的关联,其中包括了彼得·伯克(Peter Burke)、鲁道夫·菲尔豪斯(Rudolf Vierhaus)和托马斯·尼佩代(Thomas Nipperdey)的论文。另见西奥多·H. 冯·劳厄(Theodore H. von Laue):《利奥波德·兰克:形成的年代》(*Leopold Ranke: The Formative Years*),普林斯顿(新泽西州):普林斯顿大学出版社,1950年。

第十二章 德国历史主义:"观念史中的一个独特事件"

兰克在莱比锡学习神学和语文学,运用希伯来文阅读《旧约》。这里必须澄清的是,他不是第一个使用批判性方法的人,但古奇指出,比起其他任何人,兰克不但使得该方法变得流行,"并且指出了具体的方法"。他的第一部著作《拉丁和条顿民族史,1494—1514》(*Geschichte der romanischen und germanischen Völker von 1494 bis 1514*)使他声名大噪,那时候他才29岁。但事实上有名的应该是此书的附录"对现代史学家的评论"("Zur Kritik neuerer Geschichtschreiber"),比起正文,它的名气甚至更为巨大。① 在附录中,兰克指出,他在处理现代史料时使用了尼布尔的批判性原则。

兰克得以驰名的另一个原因是他在档案馆里的"发现"。我们现在可以看到,这一点在一定程度上有所夸张。同时代,甚至在比兰克更早的时候,还有其他人也在使用档案。兰克引人注目的还是他对资料的运用。在柏林,他发现了多卷撰写于16世纪下半叶的威尼斯大使的报告。那是威尼斯最强大的时代。他的主要观点是,对比当时重要人物和来自不同阵营的观察家撰写的回忆录,这些报告讲述了完全不同的历史。每个人都有自己的想法,因此只能提供对于事件有偏见的视角。

这些"客观的大使报告"给予兰克深远的影响,并决定了他历史著述的类型。对兰克来说,史料是关键的,但是最重要的任务是"宏大、全方位的叙事"。他赞同洪堡的观点,"历史学家的工作和诗人类似,他们在理解资料后,要凭借自己的能力,给予全新的

---

① G.P.古奇:《十九世纪历史学与历史学家》,第79页。

塑造"①。这依旧是现在的方法。

《16和17世纪的奥斯曼和西班牙王朝》(*Ottomans and the Spanish Monarchy of the Sixteenth and Seventeenth Centuries*)是兰克第一部用这一方法完成的著作,它也是《南欧的君主和人民》(*Fürsten und Völker von Süd-Europa*)系列中的第一册。兰克的首要目标是使得主要人物的行为能够借助当时的外交、贸易、财政和行政来理解。再一次强调,现在我们运用该方法是如此理所当然,以至于忘记了他是兰克首创的。其他的著作强化了这一方法。鉴于他是一个新教徒,他没有进入梵蒂冈档案馆的权限,但是,他在一些教皇大家族(特别是巴尔贝里尼[Barberini]家族)的档案馆里找到了足够的材料,以便完成权威的《教皇史》(*Die römischen Päpste*),第一卷出版于1834年。这些档案有助于他像研究欧洲发展中的其他制度一样,来看待教皇制度。但是,此书的重点在于研究反宗教改革,对此兰克是第一个权威的诠释者。恢复精神生活和复建伟大修会之基础的尝试得到了辉煌再现。他进一步的成果是《宗教改革时期的德国史》(*Deutsche Geschichte im Zeitalter der Reformation*,1839—1847)。完成这部有关教皇的著述后,他想要写一部有关新教历史的书,以便与那些关于天主教的著述并肩。在布鲁塞尔的档案馆中,兰克又发现了大量和查理五世(Charles V)有关的信件。②

他最具代表性的工作是出版于1847—1848年的《九卷本普鲁

---

① 哈诺·黑尔布林(Hanno Helbling):《利奥波德·冯·兰克和历史文风》(*Leopold von Ranke und der historisches Stil*),苏黎世:J. 魏斯,1953年。
② G. P. 古奇:《十九世纪历史学与历史学家》,第88页。

第十二章 德国历史主义:"观念史中的一个独特事件"

士史》(*Neun Bücher preussischer Geschichte*)。其中,他将对于国王弗里德里希二世的研究建筑在柏林档案馆的资料之上,这部著作实质上通过将国王塑造成普鲁士管理体系的创建者,来考察一个强权的崛起。兰克运用了和《教皇史》里一样的方法,不让偏见玷污他的判断,以便更好地理解国王的动机。他没有表示出任何对奥地利的敌意。这就是兰克,"价值中立历史之父",通过做到极致,就像他的名言所说的那样,"通过历史叙述还原其本来面目",避免将现代的思维方式强加给历史人物。在接下来的有关马基雅维里、法国史和英国史的著作中,他都用到了这个方法。他"像一个欧洲人那样地"写作(他的妻子是英国人),因为他坚信,欧洲史的本质是强权的崛起和敌对,这被后人称为"现实政治"(Realpolitik)。

伟大著作的绝对数量将兰克和其他历史学家区分了开来(可能没有人拥有他那样多的历史知识)。尽管他的著作讨论的是他笔下每个时代的重大趋势,他还是意识到个人的重要性:"普遍的趋势不能单独决定历史,对于它的实现,伟大的个人是不可或缺的。"[1]他假设存在一个"有关万事万物的神的秩序","人们无法求证,但能够感知"。这个秩序自我呈现为"时代的先后排列"。因此,兰克的主要贡献是,将对过去的研究和当前的情绪割裂开来。在兰克之前,历史学家认为回忆录和年鉴是最有权威的,在他之后,所有的学者都意识到,与事件直接关联的人物的档案和书信对于研究是必不可少的。[2]

---

[1] 哈诺·黑尔布林:《利奥波德·冯·兰克和历史文风》,第 77 页及以下诸页。
[2] G. P. 古奇:《十九世纪历史学与历史学家》,第 102 页。

第三编　受教育中间阶层的崛起：现代繁荣的发动机和工程师

格奥尔格·伊格尔斯这样评论兰克，尽管他对于权力感兴趣，但是他从来不考虑邪恶在历史中的地位。他坚信，国家体现上帝的思想，其本身就是最终目的，他的观点立足于政府。有充分理由相信，这使得兰克和他的追随者们低估了经济因素，以及正在形成中的社会因素。该方法潜在的副作用是，他的方法帮助培育了产生中的民族主义。① 兰克之后，历史学家成为了更好的学者，但是，特别在德国，他们对于政治的参与也更为积极。

德意志的自由观念

通过后见之明，我们可以看到兰克的方法产生了深远的影响。伊格尔斯认为有三组思想不仅塑造了德国的历史，而且影响了更宏大的叙事。

1. 本身作为目的的国家和权力国家（Machtstaat）概念

德国人的国家概念总是趋向于贵族制和官僚制，同时又对作为国家支柱的受过教育的、有财产的中间阶层表示重视。比起法国和英国的同行，德国历史学家习惯于更为鲜明地强调统治者和被统治者的区别。国家被视为一个"个体"，本身就是一种目的。

2. 拒绝规范性思考

对于兰克来说，国家的最主要的任务是在列强中"取得最高程度的独立和力量"，由此国家将能够充分发展自己与生俱来的倾

---

① 有关兰克政治观点的讨论，见西奥多·H.冯·劳厄：《利奥波德·兰克，形成的年代》，第139页及以下诸页、第181及以下诸页，讨论了兰克有关列强的文章。

第十二章　德国历史主义："观念史中的一个独特事件"

向。所有的内政都必须服务于这个目的，因此，"当国家追求自己更高的利益时，它是无罪的"。纯粹的权力和道德完全是一回事。

3. 拒绝概念化思考

在历史学和文化学中，概念和归纳的价值是很有限的。历史，是有意志的人类活动的场所，它要求理解，但是，它需要的不仅是抽象的论证，而且还要直面这一主体，并承认他们的个体特点。因此，所有的历史理解需要一些直觉。生活中非理性的部分也需要受到关注。①

以上的简介意味着，德国历史学家进入了他们自己的世界。1848年到1914年的巨大变化，特别是工业化带来的巨大社会经济变迁，几乎没有影响到他们。对他们来说，历史依然主要是大国间的相互作用，针对国内社会经济问题的首要解决办法是扩张的对外政策，其主要的方法是使国家强大。

伊格尔斯认为，从这个意义上来看，德国历史主义是观念史中的一个独特事件，除了大量学术成就外，它还显著地影响了政治和德国的自我意识。自然科学在19世纪的日渐增加的成就没有这样的影响力。只有20世纪的灾难才带来了改变。②

兰克思维方式另外的一个重要的后果就是，它对自由观念的

---

① 格奥尔格·G.伊格尔斯：《利奥波德·冯·兰克和历史学科的成型》，第10页。
② 有关兰克的遗产，见汉斯·海因茨·克里尔(Hans Heinz Krill)：《兰克的复兴，马克斯·伦茨和埃利希·马克斯：一部有关德国历史政治思想的研究(1880—1935)》(*Die Rankerenaissance: Max Lenz und Erich Marcks: Ein Beitrag zum historisch-politischen Denken in Deutschland, 1880—1935*)，柏林：德格鲁伊特，1962年。另见弗里德里希·迈内克：《书信选》(*Ausgewählter Briefwechsel*)，路德维希·迪希尔(Ludwig Dehio)，彼得·克拉森编，斯图加特：K. F. 克勒，1962年。迈内克在大量的书信中多次提及了兰克，超越了除了布克哈特和俾斯麦之外的所有人，显示了兰克的影响力。

第三编 受教育中间阶层的崛起:现代繁荣的发动机和工程师

影响。历史学家们认为,自由只有通过国家才能获得,它和教化之民众的政治社会观念紧密相连。就这样,历史主义为19世纪普鲁士和德国的传统政治社会结构提供了理论基础。这代表了德国和"西方"的一个主要文化分歧。对德国历史学家来说,改革后的普鲁士君主制代表了自由历史的"巅峰":在这个社会中,个体在完全自由的同时融入了社会整体。这一"自由的德意志理解方式",至少在洪堡式的、热爱教养的教化之民众中是一种核心信仰,它与"1789年个人主义思想"形成了鲜明的对照。①

---

① 格奥尔格·G.伊格尔斯:《利奥波德·冯·兰克和历史学科的成型》,第18—21页。

| 第十三章 |

生物学的英雄时代

1890年3月11日晚,数百人戴着白色领带穿着燕尾服,聚集在柏林市政厅,参加晚宴。装有枝形吊灯的房间里排列着棕榈树。所有的名人都来到了那里,包括德国有名的沙龙女主人,她们坐在拱廊下单设的桌子边。按照参与者的说法,这是"一次几乎是在科学史上空前的盛会",为了记录这一时刻,安排了十场演讲。①

前面的九场演讲都在向着最后的那一位演讲人致敬。举办这场被称为"苯的庆典"的晚宴是为了纪念他做出重大发现的二十五周年。这一发现促进了19世纪的一个伟大的思想冒险,他经过半个世纪的艰苦研究才带来了这个发现。这个人是奥古斯特·凯库勒(August Kekulé,1829—1896),他的发现是苯环以及迟来的如下认知,化合物中可以存在的最小微粒是分子,它拥有一个结构,即形状、大小以及特殊的、依赖于结构的特性,这就是有机化学(生

---

① 约翰·白金汉(John Buckingham):《追寻分子》(Chasing the Molecule),斯特劳德:萨顿,2004年,第1页。

第三编 受教育中间阶层的崛起:现代繁荣的发动机和工程师

命的化学或控制生命的化学)的基本构件。①

七十年前,有机化学被发明(或者说被发现)。这是19世纪中叶生物学英雄时代的三大突破之一。第二个突破是肥料的发展。当时整个欧洲的许多人都离开田园前往大城市工作,使得食物需求达到了空前的水平。这一突破转变了农业。第三个突破是对于细胞的识别,以及意识到,细胞是动物和植物的基本构件,它的分化构成了生物不同的器官。这三大突破转变了药学、对疾病和健康的看法以及工业(染料、肥料、化妆品和药物)。当新的发现诠释了生命进程,并将惰性物质在概念上和有生命力的有机体相关联,而传统的宗教信仰又面临着深重的危机时,这些突破将在重新界定我们对自身认识的过程中扮演一种哲学和宗教角色。

在相当早的时候,碳对于天然产物的科学(即有机化学)的重要作用已经为人所知。使人困惑的是,为什么在多种已知的物质中,只有碳这么一种,可以解释天然物质迷人的多样性。这一奇怪事态使得19世纪早期的很多科学家相信,化学不足以解释多样性,一些"生命力"在起着作用。②

1777年前后,"有机化学"这个概念慢慢地为人所用。尽管对此的理解依然很原始,早期的教科书不过是列举了不同的被称为"有机"的物质:树胶、唾液、尿液、蛋白、明胶和血液。很多人认为

---

① 他的先驱地位在庆典的当时就受到质疑,见下文及苏珊娜·鲁道夫斯基(Susanna Rudofsky)和约翰·H.沃梯茨(John H. Wotiz):"精神病学家和奥古斯特·凯库勒的梦的报告"("Psychiatrists and the Dream Accounts of August Kekulé"),《炼金术与化学史研究学会志》(*Ambix*),1988年,第25期,第31—38页。

② 约翰·白金汉:《追寻分子》,第2页。

第十三章　生物学的英雄时代

它们"复杂得难以置信"。[①]

法国人安托万·拉瓦锡是第一个将系统观念引入这个领域的,他指出,一些天然产物,诸如酒精、糖和醋里面的醋酸只包含着三种元素:碳、氢和氧。弗里德里希·维勒(Friedrich Wöhler, 1800—1882)和尤斯图斯·冯·李比希(Justus von Liebig, 1803—1873)基于此成为了有机化学崛起的代言人。从1824年开始的大约三十年时间内,两人研究了新科学的每一个领域,出版了数百篇研究论文,指导了数千名学生(维勒指导了8000人)。维勒比冯·李比希大三岁,安静、谦逊、身材修长,往往比实际年龄看上去要年轻,当他去英国拜访迈克尔·法拉第(Michael Faraday, 1791—1867)时,后者以为自己在和维勒的儿子说话。[②] 但是,冯·李比希是一个容易发怒,且又经常犯错误的人。正如约翰·白金汉在他的有关早期生物学的历史中所说的那样,冯·李比希的职业生涯因为过多的错误、失败和激烈的争执而失去光彩。由于诽谤性的文字,他的英国出版商一度拒绝出版他的一本著作。尽管如此,冯·李比希的成就为有机分子的发现开启了新纪元。

1803年5月,李比希出生于达姆施塔特。他先是在波恩跟随威廉·克斯特纳(Wilhelm Kastner, 1783—1857)学习化学,接着在巴黎师从约瑟夫-路易·盖-吕萨克(Joseph-Louis Gay-Lussac, 1778—1850)。当时,巴黎的分析方法比德意志严谨得多。在亚历山大·冯·洪堡的推荐下,黑森大公路德维希一世任命冯·李比

[①] 约翰·白金汉:《追寻分子》,第29页。
[②] 雅各布·福尔哈德(Jacob Volhard):《尤斯图斯·冯·李比希》(*Justus von Liebig*),共两册,莱比锡:J. A. 巴尔特出版社,1909年。

第三编 受教育中间阶层的崛起:现代繁荣的发动机和工程师

希为吉森(Giessen)大学的编外教授。几乎马上,他和两名同事建立起自己的教学实验室。很快便招募了20个人,吉森创建的新化学实验室标志着化学研究向莱茵河以东延伸的开始。冯·李比希自己设计了新设备并投入使用,使得分析更快、更准确。他和他的学生分析了许多更为神秘的自然物质,包括奎宁、吗啡和士的宁;在此过程中得知,它们的分子包含着相当多的原子,但比例不确定。

他们还发现了重要的同分异构现象,当时李比希正在吉森研究雷酸盐,而维勒在斯德哥尔摩与瑞典有名的化学家约恩斯·雅各布·冯·贝尔塞柳斯(Jöns Jakob von Berzelius,1779—1848)合作研究另一种酸,氰酸。[1] 尽管在属性上完全不同(氰酸根本不具爆炸性,但雷酸有),维勒对氰酸银的分析结果和冯·李比希的雷酸银完全一样。这是怎么回事?两人在法兰克福比较了结果,出乎所有人的意外,他们都是对的。这意味着,两种不同的物质由相同的元素组成。在这个特例中,氰酸和雷酸都包含了碳、氮、氧和氢,且比例完全一样。正是贝尔塞柳斯创造了"同分异构"这一概念,用以描述这种现象,后来,人们发现了越来越多相类似的例子。[2]

---

[1] 有关贝尔塞柳斯,见埃兰·M. 梅尔哈多(Eran M. Melhado)和托雷·弗兰斯米尔(Tore Frängsmyr)编:《浪漫主义时代的启蒙科学:贝尔塞柳斯的化学和文化背景》(*Enlightenment Science in the Romantic Era*:*The Chemistry of Berzelius and the Cultural Setting*),剑桥:剑桥大学出版社,1992年。阿兰·J. 洛克(Alan J. Rocke)执笔的第5章叙述了贝尔塞柳斯在有机化学发展中的作用。约翰·哈德利·布洛克(John Hadley Brooke)执笔的第8章着眼于有机化学崛起过程中的二元论。

[2] 埃兰·M. 梅尔哈多和托雷·弗兰斯米尔编:《浪漫主义时代的启蒙科学:贝尔塞柳斯的化学和文化背景》,第171页及以下诸页,有关同分异构现象。

第十三章 生物学的英雄时代

理解这个现象是一个缓慢的过程,部分因为在 18 和 19 世纪,"生命力"这个概念妨碍了有机化学的发展,生理学的发展也受到阻碍,人们相信只通过物理法则是无法解释有机体的,肯定有一些"特别的影响力"在起作用。而有机物的纯粹程度和多样性更是强化了这种观点,人们认为,只有神才能构思这些。随着更多分析的完成,更多的物质被发现只含有碳、氮和一氧化二氢,这加剧了神秘的程度。[1]

在这样的知识和宗教背景下,维勒做了一个使他青史留名的实验,他用氰酸银和氯化铵反应,希望得到氰酸铵盐。然而,在他滤除不可溶解的氯化银并蒸发了剩余的溶液之后,他发现了"无色、清晰的晶体,形状为没有尖顶的四面棱柱"。令他惊讶的是,它们正像尿素一样。"这一类似性引导我实施了对比实验,从尿液中提纯尿素。从中可得清晰明白的结论:尿素和这一结晶物质(人们可以称其为氰酸铵)是完全相同的化合物。"事实上,这两者并不相同,他们是同分异构体,尽管如此,维勒的实验是标志性的,他从无机材料中生产了一种物质,尿素——直到那时这还是只能从动物身上得到的产物,重要的是,在整个过程中,没有任何生命力的干预。"冯·李比希和他的继承者们称此实验为真正的科学有机化学的开端。"[2]

生命力理论并没有在一夜之间烟消云散,但是它从那一刻开

---

[1] 奥古斯特·威廉·霍夫曼(August Wilhelm Hofmann):《李比希的生活和工作:法拉第在 1875 年的讲座》(*The Life-Work of Liebig: Faraday Lecture for 1875*),麦迪逊:威斯康星大学出版社,1876 年,引自约翰·白金汉:《追寻分子》,第 107 页。

[2] 约翰·白金汉:《追寻分子》,第 109 页。

第三编 受教育中间阶层的崛起:现代繁荣的发动机和工程师

始,受到了持续的攻击,这主要来自于冯·李比希。他在做了大量有关动物的食物摄入和热量产生的实验之后,确凿无误地指出,彰显有机体特性的能量是食物在组织中燃烧的产物,它不需要诸如"电流"、"神经能量"和"生命力"之类的神秘来源。①

苯:化学新纪元

生物化学是生物研究的一个分支。而另一个分支则产生于煤气照明,尽管看上去并不相配。一直到1816年,伦敦拥有26英里的金属管道,用以为工厂和路灯传输照明煤气。(煤气照明直到19世纪末才适用于普通家庭。)早期的煤气制造并非取材于后来的煤焦油,而是更显得有机的鲸和鳕鱼的油。燃烧的过程中将产生大量残留的废液,在工厂和管道中凝结。随着这些被称为煤气油的废料越来越多,伦敦煤气厂的拥有者于1825年将样品寄给迈克尔·法拉第,希望他能帮助搞清楚,这到底是什么,有什么用途。实验持续了十天,法拉第发现这是一种碳氢化合物,一种只包含碳和氢的物质。②

一开始,法拉第将这种废料称为"氢的重碳化合物",后来大家都知道这就是苯。在那个时候,人们多少知道,苯是一大批物质的稳定支柱,这些物质后来被称为"芳香族化合物"。(该名字源自阿拉伯语中爪哇香(Lubān Jāwi),它在葡萄牙商人的误传下成了

---

① 约翰·白金汉:《追寻分子》,第112页。
② 同上书,第115页。

benjawi、Bejamin 和 benzoin。早在 1557 年该物质就已被分离,用在教堂的焚香中。)[1]

七年后的 1832 年,法拉第确认了苯的存在,冯·李比希和维勒开始了他们第二项重要的合作,这次的实验对象是芳香族化合物。在第一阶段,他们从苦杏仁油中提取一种他们称为氯苯甲酰的物质(今天我们称其为苯甲醛)。他们发现,该物质只包含了碳、氢和氧。他们下一阶段的实验是决定性的,在一系列化学反应后他们发现苯甲醛和氯气反应生成苯甲酰氯,这种物质可以进一步和碘化钾反应生成苯甲酰碘。这是第一次,相关的有机物参与到一系列系统的化学反应之中。冯·李比希和维勒第一个意识到,在一系列的反应中,一个相当大的分子结构支柱保持着不变,他们把它核算为 $C_{14}H_{10}O_2$(当时的分子式就是这样)。这一支柱被称为"苯",一种自由基化合物。就这一方面而言,"自由基"的思想意味着,一批元素表现得像一个单一元素那样。拉瓦锡构思了这个思想,但以一种更为简单的形式,因为他说的仅仅是无机物。终于,冯·李比希和维勒错过的化学反应由柏林的化学家艾尔哈特·米切利希(Eilhard Mitscherlich,1794—1863)实施,1834 年,他将苯甲酸和石灰一起加热,得到的"正是法拉第所说的氢的重碳化合物"——苯本身。这一物质,苯,C_6H_6,适时地被尊为真正地不可分割的核,或者是芳香族化合物的自由基。这一发现确认了

---

[1] 约翰·白金汉:《追寻分子》,第 118 页。许多苯的衍生物,尤其是香草和肉桂,事实上自上古时代以来就被看作是好闻的油和香料。李比希从苯甲酸中获得"苯"这个名字,苯甲酸提取自安息香树胶,一种东印度的产品。

第三编　受教育中间阶层的崛起：现代繁荣的发动机和工程师

一个化学新时代的开启。①

随着有关许多有机物属性的发现积累，苯的例外性越来越清晰。所有其他的、低氢碳比例的物质都是不稳定的。和高爆炸性的乙炔气体一样，苯的氢碳比例也是1∶1，但是冯·李比希和维勒一再地通过实验表明："经过整套置换反应，苯核依然没有变化，通过正确的操作，可以回复苯本身。"这一表现将它与无机物区分了开来。"对于苯的属性的最终解释将是一项人类伟大的成就。"②

贝尔塞柳斯和其他老一代化学家从未真正地着手处理有机物的置换反应，踏出下一步的主要是被冯·李比希吉森实验室吸收的法国、阿尔萨斯和德意志的化学家。在这一环境中，芳香族化合物的结构和特性被逐渐相互分离对待，直到人们能够理解基本的事实：有机化学主要是"官能团"（一个尚未发明的概念）的化学，它依附于相对惰性的碳氢骨架之上。夏尔·弗雷德里克·热拉尔（Charles Frédéric Gerhardt，1816—1856）是一个在阿尔萨斯成长的瑞士人，在吉森师从冯·李比希。他第一个理解到结构和功能间的联系。③ 举例来说：

---

① 艾尔哈特·密切利希（E. Mitscherlich）："关于苯和芝麻油牛油类酸"（"Über das Benzol und die Sauren der Oel-und Talgarten"），《李比希年鉴》（*Liebig's Annalen*），1834年，第9册，第39—56页。

② 约翰·白金汉：《追寻分子》，第122页。

③ 爱德华·格里莫（Édouard Grimaux）、小夏尔·热拉尔（Charles Gerhardt Jr.）、夏尔·热拉尔（Charles Gerhardt）：《他的生活、他的著作和他的通信》（*Sa Vie, son oeuvre, sa correspondence*），巴黎：马松，1990年，第ii页。

```
    H              H
    |              |
H — C — OH     H — C — Cl
    |              |
    H              H
   甲醇           氯甲烷

  H   H           H   H
  |   |           |   |
H—C — C —OH    H—C — C —Cl
  |   |           |   |
  H   H           H   H
    乙醇            氯乙烷
```

与热拉尔如上认知同样出色的是,该图示也隐藏了更为复杂(但又更为基本)的事实。这一构思背后是19世纪60年代才被发现的化合价。① 在日常用语中,化合价是将原子彼此间组合起来的力量,在某种程度上,一个原子的"鱼钩"数量决定了对接的邻居数量。直到19世纪50年代,水被认定为H_2O(一价氢,二价氧),但是碳的表现始终很复杂,因为,甲烷是CH_4,乙烷是C_2H_6,乙烯是C_2H_4,乙炔是C_2H_2。碳的配价到底是4,3,2还是1? 最后人们发现,该答案是4,19世纪化学家需要面对的困难是,碳原子彼此相连构成链或环。

```
  H   H              H   H
  |   |              \   /
H—C — C —H           C = C
  |   |              /   \
  H   H              H   H
  乙烷, $C_2H_6$      乙烯, $C_2H_4$
```

---

① C. A. 罗素(C. A. Russell):《化合价的历史》(*A History of Valency*),莱切斯特:莱切斯特大学出版社,1971年,第83页。

第三编　受教育中间阶层的崛起:现代繁荣的发动机和工程师

一旦发现了这些现象,有机化学将揭开其大多数的结构的秘密。这里是一些现代的结构式,其中 R 代表"自由基",其中最简单的是"甲基":

$$\begin{array}{c} H \\ | \\ H-C-H \\ | \\ H \end{array}$$

$$\begin{array}{ccc} H & & \\ | & & \\ R-N & R-O-H & R-O-R & R-H \\ | & & \\ H & & \end{array}$$

胺类　　　醇类　　　醚类　　　烃类

奥古斯特·凯库勒为解释有机化学反应原理做出了超越所有其他人的贡献。然而,有关他各种不同发现的详细情形是个争议话题,直到今天依然分裂着科学史学家群体。

1829 年 9 月 7 日,他出生于达姆施塔特,那也是上一代化学家李比希出生的地方。凯库勒的名字发音和他的长相都像是个法国人,但是事实上他的家族本来是波希米亚的贵族。① 奥古斯特在吉森学习建筑,但他由于倾倒于李比希的魅力,而转到化学专业。后来,他认为他在建筑学上的训练(正如事实上的那样)有助于他用图形思考。这一能力在他确认碳化合物结构时起了很大的作用。

1854 年,他前往伦敦,在一个夏夜,他提出了第一个有争议的声索要求,他声称做了一个很重要的梦。这些梦引发质疑,因为根据其性质将无从证实,另一些科学家则怀疑,凯库勒虚构出

---

① 理查德·安许茨(Richard Anschütz):《奥古斯特·凯库勒》(*August Kekulé*),共两册,柏林:化学出版社,1929 年,第 1 册,第 38 页。

第十三章　生物学的英雄时代

这些只是为了在他的关于认定有机物结构的各种各样的声索要求中确定自己的优先权。有关这场被挑起的争论，需要知道的是，阿奇博尔德·斯科特·库珀（Archibald Scott Couper，1831—1892）在1858年发表了他第一篇关于有机结合的论文，而凯库勒声称在1854年就梦见了同一种现象，虽然他在1890年之前一直没有这样说。

有机化学的诞生是艰难的，但是，一旦人们理解了苯环的性质，苯的衍生物，诸如萘、甲苯、苯酚（石碳酸）和甲酚，就得到了广泛的应用。它们提炼自煤油，制造大量创造财富的产品：苯胺染料，三硝基甲苯，石炭酸肥皂，杂酚油，萘的樟脑丸，这张名单长得令人印象深刻。染料工业起了示范作用，但是"芳香剂化学"，一个凯库勒创造的概念，在以后的几十年内繁荣发展，生产的不仅有大量的化学制品，还有有效的药物诸如1899年的阿司匹林和1909年洒尔佛散，一种保罗·埃尔利希（Paul Ehrlich，1854—1915）首创的抗梅毒药物（见第18和20章）。①

苯处于这些实践的中心环节，它的分子式，最后被认为是C_6H_6，是那么的稳定，以至于在没有自我解体的条件下，它不能通过置换反应生成许多衍生物。凯库勒说道，他在一次梦中邂逅了苯的结构，那是在1861年到1862年冬季的根特，他说梦里出现了一条蛇，咬着自己的尾巴，这使得凯库勒在1865年发表了环形结构理论。阿瑟·库斯勒（Arthur Koestler，1905—1983）不加渲染地评论道，在约瑟为法老解释那个有关七头肥牛和七头瘦牛的梦

---

① 约翰·白金汉，《追寻分子》，第185页。

之后,这可能是历史上最重要的梦。

约翰·白金汉认为:"19世纪60年代苯环结构的发现是相当美好的、在知识上令人满意的……就像几乎一个世纪后的DNA结构一样,它**必然**是对的。"① 苯环是一把钥匙,这意味着不存在活泼的、松散的节点。每一个碳原子都有两个配价用来和相邻的碳原子相连,而第三个鱼钩则附着一个氢原子,剩下的第四个配价使得碳原子寻求和其他物质结合。对于苯环配价的完整认识一直要等到量子理论兴起的20世纪30年代(见第32章),但是19世纪中叶的化学家已经开始猜想立体几何在化学反应中的地位,这一认识帮助了19世纪末粒子物理学的兴起。这证实了尼佩代的观点,19世纪自然科学的革命,比起开普勒、伽利略和牛顿开启的革命,影响深远得多。

这一新的理论认识带来了特别实用的后果,商业化学在19世纪60年代之后的极大发展帮助德国成为了世界经济(接着是军事)强国。1862年,维勒致信冯·李比希,他担心德意志大学制造了太多的化学家,并为他们的前途担忧。② 区区三年以后,赫尔曼·科尔贝(Hermann Kolbe,1818—1884)就被任命为莱比锡大学的化学教授,根据他的请求,学校授权他建立一个有132名学生的实验室。冯·李比希嘲笑整件事情的愚蠢,但是,当实验室于

---

① 约翰·白金汉,《追寻分子》,第187页。
② 罗伯特·施瓦茨(Robert Schwarz):《尤斯图斯·李比希和弗里德里希·维勒间的通信,1829年到1873年》(*Aus Justus Liebigs und Friedrich Wöhlers Briefwechsel in den Jahren 1829—1873*),魏恩海姆:化学出版社,1958年,第272页。

1868年开张的时候,马上就因为有大量的申请者而应接不暇。①

化肥时代

如前所述,冯·李比希是一个易怒的人。1840年前后,他完成了骤然的、科学上的人生转变,为了农业的实际利益,他放弃了有机化学的理论研究。考虑到他的性格,这并不令人特别惊讶。②但是,这一转变源自于他对碳的兴趣。从一个关于草莓和水果的分析中,他发现,在土地的给定区域,无论是开垦过的农田还是"原始森林",无论植物生长的土壤成分是什么,每年生产的碳元素总量总是相同的。这一发现引发了一场激烈的争执,到底这些碳元素来自于大气还是来自于土壤的腐殖层。冯·李比希长期关注氮的来源。他发现,在他研究的每一种植物中都能发现胺,而降水中也总是含有一定数量的胺,他坚信,溶入于降水的胺最终进入了植物体内。随着观察植物数量的增加,他发现更多的共性。冯·李比希认为,这些共性不是偶然的,他不无争议地总结道,土壤和大

---

① 有关科尔贝,可见阿兰·J. 罗克(Alan J. Rocke):《宁静的革命:赫尔曼·科尔贝和有机化学科学》(*The Quiet Revolution: Hermann Kolbe and the Science of Organic Chemistry*),洛杉矶和伯克利:加利福尼亚大学出版社,1993年,有关他和凯库勒的关系,见第258页及以下诸页;有关他和霍夫曼的决裂,见第353页及以下诸页。另可见约翰·白金汉:《追寻分子》,第213页。

② 可见赫尔塔·冯·德兴德(Hertha von Dechend):《在自己和同时代人见证中的尤斯图斯·冯·李比希》(*Justus von Liebig: In eigenen Zeugnissen und solchen seiner Zeitgenossen*),魏恩海姆:化学出版社,1943年,第44页及以下诸页。

第三编 受教育中间阶层的崛起:现代繁荣的发动机和工程师

气中的营养元素是无机的,而不是有机的。①

该发现成为他理论的一部分,他称其为"有史以来关于植物营养最为复杂的图景"。1840年,冯·李比希在伦敦出版《有机化学在农业和生理学中的应用》(*Organic Chemistry in Its applications to Agriculture and Physiology*)开篇即谈及碳元素在植物营养中的地位。他驳斥了在以后广为接受的观点,即土壤的腐殖层(腐烂的植物元素)为植物提供了主要的营养元素。冯·李比希的下一个观点是,被吸收进入植物的碳元素来自于大气。他认为,植物的功能在于分解碳酸中的碳元素和氧元素,"释放出氧元素的同时,将碳元素吸收进入像糖、淀粉和树胶那样的化合物"②。

然而,使得冯·李比希著作轰动一时的,并非是他对于植物内部流程的化学认知(对于"生命力"学说的另一反证),而是他的观点,一定的外来营养物质对于植物生长是必不可少的,因为这一结论直接冲击了农业的实践。对于冯·李比希来说,关于肥料的思想意味着在土壤中添加无法从大气中得到的营养物质。他说,肥料不需要包含腐殖土壤,只需类似石灰、草碱、氧化镁和磷酸等金属氢氧化物,这些物质最佳来源是研磨成粉的动物骨骼。

冯·李比希的著作引发了农学家极大的兴趣,特别在英美两国。在英国的罗森斯特(Rothamsted)试验田,冯·李比希的肥料被试用于小麦种植,但没有发现显著的效果。然而,当铵盐加入土壤后,收获逐年大幅提高。这些结果对于冯·李比希的"矿物理

---

① 《新科学家传记辞典》(*New Dictionary of Scientific Biography*),第4册,第310—313页。

② 《新科学家传记辞典》,第4册,第310—313页。

第十三章　生物学的英雄时代

论"是一个巨大的打击,人们一度认为,他的理论已经遭到了摈弃,但是,冯·李比希并没有放弃,尽管他需要再花近十年时间来解决问题。他过分地担心降水可能滤除可溶盐,而事实上,它们可以被表层土壤所吸收。除了一开始的这些质疑声音,冯·李比希的著作彻底改变了农业科学的态度。1840年之前,传统观点认为,无论是植物还是动物,都需要摄入有机物(再以前是有生命力的物质)以生存,冯·李比希使人们开始认识到,植物所需的营养物质是无机的。这完全颠覆了农业的基础信念,即食物的生产是有固定限制的。现在大家相信,恰恰相反,这样的限制是不存在的。

细胞的发现

几乎是发现苯环和理解肥料性质的同时,德国的生物学家正在研究细胞。生物学一大里程碑意义的发现就是细胞理论,所有的生命形式都包含"独立而合作"的单位,我们称之为细胞。① 第一个观察细胞的是罗伯特·胡克(Robert Hooke,1635—1703),伦敦皇家学会的实验负责人。他的《显微术》(*Micrographia*)一书出版于1665年。在接下来的几个世纪里,许多其他人借助于不断优化的显微镜观察动植物组织上的、各种大小和形状的"小球"和"小水泡"。从荷兰人安东·范·列文虎克(Anton van Leeuwenhoek,1632—1723)于1682年3月从代尔夫特写给罗伯特·

---

① 亨利·哈里斯(Henry Harris):《细胞的诞生》(*The Birth of the Cell*),纽黑文(康涅狄格州):耶鲁大学出版社,1999年。

417

第三编 受教育中间阶层的崛起:现代繁荣的发动机和工程师

胡克的一封信中,我们可以得知,他已经在观察细胞中较暗的、后人称之为"细胞核"的物体。① 直到18世纪末,多数的博物学家认为,植物大部分由细胞构成。卡斯帕·弗里德里希·沃尔夫第一个声称,所有动植物组织的基本子单元是一个小球或小水泡,和前人一样他称之为细胞。然而,没有人以书面的形式假设,动物和植物的细胞是一致的。也没有人知道,细胞如何分裂,新细胞如何形成。1805年,洛伦茨·奥肯提出,所有的生命形式,无论动物还是植物,都由"纤毛虫"构成,简单的、诸如细菌和原生生物那样的生物体,换句话说,是当时为人所知的最简单、最原始的生命形式。②

第一个将这种思想推向其现代理解的是扬·伊万杰利斯塔·浦肯野。严格说来,浦肯野不是德意志人,而是捷克人。然而,自从他们在1620年的白山(White Mountain)战役失败后,波希米亚的居民彻底被日耳曼化的浪潮"吞没",捷克语使用者的地位随之逐渐下降。神圣罗马帝国皇帝查理四世(Charles IV,1316—1378)建于1348年的布拉格大学原来是面向捷克人、德意志人和波兰人的。到了1787年莫扎特在此完成知名旅行的时候,德语是唯一的课堂用语。③

浦肯野(Purkyne,德语名:Purkinje)在摩拉维亚的米库洛夫

---

① 亨利·哈里斯:《细胞的诞生》,第76页。
② 洛伦茨·奥肯(Lorenz Oken):《生殖》(*Die Zeugung*),班贝格和乌尔茨堡:格布哈特,1805年,引自亨利·哈里斯:《细胞的诞生》,第61页。
③ 亨利·J.约翰(Henry J. John):《扬·伊万杰利斯塔·浦肯野,捷克科学家和爱国者,(1787—1869)》(*Jan Evangelista Purkyne:Czech Scientist and Patriot, 1787—1869*),费城:美国哲学会,1959年,第六章讨论歌德和浦肯野,附录中介绍了浦肯野对生理学的贡献。

（Mikulov，德语名：尼考尔斯堡［Nikolsburg］）接受了唱诗班男孩的教育。他的第一份职业是修会的教师，但是他离开了修会，在布拉格大学修读医学和哲学的学位，1819年毕业。后来，他接受了布雷斯劳（Breslau，波兰语名：弗罗茨瓦夫［Wroclaw］）大学的生理学病理学教席。当时，布雷斯劳无论在政治还是在文化上都是一个德意志城市，当地的大学建于1811年，晚于柏林大学一年，因此两个学校间有着激烈的竞争。受益于这样的竞争，当局批准浦肯野设立第一个生理学院。

从很早的时候开始，他心中就有一个见解，动植物的细胞在根本上是一致的。19世纪30年代，人们见证了很多进步，一些实验明晰了动物皮肤和骨骼组织的结构，这些论文提及了颗粒、小颗粒（Körnchen）、微粒（Körperchen）和细胞（Zellen）。按照亨利·哈里斯（Henry Harris）的说法，关于动植物细胞"同源"的观点被越来越多的人接受。① 当时，在奥地利人弗朗茨·鲍尔（Franz Bauer）1802年的画作中就出现了细胞核，他是一名卓越的博物学画家。但该作品直到19世纪30年代才被出版，他将细胞核称为细胞的共性。② 事实上，命名细胞核的是罗伯特·布朗（Robert Brown，1773—1858），大英博物馆博物库的管理人和"布朗运动"的发现者。但是，他的假设在德意志受到极大重视，"细胞核"一词用以替代"内核"（Kern）。鲁道夫·瓦格纳（Rudolf Wagner，1805—1864）在1835年第一次观察到了细胞核中的核仁，尽管他

---

① 亨利·哈里斯：《细胞的诞生》，第88页。
② F. 鲍尔（F. Bauer）：《兰花插图》（*Illustrations of Orchidaceous Plants*），伦敦：李奇微，1830—1838年。

第三编　受教育中间阶层的崛起:现代繁荣的发动机和工程师

一开始称之为"斑点",后来一度又称之为"萌芽斑点"(macula germinative)。[1]

浦肯野的成就不光归功于显微镜的优化,他还使用新的染料来提升染色技术。他和他的同事在论文中多次暗示动植物细胞的相似。1837年9月的布拉格,在一场面对"德意志自然学家和医生协会"的演讲中,浦肯野声称,通过观察诸如唾液腺、胰腺、耳垢腺、肾脏和睾丸等一系列动物组织的、包含核仁的小颗粒,可以得知,"动物几乎完全可以简化为三个基本而简单的成分:液体、细胞和纤维……很明显,细胞基本组织和植物的相类似,广为人知的是,植物的细胞组织几乎完全由颗粒或细胞构成"。[2] 他的另一个贡献是使用"原生质"(protoplasma)一词来描述细胞基本物质。

在1832年11月,柏林大学的解剖学和生理学教授卡尔·阿斯蒙德·鲁道菲去世,在第二年,他留下的教职由约翰内斯·米勒接任,后者被后人视为19世纪最著名的生物学家之一。[3] 1835年,米勒出版了有关盲鳗(myxinidae)的比较解剖学著作。其中,他描述了脊索(脊柱中的神经通道)中细胞和植物细胞的相似性。这是一个重要的研究,更重要的是,特奥多尔·施旺(Theodor Schwann,1818—1882)成为米勒的助手。在和博物学家马蒂亚斯·雅各布·施莱登(Matthias Jakob Schleiden,1804—1881)完

---

[1]　亨利·哈里斯:《细胞的诞生》,第81页。
[2]　扬·伊万杰利斯塔·浦肯野(J. E. Purkinje):《关于德国自然学家和医生布拉格会议(1837年9月)的报告》(*Bericht über die Versammlung deutscher Naturforscher und Aerzte in Prag in September 1837*),布拉格:歌剧选集,1948年,第109页。
[3]　亨利·哈里斯:《细胞的诞生》,第94页。

第十三章 生物学的英雄时代

成重要会面后,施旺将利用米勒的见解。

施莱登的职业生涯开始于一个熟悉的模式,他一开始学习的是法律,于 1827 年在海德堡大学获得博士学位。[①] 然而,他因不享受法律工作而转换职业。1833 年开始在哥廷根修读自然科学的学位,接着又去了柏林。后来,他受邀来到米勒的实验室,在那里他遇上了特奥多尔·施旺。

尽管转向植物学较晚,施莱登还是非常热衷于显微镜的应用,他在将显微镜引入生物学研究这一方面扮演了重要的角色,一般认为,他还在蔡司(Zeiss)光学仪器公司于耶拿的创建中起到了作用。[②] 1838 年,施莱登在米勒出版的、当时最受尊重的《解剖学、生理学和科学医学档案》杂志中发表了"植物发生论"("Beiträge zur Phytogenesis")一文。人们马上将其翻译成法语和英语,它是有关细胞理论的第一篇论文。根据历史材料,该理论的建构源自于施莱登和施旺关于植物发生学的谈话。罗伯特·布朗在 1832 年确认细胞核的存在影响了施莱登,后者将其视为自己理论的出发点。按照施莱登的说法:"一旦细胞核到达其最后的大小,在其周围形成一个细小的、透明的小水泡,这就是新的细胞。"施莱登称其为"植物世界的基础"。施莱登非常错误地主张,细胞"**结晶**于无定型的原始物质之中",并借此清晰地宣称"植物细胞学的诞生"(黑体为原文所加)。尽管如此,他在出版于 1842 年的植物学教科书《植物科学入门》(*Grundzüge der wissenschaftlichen Botanik*)中

[①] 《新科学家传记辞典》:第 6 册,第 356—360 页。
[②] 亨利·哈里斯:《细胞的诞生》,第 174 页。

第三编　受教育中间阶层的崛起：现代繁荣的发动机和工程师

用大部分篇幅介绍了植物细胞学，借此，他不但希望转变植物学的教学，还憧憬着带领更多人进入他们所认为的新科学之中。[①] 施莱登本人从未完全领会细胞核的真正意义和作用，但是他在米勒实验室的同事们在弥补了这个缺陷的同时，做出了新的成就。

他的朋友兼同事特奥多尔·施旺在他五十年的生物学研究中，只有1834—1839年短短五年时间里从事了让他誉满天下的课题。施旺最有名的著作出版于1838年，正是施莱登出版《植物发生论》的年份。施旺开篇便概述了脊索和软骨中细胞的结构和生长。施旺说，他这么做是因为，一方面这些细胞的架构"最近似于"植物细胞，另一方面，从细胞核中生成细胞的过程有清晰的展示。第二部分题为"关于细胞作为动物体内所有组织的基础"，这反映了作者的论点和论调。浦肯野和其他人当然描述了许多组织里的细胞，并假设它们可能是基本的实体。但施旺首先斩钉截铁地声称细胞是基础的。[②]

接着，施旺考察了到那时为止的许多组织学证据来支持上述观点。他讨论了互相依附的细胞（上皮、指甲、羽毛和晶状体）、细胞壁和细胞间质相结合的细胞（软骨、骨骼和牙齿）和生成纤维的细胞（结缔组织和腱组织）。他说的并非都是准确的，但他有着颇具争议的主要目的，即试图建立一个基于所有动植物细胞发展之

[①] 亨利·哈里斯：《细胞的诞生》，第175页。
[②] 特奥多尔·施旺（Theodor Schwann）：《动植物结构生长趋同的显微研究》（*Mikroskopische Untersuchungen über die Uebereinstimmung in der Struktur und dem Wachstum der Thiere und Planzen*），柏林：桑德尔书店，1839年。引自亨利·哈里斯：《细胞的诞生》，第100页。

第十三章　生物学的英雄时代

上的总原则。正如他在前言中所说的："这篇论文的目的是，通过展示动物和植物基本子单元发展规律的一致，来建立有机世界两个王国之间的密切联系。研究的主要结果是，一个基于所有生物体所有单独基本子单元发展的共同的原理，与晶体的形成的规律是一致的，尽管它们在形状上有差异。"当然，文中对晶体的提及和施莱登所说的是一样的，再次强调，这是错误的。在很多人看来，这一重大错误的原因是多方面的，因为施旺在自己的著作中鲜有提及他人在同一个领域所取得的贡献。浦肯野在为施旺著作撰写的书评中质疑了后者自诩的先驱角色。[①]

无论谁是第一个，施旺的著作引发了更多的研究。维也纳大学植物解剖学和生理学教授弗朗茨·翁格尔（Franz Unger，1800—1870）尝试了一种有益的研究方法。格雷戈尔·孟德尔（Gregor Mendel，1822—1884）正是他的学生。[②] 翁格尔的合作对象是维也纳物理学家安德里亚斯·冯·埃廷斯豪森（Andreas von Ettingshausen，1796—1878）教授，后者有一台极好的普罗素显微镜。通过观察细胞活动，他们认识到了细胞分裂的重要性。第一个涉足这一领域的是苏黎世大学的卡尔·内格利（Carl Nageli，1817—1891）。[③] 在他出版于1844年和1846年的、关于细胞分裂的研究中，指出了两种细胞的形成方式：细胞自由形成和已有细胞的分裂。两年后，他从根本上改变了自己的观点，他简单区分了生

[①] 亨利·哈里斯：《细胞的诞生》，第104页。
[②] 弗朗茨·翁格尔（F. Unger）：《植物志》（*Flora*），第45册，1832年，第713页。
[③] 《科学家传记辞典》，第13册，第542—543页。

423

第三编　受教育中间阶层的崛起:现代繁荣的发动机和工程师

殖组织和营养组织,前者的细胞是自由形成的,后者的细胞形成依靠分裂。

1845 年,内格利转向植物生长的研究,在 19 世纪 50 年代后期,他的研究达到了巅峰,他从细胞的谱系中追踪到了顶端细胞。这时内格利指出了母细胞分裂成子细胞的常规路径(一排、两排或三排),从中他认识到,这一规律是可以用数学方式呈现的。在他的晚期著作中,内格利认为,组织可以区分为形成组织(*Bildungsge-webe*)和不再主动繁殖的结构组织(*Dauergewebe*)。他发现,在植物的根和茎中有一种不受这种区分影响的细胞,其源自于基础细胞或合子,形成组织和结构组织间的区分是走向遗传学思想的第一步。①

内格利终生信仰细胞的自发繁殖。因此,当格雷戈尔·孟德尔于 1866 年寄给他自己的《植物杂交试验》(*Versuche über Pflanzen-Hybriden*)时,内格利尽管对此足够重视到能够重复内容的程度,但是不幸的是,他使用了山柳菊,一种无性繁殖的植物,因此,他认为孟德尔的杂交比例和完全突变的演示尽管在数学上是有趣的,但和真实的种群无关。他的学生卡尔·科伦斯(Karl Correns,1864—1933)则看到了孟德尔规律的意义,他是该规律的三个重新发现者之一。②

两千年前,早于亚里士多德,就有人观察过受精鸡蛋内胚胎的形成。但是,直到 1827 年,细胞和胚胎才第一次被联系到了一起,

---

① 《科学家传记辞典》:第 13 册,第 601 页。
② 维捷斯拉夫(Vitezslav):《格雷戈尔·孟德尔:第一个遗传学家》(*Gregor Mendel: The First Geneticist*),牛津:牛津大学出版社,1996 年。

第十三章 生物学的英雄时代

卡尔·恩斯特·冯·贝尔(Karl Ernst von Baer,1792—1876)在一封从莱比锡寄出的拉丁文信件中记录了对于哺乳动物卵子的观察报告。由于显而易见的原因,对于哺乳动物卵子发育的观察在事实上是不可能的,更不必说人类的卵子。直到1824年,才有两个法国人让-路易·普雷沃(Jean-Louis Prévost,1790—1850)和让-巴蒂斯特·杜马(Jean Baptiste Dumas,1800—1884)描述了卵子的分裂。他们认识到,他们见到的、在发育的卵子表面深化的皱纹是分裂的第一个信号,这一进程不断地重复,直到它看上去"像覆盆子一样"。① 对于今天的我们可能很难理解,他们没有意识到自己描述的是细胞的增加。

到了1834年,冯·贝尔才出版他对于分裂的更为详细的描述。之前他刚刚放弃了柯尼斯堡的教席,前往圣彼得堡。在那儿,他做了重要的推断,他所观察到的一切使得任何关于胚胎预先形成的理论(在未受精的鸡蛋里,胚胎是完全形成的雏形)都不再可能。冯·贝尔的论文在德意志科学家群体中引发了轰动,人们从那时开始接受皱纹形成以及紧接着的分裂在生物学上的意义。②完成下一个进步的是英国人马丁·巴里(Martin Barry,1802—1855)和德意志人卡尔·贝格曼(Carl Bergmann,1814—1865),当时鲁道夫·瓦格纳在哥廷根的一个助手,他后来成为了罗斯托克

---

① 亨利·哈里斯:《细胞的诞生》,第119页。
② 《枢密顾问博士卡尔·恩斯特·冯·贝尔先生对于自己生活和著作的报道》(Nachrichten über Leben und Schriften des Herrn Geheimraths Dr. Karl Ernst von Baer mitgetheilt von ihm Selbst),圣彼得堡:H.施密茨多夫,1866年,第322页及以下诸页。

第三编　受教育中间阶层的崛起:现代繁荣的发动机和工程师

大学的解剖学教授。巴里和贝格曼通过关于青蛙和蝾螈的实验确定,分裂卵子的皱纹引发了构造胚胎的细胞。同等重要的是埃尔兰根的哈拉尔德·巴格(Harald Bagge,1817—1895)的研究,他发现,胚胎细胞核的分裂先于细胞的分裂。标志着迈向后来遗传学的决定性一步的是,对于细胞核连续性的观察,以及对于卵子本身是细胞,其通过双裂变生成子细胞的揭示。[①]　对于这一现象的研究在1855年达到了巅峰,罗伯特·雷马克(Robert Remak,1815—1865)于该年出版了有关脊椎动物胚胎学的伟大著作。其中,他发现并命名了胚胎的三个层次:外胚层、中胚层和内胚层,同等重要的是,他还发现了细胞分裂总是开始于细胞核。四年后,达尔文即出版了《物种起源》一书。

[①]　亨利·哈里斯:《细胞的诞生》,第122—127页。

| 第十四章 |

走出"德意志落后的悲惨境地"

1648年的《威斯特伐利亚条约》制造出一批欧洲国家。在1815年,旨在决定拿破仑覆灭后欧洲版图的维也纳会议又制造出另外一批。维也纳会议的主要目的是防止欧洲范围内革命的重现,为了达成这个目的,外交官和政治家聚集起来,着手重建1648年确立的版图。但是,这一小心维持着的欧洲平衡体系,是以中欧的碎片化和弱小为前提的。在维也纳会议上,许多欧洲人都困扰于所谓的德意志崇拜者,后者决心统一德国,并将其转化为一个民族国家。正如法国外交大臣夏尔·莫里斯·塔列朗-佩里戈尔(Charles-Maurice de Talleyrand-Périgord,1754—1838)寄给路易十八(Louis XVIII,1755—1824)的信中所写:"他们想要推翻那个冒犯他们自尊心的秩序,并以一个单一的权威来代替这个国家所有的政府……德意志祖国的统一是他们的口号……他们的热情到了狂热的地步……如果德意志的民众组合成为一个有侵略性的整体,谁能预计后果?"[1]

---

[1] 哈根·舒尔茨(Hagen Schulze):《德国民族主义的发展:从国王弗里德里希到俾斯麦(1763—1865)》(The Course of German Nationalism: From Frederick the Great to Bismarck, 1763—1865),剑桥:剑桥大学出版社,1991年,第43—45页。

第三编　受教育中间阶层的崛起:现代繁荣的发动机和工程师

哈根·舒尔茨指出,只有当民族原则不违背合法君主制的时候,它才可能受到承认,比如在英国、法国、西班牙、葡萄牙、荷兰和瑞典——主要在北欧和西欧,而说德语的地区和意大利,不在此列。这有助于解释为什么民族主义,**文化**民族主义,作为一种德意志的思想而兴起。事实上,该地区政治的碎片化是欧洲秩序的合理结果——看看地图就能知道是为什么了。"从波罗的海到伊特鲁里亚海,中欧将大国分开,使它们保持距离,防止它们的直接冲突。"没有人想要中欧权力不适当的集中,因为任何人只要控制了这个地区,他们就可以很容易地"称霸整个大陆"。

人们习惯于把从《维也纳条约》签订的 1815 年到革命爆发的 1848 年看作一个时代,从政治上看,这样的时代划分是不错的,当然,就德意志而言,这样的时代划分也适用于思想和文化领域。在此期间(事实上超出这一划分,直到 1848 年和 1849 年在柏林、德累斯顿、布拉格和维也纳各式各样的资产阶级革命失败后),文学创作走向两个截然相反的方向。一些作者头脑简单地忽视了正发生在德意志的(晚于英法国家的)社会变迁。他们放弃了城市和资产阶级的生活,取而代之的是,将故事定位于乡下,或村庄和小镇,企图逃离现实,并进入一个不合时宜的(几乎是封建的)世界。他们中有海因里希·冯·克莱斯特(Heinrich von Kleist,1777—1811)、弗朗茨·格里尔帕泽(Franz Grillparzer,1791—1872)、阿达尔贝特·施蒂夫特(Adalbert Stifter,1805—1868)和约瑟夫·冯·艾兴多夫(Joseph von Eichendorff,1788—1857)。典型的例子有艾兴多夫的《废物的生涯》(Aus dem Leben eines Taugenichts)。而另一些作家则选择回应这一新的客观环境,特别是海因里

第十四章 走出"德意志落后的悲惨境地"

希·海涅和格奥尔格·毕希纳,以及"从事政治煽动的"诗人费迪南德·弗莱利格拉特和格奥尔格·赫尔韦格。但是,分裂的状况,德意志的"文化滞后",工业化和城市化晚于其他地方发生,以及这些作家生活在歌德和席勒的阴影下的事实,都意味着,尽管他们的天赋得以被认识(虽然较晚),但他们没有成为同时代的维克多·雨果(Victor Hugo,1802—1885)、奥诺雷·德·巴尔扎克(Honoré de Balzac,1799—1850),或埃德加·爱伦·坡(Edgar Allan Poe,1809—1849)和拉尔夫·沃尔多·爱默生(Ralph Waldo Emerson,1803—1882),或威廉·梅克比斯·萨克雷(William Makepeace Thackeray,1811—1863)、乔治·戈登(George Gordon,1833—1885)、拜伦勋爵(Lord Byron,1788—1824)、珀西·比希·雪莱(Percy Bysshe Shelley,1792—1822)和查尔斯·狄更斯(Charles Dickens,1812—1870)那样在全世界都家喻户晓的名人。尽管如此,我们还是需要进一步地熟悉这些德国文化的经典代表。①

诗歌的优势

弗里德里希·荷尔德林(Friedrich Hölderlin,1770—1843)出生于符腾堡。在图宾根学习神学的时候,他和朋友兼室友格奥尔格·黑格尔和弗里德里希·谢林结成了三人小组。他们对彼此产

---

① 有关国家民族(Staatsnationen)和文化民族(Kulturnationen)以及特殊道路思想,可见哈根·舒尔茨(Hagen Schulze):《欧洲历史中的国家和民族》(Staat und Nation in der europäischen Geschichte),慕尼黑:C.K.贝克,1994年,第108—125页。

429

第三编 受教育中间阶层的崛起:现代繁荣的发动机和工程师

生了深远的影响,许多学者认为,是荷尔德林让黑格尔注意到了赫拉克利特的思想。黑格尔辩证法思想中可以看到这一古希腊哲学家关于"对立统一"理论的回响。自20世纪初以来,人们把荷尔德林看作德国最伟大的诗人之一,但他直到最近才被认为是一个哲学家。这也许反映了他的信念,即诗歌提供了走向真理的最好路径(处在怀疑论和达尔文时代之间的另一种主要的观点)。[①]

两件事情影响了荷尔德林的整个人生,其一,他无可救药地爱上了苏赛特(Susette Gontard,1769—1802),他做家庭教师时的女主人,其二,在早期,他就有当时被称为"癔症"的迹象。他以苏赛特为原型在自己的小说《许佩里翁》(*Hyperion*)中塑造了女主角的形象。书中以信件的形式讲述一个男人"古怪的"生活道路。小说反映了荷尔德林的观点,过多的、按黑格尔方式的自我意识有潜在的危险,个人的人生探索可能会让人失去了与自然最初的联系,自然不但拥抱出生后的人类,而且是诗歌描述的主要对象。荷尔德林认为,康德的本体世界最终是不可知的,如同康德自己曾坚持的那样。但是诗歌可以不时地抓住本体世界的瞬间,这也是诗歌的主要任务。《许佩里翁》的中心思想是,与其说创造美,还不如说发现美。在这个世界上,美是永远存在的,诗人的任务就是去发现它。这种观点也为海德格尔和伽达默尔(Hans-Georg Gadamer,

---

[①] 可见恩斯特·卡西尔(Ernst Cassirer):"荷尔德林和德国唯心主义"("Holderlin und der deutsche Idealismus"),阿尔弗雷德·克勒塔特(Alfred Kelletat)编:《荷尔德林:论在我们这个世纪对他的理解》(*Hölderlin: Beiträge zu seinem Verständnis in unserm Jahrhundert*),图宾根:J. C. B. 莫尔和保罗·西贝克出版社,1961年,第79—118页。

第十四章　走出"德意志落后的悲惨境地"

1900—2002)所接受。①

1802年初,荷尔德林再次成为一名家庭教师,他的学生是汉堡驻波尔多领事家的孩子。这迫使他步行前往那里,沿途的所见所感使他写就了他最伟大的诗歌"思念"("Andenken"):

> 东北风吹拂,
> 我最喜爱的风,
> 因为它把燃烧的感情
> 和旅途的平安带给船夫
> ……
> 令我记忆犹新的是,
> 那片其状如冠的
> 榆树林掩映着的磨坊,
> 院子里却长着一棵无花果树。*

几个月后,荷尔德林回到了德意志,当时他已经表现出明显的

---

① 有关他和宗教的关系,可见沃尔夫冈·沙德瓦尔特(Wolfgang Schadewalt):"荷尔德林走向上帝的道路"("Hölderlins Weg zu den Göttern"),阿尔弗雷德·克勒塔特编:《荷尔德林:论在我们这个世纪对他的理解》,第333—341页;马克·奥格登(Mark Ogden):《弗里德里希·荷尔德林著作中基督的问题》(*The Problem of Christ in the Work of Friedrich Hölderlin*),伦敦:现代人文研究会,德国研究所,伦敦大学,1991年;马克斯·科莫雷尔(Max Kommerell):《诗人作为德国古典主义领军人物:克洛卜施托克、赫尔德、歌德、席勒、让·保尔、荷尔德林》(*Der Dichter als Führer in der deutschen Klassik: Klopstock, Herder, Goethe, Schiller, Jean Paul, Holderlin*),美因河畔法兰克福:克罗斯特曼,1982年。

* 译文来自顾正祥译注:《荷尔德林诗选》,北京大学出版社1994年版,第96—97页。——译者

第三编 受教育中间阶层的崛起:现代繁荣的发动机和工程师

精神错乱迹象。当苏赛特去世的消息传来后,他的病情进一步加重。幸运的是,他在1807年得到了图宾根木匠兼文学爱好者恩斯特·齐默尔(Ernst Zimmer)的救助。这一《许佩里翁》的崇拜者不但收容了他,而且给了他一间可以俯瞰内卡河谷的房间。荷尔德林的整个后半生全靠齐默尔的照看。

在他有生之年,他的朋友们推崇他的诗歌,并合作将其出版。然而,在他死后,他就渐渐地被人遗忘,一方面是因为他的疯癫,另一方面是因为人们简单地将其视为席勒"忧郁的模仿者"而忽视。直到20世纪初,荷尔德林的价值才由施特凡·格奥尔格(Stefan George,1868—1933)和他的追随者们,以及哲学家马丁·海德格尔重新发现。现在,人们把他的作品视为德国文学的一个巅峰。[①]在他晚年疯癫的时候,他曾写下了充满童趣的美丽诗歌,并署带梦幻色彩的笔名,诸如"斯卡达内利"(Scardanelli):

> 可叹,倘若冬天已到,我
> 何处去采摘花卉,
> 何处去领略阳光,
> 和大地上的萌处?
> 高墙默立 *

[①] 荷尔德林处理"人民"的方法吸引了海德格尔及其他人,见马克斯·科莫雷尔:《诗人作为德国古典主义领军人物:克洛卜施托克,赫尔德,歌德,席勒,让·保尔,荷尔德林》,第461页及以下诸页。

* 译文来自《荷尔德林诗选》,第58页,这首诗名为"生命过半"(Hälfte des Lebens),作于1804年,并非出自诗人疯癫的晚年。——译者

第十四章 走出"德意志落后的悲惨境地"

他影响了许多作家，特别是德国的，从莱纳·玛利亚·里尔克（Rainer Maria Rilke, 1875—1926）和赫尔曼·黑塞（Hermann Hesse, 1877—1962），一直到特奥多尔·阿多诺（Theodor Adorno, 1903—1969）。为他诗歌配乐的有：约翰内斯·勃拉姆斯（Johannes Brahms, 1833—1897）、理查德·施特劳斯（Richard Strauss, 1864—1949）、马克斯·雷格（Max Reger, 1873—1916）、保罗·欣德米特（Paul Hindemith, 1895—1963）和本杰明·布里顿（Benjamin Britten, 1913—1976）。

"非神非兽"

如果说荷尔德林只是"忧郁版的席勒"，那么海因里希·冯·克莱斯特则将取代席勒成为所有剧作家的模范。他出生于奥德河畔的法兰克福，作为一个不安的旅人，他先后落脚于巴黎、瑞士和布拉格，1810 年他成为了《柏林晚报》（*Berliner Abendblätter*）的编辑，并开始在普鲁士首都长期居住。他曾经短暂地交往过亨丽埃特·福格尔（Henriette Vogel, 1780—1811），一名情绪不稳定的、向往艺术的波希米亚女子。这段感情以悲剧收场，亨丽埃特说服了克莱斯特签下不可思议的自杀协议。在波茨坦附近的小万湖（Kleiner Wannsee），克莱斯特先是射杀了他的女友，然后把枪对准了自己。终年 34 岁。①

---

① 有关引发这场共同自杀一系列事件的详细、生动介绍，可见约阿希姆·马斯（Joachim Maass）:《克莱斯特：一部传记》（*Kleist: A Biography*），拉尔夫·曼海姆（Ralph Manheim）英译，伦敦：赛克和沃伯格，1983 年，第 262—282 页。另见格奥尔格·卢卡奇:《19 世纪的德国现实主义者》，第 17 页。

第三编　受教育中间阶层的崛起:现代繁荣的发动机和工程师

除此之外,他被誉为浪漫主义运动中北德意志最重要的剧作家。他最优秀的作品可能是戏剧《洪堡亲王》(*Prinz von Homburg*),接着应该是中篇小说《米歇尔·科尔哈斯》(*Michael Kohlhaas*),讲述了与路德同时代的一个马贩子的故事。① 克莱斯特戏剧首先是心理剧,比起结局,语言的准确性往往更为重要。语言对于心理的表达是如此明确,以至于观众忍不住感到痛苦、尴尬或耻辱。今天,克莱斯特的流行程度甚至超过当年,学者们将他视为后现代作家,虽然有人将其看作亨利克·易卜生(Henrik Ibsen,1828—1906)——甚至在某些领域因为"不加节制的"民族主义而被称为原始纳粹。一个很好的例子是《赫尔曼战役》(*Die Hermannsschlacht*),主角要为人民而牺牲个人利益。与之相比更有名的是《破罐记》(*Der zerbrochene Krug*)。在这出喜剧里,法官在调查中"逐渐地、不经意地"发现,罪行是他自己犯下的(尽管如此,在魏玛上演的,由歌德导演的《破罐记》还是遭遇了灾难性失败)。克莱斯特被认为是非常现代的,因为他尝试处理诸如殖民地的种族关系这样的主题。但是,克莱斯特戏剧的有名主要是因为他描述了无法满足的欲望,以及容克贵族的野蛮,特别是"德意志落后的悲惨境地"。因此,他被视为理查德·瓦格纳的先驱。

和克莱斯特一样,弗朗茨·格里尔帕泽也兼顾内心故事和政治戏剧。他创作的两部没有正面描绘德意志君主的历史剧给他带

---

① 格哈特·舒茨(Gerhard Schutz):《克莱斯特:一部传记》(*Kleist: Eine Biographie*),慕尼黑:C. K. 贝克,2007 年,第 391—395 页。马丁·格林伯格(Martin Greenberg)英译并撰写导言:《克莱斯特的五部戏剧》(*Heinrich von Kleist, Five Plays*),纽黑文(康涅狄格州)和伦敦:耶鲁大学出版社,1988 年。

第十四章 走出"德意志落后的悲惨境地"

来了麻烦。由于它们凸显了君主所面临的、在自身利益和义务之间的矛盾，两部剧都面临着审查。① 格里尔帕泽出生于维也纳，父亲是一名律师。格里尔帕泽在出版了悲剧《太祖母》(*Die Ahnfrau*)后变得有名，该戏剧描写了兄妹乱伦和弑父。接着他于1818年创作了《萨福》(*Sappho*)，其中，他讲述了诗人为了追求更高目标而放弃尘世快乐的故事。②

在个人生活上，格里尔帕泽也备受挫折，当他第一次遇见卡特里娜·弗勒利希(Katharina Fröhlich)，他就坠入了爱河。她完全地回应了他的情感，他们订婚了。但是，格里尔帕泽复杂的心理状况意味着他无法使自己进入婚姻，这使他陷入绝望。由于无法摆脱，他干脆把情感倾注于日记中，后来又创作了令人印象深刻的组诗《来自大海的哀歌》(*Tristia ex Ponto*)(1835)，以及两部他最伟大的戏剧《海涛与爱浪》(*Des Meeres und der Liebe Wellen*)(1831)和《梦幻人生》(*Der Traum, ein Leben*)(1834)。后者被认为是格里尔帕泽的巅峰之作。③ 猎人鲁斯坦(Rustan)不再满足于平静的生活和妻女，在黑奴赞加(Zanga)的挑唆下开始尝试积极

---

① 有关格里尔帕泽的政治观点，见布鲁斯·汤普森(Bruce Thompson)："格里尔帕泽的政治反面角色"("Grillparzer's Political Villains")，罗伯特·皮赫尔(Robert Pichl)等编：《格里尔帕泽和欧洲传统》(*Grillparzer und die europäische Tradition*)，维也纳：霍拉，1987年，第101—112页。

② 拉乌尔·奥尔海默(Raoul Auernheimer)：《弗朗茨·格里尔帕泽：奥地利诗人》(*Franz Grillparzer: Der Dichter Österreichs*)，维也纳，乌尔施泰因，1948年，第48—61页。

③ 阿尔诺·杜西尼(Arno Dusini)编：《弗朗茨·格里尔帕泽自传》(*Franz Grillparzer, Selbstbiographie*)，萨尔茨堡和维也纳：首都，1994年。这是一部混合日常评论，以及有关艺术和哲学反思的、有趣著作。

第三编　受教育中间阶层的崛起:现代繁荣的发动机和工程师

生活。① 然而,他的梦想(占据戏剧的大部分)太过于可怕,以至于到了次日早晨,鲁斯坦只想在平静的生活中寻找快乐。

> 伟大是危险的,
> 荣誉是虚幻的游戏。
> 它给予的,只是无意义的影子,
> 它剥夺的,却很多很多。

到了格里尔帕泽的晚年,荣耀接踵而至。他的 80 岁生日被宣布为国家节日。他对此的评论是,这些都太晚了。他去世以后,人们在他的遗存中发现三部完成的作品,其中就有《托莱多的犹太女郎》(*Die Jüdin von Toledo*)。虽然其改编自西班牙语文学,但今天依然是德语文学的经典。他去世后渐渐被人遗忘,直到1891他百岁诞辰的时候,德语世界才认可了他的才华。② 他的内心故事比起政治戏剧要优秀。

温柔的法则和对火车、工厂的回避

阿达尔贝特·施蒂夫特既是一名作家兼诗人,也是成功的画

---

① 赫尔曼·格拉泽(Hermann Glaser)编:《19 世纪的德国思想:一部文学和历史选集》(*The German Mind of the Nineteenth Century: A Literary and Historical Anthology*),纽约:系列国际出版集团,1981 年,第 212 页。

② 罗伯特·皮赫尔(Robert Pichl):《格里尔帕泽最新研究方向》(*Tendenzen der neueren Grillparzer Forschung*),罗伯特·皮赫尔(Robert Pichl)等编:《格里尔帕泽和欧洲传统》,第 145 页及以下诸页。

第十四章 走出"德意志落后的悲惨境地"

家(他的画作卖得足够好)和家庭教师。他在维也纳大学学习法律,但是他的家庭生活并不幸福,他的父母阻止他娶一位自己深爱的女子,然后和另外一位不能生育的女子缔结不幸的婚姻。由于受到肝硬化和深度抑郁的折磨,他最后用剃刀割断了自己的喉咙。

施蒂夫特写作了很多长篇故事和短篇小说,其中最有名的是《暮年的爱情》(Der Nachsommer,1857),至今仍是德语正典中有巨大影响力的成长小说。故事讲述了海因里希·德伦多夫(Heinrich Drendorf),一个德意志商人儿子的自我教育之路。同时展示了他是如何逐渐获得必备的性格,来尊重自己并表现得有尊严。施蒂夫特本人亲历了1848年在维也纳失败的革命,以及伴随着的暴力和混乱,他随后在林茨开始了更为平静的生活。在他的书中,德伦多夫通过一系列远离现实事务的人文主义尝试,诸如学习科学、艺术、历史和教育,来追求个人的幸福,同时,如他所说,回避了"火车及工厂"。这也反映了作者自己的生活。值得注意的是,虽然德伦多夫是一个商人的儿子,但他对商业和贸易的实际生活毫无兴趣。当他在山坡上漫步的时候,风暴正在酝酿中,他在一位老人,即冯·李萨赫男爵(Freiherr von Risach)所拥有的阿斯珀霍夫(Asperhof)庄园找到了庇护所。在那儿,他不禁注意到,这个老人,(一个在政治上的要人,作者没有解释为什么),主要围绕着艺术、古董和园艺,过着规矩的生活(书本应该在看完后放回书架)。他是书中一众享受田园生活角色中的一人,一个控制自己的情绪而非经常失控的人。尼采(Friedrich Nietzsche,1844—1900)从施蒂夫特的《暮年的爱情》中看到了一个"有银河系光亮"的"遥远天堂世界",他将此书和戈特弗里德·凯勒(Gottfried Keller,

第三编　受教育中间阶层的崛起：现代繁荣的发动机和工程师

1819—1890)的《绿衣亨利》(Der grüne Heinrich)(见下文)视为19世纪德意志最杰出的两部著作。①

根据施蒂夫特的观点，快乐源自于"温柔的法则"，"演变促使革命"，世界上大多数持续有益的变化都以缓慢的方式出现，并无声地产生效果——这是一个自然的过程。但是，他的同行弗里德里希·黑贝尔(Friedrich Hebbel，1813—1863)则嘲笑道，能读完《暮年的爱情》的人，可以被加冕为波兰国王。但是后人并不这么认为，威斯坦·休·奥登(W. H. Auden，1907—1973)、玛丽安娜·穆尔(Marianne Moore，1887—1972)和温弗里德·格奥尔格·泽巴尔德(W. G. Sebald，1944—2001)都强调自己受施蒂夫特的影响。托马斯·曼(Thomas Mann，1875—1955)则将他视为"世界文学中最特别、最难以捉摸、最隐秘大胆和最异常揪心的故事叙述者"。

另一种资产阶级

和施蒂夫特一样，戈特弗里德·凯勒也享受绘画。他曾经在

---

① 马塞尔·莱希-拉尼奇也公布了他认为的德语经典作品排序，其中《绿衣亨利》排名第四(Reclam，Ditzingen，2003)。甚至爱情元素，特别是爱情元素缓慢温和地浮现，见格哈德·诺伊曼(Gerhard Neumann)："激情考古学：有关施蒂夫特《暮年的爱情》中爱情概念的研究"(Archäologie der Passion，zum Liebenskonzept in Stifters "Der Nachsommer")，米歇尔·明登(Michael Minden)等编：《施蒂夫特和现代主义者研讨会》(Stifter and Modernist Symposium)，伦敦：德国研究学院，2006年，第60—79页。另见莉莉·霍恩施泰因(Lily Hohenstein)：《阿达尔贝特·施蒂夫特：一位征服者的生平》(Adalbert Stifter，Lebensgeschichte eines Überwinders)，波恩：阿特诺伊姆，1952年，第226页及以下诸页。

第十四章 走出"德意志落后的悲惨境地"

慕尼黑学习过两年绘画,他意识到自己不可能变得足够好,决定转向写作。他的著作《绿衣亨利》被评论家认为是瑞士最伟大的小说。就是这本书,在尼采看来,和《暮年的爱情》一起是19世纪最伟大的两部德语小说。

凯勒出生于苏黎世,在他五岁的时候,他的父亲,一个车床操作员,就去世了。他上了很多学校,包括一所工业学校。15岁,他由于品行不端而被开除。然后被迫去找工作。他一度是慕尼黑风景画家彼得·施泰格尔(Peter Steiger)和鲁道夫·迈尔(Rudolf Meyer)的学徒。然而,两年后,他放弃了艺术,回到了苏黎世,并开始写作。他在海德堡学习的时候曾听过路德维希·费尔巴哈的课。后者给了他很深的影响,以至于凯勒很关注资本主义的文化矛盾,像一百年后的丹尼尔·贝尔(Daniel Bell, 1919—2011)一样,特别是关注个人如何在一个过度鼓吹个人主义的资本主义社会幸福地生活。

一定程度上,凯勒是一个承上启下的角色,在他之前的作家,如上所述,在根本上回避新兴城市资产阶级世界,在他之后的、也是下文将涉及的作家们意识到,他们无法回避这个世界。比起革命,凯勒更倾向于合法的变化(他的思想并不像施蒂夫特的那样温柔),但是如他的著作显示的那样,他并不能接受那些,并且在1848年之前之后对于变化就更排斥了。他属于发展了19世纪中短篇小说的群体中的一员,他们展现了一种德意志式的中短篇小说形式,即短小的叙事形式,既简单,又特别生动,通过关注"离奇的、个人的事件"总结社会生活。

一般认为,《绿衣亨利》是一部模仿歌德的成长小说,虽然它会

第三编　受教育中间阶层的崛起:现代繁荣的发动机和工程师

让人想起巴尔扎克的《不为人知的杰作》。① 整个故事有着很强的自传色彩。主角,亨利·李(Heinrich Lee)年幼时父亲辞世,他在整个少年时代都穿着父亲留下的绿色制服,因此被冠以"绿衣"之名。亨利被学校开除后前往慕尼黑学习绘画。亨利生活中的另一个元素则是他和两位女子的爱情。安娜代表了"天国之爱",而寡妇尤迪特则满足了他"更世俗的需求"。终于,亨利意识到,他作为画家最多也就能获得一些小小的成功。而同时母亲去世给了他沉重的打击。这时候,剧情急转直下。亨利被迫意识到,事实上,他需要对母亲的去世负责,因为母亲为了他付出了很多,而他的自我沉迷使母亲变得贫困。最后,亨利在羞惭中死去。

后来,凯勒不满意这个故事,特别是结局。数年后,他重写了这部小说。在修订版中,亨利没有死去,靠着一份令人气馁的官场闲职过活。这一结局似乎更能引发人们的共鸣。事实上,第一版没能变得流行,而修订版则广受赞誉。②

这一新结局也部分反映了作者自身的经历。1855年,凯勒回

---

① 特别参见米歇尔·明登(Michael Minden):"绿衣亨利和威廉·迈斯特的遗产"("Der grüne Heinrich and the Legacy of Wilhelm Meister"),约翰·L.弗勒德(John L. Flood)等编:《戈特弗里德·凯勒(1819—1890)》(*Gottfried Keller*:*1819—1890*),斯图加特:汉斯-迪特·海因茨学术出版社,1991年,第29—40页。另见沃尔夫冈·马茨(Wolfgang Matz):《阿达尔贝特·施蒂夫特,或,事物可怕的变化:传记》(*Adalbert Stifter*,*oder*,*Diese fürchterliche Wendung der Dinge*:*Biographie*),慕尼黑,德国袖珍书出版社,2005年;另见格奥尔格·卢卡奇:《19世纪的德国现实主义者》,第199页。

② 托德·孔蒂耶(Todd Kontje):《德国教育小说:一个民族流派的历史》(*The German Bildungsroman*:*History of a National Genre*),哥伦比亚(南卡罗来纳州):卡姆登书屋,1993年,第26—27页。

第十四章 走出"德意志落后的悲惨境地"

到了苏黎世,后来成为了一名州政府的书记员。从这个角度,凯勒特别意识到资本主义和艺术家式的个人主义之间日益扩展的鸿沟。对此,马克思赋予了异化的标签,而凯勒也深感厌恶。这一主题还出现在他的小说《塞尔德维拉的人们》(前五部出版于1856年,后五部出版于1873/1874年)之中,那是一个确实奇怪却又可能令人同情的地方。比起其他地方的人,这里的人们不够大胆,缺乏冒险精神。当他们获得越来越多世俗经验后,他们变成了古怪的市侩,躲在自己城市提供的庇护之中。他们拒绝把工作看成"向上流动的进程",排斥快速的生活,并从生活的琐碎(而非其他人热衷的"宏大叙事")中获得快乐。事实上,他们正在为资产阶级生活追寻替代价值。

煤烟与鸣禽

今天,人们把海因里希·海涅看成德国最伟大的作家之一。然而,和格里尔帕泽以及荷尔德林的遭遇一样,海涅受到认可,是在他去世几十年后的事情。对他来说,一个特别的因素是他的犹太人身份。19世纪早期的德意志的反犹主义者不认为他可以"既是犹太人,又是德意志人"。另一个影响他作品流行程度的因素是,从1831年一直到去世,他一直生活在法国,并醉心于法国文化(他在回忆录提及两种激情,对美女和法国大革命的爱)。[①] 纳粹

[①] 里奇·罗宾逊(Ritchie Robinson):《海涅》(*Heine*),伦敦:韦登菲尔德和尼科尔森(彼得·哈尔班)出版社:1988年,第 vii 页,另见格奥尔格·卢卡奇:《19世纪的德国现实主义者》,第106页。

第三编　受教育中间阶层的崛起：现代繁荣的发动机和工程师

曾试图完全抹去人们关于他的记忆。

　　1821年，海涅出版了他的第一部诗集。当时，魏玛古典主义早已远去，而浪漫主义也已过了巅峰，逐渐沉寂。他写道："浪漫主义的千年帝国已然走到尽头，本人作为传说中最后的国王，将亲手摘下了自己的王冠。"对他来说，浪漫主义是"面对不如意的外部世界，内心绝望的退缩"。在黑格尔的名声和影响力达到巅峰之时，海涅在柏林听过这位哲学家的课。他同意黑格尔的观点，在艺术发展史中，他发现了黑格尔式的进步，它开始于最物质的艺术形式（比如埃及的金字塔），然后从古希腊的雕塑，经过文艺复兴时期的绘画，发展到最不物质的艺术——诗歌和音乐。他感觉到："在艺术发展史中，我们生活在音乐的时代。"

　　他把自己的一生划分为两个阶段，第一个阶段称为散文阶段，他的作品主要是报刊文章（格奥尔格·卢卡奇称他为重要的革命记者）、游记和评论。第二阶段是韵文阶段。他的早期韵文结集于《诗歌集》（*Buch der Lieder*）。它们通过弗朗茨·舒伯特、罗伯特·舒曼（Robert Schumann，1810—1856）和费利克斯·门德尔松的谱曲而变得有名。在海涅的散文中，特别是《柏林来信》（*Briefe aus Berlin*）和《哈尔茨山游记》（*Die Harzreise*）——同为一类游记——他敏感地发现，存在着不一样的德意志国家，特别是在乡村的不变生活，它与工业化的、快节奏的、总是与众不同的城市世界形成了对照。随着拿破仑战争的扩大化，他预见到，当代伟大的事务是解放，解放的对象是种族、社会阶级，以及其他的受压迫人民。"我们的时代因为人类平等的思想而温暖……"在他的报

第十四章 走出"德意志落后的悲惨境地"

刊评论中,他竭力地试图夯实德意志革命的意识形态根基。①

虽然他并不喜欢经《维也纳条约》而强化的碎片化的德意志,但海涅从来就不是一个民族主义者。民族主义者的一个前提是认同"基督教的德国",对于海涅这样一个犹太人来说,这一前提是无法满足的。在设想为法国读者而撰写的《论浪漫派》(*Die Romantische Schule*)中,他关注了18世纪伟大德意志作家的世界主义,并探索其失落的原因。他直言道:"浪漫主义诗歌和现代生活是不兼容的:火车摇晃颠簸着我们的思想,因而我们无法创作歌曲,煤烟赶走了鸣禽……"②

在政治上,19世纪40年代是复杂的。在一些欧洲国家,食物的短缺贯穿了整个"饥饿的四十年代",并引发了极端行为。在德意志,弗里德里希·威廉四世于1840年即位成为普鲁士国王,曾一度燃起人们对于自由化的渴望,特别是在他父亲长达四十三年的反动统治之后。当时,涌现了一批政治诗歌,作者主要是所谓的"政治诗人"(Tendenzdichter),比如费迪南·弗莱利格拉特(后来流亡伦敦)和语文学家奥古斯特·海因里希·霍夫曼·冯·法勒斯莱本(August Heinrich Hoffmann von Fallersleben,1798—1874)。后者因为政治倾向性诗歌而被剥夺了教席。他的作品包括"德意志人之歌"(Das Lied der Deutschen)、"德意志,德意志高于一切"(Deutschland, Deutschland über alles),呼吁建立一个有

---

① 里奇·罗宾逊:《海涅》,第7页。另见克斯廷·德科尔(Kerstin Decker):《海因里希·海涅:好运的傻瓜,一部传记》(*Heinrich Heine: Narr des Glücks; eine Biografie*),柏林:柱廊,2007年。

② 里奇·罗宾逊:《海涅》,第10—11页。

第三编　受教育中间阶层的崛起:现代繁荣的发动机和工程师

自由制度的德意志民族国家,但其并不总是被理解为一首自由派作品。① 在海涅看来,这些倾向性诗歌是平庸的,真正有才华的诗人既不应属于任何党派,也不应服膺于任何路线。

> 漫无目的是我的歌声,对,漫无目的,
> 就像爱,就像生活,
> 就像上帝和造物。

海涅不是一个对政治冷漠的人。他鄙视资本主义并期待资产阶级中有更多的英雄。但是,对他来说,真正的诗人应该寻找那些更深刻、更基础并超越激进分子之目标的力量。和雅各布·格林一样,他认为民间传说,一种较深层次的诗歌,包含着联系古典日耳曼宗教的线索。② 基督教使人们远离民间传说所揭示出的世俗的真实,到达一个更难以捉摸的、空洞的精神世界。他认为,通过挖掘和修订原始的民间传说,他可以唤醒失落的兴奋点(不过,他认为"上帝的鸦片"正在消逝)。

1844年,"饥饿的四十年代"的激进骚动预演了德意志的革命,当时,西里西亚的纺织工人发动了起义。他们传统的家庭手工

---

① 艾达·齐格勒(Edda Ziegler):《海因里希·海涅:生活,著作,影响》(*Heinrich Heine: Leben, Werk, Wirkung*),苏黎世:阿茨尔弥斯和温克勒,1993年。另见里奇·罗宾逊:《海涅》,第13页以及格奥尔格·卢卡奇:《19世纪的德国现实主义者》,第103页。

② 关于他在这个时期的诗歌,见S.S.普洛耶(S.S.Prawer):《海涅:悲剧性的讽刺作家》(*Heine: The Tragic Satirist*),剑桥:剑桥大学出版社,1961年,第141页及以下诸页。马塞尔·莱希-拉尼奇(Marcel Reich-Ranicki):《海涅的晚年》(*Der Fall Heine*),斯图加特:德国出版机构,1997年。另见里奇·罗宾逊:《海涅》,第20页。

第十四章 走出"德意志落后的悲惨境地"

业无法简单应对英国工业化纺织制品的冲击。来自饥饿的威胁使他们成为一群可怜的人。虽然他们的起义很快就被镇压,但这激励着海涅写下著名的、尖刻的无产阶级诗歌"西里西亚的纺织工人"(Die schlesischen Weber),它在剩余的整个19世纪中引发了全德意志的共鸣:

> 梭子在飞,织机在响,
> 我们织布,日夜匆忙——
> 老德意志,我们在织你的尸布,
> 我们织进去三重的诅咒
> 我们织,我们织!①

这想法来自于海涅对不符合时代精神的德意志的深切担忧,除此之外,它也基于一首创作于1831年里昂纺织工人起义期间的歌曲"我们正在为旧世界织尸布"。

海涅有着对于他犹太人身份著名的矛盾心理。和之前或之后的很多犹太人一样,他首先是一个德意志人。1824年,他在给朋友的信中把自己描述为"现存最德意志的野兽……我的胸中充满了德意志人的情感"。② 同时,他的未完成犹太小说《巴赫拉赫的拉比》(Rabbi von Bacharach)中一个特征是他钟情于描述符合犹太教规的食品。

---

① 里奇·罗宾逊:《海涅》,第22页。
② 同上书,第27页。

第三编　受教育中间阶层的崛起：现代繁荣的发动机和工程师

　　这一切并不能阻止他于1825年改宗新教。这是一个奇怪的行为，当时是秘密的，后来才为人所知。这并不是一个"立即漂白"的例子。这个术语适用于将国王认作教父的犹太改宗者，普鲁士政府会在他受洗的时候赐予有关十诫的礼物。海涅对于自己的犹太身份是如此不安，以至于他一度称自己仅仅拥有"犹太血统"。克莱桑斯-欧仁尼·米拉（Crescence-Eugénie Mirat），又称玛蒂尔德（Mathilde），在1834年邂逅海涅，两年后和他开始同居，1840年和他结婚，但是她始终都不知道海涅是一个犹太人。他总是期待德意志的犹太人可以获得完全平等的公民权利，并认为当时的反犹主义是出于经济原因，而非宗教原因。[①] 在他看来，那是一个宽容的时代。[②]

　　1848年，正值革命爆发，海涅的健康状态急剧恶化，在生命的最后八年时间，他一病不起，一直被迫躺在贴地的床垫上，他抱怨道，这是他的"床垫坟墓"[③]。他说话很费劲，但思维依旧敏捷，疾病让他想起了上帝。他尖锐地指出，健康和疾病需要不同的宗教，而基督教"对于疾病是一种杰出的宗教"[④]。里奇·罗宾逊认为，他晚年在病床上创作的诗歌既愤怒又有趣，这有别于其他经典诗人特别是叶芝（Yeats）的晚年创作。在一首著名的诗中，海涅要将疾病一个接着一个地传给他的敌人。而在另一首诗中，他直接向

[①]　里奇·罗宾逊：《海涅》，第81页。
[②]　有关讨论见，马塞尔·莱希-拉尼奇：《海涅的晚年》，第86及以后诸页，引自海涅的书信。
[③]　里奇·罗宾逊：《海涅》，第87页。
[④]　同上书，第93页。

第十四章　走出"德意志落后的悲惨境地"

上帝发起挑战：

> 抛掉虔诚的假设，
> 不要神圣的寓言——
> 回答我们这些问题，
> 别拐弯抹角，干脆点！
> 为什么正义者悲惨流血，
> 拖着脚步背负十字架，
> 坏人倒成了胜利者，
> 踌躇满志跨高头大马？*

他在"床垫坟墓"中告诉我们，在这个荒凉的世界上，诗歌是无用的。他同意黑格尔的说法，这个世界"已经进入了散文的时代"①。

现代性和谋杀

许多人，特别是德国人相信，格奥尔格·毕希纳要是能够有常人的寿命，他将会取得和歌德、席勒一样的成就。他最著名的作品《沃伊采克》(*Woyzeck*)确实是一部引人瞩目的大师之作。他出生

---

* 译文来自章国锋、胡其鼎主编，潘子立译：《海涅全集》第三卷，河北教育出版社，第303页。——译者

① 关于最后的诗歌，见 S. S. 普洛耶：《海涅：悲剧性的讽刺作家》，第222—223页。另见格奥尔格·卢卡奇：《19世纪的德国现实主义者》，第155页。

447

第三编 受教育中间阶层的崛起：现代繁荣的发动机和工程师

在达姆施塔特附近的戈德劳，他的父亲是一名医生，他的哥哥是哲学家路德维希·毕希纳（Ludwig Büchner）。他在斯特拉斯堡学习医学，并出版了关于神经系统的博士论文。接着他来到了吉森，科学研究极有前途的中心。但是，毕希纳总是对政治感兴趣，他惊讶于黑森的状况，因而帮助建立了致力于革命的秘密社团。他希望穷人能够获得自我意识，意识到，在那个时代，无产阶级还不是一个"阶级"。在一封从吉森寄出的信中，他写道："这种政治状况可以把我逼疯。"他的一份传单被判过分具有煽动性，他被迫流亡，一开始在斯特拉斯堡，后来去了苏黎世，并在那儿成为了苏黎世大学的解剖学教授，不久，他就因为斑疹伤寒症去世，终年23岁。

1835年，毕希纳创作了他第一部有关法国大革命的戏剧《丹东之死》（Dantons Tod），接着是《伦茨》，一部关于狂飙突进时期诗人雅各布·米歇尔·莱茵霍尔德·伦茨（Jakob Michael Reinhold Lenz, 1751—1792）的小说。他的第二部戏剧是关于贵族的《莱翁采和莱纳》（Leonce und Lena），接着是未完成的《沃伊采克》，出版于他死后，这是第一部主要角色不出自于贵族或资产阶级，而是工人阶级的德语文学作品（戏剧的名称是随后的编辑选择的）。毕希纳死后留下有关这个戏剧的四个手稿断片，这使得后人得以进行合适的重构。这些手稿可能始于1836年，但是该戏剧直到1913年才上演。这部作品的广为人知还需要感谢阿尔班·贝尔格（Alban Berg, 1885—1935）首演于1925年的歌剧《沃伊采克》（Woyzeck）。

《沃伊采克》改编自真实事件。普通士兵由于不服从军规和严格等级制的社会，而被逼疯，最后自杀。他曾经说道："人是深渊，

第十四章 走出"德意志落后的悲惨境地"

当你向下看的时候,就会感到晕眩。"毕希纳在医学杂志上长期跟踪关于一位谋杀犯的讨论。1821年,J.C.沃伊采克因为嫉妒而杀害了自己的情人,接着在莱比锡被公开斩首。作为一个士兵和理发师,沃伊采克遭遇了困难,不知不觉失去工作,并开始有幻觉,继而表现出了幻想症的症状。尽管如此,国王的顾问两次检查了沃伊采克的身体后,认为他虽然堕落,但没有疯狂。根据顾问源自于康德的道德标准,沃伊采克偏离了社会规范,所以应该当作对他人的威慑而受到惩罚。在戏剧发展中,沃伊采克在杀死情人后结束了自己的生命。[①]

这一戏剧是对当时德意志社会状况的愤怒控诉,工业化造就了新形式的贫穷,"原子化生存"迫使个人互相敌对。这个社会表面尊重个人主义,但从根本上忽视大多数人整天面临的精神压力。罪恶的既不是杀人犯,也不是受害者,也不是那些折磨杀人犯的人,因为他们自己也饱受着折磨。在一封在1834年写给父母的信中,毕希纳说道:"人们无法通过自己的力量,避免自己成为笨伯或罪犯。"场景的突兀和两两间的衔接方式,以及使用的工人阶级对话和口音,对于舞台来说都是新的。这意味着,戏剧将最终产生巨大的影响,比如对表现主义,以及许多现代和后现代作家的影响。

穷人的宿命论震撼了毕希纳,也使他感到幻灭。《沃伊采克》中一个贫穷的角色说道:"我认为,如果我们去到了天堂,我们可以

---

① 扬-克里斯托弗·豪席尔德(Jan-Christoph Hauschild):《格奥尔格·毕希纳,有关他生活、著作和影响的研究和新史料》(*Georg Büchner: Studien und neue Quellen zu Leben, Werk und Wirkung*),柯尼希施泰因:阿特诺伊姆出版社,1985年,第35页及以下诸页、第47页及以后诸页。

第三编　受教育中间阶层的崛起:现代繁荣的发动机和工程师

帮助制造雷电。"

歌德时代的终结

1829年之后,海涅在多个场合强调即将"终结的文化时代"对他本人的意义。其开始于歌德的出生,将结束于海涅的死亡。海涅对歌德崇拜是真诚的,此外,他为后者的"消极无为"感到惋惜。在他看来,这是该时代大部分作品的特点,特别是1800年以后。他认为,逝去年代的伟大艺术并未回避同时代的重大事务。他指出,菲迪亚斯(Phidias,公元前480—前430)和米开朗琪罗(Michelangelo,1475—1564)这两位伟大的艺术家用他们的作品证明了这个前提。事实上,如我们所见的那样,1832年歌德的去世标志着19世纪德国文学的分水岭。追求本性、厌恶工业变迁带来的世界,以及对于歌德遗留价值的遵循,不仅贯穿着弗朗茨·格里尔帕泽、阿达尔贝特·施蒂夫特和戈特弗里德·凯勒的作品(他们都不是德国人),而且在世纪中叶比德迈尔时期的中篇小说中也随处可见。

尽管海涅成年后的大多数岁月在巴黎度过,但这不能阻止许多作家对于他的尊敬。"青年德意志派"(Junges Deutschland)作家指的主要是克里斯蒂安·迪特里希·格拉贝(Christian Dietrich Grabbe,1801—1836)、卡尔·古茨科(Karl Gutzkow,1811—1878)、海因里希·劳伯(Heinrich Laube,1806—1884)、特奥多尔·蒙特(Theodor Mundt,1808—1861)、鲁道夫·维恩巴格(Ludolf Wienbarg,1802—1872)和路德维希·伯尔内(Ludwig

第十四章 走出"德意志落后的悲惨境地"

Börne，1786—1837）。他们大多活跃在19世纪30年代，在他们的小说和戏剧中涉及各种各样的社会问题。这些作家的共同点是，他们的写作正逢严格文学检查的时代，该措施旨在平息任何形式的公共异端言论。因此，弗里德里希·威廉四世继位成为普鲁士国王被视为一个关键的转折点，当时，他宣布放松对作家的限制。[304] 尽管，国王很快被迫放弃这一政策，但这一短暂的自由阶段还是引发了真正的政治写作浪潮（有强烈民族主义的，也有或多或少马克思主义的），史称"三月前"（Vormärz）文学。这一时期见证了恩斯特·维尔科姆（Ernst Willkomm，1810—1886）非常流行的社会批评小说的崛起。影响他的有欧仁·苏（Eugène Sue，1804—1857）和查尔斯·狄更斯，以及许多基于《匹克威克外传》（The Pickwick Papers）而创作的小说。格奥尔格·韦尔特（Georg Weerth，1822—1856）也很重要，他和弗里德里希·恩格斯一样，通过作品反映了他有关英国工人阶级境况的个人经验。

这一时期最引人注目的作品，是已提到过的政治倾向性诗歌（其无疑受到了生活在德语圈外的海涅的影响，虽然他对这一流派一贯地冷嘲热讽），以及格奥尔格·赫尔韦格、费迪南·弗莱利格拉特和霍夫曼·冯·法勒斯莱本创作的大量批判社会的诗歌，其传播主要是通过发送传单，并且经常是为了可以用流行曲调唱出而进行写作，特别是在这一时期纷纷涌现的工人俱乐部中。1848年革命的失败很快地终结了这一切，多数作家远走他乡（伦敦或是美国）。美国接受了大量来自德国的、有影响力的避难者（见第15章）。

第三编　受教育中间阶层的崛起：现代繁荣的发动机和工程师

比德迈尔现象

政治家们在 1815 年安排的新秩序的直接后果就是，重建的欧洲君主制度加强了对于臣民的政治掌控，以防法国大革命的重现。这不仅包括了上述的严格的书报审查，还有为了发现颠覆行为而广泛使用的秘密情报机构。奥地利的限制措施比任何地方都要严厉。克莱门斯·冯·梅特涅亲王（Prince Klemens von Metternich，1773—1859）吸收了拿破仑的做法，共济会集合地点、协会、社团都被禁止，它们"麻烦"的会员被逮捕。这导致了一段不长不短的反动时期。人们被迫离开公共的咖啡馆和会议大厅，进入了私人家庭的隐蔽环境中。在《舒伯特的维也纳》（Schubert's Vienna）一书中，瓦尔特劳德·海因德尔（Waltraud Heindl）告诉我们："外在的世界在政治上是如此危险，以至于私人生活、家庭和社会联系仅限于真正可靠的朋友之间。"[①]

这就是被称为比德迈尔文化（Biedermeier）形成的背景，这是浪漫主义运动高潮后的一个决定性转变，甚至是一个反动。在托马斯·尼佩代看来，这是现代化浪潮到来前的一个"间歇"。在浪漫主义运动中，人们关注的是自己的个人经验。比德迈尔派则关注人与人之间的关系。过去被忽视的个人友情世界被赋予了意义，在当时的艺术中，这一更为私人的气氛得到了反映。比起其他

[①] 雷蒙·埃里克森（Raymond Erickson）编：《舒伯特的维也纳》（Schubert's Vienna），纽黑文（康涅狄格州）和伦敦：耶鲁大学出版社，1997 年，第 5—6 页。

第十四章 走出"德意志落后的悲惨境地"

的艺术形式,比德迈尔文化在文学领域中持续了更长的时间,甚至到了1848年仍方兴未艾。该文化在建筑领域也有呈现,比如人们在远离街道的地方建造住房。在文学领域的比德迈尔代表作品主要有阿奈特·冯·德罗斯特-许尔斯霍夫(Annette von Droste-Hülshoff,1797—1848)、阿德尔贝特·冯·卡米索(Adelbert von Chamisso,1781—1838)、爱德华·默里克(Eduard Mörike,1804—1875)和威廉·米勒(Wilhelm Müller,1794—1827)的平静私人的诗歌。胡戈·沃尔夫(Hugo Wolf,1860—1903)和弗朗茨·舒伯特曾经为后两人的作品谱曲。随着城市化和工业化的发展,新的受众群体诞生了:人们可以不经过长期的音乐训练就在钢琴上演奏舒伯特早期的歌曲,这意味着此类音乐可以在较以前更为私密的空间里存在。以上这些保证了,家具这一用来装点私人家居的物品,成为比德迈尔文化的主要表达形式。①

比起帝国式样,比德迈尔式样的家具缺少一些侵略性。它有着简洁的、并非过分矫饰的线条。材料使用的是便宜的到处可见的木材,比如樱桃树和胡桃木,而非昂贵的进口红木。一个行家这么评论,这类家具是"可靠的"、"符合常识的",甚至是"乏味的"。比德迈尔这个概念本身就有嘲讽的含义。1848年,画家兼诗人约瑟夫·维克托·冯·舍费尔(Josef Victor von Scheffel,1826—1886)在维也纳讽刺杂志《飞扬的叶子》(*Fliegende Blätter*)中发表了很多辛辣的诗歌。其中有《比德曼的晚间社交》(*Biedermann's Evening Socialising*)和《布姆尔迈尔的抱怨》(*Bum-*

---

① 雷蒙·埃里克森:《舒伯特的维也纳》,第290页。

melmeier's Complaint）。这两个名字被路德维希·艾希罗特（Ludwig Eichrodt，1809—1891）组合成为戈特利布·比德迈尔（Gottlieb Biedermeier）。"比德"在德语中意味着"普通、日常和平庸"，"乏味但正直"。"迈尔"是一个常用的德国名字，好比英语中的"史密斯"。

这样过度的讽刺对于重要的比德迈尔家具设计师约瑟夫·丹豪泽（Josef Danhauser，1805—1845）似乎有点不公平。他的设计可算非常浮华。在他巅峰时期，他在维也纳的工厂雇用了 350 个工人，设计和生产的不仅有家具，还有雕塑和用于室内装潢的饰品。1838 年工厂关闭后，他的一些工人前往斯德哥尔摩、圣彼得堡和布达佩斯等欧洲城市。他们在满足那里对技术的需求的同时，也传播了比德迈尔观念。[①]

综上所述，比德迈尔文化根本上是一种资产阶级的现象，而且是特别德意志的现象。不像法国，德意志的贵族和官僚资产阶级的融合很少。因此，新的家具设计成为新富的资产阶级的地位象征。这与毕希纳、凯勒和海涅笔下的世界已然完全不同。

在德意志，迟到的工业革命在 19 世纪 30 年代终于开始了。在 19 世纪 40 年代，加快了步伐的革命催生了一个科技创新的时代。蒸汽轮船、蒸汽火车、纺织机械、煤气灯和各种产品的大规模生产变得越来越常见。这造成一个可预见的后果，比德迈尔群体开始为他们的艺术品位而洋洋得意，比起机械加工的产品，他们更

[①] 格伯特·弗罗德尔（Gerbert Frodl）等编：《维也纳的比德迈尔派：维也纳会议到革命期间的绘画》（Wiener Biedermeier: Malerei zwischen Wiener Kongress und Revolution），慕尼黑：普雷斯特尔，1992 年，第 35—43 页。

第十四章　走出"德意志落后的悲惨境地"

喜欢手工制造的。餐具和玻璃制品开始配上细节准确的微型绘画。盛行的瓷器要么拥有华丽的装饰，要么是手工制造式样的。在绘画中，流行的是对于自然费时费力的临摹。在肖像画中，现实主义十分流行，观察详细的心理细节。关于家庭生活的绘画盛行一时，资产阶级客厅成为一个庇护所，人们再次可以暂时地逃离那个被商业和工业控制的真实世界。

对于以上那些，人们无须过度强调。维也纳人选择外出娱乐，戏剧主要因其宏大的场面而为人所知。举例来说，报纸会在戏剧上演前的广告中习惯性地报告，在战斗场面中会开多少炮。比德迈尔时期，舒伯特的歌曲比起以前更为流行，因为他的朋友们开始组织著名的"舒伯特圈子"，资助只演奏他歌曲的晚会。①

舒伯特写了很多的交响乐，但他的最后一部，即 C 大调第九交响曲《伟大》，因为被另一位同时代最伟大的作曲家罗伯特·舒曼重新发现，而成为一时佳话。舒曼了解到该交响乐的存在，在舒伯特去世十年后拜访了他的哥哥费迪南，得到了一大包手稿，从中

---

① 雷蒙·埃里克森：《舒伯特的维也纳》，第 40 页及以后诸页。汉斯·奥托迈尔(Hans Ottomeyer)等编：《比德迈尔，发明简易，密尔沃基艺术博物馆的一场展览，维也纳阿尔贝蒂娜博物馆，柏林德国历史博物馆》(*Biedermeier: The Invention of Simplicity; An Exhibition at the Milwaukee Art Museum, the Albertina in Vienna, Deutsche Historische Museum in Berlin*)，奥斯特菲尔登：哈特耶和康茨，2006 年，包含了有关重新发现比德迈尔的一章，和论及比德迈尔家具美学的一章，确切地说，这可能是当代最可靠的著作。哈罗德·C. 勋伯格(Harold C. Schonberg)：《伟大作曲家生平》(*Lives of the Great Composers*)，第 101 页。另见乔治·马雷克(George Marek)：《舒伯特》(*Schubert*)，伦敦：罗伯特·黑尔，1986 年，第 110—110 页。马雷克认为，这些晚会往往是"纵酒欢宴"。但是，参加人数众多，一度同时有一位公主、两位女伯爵、三位女男爵，和一位主教共同出席。

第三编　受教育中间阶层的崛起:现代繁荣的发动机和工程师

他发现了一整部交响乐。仅仅一年之后,门德尔松便指挥了它在莱比锡的首演。舒曼听到后评论道:"这部交响乐达到了贝多芬之后最伟大的效果……"

舒曼(1810—1856)自己完全是一个浪漫主义者。由于有家人精神失常和自杀,舒曼终身担心他也会以这样或那样的方式重蹈覆辙。他是一个书店老板和出版商的儿子,在成长过程中,歌德、莎士比亚、拜伦和诺瓦利斯等大家的著作常伴左右,它们给予舒曼巨大的影响。他曾经在阅读他后来谱曲的、拜伦的诗剧《曼弗雷德》(*Manfred*)时,热泪盈眶。舒曼为了模仿拜伦,一方面尝试自己作诗,另一方面过着风流的生活。19世纪50年代初,他出现了长达一周的幻觉,当他被野生动物威胁时,他感到那是天使在向他口授音乐。他从桥上一跃而下,但自杀没有成功。根据他自己的要求,他于1854年被送入精神病院。舒曼最有名的作品,也可能是他最喜欢的,是《狂欢节》(*Carnaval*)。其中他刻画了他的妻子克拉拉·维克(Clara Vieck,1819—1896),朋友肖邦(Frédéric Chopin,1810—1849)、尼可罗·帕格尼尼(Niccolò Paganini,1782—1840)和门德尔松。《狂欢节》对勃拉姆斯产生了重要的影响。[1] 然而,在他有生之年,他的作品很不受欢迎。因此,他被迫靠音乐评论谋生,在这一方面他很成功。他是最早介绍肖邦的评

---

[1] 有关狂欢节,见罗纳德·J.泰勒(Ronald J. Taylor):《罗伯特·舒曼:他的人生和作品》(*Robert Schumann: His Life and Work*),伦敦:格拉纳达,1982年,第113—116、第127—128页。另见约翰·达维耶罗:(John Daviero)《岔路:舒伯特、舒曼和勃拉姆斯》(*Crossing Paths: Schubert, Schumann, and Brahms*),牛津:牛津大学出版社,2002年以及爱丽丝·M.汉森(Alice M. Hanson):《比德迈尔时代维也纳的音乐生活》(*Musical Life in Biedermeier Vienna*),剑桥:剑桥大学出版社,1985年。

第十四章 走出"德意志落后的悲惨境地"

论家,在为后者写的评论中他说道:"摘帽吧,先生们,这是一个天才!"他最后推荐的是勃拉姆斯。舒曼可以成为一个伟大的钢琴家,但是在提高自己指法的时候,他伸展手掌过度,从而永久地损坏了一根手指。

当他饱受病痛折磨于1856年去世时,舒曼的音乐终于开始获得国际声望。使得他有名的主要有两点。《C大调幻想曲》(*Fantasy in C Major*)这一钢琴独奏的伟大作品,现在和肖邦的《降B小调第二钢琴奏鸣曲》(*Sonat in B Flat Minor*)以及弗朗茨·李斯特(Franz Liszt,1811—1886)的《B小调钢琴奏鸣曲》(*Sonata in B Minor*)并称为"基于所有浪漫主义钢琴作品的三部佳作"。① 舒曼的第二项成就是他的歌曲创作。他的一些歌曲诸如《诗人之恋》(*Dichterliebe*),现在和舒伯特的《冬之旅》(*Winterreise*)齐名,因为在很现实的意义上讲,他通过在形式上、技术上和情感上提升钢琴的地位,通过为歌曲加上了序幕和终曲,继承了舒伯特的未竟之业。他一生创作了250首歌曲,通过其中一系列调子很优美的二重唱,丰富了当时的歌唱曲目。

现代音乐曲目的发明

舒曼本人崇拜门德尔松,因为后者可能是莫扎特后最为成功的音乐家。门德尔松既是一名杰出的钢琴家,也是那个时代最伟

---

① 罗纳德·J.泰勒:《罗伯特·舒曼:他的人生和作品》,第320—321页;哈罗德·C.勋伯格:《伟大作曲家的生平》,第148页。

第三编　受教育中间阶层的崛起:现代繁荣的发动机和工程师

大的指挥家和最伟大的管风琴演奏家。他不仅是一个优秀的小提琴家,而且遍览诗歌哲学著作。1809年,他出生于汉堡一个富有的犹太银行家家庭,他的祖父是哲学家摩西·门德尔松(Moses Mendelssohn,1729—1786)。作为一个热情的爱国者,他相信他的同胞在一切艺术领域都优于他人。事实上,如果真的存在这样的过度受教育的现象,门德尔松就是一个很好的例子,因为在童年的时候,他被迫每天五点起床学习音乐、历史、古希腊文和拉丁文、自然科学,以及比较文学。[1]

和许多其他的浪漫主义音乐家一样,他曾经是一个神童。更幸运的是,他的父母有钱为他雇一支管弦乐队。小门德尔松可以指挥他们演奏自己谱写的作品。在巴黎,他结识了李斯特、肖邦和柏辽兹(Hector Berlioz,1803—1869)。他第一部作品的灵感来自于莎士比亚的《仲夏夜之梦》,这一仙境对于浪漫主义者来说是极佳的素材(但是,门德尔松从来就不完全依赖于内心的创造力)。后来,他从巴黎去莱比锡,并成为了乐团指挥,很快在他的努力下,这个城市成为了德意志的音乐之都。他是最早使用指挥棒的乐团指挥,在他的指挥下,莱比锡的乐团以准确、节制以及对于速度的偏好成为当时最重要的音乐表演机构。[2] 他扩大了乐队的规模并修改了曲目。事实上,门德尔松几乎是第一个采用今天流行的专断方式的指挥,同时他是我们今天听到的基本曲目的主要组织者。

---

[1] 克莱夫·布朗(Clive Brown):《门德尔松的一幅肖像》(*A Portrait of Mendelssohn*),纽黑文(康涅狄格州)和伦敦:耶鲁大学出版社,2003年,第74页及以下诸页。

[2] 克莱夫·布朗:《门德尔松的一幅肖像》,第430—432页。

第十四章　走出"德意志落后的悲惨境地"

曲目主干是贝多芬和莫扎特，接着是海顿、巴赫（门德尔松在近百年后重新唤醒了巴赫的《马太受难曲》[St. Matthew Passion]）和亨德尔，除此之外曲目还包括焦阿基诺·罗西尼（Gioachino Rossini，1792—1868）、李斯特、肖邦、舒伯特和舒曼。① 门德尔松构思了我们今天听的大部分音乐会的顺序，首先是序曲，接着是一部大作品，比如交响乐，然后是协奏曲。在门德尔松之前，大多数的交响乐被认为太过冗长而无法连续听完：人们习惯于在两个乐章间穿插短小、不讲究的乐曲。

在19世纪中叶，门德尔松自己的音乐一度非常地流行，但是今天的人们对他的评价并不统一。有人认为他是19世纪的莫扎特，也有人认为他从未达到他自己的期待。

日耳曼学和现代性重要剧本

在19世纪的德意志国家，在比德迈尔文化之下和周围，发展出另一种观念，即民间文化（Volkskultur）思想，与之相联系的是大众文化。如上所述，这一思想的起源是赫尔德和格林兄弟的观念和行为，在19世纪，它们发展成为民间艺术（Volkskunst）、民间音乐（Volksmusik）、民间文学（Volksliteratur）、民间戏剧（Volkstheater）、民间诗歌（Volksdichtung）、民族性（Volkstum）和民俗学（Volkskunde）（流行文化，主要由民间书籍[Volksbuch]和流行

---

① 西莉亚·阿普尔盖特（Celia Applegate）：《巴赫在柏林：门德尔松复活马太受难曲中的民族和文化》（Bach in Berlin: Nation and Culture in Mendelssohn's Revival of the St. Matthew Passion），伊萨卡（纽约州），康奈尔大学出版社，2005年。

第三编　受教育中间阶层的崛起:现代繁荣的发动机和工程师

故事构成)。①

推动这些发展的人们认为,有一种德意志的集体精神,即民族精神(Volksgeist),将赋予民族一个有机的整体。这使德意志人感受到,他们的文化和历史代表了一种针对拉丁文化的、令人自豪的替代选择。这里的拉丁文化国家指的主要是法国、意大利、西班牙和神圣罗马帝国,它们统治欧洲思想长达数个世纪。从这个角度看来,精英文化和民间文化是一枚硬币的两面,拥有共同根基的两种不同表达,一种从根本上未曾堕落的集体精神。这一形成的特殊性慢慢地以日耳曼学,即日耳曼研究,而闻名。像恩斯特·默里茨·阿伦特(Ernst Moritz Arndt,1769—1831)和弗里德里希·路德维希·雅恩(Friedrich Ludwig Jahn,1778—1852)那样的作家走到了一起,日渐强硬的他们相信,民间存在一种精神,"民间的声音应该得到保存。人们应该将诸如民间神话、民间戏剧、童话和民歌等口头传统以书面形式记录下来。"

在1848年前,"民间"和"大众"(Masse)两个概念逐渐变得可以互相替换。"大众"在英语中的意思,在19世纪和今天有着微妙的不同。当时的"大众"意味着没有政治代表权利的阶层,因此,"大众文化"应有的地位可能无法得到承认。"为了大众精神的战

---

① 伊娃·科林斯基(Eva Kolinsky)、威尔弗里德·范德威尔(Wilfried van der Will):《现代德国文化剑桥指南》(*The Cambridge Companion to Modern German Culture*),剑桥:剑桥大学出版社,1998年,第155页。举例可见君特·维格尔曼(Gunter Wiegelmann)等:《民俗学》(*Volkskunde*),柏林:E.施米特,1977年;迪特·哈梅宁(Dieter Harmening)等编:《民间文化和历史:约瑟夫·迪宁格65岁祝寿文集》(*Volkskultur und Geschichte:Festgabe für Josef Düninger zum 65. Geburtstag*),柏林:E.施米特,1970年。

第十四章　走出"德意志落后的悲惨境地"

斗已然打响,这一现代性的中心议题以特别猛烈的形式在德意志蓬勃发展。"①

文化方面的中心问题是,如何创造大众的内在认同,特别是在一个前所未有的新兴工业城市群中。比起其他欧洲国家,德意志缺乏统一的象征。这使得工业区更缺乏组织和联系。后果就是,德意志人分裂成为两个群体,"多数人认为,文化应服务于更伟大的民族荣耀,少数人从世俗和宗教角度珍视可批判当局的独立地位。"②

后来,这一分裂变得越来越关键。民间文化获得一种神秘的特质,它支撑并充实着大众。对赫尔德和格林兄弟来说,文化定义并凝聚了德意志国家,帮助德意志民众完成自我界定。随着19世纪的发展,以及"民间"和"大众"两者含义的逐渐趋同,民间文化作为古典拉丁文化的替代选择,逐渐占得上风。19世纪下半叶,我们将会看到,德意志在大众参与下所获得的工业成就承袭了这一认知和看法。德意志人认为(他们确实如此),他们同时引领着精英文化和大众文化(民间文化的另一种表达)的发展方向。这种自我认识在比德迈尔时期已初露端倪。

---

① 伊娃·科林斯基、威尔弗里德·范德威尔:《现代德国文化剑桥指南》,第155页。
② 举例可见期刊《日耳曼学:有书目指南的国际文摘刊物》(Germanistik: Internationales Referatenorgan mit bibliographischen Hinweisen),图宾根:尼迈尔。1854年的一部警察指南将6300人放入黑名单,包括后黑格尔派的阿诺德·卢格和大卫·施特劳斯。

|第十五章|

法国、英国和美国的"德国热"

"穿着裙子的旋风"

在外部世界看来,德意志剧烈的变化是一个值得注意和评论的话题。在当时,第一个也是在很多方面最值得注意的德意志观察家是热尔梅娜·德·斯塔埃尔(Germaine de Staël,1766—1817),一个说法语的瑞士作家,但大多数时间都在巴黎度过,并成为了当时最有名的女人。虽然富有而且独立,但是斯塔埃尔夫人最大的不幸在于她缺乏吸引力,在巴黎这是一个无法宽恕的罪孽。所有这些,加上她不妥协的知识才华和对于积极涉足当代事务的决心,意味着她将一再和拿破仑发生冲突。① 她是一个新教徒,因而总是在一定程度上扮演一个局外人角色。她的著作《论德意志》(De l'Allemagne)历经挫折终于在1810年出版。尽管如此,这还是一部关于德意志文化的、令人印象深刻的全景画。其中她向法

---

① 玛丽亚·费尔韦瑟(Maria Fairweather):《德·斯塔埃尔夫人》(Madame de Staël),伦敦:康斯特布尔,2005年,第1页。

第十五章　法国、英国和美国的"德国热"

国乃至其他欧洲国家介绍了新的文学和浪漫主义哲学。①

在大革命中,她曾对其目标颇具热情,尽管她并不支持革命者们所有的方法。在恐怖时期她一度离开巴黎,但后来又再度返回,在18世纪90年代,由于她的沙龙和与拿破仑的对立使她成为名人。在一些小说中,她捍卫像她那样反对第一执政及皇帝的女性角色。后来她被命令住在巴黎40里格(222.24公里)之外。这使她前往德意志。

在她离开巴黎前,她跟随当时普鲁士驻法国大使威廉·冯·洪堡学习德语。是洪堡,让她相信德意志文化的复兴。很快,她前往魏玛。尽管这个城市有自己的成就,还是震撼于斯塔埃尔夫人即将到访的消息。我们不能忘记,这是一个对法国文化既模仿又轻视的社会,因此,她的到访必然是一个大事件。

使所有人惊讶的是,大公及其夫人和这位异国来客——这位"穿着裙子的旋风"——相得甚欢。他俩还轮流地着迷于斯塔埃尔夫人古怪的头巾和暴露的礼服,这样的穿着带来了"一丝来自巴黎的时髦气息"。歌德一开始在一定距离上保持了足够的友好,帮助安排把斯塔埃尔夫人的书籍翻译成德语。但是现在,他认为,如果他们要相见,也应是她前往耶拿看他。然而,大公很享受她的陪伴,以至于要求歌德回到魏玛。一开始,斯塔埃尔夫人不知道是否值得为见他而增添麻烦。"歌德破坏了我对于维特的理想化形象;他就是一个看上去没有亮点的胖子,他认为自己是一个通晓世故的人,但只成功了一半。"她从未放弃这样的评价:魏玛虽然享有重

---

① 玛丽亚·费尔韦瑟:《德·斯塔埃尔夫人》,第4页。

要的地位,但始终还属于边缘,当时无论是威兰(Christoph Martin Wieland,1733—1813)、席勒,还是歌德,都还没有读过报纸。

尽管如此,随着她德语水平的提高,阅读范围的扩大,魏玛越来越使她感兴趣。在给表弟的信中,她这么写道:"比起我见过的其他人,歌德、席勒和威兰在文学和哲学上更有创造力,更具深度。他们的对话饱含着思想……席勒和歌德正尝试着在戏剧方面的各种创新。"①

比起魏玛,柏林是一个令人失望的地方。她被同意进入王宫,并被引荐给所有的贵族。但是她从来就没有归属感,她感觉,这个城市无法满足她的文学兴趣,当地的社会生活比起巴黎也差得很远。数周后,她见到了一些在文学方面有过人见识的人。在给父亲的信中,她这样写道:"奥古斯特·威廉·施莱格尔说起法语像法国人,说起英语像英国人,而他现在才36岁,就阅读了这个世界上所有的书籍。"②除此之外,她还见到了费希特,她大胆地说道,她完全无法理解他的哲学,继而要求他在一刻钟之内为她讲清楚。费希特献殷勤般地做着尝试,但仅仅十分钟后,她便打断了他,承认她已经厘清了他的思路,并以一个类比,一个旅行故事来阐述了自己的理解,在故事中,有人通过意志训练最终完成看似不可能的成就。面对他重要的思想被如此琐碎地理解,费希特很是恼怒。

《论德意志》一度遭遇难产。为了寻求拿破仑给她平反,德·斯塔埃尔递送给他一本。通过阅读,皇帝选择相信这是一本反法

---

① 玛丽亚·费尔韦瑟:《德·斯塔埃尔夫人》,第303页。
② 同上书,第307页。

第十五章 法国、英国和美国的"德国热"

国的书籍,并命令萨瓦里将军(General Savary,1774—1833),新任的警察部长,查封了这本书,并驱逐其作者。一万本书被化为纸浆,尽管如此,还是有一本被走私送往维也纳,使得此书于1813年的最后出版成为可能。出版后,此书广受赞誉。

《论德意志》和《科琳娜》(Corinne)以及德·斯塔埃尔的其他著作一样,颠覆一切拿破仑所依靠的基础。书中讨论了德意志的诗歌、散文、戏剧、康德哲学以及其他流派哲学,中心话题是自由,内心的自由和政治的自由。她揭示了人们可以在政治上服从政府,但在知识上不可能,她暗示,康德是反抗压迫者的起点。正是从这一本书开始,斯塔埃尔夫人使用了浪漫主义这一表达来描述她所见到的德意志诗歌新形式:赞美个人精神的诗歌。[①] 她的发现和她对于德意志伟大作品的翻译直接影响了同时代的法国人,和其他欧洲国家(比如英国)的人们。在此之前,他们在很大程度上无视德意志文化。在当时法国人的眼里,德意志文化是粗俗的。对此,她辩护道:即使这是正确的,德意志所拥有的原创性思考也比好品位更重要。她希望,《论德意志》可以帮助重新激发法国的文学创作,在她看来,在拿破仑的书报检查制度下,法国文学已是奄奄一息。

她并没有无视德意志的缺点,对她来说,充斥着炉灶、啤酒和烟草的气氛是无法接受的,贵族是无聊的。总的来说,民众都很排外,他们虽然有想象力,但不够风趣。令人惊讶的是,他们同时拥

---

① 玛丽亚·费尔韦瑟:《德·斯塔埃尔夫人》,第375页。

第三编　受教育中间阶层的崛起：现代繁荣的发动机和工程师

有智识上的进取心和对当局的服从。①

"德意志时间"

斯塔埃尔夫人在德意志曾遇到一名来自英国的同行者，亨利·克拉布·罗宾逊（Henry Crabb Robinson，1775—1867）。他不但接受过律师的培训，而且是古董协会的成员。他属于诺维奇（Norwich）的知识分子及异议分子圈子，该团体的资深会员还有威廉·华兹华斯（William Wordsworth，1770—1850）、塞缪尔·泰勒·柯勒律治（Samuel Taylor Coleridge，1772—1834）和罗伯特·骚塞（Robert Southey，1774—1843）。1802—1903年，罗宾逊前往德意志学习哲学，特别是康德哲学，并为《月报》（Monthly Register）撰写有关德意志的文章。② 但他并非唯一对德意志感兴趣的英国人。诺维奇的威廉·泰勒（William Taylor，1765—1836），也是围绕着华兹华斯和骚塞那个小圈子中的一员，曾经称自己为"第一个英国日耳曼学家"。使他闻名的是他翻译莱辛的《智者纳坦》（Nathan der Weise），以及在1790—1820年撰写的有

---

① 玛丽亚·费尔韦瑟：《德·斯塔埃尔夫人》，第379页。
② 罗斯玛丽·阿什顿（Rosemary Ashton）：《德国思想》（The German Idea），剑桥：剑桥大学出版社，1980年，第12页。另见赫尔塔·马夸特（Hertha Marquardt）：《亨利·克拉布·罗宾逊和他的德国朋友：浪漫主义时代英国和德之间的桥梁》（Henry Crabb Robinson und seine deutschen Freunde: Brücke zwischen England und Deutschland im Zeitalter der Romantik），共两册，哥廷根：范登赫克和鲁普雷希特，1964—1967年。于尔根·克登伯格（Jürgen Kedenburg）：《托马斯·卡莱尔作品中的目的论历史图景和神权国家理念》（Teleologisches Geschichtsbild und theokratische Staatsauffassung im Werke Thomas Carlyles），海德堡：卡尔·温特，1960年。

第十五章　法国、英国和美国的"德国热"

关德意志作家(特别是赫尔德和莱辛)的文章。在英国,后来人们发现影响力超越斯塔埃尔夫人著作的是约翰·布莱克(John Black)翻译的施莱格尔关于戏剧艺术和文学的文章。华兹华斯和威廉·赫兹利特(William Hazlitt,1778—1830)都认为施莱格尔关于莎士比亚的观点有启发性。创刊于1817年的《布莱克伍德杂志》(*Blackwood's Magazine*)于1819年开辟名为"德意志时间"的专栏,"以专门介绍来自德意志最新的作品"。

然而,比起另外四个人,上述名字就黯淡了许多。柯勒律治、托马斯·卡莱尔(Thomas Carlyle,1795—1881)、乔治·亨利·刘易斯(George Henry Lewes,1817—1878)和乔治·艾略特(George Eliot,1819—1880)将有关德意志当时发展的知识经过英国传播到了美洲大陆。①

上述说法绝对不是夸张,罗斯玛丽·阿什顿(Rosemary Ashton)在有关19世纪德意志思想对英国影响的研究中指出,在1800—1820年,柯勒律治凭一己之力,说服他那些维多利亚时代的同行,诸如艾略特、刘易斯、约翰·斯图亚特·密尔、托马斯·阿诺德(Thomas Arnold,1795—1842)、理查德·霍尔特·哈顿(Richard Holt Hutton,1826—1897),以及哲学家詹姆斯·霍奇森·斯特林(James Hutchison Stirling,1820—1909),接受德意志

---

①　伊丽莎白·M.维达(Elizabeth M. Vida):《浪漫主义的亲和力:德国作家和卡莱尔,一个思想史研究》(*Romantic Affinities: German Authors and Carlyle; A Study in the History of Ideas*),多伦多:多伦多大学出版社,1993年。德瑞克·赫德森(Derek Hudson)编并撰写导言:《克拉布·罗宾逊日记删节本》(*The Abridgment of Crabb Robinson's Diary*),牛津:牛津大学出版社,1967年。

第三编 受教育中间阶层的崛起:现代繁荣的发动机和工程师

的新发展和新思想。阿什顿认为,虽然法国,特别是昂利·德·圣西门(Henri de Saint-Simon,1760—1825)和奥古斯特·孔德(Auguste Comte,1798—1857)的思想有力地冲击了维多利亚时期英国的政治观念,但是,给予英国思想最为持久的影响的,还是德意志的哲学、史学和美学。

总的说来,柯勒律治的英国同侪对于他表现出来的对德意志的痴迷而感到困惑,并因此嘲笑他。但是,以后的人们采取完全不同的态度。1866年,瓦尔特·佩特(Walter Pater,1839—1894)肯定了柯勒律治的贡献,是他让德意志哲学和文学运动成为一个"吸引人的、形而上的综合体"①。

因为柯勒律治特别着迷于席勒的《强盗》(*Die Räuber*),所以他开始学习德语并于1798年跨过海峡前往德意志。在那里他又发现了康德。在1812年一封给克拉布·罗宾逊的信中,他声称,从康德身上能够得到的要超过其他哲学家。特别吸引他的是康德的第三批判,在书中,美学被视为一种科学。它引导柯勒律治去了解浪漫主义者,特别是施莱格尔和谢林的思想。因此,柯勒律治主要影响了英国对德意志哲学的接受,而非对德意志文学的。②

相比之下,在德意志文学的传播上起了更大作用的是卡莱尔。众所周知,而且并非奉承的说法是,他是伦敦的德意志传声筒。他展示了对于德意志历史的极大兴趣,他用了整整十四年完成了一

---

① 罗斯玛丽·阿什顿:《德国思想》,第4页。
② 同上书,第51页。柯勒律治是第一个不相信浮士德价值的人,他对于该书接受状况的担心并非完全错误。在英国一开始人们激烈地反对这本书,人们不喜欢里面不道德的成分,和上帝的交易让人感到震惊。

第十五章 法国、英国和美国的"德国热"

部有关国王弗里德里希的传记。和柯勒律治一样,他一开始着迷于与英国怀疑主义和唯物主义截然相反的德意志哲学。他在《爱丁堡评论》(*Edinburgh Review*)中发表的一系列热烈支持康德和费希特的文章,让同时代人振奋。这些文章马上又在美国的杂志上重版,拉尔夫·沃尔多·爱默生(Ralph Waldo Emerson,1803—1882)、玛格丽特·福勒(Margaret Fuller,1810—1850)以及其他人都是借此接受德意志哲学的。其在新英格兰发展出了超验论。因此,对于英美两国卡莱尔和柯勒律治是有关德意志思想的主要传播者。①

要确定卡莱尔的影响力非常简单,因为很多人在言谈或文字中提及那部"非常德意志的"小说《衣裳哲学》(*Sartor Resartus*,1833—1834)。"经历过19世纪30年代的年轻人很难不沉迷于此书,并受此影响前去阅读《威廉·迈斯特》(*Wilhelm Meister*)(尽管是卡莱尔的英语译本)。"卡莱尔总是孜孜不倦地试图让他的读者相信阅读德语文学(特别是歌德)的价值,在某种程度上,他是成功的,以至于他在1838年写道:"德语文学的读者增加了100倍。"在他的影响下,刘易斯开始学习德语,并于1838年前往德意志。他意识到,作家和文学批评家在起步阶段几乎都得理解德语文学。在德意志的时候,他发掘了黑格尔的系统美学。在回英国的时候,他对黑格尔的哲学已是了如指掌。但是,他又把兴趣点转向了英

---

① 请见有关《衣裳哲学》和《国王弗里德里希二世》的章节,"一本普鲁士书中不可言传的恐怖"("That unutterable horror of a Prussian book"),K. J. 菲尔丁(K. J. Fielding)等编:《卡莱尔过去和现在》(*Carlyle Past and Present*),伦敦:视野图书,1976年,第51—60、177—197页。

第三编　受教育中间阶层的崛起:现代繁荣的发动机和工程师

国人一直没有留意的、歌德关于博物学和光学的著作。(刘易斯是第一个为歌德写全传的人,即《歌德传》[*The Life of Goethe*]。)①

刘易斯和艾略特结伴去过德意志不止一次,后者对德意志不乏兴趣,但是,她的关注点在于对《圣经》文本的高等考证。和在德意志一样,这种研究方式在英国也颇有争议,使海峡以北的民众对德意志人产生偏见,他们特别憎恶的名字是施特劳斯和费尔巴哈。然而,乔治·艾略特是一个自由的思想者,因此,她对外国的思想抱有开放的态度,以至于,她在1846年有勇气翻译施特劳斯的《耶稣传》。她也认为,英国不能承受对德意志发展的忽视。

和斯塔埃尔一样,她没有忽视德意志的缺点,在她看来,德意志的学者"华而不实到幼稚的地步"。然而,她在1865年出版了一篇题为"适用于德意志人的一个词汇"(A Word for the Germans)的文章。其中,她承认,德意志人有时苦恼于呆滞笨拙的文体,但是,她强调:"如果他是一个实验者,他会在实验中保持谨慎;如果他是一个学者,他会在研究中一丝不苟。因此,今天要研究任何课题,都得依靠德语著作。"②她总结道,只有阅读了德语的相关著作后,他才可以称自己是某个领域的专家。③

在教育方面,德意志一度也占据着重要的地位。比如,弗兰克的书在很早就受到关注,在英国创建的慈善学校有着和哈勒一样

---

①　F. W. 斯托克(F. W. Stokoe):《英国浪漫主义时期的德国影响(1788—1818)》(*German Influence in the English Romantic Period, 1788—1818*),剑桥:剑桥大学出版社,1926年,提及了德国对司各特、雪莱和拜伦的影响。他列举了167本在1789—1805年受德国影响、翻译或改编自德语原著的书籍。

②　玛丽亚·费尔韦瑟:《德·斯塔埃尔夫人》,第176页。

③　罗斯玛丽·阿什顿:《德国思想》,第24页。

第十五章　法国、英国和美国的"德国热"

的办学原则。① 1705年,约西亚·伍德沃德博士(Dr. Josiah Woodward,1657—1712)就出版了介绍哈勒教育体系的书籍《哈勒的虔诚》(*Pietas Hallensis*),此书在美国也广为阅读。早在1701年,毕业于哈勒的安东尼·贝姆(Anthony Boehm,1673—1722)就在英国创立了一家以弗兰克办学思想为原则的学校。

随着对德意志思想兴趣的增长,被送往德意志学习语言的男孩数量日益增长。需求是如此之大,以至于歌德秘书的父亲L. H.普法伊尔(L. H. Pfeil)创立了一家学校专门服务于这个目的。1800年,英国创立了一份专门的期刊以服务于对德意志感兴趣的人们,《德意志博物馆或有关德意志、北方和整个大陆文学的月度知识库》(*The German Museum or Monthly Repository of the Literature of Germany, the North and the Continent in General*)。虽然该期刊存在了才三年,但其特点随后由《布莱克伍德杂志》承袭。②

从长远看,更为重要的是托马斯·坎贝尔(Thomas Campbell,1777—1844)的思想,他认为应根据柏林和波恩(而非剑桥和牛津)的办学模式创建伦敦大学。学校从一开始起就设立了有关德意志的教席,拥有者正是施莱尔马赫的妻弟路德维希·冯·米伦费尔斯(Ludwig von Mühlenfels,1793—1861)。除此之外,东方语言和希伯来文的教席也由来自德意志的语文学家占据。伊萨克·莱昂·戈德斯米德(Isaac Lyon Goldsmid,1778—1859),伦敦

---

① W. H. G.阿米蒂奇(W. H. G. Armytage):《德国对英国教育的影响》(*The German Influence on English Education*),伦敦:劳特里奇和卡根·保罗,1969年,第6页。
② 同上书,第23页。

第三编 受教育中间阶层的崛起：现代繁荣的发动机和工程师

大学最大的资助人，并在后来成为了英国的第一位犹太裔男爵，前往波恩和柏林旅行，以厘清自己的办学思想。① 在"有关牛津剑桥事务皇家委员会"于1850年出版报告之前，牛津已经尝试通过引进编外教授和更注重实践的考察体系，以使自己变得更"德意志"。

托马斯·阿诺德，拉格比公学（Rugby School）有名的校长，是海峡以北第一个认识到语文学价值的人。他看到了普鲁士取得的进步以后，甚至在学校中引进了德语课，而非法语课。《德意志博物馆》停办后，第二份相关期刊《语文学博物馆》（*The Philological Museum*）于1831年创刊。它做得比前者好，因为它事实上成为了日耳曼学者共同体的期刊。② 和阿诺德一样有影响力的是他的侄孙阿道弗斯·威廉·沃德（Adolphus William Ward，1837—1924），他在莱比锡求学期间正逢他所称的"德意志热"，1866年，他在曼彻斯特的欧文斯学院（Owens College Manchester）（即后来的曼彻斯特大学）接掌历史和英国语文学教席之后，着手将其转变为一个德意志式的、以研究为导向的大学。

当时最有名的英国学者是约翰·埃默里克·爱德华·达尔贝格·阿克顿勋爵（John Emerich Edward Dalberg Lord Acton，1834—1902）。他的母亲是德意志人，部分出于这个原因，他花了八年时间跟随慕尼黑历史学家约翰·德林格（Johann Döllinger，1799—1890）学习。他自从在《英国历史评论》上发表了"历史学中的德国学派"（"The German Schools of History"）的研究后一举

---

① W. H. G. 阿米蒂奇，《德国对英国教育的影响》，第32页。
② 同上书，第42页。

第十五章 法国、英国和美国的"德国热"

成名。同样受到德意志影响的学者还有弗洛伦斯·南丁格尔(Florence Nightingale,1820—1910),她受到位于杜塞尔多夫附近的凯撒斯维特的新教女执事学院(Institute of Protestant Deaconesses)的很大影响,该机构主要训练教师和护士。1850年,她参观该学院的过程中,坚信护士将成为一种职业,而不再是粗活。次年,她就返回英国自我培训。①

在英国,对于德意志教育特别是普鲁士教育的兴趣与日俱增,"看看德意志"成为频繁的口头禅。1861年,前《伦敦时报》(*London Times*)驻柏林记者、牛津大学的教师,马克·帕蒂森(Mark Pattison,1813—1884),被任命为一个旨在报告德意志教育的委员会的成员。在已经出版的文章中,他声称,在德意志教育近半个世纪的成功故事中,义务教育制度是真正的基石。他总结道:这是"珍贵的传统"。阿诺德自己也在"有关捐助学校事务的汤顿委员会"的听证过程中,推荐德意志国家和法国的实践,他的观点是如此引人注目,以至于他的报告于1882年独立出版,即《德意志的高校和大学》。其中,他要求参照普鲁士的模式重视自然科学。② 在德意志模式中,语文学依然是中心,马克斯·米勒(Max Müller,1823—1900),一个德意志的通才,由于他掌握梵文,不但东印度公司委托他编辑《梨俱吠陀》(*Rig Veda*),而且牛津大学也给了他教职。尽管英国人做出了上述努力,1860年,德意志的大学生占总人口比例依然高出英国六倍。③

---

① W.H.G.阿米蒂奇:《德国对英国教育的影响》,第52页。
② 同上书,第54页。
③ 同上书,第34、45页。

第三编　受教育中间阶层的崛起:现代繁荣的发动机和工程师

英国的德意志试剂

在尤斯图斯·冯·李比希接受英国科学学会(British Association)的邀请前往英国后,他吉森实验室的两个分支机构在海峡对面设立,它们分别是1843年设立的罗森斯特实验站(Rothamsted Experimental Station)和1845年建立的皇家化学学院(Royal College of Chemistry),当有人向李比希征求皇家化学学院的主席人选的时候,他推荐了奥古斯特·威廉·霍夫曼(August Wilhelm Hofmann,1818—1892)。女王的丈夫阿尔伯特亲王在莱茵河畔的布吕尔(Brühl on the Rhine)接见了霍夫曼,接着他又向普鲁士国王求情,希望后者能够给予这位波恩大学的化学家两年的假期。可是,霍夫曼在英国待了超过十年,接下来我们要讨论的是他丰富多彩的职业生涯。[①]

"1840年到1859年,阿尔伯特亲王是英国最活跃的德意志试剂。"历史对他是友善的。埃尔米奥娜·霍布豪斯(Hermione Hobhouse)认为,阿尔伯特的伟大贡献是,"将英国的君主制和直到那时仍然被接受的党派忠诚划清界限,从而为走向宪政模式铺

[①] 汉斯—约阿希姆·内策尔(Hans-Joachim Netzer):《萨克森—科堡—哥达的阿尔伯特:一位德国亲王在英国》(*Albert von Sachsen-Coburg und Gotha: Ein deutscher Prinz in England*),慕尼黑:C. H. 贝克,1988年,第238页。斯坦利·魏因特劳布(Stanley Weintraub):《阿尔伯特:没有王冠的国王》(*Albert: Uncrowned King*),伦敦:约翰·默里,1997年,第222页。E. J. 福伊希特万格(E. J. Feuchtwanger):《阿尔伯特和维多利亚:萨克森—科堡—哥达家族的盛衰》(*Albert and Victoria: The Rise and Fall of the House of Saxe-Coburg-Gotha*),伦敦:连续出版社,2006年。

第十五章　法国、英国和美国的"德国热"

平了道路,即女王的反对派也可以得到和女王政府相同的空间"①。他有形的纪念碑是皇家宫殿,我们容易忘记的是,下列建筑在他有生之年建设或改造:白金汉宫、巴尔莫勒尔城堡(Balmoral Castle)、怀特岛上的奥斯本庄园(Osborne on the Isle of Wight)和温莎城堡(Windsor Castle)的农场建筑。

他1819年出生于科堡附近罗斯瑙宫,萨克森-科堡-哥达亲王弗朗西斯·阿尔伯特·奥古斯都·查尔斯·埃曼纽尔(Francis Albert Augustus Charles Emmanuel, Prince of Saxe-Coburg-Gotha)是公爵恩斯特一世(Duke Ernest Ⅰ,1784—1844)的第二个儿子。他成长的世界和英国王室有着亲密的联系。维多利亚女王是他的表姐,因为女王的母亲肯特女公爵(Duchess of Kent)同时也是萨克森-科堡的维多利亚公主(Princess Victoria of Saxe-Coburg,1786—1861)。

阿尔伯特是一位不但有智慧,而且有趣味的女王丈夫,他在英国做了很多事情以激发艺术和科学的兴趣。他变得有名不但因为他拜访了在世艺术家的工作室,说服了女王进一步参与到慈善事务中去,而且因为他自己主持了英国科学协会于1859年在阿伯丁(Aberdeen)召开的年会,以及1860年国际统计学会议。这应该非常符合他的心意,因为他曾求教于阿道夫·凯特勒(Adolphe

---

① 埃尔米奥娜·霍布豪斯(Hermione Hobhouse):《阿尔伯特亲王:他的生活和工作》(*Prince Albert: His Life and Work*),伦敦:哈米什·哈密尔顿,1983年,第viii页。标准作品(虽然现在已经过时)是:西奥多尔·马丁(Theodore Martin):《女王丈夫亲王殿下的一生》(*The Life of HRH the Prince Consort*),共5卷,伦敦:老史密斯,1880年,第5卷,第376页及以下诸页,有关巴尔莫勒尔城堡和政治事件。

475

第三编　受教育中间阶层的崛起：现代繁荣的发动机和工程师

Quetelet，1796—1874），该学科的创始人之一。1855 年，是他提出，进入外交部门应该是通过竞争性的考试，而不再是传统的任人唯亲。①

19 世纪 40 年代和 19 世纪 50 年代，他是英国收藏界最重要的人物。由于他的品位，国家画廊和皇家收藏得到了充实。咨询了德累斯顿的艺术专家路德维希·格鲁纳（Ludwig Gruner，1801—1882）后，他陆续收购了杜乔·迪·博尼塞尼亚（Duccio di Buoninsegna，1255—1319）的《基督上十字架》（*Crucifixion*）、弗拉·安杰利科（Fra Angelico，1395—1455）的《圣彼得殉道》（*St. Peter Martyr*）以及老卢卡斯·克拉纳赫（Lucas Cranach the Elder，1472—1553）的《阿波罗和戴安娜》（*Apollo and Diana*）以及《圣母玛利亚和孩子》（*Madonna and Child*）。另外，他还启动了一些有关他最喜爱的画家拉斐尔的研究，宗旨是建立一个关于他的素材库。最终，大约有 1500 件照片、版画和雕刻收藏保存在大英博物馆，以供学者取用。帮助阿尔伯特的是两名来自德意志的艺术史学家。②

阿尔伯特是一个聪明的人，能察觉身边的变化。他意识到了教育和工业需要合作。在来到英国后，他很快就加入了艺术协会（Society of Arts）（该组织于 1754 年为了鼓励艺术、手工制造和贸

---

① 埃尔米奥娜·霍布豪斯：《阿尔伯特亲王：他的生活和工作》，第 64 页。
② 弗朗茨·博斯巴赫（Franz Bosbach）和约翰·R. 戴维斯（John R. Davis）编：《温莎—科堡：分开的遗存—共同的遗产；一个王朝和她的收藏》（*Windsor-Coburg: Geteilter Nachlass—gemeinsames Erbe; eine Dynastie und ihre Sammlungen*），慕尼黑：K. G. 绍尔，2007 年，第 49 页及以下诸页，第 61 页及以下诸页，和第 115 页及以下诸页。

第十五章 法国、英国和美国的"德国热"

易而创立)并在1843年成为该协会的会长。1844年,正是协会的那些高官复兴了每年展示工业制品的想法,于是在1851年召开了万国博览会。他作为有关博览会事务皇家委员会的主席,深入地参与到具体的计划工作中去。因此,阿尔伯特为万国博览会召开所做的努力,可能是他一生最伟大的贡献。

在博览会上德语国家的展示,在规模上很容易就超越了美国,和法国旗鼓相当。[①] 得到了展示的有普鲁士政府的铁锌铸造厂最好的产品,萨克森的迈森瓷器、乐器和钟表,西门子和哈尔斯克的电报机。电报机展示了普鲁士在通讯领域的先进地位。此外,还有染了各种颜色的纺织品、镜头、用来制作报纸印刷活字的设备和柏林与慕尼黑的学院的雕塑。第一次,人们可以一睹一个崛起中工业国家的真容。

万国博览会取得了引人注目的成功,尤其是,在经济方面实现了18万英镑的盈余,一个巨大的数字,阿尔伯特亲王想使用来自博览会的利润,加上政府承诺拨给的相同数额资金,在南肯辛顿建立一些科学和工业学校。在那儿,他还试图组织所有的科学协会和土木工程师协会,以拿破仑的模式创立一家国家级的综合理工学院。虽然最后没有成功,但一定程度上,一座"阿尔伯特城"成为了现实。南肯辛顿有着非英国式的博物馆群、自然科学学院、音乐和艺术学院,部分大学,部分综合理工学院。经过一次次的改建,今天的南肯辛顿已经是伦敦知识和艺术的心脏。阿尔伯特的纪念

---

① 约翰·R.戴维斯(John R. Davis):《伟大的博览会》(*The Great Exhibition*),斯特劳德:萨顿,1999年,第155页。

第三编 受教育中间阶层的崛起:现代繁荣的发动机和工程师

碑设立在该区域的周边,以一览他伟大的创造。[1]

在英国的时候,亲王依然对故乡保持着兴趣。当他在波恩求学时,就受到支持德意志统一热情的感染。[2] 他利用在伦敦的经验,试图说服普鲁士国王,走英国式的宪政君主制和议会政府制的道路,这种他由衷支持的模式。在他建议的影响下,弗里德里希·威廉四世于1847年决定下旨设立全普鲁士统一议会。逐渐地,阿尔伯特不再同情威权倾向,这一俾斯麦道路的重要元素。尽管如此,他还是和普鲁士亲王,即后来的国王和皇帝威廉一世(Wilhelm I,1797—1888)建立了坚固的友谊。在1848年3月,威廉亲王下令枪击示威者,并得到"霰弹亲王"(Kartätschenprinz)的绰号,其后他被迫逃离柏林,在他停留伦敦期间,阿尔伯特孜孜不倦地试图说服他,走上宪政主义的道路。阿尔伯特认为,1848年之后,德意志邦联已经不再适应时代,必须要成立一个单一的国家。[3] 虽然他并不乐见在未来德国中普鲁士过度的影响力。

人们不可忽视阿尔伯特亲王和他的儿子威尔士亲王爱德华之间的分歧。后者反对他父亲对于德意志的过高评价,以及安排的和未来丹麦国王女儿亚历山德拉的婚姻。他在1864年普鲁士和丹麦间为了石勒苏益格-荷尔斯泰因而发起的战争后,坚定了反德意志的立场,当时他的父亲已经去世。以后,他开始同情法国。在

---

[1] 约翰·R. 戴维斯:《伟大的博览会》,第114页。另见伊丽莎白·达比(Elisabeth Darby):《女王丈夫亲王的崇拜》(*The Cult of the Prince Consort*),纽黑文(康涅狄格州)和伦敦:耶鲁大学出版社,1983年。

[2] 乌尔里希·冯·艾克(Ulrich von Eyck):《女王丈夫亲王》(*The Prince Consort*),伦敦:查托和温达斯,1959年,第68页。

[3] 乌尔里希·冯·艾克:《女王丈夫亲王》,第86页。

普鲁士,威廉二世(Wilhelm II,1859—1941)也有相似的转变,他反对的是他的父亲和来自英国的母亲。在新的气候下,王朝已经不再是国家间的纽带了,正如历史学家海因里希·冯·特赖奇克(Heinrich von Treitschke,1834—1896)在他的《19 世纪德国史》中非常清晰地指出,科堡王朝的"超国家理想"是不可能实现的。①

这是一件难以弄清的事情,充斥着含混不清的信息。阿尔伯特真正的、也是意义足够重大的遗产,是他对于英国艺术和科学、教育结构和宪政君主制的有形影响力。部分因为阿尔伯特的影响力,许多德意志人开始在英国经商(在兰开夏郡有 150 个德国商户),伦敦的牛津街上出现了数不清的德意志俱乐部。

博士跨过大西洋

德意志和美国的关系,比起英国很是不同,在许多领域颇为亲密。1507 年,是马丁·瓦尔德泽米勒(Martin Waldseemüller,1470—1522),一个德意志人,第一个建议以"亚美利加"(America)这个名字来称呼新世界。② 德意志虔信派和英国贵格派教徒威廉·佩恩(William Penn,1644—1718)思想间的相似对美洲产生了很大的影响。英国政府欠了威廉的父亲,海军上将佩恩(Admiral William Penn,1621—1670)一笔价值 16 000 英镑的巨债,不

---

① 埃尔米奥娜·霍布豪斯:《阿尔伯特亲王:他的生活和工作》,第 256 页。
② 阿尔伯特·伯恩哈特·福斯特(Albert Bernhardt Faust):《美国的德国元素》(*The German Element in the United States*),纽约:美国施托伊本协会,1927 年,第 1 册,第 5 页。

第三编 受教育中间阶层的崛起:现代繁荣的发动机和工程师

仅因为他的军事胜利,而且因为他的军饷都由自己解决。英国政府没有偿还金钱,而是赐予他华盛顿以北名为宾夕法尼亚(Pennsylvania)的大块土地。1677年,佩恩在德意志拜会了虔信派教徒,他们从佩恩手中购买了15 000英亩(后增加到25 000英亩)的土地,命名为德国镇(Germantown)。①

在不同时代,都有人试图把密苏里、得克萨斯和威斯康星变成完全德意志化的州。虽然从未实现,但是这些地区的德意志移民比其他地方要多。1835年,人们觉得有必要设立一个名为"日耳曼尼亚"的协会,其宗旨在于保存德意志的习惯、语言和传统,因为他们感觉这些正受着破坏性的影响。特别是威斯康星吸引着德意志人的注意。当地的气候,土壤和德意志北部颇为相似,土地很便宜,人们只要落户一年后就能获得选举权。该州在纽约派驻了一个专管移民事务的特派员,这一安排十分成功,以至于在一段时间内前来威斯康星的三分之二移民是德意志人,这下整个欧洲都知道了威斯康星移民局。威斯康星中央铁路公司派员前往瑞士,招募了5000个移民,主要是德语使用者,承诺他们可以使用铁路沿线的土地。② 1848年后,由于革命的爆发,德意志移民蜂拥而至,这意味着,绝大多数的新移民将是政治上的激进分子,并在南北战争中倾向支持北方的立场。③

"根据我们的推断,发生在德意志和新英格兰之间最早的知识交流可追溯到科顿·马瑟(Cotton Mather,1663—1728)和奥古斯

---

① 阿尔伯特·伯恩哈特·福斯特:《美国的德国元素》,第1册,第33页。
② 同上书,第1册,第477页。
③ 同上书,第1册,第567页。

第十五章 法国、英国和美国的"德国热"

特·赫尔曼·弗兰克之间的通信。1709年,波士顿神学家将160本有关虔信主义的书和小册子寄往哈勒,同时给了弗兰克相当数量的金钱,来支持他的慈善事业。弗兰克的回信长达69页,用拉丁文写就,描述了哈勒的社会公共机构的工作。"[1]两人的儿子保持了这样的联络,这个时候,美国仿照哈勒的模式创立了孤儿院。

弗朗茨·达尼埃尔·帕斯托利乌斯(Franz Daniel Pastorius, 1651—1719)是我们所知的美国第一个德语教师,他就职于费城的英国贵格派学校。他是威廉·佩恩的朋友,也是德国镇的创始人之一,在那儿,他于1702年设立了第一所德语学校。他有两项创新产生了深远的影响,他的学校是男女合校的,同时该校为白天工作的人们提供夜校课程。有记录在案的第一个在德意志访学的美国人是本杰明·富兰克林(Benjamin Franklin,1706—1790),他于1766年访问了哥廷根,并成为了"哥廷根学者协会"(Göttinger Gelehrten Gesellschaft)的成员。然而,最早的两名(于1815—1817年)在哥廷根求学的美国学生是乔治·蒂克纳(George Ticknor,1791—1871)和爱德华·埃弗里特(Edward Everett,1794—1865)。据说,蒂克纳受到了德·斯塔埃尔夫人作品很大的影响。"整个德意志北部有着欧洲最有学问的大学。没有一个国家,甚至包括英国,人们有这么多学习和提升能力的方法。"[2]

在这场于19世纪日渐强盛的运动中,蒂克纳和埃弗里特是先行者,他们从根本上塑造了美国的教育体系。在整个世纪中,美国

---

[1] 阿尔伯特·伯恩哈特·福斯特:《美国的德国元素》,第2册,第202—203页。
[2] 詹姆斯·摩根·哈特(James Morgan Hart):《德国大学:个人体验的叙述》(*German Universities: A Narrative of Personal Experience*),纽约:普特南,1878年。

第三编　受教育中间阶层的崛起：现代繁荣的发动机和工程师

出现了两次留学德意志的浪潮：1850年前，人们一般前往哥廷根、柏林和哈勒，大约说来，拉尔夫·沃尔多·爱默生和亨利·沃兹沃思·朗费罗（Henry Wadsworth Longfellow，1807—1882）也是他们中的一员；后来，越来越多的美国学生选择了莱比锡、波恩和海德堡。埃弗里特在他的旅行中从来没有停止过购买书籍，这些书成了日后哈佛的德语图书馆的核心。阿尔伯特·福斯特（Albert Faust）认为，这是德语书向美国大规模"移民"（Bücherwanderung）的开始。①

卡尔·迪尔（Carl Diehl）估计，从1815—1914年，曾有9000—10000名美国学生留学德意志，特别是其中的19名未来的学院院长和大学校长。他的数据揭示了不同的图景，四所大学吸收了绝大多数的学生，它们是：哥廷根、柏林、哈勒和莱比锡，海德堡在后来才慢慢变得受欢迎。大多数美国留学生进入哲学系学习人文科学，或者自然及社会科学，1850年后，进入神学院的学生数量急剧下滑。早年，哈佛和耶鲁引导了美国学生赴德留学大潮，大约55％的留学生曾经在这两所大学中学习过。②

19世纪中，随着美国人对历史和自然科学的兴趣日增、美国文学的崛起以及越来越多的学生毕业后从德意志归来（有些还拥有博士学位），在美国人看来，德意志的大学甚至变得更为高大，特

---

① 阿尔伯特·伯恩哈特·福斯特：《美国的德国元素》，第2册，第212页。
② 卡尔·迪尔（Carl Diehl）：《美国人和德国学术（1770—1870）》（*Americans and German Scholarship，1770—1870*），纽黑文（康涅狄格州）和伦敦：耶鲁大学出版社，1978年，第53、61页。J. 康拉德（J. Conrad）：《德国的大学学习》（*Das Universitätsstudium in Deutschland*），耶拿，1884年，第25页，引自卡尔·迪尔：《美国人和德国学术（1770—1870）》，第63—64页。

第十五章 法国、英国和美国的"德国热"

别是他们将教学和研究联系起来的方法。在 19 世纪下半叶,第二代美国留学生试图引进德意志的学术理念,即将高阶学术研究视为天职,他们归国后即致力于美国人文学科的现代化。被迪尔提及的有:弗朗西斯·蔡尔德(Francis Child,1825—1896)和乔治·莱恩(George Lane,1823—1897),两位哈佛德语师资力量培训的奠基者,巴兹尔·吉尔德斯利夫(Basil Gildersleeve,1831—1924),约翰·霍普金斯大学的第一位语文学家,威廉·德怀特·惠特尼(William Dwight Whitney,1827—1894),耶鲁大学杰出的梵文学家,以上学者都曾在德意志留学过。这个名单上还可以加上"耀眼的一大批名字,未来的学院院长和大学校长们,他们中的大多数人都参与了美国大学体系的建设"。19 世纪 70 年代,查尔斯·艾略特(Charles Eliot,1834—1926)在哈佛推动的课程改革和引进研究生学习,逐渐被视为美国现代大学体系崛起的第一个信号。迪尔指出,到那时,"全哈佛 23 人的人文科学教授队伍中,至少有 9 人在德意志获得了博士学位"[①]。正是多亏了他们的帮助,曾经在德意志学习化学的艾略特,于 1869 年被选为哈佛的校长。1870 年,耶鲁的人文学院也有近半教授有过德意志留学经验,包括先后两任校长托马斯·德怀特·伍尔西(Thomas Dwight Woolsey,1801—1889)和诺厄·波特(Noah Porter,1811—1892)。事实上,迪尔指出,德意志的大学成为美国大学毕业生的研究生院。"到 1850 年,很多大学公开宣布,他们更倾向于有德意志留学

---

① 卡尔·迪尔:《美国人和德国学术(1770—1870)》,第 116 页。

第三编　受教育中间阶层的崛起:现代繁荣的发动机和工程师

经验的申请者。"①

从19世纪40年代中期到50年代中期,大约75万被称为"四八一代"的德意志移民进入美国。现在,对德裔美国人来说,拥有一位"四八一代"的先祖是如此的荣耀,就好比一个盎格鲁-撒克逊美国人声称自己是"**五月花**"那代移民的后裔。② 光在1854年,就有21.5万名德意志人移民美国,这一纪录直到1882年才被打破,那年有25万人跨过大西洋。

在艺术和人文领域,德裔美国人贡献了一大批画家和作家。其中画家有:以作品《华盛顿横渡特拉华河》(*Washington Crossing the Delaware*)而著名的埃玛纽埃尔·洛伊茨(Emmanuel Leutze,1816—1868)和为内华达山脉作画的阿尔伯特·比尔施塔特(Albert Bierstadt,1830—1902)。其中作家有:完成《政治经济学的国民体系》(*Outline of a New System of Political Economy*)的弗里德里希·李斯特(Friedrich List,1789—1846)以及以《弗吉尼亚人》(*The Virginian*)而著名的欧文·威斯特(Owen Wister,1860—1938)。此外,德裔美国人中的慈善企业家有生于海德堡附近的约翰·雅各·阿斯特(John Jacob Astor,1763—1848)和来自于奥地利蒂罗尔(Tyrol)的弗朗西斯·马丁·德雷克塞尔(Francis Martin Drexel,1792—1863)。后者曾在美国南部多

---

① 卡尔·迪尔:《美国人和德国学术(1770—1870)》,第141页。另可见杰瑞·布朗(Jerry Brown):《〈圣经〉批判的开始》(*The Rise of Biblical Criticism*),米德尔敦(康涅狄格州):卫斯理大学出版社,1969年。

② 汉斯·W.加茨克(Hans W. Gatzke):《德国和美国:一段"特殊的关系"?》(*Germany and the United States: A "Special Relationship?"*),剑桥(马萨诸塞州):哈佛大学出版社,1980年,第30页。

第十五章　法国、英国和美国的"德国热"

年以绘画为生,其后前往北方,于1837年在费城成立了银行(其在纽约的分部成立于1850年)。最有名的是约翰·戴维森·洛克菲勒(John Davison Rockefeller,1839—1937)。他的先祖约翰·彼得·罗根菲勒(Johann Peter Roggenfeller,1681—1766)就是最早定居新泽西的那批德意志移民。①

19世纪上半叶,除了大学,德意志对美国人生活上的影响主要在音乐和新闻业。庞大的德意志新教教会支持歌唱和器乐。在新英格兰,最有名的合唱团是"韩德尔海顿协会"(Handel and Haydn Society)。该组织由乐谱店老板戈特利布·格劳普纳(Gottlieb Graupner,1767—1836)成立于1815年。他组织并指挥了美国第一支著名管弦乐团,其声名与来自汉堡扎根于费城的另一支乐团不相上下。19世纪中叶,纽约成为美国音乐创作的中心,这要部分归功于"德意志管弦乐团"(German Orchestra)的到来,其中包括了20多名青年音乐家,他们大多是"四八一代"。②很快,合唱团协会,在布法罗、匹兹堡、克里夫兰、路易斯维尔、辛辛那提和查尔斯顿成立,即日耳曼联盟(*Teutonenbund*)。这些组织每年参加歌唱节,一些协会进一步发展成为了音乐协会(*Musikverein*)。这一发展开始于密尔沃基,在那里,协会组织的不仅有合唱,还有歌剧和宗教清唱剧。

克里斯托弗·绍尔(Christopher Sauer,1695—1758)于1739年创办了第一份德裔美国人的杂志,即《高地德意志-宾夕法尼亚

---

① 阿尔伯特·伯恩哈特·福斯特:《美国的德国元素》,第1册,第438页。
② 同上书,第2册,第261页。

第三编　受教育中间阶层的崛起：现代繁荣的发动机和工程师

历史写作者，或：自然世界和教会世界重要消息集》(*Der Hochdeutsch-Pennsylvaniesche Geschicht-Schreiber, oder Sammlung Wichtiger Nachrichten aus dem Natur und Kirchen-Reich*)。该出版物的出版地是德国镇，标题（感到欣慰地）被缩减为《德国镇报》(*Germantown Zeitung*)，逐渐地，从半年一期增加到，三个月一期，每个月一期，1775年终于增加到每周一期。18世纪末，在宾夕法尼亚有五份德语报纸，其中一份一半英语一半德语。19世纪早期，无论是发行量还是影响力，德语报纸都经历了一个井喷过程：1834年《纽约国家报》(*Die New Yorker Staats-Zeitung*)创刊，1835年《西部人报》(*Der Anzeiger des Westens*)在圣路易斯开印，1836年《辛辛那提人民报》(*Cincinnati Volksblatt*)开始出版。①

1813年，一名眼镜制造者卡斯帕·维斯塔(Caspar Wistar, 1761—1818)*从本杰明·拉什博士(Dr. Benjamin Rush)手中接过了废奴协会(Society for the Abolition of Slavery)主席的职位。两年后，又接替托马斯·杰斐逊，担任美国哲学会(American Philosophical Society)主席。② 在他的影响下，美国人开始关注黑格尔、施莱尔马赫和青年黑格尔派。

人们不能忽视，这是一个文化交流频繁的时代。在德意志也有很多人对英国和美国感兴趣。举例来说，那时候，鲁道夫·冯·

---

① 阿尔伯特·伯恩哈特·福斯特：《美国的德国元素》，第2册，第369页。
* 此处应为医生卡斯帕·维斯塔，与他同名的祖父是一名眼镜制造工匠。——译者
② 阿尔伯特·伯恩哈特·福斯特：《美国的德国元素》，第2册，第401页。

第十五章 法国、英国和美国的"德国热"

格奈斯特(Rudolf von Gneist,1816—1895)写了四卷有关英国地方政府的著作,海峡以北的人们也在阅读该书。虽然在21世纪的我们不能称这种现象为全球化,但是,并非每个人都表现得那样民族主义,就像19世纪有时被呈现的那样。

| 第十六章 |

瓦格纳的另一个指环:费尔巴哈、叔本华和尼采

托马斯·曼(Thomas Mann,1875—1955)曾说过,理查德·瓦格纳遇到阿图尔·叔本华是前者一生中最伟大的事件。1854年的秋季,他阅读了《作为意志和表象的世界》一书之后很受震动,一年中,他把这两卷超过一千页的著作前后读了四遍。几乎没有作曲家像瓦格纳那样这么严肃地学习过哲学。布赖恩·马吉认为,瓦格纳自己就是一个哲学家,他要是没有吸收叔本华思想的话,无论是《特里斯坦与伊索尔德》(Tristan und Isolde),还是《帕西法尔》(Parsifal),都不可能成形。这一观点也适用于《尼伯龙根的指环》(Der Ring des Nibelungen)的一部分。①

瓦格纳和他同行间的区别,主要是由政治因素造成的,特别是1848年革命后的幻灭,使得他远离群体活动并变得内向,同时他对其他的思想抱着开放的态度,其中,哲学被证明是决定性的。研究者往往会认为,瓦格纳在年轻的时候曾经是一名有激情的、活跃的左翼革命家。到了中年开始转向右倾。较正确的说法应该是,

---

① 布赖恩·马吉(Bryan Magee):《瓦格纳和哲学》(Wagner and Philosophy),伦敦:企鹅,2000/2001年,第1页。这一章节的写作高度依赖马吉先生杰出的研究。

第十六章 瓦格纳的另一个指环:费尔巴哈、叔本华和尼采

他彻底丧失了对政治的兴趣,他认为,最急迫的人类问题是无法通过政治手段解决的。①

1813年,他和朱塞佩·威尔第(Giuseppe Verdi,1813—1901)同年出生,1883年,他和马克思同年去世,享年69岁。在很早的时候,他就向往着歌剧创作。十岁那年,他开始了创作的实践。当时,最为流行的是三种歌剧:卡尔·马利亚·冯·韦伯(Carl Maria von Weber,1786—1826)的德意志浪漫主义歌剧,温琴佐·贝利尼(Vincenzo Bellini,1801—1835)、焦阿基诺·罗西尼和葛塔诺·多尼采蒂(Gaetano Donizetti,1797—1848)的意大利浪漫现实主义,以及法国歌剧,其主要代表是贾科莫·梅耶贝尔(Giacomo Meyerbeer,1791—1864)和弗罗芒塔尔·阿拉维(Fromental Halévy,1799—1862)的宏大场面。瓦格纳在尝试了所有这三种题材后决定,最好的还是德意志形式,他的三部早期著名歌剧《漂泊的荷兰人》(*Der fliegende Holländer*)、《唐豪瑟》(*Tannhäuser* (1845))和《罗恩格林》(*Lohengrin* (1848))都属于这一类型。约阿希姆·克勒(Joachim Köhler)认为,《漂泊的荷兰人》是瓦格纳的"法国大革命",虽然当时没人这么觉得。

接着,瓦格纳经历了一个不算危机的反思期。在此过程中,他两度结婚,第一次和一个漂亮的女演员,她根本不知道自己嫁的是怎么样的一个天才,她只希望自己的丈夫能够获得世俗的成功。瓦格纳的第二个妻子是柯西玛(Cosima Wagner,1837—1930),弗朗茨·李斯特的私生女,尽管她没有他第一任妻子那么漂亮,但她

---

① 布赖恩·马吉:《瓦格纳和哲学》,第3页。

第三编　受教育中间阶层的崛起:现代繁荣的发动机和工程师

为了瓦格纳奉献了一生,因此,瓦格纳的第二段婚姻是相当快乐的。①

他早年参与政治的经历使他结识了俄国无政府主义者米哈伊尔·巴枯宁(Mikhail Bakunin,1814—1876),1849年,他们曾在德累斯顿起义的街垒中并肩战斗。1843年,因为完成了《黎恩济》(*Rienzi*)和《漂泊的荷兰人》两部成功的作品,他受聘成为德累斯顿的宫廷乐队指挥,巴枯宁也正在那里生活。那时候,瓦格纳才29岁,在自传中他把这个无政府主义者形容为"一个真正意义上既可爱、又敏感的人"。当然,巴枯宁认识马克思,虽然前者可能是一个反犹主义者。② 瓦格纳和巴枯宁一道参与了德累斯顿起义的领导组织工作(第9章曾经提及的戈特弗里德·森佩尔(Gottfried Semper,1803—1879),一个建筑设计师,曾设计了德累斯顿的街垒)。由于革命的失败,瓦格纳在德意志遭到通缉,被迫流亡瑞士。

在瑞士最初的几年,他几乎没有创作音乐作品,而是撰写了很多散文,从而使自己变得更为有名。其中有两部被广为阅读:《未来的艺术作品》(*Das Kunstwerk der Zukunft*,1849)和《歌剧和戏剧》(*Oper und Drama*,1850—1851)。它们都是重要的理论作品。瓦格纳认为,理论和艺术应当以适当的方式彻底地交融,其后

---

① 约阿希姆·克勒(Joachim Köhler):《理查德·瓦格纳:最后的泰坦》(*Richard Wagner: The Last of the Titans*),斯图尔特·史宾塞(Stewart Spencer)译,纽黑文(康涅狄格州)和伦敦:耶鲁大学出版社,2004年,第140页。

② 有关瓦格纳和黑格尔哲学的联系,见保罗·劳伦斯·罗斯(Paul Lawrence Rose):《瓦格纳:种族和革命》(*Wagner: Race and Revolution*),伦敦:法伯尔和法伯尔,1992年,第28—31、62页。布赖恩·马吉:《瓦格纳和哲学》,第35页。

第十六章　瓦格纳的另一个指环:费尔巴哈、叔本华和尼采

他便尝试将这些思想付诸实践,这使得他后来的作品和以前的截然不同。[1]

首先,他创作了四部歌剧的剧本,它们是:《莱茵的黄金》(*Das Rheingold*)、《女武神》(*Die Walküre*)、《齐格弗里德》(*Siegfried*)和《诸神的黄昏》(*Götterdämmerung*),这些组成了《尼伯龙根的指环》。同时,他为前两部编曲,接着他面临了一个漫长的中断期。当他完成了《齐格弗里德》第二幕后,便暂时放弃了《指环》,以后,他相继完成了《特里斯坦与伊索尔德》与《纽伦堡的名歌手》(*Die Meistersinger von Nürnberg*)。十二年后,他重新开始《指环》的创作,并完成了《齐格弗里德》和《诸神的黄昏》的谱曲。其后,他只创作了一部歌剧,即首演于1882年的《帕西法尔》,一年后,他去世了。

比起他的音乐,他的个人境遇则更有戏剧性。在创作《莱茵的黄金》《女武神》和《特里斯坦》的时候,他已年过五旬,因此他根本没有指望作品的上演。此外,他在维也纳背负债务,为了免于身陷囹圄,他被迫二度逃亡。[2] 如果说,瓦格纳的故事没有一个童话般结局的话,在这个时间,故事的主人公却有了一段童话般的经历。巴伐利亚国王路德维希二世(Ludwig II,1845—1886)当时18岁,是个激情澎湃的年轻人,他和瓦格纳一样能够感受到其作品的力量。非常意外地,他开始资助作曲家,并让他将歌剧搬上舞台。瓦格纳用这笔钱建造了自己的歌剧院,并开启了延续至今的拜伊罗

---

[1] 约阿希姆·克勒:《理查德·瓦格纳:最后的泰坦》,第270—271页。
[2] 布赖恩·马吉:《瓦格纳和哲学》,第14页。

第三编　受教育中间阶层的崛起:现代繁荣的发动机和工程师

特音乐节(Bayreuth Festivals)。

在叔本华之前,影响瓦格纳最深的是路德维希·费尔巴哈(第11章有提及)。在自传中,瓦格纳声称,他在德累斯顿生活的时候,就"发现"了费尔巴哈,在他看来,这是"唯一契合现代社会的哲学家"。诗人格奥尔格·赫尔韦格率先指明,瓦格纳尤其受到了费尔巴哈《基督教的本质》一书的影响。如前所述,该书认为,世上只存在人类和自然,因此,任何"高于我们的存在"都是我们自身焦虑和野心的投射(瓦格纳就将《未来的艺术作品》一书题献给了费尔巴哈)。① 特别吸引瓦格纳的是,费尔巴哈认为,宗教信仰几乎是普世的,因为它满足了人类的基本需求,宗教的关注点与生物以及物理的完全不同。② 我们看待宗教的同时,要了解的不应该是天堂或是现实的根本方面,而是我们自己。③ 这些思想在《指环》的剧本中可以看到,其中很多角色都是"初民时代的神祇"④。在费尔巴哈的意义上,他们是普世的人类性格和欲望的投射,而非先验世界中的栖息者。

虽然就其本身而言,瓦格纳的歌剧是很好的,但其中有些不容忽视的元素,会使情况变得复杂。首先是民族主义,我们需要知道的是,当时的民族主义是中间偏左的,其反对的是政治保守主义,

---

① 约阿希姆·克勒:《理查德·瓦格纳:最后的泰坦》,第 261 页。
② 马克思·W. 瓦尔托夫斯基(Marx W. Wartofsky):《费尔巴哈》(*Feuerbach*),剑桥和纽约:剑桥大学出版社,1977 年,第 322 页。
③ 布赖恩·马吉:《瓦格纳和哲学》,第 52 页。
④ 关于费尔巴哈在一些领域走在弗洛伊德之前,见 S. 拉维多维奇(S. Rawidowicz):《路德维希·费尔巴哈的哲学:起源和命运》(*Ludwig Feuerbachs Philosophie:Ursprung und Schicksal*),柏林:德古意特,1964 年。

第十六章　瓦格纳的另一个指环：费尔巴哈、叔本华和尼采

保守主义者希望维持小邦国旧制度政权的独立，他们依赖于自身的统治精英并且更依赖已经过时的封建制度。与此对应的是，音乐也有自身的民族主义元素。他觉得尤其不能接受的是，在莫扎特和贝多芬之后，德意志人还如此看重法国的歌剧。他认为，从巴赫和海顿之后，德国就有着当世最伟大的传统。《名歌手》就是他的答案。①

另一个复杂的因素是瓦格纳所谓的"形而上学的转变"。根据他的自传，在1851年，在巴黎右翼反议会政变的支持下，路易·拿破仑（Louis Napoleon Bonarparte，1808—1873）掌权，这对瓦格纳是一个转折点。后者总结道，自己将在有生之年无法看到理想中的世界通过政治行动实现，人类的处境在本质上是无法改变的。他远离政治，并逐渐将关注点集中于自身，而非外在世界。② 一个最后的因素是，瓦格纳作品的心理结构基于他对古希腊的理解。他说道，古希腊文明解体后，根本上人格化的希腊神祇，以及最为重要的主题——神话，都无法再应用于艺术。③

"大事件"

叔本华和瓦格纳在思想的很多方面相类似，但抵达路径不同。当瓦格纳读到叔本华的时候，他意识到自己和哲学家间的差距，同时他把叔本华的德语散文本身看作是"艺术作品"。1854年下半

---

① 布赖恩·马吉：《瓦格纳和哲学》，第72—73页。
② 同上书，第76页。
③ 同上书，第93页。

第三编 受教育中间阶层的崛起:现代繁荣的发动机和工程师

年,瓦格纳正开始为《女武神》谱曲的时候,读到了叔本华的《作为意志和表象的世界》。瓦格纳当时健康状况并非最佳,他的腿上长了一个疖子。以后,他常把该书带在身边并总是深深地浸淫其中。①

《作为意志和表象的世界》在1818年就已经出版,但当时没有让莱茵河情绪高涨。然而,1853年,激进的《威斯特敏斯特评论》(*Westminster Review*)(其副主编为亲德的乔治·艾略特),刊登了约翰·奥克森福德(John Oxenford,1812—1877)的一篇文章,题为《德意志哲学中的偶像破坏运动》(*Iconoclasm in German Philosophy*)。奥克森福德值得赞誉地给予读者有关叔本华很好的介绍,以至于该文章很快就被翻译出版于《福斯报》(*Vossische Zeitung*),这使得翻译版比原版的读者要多得多。在65岁前后,叔本华变得流行,他在度过了几乎被边缘化的大半生后,很快变得著名。②

公众对叔本华兴趣的剧增,引起了瓦格纳的注意,其结果就是,他在1854年的圣诞节寄给了哲学家《指环》的剧本,并写下"致以崇拜和感激"一语。不幸的是,叔本华对此很生气,因为瓦格纳没有随剧本附上书信,从此以后,两人没有任何的交往。这里再次引用布赖恩·马吉的话语:"这事实辛酸得让人无法忍受,叔本华直到去世的时候,都不知道史上最伟大的艺术作品是在他哲学的

---

① 约阿希姆·克勒:《理查德·瓦格纳:最后的泰坦》,第418—419页。
② 布赖恩·马吉:《瓦格纳和哲学》,第145—146页。

第十六章 瓦格纳的另一个指环:费尔巴哈、叔本华和尼采

影响下创作出来的。"[1]

音乐作为形而上学

叔本华相信,康德是古希腊时代之后最重要的哲学家,此外他将自己看作康德的传人。在他看来,康德最有吸引力的思想是:"完全真实的一部分我们能够体验,而另一部分却不能。"这是对于现象和实体的区分。(见第 5 章)基于此,叔本华的哲学包含了四个相互交织的实体。首先,他认为,康德关于体验世界之外的事物是多样的这一提法有误。叔本华认为,为了区分彼此,它们必须有时间和空间的定位。但是,时间和空间是经验的一部分,且只能存在于经验世界之中。甚至有些东西,比如数字或抽象概念,似乎是脱离时间和空间而存在着的。但是,我们之所以能够记住它们,是因为我们能够理解顺序,而人们是无法脱离时间和空间来理解顺序的。[2] 叔本华就此总结道,在时间和空间之外,"所有的东西都是一致且无法区分的"。换句话说,完全真实的组成有两个方面:现象,一个由许多物质组成的世界,明确有时间和空间的定位;以及"一致且无法区分、非物质、脱离时间和空间、脱离因果关联的"的"本体世界",这一世界是无法体验和认知的。

---

[1] 吕迪格尔·萨弗兰斯基(Rüdiger Safranski):《叔本华和哲学的狂野年代》(*Schopenhauer und die wilden Jahre der Philosophie*),慕尼黑:卡尔·汉泽尔,1977 年,第 484 页及以下诸页。有关背景知识,我使用的是戴尔·杰凯特(Dale Jacquette)编:《叔本华,哲学和艺术》(*Schopenhauer, Philosophy, and the Arts*),剑桥:剑桥大学出版社,1996 年。

[2] 布赖恩·马吉:《瓦格纳和哲学》,第 162 页。

第三编　受教育中间阶层的崛起:现代繁荣的发动机和工程师

　　叔本华进一步指出,这两个世界是同一真实的两个侧面,显示了人们两种不同的理解方式。在他看来,本体世界是我们对现象世界理解的**内在意义**。尽管叔本华是不信教的(他自称是无神论者,属于最早公开承认这一点的那部分人),他还是声称,他和基督徒做的没什么两样,都在把灵魂理解为隐藏于我们内心的意义。叔本华说道,在最深层次的内心中,我们都是一致的,但这一致之物却是我们从来都无法完全理解的。对他来说,存在人性最高的同一性,一个我们共享的世界。最重要的是,我们是富有同情心的,因为我们意识到,一旦一个人伤害了另一个人,在某种程度上也伤害到他或她自身。从我们今天的视角来看,这是非常神秘主义的看法。借此,叔本华反驳了康德关于道德是理性的观点。①

　　叔本华基本体系的第二个方面——为了更简单地理解——是他认为人生一定是悲剧的。他说,组成人生的是无限的"希望"、"努力"和"向往"——我们总是从童年就开始追求一些东西。这一无限的向往从根本上来说是无法满足的,因为一旦我们得到了我们所需要的,我们便会开始追求别的东西。这是我们的困境。②

　　他思想的第三个论断是,我们在大多数时候对待他人都是自私、残忍、好斗和无情的。这使得我们的困境更为不幸。他说,如果真是这样的话,如果现象世界和本体世界是对同一真实的两种不同的理解方式的话,这必然意味着,本体世界自身是非道德的,

---

①　布赖恩·马吉:《瓦格纳和哲学》,第164页。
②　劳伦斯·费拉拉(Lawrence Ferrara):"叔本华视音乐为意志的化身"("Schopenhauer on Music as the Embodiment of Will"),戴尔·杰凯特编:《叔本华,哲学和艺术》,第185页及以下诸页。

第十六章 瓦格纳的另一个指环:费尔巴哈、叔本华和尼采

是糟糕的。这是他闻名的——声名不佳的——悲观主义。对于如何称呼这个糟糕的、盲目的、无意义的本体世界,叔本华不能确定,虽然他最终想到了"意志"一词,但是他从来没有完全满足于这一表达。他之所以选择了这个词汇,以及"生存意志"这一短语,是因为对他来说,这是我们内心"最高的推动力"[①]。对叔本华来说,如果我们要获得远离尘世的满足,就必须认清并克服生存意志的不同表现。

他认为,宗教发展出当下的形式,原因之一是大多数人无法忍受深刻的、形而上的、道德上的真实,直截了当地说——真实必须被隐藏于寓言、神话和传奇之中。叔本华认为,宗教是最深刻真实的化身,这与创造性艺术在很大程度上是一致的。[②] 这推导出他的第四个核心论断,对我们来说,进入内心的最佳路径是——尽管只是暂时的——通过性爱和艺术,特别是音乐艺术。

除了艺术外,叔本华对于性爱的关注令人惊讶,但是,对他来说,性爱对于人类行为明显产生了广泛影响。他说道:"如果有人问我,有关世界内在本质的、有关我称其为生存意志的、实在的、**最私密的知识**在哪里……我必须指出,这可以从**性交快感**中找寻,这是真实的本质和万物的核心,所有存在物的目的和意图。"(之后他补充道:"这有何大惊小怪的?")[③]

艺术也一样,无论是什么艺术作品,一旦我们全神贯注,就会忘记自我。同时,对叔本华来说,所有的艺术都是具象的——除了

---

① 布赖恩·马吉:《瓦格纳和哲学》,第166—167页。
② 同上书,第168页。
③ 约阿希姆·克勒:《理查德·瓦格纳:最后的泰坦》,第421—425页。

第三编　受教育中间阶层的崛起:现代繁荣的发动机和工程师

音乐。因此,音乐是"一些无法具象的东西,也就是实在"的表达。音乐是一种形而上的声音:"作曲家以一种靠推理无法理解的语言,揭示了世界最内在的本质,表达了最深刻的智慧。"这使我们远离生存竞争。①

现代音乐的开端

为了了解瓦格纳的音乐,我们最好能够严谨地考察他是如何对待叔本华和康德哲学的。由于政治上遭遇的幻灭——有关政治进程,而非具体的政治观点——瓦格纳接受了叔本华的观点,即艺术可以成为躲避世界的场所,成为直面本体世界的唯一方式,尽管短暂且令人不满。他试图创造——或揭示——一些脱离于时间和空间而存在的事物,以及人类的救赎。对他来说,体验的高潮在于,带领人类重回本性,远离异化。②

在为《女武神》谱曲的过程中,瓦格纳读到了叔本华。当时,他已经完成了《齐格弗里德》和《诸神的黄昏》的剧本,但没有开始谱曲。只有《特里斯坦与伊索尔德》、《纽伦堡的名歌手》和《帕西法尔》是他吸收叔本华哲学后创作的。③ 所以,我们首先要看这三部

---

① 阿图尔·叔本华(Arthur Schopenhauer):《附录与补遗,哲学短文》(*Parerga and Paralipomena:Short Philosophical Essays*),E. J. F. 佩恩(E. J. F. Payne)英译,牛津:克拉伦登出版社,1974 年,第 2 册,第 287 页。布赖恩·马吉:《瓦格纳和哲学》,第 171 页。
② 布赖恩·马吉:《瓦格纳和哲学》,第 193 页。
③ 鲁道夫·萨博(Rudolph Sabor):《理查德·瓦格纳:尼伯龙根的指环,姊妹篇》(*Richard Wagner:Der Ring des Nibelungen。A Companion Volume*),伦敦:费顿,1997 年。

第十六章 瓦格纳的另一个指环:费尔巴哈、叔本华和尼采

歌剧,才能了解叔本华是如何影响瓦格纳的。音乐家自己说道,《帕西法尔》是他的"桂冠成就",其后他决定停止创作歌剧,而转向交响乐,但事实上,瓦格纳的音乐世界从《齐格弗里德》开始就发生了改变。邂逅叔本华两年后完成的《齐格弗里德》谱曲,已经和《莱茵的黄金》和《女武神》的谱曲大不一样了。最大的区别是,按照布赖恩·马吉的说法,乐队和角色之间的关系。在早期的歌剧中,台词总是伴随着音乐的起伏,从《齐格弗里德》开始,观众第一次不再总是听到台词,观众被迫注意到乐队音乐的绝对**分量**,以及音乐构筑的高墙。

叔本华相信,在所有的艺术形式中,音乐拥有特殊的地位,因此,他写下了大量的评论,他将音乐和音响效果看作形而上学的基础,同时,他提及了声学中称为"悬留法"的技术手段。[①] 这一点似乎在瓦格纳那里获得了极大的认同,以至于作曲家决定创作一部基于"悬留法"功能之上的歌剧。"他想要创作一种不和谐贯穿始终的音乐,让观众的耳朵饱受折磨,并期待着解脱的到来。"事实上,这就是纯粹的叔本华思想在音乐上的实践,"无法满足的渴望、向往和憧憬,既是我们生活的一部分,也停留在我们的心中。"只有在最后的和弦中才得到解脱,从戏剧的角度来说,解脱也是主角生命的终结。在拜伊罗特,瓦格纳甚至试图降低乐池,以达到这一效果。[②]

这就是为什么《特里斯坦》成为一部革命性的创作。其中几乎

[①] 劳伦斯·费拉拉:《叔本华视音乐为意志的化身》,第186页。
[②] 布赖恩·马吉:《瓦格纳和哲学》,第209页。

第三编 受教育中间阶层的崛起:现代繁荣的发动机和工程师

充斥了各种不和谐,和所有过往的音乐截然不同,它打破了一切规律,因此,其首演的当晚被视作"现代音乐"的开端。音调是传统音乐的最高目标和成就,因此用调号写就。《特里斯坦》是如此特殊,以至于该歌剧在总谱出版后五年才首次上演(唯一的原因是,由于音符奇怪的顺序,歌手几乎唱不出来,甚至很难记诵下来)。[①]

这确实令人兴奋,现在,瓦格纳清晰地强调,从他的歌剧开始,将不再有音乐和台词的平等。在歌剧中,体验首先是音乐的,音乐是"不可见的感官世界……就像我们通过对时间空间规律的使用构建了现象世界,该规律先验地存在于我们的大脑中,因此,有意识地表现戏剧世界的思想,将受到音乐内在规律的影响,剧作家无意识地使用着这个规律,就像我们在认知现象世界时利用因果律一样"[②]。布赖恩·马吉指出,音乐就此被提升到了哲学价值层面,既空前又绝后。[③]

尼采反对瓦格纳

弗里德里希·尼采一度是尊敬瓦格纳的,就像瓦格纳尊敬叔本华那样。1868年11月,两人第一次相遇,当时尼采24岁,还是一名大学生,而瓦格纳正处于声名的巅峰。《名歌手》于该年首演,

---

[①] 约阿希姆·克勒:《理查德·瓦格纳:最后的泰坦》,第537页;布赖恩·马吉:《瓦格纳和哲学》,第209页。
[②] 布赖恩·马吉:《瓦格纳和哲学》,第231页。
[③] 约阿希姆·克勒:《理查德·瓦格纳:最后的泰坦》,有关《帕西法尔》,见第35页及以下诸页;有关柯西玛对手的细节,见第588—623页。

第十六章 瓦格纳的另一个指环:费尔巴哈、叔本华和尼采

收获了比起以前的作品更高涨的热情。

尼采和瓦格纳一样来自德意志东部的萨克森,他出身于一个路德派牧师的家庭。[①] 奖学金支持着他在波恩和莱比锡的学业,他主修的是古典语文学,而非哲学。他是如此优秀,以至于在24岁那年,还未毕业的他就获得了巴塞尔大学的古典语文学编外教授职位,一年后他成为了正式教授。他在学术上是如此高阶,以至于莱比锡大学不需要他提交论文或参加考试,就授予了他博士学位。接着,他去了巴塞尔。

这些很不寻常的荣誉使他在遇见瓦格纳的时候就已享有盛名。在1868年到1876年间,两人维持着不错的友情,之后,尼采放弃了在巴塞尔的学术职位,全身心地投入哲学研究(他在大学内更换教职的申请被拒绝)。在和瓦格纳决裂后(这是下文要涉及的),尼采开始了独特的漫游者生活方式,在十二年的时间内,也就是他32岁到44岁的阶段,大量的著作喷涌而出,这些成就了尼采今天的声名。[②] 他和瓦格纳的友谊建立得太晚,以至于他没有能够给后者施加任何的影响。但是尼采影响了其他的作曲家——古斯塔夫·马勒(Gustav Mahler,1860—1911)、弗雷德里克·戴留斯(Frederick Delius,1862—1934)、阿诺德·勋伯格(Arnold Schönberg,1874—1951)和理查德·施特劳斯(Richard Strauss,1864—1949),施特劳斯的交响诗《查拉图斯特拉如是说》就基于尼

[①] 布赖恩·马吉:《瓦格纳和哲学》,第289页。
[②] 在语言方面,尼采是一位伟大的文体家,见海因茨·施拉费尔(Heinz Schlaffer):《解放的话语:尼采的文体和效果》(*Das entfesselte Wort: Nietzsches Stil und seine Folgen*),慕尼黑:汉泽尔,2007年。

第三编　受教育中间阶层的崛起:现代繁荣的发动机和工程师

采最著名的作品。和叔本华一样,尼采也对音乐很感兴趣——对他来说,最愉悦的享受就是聆听舒曼、阅读叔本华,以及一个人散步。和瓦格纳一样,对叔本华的发现也是他人生的一个知识转折点。

他俩见面后,友情开始升温,尼采频繁地前往特里布森的瓦格纳住所。尼采曾在那里度过了圣诞节,帮助印刷瓦格纳的自传,校对并抄写《齐格弗里德》的原始文本。当瓦格纳离开家的时候,他还允许尼采弹奏他的钢琴。[①] 尼采将他的第一本书《悲剧的诞生:源于音乐的灵魂》(*Die Geburt der Tragödie aus dem Geiste der Musik*)题献给了瓦格纳,他声称,此书是他和作曲家谈话的"结晶"。[②]

尼采认为,当时的人们从本质上误解了古希腊人。通过对希腊悲剧,特别是对埃斯库罗斯和索福克勒斯作品的仔细研究,可以了解到他们关注的是围绕人类生活的、海洋般浩瀚的、非理性的感受——激情、狂喜、侵略和醉酒,尼采称所有这些为"酒神状态"

[①] 马丁·吕尔(Martin Ruehl):"1871年的理想国:尼采反对瓦格纳在希腊国家"("*Politeia 1871*: Nietzsche contra Wagner on the Greek State"),英戈·吉尔登哈特(Ingo Gildenhard)等编:《走出世外桃源:布克哈特、尼采和维拉莫威茨时代的古典学和政治学》(*Out of Arcadia: Classics and Politics in Germany in the Age of Burckhardt, Nietzsche, and Wilamowitz*),伦敦:古典学学院,高级研究院,伦敦大学,2003年,第72页。

[②] 约阿希姆·克勒(Joachim Köhler):《尼采与瓦格纳》(*Nietzsche and Wagner: A Lesson in Subjugation*),罗纳德·泰勒(Ronald Taylor)英译,纽黑文(康涅狄格州)和伦敦:耶鲁大学出版社,1998年,第55页。另见乔治·利伯特(George Liébert):《尼采和音乐》(*Nietzsche and Music*),戴维·佩劳厄(David Pellauer)和格雷厄姆·帕克斯(Graham Parkes)英译,芝加哥:芝加哥大学出版社,2004年。瓦格纳甚至在买内衣时请求尼采的帮助。

第十六章 瓦格纳的另一个指环:费尔巴哈、叔本华和尼采

(Dionysian)。然而,这些感受可以通过神话故事再现,这些故事将幻觉导入特殊的渠道,即"日神状态"(Apollonian),这正契合于舞台戏剧的线性(本质上是理性)叙事。古希腊戏剧本身是一回事,而真实的生活又是另一回事。真实的情况是,"批评和自我批评智慧"的发展摧毁了生活中的酒神状态。这一不间断的追求在苏格拉底这一"最具批评性的智者"那里达到了巅峰。知识上的理解和批评性的自我意识,成为了流行的方法论,用尼采的话说,激发了"恐怖和迷思"。[①] 尼采认为,甚至道德在苏格拉底的世界里也拥有知识的功能,因为它将人类的生存理解为"可以概念化的智慧"。[②] 这一体验方式在欧里庇得斯的悲剧中达到了高潮,他嘲弄了埃斯库罗斯和索福克勒斯戏剧的本质,也就是他们对于非理性的探索。在尼采的时代,这些尚被称作无意识。尼采认为,欧里庇得斯是浅薄的,他的作品缺乏了打动人的力量,这就是为什么希腊艺术走向衰落和腐朽。根据尼采的观点,瓦格纳不但将同情心视为道德的基础,并强调非理性的力量,以图使戏剧恢复它以前作为艺术形式的完美性,因此,他的音乐标志着指向埃斯库罗斯和索福克勒斯的回归。[③] 瓦格纳喜爱这本书,并告诉尼采,他俩关系的紧密仅次于作曲家和他的妻子。

---

① 吕迪格尔·萨弗兰斯基(Rüdiger Safranski):《尼采思想传记》(*Nietzsche: A Philosophical Biography*),谢利·弗里施(Shelley Frisch)译,伦敦:格兰塔,2002年,第63页。

② 约阿希姆·克勒(Joachim Köhler):《查拉斯图拉的秘密:弗里德里希·尼采的内在生活》(*Zarathustra's Secret: The Interior Life of Friedrich Nietzsche*),罗纳德·泰勒英译,纽黑文(康涅狄格州)和伦敦:耶鲁大学出版社,2002年,第93页。

③ 布赖恩·马吉:《瓦格纳和哲学》,第299—300页。

第三编 受教育中间阶层的崛起：现代繁荣的发动机和工程师

这样的情况没有能够维系很久，1874年尼采进入而立之年，他迫切感觉到，他应该走出一条自己的路。或者是因为，瓦格纳虽然曾经和很多天才比如海涅、舒曼和门德尔松有交往，但他拒绝承认尼采有同样的天赋。瓦格纳的妻子柯西玛认为："尼采毫无疑问是我们年轻朋友中最具天赋的那个，但也是最令人不快的那个……这就好像他在抵挡瓦格纳性格所造成的压倒性影响力。"①

两人的决裂没有决定性的时刻。1883年，在拜伊罗特音乐节上，瓦格纳告诉尼采的妹妹："告诉你的哥哥，他离开我走后，我非常孤独"。尼采也没有立刻和瓦格纳断绝关系。后来，他通过《瓦格纳事件》(*The Wagner Case*)和《尼采反对瓦格纳》(*Nietzsche contra Wagner*)两本书开启了对于作曲家的攻击，在第三本书中，尼采使用的标题《偶像的黄昏》清晰地回应了瓦格纳的《诸神的黄昏》。②

伴随着和作曲家的决裂，尼采的健康状况也越来越糟糕。他不但有眼睛的慢性疾病和剧烈的偏头痛，而且可怕的消化不良使得他在一些"尴尬的场合"呕吐。由于他在44岁时感染了三期梅毒，以上症状通常被视为该疾病发作的征兆。他的另一个"症状"是他特殊的生活方式：他一个人住，从公寓搬到了瑞士、意大利和法国的小旅馆，每天花六到八个小时露天散步，回到家只是为了写作、吃饭和睡觉。那些他用这种方式以独特的文体写就的书，现在

---

① 布赖恩·马吉：《瓦格纳和哲学》，第306页。
② 同上书，第309页。

第十六章 瓦格纳的另一个指环:费尔巴哈、叔本华和尼采

成为哲学的经典。尼采与费希特和黑格尔不同,他不想提供总体性的论述。他只想通过散文的形式,表达惊人、短小、有力的观点,他的散文被视为最杰出和最热情洋溢的德语作品之一。[1]

"野草、瓦砾和害虫"

尼采和叔本华的决裂是最清晰的。对尼采来说,没有"另一个世界",他慢慢地相信,我们体验的那个世界就是唯一的真实世界(我们应该记住的是,在现代德国历史中,在理性和非理性之间有着过于清晰的划分)。"可见的世界是唯一真实的世界",尼采说道,里面尽是"野草、瓦砾和害虫。"[2]

他最有名的定论是"上帝死了",这导致了两个后果。其一,超验的世界不存在;其二,我们的道德和价值并非来自于另一个世界。因为不存在另外一个世界,所以我们只能在这个世界上找寻道德的基础。从社会和历史的角度看,人类创造了自己的道德和价值,"理想"正是"人类的幻想"。他同意叔本华,生物基本上是自私的,总是追求想得到的,然后至死捍卫它们。尼采称其为"生命的维护",最根本的本能。因此,"所有人对抗所有人的战争"是自然状态。文明崛起于这场所有人对抗所有人的战争,在一千年里,

---

[1] 布赖恩·马吉:《瓦格纳和哲学》,第313页。
[2] "叔本华作为教育家",引自莉迪亚·戈尔(Lydia Goehr):"叔本华和音乐家们:有关沉默之音和音乐哲学化限制的研究"("Schopenhauer and the Musicians: An Inquiry into the Sounds of Silence and the Limits of Philosophising about Music"),戴尔·杰凯特编:《叔本华,哲学和艺术》,第216页。

第三编　受教育中间阶层的崛起:现代繁荣的发动机和工程师

"强者消灭弱者,健康的消灭有病的,聪明的消灭愚蠢的,有能力的消灭没能力的"。所有的基本思想都是从斗争中发展出来的,接着发生了一个决定性的变化。两三千年前,在世界的很多角落,有一代人发明了道德。"他们教育大家,强者不但不应该贪得无厌,而且还应该自愿地服从法律。"①

尼采特别提及了苏格拉底和耶稣。他认为,这两位逆转了区分人兽并使文化诞生成为可能的进程。他们有影响力的(对尼采来说是倒错的)教义获得了成功,是因为其符合了大多数庸众的利益。他认为,苏格拉底和耶稣借此竭力遏制文明前行的自然进程,共同带领人类走向腐化和衰落。②

接下来,尼采开始大力批判当代文化。对他来说不言自明的是,自苏格拉底和耶稣以降,人类的制度,我们的艺术和科学,我们的哲学和政治,发展的基本价值都是错误的。现在,我们的任务就是重新构建我们的世界。"这将是最大的决裂,整个历史上最重要的分水岭,以至于未来的人们会将历史划分两个时期:重建前和重建后。"

尼采的目标是让人类成为完全自发的存在,使他们和动物一样自由和自然,让他们意识到自己从本性上来说是好斗的,而不是和谐的。③ 在他看来,没有抑制和拘束的生活会比以前优越。他

---

① 布赖恩·马吉:《瓦格纳和哲学》,第 316 页。
② 托马斯·H. 布罗比厄(Thomas H. Brobjer):《尼采的哲学语境:一部知识传记》(*Nietzsche's Philosophical Context: An Intellectual Biography*),乌尔班纳:伊利诺伊大学出版社,2008 年。
③ 吕迪格尔·萨弗兰斯基:《尼采思想传记》,第 184—185 页。

第十六章　瓦格纳的另一个指环:费尔巴哈、叔本华和尼采

发明了"超人"(Übermensch)一词,来形容这一美丽新世界的栖居者们。在这里,没有灵魂,没有上帝,没有超验世界,**没有另一个世界**,超人将有自由充分利用这一切。"对我们来说,最好的回报就是,为生存而喜悦。生命的意义在于生活。"①生命的维护成为超人的任务,成为最有价值的行动。生存的意志、维护在世界上存在的意志和扫除一切障碍的意志被尼采称为"权力意志",从中,我们可以清晰地看到他是如何转化叔本华思想的。因为本体世界不存在,我们和这个世界的统一也不可能存在,所以,我们从中产生的同情和道德的基础形式也不可能存在。道德来自于自私自利,这里没有同情的绝对空间。②

在批评叔本华的同时,尼采很自然地和瓦格纳划清界限。他对《帕西法尔》的攻击,公开反映了这一思想转变。这部歌剧在他看来是"背叛,是重归病态基督教和蒙昧主义思想"。

1889年,由于无法治愈的精神错乱,尼采在都灵街头崩溃。在接下来的11年里,他一直由他的妹妹伊丽莎白照看,她篡改了他的手稿,并最后引发了争议。直到那时,他在心里都没有真正地确定他对老朋友瓦格纳的态度。在精神崩溃前,他还安静地用钢琴演奏瓦格纳的作品,但他充满了怨恨。

1883年,作曲家死后的第九天,尼采向朋友透露:"瓦格纳是

---

① 吕迪格尔·萨弗兰斯基:《尼采思想传记》,第260页:"你的真实不存在于你的内心,而是无限地高于你,至少高于你通常所认为的自我意识。"
② 弗朗茨·楚·索尔姆斯—劳巴赫伯爵(Franz, Graf zu Solms-Laubach):《尼采和早期德国奥地利的社会学》(*Nietzsche and Early German and Austrian Sociology*),柏林:德古意特,2007年;布赖恩·马吉:《瓦格纳和哲学》,第319页。

第三编 受教育中间阶层的崛起:现代繁荣的发动机和工程师

我至今所认识的最完美的人。"然而,他接着写道:"他给了我致命的侮辱,如果他活得再久一些,也许会发生很可怕的事情。"①

1956年,有关"致命的侮辱"的细节终于浮出水面,尼采的医生和瓦格纳的通信出版。② 其中,提及了尼采于1877年在瑞士的一次咨询,医生是激情洋溢的瓦格纳追随者,他检查了尼采的身体,并确认了他糟糕的健康状况——尼采有失明的危险。当时尼采和瓦格纳还是朋友,前者在接受检查后写信给后者,不但报告了诊断,还附加一篇有关《指环》的文章。这篇文章是医生写的,希望通过尼采之手传递。瓦格纳在给医生的回信中不但感谢医生写的这篇文章,而且提及尼采的健康状况,他说,他相信当时很流行的看法,自慰会导致失明。在给瓦格纳的信中,医生表现得极端不职业,他透露道,在检查过程中,尼采告诉他,他"遵医嘱"在意大利嫖过妓(当时的确有一些医生会建议以嫖妓治疗慢性自慰成瘾)。

即使时间过去了那么久,到今天,这一系列事件还是那么令人震惊,我们好奇的是,情况到底糟糕到了何种地步。我们知道,在1882年拜伊罗特音乐节期间,瓦格纳再度很不谨慎地传播了上述通信的细节,同年,这一切都传到了尼采的耳朵里。在给朋友的一封信中,尼采透露道,他再次遭遇了"糟糕的背叛"。不止一个历史学家认为,这一插曲几乎直接导致了尼采最后的精神崩溃。③

这是一个降低两个伟人声誉的故事。

---

① 布赖恩·马吉:《瓦格纳和哲学》,第334页。
② 约阿希姆·克勒:《尼采与瓦格纳》,第141页及以下诸页。
③ 布赖恩·马吉:《瓦格纳和哲学》,第336—337页。

|第十七章|

物理为王：亥姆霍兹、克劳修斯、玻尔兹曼和黎曼

从1840年2月开始后长达一年的时间里，尤利乌斯·罗伯特·冯·迈尔（Julius Robert von Mayer，1814—1878）担任一艘荷兰东印度公司商船上的医生。[1]他是符腾堡公国*海尔布隆（Heilbronn）一名药剂师的儿子，1838年从图宾根大学医学专业毕业后，他成为了荷兰东印度公司的一名随船医生。[2]1840年夏，在雅加达停留的时候，他完成了一生最著名的观察。就如往常一样，他为一些最近去过爪哇的欧洲水手放血。令他震惊的是，他们的血是这么地红，人们可以据此推测，由于印度尼西亚的高温，血液的活跃程度会高于平常。这也意味着水手的身体需要通过较低程度的新陈代谢来维持热量。只要他们身体从动脉血中吸收氧气变少，返回的静脉血就会比平常更红。

迈尔着迷于这一观察，因为这似乎可以证明尤斯图斯·冯·

---

[1] 《科学家传记辞典》，第9卷，第235—240页。本章标题来自于伊万·里斯·莫鲁斯（Iwan Rhys Morus）：《当物理为王》（*When Physics Became King*），伦敦：芝加哥大学出版社，2005年。

* 符腾堡于1806年升为王国，原文称公国有误。——译者

[2] 肯·卡内瓦（Ken Caneva）：《罗伯特·迈尔和能量守恒》（*Robert Meyer and the Conservation of Energy*），普林斯顿（新泽西州）：普林斯顿大学出版社，1993年。

第三编　受教育中间阶层的崛起:现代繁荣的发动机和工程师

李比希的理论,动物的热量来自于身体摄入食物中化学物质的燃烧(或氧化)。事实上,他观察到了潜伏在食物中的化学"力"(当时使用的术语)。由于进入动物体内唯一的"力"只能是食物(他们的燃料),"力"唯一的表现形式是运动和热量,照理说,这两种"力"总是平衡的。

一开始,迈尔尝试在约翰·克里斯蒂安·波根多夫主编的、久负盛名的《物理和化学年鉴》(*Annalen der Physik und Chemie*)上发表自己的研究,但遭到了退稿。① 他的第一篇论文"论无机界的力"("Bemerkungen über die Kräfte der unbelebten Natur")于1842年发表在《化学和药学年鉴》(*Annalen der Chemie und Pharmacie*)上,文中,他讨论了运动和热量的关系,"运动和热量是一种力的两种不同的表现方式,两者之间必然能够相互转化"。当时,迈尔的思想没有引发很大的影响,虽然后人可以推断,期刊的主编尤斯图斯·冯·李比希必然认为此文是值得发表的。②

尤利乌斯·迈尔的故事是引人入胜的。然而,科学史家托马斯·库恩(Thomas Kuhn,1922—1996)指出,从1842年到1854年,至少有十二名科学家接近过这一最终被称为"能量守恒"的思想。虽然"能量"在世纪中叶尚属新词,但是到了1900年,所有的

---

① P.M.哈曼(P.M.Harman):《能量、力和物质:19世纪物理学概念的发展》(*Energy, Force and Matter: The Conceptual Development of Nineteenth-Century Physics*),剑桥:剑桥大学出版社,1982年,第144页。约翰·克里斯蒂安·波根多夫(Johann Christian Poggendorff)编:《物理和化学年鉴》(*Annalen der Physik und Chemie*),莱比锡:J.A.巴尔特,1824年。

② P.M.哈曼:《能量、力和物质:19世纪物理学概念的发展》,第145页。

第十七章 物理为王:亥姆霍兹、克劳修斯、玻尔兹曼和黎曼

物理现象都围绕着这一概念。① 库恩指出,在这十二名先锋中,五人来自于德国,两人分别来自于阿尔萨斯和丹麦这两个受德国影响的地区。他将德国在该领域的统治地位归因为一个事实,"许多能量守恒的发现者坚信,世上存在一个基于所有自然现象的、唯一的、无法摧毁的力量。"他认为,这种思想的根源在自然哲学著作中,"举例来说,谢林特别主张,磁的、电的、化学的,最后甚至有机的现象应该被编织进一个巨大的关系网络之中"②。而李比希就曾跟随谢林学习过两年。

据我们所知的物理学的开端

后人可以通过物理学的方法甚至术语感知到这门学科在19世纪上半叶经历的根本性变迁,它反映了物理学的发展。举例来说,在18世纪晚期,"物理"指的是自然科学的全部,而到了19世纪早期,该术语的内涵逐渐被限制在机械学、电学和光学的领域内,科学家开始使用数学和(或者)实验研究的方法。③ 到了19世纪中叶,"出现了独特的物理学,其目标是定量分析,并找寻数学规律"。举例来说,1824年,海德堡大学的校长提议设立"数学研讨班",如前文所述,越来越多成功的语文学研讨班在提升了德意志

---

① 伊万·里斯·莫鲁斯:《当物理为王》,第77页。
② 托马斯·S.库恩(Thomas S. Kuhn):《必要的张力:科学的传统和变革论文选》(*The Essential Tension: Selected Studies in Scientific Tradition and Change*),芝加哥:芝加哥大学出版社,1977年,第97—98页。
③ P. M.哈曼:《能量、力和物质:19世纪物理学概念的发展》,第1页。

的古典语言教育的同时,也为其他学科提供了模板。其他大学随之纷纷效仿。[1] 哥廷根大学数学编外教授莫里茨·斯特恩(Moritz Stern,1807—1894)就呼吁设立相似机构,1845年,柏林物理协会成立。[2]

如前文所述,各学科都越来越尊重原创研究,物理学也不例外。《物理学年鉴》(Annalen der Physik)将越来越多的版面留给德意志科学家的研究,而与此同时,翻译自国外期刊的内容越来越少。这份创立于1790年的期刊本身见证了变迁的发生:到了19世纪40年代,它成了物理学最重要的德语期刊,虽然在这个十年,很多新期刊纷纷创立,就像人们开始大量引进医疗器械一样。约翰·克里斯蒂安·波根多夫于1824年接任《年鉴》的主编一职,借此他可以帮助或阻止他人的学术发展。[3] 直到1877年去世他一直是该刊物的主编,之后,柏林物理协会接手了这本著名的期刊,并任命古斯塔夫·维德曼(Gustav Wiedemann,1826—1899)为主编,赫尔曼·冯·亥姆霍兹为理论性事务顾问。直到19世纪60年代乃至70年代,人们才把物理研究包括理论物理研究视为达成学科自身目的的途径,而非教学附属品。在19世纪70年代,很多大学开始设立理论物理教席。玛丽·乔·奈跟踪了这些机构,特别是位于柏林夏洛特堡(Charlottenburg)的帝国物理技术学院。根据她的估算,在19世纪,有800名来自英国和北美的物理学家与化学家在德国获得博士学位,39名英国重要的科学家受到德国

---

[1] 伊万·里斯·莫鲁斯:《当物理为王》,第47页。
[2] 同上。
[3] 同上书,第48页。

第十七章 物理为王:亥姆霍兹、克劳修斯、玻尔兹曼和黎曼

思想的影响。[①] 同样,整个欧洲都在建设新型实验室,比起传统的,它们从种类和数量上都发生了巨大的改变,它们不再仅仅满足于教学目的,而成为一个个独立自主的研究中心。"实验越来越像解锁自然秘密的钥匙。"[②]

在实验室中,人们通过越来越多的实验寻求把一种力转化为另一种的途径。库恩认为,随着可见的力之间的相互转化越来越多,浪漫主义自然哲学家更能确信,自然在根本上的统一——它们可以互相转化,是因为它们是同一种根本力量的不同表现形式。在同一时候,实用主义者在这些转化中看到了商机。新的照相技术使用光制造化学反应。伏打电堆(电池)可以将化学力转化为电力,这根本上关系到了社会的工业化和城市化。最重要的还是蒸汽机,它可以把热量转化为机械动力。[③]

能量的发现或发明

在 18 世纪,为了解释热量和电力,人们假设,世上存在着无法衡量的流体和以太能,能够和常见物质的原子共同作用。1812年,位于巴黎的科学院宣布,要把数学大奖(Grand Prix des

---

[①] 玛丽·乔·奈(Mary Jo Nye):《大科学之前:追寻现代化学和物理学(1800—1940)》(*Before Big Science: The Pursuit of Modern Chemistry and Physics, 1800—1940*),纽约:特温,1996 年,第 3、10—11 页。
[②] 伊万·里斯·莫鲁斯:《当物理为王》,第 63 页。
[③] 同上书,第 55 页。

第三编　受教育中间阶层的崛起：现代繁荣的发动机和工程师

Mathématiques）颁给能够诠释物质间热量传播的人。① 1822 年，约瑟夫·傅里叶（Joseph Fourier）出版了有关热量数学理论的研究，将热量和数学联系在一起。1843 年，詹姆斯·普雷斯科特·焦耳（James Prescott Joule）通过实验证实了热量和机械功的等价。两年后，尤利乌斯·迈尔出版了他对人体热量和血液颜色的观察。

从后人角度看，所有以上的这些都可以被视为通往能量守恒理论之路的关键，但是，真正讲清楚这个问题的是赫尔曼·冯·亥姆霍兹，他于 1847 年撰写了划时代意义的研究报告《论力的守恒》（*On the Conservation of Force*），其中，他提供了必备的数学公式，将热、光、电、磁等现象解释为"能量"的不同表现方式，从而将它们联系了起来。②

亥姆霍兹是普鲁士一名高中教师的儿子，受到普鲁士军队奖学金的资助在柏林大学学习医学。作为回报，他曾担任医疗军官，1849 年，他被任命为柯尼斯堡大学的生理学编外教授。③ 他出版于 1847 年的论文曾私下以传单的方式传播。和迈尔一样，他曾将论文发给波根多夫的《年鉴》，但被退稿。亥姆霍兹早期的研究都

---

①　马库斯·杜·索托伊（Marcus Du Sautoy）：《素数的音乐：为什么黎曼假设那么重要》（*The Music of the Primes: Why an Unsolved Problem in Mathematics Matters*），伦敦：哈珀永久，2004 年，第 95 页。

②　克丽斯塔·容尼克尔（Christa Jungnickel）、拉塞尔·麦科马克（Russell McCormmach）：《对自然的知识掌握》（*The Intellectual Mastery of Nature*），芝加哥：芝加哥大学出版社，1986 年，第 1 卷，第 164 页。引自伊万·里斯·莫鲁斯：《当物理为王》，第 147 页。另见耶胡达·艾尔卡纳（Yehuda Elkana）：《能量守恒的发现》（*The Discovery of the Conservation of Energy*），伦敦：哈钦森，1974 年。

③　伊万·里斯·莫鲁斯：《当物理为王》，第 45 页。

第十七章 物理为王:亥姆霍兹、克劳修斯、玻尔兹曼和黎曼

旨在揭示,动物体内的热量和它们的肌肉活动都源自食物的氧化——人这台机器和蒸汽机相比,几乎没有区别。他认为,生物不具有特殊的力,相反的是,有机物是力的结果,是力在无机世界发生转化后的产物。[①] 在亥姆霍兹所设想的纯粹机械的世界里,在人类劳动和机械做功之间,有着显而易见的联系。[②]

迈尔和亥姆霍兹都是从医生做起,通过生理学进入物理学的。而亥姆霍兹的普鲁士同胞鲁道夫·克劳修斯(Rudolf Clausius,1822—1888)却和英法同时代人一样,是通过普遍存在的蒸汽机接触到这门学科的。不像迈尔和亥姆霍兹,克劳修斯的第一篇重要论文"论热的动力以及由此推出的关于热学本身的诸定律"被《年鉴》接受,并于1850年出版。[③] 克劳修斯出生于波美拉尼亚省的克斯林市,他是一名牧师的第二个儿子。高中毕业后,他去了柏林大学,一开始他师从兰克学习历史,接着转到了数学和物理学专业。1846年,也就是他大学毕业两年后,克劳修斯加入了伯克在哈勒的研讨班,主要工作旨在揭示天空的蓝色。他1850年发表的研究很快受到了认可,因此,他成为了位于柏林的皇家炮兵工程学院的教授,后来,他接受了苏黎世大学数学物理学的教席。[④]

在那篇著名的论文中,克劳修斯指出,不仅热量分配的变化可以做功,如法国的物理学家和军事工程师萨迪·卡诺(Sadi

---

① 伊万·里斯·莫鲁斯:《当物理为王》,第42页。
② P. M. 哈曼:《能量、力和物质:19世纪物理学概念的发展》,第146页。
③ "论所谓热的运动方式"("Über die Art der Bewegung, welche wir Wärme nennen"),《物理和化学年鉴》(*Annalen der Physik und Chemie*),1857年,第122页。引自 P. M. 哈曼:《能量、力和物质:19世纪物理学概念的发展》,第147—148页。
④ 《科学家传记辞典》,第3卷,第303—310页。

第三编 受教育中间阶层的崛起:现代繁荣的发动机和工程师

Carnot,1796—1832)所认为的那样,热量的消耗也可以;反之,热量也可以从功的"消耗"中产生。他写道:"很有可能是这样的,在做功过程中……一部分热量被消耗了,另一部分热量从热物体传到了冷物体。这两部分热量和所产生的功之间存在着确定的关系。"借此,他提出了两条定律,也就是后来的热力学第一、第二定律。①

我们要用后来讲授给马克斯·普朗克(Max Planck,1858—1947)的方式讲解第一定律,他于20世纪初基于克劳修斯的成果开展自己的研究。想象一个工人将一块石头扛上房顶。这块石头将会长久地保持这一状态,直到未来某一天落到地面上。第一定律认为,能量无法被创造或消除。然而,克劳修斯在第二定律中指出,第一定律不够全面,他举例说道,工人在扛石头上屋顶时,部分能量转化为热能,这也是工人流汗的原因。这一能量的消耗被克劳修斯称为"熵"。他认为,这有着不同寻常的意义,因为,虽然能量不会从宇宙中消失,但它不可能回复到初始的状态。因此,克劳修斯总结道:世界(或宇宙)总是倾向于能量的消耗,以促使"熵"的增加。

克劳修斯从未放弃优化他的热力学理论,为此他转向了气体分子动力论。他特别提出,气体的大规模属性受到组成气体的粒子和分子的小型运动的影响。他逐渐意识到,热量是这些粒子运动的一个因变量——组成热气体的是快速移动的粒子,组成较冷

---

① 伊万·里斯·莫鲁斯:《当物理为王》,第53页。有关卡诺和克劳修斯的关联,见乔治·伯特威斯尔(George Birtwhistle):《热力学定律》(*The Principle of Thermodynamics*),剑桥:剑桥大学出版社,1931年,第25—38页。

第十七章 物理为王:亥姆霍兹、克劳修斯、玻尔兹曼和黎曼

气体的则是较慢的粒子。① 做功是"人体分子构成这样或那样的转变"。热作为运动的形式并不是一个新鲜的观点。美国人本杰明·汤普森(Benjamin Thompson,1753—1814)观察到,在钻炮管的时候会产生热量。英国人汉弗里·戴维(Humphry Davy,1778—1829)也发现了,摩擦可以促使冰融化。克劳修斯引发的问题是,热量可以在什么运动中产生:是内部粒子的震动,还是粒子从一端到另一端的平移运动,还是粒子围绕着自己的中轴转动?②

克劳修斯的第二篇里程碑意义的论文"论热运动形式"刊载于1857年的《年鉴》。文中他指出,气体的热产生于以上三种运动。因此,热的总量和运动的总量间应该呈比例关系。他假定,占据空间的粒子小到无法察觉的地步,所有的粒子都以相同的平均速度运动,根据他的计算,每秒没有达到数千米,也有数百米。对于他的假定和计算,很多人表示了怀疑,因为照他这么说的话,气体的挥发速度将大大超过我们所知道的那样。因此,他放弃了这一方法,取而代之的是,引进了"平均自由程"这一概念——一个粒子在碰撞另一个粒子前经过直线路程的平均距离。③

克劳修斯的研究吸引了其他人,特别是英国的詹姆斯·克拉克·麦克斯韦(James Clerk Maxwell,1831—1879)。他于1860年在《哲学杂志》(*Philosophical Magazine*)上发表了"气体动力学理论图解"一文,其中用到了克劳修斯平均自由程的思想。然而,克劳修斯有关气体中每个粒子以相同的平均速度运动的假设

---

① P.M.哈曼:《能量、力和物质:19世纪物理学概念的发展》,第148页。
② 同上书,第149页。
③ 同上书,第150页。

第三编 受教育中间阶层的崛起:现代繁荣的发动机和工程师

受到了麦克斯韦的挑战。后者依靠新兴的统计学计算出粒子速度的**随机分布**,他认为,粒子的碰撞并不能使它们的速度平均(麦克斯韦从来不清楚这些粒子到底是什么,他相信它们"证明了造物主的存在")。[①]

引进物理学的这一统计学(概率论)方法,带来了非常有争议的、但又根本的进步。克劳修斯在他发表于1850年的有关热力学第二定律的论文中,关注了热量流动的方向——热量倾向于从热物体传到冷物体。一开始,他没有考虑到这一过程是否是可逆的。但是,1854年,他指出,热量转化为功,以及高温热量转化为低温热量,在事实上是一回事情。在一定情况下,两者是可逆的、是可以相互抵消的,这是通过做功产生热量而实现的,此时热量从冷物体传到热物体。对克劳修斯来说,这仅仅强调了可逆(人为)进程和不可逆(非人为)进程的区别:一幢破解的房屋无法自己重建,一个打破的杯子不会自己复原。

很快,在1865年,克劳修斯提出用"熵"这一概念(古希腊语中"转变"的意思)来描述一个非可逆的进程,这样的话,热量从热物体传到冷物体就成为了一个熵增加的例子。借此,克劳修斯强调了物理进程中的方向,并描述了两条热力学定律:"宇宙能量是守恒的";"宇宙的熵值趋向于无穷大。"从一个无从解释的角度来看,时间是物质的一种属性。[②]

---

① 刘易斯·坎贝尔(Lewis Campbell)、威廉·加内特(William Garnett):《詹姆斯·克拉克·麦克斯韦的一生》(*The Life of James Clerk Maxell*),伦敦:麦克米伦,1882年,第143页。

② 伊万·里斯·莫鲁斯,《当物理为王》,第65页。

第十七章　物理为王:亥姆霍兹、克劳修斯、玻尔兹曼和黎曼

比起克劳修斯,有些人对于第二条定律更为看重,英国人开尔文勋爵威廉·汤姆森(William Thomson, Lord Kelvin, 1824—1907)认为,不可逆转性作为第二定律的一个重要特征(能量消耗),暗示着"进步主义的宇宙观念",这进一步可以支持《圣经》关于宇宙短暂性的观点。汤姆森由第二定律这一暗示推导出,虽然宇宙至今都持续地变冷,"到了一个特定的时间"会停止运转并变得不适于人类居住。亥姆霍兹也注意到了第二定律这一暗示,但是,直到1867年,克劳修斯自己才承认宇宙"热量的耗竭",当时他刚刚从苏黎世返回德国。[1]

物理学中"陌生"的出现

克劳修斯和麦克斯韦宣扬的统计学概念引起了奥地利物理学家路德维希·玻尔兹曼(Ludwig Boltzmann, 1844—1906)的兴趣。[2] 后者出生在维也纳,那正是忏悔节星期二到圣灰星期三的那个夜晚。这一巧合使他日后经常半开玩笑地抱怨他频繁和快速的情绪波动,这让他经常摇摆于纯粹的快乐和深度的抑郁之间。他出身于税务官员的家庭,1869年,当他还只有25岁的时候,他被任命为格拉茨(Graz)大学的数学物理教授。后来,他在海德堡与罗伯特·本生(Robert Bunsen, 1811—1899)合作,在柏林和亥

---

[1] 伊万·里斯·莫鲁斯,《当物理为王》,第68页。
[2] 更多的背景介绍,见泰德·波特(Ted Porter):《统计思维的兴起(1820—1900)》(*The Rise of Statistical Thinking, 1820—1900*),普林斯顿(新泽西):普林斯顿大学出版社,1983年。

第三编　受教育中间阶层的崛起:现代繁荣的发动机和工程师

姆霍兹共事。1873年,他成为维也纳大学的数学教授,并占据教席直到1902年,他因为抑郁而自杀。

玻尔兹曼的主要成就是他的两篇论文,它们从数学的方法描述气体中的速度、空间分布,以及分子撞击概率,上述参数都决定了气体的温度。通过统计概率计算,他指出,无论气体的初始状态如何,麦克斯韦的速度分配定律可以解释这一平衡状态。玻尔兹曼也用统计学的方法描述了熵这一现象。①

迈尔、亥姆霍兹,特别是克劳修斯和玻尔兹曼的贡献重要性在于,无论人们是否理解他们的数学方法,他们将概率引入了物理学。② 这是怎么做到的? 物质当然存在,就像水结成冰一样,变化遵循着不变的法则。这和概率有什么关系? 这是物理学中"陌生性"的第一次登场,预示着20世纪日益陌生的量子世界。早期的物理学家也将粒子(原子、分子,或其他那些当时无法清晰认知的)视为物质特性不可或缺的一个部分。

对于热力学的理解既是19世纪物理学的高峰,又是物理学和

---

① 英语研究,可见布赖恩·麦吉尼斯(Brian McGuinness)编:《路德维希·玻尔兹曼:理论物理和哲学问题;选集》(*Ludwig Boltzmann: Theoretical Physics and Philosophical Problems; Selected Writings*),多德雷赫特、荷兰和波士顿:D. 赖德尔,1974年,第83—87、217—219页。见恩格尔贝特·布罗达(Engelbert Broda):《路德维希·玻尔兹曼:人、物理学家、哲学家》(*Ludwig Boltzmann: Mensch, Physiker, Philosoph*),维也纳:弗朗茨多伊蒂克,1955年,第57—66页,第74页及以下诸页,有关他热寂说观点。

② 卡罗·切尔奇纳尼(Carlo Cercignani):《玻尔兹曼:笃信原子的人》(*Ludwig Boltzmann: The Man Who Trusted Atoms*),牛津:牛津大学出版社,1998年,第120页及以下诸页,有关熵的统计学诠释。书中还有卡尔·普日布拉姆(Karl Przibram)为玻尔兹曼创作有趣的漫画。

第十七章　物理为王:亥姆霍兹、克劳修斯、玻尔兹曼和黎曼

数学联姻的时刻。这不但预示着牛顿的严格机械世界观的终结，而且将在走向惊人的新型能量(核能)的道路上起决定性作用。最后，这一切都基于能量守恒的概念。

数学的黄金时代

卡尔·博耶认为，在数学发展史上，比起任何一个过往的世纪，19世纪都更足以堪称"黄金时代"。"这一世纪所见证的该学科的增量远超过往世纪的总和。"对于诸如非欧几何、多维空间、非交换代数、无穷步骤和非定量结构等概念的引进标志着一个"根本的转变，它不但改变了数学给人的印象，而且重新定义了这门学科"①。在该领域，法国人维持着强势，而其他国家则将数学和实践应用挂钩，诸如土地测量和导航。相比之下，纯数学研究(即服务于数学本身目的的研究)不是常规，而是例外。比起其他地方，德国是最早投入纯数学研究的国家。②

德国数学的强势一定程度上源自于该学科的新型的重要期刊，这一点和物理学很类似。19世纪初，最好的数学期刊来自于巴黎综合理工学院。1826年，奥古斯特·利奥波德·克雷勒(August Leopold Crelle，1780—1855)创立了《纯数学和应用数学杂志》(*Journal für die reine und angewandte Mathematik*)，尽管

---

① 卡尔·博耶(Carl Boyer):《数学史》，尤塔·C.梅兹巴赫(Uta C. Merzbach)修订，纽约:威利，第496页。
② 卡尔·博耶:《数学史》，第497页。

第三编　受教育中间阶层的崛起:现代繁荣的发动机和工程师

人们习惯于称其为"克雷勒的杂志"。①

重要的是,伯恩哈特·黎曼(Bernhard Riemann,1826—1866)和费利克斯·克莱因(Felix Klein,1849—1925)延续了这一由高斯开启的黄金时代。身体虚弱又害羞的黎曼是一名牧师的儿子。他出生于1826年,在哥廷根开始学业,接着他在柏林跟随卡尔·古斯塔夫·雅各布·雅可比和彼得·狄利克雷(Peter Dirichlet,1805—1859)学习了数个学期。最后回到了哥廷根,在物理学家威廉·韦伯(Wilhelm Weber,1804—1891)手下完成了博士学位(他接下来的职业生涯就在数学和物理学之间游走)。②

1854年,他在哥廷根进行了首次讲演。"黎曼完成了数学历史上最著名的一次试讲。"③在这次题为"论以几何为基础的假设"的讲演中,黎曼提出了几何学的新角度,即将该学科的研究对象定为"任意空间中,任意数量的维度"。后来,这被称为"黎曼几何"。在他的论文中,他预见了他称为拓扑面的平面(现在称为黎曼平面),它指的是非欧样式的空间,其中欧几里得定律不再适用。最有名的是曲面空间思想,因为这是最有助于理解的名称。事实上,"平面"指的是球面,"直线"指的是球面上的大圆弧。黎曼有关该领域的思考是如此重要,以至于伯特兰·罗素(Bertrand Russell,1872—1970)称他为"爱因斯坦逻辑上直接的先行者"。④ 没有黎

---

① 卡尔·博耶:《数学史》,第507页。
② 有关克莱因、黎曼、狄利克雷和卡尔·魏尔斯特拉斯(Karl Weierstraß)间的关系,见康斯坦丝·瑞德(Constance Reid):《希尔伯特》(Hilbert),伦敦:乔治·艾伦和昂温,柏林:施普林格出版社,1790年,第65页以下诸页。
③ 卡尔·博耶:《数学史》,第545页。
④ 同上书,第555页。

第十七章 物理为王：亥姆霍兹、克劳修斯、玻尔兹曼和黎曼

曼几何，爱因斯坦是不可能提出广义相对论的。

1859 年，另一位活跃于 19 世纪中叶的德意志数学家彼得·狄利克雷去世，这一卡尔·高斯曾占有的教席由黎曼接任。高斯对于数论的兴趣也由黎曼一并传承。第 7 章已经介绍了高斯对于质数的兴趣。他不仅发现了对数和质数之间的关联，而且发明了虚数。读者诸君想必还记得，素数和对数之间的联系使得高斯可以给出关于不超过给定数值 N 的素数个数的一个很好但依然是近似的预测。黎曼的成就在于使用高斯的另一项发明——虚数——而确立并阐明了关于素数的一个确定性预测结果。

黎曼研究了 ζ 函数，它（或以其他形式）引起了自古希腊毕达哥拉斯以降的数学家的兴趣。毕达哥拉斯曾指出数学与音乐之间的联系，他发现如果将一个瓮装满水并用锤子敲击它，它就会发出某个确定的音符。如果他倒出一半的水并再次敲击这个瓮，那么这个音符已经上升了八度。当他倒出整数分之一比例（½，⅓，¼）的水时，产生的音符在他耳边听起来很和谐；而如果倒出任何中间量的比例，声音就不和谐了。毕达哥拉斯于是相信数字是宇宙秩序的根源，由此引出了他的名句"天体和声"*。

然而，这引发了其他的数学家对于倒数研究的兴趣，这最终导致了被数学家们称为 ζ 函数的研究，该函数的表达式如下

$$\zeta(x) = \frac{1}{1^x} + \frac{1}{2^x} + \frac{1}{3^x} + \cdots + \frac{1}{n^x} + \cdots$$

这一函数可以得出很多有趣的结果，最著名的是 18 世纪瑞士

---

* 原文为"the music of the spheres"，也译作"宇宙的音乐"、"苍穹音画"、"天籁之音"。——译者

第三编 受教育中间阶层的崛起:现代繁荣的发动机和工程师

数学家莱昂哈特·欧拉(Leonhard Euler,1707—1783)的发现,当 x=2 时,

$$\zeta(2) = \frac{1}{1^2} + \frac{1}{2^2} + \frac{1}{3^2} + \frac{1}{4^2} + \cdots = \frac{1}{1} + \frac{1}{4} + \frac{1}{9} + \frac{1}{16} + \cdots = \frac{1\pi^2}{6}$$

这一发现震惊了数学界,因为当用十进制形式书写数⅙π² 时将产生无限级数——就像 π 本身一样。(请记住,这是数论,对数学家而言,数本身的行为是迷人的——而无论这一行为是否有用。)[1]

1859 年 11 月,黎曼被位于柏林的普鲁士科学院选为院士,为了纪念这一荣誉,他(再次)照例写了一篇十页的论文。它和他的试讲一样,具有开创性。这篇论文的内容之一是,他将高斯的另一项发明——虚数——引入到了 ζ 函数中,得到了一种完全出人意料的模式特性,其最显著的特征是(当等式的结果以图的方式绘出时)有一系列波形。且他发现由此可以修正高斯关于素数的计算,从而可以对任意序列 中的素数个数给出一个准确的、无误差的预测。因此,素数那看似随机的特性被证明是存在某种秩序的。它的确不是一种简单的秩序,但这的确是某种秩序。秩序——无论它多么复杂——对数学家而言都是一种美。

费利克斯·克里斯蒂安·克莱因于 1849 年 4 月 25 日出生在杜塞尔多夫,因而,他总是乐于指出,他的生日来自于三个质数的平方:$5^2, 2^2, 7^2$。他最重要的贡献在群论这一崭新领域中。他出身于莱茵省的一个普鲁士政府职员家庭,在 23 岁时就被任命为埃

---

[1] 马库斯·杜·索托伊:《素数的音乐:为什么黎曼假设那么重要》,第 79 页。

第十七章 物理为王:亥姆霍兹、克劳修斯、玻尔兹曼和黎曼

尔兰根大学的教授,比玻尔兹曼当教授的时候还要年轻。1875年,他接受慕尼黑工业大学的教职,他的学生有马克斯·普朗克。同年,他迎娶了哲学家黑格尔的孙女安妮。1886年,由于健康状况的恶化,他去了安逸的哥廷根,成为那里的数学教授。任上,他巩固了哥廷根在数学研究方面的世界中心地位。①

为了解释克莱因在群论中所做的工作,请想象两个直观的实验。首先,设想一张长方形的纸,两边长分别为 A 英寸和 B 英寸。将纸张**旋转四十五度而后拍照。照片不会显示为一个矩形,两边长也不会是 A 英寸和 B 英寸,但纸张本身并没有发生变化。这种透视上的缩短的数学原理是什么,原纸张和照片之间的关系是什么?其次,考虑从 50 英里高空的卫星上对特定国家(比如说,意大利)拍摄的一张照片。接下来,从(比如说)5 英里高的空间看这同一个国家。意大利的轮廓是一样的,但现在可以看到许多之前没有看到的细节——河口湾、小海湾、近海小岛。同样地,发生了什么变换,什么发生了变化,而什么保持不变,这种变化/保持不变又应如何用数学表示?第二个例子在克莱因的时代是没法进行的——因为那时还没有航拍技术;但现在这个问题在数学上称作"分形"***,且表明了克莱因有多么超前他的时代。它预示了混沌理论的出现。

---

① 关于狄利克雷、理查德·戴德金(Richard Dedekind)、爱因斯坦、胡塞尔、瓦尔特·能斯特(Walther Nernst)、庞加莱和魏尔斯特拉斯,见君特·弗莱(Günther Frei)编:《大卫·希尔伯特和费利克斯·克莱因间的通信(1886—1918)》(*Der Briefwechsel David Hilbert-Felix Klein*[*1886—1918*]),哥廷根:范登赫克和鲁普雷希特,1995 年。
** 沿视线方向。——译者
*** 原文如此,事实上"分形"的定义并非如此。——译者

第三编　受教育中间阶层的崛起:现代繁荣的发动机和工程师

在克莱因的领导下,哥廷根成为各国大学生朝圣的麦加。特别是美国大学生蜂拥而至。[①] 19世纪初,法国人借助综合理工学院约瑟夫-路易·拉格朗日(Joseph-Louis Lagrange,1736—1813)、加斯帕尔·蒙日(Gaspard Monge,1746—1818)和让-维克托·彭赛列(Jean-Victor Poncelet,1788—1867)等人的研究一度统治着数学界。高斯、黎曼和克莱因的研究及其激发的灵感标志着,德国在这一学科领导地位的确立。在希特勒上台前,德国人一直保持这一地位(至少在理论数学领域)。[②]

[①] 瑞德:《希尔伯特》:第45—46页。
[②] 卡尔·博耶:《数学史》,第550页。

|第十八章|

实验室的兴起:西门子、霍夫曼、拜耳和蔡司

维尔纳·西门子(Werner Siemens,1816—1892)是德国19世纪所经历变迁的绝佳代表。一个标志是,他于1888年被晋升为贵族,并可以在名字中冠以"冯"(Werner von Siemens)。1816年,他出生在汉诺威王国伦特(Lenthe)的一户佃农家庭,他是14个兄弟中的第4个。1834年,由于窘迫的经济状况,西门子被迫辍学,没有能够高中毕业。接着,他加入了普鲁士军队,并接受了工程方面的训练。在高中,他就有预见性地放弃古希腊文,并额外参加有关数学和土地测量的课程。

后来他说,在柏林皇家炮兵工程学院的三年是他一生中最快乐的三年。他一度师从马丁·欧姆(Martin Ohm,1792—1872),物理学家格奥尔格·欧姆(Georg Ohm,1789—1854)的哥哥。[①] 在学习期间,西门子开始自己的发明之路,并证明了自己的天赋。他最早的成果是有关镀银技术的,他将其卖给了德国的银器制造商。

[①] 维尔纳·冯·西门子(Werner von Siemens):《发明家和企业家:维尔纳·冯·西门子的回忆》(*Inventor and Entrepreneur: Recollections of Werner von Siemens*),伦敦/慕尼黑:伦德·汉弗莱斯/普雷斯特尔,1966年,第23页。

第三编 受教育中间阶层的崛起：现代繁荣的发动机和工程师

渐渐地，西门子注意到了能量守恒理论（他很熟悉亥姆霍兹和迈尔的研究），此外他也对机械感兴趣（他在波根多夫的《年鉴》中出版过他早期相关的思想）。所有这些意味着，他是第一批意识到电报学重要价值的人。① 此外，他在军队中了解到人们对于快速可靠通讯的需求，因此，他于1847年生产了一部指针电报机，它不但因为可靠性而闻名，而且为同年在柏林创立的西门子和哈尔斯克电报机设备公司打下基石。西门子的合作者约翰·格奥尔格·哈尔斯克(Johann Georg Halske, 1814—1890)是一名机械师。②

一旦西门子有了一台可靠的电报机，他便看到了许多可能性。他安装了第一条地下电缆，从柏林一直到大贝伦，一个距首都西南20英里的小镇。他意识到，英国发明的杜仲橡胶有助于电缆的绝缘，这将意味着，电报线可以到达世界任何地方，甚至南北战争后的美国。他安装的第二条地下电缆从柏林通往美因河畔的法兰克福，当时正值国民议会*召开，在政治混乱中，电缆被深埋地下，以防破坏。③

1851年，西门子声称他发明了发电机，这后来成了他最伟大

---

① 维尔纳·冯·西门子:《发明家和企业家:维尔纳·冯·西门子的回忆》，第42页。

② 有关哈尔斯克的详细介绍，见格奥尔格·西门子(Georg Siemens):《西门子公司的历史》(History of the House of Siemens), A. F. 罗杰(A. F. Rodger)英译，弗莱堡/慕尼黑:卡尔·阿尔贝，1957年，第1卷，第19页及以下诸页。

* 法兰克福国民议会(Frankfurte Nationlversammlung)是在1848年革命期间在法兰克福圣保罗教堂召开的国民议会，目标是立宪成立统一的德意志国家。——译者

③ 维尔纳·冯·西门子:《发明家和企业家:维尔纳·冯·西门子的回忆》，第71页。

第十八章 实验室的兴起:西门子、霍夫曼、拜耳和蔡司

的发明。[1] 他清晰地预见了电力工程超常增长,从而使西门子和哈尔斯克不断地开发各种新型电力应用设备:1879年,第一条电气铁路出现在柏林展销会上,同年,第一盏电力街头照明设施在柏林的皇帝长廊启用,1880年,第一部电梯在曼海姆安装,1881年,世界上第一辆有轨电车在柏林的里希特菲尔德投入运行;1886年,第一辆空中架线的电车出现;1887年柏林毛尔大街的发电厂开业;1891年,第一把电钻投产;1892年,第一部电表完成安装,这表明电力设备已广为接受。西门子这个名字成为电气工程(Elektrotechnik)的同义词,一个西门子自己创造的词。[2]

1879年,在西门子的支持下,电气工程协会成立,它的一个目标是在工业大学(technische Hochschule)中引进电气工程专业。值得一提的是,当时,他已经被选为柏林的普鲁士科学院院士(1874年),当时的科学院中,没有博士学位的人非常稀少(可能只有西门子一人)。

色彩革命

1862年,维多利亚女王参加在伦敦南肯辛顿举办的万国博览会时,穿着的是鲜艳的紫色长袍。迪尔米德·杰弗里斯(Diarmuid Jeffreys)认为,比起表面上引起的轰动,这个选择还有着更为重要

---

[1] 维尔纳·冯·西门子:《发明家和企业家:维尔纳·冯·西门子的回忆》,第229页。

[2] 有关后来的发展,见维尔纳·冯·西门子:《发明家和企业家:维尔纳·冯·西门子的回忆》,第1册,第300页及以下诸页,第2册全部。

第三编　受教育中间阶层的崛起：现代繁荣的发动机和工程师

的意义，因为展览会的主要关注点是染成紫色的巨大柱子，"坐在柱子旁边的是紫色染料的发明者或发现者，威廉·珀金（William Perkin，1838—1907）"①。

和西门子一样，珀金也对工程和化学感兴趣。他曾就读于新成立的皇家化学学院，英国人开设这家学府，是因为他们逐渐意识到自己在科学方面落后于大陆的竞争者，特别是德意志。该学院的资助者中就有阿尔伯特亲王，女王的丈夫。如前面的章节所述，他说服了当时才28岁的德意志著名科学家奥古斯特·威廉·霍夫曼担任该学府的第一位教授。一开始，珀金还只是霍夫曼的一名学生，但到了1856年，他已经被霍夫曼任命为实验室的私人助手。②

一开始，在霍夫曼建议下，珀金尝试奎宁的合成。事实上，多年来，所有的职业化学家都在尝试合成一种对抗疟疾的药物，这对殖民扩张非常重要。和其他人一样，珀金没有成功，但是随后，当他摆弄一种叫作烯丙甲苯胺的物质的时候，由于珀金使用的苯胺中含有杂质，这成了科学上侥幸成功的案例之一。完全出乎他意料的是，黑色的沉淀物留了下来，在水洗后变成鲜艳的紫色。

在此以前，人们在衣服色彩上几乎没有什么选择余地。提取自动植物和矿物质的"地球染料"（红、棕、黄）是到目前为止最常见的，也是最便宜的。③ 因此，人们一直在追寻稀有的色彩，特别是

---

①　迪尔米德·杰弗里斯（Diarmuid Jeffreys）：《阿司匹林传奇》（*Aspirin*: *The Remarkable Story of a Wonder Drug*），伦敦：布鲁姆斯伯里，2004年，第56—57页。

②　迪尔米德·杰弗里斯：《阿司匹林传奇》，第43页。

③　鲁道夫·本尼迪克特（Rudolf Benedikt）：《煤焦油染料的化学》（*The Chemistry of the Coal-Tar Colours*），E. 克内希特（E. Knecht）英译，伦敦：乔治·贝尔，1886年，第1—2页。

第十八章 实验室的兴起:西门子、霍夫曼、拜耳和蔡司

蓝色和紫色。最重要的是,在工业革命中,兰开夏郡和其他地方新开设的机器纺织厂制造出百万码长的棉布,这给更便宜、更漂亮的染料提供了充分的用武之地。① 因此,珀金得到了这种紫色染料的专利,并在伦敦开设了工厂。这一被他取名为苯胺紫的染料很快就在法国皇后欧仁妮的推广下流行了起来,拿破仑三世的妻子穿着这个颜色是因为她希望它可以搭配她的眼睛。当时珀金才35岁,他已经很富有了。

德意志人通过霍夫曼参与了对珀金的投资,现在他们看到了提取股息的机会。德意志不但在鲁尔区有丰富的煤矿,还拥有比其他国家更大的化学家群体。一大批从事在煤焦油中提炼苯胺染料的公司在德意志开设。很快,德意志人从中发现了大量其他的合成染料,并借此奠定了德意志染料在世界上的领导地位。② 煤焦油染料发展是如此迅猛,以至于在世纪末到来前,它们就已经将自然染料彻底排挤出市场。一旦染料可以标准化生产(这是自然染料做不到的),市场将达到了前所未有的稳定。

新型染料产业还归功于另外两项工业或科学创新。首先是照明煤气的大规模生产,它的一种副产品就是煤焦油。其次是,实验室中兴起的系统有机化学(见第13章)。这一进程开启于1843年,尤斯图斯·冯·李比希让一个助手分析一些他以前的学生恩斯特·塞尔(Ernst Sell)给他的轻质煤焦油。③ 那个助手就是刚刚

---

① 迪尔米德·杰弗里斯:《阿司匹林传奇》,第45页。
② 约翰·约瑟夫·比尔(John Joseph Beer):《德国染料工业的兴起》(*The Emergence of the German Dye Industry*),厄巴纳:伊利诺伊大学出版社,1959年,第3页。
③ 同上书,第10页。

第三编　受教育中间阶层的崛起：现代繁荣的发动机和工程师

在吉森完成博士学业的霍夫曼。他的分析揭示了煤焦油中包含着苯胺和苯,两种之后对工商业非常重要的物质。霍夫曼自己一开始就对教学和科研比较有兴趣,而他对于染料的兴趣只是慢慢地被激发出来。因为他更喜欢理论,他关心的是染料的构成,因此,他能够比他人更系统地研究品红,这是一种法国人生产的,并以倒挂金钟(fuchsia flower)命名的染料,因为两者颜色相似。霍夫曼将这种物质命名为玫瑰苯胺,很快他就能够揭示它与苯胺黄、苯胺蓝和帝王紫这些新近发现的染料之间的关系。[①] 借此,人们可以系统地改变玫瑰苯胺的基础结构,可以增加官能团来改变颜色的深浅。霍夫曼自己制造了三乙基和三甲基的玫瑰苯胺,这两种品名为"霍夫曼紫"的染料引发了轰动。[②]

约翰·比尔(John Beer)在他有关德国染料工业的著名研究中指出,苯胺紫、品红、苯胺黄、苯胺蓝和帝王紫是"五种取自煤焦油最重要的染料。苯胺染料工业投产才区区五年时间,在西欧便有29家染料生产公司参与到国际竞争中"。但是,比尔指出,在前一个十年,随着德意志工业的不断壮大,英法两国的工业却逐渐褪色。"法国工业无法成功是因为缺少熟练的技术人员,巴黎的综合理工学院过于重视理论方法。而英国工业的衰落始于1873年,部分因为有机化学的落后(这正是霍夫曼试图纠正的),以及英国资本家对于支持研究的冷漠,还因为化学家和工程师职业在知识分

[①] 有关苯胺、甲苯胺和玫瑰苯胺的化学结构,见迪尔米德·杰弗里斯:《阿司匹林传奇》,第76页及以下诸页。

[②] 约翰·约瑟夫·比尔:《德国染料工业的兴起》,第28—29页。

第十八章 实验室的兴起:西门子、霍夫曼、拜耳和蔡司

子圈子里,乃至全社会中几乎没什么名望。"①

与之形成鲜明对比的是,德意志和瑞士的染料工业通过复制英法的工业流程取得繁荣——从贝塞麦转炉钢到防水纸。大量德意志人在英国学习后回到故乡。一个重要的结果是,在1842—1864年,德意志的毛织品出口增加了四倍,而棉织品的出口在1836—1861年增加了三倍。②

德意志和瑞士的成功还归功于两个其他的因素:理工专科学校和工厂研究实验室的设立,这可以同时为工业不断增长提供其所需的科学家和工程师。③

工业大学这一形式模仿的是巴黎的综合理工学院,该学府由拿破仑创立,旨在培训机械、土木和军事工程师。德意志大学花了很长的时间才领会这一点,并开始赶超。19世纪60年代和70年代,通过共同的行动,德意志的工业大学才获得了和传统大学相同的地位。这一举措的背后是工程学的扩张,这归功于人们对于电、磁和能量守恒进一步的认识、新交通方式(特别是铁路和船舶)的出现,以及在高等数学、物理学和化学中的进展,也就是前些章节讨论过的内容。渐渐地,随着注册学生的增加,理工专科学校开始和大学平起平坐,以至于到了1900年,不但特许工程师(Diplom Ingenieur)等价于博士,工业界也逐渐倾向于前者。④ 后来,工业大学也被准许颁发博士学位,从而抹去了那个长期附着在"工程

---

① 约翰·约瑟夫·比尔:《德国染料工业的兴起》,第44页。
② 同上书,第53页。
③ 同上书,第57页。
④ 同上书,第61页。

师"前耻辱的"特许"二字。

工厂实验室的设立是一个重大事件,它的历史意义在于,"科学技术研究正经历着变迁,这些变化加速了人们对于自然的控制,以至于所有主要的机构都受到了影响"。此外,专家的合作效率高于单兵作战,"因此出现了研究团队,它们服从于研究主管的领导……这样的团队可以同时容纳缺乏动手能力的理论天才、纯粹对小玩意感兴趣的熟练实验员,以及那些实验观察能力不强但可以联系新发现和旧理论的人。""德国染料工业通过专攻从自然界获得数以千计细微的真相",确立了统治地位。[①]

实验室的伟大或许在于,它促使煤焦油染料工业向制药工业转变。[②] 19世纪80年代和19世纪90年代是制药工业崛起的时代,部分因为麻醉药物的广泛使用——氯仿和乙醚的生产可以让染料公司获利——部分因为疾病微生物理论思想(见第20章)催生了对抗生素的需求。这几乎包括了所有染料工业在生产过程中使用的酚类。[③]

和品红一样,退烧药和止痛剂都是在寻找其他物质的过程中意外发现的。埃尔兰根的路德维希·克诺尔博士(Ludwig Knorr,1859—1921)在寻找奎宁替代品的时候,发现了他刚制成的吡唑啉酮化合物具有止痛和退烧的效果。法兰克福附近的"赫

---

① 约翰·约瑟夫·比尔:《德国染料工业的兴起》,第90页。
② 有关染料、有色墨水、甜味剂、药物和照相药品间的联系,见托马斯·毕考尔(Thomas Beacall)等:《染料和煤焦油产品》(*Dyestuffs and Coal-Tar Products*),伦敦:克罗斯比·洛克伍德,1916年。
③ 约翰·约瑟夫·比尔:《德国染料工业的兴起》,第97页。

第十八章 实验室的兴起:西门子、霍夫曼、拜耳和蔡司

斯特"(Hoechst),一家原先的染料公司,于1883年买下了这一专利。很快,一系列类似的药物相继被发现,其中最有名的是退热冰(乙酰苯胺)(1885年)、非那西汀(对乙氧基乙酰苯胺)(1888年)、赫斯特公司以匹拉米洞之名投产的双甲氨基安替比林(1893年),以及阿司匹林(1898年)。镇静剂在19世纪90年代大量涌现,其中有拜耳公司生产的舒砜那和曲砜那,赫斯特公司的海卜那和缬氨酰。罗伯特·科赫(Robert Koch,1843—1910)和路易·巴斯德(Louis Pasteur,1822—1895)在免疫学领域的成就(见第20章),促使赫斯特公司大量生产免疫血清和疫苗,以预防白喉、斑疹伤寒、霍乱和破伤风这些可怕的疾病。

在赫斯特和拜耳(一家位于莱茵省埃尔伯菲尔德的染料和药物公司)的引领下,对于制药的兴趣滚雪球似的暴涨。很多企业都聘请了兽医、细菌学家和其他领域的专家。[1] 杀虫剂行业的发展需要人们设立温室实验室,植物学家和昆虫学者可以在里面测试杀虫剂的效果。胶卷、照片纸,以及显影所需的化学试剂见证了实验室的另一个全新专门领域的诞生。位于路德维希港(Ludwigshafen)的巴斯夫(BASF)公司实现的合成氨,以及拜耳公司开发的合成橡胶是当时最重要的发现(或发明)。[2]

氮的固定是两位挪威科学家在1902年获得的原创性成就。克里斯蒂安·伯克兰(Kristian Birkeland,1867—1917)和萨姆·艾德(Sam Eyde,1866—1940)将空气用电弧加热到很高的温度,

---

[1] 约翰·约瑟夫·比尔:《德国染料工业的兴起》,第88页。
[2] 同上书,第100页。

第三编　受教育中间阶层的崛起:现代繁荣的发动机和工程师

从而获得氮氧化物。对挪威来说,这一技术在商业上是可行的,因为该地区有充足和廉价的水力发电。但这一条件在其他广大地区都难以满足。1909年,位于曼海姆附近的德国最大的染料工厂,巴登苯胺和纯碱工厂(Badische Anilin und Soda Fabrik)里,弗里茨·哈伯(Fritz Haber,1868—1934)第一次成功地利用氢和氮在高温高压下合成氨,从而获得了较之挪威人更经济的固氮方法。之后,卡尔·博施(Carl Bosch,1874—1940)改进了哈伯的方法,1913年第一台合成氨装置出现在路德维希港附近的奥宝,从而让巴斯夫公司确立了在肥料和军需生产上的领先地位。

对于化学(或染料)工业有着举足轻重地位的是它的销售组织。德国统一(1871年)后的第五年,也就是1876年,染料制造商发起成立一个组织,名称很长,叫德国化工利益保护协会-注册协会。这一组织成立后,越来越多的人称其为化学协会,它开启了该行业在未来的卡特尔化,并最终导致了诸化工巨头联合成立化学公司——法本利益共同体(IG Farben)。[①]

19世纪80年代,卡特尔协议如雨后春笋一般地出现,1905年,根据内政部的统计,德国有385个卡特尔协议,其中化工行业46个。1908年,拜耳参与了25个卡特尔协议。

卡特尔协议的涌现是化工企业面对工作环境变迁的回应,这一变迁源自于科学的迅猛发展。随着商业竞争的加剧而导致的利润下降,资金、长期投资和科学研究都失去了财力保障。因此,企业间签订卡特尔协议,以可以确立产品价格和市场份额。1881年

---

① 约翰·约瑟夫·比尔:《德国染料工业的兴起》,第115页。

第十八章 实验室的兴起:西门子、霍夫曼、拜耳和蔡司

出现的第一个协议确立了茜素(橘红色染料)的价格和每一位生产者的市场份额。(从1869年到当时为止,茜素的价格从每公斤270马克下降到了17.5马克。)这一协议没有能够产生效果,部分因为,如约翰·比尔所言,多年的对手不可能在一夜间达成和解。另一个因素是,瑞士的染料公司没有加入这一协议。后来的卡特尔协会得以生效主要是因为,这不再是防御性的了,他们发现,联合经营专利和按事先确定的市场份额瓜分利润,会更有效率。随着市场总量的扩大,多年的对手变得更为合作。①

卡特尔在德语中是利益共同体(I. G.)的意思。第一次世界大战以后,颜料工业的卡特尔,即法本利益共同体,变得声名不佳。②

从染料到药品

如果说维尔纳·西门子最好地代表了19世纪德国科学领域理论结合应用的话,那么,弗里德里希·拜耳(Friedrich Bayer,1825—1880)和约翰·弗里德里希·威斯考特(Johann Friedrich Weskott,1821—1876)就是从染料迈向制药这一重要跨越的两个最典型的代表人物。1825年,拜耳出生于巴门的一个丝织工人家

---

① 约翰·约瑟夫·比尔:《德国染料工业的兴起》,第120页。
② 可见约西亚·E. 杜布瓦(Josiah E. Du Bois)、爱德华·约翰逊(Edward Johnson):《穿灰色西装的将军:国际"法本利益共同体"卡特尔,纽伦堡的阴谋的审判》(Generals in Grey Suits: The Directors of the International "I. G. Farben" Cartel, Their Conspiracy and Trial at Naremberg),伦敦:博德利·黑德,1953年。

第三编　受教育中间阶层的崛起:现代繁荣的发动机和工程师

庭。六个孩子中只有他一个男孩。威斯考特一家之所以搬去巴门,是因为伍珀河能够为他们的漂白生意提供绝佳的水源供应。两个人都野心勃勃,1863年共同创建了合伙公司——弗里德里希·拜耳和他的伙伴们(Friedrich Bayer & Company)。①

该公司在两位创始人去世后才越来越成功,19世纪80年代,拜耳的女婿卡尔·伦普夫(Carl Rumpff,1839—1889)接手了公司,并开始重新定位。公司完成上市后,他用筹集的资本雇用了大量年轻的化学专业大学毕业生,其中就有卡尔·杜伊斯贝格(Carl Duisberg,1861—1935)。公司要求他寻找可拓展的新领域。②

碰巧,19世纪80年代中期,德国市场上出现了一种名为退热冰的药物,这让杜伊斯贝格看到了一个新领域。

1886年,两名斯特拉斯堡医生,阿诺德·卡恩(Arnold Cahn)和保罗·黑普(Paul Hepp)接收了一名受困于肠内蠕虫的病人。他们要求当地药房提供萘,一种标准的治疗方法。然而,药房搞错了,而两名医生也不知道他们拿到了一种被称为乙酰苯胺的药剂。这一乙酰化的苯胺,是一种煤焦油的副产品,在染料工业中很有名,但是,这的确不是一种药物,事实上,以前从来没有人服用过。当卡恩和黑普发现这种"药物"对于患者的蠕虫不起作用时,他们才注意到这一失误。同时,他们发现患者的体温明显下降了。③

正巧,保罗·黑普的哥哥是服务于卡勒公司的化学家。更巧

---

①　埃里克·韦尔克(Erik Verg)等:《里程碑》(*Milestones*),勒沃库森:拜耳股份公司,1988年,引自迪尔米德·杰弗里斯:《阿司匹林传奇》,第58页。
②　迪尔米德·杰弗里斯,《阿司匹林传奇》,第62页。
③　同上书,第63页。

第十八章 实验室的兴起:西门子、霍夫曼、拜耳和蔡司

的是,该公司正在为染料工业生产乙酰苯胺。两名医生希望卡勒公司将其作为一种退烧药物生产销售。公司主管很乐意接受这一建议,但问题在于,该药物的分子式不是秘密。一旦获得成功,所有的竞争对手都要过来分一杯羹。公司有人想出一个好主意,给这个药物起一个简单、容易记住的名字。那时,药房出售的药物总是冠以复杂的化学名称,尽管大多数全科医生都无视其中的化学物质。卡勒公司起的名字——退烧冰,比起乙酰苯胺好记得多,两者完全就是一种物质。这个主意聪明的地方在于,根据德国的法律,药房必须完全遵守医生的处方,一旦处方上写了退烧冰,就得提供退烧冰。

有鉴于此,杜伊斯贝格认为可以举一反三。他开始关注一种叫对硝基苯酚的物质,和乙酰苯胺一样,是染料工业中的副产品。拜耳公司有三万公斤,却没有销路。杜伊斯贝格要求他的一个手下,奥斯卡·欣斯贝格(Oskar Hinsberg,1857—1939)研究一下,确定该物质是否可以利用。大约一周后,欣斯贝格从中提取了一种比起退烧冰更为有效的退烧药物,而且副作用更小。杜伊斯贝格将其命名为非那西丁。迪尔米德·杰弗里斯认为,今天全球性制药产业的源头"可以追溯到那个时刻"[①]。

以后,杜伊斯贝格接连成功地开发出新药物。1890年,伦普夫去世后,他接手了拜耳公司。他的第一个重大决定就是创立独立的制药部门并配备专门的实验室。他的另一个明智之举是,在制药部门中设立两个团队,制药团队专门负责发明新药,药理专家

---

① 迪尔米德·杰弗里斯:《阿司匹林传奇》,第64页。

第三编 受教育中间阶层的崛起：现代繁荣的发动机和工程师

团队则负责测试药物。这一明智的质量控制方法被很多其他制药公司复制。[1] 就在这个环境中，很多成功的众所周知的药物被生产了出来。

众所周知的成功药物

理论上，这种药是海因里希·德雷泽（Heinrich Dreser，1860—1924）、阿图尔·艾兴格吕恩（Arthur Eichengrün，1867—1949）和费利克斯·霍夫曼（Felix Hoffmann，1868—1946）三人合作的成果，虽然霍夫曼实施了最关键的实验。

就如同霍夫曼在后来所叙述的那样，他碰巧在书中阅读到了有关乙酰水杨酸化合物的资料。据说该物质可以减少水杨酸的副作用，这种治疗风湿病和关节炎的传统药物常常会给胃部带来不适感。接着，霍夫曼变换不同物质重复这些实验。根据实验室记录，他在1897年8月10日无意中发现了一种方法，可以合成不会给胃部带来不适感的乙酰水杨酸。[2] 按照当时的惯例，药理专家团队测试了这种药物，艾兴格吕恩认为它是有效的，但是德雷泽坚持认为水杨酸会使得"心脏衰老"，并拒绝批准乙酰水杨酸的上市。

事情复杂在于，霍夫曼在发明乙酰水杨酸后两周，又发现了另外一种物质，它在德雷泽看来有着更大的潜力。海洛因，二乙酰吗啡，其本身并不令人陌生。1874年，英国人C. R. 奥尔德·赖特

---

[1] 迪尔米德·杰弗里斯：《阿司匹林传奇》，第65页。
[2] 同上书，第71页。

第十八章 实验室的兴起:西门子、霍夫曼、拜耳和蔡司

(C. R. Alder Wright,1844—1894)就已经在伦敦的圣玛丽医院合成了这种鸦片衍生物。德雷泽碰巧在书中看过奥尔德·赖特的研究报告,鉴于吗啡已经是治疗呼吸道疾病比如肺结核过程中的一种传统的止痛剂,而另一种鸦片衍生物可待因也被用来治疗咳嗽,德雷泽要求霍夫曼实施进一步的实验。"霍夫曼在发明乙酰水杨酸两周后,成功地合成了二乙酰吗啡。他获得了不寻常的名声,因为他在两周内发现了两种不同的药物,一种属于最有用的,而另一种属于最致命的。"[1]

德雷泽开始在各种动物身上试用该药物,先是从青蛙到兔子,接着从自己身上到其他的志愿者。这些志愿者获得了一种"英雄般的"感觉,这也就赋予了该药物的名称。经过进一步的临床试验,德雷泽在1898年的德国自然学家和医生大会上宣布,"该药物在治疗咳嗽方面比可待因有效十倍,但毒性只有后者的十分之一"。他补充道,这是"一种完全不让人上瘾的、安全的家庭用药,还可以解决吗啡成瘾问题"[2]。在德雷泽的推广计划中,该药物还可以被用于治疗婴儿肠绞痛和流感。

与其同时,艾兴格吕恩背着德雷泽推动乙酰水杨酸的面市。首先,他自己尝试了该药物,并发现它对于自己的心脏没有明显的副作用,接着他寄给了拜耳公司在柏林的代表一批药物,因为后者和全科医生有着很好的联络,借此可以实施谨慎的试验。数周后,

---

[1] 迪尔米德·杰弗里斯:《阿司匹林传奇》,第72页。
[2] "阿司匹林——乙酰水杨酸的药理"("Pharmakologisches über Aspirin-Acetylsalicylsäure"),《综合生理学档案》(*Archiv für die gesammte Physiologie*),1999年,引自迪尔米德·杰弗里斯:《阿司匹林传奇》,第73页。

第三编　受教育中间阶层的崛起：现代繁荣的发动机和工程师

医生们在回复中热烈地赞扬了这种药物，试验结果超出了拜耳公司任何人的想象：乙酰水杨酸几乎没有令人不适的副作用，最重要的是，它是一种很有效的止痛剂。就这样，该药物投入量产。①

这意味着，该药物需要一个名字。因为人们可以从绣线菊提取水杨酸，有人建议使用该植物的拉丁名字 Spiraea。其他人建议在名称前应该加上字母"a"，以确认乙酰化。另外，考虑到当时的很多药物为了发音方便都以"in"结尾，最后拜耳公司将该药物命名为"阿司匹林"（aspirin）。②

显微镜的兴起

没有显微镜这一实验室中最有用的设备，实验室的兴起是不可能的。19世纪，光学仪器在法国、荷兰、英国和美国都有发展，但该领域的三位领导人物都是德意志人：卡尔·蔡司（Carl Zeiss, 1816—1888）、恩斯特·阿贝和恩斯特·莱茨（Ernst Leitz, 1843—1920）。

1816年，卡尔·弗里德里希·蔡司出生在魏玛。他在耶拿学习了数学、物理、光学和矿物学。之后，他一度在生理学院的教授，

---

① 迪尔米德·杰弗里斯：《阿司匹林传奇》，第73页。
② 迪尔米德·杰弗里斯在书中用了一个章节讲述阿司匹林（她称之为"阿司匹林时代"），以及"一战"后该拜耳药物在美国的传播。此外，她还讨论了"法本利益共同体"卡特尔丑闻中阿司匹林的角色。另见塞缪尔·霍普金斯·亚当斯（Samuel Hopkins Adams）：《阿司匹林时代（1919—1941）》（*The Aspirin Age, 1919—1941*），伊莎贝尔·雷顿（Isabel Leighton）编，伦敦：博德利·黑德，1950年，其中作者认为，讽刺的是，两次世界大战间的世界需要一些类似阿司匹林那样的兴奋剂。

第十八章　实验室的兴起：西门子、霍夫曼、拜耳和蔡司

也是细胞学说的建立者之一的马蒂亚斯·施莱登的手下工作。1846年，他成立了自己的工作室，经营良好并不断扩张，在最初的二十年，该公司生产了一千件设备。1866年，他意识到，要成功的话，需要工作室在科学方面上更为系统。在他的邀请下，恩斯特·阿贝，当时耶拿的物理和数学讲师，加入了蔡司工作室，成为合伙人和研究主管。他为光学计算的发展打下了数学/物理的基础。这催生了大量新设备的发明。第一台是诞生于1869年的照明装置，它可以为物体显微观察提供照明。三年后，也就是1872年，阿贝（同时致力于车间工人的福利改善）提出了显微投影的波浪理论，也就是"阿贝正弦条件"。通过这一数学理论，用显微镜观察所有物体成为了可能。[1]

后来，成长于威斯特法伦的奥托·肖特（Otto Schott，1851—1935）加入了蔡司和阿贝的团队，他被称为现代玻璃科学之父。他有关玻璃化学的知识有助于他百余种玻璃的发明。最重要的是他在1886年制造出来的高度消色透镜，它比起普通的消色透镜能够更好地修正色彩误差，使其更适用于天文学。

此外，蔡司还是双筒望远镜和棱镜双筒望远镜生产的开拓者，两种设备都提升了人们的深度知觉。[2] 汽车的发明（见第19章）

---

[1] 艾迪特·黑尔穆特（Edith Hellmuth）、沃尔夫冈·米尔弗里德尔（Wolfgang Mühlfriedel）：《卡尔·蔡司，一家企业的历史，第一册：蔡司，1846—1905年》，魏玛、科隆和维也纳：伯劳，1996年，特别是第59—113页："现代显微镜制作的科学基础"。

[2] 相关的英语早期研究，可见费利克斯·奥尔巴赫（Felix Auerbach）：《耶拿蔡司工作室和卡尔·蔡司基金会》(*The Zeiss Works and the Carl Zeiss Stiftung in Jena*)，S. F. 保罗（S. F. Paul）和 F. J. 切希尔（F. J. Cheshire）英译，伦敦：马歇尔、布鲁克斯和乔克利，1927年。该书包含了蔡司工作室最重要发明的列表。

第三编 受教育中间阶层的崛起：现代繁荣的发动机和工程师

扩大了制作精良的车前灯的需求，从而打开了一个全新的市场。

与之相比，恩斯特·莱茨的发明也毫不逊色。1843年，他出生于黑森林地区。在他6岁那年，卡尔·克尔纳（Carl Kellner，1826—1855），一位23岁的物理学家，在韦茨拉尔（Wetzlar）成立了一家工厂，它最终将属于莱茨。一开始，莱茨为显微镜和望远镜制造镜片，特别是他自己发明的无畸变目镜，该设备可以提供不失真、扁平的投影。他的客户有鲁道夫·菲尔绍（Rudolf Virchow，1821—1902）和尤斯图斯·冯·李比希（见第20章）。

克尔纳在29岁时就英年早逝，他的同事弗里德里希·贝尔特勒（Friedrich Belthle）接手了他的公司。十年后，他雇佣了莱茨。1869年，贝尔特勒去世后，莱茨成为公司的唯一所有者。当时，公司的业务已经转向了显微镜，相比之下，望远镜的产量已大幅减少。到了1889年的时候，公司已经涉足了双筒望远镜、静态投影仪和电影放映机领域。第一次世界大战前，奥斯卡·巴纳克（Oscar Barnack，1879—1936）和马克斯·别雷克（Max Berek，1886—1949）加入了公司并将主营业务转向照相机。别雷克计算出了第一个镜头的尺寸，它风靡了整个20世纪的名字莱卡（Leica）包含了公司的名字莱茨（Leitz）和照相机（camera）。[①]

由于显微镜在实验室中的地位高于其他任何设备，因此它足以成为实验室的象征。它的兴起也标志着科学在世纪之交所经历

[①] 《显微镜的伟大时代》（*The Great Age of the Miscroscope*）是由联合王国皇家显微镜协会（Royal Microscopical Society of the United Kingdom）为其150周年庆而完成的目录。该协会的创立旨在关注科学设备。该目录主要包括英国的设备，此外还有法国和德国的。

第十八章 实验室的兴起:西门子、霍夫曼、拜耳和蔡司

的一个变化。19世纪中叶,之所以主流是化学和工程学,是因为电机、染料和药物的发明。在这些学科持续发展的同时,显微镜也通过在致病微生物研究中的应用促进了生物学的进步。[1]

---

[1] 就像显微镜代表了实验室,实验室代表了科学,见吕迪格·格纳(Rüdiger Görner)编:《来自实验室的传说》(*Tales from the Laboratory*),慕尼黑:判断力,2005年。编者为一组有关科学对德国文学影响的论文撰写了导言。特别可见迪特·武特克(Dieter Wuttke):"来自文化史学家的实验室""From the Laboratory of a Cultural Historian"一文,它讲述了19世纪德国实验室令人瞩目的发展是如何开启并加深自然科学和人文科学间鸿沟的。其后的几篇论文讲述了该现象在德国造成的悲剧后果。

| 第十九章 |

金属的主宰者:克虏伯、本茨、狄塞尔和拉特瑙

"火炮之王"阿尔弗雷德·克虏伯(Alfred Krupp,1812—1887)生于1812年。位于埃森(Essen)、与他同名的钢铁厂仅仅比他早一年创立。他的父亲弗里德里希不算是一个成功的商人——当他去世时(阿尔弗雷德14岁),公司正濒临倒闭,由于经济原因,阿尔弗雷德没有能够继续学业。终其一生,他都在抱怨自己只是接受了"在铁砧边"的教育。① 然而,儿子并不像父亲。弗里德里希既是个浪漫主义者,又是个软弱的人。而阿尔弗雷德则是一个果断的人,完全不感情用事。这样的性格是必需的——他用了二十年(也就是他工作生涯的半数时间),完全改变了公司的状况。②

即使那样,他的成功大部分靠的是偶然因素。拿破仑失败后,普鲁士因为在波兰的损失,而获得莱茵兰地区大片领土的补偿。当时,相比之下,东部的农业用地对普鲁士的价值更大,但随着19世纪工业的发展和对煤炭需求的增长,局面完全逆转了过来。这

---

① 彼得·巴蒂(Peter Batty):《克虏伯家族》(*The House of Krupp*),伦敦:塞克和瓦伯格,1966年,第46页。
② 威廉·贝尔德鲁(Wilhem Berdrow):《阿尔弗雷德·克虏伯》(*Alfred Krupp*),共三卷,柏林:冯·赖马尔·霍宾,1927年。

第十九章　金属的主宰者：克虏伯、本茨、狄塞尔和拉特瑙

导致了普鲁士将目光转向了西部，它被迫和那些夹在它和法国之间的邦国建立紧密的联系，以捍卫自己的利益。经济因素导致了政治后果，并帮助第二帝国最终形成。这一个个事件都影响到了克虏伯。1834 年成立的关税同盟反映了德意志各邦国间日益紧密的经济合作。这使得邦国间的通商和旅行变得方便。①

克虏伯利用了这一变迁，往返于德意志最重要的经济中心，以保证获取各种金属制品订单，从钱币镀层到餐具。1848 年发生的事情让他受益。他命令工人不要参与到在国内蔓延的革命。革命失败后，普鲁士的地位得到了增强，很大程度是因为德意志君主们是在普鲁士军人的帮助下才恢复秩序的。总的来说，1848 年到 1871 年既是普鲁士逐渐吞并德意志各邦国的故事，也是阿尔弗雷德·克虏伯统治德意志工业的故事。②

1843 年，该公司参与到军火制造中来，虽然一开始规模不大。他的弟弟提醒阿尔弗雷德，铁制的滑膛枪管，也就是 19 世纪步兵的主要武器，并不尽如人意。因此，他开始生产有史以来的第一代低碳钢枪管。这是德意志钢铁时代的开始，但即使如此，克虏伯不得不说服将军们，放弃多年习惯使用的铜制和铁制的步枪。③ 尽管他在 1850 年就已经生产出铸铁表面包裹铸钢核心的加农炮。*但他直到 1859 年才第一次收到普鲁士政府一张 312 门加农炮的

---

① 威廉·贝尔德鲁：《阿尔弗雷德·克虏伯》，第 89 页及以下诸页；彼得·巴蒂：《克虏伯家族》，第 49 页。
② 彼得·巴蒂：《克虏伯家族》，第 59 页。
③ 同上书，第 61 页。
* 此处参德文版，有补充。——译者

第三编 受教育中间阶层的崛起:现代繁荣的发动机和工程师

制造订单。

尽管克虏伯因军火制造而闻名,但在彼得·巴蒂看来,他真正的天才可能在于他对于铁路的理解。1835年德意志的巴伐利亚开始了铁路建设,到了1850年,全德有了6000英里的铁路。在接下来的半个世纪内,这个数字像滚雪球一般翻了十倍。克虏伯最早认识到,铁路的发展将为钢铁制造业提供商机。[①] 1849年,他获得了第一张来自铁路行业的订单,他被要求制造500套铸钢轮轴和弹簧。公司投入实施了一系列实验,促使无焊缝钢火车轮毂技术的成熟。这是一项杰出的发明,确实无疑地给克虏伯带来了比所有大炮订单加起来还要多的金钱。早期火车轮毂的一个内在缺陷在于其构造,它是通过在置于铁轨的外轮上焊接一个轮圈,落在铁轨内侧,从而把火车头和车厢固定在铁轨上面的。随着火车开得越来越快,装载越来越多,焊接的缺陷变得越来越致命。为了克服这一缺陷,克虏伯只是使用了该公司在叉子和调羹的制造上所用的技术——也就是在滚烫的时候把无缝钢铁环绕在轮缘之上。现在的车轮是一整块没有接缝的金属,而不再是由两块金属焊接而成的了。阿尔弗雷德把组装车轮的工厂建在很远的地方,以至于他的雇员称其为"西伯利亚"。无缝轮使克虏伯成为了工业界的先锋。

便宜的钢铁和最早的军备竞赛

在军火领域,克虏伯意识到,比起政治家们,他的未来更需要

[①] 彼得·巴蒂:《克虏伯家族》,第64页。

第十九章　金属的主宰者：克虏伯、本茨、狄塞尔和拉特瑙

军方——也就是将军们——的支持。[1] 彼得·巴蒂看到："在柏林几乎没有人可以忍受阿尔弗雷德——他的专横和傲慢让他也很不受工业界同仁的欢迎。"阿尔弗雷德开始逢迎围绕在王太子周围的军官，"来编织埃森和柏林间的紧密联系，这也成为克虏伯传奇的一部分"。这很见成效。1861年10月，当时的摄政王威廉拜访了克虏伯的工厂，来亲眼看看"世界上最大的蒸汽铁锤——弗里茨"。数月后，登基成为普鲁士国王的威廉任命阿尔弗雷德为枢密院顾问，不久以后，又授予他红鹰勋章，并授予橡树叶，这是为打胜仗的普鲁士将军预留的荣誉。同时，克虏伯火炮的销售量也日渐增长。现在，他将火炮"大批量地"销往比利时、荷兰、西班牙、土耳其、瑞典、瑞士、阿根廷、奥地利、俄罗斯和英国。最早的军备竞赛随之启动，在此过程中，德国媒体称克虏伯为"火炮之王"，这是他最享受的一个称号。这个时代以俾斯麦（Otto von Bismarck，1815—1898）在1862年的观察结论为标志："光靠演讲和革命解决不了当代的伟大问题，人们需要的是血和铁。"[2]

奥托·冯·俾斯麦从1862年起就担任普鲁士首相，帝国成立后，他被任命为帝国首相，直到1890年。他比克虏伯小三岁，在很

---

[1] 有关军备竞赛的上下文，可见乔纳森·A. 格兰特（Jonathan A. Grant）：《统治者、枪炮和金钱：帝国主义时代的全球军备竞赛》（*Rulers，Guns and Money：The Global Arms Race in the Age of Imperialism*），剑桥（马萨诸塞州）：哈佛大学出版社，2007年。书中，格兰特系统地梳理了克虏伯和俄罗斯、奥斯曼帝国、保加利亚、罗马尼亚、南美国家、日本、塞尔维亚以及希腊的交易。

[2] 例子可见埃森的克虏伯档案馆：《笔记：和土耳其的关系》（*Notic Beziehungen zur Turkei*），档案号：WA 7f/886，引自乔纳森·A. 格兰特《统治者、枪炮和金钱：帝国主义时代的全球军备竞赛》，第28页；彼得·巴蒂：《克虏伯家族》，第71页。

第三编　受教育中间阶层的崛起：现代繁荣的发动机和工程师

多方面，"铁腕首相"（der eiserne Kanzler）*和"火炮之王"颇为相似。两人都专横、不愿与人来往，无法和任何人有亲密联系。两人都试图在其他事物身上寻求安慰——俾斯麦选择狗和树，阿尔弗雷德选择马和枪。有人这么说俾斯麦："我从未见一个人经历如此少的快乐。"这句话对阿尔弗雷德也同等适用。"至少对盎格鲁-撒克逊人来说，这两人最能够代表他们对普鲁士人的刻板印象：侵略成性、好战以及破坏性。"①

我们不能忘记，俾斯麦是一名容克贵族——这是一个由掠夺成性的军国主义者和地主构成的阶级，他们在东部凭借武力获得了大量的土地，并信仰武力。首相的永恒目标就是维护这个阶级，为了达成这一目标，他不得不维护普鲁士，这意味着他必须削弱奥地利和法国，摧毁德意志的自由主义，用政治民族主义来替换起初只注重德意志文化的民族主义。在此过程中，他逐渐地成为"欧洲最引起公愤的人"，而克虏伯仅次于他。②

1864年10月，俾斯麦在从巴黎返回柏林的路上，第一次顺道拜访了埃森的克虏伯工厂。在发现了和克虏伯对马和树的共同爱好后，他开始信任他，并在散步的过程中，向他明白地透露了一些他为普鲁士构思的计划。俾斯麦很清楚地知道，克虏伯的大炮在这些计划中将起到的作用，克虏伯也从中嗅到了巨大的商机，特

---

* 通常，"der eiserne Kanzler"翻译为铁血宰相。——译者

① 威利·A. 伯尔克（Willi A. Boelcke）编：《档案中克虏伯和霍恩索伦家族》（Krupp und die Hohenzollern in Dokumenten），美因河畔法兰克福：雅典人学术出版公司，1970年，其中收录克虏伯和俾斯麦的通信。

② 彼得·巴蒂：《克虏伯家族》，第72页。

第十九章　金属的主宰者：克虏伯、本茨、狄塞尔和拉特瑙

别是首相将扩张海军的构想。

克虏伯大炮参与的第一场战斗是1866年7月3日在普鲁士和奥地利之间的克尼格雷茨战役（必须说，两者都用了克虏伯的军火）。虽然不尽完美，在四个月内，人们还是从他那里订购了400门炮。虽然1866年的普奥战争是一场最短的战争，但是产生了深远的影响，借此，普鲁士夺取了石勒苏益格和荷尔斯泰因两个公国，并且并吞了在克尼格雷茨战役以前没有站在他这边的邻居——汉诺威王国、黑森选侯国、拿骚公国和法兰克福自由市。伴随着奥地利的彻底失败，俾斯麦开始正式实施将普鲁士建设成为一个世界强权的政策。[1]

两年后，普鲁士宣称它正在准备建设海军。一开始，将军们准备购买英国的大炮，克虏伯在国王的支持下占得了上风，他声称德国的军火必须有市场，1868年9月，新建的海军为三艘新铁甲舰订购了41门重炮——从克虏伯公司。德国持续长达数十年的海军政策就此成形。[2]

1870年，就像四年前智胜奥地利那样，俾斯麦对法国采取了同样的计谋，在他的诱导下，拿破仑三世对普鲁士宣战，以重新获得拿破仑一世失去的土地。伴随着普鲁士的动员令，克虏伯向武

---

[1] 彼得·巴蒂：《克虏伯家族》，第77页。
[2] 福尔克尔·R.贝格哈根（Volker R. Berghahn）：《提尔皮茨计划：威廉二世治下内政危机策略的诞生和衰落》（*Der Tirptiz-Plan : Genesis und Verfall einer innenpolitischen Krisenstrategie unter Wilhelm II*），杜塞尔多夫：德罗斯特，1971年，第227页及以下诸页；另见盖雷·E.韦尔（Gary E. Weir）：《皇帝海军的形成：冯·提尔皮茨时代的帝国海军部和德国工业》（*The Imperial Navy Office and German Industry in the Von Tirpitz Era*），什鲁斯伯里：艾尔莱，1992年，各处。

第三编　受教育中间阶层的崛起:现代繁荣的发动机和工程师

装部队免费提供了一批军火,作为他对战争的贡献。虽然礼物数量在减少,但军队却扩大了订单的规模,第一次,普鲁士从克虏伯公司订购了最多的军火。[1]

由于使用了过时的铜制前膛炮,拿破仑三世的军队和普鲁士人的每一次交锋都无法占到便宜。"用克虏伯铸钢制造的新式后膛炮和新式重型迫击炮很快就击毁了梅斯和色当的要塞,并在巴黎市郊打开了突破口。"这一交锋揭露了俾斯麦和克虏伯的想法。但大多数普鲁士将军,不愿意炮击巴黎,这一乔治-欧仁·奥斯曼(Georges-Eugène Haussmann,1809—1891)重建的城市(我们所知的美丽的巴黎在当时是崭新的)。然而,俾斯麦和克虏伯很倾向于攻击法国的首都,克虏伯甚至向军队提供了2000磅的炮弹,同时他开始设计巨型的攻城炮,借此可以将重达1000磅的炮弹从很远的地方打到巴黎的中心。尽管当时没有制造出来,但它最后在第一次世界大战中"震惊了世界"。战争的结果就是,法国最痛恨的人除了俾斯麦和皇帝威廉外,还有克虏伯。渐渐地,他的名字"单纯意味着特殊的破坏手段。自从1871年为法国所痛恨之后,他在接下来的七十四年里成为全世界憎恶的对象,空前绝后。"[2]

无论普法战争的原因是什么,普鲁士的胜利对克虏伯来说都是很好的广告。订单如潮水般涌来。他拒绝了晋升为贵族的荣誉,他宁可成为一名顶级企业家,而非低级的骑士。[3]

---

[1] 彼得·巴蒂:《克虏伯家族》,第82页。
[2] 同上书,第83页。
[3] 彼得·盖伊(Peter Gay):《施尼兹勒的世纪:中产阶级文化的形成(1815—1914)》(*Schnitzler's Century: The Making of Middle Class Culture, 1815—1914*),伦敦:艾伦·莱恩、企鹅出版社,2001年,第7页。

第十九章　金属的主宰者：克虏伯、本茨、狄塞尔和拉特瑙

随着1871年普鲁士的胜利诞生了一个德意志帝国。普鲁士国王威廉成为了帝国皇帝；普鲁士首相俾斯麦成为了帝国的首相。普鲁士吞并了除奥地利外全部的德意志和部分的法国，也就是富含煤铁矿产的阿尔萨斯和洛林。尽管帝国内部还存在着巴伐利亚和萨克森这样的王国，普鲁士还是成为了这块大陆最强大的国家。另外，由于法国刚刚被打败，俾斯麦和克虏伯可以方便地利用人们对法国企图发起复仇战争的恐惧。

普鲁士胜利者强加法国五十亿法郎的赔款。这笔钱，及其支付的速度（30个月），制造了德国的超级繁荣——所谓的"创业者时代"（Gründerzeit）。新成立的德意志帝国政府将这些法郎投入两个领域：军备，以及向个人偿还债务，德国人以购买战争公债的方式为战争提供了资金。他们突然获得大量资金，并可以很快将其投资于其他领域。战争前的二十年，平均每年只有二十家新企业注册，然而1871年一年就有200家企业注册，1872年，企业注册数超过500。[①] 和其他德国企业一样，克虏伯公司也从这波经济繁荣中获益良多。1871年后三年新建的炼铁厂、高炉和机械制造厂的总数相当于过去七十年的总和。

然而，克虏伯公司和其他企业一样，也在繁荣时期过度发展。1872年这一整年，公司购买了三百座铁矿和煤矿，以及两座炼铁厂。此外，公司还委托四艘运输船运送它在西班牙矿床获得的铁矿石到德国。随着1873年股市崩盘，数以百计的企业破产，克虏伯一下子损失了50万镑——大约相当于今天5000万镑。这招致

---

① 彼得·巴蒂：《克虏伯家族》，第93页。

第三编　受教育中间阶层的崛起:现代繁荣的发动机和工程师

了银行的入驻,他们的代表卡尔·迈尔(Karl Meyer)接管了公司的日常事务。十五年后,公司终于还清了欠款,也就在这一年,克虏伯去世。①

然而,克虏伯的个人生活方式没有受到任何影响(迈尔是他的老朋友)。特别是,他的炮弹测试一直是重大的社会活动。当时,美国铁路正在急剧扩张,美国铁路公司从克虏伯公司购买了大量的钢轨。尽管如此,克虏伯的晚年是孤独的。由于他被银行边缘化,在他的山丘别墅(修格尔庄园[Villa Hügel]),一栋大得可怕的建筑中,克虏伯变得越来越易怒和绝望。"他雇用了一个钢琴家,在吃饭的时候为他演奏,但却没有家人愿意和他一起玩骰子和斯卡特牌戏,因为他是那么的输不起。"②1887年7月14日,他因心脏病不治,享年75岁,身边只有贴身仆人。他去世前一年,他的第一个孙辈,贝尔塔(Bertha Krupp von Bohlen und Halbach, 1886—1957)出生。1914年摧毁比利时要塞的重炮就叫贝尔塔。克虏伯的恶名并没能随着他的死去而消逝。

其他的德国钢铁巨头——从事火车头生产的奥古斯特·博尔西希(August Borsig,1804—1854),从事采矿、造船和报业的胡戈·施廷内斯(Hugo Stinnes,1870—1924)或从事采矿和炼钢的奥古斯特·蒂森(August Thyssen,1842—1926),没有像克虏伯那样恶名昭著,虽然他们的财产不比后者的少。1999年,蒂森和

---

① 彼得·巴蒂:《克虏伯家族》,第95页。
② 有关修格尔庄园的外观,可见伯恩特·恩格尔曼(Bernt Engelmann):《克虏伯:传奇和真实》(*Krupp: Legenden und Wirklichkeit*),慕尼黑:施内克鲁特,1969年,第208—209页。一定程度上,这是一本对传主不敬的书。

第十九章　金属的主宰者:克虏伯、本茨、狄塞尔和拉特瑙

克虏伯两家公司合并。

汽车的时代

早在19世纪60年代,瑞士、法国和英国就生产了一些不用马拉的车辆,虽然可以说,它们基本无法去任何地方。直到1885年,卡尔·本茨(Karl Benz,1844—1929)才在曼海姆制造出一个机械,从而开启了汽车的时代。

卡尔·本茨的父亲是火车司机,他的爷爷是来自黑森林的铁匠,因此,对于工程的兴趣浸透在他的血液中。[1] 1844年出生,当他30岁的时候,他有了一家生产燃气发动机的小作坊。一开始,他的公司名为曼海姆发动机公司,1883年,改名为本茨公司*。一年后,他使用滑动阀门和电打火制造出第一台内燃机。这个机器有着广阔的应用空间,但本茨和他的合伙人埃米尔·比勒(Emil Bühler)之间有着很大的分歧,后者不允许大量的金钱花在"没有马的马车"的研发上。因此,本茨选择了马克斯·罗泽(Max Rose)作为自己的新合伙人。虽然罗泽对于"没有马的马车"感到疑虑,但他还是拨出一笔钱"用作实验"。凭借这笔钱,本茨在1885年制造出第一部汽车,从而为世界汽车发展奠定了基础。本

---

[1] 约翰·C.尼克松(St. John C. Nixon):《古董汽车》(*The Antique Automobile*),伦敦:卡斯尔,1956年,第25页。戴维·斯科特—蒙克里夫(David Scott-Moncrieff)、约翰·C.尼克松和克拉伦斯·佩吉特(Clarence Paget):《三芒星:梅赛德斯—奔驰及其竞赛成功的故事》(*Three-Pointed Star: The Story of Mercedes-Benz Cars and Their Racing Successes*),伦敦:卡斯尔,1955年,第3—19页。

* 公司名称为Bentz and Company,也可译为本茨和朋友们。——译者

第三编 受教育中间阶层的崛起:现代繁荣的发动机和工程师

茨知道,发动机的重量是决定性的,因此他矢志造出史上最轻便的发动机。他当时的固定发动机转速为每分钟120转,他认为,转速必须提高一倍。他早期的另一个重大决定是用四个气缸取代两个气缸,因为他觉得,公路上行驶的车辆需要不断地变换速度。他将引擎固定在底盘上,飞轮以水平方向旋转,这样的话,当车辆转弯的时候,引擎的运行将不会受到回转效应的干扰。他出于直觉将引擎置于后方,也就是两个后轮的上方,前轮用作操控方向,就像三轮车一样,这在当时是很常用的设计。动力通过链条传播到轮子上。燃料用的是汽油*,它可以在表面化油器中汽化,从而产生动力。另外,引擎的冷却依靠的是水这一发明在1886年1月29日获得专利。

根据约翰·尼克松关于汽车历史的记叙,"毫无疑问,1885年春,汽车已经进入测试阶段,本茨环绕着毗邻工厂的煤渣跑道驾驶着他的发明。当时,他的妻子和儿女都在观看"。[①] 1885年10月,这辆车才在公共道路上完成第一次测试。这一点直到1933年才由公司的一名资深雇员所证实。当年年末,本茨以每小时12公里的速度完成了1000米的测试。然而,每次车辆开出工厂,总是会遇到一些机械和电气方面的故障。

本茨的直接目标是不停顿地围绕曼海姆驾车开两圈。他被迫在天黑后尝试,否则的话,他奇葩的交通工具会招致大群人的围观,此外,他也担心警察会禁止他进入公共道路。夜复一夜地,他

---

* 原文说的是苯,此处按德文版。——译者
[①] 约翰·C.尼克松:《古董汽车》,第29页。

第十九章　金属的主宰者:克虏伯、本茨、狄塞尔和拉特瑙

将一些人置于乘客的位置上,启动引擎,在无法避免的故障发生前,能开多远就开多远。终于,他完成了不停顿绕城两圈的目标,约翰·尼克松将这次旅程与乔治·史蒂芬生(George Stephenson,1781—1848)的壮举并列。这成为了新闻,《新巴登地区报》(Neue Badische Landeszeitung)在1886年6月4日那一期报纸上报道了这一事件。然而,这一故事没有一个大团圆结局。一开始,本茨的发明很是成功,1900年的年产量上升到600辆。但是,他无法进一步改进他的发明,而只能做一些笨拙的修补,以至于戈特利布·戴姆勒(Gottlieb Daimler,1834—1900)和其他人最终超越了他。①

1834年,戴姆勒出生于绍恩多夫,在成为工程师前,他曾接受枪炮制造的培训。② 1872年,在他38岁那年,尼古拉斯·奥托(Nicolaus Otto,1832—1891)任命他为道依茨(Deutz)发动机公司的技术主管。虽然戴姆勒在那里工作不到十年,但是他帮助发明了内燃机。然而在1882年,他和其他工程师在研究的方向上发生了矛盾,接着他在康斯达特成立了自己的工厂,以贯彻他坚持的研究方向,跟随他的有威廉·迈巴赫(Wilhelm Maybach,1846—1929)。

戴姆勒坚信,内燃机将有着广阔的前景,但两个问题必须解决。其一,当时生产的引擎运转太慢;其二,为了克服前一个问题,人们必须重新设计一套点火装置。当时,普遍的点火装置使用的

---

① 约翰·C. 尼克松:《古董汽车》,第33页。
② 戴维-斯科特-蒙克里夫:《三芒星:梅赛德斯-奔驰及其竞赛成功的故事》,第20—56页。

第三编 受教育中间阶层的崛起:现代繁荣的发动机和工程师

是一个滑动阀门,在它打开的瞬间,气缸里面的易爆气体会暴露在火焰之中。戴姆勒的直觉告诉他,没有一种阀门系统可以在高速中及时关闭,来保存爆炸产生的所有能量。1879年,利奥·冯克(Leo Funk)为一套装置申请到了专利,一个外在的燃烧器可以将一根空管子维持在白热状态,随着活塞的上升,气体被吸入管子。戴姆勒意识到,这是一条正确的道路。[①]

1883年12月16日,戴姆勒为他的快速发动引擎申请到了专利,专利号为28022。奇怪的是,戴姆勒一开始并没有打算将这一引擎应用于移动机械。当他和迈巴赫发现,这一引擎可以在每分钟完成900转,他们才开始考虑将其应用于机动车。1885年8月,该设计获得了专利,它可以以两种速度运行,通过一个风扇冷却,并拥有金属打造的轮子。这马力可达半匹的引擎被置于座位的后方。在发动的时候,一旦燃烧器点燃并加热点火管,引擎即可如常启动。引擎的动力通过一根传动带送达后轮。1885—1886年的冬天,戴姆勒的机动车在康斯达特结了冰的湖面上测试,当时机车的前轮安装了刹车。和本茨一样,他也在天黑后进行道路测试,但他这样做只是为了私下解决临时故障。1885年11月,他的大儿子保罗(Paul Daimler,1869—1945)驾车从家开往3公里外的下蒂克海姆(Unterturkheim),并返回。

1886年秋,第一辆戴姆勒汽车投入使用,从埃斯林根到康斯达特。在戴姆勒本茨股份公司(Daimler-Benz A. G.)的档案馆中,有一份保罗·戴姆勒和威廉·迈巴赫撰写的报告,叙述了那些

[①] 约翰·C.尼克松:《古董汽车》,第35页。

第十九章　金属的主宰者:克虏伯、本茨、狄塞尔和拉特瑙

在清晨完成的测试经过。[①] 他们写道,车辆运转"非常成功",速度一度达到每小时18公里。戴姆勒不但将引擎置于轮船中,而且设计了自己引擎推动的机动有轨车。1889年,他们果断地推出一辆拥有管式框架的车辆,管中流动的水可以作为冷却剂使用。1896年开始,人们不再将引擎置于车辆后方。(在法国人埃米尔·勒瓦瑟[Émile Levassor,1843—1897]的设计中,引擎将被置于车辆前方的引擎盖之下。这一设计让戴姆勒很是着迷。)

尽管并非一帆风顺,戴姆勒还是比本茨成功。保罗·戴姆勒、迈巴赫和富有的埃米尔·耶利内克(Emil Jellinek,1853—1918),奥地利驻尼斯的总领事(许多早期的汽车测试和拉力赛都在尼斯举行)尝试开发一种新型车,来压倒所有的对手。该车型不但追求时髦,而且包含更多的技术创新,特别是相对安静的引擎。[②] 1901年,该车型在尼斯揭开面纱,由于当时在法国蔓延着因普法战争而产生的反德情绪,该车型的名字源于耶利内克的女儿,梅赛德斯(Mercédès Jellinek,1889—1929)。

虽然本茨、戴姆勒和梅赛德斯是汽车历史上最有名的名字,但是鲁道夫·狄塞尔(Rudolf Diesel,1858—1913)比起他们并不逊色。后者于1858年在巴黎出生。他的父母是来自于巴伐利亚的移民。狄塞尔在慕尼黑工业大学接受教育,在那里,他上过热力学

[①] 戴维·斯科特-蒙克里夫:《三芒星:梅赛德斯-奔驰及其竞赛成功的故事》,第120—149页。

[②] 当然,戴姆勒-奔驰后期的故事并非没有争议,见尼尔·格雷戈尔(Neil Gregor):《戴姆勒-奔驰在第三帝国》,纽黑文(康尼狄克州)和伦敦:耶鲁大学出版社,1998年;有关迈巴赫,见戴维·斯科特-蒙克里夫:《三芒星:梅赛德斯-奔驰及其竞赛成功的故事》,第59页及以下诸页。

第三编 受教育中间阶层的崛起:现代繁荣的发动机和工程师

教授卡尔·冯·林德(Carl von Linde,1842—1934)的课。课上,林德声称,在广泛使用的蒸汽机中,只有大约10%的燃料得到充分的使用,后来,这一缺陷时时萦绕于狄塞尔脑海。[①] 当他毕业时,他不但是最年轻的学位获得者,也是建校历史上成绩最好的毕业生。由于他给林德教授留下很深刻的印象,教授安排他在一家瑞士制冰机械公司就职,而林德就是这家公司的联合创始人。

由于着迷于各种发动机,狄塞尔很快发明了一种制造透明冰的设备。[②] 虽然他就职的那家瑞士公司对此表示冷漠,但法国酿酒商却很感兴趣,这让狄塞尔在巴黎为他的设备找到了市场。1893年,他真正的突破终于来临,那年他35岁,他获得了有关"燃烧动力引擎"的专利,这就是今天广为人知的柴油发动机。[③] 虽然柴油发动机和内燃机的区别很简单,但意义深远。在内燃机中,被吸入气缸的是空气燃料混合气,它通过火花塞点燃。在柴油发动机中,被吸入气缸的只有空气,没有燃料的时候,空气压缩程度将增加一倍有余,温度也将随之提高。在适当的时候,燃料会被喷入气缸并自动点燃。

虽然原理比以前更为简单,但在早期,引擎在高温高压下运行意味着对于当时可用材质的更高要求,这使引擎变得不再安全。然而,在1897年,狄塞尔在奥格斯堡成立了第一家工厂并获得了

[①] 有关德国工程师及其社会地位的讨论,见小唐纳德·E. 托马斯(Donald E. Thomas Jr.):《狄塞尔:工业德国的技术和社会》(*Diesel: Technology and Society in Industrial Germany*),塔斯卡卢萨,阿拉巴马大学出版社,1987年,第38页及以下。
[②] 欧根·狄塞尔(Eugen Diesel):《狄塞尔:人,工厂和命运》(*Der Mensch, das Werk, das Schicksal*),汉堡:汉莎出版机构,1934年,第88页。
[③] 同上书,第68页及以下。

第十九章　金属的主宰者：克虏伯、本茨、狄塞尔和拉特瑙

成功。不幸的是，财务上混乱的管理使他几乎丧失一切。1913年，他受邀前往伦敦开设一家引擎工厂，他从安特卫普出发北渡海峡，船只在夜色中失事，十天后，人们在北海找到了他的遗体。

今天在一些地区，柴油发动机拥有超过50%的市场占有率，在潜艇、矿山和油田这些地方更受青睐。

就像戴姆勒的成功源自于父子合作，西门子外第二大工程公司，德国通用电气公司（AEG）也是在埃米尔（Emil Rathenau，1838—1915）和瓦尔特·拉特瑙（Walther Rathenau，1867—1922）父子的合作中发展起来的。事实上，拉特瑙和西门子家族，通用电气公司和西门子公司，一度是合作伙伴，这一插曲说明了，从19世纪中叶到"一战"爆发，德国的科学、商业和政治是如何彼此交织在一起的。①

埃米尔于1838年出生于柏林一个富庶的犹太家庭。在瓦尔特出生前两年，埃米尔收购了城市北部一家成功的机械工厂。1881年在巴黎世博会看到爱迪生的电灯前，他已经很有钱了。他抢购到了爱迪生的专利，两年后创立了德国爱迪生公司。这看上去是一个聪明的举措，因为他借此可以和最大的潜在顾客西门子展开合作。事实上，在开业初期，公司由于技术和法律问题（主要由于专利使用）不胜其扰。因此，最后，公司改名为通用电气公司，从此切断了和西门子公司的联系，1894年，在埃米尔·拉特瑙的

---

① 哈特穆特·波格·冯·斯特兰德曼（Hartmut Pogge von Strandmann）编：《瓦尔特·拉特瑙：企业家、银行家、知识分子和政治家，笔记和日记（1907—1922）》（*Walther Rathenau, Industrialist, Banker, Intellectual and Politician: Notes and Diaries, 1907—1922*），牛津：克拉伦登出版社，1985年，第1页。

第三编　受教育中间阶层的崛起:现代繁荣的发动机和工程师

领导下,公司成为了德国最大的电气巨头。[1]

拉特瑙只是名义上的犹太家族。玛蒂尔德·拉特瑙是法兰克福银行家的女儿,她十分注重给予三个孩子(两个儿子和一个女儿)在音乐、绘画、诗歌和古典文学方面的教育。对她来说,商业不是生活的全部。[2] 瓦尔特从来没有正式皈依基督教,但他认可基督的神性。1895年,他曾在柏林地方法院试图脱离他旧有的"摩西信仰"。终其一生,他对于德国犹太人次等公民身份都很敏感。他在提倡犹太人融入德国社会的同时,也希望德国给予犹太人平等的地位。和许多德国犹太人一样,他将自己视作德国人,这一点高于一切。

拉特瑙在斯特拉斯堡完成了博士学业,他力图追赶科学发展的潮流,诸如冶金、电解和水力发电。但是,比起在像通用电气公司那样企业的日常运作,他更关心产业组织、企业策略及其和政治的关联。这使他成为一名理想的董事,并且他真正的重要性在于,他和克虏伯、施廷内斯和蒂森同属一代企业家,他们开始与军官、外交官和教授竞争社会上层地位,虽然企业家影响力的提升引发了一些人反资本主义和反工业化的情绪,后者视工业的力量为人类不幸的主要根源。尽管很多人认识到,工业国(Industriestaat)必将取代农业国(Agrarstaat),企业家还是看到这一进程在政治领域遇到的阻碍,拉特瑙特别为此沮丧。然而,19世纪90年代

---

[1] 哈特穆特·波格·冯·斯特兰德曼编:《瓦尔特·拉特瑙:企业家、银行家、知识分子和政治家,笔记和日记(1907—1922)》,第4页。

[2] 克里斯蒂安·舍尔策尔(Christian Schölzel):《瓦尔特·拉特瑙,一部传记》(*Walther Rathenau: Eine Biographie*),帕德博恩:费迪南德·舍宁,2004年,第28页。

第十九章　金属的主宰者：克虏伯、本茨、狄塞尔和拉特瑙

后,德国从根本上发生了变迁,工业取代了农业、林业、渔业,从而成为国内生产总值的支柱,城市居民多于居住在小镇和乡村的人口。①

和他的批评者截然相反,拉特瑙坚信,工业化和资本主义是强大现代国家唯一的安全基石。他认为,比起英国,德意志帝国拥有长期的优势,因为后者还拥有强大的农业。② 同样,他坚信英国工业的衰落,他将此现象归咎于工会、工程师的训练不足和薄弱的管理。然而,他不相信工业国本身就是一个终结。"他将工业的支配力量视为一个过渡阶段,其后将是人类历史上一个更伟大的、充满精神生活的时代。"③按照这种思路,拉特瑙趋向于粗糙的社会达尔文主义,对于阿瑟·德·戈宾诺(Arthur de Gobineau,1816—1882)的种族理论他也不会陌生。最终,拉特瑙相信,北欧中间阶层——像他自己那样的人们——将会统治世界。④ 受教育的商人是新兴贵族,他们知道如何引领同胞进入更高的、后物质主义的精神层面。他坚信,持续的工业化必将伴随"伦理的成就"。因此,他倾向于对富人的财产课以重税,无论在世或死亡——他希望看到一种"不妥协"的遗产税的出台,他的希望是如此热切,以至于他提

---

① 哈特穆特·波格·冯·斯特兰德曼编:《瓦尔特·拉特瑙:企业家、银行家、知识分子和政治家,笔记和日记(1907—1922)》,第 14 页。
② 克里斯蒂安·舍尔策尔:《瓦尔特·拉特瑙,一部传记》,帕德博恩:费迪南德·舍宁,2004 年,第 213 页及以下诸页。
③ 同上书,第 81 页及以下诸页。
④ 哈特穆特·波格·冯·斯特兰德曼编:《瓦尔特·拉特瑙:企业家、银行家、知识分子和政治家,笔记和日记(1907—1922)》,第 16、88 页,更普遍的可见于 1911—1914 年的日记。

第三编　受教育中间阶层的崛起：现代繁荣的发动机和工程师

倡"废除奢侈品"。他写道："财产分配不是私人事务，最多也就是消费的权利。"①他认为："过度的富裕应该被繁荣所替代，后者基于创造力和对于自己工作和社会共同体的责任感。"在管理中，工人应该拥有话语权。然而，正如哈特穆特·波格·冯·斯特兰德曼（Hartmut Pogge von Strandmann）所指出的："没有证据表明，拉特瑙在针对自己雇员时实施一套迥异于其他企业家的方针。"他相信，更好的工作环境能够提升产量。

他的意义在于，他清晰地看到——并描述了——在德国的变迁，现代繁荣的动力来源于科学和工业，而国家的传统精英却无法适应这一切。如果从他的态度上看到一丝伪善，这也足以说明：比起寻找解决办法，他更善于发现问题。②

---

① 有关拉特瑙经济政策的观点，可见汉斯·迪特·海利希（Hans Dieter Hellige）：《拉特瑙全集》（*Walther Rathenau—Gesamtausgabe*），恩斯特·舒林（Ernst Schulin）编，共6卷，慕尼黑：G.米勒，1977—2006年。

② 詹姆斯·乔尔（James Joll）：《从政的知识分子：三篇传记》（*Intellectuals in Politics: Three Biographical Essays*），伦敦：韦登菲尔德和尼科尔森，1960年，第70页。其中，乔尔指出，拉特瑙自己的性格中折射了德国的内在矛盾。

|第二十章|

疾病的动力：菲尔绍、科赫、孟德尔和弗洛伊德

鲁道夫·菲尔绍是 19 世纪德国最成功的医生。除了临床和理论方面的成就，他也为医学社会化做出了贡献，他的影响力完全走出了纯医学领域。他长期的职业生涯成为了 1840 年后德国医学崛起的一个缩影，全面改变了一个当时从根本上来讲还是纯临床的、前科学时代的学科。①

菲尔绍出生于波美拉尼亚的一个小型的市镇，虽然他在课外学习了古典语言，但他还是更喜欢自然科学。鉴于他的能力，1839 年，他获得了一份来自军队的奖学金，得以前往弗里德里希·威廉学院（Friedrich-Wilhelms Institut）受训。这一制度设计的初衷是为了培养那些在正常情况下无法承担学费的学生，作为回报，他们还应该在毕业后作为军医为军队服务一段时间。菲尔绍的老师是约翰内斯·米勒和约翰·L. 舍恩莱因（Johann L. Schönlein），在他们的引导下，菲尔绍进入了实验室，了解到了有关现代诊疗学和流行病学的研究，两者都是相对前沿的医学分支。

1843 年，菲尔绍毕业后获得的第一份田野工作，是在柏林的

---

① 《新科学家传记辞典》，第 7 卷，第 157—161 页。

夏里特医院(Charité Hospital)担任军医官。在那里,他用显微镜研究了血管炎症,以及血栓病和栓塞病的症状。

菲尔绍总是那么的直言不讳,1845年,他在弗里德里希·威廉学院做了两场演讲,面对着重要的听众他指出,医学不应该受到任何先验层面的影响,这一进程只能来自于三个主要的方面:首先是临床观察,"包括了借助物理化学手段给予患者检查";其次是动物实验,"为了专门的病因测试,以及特定药物的效果研究";最后是病理解剖,特别是在显微镜可见的层面上。他坚信:"生命只是物理反应和化学反应的总和,从根本上说,它反映了细胞的活动。"[①]他在27岁的时候就获得了教授资格,并成为柏林大学隶属于约翰内斯·米勒的一名讲师。

但是,他不仅仅是一名医生。1848年,伤寒疫情在普鲁士的上西里西亚省蔓延,菲尔绍作为政府委派医疗团体中的一员,受命访问疫区并评估损失。在那里,菲尔绍亲眼见到了赤贫的波兰少数民族人民在骇人听闻的环境中挣扎。因此,在他带回柏林的行囊里,一份建议政治改革的报告取代了纯粹的医疗建议,他呼吁彻底的教育和经济改革。这些当然不是政府所希望看到的。

他的政治信仰促使他参与了1848年在柏林的起义,一度,他还加入了街垒战斗者的行列,后来,他不但成为了柏林国民议会的成员,而且参与创立了一家名为《医疗改革》(*Die medizinische Reform*)的周刊。这些都是相当鲁莽的举动。1849年他就失去了在医院的职位。接着,他离开了柏林前往维尔茨堡大学,接受在那

---

① 《新科学家传记辞典》,第7卷:第157—161页。

第二十章 疾病的动力：菲尔绍、科赫、孟德尔和弗洛伊德

里刚刚开设的病理解剖学教席，这是德意志第一个这样的教席。在那里，由于一度远离政治活动，他获得了一生中最大的科学成就，特别是发展了他创立的"细胞病理学"。1856年，菲尔绍返回柏林，成为了病理解剖学教授和在夏里特地区新成立的病理学学院院长。

创立生命伦理学

现在，由于回到了柏林，菲尔绍休眠的政治本能开始复活。1861年，他成为了柏林市议会的成员。借助这个平台，他开始为公共卫生而奔忙。在城市的供水和污水下水道系统的改善工作中，他起到了决定性作用。在这些成就的激励下，菲尔绍于1862年*当选成为了普鲁士下院议员，他代表的是由他参与组建的、自由主义的德国进步党。最引人注目的是，进步党人反对俾斯麦重整军备和使用武力统一的政策，这对于俾斯麦的挑衅是如此之大，以至于首相要求和菲尔绍进行一对一决斗。后者足够理性而没有上钩，在1870年的普法战争中，菲尔绍帮助组织了针对伤兵的医疗设施和医疗培训，从而证明了自己是一个不错的民族主义者。

菲尔绍在流行病学方面有着非常现代的观点。他相信一些病症是人为的，他强调病症背后的社会因素，他认为，政治和社会经济是决定性的病因。此外，菲尔绍还指出，社会的剧变会导致瘟疫的产生，只有社会改革才能减轻或消除瘟疫。当时他的一个不无

---

* 英文原版为1861年，此处照德文版。——译者

第三编　受教育中间阶层的崛起：现代繁荣的发动机和工程师

争议的观点是："健康是每个公民的宪法权利。"他坚持认为："为了其成员不受阻碍的发展，社会有义务提供必要的卫生条件。"[①]后人把这样的医学教化（medical Bildung）看作生命伦理学的基础。

在一些问题上，菲尔绍也犯了错误，比如，他对细菌学持怀疑态度。他坚信，细菌不可能是传染病中唯一的病原体。在他看来，在1847年到1849年的伤寒和霍乱中，环境和社会因素是很明显的。

在他的晚年，也就是1870年后，菲尔绍转向了另一个领域：人类学。1869年，他参与创立了德国人类学协会；此外，他还完成一系列有关头颅形状的研究，甚至，他还在中小学生中实施全国性的种族调查。从中他得出结论，世界上没有"纯种的"日耳曼种族，这在当时是一个很有争议的观点。

人类学和考古学是相邻的，1870年，菲尔绍在波美拉尼亚开始发掘工作。1879年，他跟随海因里希·施里曼（Heinrich Schliemann, 1822—1890）前往发掘出特洛伊古城的希沙立克（Hissarlik）（见第21章），随后，他为柏林延揽了多名古典学家，从而让这个城市变得更为有名。[②]

1901年，菲尔绍80岁的生日成为了全球盛事，甚至在遥远的圣彼得堡和东京也有庆祝活动。柏林举行了火炬游行。他在公开讨论的立场和他的教条主义引发了一些不幸的后果。最著名的是，他不同意伊格纳兹·塞麦尔维斯（Ignaz Semmelweis, 1818—

[①]《新科学家传记辞典》，第7卷，第157—161页。
[②] 有关菲尔绍的这一方面，可见鲁道夫·菲尔绍（Rudolf Virchow）：《东高加索地区的克班坟场：一项比较考古研究》（*Das Gräberfeld von Koban in Lande der Ossetten Kaukasus: Eine vergleichend-archäologische Studie*），柏林：A. 阿舍，1883年。

第二十章 疾病的动力:菲尔绍、科赫、孟德尔和弗洛伊德

1865)的观点,即医生应该在问诊间隙洗手,以防止产褥热。尽管如此,德意志在不到半个世纪的时间里,不但从思辨和哲学的治疗手段中发展出科学的现代医学,而且让自己成为了该学科的世界中心。在此过程中,菲尔绍的影响可能是所有人中最大的。

有关传染的新知识

和菲尔绍相比,罗伯特·科赫的地位不容忽视,在一些方面,后者可能显得更为重要。他为现代细菌学提出了许多基本原理,并发明了许多研究方法。[①] 是科赫区分了炭疽、结核和霍乱的病因,在多次的考察旅行过程中,也是他说服了一些国家的当局为公共卫生立法,这些法律的根基是一种新的认识:传染病是由细菌引起的。[②]

罗伯特是家里十三个小孩中的一个(其中两人在婴儿时期就夭折了)。在成长过程中,他不但习得了有关动植物的详细知识,而且还了解到了最新的摄影术。在进入当地小学前,他就已经自学了读书和写字。在哥廷根,虽然他一度考虑学习哲学(还曾计划移民美国),但他注册的还是自然科学专业,很快,他转到了医学。

当时,哥廷根唯一教授细菌学的是解剖学家雅各布·亨勒

[①] 有关菲尔绍和科赫的关系,见弗兰克·瑞安(Frank Ryan):《肺结核:未曾讲述的最伟大的故事》(*Tuberculosis: The Greatest Story Never Told*),布罗姆斯格罗夫:斯威夫特出版,1992年,第9—10页。伯恩哈特·默勒斯(Bernhard Möllers):《罗伯特·科赫:人和毕生事业(1843—1910)》(*Robert Koch: Persönlichkeit und Lebenswerk, 1843—1910*),汉诺威:施莫尔&冯·泽费尔德,1950年,第4章,第93—120页。

[②] 《科学家传记辞典》,第7卷,第420—435页。

第三编　受教育中间阶层的崛起：现代繁荣的发动机和工程师

(Jacob Henle 1809—1885)，他认为，传染病传播过程中，有机体可能也起着作用。① 1866年，科赫毕业后，前往柏林夏里特医院，聆听鲁道夫·菲尔绍有关病理学的课程，一定程度上，两人的职业生涯颇为相似。在普法战争期间，科赫志愿成为一名战地医生，后来他的兴趣转向了考古学和人类学，但是，比起菲尔绍，科赫的成果更依靠显微镜研究。他在家设立了实验室，里面不但有一台埃德蒙德·哈特耐克(Edmund Hartnack，1826—1891)于波茨坦制造的、先进的显微镜，而且还有许多显微照相设备和暗室。他研究的起点是炭疽。

人们已经知道，从感染的绵羊血液中可以发现炭疽的病原，一种杆状的微生物。② 科赫的第一个贡献就是发明了在黄牛血液中培养它们的方法，这将有助于人们在显微镜下对该微生物的长期观察。科赫跟踪了它们的生命周期，了解到孢子的形成和发芽的过程。更重要的是，他发现，尽管杆菌的生命周期相对较短，孢子还是能够在数年内维持传染性。最后，他确认，只有当培养液中有炭疽杆菌(Bacillus anthracis)活杆菌或孢子的时候，用作实验的老鼠才会感染炭疽。1876年*，他发表了这一研究结果，第二年，他出版了一篇技术文献，它详细地介绍将细菌培养薄膜固定在载玻

---

① 有关亨勒，见朗希尔德·明希(Ragnhild Münch)：《罗伯特·科赫和他在柏林的遗存》(Robert Koch und sein Nachlass in Berlin)，柏林：德古意特，2003年，第7页。伯恩哈特·默勒斯：《罗伯特·科赫：人和毕生事业(1843—1910)》，第23—39页。
② 有关炭疽的背景知识，见诺贝特·加尔德(Norbert Gualde)：《反抗：人类针对传染病的抗争》(Resistance: The Human Struggle against Infection)，史蒂文·兰德尔(Steven Randall)英译，华盛顿哥伦比亚特区：达纳，2006年，第193页，注解4.

* 英文原版为1877年，此处按德文版。——译者

第二十章 疾病的动力:菲尔绍、科赫、孟德尔和弗洛伊德

片上,以及涂上苯胺染料的方法,这使通过显微照相术研究细菌结构成为了可能。医学成了三大独立领域——染料、显微技术和摄影——最新发展的直接受益者。

接下来,科赫尝试将恩斯特·阿贝新发明的电容器和卡尔·蔡司公司制造的油浸系统应用于显微观察,这可以让他观察到比炭疽杆菌更小的生物体。[1] 通过对老鼠和兔子的实验,他了解到了六种传染病,并从病理学和细菌学角度做了区分。他得出结论,人类的疾病也同样源自于这些致病菌。

由于他的成就,科赫在1880年被任命为柏林帝国卫生部的政府顾问。在那里,他的助理弗里德里希·勒夫勒(Friedrich Loeffler,1852—1915)和格奥尔格·加夫基(Georg Gaffky,1850—1918),两名军医和他共用一个小型实验室。他们受命发明隔绝和培养致病菌的方法,并确立有助于改善卫生和公共健康的基本原则。(乔安娜·布勒克指出,直到19世纪50年代和60年代,德意志医生才开始相信医院是有效科学研究的场所。)

科赫在根本上为严格消毒技术应用的发展做出了贡献,他分离出新型消毒试剂,并比较它们对于不同细菌的破坏效果。[2] 他

---

[1] 伯恩哈特·默勒斯:《罗伯特·科赫:人和毕生事业(1843—1910)》,第512—517页。

[2] 乔安娜·布勒克(Johanna Bleker):"济困和推动医学:德国的医院和医院照顾(1820—1870)"("To Benefit the Poor and Advance Medical Science: Hospitals and Hospital Care in Germany, 1820—1870"),曼菲瑞德·伯格(Manfred Berg)和乔佛里·考克斯(Geoffrey Cocks)编:《医学和现代性:19—20世纪德国的公共健康和医疗照顾》(*Medicine and Modernity: Public Health and Medical Care in Nineteenth-and Twentieth-Century Germany*),华盛顿哥伦比亚特区:德国历史学院 & 剑桥大学出版社,1997年,第17—33页。伯恩哈特·默勒斯:《罗伯特·科赫:人和毕生事业(1843—1910)》,第527—534页。

第三编 受教育中间阶层的崛起:现代繁荣的发动机和工程师

发现,石炭酸不如氯化汞,这导致了约瑟夫·李斯特(Joseph Lister,1827—1912)发明的"石炭酸喷雾器"的"退位"。此外,他还发现新鲜蒸汽比热空气更有助于消毒,这为手术室实践带来了革命性的改变。①

1881年,科赫将兴趣转向了结核病。在六个月的时间里,他"单独散步,不跟同事打招呼"。他最终发现,该疾病是可传染的(但不是每个人都会感染到),他通过专门的染色方法从许多来自人类和动物身上的结核样本中分离出一种杆菌。接着,他通过给一些动物接种该细菌的纯培养液,让它们感染上了结核杆菌。1882年3月24日,他在柏林的生理学会做了相关的演讲,保罗·埃尔利希称之为"最伟大的科学盛事"②。很快,医生们接受了将唾液中的结核杆菌的检验作为一种有效的诊病手段。

同年,霍乱在尼罗河三角洲爆发,路易·巴斯德警告法国政府,瘟疫可能传到欧洲,他还指出,霍乱的病源很有可能是细菌。在法国人派遣的、由四名科学家组成的代表团到达亚历山大港一周后,科赫带领的一个德国官方委员会也赶到这里。他花了数日终于从十名霍乱致死者遗体的小肠壁分离出微小的杆菌菌落。另外,他还在大约20名霍乱患者身上发现同样的东西。尽管发现了希望,他还是无法让猴子和其他动物感染这种细菌。但是,科赫在埃及的发现终于在孟加拉得到了证实。因为孟加拉也爆发了霍乱,那里成为了科赫委员会考察的下一站。1884年春,他确认,作

---

① 《科学家传记辞典》,第7卷,第423页。
② 弗兰克·瑞安:《肺结核:未曾讲述的最伟大的故事》,第9—13页。

第二十章 疾病的动力:菲尔绍、科赫、孟德尔和弗洛伊德

为饮用和家用的村庄池塘是孟加拉霍乱的源头,他声称自己在一个池塘内观察到了霍乱杆菌。①

尽管科赫和他的成就(甚至至今都)为世人瞩目,然而需要指出的是,猪丹毒、马鼻疽(一种马感染的传染病)和白喉细菌是勒夫勒分离出的,加夫基则分离出了伤寒杆菌。② 科赫和他的团队取得了如此大的进步,以至于普鲁士政府决定增加有关公共健康的固定编制。1885年,科赫接受了柏林大学新设立的卫生学教席。美中不足的是,科赫宣称开发出一种可以阻碍结核杆菌生长的药物,但这种药物不但常常不起作用,而且有毒副作用。③ 人们从中意识到,药物服用的计量是非常重要的。这一小插曲使得科赫和菲尔绍之间关系紧张。然而,菲尔绍的竭力反对没能阻止一所传染病研究机构在柏林如期成立。当时科赫和他的团队在影响力方面已经全面压倒菲尔绍团队,虽然后者还包括了保罗·埃尔利希和奥古斯特·冯·沃瑟曼(August von Wasserman,1866—1925)。④ 1900年,科赫的研究促进了一部旨在控制传染病传播的法令的通过。同年,他的传染病研究所搬到了鲁道夫·菲尔绍医

---

① 有关霍乱考察,见朗希尔德·明希:《罗伯特·科赫和他在柏林的遗存》,第41—46页。另见伯恩哈特·默勒斯:《罗伯特·科赫:人和毕生事业(1843—1910)》,第139—147页。

② 托马斯·多尔曼迪(Thomas Dormandy):《白色的死亡:一部肺结核的历史》(*The White Death: A History of Tuberculosis*),伦敦:汉布尔登,1999年,第132页。有关他们的作品,见朗希尔德·明希:《罗伯特·科赫和他在柏林的遗存》,第374页,第378页。

③ 托马斯·多尔曼迪:《白色的死亡:一部肺结核的历史》,第139—144页。

④ 《科学家传记辞典》,第14卷,第183—184页;另见1978年出版的增补版,第521—524页。

第三编 受教育中间阶层的崛起:现代繁荣的发动机和工程师

院的旁边,从而获得一块比以前面积更大的区域,这使该地区出现了世界上最著名的医学集合体。

作为一名医生,科赫达到的成就可说是前无古人,后无来者。到了晚年,他成为了受全世界欢迎的人——南非(他研究牛瘟疫的地方)、孟买(他证实鼠疫来自于老鼠,但忽视了跳蚤在传播中起的作用)、圣彼得堡(伤寒)和达累斯萨拉姆(疟疾和黑水热)。此外,他还分离出四种疟原虫。[1]

1905年,他获得了终极荣誉,诺贝尔生理学或医学奖。1910年8月9日,他因心绞痛去世。这一国际象棋"成瘾者"和歌德的深度崇拜者,很有可能是迄今为止为人类——无论贫富——做出贡献最大的医生。

抗生素和人类免疫反应的发现

尽管科赫和菲尔绍取得了令人振奋的成就,这些成就需要时间来检验它们的效用。在20世纪初,人们依然饱受三种恐怖疾病的折磨,他们分别是肺结核、醇中毒和梅毒。结核杆菌是戏剧和小说的题材,无论老幼和贫富,在大多数情况下,该疾病就意味着久病不愈到最终死亡。在其中肺结核起重要作用的作品有《波希米亚人》(*La Bohème*)、《茶花女》(*La traviata*)、《威尼斯之死》(*Der*

---

[1] 伯恩哈特·默勒斯:《罗伯特·科赫:人和毕生事业(1843—1910)》,第657—684页。

第二十章 疾病的动力:菲尔绍、科赫、孟德尔和弗洛伊德

Tod in Venedig)和《魔山》(*Der Zauberberg*)*。死于该疾病的名人有安东·契诃夫(Anton Chekhov,1860—1904)、凯瑟琳·曼斯菲尔德(Katherine Mansfield,1888—1923)和弗朗茨·卡夫卡(Franz Kafka,1952—1931)。①

在一个世纪前,人们对于梅毒的恐惧,以及在伦理上的憎恶是如此巨大,以至于尽管该疾病传播范围广大,人们从来都回避谈及。尽管如此,1899年,阿尔弗雷德·福涅尔(Alfred Fournier,1832—1914)医生还是在布鲁塞尔设立了一个医学分支,梅毒学。在流行病学和统计学方法的支持下,他强调了一系列事实:该疾病影响的并非只是"风流社会",而是全社会的各个阶层;女性得病早于男性;在因贫困而被迫沦落风尘的女性中,得病比例高得惊人。这些认知使得临床的研究成为了可能。1905年3月,弗里茨·绍丁(Fritz Schaudinn,1871—1906),一名来自于东普鲁士罗泽宁根(Roseningen)的动物学家,通过显微镜在一名梅毒患者的血液样本中留意到"一个非常小的、灵活的、很难观测的螺旋菌"②。一周

---

* 《波希米亚人》是普契尼(Giacomo Puccini)创作的歌剧,于1896年首次上演。《茶花女》是威尔第(Giuseppe Verdi)创作的歌剧,于1853年完成首演。《威尼斯之死》和《魔山》分别是托马斯·曼(Thomas Mann)出版于1912年和1924年的小说。——译者

① 例子可见贝拉·波兰德(Vera Pohland):"从阳性耻辱到阴性耻辱:德国文化中肺结合在文学和医学方面表现的转化"("From Positive-Stigma to Negative-Stigma: A Shift of the Literary and Medical Representation of Consumption in German Culture"),鲁道夫·克泽尔(Rudolf Käser)、贝拉·波兰德编:《现代德国文化中的疾病和药物》(*Disease and Medicine in Modern German Cultures*),伊萨卡(纽约州):国际研究中心,康奈尔大学,1990年。

② 有关绍丁,见托马斯·多尔曼迪:《白色的死亡:一部肺结核的历史》,第199及以下诸页,第265页及以下诸页。

第三编 受教育中间阶层的崛起:现代繁荣的发动机和工程师

后,绍丁和埃尔利希·阿希尔·霍夫曼(Erich Achille Hoffmann, 1868—1959),一名原籍波美拉尼亚、后来在哈勒和波恩当教授的细菌学家,在一名患者身体不同部分提取的血液样本中观察到同一种螺旋菌,该患者已经出现了红色皮疹——这会留下紫色斑点并损坏梅毒病人的皮肤。尽管该病菌小得难以观察,它还是被明确地看作是梅毒的致病菌。由于这病菌有着苍白的颜色以及扭曲的螺纹形状,因此得名为苍白密螺旋体(treponema pallidum)。这一发现很大程度上还得归功于1906年超级显微镜的发明,发明者是德国化学家理查德·席格蒙迪(Richard Zsigmondy,1865—1929),他工作的肖特玻璃制造厂(Schott Glass Manufacturing Company)为蔡司公司提供特殊玻璃(见第18章)。这一进步意味着,现在人们可以做有关螺旋菌的实验,通过相较绍丁所预料的更轻松的方式。年末,奥古斯特·沃瑟曼发明了诊断方法。这意味着,现在人们可以在早期就诊断梅毒,以遏制其进一步蔓延。然而,治疗手段仍然缺乏。

发现治疗手段的是保罗·埃尔利希,他出生于上西里西亚的施特仑(Strehlen),他有着感染传染病的切身经历:当他还是一名年轻医生的时候,他在研究过程中感染了肺结核,并被迫在埃及静养。随着致病杆菌一个接着一个被辨识出来,并与不同的疾病建立相关性,他得到了一个重大的发现,被感染的细胞面对染色法的反应并不一致。明显地,这些细胞的生物化学结构由于细菌的入侵而改变。这让埃尔利希想到了抗毒素——他称之为"魔弹"——身体分泌的一种抵抗入侵的特殊物质。

到了1907年,埃尔利希开发了超过606种不同的物质或"魔

第二十章 疾病的动力：菲尔绍、科赫、孟德尔和弗洛伊德

弹"，以对抗各种疾病。大多数没有产生魔力，但是，他的助手，来自日本东京的医生秦佐八郎（Sachahiro Hata，1873—1938）发现"第606种药物"是有效的。埃尔利希称之为撒尔佛散（Salvarsan），其化学名称是砷凡纳明（Arsphenamine）。就此，他同时发现了抗生素和人类免疫反应两个原理。他接着像着魔了那样地鉴定抗毒素，将其投入生产，并通过血清注射的方法最终应用于患者。除了梅毒外，他还研究肺结核和白喉。1908年，由于其免疫学的成就，他被授予诺贝尔奖。①

三个注解：基因的发现和重新发现

即使在今天，人们巧合似的重新发现植物学家兼教士格雷戈尔·孟德尔的成果这件事仍然是一个动人的故事。1899年10月到1900年3月，另外三名植物学家——两名德国人（卡尔·科伦斯[Carl Correns，1864—1933]和埃尔利希·切尔马克[Erich Tschermak，1871—1962]）以及荷兰人胡戈·德弗里斯（Hugo de Vries，1848—1935）——发表了一系列有关植物生物学的论文，他们在注解中都提及了孟德尔在我们今天所称的遗传学理论的发现过程中的先驱地位。多亏了这一巧合，以及他们对孟德尔成就的严谨确认，这个一度被遗忘的植物学家成为一个在今天家喻户晓

---

① 玛莎·马奎特（Martha Marquardt）：《保罗·埃尔利希》（*Paul Ehrlich*），伦敦：海尼曼，1949年，第160页。

第三编 受教育中间阶层的崛起:现代繁荣的发动机和工程师

的名人。①

1822年,约翰·孟德尔出生于当时奥地利的海因岑多夫(Heinzendorf),现在捷克共和国的海恩塞斯(Hyncice)。他的父亲是一个农民,曾经参加过拿破仑战争,他的母亲来自一个园丁的家庭,这意味着他们的一生都由植物来主宰——耕地、果园和森林。1843年,孟德尔进入了布尔诺(当时的布吕恩)奥古斯丁修会的一家修道院,在那里他获得了教名格雷戈尔。这一切并非因为他受到了上帝的召唤,而是因为修道院环境不但可以给予他经济上的自由,而且让他有了平静的思考空间,来从事他的研究。修道院院长非常关心农业的改良,并设立了一个隶属于修道院的实验花园。花园的管理者马修·克拉切尔(Matthew Klácel, 1808—1882)则对变异、遗传和演化很感兴趣。他欣赏黑格尔有关渐进发展的哲学,这一反对基督教正统说法的思维方式促使他最终辞职并移民美国,他的继任者就是孟德尔。②

对于修士工作来说,孟德尔是一个太过敏感的人(他总是因为看到穷人的苦难而受困扰)。因此,他被派往维也纳大学,以增长

---

① 罗宾·莫兰茨·赫尼格(Robin Morantz Henig):《一名教士和两粒豌豆:格雷戈尔·孟德尔的故事和遗传学的发现》(*A Monk and Two Peas: The Story of Gregor Mendel and the Discovery of Genetics*),伦敦:韦登菲尔德&尼科尔森,2000年,第173页及以下诸页。

② 有关孟德尔发现的上下文,见彼得·J.鲍勒(Peter J. Bowler):《孟德尔革命:现代科学和社会中遗传学思想的出现》(*The Mendelian Revolution: The Emergence of Hereditarian Concepts in Modern Science and Society*),伦敦:阿思隆出版社,1989年,第93页及以下诸页。有关克拉切尔,见罗宾·莫兰茨·赫尼格:《一名教士和两粒豌豆:格雷戈尔·孟德尔的故事和遗传学的发现》,第33—36页。

第二十章 疾病的动力:菲尔绍、科赫、孟德尔和弗洛伊德

见识。① 在维也纳,他跟随克里斯蒂安·多普勒(Christian Doppler,1803—1853)("多普勒效应"的提出者)学习实验物理学,师从安德里亚斯·冯·厄廷格豪森(Andreas von Ettingshausen,1796—1878)学习统计学。这些对于孟德尔后来有关植物育种的思想是不可或缺的。此外,他还上过弗朗茨·翁格尔(Franz Unger,1800—1870)的课程,后者的名气主要来自于他有关演化的观点,以及在讲座中强调,有性繁殖是人工培植植物多样性的基础,翁格尔指出,通过细胞中特定要素的组合,可以演化出新的植物形式,尽管他无法清晰地阐释,这些植物究竟是什么。②

回到布尔诺,孟德尔于1868年当选为院长,借此,他进一步在农业推进方面投入精力。1877年,他帮助引进了服务于摩拉维亚农民的天气预报,这是中欧破天荒的事情。③

此外,孟德开始了有关豌豆的实验。我们记住的他的那些成就,是他长达十年"沉闷实验"的结果:植物栽培、杂交、种子收集、仔细标记、分拣和计数。所涉及的共有三万株植物。《科学家传记辞典》记载道:"人们无法想象,这一切都可以在没有精确计划和对于期待结果预想的前提下完成。"换句话说,他设计的实验就是为了证实他的一个特定假设。

从1856年到1863年,孟德尔培养了七对性状,因为他相信遗

---

① 有关他在维也纳病倒,见罗宾·莫兰茨·赫尼格:《一名教士和两粒豌豆:格雷戈尔·孟德尔的故事和遗传学的发现》,第46—57页。
② 彼得·J.鲍勒:《孟德尔革命:现代科学和社会中遗传学思想的出现》,第100页。
③ 同上书,第279页。

传性状是"一个不变的颗粒",而非其他人所认为的那样,存在"混合的"遗传。他观察到,所有的杂交物种的七对性状在第一代都一样——上一代的性状(诸如种子是圆粒)没有改变。他称之为"显性的"。其他的性状(诸如种子是皱粒的),只会出现在下一代身上,他称之为"隐性的"。这些他称为"遗传要素"的物质,决定了每一对性状。它们进入杂交的生殖细胞,却不互相影响。在杂交子代中,来自两个亲代的性状再度出现,这让他意识到,数理统计的方法可以应用其中。孟德尔用 A 来指代显性的圆粒种子,用 a 指代隐性的皱粒种子。他指出,当这些性状随机遇见时,组合的结果就是:

$$¼AA + ¼Aa + ¼aA + ¼aa$$

1900 年以后,这一有关基因分离的孟德尔法则(或定律)可以在数学上被简化为:

$$A + 2Aa + a$$

他观察到,所有 7 种性状可以构成 128 种组合——换句话说,2^7。因此,他总结道,杂交组合中表现的每一对不同的性状,都独立于两个亲代的所有其他对立性状。后来,这一规律被称为孟德尔独立分配法则。[①]

孟德尔将这么多植物投入研究是非常新的尝试,这使他可以从随机特性中提炼"规律"——对于生物学来说,统计学的发展已

[①] 彼得·J.鲍勒:《孟德尔革命:现代科学和社会中遗传学思想的出现》,第 280 页。

第二十章 疾病的动力:菲尔绍、科赫、孟德尔和弗洛伊德

经足够成熟。① 在出版于1866年的论文《植物杂交试验》(*Versuche über Pflanzenhybriden*)中,他尝试总结这些研究的意义。这篇研究报告是一部大师之作,也是生物学历史上最重要的论文之一,它为遗传研究确立了根基。但事实上,他的工作没有被认可,因为他无法让其他的实验和豌豆实验有效接轨,他有关蜜蜂的实验由于蜂王配种带来的复杂问题而失败。他指出,紫罗兰、玉米和紫茉莉的杂交种与豌豆的杂交种在实验中表现相似,但是他的同事比如卡尔·内格利(Carl Nägeli,1817—1891)在给他的一系列信中表达了对该结论的怀疑态度。②

孟德尔曾经阅读过《物种起源》。在布尔诺的孟德尔博物馆里保存着一个留有他旁注的德译版本。这表明了他正准备接受自然选择原理。然而,达尔文从来不知道,这些杂交配种实验可以解释变异的原因。因此,孟德尔去世的时候,他还是一名孤独的、不被认可的天才。

---

① 例子见艾琳·马格内洛(Eileen Magnello):《生物统计学家和早期孟德尔派对孟德尔思想的接受,1899—1909 年》(*The Reception of Mendelism by the Biometricians and the Early Mendelians*[1899—1909]),米洛·凯恩斯(Milo Keynes)、A. W. F. 爱德华兹(A. W. F. Edwards)、罗伯特·皮尔(Robert Peel)编:《人类遗传学中孟德尔思想的世纪:高尔顿学院组织、于皇家医学会召开的讨论会议记录,伦敦,2001 年》(*A Century of Mendelism in Human Genetics*:*Proceedings of a Symposium Organised by the Galton Institute and Held at the Royal Society of Medicine*,London 2001),伦敦/波卡拉顿:化学橡胶公司出版社,2004 年,第 19—32 页。

② 彼得·J. 鲍勒:《孟德尔革命:现代科学和社会中遗传学思想的出现》,第 282 页。

第三编　受教育中间阶层的崛起：现代繁荣的发动机和工程师

无意识的发现

正如在18世纪末以来德意志(和其他国家)的许多生物学家和哲学家的脑海里曾涌现的一些"演化"的形式,有关无意识的思想也早有萌芽。诸如"放空心灵"的仪式也早在公元前1000年的小亚细亚就很常见。①

亨利·艾伦伯格(Henri Ellenberger)在他的权威著作《无意识的发现》(The Discovery of the Unconscious)一书中指出,在催生无意识的众多因素中,浪漫主义是最基本的。这是因为浪漫主义哲学包含了"初始现象"(Urphänomene)这一概念,以及由此推演出来的变形。属于初始现象的有初始植物(Urpflanze)、普遍观念(Allsinn)和无意识。在艾伦伯格的笔下,约翰·克里斯蒂安·奥古斯特·海因洛特(Johann Christian August Heinroth,1743—1843)是浪漫主义的医生,他认为,意识源自于另一种初始现象,即"超越我们"(Über-Uns)。

弗洛伊德概念的形成中,有很多哲学家起到了影响。在《作为意志和表象的世界》中,叔本华将意志看作一种"盲目的推动力"。他说,人由于受到内在力量的推动而不再有理性,"这一点他们自己也不知道,他们甚至根本没有意识到。"爱德华·冯·哈特曼(Eduard von Hartmann,1842—1906)指出,无意识有三个层次：

---

① 盖伊·克莱斯顿(Guy Claxton):《任性的思想：一部有关潜意识深刻的历史》(The Wayward Mind：An Intimate History of the Unconscious),伦敦：小布朗,2005年,各处。

第二十章 疾病的动力：菲尔绍、科赫、孟德尔和弗洛伊德

首先，是绝对无意识，"它描述了宇宙的本质，并且是其他无意识形式的来源"；其次是影响了人类的演化过程的生理无意识，最后是主宰我们有意识精神生活的心理无意识。

弗洛伊德许多有关无意识的思想来自于尼采。后者将无意识定义为一个"狡猾的、隐蔽的、来自本能的"实体，总是因为创伤而留下伤痕，以一种超现实的方式把自己伪装起来，最后以病症的方式体现出来。第一个为弗洛伊德写（官方）传记的欧内斯特·琼斯（Ernest Jones），注意到波兰的心理学家路易丝·冯·卡平斯卡（Luise von Karpinska）。是后者第一个指出，弗洛伊德的基本思想和约翰·弗里德里希·赫巴特（Johann Friedrich Herbart，1776—1841）（他的作品比弗洛伊德的早七十年）的相类似。赫巴特把思想看成二元对立的，意识和无意识过程之间有着永恒的冲突。他将一种因为无法克服对立思想，而无法到达意识的思想称为"被压抑的"。实验心理学家古斯塔夫·费希纳（Gustav Fechner，1801—1887）（来自一个牧师家庭）发展了赫巴特的观念，特别把意识比作十分之九埋在水下的冰山。

在法国的勒阿弗尔，医生皮尔·雅内（Pierre Janet，1859—1947）声称他优化了催眠的技术，在他的实践下，患者有时候表现出双重人格。他们一方面扮演取悦催眠师的角色，另一方面，他们不由自主地扮演第二重角色，最好将其解释为"返回童年"。（比如，患者会突然称呼自己在童年时代的乳名。）到达巴黎后，雅内进一步发展了自己的技术，并称其为"精神分析"，一种不断利用催眠和自动书写的方式。在此过程中他注意到，一旦病情危象被唤起，患者的思想会变得清晰。然而，引发的危象越严重，患者清晰浮现

第三编 受教育中间阶层的崛起:现代繁荣的发动机和工程师

的思想就追溯到他越早期的人生。

在19世纪,人们也面对儿童性欲所带来的问题。传统的医生将其看作少见的变态。不过1846年 P. J. C. 德布雷内(P. J. C. Debreyne,1786—1867)神父,一个道德神学家和医生,出版了一篇文章,其中,他坚持认为,非常广泛地存在着婴儿手淫、儿童间的性游戏,以及奶妈和仆人对儿童的性引诱。最有名的是,儒勒·米什莱(Jules Michelet,1798—1874)在出版于1869年的《我们的儿子》(*Our Sons*)一书中警告父母注意儿童性欲这一事实,特别是我们今天称之为俄狄浦斯情结这样的现象。

19世纪的人们为"双重思想"而着迷,为此发明的概念还有"双重自我"或者"精神二元论"。"精神二元论"的提出者是柏林大学的美学哲学家马克斯·德索瓦(Max Dessoir,1867—1947)。他的著作《双重自我》(*Das Doppel-Ich*)于1890年出版后广受赞誉,他将思想分为上层意识(Oberbewusstsein)和下层意识(Unterbewusstsein),他指出,后者偶尔会在梦中出现。

弗洛伊德第一次阐述自己的观点是在《癔症研究》(*Studien über Hysterie*)一书中,该书是他和约瑟夫·布洛伊尔(Josef Breuer,1842—1925)于1895年合作出版的。更全面的叙述则在《梦的解析》中,此书出版于1899年的最后数周。弗洛伊德,一名来自摩拉维亚弗莱贝格(Freiberg)的犹太医生,当时已经44岁了。

在《梦的解析》中,弗洛伊德有关人性思想中的四大基础构件终于被结合在一起:无意识、压抑、儿童性欲(导致俄狄浦斯情结),以及把思想划分为自我(对自己的意识)、超我(广义上的意识)和

第二十章 疾病的动力:菲尔绍、科赫、孟德尔和弗洛伊德

本我(无意识最初的生物学表达)三个层次。弗洛伊德把自己归入达尔文开启的生物学传统。得到了医生资格后,弗洛伊德获得了跟随让-马丁·夏尔科(Jean-Martin Charcot,1825—1893)学习的奖学金,后者在巴黎开设一家专门针对有无法治愈神经紊乱症状妇女的收容所。他在研究中指出,癔症症状可以通过催眠疗法唤起。数月后,弗洛伊德从巴黎返回维也纳,开始和另一位杰出的维也纳医生约瑟夫·布洛伊尔展开合作。布洛伊尔也是个犹太人,在此之前,他已经有了两个重大的发现,迷走神经对呼吸调整的作用,以及内耳半规管对人体平衡的控制。但对于弗洛伊德,对于精神分析来说,重要的发现是他在 1881 年引进的所谓的谈话疗法。

从 1880 年 12 月开始后的两年时间里,布洛伊尔治疗一名在维也纳出生的犹太女孩的癔症。她叫贝尔塔·帕蓬海姆(Bertha Pappenheim,1859—1936),在病例叙述中被称为安娜·欧(Anna O)。她有很多症状,包括了幻想症、语言障碍、幻象性妊娠和间歇性瘫痪。在治疗过程中,她经历了两种不同的意识状态和长期反复发作的梦游症。布洛伊尔发现,她在后一种状态中会在鼓励下讲述臆想出来的故事,她的症状会随之暂时地缓解。然而,在她的父亲去世后,她的病情趋于恶化——严重幻想症和焦虑状态发作频率提高。然而,布洛伊尔再度发现,只要他说服"安娜"讲述自我催眠中的幻想,她的病情就会减轻。她自己称这一过程为"谈话疗法"或"烟囱清扫"(Kaminfegen)。布洛伊尔的下一个突破完全出自偶然,"安娜"开始谈及自己特殊症状(吞咽困难)的发作后,症状消失了。基于此,布洛伊尔终于发现,只要他说服患者按年代倒序回忆特殊症状的每次发作,直到第一次,大多数症状会以同样的方

第三编　受教育中间阶层的崛起:现代繁荣的发动机和工程师

式消失。1882年6月,帕蓬海姆女士可以总结这次治疗:"完全康复。"①

安娜·欧的病例给弗洛伊德留下深刻的印象。一度,他自己尝试了电疗、按摩、水疗和催眠来治疗癔症患者,但没有采用谈话疗法,而用"自由联想法"替代它——通过这种技术,他让患者叙述进入他们脑海的任何事情。这一技术导致的发现是,在合适的条件下,很多人会回想起一些发生在很早时期、但已经完全忘记的事情。弗洛伊德总结道,尽管已被遗忘,这些事情依然左右着人们的行事方式。从中诞生了他有关无意识的思想,以及与之相关的"压抑"这一概念。弗洛伊德还意识到,这些通过(艰难的)自由联想被揭示的早期回忆,在本质上是和性有关的。当他进一步发现,很多回忆中的事情事实上根本没有发生,他完善了俄狄浦斯情结这一概念。换句话说,患者臆想的性方面的创伤和失常表明他们隐秘地渴望发生这些事情,这证实了,人类在幼年经历了很早期的性觉醒。弗洛伊德指出,在这一阶段,儿子受到母亲的吸引,并将自己看成父亲的敌人(俄狄浦斯情结),与之相对应的是,女儿特有的伊莱克特拉情结(the Electra complex)。引申开来的话,弗洛伊德说道,这一绵延整个人生的广泛动机将帮助塑造性格。②

弗洛伊德的父亲雅各布在1896年10月的去世催生了弗洛伊

---

① 威廉·H.约翰斯顿(William H. Johnston):《奥地利思想:一部知识和社会的历史(1848—1938)》(*The Austrian Mind: An Intellectual and Social History, 1848—1938*),伯克利:加州大学出版社,1972年,第236页。
② 乔瓦尼·科斯蒂根(Giovanni Costigan):《西格蒙德·弗洛伊德,一部简短的传记》(*Sigmund Freud: A Short Biography*),伦敦:罗伯特·黑尔,1967年,第42页。

第二十章 疾病的动力:菲尔绍、科赫、孟德尔和弗洛伊德

德的自我分析。尽管多年来父子间不再亲密,弗洛伊德还是惊讶地发现,父亲的死对他的触动是如此巨大,以至于许多深埋多年的回忆自发地浮现在脑海。他做的梦也随之改变。他从中发现了自己对父亲无意识的敌意,它迄今为止一直被压抑着。这使得他把梦看作"通往无意识的捷径"。在《梦的解析》中,弗洛伊德的中心思想是,在睡眠中,自我就像"在打盹的哨兵"。[1] 压抑本我冲动的正常警觉一旦放松,梦就成了本我以一种伪装的方式展示自我的平台。

近年来,弗洛伊德不断地遭受着批评和修正。今天的人们已经不再相信他了。[2] 然而,在他有生之年,特别是19世纪末20世纪初,人们很严肃地对待无意识,这一概念决定性地推动了一场作用于思想,特别是作用于世纪之交艺术的变迁。这一现象人们称之为现代主义。

---

[1] 乔瓦尼·科斯蒂根(Giovanni Costigan):《西格蒙德·弗洛伊德,一部简短的传记》(*Sigmund Freud: A Short Biography*),伦敦:罗伯特·黑尔,1967年,第68页及以下诸页。

[2] 雨果·A.梅内尔(Hugo A. Meynell):《弗洛伊德、马克思和道德》(*Freud, Marx and Morals*),托托华(新泽西州):巴恩斯和诺布尔图书,1981年。

德国天才
近现代德意志的思想、科技和文化

下 册

〔英〕彼得·沃森 著

王琼颖 王莹 范丁梁 孟钟捷 张弢 译

商务印书馆
The Commercial Press

第四编

现代性的痛苦与奇迹

| 第二十一章 |

历史的滥用

假如本书是一部戏剧作品,那么此刻,灯光将转换,舞台会变得更为黑暗。"德国人在他们的实验室和工业组织中表现得极为理性。然而,他们的政治观和社会观,却由于邪恶幻象的迷雾而变得混沌不清。"这是弗里茨·斯特恩(Fritz Stern)在其1972年的论文集《非自由主义的失败》(*The Failure of Illiberalism*)之导论中所言。[①] 正当亥姆霍兹、克劳修斯、西门子、魏尔肖、科赫、本茨和孟德尔从事他们的伟大创新之时,一种截然不同的思想行动也开始加速。无论声调、方式、导向与实质,二者都截然不同,以至于一些观察者已经发现,在第一次世界大战的准备阶段,存在着两个,而非一个德国。现在正是审视另一个德国的时候。

由于本书在本质上更多是有关德国文化而非其政治的著作,所以我们应该聚焦于"另一个德国"出现的地方。它出现在该国的历史学家之中,表现在一堆观念之间——这些观念包含着咄咄逼人的民族主义、军国主义、达尔文主义、雅利安人神话与反天主教

[①] 弗里茨·斯特恩:《非自由主义的失败:一项有关德国意识形态崛起的研究》,伦敦:艾伦&安文,1972年,第xxxvii页。(中文版见《非自由主义的失败:论现代德国政治文化》,孟钟捷译,商务印书馆,2015年。——译者)

第四编　现代性的痛苦与奇迹

思想——并在由知名或不知名社会学家提出的各类社会学理论中达到顶峰。这些观念促使德国自我形象在19世纪末变得清晰起来，使之在思想、文化，甚至道德方面均远离她的邻国以及随即包围她的敌人们。

高级文化的崛起与"内在性"*

尽管下文所关注的内容主要属于思想史部分，当然政治不可能被完全忽视，特别是在由两个人物集中体现并改变的部分，他们是另一个德国的表征和原因，即奥托·冯·俾斯麦和皇帝威廉二世。

简言之，我们已经谈到，在1848年，德国发动资产阶级革命的努力失败了。尽管在19世纪60年代，一些议会制实践业已出现，但就整体而言，德国中产阶级追求政治与社会平等以及解放的目标仍未成功。德国无法获得如英国、荷兰、法国及北美数代之前便已取得的某些社会政治优势。德意志自由主义（或者说类自由主义）的基础是中产阶级对于自由贸易和保障德国社会经济及社会空间之宪法框架的需求。当这种旨在推动宪法演进的努力失败后，1871年出现的情况是在普鲁士领导下的帝国之建立——这是一种非同寻常的态势。事实上，正如戈登·克雷格业已指出

---

* "Innerlichkeit"一词有如下释义：
(1) 在哲学上是与"外部世界"对应的概念，故译为"内心世界"；
(2) 在文化范畴中，则意为"主体从外部世界逃离的过程"，故译为"内在性"。——译者

第二十一章 历史的滥用

的那样,德意志人并未参与帝国的创建。"这个新国家是送给该民族的一件'礼物',但礼物的接收方却从未被征求过意见。"①它的成立并非人们争取来的,而是现存德意志各邦君主妥协的产物。这些君主的王冠则一直被保留到1918年。对于我们的现代思维而言,此举导致了一些特别后果。其中之一是帝国拥有一个毫无权力的国会、无法践行执政职责的政党、选举结果无法左右政府组织结构的选举制度。这一点让德国完全不同于她的西方竞争者——甚或比后者更为落后。尽管德国已经成为一个工业强国,但国家事务依然控制在土地贵族手中。一方面,越来越多的人参与到德国的工业、科学与思想领域的成功(事业)之中;另一方面,德国仍然被一小部分传统精英所控制,其中包括土地贵族与军事领袖,而他们的首领正是皇帝本人。在通往第一次世界大战的进程中,这种错位现象是"德意志秉性"的根本因素。

这是历史中最不合时宜的事件之一,其两个后果值得我们关注。其一,中产阶级在政治上受到排斥,却仍然渴望获得一些平等权,他们转而关注教育与文化(Kultur),将之作为可以取得成功的关键领域——在这些领域中,他们与贵族平等;在竞争性的、国家主义至上的世界中,与邻国相比,他们更具有优越性。由此,与其他地方相比,在帝制德国,"高等文化"总是更为重要。这也是"高

---

① 戈登·A. 克雷格(Gordon A. Craig):《德国(1866—1945)》(*Germany: 1866—1945*),牛津和纽约:牛津大学出版社,1978/1981年,第39页及以下。也可参见弗里德里希·C. 泽尔(Friedrich C. Sell):《德意志自由主义的悲剧》(*Die Tragödie des deutschen Liberalismus*),巴登-巴登:诺莫斯,1981年。

等文化"何以在1871—1933年繁荣发展的原因之一——关于这一点,我们将在适当时候加以展开论述。但是,它也赋予文化以一种特殊性,即自由、平等与个人特性倾向于被安置在个人的"内心圣所"之中,而社会则被设想为"专制的、外在性的、时常充满敌意的世界"。① 第二种后果部分与第一种后果重叠。它指的是向民族主义的回缩,但形成了一种以阶级为基础的民族主义,并转过来反对最新形成的工业无产阶级(以及正在崛起的社会主义)、犹太人和非德意志的少数民族。"民族主义被视作道德进步,同时伴有乌托邦式的各种可能。"②受过教育的中产阶级不顾正在出现的大众社会之背景,把文化视作一系列稳定持久价值观的组合,认为它们重振自己的生活,将自己与"乌合之众"(弗洛伊德之语)区别开来,尤其是增强了自己的民族主义导向。"民族"(Volk)*一词是一种半神秘性的、怀旧式的理想。它呈现的是普通德国人如何一度成为一种洋洋自得的、富有天赋的、不问政治的、"纯粹的"民族,成为一种广受欢迎的类型。

在德意志文化中,以上两个因素的结合促成了一种观念——这种观念几乎无法被翻译为英语,但它或许就是理解19世纪向20世纪转折进程中德意志思想的关键要点。在德语中,人们称之为"内在性"(Innerlichkeit)。倘若该词可以被翻译为英语,那么它

---

① 例如参见贾尔斯·麦克多纳(Giles Macdonagh):《末代皇帝》(*The Last Kaiser*),伦敦:魏登菲尔德 & 尼科尔森,2000年;菲尼克斯:2001年,第3页。
② 克雷格:《德国(1866—1945)》,第56页。
* "Volk"一词很难找到对应的译名,一般根据上下文译为民族、族民、人民、大众等。——译者

意味着一种从政治中撤离，或对政治漠不关心的倾向，意味着向内审视，关注个体内心。内在性意味着艺术家们故意远离权力和政治，并深受下列信念的指引，即认为，分享政治甚或描写政治——再次以戈登·克雷格的话来说——就是"其天职的毁损"。对于艺术家而言，与外在世界相比，内心世界才是真实的。不仅仅是1870—1871年的事件才成功塑造了上述漠视态度。"战胜法国和德国统一，并未激发任何文学、音乐或绘画上的伟大作品。"与其他欧洲国家文学相比，德国人从来没有把他们的注意力投射到帝国体制内在的政治危险中。克雷格写道："事实上，当那些危险变得越来越明显时，当威廉二世开启了疯狂的帝国主义〔政策〕，并推行一种咄咄逼人的军备计划时，该国大多数的小说家与诗人却移开了他们的目光，退回到内心世界中——那里总是他们的天堂，而真实世界对他们而言实在太过复杂了。"在德国，不存在任何类似爱弥尔·左拉（Émile Zola）、萧伯纳（George Bernard Shaw）、约瑟夫·康拉德（Joseph Conrad）、安德烈·纪德（André Gide）、马克西姆·高尔基（Maxim Gorky），甚或亨利·詹姆斯（Henry James）式的人物（或许格哈特·豪普特曼［Gerhart Hauptmann，1862—1946］是例外，在他后期作品中［表现出类似的倾向］，尽管如此，他仍是唯一的一位）。

民族主义历史的兴起

我们或许可以返回到德国历史学家那里，来开启这个故事的大门。他们并非特别注重内在性——事实上，恰恰相反——但他们却得益于19世纪后半叶在德国由内在性所促成的民族主义。首先,我们来谈特奥多尔·蒙森(Theodore Mommsen,1817—1903)。他出生在石勒苏益格的加尔丁(Garding),是一位牧师的次子。因为无力负担前往更有声望的德意志大学求学的费用,他只能在荷尔斯泰因的基尔大学注册入学。在那里,蒙森获得了前往法国和意大利学习古典罗马铭文的奖学金。正是这一学习经历让他获益良多,并于1857年被任命为柏林科学院的研究教授。他协助建立了德意志考古研究所,1861年成为柏林大学的罗马史教授。蒙森出版的著作超过1500本。他是铭文学研究领域的翘楚,负责出版了16卷《拉丁铭文大全》(*Corpus inscriptionum Latinarum*)——其中有五卷由其本人撰写。他每天五点起床,时常边走边看。蒙森共有16个孩子,其中的两个曾孙汉斯(Hans)与沃尔夫冈(Wolfgang)也成了杰出的德国历史学家。1902年,他以85岁高龄获得诺贝尔文学奖,成为获得该奖的绝无仅有的非虚构文学家。

蒙森还是一位政治家。他在1863—1866年和1873—1879年担任普鲁士邦议会议员,1881—1884年担任国会议员。他最初参加德意志进步党,后来成为民族自由党成员。他尤其反对俾斯麦,并与他的同事、历史学家海因里希·冯·特赖奇克(Heinrich von Treitschke,1834—1896)意见截然相反。但他同样也是一位激情盎然的民族主义者。蒙森是一位充满矛盾的人物——至少对于今天的我们而言——因为他代表着民族主义还未成为右翼老巢的那个世界。

第二十一章 历史的滥用

他最为出名的著作是《罗马史》(Römische Geschichte)。[①] 该书于1854—1856年推出了三卷本,但事实上并非完整本——尽管如此,这本著作仍让他获得众多荣誉,并成为19世纪最伟大的古典学家。在19世纪中叶,蒙森的《罗马史》与歌德的《浮士德》及叔本华的《作为意志与表象的世界》享有同等地位,是最具影响力的著作。他的主题与当代密切相关,因为他提出,尤利乌斯·恺撒(Julius Caesar)是一位天才,他的统治曾经〔倘若他不被刺杀,应该〕比腐败而自私的元老院之统治更为公正、公平和"民主"。[②] 身为热诚的民族主义者,蒙森争辩说,由一位强大而抱有公平意识的天才进行统治的"恺撒主义"(Caesarism),远比其他任何体制更少腐败、更多民主。[③]

该书还包含着未来称之为"民族心理学"(Völkerpsychologie)的早期视角。"民族心理学"是一种新科学,人们以此来颂扬自己的国家。[④] 蒙森还特别在其著作中骄傲地提出,德意志人比希腊人或罗马人更为聪慧。"希腊人和德意志人独自占有自动涌现的音乐源泉:从缪斯金瓶中滴落的圣水只有几点落入了意大利的绿

[①] 特奥多尔·蒙森:《罗马帝国史》(A History of Rome under the Emperors),基于塞巴斯蒂安(Sebastian)和佩尔·亨塞尔(Pail Hensel)的讲座笔记,1882—1886年;德国版本由巴巴拉(Barbara)和亚历山大·德曼特(Alexandre Demandt)编辑;英文译者是克莱尔·克罗兹尔(Clare Krojzl);托马斯·温德曼(Thomas Wiedemann)进行了编辑,并增加了一个新章节,伦敦:劳特利奇,1996年。

[②] 安托万·基扬(Antoine Guilland):《近代德国及其历史学家》(Modern Germany and Her Historians),韦斯特波特(康涅狄格):绿林,1970年,第156页。

[③] 同上书,第147页。

[④] 同上书,第153页。

洲之中。"①今天我们很难理解蒙森的政治立场：他是一位自由主义者，但又是一位君主主义者；他是一位严谨的学者，但其民族主义却建立在种族主义之上。例如，他是一位坚决反对法国的人。他欢迎1870年战争，将之视作"一场解脱之战，[因为]它至少将让他的同胞从愚蠢模仿法国人的行动中解放出来"②。

海因里希·冯·聚贝尔（Heinrich von Sybel, 1817—1895）的生日比蒙森晚两天，他生于1817年12月2日，长在杜塞尔多夫。其父（一名律师）曾是一位高级公务员，后于1831年被擢升为贵族。他们家收藏有许多艺术珍品，费利克斯·门德尔松是常来常往的客人之一。③ 海因里希在柏林大学向兰克和萨维尼学习。在许多人眼中，他是后二人最杰出的学生。他成为波恩大学的编外讲师（Privatdozent）后，很快便以《第一次十字军东征史》（Geschichte des ersten Kreuzzugs）和《德意志王权的缘起》（Die Entstehung des deutschenKönigtums）两本著作而名声大振。第一本著作纠正了此前由浪漫主义者加在中世纪之上的理想化图景，以此奠定了他的地位。这使他在27岁时便获得了教授席位。与此同时，他还成为教皇绝对权力派别的杰出反对者。当都灵的耶稣裹尸布在特里尔展出，并吸引数千人前来朝觐时，他坚定了自己的反对立场。他认为这块裹尸布是赝品，因而协助发表了一篇有

---

① 蒙森：《罗马史》，第297页。
② 基扬：《近代德国及其历史学家》，第161页。
③ 赫尔穆特·赛尔（Helmut Seier）：《海因里希·冯·聚贝尔在帝国成立演进时期（1826—1871）的国家观》（Die Staatsidee Heinrich von Sybels in den Wandlungen der Reichsgründungszeit 1826—1871），吕贝克：马蒂亚斯，1961年。

第二十一章　历史的滥用

关该物真实性的调查报告。自此他对政治产生出与历史学同等的兴趣。1846年,在被任命为规模不大的马尔堡大学的教授后,他在黑森州邦议会中谋得一个席位。随后在1850年,他又作为所谓"哥达派"(Gotha Party)的成员当选爱尔福特议会中的一员。"哥达派"的目标是借助普鲁士的领导来实现德意志复兴。他认为,哈布斯堡家族业已被"耶稣精神"所感化,因而奥地利"不再把德意志拥在怀中"。①

正因如此,聚贝尔像蒙森那样在政治方面付诸行动。同样类似蒙森的是,他除了政治行动外,还创作了三部伟大著作——这些著作使他被铭记至今。第一部著作是他的《革命时代的历史(1789—1795)》(*Geschichte der Revolutionszeit 1789—1795*)。聚贝尔深受埃德蒙·伯克(Edmund Burke)及其《法国革命论》(*Reflections on the War in France**)的影响,不过他的贡献还在于:在有关大革命的记载中打上了深刻的德国烙印。例如,他指出,在革命过程中,许多被认为是玛丽·安托瓦内特(Marie Antoinette)所写的信件并非出自她的手——这一观点在法国引发了巨大关注,并推动了一种新的、较少浪漫色彩的大革命观点的形成,特别是对法国左翼历史学家产生了影响。一方面,聚贝尔的研究无可挑剔,他被允许进入巴黎众多的档案馆,访问法国的任何地方;但另一方面,他的结论也同其偏见相映成辉。他对伟大人物创造历史而"大众一事无成"的观念深信不疑,因而坚持认为,法国大

---

①　基扬:《近代德国及其历史学家》,第185页。
*　原文如此,有误。伯克的名著应为 *Reflections on the Revolution in France*。——译者

第四编　现代性的痛苦与奇迹

革命的真正教训是拿破仑的出现。①

1856年,在兰克的推荐下,聚贝尔成为慕尼黑大学教授。在那里,他开设了一个历史学研讨班,并取得了他个人的第二个伟大成就,即创立《历史杂志》(*Historische Zeitschrift*)。这是现今几乎所有历史杂志的原初模板,且今天该刊仍在正常运行。但慕尼黑作为天主教邦国巴伐利亚的首都,从未使聚贝尔感到过舒畅。在1859年战争带来的政治混乱中,他失去了来自国王的支持,并于两年后返回波恩。②

在波恩,聚贝尔很快又被卷入政治中。他被选为普鲁士下议院的议员,参与了下议院对俾斯麦的攻讦。尽管俾斯麦习惯嘲弄身为政治家的教授们,但在当时德国媒体尚不如法、英媒体那般独立之际,身为政治家的教授们仍然是被人们所认可的力量。③ 聚贝尔曾因眼疾短暂离开议会,但在1867年重新归来,并作为民族自由党成员在立宪会议中占有一席之地。从那时起,他开始反对建立普选制。这是他同俾斯麦达成重要和解所采取的部分行动。稍后,当他在1874年重返普鲁士议会,支持政府与教权人士作斗争,并在此后继续反对社会主义者时,他与俾斯麦的和解得到进一步增强。④

---

①　基扬:《近代德国及其历史学家》,第199页。
②　同上书,第219页。
③　关于另一位政治性的历史学家,参见维尔弗里德·尼佩尔(Wilfried Nippel):《约翰·古斯塔夫·德罗伊森:介于知识与政治之间的人生》(*Johann Gustav Droysen: EinLebenzwischen Wissenschaft und Politik*),慕尼黑:C. 贝克,2008年。
④　赛尔:《海因里希·冯·聚贝尔在帝国成立演进时期(1826—1871)的国家观》,第73页及以下诸页。

第二十一章 历史的滥用

俾斯麦之所以在1875年任命聚贝尔为普鲁士档案馆馆长，正是部分出于上述原因。而此项任命又把伟大机遇赋予了聚贝尔。机遇之一是让聚贝尔成为弗里德里希大王（Friedrich the Great）*信件集的编辑之一。当然，聚贝尔也由此完成了其最重要的著作——该书至今仍令人印象深刻，倍感开卷有益。这本书即《德意志帝国的建立》（*Die Begründung des deutschen Reichs*）。聚贝尔作为普鲁士档案馆馆长，有权接触迄今为止被视作机密的普鲁士国家档案，而且还能够得到许多不为外人所道的插曲或历史事件（如普奥战争、石勒苏益格-荷尔斯泰因事件、萨多瓦战役[克尼格雷茨战役]）的全部资料。同时，由于他与其他一些事件关系十分紧密，而且个人熟知相关作者或当事人，因而不可避免地限制了他可以言说的内容及书写的方式。事实上，历史成为普鲁士崛起称王的记录本，成为这一切何以必然出现以及为何正确的解释书。普鲁士是一个年轻的、朝气蓬勃的邦国；而奥地利则垂垂老矣。英雄是俾斯麦，反派则是奥地利人、法国人与丹麦人（在石勒苏益格-荷尔斯泰因）。

1890年俾斯麦下台后，聚贝尔也不再被允许接触秘密文件。因此，其著作的后几卷（研究内容涉及1866—1870年）不再那么重要。这也许是一件好事。在带有倾向性的历史编纂名录中，《德意志帝国的建立》一书正处于转折点上，它是从蒙森的《罗马史》开始向前跨出的一步。

不过，即便聚贝尔具有倾向性，在海因里希·冯·特赖奇克面

---

* 旧译"腓特烈大帝"。——译者

前，他仍相形见绌。后者是一位"能够使用对我们来说宛如危言耸听的话语进行表达的天才选手"。他出生在德累斯顿。其父曾是萨克森军队中服役的军官，后来被擢升为德累斯顿的军事长官，晋封贵族并成为萨克森国王的朋友。海因里希由于罹患麻疹和腮热而听力受损，以至于无法胜任公务员和军队的工作。此外，他还拥有一副与众不同的"半窒息式"嗓音，与那些天生耳背的人别无二致。他因此退回到学术研究领域，在莱比锡、波恩和哥廷根大学学习。在哥廷根大学，他成为弗里德里希·克里斯托弗·达尔曼（Friedrich Christoph Dahlmann）的学生。[①] 达尔曼是一位内心炙热的德意志爱国者、普鲁士理想的忠诚鼓吹者、信仰强大国家的自由主义者。特赖奇克接受了这些观念，并在此基础上成长起来。

1863年，他被任命为布赖斯高的弗莱堡大学教授。布赖斯高的弗莱堡位于黑森林的西南角。三年后普奥战争爆发，他坚决支持普鲁士，更因此迁往柏林，成为普鲁士臣民，并被录用为《普鲁士年鉴》(*Preussische Jahrbücher*)编委。在那里，他的文章（以放纵的口吻）号召［普鲁士］以武力兼并汉诺威王国与萨克森王国。这一立场显然无法得到其父的赞同，因为后者仍然生活在莱比锡，且与萨克森国王往来密切。不过，上述情况也并未损害儿子的事业：他先后被任命为基尔大学与海德堡大学的教授；1874年成为柏林大学教授。

---

① 安德烈亚斯·多帕雷（Andreas Dorpalen）：《海因里希·冯·特赖奇克》(*Heinrich von Treitschke*)，新港（康涅狄格）：耶鲁大学出版社，1957年，第29—48页。

第二十一章　历史的滥用

从那一年开始，特赖奇克连续三年成为国会议员，并从议员身份中获得巨大好处；从那时起到他去世之前，他是柏林最知名的人士之一，他的影响力在聚贝尔去世后更进一步扩大。特赖奇克成为《历史杂志》的编委。在编辑部中，他继续进行越来越响亮的战斗，支持霍亨索伦皇室。在19世纪70年代末，他逐渐成为反犹主义者，这导致了他同特奥多尔·蒙森之间的冲突。①

在某种意义上，特赖奇克是兰克的传人，因为对于此两人而言，历史学主要关注政治。他轻视科学（如电学和考古学），将普鲁士政治权力的上升视作当时最伟大的事件。这种信念让他作为历史学家完成了自己最伟大的成就：五卷本的《19世纪德意志史》(*Deutsche Geschichte im 19. Jahrhundert*)。该书首卷出版于1879年。不过直到他去世时，即十六年后，他才刚刚写到1847年。其著作延续着多卷本历史研究的伟大传统，而且在一段时间中，成为德国每一户中产阶级家庭的必备书目。他的学生中不乏十分出名的历史学家，其中包括汉斯·德尔布吕克（Hans Delbrück）、杜波伊斯（W. E. B. Dubois）、奥托·欣策（Otto Hintze）、马克斯·伦茨（Max Lenz，他是马克斯·普朗克［Max Planck］的表兄）、弗里德里希·迈内克（Friedrich Meinecke）、弗里德里希·冯·伯恩哈迪（Friedrich von Bernhardi）与社会学家格奥尔格·齐美尔（Georg Simmel）。在这些人中间，特赖奇克与伯恩哈迪做了不少事情，旨在使德国人形成反对大不列颠的观念。他说："在英国人中间，对于金钱的喜好，已经消灭了所有荣誉感、所有区分

---

① 多帕雷：《海因里希·冯·特赖奇克》，第226页及以下诸页。

第四编 现代性的痛苦与奇迹

对错的〔意识〕。"①

特赖奇克是一个伟大的警句隽语创造者。"我们没有德意志祖国,只有霍亨索伦家族才能给我们一个祖国。"他最出名(也最有争议)的名言是"犹太人是我们的不幸";但他也攻击天主教徒("一帮子神父"),并且坚持认为"倘若没有仆人,没有文化可以幸存"。但更为重要的是他完成这一最重大转变的思想立场,即从一个自由主义者——他对其成长起来的那种半专制主义氛围中的任何微小限制做法都会持反对立场——转变为正被俾斯麦逐步统一中的德国中的一名保守分子,他坚称,法律对经济的任何规定,都必须从政治角度加以理解。他越来越接近成为一名煽动者,并在国外时常被视作"德国政策的官方喉舌"。他还提出说,德国政策应该包括战争这一"人类最高贵的行动"在内。② 他感到,德国应该自由地表现自我,在阳光之下索取她的正当地位。和聚贝尔一样,他也被获准查阅普鲁士档案。不过,与其他人相比,他很少能与自己所阅读的材料保持一定的距离。当阿克顿勋爵撰写下一段话时,他想到的正是特赖奇克,而非其他人:"他们把历史置于民族命运之中,并赋予其一种除法兰西之外从未有过的影响力:他们(因此)

---

① 查尔斯·E. 麦克莱兰(Charles E. McClelland):《德国历史学家与英国:一项对19世纪观念的研究》(*The German Historians and England: A Study in Nineteenth-century Views*),剑桥:剑桥大学出版社,1971年,第168页及以下;基扬:《近代德国及其历史学家》,第272页。亦可参考保罗·M. 肯尼迪(Paul M. Kennedy):《英德对抗的兴起》(*The Rise of the Anglo-German Antagonism*),伦敦:艾伦 & 安文,1988年。

② 瓦尔特·布斯曼(Walter Bussmann):《特赖奇克的世界观与历史观》,哥廷根:穆斯特施密特,1952年;基扬:《近代德国及其历史学家》,第273、284页;赫尔曼·鲍姆加登(Hermann Baumgarten)、基扬:《特赖奇克的德意志史》(*Treitschkes deutsche Geschichte*),斯特拉斯堡:K. J. 特吕特纳,1883年。

第二十一章 历史的滥用

为自己赢得了高于法律的创造观念的权利。"[1]特赖奇克被视作那些在第一次世界大战爆发之前制造好战德国的[鼓吹者]之一,他本人在当时也确实如此。他深信,"最纯粹的德意志价值"就是国王和贵族通过行政系统与军队来统治的素养。[2] 这就是他的《历史》(*History*)之主题。

1909年10月9日,就在蒙森纪念碑出现的三周之前,一个特赖奇克纪念碑被竖立在柏林大学的前院内,在它们中间是1899年竖立的亥姆霍兹纪念碑。特赖奇克的地位在20世纪20年代持续下降,但在30年代又猛然上升。他的雕像在纳粹时期的1935—1936年被翻修一新,并被移至一处边院。但该雕像于1951年拆除并被回炉熔化。

蒙森纪念碑仍矗立于原地。在亥姆霍兹与蒙森纪念碑之间的则是马克斯·普朗克(见下文)的雕像。*

考古学的多位创始人

尽管蒙森、聚贝尔和特赖奇克各有各的不同,但都属于同一类型,即卷入政治的历史学家。此后章节将探讨他们的观念和方法是如何在德意志社会和世界范围内得到回响的。不过,尽管他们

---

[1] 阿克顿勋爵(Lord Acton):"德国的历史学派"("German Schools of History"),《英国历史评论》,1886年。
[2] 基扬:《近代德国及其历史学家》,第309页。
* 本书出版时,关于重新命名柏林特赖奇克街道一事曾有过持续不愉快的争论。——译者

第四编 现代性的痛苦与奇迹

及其他人诸如约翰·古斯塔夫·德罗伊森(Johann Gustav Droysen)和达尔曼,一起建构了一种得以清晰辨识的趋向,但这并不是唯一的。在这一时期,其他德意志历史学家也(同样)强调文化史。我们在第三章中(原书第91页)已经看到了雅克布·布克哈特(他在巴塞尔认识了尼采,并对后者产生了重要影响)。此外,恩斯特·库尔提乌斯(Ernst Curtius)、海因里希·施里曼(Heinrich Schliemann)和威廉·德普费尔德(Wilhelm Dörpfeld)在19世纪末20世纪初建立起了德国古典考古学的杰出地位。

19世纪中叶的希腊是一个刚刚独立的王国。它首先迎来了一个德意志国王奥托(Otto),然后受丹麦国王乔治一世(George I)的统治。尽管如此,丹麦很长时期以来也属于德意志文化的分支部分。许多德意志人居住在雅典。其中一位名叫路德维希·罗斯(Ludwig Ross)的人受命负责修复万神庙(Parthenon)。

在这一长期工作中,更重要的是恩斯特·库尔提乌斯在奥林匹亚的发现。[①] 这座城市对所有希腊人来说都意义重大——众所周知,古典考古学与奥林匹亚节日联系在一起,自公元前776年开始,这种节日每隔四年举行一次。在此之后,人们曾几次想进行挖掘,但在1874年之前毫无进展。此后,库尔提乌斯作为德皇威廉一世的公使前往雅典。他在那里协助建起了新的德意志考古研究所。该研究所随后两周举行一次会议(第一次会议是在〔1874年〕

[①] 恩斯特·库尔提乌斯:《奥林匹亚和品达、帕萨尼亚斯和卢西安的精选之作》,(*Olympia, mit Ausgewählten von Pindar, Pausanius, Lukian*),柏林:亚特兰蒂斯,1935年,尤其是第67—80页。同时,也可以参见马丁·许尔利曼(Martin Hürlimann)的精彩画集。

第二十一章　历史的滥用

12月9日,即温克尔曼的生日)。① 库尔提乌斯是柏林大学的考古学教授。他与德国大使一起,劝服希腊外长和接手罗斯的希腊古物保存者一同签署了"奥林匹亚协议"(Olympia Agreement)。该协议成为此后所有类似协议的模板。它规定,德国人将支付所有费用,其中包括那些授命监督挖掘现场的希腊警察(之工资);德国人可以选择挖掘地点,并负责赔偿土地所有者;所有发现的文物都应该保存在希腊——当然,希腊政府在审慎考虑之后,可以赠送它所认为合适的任何复制品;德国则有权制作副本和浇铸模型;所有出版物都必须以希腊语和德语同时出版。②

仅仅两个月之后,宙斯神庙被发掘出土。随后是希腊胜利女神像(Winged Victory)、42座英雄雕塑和400多件铭文。不过,在各种发现中,赫尔墨斯(Hermes)塑像的发现获得了最多称赞。按照帕萨尼亚斯(Pausanias)所言,该雕塑是古希腊最出名的雕塑家之一普拉克西特列斯(Praxiteles,公元前364年)的作品。奥林匹亚的发掘工作是人们首次运用现代科学原则的成果。它使德国人在向世界展现古代风格真实面貌方面(这一点很早之前就已经为温克尔曼所强调)走在了前列。从赫拉神庙(sanctuaries of Hera)、克罗诺斯山(hill of Cronos)到宙斯神庙中的每一件物品,连同宙斯神庙中献给著名胜利者的雕像底座,甚至菲迪亚斯(Phidias)的工作室(现在是一座被毁坏的教堂),都被美轮美奂地呈现出来。这些工作是如此精彩,使得顾拜旦男爵皮埃尔·费雷迪(Pierre

---

① 理查德·斯通曼(Richard Stoneman):《失落的神祇之地》(*Land of Lost Gods*),伦敦:哈奇森,1987年,第262页。
② 同上。

第四编　现代性的痛苦与奇迹

Frédy, Baron de Coubertin)深受感动,遂于1896年创建了现代奥林匹亚运动。

就在库尔提乌斯启动奥林匹亚挖掘工作的同一年,另一个德国人也在希腊开始了自己的工作项目。若说二者有什么区别的话,那便是它比奥林匹亚更吸引人们的眼球。尽管职业考古学家库尔提乌斯屡屡风头被抢,但在他看来,另一个人的所作所为百害而无一利。此人就是海因里希·施里曼。他正在挖掘的地方,是他所认为的特洛伊。

施里曼拥有一段丰富多彩的人生,虽然(我们的确可以这样说)其多彩程度并不如他希望我们相信的那般浓烈。[①] 对于施里曼而言,被证实的谎言,或者是一出史诗般的谎言,都无疑是浪漫主义的。1822年,他出生在梅克伦堡-什未林的新布科(Neu-Bukow),是一位牧师的次子。在投身考古之前,他已拥有一个完整的履历和人生——做过杂货店学徒工、船舱侍应生、圣彼得堡进出口公司的代理人。在圣彼得堡,他发了财,学会了俄语和希腊语。他在加利福尼亚的萨克拉门托开设了一家银行,通过买卖金粉,在六个月内赚了一笔。返回俄国后的他遇见了第一任太太叶卡特琳娜。她本以为施里曼比他表现出得更富有,但当她意识到自己的错误后,便拒绝与施里曼同房。结果当然在意料之中。但当施里曼垄断了靛蓝类染料的市场后,事业的成功也促成叶卡特

[①] 海因里希·施里曼:《自传:至死方休》(*Selbstbiographie: Bis zu seinem Tode vervollständigt*),索菲·施里曼(Sophie Schliemann)编辑整理,威斯巴登:F. A. 布洛克豪斯,第54、69、86页及以下。

第二十一章 历史的滥用

琳娜为他生下三个孩子。在克里米亚战争（1854—1856）期间，施里曼进一步垄断了硝石、硫磺、铅以及所有火药所需的原料市场，从俄国政府那里获得了更可观的财富。在经历了这一切之后，19世纪60年代末，施里曼开始转向考古学。

施里曼是如此沉浸于希腊世界，以至于不惜与叶卡特琳娜离婚（在美国，在耍了一连串花招之后），并在雅典媒体上刊登征婚广告。最后，他从一大堆应征的照片里挑选出了一位希腊太太。

到19世纪，特洛伊的确切位置已不得而知了（在18世纪，人们还可以耗费一生的时间争辩它在哪里）。当时很多学者都怀疑特洛伊是否存在过，特洛伊战争是否发生过，并据此认为，荷马的经典之作应该是伪作。尽管如此，数个世纪以来仍有三个地方竞争此项荣誉。在基督时代降临（即公元纪元）之前，大多数人相信，特洛伊就是西摩伊斯河（Simois River）畔，希沙立克（Hissarlik）山中的"伊利亚人村庄"（Village of the Ilians）。另一方面，地理学家斯特拉波（Strabo）选择卡里科罗纳（Callicolone），一个更向南、更向内陆延伸的地方。在那里有荷马描写过的两股泉水的并流，而在希沙立克却没有这种景象。后来的旅行者则更倾向于亚历山大里亚-特洛阿（Alexandria Troas）。这是位于海岸上令人印象深刻的一堆废墟，但位置更靠南得多。

施里曼不是一位精通学理的历史学家，也不是一位考古学家——这正是让库尔提乌斯大为恼火的地方。但施里曼是第一位利用挖掘工作来证明假设的人。在许多人看来，这种"试验法"的

第四编　现代性的痛苦与奇迹

应用,使他成为考古学之父。①

他在希沙立克的挖掘工作开始于1869年。大土堆所在之地的部分区域属于当地引发争议的美国领事弗兰克·卡尔弗特(Frank Calvert)。他和施里曼结成了非比寻常的伙伴关系。② 年复一年,施里曼(和其他人)在该地发现了许多土层,涵盖多达七个(甚或八个)城市,一个城市覆盖在另一个城市之上。有两个问题困扰着他。第一个问题是,他所挖掘的巨大壕沟足以让他迅速检视所有土层,而以发生(或没有发生)的视角来看,此举或许销毁了那些具有决定性意义的证据。壕沟表明,物质碎片是以时间序列堆积起来的,但显然比特洛伊战争的时代更为古老。第二个问题来自他在1873年5月的发现,即所谓的"普里阿摩斯(Priam)的珍宝"。该物出现在与特洛伊战争并不同时代的土层中。谣言很快散布开来,说他已经把一些碎片带到了黑市,并将它们放在一起,制成一个综合宝库。但这与日记本中的记录不相符合。

当然,珍宝的发现也被创作成一个浪漫故事。施里曼借此找到了他确实在寻找的那种名望。但围绕该珍宝的争议从未消散。"二战"末期它在柏林被掠去,直到最近,才出现在莫斯科的展览会上。

施里曼后来在迈锡尼的发掘工作并没有提高他的声誉。他在

---

① 斯通曼:《失落的神祇之地》,第270页。
② 苏珊·霍克·艾伦(Susan Heuck Allen):《发现特洛伊城墙:弗兰克·卡尔弗特和海因里希·施里曼在希沙立克》(*Finding the Walls of Troy: Frank Calvert and Heinrich Schliemann at Hisarlik*),伯克利:加利福尼亚大学出版社,1999年,尤其是第72页及以下诸页。关于卡尔弗特的"欺诈行为",可参见该书第85页及以下。

第二十一章　历史的滥用

这里取得的成就更为可靠,因为人们当时对迈锡尼文明知之甚少,而施里曼发现了一系列竖井墓和一些精妙绝伦的金饰品——"它们现在是雅典国家考古博物馆的珍藏"①。对于很多人来说,在这里的第五个竖井墓中发现的著名金色面具上,同样带有极具19世纪特征的小胡子。*

施里曼还在其他地方进行发掘,如梯林斯(Tiryns)、奥尔豪迈诺斯(Orchomenos)和克里特(Crete)。1882年他重返希沙立克。现在,他已经觉得需要招募一位合适的职业考古学家来作为他的助手(或伙伴)。此人就是威廉·德普费尔德(William Dörpfeld,"施里曼最伟大的发现")。他曾与库尔提乌斯在奥林匹亚一起工作,也许可以发现真正的特洛伊。② 1893年春,在施里曼去世(12月26日,在那不勒斯)的两年后,德普费尔德打开了希沙立克的南端,立即发现了比施里曼曾经发现的更为宏伟的敲打之墙——它带着(敲打)的发音或者说是一种轮廓鲜明的墙体,曾被荷马提及过(帕特罗克勒斯[Patroclus]试图攀登这堵墙)——边上还有一

---

① 斯通曼:《失落的神祇之地》,第276页。

* 这里可能喻指被称为"阿伽门农王面具"的黄金面具发掘工作同样被打上了施里曼的个人烙印,施里曼展现在世人面前的形象便是蓄着两撇小胡子。——译者

② 关于施里曼和德普费尔德,可参见赫尔曼·冯·约阿希姆(Hermann von Joachim)主编:《海因里希·施里曼:施里曼去世100周年后的现代考古学基础与成果》(Grundlagen und Ergebnisse moderner Archäologie 100 Jahre nach Schliemanns Tod),柏林:学术出版社,1992年,第153—160页。该书包含了一个会议的论文。该会议旨在施里曼去世一个世纪后审视他的成就(及其断言)。恩斯特·迈尔(Ernst Mayr):《海因里希·施里曼:商人与研究者》(*Heinrich Schliemann: Kaufmann und Forscher*),哥廷根:穆斯特施密特,1969年。该书揭示了施里曼与剑桥大学的马克斯·穆勒(Max Müller)、鲁道夫·魏尔肖、威廉·德普费尔德,以及一些文学家之间的联系。

个尖角的哨塔和两个重要的大门。在墙内,是宏大的贵族房屋。从其布局中,他可以推断出,这些房屋被安置在同心圆中。同样重要的是,德普费尔德发现到处都有迈锡尼陶器的遗留物,与施里曼在迈锡尼所发现的残余品一模一样。最后,他发现了终结该地(被标注为特洛伊6号)的一场大火之证据。

并非每个人都接受特洛伊6号就是荷马(史诗中的)城市——美国人卡尔·布利根(Carl Blegen)后来认为是特洛伊7a号——这一点或许永远没有定论。况且,我们也不太可能再拥有一位像施里曼这样既多面又充满争议的考古学家。

施里曼携手俾斯麦,在柏林的民族学博物馆为其发现举行了展览会(五个展厅都标注"SCHLIEMANN")。这一切很快安排就绪。19世纪末日益增长的民族意识最终在博物馆和军事事务上得到了表达——这一切并非仅仅出现在德国。柏林博物馆位于斯普雷河(Spree)的一个小岛上,由申克尔设计完成,于1823年获批投建,其特征是18个柱子组成的巨大爱奥尼式石柱廊。只有雕塑原作才被收藏在内(里面没有任何仿制品)。所有时代的古物逐渐得到收集,用于吸引公众、艺术家和学者们的注意力——按照那种次序(得以排列)。[①] 不过,这一切在另一个五十年间发生了变化,柏林博物馆接受了它的第一个具有世界意义的作品:来自玻加蒙(Pergamum)的宙斯祭坛(altar of Zeus)。

玻加蒙是希腊世界中当之无愧的最伟大城市之一。在亚历山大大帝去世后,其重要性不断上升。它是古典时代最出名的图书

---

① 斯通曼:《失落的神祇之地》,第283页。

第二十一章 历史的滥用

馆所在之地——那里共有2000卷著作。那里还有许多神庙，不过最荣耀之地当属位于最高山巅的宙斯祭坛。它因其精美绝伦雕刻与饰纹以及120米的长度而在古典时代闻名遐迩。3世纪时，安佩利乌斯（Ampelius）曾在给友人马克里努斯（Macrinus）的信中将之形容为世界奇迹之一："40英尺高的大理石祭坛，装饰着大型雕像；它描绘了（在人类被创造之前）巨人与诸神之间的战斗。"

1871年，当来自埃森的工程师兼建筑师卡尔·胡曼（Carl Humann）如施里曼那样，也抱有考古学的幻想，首次在玻加蒙进行发掘时，这座城市已经虚弱不堪。其古代石城的许多部分均已遭到土耳其建筑师的掠夺。胡曼的哥哥弗朗茨（Franz）从素丹那里得到了各种铁路和贸易许可证，卡尔便与之共同工作。他们也得到了发掘的一系列许可证。当那里即将清晰呈现波澜壮阔的（考古）发现时，恩斯特·库尔提乌斯拜访了他们。最引人关注的是青色大理石厚板。它们被运往柏林。柏林雕塑美术馆的新馆长亚历山大·康策（Alexander Conze）曾偶然读到过一个有关安佩利乌斯的注脚，正是这个注脚让他意识到胡曼已发掘到的，以及仍在发掘中的东西就是巨人与诸神之间的战斗（雕塑）本身。胡曼的发现总计有39块厚板、10座自由站立的雕像和许多碑文。第二年，另外25块厚板（其中包括宙斯及其巨人敌手）被发现。此外还有37座雕像。

由于当时土耳其十分贫困，素丹将这一原本属于他的财产卖给了德国人。玻加蒙祭坛连同普里阿摩斯珍宝成为1880年首批在柏林展出的伟大考古发现。康策领导下的柏林王家博物馆现已获得了展示希腊珍宝的"压倒性领导地位"。①

到那时为止,法国人、英国人和美国人都已经在希腊和意大利建立起自己的考古学研究所。(因此,)并非只有蒙森、聚贝尔和特赖奇克才感受到民族主义的号召力。

---

① 斯通曼:《失落的神祇之地》,第291页。

| 第二十二章 |

民族主义的病理学

军国主义——如我们所知的现代军国主义——或许诞生于 18 世纪。其时,绝对主义兴起,伴随大范围旨在支持王权的军事组织之增长。[1] 尽管如此,由于大部分士兵不得不以步行行军,军队规模仍然受到限制。但这一情况,正如我们业已看到的那样,随着拿破仑引入民兵模式而发生了变化。民兵使战斗单位变得大很多,同时也意味着更多人拥有服役的经历。在拿破仑打败普鲁士之后,该邦军队被限制在 4.2 万人。为此,普王在 12 个月后让全部士兵复员,随后招募了另外 4.2 万名兵力。次年,他又重复了这一行动。随后,工业革命、大规模生产技术的发展,以及由蒸汽机所带来的金属制作技术的推进,意味着武器变得更丰富,也变得更可怕。铁路的出现则增强了大规模移动性——这对于发动战争而言,又是另一种根本性的变革。19 世纪晚期帝国主义的崛起和殖民扩张运动,产生了更进一步的变数,而不仅仅体现在通过远征作战并获胜的方式取得军事荣誉。这些因素影响到所有国家。

---

[1] 瓦尔克·R.贝格哈恩(Volker R. Berghahn):《军国主义:一场国际争论的历史(1861—1979)》(*Militarism: The History of an International Debate: 1861—1979*),纽约:贝格,1981 年,第 9 页。

第四编　现代性的痛苦与奇迹

据称,德国存在着大量特殊因素,使其国民更为认同"普鲁士军国主义"。在这些因素中,例如有19世纪60年代出现的所谓"军事革命"。[1] 这是普王威廉一世不顾自由主义反对派的抵制,坚持推行的一种绝无仅有的短期兵役制。它确保(男性)在常规军中义务服役三年,在预备役中再服役四年。此举意味着,相对于欧洲其他强国而言,普鲁士拥有比其国家规模大很多的前线部队。

第二个因素是普鲁士总参谋部。据保罗·肯尼迪(Paul Kennedy)所言,该机构"在19世纪60年代早期尚默默无闻,随后在老毛奇(赫尔穆特·冯·毛奇[Helmuth von Moltke])的天才领导下,崛起成为'军队的大脑'"。在此之前,军需官之上并不存在任何总参组织,其他参谋军官则根据特殊行动被征召,并且经常不被提前告知。现在,毛奇从军事科学院(War Academy)中挑选出最优秀的毕业生,教导他们做好准备以应对未来有可能发生的冲突;与此同时,在钻研历史、军事对抗和演习的基础上,不断升级预案。"一个特殊部门得以建立,旨在监督普鲁士的铁路系统,确保部队与供给得以迅速运往目的地。"[2]尤为重要的是,军官们要学习克劳塞维茨有关决定性战役的理论,准备把大部队聚集在关键场域,倘若通信受到干扰便使用自主设备。这些因素综合起来,促成了普鲁士在1866年和1870年取得决定性〔同样相对迅捷的〕胜利。在后一个案例中,仅在宣战后的两周内,〔普鲁士〕便把三支部队(超过30万人)派往萨尔与阿尔萨斯。

---

[1] 肯尼迪:《英德对抗的兴起》,第184页。
[2] 同上书,第184页。

第二十二章 民族主义的病理学

正是这一体制——在俾斯麦的领导下——〔使德国〕在欧洲处于优势。尼古拉斯·施塔加特(Nicholas Stargardt)称之为"新军国主义",它把欧洲重心转移到柏林。① 以下事实进一步夯实了上述论断:从19世纪60年代开始,普鲁士新军事系统启用,工业化趋势日益加深——这是毋庸忽视的。强国之间平衡转换的速度,鲜活地表现在下列统计数据中:

西方强国的总人口(百万计)

	1890年	1913年	变化速率(%)
俄国	116.8	175.1	149.9
美国	62.6	97.3	155.4
英国	37.4	44.4	118.7
法国	38.3	39.7	103.6
德国	49.2	66.9	135.9
奥匈帝国	42.6	52.1	122.3

工业化的人均水平

	1890年	1913年	变化速率(%)
俄国	10	20	200
美国	38	126	332
英国*	87	115	132
法国	28	59	211
德国	25	85	340
奥匈帝国	15	32	213

注:* 英国在1900年为100。

---

① 尼古拉斯·施塔加特(Nicholas Stargardt):《德意志军国主义思想:激进分子与社会主义者的批判(1866—1914)》(*The German Idea of Militarism: Radical and Socialist Critics 1866—1914*),剑桥:剑桥大学出版社,第91页及以下诸页。

第四编　现代性的痛苦与奇迹

世界制造业出口中的相对比重(%)

	1890 年	1913 年	变化速率
俄国	7.6	8.2	8.0
美国	14.7	32.0	18
英国	22.9	13.6	−41
法国	7.8	6.1	−28
德国	8.5	14.8	74
奥匈帝国	4.4	4.4	0.0*

注：* 肯尼迪：《英德对抗的兴起》，第 149—154 页。

当然，这些数据本身并非是军国主义的证明，但它们集中在一起，的确凸显出德国在物质领域中的进步。对于大范围的民族主义情感而言，它们既是症状，也是根源。在任何情况下，它们与军事行动能力的变化是同步的。

各强国的陆海军人数

	1890 年	1913 年	变化速率(%)
俄国	791 000	1 352 000	171
美国	34 000	164 000	482
英国	367 000	532 000	145
法国	543 000	910 000	168
德国	426 000	891 000	209
奥匈帝国	216 000	444 000	206

第二十二章 民族主义的病理学

舰船吨位

	1890年	1913年	变化速率(%)
俄国	200 000	679 000	340
美国	169 000	985 000	583
英国	650 000	2 714 000	418
法国	271 000	900 000	332
德国	88 000	1 305 000	1 483
奥匈帝国	60 000	372 000	620

从地理上而言，德国处于欧洲的正中心。其转型的速度之快，对其自身是一件重要之事。"仅此一点，让'德国问题'在1890年后的半个多世纪内，成为众多世界政治事件的震中所在。"一项研究着重强调了德国军人的素质：在意大利，文盲入伍者的比例为每千人330名，奥匈帝国为每千人220名，法国为每千人68名，而德国只有千分之一。①

泛德意志联合会与德意志海军协会唯有看到这种趋势得以加强，方才感到欣慰。泛德意志联合会是在威廉二世皇帝把桑给巴尔岛(Zanzibar)割让给英国以换取黑尔戈兰岛(Helgoland)后成立的。② 这一战略后撤并未得到德国公众的拥护，特别是此事正好发生在俾斯麦被解职之后。克虏伯公司的一位年轻合伙人阿尔弗雷德·胡根贝格(Alfred Hugenberg)建立了泛德意志联合会。其扩张主义政策很快赢得了数千名(虽然还不是上万名)德国人的

---

① 肯尼迪：《英德对抗的兴起》，第211页。
② 列奥·波利亚可夫：《雅利安神话：欧洲种族主义和民族主义思想史》(*The Aryan Myth: A History of Racist and Nationalistic Ideas in Europe*)，纽约：巴恩斯&诺布尔图书，1971和1974年，第303页。

第四编　现代性的痛苦与奇迹

支持。其中一些人，如恩斯特·黑克尔（Ernst Haeckel）、马克斯·韦伯（Max Weber）与古斯塔夫·施特雷泽曼（Gustav Stresemann），都是各自领域的杰出人物；而另一些人，如在英国出生的休斯顿·斯图尔特·张伯伦（Houston Stewart Chamberlain），则不过是一些狂躁的种族主义者。1908年，海因里希·克拉斯（Heinrich Class）成为这场运动的领导者。他让这场运动变得更为激进，号召〔会员〕向社会民主党发起无情斗争，把犹太人清除到巴勒斯坦，兼并土地直至第聂伯河的东岸。他们的观点与特赖奇克的想法有所重叠，但其他一些德国统治精英中的成员却越来越肯定，"在时机成熟之际"，〔德国〕有必要进行领土扩张。海军上将阿尔弗雷德·冯·提尔皮茨（Alfred von Tirpitz）尤其强调，德国的工业化与海外征服"如自然法那样是不可抗拒的"。① 在这一点上，德国并非特别显眼——在当时的英国、法国、日本，帝国式的相互争夺是普遍盛行的现象。

当然，毋庸置疑的是，德国的军事建设的确比其他国家更引人关注。最令人感到不安的方面是1898年后的海军迅速发展。在提尔皮茨的领导下，〔德国的海军实力〕从世界第六位上升到第二位，仅次于英国的皇家海军。② 最后一个让德国军国主义同其他国家区分开来的因素是其地理位置。正如大卫·卡列奥（David Calleo）所指出的那样，她"天生处于包围圈中"。由于德国处于大

---

① 波利亚可夫：《雅利安神话：欧洲种族主义和民族主义思想史》，第211页。
② 在施塔加特《德意志军国主义思想：激进分子与社会主义者的批判（1866—1914）》一书中，作者也解释了1907—1914年的"和平主义的潮流"，而且潮流也并非一条路。

第二十二章　民族主义的病理学

陆中心,德国人总是倾向于把自己视作被法国、英国、俄国和奥匈帝国所包围及受其威胁的对象。这意味着,与其他国家相比,德国更为依仗治国之术。而在俾斯麦被解职后,关键要素缺失了。[1]

反天主教的想象

1870 年 7 月 19 日,法国向北德意志联邦宣战。仅仅 24 小时之前,第一届梵蒂冈委员会已经确定,教皇公告"永无谬误"。但对于许多德意志人而言,两者实在太巧合了。正因如此,德国获得胜利的速度更让人觉得甜蜜。巴黎被占领,德意志邦国联合成为一个帝国,处于普王(现在是皇帝)的保护之下。聚贝尔多次提过,后来又在一封写给赫尔曼·鲍姆加滕(Hermann Baumgarten)的信中吐露心声:"我们如何能得到上帝眷顾,经历如此盛事?在此之后,我们又该为何而生?"[2]

正如米夏埃尔·格罗斯已经指出的那样,聚贝尔和其他人很快找到了一种答案:"他们现在让自己投身到一场反对罗马天主教会的战争中,并以此在德国内部实现现代社会、文化与道德的联

---

[1] 1914 年的军国主义稍后会考虑到;但可以参见杰弗里·维海(Jeffrey Verhey):《1914 年精神:德国的军国主义、神话与社会动员》(*The Spirit of 1914: Militarism, Myth and Mobilisation in Germany*),剑桥:剑桥大学出版社,2000 年。

[2] 米夏埃尔·B. 格罗斯(Michael Gross):《反天主教战争》(*The War against Catholicism*),安阿伯:密歇根大学出版社,2004 年,第 240 页。克里斯托弗·韦伯(Christoph Weber):《1876—1888 年罗马、柏林和特里尔之间的教会政策:普鲁士文化斗争的调解》(*Kirchliche Politik zwischen Rom, Berlin und Trier 1876 bis 1888: Die Beilegung d. preuss. Kulturkampfes*),美因茨:马蒂亚斯·格吕内瓦尔德出版社,1970 年。

第四编 现代性的痛苦与奇迹

合。"教皇永无谬误说是具有挑衅性的,因为它看上去是让德国天主教徒直接向罗马效忠,而非向刚刚确立的皇帝效忠。① 一位名叫保罗·辛希乌斯(Paul Hinschius)的自由主义者说,梵蒂冈的宣言"不过是"针对最新统一之国的"死刑判决"。

此言过矣。但这种说法赢得了共鸣,因为这场"文化斗争"(Kulturkampf,这是它后来获得的名称)业已形成一段时间。在路德、宗教改革、新教和虔信主义的国家中,天主教是以自由主义和改革信仰之敌的面目出现的,特别是它反对通过"教化"(Bildung)来培育市民社会中的人类智识及精神。

1848年革命失败后,自由主义在19世纪50年代的反对〔氛围〕中已经备受威胁,而天主教会同样与国家合作来打败自由主义者。从1848年起,传教团遍访整个德意志。他们访问了从莱茵兰到波罗的海的数千个城镇和小庄,并在二十多年时间中发起了一场反革命、反自由、反启蒙的猛攻。这些传教团——通常由耶稣会、圣方济各会或至圣救主会的三名传教士组成,人数最多可以达到八名——专注于较小的城镇〔的布道活动〕。据统计,这些人在1848—1872年活动至少达4000次。②

他们的成功引人瞩目。特别当传教团在其落脚的城镇上待上两周后,便会有相当于小镇常住人口数两倍甚至三倍的朝圣者突然造访。这些朝圣者或被安排与当地人同住,或寄宿教堂,甚至是

---

① 埃里克·施密特-福克马尔(Erich Schmidt-Volkmar):《德国文化斗争(1871—1890)》(*Der Kulturkampf in Deutschland, 1871—1890*),哥廷根:穆斯特施密特,1962年,第23—46页;格罗斯:《反天主教战争》,第241页。

② 施密特-福克马尔:《德国文化斗争(1871—1890)》,第106—112页。

第二十二章 民族主义的病理学

露宿教堂外的广场。农活被推迟,商店、剧院和学校被关闭。各路信众从早上四五点就聚集在一起。在1850年的科隆,当传教团到达时,有多达1.6万人涌进了大教堂。①

在两周内,传教团举行大型集会,听取忏悔,密集进行驱魔仪式。当然,最引人关注的总是布道。一日三次——分别在黎明、下午和晚上。每次持续整整两个小时。其中两个主题看起来十分突出。一是对基督圣母之崇拜。〔实际上〕圣母"无玷始胎"(Immaculate Conception)直到1854年才成为教义。传教团在把玛利亚的生活奉为典范的同时,严厉谴责现时世界的罪恶——酒馆中的酗酒、跳舞、玩牌、赌博、卖淫以及阅读政治书籍。一些布道被证实极为成功,以至于1851年杜塞尔多夫警察局局长将之作为宣传册打印出来,以规范城中秩序。另一个主题则更为流行,即地狱中火焰燃烧的场景。耶稣会士特别擅长毛骨悚然的地狱布道。② 在亚琛,人们极其热衷忏悔,以至于为争夺忏悔室而引发了各种争闹。剧院失去了赞助人,小酒馆空空荡荡。在一则记载中,神父向主教汇报说,女孩们以更为庄重的方式佩戴帽子,"去掉了饰带和花朵"。③ 尽管这些传教团引发各种骚动,但如米夏埃尔·格罗斯所言,没有证据表明像私生子或酗酒行为一类的"原罪"因此而减少。

与此同时,新的修士规章和宗教集会的数量出现了惊人上升。

---

① 格罗斯:《反天主教战争》,第41页。
② 格罗斯:《反天主教战争》,第43页;施密特–福克马尔:《德国文化斗争(1871—1890)》,第106页及以下诸页。
③ 格罗斯:《反天主教战争》,第56页。

第四编　现代性的痛苦与奇迹

在科隆,1850年有272名修士和修女;到1872年,该数字增加到3131人。1848年前那里已经建起了四家修道院;而在二十年后,又出现了37家修道院。同样的增速出现在帕德博恩(Paderborn)。1848年前,这里有五家修道院。而在1848—1872年,这里的修道院已经增加到21家。①

尽管市政当局有时也会担心这些传教团或许会引发民众混乱的局面,但他们多少对后者表示欢迎,因为这些传教团的保守、反激进的目标不仅适合施政计划,而且在绝大多数情况下,他们的布道努力避开政治争论。1852年5月,普鲁士下议院中的62名议员组成了"天主教党团"(Catholic Fraktion)——这是预示天主教中央党(Catholic Center Party)出现的首个征兆,而它最终在1870年帝国建立进程中得以实现。与此同时,人们也开始产生对耶稣会士的担忧,认为后者试图创建一个不安分的"国中之国",挑起反普鲁士的"教权至上主义",并试图重新主张奥地利的影响力。②在19世纪50年代末,当新教牧师发现,他们不得不更为努力地工作,以便教育他们的民众〔认识〕新教与天主教之间的区别时,上述担忧更为增加。结果,在19世纪50年代末和整个60年代,德意志出现了一场新教复兴〔运动〕。它是天主教传教运动的一种间接而无意识的结果。现在,神父和牧师自视身处"战争状态"中。牧师们认为,天主教提升道德的运动是一场骗局,〔类似于〕特洛伊木马,其目的不过是猛烈攻击启蒙运动建立起的价值观,"反对我们

---

① 格罗斯:《反天主教战争》,第133页。
② 同上书,第69页。

这个时代的教育和人性"①。其他人争辩说，天主教教义是落后的，而新教教义是进步的，也是自由的。在庇护九世(Pius IX)于1864年签署《谬论举要》(Syllabus of Errors)后，特赖奇克承认："作为一个新教徒是多么幸运啊！新教教义有能力接受无止境的持续教化。"②

反对修女和教士的氛围同样强烈，因为这场文化斗争还带有"性别斗争"的意味。鲁道夫·魏尔肖是进步党在普鲁士邦议会中的党团领袖。他使用了"文化斗争"这一术语，来攻击妇女运动的出现——这一举动得到了聚贝尔的附和。女性宗教团体的数量不断增加，使得这些修女"正在排尽婚姻的蓄水池"③。在修道院女校中，女孩们被要求起誓不去阅读歌德或席勒的作品。

倘若存在一个临界点，那么它出现在19世纪60年代初。在19世纪50年代末，各邦国一个接一个地推行助其加入关税同盟(德意志关税同盟)的政策。1866年，普鲁士完胜奥地利，终结了以"大德意志"方案来回应德意志民族问题的任何想法，即由哈布斯堡家族来统一德意志国家。再者，从1815年以来就在德意志联盟内保持多数地位的天主教徒，现在却发现自己在北德意志联邦中处于少数派地位，800万天主教徒面对着2000万新教徒。新教徒则认为，这场胜利证明了他们拥有男子气概。德罗伊森将之形容为"真正的德意志精神之于错误德意志精神的凯歌"④。"天主

---

① 格罗斯：《反天主教战争》，第93页。
② 同上书，第109页。
③ 同上书，第158—160页。
④ 同上书，第116页。

教问题"成为争论的一个主要话题。《谬论举要》对此无济于事,反而清楚地表明,教皇认为,自由主义和天主教教义是不相容的。反天主教文学、普通的反天主教想法,很快达到歇斯底里的程度。①

然后,到19世纪70年代初,一些事情汇集在一起:富有战斗性的天主教(包括政治上得到更好组织的团体)、妇女运动、对于民主化的要求,再加上新生的社会主义,甚至是对法国复仇的担忧——在1870—1871年胜利之后,这些因素产生出格罗斯再次称为"元敌人"(meta-enemy)的东西。② 所有这些敌人联合起来,归根结底是要反对一个新帝国。当1873年10月,教皇宣布每一个受洗成为基督教徒的人都"属于"他时,所有自由派的担忧得到了证实,于是反对天主教会的运动便箭在弦上。据天主教会的《巴登观察者》(Badische Beobachter)称,一场战争已经拉开了帷幕:"我们业已与法国达成和平;但永远不会同罗马达成和平。"③这场运动"以德意志统一、现代国家、科学、进步、教育和自由之名"展开。但对于许多人而言,这是自由主义者放弃了自由的原则。

著名的"布道条款"(pulpit paragraph)于1871年12月通过。它宣布,神父"以危害公共安全的方式"让公众讨论国家事务而构成刑事罪。1873年,第一个所谓《五月法令》(May Law)出台,规定所有神父的任命必须得到国家批准。④ 第二个法令则在次年7月通过,禁止耶稣会、至圣救主会及天主遣使会在德国招募成员。

---

① 格罗斯:《反天主教战争》,第213页。
② 施密特-福克马尔:《德国文化斗争(1871—1890)》,第138页及以下诸页。
③ 格罗斯:《反天主教战争》,第243页。
④ 同上书,第254页。

第二十二章 民族主义的病理学

在此之后的一年,一个宗教事务法庭宣布废止教皇对普鲁士天主教会的权威,并于一年后废止邦国对天主教教区的资助,直至教区主教应允遵守所有文化斗争之法令。总之,189个修道院被关闭,7000名神父被禁止活动。20份报纸被封存,136名报刊编辑被逮捕,12个教区失去了主教。到1876年,1400个普鲁士堂区没有神父。① 犹太人提心吊胆地观察着这一切。

在文化方面,德国受过教育的自由派已经见证——或宣称见证——天主教的崛起是一个无知落后时代的复苏,"漠视或敌视教化"。而他们所做的一切,有助于让德意志从18世纪中叶的状况,提升到19世纪70年代的地位,成为李比希、克劳修斯、亥姆霍兹、西门子、海涅、科赫、蔡司和魏尔肖的国度。但是,为了赢得这场抵制天主教的战斗,他们却输掉了自己与俾斯麦的斗争。他们的失败远比其胜利更具深远意义。②

达尔文主义的利用和滥用

直至19世纪晚期,随着大众文学的突飞猛进,科学才开始对日常生活产生影响。在此之前,或者之后,科学从未有过如此之高的声望,也没有如此吸引门外汉。③ 达尔文主义尤其在德国引起

---

① 韦伯:《1876—1888年罗马、柏林和特里尔之间的教会政策:普鲁士文化斗争的调解》,第76—83页。
② 格罗斯:《反天主教战争》,第255页。
③ 阿尔弗雷德·凯利:《达尔文的沦落:达尔文主义在德国的普及(1860—1914)》(*The Descent of Darwin: The Popularisation of Darwinism in Germany, 1860—1914*),查珀尔希尔:北加州出版社,1981年,第5页。

了轰动。"达尔文主义在德国成为了一种大众哲学,其(流行程度)远胜于任何其他国家,特别是英国。达尔文主义很快在德国科学社团中传播;事实上,与英国相比,德国才是19世纪晚期生物学研究的主要中心……这不仅是由于德国是主要欧洲国家中识字率最高的国度,还因为它为达尔文主义超越科学界限提供了最为适宜的环境。政治自由主义已经在1848年的德国受到挫败,而达尔文主义则成为一部分进步中产阶级的伪政治性意识形态武器。"[1]德国人意识到,虽然自然论哲学家并不理解自然选择理论,但他们已经以很多方式参与(创造)进化观。

在此种氛围下,大量科普作家出现了,其中不少极为出名,而且流芳百世,如恩斯特·黑克尔、卡尔·福格特(Carl Vogt)、路德维希·毕希纳(Ludwig Büchner)、卡鲁斯·施特内(Carus Sterne)、爱德华·埃维林(Edward Aveling)和威廉·伯尔施(Wilhelm Bölsche)。数百本有关达尔文主义的著作得以付梓,而伯尔施是1933年前德语界非虚构类作品销售最佳作者。在此进程中,当人们在生命的所有阶段都在呼唤达尔文的权威时,达尔文主义却变异和堕落了。德国的达尔文主义者竭力延续启蒙运动的传统,扑灭迷信说法,并公告天下:这样做是为了(如其所愿)去解放和延续1848年的激进精神。

尽管德国的识字率远远高于欧洲其他国家,但大众阅读在19世纪70年代之前仍然无法保持高水平状态。此后由于发明了更

---

[1] 阿尔弗雷德·凯利:《达尔文的沦落:达尔文主义在德国的普及(1860—1914)》,第5页。

第二十二章 民族主义的病理学

有效的全新印刷术,书籍与报纸的价格下跌,因此直至1860年后,科学与技术的发展(可参见此前第17—20章)才开始渗透到大众意识中。

在《物种起源》一书于1861年在英国出版后的几周内,它的译本便已经(在德国)出版;达尔文的选集于1875年付梓。正如阿尔弗雷德·凯利所言,达尔文主义"以迅速而深入的方式进入德国的科学团体中。从一开始,它便被广泛等同于进步观"(尼佩代也称德国人对达尔文的回应"势不可挡")。早在1861年3月,达尔文致信他的同事威廉·普赖尔(Wilhelm Preyer)说:"我从德意志获得的支持,是我期待我们的观点最终获胜的主要基石。"1899年底,《柏林画报》(*Berliner Illustrierte Zeitung*)向读者提问:谁是19世纪的最伟大思想家?达尔文位列第三,仅次于赫尔穆特·冯·毛奇与康德,而《物种起源》则被认为是该世纪唯一一本最有影响力的著作。①

大多数历史著作都曾记载黑克尔是最受欢迎的作家,但实际上伯尔施才是当时知名度更高的作家。后者的名字在数百万户家庭中家喻户晓。到1914年为止,其著作的销售总量达到140万本——阿尔弗雷德·凯利认为,他是一种"重要的文化现象"。伯尔施是科隆动物园的建立者,亚历山大·冯·洪堡、卡尔·福格特和雅各布·莫勒朔特(Jacob Moleschott)的朋友。他的主要著作是《自然界的爱情生活:爱情进化史》(*Das Liebesleben in der Na-*

---

① 凯利:《达尔文的沦落:达尔文主义在德国的普及(1860—1914)》,第21—23页。

tur：Eine Entwicklungsgeschichte der Liebe，3Vol.，1898—1901），如今读来或许颇为古怪。但该书试图让达尔文与《圣经》相互调和，从性爱视角讲述了进化故事，在当时却极为成功。[①] 对于伯尔施而言，性是理想经历，是永恒的短暂一瞥与和谐——它们才是进化的目标。

当然，达尔文主义的兴起与文化斗争处于同一时段，它们都与进步力量结合起来。（因此）它自然受到保守派的攻击。这些保守派不愿意基督新教会受此影响。主要的战斗地点是中学。在绝大多数的中学里，达尔文主义被排斥在外。在德国的许多地方，中学很少传授科学（在如巴伐利亚这样的地方，科学甚至被简单粗暴地排除在科目之外）。正因如此，达尔文主义并非唯一被挑选出来的。另一方面，黑克尔认为，达尔文主义应该成为中学课程大纲中的主要内容。由此，围绕此事，在议会中，在报纸上，在书本里，爆发了尖锐斗争。

达尔文主义经历最初被狂热追捧之后，在德国以两种方式继续发展。第一，出现了各种社会达尔文主义类型，其中一些例证将在本章后半部分予以讨论。第二，达尔文主义与马克思主义联合发展。第一次世界大战之前的一代德国工人在观念上都是最正统的社会主义者。但在凯利看来，达尔文主义的基础教义要比马克思主义更容易让人理解，因此后者时常与达尔文主义的术语出现混淆，以致大部分工人在进化术语而非革命术语中看到了未来。甚至鲁道夫·魏尔肖这位著名的自由主义者也感到担忧，认为达

[①] 凯利：《达尔文的沦落：达尔文主义在德国的普及（1860—1914）》，第40页。

尔文主义"可能通往社会主义"。① 1899年，A. H. T. 普凡库赫（A. H. T. Pfannkuche）在《新时代》(*Die Neue Zeit*)上刊登了一则广告，要求工人图书馆的管理员向他寄去一份最流行著作的书单。随后他以"德国工人读什么？"("Was liest der deutsche Arbeiter?")为题发表了自己的发现。在最流行的十本著作中，四本有关达尔文主义。达尔文主义的吸引力来自当时科学所拥有的威望以及改变必然发生的信念。

其他学者，如汉斯－君特·茨马尔茨利克（Hans-Günter Zmarzlik）、罗杰·奇克林（Roger Chickering）和理查德·埃文思（Richard Evans）还提出了重要的批评。他们认为，随着泛德意志思想和有关"种族卫生学"观念（见下文）的兴起，从19世纪90年代开始，德国的社会达尔文主义从主要属于左翼关注的对象转变为一场右翼运动。②

对于蜕化的担忧

凯利发现，正是在19世纪90年代，社会达尔文主义"开始出现了一些不祥的变化"③。到1890年，逐渐形成了一种共识，特别是在医学界。它认为，欧洲的工业化形势正在迅速蚕食过去的一

---

① 凯利：《达尔文的沦落：达尔文主义在德国的普及（1860—1914）》，第127页。
② 罗伯特·J. 埃文思（Robert J. Evans）："对德国社会达尔文主义的考察：历史与观念的历史编纂学"("In Search of German Social Darwinism: The History and Historiography of a Concept")，贝格和科克编《医学与现代性》，第55—79页。
③ 凯利：《达尔文的沦落：达尔文主义在德国的普及（1860—1914）》，第105页。

第四编　现代性的痛苦与奇迹

切,在此过程中大量新的混乱被制造出来——新形式的贫困、犯罪、酗酒、道德歪曲和暴力。[①]"蜕化"(degeneration)观念正是这一想法的体现,它指的是欧洲人不再有能力去支持文明生活。它最初由意大利医生切萨雷·龙勃罗梭(Cesare Lombroso)提出。他支持这样的理论,亦即罪犯是一种特殊的"返祖"类型,"有犯罪倾向者"是向原始人的返祖蜕变。[②]但将此观念传播开来的则是马克斯·诺尔道(Max Nordau)。他是一位社会主义者、坚定的平等主义者。他在其小说中把蜕化称作"世纪疾病"[③]。他和恩斯特·黑克尔都是"民族和平同盟"和"种族卫生学社团"的创始人。在意大利人首创"蜕化"这一概念后,在普法战争后,当失败带来的羞辱让法国知识精英们感到震惊时,法国人构建了自己有关"蜕化"的观念。诺尔道是一位说德语的匈牙利医生和记者,于1892年出版了《蜕化》(*Entartung*)一书。尽管该书接近600页,但它很快成为国际书市上销售最好的著作,被翻译为数十种语言。诺尔道坚决主张,蜕化不仅出现在人类之中,而且还出现在文化中,"蜕化者并不总是罪犯、卖淫者……疯子;他们还经常是作家与艺术家"。他点出了夏尔·波德莱尔(Charles Baudelaire)、奥斯卡·王尔德(Oscar Wilde)、亨里克·易卜生(Henrik Ibsen)、列夫·托尔斯泰(Leo Tolstoy)、爱弥尔·左拉、爱德华·莫奈(Édouard

---

[①] 阿图尔·赫尔曼(Arthur Hermann):《西方历史中的衰亡观》(*The Idea of Decline in Western History*),纽约:自由出版社,1997年,第111页。

[②] 关于一般性调查,可参见丹尼尔·皮克(Daniel Pick)《蜕化的不同方面:一场欧洲的混乱(1848—1918)》(*Faces of Degeneration: A European Disorder, c. 1848—c. 1918*),剑桥:剑桥大学出版社,1989年,特别是第4章,第97—106页。

[③] 同上书,第176—221页。

Manet），以及印象派画家——诺尔道认为，这些画家的画法是眼球发颤的结果，是"眼球出问题"的表现，以至于模糊和歪曲了他们的视野。①

诺尔道认为，欧洲贵族已经无可救药了，唯一希望在于工人阶级，而后者的自信与活力或许可以通过身体训练与户外运动来得到最佳保障。他的理论促成了人们对体育俱乐部、徒步旅行、远足野营、自行车赛的狂热追捧，这些运动在 20 世纪席卷德国；并与"青年运动"（Youth Movement）相互重叠，后者于 1897 年在柏林一个中产阶级郊区——施泰格利茨（Steglitz）拉开帷幕。这场青年运动的领袖是具有超凡魅力的卡尔·费舍尔（Karl Fischer）。他们时常在地形复杂的地方徒步旅行，并很快形成了自己的着装风格，拥有自己的制服。与体育锻炼一样，他们用歌声激励一种归属感。他们身着制服聚会从理论上来说并不合法。但这一点并未阻止他们把费舍尔称作自己的"元首"（Führer），并以"嗨"（Heil）的方式相互致意。

雅利安人的奥秘

德国历史与其他欧洲国家历史存在诸多不同，以至于她的课本总是以关注日耳曼人在意大利、法国和西班牙的扩张为开端，而非仅仅讲述德意志人在德国的故事。这一点也反映在其他民族赋予德意志人的名称之中：对于芬兰人而言，他们曾经是"萨克森人"

---

① 凯利：《达尔文的沦落：达尔文主义在德国的普及（1860—1914）》，第 126 页。

(Saxons);对于俄罗斯人和波兰人而言,他们是"Niemcy"*或"士瓦本人"(Swabians);对于不列颠人而言,他们是"日耳曼人"(Germans);对于法国人而言,他们是"阿勒曼人"(Allemagnes);对于意大利人而言,他们是"条顿人"(Tedeschi)**,德意志人采纳了这一词尾,创造出自己的"德意志人"(Deutsche)。① 是否正是这种多样化的历史,才让德意志人去关注种族纯洁性以及英雄在实现这种纯洁性中的角色呢?所有民族都感到自己是独特的,但这种感觉在德意志特别强烈,弗里德里希·施莱格尔是雅利安人神话的最重要的创始人,为后人比较"年老的拉丁民族"与"年轻的日耳曼民族"奠定了基础。正因如此,特奥多尔·蒙森不得不警告"那些民族主义疯子,(因为)他们希望用一个日耳曼的亚当来代替普世的亚当,并把人类精神的所有华丽篇章都灌注在这个日耳曼亚当的身上"②。

现代种族理论的奠基人克里斯托弗·迈纳斯(Christoph Meiners,1745—1810)也曾预言过雅利安人这一概念。他是一位哥廷根大学的教授,首度提出人类起源于非洲的理论,并且还描述过从猩猩到黑人再到斯拉夫人最后到德意志人的进化链条。不过,他的这些观点后来被浪漫主义者所覆盖。后者认为——正如施莱格尔总结的那样——"每一样东西,绝对是任何东西,都来自

---

* 波兰语"德意志人"。——译者
** 意大利语"德意志人"。——译者
① 波利亚可夫:《雅利安神话:欧洲种族主义和民族主义思想史》,第71页。
② 同上书,第101—105页。

第二十二章 民族主义的病理学

印度",而德国"必须被视作欧洲的东方"。① 叔本华对此表示赞同。正是在这一时期前后,"雅利安人"这一术语开始得到应用。它最早可以追溯到法国人安基提尔-杜佩隆(Anquetil du Peyron*)借用自希罗多德,以指称波斯人(Persian)和米底人(Mede)。其他国家(如法国)同样拥有雅利安人神话,并把欧洲文化生活的许多特征(如语言)追溯到"印度-欧罗巴"根基,但德意志人却提出"印度-日耳曼"传统,把自己视作同这种传统拥有特别强烈联系〔的民族〕,视作向更为古典的拉丁传统之复兴。正如 19 世纪向前发展那样,他们成为白人种族的精华、所有种族的最高等者、唯一能够获得"更高灵性"者(洛伦茨·奥肯[Lorenz Oken]走得更远。他认为,既然黑人无法脸红,那么他们就无法表达内心生活)。②

到 1860 年,雅利安人与闪米特人之间的区分已经被欧洲的许多地方所接受。达尔文使用过该词,尼采也使用过,该词在古斯塔夫·弗赖塔格(Gustav Freytag)的小说,和在"伦敦人类学协会"的论文集中也出现过。虽然对于"血统纯正"的崇拜在稍后时期极为普遍,但在 1870—1871 年之前还没有出现。这一概念出自法国人类学家阿尔芒·德卡尔特法热·德布雷奥(Armand de Quatrefages de Bréau)的作品。此人见证了普鲁士人占领巴黎、平民遭受炮轰的一幕,因而指控普鲁士人正在成为芬兰人、而且是属于斯

---

① 凯利:《达尔文的沦落:达尔文主义在德国的普及(1860—1914)》,第 191 页。

* 此处疑有误,可能指法国著名东方学者安基提尔-杜佩隆(Anquetil-Duperron,1731—1805),杜佩隆从波斯文翻译了 50 种印度《奥义书》,并对叔本华的哲学思想产生重要影响。——译者

② 凯利:《达尔文的沦落:达尔文主义在德国的普及(1860—1914)》,第 242 页。

第四编　现代性的痛苦与奇迹

拉夫民族的芬兰人——他们是欧洲东北部的原始居民。此言在德国激起了强烈反响,其中包括魏尔肖对德意志人的颅骨所展开的著名研究。其理论背景是一支主要为金发、"长头颅"的雅利安部族迁徙到欧洲,与黑发"短头颅"的当地人进行混种。此项研究持续时间超过十年,涵盖对象超过1500万学龄儿童。魏尔肖的研究表明,东北部的普鲁士人是金发的,如同芬兰人那样,而西南部德意志人则不是——他们已经被同化成与勃艮第人、法兰克人及哥特人一样的种族类型。哈布斯堡家族与霍亨索伦家族都是东北类型。由此,德意志荣耀得以满足。不过正如恩斯特·勒南(Ernst Renan)所言,人们普遍感到"种族间的不平等性已经形成……"①。

当达尔文主义到来时,它为许多类似理论提供了一种〔站不住脚的〕基础。随后,它又得到了赫伯特·斯宾塞(Herbert Spencer)观念的帮助和煽动。此人竭力把能量守恒理论与进化混杂在一起,提出了两个极端的概念:"生存斗争"和"适者生存"。它们一下子让人们把军国主义、民族主义和文化理论与任何乌烟瘴气的信仰结合起来。路德维希·沃尔特曼博士(Ludwig Woltmann, 1871—1907)和阿尔弗雷德·普罗茨博士(Alfred Ploetz, 1860—1940)就是提出过上述观点的〔重要但非唯一的德意志〕两位学者。他们走得很远,甚至成立了秘密的"北欧人社团",还于1900年任职著名的克虏伯奖评审委员会——当时,五万马克〔的奖金〕被用来奖励有关遗传领域国家立法的最优秀论文。

"雅利安人时代"——正如列奥·波利亚科夫所称呼的那

---

① 凯利:《达尔文的沦落:达尔文主义在德国的普及(1860—1914)》,第273页。

第二十二章 民族主义的病理学

样——或许在1889年达到了巅峰。当时,马克斯·诺尔道发现,"达尔文顺理成章地正在成为所有欧洲国家军国主义者的最高权威"。诺尔道认为,进化已经成为"天赋野蛮"的遮羞布,它允许民众以"科学定论"来掩饰"他们内心深处的本性"。阿莫斯·埃隆的观察间接支持了这一观点,19世纪末德国的物质力量与文化财富的结合"在整个大陆一时无二"。尽管在一些文化领域中,犹太人的杰出才能"势不可挡",但若考虑到阿尔伯特·爱因斯坦、西格蒙德·弗洛伊德、古斯塔夫·马勒(Gustav Mahler)、斯特凡·茨威格(Stefan Zweig)、弗朗茨·韦尔弗(Franz Werfel)、埃德蒙德·胡塞尔(Edmund Husserl)、胡戈·冯·霍夫曼斯塔尔(Hugo von Hofmannsthal)和保罗·埃尔利希(Paul Ehrlich)这些犹太人的著作中并没有"犹太宗教因素",那么这意味着,拥有"势不可挡"文化地位的犹太人极为少见。①

达尔文根本不是"可怕的简而化之者",但其著作却以这种方式被利用。人们有意无意地忽略了达尔文主义的真正内涵——亦即所有人都来自相同祖先。雅利安人神话〔语无伦次地〕假定,德意志人在遗传上便迥异于他们的欧洲邻居,实际上是迥异于所有其他民族。

敌视现代性

上述社会思潮的高潮发生在1890年,尤利乌斯·朗本(Julius

---

① 阿莫斯·埃隆(Amos Elon):《一切都是不幸:德国犹太人群像(1743—1933)》(*The Pity of It All: A Portrait of Jews in Germany, 1743—1933*),伦敦:艾伦·莱恩、企鹅出版社,2003年,第274页。

第四编　现代性的痛苦与奇迹

Langbehn)出版了《作为教导者的伦勃朗》(*Rembrandt als Erzieher*)。在该书中,朗本公开指责理智主义与科学。他出生在石勒苏益格一个小镇的牧师家庭中,父亲追随路德,是一位语言学家。朗本认为,更高至善是艺术,而非科学或宗教。艺术才是知识与美德的真正源泉。他坚持认为,在科学中,简朴性、主体性与个性这些德意志传统美德都沦丧了。伦勃朗这位"完美的德意志人和无与伦比的艺术家"被刻画为现代文化的对立面,是德意志展开"第三次文艺复兴"的样板,只不过这一次"文艺复兴"转向内在(他认为,前两次文艺复兴因路德和莱辛而闪闪发光)。整本书凸显一个主题,即德意志文化正在被科学与理智主义所摧毁,只能通过艺术复活而得以重生。作者反思了一批伟大人物的内在品性,以及英雄与艺术家的权力在新社会中的崛起。1871年后,德国业已丧失了她的艺术风格与伟大个性。对于朗本而言,柏林首先象征着德意志文化中的邪恶。商业与物质主义的毒害("曼彻斯特主义"或有时也称为"美国化")正在腐蚀着普鲁士卫戍重镇的古典内在精神。朗本说,艺术应该使人高尚,因此自然主义、现实主义等任何揭露左拉或曼所关注的种种丑恶之事则面目可憎。

他试图使其作品成为一部适应经过改革之后的新德国的新《圣经》。[①] 其中的主旋律是对科学的敌视。正如我们应该看到的那样,敌视本身正是接下去几页的统一话题。朗本的著作同时也契合了一种对于工业社会的广泛批判——弗里德里希·尼采、威廉·詹姆斯(William James)、亨利·柏格森(Henri Berg-

---

[①] 斯特恩:《非自由主义的失败》,第106页。

第二十二章 民族主义的病理学

son)、威廉·狄尔泰和西格蒙德·弗洛伊德——这也有助于该书获得关注。他尤其敌视特奥多尔·蒙森,称后者如同其他教授那样,已经"把他的精神献给他的理智……这位教授是德意志的民族顽疾"。朗本坚持认为,德国面临的潜在威胁就是"受到过度教育"①。

朗本忽视政治这一点,恰是他受到关注的原因之一。他在德国发出号召,〔希望人们明白〕无知是一种高明的表现。通过"飞向艺术"的方式,民族主义、信仰、直觉和哲学可以被混杂在一起。②他说,艺术特别适用于基督新教的国家,因为它们最为"内在"。

该书引起了书市轰动。书商称之为"本世纪最重要的著作"。即便该书明显是反犹主义的,但仍然出现了大量书评,其中包括格奥尔格·齐美尔、路德维希·冯·帕斯托尔(Ludwig von Pastor)和威廉·冯·博德(Wilhelm von Bode)——最后一位还是德国(以及世界)最知名的伦勃朗研究者。弗里茨·斯特恩指出,1890年是德国文化生活的转折点:"此后十年见证了一种思想与期待的苏醒,一种对于人内在自由的新担忧,一种焦灼于这种自由如何实现的困惑……正是在18世纪90年代,文化悲观主义与反现代性代表了对德意志帝国感到不满、因循守旧分子的双重怨恨。"③尼采看到,怨气所至,将化为政治力量。

这种思维模式绝不仅限于德国一地,尽管它当时在德国的表

---

① 凯利:《达尔文的沦落:达尔文主义在德国的普及(1860—1914)》,第128页。
② 同上书,第143页。
③ 同上书,第165—167页。

现尤为极端。① 与之相关的优生学也是如此。它在英法两国都能找到激情洋溢的支持者,在左右两翼都受到几乎同等的欢迎。英美之间的主要差异在于:英国更推崇优生学的"柔软"一面,即政府鼓励有选择的生育——而在大陆,各种"强硬"的形式更受到欢迎,其中包括强制流产、绝育与安乐死。②

最不怀好意的优生学家是阿尔弗雷德·普勒茨(Alfled Ploetz)。这位医生在布雷斯劳长大,撰写了《我们种族之能力与弱者之保障》(*Die Tüchtigkeit unsrer Rasse und der Schutz der Schwachen*)一书——青年希特勒或在"一战"前的维也纳便已阅读过此书。下列语录充分反映了普勒茨观点的特色:"种族卫生学的支持者大多不会反对战争,因为他们把战争视作民族实现生存斗争的方法之一……在作战中,人们或许可以如此认定,较为适宜的做法是争取让次等变种在急需成为炮火的地方〔做出牺牲〕,而个人能力则是次要的。"普勒茨并非是一位反犹主义者,但他认为,他们是"种族上的雅利安人"。

1880年后,特别是在1893年德雷福斯案发生后,犹太人越来越被认为是欧洲主要的"蜕化"〔象征〕。这同样也成为反犹主义政党成立的一种催化剂。这些反犹主义政党不仅仅出现在德国(话虽如此,维也纳市长卡尔·卢埃格尔[Karl Lueger]尤为尖酸刻薄)。1907年,德国的种族卫生学协会已经拥有了100多个分支组织,不少人类学家和其他科学家还组织了"北欧人社团",其目的

---

① 皮克:《蜕化的不同方面:一场欧洲的混乱(1848—1918)》,第135页。
② 同上。

是培育具有条顿人体格的样本。马克斯·泽巴尔特·冯·维尔特(Max Sebaldt von Werth)的多卷本著作《起源》(*Genesis*, 1898—1903)和约尔格·朗茨·冯·里本费尔斯(Jörg von Liebenfels)的《理论动物学》(*Theozoology*, 1905)均宣称,《圣经》中真正"被选中者"是雅利安-条顿人。①

约瑟夫-阿蒂尔·德·戈宾诺(Joseph-Arthur de Gobineau)的种族观念是通过理查德·瓦格纳传入德国的。1876年,当瓦格纳准备让其作品在拜罗伊特的首次上演时,他第一次对戈宾诺的作品产生兴趣——不久两人见面。作曲家深受这位法国〔自封〕贵族之理论的影响。他曾经向妻子形容戈宾诺是"我仅有的、真正的同时代人"。瓦格纳把戈宾诺的观念带入自己的社交圈,随后,〔戈氏的观点〕特别得到两个人的追捧,即路德维希·舍曼(Ludwig Schemann)和休斯顿·斯图尔特·张伯伦。

舍曼之所以对戈宾诺感兴趣,是因为戈宾诺的观念与德意志极端民族主义的"族民"(völkisch)运动中的关键人物保罗·安东·伯蒂歇尔(Paul Anton Bötticher)的想法不谋而合。后者曾以笔名保罗·德·拉加德(Paul de Lagarde)发表了50篇小册子。拉加德类似朗本,相信德意志民族拥有自己的一种意愿,即"其精神(Seele)的表达",或集体精神。他进一步论述道,德意志精神正在被物质主义、工业化和"中产阶级的贪念"所摧毁。真正的德国、农业习俗的德国和普通民众的传统,正在被淹没,进步是"一种特洛伊木马",隐藏其中的是由机械化、自由个人主义、社会主义,尤

---

① 凯利:《达尔文的沦落:达尔文主义在德国的普及(1860—1914)》,第139页。

第四编　现代性的痛苦与奇迹

其是庸俗,所共同构成的没有灵魂的未来。①

拉加德充满敌意地反对现代,把所有周边一切,所有稀奇灵巧的创新之物,都视作腐朽衰退。他是一位依据《圣经》来研究历史的学者,其中一个研究领域是为了证明德国学者引领世界。他痛恨现代性的程度一如他热爱过去那样。② 他同样属于那些号召〔成立〕一种新宗教的群体。这种成立新宗教的想法后来也吸引了阿尔弗雷德·罗森贝格(Alfred Rosenberg)、赫尔曼·戈林(Hermann Göring)与海因里希·希姆莱(Heinrich Himmler)。拉加德抨击新教缺少仪式与神话,而且实际上除了世俗主义别无他物。他在鼓动创立一种新宗教时,还坦言自己希望看到"《福音书》中的旧教义同德意志人的民族性格融合在一起"③。最初他接受的是"内心移民"的观念,即人应该在其自身内寻求救赎;但随后,他又鼓吹德国应该接管奥地利帝国内所有非德意志地区。这是因为德意志人是最强者,而所有其他民族,特别是犹太人,则是低等的。

对于拉加德而言,德意志秉性的核心面向是雅利安遗产。这是得以回溯到北欧与斯堪的纳维亚半岛之"森林与沼泽"的一种身份。它提供了一种引以为傲且特征明显的选择,以区别于影响了意大利、西班牙与法国的古希腊地中海文化。舍曼顺着拉加德的

---

① 罗伯特·W. 洛格(Robert W. Lougee):《保罗·德·拉加德(1827—1891):德国激进保守主义研究》(*Paul de Lagarde, 1827—1891: A Study of Radical Conservatism in Germany*),剑桥(马萨诸塞):哈佛大学出版社,1962年,第117页及以下。

② 乌尔里希·西格(Ulrich Sieg):《德国先知:保罗·德·拉加德与现代反犹主义起源》(*Deutschlands Prophet: Paul de Lagarde und die Ursprünge des modernen Antisemitismus*),慕尼黑:汉瑟,2007年,第203—227页。

③ 同上书,第292—325页。

第二十二章 民族主义的病理学

说法指出,这种身份与传统在德意志的民族文化中幸存下来,它是一种泛德意志感,是抵制欧洲文化、社会与种族"蜕变"的唯一堡垒。事实上,瓦格纳的歌剧被视作真正再创了原初雅利安人的神话。"拜罗伊特成为每年一度的节庆所在地。在那里,雅利安-德意志人得以参与到'他们的原初神话中',再次发现其文化(Kultur)的源头,并恢复精神健康。"①拉加德访英之旅加剧了他对德国的失望,"〔因为〕在英国,他认为自己看到了一个团结的民族、一个受到欢迎的君主和一个负责任的绅士阶层——而所有一切,正是德国所缺失的"②。

虽然现在拉加德的名声已经消失殆尽,但在当时却如日中天。托马斯·曼称其为"日耳曼尼亚导师"(praeceptor Germaniae)——同一个称号也曾用来形容特赖奇克——对于那些对自己"在资产阶级社会中贫乏存在"感到不满的人,尤为如此。在第二次世界大战中,第三帝国的士兵们就得到了他的作品选集。③

舍曼的个人作品局限于发出呼吁,而休斯顿·斯图尔特·张伯伦却不止如此。张伯伦,正如他的名字所显示的那样,生于英国;但他在一个亲德派家庭中成长。他娶了瓦格纳的女儿,后来成为比德意志人更拥有德意志秉性的人,也是拜罗伊特小圈子中富有影响力的人。1899年,在瓦格纳去世后很久,他出版了《19世纪

---

① 洛格:《保罗·德·拉加德(1827—1891):德国激进保守主义研究》,第227—231页。
② 赫尔曼:《西方历史中的衰亡观》,第54页。
③ 斯特恩:《非自由主义的失败》,第4页;洛格:《保罗·德·拉加德(1827—1891):德国激进保守主义研究》,第253—254页。

的根基》(Die Grundlagen des Neuzehnten Jahrhunderts)一书。该书杂乱无章地概述了一番欧洲史，其主要论点是：首先，欧洲成就完全归功于雅利安民族，这个民族战胜一切逆境，保持住自己的身份，现在则以条顿人幸存于世。它展现了伟大的"身体健康与力量、伟大的智识、丰富的想象力、永无枯竭的创造冲动"①。其次，当条顿活力遭受威胁时，主要敌人总是犹太人。张伯伦宣称，犹太"民族"是蜕化的结果，是由来自中东新月肥沃地带的贝都因人、赫梯人、叙利亚人与亚摩利人杂交而成的。他们是"受到玷污的民族"，有意试图破坏与污染这个由"条顿优胜者"所创建的世界。②

他的著作成为德国中学标准历史课程大纲中的组成部分，而且我们知道，藉由阿尔弗雷德·罗森贝格与迪特里希·埃克哈特（Dietrich Eckhart）介绍，希特勒后来也了解了他的理论。③ 两人于1927年会面，此时张伯伦已年逾古稀。当时戈培尔（Paul Joseph Geobbels）也在场，随后描述了两人的这次会晤。他们相互握住对方的手。希特勒告诉张伯伦，后者是自己的"精神之父"。几天后，张伯伦致信希特勒："如同一阵风般，您已经改变了我的精神状态。德国，在其需求之时，送来了一个希特勒——这是其活力

---

① 杰弗里·G. 菲尔德（Geoffrey G. Field）：《种族理论的布道者：休斯顿·斯图尔特·张伯伦的日耳曼想象》(Evangelist of Race: The Germanic Vision of Houston Sewart Chamberlain)，纽约：哥伦比亚大学出版社，1981年。

② 赫尔曼：《西方历史中的衰亡观》，第73页。

③ 在张伯伦的信件中，他对许多杰出人物加以比较，诸如阿道夫·冯·哈纳克、路德维希·玻尔兹曼和克里斯蒂安·埃伦费尔斯。参见休斯顿·斯图尔特·张伯伦《信件及与威廉二世书信往来》(Briefe und Briefwechsel mit Kaiser Wilhelm II)，慕尼黑：布鲁德曼，1928年。亦可参考保罗·普雷奇（Paul Pretzsch）：《柯西玛·瓦格纳与休斯顿·斯图尔特·张伯伦书信集（1888—1908）》，莱比锡：小P. 雷克拉姆，1934年。

第二十二章　民族主义的病理学

的证据。现在,我可以安静地沉睡,无须再醒来。上帝保佑您!"

张伯伦死于希特勒夺权之前,而舍曼仍健在。在85岁生日之际,他从第三帝国手中获得了德国最高文学奖章"歌德奖"。①

正如弗里茨·斯特恩所言:"无理性的狂想曲……照亮了德意志文化的阴暗面。"无论他们从何处开始论述,他们都想象一种"日耳曼尼亚解放"(Germania irredenta)——这是德国的新命运,人们从中受到净化与训诫,并以世界最强者的身份崛起。尤为重要的是,对现代性发动意识形态上的进攻,"愤恨"占据上风,成为主要的精神推动力。②

与其他国家相比,德国的普通人(特别是那些受过教育的阶层)受到这些论述的冲击更为频繁。这是一种唯心主义,它针对的是生活观念、一连串情感与价值观——其间,科学与学术(不过是以伪科学式的或宣传式的)在增加一种错误感知力上扮演着重要角色。这种唯心主义强调内在性、强调内省,并不鼓励政治参与。俾斯麦的"半专制式"政治体制则进一步强化了这种状态。诺贝特·埃利亚斯(Norbert Elias)已经关注过19世纪晚期的分裂:一方面是"有决斗能力的社会"(satisfaktionfähige Gesellschaft),即一种导向荣耀规则的社会,它让决斗、需求与给予"赔偿"成为自豪所在,但这些自豪之举已经变得野蛮化;另一方面则是受过教育的中产阶层。

民族主义、文化与唯心主义融化在一种文化民族主义中。正

---

① 赫尔曼:《西方历史中的衰亡观》,第75页。
② 斯特恩:《文化绝望的政治》,第 xx—xxi 页。

第四编　现代性的痛苦与奇迹

是在这种文化民族主义中,德意志精神得以超越其他民族的精神,辅以其他地方难以企及的狂热——甚至是咄咄逼人之态。埃利亚斯再次向我们展示了民族主义如何让一种道德密码——不均等主义,即与那些社会的"上升等级"不相符合——具象化的。之所以如此,是因为受过教育的阶层——特别是学者、官僚、职业人士——迅速被新的工业家所取代,但又在按权力排列的顺序中败下阵来。他们曾经屈居于旧贵族之下,现在的地位则仅仅高于无产者。"工业革命以前所未有的方式突然改变了德意志社会的面貌和特点。"[1]一份发人深省的统计数据表明,到1910年,德国所拥有的大城市数量相当于欧洲其他国家的总和。

德国这种向现代性的转变,其规模之大,速度之快,远胜于其他地方。[2]

---

[1]　斯特恩:《文化绝望的政治》,第xxvii页。
[2]　诺贝特·埃利亚斯:《德国人:19—20世纪的权力斗争与习性变迁》(*The Germans: Power Struggle and the Development of Habitus in the Nineteenth and Twentieth Centuries*),米夏埃尔·施罗特(Michael Schröter)主编,埃里克·杜宁(Eric Dunning)、史蒂芬·梅内尔(Stephen Mennell)英译,剑桥:政治出版社,1996年,第ix页及第155页。

| 第二十三章 |

金钱、大众、大都市:"首个承续的社会学派"

前述章节提及了一些相当臭名昭著的作者及其撰写的(甚至杜撰的)的糟糕作品。总体而言,这些作品似乎缺乏表达自己思想的自我意识,而只是在刻意渲染一些有倾向性的言论。但与此同时,仍不乏许多广泛专注于一些严肃议题——尤其是有关工业化、城市过快发展以及持续技术革新等问题——的德国思想家。

其中一些是作家。随着1848年资产阶级革命的失败,我们在第14章中已经看到,许多作家从追求现代性发展中抽身出来,自我放逐于与世隔绝的田园牧歌之中,并由此产生了一个独特的德意志文学流派:从残酷的(主要是城市化、工业化)现实生活转向专注于内心教化——例如阿达尔贝特·施蒂夫特、戈特弗里德·凯勒等。但19世纪后半叶的德国作家们至少已经开始触及一些时代主题。此类作品的开山之作是古斯塔夫·弗赖塔格的《借方与贷方》(*Soll und Haben*,1856)以及弗里德里希·冯·施皮尔哈根(Friedrich von Spielhagen)的《锤与砧》(*Hammer und Amboss*,1869)。这些标题别有深意的作品被归并为"成长小说"(Entwicklungsroman)。它们与"教育小说"(Bildungsroman)类似,但故事大多以中产阶级的主人公获得财富为结局:弗赖塔格和施皮尔哈

第四编　现代性的痛苦与奇迹

根的"英雄"在商业社会"内部"找到了适合自己的位置,而非在自立于社会之外寻求自己的内心成长。

在他们之后,19世纪晚期最重要的两位现实主义作家当属威廉·拉贝(Wilhelm Raabe,1831—1910)和特奥多尔·冯塔纳(Theodor Fontane,1819—1989)。此二人都将目光投向资本主义的社会与道德。作为认同法国大革命理念的作家,拉贝的作品明显借鉴了狄更斯的风格,并试图抓住这位英国作家的幽默感,但他同时从未忘记资本主义才是他的写作主题,在如《阿布·台尔凡或魂系月山》(*Abu Telfan oder die Heimkehr vom Mondgebirg*,1867)、《运尸车》(*Der Schüdderump*,1870)、《饥饿牧师》(*Pfisters Mühle*,1884;这部作品涉及工业污染问题)中,拉贝揭露了资本主义的畸形,并提出人类应当如何在资本主义世界中存活下来的问题。

更杰出的作家无疑是特奥多尔·冯塔纳。在步入晚年才最终转向小说创作之前,他的人生经历已然十分丰富:当过药剂师,干过记者(包括战地通讯员),写过戏剧批评,还参加过1848年革命的街垒巷战。正因如此,他的小说尤其关注如下现实:德意志每一个个体的生存基础完全取决于其阶级属性;也正是多亏冯塔纳,德国小说才从歧途被拉回主流。但与其他作家不同的是,尽管冯塔纳对容克阶级不无同情,但总体上他对资本主义更抱好感。他的主要目的是展示"一个极度保守的社会在统治个体生命"时的肆意妄为,这在专制国家时代被奉为当然的真理,而在冯塔纳看来,其所在时代依然如此。社会只是在用于控制国民的道德手段方面发生了微乎其微到可以忽略不计的变化。在这样的情境下,冯塔纳

第二十三章　金钱、大众、大都市:"首个承续的社会学派"

最著名的作品当属《艾菲·布里斯特》(*Effi Briest*,1894)。这部作品常与《安娜·卡列尼娜》(*Anna Karenina*,1878)和《包法利夫人》(*Madame Bovary*,1857)一起被称为从女性角度出发探讨19世纪婚姻状况的三部曲。贵族少女艾菲被安排嫁给母亲曾经的仰慕者、年长她两轮的某男爵。由于受到丈夫的忽视和当地贵族圈子的排斥,她开始和一个已婚花花公子发展婚外情。多年之后,二人曾经的奸情败露,男爵在决斗中杀死了妻子的情人,剥夺了妻子对女儿的监护权,并与之离异。而艾菲最终得以回到娘家,仅仅是因为原本拒绝接纳她的父母得知她罹患肺结核将不久于人世。每个人都陷于各自的不幸之中。冯塔纳真正的主题是笼罩在俾斯麦德国上空的道德迷雾。这种道貌岸然的空虚,破坏性远大于创造性。

不得不说的是,在史蒂夫特和凯勒的时代,冯塔纳和拉贝只是籍籍无名的现实主义作者,但这一时期已出现一种关于现代社会的更持久的创见。它由不同的群体通过截然不同的学科加以呈现:他们提出的一系列分析与警告总和在一起,构成了首个承续的社会学派。[①]

德国的社会学研究源于哲学,这或许也是它的特色,这一点尤其可以追溯到某位哲学家的作品。尽管他可能并不如一些同时代

[①] 基思·布利范特:《现实主义的今天:当代西德小说面面观》,利明顿温泉、汉堡和纽约:奥斯瓦尔德·沃尔夫,1987年,第8—12页;卢卡奇:《19世纪的德国现实主义作家》,第323页;汉斯·P. 里克曼(Hans P. Rickman):《威廉·狄尔泰:人学研究的先锋》(*Wilhelm Dilthey: Pioneer of the Human Studies*),伦敦:保罗·埃莱克,1979年,第12页。

的同行那样为当代人所熟知,但即使以他身处的位置为出发点,观察这期间所发生的一切,这位清醒而睿智的观察者的精准表达,无疑如一缕清风,令人耳目一新。

"思想不能落后于生活":"人学"的诞生

威廉·狄尔泰(1833—1911年)出身富裕。1833年,他诞生在一个境遇优于多数同行的神职人员家庭:其父担任拿骚公爵(Duke of Nassau)的宫廷牧师,母亲则是一名乐队指挥的女儿。得自遗传的狄尔泰因此对音乐兴趣浓厚,但他也由此对底层民众缺乏好感和信任。①

起初狄尔泰在海德堡学习神学,但很快被更专业的音乐训练吸引而转往柏林。他给自己列出了阅读书目,研究莎士比亚、柏拉图、亚里士多德和圣奥古斯丁,并最终完成了以施莱尔马赫为研究对象的博士论文。在巴塞尔执教期间,他与雅各布·布克哈特(Jacob Burchhardt)结为好友;在基尔,他着手出版施莱尔马赫传的第一卷《德意志精神史》(*A History of the German Spirit*)。之后,他获得了曾由黑格尔担任的柏林大学哲学教授一职,并在那里度过了余生。②

狄尔泰以一种古希腊人的方式检视自己,并观察他所谓的"生命之谜"。他认为,人类不可避免地会发现自己身处"自己无法理

---

① 里克曼:《威廉·狄尔泰:人学研究的先锋》,第24页。
② 同上书,第38页。

第二十三章 金钱、大众、大都市："首个承续的社会学派"

解的情境下,因此他们相信到处是非理性的力量,劳动中也充满着各种偶然"。据此,狄尔泰提出,人们一方面需要为自己的生活创造一幅连贯的画卷,另一方面又需要可以追寻的目标与能够规范其行为的道德准则。他认为,正是受这些规则的影响,每个人都有一种"形而上的冲动"(metaphysical impulse)——从而催生出艺术、宗教和政治。"如果某种反应是基于一种持续不断的批判思想,它就成为了哲学。"而哲学区别于其他思想的不同之处仅仅在于:它是——或应该是——更为抽象,逻辑也更为严密。在狄尔泰看来,哲学的历史是一种观念的传承。尽管任何一种观念都不能被证明是完全正确的,但我们应当清楚地明白这一事实——知识与迷思——并使之成为指引我们的向导。经受住时间考验的世界观或世界一体,大多包含一些真实的要素,但每一个要素又都受到人类心灵的制约,"人类的心灵是受环境的制约与影响的"[1]。一旦世界观或哲学体系被提高到一个绝对高度,折损的只能是它们的可信度。

正是这一点让狄尔泰拒绝形而上学。对他来说,丰富而富于变化的现实永远无法用任何单一概念加以捕捉。他深信,在所有那些被我们称为生活的经验背后,并无可资探索之处。狄尔泰强调:"思想不能落后于生活。"举例来说,政治决策的制定永远不能用职业心理学上的基本过程,例如反射动作来作解释。在这个例

---

[1] 赫尔穆特·迪瓦尔德(Hellmut Diwald):《威廉·狄尔泰:知识理论和历史哲学》(*Wilhelm Dilthey: Erkenntnistheorie und Philosophie der Geschichte*),哥廷根:穆斯尔特·施密特,1963年,第130页以下。

第四编 现代性的痛苦与奇迹

子中,我们只能去分析政治思想的产物。对狄尔泰而言,"完整的经历"是唯一可能开展人类研究的基础。

他还坚持认为,身处一个不断发展的世界中的人类,是与其道德观念密切相连的;但他同时认为,重要的是人的天性并非一成不变,而是随着历史进程不断发展的,道德观念也因此改变,因而它也不是固定的。这是人学研究的另一个话题,对于学科方向的重新定位必须被视为狄尔泰所取得的最与众不同的成就。[①]

狄尔泰连带提出了这样一个问题:人类所具备的某种精神以及由此形成的一系列自然界中从未有过的现象,会对后者造成哪些影响?其中有一种现象被称为"目的性":人们不断地与这一概念作斗争,以便将自己从宗教所歌颂的整个自然界都是有目的的观念中解放出来。从伽利略开始,这一尝试大多奏效,而巴鲁赫·斯宾诺莎(Baruch Spinoza)更是将之推向巅峰。但狄尔泰并不认为人类因此而变得更快乐,或是对宇宙的理解更进一步。第二种现象是价值。人类区别于其他生物的能力在于,人能够对于周围的环境做出反应,也只有人类可以用抽象的概念来评价事物的好坏。第三,人类生活中充满着标准、规范与道德准则。重要的是,从高尚的道德标准到交通法规,都与科学法则大相径庭,这是因为由人类自己制定的法律是依照习惯而来,因而可以改变。第四,人类意识到自己的生活是历史性的,而自然界则是无意识的:行星冷却,冰川消融,潮起潮落,这些变化多少也对人类构成影响,但多亏

---

① 里克曼:《威廉·狄尔泰:人学研究的先锋》,第57页。

第二十三章　金钱、大众、大都市:"首个承续的社会学派"

了意识与记忆,使得连续事件的积聚效应变得越发重要。①

正是上述思考令狄尔泰得出结论:很简单,人类的思想世界无法直接得到观察。意图、价值和准则是不可见的;历史亦然,它只存在于过去。因此我们想要获取有关思想的知识只能通过两种途径:一是内在经历,它为我们揭示目的、价值和规范,并且通过记忆帮助我们思考过去;二是交流,"没有交流,个体所掌握的知识只能是微不足道的"。只能通过这些现象和构成要素,才得以产生,但它本身并不可见。

所有这些并非激进的观点,被再度澄清,并使得被打上狄尔泰烙印的"人学"概念似乎成为了一种公理。他将人学研究区分为历史性准则和系统性准则两个学科维度。历史学包括了政治史、经济史、思想史和科学史;而在所谓"系统学领域",他认为所有这些经济的、社会的和心理的活动,都是从基本法则的意义出发,试图解释现象。②

狄尔泰反复引用"理解"(Verstehen)的概念,从这一点来说,他追随康德并认同他的"知性"(Verstehen)观念:我们发展自我以便理解世界。但对于狄尔泰来说,纯粹的事实和正确的理解之间存在本质的区别。③ 理解对他来说是一种体现人类智慧的特殊能力,并且也应当承认这一点。这可以在特定的体系,如行为举止

---

① 伊尔莎·N. 布霍夫(Ilsa N. Bulhof):《威廉·狄尔泰:一种历史与文化研究的诠释路径》(*Wilhelm Dilthey: A Hermeneutic Approach to the Study of History and Culture*),海牙:尼吉霍夫,1980 年,第 55 页及第 3 章。
② 里克曼:《威廉·狄尔泰:人学研究的先锋》,第 70 页。
③ 迪瓦尔德:《威廉·狄尔泰:知识理论和历史哲学》,第 153—169 页。

中,发现其缺陷或失败的例子,这些体系或向我们传达出有关人类行为举止和经历的部分信息,但无可避免的,它是有限的,并且也不可能构成完整的理解。还有许多的问卷调查,它们同样并不足以达成完整的理解。"人类无法通过猜测或者心理实验来发现自我,只有通过历史。"历史的维度——也包括建立在理解基础上的教育——强调解释的必要性,这一点和与之相关的理解的概念一起,构成了狄尔泰的另一个重要认识。① 鉴于精神活动是人类世界中的重要现象,狄尔泰认为,对于世界的理解,相比物理或者化学,更类似于文学或法律解释,他也正是用此番话语来迎面挑战现代科学是一切知识研究范式的主张。

狄尔泰由此推导出五条指导人学研究的重要原则。第一,个案本身当然是有趣的,但要从这些个案中引出一般性的结论,意义并不大,"因为它们的个性与共性同样重要,都是历史性的体现"。自然科学所通行的那套基本法则,在人学研究中并无一席之地。第二,从局部到整体的关系与人们所想的完全是两回事。活塞是机器的一部分,完全不能和人作为集体一分子所具备的意义相提并论。第三,任何研究都应从大自然中举目可见的复杂性入手。只是通过观察动物或者小孩这样的简单过程,是无法理解诗人的想象力的。第四,我们可以自由切换学科,"只要它是有益的"。第五,人类既是主体也是客体。环境造就了他们——因此人类成为

---

① 卡洛·安东尼(Carlo Antoni):《从历史主义到社会学》(*Vom Historismus zur Soziologie*),斯图加特:K. F. 克勒,1950 年,对这一发展进行了探讨,他从狄尔泰开始,并涉及韦伯和迈内克。

第二十三章　金钱、大众、大都市:"首个承续的社会学派"

了客体;但与此同时人类也了解自己并约束自己的行动。①

由此我们可以得出重要结论。正是有假设和解释参与其中,关于人类世界的知识,"不可能成为一种真实的影像纪录"。它常常是被建构出来的,需要不断地加以修正。②

大都市的精神生活

除了狄尔泰的卓越影响之外,德国第一位真正意义上的社会学家是威廉·海因里希·里尔(Wilhelm Heinrich Riehl,1823—1897)。他有关德意志农民的研究尤其吸引来自国外的关注目光,〔因为〕在那些国度,农业文化早在五十年前就因工业革命的开始而凋敝。里尔除了认为宪政国家的农民政策十分肤浅之外,他还明确区分上、中、下德意志*(中部德意志的"个人主义"倾向较其他两个地区更为明显),同时提出"市侩"(socialphilistine)的概念,亦即"区别于私人利益,排斥所有公共利益、公共生活"的个体。但这里说的并不是知识分子阶层的"内在性",而是他们的小资产阶级社会立场极有问题。

然而,时至今日,里尔的熠熠星光早已被一群更伟大的名字所遮蔽,其中至今仍令人有开卷有益之感的当属格奥尔格·齐美尔(1858—1918)。从任何一个角度,出生柏林市区的齐美尔看都是一位现代都市人。费迪南德·滕尼斯(Ferdinand Tönnies)在读完

---

① 里克曼:《威廉·狄尔泰:人学研究的先锋》,第150—153页。
② 同上书,第155页。
* 即对应德意志北部、中部和南部。——译者

第四编 现代性的痛苦与奇迹

齐美尔的首部作品后,写信给一位朋友:"这本书很刻薄,但它散发着大都市气息。"但也有人这样说:"齐美尔遭受着现代主义的折磨。"①

齐美尔是家中七个孩子中最小的一个。其父是一位皈依天主教的犹太商人,事业成功,但早在小格奥尔格孩提时代就已去世,因此这家的一位音乐出版人朋友充当起了他的监护人。齐美尔在柏林大学学习历史和哲学,受教于许多杰出人物——蒙森、特赖奇克、聚贝尔、德罗伊森、物理学家亥姆霍兹,以及人类学家莫里茨·拉扎勒斯(Moritz Lazarus)(狄尔泰和威廉·冯特[William Wundt]也曾跟随他学习)。②

1885年,齐美尔成为柏林大学编外讲师,开设有关伦理学、社会学、康德、叔本华、"达尔文主义的哲学后果"及尼采〔等课程〕。齐美尔是一位杰出的演说家,他的讲座也因此成为柏林城中兼具社会效应和知识分子魅力的文化盛事之一。前来听讲的除了学生,还包括文化界的精英。

除了讲座成功、书籍大卖,齐美尔的名气也扩散到了欧洲之外的俄国和美国,他是《美国社会学期刊》(American Journal of Sociology)的顾问编辑。不仅如此,他还交友广泛,和当时知识界的一众领军人物如马克斯·韦伯、埃德蒙德·胡塞尔以及阿道夫·

---

① 刘易斯·科泽(Lewis Coser):《社会学思想大师:社会与历史学语境中的观念》(Master of Sociological Thought: Ideas in Social and Historical Context),纽约:哈科特、布鲁斯、约万诺维奇,1977年。
② 戴维·弗里斯比(David Frisby):《格奥尔格·齐美尔》(Georg Simmel),伦敦:埃利斯·霍伍德有限公司及塔维斯托克出版社,1984年,第23页。

第二十三章 金钱、大众、大都市："首个承续的社会学派"

冯·哈纳克(Adolf von Harnack)或保持友谊或受到他们的青睐；他是莱纳·玛利亚·里尔克(Rainer Maria Rilke)和斯特凡·格奥尔格(Stefan George)的密友；又和滕尼斯、韦伯一起创办了"德国社会学协会"。然而，当教职出缺时，他却一再被大学当局拒之门外。而当齐美尔终于成为斯特拉斯堡大学的教授时，已是1914年，很快学校关门并改建为一所战地医院。尽管如此，他却从未被反犹主义压垮。多亏父母留下的可观财富，经济上的保障多少缓和了他所面临的困境。齐美尔本人也从未意志消沉，而是成为了一位完美的演说家，"〔他〕会用突如其来的手势强化气氛，戏剧化的停顿，紧接着是耀眼的思想洪流的喷涌"。一位崇拜他的美国观察家将他的演讲描绘为"齐美尔的'齐美尔范儿'"①。

作为"卖淫方式"的资本主义

美国社会学家莱斯特·沃德(Lester Ward)在1900年的巴黎世博会上报告了大西洋两岸社会学研究现状。尽管报告明确指出，德国社会学界现阶段缺乏主持大局的领军人物（这一状况直到第一次世界大战结束都未有改观），但〔报告〕随后也提及了齐美尔"在过去的六年中"所举办的一系列社会学讲座。因此，齐美尔正是德国首位专业社会学家，他的冉冉升起符合了托马斯·尼佩代(Thomas Nipperdey)所描述的"哲学的分崩离析"②。

---

① 戴维·弗里斯比:《格奥尔格·齐美尔》，第25—26页。
② 同上书，第13页。

第四编　现代性的痛苦与奇迹

齐美尔在19世纪80年代首次提出他所谓的"社会学的新构想"。尽管此时达尔文主义和社会达尔文主义正大行其道,齐美尔却在讲座中指出,在社会交往持续的情况下,并不存在单一的决定性因子。在他看来,这些不过是一部分可以量化的相互关系。他认为,"将社会视为一种结构,这其中所发生的一切,与在(真实)社会中真正所发生的现象"[1]之间——尽管并不完全正确——存在着关键性的差异。而后者正是社会学家所要关注的。

齐美尔尤其对人们在新社会条件(后工业革命)下广泛的自我组织方式感兴趣。因此,他在《论社会差异》(Über sociale Differenzierung)一书所做出的早期贡献旨在说明:个体所属的社会群体变得越大(如在大城市中),每个人所获得道德自由度也越宽泛:"群体在数量上的扩大仅仅是表明个体道德负担减轻最浅显的例子。"[2]尽管如此,他也指出,多数情况下,这种自由是虚幻的,"因为在抉择背后是无情的压力,而做出抉择这种能力本身就是无根的标志"[3]。

他还拓展了集体责任的观念——在一个人们紧邻而居、互相密切联系的城市社会中,每个人都应该对社会上日益多样化的病态现象负责任,但要接受这一点并非易事。我们在变得更自由的

---

[1] 戴维·弗里斯比:《格奥尔格·齐美尔》,第53页。
[2] 同上书,第71页。
[3] 玛格丽特·祖斯曼(Margerete Susman):《格奥尔格·齐美尔的思想》(Die geistige Gestalt George Simmels),图宾根:莫尔,1959年。该书聚焦于齐美尔的精神世界。也可参考罗伊·帕斯卡(Roy Pasacal):《从自然主义到表现主义:德国文学与社会(1880—1928)》(From Naturalism to Expressionism: German Literature and Society 1880—1928),伦敦:韦登菲尔德和尼科尔森,1973年,第157页。

第二十三章　金钱、大众、大都市："首个承续的社会学派"

同时,也应当承担起更多的责任;[1]但与此同时,随着城市社会中个人主义发展越发强势,作为群体成员的归属感则日益萎缩。齐美尔发现,城市"生活中的焦虑与日俱增",从而导致城市越来越多地根据社会圈子来加以区分,而这催生了肤浅与模仿——"较为低级的文化功能之一"。最显而易见的模仿形式便是时尚现象,它并不仅限于服饰,也表现在音乐消费上,这是一种归属与区分的途径。[2]

《论社会差异》中最精彩的部分是齐美尔对主观文化和客观文化的区分。齐美尔认为,前者不仅包括书籍出版、油画绘制和戏剧表演这些具有外部存在形式的文化——个体可以与之建立关联、定义它们,分享对它们的回应,订立互相妥协(或引发争执)的价值导向和规范,以便将人和人之间加以区分。而关于客观文化,齐美尔则更多讨论的是商业文化,他眼力所及范围内的银行家、工商企业家和商店主鲜有分享精神,更缺乏可与之比较的基本价值观,商业文化因此更多地指向私人(但又并非必然指向更亲密的)生活。他认为这样的生活是贫瘠的,但同时他又看到,对于生活在大都市中的人来说,小镇生活又是"令人无法忍受的"。

1889年5月,齐美尔撰写了一篇有关"货币哲学"[3]的讲稿,随后在进行部分增补后,以"货币哲学"("Die Philosophie des Geldes")为题于1900年发表。文章一出,引来一片赞扬。卡尔·约埃尔

---

[1] 赫尔曼·冯·亥姆霍兹1853年"论歌德的科学研究","哥尼斯堡德国联合会"前的演讲,E.阿金森英译,收录于亥姆霍兹:《科学与文化:通俗与哲学论文集》(*Science and Culture: Popular and Philosphical Essays*),大卫·卡汉(David Cahan)编,芝加哥:芝加哥大学出版社,1995年重印。
[2] 弗里斯比:《格奥尔格·齐美尔》,第84页。
[3] 同上书,第93页。

(Karl Joël)称其为"一部时代的哲学",马克斯·韦伯则认为文章对于资本主义精神的分析极其"睿智",而鲁道夫·戈德沙伊德(Rudolf Goldscheid)指出,齐美尔的文章"与马克思的《资本论》之间形成了一种有趣的关联性"。

齐美尔的部分论点应当归功于狄尔泰所提出的"货币,和其他现象一样,永远不能被任何一门单一学科所领会"。尽管如此,对于齐美尔而言,货币之所以重要则是在于它象征着"社会生活的根本关联性"。他认为,货币的意义并不在于如马克思所说的生产,而是在于交换。他坚持认为,交换是价值的源泉,这其中包括价值的减损和增加。"(社会中的)任何互动都可以被视为交换:任何交往、情感(即使它是被拒绝的)、游戏,甚至是其他人的一瞥。"这些交换本身常常包含了个人情感的转换,而这对于齐美尔而言,正是大城市生活所独有,并且是它之所以新奇的原因。①

货币经济造就了新的依赖,"尤其是对第三人的依赖,但这种依赖不再是针对人本身,而是针对他们所代表的某种功能性角色的依赖"。由此造成的一种后果是这些为我们所依赖的人的性格如何变得无关紧要,而我们与其之间的关系也更少情感上的张力。金钱使我们能够投身更广泛的社会关联之中,但其中没有任何真情实感的投入,且很少做出承诺。金钱既是"瓦解性、孤立性的",但又是"统一的",它汇集了一个社会的种种要素,如果没有这些要素,"彼此之间就不再有任何联系"。〔因此,〕齐美尔甚至将货币经济与卖淫相提并论:"这种在使用中表现出来的冷漠,这种因为不

---

① 弗里斯比:《格奥尔格·齐美尔》,第99页。

第二十三章　金钱、大众、大都市："首个承续的社会学派"

与任何人产生关联而对于任何个体都缺乏依赖的特性,这种金钱的内在客体性……排除了任何情感的羁绊……使得金钱和卖淫产生出一种令人触目惊心的类比关系。"[①]

在《货币哲学》的最后一章——它被视为最先针对现代性的社会学分析之一——中,齐美尔试图对"异化"(alienation)理论加以提升。他这样写道,货币帮助现代文化走向"精确计算",而这种对货币关系的简化理解消解了其他的社会关系,从而限制了个体创新与朝着特定方向发展的机会。与此同时,生产过程的特性就是追求产品与人工无关,"因为产品就可以适用于更多的人,并以一种更廉价的方式进行生产,尽可能满足最广大的需求"。在这种情况下,个人体验被压缩,亲密关系也丢失了——这就是现代性的异化,而对齐美尔来说,也是"文化的悲剧",科学专门化加剧了哲学承续性的丢失。

1903年,齐美尔出版了著名的《大都市与精神生活》(*Die Großstadt und das Geistesleben*),这一著述后来又被扩充为《社会学》(*Soziologie*,1908)一书。在这篇文章中,他提出,大城市并非仅是在社会分化方面较过去表现得更为明显,而是出现了一种全新的现象,那些"面目模糊的集体",即我们所说的群体,被描绘成"完全漠视集体中的其他人"[②]。这种在传统农业社区或集市中从未出现过的经历激发出了"极端的主观主义",齐美尔这样说道。个体争取自我保护的斗争反对的是许多大城市社会互动中"无处

---

① 弗里斯比:《格奥尔格·齐美尔》,第106页。
② 弗里茨·林格(Fritz Ringer):《马克斯·韦伯:一个知识分子的传记》(*Max Weber:An Intellectual Biography*),芝加哥和伦敦:芝加哥大学出版社,第36、40页。

不在的冷漠",但〔它〕却导致了过激的行为,"最容易产生偏见的怪癖,以及只有在大城市中才有的过度冷漠、任性和挑剔,其意义不再局限于此类行为本身,而在于这是一种旨在区别于他人的形式,在于人们以这种方式突出自己,博取关注"。大都市里的生活消磨了坦率真诚的个性,取而代之的是虚伪、勉强和工于算计。这也是一种异化的形式。①

格奥尔格·卢卡奇和瓦尔特·本雅明均认为《货币哲学》的重要性仅次于马克思。但它同时也激起了一些作家如休斯顿·斯图尔特·张伯伦以及奥斯瓦尔德·斯宾格勒对于现代城市"激昂的愤怒",这些主题之一在1920年代的魏玛德国首次登场,并为民族社会主义的兴起铺平了道路。

〔此外,〕齐美尔还对芝加哥学派产生了重要影响。

两类个人主义

费迪南德·滕尼斯将社会学视为一个业已存在的囊括了从几何学到历史书写的"认知体系"的一部分。由于深受霍布斯(Thomas Hobbes)和休谟(David Hume)的影响,滕尼斯认为社会学与语言学、数学、物理学,或法学原理并无本质差异——它只是由现代生活所创造出的逻辑学或认识论的新形式。②

---

① 弗里斯比:《格奥尔格·齐美尔》,第131、132、148页。
② 费迪南德·滕尼斯:《共同体与社会》(Community and Civil Society),琼斯·哈里斯(Jose Harris)主编,琼斯·哈里斯和玛格丽特·霍利斯(Margaret Hollis)英译,剑桥:剑桥大学出版社,2001年,第viii页。

第二十三章　金钱、大众、大都市:"首个承续的社会学派"

根据后来对他的理解,我们可以说,滕尼斯的家庭背景至少对其部分理论产生了重要影响。他于1855年出生于东石勒苏益格的沼泽地区,其祖父在那里担任路德宗牧师。滕尼斯十岁时举家从乡村迁往胡苏姆(Husum)附近的镇子,曾经是农民的滕尼斯父亲现在进入银行工作。滕尼斯终其一生,直到纳粹时代,似乎都在找寻调停大都市大众文化困境的方法。

在大学时代,他追随于世界主义模式,曾求学于斯特拉斯堡、耶拿、柏林、莱比锡、海德堡、基尔和图宾根。① 从1878年到第一次世界大战爆发前,滕尼斯还数度访问英国,并于1905年前往美国。他对于英美国家的态度是复杂的。那里资本主义和贫困的对立使他明确意识到社会的"道貌岸然",但与此同时他又由衷赞叹〔英美国家〕受宪法保护的自由。因此,在滕尼斯的核心理论中始终存在着这一矛盾。

在结束了首个哲学方向的博士学习之后,他与哲学家兼教育学家弗里德里希·保尔森(Friedrich Paulsen)结为好友,在后者的影响下,滕尼斯开始研究前康德主义哲学家。正是沿着这个方向的研究使他接触到了托马斯·霍布斯。出于对霍布斯研究的需要,促成了他多次访英,并获准前往大英博物馆、牛津大学圣约翰学院以及位于德比郡的德文郡公爵庄园——哈德威克厅,接触霍布斯作品第一手材料。他发现了被其他学者忽视的霍布斯档案,材料之充分足以发表四篇学术论文。这项研究使得滕尼斯在英吉利海峡南北两岸声名鹊起。

---

① 滕尼斯:《共同体与社会》,第 xii 页。

第四编　现代性的痛苦与奇迹

对于霍布斯的深入研究又引出了亚当·斯密,然后是其他一些经济学家。正是这一种知识分子研究的背景,形成了滕尼斯对后来的著作《共同体与社会》最初的"构思"。他试图严格区分他所认为的人类社会组织的两大基本对照模式。滕尼斯认为,传统的小尺度村庄,亦即他本人成长的地方,正在消亡,并且他深切感受到了这种消亡的过程。与此同时,俾斯麦对于反对派的残酷镇压,在滕尼斯看来导致"对新德意志帝国被过度吹嘘的丰功伟绩的幻灭感与日俱增"①。

但在当时,并没有迹象表明他会将这份草稿加以扩充,〔相反,〕他再次返回英国继续对霍布斯的研究工作。只是由于一系列变故——滕尼斯的英国出版商突然取消了他的出版项目,才导致他重新将关注重点转回《共同体与社会》上来。当时还是1887年,而恰恰是这个仿佛命中注定的抉择,促成后来滕尼斯用一生完成的八卷本文集的问世,最后一卷的出版于他辞世前不久。尽管该书最初乏人问津,但到"一战"爆发前夜却迅速流行起来。②

该书分为三个部分:第一部分比较小尺度"共同体"和以市场为基础的大尺度"市民社会"(civil societies)。第二部分调查这两种类型对于人类思维及行为举止的影响。第三部分则审视受此影响下的政策、政府和法律。滕尼斯的中心观点的一端是"天然的"意志,或意识,它是自发的和不假思索的(他最初称之为"本能的意志"[Wesenswillen]);而另一端的意志是人工的、审慎的,受制于

---

① 滕尼斯:《共同体与社会》,第 xiv 页。
② 同上书,第 xv 页。

第二十三章 金钱、大众、大都市:"首个承续的社会学派"

"合理的算计"(最初他使用的是"自由选择"[Willkür]一词,后来则改为"选择意志"[Kürwille])。对滕尼斯来说,这是两种形式的自由。一种是"在预设的社会背景下自然而然履行职能或义务",另一种情况下,尽管"理性的意志"是有意识的,但具有"无限的选择可能",因而是完全"独立自主的"。滕尼斯认为,这两种意志和自由的形式潜藏于整个人类群体之中,但会因为不同的社会环境而在表现方式上大相径庭。男性身上表现出的理性意志较女性更为明显,成年人优于儿童,城市居民优于乡村居民,商人优于搞创意的艺术家。他在论述这些区别的基础上力图说明的是,在人类现代社会中存在着两种截然不同的心智。"天然意志"产生出一种与生活环境相一致,并且与他人相连的"自我";相反,"理性意志"则产生出"主观"(而非自我),它通过感知他人作为"客体"而建构出对自身身份的认同,并实际区别于天性中的自我。[①]

这种对人类心智的二分法与社会和经济组织密切相关。"有机的"共同体(Gemeinschaft)的特征是以亲属关系、风俗习惯、历史和初级产品的公共所有权结成纽带。与之形成对比的则是"社会"(Gesellschaft):"独立的个人通过各自的兴趣、商业合同、一种空间的(而非"历史"的)共同意识,以及法规的外部制约来构成与他人的互动。"这种二分法具有普适性。举例来说,在共同体中,"物质的生产首先是为了'使用'而非'盈利'"。而社会则相反,"所有的人际关系都是对抽象的个人自由的要求"。在共同体中,

---

① 滕尼斯:《共同体与社会》,第 xvii 页。

第四编　现代性的痛苦与奇迹

工作和生活是与"职业"或"使命"结合起来的；而在社会中，商业带来利润，随后利润又常常可以提供"快乐"。"整个文明已经被一种市场经济、市民社会占主导的现代生活方式所完全改变，这种改变也预示文明本身正在走向终结。"①

滕尼斯的观点至少部分地与社会达尔文主义者和庸俗民族主义者的观点重合，但他的两分法直到第一次世界大战前夜，战争威胁在国际范围内不断升级时才流行开来。战后滕尼斯声誉愈隆，且并不仅限于德国国内，甚至在欧洲和美国他也广受好评。《共同体与社会》〔也因此〕成为了古典社会学的权威文本。

滕尼斯反复强调，他并非比较个人主义和集体主义，而是确实存在两类个人主义，"自然的个人主义是由共同体所创造，也来源于此；而非自然的个人主义则是由社会文化培育，并通过其加工而来"。然而，绝大多数的读者却将他的著作理解为一种对现代性的攻击。

齐美尔和滕尼斯的重要性在于他们共同明确了19世纪末"文化滞后"的形态，正是这种滞后性对于体现在20世纪德国身上的"迟到国家"形象有着长期的影响（参见第41章，原书第757页）。齐美尔和滕尼斯在现代德国社会中所观察到的某些现象，正是被里尔称为现代社会中"非德意志"的地方，并通过一系列作家如尤利乌斯·朗本、斯宾格勒和张伯伦，以所谓"保守革命"的方式，从保守主义思想转为向民族社会主义精神靠拢（参见第33章，原书第611页）。正如研究保守革命的历史学家基思·布利范特所强

---

① 滕尼斯：《共同体与社会》，第 xxi 页。

第二十三章　金钱、大众、大都市:"首个承续的社会学派"

调的,《共同体与社会》背后的基本观点持续占据着德国思想界的中心位置;甚至一直延续到第二次世界大战结束,这正是拉尔夫·达伦多夫(Ralf Dahrendorf)在他的《德国的社会与民主》(*Gesellschaft und Demokratie in Deutschland*,1968)一书的第九章中所清晰展现的,该章题为"共同体和社会"(参见第41章)。

英雄与商人

彼时维尔纳·桑巴特(Werner Sombart)的名气要比滕尼斯更大一些,且不局限于德国国内。[①] 他被视为出类拔萃的"反现代主义者",其著作包括《现代资本主义》(*Der moderne Kapitalismus*)(书中他介绍了"资本主义"一词的概念和词源)、《犹太人与经济生活》(*Die Juden und das Wirtschaftsleben*)以及《为什么美国没有社会主义》(*Warum gibt es in den Vereinigten Staaten keinen Sozialismus*)。许多第一代社会学家——如德国的滕尼斯和韦伯以及美国的埃弗雷特·C.休斯(Everett C. Hughes)和罗伯特·帕克(Robert Park)——都承认桑巴特才华横溢且具有独创性,但同时又明确保留意见。约瑟夫·熊彼特(Joseph Schumpeter)对此进行了总结:《现代资本主义》一书中"常常建立于缺乏

---

① 赖纳尔·格伦德曼(Reiner Grundmann)、尼克·施特尔(NicoStehr):"为什么维尔纳·桑巴特没能成为古典社会学家中的核心成员?"("Why is Werner Smbart Not Part of the Core of Classical Sociology?"),《古典社会学期刊》(*Journal of Classical Sociology*),第1卷,第2期(2001年),第257—287页。

第四编　现代性的痛苦与奇迹

事实依据基础上的洞察力震惊了专业历史学家们"[1]。

《现代资本主义》一书于1902年以两卷本形式出版,到了1916年又出了一版由桑巴特署名的单行本。[2] 他的许多(尽管并非全部)同事均认为此书在当时是一部经典之作。在该书中,他否定了马克思关于经济基础决定上层建筑的理论,亦即生产力构成社会的基础,而意识形态建筑其上。桑巴特认为,资本主义的本质是它的精神,在某种程度上他预见到了马克斯·韦伯的观点。但在该书前几章中,相比同时代的其他社会学家,桑巴特的语言更多的是重复一些不知名作家的陈词滥调。类似的主题包括种族、犹太主义、德意志秉性、技术、马克思主义,以及民族主义等。

在赖纳尔·格伦德曼和尼克·施特尔对于桑巴特职业生涯的分析中,他们论证了桑巴特在两个关键问题上的重大转变,这或许可以用来解释他自己写下的格言:他具备改宗者的激情。在第一个问题上,桑巴特最初是一个马克思主义者和热情的社会主义者。[3]

---

[1] 维尔纳·桑巴特:《奢侈与资本主义》(*Luxury and Capitalism*),W. R. 迪马特尔英译,安阿伯:密歇根大学出版社,1967年。该英译版本由菲利普·西格尔曼(Philip Siegelman)撰写导论。在导论中,西格曼称韦伯和桑巴特是亚当·斯密、李嘉图和黑格尔最具天赋的传人。

[2] 弗里德里希·伦格(Friedrich Lenger):《维尔纳·桑巴特传(1863—1941)》(*Werner Sombar, 1863—1941: Eine Biographie*),慕尼黑:C. H. 贝克,1995年,第115—123页。亦参见伯恩哈德·冯·布洛克(Bernhard vom Brocke)主编:《桑巴特的〈现代资本主义〉:接受与批判的史料》(*Sombarts "moderner Kapitalismus": Materialien zur Kritik und Rezeption*),慕尼黑:德国日记出版社,1987年。

[3] 格伦德曼和施特尔:"为什么维尔纳·桑巴特没能成为古典社会学家中的核心成员?",《古典社会学期刊》,第261页。

第二十三章　金钱、大众、大都市："首个承续的社会学派"

但在喧嚣的19世纪90年代过后,他却转而成为坚定的反马克思主义者,且已明显带有反犹主义的弦外之意,对于祖国的态度也随之改变。起初,他对德国开始选择的道路表示深切疑虑,但这一切在1910年前后彻底改观,他甚至成为一名激烈的民族主义者。在其出版于1903年的《19世纪的德意志国民经济》(*Die deutsche Volkswirtschaft im neunzehnten Jahrhundert*)一书中,他开始明确提出资本主义的精神应当归结于德意志民族的民族性。这个多少有些含混的论点直到桑巴特开始区分两类资本家时,亦即企业家和商人,才变得明晰起来。1909年(然后是在1913年出版的《资产阶级》[*Der Bourgeois*]中)他这样写道,企业家"理解迅速,判断正确,思路清晰,拥有抓住事物本质的慧眼……总而言之他必须拥有好记性"。与之形成对比的是其对商人的观点,他认为,他们的"智力和情感世界对准条件和交易所带来的金钱价值,因此他们用钱来计算任何事情"。这种类型尤其集中反映在"犹太人"身上。桑巴特强调,确实存在一种建立在理性主义基础之上的"资本主义精神",最好的例子便是美国和英国。之后他的解释则更为具体:"欧洲的资本主义精神是由多个民族所培育出来的,其中的三个特殊的贸易民族(埃特鲁里亚人[Etruscan]、弗里斯兰人[Frisian]和犹太人)相比其他英雄民族显得尤为突出……苏格兰人……犹太人和弗里斯兰人是贸易民族,而凯尔特人和哥特人则是英雄民族。既然犹太精神是一种资本主义精神,而英国人也被认为拥有资本主义精神,因此他们也就同时拥有了犹太[人的资本主义]精神。"而在纳粹时代,在《德意志的社会主义》(*Deutscher Sozialismus*,1937)一书中,他甚至充满自信地写道:"他所称之为时代经济精神的东西,实际上在很多方面是一种对'犹太精神'的表达,这种精神占据了'我们整个时代'。"[1]由于他早于希特勒很久就说过这样的话,桑巴特因此自视为第三帝国的意识形态导师。但纳粹显然并不这么认为。

社会学中的"德意志路线"

杰弗里·赫夫(Jeffrey Herf,1984)将桑巴特与恩斯特·云格尔(Ernst Jünger)、奥斯瓦尔德·斯宾格勒、汉斯·弗赖尔(Hans Freyer)、卡尔·施密特(Carl Schmitt)、戈特弗里德·本恩(Gottfried Benn)以及马丁·海德格尔(Martin Heidegger)一起,视作被他称为"反动的现代主义"的构建者。现代主义的反动在德国的实质,是支持工业发展但排斥自由民主思想,这是一种吸引纳粹的观点。尽管像恩斯特·云格尔和戈特弗里德·本恩赞成技术进步,甚至欣赏一些现代主义的美学发展,但刻意回避其中的许多机构在政治和社会事务中所发挥的权力制衡作用。"一个由天然的、有活力的共同体所构成的乡村环境要比那些人工社会更适宜社会生活。"[2]桑巴特在其有关英雄和商人的观点中显然也支持这种观点,而不是像滕尼斯那样试图努力与之保持一定距离。

---

[1] 在某一个阶段,桑巴特提出:"清教主义就是犹太主义",参见西格曼的导论,出自桑巴特:《奢侈与资本主义》,第 xiii 页。

[2] 杰弗里·赫夫:《现代主义的反动:魏玛及第三帝国的技术、文化和政治》(*Reactionary Modernism: Technology, Culture, and Politics in Weimar and the Third Reich*),剑桥:剑桥大学出版社,1984 年。

第二十三章　金钱、大众、大都市:"首个承续的社会学派"

斯特凡·布罗伊尔(Stefan Breuer)明确了他所谓的社会学领域的"德意志"路线。其关键要素是(或曾经是):"对资本主义理性、工具原则的浪漫主义批判,以及对打破共同体纽带的哀号。"他将滕尼斯、桑巴特,甚至齐美尔归为一类,但将马克斯·韦伯排除在外:"韦伯并不欢迎将第一次世界大战视作从德意志英雄主义意义出发,对碎片化和异化加以救赎的机会之观点,更为重要的是,他为自由民主及其机构辩护。"随后,桑巴特比任何人都能体会到共同体的消亡,而正如赫夫所说,他也比任何人更试图"判定摧毁他的有罪一方"[1]。

经济社会学(Economic Bildung)*

马克斯·韦伯(1864—1920年)同样困扰于现代社会的堕落本质。他虽然深受狄尔泰、齐美尔和滕尼斯的影响,但不同于他们的是,韦伯相信自己所看到的并不是最坏的。[2] 他其实对于现代生活会带来"异化"〔的结果〕并不陌生,但他认为群体认同是使大

---

[1] 格伦德曼和施特尔:"为什么维尔纳·桑巴特没能成为古典社会学家中的核心成员?",第269页。亦见于恩斯特·诺尔特(Ernst Nolte):《20世纪的历史思想:从马克斯·韦伯到汉斯·约纳斯》(*Geschichtsdenken im 20. Jahrhundert: Von Max Weber bis Hans Jonas*),柏林:柱廊,1991年,作为另一条路径,并将德国思想家和英法美国家进行比较。

* 根据文字内容译为"经济社会学"。一方面"Bildung"有包含"文化知识"的意思;另一方面"经济社会学"也是韦伯研究的重点。——译者

[2] 彼得·沃森(Peter Watson):《可怖之美:一段形塑现代心灵的人物和思想史》(*A Terrible Beauty: A History of the People and Ideas That Shaped the Modern Mind*),伦敦:魏登菲尔德和尼科尔森,2000年,第45页及以下诸页。

城市中的现代生活变得能够忍受的关键所在,只是这一重要性被忽视了。这个长得很高但一直驼背的人,在世纪之交前后的很多年里,撰写的大多不是严肃的学术作品(其时韦伯正担任着弗赖堡大学国民经济学的教职),这是因为他正遭受着严重的抑郁症困扰,直到1904年之前仍未有痊愈的迹象。

韦伯有一种罕见的理论结合实践的能力。他既撰写探讨议会制政府可能性的文章,剑指"俾斯麦神话";又有许多涉及社会科学方法论的观点;同时还对宗教、官僚主义、城市社会中有关权威的整体问题——为什么一些人会服从另一些人,以及大学及学术在现代世界中所充当角色的议题保持着同等兴趣。他认为,我们不必通过成为恺撒来理解恺撒,这是因为"理解"也包含了诠释,这是一种不同于硬科学原因解释的解释路径。并且他发展了这一观点,并将之与"合理解释"(adequate causation)的概念进行对比。他认为存在不同的宗教信仰——禁欲主义、神秘主义以及预言性(或救世主)宗教——后者与这个世界的冲突越来越频繁,而前者则鲜有他所说的"虔信和认知"之间的紧张关系。提倡"中庸"的儒家思想深刻影响了韦伯,它的目标是"以礼相待这个世界,并优雅地加以调停"。

至此,《新教伦理与资本主义》(*Die Protestantische Ethik und der Geist des Kapitalismus*)是韦伯有关宗教和社会学的最出名作品,它在最开篇处就介绍了韦伯的思考方式:"如果对任何宗教混合国家的职业统计进行观察,就发现这样一种鲜有例外的现象,这在最近几年天主教媒体及书籍以及德国的天主教议会党团中被反复讨论:事实上,资本家和企业主,以及等级较高的熟练工人和现代

第二十三章　金钱、大众、大都市:"首个承续的社会学派"

企业受过较高技术和商业培训的贸易人才绝大多数是新教徒。"①

对于韦伯来说,这一观察结果是问题的症结所在,但其中的关键性差异是需要得到解释的。(托马斯·尼佩代提出,有英国人早前就已提出过类似的看法,只是没有引起广泛关注。)②但韦伯很早就明确表示他并不仅仅只讨论货币。对他来说,资本主义企业和逐利行为完全不是一码事。人们常常渴望变得富裕,但很少会从事与资本主义相关的事务,因为这需要他明确"通过采取(表面来看以和平方式)经济交换的方式以获取利益的目标"。他指出,在巴比伦、埃及、印度、中国和中世纪的欧洲存在着极为成功且具有相当规模的商业运作,并坚持认为,在欧洲,自宗教改革以来资本主义的活动才实现了自由劳动的合理化组织的联合。③

除此之外,韦伯也困惑于这样一个情况,起初他认为这是一个令人费解的悖论:在许多案例中,男人——也包括一部分女人——既显示出积累财富的倾向,又表现为"极度的禁欲主义"。实际上许多成功的企业家追求的是一种"苦行僧般厉行节俭"的生活方式。为什么工作如此努力却要求极少报酬?韦伯在经过深思熟虑

---

① M.赖纳尔·莱普修斯(M. Rainer Lepsius)、沃尔夫冈·J.蒙森(Wolfgang J. Mommsen)主编:《马克斯·韦伯书信集》(*Breife Max Weber*),图宾根:莫尔(保罗·西贝克),1990—2008年。这些书信展示了韦伯与包括桑巴特、滕尼斯和齐美尔在内的社会各界的广泛联系。

② 哈维·高曼(Harvey Goldmann):《马克斯·韦伯和托马斯·曼:使命与自我塑造》(*Max Weber and Thomas Mann:Calling and the Shaping of the Self*),洛杉矶和伯克利:加利福尼亚大学出版社,1988年。该书是非常有用的比较研究。

③ 赖因哈德·本迪克斯(Reinhard Bendix):《马克斯·韦伯:知识分子肖像》(*Max Weber:An Intellectual Portrait*),伦敦:海涅曼,1960年。该书对中国、印度和巴基斯坦的情况进行了检视,对韦伯的观点进行了批判性的评价。

之后给出了他的答案,这是一种他称之为"这一世的苦行"的清教主义,是他从"职业"观点中拓展而来的概念,是经济教化的一种形式。① 它既不存在于古代,按照韦伯的说法,也不存在于天主教世界,它是宗教改革的产物,并且立足于(虔信者)的观念:人类最高形式的道德义务,最好的方式是以上帝之名履行自己的职责,是帮助他在这个世界的同胞。天主教徒的最高理想是通过避世(苦行僧式)的方式为自己的灵魂赎罪,对于新教徒则恰恰相反。

韦伯这样捍卫自己的观点。他指出,尤其是在资本主义早期和加尔文派国家,只有当资本积累与"一份朴素而勤奋的职业生涯"相结合时才能获得道义上的认可。依靠财产度日并不能提升幸福感;不劳而获的资本更是被视为罪过。对韦伯来说,无论资本主义后来的发展如何,它最初是由宗教狂热引发的,缺乏这种狂热,劳动组织也不可能使得资本主义如此不同于过去任何一种经济形态。

韦伯还研究官僚主义和科学。他认为官僚主义具有两面性。现代社会不能完全抛弃官僚主义,并且他认为相比其他民族,德国人在合理化行政管理方面显示出较好的素养,这就是他所提出的"教化"(Bildung)观点,但这一点在他所处的时代正在走向衰弱。他认为尽管官僚体制的存在是必要的,但它常常会造成窒息创意的风险,正如在中世纪的中国所发生的事情那样,也正因为如此,教化是非常必要的。

---

① 哈特穆特·莱尔曼(Hartmut Lehmann)、君特·罗特(Guenther Roth)主编:《韦伯的新教伦理:源头、考据、语境》(*Weber's Protestant Ethic: Origin, Evidence, Context*),剑桥:剑桥大学出版社,1993年。尤其参考托马斯·尼佩代《马克斯·韦伯,新教主义及其在 1900 年前后的争论》(*Max Weber, Protestantism and the Debate around 1900*),第 73—82 页。

第二十三章　金钱、大众、大都市:"首个承续的社会学派"

在他1917年所作的著名报告《以学术为业》(Wissenschaft als Beruf)中,他认为,科学是在作茧自缚。因为在韦伯看来,原创性只可能来源于日积月累的专门化,这一点很重要。但这对于未能将"全副灵魂"投身于此科学家个体以及其余人等来说也是一种贫困的形式,因为科学使我们不再抱有幻想,世界完成了祛魅的过程,意义也同样消失了。韦伯认为科学概念,即使并非伪概念,也不是从现实生活中获得的,因而是一种干巴巴的抽象物。问题在于,科学"只能从这个意义来进行解释","人们必须接受或者拒绝",但它既不能追问意义,也不能提供价值。因此我们尽管创造自我价值,却无法知晓它是否最低程度上是基本正确的。这就是我们现在所处的困境。他的分析几乎与尼采一样绝望。

但韦伯并没有像他的同行一样被现代性所激怒。他也并非彻头彻尾的(现代性)追随者,却深知自己不得不被卷入其中。①

最后两章有关"文化批判"(Kulturkritik),这是一种全新的哲学和文学体裁以及一种将在20世纪蓬勃发展的思维模式——文化危机和文化悲观主义的——早期征兆。其中对德意志文化即将崩溃加以警告,这成为了推动20世纪20年代魏玛共和国保守革命的思想源头之一,并为民族社会主义的崛起提供了可能。②

---

①　林格:《马克斯·韦伯:一部知识分子的传记》,第84页"合理化解释",第183页"权威的类型",以及第233页"科学专门化的问题"。
②　基思·布利范特和伯恩哈德·施皮斯(Bernhard Spies):"'糟糕的反复?':20世纪德国作家作品中的文化危机"("'Die Wiederkehr des immerlgeich Schlechten?' Cultural Crises in the Work of Geman Writers in the Twentieth Century"),费尔迪南·范·英根(Ferdinand van Ingen)、戈尔德·拉布鲁斯(Gerd Labroissse)主编:《联邦德国文学图景——外部观察的视角》(Literaturszene Bundesrepublik—ein Blick von Draussen),阿姆斯特丹:罗多彼,1988年,第55—78页。

| 第二十四章 |

不协和音与最富争议的音乐家

一连串的名字——海顿、莫扎特、贝多芬、舒伯特、舒曼、门德尔松、瓦格纳,他们占据了1780—1880年之间的一个世纪——或许看上去犹如音乐史上绝无仅有的巅峰。但在走向第一次世界大战的进程中,德语文化圈还曾爆发出另一股创造性的洪流,产生出约翰内斯·勃拉姆斯(Johannes Brahms,1833—1897)、胡戈·沃尔夫(Hugo Wolf)、老约翰·施特劳斯(Johann Strauss Sr.)、小约翰·施特劳斯(Johann Strauss Jr.)、理查德·施特劳斯(Richard Strauss)、古斯塔夫·马勒(Gustav Mahler)、安东·布鲁克纳(Anton Bruckner)、马克斯·雷格(Max Reger)和阿诺德·勋伯格(Arnold Schoenberg)。音乐天才的浪潮似乎绵延不断。

约翰内斯·勃拉姆斯与瓦格纳的职业生涯是重叠的。瓦格纳在世时,勃拉姆斯是唯一一位能与之相提并论的作曲家。但两人之间的差异却是如此之大。瓦格纳改变了一切,而勃拉姆斯则以一种奇特的方式回首过去。由贝多芬、门德尔松和舒曼不断改进的交响乐,在勃拉姆斯手中臻于化境。"勃拉姆斯就像巴赫一样,是一个时代的总结。"与此同时,许多维也纳乐迷们却在其成就问题上被残酷地一分为二。马勒形容勃拉姆斯是"心灵略显狭隘的

第二十四章 不协和音与最富争议的音乐家

侏儒",而对物理学革命亦有影响的汉斯·冯·比洛(Hans von Bülow)却着重指出:"勃拉姆斯潜藏着热情。"①

然而不可否认,勃拉姆斯仍与我们颇有渊源。他的作品已经成为(而且继续成为)所有音乐曲目中富于活力的一部分。四部交响乐、四部协奏曲(包括两部钢琴协奏、一部小提琴协奏和一部双重协奏)现在都已是经典之作。此外,他还创作了《海顿主题变奏曲》(*Haydn Variations*)和《德意志安魂曲》(*German Requiem*)。②今天,这些作品比门德尔松、舒曼与李斯特(Franz Liszt)的许多更具新颖的作品还要受欢迎。

或许最引人注目的地方是勃拉姆斯作品中纯粹的严肃性。一言以蔽之,他给自己定下的任务是音乐要谱得漂亮,但这又与同时代的李斯特和瓦格纳那种以自我为中心式的艳丽之风背道而驰。这也意味着他成为出了名"难懂的"作曲家,甚至是"音乐哲学家"。他的强硬与"〔让人〕难以理解"还反映在哪些地方? 他易怒,过分敏感,愤世嫉俗,脾气极坏;他和汉斯·冯·比洛一样令人恐惧,遭人厌恶,而令其臭名昭著的正是他的坏脾气与敌意。传说在一场维也纳的派对上,勃拉姆斯怒气冲冲地离开,嘴里嘟囔着:"假如这里有谁还没被我骂到,那我道歉。"③

勃拉姆斯年轻时很是帅气。身材颀长,浅色头发,长着一双活泼的蓝眼睛。而当他垂垂老去,体重飙升,脸上则蓄起了"多得堪

---

① 扬·斯沃弗特(Jan Swafford):《约翰内斯·勃拉姆斯传》(*Johannes Brahms: A Biography*),伦敦:麦克米伦,1998年,第570页。
② 勋伯格:《伟大作曲家生平》(*Lives of the Great Composers*),第251页。
③ 勋伯格:《伟大作曲家生平》,第252页。

比《圣经》发行量的"大胡子。"① 他允许自己放纵的事情是收集原版乐谱手稿,其中最珍贵的莫过于莫扎特的 G 小调交响曲。

1833 年,勃拉姆斯出生在汉堡。他是一位低音提琴演奏员的儿子。年仅六岁时,他就被发现拥有完美的高音声线与早熟的音乐能力,十岁公开举行钢琴演奏会。令人不可思议的是,其父是一名低音提琴乐手,勃拉姆斯却被送到港口城市汉堡红灯区的海滨酒吧与妓院里演奏,此举或能补贴家用,但也〔为他〕留下了精神上的创伤。终其一生,勃拉姆斯似乎都只能从妓女身上获得性愉悦,几乎可以肯定的是,这成为了他走向婚姻的拦路石。

20 岁时勃拉姆斯已经完成了数部钢琴曲。这些作品是不朽之作,以悠长的低音作为背景,几乎没有升高——没有任何吸引人们走入其中的激情。② 但也正是此时,他作为钢琴家的职业生涯却越走越宽。1853 年,他在一次旅途中偶遇约瑟夫·约阿希姆(Joseph Joachim,1831—1907)。后者是一位业已成名的青年小提琴家,很欣赏勃拉姆斯的钢琴演奏。③ 约阿希姆把勃拉姆斯介绍给李斯特,更重要的是,他将其引荐给了舒曼。舒曼在 1853 年 9 月 30 日的日记中这样写道:"勃拉姆斯在我看来〔是个天才〕。"舒曼对这个年轻人印象极为深刻,他甚至在《音乐新期刊》(*Neue Zeitschrift für Musik*)上慷慨写下大段有关勃拉姆斯的文字,将

---

① 参见斯沃弗特:《约翰内斯·勃拉姆斯传》,第 49 页的精彩描写。
② 勋伯格:《伟大作曲家生平》,第 254 页。
③ 克里斯蒂娜·雅各布森(Christine Jacobsen)主编:《约翰内斯·勃拉姆斯生平与作品》(*Johannes Brahms: Leben und Werk*),威斯巴登:布赖特科普夫 & 黑特尔,1983 年,第 36 页及以下。

第二十四章 不协和音与最富争议的音乐家

之比喻为"一头雏鹰"。这也是舒曼在其本人创立的刊物上所写下的最后一篇文章。两人之间确实惺惺相惜,以至于舒曼坚持让勃拉姆斯搬来与其同住。(几乎可以肯定的是,勃拉姆斯爱上了克拉拉[Clara]*,尽管就后者来说,自舒曼去世后"她就成为一名恪守妇道的寡妇,终身身着丧服")①。

1862年,勃拉姆斯抵达维也纳。他喜爱这里,此后几年又多次回到维也纳——并在此处度完余生。这一决定得益于他所获得的歌咏学院(Academy of Singing)指挥一职——尽管在此处待了不过两年。之后他专注于谱曲,其间仅为举办音乐会而短期离开。

勃拉姆斯的第一部真正出名的作品并非人们所期待的钢琴曲,而是《德意志安魂曲》。在这部作品中,勃拉姆斯表现出某种矛盾性。他本人是一位自由的思想者,来自信奉路德新教的汉堡,却在天主教氛围的维也纳谱曲。《安魂曲》的文本以德文(而非拉丁文)写就,唱词取自路德宗的《圣经》,但又同任何已知的祈祷书毫无关联;他使用自己的语言,没有任何民族主义或政治性内涵。②作品也没有提到耶稣。但当它于1868年首度在德累斯顿**上演(不完全本),后又在莱比锡(全本)演出时,仍获得了巨大成功。这部作品将反思与激动人心的唱诗班合声恰到好处地结合在一起。此后勃拉姆斯完全放弃作为钢琴演奏家巡回演出,而是专注于

---

* 即克拉拉·舒曼,舒曼之妻。——译者
① 勋伯格:《伟大作曲家生平》,第257页。
② 斯沃弗特:《约翰内斯·勃拉姆斯传》,第297页。亦可参考丹尼尔·贝勒-麦肯纳(Daniel Beller-McKenna):《勃拉姆斯与德意志精神》(*Brahms and the German Spirit*),剑桥(马萨诸塞):哈佛大学出版社,2004年,第65页及以下。
** 原文疑有误,《德意志安魂曲》(不完全本)1868年首演于不来梅大教堂。——译者

第四编　现代性的痛苦与奇迹

作曲。

19 世纪的所有作曲家都必须直面——或者感到他们必须面对——贝多芬《第九交响曲》这一不朽之作,"〔这是〕一面创作与音乐的巨墙"(甚至连瓦格纳都因此气馁)。勃拉姆斯耗费数年时间终于于 1876 年完成了《第一交响曲》(*Symphony no. 1*),但作曲家深知,贝多芬在他这个年纪——彼时勃拉姆斯 43 岁——已完成了九部交响乐作品中的八部! 而在维也纳,一部分人视勃拉姆斯为贝多芬的继承者,他必须捍卫自己的地位。

哈罗德·勋伯格(Harold Schonberg)认为,C 小调交响曲(或许再加上它的接受度)——似乎"打开了"勃拉姆斯内心的一些东西。现在,他进入一段高速创造期,接连完成了一个个伟大乐章:1879 年的《小提琴协奏曲》(*Violin Concerto*)、1881 年的《第二钢琴协奏曲》(*B-flat Concerto*)、1883 年的《第三交响曲》(*Third Symphony*)、1885 年的《第四交响曲》(*Fourth Symphony*)、1887 年的《大提琴和小提琴协奏曲》(*Concerto for Violin and Cello*)。[①] 在 1891—1894 年间,他创作了大量单簧管演奏的佳作:1891 年的《单簧管三重奏》(*Clarinet Trio*)和《单簧管四重奏》(*Clarinet Quintet*),1894 年的两首《单簧管奏鸣曲》(*Clarinet Sonatas*)——这些作品都是他为另一位朋友理查德·米尔费尔德(Richard Mühlfeld)所谱写的。此人是迈宁根交响乐团的首席单簧管演奏家,曾经在勃拉姆斯职业生涯中扮演过重要角色。1880 年担任指

---

① 贝勒－麦肯纳的《勃拉姆斯与德意志精神》中谈到了勃拉姆斯的交响曲与贝多芬精神中的一种初期民族主义。

第二十四章　不协和音与最富争议的音乐家

挥的汉斯·冯·比洛使单簧管成为"欧洲管弦乐队的标准乐器"，而他如今也凭此成为最伟大的勃拉姆斯诠释者。①

然而，这些恭维之语似乎并没有对作曲家本人产生太大影响。勃拉姆斯晚年脾气变得很坏，易怒暴躁，更爱挖苦人，更显得愤世嫉俗，与从前的老友吵翻，其中就包括比洛和约阿希姆。但越接近后期，勃拉姆斯的音乐作品越发细巧，让人倍感放松。《D 小调小提琴奏鸣曲》(*D Minor Violin Sonata*)、《单簧管五重奏》以及他的最后的一批作品——11 首合唱风琴前奏曲——"拥有一种其他作曲家作品中罕见的宁静感觉"。当瓦格纳令人感到敬畏的歌剧与理查德·施特劳斯令人紧张的现代主义不协和和声成为欧洲热议话题之时，勃拉姆斯的音乐，那种古老的、前现代的、属于"一战"前时代的声音，静悄悄地滑走了。②

跨越所有时代的非凡民谣作曲家？

勃拉姆斯去世的 1897 年，正是胡戈·沃尔夫遭遇悲惨命运的一年。那年，这位被很多人捧为跨越时代的最伟大的作曲家，被人送进了精神病院。我们无从得知这究竟是他青少年时期罹患梅毒所致，抑或是出于显而易见的身心双重虚弱。沃尔夫身材纤细，样貌颇具贵族风范。照片里的他时常穿着一件华丽的天鹅绒夹克，系着色彩艳丽的艺术家式的领带。他那黑色的眼睛经常透露出炽

---

① 贝勒-麦肯纳：《勃拉姆斯与德意志精神》，第 12 页。
② 勋伯格：《伟大作曲家生平》，第 263 页。

第四编　现代性的痛苦与奇迹

热与焦虑。然而就在数年之间,"这位备受内心煎熬的创造者却把传奇留给世界,令德意志艺术歌曲攀上巅峰"①。

他是一个"波希米亚人"(Bohemian)*,一位心存不满者,但他在短期内做到不受任何同时代人的影响,在音乐作品中体现出一种强烈感受。② 他创作了将近250首歌曲,尽管这些歌曲与配套的歌词极为契合,甚至比舒伯特〔的创作〕更具原创性,协调性上更高明,但它们同样也是掩饰沃尔夫自己如同暴风雨般生命的一种平衡。

沃尔夫十多岁时开始创作歌曲,但他最优秀的作品则直到十年后才完成。在1888—1891年的四年期间,他创作了超过200首歌曲,有时一天创作二三首,配上由爱德华·默里克、约瑟夫·冯·艾兴多夫、歌德、(当然还有)戈特弗里德·凯勒的各种(多为幽默)诗歌。③ 1897年他因精神崩溃而陷入疯狂,短暂人生的最后四年是在一家精神病院断断续续地度过的——其职业歌曲创作生涯仅仅持续了七年。④

尽管沃尔夫谱曲的速度相当快,但其质量也很快受到认可。一流歌唱家们立即与沃尔夫联系获取这些曲目,找一位优秀的钢

---

① 勋伯格:《伟大作曲家生平》,第264页。
* "波希米亚人"喻指那些崇尚非传统生活的艺术家和知识分子。——译者
② 关于他的生活安排,参见弗兰克·沃克(Frank Walker)、胡戈·沃尔夫《一部传记》(A Biography),伦敦:登特,1968年,第55页及以下。
③ 参见沃克、胡戈·沃尔夫:《一部传记》第10章,其中数页研究了默里克和艾兴多夫的作品。亦可参考迪特里希·费舍尔-迪斯考(Dietrich Fischer-Dieskau)、胡戈·沃尔夫:《生平与作品》(Leben und Werk),柏林:亨舍尔,2003年,第399,445页。
④ 苏珊·尤恩斯(Susan Youens)、胡戈·沃尔夫:《声乐》(The Vocal Music),普林斯顿(新泽西)与牛津:普林斯顿大学出版社,1992年,第75页。

第二十四章 不协和音与最富争议的音乐家

琴演奏者(即使不能与勃拉姆斯比肩)伴奏。沃尔夫的不同之处在于,他在对旋律的处理中引入叙事性。对他而言,旋律也可以表现一首诗歌的意境。一个极佳的例子是《谁在呼唤你》(Wer rief dich denn),当歌手在咏唱时,伴奏曲却暗示他的喃喃自语都是虚假的。①

沃尔夫的妄想症最初体现在他幻想自己已经被任命为维也纳歌剧院的经理一事上。他在精神病院中写下了自己接任马勒后将如何行动的详细计划。② 1903年,他死于精神病院。终其一生他未获得其最佳作品中所体现的那种平衡性。

"大笑的维也纳天才"

勃拉姆斯与沃尔夫虽然〔在后人眼中〕是一组对手,但他们仍属于严肃作曲家的行列。哈罗德·勋伯格指出,在19世纪,三位"轻"音乐的作曲家幸存了下来,并成功顺应时代,"以至于他们得以正式流芳百世"。小约翰·施特劳斯的华尔兹舞曲与维也纳轻歌剧、雅克·奥芬巴赫(Jacques Offenbach)的谐歌剧,以及阿图尔·苏利文(Arthur Sullivan)的轻歌剧,直到现在仍然被我们视为时髦迷人、别出心裁的作品。

华尔兹舞曲是德意志形式的轻音乐,源于18世纪70年代的

---

① 关于他创作一部歌剧的失败,参见费舍尔-迪斯考、沃尔夫:《生平与作品》,第358—364页。

② 沃克、胡戈·沃尔夫:《一部传记》,第443页及以下介绍了最后发病情况;勋伯格:《伟大作曲家生平》,第269页。

683

第四编　现代性的痛苦与奇迹

《兰德勒舞曲》(Ländler)——这是奥地利德意志人的秋季舞曲。它随后如暴风雨般席卷整个欧洲，而维也纳时常被视作这场风暴的"指挥所"。迈克尔·凯利(Michael Kelly)这位曾经在莫扎特《费加罗的婚礼》(Le Nozze di Figaro)的世界首演上演出的爱尔兰男高音歌唱家，在日记(1826年)中这样写道，女性"通常从晚上10点开始跳华尔兹，一直持续到第二天早上7点"；在靠近舞厅的地方还会备下一些特别的房间，"为那些接近预产期的女士可以在有需要时生产"。舒伯特、韦伯、勃拉姆斯和理查德·施特劳斯都写过华尔兹舞曲（甚至在阿尔班·贝尔格［Alban Berg］的《沃采克》［Wozzeck］中也有一首华尔兹舞曲）。当然，华尔兹永远与约翰·施特劳斯父子的名字联系在一起。[①]

老约翰·施特劳斯于1804年生于维也纳，15岁时成为一名职业小提琴演奏家，在不少剧院演出。1826年，20岁出头的他和一位同为小提琴演奏家的伙伴、敏感青年约瑟夫·莱纳尔(Josef Lanner)组成了自己的舞蹈团队。[②] 一切进展顺利，直到施特劳斯转向作曲，两人发生了激烈的争执；随后，施特劳斯拂袖离开自己组建的管弦乐团，很快他就招到了200名乐师，每晚为六场舞会服务。他的作曲也取得了成功，作品接连轰动一时——如《多瑙河圆舞曲》(Donaulieder)、《拉德斯基进行曲》(Radetzky Marsch)等。

[①] 勋伯格：《伟大作曲家生平》，第274页。
[②] 汉斯·范特尔(Hans Fantel)：《约翰·施特劳斯父子及他们的时代》(Johann Strauss, Father and Son, and Their Era)，纽顿修道院：大卫 &. 查尔斯，1971年，第32页及以下诸页。

第二十四章 不协和音与最富争议的音乐家

尽管施特劳斯取得了成功,但他并不想让自己的六个孩子子承父业。因此,出生于1825年的小施特劳斯只能被迫偷偷学习音乐,至少直到其父婚内出轨与其他女子同居——此举让老施特劳斯拥有了另外四位子女——而使家庭蒙羞时,情况才发生变化。一开始所有维也纳人都热切地八卦着老施特劳斯的婚姻丑闻,但他们很快就被另一件事情吸引了眼球:老施特劳斯眼睁睁地看着自己的地位受到来自儿子的威胁——小施特劳斯的风头在其父1849年去世前便已开始盖过他。①

小施特劳斯在19岁时便已决定要继承父亲的事业。他接受了一份工作,在维也纳一家名为多迈尔花园赌场与餐厅中演奏。至少在第一晚,他小心谨慎地以其父亲的《罗蕾莱-莱茵之声》(*Lorelei-Rheinklänge*)作为谢幕曲目。② 不过,在维也纳的流言蜚语中,施特劳斯家内部分歧早已是公开的秘密,每个人都略知一二。一份维也纳报纸用这样一个标题进行了总结:"晚安,莱纳尔。晚上好,父亲施特劳斯。早上好,儿子施特劳斯。"

老施特劳斯去世后,小施特劳斯将其父的管弦乐队同其自己的加以整合。在其名望的巅峰时期,小施特劳斯共拥有六支管弦乐团,不停奔波于每一支乐团,在每一个会场出现片刻,演奏一两首华尔兹舞曲。最终,他放弃了这种令人感到精疲力竭的生活,转而让自己投身于作曲,同时让弟弟爱德华(Eduard Strauss)接棒

---

① 约瑟夫·韦克斯贝格(Joseph Wechsberg):《华尔兹皇帝:施特劳斯家族的生活、世代与音乐》(*The Waltz Emperors: The Life and Times and Music of the Strauss Family*),伦敦:魏登菲尔德 & 尼科尔森,1973年,第95页。

② 范特尔:《约翰·施特劳斯父子及他们的时代》,第72页及以下诸页。

第四编　现代性的痛苦与奇迹

指挥。现在,小施特劳斯作曲的伟大篇章翻开了第一页。这些伟大作品包括《无穷动》(*Perpetuum Mobile*)、《维也纳森林的故事》(*Geschichten aus dem Wienerwald*)、《皇帝圆舞曲》(*Kaiserwaltzer*),尤其是河流之声,即《蓝色多瑙河圆舞曲》(*An der schönen blauen Donau*)。① 管弦乐编曲和这些曲调的旋律广受称赞,并被视作"超越任何'轻'舞曲"。不止勃拉姆斯这样的大人物认识到这一点。勃拉姆斯某天晚上在施特劳斯夫人的扇子上签名时,还留下了对"蓝色多瑙河"的短评:"唉,这居然不是约翰内斯·勃拉姆斯所作。"理查德·施特劳斯则称他为"维也纳大笑的天才"②。

"瓦格纳的天然继承者"

维也纳的一些人把理查德·施特劳斯(1864—1949)称作"第三个施特劳斯",但是对另一些人(现代主义者)而言,他毫无疑问是"第一个施特劳斯",唯一的施特劳斯。"这位欧洲音乐界被人讨论最多的人"1866年首推《唐璜》(*Don Juan*),直至1911年《玫瑰骑士》(*Der Rosenkavalier*)上演。他的交响诗歌被视作"以令人震惊的现代主义方式说出的最后言辞",而《莎乐美》(*Salome*,1905)与《厄勒克特拉》(*Elektra*,1909)则引起了一场暴乱。

在施特劳斯的早期岁月中,一种焦躁不安的活力和令人震惊

---

① 韦克斯贝格:《华尔兹皇帝:施特劳斯家族的生活、世代与音乐》,第166页。
② 勋伯格:《伟大作曲家生平》,第278—279页。

686

第二十四章　不协和音与最富争议的音乐家

的直觉感围绕在这个又高又瘦的年轻人身上。让人们产生兴趣或感觉厌恶的地方，并非施特劳斯管弦乐队的规模，而是〔几乎同时〕在于这样一个事实：即在不少人看来，施特劳斯的音乐让人感到痛苦刺耳，甚至违背道德感。《莎乐美》是根据奥斯卡·王尔德（Oscar Wilde）的文本所作的曲子，后者曾因其同性恋身份锒铛入狱。

颇为矛盾的是，施特劳斯自己却是一位坚定的资产阶级，有着一种朴素〔甚至刻板的〕私人生活。阿尔玛·马勒在1901年彩排《火灾》（Feuersnot）时曾在自己的日记中透露："施特劳斯除了金钱之外什么都不想。在整个〔彩排〕期间，他手中总拿着一支笔，反复计算自己可以得到的利润。"①他的妻子保利娜（Paulina）曾是一名歌手，现在则是一位贪婪的女性。当她丈夫正在玩牌消遣时，她便会向其大喊大叫："理查德，去谱曲！"他们在加尔米施（Garmisch）的房子有三块独立的门前地毯。保利娜坚持让作曲家在每一块地毯上擦脚。

截止《玫瑰骑士》问世，施特劳斯的每部作品都截然不同，各有特点，令人激动。"之后则似乎进入了瓶颈期。"对于施特劳斯的作品，从来不乏批评的声音，不少历史学家也把《玫瑰骑士》之后的所有作品视作一种退步而拒绝接受，认为它们呆板、重复，缺少创新。②批评家欧内斯特·纽曼便是其中之一。他指出"曾经一度是天才的天赋作曲家"，业已陷入了困境。在《厄勒克特拉》推出

---

① 勋伯格：《伟大作曲家生平》，第379—380页。
② 弗朗茨彼得·梅斯默（Franzpeter Messmer）：《理查德·施特劳斯：一位音乐魔法师的传记》（Richard Strauss: Biographie eines Klangzeuberers），苏黎世：M&T出版社，第243页及以下诸页。

第四编　现代性的痛苦与奇迹

后,他说:"一部施特劳斯歌剧的首演已不再是一件举世瞩目的事件。"

　　施特劳斯的父亲是一位暴躁易怒、心直口快的人——弗朗茨[*]是"德国最受欢迎的圆号演奏家",他视瓦格纳为"危险分子"。理查德生于慕尼黑。他是一位天才,四岁半能演奏钢琴,稍后学习小提琴,六岁开始作曲。不过,理查德的父亲并不希望这个孩子成为第二个莫扎特:这个家庭所能够接受的是,这个男孩或可以当一名音乐家,"但要在合适的时机"。1882 年,他进入慕尼黑大学,但他从未获得学位。随后,理查德在柏林度过一段时间,在一些音乐晚会上表演,没过多久他见到了汉斯·冯·比洛。施特劳斯为这位受人尊敬的指挥家演奏了已被迈宁根管弦乐团(Meiningen Orchestra)收入囊中的《降 E 大调小夜曲,作品 7 号》(Serenade for Winds in E-flat,op. 7)。实际上上比洛极其钟爱这首小夜曲,以至于他立即拍板,又定下另一首曲子,即后来的《降 B 大调管乐组曲,作品 4 号》(Suite for Winds in B-flat,op. 4)。这部作品也让比洛印象深刻,他随后任命施特劳斯为其在迈宁根的助手(1885年上任)。对于年轻的作曲家而言,这是一段令人陶醉的时光,或许引导施特劳斯走向一个完全不同的方向。然而,在迈宁根,施特劳斯遇见了亚历山大·里特尔(Alexander Ritter)这位管弦乐队的小提琴演奏家。里特尔娶了瓦格纳的侄女,并把施特劳斯介绍给柏辽兹(Hector Louis Berlioz)、李斯特和瓦格纳本人。正是瓦格纳鼓励施特劳斯去发现音乐的新形式。直到此时,施特劳斯的

---

[*] 指理查德·施特劳斯之父弗朗茨·施特劳斯(Franz Strauss)。——译者

第二十四章 不协和音与最富争议的音乐家

谱曲大部分是传统的,沿着人们所熟知的路线前行。突破点出现在1889年。《唐璜》是他的首部交响诗作品。11月11日,《唐璜》在魏玛首演。很快,新声音即将显山露水。①

施特劳斯以《唐璜》之作,夯实了自己作为李斯特以及瓦格纳天然继承者的身份。配曲需要大量管弦乐,其难度之大难以想象。曲风跳跃,而且把曲折曲调结合在一起,这些都是创新之处。② 同时他作为指挥的声誉也不断增长。1898年,他被任命为柏林皇家歌剧院的指挥。在那里,他一直待到1918年。随后,他接受了维也纳歌剧院主管的工作。对于这一切,甚至连保利娜也感到激动不已。

他也有失败的地方。在一封信中,他如此抱怨道:"敌人用《贡特拉姆》(Guntram, 1894)来攻击我,简直不可思议。""我可能马上要被判为危险的罪犯。"③但随1905年《莎乐美》的上演,他至少拥有了一部能够像他的交响诗那样刺激公众的歌剧,尽管它的配乐和剧情一样,引发了丑闻。但除了那些道学家,谁不想看莎乐美与施洗者约翰(Jochanaan)被砍下的头颅谈情说爱,或看到她一件件地褪下她的七层纱衣?④

---

① 梅斯默:《理查德・施特劳斯:一位音乐魔法师的传记》,第171页及以下诸页。
② 勋伯格:《伟大作曲家生平》,第384页。
③ 查尔斯・道尔・尤曼斯(Charles Dowell Youmans):《理查德・施特劳斯的管弦乐与德意志知识分子传统:音乐现代主义的哲学根基》(*Richard Strauss's Orchestral Music and the German Intellectual Tradition: The Philosophical Roots of Musical Modernism*),布卢明顿:印第安纳大学出版社,2005年。尤曼斯把《贡特拉姆》定位于施特劳斯思想的转折点,认为后者受到了马克斯・斯蒂纳(Max Stirner)和尼采的影响。参见该书第86页及以下诸页。
④ 梅斯默:《理查德・施特劳斯:一位音乐魔法师的传记》,第313页。

第四编　现代性的痛苦与奇迹

这部歌剧源于奥斯卡·王尔德的戏剧,后者业已在伦敦被焚毁——因此施特劳斯的配曲实属"火中浇油"。为了凸显希律王与施洗者约翰之间的精神差异,施特劳斯使用了非同寻常的写作策略,同时表现两个关键人物。配曲中连续性的不和谐音在莎乐美等待判决发出悲叹时达到高潮。这一幕以降 B 大调低音提琴独奏来进行表达,流露出莎乐美陷入困境时痛苦的戏剧化效果:〔最终〕她的生命被卫兵用盾牌终结。

首映夜之后,舆论分化。柯西玛·瓦格纳极为肯定地将新剧斥责为"疯狂!……是与下流的结合"。皇帝在歌剧院经理机智地修改结局后才允许《莎乐美》仅在柏林演出。修改后的结局是伯利恒之星冉冉升起。这是一个改变所有东西的简单把戏,但却使剧院在当季得以演出该剧多达 50 次。德国 60 家歌剧院中的 10 家也追随柏林的做法,这也使得施特劳斯〔进账颇丰〕,仅在数月内就能够负担起采用最新艺术样式改建加尔米施别墅的全部费用。〔然而,〕尽管该剧在德国取得了成功,但它在纽约和芝加哥(在纽约,曾上演过一次)却完全遭到了禁演。维也纳同样禁止上演该剧,不过在格拉茨,该剧首演之夜却迎来了贾科莫·普西尼(Giacomo Puccini)、古斯塔夫·马勒以及一群来自维也纳的年轻音乐爱好者,其中还包括一位还没找到工作、希望成为艺术家的阿道夫·希特勒。希特勒后来告诉施特劳斯的亲属,他是借钱完成了此次旅行的。

尽管咄咄逼人的《莎乐美》在一些地区引起了争议,但它的最终成功仍有助于施特劳斯被任命为柏林宫廷歌剧院的音乐总监。他开始在那里工作,随后请假一年完成他的下一部歌剧《厄勒克特

第二十四章　不协和音与最富争议的音乐家

拉》。这是他与胡戈·冯·霍夫曼斯塔尔(1874—1929)的首次重要合作成果。后者也曾导演过同名剧作，并邀德国戏剧界的魔术师马克斯·赖因哈特(Max Reinhardt)来完成。施特劳斯在柏林曾观赏过这一作品。吸引他的是该剧主题，因为它同温克尔曼与歌德笔下那种传统的优雅、美丽、平静的希腊形象完全两样。

《厄勒克特拉》使用了比《莎乐美》上演时更大规模的管弦乐团，共有111名演奏者，演出更多的不协和音，"简直是令人感到痛苦的经历"。最早扮演克吕泰墨斯特拉(Clytemnestra)的演员是埃内斯蒂娜·舒曼-海因克(Ernestine Schumann-Heink)。她曾把早期表演形容为"可怕……我们是一群疯狂的女人……没有其他剧目可以超越《厄勒克特拉》……我们走向了终点"[1]。

施特劳斯与霍夫曼斯塔尔竭力去做两件事。在最显性的层面上，他们在音乐剧中所从事的工作，正是桥社(Die Brücke)和蓝骑士(Der Blaue Reiter)的表现主义画家(参见第27章，原书第503页)在他们的艺术领域中所做的——使用预想之外的、"并不自然的"色彩，以令人感到不安的扭曲与不和谐的并存，以此改变人们的世界观。大部分学者已经从温克尔曼和歌德那里继承了一种对于古代风俗的理想化图景，但尼采改变了这一切，强调荷马时代之前古希腊的那种本能的、野蛮的、非理性的、更为黑暗的一面(这一点十分明显，例如，倘若人们不带任何预设来阅读《伊利亚特》和《奥德赛》的话)。但是，《厄勒克特拉》并非仅仅关于过去。[2] 毫无

---

[1] 乔治·R.马克(George R. Marek)：《理查德·施特劳斯：一位"非英雄"的人生》(Richard Strauss: The Life of a Non-Hero)，伦敦：戈兰茨，1967年，第183页。

[2] 梅斯默：《理查德·施特劳斯：一位音乐魔法师的传记》，第324页及以下诸页。

第四编　现代性的痛苦与奇迹

疑问，霍夫曼斯塔尔已经阅读过《歇斯底里亚研究》(*Studies in Hysteria*)和《梦的解析》。让弗洛伊斯和尼采的观念呈现在舞台上，从根基处破坏人们对于古代神话的传统理解，揭示表层之下的无意识世界——这一切不是让人们感到满意，而是让他们进行思考。

《厄勒克特拉》也让施特劳斯陷入思考。随后，他抛弃了自己从《莎乐美》到《厄勒克特拉》所遵循的那条不协和路径。为此，他离开了那条已经向其他人开放的道路——在这些人中间，最具有创新者或许是阿诺德·勋伯格。

《厄勒克特拉》还起到了另一种作用。它让施特劳斯与霍夫曼斯塔尔一起携手。两人合作将近四分之一的世纪，成果包括《玫瑰骑士》(1911年)、《阿里阿德涅在纳克索斯》(*Ariadne auf Naxos*, 1912)、《没有影子的女人》(*Die Frau ohne Schatten*, 1919)、《阿拉贝拉》(*Arabella*, 1933)。继《厄勒克特拉》之后，两人最富影响力的作品是《玫瑰骑士》。在《厄勒克特拉》反映深度阴暗面后，施特劳斯认为人们需要一部喜剧(他没错)，而霍夫曼斯塔尔提供了想法。尽管自1868年《工匠歌手》(*Die Meistersänger*)上演以来，德国再也没有出现过一部广受赞扬的喜剧，但《玫瑰骑士》的诞生仍经历了一段困难过程。霍夫曼斯塔尔竭力引导施特劳斯去关注一种拥有不同审美取向的、更轻松而世故的、没有任何精神负担的类型。"在霍夫曼斯塔尔的世界中，没有人会为爱献身。"[①]对于很多

[①] 尤曼斯：《理查德·施特劳斯的管弦乐与德意志知识分子传统：音乐现代主义的哲学根基》，第136页及以下诸页。

第二十四章　不协和音与最富争议的音乐家

人而言,施特劳斯看上去会以这种方式在这部歌剧后驻足不前吗?

当时,另外三位德国作曲家正处于理查德·施特劳斯的阴影之下。古斯塔夫·马勒在生前颇有知名度,但主要因其指挥身份扬名天下。在人们的记忆中,他是维也纳歌剧院"黄金年代"——1897—1907年的十年间——的主要人物。人们听到过他的交响曲,但并不频繁。安东·布鲁克纳的追随者更少。马克斯·雷格也有追随者,但直到他去世后,他的音乐才流行起来。直到20世纪60年代,布鲁克纳和马勒才受到普遍欢迎。①

1824年,布鲁克纳出生在上奥地利的安斯费尔登,他曾在圣弗洛里安修道院学习。该修道院以其精美绝伦的奥特多夫祭坛装饰而出名。布鲁克纳在那里成为唱诗班指挥和风琴演奏者,为奥古斯丁修会的修士们演奏。他看上去像个农民。照片上的他剃着光头;有资料显示衣服是家里自制的。除了上述外部特征外,他还带有乡村口音。尽管如此,1868年他仍被任命为维也纳音乐学校的风琴和理论教师,不久成为全职教授。与此同时,他还在维也纳大学获得了类似的任命。这些都是严肃的职位,那些杰出指挥家(包括马勒在内)都开始关注布鲁克纳的音乐。不过,与指挥家交往毫无问题的布鲁克纳却很难同批评界打交道,他与爱德华·汉斯利克(Eduard Hanslick)的关系尤其紧张,后者是勃拉姆斯在媒体的捍卫者。布鲁克纳时常怀疑,勃拉姆斯才是汉斯利克身后的黑影。②

---

① 勋伯格:《伟大作曲家生平》,第392页。
② 迪卡·纽林(Dika Newlin):《布鲁克纳、马勒、勋伯格》(*Bruckner*, *Mahler*, *Schoenberg*),伦敦:博亚尔斯,1979年,第25页及以下诸页。

693

第四编 现代性的痛苦与奇迹

布鲁克纳从未丢掉他与生俱来的乡村俗鄙之气。在其讲座期间,他穿着农夫衣服,听到祈祷钟声响起时,便会随时中断,下跪祈祷。不过,他在音乐方面也算见多识广——人们不得不承认这一点。他喜欢缓慢的、庄重的、深思熟虑的音乐,而且以"柔板作曲家"(Adagio-Komponist)闻名维也纳。① 批评家认为,他曾九次创作了相同的交响乐,但其音乐作品从容宁静的品质却有助于人们容忍他。

马勒正好相反。对于许多批评他的人而言,他的音乐过于焦虑。马勒迷们〔更有可能〕比布鲁克纳迷们更狂热。马勒曾经是弗洛伊德的一位病人,属于一类典型的维也纳人,即严肃对待生活,渴望脱离其生活环境而去制造意义。② 需要认真指出的是贝多芬的奋斗与马勒的奋斗之间的差异性:贝多芬是一位巨人,一位英雄般的人物;而马勒是一位"精神上的懦夫",一位多愁善感者,一位"带着虐待倾向的躁郁症患者",他曾与弗洛伊德一起步行四小时,作为治疗的一种方式。他的管弦乐队尊重他,但很少享受这段经历。人们攻击他的音乐"单调无味"。③

1860年,马勒出生在波希米亚的卡利斯特。在维也纳的十年间,他掌控了所有自己所从事的工作。凭借他的信用和手段(尽管不受欢迎),歌剧院在他手中重振旗鼓,还清债务。先锋派创作增加迅速,而抗议也同样如此。他在大街上被出租车司机指给路人看,并被唤作"那个马勒!"他在本质上是一位浪漫主义作曲家(特别表现在第三交响曲和第八交响曲中),不如瓦格纳那样刺耳,也

---

① 迪卡·纽林(Dika Newlin):《布鲁克纳、马勒、勋伯格》,第35页。
② 同上书,第119页,谈到了对于马勒的文学影响。
③ 纽林:《布鲁克纳、马勒、勋伯格》,第133页。

第二十四章　不协和音与最富争议的音乐家

没有施特劳斯进步。[1]

"不协和音的解放与 $E=MC^2$ 的音乐对等式"

理查德·施特劳斯对阿诺德·勋伯格的态度十分矛盾。他认为勋伯格更擅长"铲雪"而非作曲，但他仍推荐后者申请李斯特奖学金（这是李斯特基金会设立的奖学金，旨在帮助作曲家或钢琴演奏家）。1874 年，阿诺德·勋伯格出生在一个贫困家庭中。同勃拉姆斯、布鲁克纳一样，勋伯格性格严肃，而且很大程度上依靠自学。他是一位矮小而结实的人，"容易为人忽视"，年纪轻轻便已谢顶。但他拥有引人关注的创造力——他切开过棋子，装订过书本，画过画（瓦西里·康定斯基[Wassily Kandinsky]是他的粉丝），还发明过一台乐谱打字机。[2] 在维也纳，他频频光顾兰特曼和格林斯泰德尔两家咖啡馆——在那里，他与卡尔·克劳斯（Karl Kraus）、特奥多尔·赫茨尔（Theodor Herzl）与古斯塔夫·克里姆特（Gustav Klimt）结为好友。他还与维也纳圈子中的哲学家打成一片。[3]

勋伯格的自学能力使他获益匪浅。当其他作曲家准备前往拜

---

[1] 亚历克斯·罗斯（Alex Ross）:《余者皆噪音：倾听 20 世纪》(The Rest Is Noise: Listening to the Twentieth Century)，纽约：法勒、施特劳斯、吉鲁，2007 年，第 19、21 页；勋伯格：《伟大作曲家生平》，第 403 页。

[2] 威廉·R. 埃弗戴尔（William R. Everdell）:《首批现代人》(The First Moderns)，芝加哥与伦敦：芝加哥大学出版社，1997 年，第 275 页。

[3] 詹姆斯·K. 赖特（James K. Wright）:《勋伯格、维特根斯坦与维也纳学圈》(Schoenberg, Wittgenstein and the Vienna Circle)，伯尔尼：彼得·朗，2007 年，第 67 页及以下。

第四编　现代性的痛苦与奇迹

罗伊特的朝圣之行时,勋伯格却更多关注表现主义画家——后者正在努力让那些被现代世界所释放的、被弗洛伊德所分析和规制的扭曲而粗糙的形式为人所知。他准备在音乐中也做点类似的事情。他自己则喜欢使用"不协和音的解放"这个术语。①

勋伯格曾把音乐描述为"一种预言,揭示出人类发展到更高阶段时的生活方式"。但是,他发现自己的演进过程缓慢而充满痛苦。尽管他的早期音乐作品应归功于瓦格纳,特别是《特里斯坦》(Tristan),但是该作品却在维也纳遭遇接受困难的局面。它的高度严肃性在一座——用亚历克斯·罗斯(Alex Ross)的话来说——"必须散发魅力"的城市中找不到位置。② 不擅长与公众打交道外,勋伯格私人生活也困难重重。1908年夏,正值其第一首无调性作品创作之际,妻子马蒂尔德为了一个朋友抛弃了他。被妻子抛弃,与身在纽约的马勒又远隔千里,勋伯格除了音乐,一无所有。但正是在这一年,他创作了第二首弦乐四重奏。该曲是为斯特凡·格奥尔格"深奥而延展"的诗所做,题为《空中花园之篇》(Das Buch der hängenden Gärten)。③

对于勋伯格自己而言,无调性出现的精确时刻,用他自己的话来说,他"向岸的另一边的旅行"是在他创作第三和第四弦乐四重

---

① 迈克尔·彻林(Michael Cherlin):《勋伯格的音乐想象》(Schoenberg's Musical Imagination),剑桥:剑桥大学出版社,2007年,第44页以下诸页。
② 罗斯:《余者皆噪音:倾听20世纪》,第18页。
③ 伊桑·海默(Ethan Haimo):《勋伯格的音乐语言转型》(Schoenberg's Transformation of Musical Language),剑桥:剑桥大学出版社,2006年,第245页。

第二十四章　不协和音与最富争议的音乐家

奏期间。① 他在使用格奥尔格的诗《入迷》(*Entrückung*)时,突然忽略了所有六个升高音调符号。当他完成大提琴部分时,他完全抛弃了音调符号的任何意义,制造出一种"声音、旋律和形式的真正嘈杂声"。幸运的是,演出期准时结束。"我感到来自其他星球的空气。"可能不再有更为恰当的形容。第二弦乐四重奏于7月底完成。此后到12月21日的首演之间,另一场个人危机震撼了勋伯格的家庭。11月,与勋伯格妻子私奔的画家在自刺未果后,以上吊结束了生命。勋伯格将马蒂尔德带回。当他把配曲交给管弦乐团进行彩排时,题词赫然写着"献给我的夫人"。

　　第二弦乐四重奏的首演成为音乐史上最大的丑闻之一。② 当灯光变暗后,人们还是礼节性地保持安静,听完了第一批音乐小节。这不过是开始。大部分的维也纳人随后用自家钥匙吹起了口哨。维也纳人在晚归而大楼主门已经关上的情况下,一般会以此类哨声来引起门房的注意。在首演的当晚,观众们正是一起吹响了这种口哨。观众席上响起的齐声哀号淹没了舞台上正在演奏的声音。次日,一篇新闻报道把这场演出称作"猫的集会",而《新维也纳日报》(*New Vienna Daily*)则把他们的评论安排在该报的"犯罪"栏目内。③

　　多年后,勋伯格坦言,这是他生命中最糟糕的时刻之一,不过,

---

　　① 参见纽林《布鲁克纳、马勒、勋伯格》,第214页,书中谈到了巴塞罗那的"深厚背景";罗斯:《余者皆噪音:倾听20世纪》,第49页。
　　② 纽林:《布鲁克纳、马勒、勋伯格》,第234页及以下诸页。
　　③ 卡尔·朔斯卡(Carl Schorske):《世纪末的维也纳:政治与文化》(*Fin-de-siècle Vienna: Politics and Culture*),伦敦:韦登菲尔德&尼科尔森,1980年,第360页。

第四编　现代性的痛苦与奇迹

他并没有止步不前。正相反，1909年，他继续推进不协和音的解放。他完成了《等待》(Ewartung)。这是一场30分钟的歌剧，故事简单到几乎没有：一位妇女在森林中寻觅她的爱人；在偷走其爱人的对手屋子不远处，她发现了爱人的尸体。这个故事更多关注的是妇女的情绪——喜悦、愤怒、嫉妒。除了故事叙述简化外，它没有重复任何主旋律或曲调。由于"古典"传统中的大部分音乐形式经常在主旋律上使用各种变奏，而〔许多〕复奏是流行音乐唯一最显性的特征，所以勋伯格的第二弦乐四重奏和《等待》是巨大突破。自此之后，"严肃"音乐开始失去它曾经拥有过的忠心耿耿的追随者。而在《等待》上演的十五年前，情况还并非如此。

尽管勋伯格对大部分人的喜好无动于衷，但他也不是迟钝的人。他知道，一些人是出于自己的利益而拒绝接受他的无调性〔音乐〕。对此，他的回应是《月迷彼埃罗》(Pierrot lunaire)。该部作品于1912年面世。它描绘了一个剧场司空见惯的形象——一个无法说话的木偶，机缘巧合下拥有了情感。他是一个悲伤而愤世的小丑，和传统戏剧的形象一样，能够用谜语的形式讲述不幸的事实。在这一形式之外，勋伯格设法完成的这部在许多人眼中影响深远的作品，被称作能与毕加索的《亚维农的少女》(Les demoiselles d'Avignon)或爱因斯坦的"$E=mc^2$"方程式相提并论的音乐等价物。《月迷彼埃罗》的焦点是一个我们已不再陌生的主题，即现代人的堕落和蜕化。勋伯格在乐章中引进了一些创新形式，其中出名的是宣叙调(Sprechgesang)，即在声音升降时以歌咏的方式说话，但它既不是歌咏，也不是念白。听众发现，音乐被分解"为原子和分子，如同以布朗运动形式播散花粉的原子那样……行

第二十四章 不协和音与最富争议的音乐家

动"。勋伯格把自己更多视为一位表现主义者。他分享了康定斯基的许多目标,尽管他的一些早期无调式乐章带有卡斯帕·大卫·弗里德里希(Caspar David Friedrich)风景画中的晴雾与宁谧。①

首场演出放在 10 月中旬的柏林,地点是贝勒维大街(Bellevuestrasse)上的卡洛利奥大厅(Choralionsaal,1945 年毁于盟军空袭)。在第二弦乐四重奏和《等待》的首演之后,批评家们济济一堂,准备扼杀这位小丑。但是这场演出一切安静。当它结束时,勋伯格还获得了热烈欢呼。演出时间太短,所以观众席上出现了要求重奏乐章的呼声。在第二遍演奏时,反响更为热烈,甚至一些批评家也是如此。其中一位甚至形容这个夜晚"不是音乐的终结,而是开启了音乐欣赏的新高度"。无论勋伯格自己喜好如何,他已经发现了继瓦格纳之后前进的方向。

---

① 罗斯:《余者皆噪音:倾听 20 世纪》,第 52 页。

| 第二十五章 |

无线电的发明、相对论与量子

19、20世纪之交的物理学领域出现了两次突变。首先，X射线、电子和放射线的发现出乎人们的意料之外；其次是被一些人视作"真正革命"的突变，即发现量子与相对论理论。这既可能是20世纪最伟大的知识冒险之一，也是最国际化的冒险之一，它的参与者包括新西兰人、丹麦人、意大利人、法国人、英国人和美国人，此外还有德国人——其中不少人都是从头跟进的，表现出一种值得赞赏的国际友情。正因如此，倘若本章集中讨论德国人的贡献，那么此举无论如何也并非旨在缩小其他同样伟大之人的贡献。

不过，阿莫斯·埃隆（Amos Elon）说过，自然科学界在此时的确存在着"一个新的德意志'天才时代'"，是仅次于歌德、席勒、黑格尔与康德时代的第二个〔天才时代〕。黑尔格·克拉格（Helge Kragh）在其有关20世纪物理学的研究中，曾给出两张表格，来向读者显示，德国人如何至少在他们的物理学研究机构中领先于其他人。①

---

① 埃隆:《一切都是不幸:德国犹太人群像(1743—1933)》,第276页。

第二十五章　无线电的发明、相对论与量子

物理学研究所与物理学系　　　　　单位：个

	研究所的数量	物理学系,1900 年	物理学系,1910 年
英国	25	87	106
法国	19	54	58
德国	**30**	**103**	**139**
美国	21	100	169

1900 年的物理学期刊

	核心期刊	论文（篇）,1900 年	论文占比(%)
英国	《哲学杂志》	420	19
法国	《物理学期刊》	360	18
德国	**《物理学年鉴》**	**580**	**29**
美国	《物理学评论》	240	12

从 1890 年到第一次世界大战爆发期间,〔世界范围内〕建起了许多新的物理实验室,其中 22 个在德国,19 个在英帝国,13 个在美国,12 个在法国。①《科学家传记辞典》列举了 197 位在 1900—1952 年间正好 20 岁的物理学家,其中 52 人是德国人(以及 6 名奥地利人),英国以 35 人紧随其后,法国 33 人,美国 27 人。

我们并不十分清楚何以物理学吸引如此之大的关注力。当马克斯·普朗克(Max Planck)于 1875 年开始在慕尼黑大学工作时,其导师曾这样警告他:他所选择的领域"多少已经终结,人们可能无法指望发现什么新东西"②。

---

① 黑尔格·克拉格:《量子世代》(Quantum Generations),普林斯顿(新泽西)和伦敦:普林斯顿大学出版社,1999 年,第 13 页。
② 克拉格:《量子时代》,第 3 页。

第四编　现代性的痛苦与奇迹

穿过空气的波

但是，毫无疑问，空气中确实已经出现了变化。大多数物理学家仍然坚持一种机械的宇宙观，甚至詹姆斯·克拉克·麦克斯韦(James Clark Maxwell)也是如此——此人的场理论已经获得了许多支持者。但与此同时，有一种观念也得到追捧，即把宇宙以太视作一种"准假设性的"、连续不断的、弥漫在所有空间的介质，而动力通过这种介质将以一种有限的速度进行传播。[①] 这一观念有助于人们去思考这样一种可能性，即这些动力的基础与其说是机械作用，倒不如说是电磁作用。在这种背景下，新思想开始得到扩散——反物质的初步想法，例如有关额外维度的观念，最重要的是有关"能量学"(energetics)的新领域，由德国物理学家格奥尔格·黑尔姆(Georg Helm)及其同事化学家路德维希·奥斯特瓦尔德(Ludwig Ostwald)[*]所推进。依照此观念，能量（而非物质）才是"只能被理解为行动过程的事实"之本质。在此，能量学变得重要起来。尽管世纪之交的物理学在前文提及的两个"突变"周围循环发展，但第一个闪闪发光的德意志名字却出现在一个相异却相关的领域中——在该领域内，"以太"、电磁以及人们所暗示的能量，仍然都是重要元素。

[①]　布鲁斯·J. 亨特(Bruce J. Hunt):《麦克斯韦的追随者》(*The Maxwellians*)，伊萨卡（纽约）和伦敦：康奈尔大学出版社，1991年，特别是第8章。

[*]　原文如此，疑应为提出"能量学"的德意志物理化学家威廉·奥斯特瓦尔德(Wilhelm Ostwald, 1853—1932)。——译者

第二十五章　无线电的发明、相对论与量子

海因里希·鲁道夫·赫兹于 1857 年出生于汉堡，其父是一位改宗基督教的犹太律师。海因里希是一位聪明的语言学家，学习过阿拉伯语和梵文，但也对自然科学与搭建实验设备的学科（特别是物理学）感兴趣。他最初在慕尼黑大学求学，后来去了柏林。在柏林，他在古斯塔夫·基尔霍夫（Gustav Kirchoff*）与赫尔曼·冯·亥姆霍兹的指导下学习，而且还参加过特赖奇克的讲座课。[1]他于 1880 年完成的博士论文大获好评，并因此成为亥姆霍兹的助手。在此之后，他被任命为基尔大学理论物理学讲师。尽管基尔大学是一所相当优秀的大学，但规模并不大，且不像其他机构那样拥有实验室——这也是理论物理学在那里兴盛的原因。这是一门相对新的学科，正如我们已经看到的那样，德国在这一方面处于世界领先水平。在基尔大学，赫兹完成了他的第一个重要贡献：他用完全不同于麦克斯韦的方法演算得出麦克斯韦公式，并没有用到以太假设。正是因为这一贡献，次年赫兹以 28 岁的年龄获得卡尔斯鲁厄大学（这是一所更大、设施更好的大学）的物理学教席。在卡尔斯鲁厄，他的第一个重要贡献是发现了光电作用，即借助紫外线放射的作用，把电子从一种金属表面释放出来（爱因斯坦因对光电作用的解释，而非他在相对论上的工作，获得诺贝尔奖——参见下文）。赫兹正在成长为最出类拔萃的理论物理学家。[2]

---

* 原文如此，疑应为 Gustav Kirchhoff。——译者
[1] 我引用了《新科学家传记辞典》，第 3 卷，第 291—294 页。
[2] 罗洛·阿普尔亚德（Rollo Appleyard）：《电通信的先驱》（*Pioneers of Electrical Communication*），伦敦：麦克米伦，1930 年，第 114 页；亨特：《麦克斯韦的追随者》，第 180—182、198—199 页。

703

第四编　现代性的痛苦与奇迹

在获得实验设备之后，1888年，创造出最具有创新性的方法。其核心要素是把一根金属棒做成线圈模型，中间留有一个小缺口（三毫米）。① 当足够强度的电流通过线圈时，缺口处就会产生火花（他将房间弄暗以易于观察）。② 与此同时，金属棒制作而成的线圈中形成了剧烈的振荡。赫兹的重要观察结果是，这些振荡通过附近的空气产生了波浪——而他能够证明这一现象，因为一个远处的类似电路可以检测到它们。在稍后的实验中，赫兹展示了这些波可以被反射和折射——同光波一样——它们以光速前行，但其波长比光要长。稍后，他又发现，凹形反射器能够聚焦这种波，而且它们可以不加变化地通过非传导介质。这些波最初被称作赫兹波，它的重要性首先在于验证了麦克斯韦的预测，即电磁波能够以一种超越光的形式存在。而后它们被称作无线电（radio）。

当一位学生问赫兹他的发现有何作用时，赫兹做出了如下为人所知的回答："它什么用都没有。这只是一个证明大师麦克斯韦是正确的实验——我们不过是拥有了这些用肉眼无法观测到的神秘电磁波。"学生继续追问："那么接下去呢？"他回答说："然后就没有然后了，我想。"但一位意大利青年在阿尔卑斯山度假时，读到了赫兹有关其发现的论文，他随即想到，赫兹〔实验所用的〕火花振荡器所产生的气流是否可以被用作制造信号。这位名叫古列尔莫·马可尼（Guglielmo Marconi）的意大利青年马上冲回家中，检验自

---

① 参见阿普尔亚德《电通信的先驱》，第119页，附照片；第121页有关缺口。
② 《新科学家传记辞典》，第3卷，第291—294页。

第二十五章　无线电的发明、相对论与量子

己的想法是否可行。[①] 倘若赫兹还健在（他因骨疾去世,时年37岁）,或许会对物理学即将发生的变化感到惊讶。罗洛·阿普尔亚德指出,赫兹在任何方面都是"牛顿学说的信徒"[②]。

一种新射线

在第十七章中,我们看到,19世纪早期,气体已经引起了物理学家的兴趣。起初是气体发光在能量存储上的问题,然后是气体中分子和原子的行为模式统计。作为这种关注点的组成部分,特别是随着人们对电磁学以及填补原子之间"空隙"之可能性的兴趣越来越大——正如麦克斯韦所言——连带电磁场的出现,一种新的专业出现了,它要求把气体中的电子释放掉。当人们产生这种兴趣后,便设想出一种新的仪器,最终以阴极射线管（cathode ray tube）的名字出现。这是一种两边密封带着金属电镀板的玻璃管,空气被抽离,管内呈真空状态。若电镀板连接上一个蓄电池,通上电路,那么空余空间,即玻璃管内的真空地带,便会灼热或发出荧光。这种灼热来自于阴极,即电子;随后它被吸入到正极,即阳极。1876年,柏林物理学家欧根·戈尔德施泰因（Eugen Goldstein）是第一个把这种新装置贴上"阴极射线"管标签的人。

1879年,英国的威廉·克鲁克斯（William Crookes）提出一个假设:电子射线是"物质的第四种状态"（换言之,它既不是固体,也

[①]　《物理学家传记》(*Physicists' Biographies*),第2页,http://phisicist.info/
[②]　阿普尔亚德:《电通信的先驱》,第131页。

705

第四编　现代性的痛苦与奇迹

不是液体,更不是气体)。但是这一点并未得到证实。而且大多数物理学家仍然追问的是,电子射线究竟是什么。情况依然让人觉得困惑不解但又有研究价值。一些物理学家便开始进行观察。其中的一位是维尔茨堡大学的物理学教授威廉·康拉德·伦琴(Wilhelm Conrad Röntgen)。

伦琴出生在下莱茵省,但在荷兰长大,随后跟随克劳修斯在苏黎世攻读学位。在维尔茨堡,他开始研究阴极射线——特别是它们的渗透力——这项工作一直持续到1895年年底。当时,比较常用的手段是用一块涂上氰亚铂酸钡的屏幕来检查任何由阴极射线发出的荧光。① 但这块屏确切来说并非实验的一部分,而是一个自动防故障装置,用于显示异常。在伦琴的实验中,这块屏幕被放置在离阴极射线管略远的地方,而阴极射线管外事实上覆盖着黑色卡纸,而且整个实验都是在暗房中进行。1895年11月8日,如今已是科学史上名闻遐迩的一天。伦琴〔惊奇地〕发现,尽管这块屏幕离阴极射线管还有一段距离,但它仍然出现了荧光。这不可能是由阴极射线造成的。但是,这是否意味着装置本身正在发出其他射线,并且让裸眼可以看到它?伦琴确认了上述发现,〔这是因为〕"无论被检查的一面或者另一面是否对准放电的〔电子射线〕管",涂上氰亚铂酸钡的纸屏幕都会发出荧光。②

伦琴的发现一经公布便引起了巨大轰动,甚至还越出了职业科学家的圈子。很快,他受到传召,向皇帝演示自己的发现。然

---

① 克拉格:《量子时代》,第28页。
② 同上书,第29页。

第二十五章　无线电的发明、相对论与量子

而,这种新的射线究竟是什么呢?[①] 伦琴在其随后的研究中发现,这种射线拥有一些光的特性,它们是直线传播的,对照相感光板有作用,但又不受磁场的影响。与此同时,它们又与光以及赫兹的电磁波不同,既不会反射,也不会折射。在整整十年间,物理学家在 X 射线领域收获颇丰——正如他们为这种射线所取的名字那样(X 指的是未知物,尽管它们在德国被称作"伦琴射线"),当时物理学家对这种射线的本质仍然缺乏准确了解。[②]

最终,在 20 世纪初 X 射线才被探明是一种波长极短的电磁波形式。但在量子力学出现并阐释波粒二象性(参见第 20 章)之前,人们仍然存在一些疑惑。1912 年,与普朗克和爱因斯坦一起工作的物理学家马克斯·冯·劳厄(Max von Laue)意识到,既然 X 射线的波长非常短,或可以采用拥有极小网状结构的物质来研究它(即反射或折射),而这样一种间距只能在"结晶体离子的原子间距"中找到。[③] 检验这种假设的实验是由慕尼黑物理学家瓦尔特·弗里德里希(Walter Friedrich)及其学生保罗·克尼平(Paul Knipping)在 1912 年春完成的。师生之间的合作后来又促成了首次"X 射线衍射"〔实验〕。这一实验证明,X 射线实际上就是电磁波,它的波长极短,大约是 10^{-13} 米。该实验开辟了全新的研究领域,亦即在晶体学中使用 X 射线衍射,进而在化学、地质学、冶金

[①] 埃米利奥·塞格雷(Emilio Segrè):《从 X 射线到夸克:现代物理学家及其发现》(*From X-rays to Quarks: Modern Physicists and Their Discoveries*),旧金山:弗里曼,1980 年,第 22—23 页。

[②] 《新科学家传记辞典》,第 11 卷,第 529—531 页。

[③] 克拉格:《量子时代》,第 28 页。

学,尤其是生物学中扮演着重要角色。它在詹姆斯·D. 沃森(James D. Watson)和弗朗西斯·克里克(Francis Crick)1953年测定DNA分子双螺旋结构中成为一项关键技术。

量子的发现

1900年,马克斯·普朗克42岁。[1]他出生在一个宗教信仰十分虔诚、但又学术化的家庭中。他还曾是一个很棒的音乐家(他曾为自己特制了一架小风琴)。[2]但科学才是普朗克的天职。在世纪之交时,他已接近其职业生涯的巅峰,成为普鲁士科学院院士及柏林大学全职教授。正是在柏林大学,他成为众多非凡观念的创立者,闻名天下。[3]

1897年,继麦克斯韦之后成为英国剑桥大学卡文迪什实验室主任的J. J. 汤姆森(J. J. Thomson)把不同的气体注入阴极射线管中,同时在其周围布满磁铁。他通过对〔实验〕环境的系统化操作,来证实阴极射线实际上是在极短的时间内从阴极喷发出来落入阳极的微粒。他发现,这些微粒比氢原子要轻,是已知物质中最小的,而且可以准确知道,这一物质同样会穿过气体,汤姆森已

---

[1] 沃森:《可怖之美:一段形塑现代心灵的人物和思想史》,第20页。
[2] 《新科学家传记辞典》,第6卷,第111—115页。关于普朗克的一生,可参见J. L. 海尔布伦(J. L. Heilbron):《正直者的困境:作为德国科学发言人的马克斯·普朗克》(The Dilemmas of an Upright Man: Max Planck as a Spokesman for German Science),伯克利和伦敦:加利福尼亚大学出版社,1986年。
[3] 海尔布伦:《正直者的困境:作为德国科学发言人的马克斯·普朗克》,第6—8页。

第二十五章　无线电的发明、相对论与量子

经清楚辨识了一些根本性的物质,亦即今天所知的电子。①

随后的数年间,物质的其他微粒得以被发现,但正是特性本身的概念吸引了马克斯·普朗克。1897年,就在汤姆森发现电子的同一年,普朗克开始从事后来奠定其名声的项目。从古至今众所周知的一个常识是,当一个物质(例如铁)被加热时,它首先发光变成暗黑,随后变得大红,接下去变成白色。原因在于,在常温下,更长的(光)波长会显示出来;而当温度上升时,更短的波长就会显现。当物质变成白热时,所有波长都被释放出来。对于更热物质的研究(例如星星)表明,在下一阶段中,当更长波长退出后,色彩将缓慢地转移到光谱的蓝色部分。普朗克被这种现象所吸引,并将之同第二个神话联系起来,即所谓黑体问题(black body problem)。一个完美构成的黑体能够吸收电磁辐射的每一种波长,尽管诸如灯黑一类的物质能够吸收将近98%的辐射,但完美的黑体并不存在于自然界中。② 根据经典物理学的解释,一种黑体只能根据它的温度来发出辐射,其次这种辐射应该以平均波长发射——它应该总是亮白的。但是,普朗克对完美黑体——以瓷和铂制成,放置在夏洛腾堡的标准实验室中——的研究却表明,当黑体受热时,它们多少像一个铁块,首先发出暗红,然后是光亮的红橙色,接下去变成白色。这是为什么呢?③

1900年10月7日前后,一个革命性的想法首先出现在普朗克的脑海中。那天,他向同事海因里希·鲁本斯(Heinrich Ru-

---

① 克拉格:《量子时代》,第21页。
② 同上书,第22页。
③ 塞格雷:《从X射线到夸克:现代物理学家及其发现》,第66—68页。

709

第四编　现代性的痛苦与奇迹

bens)寄去了一张明信片。在这张明信片上,他画了一个方程式来解释射线在黑体中的活动。[1] 普朗克的想法——严格来说,这种想法才刚刚萌芽——的实质是,电磁辐射并不像牛顿所宣称的那样有延续性,它只能在具有明确尺寸的盒子中实现延续放射。他指出,这就好像一根橡胶软管只能放出液体"盒子"中的水那样。到当年12月14日,普朗克在柏林物理学会上强调,他已经完成了全部理论。该理论的一部分是计算这种能量小盒子的尺寸,普朗克称之为"h",后来则变为众所周知的普朗克常量(Planck's Constant)。[2] 据他计算,每一秒为 6.55×10^{-27} 尔格(尔格是能量的小单位)。普朗克把这种非常小的盒子视作宇宙中基础性的、不可再分的构件,是辐射的一粒"原子"——他称之为"量子"(quantum)。这证明了自然不是一个连续不断的过程,而是在一系列极小震动中进行移动的过程。量子物理学由此诞生。

不过,此时的量子物理学还没完全定型。普朗克在二十年间专注于量子的许多理论被证明是错误的,以致举凡他在柏林物理学会上发言时,所面对的只有客套的沉默,没有人向他提问。整整四年后,普朗克思想的重要性才被人抓住——随后又被一个试图自己发动革命的人所理解。这个人就是阿尔伯特·

---

[1] 关于普朗克与鲁本斯之间的关系,可参见马克斯·普朗克:《科学家自传,其他论文及马克斯·冯·劳厄回忆马克斯·普朗克的一篇演讲》(*Scientific Autobiography, and Other Papers, with a Memorial Address on Max Planck by Max von Laue*),弗兰克·盖纳英译,伦敦:威廉斯和诺加特,1950年,第39—40页。

[2] 克拉格:《量子时代》,第23页。

第二十五章　无线电的发明、相对论与量子

爱因斯坦。[①]

科学的"奇迹之年"

正如我们已经看到的那样，德国在理论物理学传统中处于引领地位——克劳修斯、玻尔兹曼、赫兹、普朗克。但历史上最著名的理论物理学家是阿尔伯特·爱因斯坦。他以一声巨响的方式踏上这座智识的舞台。迄今为止世界上所有科学期刊中，唯一一本广受欢迎的收藏品是《物理学年鉴》第 17 卷（1905 年）。这一年，爱因斯坦在该年鉴上发表了三篇论文，致使 1905 年被戏称为科学的"奇迹之年"。

1879 年 3 月 14 日，爱因斯坦出生于乌尔姆——这是一座位于斯图加特与慕尼黑之间的城市。[②] 他的父亲赫尔曼是一位电气工程师。阿尔伯特在学校过得并不开心，他痛恨那里的专制氛围、粗鲁的民族主义和恶毒的反犹主义。他不断地与同学、老师辩论，直到自己被开除为止。16 岁时他随父母迁往米兰。19 岁进入苏黎世大学。稍后，他在伯尔尼找到了一份商务部专利员的工作。尽管所受教育还不完整，学术生涯也不稳定，但他仍然从 1901 年起开始发表学术论文。[③]

[①] 海尔布伦：《正直者的困境：作为德国科学发言人的马克斯·普朗克》，第 23 页。尽管普朗克在 1900 年告诉他的儿子说，他的工作或许在物理学的伟大发现中属于名列前茅的，参见该书第 55 页及以下诸页。

[②] 克拉格：《量子时代》，第 94 页。

[③] 阿尔伯特·弗尔辛（Albert Fölsing）：《阿尔伯特·爱因斯坦传》（Albert Einstein: A Biography），埃尔瓦德·奥泽斯英译，伦敦：维京，1997 年，第 32 页及以下诸页。

第四编　现代性的痛苦与奇迹

第一篇论文稀松平常,并未引起关注。实际上,爱因斯坦还未获悉最新的科学动态,或重复或误解了其他人的工作。但是,他的特长之一是统计技术(即路德维希·玻尔兹曼的方法),这使他受益匪浅。或许更为重要的是这样一个事实:他位于科学主流之外,这有助于他的原创性研究——这种原创性在1905年突然光芒万丈。爱因斯坦的三篇伟大论文是:3月发表的有关量子理论的文章;5月发表的有关布朗运动(Brownian motion)的文章;6月发表的狭义相对论。[①] 尽管1900年12月普朗克在柏林物理学会上宣读的原创性论文反响不大,但不久之后,其他科学家便意识到普朗克必定是正确的:他的想法足以解释许多现象,其中包括人们业已观察到的问题(即化学世界是由不连续物质——元素——所组成的)。不连续的元素意味着物质的基础单位也是不连续的。但是此时,多年实验仍表明,光是以波的形式运动的。[②]

爱因斯坦在其论文的第一部分中,除了显示出自己对于那种让物理学变得广受欢迎的想法报以开放心态外,还做出了迄今为止让人不可思议的暗示——他认为,光具有双重性质,一方面是以波的方式运动,另一方面它又是一种粒子。人们花费了一些时间去接受(甚至去理解)这种观念。但物理学家却不同。他们意识到,爱因斯坦的观点是符合事实的。随后,波粒二重性开始为人所知。它在20世纪20年代构成了量子力学的基础。此文发表两个月后,爱因斯坦推出了他的第二篇伟大作品,是关于布朗运动的。

[①] 阿尔伯特·弗尔辛:《阿尔伯特·爱因斯坦传》,第155页及以下。
[②] 克拉格:《量子时代》,第95页。

第二十五章　无线电的发明、相对论与量子

当花粉的小籽粒(大小不超过1毫米的百分之一)在水中受到阻滞,并在显微镜下接受观察时,它会前后推拉或蜿蜒前行。爱因斯坦认为,这种"舞蹈"之所以出现,则是因为花粉正在受到水分子的随意冲击。在这里,他的统计学知识起到了作用,帮助他以实验的方式完成了复杂的计算工作。这被公认为证实分子存在的首份证据。

爱因斯坦的第三篇论文则有关狭义相对论,该理论使他广为人知。① 正是这一理论推导出他的结论:$E=mc^2$。解释狭义相对论(广义相对论稍后出现)并非易事,因为它针对的是宇宙间极端性(但也是根本性)的情形,而且它突破了常识。不过,一种思考实验或许有助于〔我们理解〕。请想象一下,你正站在一个火车站中,一辆火车飞速地从左边冲向右边。就在那一瞬间,正在经过你身边的那辆车上,有一个人打开了车厢中间的灯。现在,假如你设定这辆车是透明的,你可以看到里面,那么你作为站台上的观察者将在那一瞬间看到光速已经直抵车厢背部,但车厢还在向前行进中。换言之,光速比一半车厢慢。然而,车厢中的人却会看到,当光速抵达车厢前部的同时,也到达车厢背部。由此,对于两个观察者而言,光速到达车厢背部的情况有所不同。爱因斯坦说,这种矛盾之处的唯一解释是,对于观察者而言,知觉是相对的,而且由于光速是恒定的,所以时间必须根据环境而发生变化。他最著名的预言

---

① 关于当时的一些令人兴奋之事,参见阿尔伯特·爱因斯坦:《阿尔伯特·爱因斯坦论文集》(*The Collected Papers of Albert Einstein*),第5卷,《瑞士岁月》(*The Swiss Years*),安娜·贝克英译,顾问唐·黑沃德,普林斯顿(新泽西)和奇切斯特:普林斯顿大学出版社,1995年。该书收录了他在1905年左右的信件。约翰·S.里格登(John S. Rigden):《爱因斯坦在1905年:伟大的标准》(*Einstein 1905: The Standard of Greatness*),伦敦:哈佛大学出版社,2005年,同样提到了这一年的事情。

第四编　现代性的痛苦与奇迹

是,当某物以高速运行时,时钟有可能会走得更慢。在许多年之后,这种反常识的想法真的得到了验证。物理学发生了转型。①

连续性的秘密与"之间"的意义

19世纪末,德国孕育了一代极为出色的"纯粹"数学家。他们颇为关注的想法虽然在一开始显得特别理论化,但实际上却被证明同样是基础性的,并拥有实践价值。② 他们与普朗克携手,但从一个完全不同的起点出发,构想出未来成为数字革命的〔那种观念之〕基础。

正如我们已经看到的那样,卡尔·弗里德里希·高斯、伯恩哈德·黎曼和费利克斯·克莱恩帮助哥廷根成为全世界的数学之都——当然,其他德国大学所在的城镇,如海德堡、哈勒与耶拿也不相上下。在这些小型的、偏远的、自给自足的世界中,在这些远离繁华都市的地方,他们的心灵是自由的,足以投身于研究基础性问题。而且对于许多人来说,数字理论就是最根本的抽象概念。

理查德·戴德金(Richard Dedekind)生于1831年,是高斯在哥廷根的最后一批学生之一,并担任后者葬礼上的护柩人。③ 戴德金是一位全身心投入学术研究的学者,终身未婚,他将自己生命的大

---

① 弗尔辛:《阿尔伯特·爱因斯坦传》,第165页;同样可以参见阿尔伯特·爱因斯坦:《矢志不渝的想象;阿尔伯特·爱因斯坦的基础科学论文》(*A Stubbornly Persistent Illusion: The Essential Scientific Works of Albert Einstein*),斯蒂芬·霍金(Stefen Hawking)主编并评注,费城和伦敦:伦宁出版社,2007年。
② 埃弗戴尔:《首批现代人》,第30页。
③ 克拉格:《量子时代》,第32页。

第二十五章　无线电的发明、相对论与量子

部分时间用于编辑出版高斯的一两本论文集,以及他的另一位伟大导师——彼得·勒热纳·狄利克雷——有关可微函数(differentiable functions)与三角级数(trigonometric series)的一大堆论文(他喜欢说,狄利克雷让他成为了"新人")。[1] 这种经历让戴德金形成了一些自己的观点。尽管这些想法在 1872 年以《连续性与无理数》(Continuity and Irrational Numbers)为名付梓时,该书看上去更像一本宣传册。但它很快成为经典之作,被誉为记录数学家们称为"数值模拟"(numerical continuum)或连续性秘密的最好描述。

倘若不考虑其他因素,连续性的"秘密"是困扰数学家的那些问题之一(当然,这在理论上与量子理论联系在一起。后者宣称,能量并非如牛顿所言,它不会连续性地发射出去)。一旦你试图领会"之间"(between)的含义,连续性问题就会变得显而易见。早在公元前 6 世纪,毕达哥拉斯便已知道分数位于整数"之间"。接着,无理数宣告了该想法无效——它们的十进制表示会延续、延续再延续。现在,"之间"这一问题必须被重新表述。如果无理数位于整数和有理数(分数)之间,那么(比如说)在 0 和 1 之间有多少个数?更令人费解之处在于,0 和 1 之间的数似乎与 1 和 1000 之间的数一样多。而这怎么可能呢?[2]

戴德金的解决办法简洁而优雅。他使用数学语言写道,"如果某人可以选择一个且仅一个数 a,它将区间中所有其他的数分为

---

[1]　《新科学家传记辞典》,第 4 卷,第 123—127 页。
[2]　克拉格:《量子时代》,第 38 页。

第四编 现代性的痛苦与奇迹

A、B 两类,使得 A 中的所有数字都小于 a 且 B 中的所有数都大于 a,而 a 本身又可以分配给任何一类,那么该区间定义为连续的。"戴德金通过移除"之间"这一概念而定义了连续性(的数值含义)。

"之间"的概念接近哲学边界,而且让人们想起了"之前"(before)和"之后"(beyond)这些曾经困扰康德的概念。在某种意义上,这正是让戴德金的同事格奥尔格·康托尔(Georg Cantor)感兴趣的地方。当戴德金追随高斯学习时,康托尔至少到 1866 年还是卡尔·魏尔斯特拉斯(Karl Weierstrass)在柏林的学生。1845 年,康托尔出生在一个虔诚的路德宗家庭,对形而上学极有兴趣,并相信,他之所以能够完成自己的主要发现——无穷基数(infinite cardinal numbers)——是因为上帝对自己的启示。[1] 他后来成为一名躁郁症患者,并在一家精神病院中了却余生。但在 1872—1897 年间,他创立了集合论和无穷基数的算术。[2]

开启其工作的论文题为《三角级数理论中一个定理的推广》(*On the Consequences of a Theorem in the Theory of Trigonometric Series*)。在这篇仅题目就令人瞠目结舌的论文中,康托尔使得"集合"这一概念成为数学和哲学中最有趣的术语之一(他通常被认为是集合论的创始人)。[3] 但正是他下一步的动作,却让数

---

[1] 约瑟夫·W. 多本(Joseph W. Dauben):《格奥尔格·康托尔:他的数学及他的"无穷"哲学》(*Georg Cantor: His Mathematics and the Philosophy of the Infinite*),剑桥(马萨诸塞):哈佛大学出版社,1979 年,第 6 章,第 125 页。
[2] 克拉格:《量子时代》,第 39 页。
[3] 《新科学家传记辞典》:第 2 卷,第 29—36 页。

第二十五章　无线电的发明、相对论与量子

学家们大吃一惊（固然，事实上之前并没有任何人注意到这一点，也够令人吃惊了）。序列 1，2，3，……，n，……是一个无穷集合，2，4，6，……也是。但随之而来的结果是，有些无穷集合比其他无穷集合更大——无穷序列 1，2，3，……，n，……有比 2，4，6，……更多的整数[*]。接下来是康托尔的如下证明：线段上的点的无穷基数等于平面中点的无穷基数。"我看到了，但我不相信！"——他在 6 月 29 日给戴德金的信中写道。我们最好记住这句话。

并非每个人都可以想象革命居然是以这样一种方式出现。康托尔曾经的教授、利奥波德·克罗内克尔（Leopold Kronecker）在柏林攻击这种新观念。赫尔曼·冯·亥姆霍兹，甚至弗里德里希·尼采也是如此——即便尼采同意数字尽管是必要的，但也是"虚构"的。现在耶拿的戈特洛布·弗雷格（Gottlob Frege）——上承哈勒的康托尔——和意大利人古赛普·皮亚诺（Guiseppe Peano）同样正在处理有关数字本质的难题。弗雷格的回答要比皮亚诺（以及狄德金）的回答简单一些，但他使用了自己所发明的特殊标记号。[②]

弗雷格出生于 1848 年，如今因其两部基础性著作而闻名：一本是 1879 年的《概念演算》（*Begriffsschrift*）和 1884 年的《算术基础》（*Die Grundlagen der Arithmetik*）。在这两本著作中，弗雷格的基本想法以逻辑语言和数学语言来得到表述，并且通过比较这两种表述，使逻辑的本质要素变得更为清晰。这是让魏尔斯特

---

[*] 原文如此，疑有误。——译者。
[②] 克拉格：《量子时代》，第 41 页。

拉斯的另一名学生埃德蒙德·胡塞尔(Edmund Husserl)感兴趣的方法。胡塞尔在哈勒大学教书,其博士论文是《论数的概念》(*Über der Begriff der Zahl*)*,后于1891年以雄心勃勃的题目《算术哲学》(*Philosophie der Arithmetik*)出版。胡塞尔在其著作中沿用了弗雷格的《算术基础》,并以"哲学"之名向弗雷格致敬。① 胡塞尔并没有试图以数学的方式来界定一个集,而是提出这样的问题:理智(mind)如何构成通则——以至于让乘法运算首先转变为计算单位。换言之,在它成为一个数学问题之前,它是一种哲学问题或现象学问题。然后,他给出了一个康德式的回答。胡塞尔说,真正的数的序列从来不能被意识到。连续性如同空间或时间,或无穷大,是我们意向的一种创造。但对弗雷格而言,这一想法太过了。他拒绝接受《算术哲学》,并将之比作"毁灭"。②

德国第二代优秀数学家群体中的最年轻的人是大卫·希尔伯特(David Hilbert,1862—1943)。他延续了弗雷格和胡塞尔的模式,以哲学的方式来看待数学。但他也继承了康托尔和狄德金的模式,对数集抱有同等兴趣。

希尔伯特出生在东普鲁士的柯尼斯堡(今加里宁格勒),进入弗里德里希文理中学求学——一百四十年前,康德也曾在此就读。他在柯尼斯堡大学担任教授直到1895年,随后费利克斯·克莱恩将其引进到哥廷根。在那里他成为许多后来颇具名望的数学家之

---

* 原文如此,疑有误,《论数的概念》应为胡塞尔的教授资格论文。——译者

① 迈克·杜梅特(Michael Dummet):《弗雷格:算术的哲学》(*Frege:Philosophy of Mathematics*),伦敦:达克沃思,1991年,第141页及以下诸页。

② 克拉格:《量子时代》,第46页。

第二十五章　无线电的发明、相对论与量子

导师，其中包括赫尔曼·外尔（Hermann Weyl）、理查·柯朗特（Richard Courant）和约翰·冯·诺依曼（John von Neumann）。[1]

希尔伯特对数字及直觉和逻辑间的差异性感兴趣。他认为，数字的某些表现（例如序列和一些集合）是直观性的，而他希望界定逻辑从直觉中产生的地方。他因"完美"解答了数学中 23 道尚未得到解答的难题而为大多数人所知晓——他在 1900 年的巴黎数学家国际大会上对此进行了报告。尽管如此，他仍指出，还有一些问题留待讨论。[2] 稍后，他对自己称作"无穷维的欧式空间"（infinite dimensional Euclidean space）的东西产生了兴趣，后来它也被称为"希尔伯特空间"（Hilbert space）。他还同爱因斯坦合作完成广义相对论的最后形式，即所谓爱因斯坦-希尔伯特作用量（Einstein-Hilbert action）。

在一定程度上，物理学与数学存在概念重叠之处。两种学科都关注连续性与特殊性的本质。这种关注或对数字革命大有裨益——但这是数十年之后的未来。

---

[1] 克莱恩在德国（以及世界）数学中扮演着非常奇特的角色，这一点已经由刘易斯·佩森（Lewis Pyenson）在《威廉德国时代的新人文主义与纯数学的延续》（*Neohumanism and the Persistence of Pure Mathematics in Wilhelmine Germany*），费城：美国哲学协会，1983 年所揭示。该书把数学同教育联系在一起。康士坦斯·里德（Constance Reid）在《希尔伯特》第 19 页中把克莱恩与希尔伯特的通信关系描述为"紧张不安的"。参见该书的第 48 页及以下提到的当时的哥廷根。也可以参见君特·弗雷（Günther Frei）编：《达维德·希尔伯特与费利克斯·克莱恩书信往来集（1886—1918）》（*Der Briefwechsel David Hilbert-Felix Klein（1886—1918）*），哥廷根：范登霍克 &. 鲁普雷希特，1985 年。

[2] 里德：《希尔伯特》，第 74 页及以下诸页。杰里米·格雷（Jeremy Gray）：《希尔伯特的挑战》，牛津：牛津大学出版社，2000 年，关注了这一事件及其反响。

| 第二十六章 |

维也纳的敏感与魅惑

1887年9月初,医生、作家兼业余钢琴演奏者阿图尔·施尼茨勒(Arthur Schnitzler)在维也纳一条他习惯散步的路上(克莱夫·詹姆斯说,这个身影是如此熟悉,都快成为"环城路[Ringstrasse]的固定一景了"),偶遇了一位自称"珍奈特"(Jeanette)的妩媚年轻女子。从社会背景看,这两人完全南辕北辙:他,是受过良好教育的资产阶级;她,则是刺绣女工。但即便如此,两天之后,陌生女子便登门拜访,两人就此成为情侣。而在之后的几个月中,施尼茨勒在他的日记中学究般地记录下他们每次做爱的经过。当这段关系在1889年年底走向决裂时,他甚至可以计算出在两人交往的两年中共做爱583次。记录之精准令人侧目,但同样异乎寻常的是施尼茨勒的性能力:在多次离开城市返回之后,有时也为了保持自己的纪录,他和珍奈特一夜欢好达五次。[①]

从这些混合了科学的精准、冒险、实验和性放纵(在一个尚未

[①] 彼得·盖伊(Peter Gay):《施尼茨勒的世纪》(*Schnitzler's Century*),第64—65页。克莱夫·詹姆斯(Clive James):《文化失忆:我的时代批注》(*Cultureal Amnesia: Notes in the Margin of My Time*),伦敦:皮卡多,2007年,第699页。

第二十六章　维也纳的敏感与魅惑

发明撒尔佛散*的时代)的图景中,我们已经可以察觉出笼罩于19世纪末维也纳的思想迷雾。但在1900年的德语城市中,维也纳显然地位超然。如果要选择一座能够代表20世纪开端之际欧洲大陆精神的城市,那么它一定是奥匈帝国的首都。

咖啡馆社会的发源地

维也纳的建筑对这座城市的独特风貌起到了关键性的决定作用。环城路是一条位于老城中心地带,环抱着众多历史纪念建筑,如(维也纳)大学、歌剧院、议会的道路。它修建于19世纪后半叶,有效地将城市的精神与文化生活包围在一个尺度相对较小但交通便利的区域之中。在那里,逐步形成了这座城市独有的咖啡馆,它是使维也纳区别于伦敦、巴黎和柏林的非官方场所。①大理石桌面成为孵化新点子的平台,其作用与报纸、学术期刊和书籍不相上下。咖啡馆的兴起据传源于1683年维也纳战役胜利之后,人们在土耳其人撤离后的兵营里发现的大量咖啡。无论历史的真相到底如何,到1900年时,咖啡馆已经演变为私人俱乐部。在那里,人们可以买上一小杯咖啡消磨一天中的剩余时光,每隔半小时就会有人用银质小托盘送来一杯水。报纸、杂志、台球桌、国际象棋棋盘

---

*　撒尔佛散(Salvarsan),也称"砷凡纳明",发明于1909年,是20世纪上半叶用于治疗梅毒的主要药物。——译者

①　克里斯蒂安·布兰德施泰特(Christian Brandstätter)主编:《1900年的维也纳和现代主义的英雄》(*Vienna 1900 and the Heroes of Modernism*),伦敦:泰晤士&哈德逊,2006年,第335—342页。

均免费供应，此外还提供钢笔、墨水及（印着咖啡馆抬头的）信纸。常客们还可以让他们钟爱的咖啡馆代收信件。某些咖啡馆如"格里斯塔德"甚至提供大百科全书和其他一些参考书，方便在那里埋头写作的人们查阅。①

作为艺术形式的领导力

有一群经常在"格里斯塔德"咖啡馆聚会的"波希米亚人"被称为"青年维也纳"派。这个小团体的成员有施尼茨勒、胡戈·冯·霍夫曼斯塔尔、特奥多尔·赫茨尔——他是一位机智的新闻记者、评论家，日后成为了犹太复国主义运动的领袖——作家斯特凡·茨威格，以及这个小圈子的领导者，报刊编辑赫尔曼·巴尔（Hermann Bahr）。巴尔的《时代报》（*Die Zeit*）为许多这样的人物提供发声的论坛，与之相比毫不逊色的，则是由卡尔·克劳斯（Karl Kraus）主编的《火炬》（*Die Fackel*），这本刊物甚至比克劳斯本人的戏剧《人类的末日》（*Die letzten Tage der Menschheit*）更为出名。②

---

① E. E. 耶茨（E. E; Yates）：《施尼茨勒、霍夫曼斯塔尔与奥地利戏剧》(*Schnitzler, Hofmannsthal, and the Austrian Theatre*)，新港（康涅狄格）和伦敦：耶鲁大学出版社，1992 年，第 1—5 页。

② 弗里德里希·罗特（Friedrich Rothe）：《卡尔·克劳斯传》(*Karl Kraus: Die Biographie*)，慕尼黑：皮珀，2003 年，第 171—216 页。爱德华·蒂姆斯（Edward Timms）：《卡尔·克劳斯，悲观的嘲讽者：战后危机与万字符的崛起》(*Karl Kraus, Apocalypic Satirist: The Post-War Crisis and the Rise of the Swastika*)，新港（康涅狄格）、伦敦：耶鲁大学出版社，2005 年。参见"德国统治之梦"最开始的几页。

第二十六章　维也纳的敏感与魅惑

阿图尔·施尼茨勒（1862—1931年）的职业生涯在某些方面与弗洛伊德有着惊人的相似。他也接受过极其充分的医生及神经学家的职业训练，并且专攻神经衰弱症。然而，施尼茨勒从医学转向了文学，尽管他的作品中仍反映出不少精神分析思想（例如他认为情爱是一种教育）。他的早期作品探索了维也纳咖啡馆社会的空虚，但从短篇小说《古斯特少尉》(*Leutnant Gustl*, 1901)*和长篇小说《通往旷野之路》(*Der Weg ins Freie*, 1908)开始，才真正打上施尼茨勒的个人印记。《古斯特少尉》通篇采用内心独白的表现方式，故事的开端是一桩发生在歌剧院繁忙的衣帽间里的突发事件：一个"平头老百姓"胆敢碰触少尉的佩剑。正是这个动作激怒了少尉，他十分纠结，并无意识地陷入"意识流思绪"之中。这一处理在某种程度上先于普鲁斯特(Marcel Proust)。《通往旷野之路》结构上的张力则来自作者笔下几名犹太人角色在事业上遭受挫折和阻挠的过程。施尼茨勒控诉反犹主义，但并非简单地指责它的错误，而是将其视作一个狭隘新文化的符号，它伴随着颓废审美和大众社会的降临而来。在这个大众社会中，议会"已经演变为一出由多数人操纵的闹剧"，只是纯粹释放本能而已；因此在他的小说中，这种狭隘的新文化也最终压倒了犹太角色所代表的"有目标、有道德和科学的"文化。作为一个坚定的现实主义者，施尼茨

---

*　需要说明的是，《古斯特少尉》最早于1900年刊登于维也纳的《新自由报》(*Neue Freie Press*)，于1901年才正式发行单行本。本书作者选取的是后一个时间节点。——译者

第四编　现代性的痛苦与奇迹

勒认为:"想象和真实之间的战斗"才是"生活的真实"。[①]

胡戈·冯·霍夫曼斯塔尔(1874—1929年)则走得更远。霍夫曼斯塔尔出身贵族之家,孩提时代就随父亲出入"格里斯塔德"。巴尔的小团体犹如一个孵化器,激发出这个年轻人的早熟天赋。在其职业生涯的早期,霍夫曼斯塔尔撰写过一度被称为"德意志诗歌史上最完美的作品",但他从未完全适应这种美学风格,并认为维也纳旧式审美文化缺乏来自科学的影响。他在1905年这样写道:"我们这个时代的环境是多元而不确定的,只能依靠缓慢的改变。"如何更好地描述从牛顿的旧世界体系滑向玻尔兹曼和普朗克的过程?"任何事物都从整体分裂成部分,"霍夫曼斯塔尔写道,"部分再分裂成更多的部分,不再只用一个概念概括所有。"[②]和施尼茨勒一样,霍夫曼斯塔尔对于奥匈双元帝国的政治发展,尤其是反犹主义的兴盛感到深深不安。对他来说,这种非理性主义的抬头本身便是一种由科学所引发,但又改变了理解现实世界的力量;新观念在推动反动且大规模非理性主义的方面,令人坐立不安。他因此在26岁时放弃诗歌创作,转而认为戏剧可以提供直面挑战的更好机会。霍夫曼斯塔尔开始相信,按照古希腊方式,戏剧有助于抵抗政治的发展。他的作品,从戏剧《福图内斯特的儿子们》(Die Söhne des Fortunatus),到《坎道列斯王》(König Candaules),再到为理查德·施特劳斯歌剧所撰写的剧本,全部是关于

[①] 阿图尔·施尼茨勒:《通向旷野之路》(The Road into the Open = Der Weg ins Freie),罗杰·拜尔斯(Roger Byers)英译,伯克利和牛津:加利福尼亚大学出版社,1992年。詹姆斯:《文化失忆:我的时代批注》,第702,764—765页。

[②] 沃森:《可怖之美:一段形塑现代心灵的人物和思想史》,第29页。

第二十六章　维也纳的敏感与魅惑

作为艺术表现形式的政治领导力。国王的任务是维持秩序，控制非理性。但非理性必须有一个出口。霍夫曼斯塔尔提出，他的解决方案是"整体性的仪式"，一种不会让任何人感觉自己被排斥在外的政治仪式。① 他试图创造这种整体性的仪式，在戏剧中将个体心理与集体心理结合在一起，这一点甚至要比弗洛伊德的理论更早。正如他所说，艺术成为"国家的精神空间"。霍夫曼斯塔尔常常希望，通过笔下的国王们，他可以帮助维也纳产生出一位杰出的领导者。这位领导者既可以提供道德上的指导，又能指引前进的方向。但他所选择的词汇诡异地接近最终到来的一切：他所希望的是"一位烙上僭主印记的天才"，"一个真正的德国人和绝对的男人"，"一位先知"、"诗人"、"教导者"、"诱骗犯"和一个"色情梦想家"。②

同霍夫曼斯塔尔的王权美学及"整体性仪式"是一种对由科学发明所引起的"推导性"(das Gleitende)反应一样，弗兰茨·克莱门斯·布伦塔诺(Franz Clemens Brentano, 1838—1917)的新哲学也是如此。布伦塔诺是一个很受欢迎的人，他的讲座挤满了学生——其中包括弗洛伊德和托马斯·马萨里克(Tomáš Masaryk)*。他身材颀长，常常在多瑙河中畅游。他出过一本畅销的猜谜书。约瑟夫·布罗伊尔(Josef Breuer)是他的医生。

---

① 乌尔里希·魏因齐尔(Ulrich Weinzierl)：《霍夫曼斯塔尔：一幅速写》(*Hofmannsthal: Skizzen zu seinem Bild*)，维也纳：若尔奈，2005年，第147页及以下诸页。
② 本杰明·本尼特(Benjamin Bennet)：《胡戈·冯·霍夫曼斯塔尔：意识剧场》(*Hugo von Hofmannsthal: The Theatre of Consciousness*)，剑桥：剑桥大学出版社，1988年，第272页及以下。
* 托马斯·马萨里克(1850—1937年)，捷克哲学家，作家，第一次世界大战结束后担任捷克斯洛伐克首任总统。——译者

725

布伦塔诺的主要兴趣在于如何尽可能以一种科学的方式来证明上帝的存在。对他来说，哲学包括了三个周期——古典时代、中世纪和现代。每一个周期又包括了四个阶段：调查、应用、怀疑主义和神秘主义，他将其排列在下列表格中：

周期阶段	古典时代	中世纪	现代
调查	从泰勒斯到亚里士多德	托马斯·阿奎纳	从培根到洛克
应用	斯多葛学派、伊壁鸠鲁派	邓斯·司各特（Duns Scotus）	启蒙运动
怀疑主义	怀疑论派、折中派	奥卡姆的威廉（William of Occam）	休谟
神秘主义	新柏拉图主义者、新毕达哥拉斯主义者	卢勒（Lullus），库萨（Cusanus）	德国唯心主义

这个分类使布伦塔诺成为思想史上半个经典人物。他的科学知识帮助他在经过二十年的研究之后得出结论，确实存在"一个永远具有创造性且可以持续下去的规则"，他称之为"理解"（understanding）（作为康德思想的回响）。与此同时，自己有关哲学周期化的观点使得布伦塔诺开始怀疑科学的进步性。即便如此，他的这一研究路径激发出在20世纪早期两大具有影响力的哲学分支：胡塞尔的现象学和克里斯蒂安·冯·埃伦费尔斯（Christian von Ehrenfels）的"格式塔"（Gestalt）。[1]

---

[1] 弗兰茨·克莱门斯·布伦塔诺：《论对与错的知识的起源》（*The Origin of our Knowledge of Right and Wrong*），奥斯卡·克劳斯（Oskar Kraus）编，罗德里克·M.奇泽姆（Roderick M. Chisholm）、伊丽莎白·H.施内温德（Elizabeth H. Schneewind）英译，伦敦：德里奇 & 基根·保罗，1969年，第75页。

第二十六章　维也纳的敏感与魅惑

埃德蒙德·胡塞尔(1859—1938年)与弗洛伊德同年,且二人均出身摩拉维亚省(孟德尔也是他们的同乡)。不仅如此,和弗洛伊德一样,胡塞尔也是犹太人,但他接受了更为国际化的教育——曾在柏林、莱比锡和维也纳求学。胡塞尔最初对数学和逻辑学很感兴趣,但他逐渐发现自己的兴趣点开始转向心理学。尽管此时德语国家的心理学教育仍大多被归结在哲学的学科大类之下,但它正迅速成长为一门专门的学科,这尤其要感谢作为先驱的威廉·冯特所开创的实验心理学。冯特(1832—1920年)是莱比锡大学一位多产的教授——他的著作多达5.3万页,他和亥姆霍兹一起创立了实验心理学,并毕生致力于将实验生理学的方法论引入心理学的学科范畴。不同于狄尔泰,冯特坚持认为,心理世界可以通过对一些小的心理活动——例如在实验中观测到的反射弧线——来加以解释。[1]

胡塞尔听过一些冯特的讲座,但他作为一个新康德主义者、新达尔文主义者和新尼采主义者,更被视为后基督教时代最好的哲学家。他专注于以一种非宗教的路径来理解作为现象的存在,因此其核心观念是意识、逻辑和语言。如何理解作为现象的世界以及世界中的现象?理智产生意识,这是"存在"最核心的心理现象;但我们通过意识所能感知到的现象——亦即独立于理智之外的——在何种程度上是自我意识?或是我们的理智以某种方式"指向"了这些现象?是否存在着类似逻辑这样"外在于"世界存在

---

[1] 《斯坦福哲学大百科全书》(Stan for Encylopaedia of Philosophy),语言和信息研究中心(Center for the Study of Language and Informaiton),斯坦福大学,加利福尼亚,94305,http://plato.stanford.edu/;有关威廉·冯特的记录,第15—17页。

第四编　现代性的痛苦与奇迹

的简单现象,或者说逻辑是理智的一种"意向"？而这一切又是如何与语言的应用和理解联系在一起的？语言是否是一种对于现象的准确反射或描述。如果答案是肯定的,那么语言分析将如何帮助我们理解这个世界？

胡塞尔的大部头著作《逻辑研究》(*Logische Untersuchungen*)分别出版于1900年(第一卷)和1901年(第二卷)。[①] 他的主要观点可以归结为一种升级版的唯心主义:理智的"趋势"(tendency)是对经历和意识进行组织和整理。必须承认,胡塞尔并不擅长修辞,这使得许多读者无法追随于他——这在英语世界尤其如此。但有一个公认简便的方法似乎可以用来理解他的观点,它需要借助利用视觉错觉的著名例子:要么看到的是黑底白色的蜡烛,要么是两张白底黑色面对面的人脸。我们几乎不由自主地切换辨别这两幅图的事实,对于胡塞尔来说,这意味着,在我们的意识中,存在着某些组织原则,它们可以决定或是帮助我们决定,我们将如何经历这个世界。

胡塞尔还着迷于这样一个问题,即人为什么会随着时间推移而发生改变但同时又有所保留:拥有持续不变的身份认同意味着什么,成为整体中的一部分又意味着什么？他坚信科学根本无法认识存在或意识的全部,即使只是最基础的那些。在这方面,胡塞尔(他留下了大量的材料)至今被认为是20世纪西方哲学欧陆学派之父,这一派的成员还包括马丁·海德格尔、让-保罗·

[①] 德莫特·莫兰(Dermot Moran):《埃德蒙德·胡塞尔:现象学的奠基人》(*Edmund Husserl: Founder of Phenomenology*),剑桥:政体出版社,2005年,第94—129页。

第二十六章　维也纳的敏感与魅惑

萨特和于尔根·哈贝马斯。他们和由伯特兰·罗素和路德维希·维特根斯坦领衔的"分析"派分庭抗礼,后者在北美和英国更受欢迎。①

另一位重要的布伦塔诺思想传人则是克里斯蒂安·冯·埃伦费尔斯(1859—1932年),"格式塔"哲学和心理学理论之父。1897年埃伦费尔斯接受了布拉格大学的哲学教授席位。在这里,埃伦费尔斯从恩斯特·马赫关于"圆的尺寸和颜色不会因圆周的减小而改变"的观点出发,对布伦塔诺的思想进行了修正,提出理智以某种方式指向"整体性的形态"(亦即完形,Gestaltqualität)——也就是说,自然界中肯定存在着理智和神经系统"准备"感知,且有意识去感知的"整体"。一时间格式塔理论对德国心理学界产生了重要影响,尽管这一理论本身未能发展下去,但它奠定了"印记学习"(imprinting)理论的基础,这一理论主要是指新生儿在其成长的关键性阶段感知特定形式的能力。

科学的异常

公开标榜理性、实则是伪科学的论调同样在当时的维也纳盛行一时,尽管这些观点今天读来犹如天方夜谭。其中最为突出的当属奥托·魏宁格(Otto Weininger,1880—1903)的理论。

作为一个信奉反犹主义的犹太裔金匠的儿子,魏宁格曾经是

---

① 鲁汶胡塞尔档案馆(Archives Husserl à Louvain):《胡塞尔档案馆史》(Geschichte des Husserl-Archivs),多德勒支:施普林格,2007年。

第四编　现代性的痛苦与奇迹

一个"流连于咖啡馆的傲慢浪荡子",但他的性格逐渐变得乖僻起来。他在大学毕业并出版自己的学位论文之前,自学掌握的语言超过八种。[①] 这篇经编辑重新定名《性与性格》(Geschlecht und Charakter)的论文发行于1903年并随即引起轰动。在这部充斥着极端仇视犹太人、厌恶女性观点的作品中,魏宁格提出人类的所有行为举止都可以根据男性和女性"原生质"(protoplasm)来加以解释,没有例外。魏宁格发明了一整套新词汇来解释自己的观点:举例来说,种质(idioplasm)是他对两性机体的无差别统称;而其中男性机体被称为"雄性原生质"(arrhenoplasm),女性机体则是"雌性原生质"(thepyplasm)。按照他的说法,历史上所取得的各类成就——例如所有的艺术、文学和法律体系——都源于男性的创造力;而女性则恰恰相反,被认为是消极要素。他还认为,所有这些消极要素最终都汇集在犹太种族身上。但书籍出版所带来的商业成功和个人声望并未能安抚魏宁格焦虑不安的精神。就在当年下半年,他在贝多芬去世的房间里举枪自尽。("在一座视自杀为艺术的城市中,魏宁格的方式堪称大师杰作。")[②]自杀时年仅23岁。

另一个科学功底相对扎实,对性及相关"性科学"感兴趣的"科学家"则是天主教心理医生理查德·冯·克拉夫特-埃宾(Richard von Krafft-Ebing,1840—1902)。他的名望来自他于1886年出版

[①] 大卫·S. 勒夫特(David S. Luft):《维也纳的性与灵:魏宁格、穆西尔、多德尔》(Eros and Inwardness in Vienna: Weininger, Musil, Dorderer),芝加哥和伦敦:芝加哥大学出版社,2003年,第49页。

[②] 罗斯:《余者皆噪音:倾听20世纪》,第38页。

第二十六章 维也纳的敏感与魅惑

的一部主标题为拉丁文的作品——《性心理病态：一项法医学研究》(*Psychopathia Sexualis: eine klinische-forensische Studie*)，这本书迅速被译成七种语言。书中大多数的"法医"案例均收集自法庭记录。克拉夫特-埃宾试图或将性心理异常或与婚姻生活、艺术作品主题，或与宗教组织结构联系起来分析。在他所描述的异常性行为中，最为臭名昭著的当属由他创造的术语"受虐"(masochism)。这个词源于利奥波德·冯·萨克-马索克(Leopold von Sacher-Masoch)的各种小说。萨克-马索克是格拉茨地方一位警察总监的儿子，他最直白露骨的小说《穿裘皮的维纳斯》(*Venus im Pelz*)就是根据自己和一位名叫芬妮·皮斯托(Fanny Pistor)的男爵夫人之间的风流韵事加工而来，在这期间，他"签署了一份为期半年，声明成为她的奴隶服从于她的合同"[1]。

《性心理病态》一书，很明显预言了精神分析的某些方面，克拉夫特-埃宾也承认，性和宗教一样，可以通过艺术加以升华，并且二者都可以"激发想象力"。[2] 对于他来说，符合宗教规范（因此也包括婚姻内）的性才能提供"服从带来狂喜"的可能性，但这一过程如果采取堕落的方式获取，则成为被他称为"受虐"(masochism)的

---

[1] 哈里·奥斯特胡斯(Harry Oosterhuis)：《大自然的继子：克拉夫特-埃宾：精神病学和性别认同的建构》(*Stepchildren of Natur: Krafft-Ebing, Psychiatry and the Making of Sexual Identity*)，芝加哥和伦敦：芝加哥大学出版社，2000年，第25—36页。

[2] 沃森：《可怖之美：一段形塑现代心灵的人物和思想史》，第34页。

第四编　现代性的痛苦与奇迹

性心理异常的病症。①

"设计从属于艺术"

环城路对维也纳的城市建筑风格具有举足轻重的影响。这条大道修建于19世纪中叶,当时皇帝弗朗茨·约瑟夫(Franz Josepf)下令拆除旧城城墙,随后就出现了一个环绕整个市中心的巨大带状空间,而在之后的五十年中,十多个巨大的建筑物先后矗立于这条环状道路的两边。这些建筑物包括歌剧院、议会大厦、市政厅、维也纳大学的一部分以及一座宏伟的教堂。* 它们中的大多数采用豪华的石料装饰,这些装饰先后激发了奥托·瓦格纳(Otto Wagner)和阿道夫·路斯(Adolf Loos)的激烈反应。

奥托·瓦格纳(1841—1918年)的名声来自他的被誉为"比莱兹亚式的想象力",1894年他赢得了一项设计维也纳地铁车站的委托。② 整个项目要设计建造13余座车站,还包括附属的桥梁、高架以及其他地铁附属建筑。瓦格纳的独创之处在于:他不仅在

---

① 汉斯·格罗斯(Hans Gross,1847—1915)是现代刑侦学的奠基人,这是一门随着特大城市发展而出现的新兴学科。正是格罗斯开启了对足迹、血迹、运动轨迹、地下社会黑话研究的系统调查,以及相应采取X射线的检测。参见罗纳德·马丁·豪(Ronald Martin Howe);《犯罪调查:面向市政官员、警官和律师的实用教程》(*Criminal Inverstigation: A Practical Textbook for Magistrates, Police Officers and Lawyers*),改编自约翰·亚当(John Adam),J.克利尔·亚当;《汉斯·格罗斯博士的犯罪学体系》(*System der Kriminalistic of Dr. Hans Gross*),伦敦:斯威特&麦克斯韦,1949年,第84页关于血迹、第125页关于指纹、第207页关于足印。

* 这里指的是维也纳感恩教堂(Votivkirche),它是一座罗马天主教教堂。——译者

② 布兰德施泰特主编:《1900年的维也纳和现代主义的英雄》,第239—260页。

第二十六章 维也纳的敏感与魅惑

设计建造过程中使用了现代材料,同时还将它们展示了出来。举例来说,瓦格纳在桥梁建设中采用了铁质的梁结构。这些支撑结构不再像环城路建筑物的处理方式那样被隐藏于精细的砖石表面之下,而是经过粉刷后直接暴露在外。而他的其他设计则凸显出现代人的一些想法——居住于城市中的男男女女,常常步履匆匆行走在上班或回家的路上。因此街道应当成为城市的核心结构,而不再是广场。对于瓦格纳来说,维也纳的街道应当是笔直且具有引导功能的;社区的组织安排应当使工作场所临近住所,并且每一个社区都应拥有自己的区域中心,而不是整座城市只有一个中心。

阿道夫·路斯(1870—1933年)则和弗洛伊德、《火炬》主编卡尔·克劳斯以及"格里斯塔德"小圈子里剩余的成员走得很近。相比瓦格纳,他代表一种更具革命性的理性主义——他反对"时代精神"(Zeitgeist)。[1] 他宣称,建筑并非艺术。"艺术工作是艺术家的私事。艺术要将人们从舒适生活(Bequemlichkeit)中拖拽出来,而房屋则必须提供舒适生活。艺术是革命的,房屋则是保守的。"路斯还将这一观点拓展到设计、服装,甚至是行为举止。[2] 他崇尚朴素、实用、简洁明了。他认为人类面临着被物质文化奴役的风险,他要在艺术和生活之间重建一种"正常的"关系。设计应当是从属于艺术的,因为它是保守的,只有人们理解了两者的区别,才能从中获得解放。"工匠生产产品满足一时一地之用,艺术家的产

---

[1] 沃纳·奥克斯林(Werner Oechslin):《奥托·瓦格纳、阿道夫·路斯,以及通往现代建筑之路》(*Otto Wagner, Adolf Loos, and the Road to Modern Architecture*),利奈特·维德(Lynette Widder)英译,剑桥:剑桥大学出版社,2002年,第112页。

[2] 布兰德施泰特主编:《1900年的维也纳和现代主义的英雄》,第293—407页。

第四编　现代性的痛苦与奇迹

出则是为了全人类。"[1]

魏宁格尤其着迷于理性主义,路斯亦然。二人大量借鉴科学思想与术语,但很快超出了科学用于建构体系的认知范畴,这些观念同样稀奇古怪,与他们所抨击的非科学思想如出一辙。

即便如此,没有比围绕古斯塔夫·克里姆特(Gustav Klimt)为维也纳大学所作画作引发的风暴,更能说明存在于世纪之交维也纳的各类大相径庭的思想,以及思想界不断分裂的趋势。克里姆特的首幅作品正是交付于1900年。克里姆特1862年出生于维也纳附近的鲍姆加滕。他和魏宁格一样也是金匠的儿子,但两人的可比性到此为止。克里姆特〔后来〕将自己的名字镌刻在环城路新落成建筑的巨大壁画上。[2] 这幅作品由他和弟弟恩斯特(Ernst)一同完成,但随着后者于1892年去世,古斯塔夫随即沉寂长达五年之久,这期间他似乎潜心学习詹姆斯·惠斯勒(James Whistler)、奥布里·比莱兹亚(Aubrey Beardsley)*和爱德华·蒙克的〔艺术〕风格,直到1897年他才以维也纳分离派(Vienna Secession)领袖人物的身份重新出现。所谓"维也纳分离派"是一个

---

[1] 布克哈特·卢克斯奇(Burckhardt Rukschcio):《阿道夫·路斯:生平与作品》(Adolf Loos: Leben und Werk),萨尔斯堡:雷斯登,1987年。

[2] 布兰德施泰特主编:《1900年的维也纳和现代主义的英雄》,第93—109、111—119页;有关克利姆特的部分,参见瑟奇·勒莫因(Serge Lemoine)、玛利亚-艾梅利·楚·萨尔姆-萨尔姆(Marie-Amélie zu Salm-Salm)主编:《1900年的维也纳:克里姆特、席勒、莫泽、科科施卡》(Vienna 1900: Klimt, Schiele, Moser, Kokoschka),奥尔德肖特:伦德·汉弗里斯,2005年,其中有关环城路的精彩分析,参见该书第37页。

* 比莱兹亚是19世纪末英国画家和平面设计师,同时也是英国"颓废派"画家的代表人物。其作品构图简单但线条繁复精细,以充满想象力著称。——译者

第二十六章　维也纳的敏感与魅惑

由19位艺术家组成的小团体,他们和巴黎印象派及慕尼黑和柏林分离派艺术家一样,回避官方钦定的艺术样式,而是追随"新艺术"(art nouveau)观点。(这种艺术风格在德语国家也被称为"青年风格"[Jungendstil]。)

克里姆特的画作风格同时交织着大胆恣肆和亲密柔软(一如照片中的他本人一样),并且有三个明显的特征:制作精细的金箔叶子(这是他师承自金匠父亲的一项技能);色彩斑斓的小斑点,硬似珐琅;以及尤其擅长对慵懒而散发情欲气息的女性形象的描绘。克里姆特的画作并非弗洛伊德式的,他笔下的女性一点儿也不神经质。她们平静、温和,但首先是皮肤格外光滑,"生命的本能被定格在了艺术之中"。尽管致力于通过画作表现女性情欲,但克利姆特同时也暗示这种欲望并未得到满足。因此他笔下的女性形象是欲求不满——这些形象在克拉夫特-埃宾的报告中则会被定义为变态,性感撩人,但同时又是可怕的。整个维也纳因为克里姆特的新艺术风格而走向分裂,并很快在他接受大学委托时达到了顶峰。①

三幅委托的画作所对应的是哲学(Philosophy)、医学(Medicine)和法学(Jurisprudence),但随即引发了一场巨大的风波,愤怒首先向"哲学"袭来。原本规定的主题是"光明战胜了黑暗",但克里姆特创作的却是一幅似要向观众飘来的"缠绵交汇"的人体躯

---

① 勒莫因和萨尔姆-萨尔姆主编:《1900年的维也纳:克里姆特、席勒、莫泽、科科施卡》,第41页。亦参见托比亚斯·G.纳特(Tobias G. Natter)、格伯特·弗洛德(Gerbert Frodl)主编:《克里姆特的女性形象》(*Klimt's Women*),新港(康涅狄格)、伦敦:耶鲁大学出版社(科隆:杜蒙),2000年,第25—31页。

干,一个接着一个形似万花筒,所有这一切又被宇宙所包围。这幅作品使维也纳大学的教授们大光其火,他们指责克里姆特"以模糊的手法表现模糊的主题"。哲学应该是理性的,它"试图从精确的科学中找寻真实",为此18名学者联名请愿,要求大学不再展出克里姆特的画作。画家拿到了自己的报酬,但从此再也没有展出过其余两幅作品。这场斗争的意义不禁使我们回想起霍夫曼斯塔尔和施尼茨勒、胡塞尔和布伦纳诺。克里姆特针对大学方面的责难,发表了一份重要声明。他质问道:当非理性和本能成为占据我们生命的重要组成,理性如何取得胜利?理智是否真的代表进步的方向?本能是一种更为古老也更强大的力量,它可能更反复,可能更粗糙,有时也是一种黑暗的力量,但一再否定它,意义何在?而这一观点直到第二次世界大战爆发都是德意志思想中一个重要的组成部分。

特奥多尔·赫茨尔是一名在维也纳学习法律的匈牙利犹太人。早在文理中学时代,他就撰写过一篇颂扬路德是德意志民族捍卫者的诗歌,在维也纳他还协助组织成立了一个信奉德意志民族主义的学生团体。赫茨尔相貌堂堂,写过一些喜剧作品,但他在19世纪80年代却成为一名成功的记者,为《维也纳汇报》(Wiener Allgemeine Zeitung)和《新自由报》(Neue Freie Presse)撰写专栏。("专栏"[feuilleton]一词源出法语,指的是报纸首页中间折痕上方位置的文章,它避开"硬性报道"的方式,取而代之以风趣幽默的文字,对新闻大加评论,抛出有关是与非的棘手问题,揭露事件的真相。)赫茨尔人生轨迹的转折点是他1891年作为《新自由报》驻巴黎记者抵达法国,见证了因巴拿马丑闻而掀起的经济领域

第二十六章　维也纳的敏感与魅惑

反犹主义浪潮。[①] 三年后的1894年，俄国正处于屠杀成千上万乌克兰犹太人的特殊时期，但法国仍与之结盟，这更令赫茨尔十分震惊。正是这种西欧人（不仅仅是西欧人，也包括西欧犹太人）对于东欧同胞命运的冷漠，促使赫茨尔于1895年推出了有关建立一个犹太国家的计划。尽管他随后继续自己的记者职业生涯，甚至还撰写了更多的剧本，但却把自己工作之余的所有时间都贡献给了这一设想的实现上。他认为，欧洲国家的政府应该在自己控制的殖民地领土上划出一部分作为避难场所，提供给任何愿意前来的犹太人，并授予被称之为"犹太股份公司"的机构以这部分土地的主权。从1896年开始，直到他去世的1904年，赫茨尔共组织了六次犹太复国主义国际大会；他们的目标之一是说服奥斯曼帝国的素丹划出一部分巴勒斯坦的土地，用于建立一个犹太人国家。如果这一计划失败，赫茨尔本人还愿意接受在非洲或阿根廷的某地（但他的许多资助者并不接受这一替代方案）。

赫茨尔很清楚，自己很可能无法活着看到自己的梦想成为现实，但他从未怀疑过自己的想法总有一天会实现（这一点在他大量的信件中得到了证实）。直到他去世，位于伦敦的犹太复国主义者的银行——犹太人殖民地信托基金（the Jewish Colonial Trust）——共有13.5万名股东，"比世界上任何一家企业的资金都雄厚"。1904年，超过1万名来自全欧各地的犹太人出席了赫茨尔的葬礼。

[①] 约翰斯通（Johnston）：《奥地利的心灵》（*Austrian Mind*），第357页。

第四编　现代性的痛苦与奇迹

心理学和物理学优先

与此同时,维也纳还有一股完全以科学导向的还原主义思潮。其中最为激烈、也是维也纳最有影响力的还原主义者是恩斯特·马赫(1838—1916)。马赫出生在布吕恩附近,这里是孟德尔最初提出其理论的地方。马赫从小就是个早熟而麻烦的孩子,对所有的事都很好奇,喜欢提问。他后来在维也纳学习数学和物理学。马赫有两项重要的发现。马赫与布罗伊尔同时,但实际上是他独立探明了内耳对于维持机体平衡的重要性。① 其次,他采取特殊的技术,拍摄下子弹以超音速运动的图像。但他发现在这个运动过程中产生不止一种冲击波,而是分别位于运动物体的前段和后方两种不同类型的冲击波,这是由于高速运动形成真空而产生的。这一点在"二战"后出现的飞行速度接近声速的喷气式飞机上表现得尤其明显,这也是为什么超音速(例如协和式飞机)会以"马赫数"(Mach number)为单位。②

但在取得上述成就之后,马赫的兴趣越来越转向哲学和科学史。但作为无论何种形式的形而上学的坚定反对者,他排斥所有没有意义的概念,如上帝、自然、灵魂和"自我"。马赫坚持认为,知识可以减少直觉反应,而科学的任务是用最简单和最中性的方式

---

① 沃森:《可怖之美:一段形塑现代心灵的人物和思想史》,第36页。
② 约翰·T. 布莱克莫尔(John T. Blackmore):《恩斯特·马赫:作品、生平和影响》(*Ernst Mach: His Work, Life and Influence*),伯克利:加利福尼亚大学出版社,1972年。

描述所感觉到的事物。这也意味着,在马赫看来,物理学是占据优先地位的科学,"它为感觉提供素材",而心理学则帮助我们意识到自己的感觉,对他来说,心理学无法脱离科学而单独存在,而对于科学思想史的检视正说明了这些观念是如何发展起来的。他还坚信:伴随着优胜劣汰的进程,观念也在演变之中,而发展这些观点的初衷则是为了生存。因此,单纯讨论理论的对错比对理论实用性的探讨更没有意义,永恒不变的真实对马赫来说是不可想象的。维也纳学派创立的基础,不仅源于维特根斯坦,也来源于马赫的理论。

文化的"雅利安缺陷"

1907年,初出茅庐的阿道夫·希特勒从家乡林茨来到维也纳时,看到的是一派熙熙攘攘的大城市景象。布丽吉特·哈曼告诉我们,当时维也纳拥有1458辆汽车,这些车辆造成了每年350次交通事故(更多的交通事故则是由马车造成的,达到980次)。[①]希特勒抵达时的火车西站当时已采用电灯照明,与所有十个内城城区别无二致。报纸上充斥着各种围绕现代主义的激烈争论。"堕落"(entartet)是反对者们最常用的谩骂之词。在希特勒逗留期间的维也纳,现代主义常常被指代为"犹太人的现代主义",尽管这种说法并不正确——克利姆特、奥斯卡·科科施卡、阿尔班·贝

---

① 布丽吉特·哈曼(Brigtte Hamann):《希特勒的维也纳》(*Hitler's Vienna*),牛津:牛津大学出版社,1999年,第25页。

格(Alban Berg)、奥托·瓦格纳和阿道夫·路斯都不是犹太人,但这个标签对于反对创新的人来说,来得太及时了。按照奥古斯特·库比茨克(August Kubizek)*的说法,正是在维也纳,希特勒开始反思"如何减少'雅利安人'在教育方面显而易见的缺陷及对文化的兴趣缺乏"①。

维也纳当时最出名的两个反犹主义者是乔治·舍纳尔(George Schönerer)和卡尔·卢埃格尔,前者是泛德意志党(参见第22章)的领袖,但正是在希特勒来到维也纳的这一年,舍纳尔丢掉了他在奥地利议会的席位。泛德意志党人宣誓效忠自己的"元首",高唱《舍纳尔之歌》,撰写歌颂领袖的诗歌,还在报纸上刊登全页广告,题首大书"元首万岁"(HEIL TO THE FÜHRER)。② 舍纳尔早期主要针对的是从逃脱沙皇大屠杀的俄国犹太人,他还将瓦格纳**的观点运用于反犹主义目的。

卡尔·卢埃格尔博士则是舍纳尔的死对头,两派人马长期不和。但希特勒却在追随舍纳尔的同时又深受卢埃格尔影响。③ 他移居维也纳时,卢埃格尔已经担任维也纳市长长达十年之久。卢埃格尔相貌英俊,热衷城市管理——这座城市的现代化不得不归功于他的有效管理和领袖魅力。他还不时抨击那些通过坑害顾客牟利的本地店主,"很清楚如何操纵诸如牛奶价格和垃圾回收的争

---

* 库比茨克是希特勒青年时代的朋友。——译者
① 哈曼:《希特勒的维也纳》,第80页。
② 同上书,第237页。
** 这里指的是理查德·瓦格纳。——译者
③ 朔斯卡:《世纪末的维也纳:政治与文化》,第184—246页。

第二十六章 维也纳的敏感与魅惑

议问题为己所用"①。他通过表达流畅、极具煽动性的大众演说，以一种艺术的方式提出自己的反犹主义思想，并反复强调：维也纳人大多数的不幸应该归咎于犹太人（这座城市的犹太人口从1860年的2000人增加至1910年的175 300人）。②

但必须注意的是，并不能将希特勒的性格全部归结到他在维也纳的这段生活经历。这座奥地利的京城是一座复杂多面的世界性大都市，人们可以以许多不同的方式生活于此。尽管战争的喧嚣以及魏玛共和国分裂而破碎的图景尚未到来，但无可回避的事实是，青年希特勒在20世纪初的第一个十年里于维也纳所经历的，是他在别处完全无法体会到的。

---

① 海因里希·施内（Heinrich Schnee）：《卡尔·卢埃格尔：一位伟大的社会政策和地方政治家的生平与影响力：政治传记概略》(*Karl Lueger：Leben und Wirken eines großen Sozial-und Kommunal Politikers：Umrisse einer politischen Biographie*)，柏林：东克尔 & 洪堡，1960年，第91页及以下。
② 哈曼：《希特勒的维也纳》，第326页。

| 第二十七章 |

慕尼黑-施瓦宾：德国的"蒙马特尔"

"慕尼黑闪闪发光……年轻的艺术家头戴小圆帽……快乐的单身汉用自己的彩色速写画支付房租……到处是出售画框、雕塑和古董的小商店……即使是在最小最破的商店里，店主也满口米诺·达·费埃索莱（Mino da Fiesole）和多纳泰罗（Donatello），仿佛是从本人那里亲得了复制作品的授权……你可能会看到一辆载着某位大画家和他情妇的马车行驶在路德维希大街上，行人会被指点着看向车辆行驶的方向，有一些人还会躬身行礼。"

这是托马斯·曼在 1902 年发表的文章"上帝之剑"（Gladius Dei）中描绘的场景，文章的部分内容对比了现代慕尼黑和文艺复兴时期（quattrocento）的佛罗伦萨。① 曼本人也是这些涌入慕尼黑的艺术家中的一分子。对他们来说，慕尼黑的啤酒闻名遐迩；拥有无与伦比的建筑和园林；歌剧、戏剧和大学同样久负盛名；啤酒馆里没有人是大老板，穷人们一样在此流连忘返。

而在曼的其他作品中，他对慕尼黑的印象却并不总是如此乐

---

① 罗兰·海曼（Roland Hayman）：《托马斯·曼传》（*Thomas Mann: A Biography*），伦敦：布鲁姆伯利，1996 年，第 163 页。

第二十七章　慕尼黑-施瓦宾：德国的"蒙马特尔"

观。但毫无疑问,世纪之交,艺术社区是这座城市不可或缺的组成部分。1892年,由市政当局组建的一个委员会在对分离派大争论调查中证实了这一点:"慕尼黑在德国城市中的突出地位要归功于艺术和艺术家们,仅此一项就可能抵过城市发展过程中的其他方面。"[①]诗人埃里希·米尔萨姆(Erich Mühsam)则将施瓦宾(Schwabing)——慕尼黑的一个文化区描述成德国的"蒙马特尔"(Montamartre)。斯特凡妮咖啡馆,也被称为"疯人咖啡馆"(Café Megalomania)[*],是诗人和艺术家们聚会、下棋、"调头寸"(borrowed money)的去处,它还试图摆脱人人仰慕追逐被称为"前所未见的最可爱的无耻者"洛特·普里策尔(Lotte Pritzel)[**]的局面。[②]

另一种形式的珍宝则是由路德维希一世(Ludwig I,1786—1868)建造的慕尼黑新美术馆,用于陈设他所收集的当代艺术作品(直到今天,这栋建筑依然只展出创作于1800年之后的作品)。直到他1868年去世时,有近半数的藏画由非德意志的艺术家创作。

[①] 玛丽亚·梅克拉(Maria Makela):《慕尼黑分离派:世纪之交的慕尼黑的艺术与艺术家》(The Munich Secession: Art and Artists in Turn-of-the-Century Munich),普林斯顿,N.J.,伦敦:普林斯顿大学出版社,1990年,第3页。

[*] "疯人咖啡馆"(德语为"Café Größenwahn")实际上是对当时德语国家几家艺术家云集的著名咖啡馆的统称,这些咖啡馆包括了维也纳的格里斯塔德咖啡馆,柏林的西区咖啡馆(Café des Westens)以及美因河畔法兰克福的"疯人咖啡馆"。——译者

[**] 洛特·普里策尔(1887—1952年),木偶艺术家、画家。——译者

[②] 保罗·拉贝(Paul Raabe):《德国表现主义的时代》(The Era of German Expressionism),J. M. 里奇(J. M. Ritchie)英译,伍德斯托克,纽约:瞭望出版社,1965/1974年,第79页。

第四编 现代性的痛苦与奇迹

但同样令慕尼黑感到自豪的则是它的皇家艺术学院,"是19世纪中叶以来中欧最杰出的艺术教育机构"。来自世界各地的学生到此学习绘画,"整整一代美国现实主义画家在19世纪70年代的慕尼黑接受教育,此外还有许多来自斯堪的纳维亚半岛、俄罗斯和波兰的学生"[1]。

呈现慕尼黑艺术世界之独一无二的最后一个方面则是它的艺术展示空间。不同于德国的其他城市,19世纪中叶的慕尼黑拥有两栋足以容纳大型展览的建筑物:一座是艺术和工业展览中心,通常被用于展示本地艺术展览;另一座则是由奥古斯特·福格特为1854年全德意志工业展的举行而设计的玻璃宫,这里后来被用于展出古典和当代艺术,也包括外国艺术家的作品。

这些展览均由成立于1868年的慕尼黑艺术家协会发起。该协会每三年组织一次包括德国和外国艺术家在内的大展。起初这只是一些并不引人注意的小事件。但随着协会被授予皇家勋章,便开始大胆使用一些富于想象力的手段吸引大众对艺术的注目,例如在一场火炬游行活动中,由800名艺术家组成的队伍跟随装扮有四个象征天赋的人物形象、由马车牵引的花车穿越慕尼黑的大街小巷。1892年,即下文提到的慕尼黑分离派产生前不久,协会拥有1020名成员,囊括了广大艺术圈内人士,其中亦不乏大家,但更多的则是没那么成功的艺术从业者,以及大学生。尽管协会的章程十分严格,规定每位艺术家在艺术展上一次展出作品不能

---

[1] 克里斯蒂安·伦茨(Christian Lenz):《慕尼黑的新美术馆》(*The Neue Pinakothek Munich*),慕尼黑:贝克(伦敦:斯卡拉),2003年,第8—11页。

第二十七章　慕尼黑-施瓦宾:德国的"蒙马特尔"

超过三幅,但这些展览通过类似火炬游行这样的活动显示出它们的想象力。啤酒馆也搬进了展览会,此外还安排了赢取油画和素描作品的抽奖活动。①

玛丽亚·梅克拉提到,从1871年起,慕尼黑开启了一个艺术的黄金时代。除了生活成本相对低廉外,慕尼黑是当时公认的比大多数地方更为自由的城市,道德环境宽松,地理位置上靠近阿尔卑斯山和意大利,同时还有通往东方的铁路枢纽。1895年,有1180名从事绘画和雕塑创作的艺术家在慕尼黑登记落户,占全德艺术工作者的13%,甚至超过了在柏林落户的〔艺术家〕人数(1159人),而后者的城市居民人口是慕尼黑的四倍(在德累斯顿登记落户的艺术工作者有314人、汉堡为280人、法兰克福142人)。在19世纪80年代访问过慕尼黑的英国画家约翰·莱弗里(John Lavery)评论说,画家在那里的"生活状态犹如将军一般"②。

尽管有这些积极的方面,但至19世纪90年代早期,围绕协会有关"所有人平等展出"的展览政策的意见分歧已经达到爆发的临界点。1892年2月,11名艺术家宣布组建一个非官方俱乐部,以便在协会之外开展活动。起初这11人均未打算完全脱离协会,然而,当这一"分离"(secession)行为很快得到了另外9名艺术家的声援时,他们的信心大增,认为成立一个对立性组织将获得成功。这些艺术家因此宣布另组展览以对抗协会的方针。在"分离派"看来,协会规模过于庞大,而且充斥着平庸分子。但在市政当局看

---

① 梅克拉:《慕尼黑分离派:世纪之交的慕尼黑的艺术与艺术家》,第13页。
② 同上书,第15页。

来，分离派的这一举动显然威胁到了慕尼黑艺术界的团结，因此他们的主张普遍不受欢迎。艺术家们遂决定暂时在柏林举办展览，直到有一位土木局官员拿出自己的地产，提供给这一新生团体使用，为期五年，这才真正启动了项目。随后，分离派艺术家们还获得建造画廊资金。整个过程令人印象深刻，但同时也使分离派在其1892年首届展览之前，就已经成为慕尼黑举足轻重的存在。[1]

"丑陋倡导者"

慕尼黑分离派艺术家中最知名，同时也被认为最杰出的人物，非马克斯·利伯曼（Max Liebermann）莫属。尽管出身富有的犹太棉纺织厂主家庭，但利伯曼的家庭几乎就是马克斯·韦伯笔下新教徒的写照：崇尚勤奋工作，克勤克俭（利伯曼的祖母甚至还亲自洗熨衣物）。利伯曼的父亲当然希望儿子能子承父业。因此当利伯曼明确打算投身绘画事业时，几乎完全得不到家人的支持。

尽管利伯曼最终获得家里的默许前往魏玛艺术学院学习，但他从未背叛过自己的资产阶级出身。实际上，他的生活方式跟其商人父亲如出一辙，以至于某次格哈特·豪普特曼不禁问道："这么个庸俗的人是怎么能画出如此〔美妙的〕作品！"[2]

事实上，利伯曼是一个刻意保持距离的人，无论是在生活中还是在艺术创作中。他于魏玛求学期间创作的作品《拔鹅毛的妇女

---

[1] 梅克拉：《慕尼黑分离派：世纪之交的慕尼黑的艺术和艺术家》，第74页。
[2] 同上书，第81页。

第二十七章 慕尼黑-施瓦宾:德国的"蒙马特尔"

们》(The Goosepluckers)中就明确表达了自己的艺术创作观,这是一幅描绘妇女从事拔鹅毛劳动场面的大型油画。一定程度上,这幅作品可以被视作(也曾被视为)对社会现实的注解:劳动妇女们被剥削的劳动果实只为了"温暖富人的身躯"。但通过更细致的观察,人们却能发现,这些妇女其实很享受自己的工作,同时在工作中保持着从容淡定的尊严。这幅画因此招来广泛批判。但很多人忽视了一点,批评者感到受到冒犯,原因在于他们只考虑到表现剥削的方面,而不是辛勤劳作过程中的尊严问题。[1]

从魏玛求学到成为慕尼黑分离派一员。这期间的利伯曼游历了荷兰和法国。荷兰针对孤儿和老年的社会福利政策带给他极其深刻的印象,他以此绘制了一系列展示这部分荷兰生活的作品。但他同样关注这些最不幸群体的从容淡定,观察他们每个人的反应能力,他们的体贴周到,甚至是内心的平静。只是到了后期,利伯曼的风格才变得较为轻盈,通过使用宽油画刷和颜料刀制造出笔触不连贯的效果,进一步丰富了作品的感染力。但这种全新的技法并不讨人喜欢,利伯曼也因此被称为"丑陋倡导者"(the apostle of ugliness)。

结束了在荷兰和法国的旅行之后,利伯曼返回德国,定居慕尼黑,并在艺术家协会展出过作品,但到19世纪90年代末他的艺术风格再次发生转变。他开始着手收集法国印象派画家的作品,这些人的明快风格也影响了他的创作。在这一时期,利伯曼招牌的灰色用得更少了,他的作品色彩变得更丰富、轻盈和明亮;同时他开始

---

[1] 梅克拉:《慕尼黑分离派:世纪之交的慕尼黑的艺术和艺术家》,第81页。

第四编　现代性的痛苦与奇迹

减少对贫穷和不幸的关注,而是转向资产阶级的优雅生活世界。①

但最终利伯曼选择了定居柏林。在他的协助下,柏林分离派得以成立,他也因此成为该团体的领袖。他的"印象主义"作品——大多关于"啤酒花园"(Beer Garden)*和公园——已经失去了早期作品中的犀利,但他高超的绘画技巧依然符合这个更时尚社会的品位。但即使在柏林,他依然成功地保有自己的距离感,画作依然反映出敏锐的洞察力。②

另一个达豪

与马克斯·利伯曼不同的是,弗里茨·冯·乌德(Fritz von Uhde)对于艺术的兴趣则得到了父亲的大力支持。其父在担任位于沃尔肯堡的萨克森路德宗教会监理会主席之余,还是一名兼职画家,他迎娶了位于德累斯顿的萨克森皇家博物馆馆长之女。**因此,出生于1848年的乌德在家人鼓励下,顺理成章地进入德累斯顿艺术学院学习。他和利伯曼一样也曾前往荷兰,"在户外"(en plein air)作画以亲身体验荷兰风光中不同寻常的光影,并因

---

① 芭芭拉·C. 吉尔伯特(Barbara C. Gilbert)主编:《马克斯·利伯曼:从现实主义到表现主义》(Max Liebermann: From Realism to Impressionism),洛杉矶:斯基柏文化中心,西雅图:华盛顿大学出版社,2005年,第167页及以下。其中有利伯曼艺术风格的觉醒。

* 指德国特有的露天啤酒馆。——译者

② 有关利伯曼在柏林的经历,可以参见西格里德·阿赫巴赫(Siegrid Achenbach)、马蒂斯·埃贝勒(Matthis Eberle):《马克斯·利伯曼的时代》(Max Liebermann in seiner Zeit),展览目录,慕尼黑:普雷斯塔尔,1979,第72页及以下诸页。

** 原文疑有误,应为皇家博物馆馆长之孙女。——译者

第二十七章 慕尼黑-施瓦宾：德国的"蒙马特尔"

此形成了一种较为自由而轻快的风格，后来也常常用于他描绘18世纪80年代的底层民众生活的画作之中。作为风景主题的组成部分，乌德和他的伙伴们常常会运用位于慕尼黑西北方向的达豪湿地的独特景致与光影。在达豪〔这个名字〕被永久地与纳粹德国暴行联系起来之前，它多少是作为德国的"巴比松"（Barbizon）而被广泛知晓的。* 除了乌德之外，达豪的湿地地形和水体景观也令其他许多画家着迷，尤其是阿道夫·赫尔茨（Adolf Hölzel）和路德维希·迪尔（Ludwig Dill）。此二人尽管在21世纪并不广为人知，但在他们的风景画中，他们已通过描绘这里独特的光影开始向半抽象形式的摸索，这比康定斯基的实践早了十年。[①]

弗兰茨·冯·施图克（Franz von Stuck）来自巴伐利亚一个名叫泰滕魏斯的村庄，是个沉郁的感觉论者。施图克的父亲是一个完全没有艺术细胞的磨坊主，他想当然地认为儿子会继承家族事业。幸运的是，在母亲的担保下，小弗兰茨被送到慕尼黑的艺术职业学校学习设计和建筑学原理。他创作早期的绘画作品以奥地利和德国的一些著名艺术家如马克斯·克林格尔（Max Klinger）和古斯塔夫·克利姆特为基础。[②]

施图克的个人风格可以被描述成情色和邪恶的结合，这一风

---

* 巴比松是法国法兰西岛大区下辖塞纳-马恩省的一个小镇，在19世纪30年代和40年代一批以风景画创作为主的画家聚居于此，并形成"巴比松画派"。——译者

① 沃尔夫冈·芬茨默尔（Wolfgang Venzmer）：《阿道夫·赫尔茨：生平和作品；油画、彩色玻璃窗和粉彩选择的专著列表》（*Adolf Hölzel: Leben und Werk; Monographie mit Verzeichnis der Ölbilder, Glasfenster und ausgewählter Pastelle*），斯图加特：德意志安哈特出版社，1982年。赫尔茨在达豪的经历，参见该书第16—19页。

② 梅克拉：《慕尼黑分离派：世纪之交的慕尼黑的艺术与艺术家》，第105页。

第四编　现代性的痛苦与奇迹

格形成始于〔施图克〕对裸体女性躯干的呈现,例如1883年的作品《狩猎》(The Hunt)以及在首届分离派艺术展上展出的《原罪》(Sin)。事实上,按照海因里希·福斯(Heinrich Voss)的说法,施图克画作的四分之三完全是情色作品。尽管这是一个听上去很庞大的数目(事实也确实如此),但在当时的欧洲却司空见惯。许多艺术家——例如费尔南德·赫诺普夫(Fernand Khnopff)、保罗·高更(Paul Gauguin)、费迪南德·霍德勒(Ferdinand Hodler)——开始用绘画来表达积蓄已久的对于"文明"社会桎梏的不满。[①]

施图克也被视为引导抽象主义画派形成的画家之一,其作品中的心理学要素是通过垂直或水平的线条和结构,通过强烈的色彩对比来实现的;而人物形象则退居次席。1896年康定斯基来到慕尼黑,选择师从施图克,但在努力了一年之后才被接纳。[②]

青年风格:消解现代性的丑陋

理查德·里默施密德(Richard Riemerschmid)是土生土长的慕尼黑人,受教于慕尼黑艺术学院。他的早期作品是将大自然作为宗教的替代形式(例如带有光环的树木),将风景作为世俗化的祭坛,一如卡斯帕·大卫·弗里德里希所做的那样。他也因此被

[①] 海因里希·福斯:《弗兰茨·冯·施图克(1863—1928):绘画作品录(附施图克象征主义导论一篇)》(Franz von Stuck 1863—1928:Werkkatalog d. Gemälde; Mite. Einf. In seinen Symbolismus),慕尼黑:普雷斯塔尔,1973年。参见该书第20—30页有关《原罪》的讨论。

[②] 梅克拉:《慕尼黑分离派:世纪之交的慕尼黑的艺术与艺术家》,第112页。

第二十七章　慕尼黑—施瓦宾:德国的"蒙马特尔"

斥为亵渎神明。

但里默施密德的人生轨迹随着他迎娶女演员伊达·霍夫曼(Ida Hofmann)而发生重大转折。在未能为爱巢找到合适家具的情况下,他决定自己动手设计。正是这一偶然之举让他发明了一种新的风格,将取材于大自然的元素加入装饰中,流动的线条令人联想到枝叶与藤蔓。① 别出心裁的设计让他收获大量订单,而这种风格也很快流行开来。另一些德国艺术家——如伯恩哈德·潘科克(Bernhard Pankok)、赫尔曼·奥布里斯特(Hermann Obrist)和奥古斯特·恩德尔(August Endell)也开始设计各种各样的东西(灯具、厨具,甚至是服装),而不再仅仅专注于"纯"艺术。但和其他艺术家一样,他们同样感觉到德国的高速工业化和城市化正在侵蚀一些宝贵的东西。即使是工业化程度远逊其他大城市的慕尼黑,其城市人口在1868—1896年也增长近三倍,从15.4万人增加至41.5万多人。他们的想法是通过艺术消除现代性令人不悦的方面,用赫尔曼·奥布里斯特的话来说,现代生活中的丑陋与痛苦或能得到缓解,"未来的生活将不会像现在这般艰辛"②。

事实上,这种源于大自然、流畅的有机线条预示着从枯竭的状态中复苏、再生、恢复年轻活力,这促使格奥尔格·希尔特(George Hirth)为他关于新艺术的杂志起名《青年》(*Jugend*),整

---

① 温弗里德·内丁尔(Winfried Nerdinger):《理查德·里默施密德:从青年风格到工艺联盟;作品和档案》(*Richard Riemerschmid: Vom Jugendstil zum Werkbund; Werke und Dokumentation*),慕尼黑:普雷斯塔尔,1982年,第13页及以下诸页。

② 同上书,第34—38页。

个艺术形式也随之称为"青年风格"。慕尼黑分离派在青年风格的传播过程中扮演了重要的角色：1899年分离派在其最重要的艺术展览中将纯艺术和装饰艺术结合起来，设置了一间完整的起居室、餐厅和卧室，其间展出来自苏格兰（查尔斯·伦尼·麦金托什［Charles Rennie Mackintosh］）、法国（勒内·拉里科［René Lalique］）和俄国（彼得·卡尔·法贝热［Peter Carl Fabergé］）的作品——展品从刺绣桌布到珠宝和镶框镜子，应有尽有。[①]

最后一位选择了自己的道路并名留青史的慕尼黑分离派创始人则是彼得·贝伦斯（Peter Behrens）。贝伦斯1868年生于汉堡，并在那里学习工艺美术，随后前往卡尔斯鲁厄艺术学校和杜塞尔多夫艺术学院继续深造。1890年他来到慕尼黑，成为一名画家和平面设计师，他是青年风格的早期支持者，画过木版画，设计过图书以及其他一些手工艺品。1897年，他和格奥尔格·希尔特、理查德·里默施密德和伯恩哈德·潘科克一起组织成立了艺术和手工业联合会，协会的总目标是要通过手工制作实用物品减少日常生活的丑陋面貌。

贝伦斯事业的重大突破是在1906年，这一年他接到首个来自AEG的订单。[②] 他和瓦尔特·拉特瑙（Walter Rathenau）有许多共同的朋友，这或许解释了为什么贝伦斯能拿到这张订单。在接受委托设计宣传材料之后，埃米尔·拉特瑙（Emil Rathenau）选择

---

① 梅克拉：《慕尼黑分离派：世纪之交的慕尼黑的艺术与艺术家》，第125页。
② 艾伦·温莎（Alan Windsor）：《彼得·贝伦斯：建筑家与设计师》（*Peter Behrens: Architect and Designer*），伦敦：建筑出版社，1981年，第77页及以下诸页。

第二十七章 慕尼黑-施瓦宾：德国的"蒙马特尔"

贝伦斯担任一系列涉猎广泛的项目的艺术顾问，其中就包括柏林的涡轮机厂大楼——这是首座采用水泥和玻璃建造的工厂；以及职工宿舍和一些采用标准化设计、部件可以互换的电器设备。他还设计了展厅、产品目录，甚至是价目表，最为著名的则是由其首创的"企业形象"设计，这相当于赋予企业一个立即可以被识别的身份。

一年后他又和彼得·布鲁克曼、弗里茨·舒马赫以及理查德·里默施密德共同组建了一个新的组织——德意志工艺联盟。[1] 此举主要受到了英国艺术与手工艺运动的影响。新协会的目标是生产部件标准化且可替换的日常生活用品，它既能让每个人都负担得起，又拥有与手工制品相仿的高品质，目的在于消除生活中的距离感。与此同时，贝伦斯继续在柏林从事自己的建筑和设计。后来在"一战"爆发前的数年间，瓦尔特·格罗皮乌斯（Walter Gropius）、路德维希·密斯·范德罗（Ludwig Mies van der Rohe）以及勒·柯布西耶（Le Corbusier）也从事着类似的工作。这些建筑订单包括德国位于圣彼得堡的大使馆以及 IG 法本公司位于法兰克福的总部。[2]

---

[1] 弗里德里克·J. 施瓦兹（Frederic J. Schwartz）：《工艺联盟：第一次世界大战前的设计理论与大众文化》（*The Werkbund：Design Theory and Mass Culture before the First World War*），新港（康涅狄格）、伦敦：耶鲁大学出版社，1996 年。参见第 44—60 页有关艺术、手工艺和距离感的讨论。

[2] 蒂尔曼·布登西格（Tilmann Buddensieg）：《工业文化：彼得·贝伦斯和通用电气（1907—1914）》（*Industriekultur：Peter Behrens und die AEG，1907—1914*），柏林：曼，1981 年。

第四编　现代性的痛苦与奇迹

手足同胞：讽刺与悲伤

慕尼黑不仅仅拥有画家。曼氏兄弟（亨利希[Heinrich]生于1871年，托马斯则比他小四岁）的父亲是波罗的海港口城市吕贝克一位经营谷物的巨商。亨利希开窍比托马斯早很多，他18岁获得大学入学资格，同年在吕贝克当地的报纸上发表了两篇故事。从学校毕业后，亨利希先在德累斯顿的一家书店工作，随后于1890年4月前往柏林为出版商塞穆埃尔·菲舍尔（Samuel Fischer）工作。

1891年10月父亲去世，家族企业清算完毕，兄弟二人均得到了属于自己的财产，这使他们在开始文学生涯的同时没有太多的后顾之忧。两年后，母亲带着另外三个年幼的孩子迁居慕尼黑。托马斯当时已经用化名在学校校刊《春日风暴》(*Frühlingssturm*)上发表文章，随后他又用本名在《社会》(*Die Gesellschaft*)杂志上发表了一篇小文章和几首诗歌。与家人在慕尼黑重新团聚过后，他开始在一家保险公司工作。[①] 在母亲的建议下（她希望儿子成为一名记者），托马斯开始参加高等技术学校的讲座，并以自己收到理查德·德默尔（Richard Dehmel）鼓励字条的事件为蓝本，创作了一篇名为《小个子教授》(*Der kleine Professor*)的故事，向德

[①] 他一辈子都在抱怨，因为自己"蓄着小胡子的个人形象"让他看上去更像一个跑业务的推销员而不是一个作家。克劳斯·哈普雷希特（Klaus Harpprecht）：《托马斯·曼传》(*Thomas Mann: Eine Biographie*)，赖恩贝克：罗沃尔特，1995年，第58页及以下诸页。

第二十七章　慕尼黑-施瓦宾:德国的"蒙马特尔"

默尔主编的新季刊《潘》(*Pan*)投稿。

这时的亨利希则一直在一家新创办的杂志《20 世纪》(*Das Zwanzigste Jahrehundert*)担任编辑。这本杂志立场保守且充斥反犹主义观点,让人无法与亨利希联系起来;但同时它又风格辛辣,反对君主政体,原因是该刊编辑深感威廉二世"屈从于"德国的资本家与金融财阀,不惜伤害辛勤工作的中产阶级利益。[1] 亨利希为这本杂志撰写了大量的文章,内容从军国主义(对他来说犹如一头黑色怪兽[*bête noir*])到反犹主义再到他视之为最有趣的现代哲学家的尼采。

直到托马斯的新短篇故事《对幸福的愿望》(*Der Wille zum Glück*)发表于当时慕尼黑另一份新创刊的讽刺周刊《呆瓜》(*Simplicissimus*)上为止,两兄弟的职业轨迹或多或少还是平行的。《呆瓜》是阿尔伯特·朗根(Albert Langen)的头脑风暴的产物。朗根是一位富裕的实业家之子,他最初创办了一家出版社,但随后转型专营杂志。尽管杂志创刊号仅售出区区 1.5 万份,但并不妨碍它日后成为全德国最尖锐的自由主义出版物。它不间断地对帝国政府发起口诛笔伐,同时支持工人反对雇主。皇帝因此指责该刊物破坏了德国的国际声誉,并于 1898 年提起诉讼,状告出版人朗根、撰稿人弗兰克·魏德金德(Frank Wedekind)和漫画家托马斯·海涅(Thomas Heine)。朗根逃往瑞士,并在那里度过了五年

---

[1] 奈杰尔·汉密尔顿(Nigel Hamilton):《曼氏兄弟:亨利希·曼(1871—1950)和托马斯·曼(1875—1955)的生命历程》(*The Brothers Mann: The Lives of Heinrich and Thomas Mann, 1871—1950 and 1875—1955*),伦敦:塞克 & 沃伯格,1978 年,第 49 页。

的流亡时光,而海涅和魏德金德则分别被判入狱六个月和七个月。

但这场公共事件却帮了杂志社大忙,销量猛增至 85 万册不说,还吸引到其他一些撰稿人,如路德维希·托马(Ludwig Thoma,随后他同样遭受了牢狱之灾)和赖纳·玛利亚·里尔克(Rainer Maria Rilke)。而就在托马斯·曼开始为其写稿后不久,他就被问及是否愿意成为编辑部员工。用今天的话来说,他成为了一名审稿人,审核即将出版的文章。正是通过这种方式,他结识了许多当时的撰稿人、讽刺作家和漫画家。

从这时起,亨利希和托马斯之间的相异性开始显现。两人唯一的合作《给好孩子的图画书》(*Bilderbuch für artige Kinder*)出版于 1896—1897 年。但随着《懒人乐园》(*Im Schlaraffenland*,1901)和《布登勃洛克一家》(*Buddenbrooks*,1901)的出版,兄弟间的差异变得越发明显。托马斯的《布登勃洛克一家》是一部描绘家道中落的资产阶级家庭的鸿篇巨制,文字优美,这应当归功于托马斯的大量阅读——他尤其偏爱托尔斯泰,还有一些其他人的作品。但整部作品的基调是悲凉的。托马斯·布登勃洛克(Thomas Buddenbrook)和他的儿子汉诺(Hanno)均早逝——托马斯 40 岁去世,汉诺 10 岁早夭——"再也找不出比失去活下去的意愿更好的理由了"。而在书中主人公命运背后的则是达尔文、叔本华、尼采、虚无主义和退化论的幽灵。虽然小说出版之初销售缓慢,但却收获了来自评论界的好评,并最终为托马斯赢得持续不坠的名望和诺贝尔文学奖。①

---

① 海曼:《托马斯·曼传》,第 73 页。

第二十七章　慕尼黑-施瓦宾：德国的"蒙马特尔"

相反,亨利希的《懒人乐园》则被称为"20世纪德国首部全'新'的短篇小说",尽管它受到了巴尔扎克、莫泊桑和左拉的影响。他后来这样说道："到这时为止,我一半的生命是浸淫于法语句式之中。"故事描述了一位头脑简单、急于在"世纪末"(*fin-de-siècle*)的柏林建功立业的青年作家所遭遇的种种诱惑。在这个看似简单的故事线索中,亨利希运用了自己擅长的冷嘲热讽式的评论,以尖锐的目光注视着社会晋升、贪求金钱、商业欺诈和虚伪的伪装这些腐蚀社会的方方面面。这是一本令人愤怒的书,正如它的出版商所形容的那样"放肆无礼",但它同时又代表一种前所未有的风格,至少在德国从未出现过。而在写完这本书之后,亨利希几近崩溃,但这本书却成为德国小说史上绝无仅有的作品,"这是德国表现主义首个重要基础"[1]。

亨利希变得越来越犀利,他正在成为威廉德国掷地有声的批评声音(很多年之后,他还成为预言纳粹将对犹太人采取灭绝措施的首批人士之一);而托马斯则变得更为悲观,对艺术的兴趣也越发浓厚。[2] 这一点影响了他在《布登勃洛克一家》之后的创作。正如托马斯后来所说的那样："我尝试使用音乐来改变我的风格和形式。"于是就有了《托尼奥·克勒格尔》(*Tonio Kröger*)。这本书

---

[1] 维利·雅斯佩(Willi Jasper):《兄长:亨利希·曼传》(*Der Bruder: Heinrich Mann; eine Biographie*),慕尼黑:汉泽尔,1992年,第51—60页。

[2] 汉斯·维斯林(Hans Wysling)主编:《亨利希与托马斯·曼书信集》(*Letters of Heinrich and Thomas Mann*),唐·雷瑞以及理查德和卡拉·温斯顿(Richard and Carla Winston)英译,伯克利和伦敦:加利福尼亚大学出版社,1998年。詹姆斯:《文化失忆:我的时代批注》,第429页。

第四编　现代性的痛苦与奇迹

后来被作者自己视为所有作品中的"最爱",也是最具个性的一部。①《托尼奥·克勒格尔》是关于一个年轻作家的斗争,他试图找到自己作为艺术家的真正自我,他的幻灭以及将艺术家的生活和他描绘的资产阶级生活的对比。这一主题,亦即艺术在生活中的位置以及它与"契约"及政治的关系,也恰恰困扰着托马斯整个职业生涯。

从首获成功到第一次世界大战爆发,两兄弟在这期间撰写了大量文章,并分别在职业道路上取得了更大的突破,然而互相之间的分歧使得两人最终分道扬镳。1905年亨利希出版了小说《垃圾教授》(*Professor Unrat*),这是关于一个小镇中学教师拉特教授(Prof. Raat)的故事。拉特在学校极不受学生欢迎,以至于名字都被改头换面取成绰号,从"顾问"(Rat)变成了"垃圾"(Unrat)。②* 出于心理不平衡,"垃圾"教授在某个傍晚,跟踪学生来到小镇港口附近一家名叫"蓝天使"的声名狼藉的夜店。他原本是打算当场戳穿那些学生,毁掉他们的前途,却不曾想到自己会为歌女"艺术家弗蕾利希小姐"(Künstlerin Fräulein Fröhlich)所倾倒。教授的痴心反过来成为落在学生手中的把柄,后者威胁要将此事张扬出去。他一度打算辞职,但也由此开启了自己跌落社会底层

---

① 海曼:《托马斯·曼传》,第62页。
② 卡琳·维瑞娜·贡内曼(Karin Verena Gunnemann):《亨利希·曼的小说与杂文:作为政治教育者的艺术家》(*Heinrich Mann's Novels and Essays: The Artist as Political Educator*),罗切斯特,纽约和伍德布里奇:卡姆登之家,2001年,第51页及以下诸页。
* "Raat"在德语里音同"Rat",后者意为"顾问",而"Unrat"则是"垃圾"的意思,"垃圾"教授这一绰号正是由此而来。——译者

第二十七章 慕尼黑-施瓦宾:德国的"蒙马特尔"

的人生转折。在被学校解雇后,他和意中人结婚,在俱乐部聚众赌博,将整个小镇搞得乌烟瘴气。

《垃圾教授》所展现的是一个处于写作巅峰水平但苦闷不已的亨利希。在德国民族主义泛滥的时代,他所传递出的信息几乎无人问津。但这本书在大战中期再版却出人意料地反响大好,售出5万多本,到1930年时更是成为炙手可热的畅销书,正是这一年诞生了德国电影史上首部有声电影《蓝天使》(Der blaue Engel),这部影片由约瑟夫·冯·施特恩贝格(Josef von Sternberg)执导,卡尔·楚克迈尔(Carl Zuckmayer)担任编剧,玛琳·黛德丽(Marlene Dietrich)在片中饰演歌女。

托马斯出版于1913年的《死于威尼斯》(Der Tod in Venedig)反响则好很多。作家古斯特夫·冯·阿申巴赫(Gustav von Aschenbach)初来乍到威尼斯完成自己的大师杰作。他外表酷肖与自己同名的马勒*,后者正是曼极其仰慕的偶像,于1911年曼抵达威尼斯前夕去世。阿申巴赫抵达后不久,与同住一间酒店的一户波兰家庭偶然结识,并深深为身穿英式水手服的俊美少年塔齐奥(Tadzio)所打动。小说即是以老年阿申巴赫对塔齐奥不断滋长的爱意为线索;而在这期间,他忽略了自己的工作,也未能经受住肆虐威尼斯的霍乱之考验,染病在身。阿申巴赫不仅没有完成自己的作品,还故意隐瞒病情避免塔齐奥家离开自己。最终作家至死都没有向自己爱恋的男孩吐露心声。

染着奇怪颜色的发型,面容绯红,衣着考究但过时的阿申巴

---

* 指奥地利作曲家和指挥家古斯塔夫·马勒。——译者

赫,正是曼对于曾经辉煌现如今却变得"无根而蜕化"了的文化的具象描述。但这一形象也代表了作家本人。在曼死后出版的私人日记中,他坦言自己对年轻俊美的男性有性冲动,尽管他于1905年迎娶了卡佳·普林斯海姆(Katja Pringsheim,其父是慕尼黑大学一位知名教授,她本人也是该校历史上首位女大学生),他们的婚姻生活十分美满。此外,隐藏在这个故事表面下的恐惧则令人回想起"一战"前夜整个"文明"欧洲的舆论氛围。

啤酒与讽刺

《呆瓜》不仅仅只是一本讽刺杂志的名称,它还是慕尼黑新式"卡巴莱"(cabaret)剧场的名称。这座城市拥有历史悠久的大众娱乐传统——有报告显示,1900年时有400位民歌手在慕尼黑演出。[1] 这些表演是与城市流行的啤酒文化捆绑在一起的。

但有一个人尤为引人注目:弗兰克·魏德金德(1864—1918年)。魏德金德的父亲是名医生,母亲是歌手兼演员,魏德金德家原本居住在汉诺威。他的父亲是一位激进的民主党人,参加过1848年革命,在革命失败之后逃往美国(实际上儿子的真名是本

---

[1] 罗伯特·埃本·萨基特(Robert Eben Sackett):《慕尼黑的大众娱乐、阶级与政治(1900—1923)》(*Popular Entertainment, Class, and Politics in Munich, 1900—1923*),剑桥(马萨诸塞):哈佛大学出版社,1982年,第11页。亦可参见佩格·魏斯(Peg Weiss):《康定斯基在慕尼黑:青年风格的草创时期》(*Kandinsky in Munich: The Formative Jugendstil Years*),普林斯顿(新泽西):普林斯顿大学出版社,1979年,第19页及以下诸页。

第二十七章 慕尼黑-施瓦宾:德国的"蒙马特尔"

雅明·富兰克林·魏德金德[Benjamin Franklin Wedekind])。[①]在美国,魏德金德的父亲通过土地投机挣下了可观的财富,还在旧金山邂逅了小自己23岁的妻子。尽管他后来返回德国,但终因对俾斯麦政策的失望而移民瑞士,并在林茨堡买下一座城堡,那里也成为弗兰克成长的地方。弗兰克最早求学于洛桑大学,随后转往慕尼黑大学。因为在瑞士调味品公司"美极"(Maggi)找到了一份公关职位,他随即中断了法学和文学的学业,游历了伦敦、巴黎和苏黎世。在苏黎世,他结识了瑞典剧作家奥古斯特·斯特林堡(August Strindberg,1849—1912),进而与后者的妻子发生婚外情,并育有一子。

返回慕尼黑的魏德金德开始了"波希米亚式"的生活。他常常撰写一些调戏书刊审查员的作品,有些尺度远超开明的慕尼黑当局可以容忍的范围。他的第一部未有删减的重要戏剧作品是《青春觉醒》(*Frühlingserwachen*,1891),作品最初以书籍形式出版,直到十五年后才由马克斯·赖因哈特(Max Reinhardt)搬上戏剧舞台。其主题是关于青春期的性关系,但大多数人认为它过于淫秽,完全不适宜搬上舞台表演。(一名14岁的少女因一场技术拙劣的堕胎事故而丧命。)

正如我们已经谈到的那样,魏德金德和朗根一起创办了《呆瓜》杂志,尽管他因揶揄皇帝而不得不流亡国外随后又被逮捕下狱,但1901年他仍与其他一些艺术家、作家和学生组织了一场旨

[①] 弗里德里希·罗特(Friedrich Rothe):《弗兰克·魏德金德的戏剧:青年风格与生命哲学》(*Frank Wedekinds Dramen: Jugendstil und Lebensphilosophie*),斯图加特:梅茨勒,1968年;参见该书第68—92页有关叔本华和尼采的论述。

第四编　现代性的痛苦与奇迹

在反对审查制度的游行。在那之后，11名游行参与者成立了一家名为"11个刽子手"(Die 11 Scharfrichter)的卡巴莱剧场。① 他们在一家小客栈租下一间房间（仅能容纳80个座位），并用各路朋友发表在《青年》和《呆瓜》的绘画和一些酷刑工具将空间装饰起来——满足了魏德金德对于怪诞事物的爱好。在卡巴莱里，魏德金德还亲自演唱自己编写的曲子，并用吉他伴奏。②

魏德金德一生艳遇无数，但只有女演员蒂莉·内韦斯(Tilly Newes)与他在1906年修成正果。蒂莉曾主演魏德金德的代表作《露露》(Lulu)，这部作品最早由两部分组成，第一部《地灵》(Erdgeist)出版于1895年，第二部《潘多拉的盒子》(Die Büchse der Pandora)则出版于1904年。③ 她扮演的"露露"最终被魏德金德笔下的开膛手杰克所杀。露露美丽而桀骜不驯，仿佛一头野兽，是女性情欲的化身——或者说是男性理想中的女性情欲形象。"她生来就是祸水"，魏德金德如此形容自己最出色的人物形象。这一人物随着1905年卡尔·克劳斯在维也纳举行了一场《潘多拉的盒子》的内部演出而越发知名。那天，作曲家阿尔班·贝格(Alban Berg,1885—1935)就坐在第六排，正是他在"一战"后将《露露》改

---

① 彼得·耶拉维奇(Peter Jelavich):《慕尼黑与现代主义戏剧：政策、剧本创作和表演(1890—1914)》(Munich and Theatrical Modernism: Politics, Playwriting, and Performance, 1890—1914)，剑桥（马萨诸塞）和伦敦：哈佛大学出版社，1985年，第167—185页；参见第170页一张打扮成刽子手的演员的照片。

② 欧根·罗特(Eugen Roth):《〈呆瓜〉：讽刺杂志回顾》(Simplicissimus: Ein Rückblick auf die satirische Zeitschrift)，汉诺威：火炬手出版社，1954年。

③ 耶拉维奇(Peter Jelavich):《慕尼黑与现代主义戏剧：政策、剧本创作和表演(1890—1914)》，第74页以下诸页，第101页以下诸页。

第二十七章　慕尼黑–施瓦宾：德国的"蒙马特尔"

编为歌剧，呈现给新一代的观众。

通往抽象主义之路

1896年，俄国人瓦西里·康定斯基从一位叔父那里继承了一笔遗产，这笔钱足以令他经济独立。他对艺术的兴趣源于一次展览上欣赏莫奈（Monet）名作《干草垛》（*Haystack*），以及在莫斯科大剧院观看瓦格纳的歌剧《罗恩格林》（*Lohengrin*），他后来提到这场歌剧带给他的主要体验是："一系列肆意挥洒的线条与色块。"他前往慕尼黑，并在安东·阿斯比（Anton Ažbe）的私人艺术学校学习美术。

他在学校期间结识了阿历克谢·雅夫伦斯基（Alexei Jawlensky）和玛丽安娜·冯·韦雷夫金（Marianne von Werefkin）。而在此后求学生涯中，他参观了分离派的艺术展，与马克斯·利伯曼、洛维斯·科林特、赫尔曼·奥布里斯特的作品不期而遇。尽管遭到慕尼黑艺术学院的拒绝，但1900年他终于还是被弗兰茨·冯·施图克录取，保罗·克莱（Paul Klee）是他的同班同学。施图克鼓励康定斯基运用强烈的明暗对比，他因此开始在黑纸上创作一系列彩色的绘画并制作了一些早期木刻画。1901年5月，他协助瓦尔德马·黑克（Waldemar Hecker）和恩斯特·斯特恩（Ernst Stern）成立艺术团体"方阵"（Phalanx）。"方阵"和分离派一样反对过时和保守的艺术形式。

至此，康定斯基已经完全融入德国的艺术图景之中：他和贝伦斯、奥布里斯特交好，作品也因此受到了青年风格的影响，并在柏

第四编　现代性的痛苦与奇迹

林的分离派艺术展上展出。1904年在与一位比他年轻11岁的"方阵"女艺术家加布里埃莱·明特尔(Gabriele Münter)访问荷兰期间,康定斯基开始使用调色刀进行绘画,同时着手整理自己有关色彩和形式的新理论。① 他的首个个人展于1905年在慕尼黑的克劳泽画廊举行;同年他还首次在巴黎的独立沙龙展出作品,1906年他和加布里埃莱移居巴黎以西的小镇塞夫尔(Sèvres),专心研究亨利·马蒂斯(Henri Matisse)、保罗·塞尚(Paul Cézanne)、巴勃罗·毕加索(Pablo Picasso)、文森特·梵·高(Vincent van Gogh)、保罗·高更、乔治·鲁奥(Georges Rouault)、亨利·卢梭(Henri Rousseau),以及爱德华·蒙克*的作品,并与大量收集上述大师作品的格特鲁德·施泰因(Gertrude Stein)结下了友谊。这一年,他的作品再度在柏林的分离派艺术展上展出,毗邻"桥社"(Die Brücke)艺术家们的作品。

1908年在一次漫游中,康定斯基和加布里埃莱发现了一个叫穆尔瑙(Murnau)的村庄(或者对他来说是继1904年到访后的故地重游)。康定斯基在一张明信片上这样解释这里对他的吸引力:"这里美不胜收……留在我记忆里的是位置很低、缓慢移动的云彩,幽深的深紫色树林,闪闪发光的白色房子,教堂线条柔和的层层屋顶,色彩饱满的绿叶;这正是我梦想中的东西。"穆尔瑙附近的

---

① 约翰内斯·埃希纳(Johannes Eichner):《康定斯基与加布里埃莱·明特尔:现代艺术起源》(*Kandinsky und Gabriele Münter: Von Unrsprüngen moderner Kunst*),慕尼黑:F.布鲁克曼,1957年,有关明特尔参见第26—35页。

* 爱德华·蒙克(1863—1944年):挪威表现主义画家、版画家,对20世纪初德国表现主义艺术的发展产生了重要影响。——译者

第二十七章　慕尼黑-施瓦宾：德国的"蒙马特尔"

风光逐渐成为康定斯基绘画创作的决定性主体，当具体形象开始消解，色彩变得越发生动、甚至更为艳丽。[①]

1909年康定斯基、加布里埃莱与阿历克谢·雅夫伦斯基、玛丽安娜·冯·韦雷夫金，以及艺术史学者奥斯卡·维滕施泰因（Oskar Wittenstein）、海因里希·施纳贝尔（Heinrich Schnabel）一同成立了慕尼黑新艺术家协会（Neue Künstlervereinigung München，简称NKVM），由康定斯基担任协会主席。协会的宗旨是："我们希望艺术家不再是感受自己所看到的外部世界，而是逐步将内心经历表达出来"；艺术家的任务是"释放属于心声的线索"。同年康定斯基创作了《小船》（Painting with Skiff），他后来这样描述自己的这部作品，这是第一部"即兴之作"，随后被定义为"主要是潜意识的……对于'内心世界'的表现"。[②] 这一年加布里埃莱·明特尔在穆尔瑙购入一栋房子，她和康定斯基以后每年都会在这栋被称为"俄罗斯之家"的房子里度过几个月的时光。康定斯基则开始为"构思"系列创作作品"C"，这个系列以编号命名。

从1910年开始，康定斯基创作了包括10幅"构思"在内的系列，其中于1914年前完成的七幅，现在被认为最重要的作品。在这个关键创作期，除加布里埃莱之外，康定斯基最重要的艺术伙伴

[①] 哈特维希·菲舍尔（Hartwig Fischer）、肖恩·雷恩伯德（Sean Rainbird）主编：《通向抽象派之路》（The Path to Abstraction），伦敦：塔特出版公司，2006年，第209页。

[②] 维维安·恩迪科特·巴尼特（Vivian Endicott Barnett）、阿明·茨魏特（Armin Zweite）主编：《康定斯基：水彩与绘画》（Kandinsky: Watercolours and Drawing），慕尼黑：普雷斯塔尔，1992年，第9页及以下诸页。也可参见赖因哈德·齐默尔曼（Reinhard Zimmermann）：《瓦西里·康定斯基的艺术理论》（Die Kunsttheorie von Wassily Kandinsky），柏林：曼，2002年。

第四编　现代性的痛苦与奇迹

则是弗兰茨·马克(Franz Marc),他感觉后者能够发自内心地理解自己,尽管他也受到了尼采的影响。① 在慕尼黑新艺术家协会举行的展览上,康定斯基的《构思2号》(Composition II)和《即兴10号》(Improvisation 10)却引来了一场反对风暴,只有马克的评论称其为"对物质世界的精神化"以及"一种去物质化的内心感受,藉由绘画表达出来"。康定斯基也承认这正是他的目标。

1911年他创作了《即兴3号(音乐会)》(Impression III [Concert]),作为对勋伯格音乐会的回应。康定斯基后来将"构思"定义为"对'即兴'的规划与合理组织"。但这时他与慕尼黑新艺术家协会的其他成员产生了意见分歧,这一年协会拒绝展出他的《构思4号》(Composition IV)。康定斯基选择与马克、明特尔等人离开,另组与之对抗的艺术展。②

之后,康定斯基还在科隆特展上展出了若干作品,并在《摄影作品》(Camera Work)上发表了《艺术中的精神》(Concerning the Spiritual in Art),这份杂志由摄影师阿尔弗雷德·施蒂格利茨(Alfred Stieglitz)创办,他位于纽约的"291"画廊专门展出现代艺术。③

---

①　马克·罗斯基尔(Mark Roskill):《克莱、康定斯基与他们时代的思想——一个批判性视角》(Klee, Kandinsky and the Thought of Their Time: A Critical Perspective),厄巴纳:伊利诺伊大学出版社,1992年,第54页及以下诸页。
②　有关马克、雅夫伦斯基以及一些其他的艺术家,参见阿明·茨魏特主编:《慕尼黑伦巴赫之家的"蓝骑士":弗兰茨·马克、瓦西里·康定斯基、加布里埃莱·明特尔、阿历克谢·雅夫伦斯基、奥古斯特·马克、保罗·克莱的杰作》(The Blue Rider in the Lenbachhaus München: Masterpieces by Fanz Marc, Wassily Kandinsky, Gabriele Münter, Alexei Jawlensky, August Macke, Paul Klee),慕尼黑:普雷斯特,1989年,第29、194页。
③　瓦西里·康定斯基:《艺术中的精神》(über das geistige in der Kunst),柏林:本特利,1952年。

第二十七章　慕尼黑-施瓦宾:德国的"蒙马特尔"

1913年2月,康定斯基参加了纽约军械库艺术展。也正是在这一年,他继续完成《构思4号》的创作以及《明亮的画》(*Bright Picture*)和《黑线》(*Black Lines*),这几幅作品后被他称为"纯粹的抽象画"。虽然经历了一些周折,但抽象主义的时代终于全面到来。

显然康定斯基并非德国人,但德国却在抽象主义诞生过程中扮演了三重角色——慕尼黑的精神自由(相对而言),赋予康定斯基和明特尔灵感的城市周边自然风光,以及整个德意志民族对于内心生活和新的潜意识世界的关注,这是这一点吸引了康定斯基以及当时其他许多艺术家、作家和音乐家。[①] 正是潜意识至少引发了20世纪艺术领域三场大规模的运动——抽象主义、达达主义(或超现实主义)和表现主义,所有这些都起源于德语国家。

[①] 埃斯特・达・科斯塔・迈尔(Esther da Costa Meyer)、弗雷德・瓦斯曼(Fred Wasserman)主编:《勋伯格、康定斯基和"蓝骑士"》(*Schoenberg, Kandinsky, and the Blue Rider*),纽约:犹太博物馆;伦敦:斯卡拉,2003年,第79—94页,有关抽象主义绘画和非调性音乐。亦可参见杰拉德・N. 伊森贝格(Gerald N. Izenberg):《现代主义和男性主义:第一次世界大战期间的曼、魏德金德、康定斯基》(*Modernism and Masculinity: Mann, Wedekind, Kandinsky through World War I*),芝加哥和伦敦:芝加哥大学出版社,2000年,第2、3章,有关魏德金德与抽象主义,托马斯・曼与性之间的直接关联。

| 第二十八章 |

柏林大忙人

1871年,随着由德意志各邦结成的同盟在普鲁士的领导下战胜法国,德国就此宣告成立,柏林成为这一新兴民族国家的首都。① 尽管此时,这座城市尚未形成后来的发展态势,但它已经举行了一场规模空前的大阅兵,以庆祝这场伟大胜利。1871年6月16日,一个阳光普照的周日,四万名佩戴铁十字勋章的士兵,列队由滕帕豪夫空地出发,穿过勃兰登堡门,向位于菩提树下大街的王宫行进。游行队伍还携带着81面缴获的法国战旗,其中许多面早已破碎不堪。

队伍最前列的达官贵人中有赫尔穆特·冯·毛奇,他手持刚刚被授予的陆军元帅权杖,以及新近晋升为侯爵的奥托·冯·俾斯麦。在俾斯麦的身后则是"新出炉"的德意志皇帝威廉一世,"他挺拔的身姿掩盖了业已74岁高龄的事实"。当许多骑士因为酷热难当而纷纷中暑时,皇帝的12岁孙子威廉却是个例外。尽管左臂天生萎缩,他却傲慢地拒绝回应一位冲他亲切大喊"小威廉"的围

---

① 戴维·克莱·拉奇(David Clay Large):《柏林》(Berlin),纽约:基础图书,2000年,第1页。

第二十八章 柏林大忙人

观群众。①

但并非所有人众口一词地支持定都柏林。皇帝（他勉强接受了这个头衔）本人更青睐波茨坦，〔因为〕那里是普鲁士最著名的君主——弗里德里希大王所偏爱的驻地。而非普鲁士〔出生〕的德国人则讨厌柏林地处东部的地理位置，担心它不过是"靠近斯拉夫蛮夷边境的拓荒城市"。天主教徒视柏林为危险的新教桥头堡。特奥多尔·冯塔纳认为它太过商业化②。"这座大城市没有时间去思考，更糟糕的是，也没有时间去体味幸福。"③多重的抵触情感也随之反映在现实生活之中：直到1894年帝国议会都未曾获得一栋独立的办公大楼，在此期间的所有工作因此不得不在"一处废弃的瓷器工场内"开展。④

胜利大阅兵时的柏林居民人口总计86.5万人，而到了1905年，这一数字跃升至200万。增长主要得益于东部人口，尤其是东普鲁士和西里西亚移民的涌入。在这些初来乍到者中，许多人是来自普鲁士各省或东欧的犹太人。到1860年时，柏林生活着1.89万名犹太人，这一数字到了1880年增至5.39万人。因其母国对犹太人置产或从军多有限制，这些人大多成为商业、金融、新闻、艺术和法律领域的专门人士。而新兴大都市正为他们提供了天然的栖身之地。自1871年起，柏林更是因"施普雷河

---

① 拉奇：《柏林》，第2页。
② 戈登·A. 克雷格（Gordon A. Craig）：《特奥多尔·冯塔纳：俾斯麦帝国的文学与历史》(*Theodor Fontane: Literature and History in the Bismarck Reich*)，牛津：牛津大学出版社，1999年；冯塔纳对于俾斯麦的个人观点见该书第96页及以下诸页。
③ 同上书，第109页。拉奇：《柏林》，第7页。
④ 拉奇：《柏林》，第9页。

畔的新兴之城"而名闻遐迩。但柏林的扩张还源于其他三个因素：废除残留的国内关税、更为宽松自由的银行和股份公司政策，以及不少于50亿金马克的法国战争赔款的流入。这笔赔款相当于向全国男女老少每人发放两开（carats）纯金。美国历史学家戴维·克莱·拉奇因此这样写道："德意志帝国是含着金汤匙降生的。"

正是这些要素影响着柏林的方方面面。在帝国成立的短短两年间，普鲁士就有780家新企业成立，德国国内最重要的三大银行——德意志银行、德雷斯顿银行和达姆施塔特银行（亦即"3D"银行）——创立于柏林，同一时期还有多家德国第一流的报纸亦在此诞生。[①] 在这种自由的氛围下，不仅仅是出版业，犹太人还在百货业（百货公司如韦尔特海姆[Wertheim]、提茨[Tietz]和以色列）、证券业和银行业的繁荣中扮演了决定性的角色。1871年后，犹太人控制了帝国境内超过40%的银行。与之相比，完全由基督徒控股的银行只占到四分之一。

在这方面尤其具影响力的人是格尔森·布莱希罗德（Gerson Bleichröder），俾斯麦的私人银行家和金融顾问。"布莱希罗德的父亲本是一个掘墓人的儿子，日后却成为财大气粗的罗斯柴尔德（Rothschild）银行王国在柏林的代理，借此挣下一份自己的庞大

---

① 乌尔丽克·劳费尔（Ulrike Laufer）、汉斯·奥特迈尔（Hans Ottmeyer）：《建国时代（1848—1871）：三月革命前至帝国时代的工业与生活空间》（*Gründerzeit 1848—1871：Industrie，Lebensräumezwischen Vormärz und Kaiserreich*），德雷斯顿：桑德施泰因，2008年；银行业的介绍，参见该书第99页及以下诸页。

第二十八章　柏林大忙人

银行家业。"①正是布莱希罗德的精明帮助俾斯麦成为"一位体面的侯爵";他也因此获得了新帝国授予犹太人的首个世袭爵位。(尽管如此,俾斯麦却在布莱希罗德背后拿他的身份开反犹意味的玩笑,"令人尴尬的是,这笔财产正是他的私人犹太人[Privatjude]为他挣下的"。)②

这一时期还出现了旨在使柏林转型为生活品质媲美巴黎或伦敦的大城市的种种尝试。柏林最富盛名的菩提树下大街上,高级住宅为鳞次栉比的商店、餐馆和酒店所取代。1873 年,皇帝廊(Kaiser-Gallerie)开业。这座效仿米兰维克托·艾曼纽埃尔长廊(Galleria Vittorio Emannuelle)的玻璃天顶百货公司内部坐落着 50 家商店、维也纳风格的咖啡店以及其他一些娱乐场所。自从柏林吸引的访客数量从帝国成立前的 5000 人增至 3 万人,新式酒店的增长则亦步亦趋。③

然而环境的改变仅限于表面——这座城市的内里却鲜有令人印象深刻的变化。直到 19 世纪 70 年代末建成现代化的排污系统前,柏林在很长时间内都"臭"名远播。"柏林空气"(Berlin Luft)成为可资骄傲的理由已是相当晚近的事情。男人时常叼上一支烟抵御臭气,甚至吃饭时也烟不离手;但又在观赏音乐会和戏剧节目时"肆无忌惮地打嗝放屁"。这里还表现出对于军人的压倒性顺从

---

①　拉奇:《柏林》,第 9 页。
②　弗里茨·斯特恩:《金与铁:俾斯麦、布莱希罗德与德意志帝国的建立》(*Bismarck, Bleichröder, and the Building of the German Empire*),纽约:克诺普夫,1977 年,第 106 页及以下诸页。
③　拉奇:《柏林》,第 18—19 页。

与尊敬,例如"背负着一叠帽子的商贩停下脚步,为迎面走来的中士让出通道"①。许多啤酒花园在到访者看来是不上台面的"喧哗场所,〔因为〕所有阶层不分男女,都挤坐在长凳上"。柏林还充斥着大量展示"种种令人难以启齿的裸体姿态"的"下流舞厅"。②

1873年2月8日,民族自由党的国会议员爱德华·拉斯克(Eduard Lasker)在议会上发表了一场长达三小时的演讲,抨击了当时发展势头正猛的德意志帝国经济。他认为,铁路发展仅是一个不切实际的庞大计划,正是这个计划使得腐败官员保护挣快钱的投机者。拉斯克在演讲中所揭露的种种令人难以接受的事实,造成股市出现大量抛售的现象。而在维也纳和纽约股市崩盘之后,破产便接踵而至。1874年就有61家银行、116家工业企业和4家铁路公司宣告破产。

尽管放任自由主义者(laissez-faire)被炮轰在前,但很快这一矛头开始转向犹太人,因为自由派领袖和银行家中不少是犹太人。海因里希·冯·特赖奇克因此在《普鲁士年鉴》上撰文且措辞严厉地写道:"犹太人是我们的不幸。"甚至特奥多尔·冯塔纳也坦言,他本人公开承认的"亲犹主义"(philosemitism)遭到来自这场股票

---

① 拉奇:《柏林》,第20页。
② 戈德拉·魏斯—苏塞克斯(Godela Weiss-Sussex)、乌尔丽克·齐策尔斯佩尔格(Ulrike Zitzlsperger)主编:《柏林:20年代以及90年代以来的文化和大都市》(*Berlin: Kultur und Metropole in den zwanziger und seitneunziger Jahren*),慕尼黑:IUDCIUM出版社,2007年;一个有关柏林"神话"的测试,参见该书第183—194页,通过视觉记忆柏林的方式,参见该书第155—167页。

第二十八章 柏林大忙人

狂跌的考验。① 俾斯麦则及时采取止损动作——但此举并未针对犹太人。他着眼于抛弃建国初期的经济自由主义,启动保护性高关税政策,并为陷入困境的企业主提供政府补贴。经济民族主义遂成当下的话语。

但反犹主义并未就此消失。这个术语是由一位名叫威廉·马尔(Wilhelm Marr)的柏林记者所发明。他发现,由于沙皇亚历山大三世(Alexander III)治下的俄国反犹热潮造成了涌入德国首都的犹太人数激增,公众情绪随之发生转变。尽管移民问题已成重大政治议题,但此时柏林的反犹主义势头仍不及维也纳。在柏林,存在着与特赖奇克和马尔针锋相对的言论——我们特别要提的是一份由大学教授、自由派政治家和部分进步企业界人士共同签署的《名流宣言》(Declaration of Notables)。该宣言公开谴责反犹主义是"民族耻辱"和"古代谵妄"。②

19世纪70年代末,德国经济处于复苏之中。"第二次工业革命"正是在德国采用金本位制并引入单一民族国家货币中受益匪浅。柏林的基础设施亦在此时得到重新整修。70年代出现的马车轨道,很快就被沿老城墙走向的蒸汽火车(环线[Ringbahn])所取代,随后又建设了连接柏林市中心与郊区的城市铁路。几乎与之同步的是电灯在80年代进入许多主要街道。1891年马克·吐温造访柏林时,将这座城市称为"德国的芝加哥"。③ 而尤利乌

---

① 海因茨·奥夫(Heinz Ohff):《特奥多尔·冯塔纳:生平与作品》(Theodor Fontane: Leben und Werk),慕尼黑:皮珀,1995年,第363—368页。
② 拉奇:《柏林》,第24—26页。
③ 奥夫:《特奥多尔·冯塔纳》,第368页。

斯·朗本却斥之为"所有现代弊端的震中",这里的夜生活是原罪的化身。①

帝国万事通

威廉二世同样不喜欢柏林,最初是因为这里充斥着太多自由思想,也鲜有对王权的敬畏。但即便如此,德国还是需要一个能与皇帝的远大抱负相匹配的帝都,因此他坚持认为柏林必须成为"世界上最美丽的城市"。如此一来,他千方百计染指几乎所有的领域:教会、监狱、出租房、医院——所有这一切都打上了皇帝幻想的印记,这自然有好有坏。②

在威廉二世治下,柏林最知名的地标建筑几乎没有能入他法眼的。破土动工于1884年、十年后才告落成的新国会大厦,最初的设想只是在威廉街兴建一栋简洁的建筑,但该想法遭到了政客与建筑师们的一致反对,他们认为这与"即将领导整个欧洲的统一的伟大德意志民族"并不相称。建筑师保罗·瓦洛特(Paul Wallot)最终选择"用石头镌刻下德意志精神",建造了这座混合巴黎歌剧院与帕拉迪奥式宫殿风格(Palladian palazzo)的建筑物。③

胜利大道(Siegesallee)也没好到哪里去。这是一条1901年

---

① 拉奇:《柏林》,第49—50页。
② 克里斯蒂·冯·克罗科(Christian von Krockow):《威廉二世皇帝和他的时代:一个时代的传记》(*Kaiser Wilhelm II und seine Zeit: Biographie eiopherner Epoche*),柏林:西德勒,1999年,第92—114、163—184页。亦可参见克里斯托弗·克拉克(Christopher Clark):《威廉皇帝》(*Kaiser Wilhelm*),哈洛:朗曼,2000年。
③ 拉奇:《柏林》,第59—60页。

第二十八章 柏林大忙人

在蒂尔加藤(Tiergarten)开辟出的林荫大道，两边排列着霍亨索伦家族英雄的青铜胸像。皇帝尤其钟爱这条胜利大道，并自掏腰包请人绘制肖像。他坚持要求，这些肖像应该以他的同辈朋友以及王朝追随者为蓝本。这就是霍亨索伦家族的奠基人、选侯弗里德里希一世(Elector Friedrich I)的面容酷肖皇帝密友菲利普·楚·奥伊伦堡(Philipp zu Eulenburg)的原因。许多人觉得整个项目令人难堪，并为这条街道起了一个"木偶大道"(Die Puppenallee)的绰号。皇帝的声望也因此蒙受损失：柏林人甚至这样讽刺他："如果不能成为躺在棺材里的那具尸体，那么他连葬礼都不愿意出席。"①

威廉二世认为他有义务——同时也有权——融入柏林艺术与学术生活的方方面面之中。②皇帝认为这简直是他的天赋权利，因为他自觉具备绘画和撰写剧本的天赋。他设计过船舶，也创作过一出名为《萨丹纳帕路斯》(Sardanapal)的戏剧，戏里的主角是一位宁可投火自焚也不愿向敌人投降的君主。到访德国的达官贵人被强迫观赏这出戏剧，其中就包括他的亲舅舅——英国国王爱德华七世(Edward VII)。英王在观戏途中几欲昏睡，直到演至喧闹的大火场景时才突然转醒，立即传召消防部门前来救驾。但在艺术和文化事务上，威廉又是一个极端的保守主义者，正是他顽固

---

① 约翰·C. G. 勒尔(John C. G. Röhl)：《威廉二世：个人王朝的建立 (1888—1900)》(*Wilhelm II: Der Aufbau der persönlichen Monarchie*)，慕尼黑：贝克，2001年，第221—231页。

② 安妮卡·蒙鲍尔(Annika Mombauer)、威廉·戴斯特(Wilhelm Deist)编：《皇帝：威廉二世在德意志帝国中的角色新研究》(*The Kaiser: New Research on Wilhelm II's Role in Imperial Germany*)，剑桥：剑桥大学出版社，2003年。

的干涉最终引起艺术界的种种抵制。①

戏剧界的发展在1889年达到顶峰。"(那一年)是德国戏剧革命的一年,恰如1789年是大革命的年份。"柏林自由剧场(Freie Bühne)协会的创立者奥托·布拉姆(Otto Brahm)这样写道,虽然此话多少有些夸大其词。自由剧场只是一个私人俱乐部,并非接受审查的公共剧场。正因为如此,布拉姆觉得可以将易卜生的剧作《鬼魂》(Ghost)搬上舞台,但遭禁演,原因是其中提到了梅毒。随后他又重整旗鼓尝试演出格哈特·豪普特曼探索工人阶级日常生活的戏剧《日出之前》(Vor Sonnenaufgang)。豪普特曼(1862—1946)出生于西里西亚(今属波兰),于1912年获得诺贝尔文学奖。他是现实主义文学的创始者之一。尽管在今天看来此剧只属于反响极为有限的作品之一,但在当时威廉二世治下的德国却被视为离经叛道的异类。②在《日出之前》公演期间,就曾有关于现代主义戏剧支持者和反对者互殴的事件报道。③

布拉姆正是受此影响才决意买下了一座公共剧院——德意志剧院(Deutsches Theater),并准备在此上演更多的政治剧目。剧院的巅峰是1894年上演的豪普特曼的《纺织工人》(Die Weber)。该剧激烈控诉了19世纪40年代导致西里西亚纺织工人陷于极度

---

① 拉奇:《柏林》,第63页。
② 汉斯·戴贝尔(Hans Daiber):《格哈特·豪普特曼,最后的古典主义作家》(Gerhart Hauptmann oder der letzte Klassiker),维也纳—苏黎世:弗里茨·莫尔登,1971年,第47—59页。
③ 玛格丽特·欣登(Margaret Sinden):《格哈特·豪普特曼:散文剧》(Gerhart Hauptmann: The Prose Plays),多伦多:多伦多大学出版社,第149页及以下诸页,关于"普通人"的戏剧。

第二十八章　柏林大忙人

贫困的社会现状。① 警方以"有可能会煽动底层民众"为由禁止其公演,但法官以"底层民众"收入不足以负担门票,几乎不会出现在演出现场为由,推翻了这一禁令。《纺织工人》(西里西亚方言:"*De Waber*")获得了巨大的成功。②

皇帝仇视豪普特曼所取得的成绩。在某个日暮黄昏,他曾这样说道,不应让一出戏停留在"沉湎于回忆对悲伤场景的失望之情,而是应当对其提炼和升华,并化作新的力量来为个人理想而奋斗"。1892 年,威廉以"颠覆"为名将豪普特曼逮捕下狱,理由是他的作品违背了上述原则。然而,法院几乎找不出可以将作家投入监狱的理由。因此,皇帝试着采取其他恐吓方式,他在授予豪普特曼代表具备卓越戏剧才能的席勒奖上投了否决票,并转而将其授予另一部其个人偏爱的消遣类作品。③

同样的事情也发生在马克斯·赖因哈特身上。赖因哈特本名马克斯·戈尔德曼(Max Goldmann),是一名来自奥地利的犹太人。他在世纪之交来到柏林,打算成为一名演员。此时,现代戏剧在瓦格纳、左拉、易卜生、斯特林堡的指引下正在走向辉煌。在给友人的信中,赖因哈特写道:柏林"是维也纳的十余倍"。尽管他未能成为成功演员,但在创立了自己的卡巴莱小剧场"声与烟"(Sound and Smoke)后,转行成为了一名出色的导演。他通过合

---

① 埃伯哈德·希尔舍(EberhardHilscher):《格哈特·豪普特曼》(*Gerhart Hauptmann*),柏林:国家出版社,1969 年,第 131—154 页。
② 豪普特曼写给勃拉姆斯的信,参见马丁(Martin Machatzke)编:《格哈特·豪普特曼日记集(1897—1905)》(*Gerhart Hauptmann: Tagebücher, 1897 bis 1905*),美因河畔法兰克福:柱廊出版社,1987 年,第 545 页以下诸页及第 594 页以下诸页。
③ 勒尔:《威廉二世》,第 1008—1016 页;拉奇:《柏林》,第 64 页。

第四编　现代性的痛苦与奇迹

法剧场获得收入。德意志剧场尤其如此——自1905年赖因哈特接替布拉姆，并将严肃的现实主义转变一种"魔幻与兴奋"后。①尽管他始终坚持戏剧的严肃性——演出从索福克勒斯（Sophocles）到毕希纳*的所有作品，但他同时引入了新的灯光效果和舞台技术，使得戏剧场面呈现出前所未有的壮丽景象，整个柏林都闻所未闻。（马斯登·哈特利[Marsden Hartley]认为赖因哈特可能是在戏剧表演中呈现最多的外部战争、火山爆发或火车相撞的人）。②皇帝反感赖因哈特的技术手段并无特殊的理由，他只是不喜欢其中过于现代的东西。由于无法诉诸法律，皇帝下诏禁止在军队里演出赖因哈特的作品。威廉二世的任性坚持到最后，直到1914年大战爆发时，他仍断然拒绝剧作家提出的带领剧团前往前线劳军的请求。③

汉斯·冯·比洛是柏林文化界另一位举足轻重的人物，但他的粉丝中同样不包括皇帝。正如我们已经看到的，世纪交替之际的柏林在音乐方面享有国际声誉甚久：自1842年起，费利克斯·门德尔松领导的皇家管弦乐团的名字就已如雷贯耳。但到了19世纪80年代，本雅明·比尔泽（Benjamin Bilse）在私人资金支

---

① 海伦娜·提米希-赖因哈特（Helene Thimig-Reihnardt）：《马克斯·赖因哈特生平》(*Wie Max Reinhardt lebte*)，斯坦贝格湖畔的佩尔夏：R. S. 舒尔茨，1973年，第77—87页。

* 此指格尔奥格·毕希纳（George Büchner）。——译者

② 奥利弗·M. 塞勒（Oliver M. Sayler）：《马克斯·赖因哈特与他的戏剧》(*Max Reinhardt and His Theatre*)，纽约：布伦纳诺，1924年，第92页。

③ 弗朗茨·赫勒（Franz Herre）：《威廉二世：时代变迁中的君主》(*Kaiser Wilhelm II: Monarch zwischenden Zeiten*)，科隆：基彭霍伊尔，1993年。

第二十八章 柏林大忙人

持下又成立了第二个交响乐团。这位军乐队的前指挥成功将其新乐团转型为皇家乐团的竞争对手。但由于他在某些方面作风强硬,部分音乐家越来越厌倦他的高压方式,1882 年这些音乐家断然出走,另组乐团,并自称"柏林爱乐乐团"。"柏林爱乐乐团"的早期活动不可不谓举步维艰,有时甚至不得不在一个改造后的滑冰场里演出;自 1887 年起,才由汉斯·冯·比洛领导整个乐团。比洛不仅是一位才华横溢,富于魅力的指挥,对于古典与现代音乐有着同样的热情,而且人脉广泛。1889 年,他邀请其中的一位——约翰内斯·勃拉姆斯——前往柏林指挥莫扎特的《D 小调协奏曲》,场面轰动一时。

皇帝对于现代音乐的反感程度不亚于现代艺术和戏剧,这一点并不出人意料。① 他和比洛的冲突尤其围绕着瓦格纳而展开。比洛无疑是一个经验丰富的瓦格纳作品诠释者,尽管后者夺走了他的妻子柯西玛;而由"柏林爱乐"所演出的瓦格纳作品成为自 19 世纪 40 年代的贾科莫·梅耶贝尔(Ciacomo Meyerbeer)之后,就鲜少突出表现的柏林歌剧界又一颗璀璨明珠。尽管如此,柏林许多长篇大论的回忆录中始终没有忘记作曲家本人对于 1848 年革命的支持,而皇帝也恰恰利用了这一点来打压瓦格纳。就在登基后不久,他就意有所指地宣布:"格卢克才是我要的人,瓦格纳太吵了。"皇帝在很多问题上与理查德·施特劳斯观点一致,他允许施特劳斯执掌皇家歌剧院仅仅是因为作曲家承诺他将使柏林成为超

---

① 拉奇:《柏林》,第 65 页。

越过去，更为出色的国际音乐之都。① 但事实上，施特劳斯依然继续采取皇帝厌恶的无调性技法来创作音乐。"我放生了一条蛇，却被它咬了。"威廉咆哮着说道，并且当面告诉施特劳斯，他认为他的音乐"毫无价值"。

1871年帝国成立之初，柏林成为继慕尼黑之后美术界的又一好去处。正如我们看到的那样，慕尼黑到目前为止拥有最大画家和雕塑家社团。但19世纪80年代和90年代艺术家们开始迁居帝国新首都的趋势，因柏林各类新式纪念碑和博物馆的极大丰富而变得越发明显。在这方面，皇帝也从不掩饰自己的偏袒。

直到人才云集之前，柏林最知名的艺术家是阿道夫·冯·门采尔（Adolph von Menzel）。他是土生土长的布雷斯劳人，但从1830年起就定居普鲁士首都。起初，门采尔根据自身体验描绘柏林的贫困角落，那些肮脏的街道和破旧的工厂（德加［Edgar Degas］因此很推崇门采尔）。但他在19世纪70年代彻底改变艺术风格，转而创作有关王朝历史的作品。② 举例来说，《长笛演奏会》（*The Flute Concert*）和《圆桌会议》（*The Round Table*）十分恭敬地呈现了弗里德里希大王的宫廷生活；其他的作品则更毫不掩饰对普鲁士强权（Macht）的谄媚之情。这一转型显然达到了目的，门采尔如愿得到了宫廷的认可，这个"不幸长得极为丑陋的画家"，

---

① 有关施特劳斯和比洛的关系，参见威利·舒（Willi Schuh）和弗朗茨·特伦纳（Franz Trenner）:《汉斯·冯·比洛和理查德·施特劳斯往来书信集》(*Correspondence*: *Hans von Bülow and Richard Strauss*)，安东尼·吉什福德（Anthony Gishford）英译，伦敦:布斯 & 霍克斯，1955年，第68页，其中涉及一个将易卜生戏剧改编为歌剧的计划。

② 吉索德·拉梅尔（Gisold Lammel）:《阿道夫·门采尔和他的小圈子》(*Adolph Menzel und seine Kreise*)，德累斯顿:艺术出版社，1993年，第152—153页绘画。

第二十八章　柏林大忙人

很快因蒙圣恩而在上流社会得到一席之地——这让他在编年史记载中留下了栩栩如生的细节描述——1905年皇帝还出席了他的下葬仪式。①

安东·冯·维尔纳(Anton von Werner)的情况则较为类似，其尺度恢弘、绘制精致的油画出现在德国的学校课本上，并成为少数为人熟知的艺术作品；而描绘了君臣在路易十四的镜厅互相祝酒庆祝德意志帝国成立的《皇帝在凡尔赛加冕》(*Kaiser Proclamation in Versailles*)则是送给俾斯麦的一份大礼。1875年，维尔纳被任命为美术学院院长，随后又成为威廉二世的家庭教师。正是维尔纳的言传身教进一步加深了年轻的皇帝对于现代绘画艺术的厌恶。

尽管威廉二世和维尔纳有权有势，但依然是艺术上的少数派。早在1892年，柏林艺术家协会就已邀请爱德华·蒙克前往柏林举办作品展，原计划展出55幅画作，但这一计划恰恰激怒了保守派，在维尔纳的牵头下，反对声甚嚣尘上，最终展览不得不取消。但这些卫道士在面对马克斯·利伯曼时就没有那么成功了。利伯曼的画作中反映出强烈的德意志人文精神，但威廉二世对此不以为然。他认为，绘画不应呈现"比它本来面目更为不堪的苦难"。② 因此他不遗余力地将利伯曼排挤出公共展览的行列，但此举并未能阻止这一受欢迎的画家作品以私人展览的形式展出。而当利伯曼重获进入公共沙龙的自由时，他所受到的追捧更胜往日。1897年普

---

① 拉奇：《柏林》，第69页。
② 同上书，第71页。

第四编　现代性的痛苦与奇迹

鲁士艺术学院授予其金质奖章,他还被聘为皇家艺术学院的教授。

如果说皇帝〔一度〕败给利伯曼,但他"战胜"了凯特·珂勒惠支(Käthe Kollwitz)。珂勒惠支是一位生活在柏林的贫民窟、坚强而又情感丰富的艺术家,她以一套取材自豪普特曼戏剧作品的蚀刻版画《纺织工人起义》(the Revolt of the Weavers,1840年西里西亚织工起义是德意志工人阶级形成的重要标志)同样获得了普鲁士艺术学院授予的金质奖章荣誉。而在奖项公布之前,皇帝不得不提出他的不同意见,而这一观点却令人十分难堪。"各位先生,"他说,"把一个大奖颁给一个女人,这走得有点远了……勋章和荣誉只属于为之奉献的男人的胸膛。"随后便是慕尼黑的〔分离派〕事件,对于艺术家来说实在太多这样的事情了。[①] 同年,利伯曼和其他一些同行也宣布效仿维也纳和慕尼黑的反对官方艺术组织运动,组织起柏林分离派。分离派的目标在于不受干预地呈现他们认为有价值表现的艺术。这部分艺术家重新回归富有收藏家的资助形式,许多收藏家都是犹太人。一对姓卡西尔(Cassirer)的堂兄弟,布鲁诺(Bruno)和保罗(Paul)就是他们的主要赞助人——为了支持分离派,他们创立了一家全新的画廊,这间位于康德大街(Kantstrasse)的画廊也因此成为现代艺术界的领军场所。[②]

但皇帝并未因此灰心丧气。他下令禁止所有军官着军服出现在分离派作品展上;分离派艺术家不仅不被允许担任画展评审,他

[①] 拉奇:《柏林》,第73页。
[②] 格奥尔格·布吕尔(Georg Brühl):《卡西尔兄弟:为表现主义抗争的斗士》(Die Cassirers: Streiter für den Impressionismus),莱比锡:莱比锡出版社,1991年,参见第105页及以下诸页有关保罗·卡西尔的叙述。

第二十八章　柏林大忙人

们的作品还被禁止在1904年美国圣路易斯世界博览会上展出。但接下来文化部的官员又适时伸出橄榄枝,他们计划在皇家艺术学院举办一次利伯曼作品回顾展。皇帝对此计划并不认可,他这样说道,该画家"正在毒害德意志民族的精神"。显然上天更为眷顾皇帝,仅有三位柏林分离派的艺术家赢得时间赛跑,他们是利伯曼、瓦尔特·莱斯蒂科(Walter Leistikow)和洛维斯·科林特(Lovis Corinth)。科林特为德国占据主导地位的艺术流派创造出"表现主义"(Expressionist)一词,但他本人的作品却与这一流派多有矛盾。[1]

皇帝与艺术家之间的战斗仍在持续。由一组表现主义画家于1905年在德累斯顿成立的"桥社"在五年之后迁往柏林。其发言人赫尔瓦特·瓦尔登(Herwarth Walden)创办了一份杂志和一家名为"风暴"的艺术画廊。直到大战爆发前夜,这家画廊代表着德国先锋派艺术家(avant-garde)的头脑与心灵。[2] 相对于分离派,"桥社"的艺术风格更多地表现为一种城市艺术,其中两位最重要的人物是路德维希·迈德纳(Ludwig Meidner)和恩斯特·路德维希·基希纳(Ernst Ludwig Kirchner)。二者关注的都是柏林城市中那些被皇帝认为毫不艺术的方面——迈德纳的注意力集中在吊桥、煤气罐、货运火车;而基希纳所运用到的那些扭曲形象则代

---

[1] 彼得·帕雷托(Peter Paret):《柏林分离派:德意志帝国时期的现代主义及其敌人》(*The Berlin Secession: Modernism and Its Enemier in Imperial Germany*),剑桥(马萨诸塞):哈佛大学贝尔纳普出版社,1980年,第39页。

[2] 尼尔·罗斯隆德·瓦尔登(Nell Roslund Walden)、赫尔瓦特·瓦尔登:《生命画卷》(*Ein Lebensbild*),柏林:F.库普费尔贝格,1963年,第45页以及以下诸页。

第四编　现代性的痛苦与奇迹

表了城市街头和小酒馆里那些未经雕琢的生命力,他画作中"所谓的扭曲"是因为"迷醉于眼前所见自然而然形成的"。① 他坚持认为,当城市居民处于无休止的运动之中,那么就不可能做到静态地呈现"一抹似有若无的光线或动作。城市要求艺术家采用新的手段观察(世界)"。毫无疑问,皇帝又觉得自己受到了侮辱。

与柏林相当晚近才获得作为现代艺术之城的声誉一样,她成为一座博物馆城市也距其成为定居点过去了很久。这一过程肇始于 1830 年,当申克尔在普雷河中央的小型绿洲上设计建成老博物馆时,这里很快就以"博物馆岛"之名而为人熟知。1855 年新增新博物馆,1876 年再增添了国家美术馆。② 在博物馆学领域,威廉二世幸运地拥有欧洲最杰出的收藏家和鉴赏家之一、威廉·冯·博德(Wilhelm von Bode)。博德后来出任 1904 年博物馆岛上新落成的弗里德里希皇帝博物馆*馆长一职。③ 正是他为柏林收集到包括伦勃朗的《戴金盔的男子》(Man in a Golden Helmet)④和丢

---

① 马格达莱娜·M. 默勒(Magdalena M. Moeller):《"桥社":柏林桥社博物馆的大师之作》(Die "Brücke": Meisterwerke aus dem Brücke-Museum Berlin),慕尼黑:希尔姆,2000 年,第 1—40 页。也可参见卡罗尔·S. 伊莱尔(Carol S. Eliel):《路德维希·迈德纳的启示录景观》(The Apocalyptic Landscapes of Ludwig Meidner),慕尼黑:普雷斯特尔,1989 年。

② 威廉·冯·博德:《我的一生》(Mein Leben),柏林:H. 雷兴多夫,1930 年。

* 1956 年,为纪念其创始人和首任馆长,弗里德里希皇帝博物馆更名为博德博物馆(Bode-Museum),这一名称被沿用至今。——译者

③ 威廉·冯·博德:《塞尚与他的同时代人:17 世纪荷兰及弗拉芒画派大师的性格刻画》(Rembrandt und seine Zeitgenossen: Charakterbilder der großen Meister der holländischen und vlämischen Malerschule im siebzehnten Jahrhundert),莱比锡:E. A. 舍曼,1923 年,可作为其学识的一个例证。

④ 伦勃朗的画作后来被证明是由他的助手而作。

第二十八章 柏林大忙人

勒的《希罗尼穆斯·霍尔茨舒尔》(Hieronymus Holzschuher)在内的一大批古典大师之作。但博德之所以能取得成功,仅仅在于皇帝很少介入他的工作。皇帝的干预仅限于乐此不疲地把各种头衔授予那些为皇家提供作品的收藏者。

但涉及当代绘画领域时同样的问题又再次浮现。国家美术馆馆长胡戈·冯·楚迪(Hugo von Tschudi)和博德一样艺术造诣深厚,他是一位法国油画、当代绘画与雕塑方面的专家。[1] 但皇帝却拒绝给予他和博德一样的自由裁量权;甚至在一次参观中,他注意到有部分德国艺术家的作品被移除,取而代之的则是"代表现代口味的绘画,它们中的很多还是外国作品",因此坚持要求将这些作品物归原处。

当然皇帝并非无处不在。楚迪想方设法使一部分当代大师作品得以展出,其中包括一幅塞尚作品,这使他成为当时世界上首位收藏当代作品的博物馆馆长(即使法国国内也未有任何收入塞尚作品的公共机构)。[2] 但随着楚迪陆续购入欧仁·德拉克洛瓦(Eugène Delacroix)、古斯塔夫·库尔贝(Gustave Courbet)和奥诺雷·杜米埃(Honoré Daumier)的作品,皇帝不禁暴跳如雷,抱怨楚迪是要将"这些作品展示给一个根本不懂艺术的君主看,而不是给他看"。1908年楚迪被解职,随后他被调往慕尼黑,担任那里的皇家博物馆馆长。

---

[1] 伯哈德·马策(Berhard Maaz)编:《柏林国家美术馆;19世纪;雕塑展品目录》(*Naitonalgalerie Berlin: Das 19 Jahrhundert; Bestandskatalog der Skulpturen*),莱比锡:舍曼,2006年,第20页及以下。

[2] 拉奇:《柏林》,第77页。

第四编　现代性的痛苦与奇迹

尽管艺术品位保守甚至倒退，皇帝却为创造德国繁荣的科学家和工程师而感到骄傲，从那时起他就自诩是属于未来的人。同时他还坚信新知识的应用是推动进步的关键，为此他说服柏林大学接纳新出现的实科文理中学（Realgymnasien）毕业生。这一新式学校强调在不损害人文教育的同时传授科学教育。在威廉二世做过的所有高度自相矛盾的事情中，提高实科文理中学的地位无疑是他在文化和知识领域所干过的最大好事。1910年，在弗里德里希·威廉大学（Friedrich-Wilhelm-Universität）*建校100周年的纪念活动上，皇帝宣布成立一个全新的自然科学研究机构——威廉皇帝学会，并以此作为德国对法国巴斯德研究院（Pasteur Institute）和美国洛克菲勒基金下属研究院的回应。这个协会由私人工业企业与政府共同组建，并保证向股东分配红利。[①]

---

*　亦即前文提到的柏林大学之全称。——译者
① 拉奇：《柏林》，第81页。

| 第二十九章 |

英雄与商人之战

在世界大战的最初几个月里,维也纳人发明了一套具有象征意义的行动来鼓励自己,也帮助民众认同前线部队。例如,在距离环城路不远的施瓦岑贝格广场上矗立起一座木制雕塑,名为"铁战士"(Wehrmann im Eisen)。任何人都可以购上一把钉子——钉子买卖的收入将用于慰问战士遗孀和遗孤——并将它们钉入雕塑中,"用铁来覆盖他,以奥地利民族力量(Volkskraft)的集体强度包裹他"①。

正如马修·施蒂伯最近所揭示的那样,对于战争的支持,在1914年的德国,并非如此前报道的兴奋狂热。他指出,在主要城市之外,特别在工人阶级中间,情绪与其说是咄咄逼人的民族主义,倒不如说是"顺从、冷淡或被动接受"。正是知识分子才相信,他们受到了"号召",用一种连贯性哲学(coherent philosophy)来强化斗争性。这种连贯性哲学"把权力斗争理想化为德国文化与其敌人的政治形式之间所谓的精神对立"。(尽管诺贝特·埃利

---

① 莫林·希利(Maureen Healy):《维也纳与哈布斯堡帝国的瓦解》(Vienna and the Fall of the Habsburg Empire),剑桥:剑桥大学出版社,2004年,第2页。

亚斯感到，尼采"当然可能还没意识到这一点"，但他的著作《权力意志》[Der Wille zur Macht]为威廉时代的中产阶层斗争性提供了哲学形式。)①

对于许多〔德国知识分子〕而言，"文化"是战争中的核心要素。② 这些人在谈论"文化"时，指的是由歌德、康德和贝多芬所代表的一系列成就，即"高等文化"，其中包括艺术、音乐、文学以及与"一连串集体道德"相关的学识（勤勉、守序和纪律）——它们被视作德意志秉性。不同政治阵营的作家、历史学家和哲学家们分享着这些观念——托马斯·曼、弗里德里希·迈内克、恩斯特·特勒尔奇、维尔纳·桑巴特、马克斯·舍勒和阿尔弗雷德·韦伯只是其中的一部分。

1914 年思想

战争伊始，德国便出现了一种有关德国文化特性的公共思考，导致在"文化"（Kultur）与"文明"（Zivilisation）之间制造出"截然对立"的二分法。当德国人占领比利时和法国东北部时，当比利时鲁汶小镇的古老图书馆被焚毁时，当兰斯的大教堂遭到极大破坏时，当迪南和其他地方的比利时平民遭受大屠杀时，当德国人对所

---

① 马修·施蒂伯(Matthew Stibbe)：《德国的恐英症与世界大战(1914—1918)》(German Anglophobia and the Great War, 1914—1918)，剑桥：剑桥大学出版社，2001年，第49页；埃利亚斯：《德国人：19—20世纪的权力斗争与习性变迁》，第181页。

② 罗杰·奇克林(Roger Chickering)：《德意志帝国与世界大战(1914—1918)》(Imperial Germany and the Great War, 1914—1918)，剑桥：剑桥大学出版社，1998年，第134页。

第二十九章 英雄与商人之战

谓蓄意破坏行动加以"报复"时,上述这些极端对立说法很快被人想起,世界其他地方的人以此来解释德国的野蛮举止。英法学界带头发出呼吁,希望德国文化与科学领域中那些极具知名度的人必须公开与普鲁士军国主义保持距离。但是,其结果并非如他们所期待的那样。德国文化界与科学界的知名人士连成一体,支持德国的战争努力。而且在1914年10月4日,由93位最杰出的德国学者和艺术家联合签署了《九十三人宣言——向文化世界的呼吁书》(*Der Aufruf der 93 'An die Kultur Welt'*)。在呼吁书中,他们断然拒绝接受对〔德国人〕在比利时所犯下的野蛮罪行的所有指责,反而坚持认为:"以下说法并不正确:反对我们所谓军国主义的战争不是反对我们文明的战争——正如我们的敌人故作姿态所要掩饰的那样。倘若德意志文明不支持德意志军国主义,那么德意志文明早就被〔敌人〕从地球上抹去了。德意志军国主义崛起,来自于保卫德意志文明的需求。在数世纪以来,该需求出现的国度已经饱受掠夺性入侵之苦了。"①

签署这份呼吁书的人中包括作家理查德·德默尔、格哈德·豪普特曼;画家马克斯·克林格尔、马克斯·利伯曼和汉斯·托马(Hans Thoma);音乐家恩格尔贝特·洪佩尔丁克(Engelbert Humperdinck)、西格弗里德·瓦格纳(Siegfried Wagner)和费利克斯·冯·魏因加特纳(Felix von Weingartner);杰出学者,如恩斯特·黑克尔、弗里茨·克莱恩(Fritz Klein),诺贝尔物理学奖获得者菲利浦·莱纳德(Philipp Lenard)、理查德·维尔斯泰特

---

① 施蒂伯:《德国的恐英症与世界大战(1914—1918)》,第51页。

第四编 现代性的痛苦与奇迹

(Richard Willstätter)和马克斯·普朗克,未来的诺贝尔化学奖获得者弗里茨·哈贝尔(Fritz Haber),神学家阿道夫·冯·哈纳克,经济学家卢约·布伦塔诺和古斯塔夫·施莫勒(Gustav Schmoller),文献学家卡尔·浮士勒(Karl Vossler)和乌尔利希·冯·维拉莫维茨-默伦多夫(Ulrich von Wilamowitz-Moellendorff),哲学家阿洛伊斯·里尔(Alois Riehl)和心理学家威廉·冯特,以及历史学家卡尔·兰普雷希特(Karl Lamprecht)、马克斯·伦茨、爱德华·迈耶(Eduard Meyer)和弗里德里希·迈内克。甚至在此宣言发布之前,一批学者已经宣布放弃英国大学授予他们的荣誉学位。①

现在看来,特别是在经历了稍后发生的第一次世界大战,30年代和第二次世界大战的大范围恐怖之后,上述所有举动听上去是那么不真实、不切实际。但是,这篇"呼吁书"的确反映了当时德国受过教育者的观念,即认为这场战争将把国家擢升到世界强国之列,因此"在历史中将被书写为德意志之战"。在"呼吁书"发表之后,还出现了以同样口吻发表的大量演讲、书籍和其他事件。德国教师和艺术家联盟在柏林设立了领导办公室,从文学界与艺术界招募了200名杰出人士,其中包括托马斯·曼,让他们为战争提供智识支持。② 其中一个主题是〔论证〕德国的专制宪法比西方的议会体制更为优越。

这些观念仍然十分重要。马克斯·伦茨、奥托·冯·基尔克

---

① 施蒂伯:《德国的恐英症与世界大战(1914—1918)》,第51页。
② 同上书,第52页。

第二十九章 英雄与商人之战

(Otto von Gierke)、马克斯·舍勒和卡尔·兰普雷希特都参与到论证德国〔负有〕"世界领导"之责的活动中。且兰普雷希特作为特奥巴尔德·冯·贝特曼-霍尔韦格(Theobald von Bethmann-Hollweg)的顾问之一,如同其他人那样,并不反对改变竞赛规则:"主观上已被认同、客观上已被证实的事实是,我们能够取得世界上最高的成就,因此,我们必须有权在世界秩序中分享〔权力〕……"①兰普雷希特认为,英国不应该拥有一种"先天优势"感,"对于其他民族而言,这种(英国拥有优势)感觉是完全不可容忍的。我敢说,在这种感觉复位之前,世界不可能恢复和平……应给予更为适度的评估"。

更让人印象深刻的是一代历史学家们的论证,特别是马克斯·伦茨、埃里希·马克斯(Erich Marcks)、奥托·欣策和汉斯·德尔布吕克。② 他们的观点是19世纪90年代以来〔德国〕的老生常谈。他们认为,存在于兰克时代的欧洲国际秩序很快将被一小部分世界性国家(帝国)所取代,其中德国即将获得这种地位。对于他们而言,战争目的是迫使英国这个现行世界强国中的最老国家交出它的头把交椅,并赋予德国以平等权。

〔上述举动的〕效果倍增。这意味着英国必须被视为这场战争

---

① 施蒂伯:《德国的恐英症与世界大战(1914—1918)》,第54页。
② 汉斯·海因茨·克里尔(Hans Heinz Krill):《兰克文艺复兴:马克斯·伦茨与埃里希·马克斯:一篇有关德国历史政治思想的文章(1880—1935)》(*Die Rankerenaissance: Max Lenz und Erich Marcks: Ein Beitrag zum Historisch-politischen Denken in Deutschland, 1880—1935*),柏林:德·格鲁伊特,1962年,第6—12、67—69页提的是伦茨,第174—187页谈的是他有关民族性的观点;第42页及以下诸页,则谈关于马克斯;第211页及以下诸页谈的是关于宣传在第一次世界大战中的作用。

第四编　现代性的痛苦与奇迹

的煽动者,而且这种论述为军国主义提供了更多合法性。甚至如汉斯·德尔布吕克这样的温和派——他后来反对政府的战争政策——在敌对局势的最初几个月中,也曾写下了这么一段话:"这个民族是不可战胜的……反对岛国民族(英国)……这是一群商人,只会进出金钱,只会唯利是图,只会鼓动野蛮大众,只会认为他们能够打败我们……正是这些(人)才需要我们去反对……我们永恒的内在优越性证实了这一点……"

并非每一个人都属于这一群体。例如,在 1915 年,奥托·欣策、弗里德里希·迈内克、赫尔曼·翁肯(Hermann Oncken)和赫尔曼·舒马赫聚在一起,共同起草了《德国与世界大战》(*Deutschland und der Weltkrieg*)。该文旨在抵消英国对中立国(特别是美国)的宣传作用。[①] 他们特别抵制英国宣传家们试图复兴下列法国论点的企图:认为存在着两个德国,一个是歌德、席勒和贝多芬的德国,另一个是特赖奇克、尼采和弗里德里希·冯·伯恩哈迪将军的德国。欣策、德尔布吕克和迈内克阻止了鼓吹彻底摧毁英国的短视行为,取而代之地提出〔建构〕一种"权力平衡",因此,倘若与其他人相比,他们看上去还比较理智。[②] 但总体而言,他们仍被更为公开鼓吹兼并主义的作家和演说家所淹没。

[①] 关于迈内克,可参见斯特凡·迈内克(Stefan Meinecke):《弗里德里希·迈内克:至第一次世界大战结束前的个人及政治思想》(*Friedrich Meinecke: Persönlichkeit und politisches Denken bis zum Ende des ersten Weltkrieges*),柏林:德·格鲁伊特,1995 年。也可参见施蒂伯:《德国的恐英症与世界大战(1914—1918)》,第 63 页。

[②] 阿登·布霍尔茨(Arden Bucholz)主编并翻译:《德尔布吕克的现代军事史》(*Delbrück's Modern Military History*),林肯(内布拉斯加)和伦敦:内布拉斯加大学出版社,1997 年。

第二十九章 英雄与商人之战

后来以《西方的没落》一书而闻名的奥斯瓦尔德·斯宾格勒相信,德国"挑战英国,争取世界领导权"的决定是历史的转折点。对于他而言,与英国的作战是在"英国式"自由主义("其重点是个人主义自由和自决论")与"普鲁士式"社会主义("其重点是秩序和权威")之间所进行的一场原始的达尔文主义式斗争。① 他在另一处地方坦承:"德国通过技术、金钱和对于事实的追求,来确保它的世界地位;一个完全没有灵魂的美国主义倘若进行统治,将让艺术、崇高、信仰……都消融在物质主义中——这一点曾经发生过,就在第一帝国时代的罗马。"②

当战争继续进行,困境越来越清晰时,上述这些言论仍然不断涌现。甚至连马克斯·韦伯这位在许多方面表现得十分明智的人,于1916年8月在纽伦堡的一次演说中也发表了这样的想法:"假如我们缺乏勇气去证明,无论是俄国式的野蛮、英国式的无聊,还是法国式的夸夸其谈,都不足以统治世界,那么这是值得羞愧的事。这就是这场战争何以发生的原因。"历史学家弗里德里希·迈内克走得更远。他宣称,德意志民族作为整体,"从上帝那里接受的使命就是以一种分散的、奇特的(以及)不可更迭的形式来组织人类神圣本质。这就像一位伟大的艺术家,运用他的个人天赋,在

---

① 安东·米尔科·科克塔内克(Anton Mirko Koktanek):《奥斯瓦尔德·斯宾格勒的时代》(*Oswald Spengler in seiner Zeit*),慕尼黑:贝克,1968年,第183页。也可参见 H. 斯图亚特·休斯(H. Stuart Hughes):《奥斯瓦尔德·斯宾格勒:一场批判的预测》(*Oswald Spengler: A Critical Estimate*),纽约:斯克里布纳,1952年,第57页。

② 德特勒夫·费尔肯(Detlef Felken):《奥斯瓦尔德·斯宾格勒:介于帝国与独裁之间的保守思想家》(*Oswald Spengler: Konservativer Denker zwischen Kaiserreich und Diktatur*),慕尼黑:贝克,1988年,第68—76页。

其自身个性之上去创造一些东西……只有德意志人才成功地把内向性、个人自由以及为了整体幸福而牺牲自我利益的意愿联合起来——这构成了他们所继承的精神遗产的独到之处"。哲学家爱德华·施普兰格尔(Eduard Spranger)写下了有关让德意志教化传统保持生机之需求的话语。[①]

甚至当战争开始转向反攻德国,上述文化论争仍然十分强烈。哲学家阿道夫·拉松(Adolf Lasson)坚持认为:"整个欧洲文化当然是人类文化的唯一普世形式。它聚焦于德意志土地与德意志人的心中。倘若在这一点上,我们表现谦虚,有所保留,则是大错特错了。我们德意志人代表着……欧洲文化曾经出现过的巅峰;正是在此之上,才出现了我们引以为豪的力量与完满。"[②]

托马斯·曼在其战时完成的随笔《战时思考》(*Gedanken im Kriege*)中,说德国"〔扮演着〕传教般责无旁贷的角色",以反对西方肤浅的、自由的"文明",以维护德意志"文化"的特殊地位。他还接下去写道:"要做一个德国人,并非易事……不如成为英国人那样舒适,也根本不如法国人那样过着不同寻常而惬意的生活。这个民族在如何自处方面存在着困难。它发现自己是可疑的,它不得不忍受自己乃至呕吐的地步……但是,也正是这个民族承受着最值得承受的东西。任何为了'人性'(humanité)与'理性'(raison)而希望德意志方式从这一世界消失者,正在犯下亵渎神灵的罪行。"他争辩说,也许在眼下,西方式的民主或许绝非德意志道路。

[①] 马钱德:《诸神下凡》,第240页。
[②] 施蒂伯:《德国的恐英症与世界大战(1914—1918)》,第74页。

第二十九章 英雄与商人之战

"这种最内省的民族,这种醉心于形而上学、教育和音乐的民族,并不是一个以政治为旨向的民族。他们是一个以道德为旨向的民族。正因如此,与其他(民族)相比,它们对于通往民主、政府的议会制形式,特别是共和主义的政治发展,表现出最为犹豫而兴趣索然的态度。"①

上述每一种批评都被掩藏在它们对于英国、法国(以及美国)的蔑视(或所宣称的蔑视)中。它们都对工业增长给社会所带来的那种深刻变化深感厌恶。世界其他地方的许多人也赞同这种观点。在罗杰·奇克林及其他学者看来,德意志人的特殊性在于,〔他们中的〕受教育阶层尤为相信国家应该介入,以便"为了公共利益,而去检查少数追逐私利者物质至上的肆放行为"②。

〔德国人〕不止一次地要求扭转这种让人窒息的环境,〔因为〕这种环境在任何情况下(绝非含糊其辞)都是错误的。让我们暂时向前跳跃,跳到 1961 年德国历史学家弗里茨·费舍尔(Fritz Fischer)出版的著作《争雄世界》(*Griff nach Weltmacht*;英文版译作 *Germany's Aims in the First World War*,1967)中。在 20 世纪 50 年代,他被允许进入波茨坦的东德档案馆。在那里,他接触到"爆炸性的"一系列文件——他宣称,这些文件表明,在第一次世界大战之前,德意志帝国便已经制定了咄咄逼人的兼并计划;而且特别在 1912 年 12 月,威廉二世及其军事顾问们在一次著名的"战争内阁"上,"做出了决定,计划在 1914 年夏天之前发动一场大战,

---

① 施蒂伯:《德国的恐英症与世界大战(1914—1918)》,第 75 页。
② 同上书,第 78 页。

第四编　现代性的痛苦与奇迹

并利用数月时间,来让该国安排好一切"①。费舍尔声称,1890年后,德国出现了一种新型民族主义,以至于出现了〔下列现象〕:种族共鸣;该国许多历史学家和知识分子竞相支持海军军备的大扩张;尼采所谓的"权力意志"成为同类人群所分享的观念,并被视作现代生活中的一种重要精神元素;德意志帝国在商贸利益与政治利益之间差异不大;德国的主要目的在于扫平法国,并让英国保持中立。他的进一步发现是,这样一种观点总是不现实的,以至于德国发起了军备竞赛,皇帝及其顾问们最终认为外交时代业已终结,并相信"种族间的冲突"在"清算"中是不可避免的。② 费舍尔还总结说,德国完全误判了其对手或潜在对手的战斗能力。

费舍尔的著作将在本书的稍后章节中得到更为充分的讨论(他被其他德国历史学家同行指责为"叛国")。在此处,我们仅限于弗里茨·斯特恩在评论费舍尔著作中所提出的观点。他认为,假如第一次世界大战〔爆发〕存在一种诱因,那么这种诱因就是德国战前政策〔所出现〕的持久性误判,以致让自己无法从"痼疾"中恢复,错误估计了自身和他者,"极少综合考虑恐惧(Angst)、自负以及(考虑到非德意志世界)政治漠视与不安全感"。③

---

①　沃尔克·贝格汉(Volker Beghahn):《历史视野》(*Perspective on History*),美国历史学会新闻杂志,2007年9月10日,www.historians.org/perspectives/issues/2000/0003/0003mem.cfm.

②　同上。

③　弗里茨·斯特恩:《非自由主义的失败》,第152页。参见弗里茨·费舍尔:《世界霸权抑或衰弱:有关德国发动第一次世界大战目的的争论》(*World Power or Decline: The Controversy over Germany's Aims in the First World War*),兰斯洛特·L.法勒(Lancelot L. Farrar)、罗伯特·金伯(Robert Kimber)和丽塔·金伯(Rita Kimber)英译,纽约:W. W. 诺顿,1974年,这是十年后关于该问题的重新思考。"叛国"问题在该书前言第8页进行了讨论。

第二十九章　英雄与商人之战

《九十三人宣言》在法英两国均激起了强烈反响。法国学者厌恶那种他们视为"知识分子奴性"的品质。他们认为,签署宣言的〔德国〕学者"缺少客观性、精神懦弱"。不过,威廉·凯勒(William Keylor)总结说,法国学术界"在1914年夏天时太过迅速地抛弃了战前对于更高真理的许诺,向未来五年间沙文主义式歇斯底里症的最本质形式投降"[①]。

这种评论或许夸大了事实本身。以下三个问题吸引着法国人:(1)在德意志文化中,还剩下什么东西值得尊敬?(2)法国应该更多感谢19世纪的德意志文化,而非古希腊罗马文化吗?(3)德国科学与德国文化相关吗,抑或德国科学的毋庸置疑的成功根植于英法哲学传统?

中心议题是伊曼努埃尔·康德的哲学。法国的保守主义者和天主教人士贬低康德,因为他们认为,康德的伦理学和认识论奠定了"不受约束的个人主义、主观主义和无神论"的基础。反过来,这些要素又被视作共和主义的基础,促进了权利与义务的观念〔发展〕。他们的政敌却喜欢康德,因为在战前,康德有关道德义务和个人责任的理论已经塑造成为法国学校内〔共和主义〕公民学的基石。康德同样存在于法国有关"两个德国"理论的核心地带。作为德国的邻居,法国长时期以来都心神不安地面对着邻国的两张脸——一方面是广泛教化和内在性的,但另一方面又是军国主义、扩张主义的。这种看法在普法战争的浪潮中得到增强。1870年

[①] 玛莎·哈娜(Martha Hanna):《知识分子的动员:世界大战期间的法国学者与作家》(*The Mobilization of Intellect: French Scholars and Writers during the Great War*),剑桥(马萨诸塞):哈佛大学出版社,1996年,第6页。

第四编　现代性的痛苦与奇迹

12月,E.卡洛(E. Caro)在撰写《来自两个世界的报告》(Revuue des deux mondes)时,提出了两个德国的想法:一个是"神秘且形而上学的",另一个是"物质至上、军国主义的"。他认为,康德是前一个德国的集大成者,而法国在色当战役中输给了后一个德国——而后者最终获得了优势。卡洛说,第二个传统源于黑格尔。

正如玛莎·哈娜已经指出的那样,在战争启动时,法国如同其他地方一样,普遍盛行如下信念,即认为,科学"即便不是那么独一无二,那至少也是一种德国式的产物"。这种信念很不幸地产生了一种效果,即在战争爆发后,科学在法国成为受人怀疑的对象。当1915年4月德国军队首次使用毒气时,这种怀疑的态度日益增强。现在,科学被视作一种物质至上伦理的"令人感到遗憾的产物"。汉娜提出,法国科学家们努力工作,期待克服上述信念。他们辩解说,科学既是一种德国的活动,也是一种法国和英国的活动。[1]

在英国,战前广为流布的论调认为,在学术界存在一种"知识革命"和"德国影响下的制度化"。尽管当时的一些英国学者在访问德国时,并不喜欢那里的好战氛围,但更多人却被"学术"(Wissenschaft)意识所吸引——这种意识"实际上是一种生活方式"。[2] 斯图亚特·沃勒斯在其有关第一次世界大战期间英国学术界的研究中,给出了一份56位曾经在德国学习过的杰出英国学者名录,

---

[1] 哈娜:《知识分子的动员:世界大战期间的法国学者与作家》,第12页。
[2] 斯图亚特·沃勒斯(Stuart Wallace):《战争与德国形象:英国学者(1914—1918)》(*War and the Image of Germany: British Academics, 1914—1918*),爱丁堡:约翰·唐纳德,1988年,第7页。

第二十九章 英雄与商人之战

其中包括阿克顿勋爵、E. V. 阿诺德（E. V. Arnold）、詹姆斯·布赖斯（James Bryce）、H. M. 查德威克（H. M. Chadwick）、威廉·麦独孤（William McDougall）、A. S. 纳皮尔（A. S. Napier）、W. H. R. 里弗斯（W. H. R. Rivers）、R. W. 塞顿-沃森（R. W. Seton-Watson）、亨利·西季威克（Henry Sidgwick）和 W. R. 索雷（W. R. Sorley）。1914 年 8 月 1 日，《泰晤士报》刊登了九位学者的联名信。他们支持德国这个更文明的国家与俄国作战。而当德军入侵比利时后，这种观点完全转向——8 月 29 日，德国沃尔夫新闻社（Wolff news agency）宣布："今天，以拥有丰富艺术珍品闻名于世的鲁汶古城不复存在了。"1914 年 12 月，《泰晤士报》刊登了剑桥大学亚述学教授 A. H. 塞斯（A. H. Sayce）的一封信。他坚称，在科学中，"没有一个伟大名字"是德国人的；在文学中，除了歌德外，也不存在一个伟大名字，而席勒是一位"淡而无味的朗费罗（Longfellow）"，康德"的一半以上血统来自苏格兰"[①]。

其他学者、作家和艺术家，如同法国人那样，"把这场针对德国的战争想象为一场……保卫文明的战争，一场抵抗野蛮、杀害无数平民之敌人的战争"。在极端情况下，那些热情洋溢的爱国者甚至认为，在战时英国，连勃拉姆斯〔的音乐〕都不应被允许弹奏。英国学者如同法国人那样，对德国学术界关于国家的知识谄媚姿态，深表厌恶，即便他们自己也为粉饰宣传出工出力。他们还和法国人

[①] 同上书，第 38 页。艾莉尔·罗施瓦尔德（Ariel Roshwald）和理查德·斯蒂茨（Richard Stites）编：《欧洲文化与世界大战：艺术、娱乐与宣传》（*European Culture and the Great War: The Arts, Entertainment, and Propaganda*），剑桥：剑桥大学出版社，2002 年，第 44 页。

一样,虽然曾经长期崇拜德国学术,但这种对于德国行事方式的尊崇态度却很快凋零。哲学家们发现了不止一处的问题。"黑格尔哲学对英国唯心主义产生了不可磨灭的印痕。后者是 1914 年前英国最有影响力的哲学思想派别。"[1]

这场战争以一种不同方式影响学术界,特别是考古学。在 1915—1916 年间,拨给德国考古研究所的预算是增加的,发掘工作继续在巴比伦、梯林斯、迪普利翁(Dipylon)和奥林匹亚进行,并且在法国被占领土上的拉昂(Laon)、阿拉斯(Arras)和苏瓦松(Soissons)上开启新的考古工作。[2] 甚至还出现了试图(最终并不成功)在奥斯曼帝国"开发"古迹市场。由于考古学如此贴近皇帝的内心,而且一些杰出考古学家在其宫廷受到欢迎,因此考古学家、古典学家与语文学家们成为战后"君主制乡愁与激进反动"的温床。[3]

从伊甸园到柏林

美国的反应比英法更为慎重——在 1917 年 4 月之前,美国都没有作为交战国参战。更值得一提的是,1915 年两位杰出的美国知识分子——约翰·杜威(John Dewey)和乔治·桑塔亚那(George Santayana)——推出了自己对德国哲学与德国学术的评价。它们都是短小精悍的著作。

约翰·杜威是哥伦比亚大学的哲学教授,接受过十分系统的

---

[1] 哈娜:《知识分子的动员:世界大战期间的法国学者与作家》,第 22 页。
[2] 马钱德:《诸神下凡》,第 245—246 页。
[3] 同上书,第 258 页。

第二十九章 英雄与商人之战

德国哲学熏陶。他把德国思想与战争结合起来加以分析。这种分析至今读来仍十分通顺,且更令人深刻的是这一分析完成于那些导致大屠杀之事件发生近二十年前。该书源于三场一小时讲座,后定名于《德国哲学与德国政治》(German Philosophy and Politics)。该书部分是对弗里德里希·冯·伯恩哈迪将军出版于 1911 年的《德国与下一场战争》(Deutschland und der nächste Krieg)的回应。后一本书做出了如下出名的断言:"两场伟大的运动诞生于德国的学术生命中。正因如此,所有人类的智识与道德进步必须依仗于此;这两场伟大运动就是宗教改革和批判哲学……其最为深刻的重要性存在于把自由调查的结果与内心的宗教需求加以协调的努力,并由此为人类的和谐机体奠定基础……除了德意志人外,没有一个民族会如此醉心于把自身'献给人类整体'……正是由于此种品质,才让我们特别适合在学术领域中担当领袖之责,并迫使我们有义务去维持这样的地位。"[1]

杜威的第一个观点是,历史表明,以抽象术语来思考问题是危险的,"此举让概念超越了它们所诞生时的情势,让它们夹带着我们并不清楚是否会对未来产生负面作用的东西"。他发现,英国哲学(从弗朗西斯·培根[Francis Bacon]到约翰·斯图亚特·密尔[John Stuart Mill])都受到一般人而非教授的熏陶——相反,在德国,哲学家们(如康德、费希特、黑格尔)则都是教授。他认为,在抽象思想与"集体生活趋向"之间总是存在着一种联系,而且德意志

---

[1] 约翰·杜威:《德国哲学与德国政治》,纽约:亨利·霍尔特,1915 年,第 35 页。

第四编　现代性的痛苦与奇迹

人"血液里就带有哲学"。① 尤其是他认为,德国(及其训练有素的官僚体制)已经"拥有了现成渠道。哲学观念或许借此流向实践事务"。德国迥异于美国和英国的地方在于,这种渠道更多是大学,而非报纸。他说,大多数国家以其伟人感到自豪,但他发现,这种自豪感在各国存在着关键差异。"德国为其产生了路德而感到自豪……他们对于〔路德〕作为天才的普世特征的信仰,自然地转变为对于产生〔路德〕这一民族的普世品质的信仰。"②

杜威特别重视康德及其思想的重要性。他认为,康德在科学与道德两个在生活中最为重要的领域中都做出了自己"最终而权威性的建构"。杜威说,"与众不同的德意志文明"之主要特征在于,它把"自觉的唯心主义与卓越的技术效能及组织"结合起来……"德意志人在物质征服道路上做得越多,他们越感到自己正在完成一项理想使命",以至于"德意志精神的与众不同之特征"是一种对于事物的内在真理与内在意义的最高致敬,"亦即反对拉丁精神的外在性或盎格鲁-撒克逊精神的功利主义"。③ 杜威总结说:"看上去正确的判断是,德意志人比其他民族更乐意让自己从生命的紧急状况中撤退到'内心'领域——这种领域至少'看上去'是无边无尽的;它可以颇为罕见地通过音乐、一首让人心碎而感到温柔的诗歌、时而居家式时而抒情般但总是充满神秘色彩的符咒,来得到彻底成功的获救。"④

---

① 杜威:《德国哲学与德国政治》,第 14 页。
② 同上书,第 17 页。
③ 同上书,第 30—31 页。
④ 同上书,第 45 页。

第二十九章 英雄与商人之战

杜威指出,康德在把〔研究〕领域一分为二后,他的第二个成就体现在"义务原则"中。康德有关自我形成的义务观是坚定而高贵的,是把我们同动物分开的一种现象。但是,杜威认为,同样重要的是,康德已经告诉我们,当我们完成自己的义务时,无须去厘清那些义务原本是什么,或者现在是什么。①

他同样认为,在德国,社会与国家之间的区分是重要的,正如文明与文化之间的区分那样。"文明是一种自然的、很大程度上是无意识的或不由自主的成长。可以说,这是人们生活紧密时所导致的意外结果……另一方面,文化是深思熟虑的,有意创造的。它不是人类自然动机之成果,而是由内在精神所转换的那种自然动机之成果……当〔康德〕补充指出,它包含着对于内在生命的缓慢教育进程,而且个体部分的文化成就取决于他所归属的那个共同体所进行的长期努力时,'文化'这一术语的真正重要性才变得更为显而易见起来。"②

杜威继续审视社会与国家的观点。他说,在美国和英国,"国家"这一概念通常指的是"以更为组织化的观点"来看待的社会,指的是一种政府机构或其他组织。但在德国,"国家即便不是某种神秘性和超验性〔的对象〕,也至少是一种道德实体,是为了维护其成员的精神和理想之趣向而自觉运行的创造物。其功能是文化性的、教育性的……其目的是推动成立一个理想共同体……因此,〔这就是〕德意志学者和德意志国家的特殊命运。德意志科学与哲

---

① 杜威:《德国哲学与德国政治》,第37页。
② 同上书,第62—63页。

学的责任及使命是去促成……人类整体的精神解放……在一种特别意义上,学者就是上帝在尘世中的直接显现——〔他们是〕真正的牧师……"①

我们现在可以看到,这是一种对于19世纪德国成就的敏锐分析。它熟练而富有说服力地揭示了德国何以迥异于法国、英国与美国的地方。杜威最后指出,正是在同一个19世纪德国——1815年、1864年、1866年、1870—1871年——也出现了一种重大结局的展演,因为德意志人早在达尔文提出自然选择说之前,便已经接受了进化思想。不仅如此,"德意志在数世纪内都不能形成一种外在统一体这一事实,恰恰证明,其自我是抽象的,而不是外在环境的杰作……"②

与此相对,几乎在同时出版的乔治·桑塔亚那的著作,虽然也不乏大量敏锐评论,但其笔锋却是辛辣讽刺的,以作者竭力想表达的方式阐述其观点。桑塔亚那(1863—1952)生于马德里,在德国学习,受教于保尔森,随后成为哈佛大学历史上的最佳教师之一——他的学生包括康拉德·艾肯(Conrad Aiken)、艾略特(T. S. Eliot)、罗伯特·弗罗斯特(Robert Frost)、沃勒斯·斯蒂文斯(Wallace Stevens)、瓦尔特·李普曼(Walter Lippmann)、菲利克斯·弗朗克福尔特(Felix Frankfurter)和塞缪尔·艾略特·莫里森(Samuel Eliot Morison)。退休后他返回欧洲。1915年,他在欧洲出版了《德国哲学中的唯我主义》。该书涉及的对象与杜威著

---

① 杜威:《德国哲学与德国政治》,第73页。
② 同上书,第100页。

第二十九章 英雄与商人之战

作相同，即包括康德、费希特、黑格尔，但它还增加了叔本华和尼采。

桑塔亚那并没有对上述任何一人有过多论述。他认为，超验理论是一系列"绝望的错觉"，甚至在其下面存在着"某种危险物质"，类似于一种〔错误的〕宗教。① 他指出，"在这些纸张中弥漫着一种明显的敌意，而我很乐意让它找到发泄的出口"②。他承认，德国哲学之所以杰出，在于它指出了内在性，它有意识的"内在之光与绝对责任"。但是，他认为，这是唯我主义的，而他将唯我主义定义为"为自己感到自豪的主观主义"。他指出，"这种勇气带着某些残忍，在这种勇气中存在着某些恶魔的力量"，并将发展成为一种"道德顽疾"。③ 他认为，德意志唯心主义继承了基督新教思想，带着一种渴求与虔诚的目的，其精神或意愿的观念类似于天命观。他否定康德，因为后者并未跟随自己提出的信念——尽管康德自己品性温和，但"其道德戒律却在本质上为狂热盲信提供了一种完美框架"④。

他认为，黑格尔把所有信仰都撤回到一个真实世界中，并立足于他所认识的对象——一种"可怕的唯我主义"使他得以把所处时代和国家的偏见塑造为"真实"。这是一种错误的方式，它是让事情符合话语，而不是让话语符合事实。⑤ 他感到德意志思想存在

---

① 乔治·桑塔亚那：《德国哲学中的唯我主义》(*Egotism in German Philosophy*)，伦敦：J. M. 登特，1916 年，第 xiii 页。
② 同上书，前言第 18 页。
③ 同上书，第 170 页。
④ 同上书，第 62 页。
⑤ 桑塔亚那：《德国哲学中的唯我主义》，第 89 页。

某些"幼稚之处"(特别是尼采):"他们不厌其烦地去解释人类本性,称其为一种'天赋',具有多面性,是无意识的,拥有一定的变化范围,但也可以由意志发起,它也仅仅是一种'视角'……"①他说,"理想的"目标必然不能"高于"个人的目标。事实上,它们很有可能将成为"习惯性的鬼话"。他在解释黑格尔的言论时,对黑格尔哲学的荒谬性加以嘲笑。他说,历史已经在伊甸园拉开帷幕,却在柏林谢幕。他同样因为尼采使用了一种抽象术语"权力的意志"而否定了他。但是,"当人们获得权力并加以运用时,权力还将成为何物——这样的问题仍然完全超越了他本人所知"②。他把德国哲学形容为一件天才的作品,但以下列方式加以修饰:"唯心主义轻而易举地忽略了这样一种极为重要的事实,即我们整个生命都是一种妥协,它是在精神之激情与自然之强力之间达成的一种早期松散的和谐。"③

更出色的战士,输掉了战争

就目前而言,在如此记述第一次世界大战中,德国的天才毋宁说已经参加了一场战斗。不过,我们仍然有其他方式来看待1914—1918年的事件。特雷弗·迪普伊上校(Trevor Dupuy)在他有关德国军队和最高指挥部的研究著作《战争天才:德国军队和最高指挥部(1807—1945)》(*A Genius for War: The German Ar-*

---

① 桑塔亚那:《德国哲学中的唯我主义》,第103页。
② 同上书,第130页。
③ 同上书,第168页。

第二十九章 英雄与商人之战

my and General Staff, 1807—1945, 1977)中总结道:"只有德意志人发现了将军事优势'制度化'的秘密。"特别是在第一次世界大战中,迪普伊指出,尽管德国是战败国,但其失败主要是因为对手人数太多;在绝大多数战役中,在单兵作战中,德意志人无疑是更出色的战士。①

在第一次世界大战期间,德国人动员了约1100万人,损失近600万。而反对德国的一方,协约国动员了大约2800万,而其损失却是德国总数(不包括奥匈帝国、土耳其和保加利亚)的2.5倍,为1200万。"因此,平均每位被动员的德国士兵比协约国士兵杀死杀伤更多对手;通常需要五名协约国士兵才能制伏一个德国人。"此外,德国人比协约国士兵更多处于防守姿态。经验表明,处于防守的部队坐拥地势、堡垒等优势。且研究也确认,防御状态效率——简言之——是进攻状态的1.3倍。迪普伊考虑到上述现象,总结说:"在造成伤亡方面,德国人的整体优势是4∶1。"②在一份类似研究中,亚历山大·沃森(Alexander Watson)报告说,德国西线部队中罹患"精神方面疾病"的比例是3.67%,英国部队中则为3.27%,但英国战斗部队中的总罹患精神疾病比

---

① 特雷弗·迪普伊:《战争天才:德国军队和最高指挥部(1807—1945)》,伦敦:迈克唐纳和简,1977年,第5页。而大卫·斯通(David Stone)在《为祖国而战:从1648年至今的德国士兵故事》(Fighting for the Fatherland: The Story of the German Soldier from 1648 to the Present Day),伦敦:康韦,2006年中提到,到战争结束为止,德国人仍然可以招募新人,来补充军队,在这一点上,远胜于法国人。"在1918年3月中旬,几乎有200个德国师仍然做好进行最后一击的准备,以便至少让德国人取得自己的历史命运。"(该书第284页),随后便出现了"背后一刀"(见下文)。

② 迪普伊:《战争天才:德国军队和最高指挥部(1807—1945)》,第177页。

第四编　现代性的痛苦与奇迹

率高达 6.54%。[①]

最后,协约国的绝对兵力证明是〔胜利〕的关键因素——而德国人在情报和间谍方面表现出色。但是,就两军对垒而言,德国士兵是较出色的战斗者。

迪普伊的研究是"历史评价与研究组织"(Historical Evaluation and Research Organization,HERO)的子项目。他观察了第二次世界大战中的 60 场战役,其中主要发生在 1943 年和 1944 年。稍后,该项目向前延伸到第一次世界大战。他特别指出,德国人并非特别军国主义化。[②] 在 1815—1945 年,普鲁士和德意志一共参与了六场重要战争(其中两场规模较小);与此同时,法国参与了十场重要战争(其中六场在欧洲,四场在海外),俄国参与了 13 场战争(十场在欧洲),大英帝国参与了 17 场战争(三场在欧洲,四场在非洲,十场在亚洲),美国参与了七场重要战争。[③] 迪普伊的观点是,没有证据表明,普鲁士人,或德国人,在任何遗传意义上,或任何历史意义上,表现出过度军国主义。

相反他坚持认为,正如保罗·肯尼迪已经指出的那样(可以参见第 22 章所讨论的内容),德国人的超群作战能力归因于军事优势的"制度化"。他认为,正是这些同样的特质让德国士兵在第二次世界大战中鹤立鸡群,"只是希特勒古板而僵硬"。

---

　　① 亚历山大·沃森:《持久的世界大战:英德军队的战斗、道德与崩溃(1914—1918)》(*Enduring the Great War: Combat, Morale and Collapse in the German and British Armies, 1914—1918*),剑桥:剑桥大学出版社,2008 年,第 240 页。
　　② 迪普伊:《战争天才:德国军队和最高指挥部(1807—1945)》,第 7 页。
　　③ 同上书,第 9—10 页。

第二十九章 英雄与商人之战

〔让我们〕仍然回到技术性战斗前线上。让人感到惊奇的是，尽管德国人在技术发展和工业发展上领先于人，但他们在促使科学家以战争为目的开展研究方面落后于协约国。他们的确致力于同潜艇之间的通信〔技术开发〕，也曾发明一些火焰喷射器，但德国的坦克试验进行得太晚，以至于无法对战争进程产生实质影响。当战火转向德国〔本土〕时，如何扩大食品生产，便成为一个科学优先的问题。德国曾经领先的两个黑暗领域是化学战与空战。弗里茨·哈伯是未来的诺贝尔奖获得者。在其领导下，其他三位未来桂冠获得者——詹姆斯·弗兰克（James Franck）、古斯塔夫·赫茨（Gustav Herz）与未来核裂变的发现者奥托·哈恩（Otto Hahn）——都被迫加入到设计与生产氯气武器的工作中。①

1918年初，维也纳的"战士"〔塑像〕被抛弃了。"战争拖得越长，访客数量便越少，直至最后再也没有人关注它。"这是一家报纸的报道。另一份报纸写道，战争结束后不久，献给战士〔雕塑〕的金钉被身为奥地利盟友国防军士兵（Wehrmann）*偷走了。"最后的一位访问者是一名小偷。"

---

① 大卫·查尔斯（David Charles）：《介于天才与种族灭绝之间：化学武器之父弗里茨·哈伯的悲剧》（*Between Genius and Genocide: The Tragedy of Fritz Haber, Father of Chemical Warfare*），伦敦：乔纳森·凯普，2005年，第156—157页。

* 指德国士兵。——译者

| 第三十章 |

为丧父的孩子祈祷：失败者的文化

20世纪的任何其他时刻，从未如第一次世界大战期间那样，（至少在英语世界中）让诗歌构成占据绝对优势的文学形式。因此，有人——如贝纳德·贝尔贡奇（Bernard Bergonzi）——坚持认为，英国的诗歌"从未走出第一次世界大战"[1]。在德国，情况也是如此。据统计，在战争期间，以德语完成的诗歌总量在200万首左右。仅在1914年8月，每天就有5万首被创作出来。报纸每日会收到500首，其中100首得到刊印。[2] 帕特里克·布里奇沃特（Patrick Bridgwater）指出，如同英国的战争诗，大部分德国诗都与传统决裂了，因为直至战争爆发前，大部分战争诗都称颂战争，特别是在肉搏战中的英雄骑士般举止。但机械化战争的到来改变了所有一切。

---

[1] 沃森：《可怖之美：一段形塑现代心灵的人物和思想史》，第152页。
[2] 帕特里克·布里奇沃特：《第一次世界大战期间的德国诗歌》（*The German Poets of the First World War*），伦敦：克鲁姆·赫尔姆，1985年，前言。罗施瓦尔德和斯蒂茨编：《欧洲文化与世界大战：艺术、娱乐与宣传》，第32页。

第三十章 为丧父的孩子祈祷：失败者的文化

德国诗人在某些方面不同于他们的英国同行。[1] 格奥尔格·海姆（Georg Heym）和格奥尔格·特拉克尔（Georg Trakl）都创作过有关战争的诗，或预言过战争——正好在战争爆发之前，作为一种对英雄品质的测试。一旦战斗打响，莱纳·玛利亚·里尔克（Rainer Maria Rilke）和斯特凡·格奥尔格在尚未见证任何行动之前，便已创作了有关战争的诗——在里尔克那里，它们被称作"赞美诗"（hymns）。格奥尔格明显漠视战斗和其他人的感受。这表明，他坚信现代战争的"野蛮性大于英雄性"，大部分人将毫无尊严地死去：

> 没有欢呼，没有凯旋
> 仅有毫无尊严的死亡……
> 神圣者只有那鲜血
> 纯洁地流淌——一整条河流。

在战争爆发后的第二个冬天，变化出现了。诗人们见证了在自己周边所发生的那些恐怖景象——尽管对德国人来说，它的到

---

[1] 卡尔·路德维希·施耐德（Karl Ludwig Schneider）：《格奥尔格·海姆、格奥尔格·特拉克尔和恩斯特·施特德勒诗歌中的画面：德国表现主义抒情式语言风格研究》(*Der bildhafte Ausdruck in den Dichtungen Georg Heyms, Georg Trakls und Ernst Stadlers: Studien zum lyrischen Sprachstil des deutschen Expressionismus*)，海德堡：C. 温特，1961年；爱德华·拉赫曼（Eduard Lachmann）：《十字与黄昏：格奥尔格·特拉克尔诗歌诠释》(*Kreuz und Abend: Eine Interpretation der Dichtungen Georg Trakls*)，萨尔斯堡：O. 穆勒，1954年。

第四编　现代性的痛苦与奇迹

来略晚于英国人,但他们仍然做出了更为直接的反应。① 在这一幅完整画卷中,在一个与理想世界背道而驰的背景下,或许有那么十余位诗人值得被仔细探究。其中有三位诗人尤为出色。他们是:格尔奥格·特拉克尔、奥古斯特·施特拉姆(August Stramm)和安东·施纳克(Anton Schnack)。

特拉克尔是奥地利人。正如他自己所形容的那样,他是一位沉湎于自己"犯罪般忧郁"的人。② 事实上,他所创作的战争诗并不多,仅有五首。但这些诗均值得被铭记。他的诗以荷尔德林的方式,呈现出非常稠密的画面。当战争爆发,他见证所发生的一切时,他的核心思想是,"这场战争或许标志着人类作为一种精神存在物的终结":

> 秋夜的林中鸣响
> 致命的武器,金色的平原
> 蓝色的湖泊,天上的太阳
> 昏暗阴沉;黑夜拥抱着
> 濒死的战士,凄烈的哀号
> 从他们残破的嘴中吐露。
> 红云默默聚集于哀柳林地中
> 愤怒的天神住在那里,
> 溅洒的鲜血⋯⋯

---

① 布里奇沃特:《第一次世界大战期间的德国诗歌》,第16页。
② 同上书,第191页。

第三十章 为丧父的孩子祈祷：失败者的文化

> 今天，巨大的悲痛孕育着灵魂的热焰，
> 未曾降生的儿孙们。[1]

即便当特拉克尔在形容红云、流淌的鲜血与精神的热焰时，他的文字也是冷酷而精练的；其效果是通过冷酷、凝练的画面、冰冷与刺激、在短暂的多愁善感后的停顿，这一系列渐进式的表达方式来达到。

奥古斯特·施特拉姆的诗比特拉克尔的还要短许多，甚至也超过了任何其他人在这方面的尝试。他使用了拟声与头韵的方式，创造新词，推敲布局——所有一切都为了加强诗性体验，一如战争所强化的人们与其相关的所有体验。[2] 他于1874年出生在威斯伐利亚的明斯特。战争爆发后不久，他便应征入伍。起初，他在西线服役，参与了〔德军〕在法国北部的惨烈战斗，在1915年1月获铁十字勋章，4月被转至东线战场，再次参与了惨烈战斗，并被推荐获得（一级）铁十字勋章。尽管他的出版商经过协调，为他争取到结束兵役的批条，但他拒绝接受这种"借口"，继续服役。施特拉姆参与了70次战斗。1915年9月1日，他在罗基特诺沼泽的肉搏战中头部中枪而死。[3]

---

[1] 布里奇沃特：《第一次世界大战期间的德国诗歌》，第191页。

[2] 杰里米·阿德勒（Jeremy Adler）编：《奥古斯特·施特拉姆：一切都是诗——信件、诗歌、绘画与档案》（*August Stramm*：*Alles ist Gedicht*：*Briefe*，*Gedichte*，*Bilder*，*Dokumente*），苏黎世：方舟，1990年，第95页及以下诸页有关诗，第9页及以下诸页关于战时通信，卷首插图。

[3] 弗兰西斯·夏普（Francis Sharp）提出，"任何国家、使用任何语言的"诗人都很少"会以安静诗意的口吻来忍受21世纪战争所引发的大屠杀"。弗兰西斯·夏普：《诗人的疯狂：阅读格奥尔格·特拉克尔》（*The Poet's Madness*：*A Reading of Gerog Trakl*），伊萨卡（纽约）：康奈尔大学出版社，1981年，第188页。

第四编　现代性的痛苦与奇迹

虽然施特拉姆的确是一位勇士,但他仍然反对战争。即便其身边上百人都在创作沙文主义风格的诗,他却没有写过一首。相反,他描述的是恐惧如何转换为勇气、普通的遵纪守法者如何被改造为凶手,以及何以〔再一次〕不存在任何有关现代战争的英雄色彩。他的大部分诗作都刊登在《风暴》(*Der Sturm*)上,并在其死后被集结成册。下面是他于1914年秋天创作的《战场》(*Schlachtfeld*)。

松软的土块让武器安眠

血液(Blute)凝结,留下斑斑点点

铁锈(Roste)弯折

肉体(Fleische)化泥

吮吸业已腐败的印痕。

屠戮

眨着

儿童之眼①

这些新造词("Blute",而非"Blut";"Roste",而非"Rost";"Fleische",而非"Fleisch"*)强调出许多人(并非仅诗人本人)拥有这样的遭遇。标点符号的缺失,暗示着战场上的一切都是混乱的。一件事情接着一件事情地发生,只有死亡才是终结:在电光火

---

① 布里奇沃特:《第一次世界大战期间的德国诗歌》,第171页。
* 在德语中,上述词语均为单复数同形:"Blut"(鲜血)、"Rost"(铁锈)、"Fleisch"(肉)后文中这些单词均为英文;但因不合中文习惯,无法译出,故仍列出原诗中的原词。——译者

第三十章 为丧父的孩子祈祷:失败者的文化

石间被屠杀,死亡慢慢降临。铁器安眠,铁制武器也可以如同人类那样被杀死——这里的〔隐喻〕与《无人之地》(*No Man's Land*)毫无二致。①

《恐惧席卷》(*Angststurm*)
恐惧
我、我、我、我
恐惧、怒吼、呼啸、恐惧
梦想、破灭、喧闹、刺眼
星辰闪耀、怒吼、恐惧
呼啸
恐惧
我②

这首诗描绘了一系列的战斗声音及其引发的反应,它们发出令人震颤的声音,"au"*的音节仿佛悲号。

安东·施纳克于1892年出生在下弗兰肯的里内克。从1917年1月起,他定期创作了一系列诗,大多打破了十四行诗的惯用体例,其中大部分重要作品后来收集在他的《野兽间的厮杀》(*Tier rang gewaltig mit Tier*)。该书出版于1920年,收录了60首战

---

① 布里奇沃特:《第一次世界大战期间的德国诗歌》,第44页。
② 同上书,第172页。
* "au"指的是原诗中恐惧(Grausen)、怒吼(Brausen)、呼啸(Rauschen)元音音节。"au"在德语中的发音类似汉语拼音中的"ao"。——译者

第四编　现代性的痛苦与奇迹

争诗。一般认为,该书是唯一一本足以同布列顿斯·威尔弗雷德·欧文(Britons Wilfred Owen)和伊萨克·罗森贝格(Isaac Rosenberg)的作品媲美的德国诗人有关战争的诗像。这些诗歌将原初观察同更稀松平常、甚至平庸之画面并列在一起,以此提醒我们,"诗并非它本身的终点",它是在完全不恰当的情形下攫取美,画面与体验的累积,同或灵光乍现或才思喷涌的生动——简短而强烈——明喻或暗喻来呈现战争的面貌。

《弹坑中》(*Im Granatloch*)讲述了临时战壕中的生活。其结尾是:

> 尼内特唱过什么呢?……一些轻快的歌,一些南方歌谣。——我想抽泣
> 〔因为〕我
> 正躺在杀戮与风暴之间,躺在蓝色炮海之中,
> 风的呼啸声里,
> 躺在嘈杂的夜空下,躺在游满蜗牛与红虫的绿水中,
> 等待着死亡,腐烂,膨胀;
> 在战马垂死的嘶鸣里,
> 在战士濒临死亡的哀号中,我听见了他们,黑暗中传来低沉的呼喊,
> 停在电线上;赴死的鸟儿在歌咏,
> 孤独的,悲哀的,在暮春里。
> 莱茵河的上游,远处,猛烈冲锋的,一个
> 失去父亲的

第三十章 为丧父的孩子祈祷:失败者的文化

孩子……①

这里毫无沙文主义〔的情调〕,也无任何有关德国"文化"及其相关的优越感。其总体格调绝不苦涩,而是伤感的,是对所有人的痛惜。

在战争快结束时,贝尔托·布莱希特(Bertolt Brecht)与卡尔·克劳斯创作过苦涩的反战诗与粗野的讽刺诗。他们并不总是获得成功,特别是在如此背景下创作讽刺诗,无疑是冒着被视作"非德意志人"的危险。

不仅仅是诗人战死沙场。"蓝骑士"派画家奥古斯特·马克(August Macke)在德军突进法国时中弹身亡;弗朗茨·马克在凡尔登被杀;马克斯·普朗克失去了一个儿子(另一个儿子埃尔文则在1945年因参与抵抗希特勒的活动而被处决);画家凯特·珂勒惠支同样失去了儿子("二战"中,她又失去了孙子);奥斯卡·科科施卡受了伤,阿尔伯特·爱因斯坦受到排斥。数学家兼哲学家路德维希·维特根斯坦被关押在意大利北部的坎普集中营。他在那里给伯特兰·罗素寄去了自己刚完成的《逻辑哲学论》(*Tractatus Logico-Philosophicus*)手稿。

这场战争促成了许多学术与文化方面的衍生物。其中有一些成果耗费数年而昭示于天下;但并非全部如此。

在电影领域,尽管1914年德国已经拥有强大的制作工业,但外国进口电影仍然占据主要市场,特别是来自法国、美国和意大利

---

① 布里奇沃特:《第一次世界大战期间的德国诗歌》,第172页。

第四编　现代性的痛苦与奇迹

的电影。而至战争爆发时外国电影的进口被叫停。战争期间，影院观众人数增加——尽管电影设备是如此沉重，以至于真正战斗场景微乎其微，而有关战争的虚构电影逐渐占据主流。但把娱乐消遣与新闻短片结合起来的做法，被证明是有吸引力的。纪录片通常更为精致，如恩斯特·刘别谦（Ernst Lubitsch）有关妇女接手男性职业的影片。

剧院则更有活力，也更富批判意味。格奥尔格·凯泽（Georg Kaiser）的《瓦斯 I》（*Gas I*）除了情节外，并无特殊之处：军方与工厂主希望保持高品质〔的产品〕，而工程师却违背他们的意愿，希望停止生产。恩斯特·托勒尔（Ernst Toller）曾参与过凡尔登战役，经历过一次精神崩溃。他创作了《转变》（*Die Wandlung*），讲述一位满腔热情的志愿参军者转变为一位领导起义的艺术家（一如托勒尔本人的作为）。这一剧本同样太贴近现实，以至于直到1919年才创作完成。

不过，卡尔·克劳斯的《人类的末日》（Die lefzten Tage der Menschheit）更值得关注。它创作于1915年（第一幕完成）到1922年之间。它描绘了众多人物和大量对话，巧妙而尖锐地揭露了当局的谎言、媒体狡猾的沙文主义〔论调〕，〔指出〕这是一个一切权威均已分崩离析的世界。克劳斯经常使用真实的材料来攻击目标，它们包括"把战争有意美化〔之举〕"、"掠夺成性的贪婪"和"贪得无厌的帝国主义"——对于他而言，这些目标正是战争背后的真正动力。尽管今天普遍认为，克劳斯剧本中的大部分内容实际上是错误的。但富有戏剧性效果的是，它和奥托·迪克斯（Otto Dix）有关令人恐惧的机器人和跛子的画作一样，在魏玛共和国变

第三十章 为丧父的孩子祈祷:失败者的文化

得极为流行,而克劳斯的理论正是汉娜·阿伦特有关"平庸之恶"(the banality of evil)的先行者。①

由战争所引起的另一种主要变化则出现在精神病学领域中,精神分析出现了两种变化。

到战争爆发之时为止,精神分析协会存在于六个国家中,国际精神分析联合会则成立于1908年。与此同时,这场"运动"(正如弗洛伊德所设想的那样)既见证了其他一些著名人物的崛起——其中大部分人说德语,也出现了第一批逃兵:阿尔弗雷德·阿德勒(Alfred Adler)和威廉·施特克尔(Wilhelm Stekel)一起在1911年离开。阿德勒的个人经历赋予他从完全不同的视角看待精神力量在形塑人格方面的作用。按照他的设想,"力比多"(libido)并非占主导地位的性动力,但它从本质上来说具有侵略性。对于他而言,对于权力的诉求正在变成生活的主要组成部分,"自卑焦虑"(inferiority complex)才是形塑生活的引导力量。他的术语"自卑焦虑"后来得到了普遍使用。

弗洛伊德与卡尔·荣格(Carl Jung)断交发生于1912年底到1914年之间。它比其他分裂更为严重——也更为激烈,原因在于战争爆发时已58岁的弗洛伊德,将荣格视作自己的继承者。② 尽管荣格起初对弗洛伊德推崇备至,但他仍然与其他早期分析家产生了分歧。荣格之所以与老师分道扬镳,在于他与阿德勒一样,对

---

① 罗施瓦尔德和斯蒂茨编:《欧洲文化与世界大战:艺术、娱乐与宣传》,第38—39页关于电影,第50页关于托勒尔,第150—151页关于克劳斯。
② 迪尔德丽·布莱尔(Deirdre Blair):《荣格传》(*Jung: A Biography*),伦敦:里特,布朗,2004年,第207、257页。

第四编 现代性的痛苦与奇迹

弗洛伊德的两个基本观点进行了修正。他认为,力比多不像弗洛伊德所坚持的那样,仅仅是一种性直觉,更多是总体性的"精神力量"。这种对概念的再定义,削弱了有关儿童期性心理的观念,与俄狄浦斯〔情结〕无关。第二,或许更为重要的是,荣格坚称他独立发现了无意识的存在,与弗洛伊德无关。

他提出,自己是在苏黎世的布尔格霍茨利医院治疗一位妇女时发现这一点的。这位妇女声称,自己正遭受一种无药可救的精神疾病"早发性痴呆"(dementia praecox)的困扰,事实上她是为了重获自由来赢得爱人的心,用受污染的水毒死了自己挚爱的孩子。这位妇女在无意识愿望的驱使下,抹去了自己对现有婚姻记忆的所有蛛丝马迹,以便嫁给自己的真爱。起初,荣格并没有对"早发性痴呆"的症状产生怀疑,但当他开始探究此人的梦境,尝试给她做"联想测试"后,真实的故事才得以浮现。这个由威廉·冯特(见上文,第26章,原书第489页)发明的测试后来变得十分有名。病人面对一串词汇,然后被要求以第一个跳入其头脑的词语来加以回应。相关理论认为,在此种方式下,对于无意识冲动的有意识控制被削弱了。荣格利用这种测试,发现该妇女的无意识动机,就可以使她直面令人不安的事实。他声称,在数周内她被治愈了。

关于荣格对他所发现的无意识的描述,已多少有了挑衅色彩。这位瑞士人暗示,他不再像其他同辈人那样,继续作为弗洛伊德的门徒。曾经的两人在见面后便一见如故,十分亲近,并于1909年结伴前往美国。在美国,荣格时刻处于弗洛伊德的阴影之下,但也正是在美国,荣格意识到自己的观点〔同弗洛伊德的观点〕正在分道扬镳。随着时间的推移,一个接一个的病人汇报了他们早期的

第三十章 为丧父的孩子祈祷：失败者的文化

乱伦经历，所有这一切鼓励了弗洛伊德，他甚至更为强调性是无意识的发动机。但对于荣格而言，性并非原初性的——相反，它本身是一种宗教的转化。荣格对世界各地其他民族的宗教和神话进行了观察。当他最初开始此项研究时，他发现，在东方宗教中（例如印度教），神祇在寺庙中被塑造为极为色情的形象。他认为，这种直率的性正是一种象征，一种"更高理念"的视角。因此，他开始将宗教和神话作为无意识"在他时、他地"的"呈现"进行审视。

荣格与弗洛伊德之间的分歧在1912年被首次公诸于众，当时他们刚由美返欧，荣格发表《力比多的转化与象征》(*Wandlungen und Symbole der Libido*；英译为《转化的象征》*Symbols of Transformation*)的第二部分，这份扩充了的报告刊登于《心理分析年鉴》(*Jahrbuch der Psychoanalyse*)上，这是荣格首次公开发表他称之为的"集体无意识"(collective unconscious)。他总结说，在深层次上，这种无意识被每一个人所分享——这是种族记忆的组成部分。事实上，对于荣格而言，他所触及的集体无意识正是要治疗的对象。荣格越研究宗教、神话学和哲学，他离弗洛伊德和科学观念也就越远。他首先指出，在不同文化的神话叙述与主题中，存在着"惊人的一致性"。随后他强调，"在长期分析中，任何特别符号可能会以令人不安的持久性不断重现；但当分析继续推进时，这种符号会像通用符号那样，可以出现在神话与传说中"。最后，他宣称，精神疾病患者因其错觉而讲述的故事，通常类似于神话中的那些故事。

荣格另一个广为流传的观念是原型说(archetypes)。该理论认为，所有人或许都可以根据一个或另一个基本（以及内在的）精

第四编　现代性的痛苦与奇迹

神类型加以区分。最出名的类别是内向型人和外向型人。当然，这些术语仅仅与心灵的意识层次相关；在典型的精神分析方法中，真理总是相反的——外向型性格实际上是无意识的内向型。反之亦然。

尽管荣格这套针对无意识极为不同的理论体系，直到1912年才引起精神分析同行们的关注，但只有当《转化的象征》一书于1913年付梓（英语版为《无意识心理学》[*The Psychology of the Unconscious*]）后，他与弗洛伊德的决裂才公之于众。尽管弗洛伊德当时正困扰于这类甚至带有反犹主义弦外之音的人事不和，但他更担心的是，荣格的精神分析观点正在威胁到精神分析作为科学的性质。[①] 从此，荣格的作品越来越变得形而上学、甚至是准神秘式的，并吸引了一些忠诚的、但又属于边缘的追随者。自第一次世界大战开始，精神分析运动一分为二。

然而，也多亏了第一次世界大战，精神分析学正在经历另一种变化——它正在建立自己的声望。直到战争爆发前，它仍被视作一种奇术——甚至更糟。英国医生们对弗洛伊德的"肮脏教条"充满蔑视。促使转变的原因是如下事实：战争双方都出现了越来越多广受炮弹休克症（以今天人们所乐意使用的术语而言，即战斗疲劳症，或战争神经官能症，或创伤后应激障碍）困扰的伤员。在战

[①] 布莱尔：《荣格传》，第316—321页。威廉·麦圭尔（William McGuire）：《弗洛伊德与荣格书信：西格蒙德·弗洛伊德与 C. G. 荣格的通信往来》（*The Freud / Jung Letters: The Correspondence Between Sigmund Freund and C. G. Jung*），拉尔夫·曼海姆（Ralph Manheim）、R. F. C. 赫尔（R. F. C. Hull）英译，伦敦：贺加斯出版社；劳特利奇 & 基根·保罗，1974年。

第三十章 为丧父的孩子祈祷:失败者的文化

争初期,也曾出现过一些精神失常的案例,但人数远远少于肉体受伤者。这一关键性区别似乎源于军事行动的特征——固定战壕,以重炮攻击,大量被征入伍的部队,其中包含着大量并不适应战争的人。战争神经官能症大范围发生震惊了整个精神病学与药学界。

精神分析并非是唯一得到尝试的治疗方法。协约国和同盟国都发现,与应征入伍者一样,军官们同样会〔精神〕崩溃——在不少例子中,他们受过严格训练,并迄今为止都是勇敢的人;这些行为无论如何不能被称为诈病。一位弗洛伊德的传记作家提出,弗洛伊德时代正是从这一时刻拉开了帷幕。

最初人们发现,神经官能症患者不能被调离前线;如果他们真的是〔此类患者〕,便再也无法恢复,沦为"领取养老金的负担"。在德国,还有其他一些被称为进攻性疗法的手段被采纳。其中一种是"虚拟手术"(phoney operation),采用这种"手术"的病人被鼓励相信,他只是身体出现问题,可以通过手术方式治愈;另一种方法则是隔离技术,即通过剥夺病人的食物、光鲜和人际交往,试图"消除"其症状。神经官能症患者被组成工作团体,他们在那里的生活要比前线更为困苦。而两种流传最广的技术则是马克斯·农内(Max Nonne)的催眠术疗法和弗里茨·考夫曼(Fritz Kaufmann)的"刺激性"电击疗法。在催眠术疗法中,病人被暗示其症状并非是真实的。在电击疗法中,病人则被告知要等待通过大脑和身体将经历的痛苦电击,随后由一名高级军医官"下令"缓解症状,身体才能恢复健康。这些技术今天听来稀奇古怪,但当时宣称成功率

第四编　现代性的痛苦与奇迹

达 90％，甚至更高，大幅度减少了养老金负担。①

构造转移

正如 1915 年弗洛伊德的著作《日常生活的精神病学》(*The Psychopathology of Everyday Life*)以英文在不列颠出版所显示的那样，学术生活确实仍在战时延续，也并非总是被民族主义的或沙文主义的情绪所损害。其他两种德意志观点首次见证了 1914—1918 年岁月的亮点。它们都极有影响力，而且每一种观点都与战争无关。

阿尔弗雷德·魏根纳 1880 年生于柏林。他是一位气象学者，在柏林大学获得博士学位。他曾在第一次世界大战期间受伤。在此之前，他曾作为一位北极探险家，首次在 1912 年德国地理学联合会法兰克福会议上，公开宣布自己有关"大陆漂移"(continental drift)的观点，但他的完整理论直到 1915 年才以专著形式《大陆与海洋的形成》(*Die Entstehung der Kontinente und Ozeane*)公之于众。② 他认为，世界的六个大陆最初是一块"超级大陆"——这种想法并不完全是原创性的。此前，1908 年，美国人 F. B. 泰勒(F. B. Taylor)便已经宣扬过此类观点。不过，魏根纳收集到的

---

① 保罗·勒纳(Paul Lerner)："治疗法大全的合理化：第一次世界大战中的德国神经官能症"("Rationalising the Therapeutic Arsenal: German Neuropsychiatry in World War I")，载贝格和科克编《医学与现代性》，第 121—128 页。

② 大卫·R. 奥尔德罗伊德(David R. Oldroyd)：《思考地球》(*Thinking about the Earth*)，伦敦：阿斯隆出版社，1996 年，第 250 页。

第三十章 为丧父的孩子祈祷:失败者的文化

令人印象深刻的证据远超其他任何人,因此尽管他的理论初期受到嘲笑,但最终战胜了绝大多数怀疑论调。事实上,得益于后见之明,我们或许可以追问,科学家们为什么就没有很快明白魏根纳的结论呢?到19世纪末,显而易见的是,为了弄清楚自然界及其在全球的分布,人们需要提供某些连贯性的解释。例如,有山脉从挪威一直延伸到英国北部,而且可能还在爱尔兰与其他山脊相交,而后者又向德国北部和英国南部延伸。事实上,对于魏根纳而言,这种交叉延伸看上去好似北美海岸附近确实存在的山脉,似乎北大西洋的两个海岸曾经是连续性的。类似的,植物化石与动物化石现在分布在地球各处,但我们只能用上述理论——不同区域虽然现在被广阔海洋所分离,但它们此前曾经是联系在一起的一块大陆——才能加以解释。

魏根纳的解释十分大胆。六块现在以非洲、澳洲、南北美洲、亚欧大陆和南极洲的形式存在的大陆,此前曾是一块巨型大陆。他把这块庞大陆地称之为"联合古陆"(Pangaea,此词来自希腊文,意思是所有陆地)。这些大陆之所以形成目前的状态,则是通过"漂移",即如同巨型冰山那样的漂浮。

这种想法业已被人熟知,却无法未经检验便流传开去。[1] 整个陆地如何进行"漂移"呢?漂移到哪里呢?假如大陆已经移动,那么究竟是什么庞大力量来推动它们?在魏根纳时代,地球的本质构造业已为人所知。地理学家已经通过分析地震波,来推断地

---

[1] 罗杰·M. 麦考伊(Roger M. McCoy):《终结于冰川时代:阿尔弗雷德·魏根纳的革命性观点与悲惨科考之旅》(*Ending in Ice: The Revolutionary Idea and Tragic Expedition of Alfred Wegener*),牛津:牛津大学出版社,2006年,第31页。

第四编　现代性的痛苦与奇迹

球包含表皮、覆盖物、外壳与内壳。第一种基本发现是,地球的所有大陆都是由石头的一种形式(即花岗岩)所组成的。人们在花岗岩大陆周边发现了另一种石头形式,即玄武岩,它的密度更大,更为坚硬。玄武岩以两种形式存在,固体式与熔岩式(我们之所以知道后一种形式,则是因为从火山喷发中产生的熔岩就是半熔岩式的玄武岩)。这一点暗示,地球的内外架构之间的关系,明显与这个星球如何从一个冷却气体团变为液体、随后转变为固体的进程有关。

组成大陆的巨大花岗岩石头据信有 50 公里厚。然后在此之下,大约 3000 公里处,地球具有一种"弹性体"的特性,或半熔岩式玄武岩的特性。数百万年前,当地球比现在更热,玄武岩还没有形成固体,大陆的整体情况更类似于海洋中的一座漂移中的冰山。即便如此,大陆漂移学说仍然等候数年之久,才被人接受。迟至 1939 年的教科书仍然将之视作"仅仅是一种假说而已"。直到 1953 年海底扩张被证实,1968 年太平洋-南极洲山脊得以识别后,魏根纳才最终被证实是正确的。

路德维希·维特根斯坦在战争期间完成的著作,并非是对战斗本身的一种回应。与此同时,倘若维特根斯坦没有被暴露于真正的死亡威胁面前,他也不可能完成如其现在写就的《逻辑哲学论》,又或者不可能以这样的一种口吻。[1]

---

[1] 约阿希姆·舒尔特(Joachim Schulte)等编:《路德维希·维特根斯坦:哲学研究:起源批判》(*Ludwig Wittgenstein: Philosophische Untersuchungen: Kritisch-genetische Edition*),美因河畔法兰克福:祖尔坎普,2001 年。这是一本很好的介绍性著作。

第三十章　为丧父的孩子祈祷：失败者的文化

8月7日,在奥匈帝国向俄国宣战的次日,维特根斯坦应征入伍,随后被分配到东线克拉科夫(Kraków)的炮兵团中。他后来暗示说,面对死亡的体验,或许以某种模糊不清、无以名状的方式,"提升了"他。在首次看到对方的军力后,他在一封信中吐露心声:"现在,我有机会成为一个体面的人,因为我正面对面地与死亡并行。"

战争爆发时,维特根斯坦25岁。他来自一个家大业大的犹太家族,这个家族已完全融入维也纳社会。弗朗茨·格里尔帕策(Franz Grillparzer)是路德维希父亲的朋友,勃拉姆斯曾是其母亲与阿姨的钢琴教师。维特根斯坦家的音乐之夜在维也纳人人皆知:古斯塔夫·马勒和布鲁诺·瓦尔特(Bruno Walter)是常客;勃拉姆斯的单簧管五重奏便是在那里举行首场演出的。路德维希的姐姐玛格丽特·维特根斯坦报考成为古斯塔夫·克里姆特的学生。

路德维希如家庭其他成员那样也爱好音乐,但他对技术和实践最感兴趣。正因如此,他没有被送进维也纳的文理中学,而是去了林茨的一所实科中学(Realschule)。这所学校大半因其历史教师利奥波德·波奇(Leopold Pötsch)而出名。他是一位狂躁的右翼分子,把哈布斯堡王室视作"蜕化"。并无迹象表明,维特根斯坦曾经被波奇的理论所吸引。不过,曾与之相伴数月的一位同学肯定受其影响。他的名字是阿道夫·希特勒(Adolf Hitler)。

维特根斯坦离开林茨后,前往柏林。在那里,他对哲学产生了兴趣。同时他也着迷于飞行术。其父建议他前往英国的曼彻斯特大学,〔因为〕那里有一个很棒的机械系。正是在那里,人们推荐他

第四编　现代性的痛苦与奇迹

阅读伯特兰·罗素的《数学原理》(Principles of Mathematics)。该书表明(或者试图表明)数学与逻辑学本为一体。对维特根斯坦而言,这无异于一种启示。他花费数月时间,用于研读《数学原理》以及戈特洛布·弗雷格的《算术基础》。1911年夏,维特根斯坦拜访了正在耶拿的弗雷格。后者对维特根斯坦印象深刻,并推荐这位年轻的奥地利人前往剑桥大学,到罗素门下求学。[①]

1911年底,维特根斯坦到达剑桥。1911年,卢基(Luki,这是当时人们对他的称呼)开始建构自己的逻辑学理论。不过,当漫长假期来临时,他返回维也纳。此时,战争启动,他〔在家乡〕受困〔无法返回剑桥〕。有证据显示,他作战英勇,曾三次受到提拔,还被授予勋章。但在1918年,他与其他50万士兵在意大利被捕。在被关押于集中营期间,他认为自己已经完成的那本著作(在经历一段搁置期后)业已"解决了哲学中的所有重要问题",因此他在战后将放弃这门学科而成为一位中学教师。他还决定送出自己的财产。在这两个方面,他都做到了言行一致。

但在寻找出版社出版这本书方面,维特根斯坦几经周折,直到1922年,该书才以英语付样。不过,当《逻辑哲学论》出版时,该书却引起了轰动。[②] 许多人并不理解书中的内容;另一些人则认为它道出了一些显而易见的结论。梅纳德·凯恩斯(Maynard

---

[①] 戈登·贝克(Gordon Baker):《维特根斯坦、弗雷格与维也纳学派》(Wittgenstein, Frege and the Vienna Circle),牛津:巴兹尔·布莱克威尔,1988年,第51页及以下诸页,第101页及以下诸页。

[②] 帕斯夸里·弗拉谢拉(Pasquale Frascella):《理解维特根斯坦的逻辑哲学》(Understanding Wittgenstein's Tractatus),伦敦:劳特利奇,2007年,第2、4、6章。

第三十章 为丧父的孩子祈祷:失败者的文化

Keynes)致信维特根斯坦:"无论对错与否,它影响着剑桥所有的基础讨论。"在维也纳,该书吸引了以莫里茨·施利克(Moritz Schlick)为首的一群哲学家的关注。这群哲学家最终都属于著名的维也纳逻辑实证主义学派。虽然弗雷格的作品对维特根斯坦创作《逻辑哲学论》一书产生了启发作用,但弗雷格本人却至死都未曾理解它。①

维特根斯坦的主要创新之处在于,他发现语言是有限度的,它无法表述某些特定事物,而后者需要逻辑推论以及哲学推论。维特根斯坦坚持认为,谈论价值是毫无意义的——这仅仅是因为"价值并非是这个世界的组成部分"。于是,所有关于道德和美学问题的判断不可能是(也永远不是)有意义地使用语言。以下哲学概括同样是正确的,即我们把世界制造成整体。倘若它们不能被分割为基本句子——"实际上,这些句子才是"我们这个世界组成部分的"画面"——它们便是毫无意义的。维特根斯坦认为,倘若我们准备去创造意义,那么我们便不得不降低自己的视野。人类唯有仔细描述这个世界所组成的那些个别事实,才有可能描述世界。事实上,这正是科学竭力为之的目标。维特根斯坦的意思是,我们不能超越这一步,再往前进。在其《逻辑哲学论》的最后一句名言中,他便是如此暗示的:"凡能够说的,都能说清楚;凡不能谈论的,就应该保持沉默。"②

---

① 贝克:《维特根斯坦、弗雷格与维也纳学派》,第 101 页及以下诸页。
② 西蒙·格伦迪宁(Simon Glendinning):《大陆学派思想》(*The Idea of Continental Philosophy*),爱丁堡:爱丁堡大学出版社,2006 年,第 282 页及以下诸页。

第四编　现代性的痛苦与奇迹

对欧洲战后产生影响最大的观念之一,出现在1918年4月。当时正处于鲁登道夫反攻期间——最终证明,此举是西线具有决定性意义的事件,〔因为〕位于弗兰德斯的德国最高军事指挥部的埃里希·鲁登道夫(Erich Ludendorff)将军由于无法把英国人压制在法国的北海岸与比利时,将之与其他部队分离,反而使其自身威望受损。就在当月,奥斯瓦尔德·斯宾格勒这位生活在慕尼黑的中学教师出版了《西方的没落》(*Der Untergang des Abendlandes*),后被译为英语,题目为"The Decline of the West"。事实上,他1914年便已经完成著述。首次想到题名的时间则在更早的1912年。尽管此后发生了很多事情,但他几乎一字未改,十年后他谦逊地将之形容为"我们时代之哲学"①。

1880年,斯宾格勒出生在柏林西南部的布兰肯堡,在一个浸淫于"德意志伟人"〔影响中的〕家庭里成长——如理查德·瓦格纳、恩斯特·黑克尔、亨利克·易卜生、弗里德里希·尼采和维尔纳·桑巴特。对于斯宾格勒而言,存在着两个重要的个人转折点。他没有完成博士论文,这意味着他只能成为一位作家,而非学者。第二件事是1911年的阿加迪尔事件。当时,德国巡洋舰"豹"号进入摩洛哥港,以致把欧洲带向战争边缘,随后德国撤回"豹"号。②斯宾格勒惊觉受辱。他道出了一些理由,并总结说,此事标志着启蒙运动以来业已崛起的理性科学领域之终结。现在已是英雄的时代,而非商人的时代。他投身于其一生的研究项目,即关注德国何

---

① 赫尔曼:《西方历史没落的观念》,第228页。
② 沃森:《可怖之美:一段形塑现代心灵的人物和思想史》,第171—172页。

第三十章 为丧父的孩子祈祷:失败者的文化

以成为未来的这样一个国家、这样一种文化。

斯宾格勒关注了八种文明,以支持他的结论。这八种文明是:巴比伦文明、埃及文明、印度文明、前哥伦比亚-墨西哥文明、古典文明或希腊罗马文明、西欧文明和"祆教"文明——他在使用该词时,包括了阿拉伯文明、犹太文明和拜占庭文明在内。他的主题是显示每一种文明是如何在成长、成熟与不可避免衰落的有机循环中运作的。其目标之一是表明,西方文明在世界图谱中并无特权地位。[①] 对于斯宾格勒而言,"文明"(Zivilisation)并非如理性主义者所言,属于社会进化的终极产品;相反,它属于"文化"(Kultur)的旧时代。进一步而言,新"文化"的成长依仗两个因素:种族与精神(Geist),"在内心深处'我们'的鲜活体验"。斯宾格勒认为,理性社会与科学不过是不屈不挠的西方意志获得胜利的证据,但这种意志将在一种更为强大的意志(即德国意志)面前落荒而逃。他说,德国意志之所以更为强大,则是因为她的"我们"之感更为强烈;西方业已充斥着"外在于"人类本性之因素,如唯物主义科学;而在德国,存在着更多对内在精神的感受——这才是重要的东西。

《西方的没落》获得了巨大成功,也在商业上创造了奇迹。托马斯·曼比较了自己首次阅读该书与阅读叔本华著作的感受。维特根斯坦坦承自己被该书"震撼"。伊丽莎白·福斯特-尼采(E-

---

[①] 德特勒夫·费尔肯(Detlef Felken):《奥斯瓦尔德·斯宾格勒:从帝国到独裁时代的保守思想家》(*Oswald Spengler: Konservativer Denker zwischen Kaiserreich und Diktatur*),慕尼黑:贝克,1988年,第58页及以下诸页。

lisabeth Förster-Nietzsche)*感动之极,表示她会安排让斯宾格勒接受尼采奖(Nietzsche Prize)。这让斯宾格勒成为名人,拜访者络绎不绝,甚至被要求等候三天才能获得与之交谈的机会。

第一次世界大战结束后,整个 1919 年,德国都处于混乱与危机之中。中央权威业已崩塌,革命骚动从俄国(尽管德国帮助列宁从瑞士回国)蔓延进来。士兵和水兵们成立了军事委员会,即"代表会"(Räte)或"苏维埃"(soviets)。所有城市短期内都被军人控制。最终,建立魏玛共和国的社会民主党人(左翼政党)不得不与他们的老对手军队合作,以便恢复秩序。[①] 但这一目标的实现,却包含着大量暴力行径——上千人被杀。在此背景下,斯宾格勒自视为德意志民族复兴的预言家。他认为,自己的任务是把社会主义从俄国式的马克思主义那里挽救出来,并将之应用于"更为重要的国度"德国。[②] 对此,需要建立一种新的政治类别:他把普鲁士精神和社会主义组合起来,构成民族社会主义(National Socialism)。它将引导人们把美英式的"实践自由"(practical freedom)转变为"内在自由"(inner freedom),即"为有机整体而履行义务"。迪特里希·埃克哈特(Dietrich Eckhant)是其中一位受其论证影响的人。他帮助建立了德意志工人党(Deutsche Arbeiterpartei,DAP)。该党接受了泛德意志的"图勒"社(Thule

---

* 伊丽莎白·福斯特-尼采(1846—1935 年):尼采之妹及其文稿整理者,参见本书第 16 章有关尼采的论述。——译者
① 沃森:《可怖之美:一段形塑现代心灵的人物和思想史》,第 173 页。
② 同上。

第三十章 为丧父的孩子祈祷:失败者的文化

Society)*的标志——而埃克哈特本人此前便属于该社团。这个"雅利安人生机论"(Aryan vitalism)标志,即"卐"字符(swastika),首次获得了重要的政治意义。阿尔弗莱德·罗森贝格同样是斯宾格勒的粉丝,并在1919年加入德意志工人党。不久之后,他把一位从前线归来的朋友带入了该党。此人名叫阿道夫·希特勒。

当战争爆发时,托马斯·曼——正如我们已经看到的那样——如其他人那样,同样充满着民族主义情绪。他尚未成为欧洲文学的巨匠之一,但当时确实已经拥有冉冉上升的名望。他自愿报名加入预备役,但负责检查的医生十分熟悉他的作品,认为他作为作家将取得比当兵更伟大的贡献,因而让他未能通过征兵体检。

和其他知识分子一样,曼同样认为这场战斗是一次文化之争、一次观念之战。他的首篇社论《战时思考》写成于1914年8月。作者宣称自己业已预料到战争的到来,〔因为〕德国受其"嫉妒"敌人的逼迫,不得不开战;言而总之,战争是"一次巨大的创造性事件",它有助于推动"民族团结和道德提升"。①

而在《战时思考》之后,曼本打算用之后数年时间完成下一部主要作品《魔山》。该书包含着许多隐形批判,指责战前业已腐败的世界让欧洲坠入深渊。但同样不可小视的是他的兄长亨利希·

---

* "图勒"社是成立于第一次世界大战末期的政治性秘密组织,以传说中的北方岛屿"图勒"为名,该组织信奉民族主义和反犹主义。——译者

① 瓦尔特·拉奎尔(Walter Lacquer):《纽约时报书评》(*New York Times Book Review*),1983年5月15日,第1页。

第四编　现代性的痛苦与奇迹

曼。亨利希的身份覆盖了整个政治光谱,从〔我们此前已经看到的〕一部种族主义出版物的编辑,到斯大林的支持者。但在 1916 年,他在一本新出炉的异见刊物上发表了有关爱弥尔·左拉的文章。在文章中,亨利希大量指责托马斯。亨利希坚持认为,政治是重要的,而其弟则忽视了这一维度。①

托马斯对亨利希的攻击感到极为沮丧,以至于他中断了《魔山》的写作,花费数月时间完成了一篇长文《一位不问政治者的思考》(Betrachtungen eines Unpolitischen)。该书于 1918 年停战前出版。在这本书中,他发现自己比此前想象的更民族主义化,但更为重要的是,他认为自己是一位"对政治特别不感兴趣的人"。他说,这并非因为自己的教育受过任何挫折,而是有关原则之事。他认为,政治"不是精神贵族所适合的职业"。因此,用瓦尔特·拉奎尔(Walter Lacquer)的话来说,他以巨大的自信心和"几乎完全抽象性的方式"来讨论战争。②"曼把这场战争视为一出伟大的戏剧,一次观念的斗争……他既指出了战争对德国精神的影响,也指出了战争对法国精神、俄国精神和英国精神的影响;美国没有文明,所以不计入。"③他的观点完全与亨利希的观点背道而驰。他认为,"人类的最主要问题"不可能由政治来解决。

曼对民主进行了一种漫无边际的、同时又是强有力的(部分精明的)批评。他指出了民主的弱点,并预言它并不适合德国人。他认为,德国人渴望、并需要权威。他还轻蔑地论辩说,一个民主的

---

① 海曼:《托马斯·曼传》,第 289 页。
② 拉奎尔:《纽约时报书评》,第 2 页。
③ 同上。

第三十章 为丧父的孩子祈祷：失败者的文化

德国将会是"单调乏味的"。但瓦尔特·拉奎尔再次指出："他在世时便已明白，20世纪最初十年的单调乏味，远比30年代的兴奋激动来得好一些。"[①]

达达病毒

战争期间，许多艺术家和作家都撤往苏黎世，它位于中立〔但说德语〕的国家——瑞士。詹姆斯·乔伊斯（James Joyce）在那里完成了《尤利西斯》（*Ulysses*）的大半部分；汉斯·阿尔普（Hans Arp）、弗兰克·韦德金和罗曼·罗兰（Romain Rolland）也在那里。他们在苏黎世的咖啡馆见面——在世纪之交时，那里的咖啡馆曾一度与维也纳的咖啡馆同等重要。其中以"音乐厅咖啡馆"最为出名。对于那些在苏黎世流亡的人而言，这场战争似乎标志着孕育自身之文明的终结。当艺术已经变成各种"主义"式的增殖，当科学在不可更改之现实的观念与完全理性、并拥有自我意识之人的想法两方面都已经丧失信誉时，文明迎来了终结的时刻。在如此一个世界中，达达主义者（Dadaist）感到自己必须完全转变有关艺术和艺术家的整个观念。

在光临音乐厅咖啡馆的常客中，有弗朗茨·韦尔弗、阿历克谢·雅夫伦斯基和哲学家恩斯特·卡西雷尔（Ernst Cassirer）。此外，还有一位尚为成名的德国作家、"天主教无政府主义者"胡戈·鲍尔（Hugo Ball，1886—1927）及其朋友埃米·亨宁斯（Em-

---

[①] 拉奎尔：《纽约时报书评》，第2页。

my Hennings,1885—1948)。[1] 亨宁斯是一位记者,但同时也是一位卡巴莱演员,鲍尔则以钢琴伴奏。1916年2月,他们召开了一场评论会,或者说,他们带着一种文学嗜好进行了一次卡巴莱演出。具有讽刺意味的是,演出地点选在"伏尔泰咖啡馆"——之所以讽刺,在于达达派所反对的理性,恰恰是伏尔泰所拥护的对象,且这个咖啡馆位于明镜街这条上下起伏又颇为狭窄的林荫道,列宁曾经居住于此。[2] 首批加入伏尔泰咖啡馆活动的人里包括两名罗马尼亚人。他们是画家马塞尔·扬科(Marcel Janco)与青年诗人塞米·罗森施托克(Sami Rosenstock,其笔名是特里斯坦·查拉[Tristan Tzara])。[3] 在最初团体中,唯一的瑞士人是索菲亚·托伊伯(Sophie Taeuber),她是汉斯·阿尔普的妻子(阿尔普本人来自阿尔萨斯)。其他人还有来自德国的理查德·许尔森贝克(Richard Hülsenbeck)和汉斯·里希特(Hans Richter)。

---

[1] 欧根·埃格(Eugen Egger):《胡戈·鲍尔:从混乱中来》(Hugo Ball: Ein Weg aus dem Chaos),奥滕:奥托·瓦尔特,1951年,第41页及以下诸页。

[2] 汤姆·桑德韦斯特(Tom Sandqvist):《东欧的达达分子:伏尔泰咖啡馆里的罗马尼亚人》(Dada East: The Romanians of Cabaret Voltaire),剑桥(马萨诸塞):麻省理工出版社,2006年,第90页及以下诸页。同样可参见多米尼克·诺盖(Dominique Noguez):《列宁达达主义:论文集》(Lénine Dada: Essai),巴黎:罗伯特·拉丰,1989年。

[3] 彼得·席夫利(Peter Schifferli)编:《达达:达达的诞生:创始人的作品及大事记/附照片和文献》(Dada: Die Geburt des Dada: Dichtung und Chronik der Gründer / Mit Photos und Dokumenten),与汉斯·阿尔普、理查德·许尔森贝克及特里斯坦·查拉等合作,苏黎世:方舟,1957年。利亚·迪克曼(Leah Dickerman)等:《达达:苏黎世、柏林、汉诺威、科隆、纽约、巴黎》(Dada: Zurich, Berlin, Hannover, Cologne, New York, Paris),并附布里吉特·多尔蒂(Brigid Doherty)所撰评论,华盛顿特区:国家美术馆,2005年。

第三十章 为丧父的孩子祈祷:失败者的文化

在1916年6月的评论会上,鲍尔制定了一份方案。正是在该方案的前言中,首次使用了"达达"(Dada)一词。鲍尔的杂志记录了伏尔泰咖啡馆中所举行的各类文艺活动:"粗鲁的煽动者、复古的舞蹈、刺耳的声音和立体派(Cubist)的戏剧表演。"查拉总是宣称已经在拉鲁斯字典(Larousse dictionary)中找到了"达达"一词。但无论该词是否曾经拥有过一种本义,它很快便会得到一种解释。这是由汉斯·里希特所概括的。他说,该词与"斯拉夫语中表示肯定的赞成语气'达,达'(Da,Da)"存在某些联系……这是"对生活说'是的、是的'"。在战争期间,它如同最值得珍惜的人类举动。达达之所以出现,旨在拯救已经把人类带向毁灭的病态心灵,恢复人类之健康。在科学发展与政治发展的视野下,达达提出的问题是:艺术(在更为宽广的意义上)是否还有可能?达达派不追随任何被自己嘲讽的"主义",而是转向童年,参与冒险,努力重新获得天真无邪、清白无辜、明确透明——所有这一切都是检测无意识的一种途径。

集大成者莫过于汉斯·阿尔普(1886—1966年)和库尔特·施维特斯(Kurt Schwitters,1887—1948)。阿尔普创作了两类意象。其中有他创作的简易木刻画,如同玩具一般的拼图。他像儿童那样,喜欢以简洁的方式来画云朵和树叶,使用明亮而符合直觉的颜色。[1] 同时他还尝试把纸撕碎,然后随意扔下,在其落地处加以组合,创造随机性的拼贴画。库尔特·施维特斯同样制造拼贴

---

[1] 埃里克·罗伯逊(Eric Robertson):《阿尔普:画家、诗人、雕塑家》(*Arp: Painter, Poet, Sculptor*),伦敦:耶鲁大学出版社,2006年,第36页及以下诸页。

第四编　现代性的痛苦与奇迹

效果，只不过他以垃圾的范式来寻找诗意。[①] 他从内心而言是一位立体派诗人。他在其汉诺威同乡那里寻找任何肮脏的、被剥落的、被玷污的、一半被烧毁的，或被撕损的东西。尽管他的拼贴画或许看起来像诗人随机丢弃物的组合，但实际上，这些画色彩匹配，材料片段的边缘处与其他片段完美结合，报纸上的色斑与其他地方的某种形式加以组合。对于施维特斯而言，其拼贴画上的那些碎屑和废料代表着他针对两种对象的看法：一种是招致战争、引发大屠杀、暴殄天物与肮脏污物之文化；另一种是终结一个时代的、让人感到不安的哀歌——这是一种艺术的新形势，它既是那个世界的参与，也是对那个世界的谴责，同时又是对那个世界的纪念。

战争行将结束时，胡戈·鲍尔离开了苏黎世，前往提挈诺。〔达达派的〕重心移往德国。正是在柏林，达达派发生了变化，变得越发政治化。处于战败状态中的柏林是一个野蛮之地。1918年11月，就在停战的那个月，那里出现了一场大暴动。暴动以失败告终，其领导人卡尔·李卜克内西(Karl Liebknecht)和罗莎·卢森堡(Rosa Luxemburg)被谋杀。[*] 对于其他人而言，这场暴动也是具有决定性意义的时刻。在这些人中，有阿道夫·希特勒，也有达达派。

[①] 多萝西亚·迪特里希(Dorothea Dietrich)：《库尔特·施维特斯的拼贴画：传统与创新》(*The Collages of Kurt Schwitters: Tradition and Innovation*)，剑桥：剑桥大学出版社，1993年，第37页及以下诸页。也可参见凯特·特劳曼·施泰尼茨(Kate Traumann Steinitz)《库尔特·施维特斯：年代回忆录(1918—1930)》(*Kurt Schwitters: Erinnerungen aus den Jahren, 1918—1930*)，苏黎世：方舟，1963年。

[*] 此事应发生在1919年1月。原文有误。——译者

第三十章 为丧父的孩子祈祷:失败者的文化

理查德·许尔森贝克把"达达病毒"带到了柏林。[1] 1918年4月,他发表了自己的达达宣言。一个达达俱乐部成立起来。早期成员包括劳尔·豪斯曼(Raoul Hausmann)、格奥尔格·格罗斯(George Grosz)、约翰·哈特菲尔德(John Heartfield)与哈娜·赫希。[2] 格奥尔格·格罗斯与奥托·迪克斯是画家中最猛烈的批判者。他们最引人关注的画作是以战争伤残者模样出现的悲惨半人形状。[3] 在他们笔下,这些安装上的假肢让人们看上去一半是人类,一半是机器。这些人还被串上木偶的元素,古老秩序依然在幕后发号施令。

被偷窃的胜利

在继续讲解后面的故事时,我们有必要简单解释一下德国在第一次世界大战中被击败的情况。尽管人们一致认为,所有的欧洲战士都战斗到最后一刻,而且从任何方面来看,德国都是失败者;但对于德国人而言,仍然有可能从实际发生的一切中推导出(即便以冷酷方式)一些让人感到舒服〔的结论〕。正如沃尔夫冈·

---

[1] 瓦尔特·梅林(Walter Mehring):《柏林达达派:图文编年史》(*Berlin Dada: Eine Chronik mit Photos und Dokumenten*),苏黎世:方舟,1959年。

[2] 乌韦·M. 舍德(Uwe M. Schneede):《格奥尔格·格罗斯:生平与作品》(*George Grosz: His Life and Work*),苏珊·弗拉特尔译,伦敦:戈登·弗雷泽,1979年,第14—15页。

[3] 马蒂亚斯·埃伯利(Matthias Eberle):《第一次世界大战与魏玛艺术家:迪克斯、格罗斯、贝克曼、施莱默》(*World War I and the Weimar Artists: Dix, Grosz, Beckmann, Schlemmer*),新港(康涅狄格)和伦敦:耶鲁大学出版社,1985年,第1—21页。

第四编　现代性的痛苦与奇迹

席费尔布施(Wolfgang Schivelbusch)在其著作《失败的文化》(*Die Kultur der Niederlage*)中指出的那样:"唯有在协约国的要求下,美国突然介入其中,才从1918年春季攻势的致命一击中拯救了英法两国。简言之,美国人偷走了德国的胜利。"对于德国人而言,协约国"穿着美国人的燕尾服取得胜利"的事实,一下子把另一群欧洲国家转变为"二流强国……德国既未在欧洲被制伏,也未被欧洲制伏"。这一点意味着,仅仅在联系到美国时,德国才是一个失败者。而从现在开始,德国将是"未来欧美斗争中唯一认真的参与方"[①]。德国与三个协约国不同,她奋勇作战,毫无美国援助,只利用了自己的资源。法国是真正的弱者和失败方。按照1870—1871年以来法国有关复仇主义的老想法,她本应在一对一的抗争中征服德国。但是法国损失惨重,连她自己也差点被迅速征服。战后,鲁登道夫将军对德国战败给出了自己的理由。他说,德国未被敌人打败,而是在国内遭到了背后一刀("背后一刀神话"[*Dolchstosslegende*])。

我们有两种方式来看待上述评论。第一种认为,德国有关1919年困境的观点是足够真实的,而且这种困境因战败而加深。另一种认为,它们都是幻想,忽视了当时的"现实政治"(Realpolitik),即美国为什么支持了协约国?任何一种观点都将在接下去的故事中发挥作用。正如诺贝特·埃利亚斯所言,1918年的战败业已干扰了德国"追赶"的整个进程。[②]

[①] 沃尔夫冈·席费尔布施:《失败的文化:民族创伤、悲哀与复兴》(*The Culture of Defeat: On National Trauma, Mourning and Recovery*),杰弗森·蔡斯(Jefferson Chase)译,伦敦:格兰塔,2003年,第247页。

[②] 埃利亚斯:《德国人:19—20世纪的权力斗争与习性变迁》,第7页。

| 第三十一章 |

魏玛:"前所未有的心灵警觉"

当奥地利共和国于1919年4月3日抛弃了贵族头衔、禁止在法律文件中使用"冯"(von)这一字眼时,老维也纳正式落幕。和平给奥地利留下了一个只有700万人口的国家,其首都拥有200万人。在接下来的岁月中,充满着缺衣少食、通货膨胀、周期性燃料缺乏、灾难性的流感爆发等现象。家庭主妇们迫不得已去森林伐木。大学屋顶自1914年以来未曾修葺,以致大学停顿。历史学家威廉·约翰斯顿(William Johnston)还告诉我们说,〔当时〕咖啡是用大麦做的,而面包则会导致腹泻。弗洛伊德的女儿索菲亚死于流感。画家埃贡·席勒(Egon Schiele)亦是如此。

弗洛伊德、霍夫曼施塔尔、卡尔·克劳斯与奥托·纽拉特(Otto Neurath)都待在维也纳。维也纳-布达佩斯(以及布拉格)德语轴心圈并没有完全消失。它仍然涌现出如迈克尔·波兰尼(Michael Polanyi)、弗里德里希·冯·哈耶克(Friedrich von Hayek)、路德维希·冯·贝塔朗菲(Ludwig von Bertalanffy)、卡尔·波普尔(Karl Popper)和恩斯特·贡布里希(Ernst Gombrich)这样的人。但情况已今非昔比,这些人是在纳粹迫使他们逃亡西方后才变得赫赫有名。维也纳不再是其曾经扮演过的人声鼎沸式的智识中心。它的咖啡馆也不再是温暖之地,不再是那些世界级精英们非正式会晤的场所。正如我们将看到的那样,现在维也纳提供给世界的,不过是偶尔喷发出来的文学、科学或哲学作品——这些作品不得不更为灿烂地发出光芒,以便抵制更为明亮的北方。这座城市的名声不再如雷贯耳,形象也不再光彩照人。

第一部"艺术电影"

柏林则面临着另一类问题。"一战"后,德国几乎是一夜转变为共和国。人们通常忽视的事实是:这种变化的确有可能发生——〔因为〕正如此前本文业已提到的那样,一些议会制或民主制传统得以建立。柏林继续作为首都,然而却是魏玛被选中成为国民大会的举行地。在魏玛,德国人举行了一次立宪会议,并决定了新共和国将要呈现的形式。之所以选择魏玛,部分是因为该城自歌德和席勒以来的名声,部分则是由于人们对柏林和慕尼黑的担忧所致——人们认为,无论选择这两座城市的哪一座,那里的暴力事件都将会升级。(希特勒则常常痛恨柏林的俏皮与讥诮。)魏玛共和国延续了十四年,直到希特勒于1933年掌权——这是"灾难之间的一段喧嚣空位期",但它成功促成了一段与众不同的文化,它既闪耀,又奇特。尽管在这些年中,魏玛国家始终无法独立掌控暴力,但正如诺贝特·埃利亚斯已经强调指出的那样,这恰恰

第三十一章　魏玛："前所未有的心灵警觉"

也是魏玛文化的组成部分。①

这一时期照例被分为三段清晰可辨的阶段。从1918年底到1924年，"相继出现了革命、内战、外国占领、恶性通货膨胀，与此同时，它也是艺术中的试验时代"。如表现主义控制着政坛那样，它也在绘画与舞台上一枝独秀。随后，从1924年到1929年，出现的是一段经济稳定期。国家从政治暴力中解放出来，持续增长的繁荣场景也反映在艺术中，如新客观主义（Neue Sachlichkeit）——这场运动的目标是"切合实际"、冷静清醒。② 最后，1929—1933年，人们见证了德国重现政治暴力、失业率上升，以及依靠紧急令来进行统治的集权政府。艺术被迫保持沉默，并被鼓动性的庸俗作品所取代。

除了绘画外，最受表现主义影响的艺术形式是电影。1920年2月，柏林上演了一部恐怖电影。用一位批评家的话来说，这部电影是"怪异的、邪恶的、残忍的，'哥特式的'，一种弗兰肯斯坦式的故事，充满着奇特古怪的黑白灯光、扭曲变形的片段"。许多人把

---

① 奥托·弗洛伊德利希（Otto Freundlich）：《洪水滔天之前：20世纪20年代的柏林镜像》（*Before the Deluge: A Portrait of Berlin in the 1920s*），伦敦：哈珀，1995年，第175页。关于20世纪20年代柏林的最佳摄影作品，可参见赖纳·梅茨格（Rainer Metzger）：《20年代的柏林：艺术与文化》（*Berlin in the Twenties: Art and Culture*），伦敦：泰晤士和哈迪逊，2007年，各处；埃利亚斯：《德国人：19—20世纪的权力斗争与习性变迁》，第214及以下诸页。

② 例如参见汉斯—于尔根·布德尔（Hans-Jürgen Buderer）《新客观主义：找寻真实的图景：20年代的象征性绘画》（*Neue Sachlichkeit: Bilder auf der Suche nach der Wirklichkeit; Figurative Malerei der zwanziger Jahre*），慕尼黑：普雷斯特尔，1994年；贝贝尔·施拉德（Bärbel Schrader）：《黄金20年代：魏玛共和国的艺术与文学》（*The Golden Twenties: Art and Literature in the Weimar Republic*），凯瑟琳·瓦诺维奇（Katherine Vanovitch）英译，新港（康涅狄格）和伦敦：耶鲁大学出版社，1988年。

第四编　现代性的痛苦与奇迹

《卡里加利博士的小屋》(The Cabinet of Dr. Caligari)视作第一部"艺术电影"。它取得了巨大成功,并在巴黎颇受欢迎,以至于1920—1927年它在同一座戏院中每日上演。不过,这部电影仅仅只是破纪录而已。

《卡里加利博士的小屋》是汉斯·雅诺维茨(Hans Janowitz)和奥地利人卡尔·迈耶(Carl Meyer)的合作产物,1919年两人在柏林相识。电影刻画的是一位疯狂的卡里加利博士。此人是一位露天马戏团的杂耍演员,始终带着一位梦游症患者恺撒。在马戏团之外,故事的第二条线索则更为黑暗。无论卡里加利走到哪里,死亡便紧随其后——任何激怒他的人都以死亡告终。在卡里加利杀死两位大学生——或者认为他已经杀死了这两位大学生——后,该故事的最黑暗章节拉开了帷幕。事实上,一位大学生幸存了下来。正是这位幸存者弗朗西斯发现,梦游者恺撒是在无意识的情况下遵从了卡里加利的指令,并在对自己行为毫无理解的情况下实施了杀戮。当卡里加利意识到自己的所作所为已被人发现时,他逃入了一家精神病院。在那里,弗朗西斯发现,卡里加利正是这家医院的院长。当卡里加利的双重生活被发现时,他再也没有逃生之所。他失去了所有的自我控制,并在一件紧身衣的束缚下聊以余生。

这是《卡里加里博士的小屋》的最初情节。在电影拍摄前,这个故事经过了一次重大改编。埃里希·波默(Erich Pommer)这位当时最成功的制片商,与导演罗伯特·维内(Robert Wiene)一起改写了故事情节,对其重新编排后使弗朗西斯及其女友成为精

844

第三十一章 魏玛:"前所未有的心灵警觉"

神失常者。① 现在,绑架与谋杀的想法不过是他们的幻觉,精神病院院长事实上是一位善良的医生,他试图治疗弗朗西斯的邪恶想法。

雅诺维茨和迈耶对此感到极为愤怒。在波默的版本中,对于盲目服从的批判业已消失。甚至更糟的是,权威以和蔼可亲、甚至安全的形式加以表现。具有讽刺意义的是,波默的版本居然在商业和艺术上均取得了巨大成功,且电影史学家们时常对原初版本的故事是否能够同样出色表示怀疑。基本的要点或许在这里:尽管情节出现变化,但是讲故事的风格依旧——它仍然是表现主义的,这是一种新的类型。② 表现主义是一种迈向革命和变化的动力和冲动。不过,正如精神分析理论的基础那样,它也并非完全奏效。由表现主义者组成的"十一月团体"成立于1918年12月,这是一个所有期待见证变革的艺术家的革命联合体,其中包括埃米尔·诺尔德(Emil Nolde)、瓦尔特·格罗皮乌斯(Walter Gropius)、贝尔托·布莱希特、库尔特·魏尔(Kurt Weill)、阿尔班·贝尔格和保罗·欣德米特(Paul Hindemith)。但是,革命需要的不仅仅是发动机,它还需要方向。表现主义从未提供一种方向。或许直到最后,它都缺少方向——这也正是促使阿道夫·希特勒夺权的众多因素之一。

不过,倘若我们仅仅把魏玛视作通往希特勒的一条临时大道,

---

① 伊安·罗伯茨(Ian Roberts):《德国表现主义电影:光影世界》(*German Expressionist Cinema: The World of Light and Shadow*),伦敦:桂竹香,2008年,第25页,提供了有关维内的新档案研究。

② S. S. 鲍尔(S. S. Prawer):《卡里加利的子嗣:恐怖故事电影》(*Caligar's Children: The Film as Tale of Terror*),牛津和纽约:牛津大学出版社,1980年,第8页及以下诸页。

第四编　现代性的痛苦与奇迹

或许是错误的——魏玛仍然取得了不少值得夸耀的成就。其中，最大成就是魏玛建立了许多享有声望的学术机构，其中不少至今仍是卓越的中心。这些机构包括：柏林精神分析研究所，这是弗朗茨·亚历山大（Franz Alexander）、卡伦·霍尼（Karen Horney）、奥托·芬尼希尔（Otto Fenichel）、梅拉妮·克莱恩（Melanie Klein）和威廉·赖希（Wilhelm Reich）的家园；德意志政治学院，该学院到共和国最后一年拥有超过2000名学生，其教师包括西格蒙德·诺依曼（Sigmund Neumann）、弗朗茨·诺依曼（Franz Neumann）和哈约·霍尔波恩（Hajo Holborn）。此外还有瓦尔堡艺术史研究所。该研究所位于汉堡，拥有一个令人印象深刻的图书馆。图书馆是阿贝·瓦尔堡（Aby Warburg）用一生时间进行收藏的美妙成果，而瓦尔堡本人则是一位富裕而极有学识的人，但患有"间歇性精神病"。他追随温克尔曼对古物的迷恋之情，甚至认为这些古物的观念与价值可以在现代世界永存不朽。该图书馆的魅力与价值不仅仅在于瓦尔堡买到了上千卷有关深奥话题的孤本，而且还在于他将之集中在一起加以阐释的谨慎方式：艺术、宗教与哲学〔的书籍〕同历史、数学和人类学〔的书籍〕混杂在一起。瓦尔堡研究所足以成为整个20世纪许多重要艺术史研究的家园。特别是埃尔文·潘诺夫斯基（Erwin Panofsky）解读绘画作品的方式——正如其名称所言，他的"肖像学方法"——在"二战"后被证实产生了极大影响力。

欧洲人虽然醉心于美国拔地而起的摩天大楼，但大西洋的东海岸仍然很难接受这种建筑样式：法国、意大利和德国的老城仍然各占其位，它们太漂亮了，以至于无法容忍那么高的建筑可能引发的

第三十一章 魏玛:"前所未有的心灵警觉"

歪曲之效。不过,有助于摩天大楼诞生的那些20世纪新材料,仍然是引人关注的,并且证明在欧洲极受欢迎,特别是钢、钢筋混凝土、平板玻璃。最后,相较于水泥而言,玻璃与钢对欧洲建筑师产生了更大影响,特别是对三位建筑师的影响最大。他们三人曾共同在德国顶级工业设计大师彼得·贝伦斯(见上文,原书第509页)处工作过。他们正是瓦尔特·格罗皮乌斯、路德维希·密斯·凡·德·罗和法国人夏尔-爱德华·让纳雷(Charles-Edouard Jeanneret)——后者更响亮的名字则是勒·柯布西耶(le Corbusier)*。他们每一个人都留下了自己的足迹,但首当其冲的是格罗皮乌斯。正是他创建了包豪斯(Bauhaus)。

格罗皮乌斯深受马克思和威廉·莫里斯(William Morris)的影响,与阿道夫·路斯相反,他总是相信,工艺与"高等"艺术同样重要。正因如此,当18世纪中叶成立的大公爵艺术学院与1902年成立的魏玛艺术工艺学校合并时,格罗皮乌斯当仁不让地成为校长人选。联合学校被定名为魏玛国立包豪斯学校。之所以取名为"包豪斯",则是因为它回应了"建筑工棚"(Bauhütten)一词,即中世纪那些建造大教堂的工人的临时居所。①

包豪斯在魏玛的早期岁月困难重重,因此被迫迁往德绍。在那里,包豪斯拥有了一个更为意气相投的管理层。这一点看上去

---

* 勒·柯布西耶实际上出生在一个瑞士家庭,1930年才加入法国籍。——译者
① 关于格罗皮乌斯,参见凯瑟琳·詹姆斯-查克拉博蒂(Kathleen James-Chakraborty)编:《包豪斯文化:从魏玛到冷战》(*Bauhaus Culture: From Weimar to the Cold War*),明尼阿波利斯(明尼苏达)和伦敦:明尼苏达大学出版社,2006年,第26页及以下诸页。

第四编　现代性的痛苦与奇迹

也让格罗皮乌斯自己发生了变化。① 现在，他宣称学校应该关注现代世界的实践性问题——大众住房、工业设计、平面设计和"建筑蓝本的发展"。②

经历了一场失败的战争和恶性通货膨胀之后，在魏玛德国，没有其他社会事务要比推进大规模住房〔建设〕更为重要。正因如此，包豪斯建筑师们参与提出了后来成为社会福利住房常见形态"居住区"（Siedlung）的想法。尽管居住区毫无疑问要比它们试图取代的19世纪贫民窟更好，但包豪斯的持久影响力仍然更多表现在应用设计领域中。包豪斯哲学认为，"设计一个一流茶壶远比创作一幅二流绘画更为困难"——这一点被广泛接受。折叠床、嵌入式衣柜、叠放桌椅，以大规模生产为目的的设计，在考虑物品如何使用的基础上设计建筑物等。如拉兹洛·莫霍利-纳吉（László Moholy-Nagy）那样的包豪斯设计师们，从未放弃他们的乌托邦理想。③

弗洛伊德与马克思的结合

第一次世界大战的灾难发生后，紧随而至的是战后持续多年

---

① 卢茨·舍布（Lutz Schöbe）、沃尔夫冈·特内尔（Wolfgang Thöner）：《包豪斯—德绍基金会：文集》（*Stiftung Bauhaus Dessau: Die Sammlun*），东费尔登-鲁伊特：哈特亚，1995年，第29页及以下诸页。

② 同上书，第32—33页。

③ 李·康登（Lee Congdon）：《流亡与社会思想：德国与奥地利的匈牙利流亡者(1919—1933)》（*Exile and Social Thought: Hungarian Exiles in Germany and Austria, 1919—1933*），普林斯顿（新泽西）：普林斯顿大学出版社，1991年，第181页。

第三十一章 魏玛:"前所未有的心灵警觉"

的灾荒、失业与通货膨胀。由此,许多人坚信,马克思的理论是正确的,即资本主义最终由于其内在"无法解决的矛盾"而崩溃。

事实上,人们很快发现,尽管如卡尔·考茨基(Karl Kautsky,1854—1938)这样的理论家有所行动,但从德国战争废墟中崛起的,并非共产主义,而是法西斯主义。[①] 一些马克思主义者由此而大失所望,进而放弃了马克思主义。其他人虽然看到了现实,但仍然坚信〔马克思主义〕理论。不过,除此之外,还有第三类群体。他们希望继续保持马克思主义者的身份,但认为马克思主义理论若要保持可信度,则需要进行重构。此类群体在20世纪20年代末聚集在法兰克福,并为自己取名为法兰克福学派(Frankfurt school)。他们在法兰克福拥有自己的研究所,这是由一位对马克思主义感兴趣的百万富翁资助成立的。由于纳粹分子〔上台〕,该研究所在法兰克福未曾久留,不过其名仍在。[②]

该学派的三位最出名成员是:(1)特奥尔多·阿多诺(Theodor Adorno,1903—1969),他"似乎精通于哲学、社会学与音乐的各个方面";(2)马克斯·霍克海默(Max Horkheimer,1895—1973),他是一位哲学家和社会学家,创造性小于阿多诺,但更可信赖;(3)政治理论家赫伯特·马尔库塞(Herbert Marcuse,1898—1979),他当时是所有人中最为出名者。霍克海默是所长,除了出

---

① 迪克·吉尔里(Dick Geary):《卡尔·考茨基》(*Karl Krautsky*),曼彻斯特:曼彻斯特大学出版社,1987年,第58页。
② 罗尔夫·维格斯豪斯(Rolf Wiggershaus):《法兰克福学派:历史、理论发展、政治意义》(*Die Frankfurter Schule:Geschichte,theoretische Entwicklung,politische Bedeutung*),慕尼黑:汉泽尔,1986年,第36页及以下诸页。

众的学术能力外,他还是一位金融奇才,极为高明地处理着研究所在德国以及此后在美国的投资。此外,该所还拥有文学批评家列奥·洛文塔尔(Leo Lowenthal)、法哲学家弗朗茨·诺伊曼以及弗里德里希·波洛克(Friedrich Pollock)——后者属于坚称不存在具有说服力的理由证明资本主义应该崩溃的群体,他们反对马克思,并使列宁怒不可遏。①

法兰克福学派最初因其复兴异化概念而出名,但它推进了这种观念,使之首先成为一种精神学实体,进一步而言,异化是资本主义生产模式的(非必要性或非首要性)结果。对于法兰克福学派而言,异化更是所有现代生活的一种成果。这种观念塑造了该学派的第二个,或许也是最持久性的关注点:有意把弗洛伊德主义和马克思主义加以结合。尽管埃里希·弗洛姆(Erich Fromm)稍后曾就这一话题出版过数本著作,但马尔库塞首先开启了这一结合进程。马尔库塞把弗洛伊德主义和马克思主义视作一枚硬币的两面。弗洛伊德认为,压抑必然导致文明的进步;由此,必然会大量产生与释放进取之心。正因如此,如马克思预言革命不可避免那样,资本主义必然会给自己带来混乱。于是,在马尔库塞看来,弗洛伊德主义为这幅画面提供了一种平行性的、更个人化的背景,描述了一种解构性的积累进程——自我解体和解体他者。

法兰克福学派的第三个贡献则是对当下现实问题进行更为普遍性的分析:"准确地说,西方文明中业已出现问题的地方是,当技

---

① 维格斯豪斯:《法兰克福学派:历史、理论发展、政治意义》,第55—123页,包括了主要人物的描写。

第三十一章 魏玛："前所未有的心灵警觉"

术发展到相当高度,我们发现了人类进步的对立面:非人化、野蛮化、毒害生物界等。还有什么呢？这一切是如何发生的呢？"为了尽力回答这一问题,他们回溯到启蒙运动,然后一步步地追踪事件与观念的发展,直至 20 世纪。他们宣称自己发现了一种"辩证法",一种在西方进步阶段与压制阶段之间的相互作用。进一步而言,每一次压制阶段通常都比前一次阶段更为厉害,这是由于资本主义中技术发展所致。特别在 20 世纪 20 年代末,"西方文明已积聚了惊人的社会财富,它们主要被视作资本主义的成果,日益被用作阻止（而非建构）一种更为适宜的、更为人性的社会的出现"。法兰克福学派认为,法西斯主义就是启蒙运动后资本主义历史发展的自然结果。在 20 世纪 20 年代末,该学派的一些成员因其预测到法西斯主义兴起而名声大作。大多数的法兰克福学派学者经常采取仔细阅读原始文献的方式,从中形成未被此前分析所污染的观点。此举证明在理解方面是极具创造力的。法兰克福方法遂以批判性理论闻名于世。它以这种方法成为一种更新后的高级批判〔理论〕。

"秘密德国"的国王

精神分析研究所、瓦尔堡研究所、德意志政治学院和法兰克福学派,都是彼得·盖伊所谓"理性共同体"(the community of reason)的组成部分,它们试图以科学理性的方式,来解决公共问题,并进行试验。然而,并非所有人都相信,冷酷的理性就是答案。

在魏玛德国,后来成为抵制科学"冷酷实证主义"(cold positivism)

第四编 现代性的痛苦与奇迹

574 运动的组成部分之一,是由诗人和作家们围绕在斯特凡·格奥尔格——"秘密德国的国王"——周围建立的圈子(Kreis)。在实践中,这个小圈子的重要性更多体现在他们所支持的观点,而非他们提出的观点上(尽管少部分人总是抬高格奥尔格的诗)[1]。一些人是传记作家——这绝非偶然。他们的目的是抬高"伟大人物",特别是那些来自更为"英雄般"时代的人物,那些以其意志改变事态发展进程之人。在这一类型中,最为成功的著作是恩斯特·坎托罗维奇(Ernst Kantorowicz)有关13世纪皇帝弗里德里希二世(Frederick II.,见下文)的传记。对于格奥尔格及其圈子而言,魏玛德国明显是一个非英雄时代;科学无法回答这样一种困境,而作家们的使命则是通过他们的超凡直觉来启迪他人。

格奥尔格从未拥有过他所期待的那种影响力,因为他的光芒被一个更伟大的天才诗人所掩盖。这就是莱纳·玛利亚·里尔克。1875年,他出生在布拉格,当时的名字是勒内·玛利亚·里尔克(René Maria Rilke)——直到1897年,他才把自己的名字德意志化。里尔克在一所军事院校接受过教育。在事业起步阶段,他曾尝试创作戏剧、传记和诗,后因《五首诗》(*Fünf Gesänge*,1914年8月)而名声大作。该作品是为了回应第一次世界大战。年轻的德国士兵们随身携带他的这本薄册奔赴战场。其作品通常

---

[1] 罗伯特·E. 诺顿(Robert E. Norton):《秘密德国:斯特凡·格奥尔格和他的圈子》(*Secret Germany: Stefan George and His Circle*),伊萨卡(纽约)和伦敦:康奈尔大学出版社,2002年,第688页。也可参见托马斯·卡劳夫(Thomas Karlauf):《斯特凡·格奥尔格传:发现卡里斯玛》(*Stefan George: die Entdeckung des Charisma: Biographie*),慕尼黑:卡尔·布莱辛,2007年。

第三十一章 魏玛:"前所未有的心灵警觉"

是他们死前所念诵的最后几行字。这让里尔克成为"没有男性的一代人之偶像"。

他的著名诗集《杜伊诺哀歌》(*Duineser Elegien*)出版于1923年。这些诗的奇特神秘性、哲学性、"海洋性"语调,极好捕捉到这场运动的情绪。① 哀歌的主体部分在一周内(1922年2月7日到2月14日)以"精神风暴"般的方式"喷发而出"。② 他在完成这一劳苦心智的创作后,致信给一位朋友说,哀歌"已抵达"。在里尔克与"伟大的悲伤之地"进行搏斗的那些诗中,他把自己的网铺撒在纯艺术、文学史、神话学、生物学、人类学和精神分析之上,试图挖掘每一门学术有助于缓解我们伤痛〔的因素〕。

> 早期的杰作,造化的宠儿,
> 一切创造的巅峰,朝霞映红的山脊,
> ——正在开放的神性的花蕊,
> 光的铰链、穿廊、台阶与王座,
> 本质铸成的空间,欢乐凝结的盾牌,
> 暴风雨般激奋的情感骚动——顷刻,唯余,
> 明镜:将自己流逝的美

---

① 朱迪斯·赖安(Judith Ryan):《里尔克,现代主义与诗歌传统》(*Rilke, Modernism and Poetic Tradition*),剑桥:剑桥大学出版社,1999年,第111页。

② 关于里尔克得益于弗洛伊德之事,可参见艾德里安·史蒂文斯(Adrian Stevens)、弗雷德·瓦格纳(Fred Wagner)编:《里尔克与现代性:伦敦学术交流会》(*Rilke und die Moderne: Londoner Symposion*),慕尼黑:尤迪齐姻,2000年,第49页及以下诸页。

第四编　现代性的痛苦与奇迹

重新汲回自己的脸庞。[*]

科学、现代性与小说

当里尔克与霍夫曼斯塔尔、斯特凡·格奥尔格一样，相信艺术家能够有助于形塑一个时代的主流心态时，托马斯·曼却同施尼茨勒一般，更专注于尽可能地戏剧化般描述这种变化。1924年出版的《魔山》尽管今天在德国不如《布登勃洛克一家》那样知名，但在当时它的销售情况却绝对上乘——当时以两卷本形式出版——在第一年便卖出了50 000本。它的象征主义色彩颇为浓厚（对翻译而言甚至太过浓厚）。英译本虽然也取得了成功，但丧失了曼的一些幽默笔法，而这本非其作品中常见的现象。《魔山》把背景置于第一次世界大战爆发前夜，讲述了有关汉斯·卡斯托普（Hans Castorp）的故事。这个"单纯的年轻人"前往一家瑞士疗养院探望罹患肺结核的表兄——阿尔伯特·爱因斯坦也曾做过类似的访问，并且在那里做过演讲。卡斯托普原本计划在那里只做短暂逗留，却因感染疾病，被迫在疗养院待了七年。随处可见的象征主义极为明显。这家医院就是欧洲，这家稳定而长期存在的机构业已充满着衰退和腐败。"如同将军们正在开启这场战争那样，汉斯期待他对这家疗养院的访问是短暂的，很快就会结束。"如同那些将

---

[*] 此处中译文引自林克译《杜伊诺哀歌》（第二首）。〔奥〕里尔克：《杜伊诺哀歌》，林克译，同济大学出版社，2009年，第44页。——译者

第三十一章 魏玛:"前所未有的心灵警觉"

军一样,汉斯惊奇(震惊)地发现,他的整个时间规划都不得不加以修改。住院者中有理性主义者、自诩为英雄者和无辜者。在整本书中,科学作为一种自我认识的形式,表现出无能为力〔的特征〕。曼的目标是由此概括人类状况(至少是西方状况)。如同里尔克那样,曼的担忧是,整个时代正在走向终结,而那些英雄们却不是答案。对于曼而言,现代人不再如此前那样,是拥有自我意识的人。

人们时常把托马斯·曼与赫尔曼·黑塞(Hermann Hesse)做比较,而且时常把他们视作截然对立的两个人。他们都是1904年由慕尼黑的出版商塞穆埃尔·费舍尔推出的。他们终生保持往来,通信数十封,不过直到20世纪30年代才成为真正的朋友。他们的事业既有平行一面,又存在差异性。黑塞让自己与世隔绝,多多少少地待在瑞士的一个地方;而曼总是迁移,再迁移。曼赞颂第一次世界大战,至少在大战开启时态度如此;而黑塞则反对大战,并与罗曼·罗兰在当时发出了"和平主义二重唱"——此举让他在赢得了许多朋友的同时,也树敌无数。两人一起调侃荣格的观念,且都获得过诺贝尔文学奖。

黑塞是一个任性的孩子,坚毅而独立,并不太愿意与这个世界打交道(这与其作品有所不同)。他的前两次婚姻都以失败告终。[①] 他是一位多产作家,出版过七部小说、多卷诗歌,3000多篇书评;他还编辑了50卷古典文学作品,写过35 000封信。他的许多作品都是自传式的,特别是《荒原狼》(*Steppenwolf*)。他在《魔

---

① 约瑟夫·米莱克(Joseph Mileck):《赫尔曼·黑塞:传记及作品录》(*Hermann Hesse: Biography and Bibliography*),伯克利和伦敦:加利福尼亚大学出版社,1977年,第4卷,第4页。

第四编　现代性的痛苦与奇迹

山》出版的那一年开始创作这部小说,到1928年付梓。《荒原狼》讲的是汉斯·哈勒尔(Hans Haller,首字母与黑塞本人相同)的故事。哈勒尔把他所完成的一本书的手稿留给了一位偶然相遇的熟人,即女房东的侄子。当这位侄子阅读该书时(这是一本书中之书),他发现,部分内容神奇地直接指向了自己。这本书是关于人格与人性,关于我们是否只是自我抑制或超越自我,关于内在一致性在原则上是否可能存在的问题。

这个主题同样怪异地(不过以完全相异的方式)出现在罗伯特·穆齐尔(Robert Musil)的笔下。他的三卷本小说《没有个性的人》(*Der Mann ohne Eigenschaften*)的第一卷出版于《荒原狼》付梓的那一年。对于一些人而言,该书是20世纪德语小说中最重要的一部,超越了曼或黑塞的任何作品。

1880年,穆齐尔出生在克拉根福。他的家庭属于中上层,奥地利"官僚阶层"的一部分。他学习过科学和机械,写过关于恩斯特·马赫的论文。《没有个性的人》把故事设置在1913年的神秘国家"卡卡尼亚"(Kakania),显然这就是奥匈帝国,〔因为〕该词指向"帝国的与王国的"(Kaiserlich und Königlich),或"K和K"(*K. u. K.*),即匈牙利王国与奥地利帝国领地。尽管该书的长度令人感到畏惧,但对于许多人而言,它是对20世纪初其他领域中的发展所做出的最为聪慧的文学回应。该书拥有三个相互缠绕的话题,搭建起一个松散的叙述框架。首先是主人公的搜寻工作。该主人公是一个名叫"乌尔里希·冯"(Ulrich von...)的三十多岁维也纳知识分子。他为了查明现代生活的意义,让自己参与到一个项目中,以理解一位凶手的内心。其次是乌尔里希与其姐的关系(及

第三十一章 魏玛:"前所未有的心灵警觉"

恋情)。他与这位姐姐从儿童时代起便失去了联系。第三,该书是一部有关第一次世界大战前夜维也纳的社会讽刺剧。[1]

但该书的真正主题是讨论:在一个科学时代中,作为人到底意味着什么?倘若我们能够相信的所有东西是我们的感觉,倘若我们只能如科学家知道我们那样知道自己,倘若所有关于价值、伦理和审美的归纳与讨论都是毫无意义的——正如维特根斯坦告诉我们的那样——那么,我们又该如何去生活呢?这是穆齐尔提出的问题。乌尔里希提到的一点是,这位凶手是高大的,有着宽阔的肩膀,"他的胸腔鼓出,好似一艘挂起桅杆的帆船";但有时,当他读到一本让自己感动的著作时,他感到渺小而软弱,如同"在水中漂浮的水母"。换言之,没有一种描述,没有一种性格或品质,是适合他的。在这一意义上,他是一位没有个性的人:"我们不再拥有任何内在声音。在这些天中,我们知道的太多了;理性在我们生活中横行霸道。"

弗朗茨·卡夫卡同样被什么是人类的意义、科学与伦理之间的战斗所吸引。[2] 1923 年,卡夫卡 39 岁时,实现了一个萦绕已久的梦想,从布拉格迁居柏林(他在德语氛围下接受教育,并在家里也说德语)。但他在魏玛共和国只待了一年不到,由于咽喉结核病而不得不转移到维也纳附近的一家疗养院,年仅 41 岁便病逝

---

[1] 卡尔·科林诺(Karl Corino):《罗伯特·穆齐尔传》(*Robert Musil:Eine Biographie*),汉堡—赖因贝克:罗沃尔特,2003 年,第 993 页及以下诸页。参见勒夫特:《维也纳的性与灵:魏宁格、穆西尔、多德尔》,第 115—125 页,介绍了一般性背景。

[2] 关于卡夫卡与穆齐尔之间的联系,可参见赖纳·施塔赫(Reiner Stach):《卡夫卡:决定之年》(*Kafka:The Decisive Years*),谢莉·弗里斯特(Shelley Frisch)英译,纽约:哈考特,2005 年,第 401—412 页。

第四编 现代性的痛苦与奇迹

于此。

卡夫卡瘦长,穿着体面,带着少许花花公子般的气质。他接受过法学教育,并在保险行业中事业有成。唯一显示其内心异常的线索在于他经历过三次不成功的婚约,其中两次是与同一位女性。

卡夫卡因其三部虚构性作品而闻名于世。它们是:《变形记》(*Die Verwandlung*,1916)、《判决》(*Der Prozess*,1925,死后出版)、《城堡》(*Das Schloss*,1926,死后出版)。不过,他还在十四年间留下了日记,写过大量信件。这些让他成为一位极度矛盾而又令人感到困惑的人。他与同一位女性保持婚约长达五年,但在期间看望她的次数不超过12次。在遇见一位女性后的两个月内,他曾写给她90封信,其中包括一些二三十页的长信;对另一个人,他在五个月内则写了130封信。在他36岁时,他曾给父亲写过一封著名的45页长信,来解释自己何以仍然畏惧父亲的原因。

尽管表面看来,卡夫卡的小说主题各不相同,但它们也拥有一些惊人的相似性,以至于卡夫卡著作的累积效应远胜于各个独立篇目的影响力。《变形记》以文学中最著名的开场白拉开帷幕:"格雷戈尔·沙姆沙一早从惊梦中醒来,发现自己在床上变成了一只巨虫。"倘若一个人变成了一只虫,那么这将有助于他(或我们)来理解人的意义吗?在《判决》中,约瑟夫·K.(我们从不知道他的姓)被逮捕,接受审判。他和读者都不知道他所犯何罪,或由哪一级政府来组建法庭。因此,他和我们无法知晓,死刑判决是否得以批准。最后,在《城堡》中,K.(同样,这是我们被告知的所有信息)

第三十一章 魏玛:"前所未有的心灵警觉"

到达一个村庄,以期谋得一份城堡土地测量员的工作。城堡的塔楼远远高于村庄,其所有者也拥有着那里的一切房屋。但是,K.发现,城堡当局拒绝知道有关他的所有信息,至少从一开始便是如此,并且命令他甚至不能待在村庄的小酒店中。他们本身的性格充满着矛盾,对K.的看法也发生着各种意想不到的变化,甚至说谎。他从未抵达那座城堡。

在解释卡夫卡的著作时,一个额外的困难是,他从未完成过上述三部主要小说,尽管我们从其笔记中知道他所想要表达的意思。他也曾告诉自己的朋友马克斯·布罗德(Max Brod),他为《城堡》一书所设想的内容——这是他几乎就要完成的作品。所有三个故事都表明一个人无法控制自己,或者他的生活。在每一个故事中,主人公都被挤到前台,被暴力抓到他并不愿意去的地方——在那里,那些暴力(生物性的、精神性的、逻辑性的)极为盲目地横冲直撞。没有发展,没有进步,没有习惯性理解,没有乐观主义。这是荒凉的,令人感到心寒的。W. H. 奥登(W. H. Auden)曾经说过:"倘若有人要说出一位如但丁、莎士比亚或歌德那样最与我们时代保持相同关联的作家,那么我们首先想到的是卡夫卡。"他同样神秘地预测到很快就要降临的特殊世界:斯大林的苏联与希特勒的帝国。

利翁·福伊希特万格(Lion Feuchtwanger)也是如此。很可惜的是,在今天,他的名声不如曼、卡夫卡、黑塞,甚至不如穆齐尔。除了他的著作外,他的人生在某些方面也具有典型性:他曾两度逃亡,参加过两次分离战争,做过一次战俘。

1884年,福伊希特万格出生在慕尼黑,父亲是一位富有的犹

第四编　现代性的痛苦与奇迹

太工业家和旅行爱好者。1914年,在大战爆发前夕,他身处突尼斯——这是一个法国领地。他因身为敌国公民而被捕。但他逃脱了,返回德国,并报名参军。他的第一部真正取得成功的著作是《犹太人苏斯》(Jud Süss,英译为《权力》[Power]),揭露的是反犹主义现象。该书写于1921年,直到1925年才付梓(因为他找不到一家出版社)。然而该书很快获得成功。

他的杰作是《成功》(Erfolg),出版于1930年。这是一部主要关于魏玛德国的小说。在该小说中,年轻女子约翰娜·克赖因(Johanna Krain)想方设法要将其爱人克吕格尔(Krüger)从监狱中拯救出来。后者是一位博物馆馆长,由于展出了两幅具有争议性的绘画(其中一幅画的是裸体)而冒犯了巴伐利亚当局。一些著名人物和机构在书中清晰可辨(如希特勒、布莱希特、IG. 法本公司)。克吕格尔死于监狱中,但在此之后,福伊希特万格才揭露和预测了这个世界存在的所有腐败和似是而非的合理化——正是这些因素促成了第三帝国的崛起。

虽然福伊希特万格的财产被纳粹分子攫取,但他本人逃到了法国。在那里,1940年,他被关入集中营。这一次,他化装为妇女逃脱了,首先前往西班牙,然后进入美国("上帝自己的国家")。在美国,他加入到由杰出流亡者组成的、日益壮大的团体之中,后来以"希特勒的馈赠"(Hitler's Gift)而为人所知。[1]

在第二十九章中,我们已经看到,第一次世界大战中,人面对

---

[1] 沃尔夫冈·延斯克(Wolfgang Jeske):《利翁·福伊希特万格传,或认知的艰难道路》(Lion Feuchtwanger, oder, Der arge Weg der Erkenntnis: Eine Biographie),斯图加特:梅策勒,1984年,第238页以下诸页。

第三十一章 魏玛:"前所未有的心灵警觉"

现代技术化武器时的经历是如此极端,以至于在战壕内那些被公认的勇士中,也出现了一系列新的精神问题。这些潜意识的焦虑情绪是否造成了许多与战争相关的小说延后问世?这是发生在双方面的延后吗?福特·马多克斯·福特(Ford Maddox Ford)的《不再有检阅》(*No More Parades*)出版于1925年。欧内斯特·海明威(Ernest Hemingway)的《太阳照常升起》(*The Sun Also Reises*)出版于1926年,写的是一位受伤老兵的故事。西格弗里德·萨松(Siegfried Sassoon)的《一位步兵军官的日记》(*Memoirs of an Infantry Officer*)直到1930年才出版。在后两本书出版年代之间,1928年,出现了这批作品中最为成功的一部,至少在商业上如此,即《西线无战事》(*Im Westen Nichts Neues*)。作者是埃里希·玛丽亚·雷马克(Erich Maria Remarque)。

克里斯汀·巴克与R. W. 拉斯特强调,《西线无战事》是20世纪最重要的著作之一,但并非最伟大的著作之一,也不是雷马克本人的最佳作品。1898年,雷马克出生在奥斯纳布吕克。其本人经历总是引起争议,特别是他在第一次世界大战中的真实所为,以及他是否如其所言获得过勋章等问题。他从未驻扎在前线,但看上去他曾经表现英勇,帮助过受伤士兵脱离危险。

战后,他开始创作短故事与一些梗概,并在1925年迁居柏林。在那里,他成为《图片中的运动》(*Sport im Bild*)的记者。①《西线无战事》创作于两年之后,于1928年底陆续刊登在《人民

---

① 克里斯汀·巴克(Christine Barker)、R. W. 拉斯特(R. W. Last):《埃里希·玛丽亚·雷马克》(*Erich Maria Remarque*),伦敦:奥斯瓦德·沃尔夫,1979年,第13页。

第四编　现代性的痛苦与奇迹

报》(Vossische Zeitung)上(另有十一份其他报纸予以转载)。1929年1月,它以精装本付梓。一夜成名,永远改变了雷马克的人生。①

这部小说讲述的是一班年轻人的故事。他们被派往前线,精疲力竭,与年纪更大、更有经验者协同作战。里面出现过许多场景,当时,这些人(男孩子们)审视后方生活与爱情世界——对于他们绝大多数人而言,这些已不再开启大门。战争的幽闭恐惧症逐渐出现在这些人身上。在最初八位同学中间,只有一位幸存下来。当这些男人或男孩竭力去理解他们是懦夫还是英雄、是个体还是同志战友、是自豪的战斗者还是令人羞愧与失望的人时,雷马克揭露了他们发生异化的不同方式。他们开始明白,自己身处如此恐怖的战争之中的事实,已经让自己与那些将来不再拥有这段经历的人区隔开来。尽管该书也出现了一些陈词滥调,但一些画面已经变得颇为知名,例如正在熄灭的香烟在其已经死亡的主人嘴中发出嘶嘶响声。②

《西线无战事》是灰暗的,极其灰暗,但它激起了战争小说的创作热潮,并引发了剧烈争议。这些争议针对其书写风格、其"失败主义"〔情绪〕、其对战争进行了非爱国主义式的描述。大约在该书出版的一年后——当时它的销售量已经接近100万册,并且已经被翻译(或者正在翻译中)为七种语言——纳粹分子转向雷马克,

---

　　① 希尔顿·蒂姆斯(Hilton Tims):《埃里希·玛丽亚·雷马克:最后的浪漫主义》(Erich Maria Remarque: The Last Romantic),伦敦:康斯特布尔,2003年,第53页。
　　② 巴克和拉斯特:《埃里希·玛丽亚·雷马克》,第60页。

第三十一章 魏玛:"前所未有的心灵警觉"

把该书制造为一种政治事件,因为他向军事作战中个人英雄主义的神话发起了挑战。这场〔批判〕运动由戈培尔亲自挂帅,由希特勒青年团(Hitler Youth)于1930年破坏根据小说改编的美国同名电影放映而拉开序幕。①

雷马克离开了德国,最终前往美国。他的银行账户被冻结,但他早已明智地转走了大部分资金,连同其收藏的印象主义与后印象主义绘画作品——塞尚、梵·高、德加、雷诺阿(Renoir)。《西线无战事》在1933年5月柏林的那场臭名昭著的焚书行动中被付之一炬(见下文),但雷马克仍然以某些方式笑到了最后。在美国,他前往好莱坞,与玛琳·黛德丽、葛丽泰·嘉宝(Greta Garbo)、查理·卓别林(Charlie Chaplin)、科尔·波特(Cole Porter)、F.斯科特·菲茨杰拉德(F. Scott Fitzgerald)与欧内斯特·海明威结下了深厚的友谊。他甚至赢得了"好莱坞之王"的头衔,因为许多电影来自其著作,其中包括《归途》(*The Road Back*)、《三个战友》(*Three Comrades*)、《生死存亡的时代》(*A Time to Love and A Time to Die*)、《上帝没有宠儿》(*Heaven Has No Favorites*)以及《天堂里的影子》(*Shadows in Paradise*)。对于雷马克而言,在这些作品中,没有任何事物是持久的——每一个人是孤独的,没有任何清晰的回答来解决困扰我们的问题与神秘;生活也许拥有其极端美丽,甚至欢愉的那一刻,但所有这一切都只是一瞬间。雷马克说,他相信,德国的人性尤为冷漠,从歌德及其《浮士德》开始便是

---

① 约翰·威利特(John Willett):《再次冷静(1917—1933):魏玛时代的艺术与政治》(*The New Sobriety: 1917—1933; Art and Politics in the Weimar Period*),伦敦:泰晤士&哈德逊,1978年,第193页。

第四编　现代性的痛苦与奇迹

如此。①

一个正在消失的家园，唯有儿童是无辜的

如今，我们或许更重视业已完成的或完整出版的著作，但在魏玛共和国时期，德国的两名作家却让自己以更为传统的、影响力短暂的技艺而闻名天下，即在报刊上发表讽刺短文，为卡巴莱编写歌曲与短剧，撰写书评、抨击诗歌，异想天开（或不是那么异想天开）的报刊专栏。库尔特·图霍尔斯基（Kurt Tucholsky, 1890—1935）与埃里希·凯斯特纳（Erich Kästner, 1899—1974）以自己的方式在柏林取得的地位类似于卡尔·克劳斯之于维也纳。他们搭建起上文提及的职业作家与下文即将讨论的职业剧作家之间的桥梁。

两人几乎在所有杂志上发表文章（又类似克劳斯），使用过许多笔名。两人都深受母亲的影响（尽管图霍尔斯基与其母的关系比较紧张）。两人都因其"一战"中的经历而转向和平主义者。

不过，在他们的作品中，两人都是极有斗志的。图霍尔斯基生于柏林，但在斯德丁（Stettin, 现属波兰）长大。他颇为早熟, 17岁时便取笑威廉皇帝在艺术方面的口味。23岁时，他开始为戏剧类杂志《舞台》（*Die Schonbühne*）撰稿，该刊后来更名为《世界论坛》（*Die Weltbühne*），图霍尔斯基随后成为其编辑，并使之成为魏玛

---

① 巴克和拉斯特:《埃里希·玛丽亚·雷马克》，第151—152页。詹姆斯:《文化失忆:我的时代批注》，第55, 400页。

第三十一章 魏玛:"前所未有的心灵警觉"

时期极有个性的杂志之一。图霍尔斯基撰写过各种类型的文章,[582]如诗、书评、社论、格言("你要么欣赏女人,要么拥抱书籍"),甚至起诉书——他曾控告过军方、法官、检察官、资产阶级,特别是一连串由保守革命者制造的政治谋杀,〔因为〕他感觉到这些谋杀举动正刺激着德国"暴徒们"的心境发生转变,他们认为只有纳粹党人才能从中获益。

他迫切希望魏玛共和国能够取得成功,但正如埃里希·凯斯特纳评价的那样,图霍尔斯基是一位"矮小而肥胖的柏林人",不过是"竭力用自己的打字机来阻止灾难降临而已"。1924年,他成为《世界论坛》杂志的巴黎通讯员(兼合作编辑),同时开始了自己的流亡生涯。他追随自己的偶像,犹太同胞海因里希·海涅,成为了一位亲法者。他从法国观察德国〔及其变化〕。他的眼光仍然是那么锐利,以至于一些认为自己被其文字诽谤的受害者多次起诉他。

他的巅峰之作是《德国,德国高于一切》(*Deutschland, Deutschland über alles*),在约翰·哈特菲尔德(John Heartfield)看来它是一本颇为尖锐的社会批判性著作。尽管如此,图霍尔斯基却宣称,该书是自己热爱正在消失之祖国的作品。"他们正准备走向第三帝国之路。"他颇有预见性地这样写道。

与其预想相比,他的打字机并没有产生更大效果。1930年,他永久性地移居瑞典。《世界论坛》也坠入日益燃烧的熊熊大火之中。取代图霍尔斯基成为编辑的卡尔·冯·奥西茨基(Carl von Ossietsky)因在该刊上进行了一次调查,揭露国防军非法重整空军,而被捕入狱。尽管图霍尔斯基考虑过回国支持奥西茨基的

第四编　现代性的痛苦与奇迹

可能性,但他最终未能成行。为此,他后来总是感到遗憾(他后来写过一篇小文章,宣称"士兵即凶手",以此来暗示自己的态度)。正如其他人那样,他从来不相信希特勒政权会分崩离析。由于受到周期性鼻窦炎的影响,他在1935年12月服用了过量安眠药自杀。在其去世前,他已经发起了一场支持奥西茨基获得诺贝尔和平奖的运动。这场运动最终取得了胜利,但已是图霍尔斯基自杀的一年之后。

凯斯特纳出生在德累斯顿,父母是马鞍工匠与理发师。他认为自己所接受的军事训练极为残酷(当第一次世界大战爆发时,他年仅15岁),更渴望学习历史、哲学、文学和戏剧。战后,他在莱比锡大学如愿以偿。随后,他进入《新莱比锡报》(*Neue Leipziger Zeitung*)担任记者,使用过一些笔名。1927年起,他移居柏林,出版诗集、发表文章,在各种媒介上发表见解,其中包括著名的《人民报》和《世界论坛》。他成为新客观主义运动的领军人物。尽管这场运动拥有冷静朴实之风格,但它仍然是魏玛时期的一种讽刺性力量。

他最为知名的著作是《埃米尔擒贼记》(*Emil und die Detektive*,1928)。该书仅在德国便卖出了200万册,并建立起一种儿童侦探小说的类型。(R. W. 拉斯特把凯斯特纳形容为"所有时代中最伟大的儿童作家之一"。)不过,他也为成人写作,且影响力最终导致其作品在1933年被禁,并连同布莱希特、乔伊斯、海明威以及曼氏兄弟的作品被付之一炬。他曾两次被盖世太保逮捕,但始终留在德国。他最终被〔纳粹〕禁止写作。

第三十一章 魏玛:"前所未有的心灵警觉"

《法比安》(*Fabian*)是他的一部最为人所知的成人小说,原题为《走到狗面前》(*Der Gang vor die Hunde*)。该书让许多因其《埃米尔擒贼记》故事而知晓他的人感到震惊。它出版于1931年,故事发生在柏林:"东部犯罪,中央诈骗,北部穷困,西部淫荡,指南针所指之处,都隐藏着毁灭的种子。"法比安是一位烟草公司的广告策划员,负责构思宣传口号,以便维持一种腐败堕落、无能失效的体制。随意的性关系,令人作呕的家庭关系,失业,如此种种都汇集在一个悲观主义色彩的讽刺作品中,以此谴责允许希特勒崛起的德国——在这个将法比安与埃米尔联系在一起的世界里,唯有儿童是无辜的。

与此同时,凯斯特纳在诗中开启了新生活。其中不少诗出现在卡巴莱剧中,后来以"公共诗"而闻名,成为这个时代的一面镜子:

> 无论造的是什么——总会变成兵营。

凯斯特纳以各种不同形式进行创作的事实表明,在他看来,魏玛德国的情势极其危急。他对创造"艺术"的兴趣远没有对其读者施加影响来得大。他对图霍尔斯基的评价,正好也是对其自身的写照:他希望运用自己的打字机,来阻止即将来临的大灾难。尽管他〔以及图霍尔斯基〕失败了,但正如克莱夫·詹姆斯所言,魏玛德国的记者们丰富了德语文化,因为他们将之从"故意在高空飞行,以致让人在平流层感觉缺氧的论文"中拯救出来。

第四编　现代性的痛苦与奇迹

音乐新理论

英国驻柏林大使埃德加·文森特·德阿贝农子爵（Edgar Vincent, Viscount D'Abernon）在其回忆录中，把1925年后的时代形容为一段城市文化生活的"辉煌时期"。画家、记者和建筑师成群结队地涌入这座城市。不过，柏林首先是演员们的驻地。该城除了120份报纸外，还有40份戏剧报道——在一位观察家看来，它们提供了"前所未有的心灵警觉"。这也是政治性卡巴莱剧、讽刺歌曲、埃尔文·皮斯卡托（Erwin Piscator）的实验戏剧、弗朗茨·莱哈尔（Franz Lehar）的轻歌剧、爵士乐与约瑟芬·巴克（Josephine Baker）——尽管哈里·凯斯勒伯爵（Harry, Count Kessler）在其日记中说，当巴克裸露时，他并没有产生性欲（他是同性恋者）——的黄金年代。

在上述一系列杰出人物中，三位表演艺术的天才脱颖而出。他们是：阿诺德·勋伯格、阿尔班·贝尔格和贝尔托·布莱希特。在1915—1923年，勋伯格极少谱曲。但在1923年，他却献给世界一个被批评家称之为"音乐组织新方式"的曲调。两年前，1921年，勋伯格因岁月艰难而感到愤懑，宣称自己已经发现了"某些将确保德意志音乐在随后数百年间称霸世界的东西"[①]。这就是后

[①] 安德烈亚斯·雅各布（Andreas Jacob）:《阿诺德·勋伯格音乐理论的基本概念》(Grundbegriffe der Musiktheorie Arnold Schönbergs)，希尔德斯海姆：奥尔姆斯，2005年，第1卷，第374页。关于凯斯勒，可参见哈里·凯斯勒：《聚光灯下的柏林：哈里·凯斯勒日记》(Berlin in Lights: The Diaries of Harry Kessler)，纽约：格罗夫，2000年。

第三十一章 魏玛："前所未有的心灵警觉"

来以"序列音乐"(serial music)闻名的音乐形式。序列主义与其说是一种音乐的风格，倒不如说是一种音乐的"新语法"。勋伯格的早年发明"无调性"(Atonalism)部分是为了消除作曲中的个人才智；序列主义则在此方向上前进一步，把盛行的音符使用倾向降至最低水平。在此系统中，乐曲是由 12 个半音阶音符组成，以指定目的而排序，每部作品各有不同。在通常情况下，同一行或同一序列中，没有音符会重复，以此确保没有任何一个音符会比其他音符显得重要，以免音乐具有调性中心的感觉——传统音乐便是如此。它的旋律线总是忽行忽停，音调跳跃很大，节拍上也有差异。在新的系统中，有可能出现各种变体，其中包括在使用非常规性音域中的声响和乐器。鲁道夫·塞尔金(Rudolf Serkin)曾多次提过，他喜欢勋伯格这个人，"但我无法喜欢他的音乐"[①]。

首部完成的序列作品，一般指的是勋伯格的《钢琴前奏曲第 25 号》(*Piano Suite, op. 25*)，创作于 1923 年。阿尔班·贝尔格与安东·冯·韦伯恩(Anton von Webern)都兴奋地接受了勋伯格的新技巧。对于许多人而言，贝尔格的两出歌剧——《沃采克》与"庄严但充满兽性的"《璐璐》——是最为熟悉的无调性与序列主义的典范之作。1918 年，贝尔格便开始谱写《沃采克》——该剧基于格奥尔格·毕希纳（见上文，原书第 301—303 页）尚未完成的短小剧本——但到 1925 年才在柏林完成。[②] 贝尔格高大英俊，与勋伯格和韦伯恩相比，他并没能完全摆脱浪漫主义的影响——这或

---

① 弗洛伊德利希：《洪水滔天之前：20 世纪 20 年代的柏林肖像》，第 180 页。
② 罗斯：《余者皆噪音：倾听 20 世纪》，第 206—207 页。

许也是他的作品为何更为流行的原因。《沃采克》的感情与形式极为丰富,使用了回旋曲、摇篮曲、军队行进曲,每一个角色生动逼真。[①] 首演由埃里希·克莱伯(Erich Kleiber)指挥,且经过了"规模空前的系列排演"。但即便如此,这出歌剧仍引发了一场骚乱。它被贴上了"堕落"的标签。《德意志报》(*Deutsche Zeitung*)上刊登的批评这样写道:"从音乐的角度来说,我们要面对的是一位危害大众福祉的作曲家。"然而它收获了"一遍又一遍的鼓掌欢呼"。欧洲的其他歌剧院抢着要上演它。连勋伯格都产生了嫉妒之心。[②]

在某种程度上,《璐璐》是《沃采克》的反面。军人掠夺着周围一切,而璐璐则是一个掠夺者,一个"摧毁她所接触的一切东西"、毫无道德感的妓女。这出序列歌剧源于弗兰克·魏德金德(见上文,第27章)的两份剧本,同样接近无调性的边缘。由于贝尔格于1935年去世,所以他并未完成《璐璐》。但这部作品充满着各种大胆尝试的片段、精心设计的花腔女高音,并在转变为女英雄的妓女与谋杀者之间制造了冲突。璐璐是"新世纪的福音传道者",却被害怕她的人杀害。这出歌剧的场景正是柏林的化身,是被如贝尔托·布莱希特这样的人视作家乡的柏林。

与贝尔格、库尔特·魏尔及保罗·欣德米特一样,布莱希特也

[①] 约翰·贾曼(John Jarman):《阿尔班·贝尔格的音乐》(*The Music of Alban Berg*),伦敦和波士顿:费伯,1979年,第15页及以下诸页,第80页及以下诸页。参见凯瑟琳·贝利(Kathryn Bailey):《韦伯恩传》(*The Life of Webern*),剑桥:剑桥大学出版社,1998年,第116页及以下诸页,有关于德国当时音乐文化的更多细节描述。

[②] 罗斯:《余者皆噪音:倾听20世纪》,第207页。

第三十一章 魏玛:"前所未有的心灵警觉"

是"十一月团体"的成员。该组织成立于1918年,致力于传播一种适应新时代的新艺术。尽管在1924年后,当魏玛共和国生命的第二段进程开启时,该团体便分崩离析了,但它的革命精神仍然续存下来,而且它续存于布莱希特的风格中。1898年,布莱希特出生在奥格斯堡。他是成长于电影影响下(特别是查理·卓别林影响下)的第一代艺术家、作家和诗人。布莱希特总是喜好美国和美国观念——爵士乐与厄普顿·辛克莱(Upton Sinclair)的作品稍后也对其产生了影响。①

贝尔托(受洗时取名欧根[Eugen],但他放弃了这个名字)在奥格斯堡长大,曾是一位自信、甚至"冷酷"的孩子——在一位观察者看来,他有着一双"浣熊般机警的眼睛"。② 他最初是一位诗人,同时也是一位才华横溢的吉他演奏家。对于一些人(如利翁·福伊希特万格)而言,他因天赋使然,习惯"把自己的想法强加"给别人,"无疑散发着革命气息"。他与卡尔·克劳斯、卡尔·楚克迈尔、埃尔文·皮斯卡托、保罗·欣德米特、库尔特·魏尔、格哈德·豪普特曼、伊丽莎白·豪普特曼(Elisabeth Hauptmann)以及一位"看上去像个蝌蚪"的演员彼得·洛尔(Peter Lorre)合作,并成为朋友。布莱希特在20多岁时,把重心转向戏剧、马克思主义和柏林。

---

① 关于当时的美国影响,参见伊丽莎白·哈维:"魏玛德国的文化与社会:现代主义与大众文化的冲击"("Culture and Society in Weimar Germany: The Impact of Modernism and Mass Culture"),玛丽·富布卢克(Mary Fulbrook)编:《20世纪的德国政治、文化和社会(1918—1990)》,伦敦:阿诺德,2001年,第62页。

② 汉斯·迈尔(Hans Mayer):《布莱希特》(*Brecht*),美因河畔法兰克福:祖尔坎普,1996年,第323页及以下诸页。

第四编　现代性的痛苦与奇迹

在魏玛德国,战争题材在剧院中并不流行,而布莱希特的早期作品——如《巴尔》(Baal)——却极为明确地转向了这一话题,并让他在先锋派作家群中赢得了名声。[1] 不过,只有当他推出《三毛钱歌剧》(Dreigroschenoper)后,才真正名声大作。该剧源于1728年的一部民谣剧《乞丐歌剧》(The Beggar's Opera),作者是约翰·盖伊(John Gay)。1920年,奈杰尔·普莱费尔(Nigel Playfair)已经在伦敦的音乐剧场加以重新编排,并连演四年之久。约翰·盖伊的主要目的是嘲笑意大利大歌剧的装腔作势。但当伊丽莎白·豪普特曼为布莱希特翻译此剧后,后者聪明地把场景转换到维多利亚时代——这是更近的家园——然后以此剧来抨击资产阶级的体面生活及其自鸣得意的形象。[2]

彩排是灾难性的。有关性的歌曲不得不被删除,因为女演员们拒绝演唱它们。首演开场也不好。本来准备配合第一首曲子的手摇风琴无法演奏,演员被迫在没有伴奏的情况下清唱了第一段——管弦乐队随后伴奏了第二段,尽管"管弦乐"在此处出现显得有些奇怪,事实上该剧共有七位乐师演奏了23种不同乐器。[3] 不过,第三首曲子,麦基(Macheath)与警察局长泰格·布朗(Tiger Brown)之间的二重唱(回忆他们早年在印度的经历),却让观众如痴如醉。该剧之所以取得成功,部分是因为它所公开宣扬的马克

---

[1] 瓦尔特·拉奎尔:《魏玛,一段文化史(1918—1933)》(Weimar, A Cultural History, 1918—1933),伦敦:韦登菲尔德 & 尼科尔森,1974年,第153页。

[2] 约翰·菲吉(John Fuegi):《布莱希特传》(Brecht & Co.: Biographie),汉堡:欧洲出版社,1997年,第271页及以下诸页。

[3] 罗斯:《余者皆噪音:倾听20世纪》,第192页。

第三十一章 魏玛:"前所未有的心灵警觉"

思主义〔调门〕有所减弱。正如布莱希特的传记作家罗纳德·海曼(Ronald Hayman)指出的那样:"并没有咄咄逼人地向资产阶级一一详述,他们的所作所为无异于冷酷无情的罪犯;纵火与割喉不过是在不经意间在旋律中被提及,而穿着精致的企业家们坐在小包厢中,仍自觉比那些模仿社交场上矫揉造作的暴发户(nouveau riches)的匪帮来得重要。"该剧之所以取得成功的另一个原因是,在德国,当时正好流行"时代歌剧"(Zeitoper),即带有当代重要性的歌剧。在1929—1930年,类似的例证有:欣德米特的《每日新闻》(*Neues vom Tage*),这是有关报纸竞争的故事;恩斯特·克热内克(Ernst Krenek)的《乔尼奏乐》(*Jonny spielt auf*);马克斯·勃兰特(Max Brandt)的《机工霍普金斯》(*Maschinist Hopkins*);勋伯格的《从今天到明天》(*Von Heute auf Morgen*)。

布莱希特与魏尔在《马哈哥尼城的兴衰》(*Aufstieg und Fall der Stadt Mahaggony*)中再次大获成功。如同《三毛钱歌剧》那样,这也是关于现代社会的寓言。观众与批评家的反应完全不同。正如魏尔指出的那样:"马哈哥尼,如同索多玛(Sodom)和蛾摩拉(Gomorrah)那样,充满着各种罪恶和淫荡,城中居民完全处于困惑之中。"[①]这是一部史诗般的戏剧,也被布莱希特视作重要作品:"戏剧之所以激动人心,前提是人性不能改变;而史诗般的戏剧可

---

① 福斯特·赫希(Foster Hirsch):《舞台上的库尔特·魏尔:从柏林到百老汇》(*Kurt Weill on Stage: From Berlin to Broadway*),纽约:克诺夫,2002年,第12页。也可参见于尔根·舍贝拉(Jürgen Schebera):《1900—1950年间的库尔特·魏尔:文字、图像和档案中的传记》(*Kurt Weill 1900—1950: Eine Biographie in Texten, Bildern und Dokumenten*),美因茨:肖特,1990年,第77页及以下诸页。

第四编　现代性的痛苦与奇迹

能并非如此,而是在于人性已经发生变化。"①

纳粹分子越来越关注布莱希特和魏尔。当魏尔在1929年不出人意料地出席了纳粹的一个群众集会时,布莱希特却惊恐地听说自己,和阿尔伯特·爱因斯坦以及托马斯·曼一样被宣布为"国家威胁"。他很快悄然逃离这个国家。

仅次于好莱坞

当雷马克到达美国,特别是到达好莱坞时,他或许感到,这里比他所期待的更像自己的家园。② 本章开头描述过一部电影《卡里加利博士的小屋》。尽管这是一部具有重大意义的表现主义作品,但它远非唯一作品。事实上,在20世纪20年代,在魏玛共和国时期,人们见证了一段毫无疑义的德国电影黄金岁月。当时,无论是产量还是影响力,德国电影均可与好莱坞匹敌,德国电影的黄金一代导演为我们留下了至今为止画面最漂亮、最重要的作品。进一步而言,这一代中每一个人,弗里茨·朗(Fritz Lang,1890—1976)、F. W. 茂瑙(F. W. Murnau,1888—1931)、恩斯特·刘别谦(1892—1947)、罗伯特·西奥德马克(Robert Siodmak,1900—

---

① 基思·布利范特编:《魏玛共和国的文化与社会》(Culture and Society in the Weimar Republic),曼彻斯特:曼彻斯特大学出版社,1997年,第50页及以下诸页,提到布莱希特与阿尔弗雷德·德布林在《柏林亚历山大广场》中的区别。

② 参见托马斯·J. 桑德斯(Thomas J. Saunders):《好莱坞在柏林:美国电影与魏玛德国》(Hollywood in Berlin: American Cinema and Weimar Germany),伯克利和伦敦:加利福尼亚大学出版社,1994年。在该书中,作者论证了在20世纪20年代,德国随时准备在电影工业方面赶超美国。

1973)、比利·怀尔德(Billy Wilder,1906—2002)、奥托·普雷明格(Otto Preminger,1906—1986)和弗雷德·金内曼(Fred Zinnemann,1907—1997),都在美国终老。除了茂瑙外,其他人都是犹太人。或在希特勒夺权之前,或在其夺权之后不久,所有人都离开了德国。我们完全可以这样认为,正是他们帮助创造了我们今天所熟知的电影。

有关魏玛电影的学术研究,最近正在完成一些修正工作。传统上,20世纪20年代的德国电影被描述为"表现主义",即这种艺术形式把情感表露看得比切实描绘现实更为重要。失真扭曲是一种受人追捧的技巧,此外还带着异域风情的效果与特征,幻想与(动辄)恐怖是占据优势的主题。尽管毋庸置疑,上述特征的确说出了魏玛早期德国电影的特征(或者还包括赖因哈特与布莱希特的戏剧之特征),但现在人们普遍感到,电影受到的影响更多来自新艺术,或者是马塞尔·杜尚(Marcel Duchamp)和汉斯·里希特的机械现代主义,而不是基希纳、克莱或者诺尔德(Nolde)的观点。当20年代过去后,蒙太奇成为一种占据统治地位的技术,如罗伯特·西奥德马克、比利·怀尔德和弗雷德·齐内曼所拍摄的《星期天的人们》(*Menshem am Sonntag*,1929),以及1932年由斯拉坦·杜多夫(Slatan Dudow)与贝尔托·布莱希特所拍摄的《旺贝坑》(*Kuhle Wampe*)。①

此时还是有声电影盖过默片的时代(1929年)。当时,各地的

---

① 迪特里希·朔伊内曼(Dietrich Scheunemann)编:《表现主义电影:新视角》(*Expressionist Film: New Perspectives*),罗切斯特(纽约):卡登屋,2003年,第25页。

第四编　现代性的痛苦与奇迹

电影观众人数都在增加。但在德国,或许还存在着其他一些基本要素有助于我们解释德国电影成功的原因。在1930年由齐格弗里德·克拉考尔(Siegfried Kracauer)出版的一本著作中,最为清晰地指出了这些要素。此人后来同样前往美国,并出版过一本有关魏玛时代德国电影的经典之作(《从卡里加利到希特勒》[*From Caligari to Hitler*])。不过,他在1930年推出的作品,名为《雇员们》(*Die Angestellten*)。尽管该词更多指向作者认为"一战"后才出现的一种新阶层,即类似于我们今天在英语中所称呼的"白领工人"(white-collar workers)。① 克拉考尔指出,毫无根基的漂浮感、自然性的疏离感与情绪上的缺少安全感,促使这样一种新的社会阶层对奇迹抱有期盼(和爱好);当现代生活变得越来越单调时,这种新阶层便在其业余时间里培养出他们称之为"消遣文化"的东西。伊丽莎白·哈维(Elizabeth Harvey)同样论证道,大众媒体恰好于魏玛时期出现在德国,它所引发的变化在工人阶级中,产生了远胜于中产阶级中的影响力;同样,它所引发的变化对于女性,也产生了远胜于对于男性的影响力。② 克拉考尔的著作在很长一段时间里都是大众社会学分析的原初模板,而大众社会学分析在20世纪后半叶曾是西方世界的主流〔学术〕。不过,作者也试图解释魏玛出现如此大规模电影需求的原因。他认为,电影的〔吸引力〕并不仅仅在于有声,而是在于消遣电影所提供的高雅文化与低俗文化的混合体。与看戏或观赏歌剧不同,去电影院为人们提供了

---

① 朔伊内曼:《表现主义电影:新视角》,第38页。
② 哈维:《魏玛德国的文化与社会:现代主义与大众文化的冲击》,第68页及以下诸页。

第三十一章 魏玛:"前所未有的心灵警觉"

一种经历霍夫曼斯塔尔称之为"整体性仪式"的机会,而这种形式与规模又是人们此前未曾经历过的,它颠覆并破坏了俾斯麦改革所未曾触及的那种等级体制。

在黄金一代中,谁应该居于优先地位呢?或许是刘别谦。恩斯特·刘别谦是一位犹太海员之子,出生在柏林,19岁时加入马克斯·赖因哈特的德意志剧院。一年后,他以演员身份出现在自己的处女影片中。但他的主要爱好是导演。"一战"结束后,他拍摄了三部电影:《木乃伊的眼睛》(*Die Augen der Mummie Ma*,1918),保拉·内格里(Pola Negri)担纲主演;紧随其后的是《卡门》(*Carmen*),主演为同一人;在当年晚些时候,刘别谦又推出了《牡蛎公主》(*Die Austernprinzessin*),这是讽刺美国人癖好的喜剧片。在第三部影片中,他首次展示了后来得名为"刘别谦触动"(the Lubitsch touch)的手法,即他表现温和幽默的方式是以诙谐、可视的丰富场景,来与短幕戏(通常只是一个简单的镜头)形成鲜明对比,这些短幕戏集中体现了主人公的动机,并对场景做出了解释。

由于刘别谦取得了上述成功,他很早(1922年)便前往好莱坞,并以其20部完全不同类型的电影而闻名天下,其中包括喜剧(通常是荒诞喜剧)与宏大的历史剧。默片时代末期,他拍摄过大量经典影片,如《温德米尔夫人的扇子》(*Lady Windemere's Fan*)和《学生王子》(*The Student Prince*)。不过,当有声电影出现时,他以一批早期音乐剧加以回应,如《璇宫艳史》(*The Love Parade*)、《蒙特卡洛》(*Monte Carlo*)、《微笑上尉》(*Smiling Lieutenant*)。1935年,他被任命为米高梅公司(MGM)的制片人,成为唯一一个掌控大型摄影棚的导演。不过,他的影片仍然源源不断地

第四编　现代性的痛苦与奇迹

出现。1939年,他执导了由葛丽泰·嘉宝主演的《异国鸳鸯》(Ninotchka),此片也是他和比利·怀尔德共同创作。值得一提的是,该片当时的宣传口号是"嘉宝笑了!"而当纳粹夺取政权,刘别谦则永远离开了德国,并于1936年成为美国公民。

弗里茨·朗出生在维也纳,后赴巴黎学习绘画。第一次世界大战期间,他见证了发生在俄国与罗马尼亚的军事行动,并在那里三次受伤。他在某些方面是典型的表现主义导演。起初,他为埃里希·波默的公司工作——在默片时代,该公司的电影充斥着间谍、龙、历史影响、犯罪大师与暴君。他喜欢耗费巨资的史诗般电影,中意马克斯·赖因哈特业已推广的特效。朗可能是魏玛德国最知名的电影导演。他的作品连接着弗朗茨·卡夫卡与雷蒙德·钱德勒(Raymond Chandler)。在默片时代,他伟大的电影成就包括《大都会》(Metropolis)——这部影片在其公映时是世界上最昂贵的电影,以及《M》(M)。《M》描述了一名谋杀儿童的凶手,它取材自杜塞尔多夫所发生的真实案件,主演为彼得·洛尔。这名凶手遭到追捕并因其犯罪行为被扭送法庭。许多人认为,这是朗的杰作。[①] 一个出名的故事莫过于朗被召唤至戈培尔的办公室,后者告诉朗,他的新作《马布斯博士的遗嘱》(Das Testament des Dr. Mabuse)由于煽动公众骚乱而被禁止上映;与此同时,他还失去了乌发公司(UFA,德国电影公司)的经理之职——但事实上,这个故事子虚乌有。真实情况是:朗是犹太人,所以才离开德国前

---

① 帕特里克·麦吉利根(Patrick McGilligan):《弗里茨·朗:古怪者的世界》(Fritz Lang: The Nature of the Beast),伦敦:法伯,1997年,第148页。

第三十一章 魏玛："前所未有的心灵警觉"

往好莱坞，而他的妻子特亚·冯·哈伯（Thea von Harbou）则留在德国，并加入了纳粹党。

到美国后，朗进入米高梅公司，至少部分承担拍摄黑色电影（film noir，尽管这是一个法语名字）的职责。在这一类型中，他最出名的作品是《大内幕》（*The Bit Heat*），主演是格伦·福特（Glenn Ford）和李·马文（Lee Marvin）。不过，他也曾同许多明星合作过，其中包括亨利·方达（Henry Fonda）、斯宾塞·屈塞（Spencer Tracy）、玛琳·黛德丽、芭芭拉·斯坦威克（Barbara Stanwyck）、泰隆·鲍华（Tyrone Power）与爱德华·G. 罗宾逊（Edward G. Robinson），拍摄了如《你和我》（*You and Me*，1938，由库尔特·魏尔作曲）、《刽子手也死了！》（*Hangmen Also Die*！，与贝尔托·布莱希特共同创作）一类的电影。他在晚年时返回德国。

比利·怀尔德，原名塞穆埃尔·怀尔德（Samuel Wilder），在奥匈帝国治下，今属波兰的某地成长起来。他就读于维也纳大学，但中途退学前往柏林成为一名记者。最初，他负责体育版块，后来则转到影评栏目，并学会了鉴赏剧本。1929年，他与埃德加·G. 乌尔默（Edgar G. Ulmer）、罗伯特·西奥德马克、欧根·许夫滕（Eugen Schüfften）及弗雷德·齐内曼合作拍摄了《星期天的人们》。1933年，他离开德国，经巴黎（他的帽带中只带着1000美元），坐上一艘英国轮船（在上面学习英语），前往好莱坞。在洛杉矶，他与彼得·洛尔共住一间公寓。他的家人留在了德国，母亲、外婆、继父都死于奥斯维辛。[①]

[①] 夏洛特·钱德勒（Charlotte Chandler）：《人无完人：比利·怀尔德传》（*Nobody's Perfect: Billy Wilder: A Personal Biography*），纽约和伦敦：西蒙＆舒斯特，2002年，第60页。

第四编　现代性的痛苦与奇迹

怀尔德的首次成功之作是《异国鸳鸯》。该剧是他与恩斯特·刘别谦共同创作的，不过他的后续工作，开启了所有黄金一代中最辉煌的事业；抑或至少对于绝大多数人而言，他的事业是最为人所记住的。在其拍摄的影片中，我们或许可以提及：《双重赔偿》(Dounble Indemnity，1944)，这是关于保险金的谋杀故事；《失去的周末》(The Lost Weekend，1946)，这是针对酗酒的拷问；《日落大道》(Sunset Boulevard，1950)，这是讲述一位年华老去的影星梦想归来的故事；《倒扣的王牌》(Ace in the Hole，1951)，这是对黄色报道的抨击；《七年之痒》(The Seven Year Itch，1995)、《热情似火》(Some Like It Hot，1959)与《桃色公寓》(The Apartment，1960)。这些影片都耳熟能详，此处不再赘述。值得补充指出的是，在拍摄这些影片的过程中，怀尔德还哄骗了一些获得过奥斯卡表演奖的杰出演员们去扮演一些不可思议的角色，如威廉·霍尔登(William Holden)、弗莱德·麦克莫瑞(Fred MacMurray)和詹姆斯·卡格尼(James Cagney)充当丑角。也是怀尔德让杰克·莱蒙(Jack Lemmon)和沃尔特·马修(Walter Matthau)在著名的《满城风雨》(The Front PAGE，1974)中搭档合作。由于他在其作品中试图冲破好莱坞的审查制度，怀尔德六获奥斯卡奖，此外还有15次提名。当他去世时，一份法国报纸在其首页讣告标题上写道："比利·怀尔德去世。再无完人。"

埃里希·科恩戈尔德(Erich Korngold，1897—1957)并不是导演，而是一位作曲家。他的父亲是一位犹太音乐批评家。他出生在布尔诺(Brno)——此地当时属于奥匈帝国，现在是捷克共和国领土。他向亚历山大·冯·策姆林斯基(Alexander von Zem-

第三十一章 魏玛:"前所未有的心灵警觉"

linsky)学习音乐。施特劳斯和马勒都喜欢他的作品——后者更是将科恩戈尔德称作"音乐天才"。科恩戈尔德在1934年移居美国,为不少电影配曲。最初,他为《仲夏夜之梦》(*A Midsummer Night's Dream*)改编了门德尔松的乐曲,而该剧又是1935年他为马克斯·赖因哈特改编莎士比亚经典剧目的结果。1938年,他受邀为埃罗尔·弗林(Errol Flynn)的一部影片《侠盗罗宾汉》(*The Adventures of Robin Hood*)配曲;当他到好莱坞时,德国刚刚兼并奥地利,所以他留在加利福尼亚。他的电影荣誉包括为《旅行者》(*Deception*)配乐,该剧主演有贝蒂·戴维斯(Bette Davis)、保罗·亨里德(Paul Henreid)与克劳德·雷恩斯(Claude Rains);《风流世家》(*Anthony Adverse*)、《江山美人》(*The Private Lives of Elizabeth and Essex*)、《永恒的少女》(*The Constant Nymph*)和《人性枷锁》(*Of Human Bondage*)。他还创作钢琴曲、小提琴曲、大提琴协奏曲和交响乐,并排演过施特劳斯与奥芬巴赫(Offenbach)的轻歌剧。他的作品全集——音色极为丰富——至少在20世纪音乐史上得到严肃对待;他的歌剧《死亡之城》(*Die tote Stadt*,1920)是20年代的巨作,最近已经在波恩、维也纳、旧金山和伦敦各地复兴。①

然后是《蓝天使》。对于一些人而言,它不仅是有声电影的第一部伟大作品和第一部重要的德语有声电影,而且它还带来了四位非同寻常的杰出人才。它的场景——这让我们回想起前一章

---

① 卢奇·科恩戈尔德(Luzi Korngold):《埃里希·沃尔夫冈·科恩戈尔德:一幅生命画卷》(*Erich Wolfgang Korngold:ein Lebensbild*),维也纳:伊丽莎白·拉菲特,1967年,第62页及以下诸页。

第四编　现代性的痛苦与奇迹

(原书第513页)——改编自亨利希·曼的《垃圾教授》。这位中学教师因受到指控而事业跌入谷底,但即便他试图揭露事情真相时,他仍然不可救药地爱上了一位夜店歌手。这部电影于1930年上演,由约瑟夫·冯·斯特恩贝格(Josef von Sternberg)导演,合作编剧是卡尔·楚克迈尔,主演是埃米尔·强宁斯(Emil Jannings)和玛琳·黛德丽。

斯特恩贝格原名约纳斯·斯特恩贝格(Jonas Sternberg),不带"冯"——这是一家好莱坞工作室给他加上去的。他是一位奥地利裔的犹太人,来自维也纳。不过,在童年的大多时期,他都待在纽约,〔因为〕他的父亲在那里开始了新生活。斯特恩贝格找到了一份修复胶片的工作,并以此种方式缓慢进入商业领域。他的早期电影获得了查理·卓别林的关注。后者邀请斯特恩贝格访问好莱坞。在好莱坞,斯特恩贝格以一系列黑帮电影名声大作(在20世纪20年代,此类电影属于禁片)。借此,他于1930年回到德国,拍摄《蓝天使》,并以德、英两种语言录制。

卡尔·楚克迈尔(1896—1977年)在美因茨长大,并目睹了第一次世界大战时的西线战斗。1917年,他出版了一本和平主义式的战争诗集。不过,他的首批剧作并未得到好评。1924年,他成为柏林德意志剧院的剧作家,与贝尔托·布莱希特共事。在那里,他的剧作《欢乐的葡萄园》(*Der fröhliche Weinberg*,1925)让他赢得了克莱斯特奖(Kleist Prize)。《蓝天使》并非他在1930年的唯一的巨大成功。事实上,就在同一年,他还获得了比希纳奖(Büchner Prize)。但在1933年后,他的作品被禁止上演。他迁居瑞士,随后逃往美国。他在好莱坞也做过一些创作,后来他在佛蒙

第三十一章　魏玛:"前所未有的心灵警觉"

特州(Vermont)买了一家农场。第二次世界大战后,他作为美国大使馆的文化随员,返回德国,协助〔美方〕对战犯进行调查。他还写过一些其他剧本,并在德国获得成功。1952年,他因此获得歌德奖。

《蓝天使》的成就部分归功于斯特恩贝格运用灯光增强情感作用,部分则归功于楚克迈尔的创作,他对亨利希·曼原文的改写,让这位自信、即便性格完全不讨喜的"垃圾教授"转变为一个自我封闭的人。埃米尔·强宁斯(1884—1950年)扮演了垃圾教授。在当时,他比黛德丽更知名,有着非凡的嗓音和演讲能力。[①] 他是瑞士人,早在开战之初,已凭借其在《众生之路》(*The Way of All Flesh*)与《最后命令》(*The Last Command*)中的表演,而成为第一位获得奥斯卡最佳男演员奖的人。但浓重的德语口音仍令他在好莱坞的事业一败涂地。第三帝国期间,他出现在一些宣传影片中,其中包括《领袖原则》(*Führerprinzip*,1937)和《俾斯麦的离职》(*The Dismissal of Bismarck*,1942)。1941年戈培尔将其称为一名"国家艺术家"。正因如此,他在战后被迫参加非纳粹化改造。

当然,有关《蓝天使》,每一个人都记得或都知道的演员是玛琳·黛德丽,她的声音和大腿(展现长袜和吊袜带,这是所有时代最著名的电影海报之一)。黛德丽出生在柏林-舍内贝格(Berlin-Schöneberg),其父亲是一名警官。在出演《蓝天使》之前,她尚不知名。她在学校里学习过小提琴,但在报考马克斯·赖因哈特的戏剧学院时因听音测试而落榜。即便如此,她仍然成为一名合唱

---

① 卡尔·楚克迈尔:《我的一部分》(*A Part of Myself*),理查、和卡拉·温斯顿(Richard and Clara Winston)英译,伦敦:塞克尔 & 沃伯格,1970年,第32页。

第四编　现代性的痛苦与奇迹

团成员,并在一些戏剧如魏德金德的《潘多拉的盒子》中跑跑龙套。在《蓝天使》中,由她饰演夜店歌手劳拉(Lola),抽着烟,带着厌世神情的演唱扣人心弦,尤其是那首让她出名且总是与她名字相连的歌曲《再次坠入爱河》(*Falling in Love Again*)——欧内斯特·海明威曾经说过这样一句名言:"假如她只有声音的话,她也会以此让你心碎。"由于这部电影取得成功,派拉蒙电影公司将之誉为德国的嘉宝。随后,她出现在自己的第一部美国电影《摩洛哥》(*Morocco*)中,导演仍然是斯特恩贝格。[①]

她还拍过其他许多电影,合作演员包括詹姆斯·史都华(James Stewart)和约翰·韦恩(John Wayne),并同比利·怀尔德、阿尔弗雷德·希区柯克(Alfred Hitchcock)与奥逊·威尔斯(Orson Welles)这样的导演一起工作。她在第二次世界大战中扮演了积极的角色,成为首批参与支持发行战争债券的演员之一,并为战略情报局(OSS)灌制反纳粹唱片,其中包括《莉莉·玛莲》(*Lily Marlene*),还为巴顿将军的部队演唱,甚至还演奏了锯琴。[②] 战后,当其电影事业出现停滞时,她重新让自己成为布尔特·巴哈拉赫(Burt Bacharach)导演下的卡巴莱剧演员。1960年,她回到德国。人们对她的态度毁誉不一。最后,她葬在柏林,墓地离她成长的地方不远。

"垃圾教授"的死亡,为魏玛崩溃做好了准备。《蓝天使》在纳粹德国时期被禁止上演。

[①] 玛琳·黛德丽:《我的人生字典》(*ABC meines Lebens*),柏林:布兰法勒特,1963年。特别参见在好莱坞与比利·怀尔德词条下的内容。

[②] 吉多·克诺普(Guido Knopp):《希特勒时代的女性和玛琳·黛德丽》(*Hitler's Women-and Marlene Dietrich*),安格斯·麦吉奥赫英译,斯特劳德:萨顿,2003年,第266页。

|第三十二章|

魏玛:20世纪物理学、哲学与历史学的黄金年代

在科学的许多领域中,战争痕迹持续了数年之久。1919年,协约国成立了一个国际研究委员会,但把德国与奥地利排除在外。直到1925年,在《洛迦诺公约》签订后,这种规则才被打破。但即便如此,德国与奥地利的科学家们却拒绝接受橄榄枝。这种"霜冻"的局面存在于更多非正式的层面中,如德国人被禁止参加国家科学会议,无法获得访问学者的身份,他们的研究不能刊登在顶级杂志上。尤其值得注意的是,物理学家的索尔维会议(Solvay Conferences)居然在1923年之前没有德国参与者。①

几乎与此同时,在魏玛共和国,成立了一个新组织"德国科学援助基金",它与大学、研究院及威廉皇帝学会整合到了一起。当财政状况与组织状况逐渐好转时,问题也开始越来越多地出现在人事层面上。爱因斯坦首先遭遇到反犹主义〔的冲击〕,而他也并非唯一受到冲击的人。1920年,理查德·威尔斯泰特(Richard Willstätter)因其在理解叶绿素方面的研究而荣获诺贝尔化学奖;

---

① 约翰·康韦尔(John Cornwell):《希特勒的科学家》(Hitler's Scientists),伦敦:维京,2003年;企鹅,2004年,第111页。

第四编　现代性的痛苦与奇迹

而在此之前,他还因在第一次世界大战中发明一种三层防毒面具而被授予铁十字勋章。尽管如此,当他发现在其担任教授的慕尼黑兴起了反犹主义运动时,便在1924年辞去了大学教职。[1]

尽管〔总体〕形势不容乐观,但还是发生了一些夺人眼球的事情。1919—1932年或许是物理学(特别是理论物理学)的黄金年代。在该领域中,国际间的共同努力虽然十分显著,但在那几年中的〔研究〕重心始终集中于三个研究所,它们分别位于哥本哈根、哥廷根与慕尼黑。

尼尔斯·玻尔(Niels Bohr)的理论物理学研究所于1921年1月在哥本哈根成立。很快,1922年,玻尔本人被授予诺贝尔奖。在第一次世界大战爆发前不久,玻尔已经解释了电子如何按照某种特定的轨道围绕原子核运动,而根据马克斯·普朗克对量子的定义,这种特定形式是同原子结构联系在一起的。就在玻尔获得诺贝尔奖的同一年,他指出了物理学与化学之间存在本质联系,即电子的连续性运动轨道只能包含一定数量的电子,而且元素也是以类似方式进行化学运动——因为其原子的核外也有类似的电子排布,这在化学反应中最常见。

量子怪异性的到来

瑞士-奥地利人沃尔夫冈·泡利(Wolfgang Pauli)是在哥本哈根学习的众多国际物理学名人之一。1924年,泡利还是一位23

---

[1] 康韦尔:《希特勒的科学家》,第114页。

第三十二章 魏玛:20世纪物理学、哲学与历史学的黄金年代

岁的矮胖男孩,在遇到科学难题时,他常会感到沮丧懊恼。正是一个特别问题让他在丹麦首都的街头踯躅徘徊。[①] 这个问题来自这样一种事实,即当时没有人明白,为什么围绕在原子核周边轨道上的所有电子没有聚集到内层?倘若这一点发生,那么电子便能以光的形式发射能量。当然,今天我们已经知道,每一个电子层的能级都是规定好的,以至于第一层总是包含一条轨道,而第二层则包含四条轨道。泡利的贡献是,他向人们展示了,没有一条轨道可以包含两个以上的电子。倘若一条轨道包含两个电子,那么这条轨道就"客满",其他电子都被排除在外,被迫前往另一条轨道。这意味着,电子内层(一条轨道)不可能包含两个以上电子,而第二层(四条轨道)不可能包含八个以上电子。这便是著名的泡利不相容原理(exclusion principle)。该理论的绝妙之处,部分在于它延伸了玻尔有关化学行为的解释。例如,氢在第一条轨道上拥有一个电子,具有很高的化学活性。而氦在第一条轨道上拥有两个电子,事实上是惰性的(换言之,该轨道"已满"或"占满"了)。

第二年即1925年,这一研究的重心一度转移到哥廷根。第一次世界大战前,英美学生通常会前往德国,完成他们的学业,而哥廷根则经常是他们的停留之地。1922年,玻尔在那里做过一次演讲,当时遭到一位青年学生的批评。后者在其辩论中更正了玻尔的一个观点。而玻尔之所以为玻尔,便在于他并不在乎这位学生的挑战。维尔纳·海森堡(Werner Heisenberg)后来说道:"在讨

[①] 查尔斯·P.恩茨(Charles P. Enz):《无暇闲叙:一部有关沃尔夫冈·泡利的科学传记》(*No Time to Be Brief: A Scientific Biography of Wolfgang Pauli*),牛津:牛津大学出版社,2002年,第84页及以下诸页。

第四编 现代性的痛苦与奇迹

论结束时,他向我走来,问我是否愿意在那天下午和他一起攀登海恩山。"[1]这当然不仅仅是一次散步而已,因为玻尔邀请这位年轻的巴伐利亚人前往哥本哈根,着手处理另一个量子理论的问题。根据这一理论,能量(如光)是以微小粒子的形式发射——而根据经典物理学的说法,能量是以连续性的方式发射的。实际情况到底如何呢?海森堡返回哥廷根时,既为自己在哥本哈根的经历感到兴奋,又觉得困惑。随后,到1925年5月底,因罹患花粉热,他前往赫尔戈兰岛,度过两周假期。赫尔戈兰岛是北海上远离德国海岸的一个狭长岛屿,那里没有花粉,因而海森堡可以借助长距离徒步和潜水来清醒自己的头脑。在那种冰冷、清新的氛围中,海森堡产生了一个想法,即后来被称之为"量子怪异性"(quantum weidness)的第一个例证。海森堡的想法是,假如一些东西在一点上被视作连续性的,而在另一方面却被视作离散性的,这就是一种现实。假如两种衡量方式都存在,那么认为它们是不协调的说法是毫无意义的,因为它们不过是衡量方式而已。

这就是海森堡的核心想法。然而在接下来的三个星期里,他充满热情地将这个想法向前推进了,他发展出一种称为"矩阵数学"(matrix math)的方法。这一方法源于大卫·希尔伯特的理念。实验中测得的数据结果被分成二维数字表格,两个矩阵相乘,

---

[1] 大卫·C. 卡西迪(David C. Cassidy):《不确定性:维尔纳·海森堡的科学人生》(*Uncertainty: The Life and Science of Werner Heisenberg*),纽约:W. H. 弗里曼,1992年,第127页及以下诸页。

第三十二章 魏玛:20世纪物理学、哲学与历史学的黄金年代

就得另一个矩阵。① 在海森堡的设想中,每一个矩阵代表一个原子。它们互相"隶属于"对方。如果将"钠原子矩阵"乘以"光谱线矩阵",其结果就是钠原子光谱的波长矩阵。对于海森堡与玻尔而言,该理论让人觉得满意之处在于,"原子结构首次拥有了一种真正的(尽管让人感到十分惊讶的)数学基础"。海森堡把他的发现(或发明)叫作"量子力学"(quantum mechanics),尽管南希·桑代克·格林斯潘(Nancy Thorndike Greenspan)在其有关马克斯·玻恩(Max Born)的传记作品中证实,玻恩在有关量子波的概率性以及矩阵等构思方面的作用,在过去并未被海森堡一类的人物所承认。玻恩在1954年获得诺贝尔奖,其贡献如今已经被正确定位。②

由于巴黎的路易·德布罗意(Louis de Broglie)的新理论(同样发表在1925年),海森堡的想法变得更容易为人所接受。普朗克与爱因斯坦都论证说,到目前为止都被视作一种波的光,可能有时会像粒子那样运动。而德布罗意则修正了这种观点,指出粒子有时会表现得像波。不久之后,他便借助这种理论(而非实验)来证明上述观点的正确性。波粒二重性(the wave-particle duality)问题是物理学中第二个怪异概念,但它很快流行开来——其原因之一是奥地利人埃尔文·薛定谔(Erwin Schrödinger)的著作使

---

① 利奥·科里(Leo Corry):《大卫·希尔伯特与物理学公理(1898—1918):从几何学基础到物理学基础》(*David Hilbert and the Axiomatization of Physics (1898—1918): From Grundlagen der Geometrie to Grundlagen der Physik*),多德:克鲁沃,2004年。

② 南希·桑代克·格林斯潘:《"确定"世界的终结》(*The End of the Certain World*),纽约:韦利,2005年。

然。薛定谔被海森堡的想法搞得心神不定，但又着迷于德布罗意的观点。薛定谔在此基础上提出，在原子周边轨道上运动的电子，并不像行星，而是像波。进一步而言，这种波形决定了轨道的尺寸，原因是，为了构成一个完整的轨道圈，这种波必须遵守整数，而不是分数（否则波就会散乱不堪）。接下来，这一点也决定了轨道远离原子核的距离。

怪异性的最后一个层面出现在1927年，同样来自海森堡。当年2月底，玻尔前往挪威滑雪，海森堡则继续工作。由于他的办公室位于玻尔研究所的高层，他决定出门去呼吸一些〔新鲜〕空气，当他艰难地穿过附近泥泞的足球场时，脑海中突然出现了一个想法。海森堡问自己：在原子层面上，是否有可能存在一种可以为人所知的限制？为了确定粒子的位置，人们必须让其撞击锌硫化屏。此举会改变粒子的运行速度——这意味着人们无法在关键时刻测量它。相反，当粒子速度接受测量——方法是从那里散射伽马射线——粒子将撞击出不同路径时，其在测量时刻的精确位置已经发生了改变。海森堡的不确定原理（uncertainty principle）——这是后来命名的——指出，电子的精确位置与确切速度不可能同时得到测量（海森堡说，"测定即去扰乱"［*messen ist stören*］）。这既是在实践上、又是在哲学上的扰乱，因为这意味着在原子内的世界里，因果关系再也无法得到衡量。唯一理解电子行为的方式是统计学，运用概率法则。"即便原则上，"海森堡十分肯定说，"我们也无法在所有细节中知道现状。"爱因斯坦从未对量子理论的基础概念感到满意，因为原子内世界只能以统计学的方式来加以理解。

第三十二章 魏玛:20世纪物理学、哲学与历史学的黄金年代

他和玻尔围绕这一点的争论一直持续至其生命的终结。[①]

一些物理学家同样对爱因斯坦感到不满。他们是"反相对论者",其中包括著名的菲利普·莱纳德(Philipp Lenard)和约翰内斯·斯塔克(Johannes Stark)。两人都是优秀的科学家,但是当20世纪20年代逝去,他们却确信相对论是一种伪造的犹太科学。莱纳德在回忆录中被描述为一位有着"愤怒胡须"的人。他是匈牙利人,但在德国学习,导师是海因里希·赫兹,并成为后者的助手。[②] 其本人曾获得1905年的诺贝尔奖,因为他为人们展示了阴极射线可以穿过原子,并证明原子是由空余空间所组成的。不过,尽管莱纳德拥有实验才能,但他更是一个大仇恨家——他在1920年做过一系列攻击相对论的学术报告,即便相对论的一些预言业已通过实验的方式得到验证。1929年,他还出版了一部科学传记作品,以此来展示"雅利安-德意志人"是具领导性和创造力(或创新性)的力量,并把由犹太人与外国人所做出的其他发现安到一些不为人所知的个人身上,而且他们通常是德国人。

斯塔克则是另一位诺贝尔奖获得者。1919年,他因"斯塔克效应"(the Stark effect)——电场对光谱线的影响——而荣获该奖。他身处维尔茨堡大学"爱因斯坦仰慕者"的包围中,因而辞去

[①] 爱因斯坦认为,存在着两种类型的科学理论。一种是"原理化的"理论,如重力与加速度之间的等值关系,其现实是从基础原理"加以展开的"。另一种是"推定性的"理论,如量子理论,其基础原理还有待发现。最近,人们对爱因斯坦的哲学观念产生了越来越多的兴趣。可参见阿曼达·格夫特(Amanda Gefter):"心灵的力量"("Power of the Mind"),《新科学》(*New Scientist*),第2529期,2005年12月10日,第54—55页。

[②] 康韦尔:《希特勒的科学家》,第104页。

了教职,直到纳粹夺权后才获得另一个教职。[1] 不过,在此期间,他完成了一本著作,题为《德国物理学中的当代危机》(*Die gegenwärtige Krise der deutschen Physik*)。在该书中,他指出,相对论是文化萎靡的组成部分,是困扰魏玛共和国的因素之一。随后,他又发表了另一篇论文,题为《希特勒精神与科学》(*Hitlergeist und Wissenschaft*)。此文是他与莱纳德合作完成的,刊登在1924年的《大德意志报》(*Grossdeutsche Zeitung*)上。在该文中,他们比较了希特勒与其他科学巨人。此举标志着"德意志物理学"的诞生。这种"德意志物理学"闭口不谈相对论与量子理论,指责它们过于理论化,过于抽象,以至于"产生威胁,动摇这个世界的直观的力学模式"[2]。

新物理学正在产生的新数据,拥有着非常实用性的衍生结果。相对于科学家们(特别是那些对自然界根本特性感兴趣的科学家们)最初想象的场景而言,这些衍生结果已经在争议中更为直接地改变了我们的生活。20世纪20年代,广播进入到家庭中;1928年8月,电视机得到首次演示。另一个利用物理学来让生活出现革命性变化的发明,则是另一个完全不同的方式,亦即喷气发动机。这是由英国人弗兰克·惠特尔(Frank Whittle)与德国人汉斯·冯·奥海恩(Hans von Ohain)几乎同时发明的。

在20世纪30年代早期,奥海恩是在哥廷根大学攻读物理学与空气动力学的大学生。当时,他已经产生了类似于惠特尔的想

---

[1] 沃尔特·艾萨克森(Walter Isaacson):《爱因斯坦:人生与宇宙》(*Einstein: His Life and Universe*),纽约和伦敦:西蒙 & 舒斯特,2007年。

[2] 康韦尔:《希特勒的科学家》,第110页。

第三十二章 魏玛:20世纪物理学、哲学与历史学的黄金年代

法。不过,当惠特尔竭力争取英国政府的支持时,奥海恩却把自己的想法提交给一位私人飞机制造商恩斯特·海因克尔(Ernst Heinkel)。[1] 海因克尔意识到高速航空运输需求很大,因此从一开始就极为认真地对待奥海恩的想法,他在自己的家乡,波罗的海岸边的瓦尔讷明德,召开了一次会议。在会议上,25岁的奥海恩所面对的是一些飞机制造业领军的航空研究人才。尽管奥海恩年纪不大,但他仍然得到了一份合同,使之对可能售卖出的所有发动机拥有专利权。[2] 这份合同签署于1936年4月,但这份合同与〔德国〕航空部或空军(Luftwaffe)并无瓜葛,〔但这一时间节点〕恰好在惠特尔为喷气动力公司(Power Jets)达成一笔交易之后的一个月,也正是在英国的这家公司最终由一些银行家、〔英国〕航空部与惠特尔三方共同组建。英国的飞机公司建立和奥海恩获得合同之间的这段时期,英国的国防预算已经从1.22亿英镑增加到1.58亿英镑,其中部分是为了海军航空部队购买250架以上的飞机。四天后,德国部队占领莱茵非军事区,由此违背了《凡尔赛和约》。战争突然变得临近起来。而且在这场战争中,空军优势或许将(或已经)证明是关键要素。

物理学与数学之间的知识重叠处,通常总是大量存在的。就海森堡的矩阵与薛定谔的计算而言,物理学在黄金时代中的进步也包含着数学新形势的发展。到20世纪20年代末,由大卫·希尔贝特在1900年巴黎会议(见第25章,原书第475页)上所提出

---

[1] 格林·琼斯(Glyn Jones):《喷气机先锋:喷气式飞机的诞生》(*The Jet Pioneers: The Birth of Jet-Powered Flight*),伦敦:梅林因,1989年,第41—49页。
[2] 同上书,第142页及以下诸页。

第四编　现代性的痛苦与奇迹

的23个重要数学问题,其中大部分已经得到解决。数学家们以乐观主义的方式来看待世界。他们的信心远非一个技术问题,而是认为数学包含了逻辑,因此也拥有哲学蕴意。假如数学是完整的、内在始终如一的(如其呈现的那样),那么它说出了世界之本质。[①]

不过,到1931年9月,哲学家与数学家们共同在柯尼斯堡(Königsberg)召开了一个题为"精确科学中的知识理论"的大会。在参加者中,特别引人关注的是路德维希·维特根斯坦、鲁道夫·卡尔纳普(Rudolf Carnap)和莫里茨·施利克(Moritz Schlick)。不过,所有人都因一位25岁的来自布尔诺的数学家而黯然失色。此人的革命性观点后来发表在一本德国科学杂志上,论文题为《论〈数学原理〉及有关系统的形式不可判定命题》(*Über formal unentscheidbare Sätze der Principia Mathematica und verwandter Systeme*)。此人即库尔特·哥德尔(Kurt Gödel),该文现在被视作逻辑学与数学的里程碑式的作品。哥德尔是施利克主持的维也纳圈子中不固定成员——这个圈子促成了他对科学中的哲学观的兴趣。在其1931年的论文中,他推翻了弗雷格、罗素与希尔伯特等人的想法,即把所有数学建立在不可否认的坚实基础之上,不过他的原理仍然比海森堡的不确定原理更为坚实。他告诉我们说,仍然有一些东西是我们不可能知道的。正如小约翰·道森所写的那样,哥德尔的著作培养了"不可解性的幽灵"。[②]

[①] 科里:《大卫·希尔伯特与物理学公理(1898—1918):从几何学基础到物理学基础》。

[②] 小约翰·道森(John Dawson Jr.):《逻辑困境:库尔特·哥德尔的生平与作品》(*Logical Dilemmas: The Life and Work of Kurt Gödel*),韦尔兹利(马萨诸塞):A. K. 彼得斯,1997年,第55页。

第三十二章 魏玛:20世纪物理学、哲学与历史学的黄金年代

他的定理非常艰深。使用理查德悖论(或者翻译出来,为理查德悖论)进行类比是解读其思想的最简单方式——法国数学家儒略·理查德在1905年提出了该悖论。在该系统中,关于数学的各种定义都被赋以一个整数值。例如,可以为定义"除1和它自身之外,不能被其他任何正整数整除"(即,素数)指定一个整数——比如说,17。而另一定义"等于一个整数与其自身的乘积"(即,完全平方数)可能被指定了整数20。现在,假定这些数学定义都被列在了一个表中,而上述二者分别处于第17项和第20项。请注意两件事情:与第一个定义相关联的整数值17本身就是一个素数;而与第二个定义相关联的整数值20却并不是完全平方数。在理查德的数学系统中,上述关于素数的陈述不满足理查德性质,而关于完全平方数的陈述则满足理查德性质。形式化地讲,所谓"理查德性质"指的是"在这些定义的连续编号的集合中,作为编号的整数并不具有该整数所指定表达式的性质。"不过,当然,上一句话本身就是一个数学定义*,因此它也属于这一系列定义,并于是有自己关联的整数n。现在,可以提出问题了:n本身是否具有理查德性质? 矛盾顿时显现了出来:n满足理查德性质当且仅当它不具有与n相关联的定义所指定的性质;于是很容易看到,它满足理查德性质当且仅当它不满足理查德性质。

没有一种类比方式可以完全验证哥德尔的原理,但它至少表达了矛盾之处。对于许多数学家而言,这是一个极度让人感到沮丧的结论,因为哥德尔有效证明了,数学和逻辑学中也存在着限

---

* 即满足"理查德性质"的整数。——译者

第四编　现代性的痛苦与奇迹

制——而这一点永远改变了数学。①

类似问题时常在维也纳的一个团体中得到讨论,这个团体在1924年时每周二碰头一次。最初组织者是恩斯特·马赫学会(Ernst Mach Society),1928年该学会更名为维也纳学圈(Wiener Kreis)。② 凭借这个名称,他们(在争议中)成就了18世纪最重要的哲学运动。该学会领导核心是出生于柏林的莫里茨·施利克(1882—1936年)。他和圈子里的其他成员一样,是接受过专业训练的科学家。1900—1904年,他曾是马克斯·普朗克手下的一位物理学家。这个圈子中由施利克团结起来的20多个成员:有来自维也纳的奥托·纽拉特,他是著名的犹太博学家;数学家鲁道夫·卡尔纳普,他曾是戈特洛布·弗雷格在耶拿的学生;物理学家菲利浦·弗兰克(Philipp Frank);心理分析学家海因茨·哈特曼(Heinz Hartmann);以及之前提过的数学家库尔特·哥德尔;当时还有卡尔·波普尔,他在"二战"后成为一名颇有影响力的哲学家。在20世纪20年代维也纳的哲学界,施利克的最初标签是"一

---

① 沃森:《可怖之美:一段形塑现代心灵的人物和思想史》,第271页。进一步而言,正如罗杰·彭罗斯(Roger Penrose)已经指出的那样,哥德尔"开放式的数学直觉根本上是同物理学的现存结构不相容的"。

② 米夏埃尔·施特尔茨纳(Michael Stöltzner)、托马斯·于贝尔(Thomas Uebel)编:《维也纳学圈:科学世界观的文本(鲁道夫·卡尔纳普、奥托·纽拉特、莫里茨·施利克、菲利普·弗兰克、汉斯·哈恩、卡尔·门格、埃德加·齐尔泽尔和古斯塔夫·贝格曼)》(*Wiener Kreis: Texte zur wissenschaftlichen Weltauffassung von Rudolf Carnap, Otto Neurath, Moritz Schlick, Philipp Frank, Hans Hahn, Karl Menger, Edgar Zilsel und Gustav Bergmann*),汉堡:迈纳,2006年。参见该书第ix-civ页。关于卡尔纳普,参见该书第315页及以下诸页,362页及以下诸页;关于哥德尔,参见第503页以下诸页。

第三十二章　魏玛:20世纪物理学、哲学与历史学的黄金年代

致性经验论"(Konsequenter Empirismus)。但是,在1929年及1931—1932年,当他访问过美国后,"逻辑实证主义"(logical positivism)出现了,并一发不可收拾。

逻辑实证主义者极力批判形而上学,反对"可能存在任何超越普通科学世界与常识的世界,可由我们感觉而发现的世界"的假设。对于他们而言,任何在实证上无法检验(可证实的,或在逻辑上或在数学上)的判定,都是荒谬的。由此,神学、美学和政治学的广泛领域都被他们拒绝〔纳入讨论范畴〕。当然,还有更多被排斥的领域。英国哲学家A.J.艾尔(A. J. Ayer)曾在短期内作为该学圈的观察者——当时只有两位外来者获得观察的许可,另一位是W. V. O.奎因(W. V. O. Quine)。正如艾尔曾经描述的那样,当时还存在着反对"我们或许称之为德意志过去"的立场,即反对那些浪漫主义式的、对于他们而言无疑是黑格尔与尼采(即便不是马克思)的模糊想法。[1] 每次学圈偏离逻辑实证主义道路时,奥托·纽拉特便对"形而上学"发出嘘声。[2] 美国哲学家西德尼·胡克(Sidney Hook)当时也在德国旅行,他证实了这种分裂,并指出,德国哲学家敌视科学的态度极为传统,他们把"推动信仰、道德、意志自由、民族(Volk)和有机民族国家的事业"视作自己的职责。艾尔还发现,德国出版的哲学著作数量,甚至超过了其他地方出版的哲学著作总和。[3] 该学圈的目的是以逻辑和科学的手段来

---

[1] 本·罗杰斯(Ben Rogers):《A. J. 艾尔》(*A. J. Ayer*),伦敦:查托&温达斯,1999年,第86页。
[2] 同上。
[3] 同上书,第87页。

第四编　现代性的痛苦与奇迹

澄清哲学。[①]

用生命来思考

有一个人极为反感维也纳学圈,他对整个魏玛文化、全部现代性、特别是柏林都感到不安,他就是马丁·海德格尔。马丁·海德格尔是20世纪最具影响力、同时又是最具争议性的哲学家。1889年,他出生在德国南部,跟随埃德蒙德·胡塞尔学习,随后成为一位职业哲学教师。他有意为之的地方特性、他那传统的穿着风格(灯笼裤)、他对城市生活的厌恶之情——所有一切都让那些敏感而易受影响的大学生对其哲学充满向往。1927年,38岁的海德格尔出版了自己最重要的著作《存在与时间》。尽管让-保罗·萨特在20世纪40年代和50年代名声大噪,但海德格尔(除早期之外)仍然是一位更具名望的存在主义者。

《存在与时间》是一部很难解释的著作,用一位批评家的话来说,"几乎无法加以释读"。但是,它却极受欢迎。[②] 对于海德格尔而言,生活的核心事实是人在世界中的存在,而我们只能通过尽力

[①] 保罗·亚瑟·席尔普(Paul Arthur Schilpp):《鲁道夫·卡尔纳普的哲学》(*The Philosophy of Rudolf Carnap*),拉萨尔(伊利诺伊):开放空间;伦敦:剑桥大学出版社,1963年,尤其是第183页以下诸页、385页及以下诸页、545页以下诸页。也可参见A. W. 卡勒斯(A. W. Carus):《卡尔纳普与20世纪思想:诠释与启迪》(*Carnap and Twentieth-Century Thought: Explication and Enlightenment*),剑桥:剑桥大学出版社,2007年,第91—108、185—207页。

[②] 鲁迪吉尔·沙弗拉斯基(Rudiger Safranski):《一位德国大师:海德格尔和他的时代》(*Ein Meister aus Deutschland: Heidegger und seine Zeit*),慕尼黑:汉泽尔,1994年,第145页及以下诸页。

第三十二章 魏玛：20世纪物理学、哲学与历史学的黄金年代

真实性地描述它来面对这一核心事实。在过去三四个世纪中，西方科学与哲学都发展起来，以至于"西方人的首要事务就是去征服自然"。海德格尔把科学与技术视作意愿的一种表达，视作决心控制自然的一种反映。但他认为，在人性中，还存在着完全不同的一面——他试图比其他人更好地描述这一面。他说，这一面首先存在于诗中。海德格尔认为，一首诗的核心视角是"它逃避了我们意志的需求……诗人不能想去写诗，〔诗意〕不过是如此降临而已"。这让他直接与里尔克联系了起来。进一步而言，这一点对于读者也是如此：他们必须允许诗在自己身上施加魔法。这就是海德格尔观点的核心，即意志与生命的那些方面的分离，内在的生命高于且外在于意志，适合理解〔生命的〕方法并不是那种服从性的思考。这一点听上去有点像东方哲学家。海德格尔确实也相信，西方观念需要得到怀疑性的审视（他曾与一位佛教僧人有过一番著名的交流），〔因为〕科学变得越来越倾向于征服，而非理解。如哲学家威廉·巴伦（William Barren）所言，海德格尔总结说，或许人类将迎来这样一个时代，"那时，我们应该停止自我主张，而仅仅是服从，让它如此"[1]。

海德格尔的思想之所以立即变得流行起来，原因在于它让德国拥抱非理性之举、拒斥城市理性文明——实际上是对当时魏玛

---

[1] 米夏埃尔·格罗斯海姆（Michael Grossheim）:《从格奥尔格·齐美尔到马丁·海德格尔：介于生命与存在之间的哲学》(*Von Georg Simmel zu Martin Heidegger: Philosophie zwischen Leben und Existenz*)，波恩和柏林：布维尔，1991年，第14—18页。

第四编 现代性的痛苦与奇迹

政府的痛恨之情,显得合理有据。[1] 进一步而言,它心照不宣地赞赏那些与"族民"(Volk)观念有关的运动,以至于从中引申出人们对英雄(而非理性)的诉求,使之服从于科学的替代品,服从于那些(以彼得·盖伊让人印象深刻的术语来说)"以其生命来思考"的人。海德格尔并未创造出纳粹党,甚至也未曾营造过那种通往纳粹党的情绪。但是,正如德国神学家保罗·蒂利希(Paul Tillich,即田立克)后来所言,"尼采与海德格尔的名字同法西斯主义和民族社会主义的反道德运动之间联系起来,并非毫无理由"。

现在,海德格尔既因《存在与时间》为人所知,也因其与纳粹党之间的纠缠(见下文第 34 章,原书第 629 页)而被人们记住。相对较少被人记住的是另两位哲学家,其中之一事实上完全值得人们如记住海德格尔得到关注——这就是马克斯·舍勒。舍勒 1874 年出生在慕尼黑,1928 年在法兰克福去世。如威廉·狄尔泰那样,舍勒是我们知之甚少的德国人之一。认为舍勒极其重要的人是卡罗尔·沃伊蒂瓦(Karol Wojtyla),即教皇约翰·保罗二世(Pope John Paul II)。他在 1954 年完成的博士论文,题为《在马克斯·舍勒系统基础上构建基督教伦理之可能性的评估》(*An Evaluation of the Possibility of Constructing a Christian Ethics on the Basis of the System of Max Scheler*)。

舍勒的父亲是一位路德宗牧师,母亲是犹太人。他最初学习医学,然后跟随狄尔泰和齐美尔攻读哲学与社会学,最后在耶拿拿

---

[1] 迈克尔·E. 齐默曼(Michael E. Zimmerman):《海德格尔与现代性的对峙:技术、政治和艺术》(*Heidegger's Confrontation with Modernity: Technology, Politics, and Art*),布卢明顿:印第安纳大学出版社,1990 年。

第三十二章 魏玛:20世纪物理学、哲学与历史学的黄金年代

到博士头衔。他在新世纪之初遇到胡塞尔,迎娶了乐队指挥威廉·福尔特万格勒(Wilhelm Furtwängler)的妹妹玛丽特(Märit)。舍勒先后在科隆与法兰克福工作——在那里,他与恩斯特·卡西尔、卡尔·曼海姆(Karl Mannheim)等人形成了学术交流圈。[1]

有关舍勒的研究后来得到增强,这并非仅仅因为教皇的研究兴趣,也是由于舍勒的论辩关系到动物权利争论和堕胎争议。

舍勒因两个主要观点而出名。第一个观点围绕同情现象。同情心的存在以及我们不能回避同情的事实,在舍勒看来,这就是上帝存在的证明,以此表明爱是我们存在的核心,"心灵"(heart)而非"理智"(mind)决定了价值,而且也并非使用了理性方法——价值只能被感受到,如同颜色可以"被看到",而无须任何理性解释。同情的存在,意味着每个人都是道德上的独一无二者;重要的是,我们不能与他者一起存在,我们是面向他们而存在:我们应该接受这一点,并且利用这一点。他的另一个观点是,存在着一种"心的秩序"(ordre du coeur),即一种价值序列,从高到低排列:神圣的价值;理智的价值(真理、美、公正);活力与高尚的价值;效用的价值;快乐的价值。舍勒认为,大多数伦理系统的错误在于把某个价值提升到凌驾于其他价值之上,而没有认识到其中存在着等级序列关系,缺少调剂所有评判的举动。他指出,假如人类把一个低序列的价值凌驾于一个高序列的价值之上,便出现了"心灵失序"。

---

[1] 马克斯·舍勒(Max Scheler):《同情的本质》(*The Nature of Sympathy*),彼得·希斯(Peter Heath)英译,由W.斯塔克(W. Stark)撰写导言,伦敦:劳特利奇&基根·保罗,1954年,第96—102页。

第四编　现代性的痛苦与奇迹

对于舍勒而言,理性与价值少有关联——在此处,他与维特根斯坦有所重叠;相反,"心灵"而非我们的智力,控制着我们对生命的看法;经历是重要的,意志却非如此。他说,感受与爱有着它们的自身逻辑,完全不同于理性的逻辑。他断言,在我们所有人之间,存在着一种根本性联系,我们让这种联系变得更为强大、更为清晰的工作才是让人感到满意的事情。①

如同狄尔泰那样,恩斯特·卡西尔的主要关注点是去发现科学与人文之间存在着知识形式的哪些异同性——当然,他使用的术语是"文化科学"(cultural sciences),而非"人文科学"(humanities)。1874年,卡西尔出生在布雷斯劳的一个拥有世界主义倾向的富有犹太家族中。该家族的另一个分支居住在柏林。在那里,他的堂兄布鲁诺是一位出版家,另一位堂兄保罗则是知名的艺术品商人。②* 1919年,卡西尔得到了两份教席邀请函,一份来自法兰克福,另一份来自汉堡。他选择了后者,并在那里工作数年之久。1929年,他成为那里的校长,当时是第一位得到该职位的犹太人。③

卡西尔的主要著作是《符号形式哲学》(*Philosophie der*

---

①　舍勒:《同情的本质》。
②　关于卡西尔的定位,参见迈克尔·弗里德曼(Michael Friedman):《分道扬镳:卡尔纳普、卡西尔和海德格尔》(*A Parting of the Ways: Carnap, Cassirer, and Heidegger*),芝加哥:开放空间,2000年,第1—10、129—144页。
*　这对卡西尔兄弟即第28章提及的资助柏林分离派艺术家的犹太资助人。——译者
③　他在瑞士达沃斯(Davos)参加同马丁·海德格尔进行论辩的那一年,他们围绕康德产生了争论。一年左右后,海德格尔出版了《存在与时间》。沙弗拉斯基:《一位德国大师:海德格尔和他的时代》,第183—188页。

第三十二章 魏玛:20世纪物理学、哲学与历史学的黄金年代

Symbolischen Formen)。这部三卷本作品探讨了符号形式。作者认为,道德体验与数学经验在本质上都是一致的,都揭示了道德选择如数学逻辑那样"必要"之基础。卡西尔对高度技术性工作有所审视——在他看来,高度技术性工作是现代世界不可避免的环节——他阅读了莱布尼茨和牛顿有关差异化的观点,将之视作理解变迁的一种方式,关注曲线图及其在其他领域变迁中的运用,揭示变迁(例如在历史学中)是否可以用一种相似或等同方式来加以理解。[①] 在数学之外,生活的其他领域是否也可以被视作相同时尚中的"正式状态"? 他还审视了爱因斯坦相对论对于康德哲学的启示——在康德哲学中,康德曾经说过,我们对于空间的理解是本能的,或者是直觉性的,而爱因斯坦的"扭曲"空间当然并非如此。卡西尔的另一部重要著作是《文化学逻辑》(*Zur Logik der Kulturwissenschaften*)。该书揭示了自然科学、数学与美学之间的相似性与差异性。他在书中提出,"事物知觉"(Dingwahrnehmen)一般被赋予高于"表达知觉"(Ausdruckswahrnehmen)的地位,这也就是为什么自然科学通常被认为拥有"一种更安全的证据基础"。[②]

1933年,卡西尔被迫离开德国。他在牛津和哥德堡短暂停留后,前往耶鲁和哥伦比亚——但遭到哈佛的排斥,因为他曾像个毛

[①] 恩斯特·卡西尔:《符号形式哲学(克劳斯·罗森克兰茨评注本)》(*Philosophie der symbolischen Formen, Text und Anmerkungen bearbeitet von Claus Ronsenkranz*),汉堡:迈纳,2001年,第43页及以下诸页、第193页。

[②] 西尔维亚·费雷蒂(Silvia Ferretti):《卡西尔、帕诺夫斯基和瓦尔堡:符号、艺术和历史》,理查德·皮尔斯英译,新港(康涅狄格)和伦敦:耶鲁大学出版社,1989年,第122页及以下诸页。

第四编　现代性的痛苦与奇迹

头小伙子一样,以"太偏僻"为由拒绝接受那里提供的访问教授职位。在美国,他用英语完成了两部著作,其中包括《国家的神话》(*The Myth of the State*),以此作为对德国(以及纳粹)许多作家的回应。在该书中,他试图把法西斯主义解释为一种从欧洲思想中柏拉图传统合乎逻辑的成长结果。1945年,当他在纽约散步时,因骤发心脏病而悲剧性早逝。他尤其影响了埃尔文·帕诺夫斯基(Erwin Panofsky)和彼得·盖伊。

没有国家的爱国者

魏玛德国还拥有着被法国学者阿兰·布罗(Alain Boureau)称之为"伟大一代"的历史学家:路德维希·冯·帕斯托、佩尔西·施拉姆(Percy Schramm)、恩斯特·坎托罗维奇、诺贝尔特·埃利亚斯和格斯肖姆·肖勒姆(Gershom Scholem)。他们大多数人都对中世纪感兴趣。帕斯托是一位列奥波德·冯·兰克(Leopold von Ranke)的"天主教版本",他撰写了一部有关19世纪早期教皇的重要史著。帕斯托出生在亚琛,最大的成功在于说服教皇列奥十三世(Leo XIII)满足了自己的严肃想法,让迄今对外关闭的梵蒂冈图书馆书目向他开放。此举使他完成了一生心血累积的著作《中世纪结束以来的教皇史》(*Geschichte der Päpste seit dem Ausgang des Mittelalters*)。这部16卷的作品从1305年阿维农〔历任〕教皇(Avignon Papacy)说起,直到1799年拿破仑入侵罗马。帕斯托不像兰克,对制度变迁与创新闭口不谈,而是集中在个体在位者。他的主题是,教皇权的虚弱反映了当时那个时代的"缺

第三十二章 魏玛：20世纪物理学、哲学与历史学的黄金年代

陷"，而这种缺点并不总是人们有意制造出来的，但它使教皇们得以保留权力，施加更为长久的影响。由于他史无前例地进入〔梵蒂冈图书馆〕，所以他的历史著作得以超越其他人的作品，至今仍被视作典范。

如同帕斯托一样，佩尔西·施拉姆与恩斯特·坎托罗维奇也对中世纪感兴趣，但除此之外，他们没有共性。施拉姆（1894—1970年）曾在"一战"期间服役，此后在汉堡、慕尼黑与海德堡学习历史与艺术史。一般认为是他让艺术史成为一个更困难、更有趣，也更具影响力的学科，而不再是像最初那样多为业余爱好。在其重要著作《皇帝、罗马与革新》（*Kaiser, Rom und Renovatio*）中，他展示了中世纪的德意志皇帝们如何利用罗马人的这一符号来夯实自己的权力。在第二次世界大战中，他自愿参军，并被任命为德国最高军事指挥部负责参谋的历史学家。他的著作《作为军事领袖的希特勒》（*Hitler als militärischer Führer*）出版于1963年，强调了元首的优劣两方面。[①] 施拉姆曾见过希特勒多次，与阿尔弗雷德·约德尔（Alfred Jodl）元帅颇为亲近，战后作为约德尔的证人出席纽伦堡审判。随后，他被迫辞去教席。20世纪40年代末，他重新获得教席，他有关最高指挥部的内部记录已经成为必读书目。

恩斯特·坎托罗维奇拥有许多类似施拉姆的爱好，观点也无太大差异。不过，作为犹太人，他的命运完全不同。在第一次世界

---

① 佩尔西·恩斯特·施拉姆：《希特勒其人及作为军事领袖》（*Hitler, the Man and the Military Leader*），唐纳德·S. 德特维勒（Donald S. Detwiler）英译并撰写导言，伦敦：艾伦·莱恩，企鹅，1972年，第9页。

第四编　现代性的痛苦与奇迹

大战服役四年后,他在柏林学习哲学。作为极端右翼分子,他加入过试图镇压斯巴达克同盟(Spartacist)起义的自卫队,并与格奥尔格圈子(Georgekreis)纠结在一起——这是一个围绕在斯特凡·格奥尔格周围的艺术家和知识分子团体(见上文)。该团体主要由精英分子和文化保守主义者组成,对坎托罗维奇的第一部重要著作产生了巨大影响。该书是有关弗里德里希二世(Frederich II)的传记作品,作者审视了国王的魅力与精神素养,而没有过度纠结于其统治体制的细枝末节。

至20世纪30年代,尽管他已经成为法兰克福大学的教授,但他仍然被迫出国,首先前往牛津(如卡西尔那样),随后前往伯克利。在那里,他因两件事而名闻天下。首先,他拒绝签署参议员乔·麦卡锡(Joe McCarthy)提出的忠诚誓言书,并因此从伯克利辞职,前往普林斯顿高等研究院。其次,他出版了第二部巨著《国王的两个身体》(The King's Two Bodies),试图把现代国家的诞生解释为〔如何〕从中世纪自负中脱离出来〔的过程〕——这种自负表现在,国王占有两个身体,一个是人的身体,它已经死亡;另一个是不朽的身体,是君主代代相传的"神性"。[①]

伟大一代的第四位人物是诺贝特·埃利亚斯。他也是犹太人。如同施拉姆和坎托罗维奇一样,他同样自愿参加第一次世界大战,担任电报员。他对德意志犹太复国主义运动的兴趣,使之接

[①] 阿兰·布罗:《坎托罗维奇:一位历史学家的故事》(Kantorowicz: Stories of a Historian),施蒂芬·G. 尼科尔斯(Stephen G. Nichols)、加布里埃尔·M. 施皮格(Gabrielle M. Spiegel)英译,由马丁·杰伊(Martin Jay)撰写前言,巴尔的摩:约翰·霍普金斯大学出版社,2001年,第2页。

第三十二章 魏玛:20世纪物理学、哲学与历史学的黄金年代

触了像埃里希·弗洛姆、列奥·施特劳斯(Leo Strauss)、列奥·洛文塔尔和格斯肖姆·肖勒姆这样的人。① 他在海德堡参加了卡尔·雅斯贝尔斯(Karl Jaspers)与阿尔弗雷德·韦伯的课程,稍后前往法兰克福,在卡尔·曼海姆手下工作,立场接近法兰克福研究所。1933年,他不得不在论文提交之前逃离德国。他先去了巴黎,而后在1935年逃亡英国。在那里,他开始写作自己最重要的著作《文明的进程》(*The Civilising Process*)。该书出版于1939年,但由于其他事情的耽搁,直到许多年之后才为人所知——其中原因,我们将在第四十章加以讨论。②

格斯肖姆·肖勒姆(1897—1982)是黄金一代中最年轻者。他出生在柏林,并在那里学习数学、哲学和希伯来语。他接触到马丁·布伯(Martin Buber)、瓦尔特·本雅明和戈特洛布·弗雷格。由于同情犹太复国主义,他于1923年移民巴勒斯坦,成为当时以色列国家图书馆希伯来与犹太文物部主任。③ 他对卡巴拉(Kab-

---

① 埃利亚斯:《德国人:19—20世纪的权力斗争与习性变迁》。
② 最近有一项解释埃利亚斯学术生涯的研究。参见理查德·基尔明斯特(Richard Kilminster):《诺贝特·埃利亚斯:后哲学社会学》(*Norbert Elias: Post-Philosophical Sociology*),纽约和阿宾登:劳特利奇,2007年。该书有一部分专门论述埃利亚斯与魏玛文化(该书第10—14页),一章专门论述埃利亚斯与曼海姆,一章关注他写作《文明的进程》。同样可参见施蒂芬·梅内尔(Stephen Menell):《诺贝特·埃利亚斯:文明与人类的自我想象》(*Norbert Elias: Civilisation and the Human Self-Image*),牛津:巴兹尔·布莱克威尔,1989年,其中包括以下章节:"运动与暴力"、"文明化与去文明化"、"牵连与分离"。
③ 彼得·舍费尔(Peter Schäfer)、加里·史密斯(Gary Smith):《格斯肖姆·肖勒姆:学科之间》(*Gershon Scholen: Zwischen den Disziplinen*),美因河畔法兰克福:祖尔坎普,1995年。

balah)*和神秘论感兴趣,认为犹太教有着神秘起源,倘若忽视这种因素,人们便不可能正确理解犹太教。① 他尽力去建构一种犹太教信仰的叙事内容——与其他许多犹太人所相信的不同,他的总结是,犹太教的终极形式直到相对较近时代(即中世纪)才得以形成,当时迈蒙尼德(Maimonides)试图在犹太思想与希腊思想之间达成一个终极和谐。这是至今为止神学研究中最重要的成果,但回到魏玛共和国,当时却几乎无人聆听。

---

* 即犹太教神秘主义体系。——译者

① 苏珊·A. 汉德尔曼(Susan A. Handelman):《救赎的碎片:本雅明、肖勒姆和列维纳斯的犹太思想及文学理论》(*Fragments of Redemption: Jewish Thought and Literary Theory in Benjamin, Scholem, and Levinas*),布卢明顿:印第安纳大学出版社,第109页及以下诸页。

| 第三十三章 |

魏玛:一个有待解决的难题

1929年10月28日,华尔街出现灾难性的股票暴跌,致使美国骤停对欧洲的贷款。而在随后的几周到几个月的时间里,尽管已有许多不祥的预兆出现,但协约国部队还是退出了鲁尔地区。在图林根,威廉·弗里克(Wilhelm Frick)可能是首位被任命为州部长的纳粹党人;在意大利,贝尼托·墨索里尼则叫嚣着要修改《凡尔赛和约》。英国为了平衡预算,稳定经济,于1931年成立了一届民族主义者主导的政府;日本放弃了金本位制。到处弥漫着危机的气息。

时年73岁的西格蒙德·弗洛伊德有太多感到悲观的个人理由。1924年,他在一个月内经受了两场癌症手术。手术后的他咀嚼和说话都成了问题(义肢也无法如常运动),但他仍拒绝远离可能致其罹患癌症的烟草。[①] 就在华尔街股灾发生后的1929年底,他发表了一系列最重要的文化批判论文。《图腾与禁忌》(*Totem und Tabu*)和《一场幻觉的未来》(*Die Zuknuft einer Illusion*)反

---

① 彼得·盖伊:《弗洛伊德:我们这个时代的生命》(*Freud: A Life for Our Times*),伦敦:MAX出版社,2006年,第546页。

第四编　现代性的痛苦与奇迹

响不一,而《文明及其缺憾》(*Das Unbehagen in der Kultur*)则最为符合时代要求:奥地利正在发生饥荒,德国则经历着严重的经济衰退;在美国,资本主义出现了崩溃的迹象。许多人依然忧心忡忡于第一次世界大战带来的灾难与道德的堕落;希特勒开始崛起。无论从哪个方面来看,弗洛伊德的文章标题正切中肯綮。[1]

在《文明及其缺憾》中,他对《图腾与禁忌》中提出的若干观点进行了拓展,尤其是社会——文明——的进化需要克制个体无节制的性欲与好勇斗狠的冲动。弗洛伊德认为,文明、压抑和神经官能症无可避免地交织在一起,文明程度越高,越需要压抑本能,而造成的直接后果就是出现越来越多的神经症患者。他因此提到,文明使人们变得越来越不快乐。这解释了为什么那么多人沉湎于酒精、毒品或宗教而无法自拔。倘若这一困境存在,那么正是每一个个体决定自己如何去适应他的个人"精神特征"。举例来说,"好色之徒尤其偏好与他人的情感纽带;而自恋的人倾向于自给自足,在内心的变化过程中寻找自己全部的满足感"。他强调,我们正在逐渐切断与其他人的关系,变得越发疏远。该书如他本人所说的那样,并不是要兜售包治百病的万灵丹,而是提出建议,道德准则——人们愿意共同生活的标准——可以从理解精神分析法中获益。

然而,弗洛伊德的愿望并未能达成。如今天我们所知道的那样,20世纪30年代是道德伦理坠入"深渊"的时代。[2] 因此,由弗

---

[1] 沃森:《可怖之美:一段形塑现代心灵的人物和思想史》,第273页。

[2] 保罗—劳伦·阿苏(Paul-Laurent Assoun):《弗洛伊德与尼采》(*Freud and Nietzsche*),小理查德·L. 科利尔(Richard L. Collie Jr.)英译,伦敦:阿斯隆出版社,2000年,第70—82、137—156页。

第三十三章 魏玛:一个有待解决的难题

洛伊德的作品衍生出许多其他作品也在情理之中,尽管风格内容迥异,但它们都对西方资本主义社会感到深深不安。

最接近弗洛伊德思想的作品出版于1933年,由曾经的精神分析学派继承人、如今的竞争对手撰写。卡尔·荣格在《寻找灵魂的现代人》(*Modern Man in Search of a Soul*)中的论点是,精神分析学用心理(psyche)取代心灵(soul),只能是治标不治本。[①] 精神分析法作为一项技术只能在个体身上得到应用,而无法像诸如天主教那样"有组织地"同时帮助上百万人,因此人类学家路先·列维-布留尔(Lucien Levy-Bruhl)称为"神秘参与"(participation mystique)的整个生活体系早已离现代人远去。这种被胡戈·冯·霍夫曼斯塔尔所说的整体性仪式的集体生活之缺失,是诱发神经官能症的主要成因,也造成了普遍的焦虑情绪。

作为正统的弗洛伊德派心理分析师,卡伦·霍尔奈整整十五年都在魏玛德国的柏林精神分析研究所从事临床实践,与梅拉妮·克莱因、奥托·芬尼希尔、弗兰茨·亚历山大、卡尔·亚伯拉罕(Karl Abraham)以及威廉·赖希(Wilhelm Reich)共事。随后她移居美国,起初在芝加哥中心担任副主任,之后在纽约新学院大学和纽约精神分析中心工作,此时她才确定自己有能力对这一学派创始人发起批评。在她的作品《我们时代的神经质人格》(*The Neurotic Personality of Our Time*)中,她将弗洛伊德和荣格的思想结合在一起,但同时也对引发神经官能症的资本主义社会加以抨击。

---

① 佩诺斯·K.帕帕多普洛斯(Penos K. Papadopoulos)等:《现代视野下的荣格》(*Jung in Modern Perspective*),豪恩斯洛(米德塞克斯):怀尔伍德,1984年,第203页。

第四编　现代性的痛苦与奇迹

霍尔奈对于弗洛伊德的主要批评集中在后者的厌女倾向上（她的早期论文包括《女性的恐惧》[The Dread of Women]以及《拒绝阴道》[The Denial of the Vagina]）[1]；同时她也是一名马克思主义者，认为弗洛伊德的观点过于强调生物学特性，而对现代人类学和社会学"一无所知"。霍尔奈承认"并不存在一种普适的普遍心理学"，但对她来说，所有神经症有两个极为显著的特征，一种是"僵硬反应"，另一种则是"潜力与成就不匹配"。霍尔奈同样不相信俄狄浦斯情结，她更倾向于使用"基本焦虑"的概念，但她并不认为这是一种生物本能，而是将其归因于社会冲突，这种冲突从孩提时代起就对一个人产生作用。基本焦虑被霍尔奈描述成一种"身处一个充满恶意、谎言、攻击、羞辱、背叛和嫉妒的世界中，人们希望自己变小，变得无足轻重，但又无助且面临险境的"感觉。她提出，当父母未能给予孩子以温暖与慈爱时，这种焦虑会变得越发强烈。在此情况下长大的孩子会不自觉产生四种僵硬对待生活的方式之一，这些都将在日后干扰其取得成就：对于爱与权力的偏执追求，神经质的退缩与顺从。

在霍尔奈的理论中，最有争议的地方是她指责神经官能症源于当代美国生活中的矛盾。她坚称，美国的情况比在其他任何地方都要严重：一方面是竞争与成功之间的内在矛盾（"别给傻子任何机会"）；另一方面却是睦邻友好（"爱邻如己"）。一方面是通过广而告之促进社会地位的提高（"不甘落后"），另一方面又对自身

---

[1] 伯纳德·J.帕里斯：《卡伦·霍尔奈：自我理解的精神分析学研究》（Karen Horney: A Psychoanalyst's Search for Self-understanding），新港（康涅狄格）、伦敦：耶鲁大学出版社，1994年，第92页及以下诸页。

第三十三章　魏玛:一个有待解决的难题

的社会地位完全不满足。现代世界尽管物质条件优越,但却使许多人感觉自己"孤独无助"。

从黑格尔到希特勒

1924年,肺结核夺走了卡夫卡的生命,阿道夫·希特勒则在监狱里庆祝了自己35岁的生日。后者因1923年的啤酒馆暴动而以谋反罪被判处有期徒刑五年,但并没有被遣送回奥地利,而是在慕尼黑西部的兰斯贝格监狱服刑。啤酒馆暴动事件占据德国所有报纸头版超过三个星期之久,希特勒也因此出现在全国读者面前。服刑期间,他撰写了《我的奋斗》(*Mein Kampf*)的第一部分,正是这本书帮助他成为纳粹党领袖,并奠定了希特勒神话的基础;同时,该书也是对其观点的梳理。

无论其他品质如何,希特勒显然自诩为思想者和艺术家,掌握军事技术和自然科学并且通晓历史。他个人形象的转变首先源于"一战"以及随后和平时期对他的影响,也来自于他的自学。元首本人后来在"二战"期间桌边闲谈时所流露的观点,则直接可以归于他年轻时的思想。

历史学家乔治·L. 莫斯(George L. Mosse)充分追溯了第三帝国的精神起源,这是他的研究基础。① 他展现了民族(völkisch)神秘主义和宗教信仰的结合体是如何在19世纪的德意志发展起来的,它部分地作为对浪漫主义运动和令人咂舌的高速工业化发

---

① 格雷戈里·摩尔(Gregory Moore):《尼采、生物学和隐喻》(*Niethsche, Biology, and Metaphor*),剑桥:剑桥大学出版社,2002年,第115页及以下诸页,有关尼采和"焦虑的年代"。

展的回应,同时也是德意志统一的一个面向。除了思想家和作家对塑造民族精神产生影响之外,像保罗·拉加德和尤利乌斯·朗本这样的知识分子还强调"德意志直觉"是世界上一种全新的创造力;欧根·迪德里克斯(Eugen Diederichs)公开鼓吹"一个以文化为基础,在为之献身的精英引导下的国家"的观点也出现在19世纪的一些书籍中,例如路德维希·沃尔特曼研究文艺复兴时期的艺术,确定"雅利安人"在权力结构中的位置,并指出北欧种族(Nordic race)是如何受到钦佩的。莫斯还强调社会达尔文主义如何串联起整个社会,并介绍了德国人的许多乌托邦尝试——从巴拉圭和墨西哥的"雅利安"殖民地到巴伐利亚的"天体"营(nudist camps)都试图贯彻民族原则。①

希特勒在他自己的书中则坚称在林茨求学期间,他就"学着理解和把握历史的意义"。"学习历史,"他解释说,"意味着寻找和发现不同的力量,它们是影响我们所认为的历史事件发生的始作俑者。"他感到(这一点他在少年时代就已经提出)其中的一股势力是试图包围德国的英国、法国和俄国,之后也从未抛弃过这一观点。对他来说,历史从来都是伟人的丰功伟绩——他的英雄是查理大帝、哈布斯堡的鲁道夫(Rudolf von Habsburg)、弗里德里希大王、彼得大帝、拿破仑、俾斯麦和威廉一世。因此,希特勒受斯特凡·格奥尔格和莱纳·玛利亚·里尔克的影响要比马克思或恩格斯大得多。对马、恩来说,阶级斗争的历史是最重要的;而在希特勒看

---

① 有关尼采和达尔文,参见约翰·理查森(John Richardson):《尼采的新达尔文主义》(Niertsche's New Darwinism),牛津:牛津大学出版社,2004年,第78页及以下诸页、81页以下诸页、95页以下和146页以下诸页。

第三十三章 魏玛:一个有待解决的难题

来,历史记载的是种族的斗争,虽然其结果取决于伟人:"(历史)是一些人反对另一些人的斗争与战争的全部总和,其中既没有怜悯也没有人道主义。"

莫斯认为,希特勒的生物学观点混合了托马斯·R.马尔图斯(Thomas R. Malthus)、查尔斯·达尔文、约瑟夫-亚瑟·德·戈宾诺以及威廉·麦独孤的思想。"人类通过斗争而变得强大……无论人们达成怎样的目的,都应归结于他最初使用力量的残忍程度……一切生活都归于三个主题:斗争是万物之父,美德融于鲜血,领袖至高无上……要生存就必须斗争,在这个生命法则就是永恒斗争的世界里,谁不想斗争就没有权利存在。"①

希特勒的生物论与他对历史的理解紧密相关。② 尽管对史前史知之甚少,但他却自诩为古典主义者,喜欢夸耀古希腊或古罗马才是自己"与生俱来的家园",对柏拉图的理解也并非蜻蜓点水。③部分出于这个原因,他将东方民族(古代"蛮族")视为低等民族。而有组织的宗教,尤其是天主教也会因为它反科学的立场,以及对不幸("弱者")的同情而注定失败。在希特勒看来,人类可以分为三大类——文化的创造者、传播者和摧毁者,这其中只有"雅利安

---

① 有关希特勒和尼采,参见雅各布·戈洛姆(Jacob Golomb)、罗伯特·S.威斯特里奇(Robert S. Wistrich)主编:《尼采,法西斯主义的精神教父? 哲学的应用与滥用》(*Nietzsche, Godfather of Fascism? On the Uses and Abuses of Philosophy*),普林斯顿(新泽西)和牛津:普林斯顿大学出版社,2002年,第90—106页。

② 参见摩尔:《尼采、生物学和隐喻》中的"权力的生理机能"一章。

③ 参见查尔斯·R.本巴赫(Charles R. Bambach):《海德格尔的理论根源:尼采、民族社会主义和古希腊》(*Heidegger's Roots: Nitzsche, National Socialism, and the Greeks*),伊萨卡(纽约州)和伦敦:康奈尔大学出版社,第12页及以下诸页有关家园神话,第112页及以下诸页有关海德格尔的中欧设想。

第四编　现代性的痛苦与奇迹

人"能够创造文化。而文化的衰退总是伴随着同样的原因：通婚。[①] 这有助于解释希特勒对于黑格尔的亲近。黑格尔坚决主张欧洲在历史上的中心地位,俄美次之。而希特勒家乡林茨的内陆位置又强化了他的这一观点。"希特勒终其一生强调建立一个大陆导向的德国,他想象中的版图并不触及海洋……他完全扎根于古罗马帝国的文化边界。"也正是这一观点导致希特勒极其错误地低估了周边国家——英国、美国和俄国——的决心。

无法确定希特勒是否真的如其追随者所说的那样博览群书,但他确实懂一些建筑、艺术、军事史、通史以及技术知识,同时对音乐、生物学、医学以及文明和宗教的历史如数家珍。他常常令听众震惊于他通晓不同的领域。举例来说,他的一位医生曾经惊讶地发现,希特勒充分了解尼古丁对于冠状血管的作用。希特勒主要依靠自学,并且也确实取得了显著成效。他从未找老师系统广泛地传授过各类专业知识。25岁时他由于第一次世界大战爆发而造成学业中断,这对他来说也是一个停顿,希特勒的思想在1914年停滞不前;此后他的思想很大程度上局限于第二十二章分析过的不成熟的泛德意志思想。

但与此同时,我们必须谨慎,正确评价希特勒的思想。[②] 正如韦尔纳·马泽尔(Werner Maser)在其有关希特勒的心理史精彩

[①] 弗兰克-洛塔尔·克罗尔(Frank-Lothar Kroll)：《作为意识形态的乌托邦：第三帝国的历史意识及其政治运作》(*Utopie als Ideologie: Geschichtsdenken und politisches Handeln im Dritten Reich*),帕德博恩：舍宁,1998年,第72—77页。

[②] 罗杰·格里芬(Roger Griffin)：《现代主义与法西斯主义：对墨索里尼与希特勒崛起的认识》(*Modernism and Fascism: The Sense of A Beginning under Mussolini and Hitler*),贝辛斯托克：帕格雷夫,2007年。

第三十三章　魏玛：一个有待解决的难题

分析中指出的那样,他很多后期的阅读不过是为了确认自己的既有观点。希特勒多次提出,德国在"六百年前"就放弃了向东扩张,他为此不得不称之为德国历史上的失误,但未来德国需要那里。但事实上,无论哈布斯堡家族抑或霍亨索伦家族都曾有完善的"东方政策"(Ostpolitik)——举例来说,波兰历史上被瓜分了三次。

文化悲观主义、保守革命、反动的现代主义

德国由来已久的文化悲观主义传统在魏玛时代由阿图尔·默勒·范登布鲁克(Arthur Moeller van den Bruck)继续发扬。弗里茨·斯特恩将默勒·范登布鲁克描绘成一个早年就置之事外的局外人角色。他神秘地被学校开除,为了逃避兵役而流亡西班牙;而因为继承了一些财产,令他"从长期工作的义务中被解放出来"①。他的写作生涯始于一部有关现代德国艺术的三部曲作品,但他只完成了第一卷。在完成了其他一些有关戏剧的著作后,他最终被迫服役;不久之后,他便被贴上了逃兵的标签。② 他也确实认识一些德国悲观主义的早期人物,其中最出名的当属恩斯特·巴拉赫(Ernst Barlach)。尽管默勒·范登布鲁克一开始并非反犹主义者,但由于长期逗留海外的经历使他形成了一种理想化的德国形象,八卷本有关德意志民族的历史作品《德意志人》(*Die Deutschen*,1904—1910)是他首次表达民族主义观点。但在这此后,他

---

① 弗里茨·斯特恩:《文化绝望的政治》,第184页。
② 同上书,第189页。

转向元历史(meta-history)。在六卷本的《同一时代》(*Die Zeitgenossen*)中,他区分了"年轻的民族"与"年老的民族",以法国人的怀疑、英国人的理智、意大利人的美貌为一个方面;而以德国人的世界观、美国人的意志以及俄国人的心灵为另一个方面。也正是在此期间,他将自己的名字从默勒-布鲁克(Moeller-Bruck)改为默勒·范登布鲁克。①

在这本书中,默勒·范登布鲁克慨叹伟大精神与诠释现代性的艺术天才的缺失(沃尔特·惠特曼[Walt Whitman]是一个例外,他称后者是"现代世界的英雄");尤其对自统一以来德国文化的衰弱大加鞭挞,认为德国"拥有太多太多的文明,而缺乏足够的文化"②。他的个人贡献还包括编辑出版了23卷本的德文版陀思妥耶夫斯基(Fyodor M. Dostoevsky)全集。他还加入了"六月俱乐部"——该俱乐部代表了德国知识分子政治中的一股活跃力量,但即便是在那个时代,六月俱乐部成员也被称为新保守主义者;同时他还主办了《良知》(*Gewissen*)杂志,其目标也是一致的。正如拉加德所说,自由主义尤其是"内心世界"、教化和理想主义的敌人,在魏玛时代表现得更为明显。③ 没有任何一种的社会和谐可以容忍自由主义。

以上只是非常粗略地介绍默勒·范登布鲁克创作其著作《第三帝国》(*Das dritte Reich*, 1922)的背景,这里再次引用弗里茨·斯特恩对此所作的说明,"一不小心就为民族社会党人的国家提供

---

① 斯特恩:《文化绝望的政治》,第191—192页。
② 同上书,第194—196页。
③ 同上书,第220页。

第三十三章 魏玛：一个有待解决的难题

了可以追溯历史的名字"。这本书是一篇充满激情的战斗檄文，它攻击德国当时的自由主义和社会民主，攻击默勒·范登布鲁克未曾想到过的理想类型，"他将社会主义化约为马克思主义，将马克思主义简化为马克思，将马克思等同于犹太主义"。这对于默勒·范登布鲁克来说是一个新的方向，此前他从未在这方面表现出反犹主义的倾向，但现在他评价犹太人是遭到驱逐，无家可归的民族，"没有祖国"。他的主要论点是，"自由主义是一种社会的表达方式，这里社会已不再是一个共同体……"1914年之前的德意志民族是"世界上最自由的"，但自由主义并非"理智"的代名词，毋宁是一种误解。① 许多纳粹党人（尤其是希特勒）并不认同他的观点，只有戈培尔是个例外。直到默勒·范登布鲁克1925年自杀身亡之后，他才成为右翼圈子里的英雄。

但他并非形只影单。在魏玛共和国，有许多人像默勒·范登布鲁克那样观察世界，他们被冠以不同的名字——文化悲观主义者、保守革命者、反动者、反动的现代主义者——共性在于：像恩斯特·云格尔、埃德加·容（Edgar Jung）、后尼采主义及前存在主义哲学家路德维希·克拉格斯（Ludwig Klages）、斯特凡·格奥尔格、奥斯瓦尔德·斯宾格勒、恩斯特·托勒尔（Ernst Toller）、托马斯·曼都倡导这样一个观点，即德国需要一场精神的革命：民主并不适合德意志文化，应当重拾民族共同体的理想。

在这些人中，除了前文已经介绍过的托马斯·曼和奥斯瓦尔德·斯宾格勒之外，恩斯特·云格尔是十分突出的一位。由于高

---

① 斯特恩：《文化绝望的政治》，第257—259页。

第四编　现代性的痛苦与奇迹

寿102岁（云格尔出生于1895年，在他103岁生日到来前六周去世），使他有机会像另一位长寿的作家汉斯·鲍曼（Hans Baumann）那样，更正自己曾经的许多错误。云格尔曾经一度离家出走加入法国外籍佣兵军团，随后在西线战场英勇作战，年仅23岁就被授予铁十字勋章和"功勋"勋章（Pour le Mérite，也称"蓝马克斯"勋章[the"Blue Max"]），成为最年轻的授勋者之一。* 战后他开始学习成为一名昆虫学家，并在1922年出版了《钢铁风暴》（*Stahlgewittern*）。这是一部毫不避讳伤亡人数的战争回忆录，在描绘战斗时充满了激情与狂热。这部今天经常被拿来与《西线无战事》做比较的作品，它将战争提到一个近乎神秘的高度，视之为一种"内心的经历"。和许多人，尤其是在"一战"后出现的，旨在打击革命倾向的私人军队——自由军团（Freikorps）一样，云格尔至少在当时是希望恢复德国的霸主地位的。对他来说，魏玛共和国只是"真正"德国的替代品，民主与自由这对孪生子是一切生活中高尚事物共同的敌人。云格尔的职业生涯在"二战"爆发和结束前有过几次转折：他从来都不曾是纳粹，但在魏玛时代，一如基思·波利文所观察到的那样，他始终是保守革命者中的积极分子。[1]

保守革命立场不仅体现在政治领域，也体现在美学和文化领

---

*　此处表述有歧义。事实上，云格尔于1913年加入法国外籍军团，但很快因为父亲的介入而离开；"一战"爆发后不久他又自愿加入德国部队，在西线作战。——译者

[1]　安东尼·费伦（Anthony Phelan）主编：《魏玛的两难处境：魏玛共和国时代的知识分子》（*The Weimar Dilemma：Intelletuals in the Weimar Republic*），曼彻斯特：曼彻斯特大学出版社，1985年；尤其是基思·布利范特：《保守革命》（*The Conservative Revolution*），第47—70页。亦可参考赫夫：《现代主义的反动：魏玛及第三帝国的技术、文化和政治》，第109页；埃利亚斯：《德意志人》，第212页。

第三十三章 魏玛：一个有待解决的难题

域。它反对库尔特·图霍尔斯基；小说家反对阿尔弗雷德·德布林(Alfred Döblin)，他的成名作《柏林亚历山大广场》(*Berlin Alexander platz*)描绘了一名始终无法从柏林地下世界解脱出来的罪犯。它也反对瓦尔特·本雅明。本雅明于1892年生于柏林，他是一位犹太拍卖商和艺术品捐客的儿子，他是一个激进的知识分子，"一个文化上的犹太复国者"，因为他将自己描绘成历史学家、哲学家、艺术和文学批评家和记者，并以此谋生——这也意味着他是欧洲文化中犹太自由主义价值观的拥护者。因为一个多少有些神秘的理由，本雅明在"一战"期间以求医为名留在瑞士，之后与胡戈·冯·霍夫曼斯塔尔、贝尔托·布莱希特以及法兰克福学派的创始人结为好友。在一系列散文和书籍作品——《歌德的亲和力》(*Goethes Wahlverwandtschaften*)、《德国悲剧的起源》(*Ursprung des deutschen Trauspiels*)，以及《知识分子的政治化》(*The Politicisation of the Intelligentsia*)中，他对比了传统与现代艺术形式的差别，已经大致预见到了雷蒙·威廉斯(Raymond Williams)、安迪·沃霍尔(Andy Warhol)以及马歇尔·麦克卢汉(Marshall McLuhan)的思想。他的处理方式是尝试了解这些新形式，而不是遣责。

在保守主义者看来，魏玛文化最大的缺陷在于它忽视或轻视作为国之基础的底层民众的存在。这些观点互相交织产生了这个时代另一个特色——反智的知识(the anti-intellectual intellectual)。但它和原本就存在的反犹主义又反过来刺激了犹太文化的复兴——尤其是逐渐为人所知的"教堂"运动(Lehrhaus Move-

921

第四编　现代性的痛苦与奇迹

ment)*以及"犹太教知识"(Wissenschaft des Judentums)。① 然而并非所有的保守主义者都能欣然接受纳粹党(恩斯特·云格尔就是一例),但普遍的文化悲观主义舆论氛围,以及在危机来袭的大背景下,确确实实助长了纳粹的自信心。②

民族社会主义的文化和知识基础

正如我们看到的那样,理性主义者——科学家和学者——与民族主义者之间的斗争绵延整个魏玛时代,泛德意志论的支持者依然坚持德意志民族的特殊性,她的历史,她作为英雄民族与生俱来的优越性。奥斯瓦尔德·斯宾格勒在《西方的没落》一书中强调了德国是如何不同于法国、美国、英国,这一观点吸引了希特勒,并在纳粹党不断接近权力时越来越为他们所接受。希特勒时不时地攻击现代艺术和艺术家,他和其他的纳粹领导人一样,从本质上来说是反智主义者;他认为大多数历史伟人都是实干家而非思想者。但这个规则中有一个例外,这个本应成为知识分子的人比其他的纳粹领导人更像德国社会的局外人。

阿尔弗雷德·罗森贝格的家族来自爱沙尼亚,那里在1918年

---

* "教堂"(Lehrhaus)运动,指的是由犹太哲学家弗兰茨·罗森茨威格(Franz Rosenzweig,1886—1929)从1920年重新组织建立的"自由犹太教堂"(das Freie Jüdische Lehrhaus)运动,这一运动通过集中传授介绍犹太教内容与传统,旨在使犹太教生活在现代社会中立于不败之地。——译者

① 沃森:《可怖之美:一段形塑现代心灵的人物和思想史》,第300页。
② 贝恩德·威迪格(Bernd Widdig):《西德的文化与通货膨胀》(Culture and Inflation in West Germany),伯克利和伦敦:加利福尼亚大学出版社,2001年,第140页。

第三十三章 魏玛:一个有待解决的难题

以前还是俄国的波罗的海诸省之一。孩提时代的罗森贝格就被历史所吸引,尤其是在1909年的一次家庭旅行中,他无意中读到了休斯顿·斯图尔特·张伯伦的《19世纪的基础》。从这时起他为彻底仇视犹太人找到了理由,一如爱沙尼亚的经历成为他仇视俄国人的理由。1918年停战协议签署后,他搬往慕尼黑,并很快加入德意志民族社会主义工人党(Nationalsozialistische Deutsche Arbeiterpartei,简称NSDAP)。他的写作能力,对于俄国的了解,以及俄语能力使他成为党内的东欧专家;同时还担任纳粹党报《人民观察家报》(*Völkischer Beobachter*)的编辑。20世纪20年代,他和马丁·博尔曼(Martin Bormann)、海因里希·希姆莱发现,需要一种超越《我的奋斗》的纳粹意识形态。1930年他出版了《20世纪的神话》(*Der Mythus des 20. Jahrhunderts*),自认为将为民族社会主义提供理论基础。①

《20世纪的神话》是一部结构混乱、前后矛盾的作品。它大肆攻击罗马天主教是德意志文化的最大威胁——整本书超过700页。全书除了第三章标题为"即将到来的帝国",其他部分则讨论了"种族卫生"、教育和宗教,在结尾部分还涉及国际关系。罗森贝格坚决主张耶稣并非犹太人,耶稣的信息为身为犹太人的保罗所曲解,按照使徒保罗和罗马教会方面的想法,是要通过忽略贵族和种族思想,通过伪造教义如原罪、来世及炼狱,将基督教改造为他们所熟悉的混合物。罗森贝格认为,所有这些被信仰的教义都是

---

① 恩斯特·赖因哈德·皮珀(Ernst Reinhad Piper):《阿尔弗雷德·罗森贝格:希特勒的意识形态主管》(*Alfred Rosenberg: Hitler's Chefideologe*),慕尼黑:卡尔·布莱辛,2005年,第179页及以下诸页,有关神话。

第四编　现代性的痛苦与奇迹

"不健康的"。

罗森贝格惊世骇俗的目标是要为德国建立一套替代基督教的新信仰。[1] 他鼓吹一种"血统法则",实际上旨在告诉德国人,他们是优等种族的成员,具有"种族-灵魂"。他还引用了纳粹首席种族理论家汉斯·F. K. 君特(Hans F. K. Günther)的观点,后者声称已经建立了一套"界定所谓北欧雅利安种族特征"的科学方法。和希特勒以及其他更早的种族主义者一样,罗森贝格也竭尽所能想要建立起印度、希腊的古代居民与德意志民族之间的关联。他全凭主观描绘伦勃朗、赫尔德、瓦格纳、弗里德里希大王以及"狮子"亨利(Heinrich the Lion),以此组织起一部英雄史诗,尤其是要使纳粹党扎根德意志民族的历史土壤。对于罗森贝格来说,种族-血统法则是唯一能够他所认为对抗引发毁灭的个人主义与普世主义的力量。"经济人"这种美国式的理想被他贬斥为"犹太人诱骗人们走向灭亡而编造的谎言"。

但希特勒似乎对《20世纪的神话》怀有一种复杂的感情。他将罗森贝格提交的书籍原稿延压达六个月之久,直到纳粹党在国会选举中取得压倒性胜利之后,才于1930年9月15日将之付梓。希特勒此举可能是考虑到纳粹党此前尚未强大到可以甘冒失去罗马教会支持的风险。后者显然会留意到罗森贝格的这本书,而希特勒是一个再现实不过的人。果不其然,梵蒂冈被罗森贝格的说

---

[1] 皮珀:《阿尔弗雷德·罗森贝格:希特勒的意识形态主管》,第212—231页。亦可参见塞西尔·罗伯特(Cecil Robert):《优势种族的神话:阿尔弗雷德·罗森贝格与纳粹意识形态》(*The Mythos of the Master Race: Alfred Rosenberg and Nazi Ideology*),伦敦:巴茨福德,1972年。

第三十三章 魏玛：一个有待解决的难题

法所激怒,1934年《20世纪的神话》被列入禁书名录。科隆大主教、红衣主教舒尔特(Cardinal Schulte)组织了一支由七名年轻神父组成的"防御小分队",夜以继日对各类错误进行罗列,随后以匿名小册子的形式在五座城市同时印刷出版,以避免遭到盖世太保的追捕。尽管如此,罗森贝格依然很受希特勒赏识。"二战"爆发后,他被授权组建自己的部门——部长罗森贝格特别工作组(Einsatzstab Reichsleiter Rosenberg,简称ERR),专门负责掠夺艺术品。

尽管《20世纪的神话》一书内容混乱,观点武断,但它无疑证明了纳粹思想在哪些方面歪曲德意志文化。

强烈崇拜"德意志的一切"

我们可以从一个外部观察德国的视角切入,对本章做一个总结。由于上述《20世纪的神话》写作于纳粹声势壮大前不久的魏玛共和国末年,因此我们应当以极为严肃的态度对待它。书中还结合了其他一些非德国人例如约翰·杜威和乔治·桑塔纳亚等人的早期评论。

朱利安·邦达(Julien Benda)的《知识分子的背叛》(*The Threason of the Learned*)最早出版于1927年。这里所说的知识分子,或回归其法语原词"*clercs*",不仅仅是指德国的知识分子,也包括他们的法国同行,这样一来使得该书的观点也值得一看:作者本人并非狭隘的民族主义者。邦达(1867—1956年)出身于巴黎一个家道中落的犹太家庭,其家族企业在"一战"期间就已经破产了。他是一生出版50多部著作的多产作家,曾经撰文为阿尔弗雷

第四编　现代性的痛苦与奇迹

德·德雷福斯(Alfred Dreyfus)辩护,他还自诩法兰西历史上最伟大的理性主义者,并与亨利·柏格森(Henri Bergson)的"直觉主义"(intuitionism)划清界线。邦达书中的主要论点在于提出了19世纪前所未有的政治激情勃发。他提出,资产阶级的出现导致产生大规模的阶级仇恨,压制民主的民族主义意识不断增长。正如赫伯特·里德(Herbert Read)在英文版引言中所概述:"民族主义成为一种广泛流传的神秘主义情绪,其结果是导致民族主义的激情摧毁了国家生活。"特别是犹太民族主义意识的增强也进一步导致反犹主义的扩散。① 邦达强调,政治激情在19世纪变得越来越强烈,尤其是民族主义激情,"不仅涉及他们的物质存在、军事实力、领土主权以及经济实力,也关乎他们的道德存在。受某种迄今为止仍未厘清的意识(受到作家本人的狂热追捧)的驱使,每一个民族国家如今都接受了这一点,并强调在语言、文学、哲学、文明、'文化'方面上优于他国。今天的爱国主义认同以一种精神状态排斥另一种状态。"②但他补充说,不能"过度强调"这种爱国主义形式是历史的小创新,〔因为〕它早在1813年便出现在德国,这体现在三个方面——排犹运动,资产阶级反对无产者,以及权力维护者反对民主党人。③

邦达从中看到了知识分子、艺术家、科学家和哲学家的态度转变。他提到,19世纪之前的那些杰出人物,如像列奥纳多·达·

---

① 朱利安·邦达:《知识分子的背叛》(*The Treason of the learned*),理查德·奥尔丁顿(Richard Aldington)英译,波士顿:比肯,1955年,第xxi页。
② 同上书,第13—14页。
③ 邦达:《知识分子的背叛》,第18页。

第三十三章 魏玛：一个有待解决的难题

芬奇、歌德、伊拉斯谟、康德、托马斯·阿奎那、开普勒、笛卡尔、罗杰·培根、帕斯卡和莱布尼茨这样的人物"是对精神活动完全没有兴趣，但又发展出高于这种存在形式观点的例子"。但如今的情况大为不同，"今天如果我们提到蒙森、特赖奇克、奥斯瓦尔德、布吕奈基耶（Brunetière）、巴雷斯（Barrès）、勒麦特（Lemaître）、佩吉（Péguy）、莫拉斯（Maurras）、邓南遮（d'Annunzio）、吉卜林（Kipling），我们不得不承认这些'知识分子'（clercs）沉湎于包含各种狂热特质的政治激情中而无法自拔——他们倾向于行动，渴望立竿见影的成效，执着于获取渴望的结果；他们蔑视质疑，言辞放肆，充满敌意，但又想法固执。"①由于其余大众是按降序排列的，邦达认为这些人正在背叛他们——或者他们的前辈——所拥护的观点。他们不再表现得像苏格拉底或耶稣，而是像暴徒。

邦达焦虑地指出，这种背叛不仅仅出现在德国——实际上他的关注焦点是法国，但他将这一论点从法国扩大到了德国、意大利、英国和美国，它们或多或少也有类似表现；同时他认为"一战"中的德国知识界尤其应当受到谴责，特别是《九十三人宣言》。"我们知道，大多数的德国教师如何在过去的五十年中不遗余力地宣扬，除了本民族之外其他所有文明都处于衰弱之中；以及在法国，法国人是如何看待尼采或瓦格纳，乃至康德或歌德的崇拜者的……"②

尽管邦达在这方面严厉指责自己的同胞，但他确信德国知识分子"用这种方式将现代'知识分子'与爱国主义狂热结合在一

---

① 邦达：《知识分子的背叛》，第30—32页。
② 同上书，第41页。

起"。他认为这一点发端于莱辛、施莱格尔和费希特,他们"在心中编织出对'德意志的一切'的狂热崇拜,并藐视一切非德意志的。民族主义'知识分子'本质上来说是一项德国人的发明"①。

他对小说家、剧作家和艺术家进行程度相同的批判,却将最恶毒的语言留给了历史学家,"过去半个世纪的德国历史学家和法国过去二十年里的君主制拥护者"。一位德国大师断言:"'德国真正的历史学家'尤其应当传递那些有助于彰显德意志伟大的事实。"正是此人还盛赞蒙森所撰写的《罗马史》(蒙森本人对该书也颇为自豪)"是一部以罗马命名的德意志史"。哲学家也没有比历史学家好太多,"费希特与黑格尔显然将德意志世界的胜利视为世界存在发展过程中既至高无上而又必然的目标。……"②(邦达)认为在此方面,即使是法国人也无法与之比肩,他如此说道。而一度担任过雅典法国学校校长的努马·丹尼斯·菲斯泰尔·德·古朗士(Numa Denis Fustel de Coulanges)也曾说过,德国的历史学家"竭力鼓吹自己的国家应当陶醉于本民族的民族特性,甚至是它的野蛮行径。而法国的道德家也不甘人后……"邦达的感受是,德国之所以在"一战"中遭到摧毁,是因为它的物质能力与其由知识分子的民族主义〔倾向〕所培育出的傲慢并不相称。他提出德国人对这种强权国家的狂热情绪也负有责任。知识分子将政治神化了。③

在邦达看来,所有这些中最重要的因素,同时也是根本的论点

---

① 邦达:《知识分子的背叛》,第42页。
② 同上书,第55—59页。
③ 同上书,第86页。

第三十三章 魏玛:一个有待解决的难题

在于,军旅生涯和战争,不可避免地要同意识中的民族主义目标作斗争,因而更关乎道德而不是功用①知识分子歌颂勇气、荣誉和无情——甚至在尼采那里还包括残忍("任何高等文化都是建立在残忍的基础上")。另一种意志文化(当然是被成功贯彻的意志)在"黑格尔之后的全体德国人"的支持下开始出现,而在法国,则"始于德·迈斯特(de Maistre)"。②*

邦达提到,所有这些因素都是占据主流的;但另一方面,从尼采和索雷尔(Georges Sorel)开始,知识分子所理解的政治狂热以及他们对于普世性和客观性的追求,遭到了嘲笑。部分法国作家坚持认为,人们对于知识的兴趣"远低于对士兵(的兴趣)……所有的作品在实践精神的名义下,不遗余力地宣传本能、无意识、直觉、意志(指德语语境下[$Willen$],即'智识'的对立面),这是因为,是本能,而非认知能力,在指引着我们——作为一个人、一个国家、一个阶级——应该如何去维护我们的利益"③。对他来说,这完全等同于道德的"极速"下滑,是"一类(非常德意志化的)智识上的虐待"④。

他最后总结道:战斗已经结束。"今天……人类为民族国家而献身。门外汉取得了胜利……科学家、艺术家、哲学家和日薪工人、商人一样成为民族国家的附庸。那些过去传递世界价值的人,

---

① 邦达:《知识分子的背叛》,第104页。
② 同上书,第116页。
* 这应指的是著有《论法国》的法国君主主义者约瑟夫·德·迈斯特(Joseph de Maistre,1753—1821)。——译者
③ 同上书,第117—120页。
④ 邦达:《知识分子的背叛》,第141页。

现在也为民族国家服务。整个欧洲——包括伊拉斯谟在内——都臣服于路德。"随后在该书的第145页(请注意:该书首版于1927年),他写道:"无论国家间的还是阶级间的,这样的人类都终将导向一场史无前例的完美大战。"①

当然这并非邦达的全部观点,只是我的处理使这本书比它的本来面目更像是关于德国的讨论,他对于法国的尖锐批评并不亚于对于德国的。这种论述方式尽管相比采用其他方式处理统一主题显得不那么民族主义,也更容易为人所接受;但邦达的观点其实很清楚,他认为这种"背叛"起源于德国,并且向其他国家蔓延,尤其是法国。他的一些关注点——关于政治的神话,拔高意志的作用,将战争理解为道德工具而非功利手段,轻视客观性——对于之后即将到来的一切具有一种令人不安的特殊意义。

---

① 邦达:《知识分子的背叛》,第145—147页。

第五编

帝国之歌：希特勒与"斗争的精神化"

| 第三十四章 |

纳粹美学:褐色之变

1933年1月30日,阿道夫·希特勒成为德国总理。六周之后,即3月15日,首份有关艺术家的黑名单公之于众。尚在美国访问的乔治·格罗斯(George Grosz)被剥夺了德国公民身份。包豪斯艺术学校被迫关闭。马克斯·李卜曼(Max Liebermann,时年88岁)、保罗·克莱(Paul Klee,66岁)、马克斯·贝克曼(Max Beckmann)、奥托·迪克斯(Otto Dix)和奥斯卡·施莱默(Oskar Schlemmer)均被所在的艺术院校免职。几周之后,被称为"恐怖之屋"的首个讽刺现代艺术展在纽伦堡登场,随后在德累斯顿和德骚相继展出。如今,这些类似事件已是众所周知,但仍骇人听闻。在解雇艺术家的前四天,约瑟夫·戈培尔走马上任,担任国民教育与宣传部长。

然而,这些残酷的事件并非突然而降。其实,希特勒早就心知肚明,倘若有朝一日纳粹党组阁的话,必然树敌无数,艺术家则首当其冲。早在1930年写给戈培尔的一封信中,希特勒就坚称,如果纳粹党夺权,将不仅仅在艺术领域形成"反抗协会"。早在1920年纳粹党的宣言中,就曾呼吁"反抗艺术与文学中分裂人民生活的

第五编　帝国之歌:希特勒与"斗争的精神化"

倾向"[1]。

像许多科学家、哲学家和音乐家一样,一些艺术家也见风使舵,转而投靠纳粹党,但戈培尔一概否决。戈培尔曾经与阿尔弗雷德·罗森贝格争夺制定文化和知识政策的权力,但随着官方艺术与文化部的成立,这位新晋的宣传部长便将对手淘汰出局。该部门的权力是可怕的,每位艺术家都被迫加入政府资助的专业机构,否则他们的作品就不能在博物馆展出或是接受佣金。戈培尔还进一步规定,艺术展必须获得官方许可。1934年,在纳粹党代会的演讲中,希特勒强调"两种文化危险"正在威胁"民族社会主义"。其一便是现代艺术家,他们是"艺术的毁坏者",尤以"立体主义"、"未来主义"和"达达主义"为典型代表。[2]希特勒说,他与德意志人民希望德国艺术是"纯净的"、"不扭曲的"、"不暧昧的"。他强调,艺术并非政治的附属品,而是必须成为纳粹政治计划的有机组成部分。从1936年5月开始,所有注册的艺术家都必须证明其雅利安血统。同年10月,柏林国家美术馆关闭了现代美术馆,11月,戈培尔宣布取缔所有的"非官方艺术评论"。至此,针对艺术事件的《报道》(reporting)成为仅存的公开刊物。

一些艺术家为自己辩护。恩斯特·基希纳声称自己"既非犹太人亦非社会民主党人";马克斯·佩希施泰因声称曾在第一次世界大战中在西线为德国浴血奋战,其子也是一名冲锋队员;埃米尔·诺尔德声称他自1920年起就参加了纳粹党。但这些表忠全

---

[1] 弗雷德里克·施波茨(Frederic Spotts):《希特勒与美学权力》(Hitler and the Power of Aesthetics),伦敦:哈钦森出版社,2002年,第11—15页。

[2] 同上书,第152、156页。

第三十四章 纳粹美学:褐色之变

是白日梦。另一些艺术家则在作品中抗辩。1933年,奥托·迪克斯在其画作《七宗罪》中将希特勒描绘成"嫉妒";马克斯·贝克曼在漫画中将"总理"塑造成"骗子"。还有许多艺术家意识到,除了流亡,他们无处可逃。库尔特·施维特斯流亡至挪威,保罗·克莱流亡至瑞士,莱昂内尔·法伊宁格(Lyonel Feininger)流亡至美国,贝克曼流亡至荷兰,路德维希·迈德纳流亡至英国。①

如上所述,继包豪斯艺术学校关闭后,汉堡的瓦尔堡研究所也关闭了,随后便是法兰克福学派。许多法兰克福学派的成员兼是犹太人和马克思主义者。马丁·杰伊(Martin Jay)在对该学派历史的记述中提到,幸得研究所所长马克斯·霍克海默的远见,早在1931年就将研究所的资金转移到了荷兰,并在日内瓦、巴黎和伦敦(隶属于伦敦经济学院)设立了海外子机构。1933年,希特勒上台后不久,霍克海默悄悄越境来到瑞士。几天之后,官方以"妨碍国家安全"之名宣布关闭法兰克福研究所,查封了位于维多利亚大道上的办公楼兼图书馆,连同6000册图书。霍克海默出逃几天之后,他被官方正式免职,同时被免职的还有田立克和卡尔·曼海姆。霍克海默、副所长弗里德里希·波洛克和埃里希·弗洛姆流亡至日内瓦。亨利·柏格森和雷蒙·阿隆从法国对他们发出了邀请。同时,特奥多尔·阿多诺逃亡至牛津默顿学院,从1934年至1937年他都任职于此。波洛克与霍克海默访问了伦敦和纽约,打探移民的可能性。他们受到了哥伦比亚大学的积极邀请,于是,

---

① 有关恩斯特·巴拉赫的抗争,参见彼得·帕雷特(Peter Paret):《反抗第三帝国的艺术家:恩斯特·巴拉赫,1933—1938》(*An Artist against the Third Reich: Ernst Barlach, 1933-1938*),剑桥:剑桥大学出版社,2003年,第77—108页,第109页及以下诸页。

第五编　帝国之歌:希特勒与"斗争的精神化"

1934年中期,法兰克福研究所在纽约西117街429号重新挂牌,直至1950年。

维也纳学派的流亡或许没有其他学派那么悲惨。这得益于美国当时流行的实用主义,不少哲学家认同逻辑实证主义学说。因此,20世纪20年末至30年代初,许多维也纳学派的学者来到大西洋彼岸讲学或寻求志同道合的伙伴。他们得到了名为"科学统一社"的帮助,该社团吸纳哲学家与科学家,以寻求各学科的统一为目标。这个国际性的团体在欧洲和北美都有组织。1936年,英国哲学家A.J.艾尔(A. J. Ayer)出版专著《语言、真理与逻辑》(*Language,Truth and Logic*)在美国热卖,这是一本杰出的逻辑实证主义作品,也是维也纳学派在美国受到欢迎的另一原因。赫伯特·法伊格尔(Herbert Feigl)身先士卒,于1931年来到爱荷华州,1936年鲁道夫·卡尔纳普偕同卡尔·亨佩尔(Carl Hempel)和奥拉夫·黑尔默(Olaf Helmer)来到芝加哥。随后,汉斯·赖兴巴赫(Hans Reichenbach)于1938年来到加州大学洛杉矶分校。不久,库尔特·哥德尔受聘于普林斯顿高等研究所,加入的成员还有爱因斯坦和埃尔温·潘诺夫斯基(Erwin Panofsky)。

1938年5月2日,希特勒立下遗嘱,死后将遗体葬于慕尼黑——在统帅堂接受吊唁并葬于旁边。相比他曾读书和长大的林茨,慕尼黑才是他的故乡。①在《我的奋斗》中,希特勒将慕尼黑

---

① 他曾试图改变林茨的艺术和建筑,参见汉斯·克里斯蒂安·勒尔(Hanns Christian Löhr):《艺术的褐色之家:希特勒与"林茨的特殊使命";愿景、罪恶与损失》(*Dasbraune Haus der Kunst: Hitler und der "Sonderauftrag Linz"; Visionen,Verbrechen,Verluste*),柏林:学术出版社,2005年,第1—18页。

第三十四章 纳粹美学:褐色之变

誉为"德意志艺术之都",并强调"如果没有见过慕尼黑,就不懂德意志艺术"。也正是在这里,他与艺术家的冲突在1937年达到高潮。

1937年7月18日,希特勒在慕尼黑揭幕"德国艺术之家"美术馆,展出了近900幅画作及雕塑,均出自于纳粹党推崇的艺术家之手,如阿尔诺·布雷克尔(Arno Breker)、约瑟夫·托拉克(Josef Thorak)和阿道夫·齐格勒(Adolf Ziegler)。[①]其中有希特勒的肖像和赫尔曼·霍耶(Hermann Hoyer)的《太初有道》(*In the Beginning Was the Word*),怀念纳粹党成立之初"元首""与同志磋商"的情景。在推测性的评论被取缔,只允许报道性的叙述情况下,一位批评家在其报告文学中隐喻地批判道:"每个展出的作品都完整地投射出生活印象,却对现代性的压力与问题视而不见,其中有一处显而易见的疏漏,即没有一个雕塑家描绘城市与工业生活。"

在展览开幕当日,希特勒发表了一场长达90分钟的演讲,再次声称德国"文化崩溃"已经得到抑制,鲜活的古典条顿传统复兴了。艺术与时尚毫不相关,他强调:"每年都有新事物。今天是印象主义,明天是未来主义、立体主义,甚至是达达主义。"不,他坚称,艺术"不是时间的产物,而是人民的结晶"。种族和血统亦是如

---

① 彼得·亚当(Peter Adam):《第三帝国的艺术》(*The Arts of the Third Reich*),伦敦:1992年,泰晤士&赫德森出版社,1992年,第129页及以下诸页。有关"纳粹意识形态的视觉化",另可参见贝特霍尔德·欣茨(Berthold Hinz):《第三帝国的艺术》(*Art in the Third Reich*),罗伯特(Robert)、里塔·金伯(Rita Kimber)英译,牛津:巴兹尔·布莱尔韦尔出版社,1980年。

第五编 帝国之歌:希特勒与"斗争的精神化"

此。这对于德国人而言意味着什么?它意味着"清醒"。艺术是为人民服务的,艺术家必须呈现人民眼中的一切——"不是蓝色的草地,绿色的天空,硫黄色的云,等等"。"可怜的不幸的患眼疾之人"将无生存之地。①

此时也存在某种批判,尽管是以变相的方式。次日,即 7 月 19 日,在城市的另一端,慕尼黑考古研究所"颓废艺术"展开幕,展出了 112 位德国及非德国艺术家的作品,其中诺尔德作品 27 件,迪克斯作品 8 件,施密特-罗特卢夫(Schmidt-Rottluff)作品 61 件,克莱作品 17 件,以及高更和毕加索等其他艺术家的作品。这些作品在全德巡展,被称为有史以来最邪恶的展览。甚至元首也对其中一些作品大吃一惊。基希纳的《正午的农民》(*Peasants at Midday*)被称为"犹太人眼中的德国农民",恩斯特·巴拉赫的雕塑作品《团聚》(*The Reunion*)本是展现圣托马斯认出耶稣的情景,却被贬为"两只穿着睡衣的猴子"。

如果希特勒认为他已经扼杀了现代艺术的话,他就大错特错了。在"颓废艺术"巡展慕尼黑的四个月中,超过 200 万人参观了展览,远远多于门可罗雀的"德国艺术之家"展。这对那些对展览痛心疾首的艺术家而言是一种小小的安慰。诺尔德致信戈培尔,要求"停止对我的诽谤"。贝克曼则更现实,在展览开幕的当天,他选择了流亡。

---

① 彼得·帕雷特:《反抗第三帝国的艺术家:恩斯特·巴拉赫,1933—1938》,第 109—138 页,特别论述了"非德意志艺术"。

第三十四章　纳粹美学:褐色之变

另一部倒行逆施的法案通过了。1938年5月的"颓废艺术法",赋予政府随意售卖"颓废"艺术的权力。卢塞恩的费舍尔画廊举办了一场特殊的拍卖会,一些画作被贱价出售;甚至有些作品被纳粹党认为是太过挑衅,因此被贱卖或于1938年在柏林被烧毁。①

德累斯顿的犹太法国文学教授维克托·克伦佩雷尔(1881—1960年)对"颓废"有着不同看法,在朋友的保护下,他在德国安然无恙地度过了第三帝国时期。他保存了一些纳粹使用的话语,展示了作为军事术语的"冲锋"(曾是一本被焚毁的表现主义艺术杂志的名字)这个词是如何被挪用的。党卫队后被缩写成SS或SA,"他们心满意足地再也不是缩写了",因为官方的打字机被安装特殊的键角SS字符。②此外,还有其他一些事例,例如,晴天成了"希特勒天气"。克伦佩雷尔还注意到,在大学物理学院中,频率单位赫兹被禁用,因为赫兹的父亲是犹太人。一个偶然的机会,他注意到,纳粹的语言给了他希望:凡是媒体报道德国军队"英勇奋战"时,他们必输无疑。③

---

① 慕尼黑巡展结束后,颓废艺术展来到柏林和其他城市。颓废艺术展仅此一次,但"德国艺术之家"却每年举办展览,直至1945年。鲁道夫·赫茨(Rudolf Herz):《霍夫曼与希特勒:作为元首神话媒介的摄影》,慕尼黑:克林克哈特&比尔曼出版社,1994年,第170页及以下诸页,第260页及以下诸页。该书是介绍视觉影像中的元首的佳作。

② 维克托·克伦佩雷尔(Victor Klemperer):《第三帝国的语言:一位语言学家的笔记》(*The Language of the Third Reich: A Philologist's Notebook*),马丁·布雷迪(Martin Brady)英译,纽约:连续出版社,2000/2006年,第63页。

③ 维克托·克伦佩雷尔:《第三帝国的语言:一位语言学家的笔记》,第72页。

第五编　帝国之歌:希特勒与"斗争的精神化"

"英雄主义"诗篇

从文化逻辑上而言,民族社会主义比它受到的赞扬更加具有统一性。而这正是问题之一。在它实施政治同化,即所谓的"一体化"的努力中,纳粹有时假定或是肯定,实际的统一化程度比想象的高。希特勒认为,普通民众的偏见完全可以消弭于日耳曼世界观中,终结大众的异化。

令人怀疑的是,一种文化是否可以在较长的时间内被如此包装,正如日耳曼文化在纳粹时代一样。但可以肯定的是,它的存在即证明它是可以在短时期内实现的。[①] 剧作家、诗人、反犹小说家赫尔曼·布尔特(Herman Burte)在1940年创作了一批日耳曼诗歌,认为希特勒是一个"诗人化的政治家",强调所有的文化创作必须将所有德意志人民的精力转移到增强"德意志生存模式"上来。他认为,元首甚至比歌德还要伟大,因为希特勒真正理解德意志人民的"本质"和"原生德意志人的卓越"。斯图加特的出版商阿道夫·施佩曼(Adolf Spemann)向出版界同仁发表演讲,那个可以出版自己并不认同其观点但赏识其理性或商业价值的图书的时代已经终结。出版商再也不是

[①] 希腊式建筑仍然是主流。参见亚历克斯·斯科比(Alex Scobie):《希特勒的国家建筑:古典时代的影响》(*Hitler's State Architecture: The Impact of Classical Antiquity*),宾夕法尼亚州立大学帕克校区与伦敦:宾夕法尼亚州立大学出版社艺术学会,1990年,关于希特勒与古典遗风,参见第1页及以下诸页;关于施佩尔的"废墟价值"理论,参见第93页及以下诸页。

第三十四章 纳粹美学:褐色之变

"无关紧要的文化镜子","作家的仆人已经转型为国家的代表……文学再也无法脱离政治"。[1] 到 1937 年,纳粹审查合格的图书中的 50%—75% 是农民小说、英雄小说以及"本地风景"插图小说。[2]

根据杰伊·贝尔德对"纳粹英雄"的研究,三个人对纳粹美学做出了杰出贡献,其中两个是作家——诗人格哈德·舒曼(Gerhard Schumann),作曲家汉斯·鲍曼(Hans Baumann)(第三个人则是电影导演卡尔·里特尔[Karl Ritter],后文有述)。

贝尔德写道,舒曼自封"精英",是教育学教授之子,虔诚的基督徒。他加入了德国青年运动,徒步旅行,尽览自然风光和古堡教堂。这是一个田园诗般的成长过程,但是,后来他被"流血的魏玛共和国城市"所深深伤害,"震惊之下投身诗歌"。[3] 20 世纪 30 年代初,他发表了一系列处女作,《国家赞歌》(*Die Lieder vom Reich*),表达了他渴望冲破"外国意识形态"对德国的钳制的决心,期待一个强大的"领袖"掌权来拯救祖国。

> 他是头戴光环的救世主,
> 当他降入凡尘,

---

[1] 杰伊·贝尔德(Jay Baird):《为德国而亡:纳粹神殿的"英雄"》(*To Die for Germany: Heroes in the Nazi Pantheon*),布卢明顿与印第安纳波利斯:印第安纳大学出版社,1992 年,第 161 页。

[2] 奥龙·J. 黑尔(Oron J. Hale):《被俘虏的第三帝国新闻业》(*The Captive press in the Third Reich*),普林斯顿:普林斯顿大学出版社,1964 年,第 67 页及以下诸页,对新闻业的控制参见第 76—93 页。

[3] 杰伊·贝尔德:《为德国而亡:纳粹神殿的"英雄"》,第 132 页。

第五编　帝国之歌:希特勒与"斗争的精神化"

> 用火炬照亮了夜空。
> 数以百万的人默默地崇敬他……①

在图宾根大学,他迷恋那些古老的、贵族式的、经典的学问,而不是工业化社会所需的知识,于是,在 1930 年 11 月,他 19 岁的时候,加入了纳粹党。希特勒上台后,舒曼成为党内的知名作家。他对纳粹意识形态的痴迷更甚于专注于艺术创作。② 魏玛时代的主流手段,所谓的"沥青作家"(Asphaltliteraten)现在已经过时了,舒曼被新的思想吸引,新诗篇将被"英雄主义"震撼。

作为一个多产的作家(他出版了 19 本诗集、两部戏剧和报刊),他的专业之一是纳粹党作家,其次是国家歌剧院院长(当时的他只有 24 岁),为盛大的活动创作剧本。他的诗常常这样命名:"德意志,你是永远燃烧的火焰"、"祖国的纯洁"和"希特勒"。

> 数百万活着和死去的人团结一心汇成一个意志……
> 数百万伸出的手众志成城握成一只拳头……
> 在钟声雷鸣般的合奏中,他的声音响彻世界。
> 世界在倾听。

他用一首诗来庆祝德奥合并,希特勒对此大加赞许,并且要求

---

① 杰伊·贝尔德:《为德国而亡:纳粹神殿的"英雄"》,第 133 页。
② 同上书,第 137 页。

第三十四章 纳粹美学:褐色之变

在广播中反复播放。①

在第二次世界大战中,舒曼参加了德国对法国和苏联的战斗,并获得铁十字勋章。尽管在苏联前线严重受伤,但他痊愈之后仍然参加了志愿军,并继续写诗,他说,在战时"祈祷伪装成诗歌"。他最著名的诗是《士兵的祈祷》(*Soldier's Prayer*),后被欧根·帕普斯特(Eugen Papst)谱曲,广为传唱,特别是在正式场合。

> 噢,神啊,我们没有太多的语言。
> 但现在请聆听我们的祈祷:
> 让我们的灵魂牢固。
> 我们会做自己。②

"别计算死亡"

1933年,"希特勒青年团的游吟诗人"汉斯·鲍曼才19岁。这位来自巴伐利亚森林的天真无邪的少年在第三帝国平步青云,但好运只持续到他31岁。童年时代的他是"快乐的汉斯",在他的回忆录中,将母亲描绘成"世界上最好的母亲"。当他的父亲从第一次世界大战的战场上归来的时候,带回了一些旧手榴弹,汉斯称

---

① 另可参见杰伊·W.贝尔德(Jay W. Baird):《希特勒的战诗:第三帝国的文学与政治》(*Hitler's War Poets: Literature and Politics in the Third Reich*),剑桥:剑桥大学出版社,2008年。
② 杰伊·贝尔德:《为德国而亡:纳粹神殿的"英雄"》,第154页。

943

第五编　帝国之歌:希特勒与"斗争的精神化"

之为"第一个伙伴"。①

田园牧歌式的童年被魏玛共和国的通货膨胀和失业击得粉碎,鲍曼在 14 岁时创作的一些早期作品常以"失业"和"四骑士"命名,描绘贫民窟的生活。

作为天主教徒,鲍曼在天主教青年运动中变得活跃起来,这也成为他早期作品的灵感,最著名的有《明天属于我》(Morgen gehört mir),在 1972 年的电影《歌厅》(Cabaret)中红遍全国,也使鲍曼家喻户晓。他创作这首歌曲时仅 18 岁,在安贝格的耶稣会学院学习,计划将来做名教师。主教被鲍曼的歌曲深深打动,他联络位于慕尼黑的天主教出版社克泽尔出版社。1933 年,鲍曼的一系列作品出版。

但是,鲍曼确信,希特勒才是救世主,他创作了 150 多首作品来证明这一点。20 世纪 30 年代,这些歌曲越来越激进,尤其是涉及东方问题的时候。在闪电战中,他成为英武的战争骑士。

> 尽管勇士瑟瑟发抖,
> 尽管我痛彻心扉,
> 燃烧着悲伤,我高举大旗,
> 用我唯有的双手。

鲍曼热衷说,生活在德国的盛世是一种荣耀,在一段演讲中,他引用了荷尔德林的诗:

---

① 杰伊·贝尔德:《为德国而亡:纳粹神殿的"英雄"》,第 157 页。

第三十四章 纳粹美学:褐色之变

> 战斗是我们的!高举旗帜
> 啊,祖国,别计算死亡!
> 亲爱的祖国,不止一人为你献身![1]

但是,鲍曼并未止于此。1941—1942年左右,他似乎有了新的想法,开始倡导对待德国的敌人要仁慈一些,尽管他是站在希特勒的立场上的。这在他的戏剧《亚历山大》(Alexander)中达到高潮,由古斯塔夫·格林德根斯(Gustaf Gründgens)主演。演出获得巨大成功,开幕之夜,格林德根斯谢幕多达25次。戏剧情节微妙地将亚历山大大帝与希特勒相关联。亚历山大说,"让我们蔑视俗世",但他也说,"我爱故我胜"。鲍曼强调了胜利者的仁慈,或许他觉得这样便可以逃离第三帝国。两天之后,戈培尔下令禁演该剧。

鲍曼思想的转变缘于他的兄弟,一名基辅的炮兵上尉,他曾目睹惨剧,他的妻子是东线战场的艺人,也曾见闻令人心碎的暴行。现在,在东线的军队中,鲍曼向士兵们传授文化理念,即使是苏联作品也允许上演,苏联访客也获得准许,甚至是反抗组织的成员。战后,鲍曼成为国际著名的儿童作家,他的作品被译为多国语言,并且在西德、意大利和美国获奖。在他生命最后的日子里(1988年在穆尔瑙去世,康定斯基曾长居此地),鲍曼说:"长寿的好处是,可以纠正自己犯下的错误。"

---

[1] 杰伊·贝尔德:《为德国而亡:纳粹神殿的"英雄"》,第167页。

第五编 帝国之歌:希特勒与"斗争的精神化"

在没有电视的时代,戈培尔非常清楚广播的力量。他延承了舆论集中控制体系。不仅如此,他的宣传部还收购了国家广播公司的全部股份,进一步增强了外围宣传效应。因此电器公司生产廉价收音机的压力随之而来,要使家家户户都有一台,并且要改变组件,使这些收音机不能收到外国电台。

在希特勒向艺术进军的时候,他的魔掌也伸向了电影。戈培尔被任命为宣传部长的首要使命便是召集德国最著名的电影制片人,向他们展示谢尔盖·爱森斯坦(Sergei Eisenstein)1925年的名作《战舰波将金号》(*Battleship Potemkin*),该片讲述了俄国1905年革命,是艺术和宣传的杰作。"先生们,"灯光亮起时戈培尔说,"这就是我想从你们那里得到的。"这位宣传部长并不想要太明显的宣传手段,他很聪明,很明白,影片必须荣耀帝国:这点没有争论。同时,他还强调,电影中必须增加政府许可的新闻或纪录片。[1]

战争爆发后,戈培尔的新闻报道可以长达40分钟,但纪录片更有影响力。魏玛时期其貌不扬的女演员莱尼·里芬施塔尔(Leni Riefenstahl)摇身一变,成为导演兼编剧,策划了这些技术上非常优秀的纪录片。她受到希特勒钦点,拍摄1934年纽伦堡第一次党代会,也是最好的一部纪录片,名为《意志的胜利》(*Triumph*

---

[1] 玛丽·伊丽莎白·奥布莱恩(Mary-Elizabeth O'Brien):《纳粹电影的魔力:第三帝国的娱乐政策》(*Nazi Cinema as Enchantment: The Politics of Entertainment in the Third Reith*),纽约,罗切斯特:卡姆登出版社,2005年,第118页以及以下诸页、160页以及以下诸页。关于收音机,1936年冬,德国广播当局宣称,未来的计划是"制造娱乐、巩固共同体",其中包括"农民与乡村"的名义,向德国农民广播"农业新闻"。

第三十四章 纳粹美学:褐色之变

des Willens)。共有16名摄制组成员,经过两年的剪辑,公映时这部影片简直具有迷魂效果。无穷无尽的火把游行,一个又一个演讲家,浩浩荡荡的褐衫军和黑衫军异口同声高呼"胜利万岁",观众被催眠。

与此类似的是奥运会,在戈培尔精心策划下,1936年奥运会在柏林开幕。正是由于纳粹,现代运动会第一次登上舞台。他们设想了"火炬传递"仪式,燃烧的火炬从希腊来到柏林,按时到达,启幕奥运会。

里芬施塔尔用80名摄影师为奥运会拍摄电影,使用了130万英尺胶片,该影片于1938年上映,分为上下两部,长达六个小时,配有德语、英语、法语和意大利语解说词。她摄取了令人尊敬的失败者,杰出的胜利者,特写了健硕的肌肉,尤其是来自美国的黑人运动员杰西·欧文斯(Jesse Owens),他一人独揽四枚金牌。这令希特勒大为不悦。一些奥运会片段尤为惊艳,特别是跳台跳水。但里芬施塔尔不是纳粹电影界唯一的"女英雄",此外还有克里斯蒂娜·泽德尔鲍姆(Kristina Söderbaum)、莉莲·哈维(Lilian Harvey)和扎拉·莱安德(Zarah Leander)。[①]

战争爆发后,戈培尔倾尽全力搞宣传。无论是在斯图卡轰炸机上,还是在装甲师碾过波兰的行军中,都有摄影师陪同。但这些纪录片不仅仅是为了国内的观众拍摄,在丹麦、荷兰、比利时和罗马尼亚,剪辑过的版本向当地的民众宣扬"抵抗是徒劳的"。

---

① 安特耶·阿舍得(Antje Ascheid):《希特勒的女英雄:纳粹电影中的明星与女性》(Hitler's Heroines: Stardom and Womanhood in Nazi Cinema),费城:天普大学出版社,2003年,第2、3、4章。

第五编　帝国之歌:希特勒与"斗争的精神化"

斯图卡之歌

戈培尔曾说,捷报常常不胫而走,但失败"需要创造性的天才",这句话是电影导演卡尔·里特尔的真实写照。[①] 第一次世界大战时他曾做过飞行员,在第三帝国时代成为排名前三的电影导演。

第一次世界大战后,他以艺术家的身份来到慕尼黑碰运气,在那里,他第一次听到了希特勒的演说。随着第二次世界大战的爆发,里特尔发现与希特勒志趣相投,遂于 1925 年加入了纳粹党。他通过电影海报设计和公关步入影视圈,1933 年,进入德国著名的乌发电影公司(UFA),任电影《希特勒青年奎克斯》(*Hitler Youth Quex*)的监制,这部电影可以说是第一部纳粹电影。电影讲述了一个青年的迷惘,他徘徊在父亲的共产主义信仰和自己对希特勒青年运动的迷恋之间。他在一次街头骚乱中丧生,这是 20 世纪 20 年代末至 30 年代初纳粹活动的主要特点。

里特尔一发不可收拾地制作了多部电影,影响力越来越大,直到斯大林格勒战役。《诺言假期》(*Urlaub auf Ehrenwort*)讲述了第一次世界大战中一名英俊的年轻军官和他的小分队的故事,他们坐火车从战场返回柏林,准备到另一处前线参加一场恶战。当小队抵达柏林后,他们有五个小时的候车休息时间。大部分士兵来自柏林,但军规禁止回家。在士兵许诺不会耽误火车后,青年军

[①] 杰伊·贝尔德:《为德国而亡:纳粹神殿的"英雄"》,第 200 页。

第三十四章 纳粹美学:褐色之变

官允许他们回家探望。接下来,他们面对的是种种挑战:对他们极尽嘲讽之能事的和平主义者和共产党人、不忠的妻子、接替了丈夫的工作的妻子、任性的儿童、疾病。除了两名士兵外,其他人均按时赶回车站,这两人后来在第一站也赶了上来。

《蓝马克斯勋章》(*Non: Pour le Mérite*)也许是里特尔最棒的影片,讲述了第一次世界大战期间一名飞行员的故事,与空军合作拍摄。在击落了一名英国王牌飞行员而没有令他受伤后,德国飞行员在晚宴时庆功。别处,一名德国飞行员在意识到英国飞行员的枪眼卡住之后,并没有开火。年轻的飞行员在魏玛共和国默默无闻,他们的才能被埋没了,直到希特勒拯救了他们。①

闪击战中,里特尔转而关注第二次世界大战。1941 年的《斯图卡》(*Stukas*)使飞行员团结一心,并由此诞生了一首非常著名的歌曲——《斯图卡之歌》(*Stukalied*)。② 电影刻画了虽然痛失爱子但"不顾伤痛和哀思"的普鲁士母亲,为他们"骄傲,因为他们履行了自己的义务,死得光荣"。③《斯图卡之歌》的结尾如下:

我们不怕地狱,绝不手软,
直到歼灭敌人,

---

① 杰伊·贝尔德:《为德国而亡:纳粹神殿的"英雄"》,第 186—192 页。
② 卡尔海因茨·舍普斯(Karl-Heinz Schoeps):《第三帝国的文学与电影》(*Literature and Film in the Third Reich*),罗切斯特(纽约州):卡姆登出版社,2004 年,该书是非常有用的参考。
③ 杰伊·贝尔德:《为德国而亡:纳粹神殿的"英雄"》,第 197 页。

第五编　帝国之歌:希特勒与"斗争的精神化"

直到英国、直到英国、直到英国一败涂地,
斯图卡,斯图卡,斯图卡。

里特尔曾被俄国人俘虏,后趁机逃回德国。"去纳粹化"之后,他移民阿根廷。①

相对艺术家和出版商,希特勒对音乐和音乐家的攻击不严重,但过程更复杂。对现代曲目的清洗始于1933年,"颓废"作曲家阿诺德·勋伯格、库尔特·魏尔、汉斯·艾斯勒(Hanns Eisler)和恩斯特·托赫(Ernst Toch)及指挥家奥托·克伦佩雷尔(Otto Klemperer)和赫尔曼·谢尔欣(Hermann Scherchen)均被驱逐出境。1933年6月,杰出音乐家协会在柏林成立,包括马克斯·冯·席林斯(Max von Schillings)和威廉·富特文勒(Wilhelm Furtwängler)在内,他们的宗旨是监督和审查首都的音乐表演。②

理查德·施特劳斯和威廉·富特文勒受到特殊待遇。施特劳斯与犹太作家斯蒂芬·茨威格合作的歌剧《沉默的女人》在首演后被禁演,施特劳斯被劝退,因"年龄和健康"问题辞去了"帝国音乐局"(RMK)局长一职。富特文勒则因抗议政府对保罗·亨德密特

---

① 有关纳粹对外国电影的影响,参见罗埃尔·范德·温克尔(Roel Vande Winkel)、大卫·韦尔希(David Welch)编:《电影与纳粹十字:第三帝国电影的国际扩张》(Cinema and the Swastika: The International Expansion of Third Reich Cinema),贝辛斯托克:帕尔格雷夫·麦克米伦出版社,2007年,追溯了纳粹对巴西、克罗地亚、希腊、挪威和美国的影响,第306页及以下诸页。1933—1940年德国电影与美国电影之间的联系,参见萨比娜·哈克(Sabina Hake):《第三帝国的流行电影》(Popular Cinema of the Third Reich),奥斯汀:得克萨斯大学出版社,2001年,第128—148页。

② 埃里克·列维(Erik Levi):《第三帝国的音乐》(Music in the Third Reich),伦敦:麦克米伦出版社,1994年,第71页。

第三十四章　纳粹美学:褐色之变

(Paul Hindemith)的处置被迫辞去帝国音乐局副局长一职,但他没有再被骚扰。①

直到1936年,戈培尔的宣传部没有自己的音乐分部,就在那时,压力剧增。虽然只有2%的德国音乐家具有犹太血统,但他们——如勋伯格、库尔特·魏尔和汉斯·艾斯勒——在音乐领域的卓越却有助于纳粹散布消息,说有人阴谋贬低德国人公认的民族瑰宝,即德意志音乐传统。犹太人被禁止加入各种音乐组织,但准许自筹文化机构——德国犹太人文化团体。水晶之夜后,犹太音乐出版机构被关闭或"雅利安化"了。②

然而,戈培尔却在策划一场突如其来的解聘。他早就得知,用"雅利安人"取代犹太人是需要时间的,所以他一直等万事俱备后才做出改变。以柏林爱乐乐团为例,戈培尔不得不放慢脚步,因为乐队是私人所有,音乐家们不受1933年4月的《重设公职人员法》(Civil Service Law)的影响,这部法令的颁布解除了所有犹太血统的公职人员,并将艺术家驱逐出博物馆和艺术学校岗位。相反,戈培尔的计划是断绝乐团的资金,直到它濒临破产。然后他再施以援手,以开除所有犹太血统的和与政府为敌的音乐家为条件。最终,帝国音乐局驱逐了比帝国文化局(RKK)任何分部都多的音乐家,正如埃里克·列维整理的数据:

---

① 迈克尔·H.卡特(Michael H. Kater):《扭曲的缪斯:第三帝国的音乐家与音乐》(*The Twisted Muse: Musicians and Their Music in the Third Reich*),纽约与牛津:牛津大学出版社,1997年,第14—21页。
② 埃里克·列维:《第三帝国的音乐》,第40页。

第五编　帝国之歌:希特勒与"斗争的精神化"

帝国文化局驱逐人数

电影人	750	出版商	420
剧作家	535	音乐家	2310
作家	1303	艺术家	1657

随后,文化领域为纳粹提供宣传武器,使他们可以坚称德国的犹太音乐家已足够多,统计数据也如此:1934—1938年,在柏林、法兰克福、科隆、汉堡和慕尼黑共举办了57场歌剧和358场音乐会,观众共计18万人次。贝多芬的名曲《费德里奥》(Fidelio)被禁演,国家制定了一个"标准化"的节目单。水晶之夜之前,情况进一步恶化,1938年11月9日之后,所有的歌剧禁止上演,1941年9月后,所有音乐会停办。①

艺术与音乐之间一个有趣的区别是,虽然绘画不能被"雅利安"化,但音乐却可以。政府邀请当时的作曲家创作音乐,以替代门德尔松的流行曲目《仲夏夜之梦》(共有44首新作问世,但无一能及前人),舒伯特和舒曼都曾为犹太诗人海涅的诗歌配乐,因此引发了社会关于演奏此"混血"曲目是否得当的广泛争论。莫扎特的《女人心》(Cosi fan tutte)、《费加罗的婚礼》(Le Nozze di Figaro)和《乔万尼》(Don Giovanni)由皈依犹太教的剧作家洛伦佐·达蓬特(Lorenzo Da Ponte)改编,并由犹太指挥家赫尔曼·列维(Hermann Levi)译成德语。纳粹任命西格弗里德·安海塞尔(Siegfried Anheisser)重译一个新的"雅利安"版本。到1938年,

---

① 埃里克·列维:《第三帝国的音乐》,第53—56页。

第三十四章 纳粹美学:褐色之变

他翻译的版本已经在全德85个剧场中的76个上演。[1]重新改编的曲目中只有几个例外。

成为打击目标的不仅是犹太人。当时的巴登-巴登流行音乐节也遭到禁止,1931年,实验性的柏林克罗尔歌剧院也被叫停,虽然此时纳粹还未上台,但却是因为他们的搅局。[2] 1933年初,纳粹反对流行音乐的活动开始了,同时还禁止电台播放爵士乐,因为它是"黑人颓废文化"的代表。1935—1936年,由于奥运会在即,大批的外国人——尤其是美国人——来到德国,所以审查制度稍有放松,但不久该制度即恢复。1938年5月,"堕落音乐"(Entarte Musik)展在杜塞尔多夫举行,阿道夫·齐格勒(Adolf Ziegler)是其始作俑者,音乐展的一大特色是展出那些对德意志音乐有"破坏性"影响的作曲家的照片——勋伯格、欣德米特和韦伯恩。展出设置六个展位,只要触摸按钮,游客即可听到欣德米特、魏尔、恩斯特·克热内克等的作品。[3]

理查德·施特劳斯没有受到牵连,但勋伯格的弟子韦伯恩和贝格却没这么幸运。1934年11月,贝格的名曲《露露》(Lulu)在柏林上演,导致贝格的任何其他作品都不曾在第三帝国时期演奏。1933年前,纳粹对保罗·欣德米特的态度是敌对的,不仅仅是因为他的现代音乐,更因为他与贝尔托·布莱希特的关系。但是,作

---

[1] 埃里克·列维:《第三帝国的音乐》,第70页。
[2] 迈克尔·H.卡特:《纳粹时代的八位作曲家》(Composers of the Nazi Era: Eight Portraits),纽约和牛津:牛津大学出版社,2000年,第197—198页。
[3] 有关欣德米特,参见迈克尔·H.卡特《纳粹时代的八位作曲家》,第2章。有关卡尔·奥尔夫(Carl Orff),参见该书第111页;有关汉斯·普菲茨纳,参见第144页。

第五编　帝国之歌:希特勒与"斗争的精神化"

为从1927年起便担任柏林音乐学院的作曲教授,他在业内极高的声誉使他影响了整整一代作曲家,不仅仅限于德意志作曲家。作为"雅利安人"和继施特劳斯之后最著名的德意志作曲家,他的影响力使施特劳斯于1933年11月任命他为帝国音乐局内阁成员。1934年2月,一场特殊音乐会的举行宣告了帝国音乐局的诞生,被誉为"帝国首场音乐会",演奏了施特劳斯、汉斯·普菲茨纳、西格蒙德·冯·豪泽格尔(Siegmund von Hausegger)和欣德米特的作品;欣德米特指挥柏林爱乐乐团演奏了他的《管弦协奏曲》(Concert for Strings and Wind),此曲本为1930年纪念波士顿交响乐团成立50周年而创作。一个月之后,富特文勒指挥了同一乐团首演了欣德米特的新作《画家马蒂斯》(Mathis der Maler),受到热烈欢迎,曾经的批判者认为,欣德米特已经彻底洗去了"难看的劣迹"。《画家马蒂斯》迅速在德国流行起来。

谴责之声也随之而来,批评欣德米特推行"文化布尔什维克主义",认同犹太人,"不成曲调"。恰好土耳其政府邀请他前往伊斯坦布尔建立一个音乐学校,欣德米特便欣然接受了。[①]

在纳粹夺权的头几个月中,全德85个歌剧院的49个更换了管理人。尽管他们换成了更效忠纳粹的管理者和音乐家,但是埃里克·列维的报告显示,高水平的演出在1933年戛然而止。[②] 此外,签约德国剧院的音乐家数量却增长了,如下所示:

[①] 迈克尔·H.卡特:《扭曲的缪斯:第三帝国的音乐家与音乐》,第22—39页。埃里克·列维:《第三帝国的音乐》,第118页。

[②] 埃里克·列维:《第三帝国的音乐》,第179页。

第三十四章　纳粹美学:褐色之变

演出季	歌手	合唱团	乐团
1932—1933	1859	2955	4889
1937—1938	2145	3238	5577

列维认为,在第二次世界大战爆发之后,剧院活动反而更频繁了,许多剧场都有保留节目。纳粹对拜罗伊特投入了大量的资源,为武装工人和退伍士兵提供廉价门票。[1] 直至1942年,德国歌剧公司都在被征服地区巡演。

宣布效忠政府的作曲家都得到了支持。1933—1934年演出季,马克斯·冯·席林斯的歌剧演出了117场,而在前两个演出季只演出了48场和24场。同样,汉斯·普菲茨纳的演出从1931—1932年的46场上升到1933—1934年的130场。[2] 理查德·瓦格纳之子西格弗里德·瓦格纳(Siegfried Wagner)的歌剧也得以复兴,他于1930年去世,作品数量比父亲还要多。同时,外国作曲家颇感气馁。根据列维的统计,第三帝国时期,共有170部左右新歌剧上演。战争开始后,直到1933—1934年演出季,新歌剧并未减少,平均每年新上演16—20部。事实上,在30年代,瓦格纳的受欢迎程度有所下降,场次从1932—1933年的1837场下降到1939—1940年的1154场,而威尔第和普西尼(Puccini)却日益受欢迎起来。[3]

根据帝国音乐局的记录,1940年,德国共有181个乐团。从纳

---

[1] 埃里克·列维,《第三帝国的音乐》,第179页。
[2] 迈克尔·H.卡特:《扭曲的缪斯:第三帝国的音乐家与音乐》,第41—42页。
[3] 布丽吉特·哈曼(Brigitte Hamman):《温弗里德·瓦格纳:希特勒的拜罗伊特》(Winifred Wagner: A Life at the Heart of Hitler's Bayreuth),艾伦·班斯(Alan Bance)译,伦敦:格兰塔出版社,2005年。

第五编　帝国之歌:希特勒与"斗争的精神化"

粹上台以来,如果忽略犹太人的影响,德国乐团演奏家的命运节节攀升。演奏水平保持了魏玛时代的高标准,这既得益于一代杰出指挥家(富特文勒、埃里希·克莱伯[Erich Kleiber],布鲁诺·瓦尔特[Bruno Walter],卡尔·伯姆[Karl Böhm]、奥托·克伦佩雷尔,汉斯·克纳佩茨布施[Hans Knappertsbusch]、赫尔曼·谢尔欣),也得益于商业纪录片的兴起,从而建立了卓越的德国乐团。[①]

柏林爱乐乐团一直努力保护其犹太演奏家,甚至在纳粹夺权的初期还允许他们独奏。富特文勒一开始也站在他们一边,认为血统与能力无关。但是,正如我们看到的,乐团最终不得不屈服,被戈培尔逼至濒临破产的绝境。即便如此,乐团仍保持了高水平,邀请外国指挥家,并在 30 年代做了欧洲巡演。在第三帝国时期,现代曲目约占乐团总曲目的三分之一。[②]

剧院褐变

德国的剧院——尤其是柏林——在魏玛时代获得了极大的生命力。虽然柏林剧院因其盛名保持了一段时间的优势,但纳粹上

[①] 迈克尔·H.卡特:《扭曲的缪斯:第三帝国的音乐家与音乐》,第 188 页及以下诸页。富特文勒的反抗,参见弗雷德·K. 普里伯格(Fred K. Prieberg)《较量:富特文勒与第三帝国》(*Trial of Strength: Wilhelm Furtwängler and the Third Reich*),克里斯托弗·多兰(Christopher Dolan)英译,伦敦:四重奏出版社,1991 年,第 2、3 章。

[②] 埃里克·列维:《第三帝国的音乐》,第 203 页。另可参见米沙·阿斯特尔(Misha Aster):《"帝国乐团":柏林交响乐团与纳粹主义》(*Das "Reichsorchester": Die Berliner Philharmoniker und der Nationalsocialismus*),慕尼黑:西德勒出版社,2007 年。

第三十四章　纳粹美学:褐色之变

台后,其他地方的剧院却一落千丈。歌德与席勒的作品仍然可以上演,但其他内容很快就被删减到轻歌剧和已被人遗忘的剧作家的作品,经常上演农民题材的现代剧,并且是用农民方言。[①] 剧院也经历一场所谓的"褐色之变",所有的一切都被政治化了,正接过冲锋队的褐衫。希特勒和戈培尔相信,或者说他们曾相信,魏玛时代的剧场最严重地滥用了德意志文化。

第一个纳粹的戏剧 1927 年在科隆上演,即汉斯·约翰斯特(Hans Johnst)关于美国独立战争的《托马斯·潘恩》(*Thomas Paine*),"他在法兰西共和国的监狱里被祖国遗忘"。但 1933 年 5 月,风云突变。6 月,普鲁士首相戈林接管了国家和城市剧院,两天后,戈培尔在柏林凯撒霍夫酒店(Hotel Kaiserhof)与剧作家召开了特殊会议,商讨"德国剧院的使命"。他强调,"过时的艺术形式"将在新的民族艺术——政治、爱国主义——中被淘汰,必须"与执政党的理念一致"。[②] "下一个十年的德国艺术是英雄主义,它坚如钢铁,浪漫、感性、真实,具有悲壮的爱国情感,但同时又具有约束力和凝聚力,否则将一文不值。"1933 年 8 月 21 日,戈培尔宣布,帝国戏剧顾问办公室成立,由前评论家赖纳·施洛瑟(Rainer Schlosser)博士领导,为文化部长提供戏剧方面的咨询。新政府给了剧院一些希望(如果他们听话的话),政府支持 12 家剧院(全国共有 248 家)。

纳粹炫耀自己品位的最早机会是第一届纳粹戏剧节,从 1934

[①] 格伦·W. 加德伯里(Glen W. Gadberry)编:《战前第三帝国的戏剧》(*Theatre in the Third Reich: The Pre-war Years*),纽约:格林伍德出版社,1995 年,第 2 页。

[②] 同上书,第 6—9 页。

第五编　帝国之歌:希特勒与"斗争的精神化"

年5月27日至6月3日在德累斯顿举办。这是宣传部的主意,希特勒在最后一刻决定亲自参加,这是一项殊荣。此时,剧院几乎已经被戈培尔牢牢掌控在手中了,他指定了柏林三所剧院作为新政的特别代表,并任命了其经理,他们是人民舞台(Volksbühne)的伯恩哈德·索尔姆斯(Bernhard Solms)(之前是皮斯卡托[Piscator])、德国剧场的海因茨·希尔伯特(Heinz Hilpert,1890—1967)(之前是赖因哈特)和人民剧场(Theater des Volkes)的瓦尔特·布吕格尔曼(Walter Brügmann),前身是赖因哈特的德意志大话剧院(Grosses Schauspielhaus)。距离德累斯顿艺术节开幕前十天,戈培尔颁布了《统一剧院法》(Unified Theater Law),规定所有的剧院,无论是私有的还是公共的,都必须遵守纳粹的种族和艺术政策,剧院只有一个义务,即"意识到对国家的责任",艺术的自由"将一如既往",①剧院须申办营业执照。

戈培尔有一个理论,即他所谓的"现代主义大嘴"(modernist big-mouths),他们经常在德国内部挑起冲突(例如豪普特曼的《织工》),这种情况令人无法再容忍下去。因此德累斯顿艺术节的展品包括了克莱斯特、席勒、易卜生和埃卡特(Eckart)的《培尔·金特》(*Peer Gynt*)、歌德和莎士比亚的作品。这实际上是一场"安全"的演出,不以强硬的宣传迫使人民接受。

作为一个巨大且具有历史传统的建筑,德意志大话剧院曾经是马戏团之家,也曾是1890年罗伯特·科赫举办国际结核病会议

---

①　格伦·W. 加德伯里编:《战前第三帝国的戏剧》,第124页。

第三十四章　纳粹美学：褐色之变

的场所,还曾是1924年工人集会听闻列宁去世的地方。① 随着马克斯·赖因哈特的到来,它迎来了最辉煌的时刻(见上文,原书第524—525页),期间,为了增强舞台效果,剧院配备了穹顶和旋转舞台。在戈培尔插手剧场事务之前,赖因哈特因财政困难不得不出售剧院。

剧院的规模令纳粹销魂夺魄。这种"宏伟壮观的感觉"对他们而言非常重要,正是他们孜孜以求的在世纪之交时维也纳的霍夫曼斯塔尔创立的"整体仪式"的目标。在德意志大话剧院,演出总是气势恢弘,通过大合唱、几百名音乐家、大量舞者和真正的鸡鸣狗吠来达到舞台效果。正如伊冯娜·沙费尔(Yvonne Shaffer)所说,其目的就是为了使观众振奋、团结,形成"神秘的同盟"。但1936—1940年,更名为人民剧场的德意志大话剧成为了轻歌剧之家。有人认为,轻歌剧能够"引导门外汉欣赏歌剧"。由于工人的满意是"重要的军事任务",因此轻歌剧的重点在于使观众重温昔日美好时光,这也是纳粹的承诺。②

这一时代最具想象力和多才多艺的演员兼导演是古斯塔夫·格林德根斯(1899—1963年),他能歌善舞,演技出众,与妻子埃丽卡·曼(Erika Mann)、妻弟克劳斯·曼(Klaus,托马斯·曼[Thomas Mann]之子)和帕梅拉·魏德金(Pamela Wedekind、弗兰克·魏德金[Frank Wedekind]之女)巡演全国,有著名的卡巴莱歌舞表演《四季歌》(*Review of Four*)。③ 虽然已婚,但格林德根斯是同性

---

① 格伦·W. 加德伯里编:《战前第三帝国的戏剧》,第103页。
② 同上书,第115页。
③ 同上书,第81页。

第五编 帝国之歌:希特勒与"斗争的精神化"

恋者,但这并没有妨碍戈林任命他管理御林广场剧院,并指使他招揽明星。格林德根斯不辱使命,在他周围有维尔纳·克劳斯(Werner Krauss)、埃米尔·扬宁斯(Emil Jannings)、埃米·松内曼(Emmy Sonnemann)(戈林对其展开追求)。格林德根斯雇用的最著名的演员当属于尔根·费林(Jürgen Fehling,1885—1968),他在魏玛时代鼎鼎大名,曾导演数部被纳粹禁止的戏剧,但也有很多是纳粹准许的。

在纳粹眼中,费林绝不是一个理想的导演人选,但他的能力使自己转危为安。海因茨·希尔伯特在魏玛时代与赖因哈特合作过许多现代主义作品,费林与希尔伯特通力合作保持了剧院的非政治化和高水准。他们也在某种程度上顺应了时局,只上演德国经典歌剧或是莎士比亚作品,以及那些转投纳粹的作家的作品,如奥地利剧作家理查德·比林格,他获得了1932年的克莱斯特奖。1937年,格林德根斯允许费林将《理查三世》(*Richard III*)搬上舞台,成为当时的一大丑闻。在剧中,维尔纳·克劳斯扮演一名跛足的格洛斯特(Gloucester),这"分明是戈培尔"。同样,杀害克拉伦斯的凶手们"身着褐色衣衫和长靴,明显是纳粹冲锋队的特征"。更有甚者,当格洛斯特登上王位后,"由八个身配银饰的黑色制服人陪伴其左右;这与希特勒的党卫军何其相似,令人生畏。"[①]

戈林观看此剧后,要求解雇费林,但遭到格林德根斯的拒绝,

---

① 纳粹也有关于女性时尚的论点,参见伊雷妮·京特(Irene Guenther):《纳粹时尚——第三帝国的时髦女性》(*Nazi Chic?: Fashioning Women in the Third Reich*),牛津:伯格出版社,2004年,第5章论述了德国服装工业的"净化"。

第三十四章 纳粹美学:褐色之变

这是这位帝国元帅第一次吃闭门羹。费林仍旧导演着纳粹戏剧。此外,样板戏(didatic plays)也成为强制性演出,而经典戏剧则被重新诠释以支撑纳粹的教条。①

---

① 阿明·施特罗迈尔(Armin Strohmeyr):《迷失的一代:"另一个德国"30 位被遗忘的诗人》(*Verlorene Generation: Dreissig vergessene Dichterinnen und Dichter des "anderen Deutschland"*),苏黎世:庭院出版社,2008 年,该书讨论了迷失的讽刺作家、词曲作家、社会主义者和历史学家一代。

| 第三十五章 |

第三帝国的学术:没有所谓的客观性

纳粹上台后的头两年,至少有1600名学者因政治或种族原因被解雇,约占德国大学教师总数(5000人)的32%。1938年底,德意志——包括奥地利——已经丧失了39%的大学教授,柏林与法兰克福受到的打击最严重,其次是海德堡。[1] 第三帝国初期也是学生激进主义最盛的时代,他们常常打断那些不受欢迎的教师的授课,正如史蒂文·雷米(Steven Remy)在其研究海德堡大学的作品中指出的,许多教师对清洗袖手旁观。雷米指出,1945年美国情报报告称,在第三帝国期间,15名海德堡大学教授曾告发同事。反抗者寥寥无几,马克斯·韦伯的兄弟、社会学家阿尔弗雷德·韦伯曾反对公共建筑上悬挂纳粹十字旗帜,但遭到了包括他自己所在的研究所的嘲笑,还被当地媒体讥讽,不久被迫辞职。

希特勒上台前,只有少数学者加入了纳粹党,包括诺贝尔物理学奖得主菲利普·莱纳德(Philipp Lenard),但当纳粹粉墨登场后,

---

[1] 史蒂文·P.雷米(Steven P. Remy):《海德堡神话:纳粹化和反纳粹德国的大学》(*The Heidelberg Myth: The Nazification and De-Nazification of a German University*),剑桥,马萨诸塞:哈佛大学出版社,2002年,第16页。

第三十五章 第三帝国的学术:没有所谓的客观性

溢美之词便如潮涌。1933年4月,德国大学联合会发表声明支持"新德意志帝国",11月,全国2000名正教授中的700人联名支持"阿道夫·希特勒和纳粹国家"。众多教授纷纷加入纳粹党。[1]

雷米写道,海德堡大学出版了一系列支持纳粹的作品,大多谴责魏玛共和国的"羸弱"、"异族"和"非德意志",热烈拥护大多数人喜称的"民族革命……它是德国的历史传统与激进的、年轻化的纳粹运动的合体"。社会学家阿诺德·贝格施特雷瑟(Arnold Bergstraesser)指责民主制未能塑造"克服1929年世界危机所必需的社会和政治统一体",纳粹主义的目标之一即是建立"国家与社会之间的真正统一"。他接着写道,最根本的理想是"不允许任何领域脱离国家"。他去英国参加会议时,神学家马丁·迪贝柳斯(Martin Dibelius)向英国民众宣扬他的理论,"德国统一的神话"与"道德生活的净化"在纳粹麾下变成现实。[2]

法学家竭尽所能为纳粹的合法性提供法律解释。他们的主要观点是重申"德国普通法"的重要性,反对"用法律保护个体权益"的观念。[3] 身为犹太人的法学家瓦尔特·耶利内克(Walter Jellinek)称赞新纳粹法超越了阶级、地域和宗教差异。"个人……做人的全部尊严都应服从于国家。"1934年,耶利内克提出,希特勒的政治权力并非坏事,"人们不应当忘记,德语中元首一词本身就含有自我约束的至高无上的权力之意,这一意境无法翻译成

---

[1] 史蒂文·P.雷米:《海德堡神话:纳粹化和反纳粹德国的大学》,第22页。
[2] 同上书,第24页。
[3] 同上书,第43页。

第五编　帝国之歌:希特勒与"斗争的精神化"

外语"①。

许多知名学者被解雇,为颇有怨言的新生代学者的繁荣创造了条件。身为右翼的他们中的很多人将此视为他们的权利。例如,社会学家卡尔·布林克曼(Carl Brinkmann)开始用"我们终于可以畅所欲言"来作为其课堂的开场白。同时,一群更年长的人物开始用纳粹主义改造高校,其中包括恩斯特·克里克(Ernst Krieck)、阿尔弗雷德·鲍伊姆勒(Alfred Bäumler)、阿道夫·赖因(Adolf Rein)、汉斯·弗赖尔(Hans Freyer)和马丁·海德格尔。教育学教授、1933年法兰克福大学校长克里克号召对大学进行彻底清查,"平行层级结构"和"专注于国家意识形态教学"。种族政策办公室主任瓦尔特·格罗斯(Walter Gross)负责"提升种族意识",他担心许多学者对纳粹主义阳奉阴违。② 他也意识到生物学家并没有充分的生理学特征用以区分犹太人。这意味着文化战略成为必然。

在所有参与到高校改革的人中,没有人比哲学家马丁·海德格尔更富戏剧性和更具争议的了,他与汉娜·阿伦特有着不伦之恋。1924年,年仅18岁的阿伦特来到马尔堡,师从当时欧洲最著名的在世哲学家海德格尔,当时他正着手完成其名著《存在与时间》的最后写作,计划三年后出版。当阿伦特第一次见到海德尔格时,他已经是一名35岁的有妇之夫,有两名幼子。作为一名天主教徒,他本想成为一名牧师,但却成了一名杰出的哲

---

① 史蒂文·P.雷米:《海德堡神话:纳粹化和反纳粹德国的大学》,第26页。
② 克劳迪娅·孔茨(Claudia Koonz):《纳粹道德》(*The Nazi Conscience*),剑桥,马萨诸塞:哈佛大学出版社,贝尔纳普出版社,2003年,第196页。

第三十五章　第三帝国的学术:没有所谓的客观性

学讲师。

阿伦特的背景特殊,来自柯尼斯堡一个优雅、国际化的、已完全同化的犹太人家庭。她与海德格尔之间的风流韵事街知巷闻,口耳相传。但1933年,二人却面临着一场戏剧性的转变。海德格尔成为弗赖堡大学校长,流言不久便传到阿伦特的耳中,海德格尔拒绝接收犹太人任职,甚至站到了他们的对立面。海德尔格就职时,他做了一场反犹主义和支持希特勒的演说,传遍了世界。在柏林的阿伦特嫁为人妇,正如她后来坦白的,海德格尔的所作所为深深地伤害了她。她并不爱自己的丈夫,在阿多诺、马尔库塞和弗罗姆的爱恋间游走。更糟糕的是,贝尔托·布莱希特被当作共产党受到迫害,被迫逃亡,他留下的地址簿中记有阿伦特的名字和电话号码,阿伦特因此被捕入狱八天,并受到审讯。被释放后,她离开德国定居巴黎。她与海德格尔长达十七年未曾谋面。

海德格尔在德国的地位日隆。作为一个哲学家,他对第三帝国举足轻重,帮助纳粹主义寻求根植于德国历史的思想和德意志民族意识。他也因此得到了戈培尔和希特勒的支持。作为一名学者,他在大学体制重组中扮演了领导者的角色,其主导的"政策"就是剔除所有的犹太教员。通过海德格尔的运作,现象学创始人埃德蒙德·胡塞尔和海德格尔的导师卡尔·雅斯贝尔斯——他娶了犹太妻子——被迫辞职。阿伦特后来写道:"马丁谋杀了埃德蒙德。"

恩斯特·克里克认为自己是比海德格尔更为重要的纳粹哲学家。但他的影响力仅限于第三帝国:希特勒、戈培尔及其他领导人

第五编　帝国之歌:希特勒与"斗争的精神化"

对实际问题比对抽象理论更感兴趣——他们认为学者们不过是"一群机会主义精英"。1933—1934年,克里克、海德格尔与其他哲学家的演讲和著作主题都是"科研与教学必须服务于德意志'民族共同体',而不是'客观真理'或知识本身的抽象概念"。哥廷根的建筑师、瓦尔特·格罗皮乌斯的建筑对手保罗·施密特亨纳(Paul Schmitthenner)公开指出,大学必须成为"政治化的大学",科研只有"服务于国家和人民"才应得到支持。国家部长、波兰总督汉斯·弗兰克(Hans Frank)强调:"第三帝国行动的定言令式是:做元首知晓且批准之事。"①

学术的"德意志精神"

1936年夏,海德堡大学迎来建校550周年庆典——希特勒注定成为"民族"标识的事件。② 海德堡大学的庆祝活动为解释第三帝国"德意志学者"的确切含义提供了契机,莱因哈德·海德里希(Reinhard Heydrich)称之为"斗争的精神化"。

在海德堡大学,这场斗争始于一年前,菲利普·莱纳德接管物理研究所,积极提倡"雅利安物理学"。他的意思是"德意志自然科学"必须与"犹太科学"区别开来,前者来自于"观察与实验、不偏激的理论和可信的抽象数学建模",但是,与相对论不同。恩斯特·克里克在校庆上的演讲进一步证明,在19世纪,科学已经"受震动

---

① 史蒂文·P.雷米:《海德堡神话:纳粹化和反纳粹德国的大学》,第383页。
② 同上书,第50页。

第三十五章 第三帝国的学术:没有所谓的客观性

变成分崩离析的学科碎片,最终不会服务于人民"[1]。

"雅利安"物理学家试图扩大自己的影响,接管了各种科学杂志,创立了自己的"德意志数学",致力于雅利安数学研究。(并不是每个人都循规蹈矩,瓦尔特·博特[Walter Bothe]的核物理研究工作——忽略其"雅利安"成分——制成了德国的第一台回旋加速器。)他们的行为遭到英国杂志《自然》(Nature)的攻击(也受到国际反对),到1937年底,德国教育部禁止订阅《自然》。[2]

海德堡大学的庆祝活动——除了希特勒的贺电外——多次谈及新学术氛围。帝国教育部长伯恩哈德·鲁斯特(Bernhard Rust)认为,学者的民族和种族背景无助于他们的学术建设,但塑造了他们的学术倾向,所谓的纯粹的"客观性科学"——这是"犹太-马克思主义"观点——是不存在的;这一认识转变了"德国人民的精神生活",帮助他们在科学与民族之间伪造出一个"有机共同体"。克里克用同样的口吻补充道:"这充分证明,不亚于人文科学,自然科学的每一项成就都与种族特征紧密关联。"[3]

第二次世界大战爆发前,海德堡大学一系列新的研究机构和研讨课都在强调上述论调,集中于德国的军事和政治备战。1938年施尼特亨纳成为海德堡大学校长,他将自己描述成一个"士兵、政治家和学者"。他开设了战争史研讨课,自诩为"前线教授"。社

---

[1] 菲利普·莱纳德:"科学的局限"("The Limits of Science"),乔治·L. 莫斯(George L. Mosse)编:《纳粹文化:第三帝国的知识、文化和社会生活》(*Nazi Culture: Intellectual, Cultural and Social Life in the Third Reich*),萨尔瓦托·安塔纳西娅(Salvator Attanasia)等英译,麦迪逊:威斯康星大学出版社,1966年,第201—205页。
[2] 史蒂文·P. 雷米:《海德堡神话:纳粹化和反纳粹德国的大学》,第56页。
[3] 同上书,第60页。

第五编　帝国之歌:希特勒与"斗争的精神化"

会与经济学院致力于"空间"研究,维尔纳·桑巴特认为"德国经济生活的两大支柱即种族和空间"。古典文学院、神学院、语言学院和文学院都受到这一理论的影响——种族被视为语言的决定性因素;同样,人们接受基督教教义的能力也被视为"鲜血、土壤和种族"的作用。历史教学被重组,围绕"关键日期"或转折点而展开,例如1912年3月,德国最后一部反犹法令被废除。①

史蒂文·雷米将学者们的"德意志精神"总结如下:这在西方世界是与传统教学和科研根本对立的,(1)它拒绝"客观性";(2)它否认学者们因真理本身而服务于无形的真理概念,取而代之的是德国学术必须服务于"民族";(3)它反对"过度专业化";(4)种族成为核心观念,像犹太人一样的"劣等"种族不能真实客观地考察自然界。②

生物学信条:"我们时代的话语"

正如史蒂文·雷米构建了大学纳粹化的理论,詹姆斯·R.道(James R. Dow)和汉约斯特·利克斯费尔德(Hannjost Lixfeld)则考察了另一单独学科民俗的纳粹化。③

在德国,人们对民俗的浓厚兴趣源自赫尔德和格林兄弟。

---

① 克劳迪娅·孔茨(Claudia Koonz):《纳粹道德》,第205页。
② 史蒂文·P.雷米:《海德堡神话:纳粹化和反纳粹德国的大学》,第84页。
③ 詹姆斯·R.道和汉约斯特·科克斯费尔德编:《学科的纳粹化:第三帝国的民俗学》(*The Nazification of an Academic Discipline: Folklore in the Third Reich*),布卢明顿:印第安纳大学出版社,1994年。

第三十五章 第三帝国的学术:没有所谓的客观性

事实上,在1940年,托马斯·曼就界定了他所认为的德国文化与其他西方文化间的本质差异。"英国和法国作家的艺术创作根植于社会与政治现实,而德国作家却倾情于'神话时代的纯粹人性',与其说它植根于历史时代环境,还不如说它源于自然本身。"[1]这种兴趣从未衰退,在魏玛共和国时期,在德国民俗与文化景观研究中央工作站召开了一系列的国际会议,1926年,《民族与种族》(*Volk und Rasse*)杂志问世。民族文化引人入胜在于它是静态的,并且恰恰是产业工人的对立物。

> 他(产业工人)的工作与死物打交道……他的工作节奏不是遵循日升日落或者季节更迭或者天气变幻,而是由不分冬夏和日夜的自我运转的机器而决定。他的工作由精确的厘米、公斤或者尺寸测量,而与生活本身无关。

基于这种观点,只有民族文化能够给人以成就感,而其他的将成为"非德意志温室的植物"[2]。

虽然纳粹主义者将民俗学者的一般方法挪作己用,但它确实产生了广泛的吸引力。库尔特·胡贝尔(Kurt Huber)主张"复活"民间文化来反对"被过剩的人文主义完全败坏的德意志民族直

---

[1] 乔治·S.威廉姆斯(George S. Williams):《德国对神话的渴望:从浪漫主义到尼采的宗教审美文化》(*The Longing for Myth in Germany: Religious and Aesthetic Culture from Romanticism to Nietzsche*),芝加哥:芝加哥大学出版社,2004年,第1页。

[2] 詹姆斯·R.道和汉约斯特·科斯费尔德编:《学科的纳粹化:第三帝国的民俗学》,第21页。

第五编 帝国之歌:希特勒与"斗争的精神化"

觉的丧失……"沃尔夫冈·埃梅里希(Wolfgang Emmerich)研究了戈特弗里德·贝恩(Gottfried Benn)有关"农民是一种内心态度,而不是行业链"的理论。[①] 另一位学者认为,德国神话的传承"是一种对抗资本主义文明的神秘力量"。祖先遗传学公司创始人赫尔曼·维尔特(Herman Wirth)坚定地相信"石器时代早期的宗教和世界观的延续"。这些都是生物学信条,马克斯·希尔德贝特·伯姆(Max Hildebert Boehm)重新研究了社会学家威廉·里尔(Wilhelm Riehl)的四"S"理论——出身、居地、语言、风俗(Stamm、Siedlung、Sprache、Sitte),将其发展为"我们时代的话语"——血统、土地、民族与族制(Blut、Boden、Volkstum、Volksordnung)。凌驾于这些之上的则是"社会达尔文主义",即宿命式的生存斗争,强调黑暗、悲剧(诸神的黄昏)和外族的中伤。在这个观点的基础上,高级文化"如同婊子"一般追逐每种外来影响。1928年,威廉·施塔佩尔(William Stapel)说道,任何想要体验德意志性的人,必须"在德国的森林中生活,必须与德国女孩恋爱,必须做德国农活和手工活"[②]。

赫尔曼·施特罗巴赫(Hermann Strobach)指出,纳粹一上台,德国民俗协会立即做出明显回应,1933年10月的党代会上发表了"纳粹主义与民俗"和"民俗的社会政治任务"的演讲。在次年

[①] 弗里茨·约阿希姆·拉达茨(Fritz Joachim Raddatz):《戈特弗里德·贝恩传:生活,低级的妄想》(*Gottfried Benn, Leben, niederer Wahn: Eine Biographie*),柏林:普罗皮兰,2001年,第48页及以下诸页。
[②] 詹姆斯·R.道和汉约斯特·科斯费尔德编:《学科的纳粹化:第三帝国的民俗学》,第42—46页。

第三十五章　第三帝国的学术:没有所谓的客观性

的会议上,民俗学家向希特勒发电报,发誓他们将朝着"加强和提高人民的德意志性"的方向努力。[1]

克里斯托夫·达克斯米勒(Christoph Daxelmüller)说道,从1898年以来,多亏了东西欧学者们的合作,犹太人才发展起来,在汉堡和维也纳建立起多个"犹太科学"中心,并且在柏林也建立起犹太学研究所和犹太学研究院,此外在布雷斯劳还有犹太教研讨班。犹太民俗已形成一个协会。但所有这些机构均被关闭,它们的资产——如图书——被销毁。与此相反,一些研究"犹太人问题"的机构成立。其中主要的一个位于柏林,由威廉·齐格勒掌控,由此他成为宣传部的"犹太问题专家"。阿尔弗雷德·罗森贝格的犹太问题研究所于1941年在美因河畔法兰克福成立,联合了巴黎的罗斯柴尔德图书馆、世界以色列联盟和利普舒茨书店。[2] 这个研究所自认为是"统一方案"中犹太人问题的协调中心。

1934年春,一本新的刊物《民族与故乡》(*Volkstum und Heimat*)问世,这是帝国民族与故乡联合会的内刊。杂志问世时,全德国有约10 000个政治合作协会,约400万名会员,虽然此联合会是个另类的组织。例如,专家被排除在外,热衷地方文化并有号召力的"真实的、有特色的和有价值的成员"应当领导地方组织。他们策划了节日,地方组织游行以显示自身特色——工人们扛着铁锹,"姑娘们"拉着犁,农民们背着种子袋。联合会的

---

[1] 詹姆斯·R.道、汉约斯特·科斯费尔德编:《学科的纳粹化:第三帝国的民俗学》,第57—59页。

[2] 同上书,第80页。

第五编　帝国之歌：希特勒与"斗争的精神化"

任务就是赞美农民生活和乡村价值观。

安娜·厄斯特勒（Anna Oesterle）考察了祖先遗产办公室（Office of Ancestral Inheritance，即"Ahnenerbe"）以及它对民俗学的影响。它似乎是竞争与嫉妒的泥潭，介入民歌研究和宗教民俗；最初为私人机构，由私人投资，名为思想史协会。[1] 早期的许多成员都是研究印欧传统的学者，他们的主要兴趣点是古代思想史。例如，赫尔曼·维尔特就对"增强真正的德意志精神"很感兴趣，希望"北欧人种重生，将人类从文明的诅咒中解放出来"。

希姆莱是办公室的负责人。虽然他常常不得不与罗森贝格和戈林争辩，但他通过祖先遗产办公室渐渐将自己的权力从冲锋队扩展到学术界。[2] 希姆莱最关注的是德意志血统的起源。他认为有两个方面，一方面来自于日耳曼人的"北欧"血统，另一方面则来源于中亚的所谓的雅利安人种，他认为后者关联着古老的宗教和神话，是条顿人的"始祖"。他召集了一些准精英来做帮手，这些人也或多或少地是些机会主义者——人类学家、民族学家、东方学家、如尼文字（Runes）学家、哲学家、纹章学家和考古学家。希姆莱以雄厚的资金支持他们组成探险队，远赴芬兰、冰岛、美索不达米亚、加那利群岛（希姆莱认为消失的大陆亚特兰蒂斯的南部边境线在此）、安第斯山脉（希姆莱认为这里是雅利安人文明发祥地）和西藏。他们考察了青铜时代的岩石壁画，旧石器时代的洞穴，发掘

---

[1] 詹姆斯·R.道、汉约斯特·科斯费尔德编：《学科的纳粹化：第三帝国的民俗学》，第189页及以下诸页、198页。

[2] 彼得·帕德菲尔德（Peter Padfield）：《希姆莱：冲锋队统帅》（*Himmler: Reichsführer-SS*），伦敦：麦克米伦出版社，1990年，第166页及以下诸页。

第三十五章 第三帝国的学术:没有所谓的客观性

古墓,收集不同类型的帐篷、硬币、头骨和针,拍摄了大量照片,记录民间故事和方言。在西藏他们还担心受到监视。① 圣诞节时②,在进入拉萨的"红白葡萄酒墙"*之前③,他们都病倒了。他们拓印了无法带走的东西,目睹了古老的仪式,并引入德国来取代传统的基督教仪式。他们出版了一份月刊——《日耳曼人》(*Germanien*),此外,很难理解这些活动真正的意图,因为几乎没有项目能够圆满完成或者符合希姆莱的整体设想。在"二战"期间,很多物品假借"遣返"之名,以有助于了解历史真相和"德意志"连续性为缘由,但实际上却是冲锋队(有时是盖世太保)大肆的艺术和文化抢劫。这一过程始于立陶宛和爱沙尼亚,然后蔓延到波兰,甚至法国。作为这些行径的"掩护",希姆莱声称自己是"德意志民俗维护专员"。

纳粹的科学观

2007年,德国《明星》(*Stern*)杂志的一项调查表明,四分之一的德国人认为,纳粹统治"有其优点"。其中之一是"尊敬母亲",另一个理由则是高速公路系统。希特勒常常被认为开创了德国令人印象深刻的高速公路。但事实上,高速公路系统始于魏玛共和国。同样,希特勒也并非他有时所展现出的科学爱好者形象。军队物

---

① 克里斯多夫·黑尔(Christopher Hale):《希姆莱的圣战:1938年纳粹西藏探险实录》(*Himmler's Crusade: The True Story of the 1938 Nazi Expedition into Tibet*),伦敦:班塔姆出版社,2003年,第207页及以下诸页。

② 克里斯多夫·黑尔:《希姆莱的圣战:1938年纳粹西藏探险实录》,第211页。

* "红白葡萄酒墙",指布达拉宫。——译者

③ 克里斯多夫·黑尔:《希姆莱的圣战:1938年纳粹西藏探险实录》,第233页。

第五编　帝国之歌:希特勒与"斗争的精神化"

理专家瓦尔特·多恩贝格尔(Walter Dornberger)在柏林附近的西库默斯多夫进行弹道导弹试验(早于其他任何人)。他后来承认,当他向元首解释导弹技术时,元首从未真正理解。在战后对阿尔伯特·施佩尔(Albert Speer)的审判中,他证实希特勒对技术有一些颇为奇怪的看法。他之所以反对机枪是因为"它让士兵胆怯,使近距离作战变得不可能"[①]。1944年,空军统帅计划使用Me-262喷气机作战,但希特勒坚持认为它只能用于轰炸(他最终的目的是轰炸纽约),因为他认为喷气机作战对大脑非常有害。他也无法理解核物理的革命性本质,不相信德国能够造成原子弹,因为这套理论是"犹太人的伪科学"。在希特勒夺权前,他承诺将减少学校科学课的课时。他的一个爱好是汉斯·赫尔比格(Hanns Hörbiger)的"冰川宇宙进化论",声称宇宙是由冰川形成的。希特勒认为,科学的"进步"误导人们相信人能够征服自然。相反,他说,他相信"直觉下的自然规律"[②]。

像艺术家一样,1933年春,科学家的解雇潮也在希特勒成为总理后立刻开始了。大部分人认为科学——尤其是"硬"科学中的物理、化学、数学和地质学——是不受政权影响的。人们渐渐形成了这样的观念,即自然科学研究可以摆脱政治色彩,正如知识分子的工作一样。但是,在纳粹德国,没有什么是理所当然的。一些犹太学者可以被暂时豁免,如果他们在第一次世界大战前被雇用,或者曾经参战,或其父亲或儿子曾参战。但这种豁免权必须申

[①] 约翰·康韦尔(John Cornwell):《希特勒的科学家:科学、战争与魔鬼契约》,企鹅出版集团,2003年,第25页。
[②] 同上书,第30—32页。

第三十五章 第三帝国的学术:没有所谓的客观性

请。1952年因发现柠檬酸而获得诺贝尔奖的汉斯·克雷布斯(Hans Krebs)在其回忆录中写道,那时在他工作的弗赖堡医院的实验室中,原本只对希特勒略感兴趣的人们"突然开始穿着纳粹制服"。[1] 形势急转直下。

对爱因斯坦的迫害很早就开始了。1919年11月,爱因斯坦在亚瑟·爱丁顿发表广义相对论后获得了国际声誉。1920年,德国驻伦敦大使警告外交部:"爱因斯坦教授目前已成为首要文化因素……我们不应该将这样的人赶出德国,我们可以用他来进行真正的文化宣传。"但两年后,在外交部部长瓦尔特·拉特瑙(Walther Rathenau)遇刺后,谣言说爱因斯坦也在迫害名单中,他被描述为一只"邪恶的怪兽"[2]。

十年后,纳粹上台,行动开始。1933年,爱因斯坦离开柏林前往美国访问。尽管面临一些个人问题,但他宣布,只要纳粹掌权,自己不会回到柏林大学和威廉皇家学会任职。[3] 纳粹很快冻结了爱因斯坦的账户作为回敬,并搜查他的宅邸,据说其中暗藏共产党的武器;此外还公开焚毁了他有关相对论的流行书籍。次年

---

[1] 约翰·康韦尔,《希特勒的科学家:科学、战争与魔鬼契约》,第130—131页。

[2] 阿尔伯特·爱因斯坦(Albert Einstein):《玻恩—爱因斯坦书信集:动荡时代的友谊、政治和物理学;阿尔伯特·爱因斯坦与马克斯和海德薇·玻恩1916—1955年通信集,马克斯·玻恩评注》(*The Born-Einstein Letters: Friendship, Politics, and Physics in UncertainTimes; Correspondence between Albert Einstein and Max and Hedwig Born from 1916 to 1955 with Commentaries by Max Born*),伊雷妮·玻恩(Irene Born)译,贝辛斯托克:麦克米伦出版社,2005年,第113页及以下诸页。

[3] 罗杰·海菲尔德(Roger Highfield)和保罗·卡特(Paul Carter):《阿尔伯特·爱因斯坦的个人生活》(*The Private Lives of Albert Einstein*),伦敦:费伯 & 费伯出版社,1993年,第240—241页,其中披露了爱因斯坦许多鲜为人知的个人生活。

第五编　帝国之歌:希特勒与"斗争的精神化"

春天,政府发布"国家敌人"名单:爱因斯坦的照片列于首位,照片下写着"尚未绞死"。爱因斯坦终于在普林斯顿大学新成立的高等研究院谋得一席之地。消息传来,德国的一家报纸大字标题写道:"好消息——爱因斯坦一去不归"。1933年3月28日,爱因斯坦辞去了他的普鲁士科学院会员职位,以防纳粹解雇他。令其心痛的是,他的前同事们竟然没有一个对此抗议——无论是马克斯·冯·劳厄,还是马克斯·普朗克。他后来写道:"作为一个团体,德国知识分子的所作所为比那些乌合之众好不到哪里去。"[1]

爱因斯坦绝不是离开德国的唯一的著名物理学家。1933年前,德国物理学界大约损失了25%的精英,包括一半的理论物理学家和众多顶尖的原子力学和核物理学家。除了爱因斯坦和弗兰克(Franck),还有古斯塔夫·赫兹、埃尔温·薛定谔、维克托·赫斯(Victor Hess)和彼得·德拜(Peter Debye),都是诺贝尔奖得主;此外还有奥托·施特恩(Otto Stern)、费利克斯·布洛赫(Felix Bloch)、马克斯·玻恩、欧根·维格纳(Eugen Wigner)、汉斯·贝特(Hans Bethe)、丹尼斯·伽柏(Dennis Gabor)、格奥尔格·冯·赫维西(Georg von Hevesy)、格哈德·赫茨伯格(Gerhard Herzberg),以及数学家理查·科朗特、赫尔曼·外尔和埃米·诺特(Emmy Noether),她被爱因斯坦称为最杰出的女数学家。1933—1941年,大约100名一流科学家在美国避难,列奥·西拉德

---

[1] 约翰·康韦尔:《希特勒的科学家:科学、战争与魔鬼契约》,第130页。对爱因斯坦不同寻常的看法,参见丹尼斯·P.赖安(Dennis P. Ryan)编:《爱因斯坦与人文科学》(*Einstein and the Humanities*),纽约与伦敦:格林伍德出版社,1987年。

第三十五章　第三帝国的学术:没有所谓的客观性

(Leo Szilard)努力在英国建立学术援助委员会为流亡科学家提供工作岗位。根据约翰·康韦尔的研究,德国物理学界的绝对人数没有减少,因为很多人替代了流亡者,"但科学家的质量下降,基础研究停滞不前"。[①]

马克斯·普朗克试图为被迫辞去威廉物理化学研究所所长一职的弗里茨·哈伯(Fritz Haber)说情。普朗克去见希特勒,据他后来回忆:"犹太人千差万别,一些对人类有益,另一些则无益。"此人应区别对待。但希特勒指责他说:"那是不对的。犹太人就是犹太人,所有的犹太人在一起如同刺球。"

对于那些没有爱因斯坦或哈伯出名的科学家,纳粹的态度有时很难预料。卡尔·冯·弗里施(Karl von Frisch)是首位发现"蜜蜂语言"的动物学家,通过在蜂巢上跳舞这种"语言",蜜蜂向同伴传递食物源信息。弗里施的实验引起了公众的想象力,他的书成为畅销书。这引起了弗里施与纳粹之间的小隔阂,因此,在1933年的《重设公职人员法》之后,纳粹仍要求弗里施提供证据证明自己的雅利安血统。最关键的问题是弗里施的外祖母,他承认,她有可能是"非雅利安"血统。这也招致了慕尼黑大学的学生在报纸上发起了反对弗里施的攻击,而他能逃过此劫完全是因为1941年德国爆发了孢子虫病毒,导致成千上万的蜂群死亡,对作物开花结果造成致命的打击,在这一关头,德国不得不自己种粮食。德国政府认为弗里施是能挽救危局的最好人选。

最近研究表明,从1933年至第二次世界大战爆发前,大约

[①] 约翰·康韦尔:《希特勒的科学家:科学、战争与魔鬼契约》,第140页。

第五编 帝国之歌:希特勒与"斗争的精神化"

13%的生物学家遭到解雇,其中五分之四是因为"种族"原因。大约四分之三的失业者选择移民,大多数被驱逐的生物学家比留在德国境内的同行们更成功。两个领域遭受的打击最严重:细菌分子遗传学和噬菌体(捕食细菌的病毒)。

统计数据呈现一个怪现象,即医生比其他职业者更热衷于纳粹——44.8%的德国医生加入了纳粹党。导致在魏玛共和国时期,医患比高达 1∶600。① 当犹太医生遭到驱逐后(到 1939 年约 2600 名),非犹太医生的需求量大增。

事实上,现代史研究的重点已经从少数"种族学"医生转而关注从某种"硬"科学意义上而言,德国医生作为一个整体是否过快地现代化了,以牺牲适当的专业化为代价,包括更广泛意义上的伦理和社会化训练。由于广泛的社会保障体系,魏玛德国的医生过剩,13%的医生是犹太人。到 1933 年,36%的医学大学生是犹太人,但种族法之后,非犹太医生和医学大学生有充分的理由感谢纳粹上台。现在看来,德国医生是否比其他国家欠"社会化"这一问题仍未有答案,但毫无疑问的是,纳粹党中的医生比例远远高于他们的社会人口比。②

---

① 迈克尔·H.卡特(Michael H. Kater):《希特勒统治下的医生》(*Doctors under Hitler*),教堂山:北卡罗来纳大学出版社,1989 年,第 19 页及以下诸页、63 页。
② 迈克·H.卡特:《希特勒统治下的医生》,第 177 页及以下诸页。另参见查尔斯·麦克莱兰(Charles McClelland)"现代德国医生:职业化的失败?"("Modern German Doctors: A Failure of Professionalisation?"),引自曼弗雷德·贝格(Manfred Berg)、杰弗里·科克斯(Geoffrey Cocks)编:《医学与现代性:19 和 20 世纪德国的公共卫生与医疗》(*Medicine and Modernity: Public Health and Medical Care in Nineteenth-and Twentieth-Century Germany*),华盛顿:德国历史研究所和剑桥大学出版社,1997 年,第 81—97 页。

第三十五章　第三帝国的学术:没有所谓的客观性

精神分析学遭到攻击是因为它被视为"犹太科学"。柏林精神分析学会清理了犹太会员,改由帝国元帅赫尔曼的表亲 M. H. 戈林(M. H. Göring)担任。他宣称,第三帝国的精神分析的根基是《我的奋斗》。德国心理治疗协会更名为国际心理治疗协会,新会长为卡尔·荣格,虽然成员中有很多是阿德勒学派。[①]* 后来,荣格声明,他为帮助犹太同行尽了全力,但弗洛伊德一直怀疑他是反犹主义者(见上文,原书第553—556页)。当然,他的理论作品中,荣格以弗洛伊德为攻击对象,认为创始人"没有灵魂的唯物主义"是其犹太本性的某种反映。尤利乌斯·施特莱歇尔(Julius Streicher)加入阵营。[②] 心理学完成纳粹化的标志是,德国大学中 15 名心理学正教授席位中的六个席位被非犹太裔取代,以及德国心理协会和柏林心理学研究所的清理活动,所长的办公室因为"叛国罪证"遭到洗劫(事实上什么证据都没发现,但所长沃尔夫冈·克勒[Wolfgang Köhler]——格式塔学派的创始人——却被迫辞职,他无法再忍受这样的生活)。1933 年 10 月,精神分析学派被禁止参加莱比锡的心理学大会,这是一种极大的侮辱,令人震惊。越来越多的精神分析学家开始考虑移民美国。

美国的心理学家并不特别看好弗洛伊德学派,威廉·詹姆斯(William James)的实用主义理论更有影响力。但美国心理学协会

[①] 杰弗里·科克斯(Geoffrey Cocks):《第三帝国的精神疗法:戈林研究所》(*Psychotherapy in the Third Reich: The Göring Institute*),纽约与牛津:牛津大学出版社,1985年,第 53—60 页。另参见劳伦斯·A. 里克斯(Laurence A. Rickels):《纳粹精神分析》(*Nazi Psychoanalysis*),明尼阿波利斯与伦敦:明尼苏达出版社,2002 年。

* 阿德勒为奥地利犹太裔精神病学家。——译者

[②] 杰弗里·科克斯:《第三帝国的精神疗法:戈林研究所》,第 87 页。

第五编　帝国之歌：希特勒与"斗争的精神化"

成立了专门的委员会接受遭解雇的外国心理学家，到1940年已经与2169名杰出的业内人士取得了联系（并非全为精神分析学家），其中的134人踏上了美国领土，其中包括卡伦·霍尼、布鲁诺·贝特尔海姆（Bruno Bettelheim）、艾尔泽·弗伦克尔-布伦斯瑞克（Else Frenkel-Brunswik）和大卫·拉帕波特（David Rapaport）。

1938年8月奥地利宣布加入第三帝国，此时，弗洛伊德已82岁高龄且身体欠佳。虽然罗斯福总统一直在关注此事，但许多朋友仍为他感到担心，尤其是身在伦敦的欧内斯特·琼斯（Ernest Jones）。美国驻巴黎大使蒲立德（William Bullitt）奉命关注"弗洛伊德的状况"，他要确保维也纳总领事办公室的工作人员对弗洛伊德"友善对待"。欧内斯特·琼斯试图帮助弗洛伊德移居伦敦，但他赶到维也纳时，却发现弗洛伊德不愿意离开。欧内斯特只得用孩子能在国外谋求更好的发展这一理由来说服弗洛伊德。

弗洛伊德离开前，他的"案件"被通告给纳粹高层希姆莱。似乎只有罗斯福总统的密切关注才能保证他最终的安全。纳粹要求弗洛伊德偿还完所有的债务之后才能离开，一次准许其一名家庭成员离境，弗洛伊德必须最后离开。当他最终拿到所需文件时，盖世太保也带来了一个文件要求他签署，确认他得到了正确的对待。弗洛伊德签名后加上了这样一句话："我衷心地向各位推荐盖世太保。"

1934年，第三帝国的教育部部长伯恩哈德·鲁斯特（Bernhard Rust）问数学家大卫·希尔伯特（David Hilbert），在清除了犹太数学家之后，享誉世界二百年的数学中心哥廷根——高

第三十五章 第三帝国的学术:没有所谓的客观性

斯、黎曼和费利克斯·克莱因的故乡——遭受了怎样的创伤?"创伤?"希尔伯特回答,"它没有遭受创伤,部长。它消失了!"[1]

当人们都看清了希特勒的"调查"之后,各国纷纷成立了紧急委员会,如比利时、英国、丹麦、法国、荷兰、瑞典和瑞士。其中两个国家比较特殊。在英国,学术援助委员会(AAC)由英国多所大学牵头,由伦敦经济学院的威廉·贝弗里奇(William Beveridge)领导。到1938年10月,该委员会帮助524名科学家在36个国家找到了学术职位,其中161名安置在美国。当然,得到帮助的不仅仅只有数学家。一群德国流亡学者建立了"海外德国学者紧急协会"。它致力于帮助学界同仁找工作,也列出详细的1500名失业学者的名单,这对其他协会非常有帮助。"紧急协会"还有一个优势,即在土耳其,1933年春,凯末尔重组了伊斯坦布尔大学,作为向西方学习的一个举措。许多德国学者(包括前文提到过的保罗·欣德米特,日后柏林封锁时期的市长恩斯特·罗伊特)借机得以进入这里,到1935年,伊斯坦布尔法学院也升级为大学。这些学者在这里出版了自己的学术刊物,因为此时很难在德国、英国或是美国发表他们的成果。土耳其的德文期刊连续出版了18期,现已成为收藏家的藏品。杂志刊登了从皮肤科学到梵文研究的各类文章。[2]

来自希特勒的一个更持久的礼物是一本非常特别的刊物《数

---

[1] 贾雷尔·C.杰克曼(Jarrell C. Jackman)、卡拉·M.鲍敦(Carla M. Borden):《逃离希特勒的缪斯:文化迁移和适应(1930—1945)》(*The Muses Flee Hitler:Cultural Transfer and Adaptation,1930-1945*),华盛顿:史密森学会出版社,1983年,第205页及以下诸页。

[2] 贾雷尔·C.杰克曼和卡拉·M.鲍敦:《逃离希特勒的缪斯:文化迁移和适应(1930—1945)》,第25页。

第五编 帝国之歌:希特勒与"斗争的精神化"

学评论》。这本刊物的创刊号默默无闻——1939年大部分时间有更重要的事情要考虑。但这本《数学评论》却悄悄地成为中流砥柱。当时,世界上最重要的数学期刊是柏林斯普朗格出版社1931年发行的《数学文摘》,它刊登来自世界各地的、各种语言的文章摘要。但是1938年,当董事会成员、意大利犹太数学家图莱奥·莱维-奇维塔(Tullio Levi-Civita)被解雇后,许多国际咨询顾问也辞职了。《科学》杂志的一篇文章指出,《数学文摘》和《美国数学家》已经不再摘录犹太人的文章,这是一个警示,警示人们考虑清楚买什么。斯普朗格出版社不销售但建议设立两个编辑部,出版两个不同的版本,一个为美国、英国、英联邦和苏联,另一个为德国及其邻国。美国数学家被这种侮辱激怒了,1939年5月,他们决议建立自己的期刊。[①]

早在1933年4月,洛克菲勒基金会就开始考虑如何帮助个体学者。紧急委员会虽然成立,但它不得不小心翼翼,大萧条的余波未退,工作机会稀缺。10月,委员会的副主席爱德华·R.默罗(Edward R. Murrow)估计,所有的2.7万名学者中的超过2000名被240个院校解雇。这是一大批人,大量的移民不仅仅有取代美国学者的风险,而且有可能引发反犹主义。最终,紧急委员会决定,其政策是"帮助学者,而不是减轻痛苦"。因此,他们的目标集中在那些已经取得了学术成绩的知名学者,其中最著名的受益者是哥廷根大学的理查·科朗特。1939年战争爆发前,51名数学家

---

① 贾雷尔·C.杰克曼和卡拉·M.鲍敦:《逃离希特勒的缪斯:文化迁移和适应(1930—1945)》,第25页。

第三十五章 第三帝国的学术:没有所谓的客观性

来到了美国,到1945年,总共安置了不到150名科学家。① 无论年龄大小,每位学者都找到了工作。虽然与死于毒气室的600万犹太人相比,150并不是一个大数字,但数学家帮助了比其他领域更多的同行。②

虽然存在粗野的反犹主义,讨希特勒、希姆莱和鲁斯特欢心的贫乏的科学原理和方法,但为了更加清楚地描述德国学者的全貌,我们有必要从三个方面说明,德国学者做得不错。火箭技术并不是德国人领先的唯一领域。

首先是纳粹对癌症的研究。如前文所述,煤焦油衍生品的研究一马当先,其次是印染工业和制药业,德国人认识到癌症与许多新产品息息相关。同样,他们发现了X射线,并早在1902年就将其应用于癌症研究,尤其是白血病。

这些成果在德国首先引发了一场抗癌运动——在其他人认识到烟的危害之前,德国就开始了禁烟运动,人们被告诫"像检查汽车那样经常检查结肠"。早在1938年,德国科学家就发现了

---

① 大卫·西姆斯(David Simms):"德国均势中的元首因素"("The Führer Factor in German Equations")对桑福德·L.西格尔(Sanford L. Segel)的《纳粹政权下的数学家》(*Mathematicians under the Nazis*)的书评,新泽西州普林斯顿:普林斯顿大学出版社,2003年,《泰晤士高等教育增刊》(*Times Higher Education Supplement*),2004年9月17日,第28页。

② 桑福德·L.西格尔在《纳粹政权下的数学家》中称,没有一位数学家参与抵抗运动,但事实上,纳粹党对数学的兴趣不大,奥托·布卢门塔尔(Otto Blumenthal)直到1939年一直担任《数学年刊》(*Mathematische Annalen*)的编辑。1944年死在特莱西恩施塔特(Theresienstadt)集中营。海因里希·本克(Heinrich Behnke)为了保护犹太儿子,建立了"复变函数数学派,成为战后在弗里德里希·希策布鲁赫(Friedrich Hirzebruch,)领导下促进德国数学复兴的动力"。参见贾雷尔·C.杰克曼、卡拉·M.鲍敦:《逃离希特勒的缪斯:文化迁移和适应(1930—1945)》,第221页及以下诸页。

癌症与石棉之间的关联。[1] 20世纪50年代,英国人理查·多尔(Richard Doll,后来成为理查爵士)研究了吸烟与癌症之间的关系,他参考了德国人在30年代的研究成果,吃惊地发现犹太人被描绘成"癌症",纳粹冲锋队被描绘成了消灭"肿瘤"的X射线。

德国科学家也是最先探索癌症与饮食之间关联的,尤其是食品添加剂,而且他们首推天然食品,特别是全麦面包(白面包被谴责为"法国大革命的产物")。[2] 酒精引发癌症的作用受到怀疑,但纳粹在关注烟草方面比其他人走得更远:公共场所禁烟,香烟广告遭禁,在火车上设立"无烟"车厢。但是,在这些光芒的背后,德国的烟草消费从希特勒掌权后每年都在递增,1940年比1933年翻了一番。从1944年开始才有所下降,这很可能受限于配给制。

"白色犹太人"

在物理学领域,除勒纳和施塔克,德国人曾首屈一指,生物学领域也是如此。正如弗里施因为其祖父母中的一方可能是"非雅利安人"而面临压力,维尔纳·海森堡也面临同样的问题,因为他拒绝承认"犹太物理学"(即相对论)是错误的或退化的或二者皆是。劳厄、普朗克和瓦尔特·能斯脱(Walter Nernst)拒绝在施塔克发起的效忠希特勒的宣言上签字。每位诺贝尔奖得主都坚持认为物理学与政治无关。

---

[1] 约翰·康韦尔:《希特勒的科学家:科学、战争与魔鬼契约》,第168页。
[2] 同上书,第170页。

第三十五章　第三帝国的学术：没有所谓的客观性

1935年,66岁的阿诺德·佐默费尔德(Arnold Sommerfeld)准备离开从教三十年的慕尼黑大学教授职位(取代他的不是别人,正是路德维希·玻尔兹曼)。海森堡本是最合适的继承者,但他被裁定为在物理学上笃信"犹太精神",从而成为第一个被称为"白色犹太人"的科学家。虽然得到哥廷根科学院的支持,但他仍遭到纳粹舆论攻击,以至于失去了本属于他的工作,被一个远远不如他的人所取代。在他的回忆录中,他略掉了这一事件,说许多朋友和同事的遭遇远比自己要恶劣。[①]

20世纪30年代之后,物理学的重要意义逐渐显现出来。1933年,希特勒夺权后,爱因斯坦并不是唯一移居美国的德国物理学家。此外还有奥托·哈恩,执教于康奈尔大学。[②] 这使得莉泽·迈特纳回到柏林掌管威廉物理化学研究所(KWI)。她虽然是犹太人,同时也是奥地利人,所以当时还未受到种族法的牵连。[③] 她目睹了许多前同事自愿离开研究所,包括她的侄子奥托·弗里施被汉堡大学解雇,她以前常常和他一起演奏钢琴。此外还有匈牙利犹太人莱奥·西拉德,"将全部积蓄藏在鞋子里"移居英国。[④] 9月,西拉德安全到达伦敦之后,在南安普敦街过十字

---

① 维尔纳·海森堡(Werner Heisenberg):《物理与超越:相遇与对话》(*Physics and Beyond: Encounters and Conversations*),阿诺德·J.波梅兰兹(Arnold J. Pomeranz)英译,纽约:哈珀与罗出版社,1971年,第166页。

② 奥托·哈恩:《科学自传》(*A Scientific Autobiography*),威利·莱(Willy Ley)编译,伦敦:麦吉本&基出版社,1967年,第85页。

③ 奥托·哈恩:《我的生活》(*My Life*),恩斯特·凯泽(Ernst Kaiser)、安妮·威尔金斯(Eithne Wilkins)英译,伦敦:麦克米纳出版社,1970年,第149页。

④ 奥托·弗里施(Otto Frisch):《幼年回忆》(*What Little I Remember*),剑桥:剑桥大学出版社,1979年,第120页及以下诸页。

第五编 帝国之歌:希特勒与"斗争的精神化"

路口时,受到交通灯的启发提出了连锁反应的理论,其能够自行发生爆炸(他将这个想法申请了专利,并在得到保密承诺后授权给了英国海军)。同时,意大利罗马的物理学家恩里科·费米(Enrico Fermi),在毫不知情的情况下,分离了铀原子,尽管这是弗赖堡大学的两位德国科学家伊达(Ida)和瓦尔特·诺达克(Walter Noddack)首先提出的。

1936年,马克斯·普朗克、海森堡和劳厄提名哈恩和迈特纳参竞诺贝尔奖,这显然有保护犹太同事的动机。但1938年3月,德奥合并,迈特纳和哈恩的保护伞化为乌有。曾与哈伯共同研究过硝酸盐定位的卡尔·博施(Carl Bosch)设法为迈特纳获取了旅行许可证。迈特纳得以前往荷兰,随身只带了两个手提箱,以及哈恩送给她的钻戒,以备必要时能卖些钱。[①]

物理学的高潮正是由上述这些上升中的学者在战争爆发后不久实现的。在柏林,奥托·哈恩发现,如果用中子轰击铀原子则可得到钡原子。他在一封信中与迈特纳分享了这个困扰他的发现,此时迈特纳正在哥德堡流亡。幸运的是,迈特纳的侄子奥托·弗里施在圣诞节的时候拜访了她,他与玻尔共同流亡哥本哈根。他们常常一起在林中滑雪。迈特纳告诉侄子哈恩的发现,在林中滑雪之时,他们脑中想的都是有关钡的问题。在此之前,物理学家认为,当原子核遭到轰击时仍然会保持稳定,只会释放出一些零散的粒子。但是现在,在哥德堡的树林中一棵倒下的大树旁,迈特纳和弗里施想知道,原子核在某些特殊情况下是否可以被一分为二,而

---

① 约翰·康韦尔:《希特勒的科学家:科学、战争与魔鬼契约》,第208—210页。

第三十五章 第三帝国的学术:没有所谓的客观性

不是仅仅释放出一些中子。

他们在寒冷的树林中待了三个小时。但是,在回家之前,他们为此做了精密的计算。结果显示,如果铀原子(92个质子)真的可以分裂的话,那么它将变成钡(56个质子)和氪(36个质子),56+36=92。消息传遍了世界,人们意识到,当原子核裂变时会释放出热能。如果这种能量释放出足够多的中子,将会引发一系列链式反应,甚至可能变成一枚炸弹。但是[达到这样的强度]需要多少铀235呢?①

这种困境的可怜的讽刺意味是,此时仍是1939年初。希特勒的侵略还在扩张,但世界从技术层面讲仍然是一片和平景象。哈恩、迈特纳和弗里施的发现发表在《自然》上,纳粹德国、苏联、日本、英国、法国、意大利和美国的物理学家都读到了它。现在物理学家们面临的问题是:链式反应如何发生?欧战爆发后,美国仍是一个非参战国,由于其充分的资源以及吸纳了众多的流亡学者,她将如何被说服采取行动?两位德国学者——弗里施和鲁道夫·派尔斯流亡至英国伯明翰大学。他们行走在城市夜晚漆黑的街道上,[在三页纸上]计算着1000克的铀(之前的估算是13—40吨)是否足够引发链式反应,反应发生了。②伯明翰大学的马克·奥利芬特(Mark Oliphant)、弗里施和派尔斯教授前往美国,说服美国人尝试制造炸弹。在没有通知国会的情况下,罗斯福总统从爱因斯坦的一封信中(由西拉德起草)受到启发,为"这样一个不同寻

---

① 彼得·沃森:《可怖之美:一段形塑现代心灵的人物与思想史》,第392—393页。
② 同上。

第五编　帝国之歌:希特勒与"斗争的精神化"

常的目的,从特殊途径"筹得经费。正因如此,德国犹太裔物理学家才全力投入到最终结束了战争的炸弹的研究当中。①

政治的概念

卡尔·施密特被广泛赞誉为"20世纪最具创造性的政治理论家之一",但他对纳粹公开的热情,他的反犹主义,以及他1945年后"顽固拒绝"公开认错,将他与马丁·海德格尔置于同一不利地位。

1888年出生于威斯特伐利亚普勒滕贝格的施密特,是一个小商人之子,与海德格尔一样,在一个褊狭的天主教家庭中长大。在学生时代,他就尝试写作讽刺文章——针对现代文化的各个方面。1941年,他不情愿地成为了一名公务员;直到1915年,一直做文案工作,尽管在他日后回忆曾坠马,但这个小插曲从未被证实。施密特虽然仇恨现代文化,但非常喜欢慕尼黑施瓦本艺术,混合着表现主义的画家和达达主义艺术家,与尤金尼奥·帕切利(Eugenio Pacelli,教皇庇护十二世)相得益彰。他学习法律,聆听马克斯·韦伯的讲座,当第一次世界大战爆发时,慕尼黑也发生了革命,施密特放弃了放荡不羁的生活和宗教信仰,开始教书。

他开始对民主展开更正式的、更系统的批判。施密特强调,人类历史起源于该隐和亚伯,而不是亚当和夏娃。对于施密特而言,

---

① 鲁道夫·派尔斯(Rudolf Peierls):《原子历史》(*Atomic Histories*),纽约伍德伯里:美国物理研究所,1997年,第187—194页。

第三十五章 第三帝国的学术:没有所谓的客观性

政治根植于具体的权力斗争中而并非抽象的理念。他热衷于斗争。1932年,普鲁士发生反动政变,施密特作为一个律师在法庭上捍卫了政变,吸引了戈林的敬仰,也成为他日后的保护者。[①] 1933年4—5月,施密特加入纳粹党,并参加了臭名昭著的5月10日焚书。这个举动被视为向希特勒致敬。

在1932年出版的《政治概念》(*Der Begriff des Politischen*)中,施密特将海德格尔、尼采和自由主义糅合在一起,既反对极右主义又反对极左主义。施密特的中心观点是,通过斗争、激烈的斗争,甚至是致命的斗争,政治认同才能够实现。"我们"和"我们的"的经验(让人回想起斯宾格勒)是政治的核心(再次颂扬了"整体"),其最清楚明白的定义过程唯有通过斗争,通过战斗赢得"我们"的信仰。自由主义和民主从未做到这点,因为妥协是自由民主国家的决定性因素,它们的成果总是被异化。正因为如此,施密特认为,自由民主国家的人民从来不知道他们真正是谁,从来没有为他们的生活负全责。他还认为,政治决定不能通过理性获得,而是要通过"血与土"。此外,他认为,将政治目标建立在某些意识形态的抽象基础之上,从而构建放之四海而皆准的道德准则是危险的。这永远不会奏效,因为它总是时过境迁。

20世纪30年代,施密特是一个颇具争议的人物,一直到今天他仍然是。1945年,美国人逮捕了他,囚禁了一年多,他再未被其他大学聘用。但他受到了许多杰出人物的拜访和赞誉,例如恩斯

[①] 克劳迪娅·孔茨(Claudia Koonz):《纳粹道德》(*The Nazi Conscience*),剑桥,马萨诸塞:哈佛大学出版社,贝尔纳普出版社,2003年,第58页。

第五编 帝国之歌：希特勒与"斗争的精神化"

特·云格尔、亚历山大·科耶夫（Alexandre Kojève）、瓦尔特·本雅明以及法兰克福学派的许多成员。与施密特一样，同为马丁·海德格尔友人的政治理论家列奥·施特劳斯在战后将研究重点重新转向施密特。[①]

"德国人"的"科学"概念

格尔茨·阿利（Götz Aly）和苏珊·海姆（Susanne Heim）声称，他们发现了一门新的学科：人口经济学，20世纪30年代出现在德国，这全都归功于纳粹。他们说，这是根据城市规划师、地理学家、经济学家和人口学家的理论而提出的新概念，并特别适用于东欧和东南欧地区。这一概念是"农村人口过剩"，用以解释生产力低下和购买力不足的原因。它尤其适用于波兰。[②]

阿利和海姆说，这个概念主要由帝国经济合理化建议委员会（RKW）提出，经过了庞大的、周密的布置，例如，委托基尔世界经济研究所所做的不少于1600份秘密研究报告，目的是帮助规划战局。正是这些区域规划师、统计员和农学家，开始时对新政权保持冷漠，但当大规模的解聘潮来临时，他们的职业生涯却快速发展；仅仅是希特勒、希姆莱等人的偏见，使这些人平步青云。

[①] 克劳迪娅·孔茨：《纳粹道德》。另参见克莱门斯·考夫曼（Clemens Kauffmann）：《列奥·施特劳斯简介》（*Leo Strauss zur Einführung*），汉堡：尤尼乌斯出版社，1997年。

[②] 格茨·阿利和苏珊娜·海姆：《建筑师的毁灭：奥斯威辛和毁灭的逻辑》（*Architects of Annihilation: Auschwitz and the Logic of Destruction*），伦敦：韦登菲尔德 & 尼科尔森出版社，1991年，第58页。

第三十五章 第三帝国的学术:没有所谓的客观性

早在1935年,特奥多尔·奥伯伦德尔(Theodor Oberländer)博士在柯尼斯堡东欧经济研究所的一项研究中,就将波兰挑出来作为"人口问题"的典型代表。他认为,小农经济体系长期效率低下孕育了农业革命,以俄国为代表。* 这一分析在1939年得到强化,社会历史学家维尔纳·康策(Werner Conze)提出了"中欧人口结构性危机"。① 这个理论推论了人口过剩的原因,他提出了"最优人口规模",即从一个地区的经济资源中能获得的最大回报。② 根据这个理论,学者们计算出,波兰适宜的人口数量在450万至583万,"波兰的农业人口中每两个人中就有一个意味着死亡"。因此,在德国的影响和控制下,"减少人口数量将有助于改善这些地区的效率"的理念开始兴起;同时,人们认为,强制驱逐将有助于确保"社会和平"。

第二个概念率先由帝国德意志民族强化委员会(RKF)带头实施。它决定哪些少数族群能够被"德意志化",哪些不能。希姆莱决定,波兰人口的八分之一能够被"德意志化"(他在1942年说,"还有一些哥特人留在高加索和克里米亚"),这些人口被分为:

a. 纯粹的德意志人;

b. 德意志血统,但必须学习成为纯粹的德意志人,他们拥有德国国籍,但并不是一开始就拥有全部国家公民的权利和身份;这类人将被遣返德国完成德意志化;

---

* 奥伯伦德尔后来当选为阿登纳内阁的一位联邦部长。——译者

① 格茨·阿利和苏珊娜·海姆:《建筑师的毁灭:奥斯威辛和毁灭的逻辑》,第54页。

② 同上书,第61页。

第五编 帝国之歌:希特勒与"斗争的精神化"

c. 有价值的少数族群成员,"拥有德国国籍但被吊销的"叛徒;

d. 不具备德国国籍的外国人,共800万人,其中100万包括在c类中。

希姆莱还有另外一套分类系统,把人们分为四个阶层,其中最令人感到惊异的是第三阶层,即那些与德国人结婚的少数族裔,他们表示自己已准备好"遵守德国的秩序观"和"愿意成为更好的自己"。①

这套分类系统不仅仅停留在理论层面:长期的计划是将波兰领土上的居民分类,只有那些愿意成为更好的自己的"有价值的阶层"才能获得最好的土地,这个计划的目标是使东方的农业土地上德国人的比例从11%提升至50%。② 他们的家园将首先获得电力,并在人口学家的规划下组成最高效、最具凝聚力、人口在400—500人的村庄。此举实在是"民族"(Volk)的再创造。这些人聚集在一起旨在帮助政府制造波兰小资产阶级,以取代那些企业被关闭或被洗劫一空的犹太人,其目的是将波兰在十五年至二十年之内变成"纯粹的德意志国家"。③ 为达到此目的,像波兰社会的其他方面一样,"隔都"(Getto)成为热门研究的对象。工人和家属数量都经过了严格计算,从而为他们仅提供最少的营养供应以节约成本。阿利和海姆表示,这些计算不断地更正,直到出现无法弥补的损失,届时"隔都"的命数在经济学上或是人种学上将走

---

① 格茨·阿利和苏珊娜·海姆:《建筑师的毁灭:奥斯威辛和毁灭的逻辑》,第86页。
② 同上书,第95页。
③ 同上书,第179页。

第三十五章 第三帝国的学术:没有所谓的客观性

到尽头。正如帝国经济合理化建议委员会的一份报告所指出的,"无须考虑营养不良的后果"。同样的办法也在保加利亚、罗马尼亚和南斯拉夫使用。

经济学家和人口学家的实验令人毛骨悚然,而更重要的是,它为纳粹提供了大屠杀的依据,使其不会"显著影响"公众士气。① 根据阿利和海姆的理论,大屠杀的开端始于图林根地方种族事务办公室主任卡尔·阿斯特尔(Karl Astel)领导的一个项目。作为项目的一部分,一项精神流行病学研究挑选了 6.5 万—7 万名精神病人,以经济学的名义加以毁灭。一项名为"T4 行动"的计划起草了一份名单,它的管理机构设在柏林动物园大街 4 号。"T4 行动"将计算,如果不供养精神病患者,国家能节省多少钱。作为其中的一部分,1939 年,在希特勒的私人医生特奥·莫雷尔(Theo Morell)准备的一份文件中,他引证了一项 20 年代对残疾儿童家长的调查,他们被问及一些"纯假设"问题,是否愿意通过无痛苦的程序缩短他们的残疾后代的生活。大部分人给出了肯定的答案,一小部分人表示虽然不愿意决定其子女的命运,但他们愿意听从医生的建议。一些人甚至建议,由医生来做这件事并告知父母孩子死于疾病。基于这个理论,阿利和海姆认为,应由纳粹领导层做出决定,处决精神病患者(希特勒当然知道)。② 处决是秘密进行

---

① 格茨·阿利和苏珊娜·海姆:《建筑师的毁灭:奥斯威辛和毁灭的逻辑》,第 166 页。

② 乌尔夫·施密特(Ulf Schmidt):《卡尔·勃兰特:纳粹医生;第三帝国的医学与权力》(*Karl Brandt: The Nazi Doctor; Medicine and Power in the Third Reich*),伦敦:汉布雷顿连续出版社,2007 年,第 125 页及以下诸页。

的，但有意泄露给患者的亲属来观察他们的反应。1941年4月23日，一份官方报告给出的结论是："80％的亲属是同意的，10％的亲属反对，另10％的亲属表示无所谓。"官僚机构没有任何对此事的抗议。"这是一个'最终解决犹太人问题'的至关重要的一课，"阿利和海姆说，"这使他们相信不公开名字不会被质疑，反而会得到感激和接受，像预计的那样，是背弃和道德漠然的通行证。"

如此之多的学者接受了纳粹主义，他们的想法至今仍然耸人听闻。不能简单解释为，在解雇、流放或驱逐了犹太人之后，大量的年轻科学家得到了提升。因为许多老一辈科学家——马丁·海德格尔、菲利普·莱纳德、恩斯特·克里克和保罗·施尼特亨纳——也是纳粹的狂热支持者。这相当于另一种"知识分子的相互出卖"，但比之前更加血腥。

| 第三十六章 |

神学家的黄昏

当希特勒还是一个六岁的小男孩的时候,他曾短暂地参加过奥地利兰巴赫的本笃会修道院唱诗班。据他后来回忆,他最喜爱的是"庄严辉煌的教堂节日"。1919年,30岁的他作为退伍军人来到慕尼黑,但萦绕着他的宗教情怀却与天主教天差地别。当时的希特勒受到保罗·德·拉加德等人的影响,已被民族主义情绪俘虏(在第22章,原文第417页我们已经论述过这个问题),拉加德认为天主教和新教是对圣经的"扭曲",主要原因是圣徒保罗将基督教"犹太化"的结果。①

在希特勒的时代,维也纳流传着许多粗制滥造的书,其中一本名为《期盼耶稣! 远离保罗! 德意志宗教!》(*Forward to Christ! Away with Paul! German Religion!*)的书认为:"毒师保罗及其子民是耶稣的最大敌人,不应进入上帝的王国,直到真正的德意志教会能够打开其大门。"耶稣本身为犹太人这个难题则被各种手段避开,无论是将其塑造为"雅利安人",或是例如特奥多尔·弗里

---

① 我曾引用过布莱恩·莫伊纳汉(Brian Moynahan)的《信仰:基督教史》(*The Faith: A History of Christianity*),伦敦:黄金出版社,2002年,第675页。

第五编　帝国之歌:希特勒与"斗争的精神化"

奇(Theodor Fritsch)宣称的那样,加利利人(Galileans)实际上是高卢人,即后来的德意志人(他自称有证据证明这点)。所有这一切构成了希特勒对基督教的核心观念,但最重要的是,他声称耶稣是他自身的影像,"一个勇敢的遭受犹太人迫害的人"。

尽管如此,希特勒并不急于以初露锋芒的纳粹运动对抗根深蒂固的国教。女儿幼年不幸夭折、曾是科学家和剧作家的阿图尔·丁特尔(Artur Dinter)博士呼吁建立"德意志国家教会"反抗现代主义、唯物主义和犹太人,"就像耶稣所做的那样"(他意欲用其《符文》[*Richtrunen*]取代《摩西十诫》)。丁特尔比希特勒更早加入纳粹党,他的党员证编号为5,但希特勒解雇了他,并写信要他不要再浪费时间在"宗教改革"上;他会"永远"避开宗教问题。[①]

神学的复兴

正如我们所见,希特勒并未遵守诺言。纳粹夺权之后,它与宗教的关系就变得十分麻烦。从某种意义上,纳粹的宗教观过于简单;但从另一个层面上看,它又是愤世嫉俗的和操纵性的。希特勒本人似乎有一种模糊的"神圣宇宙观",但在纯智力领域,纳粹很大程度上忽略了一个事实,即当时的德国正在经历一场宗教复兴运动。[②]

[①] 布莱恩·莫伊纳汉:《信仰:基督教史》,伦敦:黄金出版社,2002年,第675页。
[②] F. X. J. 霍默(F. X. J. Homer):"元首的信仰:希特勒的神圣宇宙"("The Führer's Faith: Hitler's Sacred Cosmos"),引自 F. X. J. 霍默、拉利·D. 威尔科特斯(Larry D. Wilcox)编:《两次世界大战时德国与欧洲:奥龙·詹姆斯·黑尔纪念文集》(*Germany and Europe in the Era of Two World Wars: Essays in Honour of OronJames Hale*),夏洛茨维尔:弗吉尼亚大学出版社1986年,第61—78页。

第三十六章　神学家的黄昏

这场复兴之所以被人们所忽略,是因为德国人在20世纪20—30年代创造了一个物理学、哲学、历史学和电影的"黄金时代",同样,在神学领域也涌现了一批杰出人物。根据阿利斯泰尔·麦格拉思(Alistair McGrath)1986年的论述,现代德国神学有一种"内在的光彩",但从第一次世界大战开始,"神学的铁幕突然降临欧洲,但德国的原发思想却游离于英语世界神学论坛之外"①。

神学的复兴由1923年去世的恩斯特·特勒尔奇点燃;此外还有吉森的教会史教授阿道夫·冯·哈纳克,其著作《基督教的本质》(Wesen des Christentums,1900),试图超越19世纪以来所有的历史评论。

恩斯特·特勒尔奇(1865—1923年)可能是宗教社会学家第一人。他的主要作品《基督教会和团体的社会学说》(Die Soziallehren der christlichen Kirchen und Gruppen),试图用社会学的观点来解释宗教现象,尤其是基督教。与桑巴特一样,特勒尔奇也受到文化悲观主义的影响,他认为异化的主要源头是强大的中央政权;但是,在必要的时候,它也有助于规范现代社会经济关系,这并非是大多数人向往的,因为他干涉了人们的成就感和满意度。他希望宗教社会学能够有助于建立一种政教和谐,通过它,许多人能够调整自己在现代世界中的生活。

在考察历史之后,特勒尔奇的主要观点与狄尔泰和齐美尔不谋而合,他们都认为不能只从基督徒的有利观点出发来看待基督

---

① 阿利斯泰尔·麦格拉思(Alistair McGrath):《德国现代基督学的形成:从启蒙运动到潘能伯格》(The Making of Modern German Christology: From the Enlightenment to Pannenberg),牛津:布莱克威尔出版社,1986年,第5页。

第五编　帝国之歌:希特勒与"斗争的精神化"

教,而应该寻找其他路径,并且,如果宗教要生存下去,就必须考虑其他的方式。

他还指出,教会的社会地位影响了它对改革的态度;在某些时候,教会成员与政治阶层比其他时候更加紧密结合,当然,并非那么激进。他还预见了天主教的问题,承认自然法高于国家,高于任何形式的法律。特勒尔奇对历史的观察止于18世纪,有些妄自菲薄,因为19世纪天主教和新教、天主教和世俗主义、天主教和科学之间发生了史诗般的战争(不仅仅在德国)。但是,神学家的幽灵并不把教会当作一个孤立的神学实体来对待,而是作为一种新的、影响力直到第一次世界大战的社会实体。①

哈纳克更关注《福音书》,这对于他而言它更像是布道词而不是历史文献,无论历史细节是否站得住脚,使徒们觉得有必要来传播、描述耶稣给使徒留下的印象,这就是《福音书》的主要本质和目的。这种观点认为,"耶稣的整个生命"活动被视为一个死胡同,这是广泛流行的解释。② 除了《圣经》之外,哈纳克的著作比其他书被翻译成更多的语言;根据田立克所言,"莱比锡火车站被向世界各地运载哈纳克的著作的火车堵住了"③。

---

① 威廉·保克(Wilhelm Pauck):《哈纳克和特勒尔奇:两位历史神学家》(*Harnack and Troeltsch: Two Historical Theologians*),纽约:牛津大学出版社,1968年,第117页,特勒尔奇在哈纳克葬礼上的演讲。
② 阿利斯泰尔·麦格拉:《德国现代基督学的形成:从启蒙运动到潘能伯格》,第61页。
③ 弗兰茨·L.纽曼等(Franz L. Neumann, et al.):《文化移民:在美国的欧洲学者》(*The Cultural Migration: The European Scholar in America*),费城:宾夕法尼亚大学出版社,1953年,第140页。

第三十六章　神学家的黄昏

鲁道夫·施泰纳(Rudolf Steiner,1861—1925)与特勒尔奇和哈纳克同时代,他也许是最勤勉的人。他生于克罗地亚,是一名奥地利南部铁路报务员的儿子,曾在维也纳技术高校研习数学、物理和化学。他学业优异,毕业前被推荐为新版歌德作品集的编辑。凭此实力,1896年,伊丽莎白·弗尔斯特-尼采邀请施泰纳编纂其兄长的档案,这位年轻人被这次与当时已疯癫哲学家的会面所深深打动。

施泰纳的后续生命都花在整合世界科学、文学、艺术和宗教为一体的事务中了。他创办了刊物和学校,建立了两个"歌德礼堂"——人们能够"体验"志同道合的精神生活的讲座的场所(重塑"整体仪式"),他成立了一个教派。[①] 他宣扬"三重社会秩序",认为社会的经济、政治和文化应当相互独立,但同等重要。为此,施泰纳遭到希特勒的攻击。[②]

施泰纳64岁时劳累至死,但他留下了相当多的遗产——900所华德福(施泰纳)学校,许多公司(包括银行)和按照他的原则运行的慈善团体,目标是"更高等的生命",关心他人的道德情感和精神层面的尝试;他指出,耶稣的复活并不是实体上的,而是"虚拟

[①] 约翰内斯·黑姆勒本(Johannes Hemleben):《鲁道夫·施泰纳与恩斯特·黑克尔》(*Rudolf Steiner und Ernst Haeckel*),斯图加特:自由精神生活出版社,1965年,第38页及以下诸页。杰弗里·埃亨(Geoffrey Ahern):《午夜的太阳:鲁道夫·施泰纳运动与西方神秘传统》(*Sun at Midnight: The Rudolf Steiner Movement and the Western Esoteric Tradition*),韦灵伯勒:阿克瑞恩出版社,1984年,第87页及以下诸页。

[②] 杰弗里·埃亨:《午夜的太阳:鲁道夫·施泰纳运动与西方神秘传统》,第64页。

第五编 帝国之歌:希特勒与"斗争的精神化"

的",只有通过公共生活才能够实现。①

虽然卡尔·巴尔特(Karl Barth,1886—1968)不及施泰纳世俗的成功和实践的天赋,但他被认为是20世纪最伟大的新教神学家,并可能是自路德以来最伟大的神学家。② 他出生于巴塞尔,父亲弗里茨是一名牧师兼《新约》及早期教会史教授。巴尔特曾就读于伯尔尼大学、柏林大学、图宾根大学和马尔堡大学。在柏林时,他参加了哈纳克的研讨课,这是他第一次接触自由主义神学思想(主要追溯历史上的耶稣),但他最终与其分道扬镳。③ 学业完成后,他来到瑞士成为一名牧师。④

第一次世界大战期间,巴尔特对《九十三人宣言》*(我惊恐地

---

① 参见1922年维也纳会议纪要,见京特·瓦克斯穆特(Guenther Wachsmuth)《鲁道夫·施泰纳的生活与作品:从世纪之交到去世》(*The Life and Works of Rudolf Steiner: From the Turn of the Century to His Death*),纽约:惠蒂尔出版社,1955年,第445页。

② 布鲁斯·L.麦考马克(Bruce L. McCormack):《卡尔·巴尔特辩证神学的批判:起源和发展(1909—1936)》(*Karl Barth's Critically Dialectical Theology: Its Genesis and Development,1909—1936*),牛津:克拉伦登出版社,1995年,第38页及以下诸页,描述了"世纪之交的神学局势"。

③ 马丁·鲁姆沙伊特(Martin Rumscheidt):《天启与神学:巴尔特-哈纳克1923年通信集》(*Revelation and Theology: An Analysis of the Barth-Harnack Correspondence of 1923*),剑桥:剑桥大学出版社,1972年,第31—34、75—78页。

④ 艾伯哈德·布施(Eberhard Busch):《卡尔·巴尔特:信件中的生活与自传》(*Karl Barth: His Life from Letters and Autobiographical Texts*),约翰·鲍顿(John Bowden)英译,伦敦:SCM出版社,1976年,第38及以下诸页。

* 1914年8月,第二次世界大战在欧洲爆发。几乎同时,93名德国著名的学者和艺术家在所谓的"知识界声明"上签字,表白对皇帝威廉二世的绝对忠诚与服从,其中包括巴尔特最敬重的神学教授赫曼与哈纳克。这一声明标志着19世纪欧洲具有理想主义色彩的自由主义神学的崩溃,因为它屈从于社会政治权威的摆布。巴尔特后来称那一天为"昏暗之日",并称19世纪的神学对他而言,已毫无前途,使他与自由主义神学分道扬镳。参见前文,第29章。——译者

第三十六章 神学家的黄昏

发现,迄今我所尊敬的所有神学教师几乎都在其上签名)深感不安,他认为这是对基督教原则的背叛。[①] 他开始相信德国的"《圣经》批判",虽然它是为了许多新技术而产生的,但并没有失去其合理性。将耶稣作为一个历史人物遮盖了他对上帝话语的揭示作用。人们不再以《圣经》为行为准则,而是按照自己的欲望解读。

第一次世界大战期间,巴尔特重新考查了经文,尤其是在1916年开始仔细查阅保罗致罗马人的书信。这对巴尔特具有重要意义。1922年,他出版了《罗马书》(*Römerbrief*),正如保罗自己所言,其主要内容是,上帝只拯救那些"不信任自己只信任上帝的人"。[②] 这成为巴尔特的核心观点,他称之为"上帝的神性",上帝"完全是不同于人类的"。[③] 正是这个观点使巴尔特引起了其他神学家的注意,并得到了许多忠实拥护者。在出版《罗马书》的同年,他与其他神学家,包括下文将会介绍的鲁道夫·布尔特曼(Rudolf Bultmann)创办了一份刊物《时代之间》(*Zwischen den Zeiten*),这成为日后"危机神学"("危机"指第一次世界大战和远离上帝见证的"罪")的导火线。到1933年闭刊之前,《时代之间》

[①] 阿利斯泰尔·麦格拉:《德国现代基督学的形成:从启蒙运动到潘能伯格》,牛津:布莱克威尔出版社,1986年,第94页。

[②] 艾伯哈德·布施:《卡尔·巴尔特:信件中的生活与自传》,第92页及以下诸页、117页及以下诸页。

[③] 兹德拉夫科·库云季亚(Zdravko Kujundzija):《波士顿西方神学百科全书,巴尔特》(*Boston collaborative Encyclopaedia of western Theology, entry on Barth*),第16页。Http://People.bu.edu/wwildman/bce/.

第五编 帝国之歌:希特勒与"斗争的精神化"

一直保持了强大的影响力。[1]

巴尔特的新观点认为,《圣经》并非直接来自神的启示,而是人们记录的神启。上帝的启示只传达给耶稣基督。这意味着只有通过学习和模仿耶稣,我们才可以接近神,或者使自己被神挑选。为了自己我们必须做到这一点。[2] 巴尔特从根本上对人类持乐观态度,虽然他认为我们可能会背弃神(他所定义的罪),但我们是因为"无力完成基督的所作所为"。

这就是巴尔特的神学产生的影响。1933年纳粹上台之后,他仍是一个公众人物。后来成为反对纳粹的教会领导人之一,但不是最高领袖。1934年所谓的《巴门宣言》(Barmen Declaration)出版。[3] 1933年4月,"德国基督教会"在纳粹的影响下得以组建,并发布了其官方教条,将反犹主义作为其主要宗教观,禁止"德意志人与犹太人"通婚。[4] 巴尔特是宣信会的创始人之一,他在回复中坚决反对成立专门的德国教会。1934年5月,宣信会的代表在巴门集会,并发表了《巴门宣言》,由巴尔特起草,坚决反对"我们生活中的各个领域可能出现的假教条,我们将不属于耶稣基督,而是其

---

[1] 艾伯哈德·布施:《卡尔·巴尔特:信件中的生活与自传》,第120页及以下诸页。布鲁斯·L.麦考马克(Bruce L. McCormack):《卡尔·巴尔特辩证神学的批判:起源和发展(1909—1936)》(*Karl Barth's Critically Dialectical Theology: Its Genesis and Development, 1909—1936*),牛津:克拉伦登出版社,1995年,第209页及以下诸页。

[2] 布鲁斯·L.麦考马克:《卡尔·巴尔特辩证神学的批判:起源和发展(1909—1936)》,第371页。基姆林·J.本德(Kimlyn J. Bender):《卡尔·巴尔特的基督教会学》(*Karl Barth's Christological Ecclesiology*),奥尔德肖特:阿什盖特出版社,2005年,第95页及以下诸页。

[3] 艾伯哈德·布施:《卡尔·巴尔特:信件中的生活与自传》,第245页。

[4] 兹德拉夫科·库云季亚:《波士顿西方神学百科全书》,第17页。

第三十六章 神学家的黄昏

他神"。巴尔特自己也拒绝无条件效忠希特勒,因此遭到解雇。他返回巴塞尔,并在那里继续为犹太人发声。[1]

在卡尔·巴尔特的影响下,宣信会的成员之一鲁道夫·布尔特曼(1884—1976年)分享了对《新约》重要性的信仰,它是上帝通过耶稣基督给全世界——我们——的见证。[2] 他认为,这使基督教成为一种信仰,是上帝之于我们的希望。布尔特曼生于维费尔施泰德,父亲是一名牧师,他在奥登堡长大,并在图宾根、柏林和马尔堡求学。然后回到布雷斯劳和吉森担任讲师,1921年成为马尔堡大学的正教授,在那里任教到1951年退休。

1921年,布尔特曼出版的《符类福音传承史》(*Die Geschichte der Synoptischen Tradition*)反映了他对"《圣经》批判"的迷恋,同时这也是他的信念,即通过澄清所有的历史添加物,我们能够更好地认识真正的耶稣,他将其称为"初传"(kerygmatic)耶稣,耶稣所揭示的理论比任何有关他的历史细节都重要。[3] 此外,布尔特曼也受到许多朋友和马尔堡大学同事的影响,例如存在主义的代表人物海德格尔,当时他正在撰写《存在与时间》(1927)。作为一个

---

[1] 布鲁斯·L.麦考马克:《卡尔·巴尔特辩证神学的批判:起源和发展(1909—1936)》,第449页。

[2] 马丁·埃旺(Martin Evang):《鲁道夫·布尔特曼的早年生活》(*Rudolf Bultmann in seiner Frühzeit*),图宾根:莫尔(保罗·西贝克)出版社,1988年,第211页及以下诸页。贝恩德·雅思博特(Bernd Jaspert)编:《卡尔·巴尔特-鲁道夫·布尔特曼通信集(1922—1966)》(*Karl Barth-Rudolf Bultmann Letters, 1922—1966*),杰弗里·(Geoffrey W. Bromley)英译,爱丁堡:T&T克拉克出版社,1982年。

[3] 约翰·麦克奎利(John MacQuarrie):《去神话视角:布尔特曼与其批判》(*The Scope of Demythologising: Bultmann and His Critics*),伦敦:SCM出版社,1960年,第65页及以下诸页、151页及以下诸页。

第五编　帝国之歌:希特勒与"斗争的精神化"

世俗哲学家,海德格尔想表达的是,人类存在的方式有四种:第一,人与自己的关系(通过判断他人与自己"一致"或者"不一致");第二,人是一种可能性,而不是预定的;第三,每个人的经验都是独特的,不是按类型划分的;第四,人存于世,并羁绊于此。[①] 布尔特曼看到了现代世界的忧虑——尤其在第一次世界大战爆发之后更加猛烈——诸如不顾一切地投身于商业,孜孜求利,追名逐誉,及时行乐,对于他而言这是一个没有上帝的世界。[②]

在畅销书《约翰福音》(*Das Evangelium des Johannes*,1941)中,布尔特曼认为,《约翰福音》的字里行间透露的信息与其他三部《福音书》非常不同,有一系列迹象可以帮助我们懂得如何生活,只要我们脱离犹太人的启示和诺斯替派(Gnostic)的救赎神话。这成为著名的布尔特曼《圣经》"解密"。他认为《约翰福音》是为了更广泛的外邦信众(并非耶路撒冷的犹太基督徒,他们的学者更信奉其他三部《福音书》),《福音书》不仅仅是供阅读的书,而是供倾听、点燃共鸣的布道词。布尔特曼还认为,复活只是一个比喻,事实上,信仰总会再次兴起,无论世界看起来如何死寂。在布尔特曼看来,德国对"历史上耶稣的任务"的否定已经达到顶峰。[③] 布尔特曼从未修订他的神学观点以适应纳粹,但他避开了政治和元首的视线。

[①] 大卫·L. 爱德华兹(David L. Edwards):"鲁道夫·布尔特曼:信仰学者"("Rudolf Bultmann: Scholar of Faith"),《基督教世纪》(*Christian Century*),1976年9月,第728—730页。布鲁斯·L. 麦考马克:《卡尔·巴尔特辩证神学的批判:起源和发展,1909—1936》,第135页。
[②] 约翰·麦克奎利:《去神话视角:布尔特曼与其批判》,第186页及以下诸页。
[③] 艾伯哈德·布施:《卡尔·巴尔特:信件中的生活与自传》,第141页。

第三十六章 神学家的黄昏

神学复兴的第三个人是田立克。他1886年出生在德国东部的勃兰登堡,是路德派牧师的儿子。他曾在第一次世界大战时担任德国军队牧师,后在柏林大学、马尔堡大学(在那里他遇到了布尔特曼和海德格尔)、德累斯顿大学、莱比锡大学和法兰克福大学教神学,然后成为法兰克福学派的一员。[①]

20世纪20年代之后,田立克日渐成为一个直言不讳的社会主义者,发表了《社会主义者的抉择》(*Die sozialistische Entscheidung*),考察了宗教与政治之间的关系。不幸的是,这本书发表于1933年,很快被禁,印册被新上台的纳粹没收销毁。1933年4月13日,田立克本人也遭到解雇(他的名字列在遭停职的大学教师名单之首,与他一起的还有马克斯·霍克海默尔、保罗·克莱和阿尔弗雷德·韦伯)。但幸运的是,著名的社会主义者兼纽约协和神学院实用神学教授赖因霍尔德·尼布尔(Reinhold Niebuhr),是德国移民牧师之子,当时正在德国,他和神学院院长亨利·斯隆·科芬(Henry Sloane Coffin)邀请田立克加盟学院。田立克及其家人不久后移居美国。

邪恶边界

迪特里希·潘霍华(Dietrich Bonhoeffer,1906—1945),事实

[①] 他与埃里希·弗洛姆、西德尼·霍克(Sidney Hook)和其他人的联系,以及他和心理学、社会学的"精神真空",参见雷蒙德·布尔曼(Raymond F. Bulman):《人类的蓝图:田立克的文化神学》(*A Blueprint for Humanity: Paul Tillich's Theology of Culture*),路易斯堡:巴克内尔大学出版社,1981年,第128页及以下诸页。

第五编　帝国之歌:希特勒与"斗争的精神化"

上潘霍华的整个家庭都必须列入德国最勇敢的人之列。曾有人说,在第三帝国时代是不存在反抗的机会的,也没有良善的德国人,潘霍华就是一个反证。

潘霍华出生于布雷斯劳,他与双胞胎妹妹扎比内(Sabine)是卡尔(Karl)和保拉(Paula)(冯·哈泽[von Hase])·潘霍华的八个孩子中的两个。卡尔是一名杰出的精神科医生,柏林大学教授,虽然是一名经验主义者,但并不相信弗洛伊德。[1] 迪特里希的兄弟卡尔(Karl)在第一次世界大战时身亡;他的姐妹克里斯特尔(Christel)嫁给了汉斯·冯·多纳尼(Hans von Dohnanyi),生了两个孩子——指挥家克里斯托夫·冯·多纳尼(Christoph von Dohnanyi)和汉堡市长克劳斯·冯·多纳尼(Klaus von Dohnanyi)。虽然他的父亲是一名精神科医生,但迪特里希却对教会情有独钟,并就读于图宾根大学和柏林大学。21岁时他就获得了博士学位,但等到25岁才被任命为牧师。[2] 其间他来到纽约协和神学院,组建了非裔美国人团契。[3]

1934年,他回到德国,与2000名路德派牧师一起,协助组建"牧师紧急联盟"以反抗纳粹国家教会的控制。这是在巴尔特领导

---

[1] 萨比娜·莱布霍尔茨-潘霍华(Sabine Leibholz-Bonhoeffer):《潘霍华一家:家族肖像》(*The Bonhoeffers: Portrait of a Family*),伦敦:西奇威克 & 杰克逊出版社,1971年,第17页。

[2] 欠巴尔特的债,参见罗纳德·格雷戈尔·史密斯(Ronald Gregor Smith):《世界时代的到来:迪特里希·潘霍华研讨会》(*World Comes of Age: A Symposium on Dietrich Bonhoeffer*),伦敦:柯林斯出版社,第93页及以下诸页。

[3] 艾伯哈德·贝特格(Eberhard Bethge):《迪特里希·潘霍华:神学家、基督徒、同代人》(*Dietrich Bonhoeffer: Theologe, Christ, Zeitgenosse*),慕尼黑:凯泽出版社,1967年,第183页及以下诸页。

第三十六章　神学家的黄昏

下的宣信会的演变。第二次世界大战爆发后，潘霍华加入了抵抗组织，特别是一小群高级军官组成的军事情报局，计划暗杀希特勒。1943年4月，潘霍华在资助一些犹太人逃往瑞士之后被逮捕。1945年4月9日，他被判处绞刑（裸体）。他的弟弟克劳斯和妹夫汉斯·冯·多纳尼和吕迪格·施莱歇（Rüdiger Schleicher）都是抵抗运动的活跃分子，在当月晚些时候在其他地方遭枪决。[1]

在被捕前，潘霍华完成了他最重要的著作《伦理学》（*Ethik*），这是一本深刻的作品，揭露了时代的疤痕，可以被看作虔信主义和存在主义的交叉。[2] 对于潘霍华而言，生命的任务就是成为一个负责任的人，效仿耶稣基督，但总能认识到行动的重要性，这是我们参与生活的方式，决定我们是谁、有多虔信的善恶标准。潘霍华认为，最重要的是我们如何在生活中面对休戚相关的邪恶。只有当真正直接面对时，道德选择才显得重要——真实性和即时性是起决定作用的，"急迫性总是决定了邪恶的边界"。潘霍华认为，在任何情况下，总有正确的做法。我们可以通过两种途径认识真理——询问耶稣会怎样做，或者询问我们迫切关心的是别人还是自己。这种方法存在风险，没有办法保证结果，无论是短时段还是长时段；但是一旦我们开始考虑别人而不是眼前利益，我们就会合理化自己的行为，从而避免自我不好的感觉，有可能与邪恶结盟。合理的行动就是不考虑后果地反对邪恶。

---

[1]　艾伯哈德·贝特格：《迪特里希·潘霍华：神学家、基督徒、同代人》，第1036页及以下诸页。

[2]　同上书，第803—811页及以下诸页。另参见艾伯哈德·贝特格：《潘霍华：流亡与殉道》（*Bonhoeffer: Exile and Martyr*），伦敦：柯林斯出版社，1975年。

第五编　帝国之歌:希特勒与"斗争的精神化"

阿尔贝特·施韦泽(Albert Schweitzer)不仅仅是一个神学家,还是一名哲学家、医生、音乐家和传教士。他的著作获得了歌德奖,其活动和成就获得了诺贝尔奖。

阿尔贝特·施韦泽1875年出生于凯撒山,在阿尔萨斯的昆斯巴赫村长大,当时此地还是德国领土(第一次世界大战后成为法国领土)。施韦泽的父亲是一名牧师,但是他的整个家庭成员似乎都是音乐家,因此施韦泽自小在家中学习风琴。他在巴黎和图宾根求学,博士论文写的是有关康德的宗教观,然后来到斯特拉斯堡成为一名牧师。[1] 1905年,他接受了一个巴黎传教士团体的邀请,成为其中的一名医生。他学习药学,并最终离开该团体,前往西非的加蓬,在那里开设了一家医院。在日后的生活中,施韦泽无论在医学传教上还是风琴演奏上都声名远播,但从神学上讲,他的成就有两项——考证并著有《历史上耶稣的任务》(*The Quest of the Historical Jesus*),德文名字是《从赖马鲁斯到弗雷德》(*Von Reimarus zu Wrede*),他的"敬畏生命"哲学和神学非常著名,因为他的传道很成功。[2]

在《历史上耶稣的任务》(1906年)一书中,他做了两件事情,一是终结了历史学家对辨别耶稣事迹真伪的强烈渴望。施韦泽认为,这些活动告诉我们更多的是历史学家的事情而并非耶稣,他坚信,如果你喜欢的话,历史上的耶稣、真实的耶稣,是期盼世界终结的。施韦泽的研究令人信服;在之后的书《使徒保罗的神秘

---

[1] 詹姆斯·布拉巴宗(James Brabazon):《阿尔贝特·施韦泽传》(*Albert Schweitzer: A Biography*),雪城,纽约:雪城大学出版社,2000年,第64页及以下诸页。

[2] 詹姆斯·布拉巴宗:《阿尔贝特·施韦泽传》,第110页及以下诸页。

第三十六章 神学家的黄昏

主义》(*Mystik des Apostels Paulus*,1930)中他将《圣经》中的观点归结于保罗,他的观点仍然被许多神学家和《圣经》历史学家所接受。

第一次世界大战期间加蓬是法国领土,所以施韦泽当时被扣留在法国,后来他游历欧洲,名气日盛,在回到他在兰巴雷的医院前他已经颇受欢迎。施韦泽的音乐、传教工作和神学理论已经广为人知,并且他拓展了自己的兴趣。在原子弹发明后,他进行了抵制和反抗。1953年,他获得了1952年诺贝尔和平奖,以表彰他的"敬畏生命"。[1]

马丁·布伯(Martin Buber,1878—1965)出生于维也纳,在里沃夫长大,爷爷是著名的犹太学者同时也是一个成功的矿山和银行投资人。年轻时的马丁经历了宗教危机,受到康德、克尔凯郭尔和尼采的影响。后来马丁在维也纳大学学习哲学、艺术史、语言学和德国研究,然后又到莱比锡大学、柏林大学和苏黎世大学求学,先后受到斯特凡·格奥尔格、威廉·冯特、格奥尔格·齐美尔、费迪南德·滕尼斯和威廉·狄尔泰的影响。[2] 1902年,他重拾信仰,加入了犹太复国主义运动,担任犹太复国主义者的刊物《世界》(*Die Welt*)的编辑。与好友特奥多尔·赫茨尔不同,布伯主张回到圣地更主要的原因是出于精神考虑而不是政治利益;后来他回归写作,在"犹太人学习之家",与弗朗茨·罗森茨魏格(Franz Rosenzweig)合作,翻译新版《圣经》。

布伯1923年出版了著作《我和你》(*Ich und Du*),书中论述

---

[1] 詹姆斯·布拉巴宗:《阿尔贝特·施韦泽传》,第443页及以下诸页。
[2] 莫里斯·弗里德曼(Maurice Friedman):《狭路相逢:马丁·布伯生平》(*Encounter on the Narrow Ridge:A Life of Martin Buber*),纽约:佳作书屋,1991年。

第五编　帝国之歌：希特勒与"斗争的精神化"

了两种生命模式,对话与独白,生命的中心本质,"存在的前提"是偶遇。他认为,人与人之间的关系是生命的本质,相互关系、交流、会面是存在的中心,通过这些人们获得满足感的意义。他认为,现代性带来了更多的"我和它"(Ich-Es)的关联,基本上是独白式的,"我和你"之间的关联是帮助人们与上帝建立联系的必要手段。这也导致他赞成哈西德派有关生活共同体的理论。

1930年,布伯被法兰克福大学授予名誉教授,但希特勒上台之后辞职。纳粹禁止他从教,1938年,布伯离开德国来到耶路撒冷,在那里成为希伯来大学的教授。战争结束后,他被授予歌德奖、伊拉斯谟奖和以色列奖(Israel Prize)。

纳粹的基督教

希特勒上台后的一段时间,非常谨慎地安抚一些教会。他私下授命戈培尔,要用最好的方式来对待教会,"时下韬光养晦,冷静地将颠覆或干涉国家事务的行为扼杀掉……"[①]现实中,希特勒对路德派教士十分轻蔑,"微不足道的小人物……他们既没有正经的宗教也没有像罗马那样可以坚守的崇高地位"[②]。

---

①　布莱恩·莫伊纳汉(Brian Moynahan):《信仰:基督教史》(*The Faith: A History of Christianity*),伦敦:黄金出版社,2002年,第678页。

②　恩斯特·克里斯蒂安·黑尔姆赖希(Ernst Christian Helmreich):《德国教会与希特勒:背景、斗争与结局》(*The German Churches under Hitler: Background, Struggle, and Epilogue*),底特律:韦恩大学出版社,1979年,第123页。J. S. 康韦(J. S. Conway):《纳粹对教会的迫害(1933—1945)》(*The Nazi Persecution of the Churches, 1933—1945*),伦敦:魏登菲尔德&尼科尔森出版社,1968年,第2页。

第三十六章 神学家的黄昏

但是,正如他的评论一样,天主教却不同。希特勒承认天主教会的力量。尽管教皇庇护十一世1931年谴责墨索里尼的法西斯主义物种论为"国家异教崇拜",但两年之后,希特勒还是与梵蒂冈签署了协议。在梵蒂冈方面,协议主要是红衣主教尤金尼奥·帕切利负责的,他是梵蒂冈国务卿及后来的教皇庇护十二世,20世纪20年代在慕尼黑担任过罗马教廷大使,还在柏林生活过。帕切利设法保留了教廷对德国的自治权和部分教育控制权,代价是在外交上承认新纳粹政权。纳粹迅速转向宗教教育。新条例规定,所有的父母必须让每个孩子都接受宗教教育。天主教的七个节日被批准为公众假期,离开教会的纳粹党成员必须重新加入。到1936年,德军规定,每一名在职军人必须皈依天主教或福音派。[①]

但是,这些做法现在看来不过是战术战略。许多人认为,纳粹主义真正建立之时就是尼采所说的"上帝死了"之时。[②] 理查德·施泰格曼-加尔已经展示了纳粹党——希特勒也一样——是如何背信弃义的,尤其是如何大力引入"异教徒"想法的。相反,纳粹最初的宗教计划是表示愿意成为一个"积极的基督教徒",其中有三个关键的想法:"精神上反对犹太人,颁布新的社会伦理,以及弥合新教与天主教之间的鸿沟。"

像纳粹的许多头目一样,希特勒认为,耶稣不是犹太人,《旧约》应该被抛弃。[③] "正教"的第二个方面是社会伦理,体现在那句

---

① 理查德·施泰格曼—加尔(Richard Steigmann-Gall):《神圣帝国》(*The Holy Reich*),剑桥:剑桥大学出版社,2003年,第1页。
② 同上书,第6页。
③ 同上书,第37页。

第五编 帝国之歌:希特勒与"斗争的精神化"

"集体需要高于个人贪欲"之上。这也许是一个巧舌如簧的口号,使纳粹闪烁着伦理道德的光辉,但不过是为了经济考量。他们可以宣传鼓动,因为他们的主要目标之一就是结束德国的阶级斗争,创造一个有机的、和谐的、统一的"人民共同体"。① 正教的最后一个要素就是建立"新整合",从某种意义上说可谓重中之重,因为许多纳粹头目将天主教与新教之间的分歧视为国家团结的最大绊脚石。希姆莱曾很明确地表达过这一观点:"我们必须防止世界上的其他力量用随处可见的手段,利用基督教及其组织来破坏我们的民族复兴。"② "民族"(Volk)、共同体被提升到神秘和神圣的高度,成为克服教派分歧的最主要武器;同时,纳粹还打击马克思主义和西方的唯物主义经济学。③ 不仅仅在神学领域或是异教(许多纳粹头目认为这是极其可笑的,希姆莱除外),正教强调积极的基督教信仰——帮助民族,保护家庭的神圣性,保持健康,实行反犹主义,参与冬季的穷人救济——而不是忏悔。的确,这些活动似乎旨在防止沉思,再次表明纳粹对基督教真正的忧虑是,它代表着最强大的力量,可能会被用来对付他们。

纳粹神学家

并非所有的宗教领袖都像巴尔特或潘霍华一样无畏,有一些

---

① 理查德·施泰格曼-加尔:《神圣帝国》,第42页。
② 同上书,第234页。
③ 同上书,第111页。

第三十六章 神学家的黄昏

神学家和他们的神学理论与新政权达成了共识。罗伯特·埃里克森研究了当时三种流行的神学思想,但现在看起来不过是些机会主义者。

格哈德·基特尔(Gerhard Kittel)是图宾根大学的《新约》神学教授。像其他两位神学家一样,他生于1888年,是著名的《旧约》学者鲁道夫·基特尔(Rudolf Kittel)的儿子。1933年5月格哈德加入纳粹党。他主要的神学贡献在于犹太人的背景和基督教的起源。他写道:"如果耶稣是加利利人,那么他很可能有一些非犹太人血脉。"[1]随着时间的推移,在整个魏玛时代,基特尔变得越来越反对犹太人。1933年6月,他在图宾根大学公开发表了名为《犹太人问题》(The Jewish Question)的演讲,他质疑:"德国应如何处置犹太人?"他排除了灭绝,但从私心出发,"这个问题前所未有,现在也解决不了"。他反对犹太复国主义和同化;考虑到犹太人的散居,他认为"客人"身份较合适,强制犹太人与周围的居民相分离,包括禁止通婚。[2]他的神学基础是"过渡",这发生在公元前500年和公元500年之间的犹太人身上,因为当时的犹太种族已经"堕落"。散居使犹太人成为其周边邻居的"永恒的难题",一个后果是,他们总是"试图成为世界强国"。他的演讲引起了轩然大波,并与马丁·布伯展开了激烈论战。从神学上讲,基特尔一直在寻找反犹主义的"精神基础"。1945年他被囚禁。

---

[1] 罗伯特·P.埃里克森(Robert P. Ericksen):《希特勒统治下的神学家》(Theologians under Hitler),康涅狄格纽黑文与伦敦:耶鲁大学出版社,1985年,第52页。

[2] 同上书,第56页。

第五编　帝国之歌:希特勒与"斗争的精神化"

作为路德派学者,保罗·阿尔特豪斯(Paul Althaus,1888—1966)在哥廷根大学功成名就。他认为,上帝通过自然和历史与人对话,由此得出"原初启示"(Ur-Offenbarung)或自然神启的概念,其中心思想可以总结为:"上帝创造并批准了政治现状。"[①]按照阿尔特豪斯的说法,神的旨意就是现状,服从神意味着接受生活的安排,"作为时代流传的传统"。第二个中心论点是他的秩序说,关键词是"民族"(Volk)。民族是神授的神秘过程:"如果不为民族而生则没有永生。"[②]第三个论点是回归路德派的两个国度说,神的国度由爱统治,人的国度用剑统治。二者在伟大的德意志"转折点"融为一体,即纳粹的"民族主义"(völkisch)运动。战争结束后,阿尔特豪斯被埃尔朗根大学解雇,但数月之后又复职。

埃马努埃尔·希尔施也是牧师的儿子,他曾跟随阿尔特豪斯和田立克学习,在神学观点上使用了许多现代性危机的观念。他的哲学思想首先发表在1920年出版的著作《德国的命运》(*Deutschlands Schicksal*)中,揭示了普世价值观和"内部确定性"。希尔施定义的两个"确定性"是理性主义和国家演化的失败。这在德国并不是什么新思维,显而易见,但从未被贴上神学的标签。尤其是,他认为:"德国现在可以创造一种新形式的权威主义,使人们自由地去服从国家,只要国家能够代表民族。"他说,基督教

[①] 保罗·阿尔特豪斯:《马丁路德的伦理学》(*Die Ethik Martin Luthers*),居特斯洛:居特斯洛 G. 莫恩出版社,1965年。

[②] 罗伯特·P. 埃里克森:《希特勒统治下的神学家》,第103页。

第三十六章 神学家的黄昏

尤其适合"德意志的领袖观和追随者"。①

正如罗伯特·埃里克森所说,基特尔、阿尔特豪斯和希尔施并不是孤立的或者偏激的。他们可能是许多人的代言人。

尽管纳粹理性化运动有这些来自新教神学家雄辩而成熟的思想,但随着纳粹政权日益稳固,对基督教的攻击却越来越盛。② 宗教教育从一开始的必修内容变成后来的选修内容,并且不再作为毕业考试科目。牧师被禁止讲授宗教课程。1935 年,布赖恩·莫伊纳汉统计得出,盖世太保逮捕了 700 名在讲台上谴责纳粹为新异教的新教牧师。1937 年,盖世太保宣布,宣信会的教育部长候选人为非法,它的领导人马丁·尼默勒(Martin Niemöller)被投放进集中营,马丁拒绝合作,纳粹拒绝放人③(萨克森豪森集中营的医疗实验认为他是"铁人")。1936 年,对天主教修道院的攻击开始了,他们被指控进行非法外汇交易和性犯罪。同年,纽伦堡集会上也弥漫着异教气息,其中的歌曲或赞美诗散发出浓烈的基督教传统崇拜气息:

> 元首,我的元首,
> 你从最深的窘迫中解救了德国,
> 感谢你每天赐予我面包,

---

① 埃马努埃尔·希尔施(Emanuel Hirsch):《宗教改革的本质》(*Das Wesen des reformatorischen Christentums*),柏林:德古意特出版社,1963 年,第 105 页及以下诸页;另参见罗伯特·P.埃里克森:《希特勒统治下的神学家》,第 155—165 页。
② 布莱恩·莫伊纳汉:《信仰:基督教史》,第 680 页。
③ 詹姆斯·本特利(James Bentley):《马丁·尼默勒》(*Martin Niemöller*),牛津:牛津大学出版社,1984 年,第 81 页及以下诸页、143 页及以下诸页。

第五编 帝国之歌:希特勒与"斗争的精神化"

> 与你同在,不离不弃,
> 元首,我的元首,你是我的信仰和光明。

这是纳粹德国人建立的信仰运动,其目的之一是使仪式和节日"非基督教化"。例如,在婚礼上,新郎新娘会受到"地球母亲、天空父亲即空气中所有仁慈的力量"的祝福,从中能读出北欧神话的意味。圣诞的庆祝活动——名字已被"Julfest"(斯堪的纳维亚的圣诞节)所取代——改为12月21日的"冬至节"。十字架未被取消。但1937年纳粹曾试图把它移出教室,但未实行(可能是碍于希姆莱的观点,即基督教是唯一一种强大到足以威胁纳粹的力量)。梵蒂冈几乎每月都会投诉到柏林,但政府对此置若罔闻。

在希特勒看来,他最大的成就也许就是破坏了教会——如果它想做的话——可能聚集起来的反对力量的潜能。

| 第三十七章 |

德国战时科学的成果、失败与耻辱

1939年9月战争开始后不久,海德堡大学校长保罗·施米特黑纳(Paul Schmitthenner)宣布大学将成为"国防军的军工厂"。他的言辞受到当权者的支持,在整个战争期间,不仅仅是"硬科学",许多科学研究都得到了资助。教育部的预算从1937年的1100万上升至1942年的9700万。内政部的科研预算从1935年的4300万上升到1942年的1.11亿。而威廉皇家学会的资助从1933年的560万上升到1944年的1430万。[1]

1939年底,大学被关闭,但海德堡大学1940年1月获准重新开课,教授"前线课程"和研究如何支持战争。语言学和文学研讨课被改造成"加强国家智力和生存之精神力量"的工具,有关英国的课程内容是解释为何它是"强大的敌人"。政治课和历史课则重点介绍地缘政治学、战争和种族之间的关系,例如"东亚生存空间"、"外国人经济学"和"国外新闻学的本质"等。此外,神学

---

[1] 史蒂文·P.雷米(Steven P. Remy):《海德堡神话:纳粹化和反纳粹德国的大学》(The Heidelberg Myth: The Nazification and De-Nazification of a German University),剑桥,马萨诸塞:哈佛大学出版社,2002年,第85—86页。

第五编 帝国之歌:希特勒与"斗争的精神化"

院还提供"德国虔信史上的战争与宗教"。[1] 1940年初,基尔大学校长保罗·里特布施(Paul Ritterbusch)策划了一套67卷有关战争的丛书,得到德国科学基金委员会(DFG)的资助。丛书包括:《英国:作为英国的世界观的世界犹太人与经济自由主义的腹地》(*Great Britain:Hinterland of World Jewry and Economic Liberalism as a System of the British Worldview*)。从某种意义上而言,这是第一次世界大战中的某些论调的变种,认为英国是肤浅和虚伪的,英国民族性不比剥削盈利高尚多少。另一个问题是阿尔萨斯,有人声称,它属于德国比属于法国能够取得更成功的文化。

大学之中没有大规模的抵抗运动,除了慕尼黑的"白玫瑰"组织。这个小团体的核心成员包括五名学生和一名哲学教授,1942年和1943年分发了六份传单,号召反抗希特勒,但他们最终被发现,全被盖世太保斩首。不过这六份传单的内容却被偷运出去并被盟军于1943年空投。在海德堡大学,有一群由30—70名教授组成的团体,由阿尔弗雷德·韦伯及其嫂子玛丽安娜·韦伯(Marianne Weber)领导。其中的很多成员都已被解雇,但却坚持工作,交流思想。[2] 他们中的许多人是保守主义者而非激进主义者,后来形成了所谓的"反抗"组织。这是个有点难以捉摸的术语,它拒绝接受纳粹意识形态,但不公开批评政权的政策,很难说是一

---

[1] 史蒂文·P.雷米:《海德堡神话:纳粹化和反纳粹德国的大学》,第95—96页。
[2] 例如,阿尔弗雷德·韦伯(Alfred Weber),1935年出版了一本423页的著作《作为文化社会学的文化史》(*Kulturgeschichte als Kultursoziologie*),慕尼黑:皮珀出版社。

第三十七章 德国战时科学的成果、失败与耻辱

种勇敢的行为。许多人仅仅是列奥·施特劳斯所说的"纸上谈兵"。[1] 这是对其直截了当的批评。

1939年3月18日,法国科学家约里奥-居里夫妇不顾列奥·西拉德的警告,坚持在《科学》上发表研究成果,核裂变中每个中子平均能俘获释放出的2.42个中子,这意味着能量足以维持链式反应。在德国,保罗·哈泰克(Paul Harteck)首先读到了这篇文章,他是汉堡大学37岁的化学家和中子专家。1932年哈泰克曾在剑桥大学学习一年,这一年中子被发现。他立刻意识到这篇文章的重要性。他走进德国陆军军械属研究办公室,声称以铀裂变制造大规模杀伤性武器是有可能的。战后,约翰·康韦尔讲述了这个故事,哈泰克说,这仅仅是"追求研究稀缺资金的投机取巧"行为,而不是好战。[2] 不管事实如何,但结果不会改变。

当时,维尔纳·海森堡已经讨论过制造原子弹的可能性,伯恩哈德·鲁斯特与教育部的物理学家阿布拉姆·以扫(Abram Esau)召集了一次会议,建立了一个"铀俱乐部",得到哥廷根物理学家的支持,他们也认识到了铀具有的潜能。[3] 第二次更重要的会议是1939年9月柏林陆军军械属召开的——战争在当月打响,维尔纳·海森堡、奥托·哈恩、汉斯·盖格尔(Hans Geiger)、卡

---

[1] 弗里茨·恩斯特写了一篇关于勃艮第公爵大胆卡尔(Karl the Bold of Burgundy,1433—1477)的文章,这样描述:"他缺乏的是平衡……他让仇恨和野心所蒙蔽,没有从中汲取持久的力量……所以,他从来没有得到内心的自由……尽管战略基本上是失误,但他仍认为自己是一个伟大的战地指挥官。"史蒂文·P.雷米:《海德堡神话:纳粹化和反纳粹德国的大学》,第113页。

[2] 史蒂文·P.雷米:《海德堡神话:纳粹化和反纳粹德国的大学》,第222—223页。

[3] 同上书,第231页。

第五编　帝国之歌:希特勒与"斗争的精神化"

尔·弗里德里希·冯·魏茨泽克(Carl Friedrich von Weizsäcker)和哈泰克参加了会议。[①]"俱乐部"讨论了核能除了作为武器使用外的一般用途,结果,柏林的威廉物理化学研究所受命研究核能如何用于战争。

这听起来很果断,但在德国,研究铀的科学家不足百名,这与美国在洛斯阿拉莫斯执行的曼哈顿计划中数以万计的人员相比,实在微不足道。但是,德国拥有最大的铀储备,在被占领的捷克斯洛伐克希姆斯塔尔矿山中;不过德国缺少进行核反应的回旋加速器。

德国炸弹研发的进展一直备受争议(至少在迈克尔·弗雷恩[Michael Frayn]的戏剧《哥本哈根》)中如此。开始德国专攻同位素的分离,后来开始研究钚。这些方法涉及两位同样有争议的参与其中的神秘人物,维尔纳·海森堡和弗里茨·豪特曼斯。海森堡由于1940年会见尼尔斯·玻尔(Niels Bohr)而臭名远扬,两个人比赛谁先造出原子弹,而无论是海森堡透露给玻尔德国正在探索核能,还是海森堡试图减缓研究进度。豪特曼斯是一名杰出的物理学家,1941年时就认定使用钚元素,链式反应是有可能发生的。豪特曼斯曾在哥廷根大学求学,但因为同情社会主义者,不顾斯大林的大清洗,来到乌克兰工作。在那里,他作为德国间谍被捕,录了假口供,被囚禁。[②] 希特勒-斯大林简报发布时,他回到了

[①] 大卫·C.卡西迪:《不确定性:维尔纳·海森堡的科学人生》,第127页。
[②] 同上书,第435页。另参见赖纳·卡尔施(Rainer Karlsch):《希特勒的炸弹:德国核武器试验秘史》(*Hitlers Bombe: Die geheime Geschichte der deutschen Kernwaffenversuche*),慕尼黑:德意志出版社,2005年,第72页对豪特曼斯的描写。

第三十七章　德国战时科学的成果、失败与耻辱

德国,但仍被怀疑有"左倾"动向。马克斯·冯·劳厄给了他一份工作,帮助其他物理学家——如曼弗雷德·冯·阿登(Manfred von Ardenne)研究链式反应。1939年,豪特曼斯在读过了居里在《科学》发表的论文后认为,钚有可能发生链式反应,激动的他通过计算证实了这点。他出卖了这个发现,得到难民签证逃亡美国。虽然他不知道盟军的炸弹研究进度,但他的信息有两个要点——一是"快",二是海森堡试图减缓研究进度。[①]

鉴于这两个人的行为,也许并不奇怪,德国的原子弹项目没有成功,虽然有其他失败的原因。德国在占领挪威后,位于佛莫克(Vermork)的世界上唯一的重水库被德国所有,但是,当他们试图把重水大量运往南部时,丹麦的抵抗运动(应英国情报局的要求)炸沉了运输船(数名丹麦人牺牲)。[②] 当施佩尔接任军备部长后(弗里茨·托特[Fritz Todt]在一次神秘的飞机失事中丧生),他告诉海森堡可以制造一个世界最大的回旋加速器;海森堡说,德国没有经验,要先从小型的开始学习。[③] 他们也不能使用已被占领的巴黎的一台加速器,因为保密条款会阻碍工作,所有这些都表明海森堡企图破坏德国的核计划。[④] 最终,施佩尔决定,或者如他在战

[①] 保罗·劳伦斯·罗斯(Paul Lawrence Rose):《海森堡与纳粹原子弹计划:德国文化研究》(*Heisenberg and the Nazi Atomic Bomb Project: A Study in German Culture*),伯克利与伦敦:加州大学出版社,1998年。

[②] 赖纳·卡尔施:《希特勒的炸弹:德国核武器试验秘史》,第54页及以下诸页、107页及以下诸页。

[③] 爱德华·舍恩莱本(Eduard Schönleben):《弗里茨·托特,男人,工程师,国家社会主义:生活与工作的报告》*Fritz Todt, der Mensch, der Ingenieur, der Nationalsozialist: Ein Berichtüber Leben und Werk*(Oldenburg: G. Stalling,1943),pp. 108ff.

[④] 约翰·康韦尔:《希特勒的科学家:科学、战争与魔鬼契约》,第317页。

第五编　帝国之歌:希特勒与"斗争的精神化"

后所说,1947年前,他决定德国不能拥有核弹。[1] 按照当时的进度,铬矿砂的消耗巨大,这会导致1946年1月之后战争举步维艰,而且所需款项也耗尽了火箭计划(更符合希特勒的心意),因此德国在1942年秋决定终止原子弹计划。[2]

战争期间,德国的创新并非都如原子弹计划一样,无果而终。他们发明了世界上首架可操控的Me-262喷气战斗机,尽管数量很少,不足以影响战争进程。杰出的海军工程师赫尔穆特·瓦尔特(Helmut Walther)设计了柴油潜艇,它可以实现水下速度28节,而常规潜艇勉强能达到10节。[3] 但这个发明也因为来得太晚没能发挥作用。德国的雷达比盟军超前了一个时代。而且,德军拥有密码机,类似于打字机,但更先进,可以产生 159×10^{18} 个代

---

[1] 大卫·C.卡西迪:《不确定性:维尔纳·海森堡的科学人生》,第397页及以下诸页专门描写了"德国物理学"。另参见赖纳·卡尔施《希特勒的炸弹:德国核武器试验秘史》,第266—270页。卡尔施还说,德国人实际上是在柏林郊外的哥图村建立了一个核反应堆,1945年3月在吕根岛测试的设备。

[2] 尽管施佩尔取消了德国的原子弹计划,但盟军并不知道,并且,1944年D日(6月6日)登陆的时候,曼哈顿计划的指挥官莱斯利·格罗夫斯将军(Leslie Groves)担心,德国"将准备一个坚不可摧的核屏障防御我们的登陆部队"。这并没有实现,在流亡荷兰科学家塞缪尔·古德斯米特(Samuel Goudsmit)带领的阿尔索斯特殊研究团队下,他们紧跟部队进展,研究德国科研成果,很快就发现,德军的核弹研究是远远落后于盟军的,即便柏林研究所转移到施瓦本阿尔卑斯山麓的海格洛赫。阿尔索斯还发现,三位德国核物理学家,沃尔特·格拉赫(Walter Gerlach),库尔特·迪布纳(Kurt Diebner)和卡尔·维尔茨(Karl Wirtz),将一些铀和重水转移到海格洛赫,但还有一些则留在柏林。让盟军沮丧,让斯大林兴奋的是,1945年4月24日,(俄)内务人民委员部(NKVD)发现了这些铀和重水。约翰·康韦尔:《希特勒的科学家:科学、战争与魔鬼契约》,第334页。

[3] 约翰·康韦尔:《希特勒的科学家:科学、战争与魔鬼契约》,第253页。

第三十七章 德国战时科学的成果、失败与耻辱

码组合。其主要历史作用也许是促使英国发明应付德国密码的庞然巨物——世界上第一台计算机。

德国也着眼于计算机,或者至少是非常先进的计算机器。主要研发者是工程师康拉德·楚泽(Konrad Zuse),早在1932年,使用二进制——开/关或1/0——在纸上打孔,从而发展出能够进行"巨型数字运算所需的静态和动态结构"的设备。[①] 他的机器有电化学存储器,被飞机工业使用以解决联立方程式与金属压力,但从未被用于密码分析;而且由于战争很快结束了,所以没有进一步发展。

此外还有火箭科学。根据1919年的《凡尔赛和约》,德国禁止锻造枪支,并被迫炸沉斯卡帕湾的舰队。保留陆军10万人,坦克和潜艇被禁止,枪的口径不能超过105毫米。然而,德国却在偷偷重新武装,在荷兰和日本悄悄制造船只,并且火箭计划也是在高度保密的情况下初具规模。维尔纳·冯·布劳恩(Wernher von Braun)是带头人,虽然是讲德语的罗马尼亚人赫尔曼·奥伯特(Hermann Oberth)在1923年出版的德语著作中,首次解决了多级火箭太空飞行问题中如何使用酒精和液态氧、液态氢和液态氧的问题。[②] 在这个基础上,汽车制造商弗里茨·冯·欧宝(Fritz von Opel)资助了多项极速驱动汽车测试。所有这些在1933年之后都被用于军队当中。在北海偏远的岛屿博尔库姆,A2火箭研发计划开展起来,原型为V1和V2火箭(V意为Vergeltungswaffen,复仇武器),直到第二次世界大战结束,这项计划都困扰着伦敦。第二

[①] 约翰·康韦尔:《希特勒的科学家:科学、战争与魔鬼契约》,第289页。
[②] 埃里克·柏高斯特(Erik Bergaust):《卫星》(*Satellite*),伦敦:卢特沃斯出版社,1957年,第28页,更多有关奥伯特的观点。

第五编　帝国之歌:希特勒与"斗争的精神化"

次世界大战中在这个火箭武器上投入的经费比其他任何项目——除了美国制造原子弹的曼哈顿计划外——都多。

1936年,火箭研究机构在佩内明德建立,戈林起初希望先制造火箭助推飞机,后来才设想制造无人机。德国雄心勃勃,试图研发射程在160英里、有效载荷一吨、速度是声速的五倍的导弹(在当时还没有超音速火箭)。[1] 在佩内明德,德国还建立了三个风道,为科学家创造超音速飞行条件。

希特勒曾对无人火箭寄予厚望,特别是它们可以恐吓伦敦市民,迫使英国政府求和。无人火箭迎来了曙光,11000个被投向英国,约3500个降落在伦敦或英格兰南部(其余在途中坠毁或是偏离了航向),8700人死亡,伤者的数量是这个数字的三倍。但是"恐怖效应"却未实现。1945年,118名德国火箭科学家投靠美国,并共同参与得克萨斯州布利斯堡的"曲别针行动"(Operation Paperclip),帮助美国开发太空计划。除了冯·布劳恩之外,恩斯特·施图林格(Ernst Stuhlinger)对美国发射首颗卫星上天也功不可没。1957年苏联第一个发射人造卫星,震惊世界。

毒气也得到开发。早在1936年,格哈德·施拉德尔(Gerhard Schrader)博士在IG法本公司研究杀虫剂,他发现了一种物质,名为塔崩(Tabun),它可以攻击人的神经系统,破坏肌肉的控制力,导致患者窒息而亡。一年后,他的团队研发了一种更强大的物质——甲氟膦酸异丙酯或"沙林"(sarin),它能够导致人昏迷、鼻出血、失忆、麻痹、发抖和其他许多症状。沙林被其发明者格哈

---

[1] 约翰·康韦尔:《希特勒的科学家:科学、战争与魔鬼契约》,第256页。

第三十七章　德国战时科学的成果、失败与耻辱

德·施拉德尔、安布罗斯(Ambros)、吕迪格(Rüdiger)和范·德·林德(Van der Linde)称之为"荣誉"。西里西亚的一个工厂生产这两种物质,1945年,盟军在那里发现了1200吨塔崩。德军从未使用过这些毒药,他们担心会引发致命的化学战争。①（希特勒本人也曾在第一次世界大战中暴露在毒气中,这可能是其中一个原因）

到20世纪30年代,确切地说是1939年,IG法本公司成为欧洲第一、世界第四大公司,仅次于通用汽车、美国钢铁公司和标准石油公司。该公司继承了19世纪最成功的印染和制药技术,是"大化工"的前沿,这意味着当纳粹上台时,德国的合成燃料世界领先。它的生产成本是化石燃料的十倍,但合成燃料十分受纳粹青睐,因为纳粹可以直接控制生产,掌握核心科技。同样,IG法本公司还大规模生产合成橡胶。战争开始后,德国橡胶短缺,IG法本公司被迫提供橡胶。该公司在奥斯维辛设立的橡胶厂非常著名,独立于希姆莱设立的集中营。

在战争期间,IG法本公司使用人工或奴隶生产合成燃料和橡胶制品,此外还生产其他一些物质,例如氮气、甲醇、合成氨和电石等,人力使用比例从1941年的9%上升至四年后的30%。② 这导致

---

① 史蒂文·罗斯(Steven Rose)编:《生化战:伦敦生化战会议》(*C. B. W. Chemical and Biological Warfare: London Conference on C. B. W.*),伦敦与多伦多:哈拉普出版社,1968年,各处。

② 我曾引用过迪尔米德·杰弗里(Diarmuid Jeffrey):《地狱卡特尔:IG法本公司与希特勒的医学战》(*Hell's Cartel: I.G. Farben and the Making of Hitler's War Machine*),伦敦:布鲁姆斯伯里出版社,2008年,第10、12章。另参见斯蒂芬·H·林德纳(Stephan H. Lindner):《IG法本公司内幕:第三帝国时期的赫希斯特》(*Inside IG Farben: Hoechst during the Third Reich*),海伦·舒普(Helen Schoop)译,剑桥:剑桥大学出版社,2008年,第4章,第4节,第307页以及以下诸页,有关法本公司的人体毒药实验。

了 IG 法本公司的 24 名董事会成员在纽伦堡接受审判。五人因犯"奴役和大屠杀"被判处六至八年有期徒刑。[1] 德怀特·艾森豪威尔总统希望公司破产,但实际上它分成了三个老牌公司:拜耳公司、巴斯夫公司和赫希斯特公司。1955 年,在纽伦堡审判中被判刑一年的弗里德里希·耶内(Friedrich Jaehne)出狱后当选赫希斯特公司主席。一年后,在纽伦堡被判犯掠夺和奴役罪的弗里茨·特尔·梅尔(Fritz ter Meer)当选拜耳监事会主席。奥斯维辛工厂今天犹在。

化学家们的工作一部分是调查并系统化大屠杀的科学——烤箱的设计,发明更加"高效"的气体,有序处置"遗迹"。根据阿道夫·艾希曼(Adolf Eichmann)的统计,11 万犹太人死在集中营,虽然更广为接受的数字为 600 万。托普(TOPF)公司炉子设计师库尔特·普吕弗(Kurt Prüfer),爱尔福特(Erfurt)之子,在那里是一个重要人物。

虽然被毒死的人数令人震惊,但是生物学家的活动才是对德国天才传统最大的背叛。乌特·戴希曼及其他学者研究柏林和波茨坦最新解密的档案后得出,350 名合格医生或医学大学教授参与了集中营的医学实验。汉堡大学的海因里希·贝尔宁(Heinrich Berning)研究了苏联战争饥荒实验囚犯和他们被饿死的原因。在军事科学实证研究所,科学家们用达豪集中营的囚犯进行了冷冻实

---

[1] 迪尔米德·杰弗里:《地狱卡特尔:IG 法本公司与希特勒的医学战》,第 321 页及以下诸页。

第三十七章　德国战时科学的成果、失败与耻辱

验。表面原因是研究人被冷冻后的恢复效果，并研究人类如何适应寒冷天气；8300名实验对象死于这些"实验"。在有关"黄十字"（即芥子气）的实验中，死了很多人，以至于再也找不到"志愿者"，他们曾得到承诺，参与完实验即可获得自由。奥古斯特·希尔特（August Hirt）进行了一些"调查"，谋杀了115名奥斯维辛的犹太囚犯，为的是建立"犹太骷髅类型学"。同性恋者被注射荷尔蒙以观察他们的行为变化。①

在已知的进行这些不道德的研究的杰出科学家中包括康拉德·洛伦茨（Konrad Lorenz），他在1973年同汉斯·纳赫茨海姆（Hans Nachtsheim）一起获得诺贝尔生理学或医学奖，后者是位于柏林的臭名昭著的威廉研究所人类学和遗传学的成员。第二次世界大战前，洛伦茨最著名的成果是发现了动物行为学，即比较研究动物和人类的行为，他发现了一种动物行为并命名为"印记"。在这个著名的实验中，他发现，幼年雏鹅会在某个发展阶段中把第一次遇到的事物视为母亲。洛伦茨读过斯宾格勒的《西方的没落》，对纳粹并非毫不同情。② 在当时的背景下，他将印记作为动物驯养中的一种失调，并用来解释人类文明：他认为，无论是动物还是人，都会出现"堕落"。1940年9月，在纳粹党的煽动下，

---

① 许多其他囚徒的眼睛被注射染料或者被毒子弹射击以观察药性的扩散速度。乌特·戴希曼（Ute Deichman）：《希特勒统治下的生物学家》（*Biologists under Hitler*），托马斯·邓拉普（Thomas Dunlap）英译，马萨诸塞，剑桥：哈佛大学出版社，1996年。

② 弗兰茨·M. 乌克提茨（Franz M. Wuketits）：《康拉德·洛伦茨：一个伟大的自然科学家的人生与成就》（*Konrad Lorenz: Leben und Werk eines grossen Naturforschers*），慕尼黑：皮珀出版社，1990年，第108页以下诸页。

第五编 帝国之歌:希特勒与"斗争的精神化"

虽然遭到同行反对,但洛伦茨仍然晋升教授,担任柯尼斯堡大学比较心理学研究所所长。直到1943年,洛伦茨的研究都是有关如何加强纳粹意识形态的。例如,他认为,人可以被分为"全价值"(vollwertig)和"次价值"(minderwertig)两类。[①]

德国举行会议来宣传在集中营囚犯身上进行的实验成果,其中包括达豪集中营的1200人故意被暴露在蚊群中(他们手上绑着装蚊子的小盒子),或者注射蚊子的腺体,研究疟疾的效果,据称是为了解除在非洲德军的威胁。这些实验是由克劳斯·席林(Klaus Schilling)博士主持的,他是柏林大学寄生虫研究的名誉教授,并参加了国联的疟疾委员会。

1927年威廉皇帝人类学和人类遗传学研究所在柏林-达勒姆成立,第五届国际遗传学大会适逢在柏林举行。该研究所与这次大会均是为了提升德国的人类遗传学的国际声誉,因为,像其他科学家一样,德国的生物学家在第一次世界大战后遭到了其他国家学者的抵制。研究所的第一任所长是欧根·菲舍尔(Eugen Fischer),德国著名的人类学家,他和其周围的许多科学家都声名狼藉。[②] 他们几乎都支持纳粹的种族政治,并付诸实施,例如,为

[①] 亚历克斯·尼斯贝特(Alex Nisbett)在1976年所著的洛伦茨传记中,非常宽容地描述了他的相关实验。亚历克斯·尼斯贝特:《康拉德·洛伦茨》(*Konrad Lorenz*),伦敦:登特 & 森斯出版社,1976年,第78—79页。1988年,他出版了《人文科学的衰落》(*The Waning of Humaneness*),罗伯特·沃伦·基克特(Robert Warren Kickert)英译,伦敦:昂温海曼出版社,没有任何明显的讽刺。第一版1983年以德文出版。

[②] 1927年首次在德国出版的教材《人类遗传学》(*Human Heredity*)中,菲舍尔用整个章节来论述"人种差异",弗里茨·伦茨论述了"领先人种的心理学差异"。

第三十七章 德国战时科学的成果、失败与耻辱

《纽伦堡法》制定有关"种族成员"草拟专家意见。[1] 该研究所的医生与奥斯维辛的约瑟夫·门格勒(Josef Mengele)也来往密切。战后,该研究所被盟军解散。

科学在第三帝国的一个作用没有得到相应的重视,那就是希特勒独裁统治的本质是多头治理,尤其在战争时期。并不像纳粹所标榜的自己是一个严格自律的政府,许多人热切希望得到希特勒的关注和认可,权威被分散,为获得元首的青睐而竞争的人相互倾轧,打乱了德国的作战计划。复仇火箭就证明了这一点。希特勒被告知,火箭会袭击伦敦,但实际上,它们的主要作用是争夺制造飞机的资源。这本应是可以预见的,也确实有人预见到,但没人敢说出来。正如诺贝特·埃利亚斯注意到的那样,这意味着希特勒受到的内部压力比外部压力更大。

特雷弗·迪普伊有关第二次世界大战时德军的战斗力的统计可以说明这一点。迪普伊不仅计算了第一次世界大战的情况,也计算了第二次世界大战(见上文),比较了双方的战斗力。虽不情愿,因为他是蔑视希特勒政权的,但他的结论是"德国人总是能击

---

[1] 有关第三帝国时期绝育与安乐死的医学、法律和道德问题的极好的论述,以及其他许多有用的资料,参见吉塞拉·博克(Gisela Bock):《纳粹德国的绝育与"医学"大屠杀:道德,政治和法律》(*Sterilisation and 'Medical' Massacres in National Socialist Germany: Ethics, Politics and the Law*),引自曼弗雷德·贝格(Manfred Berg)、杰弗里·科克斯(Geoffrey Cocks)编:《医学与现代性:19 和 20 世纪德国的公共卫生与医疗》(*Medicine and Modernity: Public Health and Medical Care in Nineteenth-and Twentieth-Century Germany*),华盛顿:德国历史研究所/剑桥大学出版社,1997 年,第 149—172 页。

第五编　帝国之歌:希特勒与"斗争的精神化"

溃比其多得多的盟军"。① 通过78次交锋得出的数字,击毙对手的平均数字如下表:

		盟军	德军	德军优势
攻击	成功	1.47	3.02	2.05
	失败	1.20	2028	1.90
防御	成功	1.60	2.24	1.40
	失败	1.37	2.29	1.67
平均		1.45	2.31	1.59

德军的优势如此显著,并在许多场战役中体现出来,有人会问,为什么他们会失败。答案就在于希特勒政府的多头治理模式。此外,最终盟军的数量和装备实在太多也是一个不争的事实。这其中蕴含一个深刻的道理,即如果想赢得比赛,就需要朋友,而纳粹并不擅长交友。

---

① 特雷弗·迪普伊(Trevor Dupuy):《战争天才》(*A Genius for War*),伦敦:麦克唐纳和简出版社,1977年,第253页。

| 第三十八章 |

流亡,通往外界之路

从1933年1月到1941年12月,共有104,098名德国和奥地利难民抵达美国,其中有7622名学者,1500名艺术家、文化新闻记者或其他知识分子。这股难民潮始于1933年,1938年"水晶之夜"后日渐增长,但未形成大规模。因为那时对于许多人而言,逃亡已经非常困难,美国弥漫着的反犹主义和反难民思潮,使许多人转身离去。

一些艺术家和学者逃往阿姆斯特丹、伦敦或者巴黎。在法国首都巴黎,马克斯·恩斯特、奥托·弗洛伊德利希和格特·沃尔海姆(Gert Wollheim)组建了"德国艺术家联盟",后改名"艺术家自由联盟",并在慕尼黑举办了反纳粹堕落艺术展。在阿姆斯特丹,马克斯·贝克曼(Max Beckmann)、欧根·施皮罗(Eugen Spiro)和海因里希·坎彭东克(Heinrich Campendonck)以及包豪斯建筑师哈约·罗泽(Hajo Rose)形成了一个小团体,保罗·齐特龙(Paul Citroen)的私人艺术学校对他们特别支持。在伦敦,一些艺术家——如约翰·哈特菲尔德、库尔特·施维特斯、路德维希·迈德纳和奥斯卡·科科施卡——是最知名的流亡知识分子群体,200名知识分子加入到艺术家难民委员会下属的"自由德国文化联盟"、"新英语艺术俱乐部"和"皇家艺术学院"

德国流亡艺术家与科学家学会的成立,是作为抵抗希特勒的

第五编　帝国之歌：希特勒与"斗争的精神化"

一种形式。托马斯·曼引领了文学潮流（在美国），弗洛伊德则引导了科学分支（在伦敦）。[1]

在德国本土，一些艺术家，如奥托·迪克斯、维利·鲍迈斯特（Willi Baumeister）和奥斯卡·施莱默则开始了所谓的"内心流亡"。迪克斯隐居在博登湖，画风景画；他说这"等于流亡"。卡尔·施密特-罗特卢夫和埃里希·黑克尔隐居在小村庄，希望能逃避关注。恩斯特·基希纳选择了自杀。

前往美国的移民是最重要的。其结果是，20世纪思潮发生了巨大变化。这可能是史无前例的巨大转折（参见第39章）。

除了来到美国的艺术家、音乐家、数学家，其他学者同样受益于美国国务院1940年通过的一项特殊移民法案，它允许发放"紧急游客"签证，提供给那些"智力或文化成就或政治活动对美国有益"的危急难民。[2] 戏剧导演马克斯·莱因哈特、作家斯蒂

---

[1] 福尔克马尔·冯·齐尔斯多夫（Volkmar von Zühlsdorff）：《希特勒的流亡者：美国与欧洲的文化复兴》(*Hitler's Exiles: The German Cultural Resistance in America and Europe*)，马丁·H. 博特（Martin H. Bott）英译，伦敦：连续出版社，2004年。

[2] 现在有关德国难民的大量文献标题重复。本书第三十九章和第四十章是专门研究他们长期以来在美国和英国所产生的文化与智力上的影响，我的许多参考文献也来自这两国。另外值得推荐的是斯蒂芬·普罗斯（Steffen Pross）《我们在伦敦重逢》(*In London treffen wir uns wieder*)，柏林：艾希博恩出版社，2000年。该书是对德国科学家最好的解读，这是唯一的引用原因。查米安·布林森（Charmian Brinson）等编：《"英国？它在哪？"——英国的德国与奥地利移民》("*England? Aber wo liegt es?*": *Deutsche und österreichische Emigranten in Grossbritannien*)，慕尼黑：审判出版社，1996年。莱茵霍尔德·布林克曼（Reinhold Brinkmann）、克里斯托夫·沃尔夫（Christoph Wolff）编：《逐入天堂：从纳粹德国到美国的音乐移民》(*Driven into Paradise: The Musical Migration from Nazi Germany to the United States*)，伯克利和伦敦：加州大学出版社，1999年，有关科恩戈尔德（Korngold）的精彩论述见第223页及以下诸页，有关黑山学院（Black Mountain College）见第279页。汤姆·安布罗斯（Tom Ambrose）：《希特勒的损失：英国和美国从欧洲文化流亡者处的收获》(*Hitler's Loss: What Britain and America Gained from Europe's Cultural Exiles*)，伦敦：彼得·欧文与欧洲犹太出版协会，2001年。

第三十八章 流亡，通往外界之路

芬·茨威格和语言学家罗曼·雅各布森都通过紧急签证前往美国。

在所有帮助知识难民的重要计划中，没有一个机构比"德国自由美国之友"组织的"紧急援助委员会"（ERC）更非凡、更高效。该组织由德国社会主义者领导人保罗·哈根（Paul Hagen，即卡尔·弗兰克[Karl Frank]）在美国创建，筹集资金反对纳粹。1940年6月，在法国与德国签订臭名昭著的"无条件引渡"（surrender on demand）条款后，法国被迫向德国交出非法国籍人士，该委员会的成员举行午餐商讨如何帮助受到威胁的人士。结果即"紧急援助委员会"的成立，它很快筹集到3000美元。午餐会的目的是列出一份处于危险之中的重要知识分子的名单，包括学者、作家、艺术家和音乐家，帮助他们获得紧急签证。紧急委员会的一名成员范里安·弗里被派往法国，尽可能多地寻找哪些受到威胁的知识分子，保护他们的安全。

弗里是一名瘦小的戴着眼镜的哈佛毕业生，1935年曾到过德国，目睹了纳粹的残暴。他会说德语和法语，并熟知当代作家和画家的工作。1940年8月弗里抵达马赛，随身携带3000美元，脑中记着一份200人的名单，因为携带纸质名单会非常危险。这份名单以一种特殊的方式收集。托马斯·曼提供了处于危险之中的德国作家的名单，雅克·马里坦（Jacques Maritain）提供了相应的法国作家名单，扬·马萨里克（Jan Masaryk）提供了捷克作家名单。纽约社会研究新学院的校长阿尔文·约翰逊（Alvin Johnson）提供了一些学者的名单，纽约现代艺术博物馆馆长阿尔弗雷德·巴尔（Alfred Barr）提供了艺术家名单。

第五编 帝国之歌:希特勒与"斗争的精神化"

弗里很快记住了名单,但并不是名单上的所有人都处于死亡的威胁下。犹太人仍然是纳粹长期以来的政治敌人。同时,显而易见的是,如果很多非常有名的非犹太"堕落"艺术家受到维希政权的保护,那么意味着有更多的不那么出名的艺术家正处于真正的危险之中。[①] 因此,在没有知会纽约总部的情况下,弗里改变了紧急援助委员会的政策,并尽可能多地帮助符合紧急签证法案的人,无论他们是否在名单之列。他建立了自己的秘密地下网络,将选出的难民运往葡萄牙,在那里获得签证然后乘船前往美国。他还在马赛北部的贝莱尔别墅设立了一个"安全屋",在那里发给难民假证件,由当地向导带领他们跨越比利牛斯山,获得自由。[②] 以这种戏剧性的方式出逃的著名人物包括安德烈·布勒东(André Breton)、马克·夏加尔(Marc Chagall)、马克斯·恩斯特、利翁·福伊希特万格、曾为希特勒写过批评传记的康拉德·海登(Konrad Heiden)、海因里希·曼、阿尔玛·马勒-韦费尔、安德烈·马森(André Masson)、弗朗茨·韦尔弗和古巴画家维尔弗雷多·拉姆(Wilfredo Lam)。弗里大约帮助了2000人,是其原定计划的10倍。

新学院的阿尔文·约翰逊接收了90名学者,创办了"流亡大

---

① 范里安·弗里(Varian Fry):《无条件引渡》(Surrender on Demand),科罗拉多博尔德:约翰逊图书出版公司,1997年;安迪·马里诺(Andy Marino):《美国间谍:谁救了希特勒的死亡名单上的艺术家》(American Pimpernel: The Man Who Saved the Artists on Hitler's Death List),伦敦:哈奇森出版社,1999年。
② 罗斯玛丽·沙利文(Rosemary Sullivan):《贝莱尔别墅:第二次世界大战,逃亡和在法国的房子》(Villa Air-Bel: The Second World War, Escape, and a House in France),伦敦:约翰·默里出版社,2006年,第83页及以下诸页、251页及以下诸页。

第三十八章 流亡,通往外界之路

学",成员包括汉娜·阿伦特、埃里希·弗洛姆、奥托·克伦佩雷尔、克劳德·列维-斯特劳斯、埃尔文·皮斯卡托、威廉·赖希。拉兹洛·莫霍利-纳吉在芝加哥创办了新包豪斯学校,和其他同事在北卡罗来纳一起创办了黑山学院。曾经的成员包括约瑟夫·阿尔贝斯、威廉·德·库宁(Willem de Kooning)、奥西普·扎德金(Ossip Zadkine)、莱昂内尔·法伊宁格和阿梅代·奥藏方(Amedee Ozenfant)。战后,该学院成为培养诗人的杰出学校,并一直开办到20世纪50年代。哥伦比亚大学的法兰克福研究所和纽约大学埃尔文·潘诺夫斯基的美术研究所也是由流亡知识分子组建的。

纳粹上台后,阿诺德·勋伯格不得不离开。他早年从犹太教皈依基督教,但没能改变当局对他的看法,1933年,他又恢复了犹太人身份。同年,他被列入"文化布尔什维克"黑名单,被解除了柏林大学教授职务。勋伯格移居巴黎,在那里他身无分文,陷入困境。后来,他突如其来地收到波士顿一个小型私人音乐学校的邀请,这个学校由俄国流亡艺术家约瑟夫·马尔金(Joseph Malkin)创办,他曾是柏林爱乐乐团的大提琴演奏家。勋伯格接受了邀请,1933年10月抵达美国。他在波士顿创作的第一首曲目是为学生乐队创作的轻音乐,然后是小提琴协奏曲36号。这不仅是他真正的美国首演,也是他的第一首协奏曲。对于勋伯格而言,它丰富而充满激情,虽然形式上是传统的,但对演奏者技法有着超高的要求。[1]

---

[1] 彼得·沃森:《可怖之美:一段形塑现代心灵的人物与思想史》,第356页。

第五编　帝国之歌:希特勒与"斗争的精神化"

1939—1940年,贝拉·巴尔特(Béla Bartók)、达吕斯·米约(Darius Milhaud)和伊果·史特拉汶斯基(Igor Stravinsky)相继来到美国。许多演奏家因频繁的各地旅行,早就非常熟悉美国,美国也熟悉他们。20世纪30年代后期,阿图尔·鲁宾斯坦(Artur Rubinstein)、弗里茨·克莱斯勒(Fritz Kreisler)、埃弗雷姆·津巴利斯特(Efrem Zimbalist)和米沙·埃尔曼(Mischa Elman)都定居美国。

战争期间,接受难民的美国基地唯一能与纽约相比的就是洛杉矶,那里著名学者的名单引人注目。除了勋伯格外(从波士顿移居洛杉矶),还包括托马斯·曼、贝托特·布莱希特、利翁·福伊希特万格、特奥多尔·阿多诺、马克斯·霍克海默、奥托·克伦佩雷尔、弗里茨·朗、阿图尔·鲁宾斯坦、弗朗茨·韦费尔、阿尔玛·马勒-韦费尔、布鲁诺·瓦尔特、彼得·洛尔和海因里希·曼,以及非德裔的谢尔盖·拉赫曼尼诺夫(Sergei Rachmaninoff)、伊果·史特拉汶斯基、曼·雷(Man Ray)和让·雷诺阿。[①]

"坏字当头"新秩序

这或许是一种自然现象,在一场多个政权彼此倾轧的战争中,需要重新评价人类的统治方式。除了科学家、将领和密码破译者试图战胜敌人外,其他人也为相互敌对的法西斯主义、共产主义、

[①] 彼得·沃森,《可怖之美:一段形塑现代心灵的人物与思想史》,第357页。目前,历史学家劳伦斯·韦克斯勒(Lawrence Wechsler)已准备了一个"另类"的好莱坞地图,展示了知识分子和学者的地址,与通常的电影明星之家大相径庭。

第三十八章 流亡,通往外界之路

资本主义、自由主义、社会主义和民主主义奉献了自己的力量。这带来了20世纪最不同寻常的巧合之一,从旧奥匈双元帝国出逃的学者们在战时出版了四本书,探讨战争停止后人们应该向往的社会形态。无论它们在其他方面有什么差异,但有一个共同点:因为纸张配给有限,它们都很短。

1943年卡尔·曼海姆出版了《我们这个时代的诊断》(*Diagnosis of Our Time*)。他是"星期日小组"的成员,这个位于布达佩斯的组织在第一次世界大战期间由格奥尔格·卢卡奇领导,成员包括阿诺德·豪泽和贝拉·巴尔特。曼海姆1919年离开匈牙利,接受德国传统的教育,然后就读海德堡大学,聆听过马尔堡大学马丁·海德格尔的讲座。[1] 1919—1933年,他担任法兰克福大学社会学教授,是阿多诺、霍克海默等人的亲密同事,但希特勒上台后,他移居伦敦,任教于伦敦政治经济学院(LSE)和教育研究所。

曼海姆持"有计划的社会"的观点。[2] 他认为,已经造成股市暴跌和经济大萧条的旧的资本主义已经死亡。"我们都知道,现在,从这场战争中,没有回到自由放任社会的路了,战争本身就是无声革命的制造者,为新秩序铺平了道路。"他既不相信斯大林主

---

[1] 科林·洛德(Colin Loader):《卡尔·曼海姆的知识发展:文化、政治和计划》(*The Intellectual Development of Karl Mannheim:Culture,Politics,and Planning*),剑桥:剑桥大学出版社,1985年,第19页。曼海姆也成为《国际社会学文库》(*International Library of Sociology*)和《社会重建》(*Social Reconstruction*)的编辑,乔治·劳特利奇出版社出版了一系列的著作,作者包括芝加哥大学政治学教授哈罗德·拉斯韦尔(Harold Lasswell)、E. F. 舒马赫(E. F. Schumacher)、雷蒙德·弗斯(Raymond Firth)、埃里希·弗洛姆(Erich Fromm)、爱德华·希尔斯(Edward Shils)。

[2] 科林·洛德:《卡尔·曼海姆的知识发展:文化、政治和计划》,第162页。

义,也不相信法西斯主义。相反,他认为,战后的新社会(他称之为"大社会")只能通过不会(像曾经在极权国家出现的那样)毁坏自由的计划来实现,但这要考虑到心理学与社会学的进步,尤其是精神分析学。曼海姆认为,社会生病了,因此他起了"诊断"这个书名。在他看来,大社会是个人自由得到保障的社会,但是必须意识到社会运行的方式,以及现代的复杂的技术社会与农业社会的差异。因此,他关注当代社会的两个方面:一方面是青年和教育,另一方面则是宗教。希特勒青年团已成为保守主义力量。曼海姆认为,如果受到合适的教育,青年是进步的。他认为,学生应该知晓社会的变化及其原因,应该学习心理学、了解神经机能的原因,以及心理学在缓解社会问题时扮演的角色。他的书的后半部分关注了宗教问题。因为他看到,西方民主制的根本危机是价值观的危机,旧阶层正在被打碎,但还有待于被其他系统化的或者行之有效的东西所代替。他看到,教会是问题的一部分,而他认为,宗教是静止的,最好的途径是用教育手段来灌输价值观。但是有组织的宗教必须现代化,再次与社会学和心理学神学强化下的神学相结合。曼海姆还认为,战后社会将会比战前更了解自身。他承认,社会主义有一种集权的倾向,会蜕变成纯粹的控制机制,但是作为极亲英派,他认为英国的"非哲学的和实践思想的市民"将为独裁者送行。

约瑟夫·熊彼特(Joseph Schumpeter)几乎没涉足社会学和心理学,只要它们存在,对他而言,都从属于经济。在他战时的著作《资本主义、社会主义与民主》(*Capitalism, Socialism and Democracy*)中,他坚决反对约翰·梅纳德·凯恩斯(John Maynard

Keynes)、马克思和韦伯。原因不难解释。[①] 他在维也纳的贵族学校特雷西亚学院接受教育,他之所以能在那里就读是因为他母亲在他平凡的父亲去世之后改嫁给了一名军官。因此他也得以"高攀"。熊彼特总是自恃贵族。他穿着骑手服出现在大学的会议上,并告诉听众他生命中的三个野心——成为一个大情圣、一个伟大的骑手以及一个伟大的经济学家。在埃及和奥地利完成探险之后,熊彼特最终进入了哈佛大学,"在那里他的行为方式和斗篷很快让他成为校园名人"。他的一生都相信自己是一名"有天赋的贵族"。

熊彼特的主要论点是,资本主义制度在本质上是静态的。对于雇主和雇员以及客户而言,这个系统毫无盈利,也无财富投入。[②] 在生产和销售成本的基础上,工人们获得同等的劳动回报。利润只能来自于创新,这在有限时间内能够节约生产成本,直到竞争者迎头赶上,并将结余用于进一步投资。随后会发生两件事,首先,资本家本身并不是激励资本主义的动力,动力来自于发明新技术或机械的企业家,因为他们使产品生产价格更低。熊彼特没有想到的是,企业家是可以习得或继承的。他认为,一个本质上的"资产阶级"活动和资产阶级并不是出于任何理论或哲学,而是来

[①] 托马斯·K.麦格劳(Thomas K. McCraw):《创新的先知:约瑟夫·熊彼特与创造性毁灭》(*Prophet of Innovation: Joseph Schumpeter and Creative Destruction*),马萨诸塞剑桥:贝尔纳普哈佛大学出版社,2007年,第248页。

[②] 盐野谷佑一(Yuichi Shionoya):《熊彼特与社会学理论:元理论研究》(*Schumpeter and the Idea of Social Science: A Metatheoretical Study*),剑桥:剑桥大学出版社,1997年,第124页。

第五编　帝国之歌:希特勒与"斗争的精神化"

自于实用的个人利益。这断然否定了马克思的分析。[①] 熊彼特的另外一个论点是,企业家的利润是暂时的。无论任何企业或商业创新都将被别人跟进,新的稳定终将实现。这意味着,资本主义不可避免的特点是周期性的繁荣与停滞。结果是,20世纪30年代,熊彼特的观点与凯恩斯截然相反(凯恩斯认为经济可以自行走出衰退)。熊彼特认为,大萧条在一定程度上是不可避免的,现实是残酷的。战争开始时,熊彼特曾怀疑资本主义是否能够生存下去。他认为,作为基本的资本主义活动,这会加剧官僚化,"穿休闲装的人们"的世界而不是海盗的世界。换言之,它自身蕴含了最终失败的种子,经济上的成功而非社会学意义上的成功。

如果说曼海姆〔的书〕是为了战后的世界而写,而熊彼特对其漠不关心的话,那么第三位奥匈帝国人弗里德里希·冯·哈耶克则完全是对战后世界怀有敌意的。1899年,哈耶克出生于一个科学家的家庭,与维特根斯坦是远亲。他在维也纳大学取得了双博士学位,1931年成为伦敦经济学院的经济学教授,1938年获得了英国公民身份。他同样厌恶斯大林主义和法西斯主义,但与其他人相比,他不太相信俄国与德国的集权和极权主义倾向会最终扩张到英国和美国。在《通往奴役之路》(*The Road to Serfdom*, 1944)中,他反对将自由推向市场,而应致力于建设一种"自发的社会秩序"。他批判曼海姆,认为凯恩斯的经济学是一种1944年还未被证实的"实验",并提醒他的读者,民主本身不是目的,"本质上

[①] 托马斯·K. 麦格劳:《创新的先知:约瑟夫·熊彼特与创造性毁灭》,第255页。

第三十八章 流亡,通往外界之路

是一种手段,一种功利主义的维护国内和平和个人自由的装置"。他承认,市场是不完美的,但也提醒读者,法律规则与市场是同时进步的,以呼应其不足之处:它们是两种纠缠在一起的启蒙运动。[①] 对于曼海姆有关社会学知识的观点,他回应道,市场是"盲目的",没人能预测它的结果,这就是其特点,是对自由的贡献,即所谓的"看不见的手"。因此,对哈耶克而言,计划不仅仅是错误的原则,而且不切实际。[②] 哈耶克论证了为什么在计划体制下,三种原因导致"最坏的优先"。首先,受过更高等的教育的人总是能够识破争论,不加入或不同意任何价值等级;其次,中间派更容易受骗和顺服;最后,总是有群体同意消极计划而非积极计划,例如,出于对外国人或不同阶层者的仇恨。他承认,要警惕垄断倾向并加以防备,但他也认识到来自于社会主义工会垄断的更大的威胁。

随着战争接近尾声,第四个奥匈帝国人卡尔·波普尔出版了《开放社会及其敌人》(*The Open Society and Its Enemies*)。波普尔1902年出生于维也纳,钟情于社会主义,但弗洛伊德和阿德勒对其影响更深,他还参加了爱因斯坦在维也纳的讲座。1928年,波普尔获得博士学位,然后成为一名帮助第一次世界大战后遭遗弃儿童的社会工作者和教师。他开始接触维也纳学派,并在其鼓

---

① 斯蒂芬·F. 弗罗文(Stephen F. Frowen)编:《哈耶克:经济学家和社会哲学家;批判回顾》(*Hayek:Economist and Social Philosopher; A Critical Retrospect*),贝辛斯托克:麦克米伦出版社,1997年,第63页及以下诸页、237页及以下诸页。
② 安德鲁·甘布尔(Andrew Gamble):《哈耶克:自由的铁笼》(*Hayek:The Iron Cage of Liberty*),剑桥:政体出版社,1996年,第59页及以下诸页。

第五编　帝国之歌:希特勒与"斗争的精神化"

励下进行写作。[①] 他的第一本书是《知识理论的两个基本问题》(*Die beiden Grundprobleme der Erkenntnistheorie*)和《科学发现的逻辑》(*Logik der Forschung*),这两本书引起了学界重视。20 世纪 30 年代中期,他受邀来到英国做了两次巡回演讲。[②] 但是,1936 年,莫里茨·施利克被纳粹学生暗杀,有着犹太血统的波普尔接受了新西兰坎特伯雷大学的邀请。在南半球,他出版了两本书:《历史决定论的贫困》(*The Poverty of Historicism*)和《开放社会及其敌人》,后者包含了前者的许多观点。[③]

《开放社会及其敌人》的直接写作动机来自于德奥合并。长期的灵感起源于波普尔第一次抵达英国时的"快感","一个有着古老的自由传统的国度"。对比纳粹主义威胁下的德国,对他而言,德国更像一个原始的封闭社会、部落或封建制度,权力和思想都集中在少数人手中,即国王或元首。与维也纳学派的逻辑实证主义者一样,波普尔也受到科学方法的影响,并扩展到其政治态度。他认为,政治方案如同科学一样,"都是临时性的,始终是开放式的"。这是他由历史决定论的贫困得出的结论,从历史中追求深层原因,这可以为社会治理提供"铁律"。波普尔认为没有什么事物能称为

[①] 马拉奇·哈伊姆·哈科恩(Malachi Haim Hacohen):《卡尔·波普尔:成长的岁月(1902—1945):两次世界大战间隙在维也纳的政治与哲学》(*Karl Popper, the Formative Years, 1902-1945: Politics and Philosophy in Interwar Vienna*),剑桥:剑桥大学出版社,2000 年,第 186 页及以下诸页。

[②] 安东尼·奥赫尔(Anthony O'Hear)编:《卡尔·波普尔:哲学与问题》(*Karl Popper: Philosophy and Problems*),剑桥:剑桥大学出版社,1995 年,第 45 页及以下诸页、75 页及以下诸页。

[③] 马拉奇·哈伊姆·哈科恩:《卡尔·波普尔:成长的岁月(1902—1945):两次世界大战间隙在维也纳的政治与哲学》,第 383 页及以下诸页。

第三十八章 流亡,通往外界之路

历史,只有历史解释。

这也构成了波普尔最著名的论点,对柏拉图、黑格尔和马克思的攻击(本书的原名为《假先知:柏拉图、黑格尔、马克思》[*False Prophets：Plato，Hegel，Marx*])。波普尔认为,柏拉图很可能是有史以来最伟大的哲学家,但是,他将国家利益凌驾于一切,包括司法解释。波普尔因为攻击柏拉图而受到批评。但他清楚地看出,柏拉图是一个机会主义者,正如先知黑格尔一样,他的教条式的论证导致人们对流行的正面认同,而结论是"强权即公理"。波普尔认为,这是一个简单的逻辑上的错误。他说,在现实中,与科学一样,这仅仅是一种"试误法",黑格尔所认为的"争论产生对立"的观点是错误的;波普尔认为,争论产生的修正一点不比对立少。[①] 同理,他认为马克思也是一个假先知,因为他坚持社会的全盘改变,而波普尔认为这必然是错误的,因为它不科学,也无法被测试。他本人更倾向于零星的变化,引入每一个新的元素,测试它是否符合设定的进步。波普尔并不反对马克思的社会目的,例如,他指出,在《共产党宣言》中列出的许多计划实际上已经在西方社会中变为现实。但他也认为:要循序渐进,杜绝暴力。

波普尔认同哈耶克,即国家应尽可能小,其存在的基本理由是确保司法公正,确保强不欺弱。他不认同曼海姆,国家计划将导致社会更加封闭,因为计划是历史主义的、全盘性的,这违背了科学试误法。波普尔认为民主是唯一的可能性,因为这是唯一体现了科学性和试误法的政府形式,允许社会在经验的基础上修正其政

[①] 安东尼·奥赫尔编:《卡尔·波普尔:哲学与问题》,第225页。

第五编 帝国之歌:希特勒与"斗争的精神化"

策,以非流血的方式更换政府。

上述四本书的作者均为奥匈帝国人,这个巧合令人惊叹,但是,细想起来,这也许并不那么意外。有一场战争正在为争夺思想而战,丝毫不亚于对领土的争夺。这些流亡者曾经近距离目睹了极权主义和独裁政治,并意识到,即使与德国和日本的战争结束,与斯大林的冲突还将继续。

埃尔温·薛定谔,提出电子像波一样绕核运动的物理学家(见上文),1933年被授予诺贝尔和平奖,他的出逃方式与其他人不同。获得诺贝尔奖的同年,他离开德国,这使纳粹十分沮丧。他成为牛津大学麦格达伦学院的教授,然后在1943年移居爱尔兰,在那里发表了一系列受到热烈欢迎的讲座,"生命是什么?"他在思考物理学家如何定义生活。在这些讲座中,他以物理学家的视角看待染色体,认为基因一定是"非周期性的结晶……重复单元的规则阵列,其中各个单位并不都是一样的"。他解释说,单个原子的活动仅能通过统计学得知,因此,基因的精确定位必须是某种最小的尺寸,他计算得出最小数量的原子。他的结论是,基因一定由长而稳定的分子代码构成。1943年,大多数生物学家还对物理学的最新进展一无所知,但那些读过薛定谔演讲基础上的著作的人中,为那些理论所激动的是弗朗西斯·克里克(Francis Crick)、詹姆斯·沃森(James Watson)和莫里斯·威尔金斯(Maurice Wilkins)。[①]

瓦尔特·本雅明的出逃变成一种灾难。1933年,他从德国逃

---

① 彼得·沃森:《可怖之美:一段形塑现代心灵的人物与思想史》,第374—375页。

第三十八章　流亡,通往外界之路

往巴黎。在那里的法兰克福研究所工作,并出版了一些极有影响力的作品,例如《机械复制时代的艺术作品》(*Das Kunstwerk im Zeitalter seiner technischen Reproduzierbarkeit*),出色地解构了克莱夫·詹姆斯的理论。[①] 在这本书中,他认为,从古至今艺术都起源于宗教,即使是世俗的作品也要保持一种"光环",使它有可能成为神圣的一瞥。正如霍夫曼斯塔尔、里尔克和奥特加·伊·加塞特之前所说,这暗示了艺术家和非艺术家之间的差别。但在机械复制时代,艺术家和非艺术家之间的距离被打破。本雅明认为,这是一件好事。他的观点在后现代主义者中相当有说服力,即大众娱乐能够在很大程度上解决社会心理问题。但是,本雅明未能在有生之年看到他的想法成为现实。在纳粹进入巴黎后,他南下,计划在弗里和其他人的帮助下穿越比利牛斯山。1943年,本雅明认为他有必要的证件,此时他已取得美国紧急签证和西班牙过境签证。后来他发现,他仍需要一份法国出境签证,但他的心脏因为辛苦的工作已经不堪重负,他选择了结束自己的生命。

1933年之后恩斯特·云格尔的道路又如何呢?1930年,他出版了《论民族主义与犹太问题》(*Über Nationalismus und die Judenfrage*),在书中他谴责犹太人是对德意志统一的威胁。1932年,他出版了《工人》(*Der Arbeiter*),呼吁通过"战士-工人-学者"动员全社会。但云格尔开始对希特勒的帝国有所怀疑。1939年他出版了《大理石悬崖》(*Auf den Marmorklippen*),以比喻的手法表达某些疑虑,但他在第二次世界大战中仍然担任陆军上尉。

[①] 克莱夫·詹姆斯:《文化失忆:我的时代批注》,第699页。

第五编　帝国之歌:希特勒与"斗争的精神化"

1942年,在俄罗斯,云格尔手下的将领施行了可怕的暴行。一时间,云格尔安慰自己,在战争中各方都同样野蛮,但后来他发现,德国人更加糟糕。幸运的是,他当时驻扎巴黎,与巴勃罗·毕加索和让·科克托(Jean Cocteau)常常在一起,从某种程度上说,他也起到了保护作用。如果这些事情为他赎了点罪的话,那么除此之外,他还为德军中反纳粹的保守派1944年刺杀希特勒提供了帮助。战后,云格尔因为没有充分抵抗纳粹,他的书被禁数年。

戈特弗里德·贝恩(Gottfried Benn)表现得好一点。1933年前,他早已不像荣格那样好战,而是享有杰出诗人和成功医生的良好声誉。他生于曼斯费尔德,在马尔堡大学学习神学,后在柏林大学取得医学学位。在第一次世界大战中,他曾在比利时担任军医,那时他已经出版了第一本表现主义诗集《太平间》(*Morgue*),关注身体的衰退。"一战"后,贝恩开始厌恶魏玛共和国,尤其是它的自由主义文化,他抨击他所看到的共和国的虚无主义和知识分子。1933年后,他接受了纳粹的"重新唤醒"德国的计划,并通过广播电台宣传他的新观点:智力自由是一种反英雄主义的意识形态,嘲笑那些流亡作家,尤其是托马斯·曼及其子克劳斯·曼。他说:"谁错过了体现这一观念的机会,就会成为民族的异类,而不是停留在抽象的观念上。"[①]

然而,贝恩对纳粹的狂热并没有持续到"长刀之夜"(Nacht

[①]　马丁·莫特纳(Martin Mauthner):《流亡法国的德国作家》(*German Writers in French Exile*)伦敦和波兰,俄勒冈:瓦伦廷·米奇尔与欧洲犹太出版协会联合出版,2007年,第58页。关于克莱夫·詹姆斯对瓦尔特·本雅明的反驳,参见他的《文化失忆:我的时代批注》,第47—55页。

第三十八章 流亡，通往外界之路

derlangen Messer，1934年6月）。他与政权决裂，退回到他所谓的"贵族式的内心流亡"。他被舆论攻击，被迫辞去"帝国作家协会"的职务，并被禁止出版〔其著作〕。战后，他重新开始写作和行医。他的作品在盟国被禁，但1951年，他获得了毕希纳奖。在他的自传《双重生活》(Doppelleben，1950)中，他引用了一封克劳斯·曼从法国寄给他的信件；他承认，这表明克劳斯·曼对战前形势的预计比他高明。但是为时已晚，克劳斯·曼已在1949年5月自杀。①

---

① 马丁·莫特纳：《流亡法国的德国作家》，第60页。

第六编

希特勒之后：
困境下德国传统之承续

| 第三十九章 |

"第四帝国":德意志思想在美国的影响

20世纪40年代中期第二次世界大战刚结束后,美国哲学家阿兰·布鲁姆在芝加哥大学开始了学业,他很快就注意到,"美国的大学生活正在被德意志思想彻底改变"。他指出,当时,至少在芝加哥大学,马克思虽然仍受人崇拜,然而受到最热烈追捧的两位思想家则是社会学家马克斯·韦伯和心理学家西格蒙德·弗洛伊德。正如他所言,这两位又深受弗里德里希·尼采的影响。布鲁姆认为,在所有德语学者中,韦伯和尼采(之后再加上格奥尔格·齐美尔和斐迪南·滕尼斯)"是我们如此熟悉的这个语言中大部分内容的直接源泉,……是希特勒统治前的伟大的德意志古典传统的一部分。平等和福利国家当时是议事日程的一部分,而剩下的是完成民主化计划。心理治疗会让人快乐,社会学会改善社会。"①

布鲁姆坚信,我们见证了一场美国人未曾意识到的德意志悲情之美国化。他指出,虽然当时美国人正在热切地关注内在性,但

---

① 阿兰·布鲁姆(Allan Bloom):《美国人心灵的封闭》(*The Closing of the American Mind*),伦敦:企鹅出版集团,1987年,第148—149页。

是德意志思想在美国（或许乃至西方其他国家）的主要影响是它的历史主义，是它为了支持根植于民族历史与民族成就中的文化而对普遍性和世界主义的排斥。"与德意志建筑家改变我们外物的天际线相比，德意志思想家更加彻底地改变了我们思想的天际线。"①

亨利·佩尔（Henri Peyre，1901—1988）对此深以为然。1952年，有五位教授在宾夕法尼亚大学合力开设了主题为"文化迁移"的系列讲座。作为耶鲁大学的法语文学教授，佩尔是五人之一。其余几位是社会科学的弗朗茨·诺依曼、艺术史的埃尔文·潘诺夫斯基、心理学的沃尔夫冈·科勒和神学的田立克。关于移民对美国文学的影响，佩尔指出，很显然移民已经构成了"当今美国精神生活中最充满活力的要素之一，以《党派评论》（*Partisan Review*）和《评论》（*Commentary*）这样的杂志为基础"。他声称，尤其是凭借工作热情和对思想价值的关心，他们改变了许多大学院系；美国式的实用主义和对实际经验论的偏爱通过"德国式的耐心"和德国人数据搜集的习惯而得到强化，而且"这些来自德语国家的流亡者使得美国人在许多领域的猜想以前所未有的魄力向前跃进"。佩尔得出结论："哲学已经入侵了许多教学培养计划；心理学或者社会学概论令青年大学生着迷。托克维尔……曾睿智地评论，'美国人比英国人更加沉迷于对普遍观念的运用'。在某些方面，今天美国人的精神生活更接近德国人而不是英国人。"事实上，

---

① 阿兰·布鲁姆：《美国人心灵的封闭》，第152页。

第三十九章　"第四帝国":德意志思想在美国的影响

他宣称,英国人对美国人精神生活的贡献已"出人意料地远远落后于"德国人的贡献。[1]

美国思想的去地方化

展现德语移民如何对美国生活产生影响的最简明扼要的方式,是提供一份人员名单,这些人的智力贡献让他们的名字——如果不是家喻户晓的话——至少从同行中凸显出来:提奥多·阿多诺、汉娜·阿伦特、鲁道夫·阿恩海姆(Rudolf Arnheim)、埃里希·奥尔巴赫、保罗·巴兰(Paul Baran)、汉斯·贝特(Hans Bethe)、布鲁诺·贝特尔海姆、阿诺德·布莱希特、贝尔托·布莱希特、马歇·布劳耶(Marcel Breuer)、赫尔曼·布洛赫(Hermann Broch)、夏洛特·布勒(Charlotte Bühler)、卡尔·布勒(Karl Bühler)、鲁道夫·卡尔纳普、刘易斯·科泽(Lewis Coser)、卡尔·多伊奇(Karl Deutsch)、玛琳·黛德丽(Marlene Dietrich)、阿尔弗莱德·德布林(Alfred Döblin)、彼得·德鲁克(Peter Drucker)、阿尔弗莱德·埃森斯塔特(Alfred Eisenstaedt)、汉斯·艾斯勒、爱利克·埃里克森、奥托·芬尼希尔、恩斯特·弗兰克尔(Ernst Fraenkel)、埃里希·弗洛姆、汉斯·格特、费利克斯·吉尔伯特、库尔特·哥德尔、戈特弗里德·冯·哈伯勒(Gottfried von Haberler)、爱德华·海

---

[1] 弗朗茨·诺依曼等:《文化迁移:在美国的欧洲学者》(*The Cultural Migration: The European Scholar in America*),费城:宾夕法尼亚大学出版社,1953年,第34—35页。

第六编 希特勒之后:困境下德国传统之承续

曼(Eduard Heimann)、恩斯特·赫茨菲尔德、尤利乌斯·希尔施(Julius Hirsch)、艾尔伯特·希尔施曼(Albert Hirschman)、哈约·霍尔波恩、马克斯·霍克海默、卡伦·霍尼、维尔纳·耶格尔(Werner Jaeger)、玛丽·雅霍达(Marie Jahoda)、格奥尔格·卡托纳(George Katona)、瓦尔特·考夫曼、奥托·基希海默(Otto Kirchheimer)、沃尔夫冈·科勒、库尔特·考夫卡、埃里希·科恩戈尔德、齐格弗里德·克拉考尔、恩斯特·克热内克、恩斯特·克里斯、保罗·奥斯卡·克里斯特勒(Paul Oskar Kristeller)、弗里茨·朗、保罗·拉扎斯菲尔德、库尔特·勒温(Kurt Lewin)、彼得·洛尔、列奥·洛文塔尔、恩斯特·刘别谦、海因里希·曼、克劳斯·曼、托马斯·曼、赫伯特·马尔库塞、恩斯特·迈尔、路德维希·冯·米塞斯(Ludwig von Mises)、奥斯卡·莫根施特恩(Oskar Morgenstern)、汉斯·摩根索(Hans Morgenthau)、奥托·拿单(Otto Nathan)、弗朗茨·诺依曼、埃尔文·潘诺夫斯基、沃尔夫冈·潘诺夫斯基、埃尔文·皮斯卡托、卡尔·波兰尼、弗里德里希·波洛克、奥托·普雷明格、弗里茨·雷德利希(Fritz Redlich)、马克斯·赖因哈特、埃里希·马利亚·雷马克、汉斯·罗森贝格、阿诺德·勋伯格、约瑟夫·熊彼特、阿尔弗莱德·舒茨、汉斯·西蒙斯、列奥·施皮策、汉斯·施陶丁格、列奥·施特劳斯、列奥·西拉德、爱德华·泰勒(Edward Teller)、田立克、埃里克·沃格林(Eric Voegelin)、库尔特·魏尔、热内·韦勒克(René Wellek)、马克斯·韦特海默(Max Wertheimer)、比利·怀尔德、卡尔·魏特夫、汉斯·采泽尔、海因里希·齐美尔、弗雷德·金尼

第三十九章 "第四帝国":德意志思想在美国的影响

曼。当然,这份清单远远不够详尽。[1]

布莱希特这样描述他们的经历:

> 被七个国家所逐,
> 看陈腐愚人表演,
> 那些我所颂扬之人的蜕变

---

[1] 关于文化和自然领域杰出的德语难民或者流亡者的一些普通参考书目已在第38章注释②(第1032页注释②。——译者)中列出。或许还要补充:让·米歇尔·帕尔米耶(Jean Michel Palmier):《流亡中的魏玛:欧洲和美国的反法西斯主义移民》(*Weimar in Exile: The Antifascist Emigration in Europe and America*),戴维·费恩巴赫(David Fernbach)英译,伦敦:威尔森出版社,2006年。这是一项非常可靠且系统化的研究,全书超过600页,有关于战争期间的新闻业、出版业、文学界、戏剧界、学术界和好莱坞的章节。艾哈德·巴尔(Erhard Bahr)、卡罗琳·西伊(Carolyn See):《洛杉矶的文人流亡与难民:1984年4月14日在克拉克图书馆的一场研讨会上提交的论文》(*Literary Exiles & Refugees in Los Angeles: Papers Presented at a Clark Library Seminar, 14 April 1984*),洛杉矶:威廉·安德鲁·克拉克纪念图书馆,1988年。这本书有两章,一章是关于魏玛的流亡者,一章是关于英国侨民。哈特穆特·莱曼(Hartmut Lehmann)、詹姆斯·J.西恩(James J. Sheean)编:《一段被打断的过去:1933年后在美国的讲德语的难民历史学家》(*An Interrupted Past: German-speaking Refugee Historians in the United States after 1933*),华盛顿和剑桥:德意志历史研究所和剑桥大学出版社,1991年。这本书包含一章关于美国战略服务办公室(Office of Strategic Services)中的德国历史学家的内容,以及关于哈约·霍尔波恩、恩斯特·坎托罗维奇(Ernst Kantorowicz)和提奥多尔·蒙森(Theodor Mommsen)的章节。米切尔·G.阿什(Mitchell G. Ash)、阿尔方斯·泽尔纳(Alfons Söllner)编:《被迫迁移和科学变化:1933年后讲德语的科学家和学者流亡者》(*Forced Migration and Scientific Change: Émigré German-speaking Scientists and Scholars after 1933*),华盛顿和剑桥:德意志历史研究所和剑桥大学出版社,1996年。这本书之详尽,让人叹服。还可参见约阿希姆·拉德考(Joachim Radkau):《美国的德国流亡者》(*Die deutsche Emigration in den USA*),汉堡,1971年;黑尔格·普罗斯(Helge Pross):《1933—1941年德国人向美国的学术流亡》(*Die deutsche akademische Emigration nach den Vereinigten Staaten 1933—1941*),柏林:东克尔-洪布洛特出版社,1955年。

第六编　希特勒之后:困境下德国传统之承续

仍让其人未变。

即便纽约的华盛顿高地区有如此众多的德国人以至于被人们称为"第四帝国",但谁能够保持不变？绝大多数难民在20世纪30年代经济大萧条时期来到美国,当时失业率居高不下,无论新移民的境遇有多么凄惨,大众对于他们并没有特别的善意情绪。即便如此,他们仍创造了自己的世界。纽约东73街的"多维尔"餐厅、西72街的"光彩"餐厅、下东城区的"皇家咖啡馆",或者是好莱坞的"蓝色多瑙河"餐厅——这家餐厅由一个不走运的柏林导演乔·梅(Joy May)所开:这些地方成为了流亡者的第二个家,是他们所能找到的最贴近原有生活的场所。[①]

绝大多数之后在美国成名的流亡人士当时都不到40岁。他们适应性强。但是,即便如此,对他们来说也并不总是那么容易。曾有一位历史学家觉得美国的大学生令人失望:"他们的知识储备如此之差。我还没有遇到过一位学生,可以从他那里有所收获。"[②]不止一位流亡人士曾指出:"美国人是这个世界上最友善的人,但也是最愚钝的人。"[③]保罗·拉扎斯菲尔德发现,德语要比商

---

① 安东尼·海尔布特(Anthony Heilbut):《天堂中的流亡:在美国避难的德国艺术家与知识分子,从20世纪30年代到现在》(*Exiled in Paradise: German Refugee Artists and Intellectuals in America, from the 1930s to the Present*),加利福尼亚大学出版社,1983年和1997年(有一个新的后记),第46、51、65页。该书是关于美国难民最有趣的书,文字优美,既风趣又令人感动。

② 安东尼·海尔布特:《天堂中的流亡:在美国避难的德国艺术家与知识分子,从20世纪30年代到现在》,第77页。

③ 同上书,第130页。

第三十九章 "第四帝国":德意志思想在美国的影响

业化的美式英语更精确。提奥多·阿多诺及其同事则发现,美国的大众文化没有批判力,而是宣传商业社会的一种潜在形式。①

精神分析学的黄金时代

或许,笼统地说,流亡的德国人在美国造成的最大的单一影响——当然是在战后初年——主要是在心理学领域,尤其是在精神分析学领域。库尔特·勒温(1890—1947年)等社会精神分析学家和沃尔夫冈·科勒(1887—1967年)、库尔特·考夫卡(1886—1941年)与马克斯·韦特海默(1880—1943年)等格式塔心理学家,所有这些人都施加了一定影响:就勒温而言,影响了玛格丽特·米德(Margaret Mead)和鲁思·本内迪克特(Ruth Benedict)这些人;就格式塔心理学家而言,影响了爱德华·C.托尔曼(Edward C. Tolman)和亚伯拉罕·马斯洛(Abraham Maslow)等行为主义者。②

弗洛伊德20世纪初访问了这个国家后,对美国形成了一个相当扭曲的观点(他认为美国是"一个错误")。但是尽管如此,即使没有来自德意志的新鲜(思想)输入,精神分析学也已经在美国流行起来。在两次世界大战之间,与"业余精神分析家"更为普遍的欧洲相反,精神分析学已经被美国的医疗机构吸纳,而这或许与它

---

① 安东尼·海尔布特:《天堂中的流亡:在美国避难的德国艺术家与知识分子,从20世纪30年代到现在》,第130页。
② 刘易斯·A.科泽(Lewis A. Coser):《美国的难民学者:他们的影响及其经历》(Refugee Scholars in America: Their Impact and Their Experiences),康涅狄格州纽黑文市和伦敦:耶鲁大学出版社,1984年,第35页。

第六编　希特勒之后:困境下德国传统之承续

的良好声誉有关。1940—1960年,美国精神分析协会的会员增长了五倍,正如刘易斯·科泽所言,这"无疑造就了美国精神分析学的黄金时代"①。科泽把这些部分地归因于"美国更乐观主义的特质",但无论出于何种原因,一些流亡精神分析学家的洞见浸入到了美国的语言中。

爱利克·埃里克森,1902年出生于法兰克福,被他的丹麦父亲所遗弃,由犹太人继父抚养长大。在学校,他被嘲弄为"犹太人";而在当地的犹太会堂,他又因为金发碧眼的丹麦人外貌而受到猜疑。他自幼对其身份犹疑不定,而这或许塑造了他的事业。他曾在维也纳的一所学校教艺术,并且被拉入了一个包括安娜·弗洛伊德(Anna Freud)在内的圈子。安娜·弗洛伊德对他进行了个人分析。在希特勒入侵奥地利后,埃里克森来到了美国,分析师汉斯·萨克斯(Hanns Sachs)为他铺平了道路,帮他在哈佛医学院和麻省总医院获得了儿童分析师的职位。在那里,他邂逅了玛格丽特·米德、鲁思·本内迪克特、格雷戈里·贝特森(Gregory Bateson)和库尔特·勒温。② 他的人类学朋友提出,他对童年时期轻易做的一些概括并不总是适用于所有文化。因此,遵循着这些批评,他造访了南达科他州的一个苏族(Sioux)保护区,在那里他观察了抚养孩子的做法。这些调查促生了他开创性的专著《童年与社会》(*Childhood and Society*),这本书在他(经由耶鲁)移居

---

① 刘易斯·A.科泽:《美国的难民学者:他们的影响及其经历》,第47页。
② 劳伦斯·J.弗里德曼(Lawrence J. Friedman):《认同的缔造者:爱利克·H.埃里克森传》(*Identity's Architect: A Biography of Erik H. Erikson*),伦敦:自由联想图书,1999年,第157页。

第三十九章 "第四帝国":德意志思想在美国的影响

加利福尼亚后写就,其中介绍了他的"自我同一性"(ego identity)和"认同危机"(identity crisis)的概念。[①] 他把美国人与德国人进行对比,把纳粹主义之吸引力置于德国家庭的摇篮中。在德国家庭中,儿子反对父亲,不像美国,父亲和儿子是"朋友",联合起来对抗社会权威之"化身"的妻子或母亲。埃里克森解释说,这就是为什么一个人的职业对美国人来说如此重要——它是战胜母亲之统治的美国方式。[②]

在达豪和布痕瓦尔德集中营经历了惨痛的一年后,布鲁诺·贝特尔海姆于1939年来到美国。在维也纳,他已在卡尔·布勒的指导下学习了哲学和心理学,不过他也受到安娜·弗洛伊德的影响。他在芝加哥大学找到了工作,并且不久就成为该校为智障儿童开设的学校的校长。他最著名的专著是《知情的心》(*The Informed Heart*,1960)、《空堡垒》(*The Empty Fortress*,1967)和《魔法的用途》(*The Uses of Enchantment*,1976)。在这些著作中,他运用了他对智障儿童的治疗(经验),而且还运用了他在集中营的经历和作为犹太人成为反犹主义受害者的经历。[③] 因此,这些书是临床细节、当代史和社会批判的混合物。他的主要论点是,

---

[①] 劳伦斯·J.弗里德曼:《认同的缔造者:爱利克·H.埃里克森传》,第149—151页。

[②] 同上书,第156页。

[③] 尼娜·萨顿(Nina Sutton):《疯狂的另一面》(*The Other Side of Madness*),戴维·夏普(David Sharp)、尼娜·萨顿英译,伦敦:达克沃斯出版社,1995年,第120—122页。还可参见布鲁诺·贝特尔海姆:《回忆和反思》(*Recollections and Reflections*),伦敦:泰晤士—哈得孙出版社,1990年。

第六编　希特勒之后:困境下德国传统之承续

现代大众社会未能顾及我们天性中无意识和非理性的方面,这要么把人们导向罪恶、残忍和暴力的极端,要么把人们导向(精神和身体的)不健康,导致自杀或者其他形式的自我伤害。他甚至认为精神疾病在美国社会无容身之处——美国社会是纳粹德国的一个令人恐怖的回响。① 例如,美国的自闭症儿童无法"长到"成年,他会被"自己的狱卒所阻止"。贝特尔海姆竟然将自闭症儿童的父母与纳粹看守等同起来。② 在《魔法的用途》中,他调查了儿童的经典童话故事,结论是它们引导儿童进入了有时很严酷的成人现实世界,它们也有无意识的一面,这一面的符号帮助我们理解儿童成长中的问题。③

埃里希·弗洛姆大概在没有接受过精神分析学专业训练的大众群体中拥有最广大的读者群。他在1900年出生于美因河畔的法兰克福,在严格的正统犹太教传统中长大,尤其是曾与格尔肖姆·肖勒姆一同求学。弗洛姆本人曾计划要成为一名拉比,但是,当他先后在法兰克福和海德堡学习哲学、社会学和心理学时,他被吸引到肖勒姆称之为"托拉治疗"(torapeutic)的一个疗养院中。这是一个诊所,在此,精神分析学家弗里达·赖希曼(Frieda Reichmann)把《托拉》的教义与弗洛伊德疗法结合了起来。④ 弗洛姆不单是与赖希曼共同研究,在他如之前章节所述与法兰克福社会研究所的阿多诺和霍克海默结交之前,他与赖希曼结为了夫妻。

---

① 萨顿:《疯狂的另一面》,第269页。
② 海尔布特:《天堂中的流亡》,第209页。
③ 萨顿:《疯狂的另一面》,第268—269页。
④ 科泽:《美国的难民学者》,第70页。

第三十九章 "第四帝国":德意志思想在美国的影响

1938年,他和研究所的大多数其他成员一道移居到了美国。

他最著名的书《逃避自由》(*Escape from Freedom*)出版于1941年,它也可能被认为是一个把马克思与弗洛伊德匹配结合起来的尝试。弗洛姆接受了人类发展经历了"口腔期"、"肛门期"和"性器期"等阶段的理论,并且将其与由威廉·赖希和奥托·芬尼尔——这两位是他在柏林结识的马克思主义精神分析学家——创立的"社会性格"概念相结合,由此他主张,与弗洛伊德所言相反,性格部分地由阶级结构和社会经济状况所决定。[①] 举例而言,他区分了19世纪商人的"囤积取向"(hoarding orientation)和20世纪商人对守时(一种节约心态)、秩序以及"市场取向"(marketing orientation)的偏好。正是弗洛姆辨认出了他称之为施虐受虐狂的或者说"权威主义"的人格。他首先在魏玛共和国观察到了这一点。[②] 这样的人崇敬强者,嫌恶弱者,弗洛姆认为这或许有助于解释法西斯主义。他的法兰克福同事开始在更广泛的社会学背景下着手"权威人格"这一主题的研究(见下文)。

弗洛姆之后的书《为自己的人》(*Man for Himself*,1947),尤其是《健全的社会》(*The Sane Society*,1955)成为社会批判的著作。就像贝特尔海姆所做的那样,这些书也使用了一种临床细节与当代观察的混合物。在西方,从20世纪60年代开始,这大概成为了文学中一种常见的样式,谴责现代文化,尤其是它的贪婪、喜

---

① 劳伦斯·怀尔德(Lawrence Wilde):《埃里希·弗洛姆与对团结的追求》(*Erich Fromm and the Quest for Solidarity*),纽约:帕尔格雷夫·麦克米伦出版社,2004年,第19—36页。

② 科泽:《美国的难民学者》,第72页。

第六编 希特勒之后:困境下德国传统之承续

好竞争、缺乏道德脊梁、丧失共同性。[1] 这在一定程度上是对德意志文化悲观主义的回归。弗洛姆与汉娜·阿伦特和赫伯特·马尔库塞一起被20世纪60年代的学生视为指路明灯(同样见下文)。

威廉·赖希(1897—1957年)和弗里茨·珀尔斯(1893—1970年)可以被放在一起考虑,因为他们经常被视为"性革命"的联合发起人,性革命发端于20世纪60年代,在整个20世纪70年代加速发展,并且持续至20世纪80年代。[2] 这对赖希而言却几乎不成立。人们把他算作性革命的发起人主要是基于他对"倭格昂"(orgone)盒子的"发明"。这种盒子是一个电话亭形状的仪器,木质外壳,金属内衬,他欺骗性地宣称它有治疗特性。赖希起初是一位严肃的弗洛伊德学派人士(他分析了珀尔斯),并且像许多其他人一样,试图在两次世界大战之间的德国把弗洛伊德和马克思密切结合起来。1933年他出版的书《法西斯主义的大众心理学》(*Die Massenpsychologie des Faschismus*)恰逢其时,以至于因为他的背景和兴趣,他无法再待在德国。[3] 他经由丹麦抵达了美国,定居

---

[1] 丹尼尔·伯斯顿(Daniel Burston):《埃里希·弗洛姆的遗产》(*The Legacy of Erich Fromm*),剑桥、马萨诸塞州和伦敦:哈佛大学出版社,1991年,第133—135页,参见"常态的病理学"。

[2] 保罗·鲁宾逊(Paul Robinson):《弗洛伊德学派的左翼分子:威廉·赖希、格察·罗海姆、赫伯特·马尔库塞》(*The Freudian Left: Wilhelm Reich, Geza Roheim, Herbert Marcuse*),伊萨卡、纽约和伦敦:康奈尔大学出版社,1990年,第一章,参见"弗洛伊德学派的激进主义"。

[3] 戴维·泽洛(David Seelow):《激进的现代主义和性欲:弗洛伊德、赖希、D. H. 劳伦斯及其之后》(*Radical Modernism and Sexuality: Freud, Reich, D. H. Lawrence and Beyond*),纽约和贝辛斯托克:帕尔格雷夫·麦克米伦出版社,2005年,第47—49页。

第三十九章 "第四帝国"：德意志思想在美国的影响

在纽约郊区的森林山，在那里他经历了感觉的深刻逆转——从赞成共产主义到恶意地反对共产主义——和日益增长的妄想（当时是一个妄想狂的岁月）。妄想逐渐打败了他（他已经到了把外星飞碟也列入敌人之列的地步）。他宣称"倭格昂储能器"（orgone accumulator）收集了"倭格昂能"（orgone energy，生命之源），并且把它聚集在盒子内部的人体上。而在食品和药物管理局出台了禁止令，禁止"倭格昂储能器"的装运后，他最终被判欺诈罪。1957年3月，他被送进了监狱。

弗里茨·珀尔斯曾在柏林跟随马克斯·赖因哈特学习戏剧，后来他开始对格式塔心理学感兴趣，他认为这是"弗洛伊德之后的下一步"。珀尔斯的途径就是创立伊沙兰学院。这个学院通过"埃哈德式研讨班训练"（Erhard Seminars Training，简称 EST）演变为 20 世纪 70 年代后期的"人类潜能"发展运动。该运动的基本理念是主要通过性解放和感官解放——露天热水浴缸、裸体、毒品、打破禁忌——"开启先前被封锁的心理能量"。这可以被认为是后弗洛伊德学派之教化（Bildung）的一种形式。另一位流亡者埃里克·伯恩（Eric Berne）所写的《成人游戏》（*Games People Play*）是 1964 年的畅销书，该书探究了类似的问题。

海德格尔之子

在精神分析学之后，德意志思想在美国影响最大的领域是政治，或者更确切地说，是政治学——也就是说，是政治理论而不是

第六编 希特勒之后:困境下德国传统之承续

现实的政治实践。[①] 在此第一位人物是汉娜·阿伦特。而理查德·沃林(Richard Wolin)在其《海德格尔之子》(*Heidegger's Children*,2001)一书中已经提醒我们,有多少海德格尔的学生战后在大西洋两岸具有影响力:除了阿伦特之外,我们还可以把赫伯特·马尔库塞、列奥·施特劳斯、卡尔·勒维特(Karl Löwith)、汉斯·约纳斯、田立克和汉斯-格奥尔格·伽达默尔列入其中。[②]

正如之前所概述,阿伦特于1941年经由巴黎抵达了纽约。她融入了围绕着诸如《评论》和《党派评论》等小杂志而形成的圈子,后来有一段时间成为了一名教授——在普林斯顿、加利福尼亚大学、芝加哥,也许必然在社会研究新学院。新学院于1919年由一群与《新共和》(*New Republic*)杂志相关联的学者所创建,在此早期的教授包括约翰·杜威(John Dewey)和托尔斯坦·凡勃伦(Thorstein Veblen)。1933年,为了协助支持难民学者,学院创立了流亡大学,后逐渐发展成了社会研究新学院的研究生部。

1945—1949年,阿伦特致力于写作几本主要专著中的第一本——《极权主义的起源》。该书于1951年问世,对它的美国读者产生了巨大的影响,并且让阿伦特名声大噪。该书试图揪住导致

[①] 阿什、泽尔纳编:《被迫迁移》,第269页。
[②] 关于汉斯·约纳斯,参见汉斯·约纳斯:《技术、医学和伦理学:论责任原则之实践》(*Technik, Medizin und Ethik: zur Praxis des Prinzips Verantwortnung*),美因河畔法兰克福:岛屿出版社,1987年,关于现代社会研究的作用,参见第90—91页;戴维·J. 列维(David J. Levy):《汉斯·约纳斯:思维的完整性》(*Hans Jonas: The Integrity of Thinking*),哥伦比亚、密苏里和伦敦:密苏里大学出版社,2002年,关于技术时代的责任,参见第77页。关于勒维特,参见卡尔·勒维特:《1933年前后我在德国的生活:一份报告》(*My Life in Germany before and after 1933: A Report*),伦敦:阿斯隆出版社,1994年,关于他在日本的时日,参见第111—119页。

第三十九章 "第四帝国":德意志思想在美国的影响

第二次世界大战的事件,尤其调查一个小群体——犹太人——如何成为纳粹运动、世界大战和死亡工厂的催化剂。[1] 她将共产主义与法西斯主义相提并论。她主张,虽然它们旨在通过消灭阶级差异来引领人类进入光辉的未来,却反而引发了分裂、异化和无家可归。她提出,大众社会的关键不是创造"一个人类社会的更高形态",而是产生了隔离和孤独;她坚称,隔离和孤独是恐怖的共同点。她说,这里没有英雄主义的用武之地,而这种缺席协助摧毁了人的灵魂。她在《极权主义的起源》中的主要观点之一是,20世纪30年代在德国已经形成了受教育的中间阶层与"暴民"之间的联盟,而这就是所发生之事为何发生的主要原因之一。[2]

《极权主义的起源》没有就其所描述和诊断的问题给出任何解决方案。不过阿伦特的后一本书《人的境况》(*The Human Condition*, 1958)主张,政治生活的主要方面是结构和行动;现代世界中,这两个实体在现代社会高度行政化的政治活动中几乎荡然无存——无人有力量来改变政治生活的结构并且付诸行动。结果这成为了一条要旨。阿伦特的著作成为了一些对20世纪60年代的革命运动而言最具影响力的文本,并且帮助所谓的非主流文化的目标凝聚在一起。

然而,在某种程度上,阿伦特和布莱希特一样——她有多钦佩他的艺术,就有多厌恶他的政治——是伟大的非感伤主义者;她甚

---

[1] 安德鲁·贾米森(Andrew Jamieson)、罗恩·埃尔曼(Ron Eyerman):《60年代的种子》(*Seeds of the Sixties*),伯克利和伦敦:加利福尼亚大学出版社,1994年,第47页。

[2] 同上书,第50页。

第六编 希特勒之后:困境下德国传统之承续

至比托马斯·曼更加保有自我个性的完整,不受盛名和犹太人身份之累。尽管她是德国人大屠杀的受害者,但是她从未为此伤怀。她不信任内在性——对她而言,公共空间中的公共行动是人类事务中的正直或者可信性的唯一保障,而就此定义的政治也因此具有优先性。(她喜欢说,犹太流亡者"承诺不采取行动"。)她强调,私人生活是伟大的目标,但是在现代世界中,它越来越是一种奢侈品。① 她认为,现代世界中的真正战争并不在阶级之间,而是在全能政府日益增长的"极权主义谎言"与我们所生活的"真实的日常世界"之间。②

《耶路撒冷的艾希曼》(*Eichmann in Jerusalem*)一书涉及对阿道夫·艾希曼的审判,这位奥斯维辛的"策划者"藏身在阿根廷,被以色列特种部队所逮捕,并秘密运送至以色列。在该书中,阿伦特决意对受审之人无动于衷,对大屠杀和犹太人抵抗迫害的行为无动于衷。这本书激起了愤怒的浪潮,但是她坚持自己的观点:恶是虚无的,它起源于虚无主义终结的地方。③

赫伯特·马尔库塞曾一度成为最著名的法兰克福学派理论家,虽然他那时已经年迈。他于1898年出生于一个中产阶级犹太人家庭。他与政治没有太多牵连,直至伴随第一次世界大战而在德国出现了革命运动(他曾是柏林"工人委员会"的一员)。但即使在那时,他的参与也没有持续太久,他移居弗赖堡,在海德格尔和

---

① 海尔布特:《天堂中的流亡》,第403—404页。
② 同上书,第412页。
③ 伊丽莎白·扬-布吕尔(Elisabeth Young-Bruehl):《阿伦特为何重要》(*Why Arendt Matters*),康涅狄格州纽黑文市和伦敦:耶鲁大学出版社,2006年,关于"9·11"之后阿伦特的相关性,参见第73页。

第三十九章 "第四帝国":德意志思想在美国的影响

胡塞尔的指导下求学。当海德格尔与纳粹党人之间的互动开始逐渐显现时,他与海德格尔决裂,加入了法兰克福研究所的霍克海默、阿多诺和弗洛姆等人的圈子。[1]

从 20 世纪 30 年代晚期开始,他生活在美国,在波士顿附近新建的布兰迪斯大学获得了一个职位。在战后时期,他成为了他所目睹的周遭世界的主要批判者之一。这是一个一致性、共识和秩序与日俱增的世界,所有一切都被纳入到"进步"这个他认为残暴的范畴中。这致使马尔库塞撰写了《爱欲与文明》(*Eros and Civilization*)这是他两本激发了公众想象力的著作中的第一本,它于 1955 年出版,意在成为一个解放式文本,马尔库塞在其中用弗洛伊德来修正马克思以适应现代世界。这本书尤其在反主流文化的嬉皮士中流行开来。[2] 他的论点是,现代的男人和女人需要培养他们的欲望,而马克思对此只字不提;现代循规蹈矩的社会杀死了生命中美学和感性的一面,这是抑制的一种形式;社会需要基于经济原则,也需要基于快乐原则。[3]

---

[1] 理查德·沃林和约翰·阿布罗梅特(John Abromeit):《海德格尔式的马克思主义和赫伯特·马尔库塞》(*Heideggerian Marxism/Herbert Marcuse*),林肯:内布拉斯加州立大学出版社,2005 年,第 176—178 页。

[2] 蒂莫西·J.卢克斯(Timothy J. Lukes):《逃入内在性:对赫伯特·马尔库塞之解放美学理论的阐释与批判》(*The Flight into Inwardness: An Exposition and Critique of Herbert Marcuse's Theory of Liberative Aesthetics*),宾夕法尼亚州锡林斯格罗夫:萨斯克汉那大学出版社,1985 年,第 46 页。

[3] 贾米森和埃尔曼:《60 年代的种子》,第 124—125 页。亦参见罗伯特·皮平(Robert Pippin)等编:《马尔库塞:批判理论与乌托邦的承诺》(*Marcuse: Critical Theory & the Promise of Utopia*),伦敦:麦克米伦教育出版社,1988 年,第 143—145、169—171 页。

第六编 希特勒之后:困境下德国传统之承续

马尔库塞在《单向度的人》(*One-Dimensional Man*,1964)中更为详细地论述了这一点。凭借书中的著名概念"压抑性宽容",他说,在现代社会中,甚至连宽容和解放的语言都已习惯于阻止人民被解放。世界,尤其是美国世界,是单向度的,在其中只有一种当下被认为是合理的思维方式——在科学、大学、工业和商业中永存的科技理性。他的疗法是"大拒绝"(the great refusal),是对科技理性强加给我们之现实的"拒绝"(negation)。他说,这个令人窒息的世界需要被想象、艺术和"否定性思维"所取代。

与这些人相比,海德格尔的另一位学生列奥·施特劳斯的影响扩散得较小,但是更直接,而且绝不为所有人欢迎。2004年,安妮·诺顿(Anne Norton)写了一篇慷慨激昂的檄文来攻击具有超凡魅力的施特劳斯和许多施特劳斯派人。她认为,他们对狂热保守主义的特殊崇拜,对乔治·W. 布什(George W. Bush)接管白宫并且将世界政治过分简化为一场正义的美国人与一系列"方便敌人"(convenient enemies)之间的愚蠢战斗负有责任。[①]

施特劳斯于1899年出生于德国基希海恩,1938年来到美国,加入了社会研究新学院的流亡大学。那时他的兴趣是斯宾诺莎、迈蒙尼德和纳粹学者卡尔·施密特,尤其是施密特的著作《政治的概念》(*The Concept of the Political*,见上文,原书第668—669页)。[②] 施

[①] 安妮·诺顿:《列奥·施特劳斯与美利坚帝国的政治》(*Leo Strauss and the Politics of American Empire*),康涅狄格州纽黑文市和伦敦:耶鲁大学出版社,2004年。

[②] 海因里希·迈尔(Heinrich Meier):《卡尔·施密特与列奥·施特劳斯:隐匿的对话》(*Carl Schmitt & Leo Strauss: The Hidden Dialogue*),J. 哈维·洛马克斯(J. Harvey Lomax)英译,芝加哥和伦敦:芝加哥大学出版社,1995年。

第三十九章 "第四帝国":德意志思想在美国的影响

特劳斯曾在法兰克福、马尔堡、柏林和汉堡的大学求学,他的博士论文由恩斯特·卡西尔指导。这之后他在弗赖堡待了一年,受胡塞尔和海德格尔指导。施特劳斯是一个正统而腼腆的人,其思想的"标志是对现代之突出趋势的强烈反感……他的保守主义基于他的一个信念,即思维的现代趋向,无论它们是实证主义还是历史主义,对他当作长久价值观予以珍视之物而言都是有害的——甚至是毁灭性的"。[1] 他认为,这些长久的价值观是纳粹德国受教育的中产阶级的特性品质,现代的"时尚"已经暗中破坏了希腊人的永恒品质,并且"打开了通向价值虚无主义的闸门,纳粹运动是其最极端的结果"。科学、新康德主义和现代行为科学有助于当代虚无主义,施特劳斯坚信,这是现代的困境,必须找到一条出路。他怀疑政治的救赎力量,并且从未就美国思想撰文[2],但因其对科技至上的怀疑和在这些问题上的教条主义立场而逐渐闻名。[3] 他哀悼宗教"作为保持暴民受控之唯一手段"的衰退,而据阿伦特所言(鉴于他们都是海德格尔的学生),他"在各方面都赞同法西斯主义,除了它的反犹主义"。[4] 他的许多学生变得非常有

---

[1] 丹尼尔·坦圭(Daniel Tanguay):《列奥·施特劳斯:一部知识分子的传记》(Leo Strauss:An Intellectual Biography),康涅狄格州纽黑文市和伦敦:耶鲁大学出版社,2007年,第99—101页。亦参见马克·布利茨(Mark Blitz):《列奥·施特劳斯、施特劳斯派人与美国政权》(Leo Strauss,the Straussians and the American Regime),纽约:罗曼—利特菲尔德出版社,1999年。

[2] 马克·利拉(Mark Lilla):"施特劳斯派思想的结语"("The Closing of the Straussian Mind"),《纽约书评》(New York Review of Books),2004年11月4日,第55—59页。

[3] 科泽:《美国的难民学者》,第205页。

[4] 据称,他约她出去,她回答:"我不与纳粹约会。"

第六编　希特勒之后：困境下德国传统之承续

影响力。[①]

与理论家相对比,在政治实践者中最引人注目的人物无疑是阿诺德·施瓦辛格(Arnold Schwarzenegger)。他于1947年出生于奥地利格拉茨郊区的塔尔,1968年来到美国,当时他已经因为被评为欧洲"体格最佳的男人"(以及为了参加比赛而在奥地利军队的基础训练中擅离职守)而出名。在洛杉矶,他接受了演员训练;与此同时,他还继续从事健美运动。而在《野蛮人柯南》大获成功后,他的演艺事业蒸蒸日上,最为显著的就是科幻片《终结者》三部曲。2003年10月,施瓦辛格当选为加利福尼亚州州长,不过当时他的政治成就至少因为亨利·基辛格而黯然失色。可以想象,基辛格是来到美国的所有德国流亡者中传统意义上最成功的一位。

海因茨·阿尔弗雷德·基辛格(Heinz Alfred Kissinger)于1923年出生于巴伐利亚州菲尔特市。1938年,他的犹太家庭迁居纽约。还在读大学时,他就在反谍报部队中担任德语翻译。战后他在哈佛大学求学,专攻外交政策(尤其是核武器),并且成为了各类要员和纳尔逊·洛克菲勒(Nelson Rockefeller)的顾问。洛克菲勒之后担任了纽约市市长,并且在1960年、1964年和1968年曾三次谋求共和党总统候选人提名。1968年,理查德·尼克松当选总统,之后他先后任命基辛格为国家安全顾问和国务卿。当尼克松辞职,杰拉尔德·福特(Gerald Ford)接任总统后,基辛格仍

[①] 扬-维尔纳·米勒(Jan-Werner Müller):《危险的心灵:欧洲战后思潮中的卡尔·施密特》(*A Dangerous Mind: Carl Schmitt in Post-War European Thought*),康涅狄格州纽黑文市和伦敦:耶鲁大学出版社,2003年,第194—206页。

第三十九章 "第四帝国":德意志思想在美国的影响

继续担任国务卿一职。

基辛格是一位极富争议的国务卿。在某些人看来,他是一位"权力犬儒派"(power cynic),奉行现实政治,在1969—1977年成为了美国外交政策的主导力量。越战、对柬埔寨的地毯式轰炸、1971年的印巴战争,以及当马克思主义者萨尔瓦多·阿连德(Salvador Allende)合法当选总统后遇刺身亡时中情局对智利的糟糕干涉:基辛格与这些事件的牵连使他受到了猛烈的批评,在他的晚年还有一些国家多次试图以战争罪的指控传讯他。但与此同时,他协助谈判结束了1973年的第四次中东战争(又称赎罪日战争),协助美军从越南撤退,并且和尼克松一起奉行缓和政策,缓解与苏联和中国的关系,这帮助他在1973年获得了诺贝尔和平奖。①

被损害之生活?

提奥多·阿多诺或许是美国最狂傲自大,同时也是最怒气冲冲的流亡者。布莱希特认为阿多诺"既华而不实又难以捉摸,既苦行又肉欲",安东尼·海尔布特断定阿多诺对美国文化的鄙弃"近乎病态"。虽然如此,他仍然是一位无法忽视的人物。

20世纪40年代早期,法兰克福研究所从哥伦比亚搬到了加利福尼亚,试图恢复其所长马克斯·霍克海默每况愈下的健康(尽

---

① 他晚年的职业生涯也许没有那么引人注目,大量的回忆录和顾问工作,并非是成功的。比如,他曾是霍林格国际公司的董事,其首席执行官康拉德·布莱克(Conrad Black)在2007年因欺诈而入狱六年。人们普遍认为,基辛格就职的董事会并没有对公司履行足够的监督之责,使布莱克犯下他被判之罪。

第六编　希特勒之后:困境下德国传统之承续

管霍克海默直至1973年,在他和他的研究所回到德国二十多年后才去世)*。这是一个具有讽刺意味的目的地,洛杉矶作为娱乐业之都激起了阿多诺最猛烈的鄙弃。① 尽管阿多诺对美国社会和文化的批判有时过头了,但他的很多观点是言之有理的。他的批判可以分为他在美国时提出的部分,和他回到德国后提出的部分。在他与霍克海默合著的《启蒙辩证法》(*Dialectic of Enlightenment*,1944)中,二人主张,启蒙不可阻挡地导致了极权主义,"为了进行管理,一切都可以被照亮"。② 他们说,尤其是资本主义社会的文化生活既是解放,亦是牢笼;无论是时尚还是艺术中的"风格",都是个人主义的仿冒形式,它由商业利润最大化的需求所产生,并且贬低经验。

这之后紧接着是一部更有影响力,但也平淡乏味得多的著作——《权威人格》(*The Authoritarian Personality*,1950)。该书早在1939年就已作为与伯克利公共舆论研究团队和美国犹太人委员会共同研究反犹主义的联合项目而加以构思。这是研究所第一次使用计量方法,他们的"F"(代表法西斯主义者)量表的结果,"似乎敲响了警钟……反犹主义原来是一种功能障碍性人格的可

---

*　原文为"十年后"(decade)。该信息有误。法兰克福研究所于1951年在德国重建,霍克海默于1949年回法兰克福大学任教,在回德后二十多年才去世。——译者

①　斯特凡·米勒-多姆(Stefan Muller-Doohm):《阿多诺传》(*Adorno: A Biography*),罗德尼·利文斯通(Rodney Livingstone)英译,剑桥:政体出版社,2005年,第267—277页。阿多诺本人把传记"鄙视"为一种知识形态。亦可参见科泽:《美国的难民学者》,第160页。

②　德特勒夫·克劳森(Detlev Clausen):《提奥多·W.阿多诺:最后一位天才》(*Theodor W. Adorno: One Last Genius*),罗德尼·利文斯通英译,剑桥、马萨诸塞州和伦敦:哈佛大学出版社-贝尔纳普出版社,2008年,关于与霍克海默的讨论,参见第222页。

第三十九章 "第四帝国":德意志思想在美国的影响

见边界,这种人格不但在普通美国民众的许多'民族优越感'的和'传统'的观念中,而且在他们对各种权威令人不安的顺从态度中显露出来"。该书以一个警告而结束,即战后世界中美国面临的主要威胁是法西斯主义而不是共产主义,法西斯主义正在大西洋西岸找到"一个新家",资产阶级美国及其大城市如今正是"现代文明的黑暗心脏"。这是一个引人注目的论点,尤其是在麦卡锡策划的闹剧的背景下。但是它立刻遭到了其他社会科学家的抨击,他们逐条反驳了其结论。然而,自那时,"权威人格"这一未经证实的措辞开始流行起来。

回到德国后,阿多诺撰写了三部反思性更强的著作。1949年,在《最低限度的道德:对被损害之生活的反思》(*Minima Moralia: Reflections From Damaged Life*)中,他再次检视了资本主义和市场营销如何使经验庸俗化,媒体在哪种情况下附加给所有事件几乎同等的分量,比如说,政治被认为并不比一个肥皂剧角色之死更重要。① 他将此视为一种精神创伤,电视和电影亦是如此,在它们那里,靡靡之音经常代替观众思考,以至于观众的反应并不是以客观情境为前提条件,而是受制于配乐操控的方式。因此,导演、表演、布景是强制甚至欺凌的一种形式,而不是启蒙或教育。②

不过,对于在美国的德国流亡者而言,社会科学的中枢并非法兰克福研究所,而显然应该是纽约的社会研究新学院,在那

---

① 德特勒夫·克劳森:《提奥多·W.阿多诺:最后一位天才》,关于与霍克海默的讨论,参见第135—144页。

② 米勒-多姆:《阿多诺传》,第336—338、374—376页。

第六编　希特勒之后:困境下德国传统之承续

里,"流亡大学"已经成为了政治和社会科学研究生院。新学院的创始人之一阿尔文·约翰逊在哥伦比亚大学编纂《新国际百科全书》(New International Encyclopedia)和《社会科学百科全书》(Encyclopedia of the Social Sciences)期间遇到了许多德国学者,并且对他们印象深刻。他个人为流亡人士筹款,并且从他编撰百科全书的活动中了解到何人可能需要帮助。

1933年,流亡人士开始陆续抵达美国,而研究生院不久就有了自己的院长——汉斯·施陶丁格,他曾经是德国杰出的公务员、普鲁士商务部国务秘书。学院设想有两本期刊:《社会研究》(Social Research)和《社会学杂志》(Zeitschrift für Sozialwissenschaft),后者直至第二次世界大战爆发时才出版。刘易斯·科泽认为,这表明学者们并不太关心与新的场所之间架起坚固的桥梁。① 新学院在各领域,比如现象学和计量经济学,设置了开创性的课程。学院的许多成员——他们中间像汉斯·施派尔(Hans Speier)和格哈德·科尔姆(Gerhard Colm)等人,在战争期间已经在诸如战时新闻处等政府机构任职——帮助构思了战后德国的货币改革,这已被证明极为成功。

保罗·拉扎斯菲尔德(1901—1976)作为将社会学调查研究引入美国的最主要负责人而脱颖而出。他出生于维也纳,母亲是一位精神分析学家。他于1933年来到美国。随着奥地利局势的发展和社会党的被禁,他延长了逗留时间,之后变为永久居留。他的第一项引人注目的研究是关于广播对美国社会之影响的调查,这

---

① 科泽:《美国的难民学者》,第107页。

第三十九章 "第四帝国":德意志思想在美国的影响

令他结识了哈佛大学的社会科学家哈德利·坎特里尔(Hadley Cantril)。坎特里尔给他提供了一份普林斯顿广播研究室主任的工作,这一机构于1939年搬迁至哥伦比亚大学,五年后发展成为现在闻名遐迩的"应用社会研究局"。① 该研究局把一种新的研究方法制度化了,它研究"集群行为",研究人们投票时如何下定决心,为什么人们不投票,为什么他们买一些东西而不买另一些。总体而言,正如科泽所指出的那样,拉扎斯菲尔德逐渐揭示了美国人生活中潜在的社会结构和理解人们在阶级结构之外如何群组化的新方法,这种群组化将会对市场研究和"政治焦点小组"产生显著影响。② 拉扎斯菲尔德影响了一代著名美国社会科学家,包括西摩·马丁·利普塞特(Seymour Martin Lipset)、阿尔文·古尔德纳(Alvin Gouldner)、戴维·里斯曼(David Riesman)和罗伯特·莫顿(Robert Merton)。

工业文明的一个新阶段

在来到美国后具有影响力的众多经济学家中(弗里茨·马克卢普[Fritz Machlup]、戈特弗里德·冯·哈伯勒、亚历山大·格申克龙[Alexander Gerschenkron]、保罗·巴兰、卡尔·波兰尼、弗里茨·雷德利希),有少数人的名字耳熟能详。当路德维

---

① 科泽:《美国的难民学者》,第114页。
② 保罗·拉扎斯菲尔德、威廉·H.休厄尔(William H. Sewell)和哈罗德·L.威伦斯基(Harold L. Wilensky):《社会学的应用》(*The Uses of Sociology*),伦敦:魏登费尔德-尼科尔森出版社,1968年。

第六编　希特勒之后：困境下德国传统之承续

希·冯·米塞斯（1881—1973年）于1940年来到美国成为国家经济研究局的客座研究员，最终成为纽约大学工商管理研究生院的客座教授之前，他已经在祖国奥地利以其著作而出名。他开始对经济周期越来越感兴趣，这刺激他相信绝对的自由放任主义。当凯恩斯主义经济学在第二次世界大战后大行其道时，米塞斯的路径并不受欢迎。直到20世纪70年代，当弗里德里希·冯·哈耶克和米尔顿·弗里德曼（Milton Friedman）附和他的观点时，他才有了越来越多的听众。

奥斯卡·莫根施特恩于1902年出生于德国格尔利茨，艾尔伯特·希尔施曼于1915年出生于柏林，这两位在离开希特勒德国后不久都成为了重要人物。莫根施特恩曾是兰德公司、原子能委员会和白宫的顾问。希尔施曼先是瓦里安·弗里的首席助理，帮助流亡知识分子和艺术家逃过比利牛斯山，之后在美国联邦储备委员会任职。[①] 希尔施曼写了一些书，包括《个人幸福与公共幸福》(*Private and Public Happiness*,1982)，这是一本关于这两者如何相关，又如何不相关的原创性著作。但他最具影响力的著作或许是他的第一本书《经济发展战略》(*Strategy of Economic Development*)，在这本书里，他指出许多其他经济学理论家已经选择了或此或彼的首要因素作为经济表现的主要决定要素——可能是自然资源、资本、创业精神或者是有创造力的少数人。通常，当一种决定要素被采纳时，其他要素就被抛弃，而希尔施曼认为是时候承认这样一种路径是不恰当的了，单因果解释无法解释任何

---

① 科泽：《美国的难民学者》，第164页。

第三十九章 "第四帝国":德意志思想在美国的影响

事了。相反,我们应该承认,经济发展依赖于对"隐藏的、散乱的;或者是错误地被利用的"资源和能力的发现。① 如今,希尔施曼已跻身最常被引用的社会科学家之列。

彼得·德鲁克(1909—2005)是三位尤其对消费行为感兴趣的、说德语的流亡者中最广为人知的一位(其他两位是格奥尔格·卡托纳和弗里茨·雷德利希)。他在本宁顿学院教书,后来成为了纽约大学的管理学教授,他很喜欢将管理作为一门专业并且将消费行为作为理性研究的焦点。他的书《经纪人的末日》(*The End of Economic Man*,1939)、《工业人的未来》(*The Future of Industrial Man*,1941)、《公司的概念》(*The Concept of the Corporation*,1946)、《管理:任务、责任、实践》(*Management: Tasks, Responsibilities, Practices*,1974),反映了这一兴趣。德鲁克的主要目标是,通过强调19世纪的创业资本主义与现代后工业的管理资本主义之间通常不被重视的区别,来帮助人们适应现代世界。刘易斯·科泽称他是"管理者的马克斯·韦伯",只是韦伯对"工具理性"感到悲观,而德鲁克则认为它是在现代世界获得救赎的主要手段。② 他还认为商业促进了宽容,因为黑人和妇女也是消费者。1980年,《看不见的革命:养老金社会主义如何进入美国》(*The Unseen Revolution: How Pension Fund Socialism Came to America*)冲上畅销书排行榜;这背后的另一个好消息是,美国方式在几乎毫不知情的情况下把资本主义和社会主义合

---

① 科泽:《美国的难民学者》,第166页。
② 彼得·德鲁克:《后资本主义社会》(*Post-capitalist Society*),牛津:巴特沃斯—海涅曼出版社,1993年,第17—19页。

二为一。在许多其他文化悲观主义者当中,德鲁克和拉扎斯菲尔德——就像伏尔泰笔下的潘葛洛斯博士那样——是两位坚定的乐观主义者。

在美国的德国哲学家当中,最伟大的成功故事是属于鲁道夫·卡尔纳普(1891—1970)的。如上文所述,维也纳学派的成员属于第一批来到美国的流亡者,他们想要终结形而上学的尝试与像约翰·杜威和威拉德·范·奎因(Willard van Quine)这样的美国实用主义者之间产生了共鸣,因此广受欢迎。[1]

卡尔纳普出身于德国西北部巴门的一个笃信新教的纺织工家庭。[2] 当他还很年幼时父亲就去世了,之后他的母亲充当了家教,直到他去弗赖堡和耶拿学习数学、哲学和物理,在耶拿他师从戈特洛布·弗雷格。[3] 他于1917年应召入伍,驻扎在柏林这个次年就爆发了革命的城市,对这一事态发展卡尔纳普表示欢迎。他终身坚守社会主义信仰。对于他,对于像他这样的人而言,魏玛时代是令人兴奋的。就像组成维也纳学派的其他人那样,他的目标是"所有形而上学思辨和所有超验实体指向的最终覆灭,以及由弗雷格和罗素的数理逻辑所激活的、坚定的此岸世界经验主义对其的取替"。[4] 他

---

[1] 科泽:《美国的难民学者》,第298页。

[2] 同上书,第299页。

[3] 迈克尔·弗里德曼(Michael Friedman)、理查德·克里斯(Richard Creath)编:《剑桥哲学指南:卡尔纳普》(*The Cambridge Companion to Carnap*),剑桥:剑桥大学出版社,2007年,第65—80页。

[4] A.W.卡鲁斯(A. W. Carus):《卡尔纳普与20世纪思潮:说明和启示》(*Carnap and Twentieth-century Thought: Explication and Enlightenment*),剑桥:剑桥大学出版社,2007年,第139—141页。

第三十九章 "第四帝国":德意志思想在美国的影响

还反对在自然科学与精神科学、社会科学和人文科学之间存在根本分歧这种典型的德意志观念。相反,他相信,只有两种类型的知识——纯形式的与经验的。这一思维方式导致了卡尔纳普最著名的著作《世界的逻辑结构》(*The Logical Structure of the World*,1928),这本书实际上对维也纳学派的宗旨做了总结。1926年,莫里茨·施利克(Moritz Schlick)向他提供了一个在维也纳大学的职位,他们共同开始着手建立这个学派。①

这个学派享受到了迅速的成功。但是,正如我们所见,因为学派中的许多人是犹太人,纳粹的上台迫使他们前往异国他乡。芝加哥大学的查尔斯·莫里斯——他曾在布拉格的德国大学待过几年——和哈佛大学的威拉德·范·奎因赞助了卡尔纳普。他获得了芝加哥大学的一个职位,在那里任教至1952年。

在美国,卡尔纳普创作了《概率的逻辑基础》(*Logical Foundation of Probability*,1950)。这本书对纳尔逊·古德曼(Nelson Goodman)和希拉里·帕特南(Hilary Putnam)产生了巨大影响。1953年,卡尔纳普接替他的好友、曾经在柏林的同事汉斯·赖兴巴赫,执掌了在加州大学洛杉矶分校的教席。② 卡尔纳普和赖兴巴赫两人做了很多努力,把逻辑学和语言学创建为美国哲学中的构成部分。范·奎因在1971年把卡尔纳普描述为"自20世纪30年代以来哲学中的主导人物"③。

田立克从海德格尔的德国到纽约协和神学院的路程已经被勾

---

① 弗里德曼和克里斯编:《剑桥哲学指南:卡尔纳普》,第176—199页。
② 卡鲁斯:《卡尔纳普》,第209—211页。
③ 科泽:《美国的难民学者》,第304页。

第六编 希特勒之后:困境下德国传统之承续

勒出来。到了美国后,尽管他花了一段时间学习正规英语并与德国脱离关系——虽然他始终保留着浓重的德语口音——他还是成为了多产的作家,尤其是凭借《存在的勇气》(*The Courage to Be*,1948),他显赫的名声超越了神学界和哲学界。① 当时,许多先前的马克思主义者的幻想正在破灭,尤其是当马克思主义在东欧和中国的共产主义中显现出来时;而第二次世界大战后变得格外明显的世俗世界似乎毫无意义,即便繁荣仍然昌盛。田立克提议为"不安的灵魂"施以"精神疗法"。② 他个人认为,美国非独裁主义甚至反独裁主义的民族精神非常吸引人,而他在《存在的勇气》中提供的神学是宗教存在主义的一种形式,它来自于独裁主义的这种缺席——无论人们凝视何处,他们都能找到上帝,重要的就是凝视本身。1955年从协和神学院退休后,他成为了哈佛大学的教授。之后,1962年,他前往芝加哥大学。在那里,他作为神学教授和——正如刘易斯·科泽所言——"一位美国名人"(an American institution)度过了生命中的最后三年。③

田立克的成功引起了彼得·贝格尔(Peter Berger)的关注,后者1929年出生于维也纳,第二次世界大战后移民美国。贝格尔是

---

① 阿什、佐尔纳编:《被迫迁移》,第285页。
② 雷蒙德·布尔曼(Raymond Bulman):《人类的蓝图:田立克的文化神学》,关于存在理性与技术理性的对抗,参见第112—114页。
③ 科泽:《美国的难民学者》,第318页。关于恩斯特·迈尔的生平和工作,参见于尔根·哈费尔(Jürgen Haffer):《鸟类学,进化和哲学:恩斯特·迈尔的生命与科学》(*Ornithology, Evolution, and Philosophy: The Life and Science of Ernst Mayr 1904—2005*),柏林:施普林格出版社,2008年。迈尔出生于肯普滕,在格赖夫斯瓦尔德和柏林接受教育,之后成为了一位富有影响的生物哲学家,尤其是在进化之含义的问题上。他是哈佛大学的教授,学生之一是雅里德·戴蒙德(Jared Diamond)。

第三十九章 "第四帝国":德意志思想在美国的影响

最早注意到宗教并没有像世俗的社会科学家所预测的那样在衰退的人之一,他机警地辩称,在一个日益全球化的世界中,对信仰的体验正在发生变化:在人们成长的过程中,它不再是理所当然的;越来越多的个体寻找个人的宗教偏好。这是对后来众所周知的"表现型个人主义"的早期发现。

歪曲的历史

第二次世界大战前,德国史研究还没有在美国大学中很好地开展起来。[①] 这为近40名在美国避难的历史学家提供了机会,他们中有哈约·霍尔波恩、汉斯·罗森伯格、费利克斯·吉尔伯特、保罗·克里斯特勒、汉斯·巴伦(Hans Baron)和恩斯特·坎托罗维奇。[②] 最重要的(据科泽所言,同时也是最"给人深刻印象的")是哈约·霍尔波恩(1902—1969年),他在耶鲁大学执教多年,是唯一一位当选美国历史学会主席的流亡历史学家。[③]

如前所述,历史学家在德意志地位特殊。德国人对历史主义这一特有概念负有责任,这是历史学家在美国被严肃以待的原因之一。在纳粹上台之前,那里几乎所有的教授要么在聚贝尔、特赖

---

① 阿什、佐尔纳编:《被迫迁移》,第155页。
② 关于所有这些人,参见莱曼和西恩编《一段被打断的过去》;亦参见阿什、佐尔纳编:《被迫迁移》,第75、87页。
③ 哈恩·席斯勒(Hann Schissler):"阐释历史:汉斯·罗森贝格"("Explaining History: Hans Rosenberg"),阿什、佐尔纳编:《被迫迁移》,第180—182页;罗伯特·E.勒纳(Robert E. Lerner):"恩斯特·坎托罗维奇与提奥多尔·E.蒙森"(Ernst Kantorowicz and Theodor E. Mommsen),出处同上书,第188—190页。

第六编 希特勒之后:困境下德国传统之承续

奇克或者德罗伊森(参见前文,第 21 章)的指导下,要么在他们形成的传统中接受训练。因此,"当教授阶层被认为是普鲁士和其他德语国家政治建构的重要支柱时",所有人都在普鲁士的模型中或多或少深情款款地回望俾斯麦和威廉帝国。[①] 另一方面,流亡者一般还年轻,移民时大体上都是 30 多岁,很多人是柏林大学思想史家弗里德里希·迈内克的学生。虽然迈内克有传统主义者的一面(并且在 1914 年的《九十三人宣言》上签了字),但是在这一点上,他是与众不同的。他与魏玛共和国达成了和解(他对自己有一个著名的描述:内心属于君主主义者,却要做理性的共和主义者),这让他坚定地反对纳粹。

哈约·霍尔波恩是柏林人,其父亲是一位著名的物理学家,有很强的政治头脑并且是深刻的自由主义者。这对身为儿子的霍尔波恩产生了影响,而当他在迈内克指导下学习时,这一影响得到了强化,迈内克激发了霍尔波恩对观念史的终生兴趣。他的第一本著作是关于路德的亲密好友乌尔里希·冯·胡腾(Ulrich von Hutten)的研究。在这本书里,霍尔波恩提出,宗教改革与人文主义史是平行但彼此独立的思想运动,在俾斯麦时期达到顶峰的德意志思想中的保守链条,并不像保守主义者乐于宣称的那样与路德紧密相连。他的潜台词是,德国史学有一种对右翼的偏袒,这引起了对德国历史的误解。霍尔波恩从柏林搬到了海德堡,并在那里试图反抗纳粹对历史研究和历史理解的干涉,但以失败告终。

---

① 科泽:《美国的难民学者》,第 279 页。

第三十九章 "第四帝国":德意志思想在美国的影响

他来到耶鲁大学时还不到30岁。① 在那里他致力于两本主要的著作:对美国在20世纪50和60年代的外交政策产生影响的《欧洲的政治崩塌》(*The Political Collapse of Europe*,1951)和多年来被视为权威之作的三卷本《现代德国史》(*A History of Modern Germany*,1959—1969)。在后者中,他展现了德意志思想中最初的唯心主义如何在当代世界中被淘汰。战争期间,他在战略情报局担任研究和分析处处长,负责详细查阅纳粹的政策并草拟对战后德国的规划。② 1946年,他成为了美国国务院的顾问,并且就德国的美国军事管制政府写了一本书,这本书对战后的政治组织产生了重大影响。后来,他成为了美国与德意志联邦共和国之间的非官方中介。他的学生包括莱昂纳德·克里格(Leonard Krieger)和查尔斯·麦克莱兰(Charles McClelland)。③

在某种程度上,最成功的——并且成功地适应了的——流亡历史学家是弗里茨·斯特恩(Fritz Stern)。他1926年出生在布雷斯劳。其父是一名医生,是文化市民阶层(Bildungsbürgertum)

---

① 莱曼和西恩编:《一段被打断的过去》,第176页。
② 关于在战略情报局工作的德国历史学家,参见巴里·M. 卡茨(Barry M. Katz):"战略情报局中的德国历史学家"("German Historians in the Office of Strategic Services"),阿什、佐尔纳编:《被迫迁移》,第136—138页。
③ 他的学生包括莱昂纳德·克里格。格哈德·A. 里特尔(Gerhard A. Ritter)曾研究过"两个世界之间的德国流亡历史学家:哈约·霍尔波恩,迪特里希·格哈德,汉斯·罗森贝格"("German Emigre Historians between Two Worlds: Hajo Holborn, Dietrich Gerhard, Hans Rosenberg"),《德意志历史研究所期刊》(*German Historical Institute Bulletin*),第39卷(2006年秋),第23—25页。亦参见奥托·P. 普夫兰茨(Otto P. Pflanze):"哈约·霍尔波恩的美国化"("The Americanisation of Hajo Holborn"),阿什、佐尔纳编:《被迫迁移》,第170—172页。

第六编　希特勒之后：困境下德国传统之承续

中充满热情的一员,朋友中有弗里茨·哈伯,后来成为了弗里茨·斯特恩的教父。这个家庭在1938年移民,相对较晚,当时弗里茨已经12岁了。他没有听从父亲的劝告去当科学家,而是选择了历史学。斯特恩在作为哥伦比亚大学教授的生活中和他父亲的生活中,接触到了许多大名鼎鼎的德国流亡人士——亨利希·曼和托马斯·曼兄弟、韦费尔一家、爱因斯坦、马尔库塞、新学院的马克斯·韦特海默、费利克斯·吉尔伯特、汉斯·约纳斯;他与许多艺术家和学者结下了友谊,他们中有艾伦·金斯伯格、莱昂内尔·特里林(Lionel Trilling)、库尔特·哈恩(Kurt Hahn)、拉尔夫·达伦多夫、哈约·霍尔波恩、蒂姆·加顿–阿什(Tim Garton-Ash)和戴维·兰德斯(David Landes)。他的学生包括彼得·诺维克(参见前言)和杰伊·温特(Jay Winter),后者的《记忆之地,悼念之地》(*Sites of Memory, Sites of Mourning*)对战争纪念碑做了精彩且感人的探究。①

斯特恩在著作中关注两大主题:一个是第二次世界大战前夕的德国史,另一个是与欧洲和德国尤为相关的美国历史的编撰。他研究了各种各样的人物,包括保罗·德·拉加德、尤利乌斯·朗本和莫勒·凡登布鲁克,还有诸如哈伯、爱因斯坦和普朗克这样的科学界人物。他还将十四年的时间献给了一项关于俾斯麦与格尔松·冯·布莱希罗德之间关系的详细研究。这项工作把他带回德国(包括东德)搜寻信件资料,并使他在德国的"权力走廊"中声名显赫。他的许多结论已经吸收在本

---

①　科泽:《美国的难民学者》,第279页。

第三十九章 "第四帝国":德意志思想在美国的影响

书中。

除了著书外,斯特恩还在美德委员会和一些学术以及政治团体中任职,这让他成为了德美关系方面——在心理上和政治导向上——都值得信赖的一名专家。他参与了许多著名的争论,包括历史学家之争、关于弗里茨·菲舍尔的争论、关于戈德哈根之《希特勒的志愿行刑者》的争论,以及关于德意志自我形象中文化之作用的争论。20世纪90年代中期,当理查德·霍尔布鲁克(Richard Holbrooke)被总统比尔·克林顿任命为驻德大使时,他带上了斯特恩作为顾问同行。作为亨利·基辛格和德国总理赫尔穆特·施密特、赫尔穆特·科尔以及维利·勃兰特的朋友和同事,斯特恩出席了首相玛格丽特·撒切尔在乡间别墅契克斯召开的声名狼藉的会议,并就一个重新统一的德国将意味着什么提出了建议。斯特恩暗中插手了大西洋两岸的许多事务,并被德国外交部长约施卡·菲舍尔(Joschka Fischer)邀请参与对战后德国外交部中的前纳粹分子进行调查的历史委员会。[1] 斯特恩还协助过肯尼迪白宫中的阿瑟·施莱辛格。

斯特恩赞同哈约·霍尔波恩的看法,认为德意志的唯心主义是潜藏在一切事物下面的关键因素;在一定程度上,正是因此,"德国与西方之间的裂缝不可避免地将始终是历史学家的一个重要主题"。[2]

斯特恩成功地设法既成为了德国人,又成为了美国人;对于汉

---

[1] 弗里茨·斯特恩:《梦想和妄想》(*Dreams and Delusions*),康涅狄格州纽黑文市和伦敦:耶鲁大学出版社,1987年,第327页。
[2] 科泽:《美国的难民学者》,第269页。

第六编　希特勒之后：困境下德国传统之承续

娜·阿伦特身上那种他称之为"欧洲式的傲慢"之物，他从未完全觉得舒服。在〔我大量依赖的〕他的著作中，他做了许多工作来解释，帮助创造了民族社会主义的那种情绪——尤其是在德国精英中——如何产生。不过他认为，最终，恐怖永远不会完全得到解释。

据一位美国学者所言，艺术史的"母语"是"德语"。[①] 尽管这种说法有一定道理，尽管战后世界最具影响力的艺术史家可能是在美国的埃尔文·潘诺夫斯基和在英国的恩斯特·贡布里希，但是，认为在流亡者到来之前这两个国家不存在艺术史是不正确的。最早的艺术史教席是在1813年的德国哥廷根，比美国这样的职位确实要早得多。不过在美国，最迟从20世纪20年代起，这一学科已经被组织起来，而潘诺夫斯基本人也称这一时期为艺术史研究的一个黄金年代。

现代艺术博物馆、纽约大学的美术学院（IFA）和普林斯顿的高等研究院（IAS）在流亡人士抵达前不久都开始运作，并且都资金充裕。在艺术史家中，最大的冲击无疑是在纽约，在美术学院，院长瓦尔特·库克（Walter Cook）邀请了数位卓有声望的专业学者来任职——埃尔文·潘诺夫斯基、瓦尔特·弗里德兰德（Walter Friedländer）、马克斯·弗里德兰德（Max Friedländer）、理查德·克劳特海默（Richard Krautheimer）、鲁道夫·维特科尔（Rudolf Wittkower）、理查德·埃廷斯豪森（Richard Ettinghausen）、卡尔·莱曼（Karl Lehmann）、恩斯特·克里斯和鲁道夫·阿恩海

---

① 科泽：《美国的难民学者》，第255页。

第三十九章 "第四帝国":德意志思想在美国的影响

姆。正如库克喜欢说的那样:"希特勒是我最好的朋友;他摇树我收果。"①

潘诺夫斯基对美国人而言并不陌生,他从1931年起就断断续续地在纽约大学美术学院授课,他得到了该学院和汉堡大学的联合任命,每学期在德国和美国之间交替授课。纳粹执政时,他就待在美国,最后加入了普林斯顿高等研究院,同时继续在纽约大学美术学院执教。② 民族社会主义导致80—100名流亡艺术史家来到美国,通过他们,许多高校开始开设艺术史课程。③

波普艺术的起源

就艺术家而言,约瑟夫·阿尔贝斯、汉斯·霍夫曼和格奥尔格·格罗斯既是老师也是画家,尤其是前两位,以这种方式发挥了重要影响。阿尔贝斯在黑山学院任教,罗伯特·劳申贝格(Robert Rauschenberg)就是他在那里的学生。汉斯·霍夫曼有一位犹太人妻子,当希特勒上台时,他正在美国访问,就直接延长了逗留时间。在开办自己的学校前,他一度在纽约艺术学生联盟执教。在那里,他成为了某位历史学家所描述的他这一代人中最

---

① 埃尔文·潘诺夫斯基:《视觉艺术中的意义》(Meaning in the Visual Arts),纽约:眺望出版社,1974年,第332页。
② 迈克尔·安·霍利(Michael Ann Holly):《潘诺夫斯基与艺术史学的创设》(Panofsky and the Foundations of Art History),伊萨卡、纽约和伦敦:康奈尔大学出版社,1984年,第21—23页。
③ 同上书,第158—160页。

第六编　希特勒之后：困境下德国传统之承续

具影响力的美术老师,尤其是教出了海伦·弗兰肯塔勒(Helen Frankenthaler)、阿兰·卡普罗(Alan Kaprow)、路易丝·内韦尔森(Louise Nevelson)和拉里·里弗斯(Larry Rivers)。[①] 他本人成为了抽象表现主义派的领导者,并且很有可能早在1938年——比杰克逊·波洛克早几年——就发明了"行动绘画"(action painting)这种在画布上泼洒颜料的绘画形式。格奥尔格·格罗斯来到美国时大概是三人中最出名的一位,但他过得最不快乐,也最不成功。在开办自己的学校前,他也在艺术学生联盟执教,但是他似乎过分热衷于采纳美国人的方式。他成为了流行杂志的插画家,在《时尚先生》(Esquire)那里干点活。[②]

与这三人不同,理查德·林德纳、汉斯·里希特和马克斯·恩斯特从未想要留在美国,这种态度限制了他们与这个临时落脚地的接触。然而,林德纳通常被认为是波普艺术的缔造者,或者至少是缔造者之一。他形容自己是美国的"一位旅者",不过是一位友好的旅者,他的访客身份意味着他"比任何一位生于此地的人都要更好地"看待纽约,这就是为何现代美国人生活中的日常用品令他如此着迷。[③]

在避难的德国摄影师、插画家和漫画家中,有罗伯特·卡帕(Robert Capa)、阿尔弗莱德·埃森斯塔特(其著名的"胜利之吻"展现了一名水兵在战争胜利日拥抱着一位完全陌生之人的场景)、菲

---

① 汉斯·霍夫曼(萨姆·亨特[Sam Hunter]作序):《汉斯·霍夫曼》(Hans Hofmann),纽约:哈里·N.艾布拉姆斯出版社,1979年,第10页注。
② 海尔布特:《天堂中的流亡》,第137页。
③ 同上书,第141页。

第三十九章 "第四帝国":德意志思想在美国的影响

利普·哈尔斯曼(Philippe Halsman)、洛特·雅各比(Lotte Jacobi)和安德烈亚斯·法伊宁格。奥托·贝特曼(Otto Bettmann)创办了贝特曼档案馆,这是一家著名的历史照片资料馆。他们与艺术商和出版商一起组成了一个流亡者团体,其中有卡尔·尼伦多夫(Karl Nierendorf)——他专攻表现主义艺术家,不过给路易丝·内韦尔森办了她的第一场展览;塞缪尔·科茨(Samuel Kootz)——专攻霍夫曼和毕加索;柯特·瓦伦丁(Curt Valentin)——专攻利浦席茨(Lipschitz)、贝克曼(Beckmann)和亨利·摩尔(Henry Moore);雨果·帕尔斯(Hugo Perls)——专攻夏格尔和考尔德(Calder)。库特和海伦·沃尔夫夫妇(Kurt and Helen Wolff)战前在慕尼黑出版了卡夫卡和卡尔·克劳斯的作品,后来在纽约的众神出版社旗下出版了海因里希·曼、埃尔文·潘诺夫斯基、罗伯特·穆西尔和弗朗茨·韦费尔的作品。他们还与保罗和玛丽·梅隆夫妇(Paul and Mary Mellon)合作。梅隆夫妇是卡尔·荣格的病人,他们的"波林根丛书"旨在把荣格的思想引入美国,不过荣格对东方国家、对神秘主义和东方宗教的兴趣意味着其他诸如《易经》这样的书籍也在这一丛书名下出版。朔肯图书公司和新美国图书馆亦是由德国流亡者所启动。奥罗拉出版社也一样,它最初只出版德语书籍以供战犯阅读。这个出版社的名字是布莱希特设计的,象征着一个新的晨曦,也象征着俄国十月革命时向冬宫打出第一声炮响的"阿芙乐尔号"巡洋舰。①

---

① 海尔布特:《天堂中的流亡》,第 222 页。

第六编　希特勒之后:困境下德国传统之承续

"落水"的列宁

在1933年之前很早,音乐和音乐剧就已经双向地穿越了大西洋。美国爵士乐向东航行;而在东岸特别是瓦格纳向西而行,以便在新大陆中被重新演绎。[①] 马克斯·赖因哈特、埃尔文·皮斯卡托和贝尔托·布莱希特是战前德国三位伟大的戏剧界人物。其中之一的赖因哈特在美国的境遇最遭:他的百老汇作品一败涂地;他的一部电影《仲夏夜之梦》证明是一个商业失败,虽然安东尼·海尔布特指出,他引导詹姆斯·卡格尼(James Cagney,饰博顿)和米基·鲁尼(Mickey Rooney,饰布克)做出了出色的表演。赖因哈特被迫在洛杉矶开办了一家自己的学校,威廉·维勒(William Wyler)和威廉·迪特勒(William Dieterle)教导演,埃里希·科恩戈尔德教编剧。

埃尔文·皮斯卡托要成功得多,虽然最初也很艰难。当他一开始来到美国时,他领导了新学院的戏剧工作室,但工作室最终关闭了;另两个他参与的商业冒险——总统剧院和屋顶剧院——亦是如此。尽管这样,在皮斯卡托门下求学的编剧和演员名单无出其右:哈里·贝拉方特(Harry Belafonte)、马龙·白兰度(Marlon

---

[①] 约瑟夫·霍罗维茨(Joseph Horowitz):《瓦格纳之夜:一部美国史》(*Wagner Nights: An American History*),伯克利:加利福尼亚大学出版社,1994年。转引自约瑟夫·霍罗维茨:《流亡中的艺术家:20世纪战争和革命中的避难者如何改变美国的表演艺术》(*Artists in Exile: How Refugees from Twentieth-century War and Revolution Transformed the American Performing Arts*),纽约:哈珀科林斯出版社,2008年,第xvi页。

第三十九章 "第四帝国":德意志思想在美国的影响

Brando)、托尼·柯蒂斯(Tony Curtis)、本·加扎拉(Ben Gazzara)、沃尔特·马修(Walter Matthau)、阿瑟·米勒(Arthur Miller)、罗德·斯泰格尔(Rod Steiger)、田纳西·威廉斯(Tennessee Williams)和谢利·温特斯(Shelley Winters)。在所谓的"新戏剧"中,皮斯卡托把萨特、卡夫卡的《审判》(*The Trial*)和汉斯·艾斯勒的音乐带到了美国人的舞台上。[1] 虽然喜爱美国,他还是被麦卡锡的众议院非美活动调查委员会的举动所震惊。1951年,他被传唤出庭,之后他回到了德国。在那里他先导演了罗尔夫·霍赫胡特(Rolf Hochhuth)攻击梵蒂冈的戏剧《代理者》(*Der Stellvertreter*),随后导演了海纳·基普哈特(Heinar Kipphardt)的一出生动的现代美国悲剧《J.罗伯特·奥本海默事件》(*In der Sache J. Robert Oppenheimer*)。

贝尔托·布莱希特在先后流亡布拉格、维也纳、苏黎世、俄罗斯和丹麦后,在美国待了六年。具有讽刺意味的是,虽然布莱希特对20世纪20年代和30年代早期的美国文化尤其是流行文化(比如爵士)非常感兴趣并深受其影响,他在美国的时光却并非特别愉悦,尽管他的确在此创作了一部杰作——《高加索灰阑记》(*Der kaukasische Kreidekreis*)。[2] 他的招摇在一个招摇的国度里没什

---

[1] C.D.英尼斯(C. D. Innes):《埃尔文·皮斯卡托的政治剧院:现代德国戏剧的发展》(*Erwin Piscator's Political Theatre: The Development of Modern German Drama*),剑桥:剑桥大学出版社,1972年,第69页。关于布莱希特和皮斯卡托之间的比较,参见格奥尔格·比勒(George Buehler):《贝尔托·布莱希特和埃尔文·皮斯卡托:两者理论著作的比较》(*Berthold Brecht, Erwin Piscator: Ein Vergleich ihrer theoretischen Schriften*),波恩:布维耶出版社,1978年,第126—131页。

[2] 约翰·菲济(John Fuegi):《布莱希特公司传》(*Brecht & Co.: Biographie*),汉堡:欧洲出版公司,1997年,第636—643页。

第六编　希特勒之后：困境下德国传统之承续

么意义；他对流行文化的兴趣没什么争议性，事实上这就是正统；而他对声望崇拜的憎恨、对多愁善感的厌恶（在这一点上他与汉娜·阿伦特不相上下），意味着他的态度几乎不是一个在美国保证带来成功的态度，尽管他对于自己是否受欢迎并不在意。他认为美国是地球上最具活力的"生命点"，但也是"资本主义终极恐怖"之地。①

布莱希特内心有多少是无政府主义者，就有多少是马克思主义者，但是他也不缺乏现实主义。在横渡大洋前往美国的途中，他就把自己的列宁著作的复印本丢入了水中，他知道这本书或许会妨碍他被美国接纳。他前往加利福尼亚，是因为利翁·福伊希特万格向他保证在那里生活更容易。他为好莱坞电影《刽子手之死》（*Hangmen Also Die*）写了剧本，却票房不佳，而他从未真正试图消化此事，不相信这是可能的。② 他喜欢普通美国人的"优雅和慷慨"，但不喜欢他们缺乏尊严。一旦有机会，他就回到了德国，到了东德。

当托马斯·曼于1938年来到美国时，他被誉为世界上最伟大的在世小说家，被邀请至白宫用餐，并与爱因斯坦一起被哈佛大学授予荣誉学位。他迅速成为了公众人物。正是他，在1941年11月得以通过英国广播公司（从美国）首次公布关于大屠杀的消息。③

---

① 海尔布特：《天堂中的流亡》，第176页。亦参见罗纳德·斯皮尔斯（Ronald Speirs）编：《布莱希特的政治流亡诗》（*Brecht's Poetry of Political Exile*），剑桥：剑桥大学出版社，2000年。
② 菲济：《布莱希特公司传》，第610—611页。
③ 海尔布特：《天堂中的流亡》，第299页。

第三十九章 "第四帝国":德意志思想在美国的影响

一开始,曼很喜爱美国,尤其是总统富兰克林·罗斯福的领导能力。但是他的家庭成了他绝望的理由。他与妻子卡特娅和他们的六个孩子一起来到美国,还有他的哥哥海因里希及其妻子。他的儿子克劳斯、海因里希的妻子、他的两个姐妹,都在战争期间或战后不久自杀身亡。

不过,托马斯·曼在美国时设法创作了大量作品。1948年,他发表了《浮士德博士》(*Doctor Faustus*),这本书可以说是他的杰作,讲的是一位德国作曲家的一生。这位作曲家以勋伯格为原型,他对曼的处理并不完全满意。在书中,作曲家莱韦屈恩是一位虚无主义者,一个决心做一次浮士德式交易的人,他在去过一次妓院后感染了梅毒并毁了他的爱人们。莱韦屈恩身上不仅有一丝尼采的痕迹,他身上的好些影射或许暗指了希特勒——或许不是;高雅艺术本身处在冷嘲热讽的审视下,法兰克福学派和十二音体系亦是如此。书中不只顺带地提到了一个真实的艺术家团体——这是一个有着形形色色德意志人的救赎团体。

曼始终坚持做一位严肃的作家,他不断为美国人的口若悬河和他所认为的美国文化与公共生活中不加反思的特性,尤其是美国人的过分简单化倾向(这是一个危险的立场)而不安,他认为,后两者孕育和强化了1945年后出现的冷战。他对于自己已经成为罗斯福领导之美国的一位公民而感到自豪,但是,他也被美国生活中"野蛮的幼稚"和他所描述的"不是领导这个世界而是买下它"这一国家决策所惊骇。1952年6月,他再次移民回欧洲,来到瑞士这个说德语却不是德国的国家。"美国乐于看着他离开,一如多年前它曾欣然接纳他。"

第六编　希特勒之后:困境下德国传统之承续

由于这样或那样的理由——因为语言障碍显得太过困难,因为新大陆的社会、政治和学术氛围是如此不同,因为很少有人获得了像电影制片人这种通俗的成功——多数流亡作家一旦有可能就返回了欧洲:布莱希特、恩斯特·布洛赫、莱昂哈德·弗兰克(Leonhard Frank)、瓦尔特·梅林、阿尔弗莱德·德布林、托马斯·曼(前文已述)、埃里希·马利亚·雷马克和卡尔·楚克迈尔。他们中的一些人来到了瑞士,一个德语国家,却不是他们离开的那个。可以说,希特勒几乎打碎了整整一代文学家的精神,或者至少让这些人面目全非。在这个意义上,恶徒赢了。安东尼·海尔布特引用了曼在离开美国前不久写给友人的一封信:"我们可怜的德国人!即便我们'声名显赫',我们根本上还是孤独寂寞!无人真正喜爱我们。"①

科学家的情况可以说并不相同。在流亡者中有第 19 届诺贝尔奖获得者,他们的流亡表明了他们的才干,也凸显了希特勒离奇的决策——允许甚至鼓励他们离去。这在一定程度上进一步证实了伊恩·雅各布斯(Ian Jacobs),丘吉尔的战时助手的看法:"盟军赢得了战争(第二次世界大战),因为我们的德国科学家比他们的德国科学家更优秀。"

前文已经介绍过列奥·西拉德在自持链式反应——这会使原子爆炸成为可能——这一概念的构想中发挥的作用。在他移民美国后,他与阿尔伯特·爱因斯坦和汉斯·贝特一起,试图说服国家的军事和政治首脑不要投放原子弹(后来是核弹)。另一位流亡物

---

① 海尔布特:《天堂中的流亡》,第 321 页。

第三十九章 "第四帝国"：德意志思想在美国的影响

理学家沃尔夫冈·泡利直截了当地拒绝参与任何与原子弹计划相关之事，而第五位匈牙利（却说德语的）物理学家爱德华·泰勒却秉持着完全相反的观点，成为了著名的"鹰派"。

贝特和泰勒来到美国时曾是亲密好友，一起和妻子们去爬山，合租一套房。① 但是炸弹介入了他们之间，就像它基本上分裂流亡物理学家那样：约翰·冯·诺依曼（小时候外号"扬奇"[Jancsi]）——他的计算对于在洛斯阿拉莫斯制造的原子弹的速率至关重要——站在泰勒一边，而维克多·魏斯科普夫（Victor Weisskopf）则站在贝特一边。② 1953年，在奥本海默事件中，关键时刻来临了：美国原子能研究计划曾经的领导者J.罗伯特·奥本海默被指控对国家不忠——因为他反对原子弹研究（该指控后来被撤销）——和试图包庇左翼友人。③ 泰勒做了不利于奥本海默的证供。而贝特的反应则是撰写了一篇论文——该文直至1982

---

① 彼得·古德柴尔德（Peter Goodchild）：《爱德华·泰勒：真正的"奇爱博士"》（*Edward Teller: The Real Dr. Strangelove*），伦敦：魏登费尔德-尼科尔森出版社，2004年，第26页。

② 关于最初的争执，参见爱德华·泰勒、朱迪思·L.肖利（Judith L. Shoolery）：《科学和政治的20世纪旅程》（*A Twentieth-century Journey in Science and Politics*），剑桥、马萨诸塞州：珀修斯出版社，2001年，第177—178页。关于物理学中保密性的开端，参见爱德华·泰勒：《盾甚于剑：国防和科技中的观点》（*Better a Shield than a Sword: Perspectives on Defense and Technology*），纽约：自由出版社；伦敦：科利尔·麦克米伦出版社，1987年，第115—116页。

③ 西尔万·S.施韦伯（Silvan S. Schweber）：《炸弹的阴影：贝特、奥本海默与科学家的道德责任》（*In the Shadow of the Bomb: Bethe, Oppenheimer, and the Moral Responsibility of the Scientist*），普林斯顿、纽约和奇切斯特：普林斯顿大学出版社，2000年，第107—114页。亦参见卡蒂·马顿（Kati Marton）：《大逃亡：九位逃离了希特勒并改变了世界的犹太人》（*The Great Escape: Nine Jews Who Fled Hitler and Changed the World*），纽约和伦敦：西蒙-舒斯特出版社，2007年，第184—187页。

第六编　希特勒之后:困境下德国传统之承续

年才解密——辩称,洛斯阿拉莫斯氢弹计划之延迟,更多的是由泰勒的计算错误而非奥本海默的政治疑虑所造成的。

贝特曾在总统科学顾问委员会中任职。直至20世纪60年代,他不断发声以调和泰勒更为好战的态度(彼得·古德柴尔德在他2004年出版的泰勒传记中加了"真正的'奇爱博士'"这一副标题)。[1] 在美国,支持与反对原子弹和核弹的观点与流亡物理学家关联得异常紧密。

"双人帝国"

幸运的是,并非所有流亡科学家都因为炸弹而出名。战后时期,阿尔伯特·爱因斯坦与库尔特·哥德尔之间结下了友谊,两人都是普林斯顿高等研究院的研究员。[2] 当然,爱因斯坦明显是两人中更著名的那一位,但正是哥德尔,那个阶段正在做意义更重大的工作。(爱因斯坦曾常对高研院的来访者说,他去研究院无非是为了有与哥德尔"一起走路回家的好处"。)更为年轻的哥德尔从未享受过健康,他可能很快就会垮掉。但是他们的同行持续了一段日子,他们开玩笑地把在普林斯顿的时光描述为"双人帝国"(Das

---

[1] 古德柴尔德:《爱德华·泰勒》。诺依曼和奥斯卡·莫根施特恩是博弈论专家,博弈论被认为对策略中的基础而言非常重要。参见约翰·冯·诺依曼、奥斯卡·莫根施特恩:《博弈论与经济行为》(*Theory of Games and Economic Behaviours*),普林斯顿和纽约:普林斯顿大学出版社,1953年,第46—48、587—589页。诺依曼还帮助发展了计算机。

[2] 约翰·W.道森(John W. Dawson):《逻辑的两难:库尔特·哥德尔的生平和作品》,第176—178页。

第三十九章 "第四帝国":德意志思想在美国的影响

Reich der Zwei)。[1]

哥德尔关于相对论的新思维设想让我们从时间观念中逃脱出来,似乎我们常识中所接受的某些限制不再是真的。爱因斯坦引入了"时空"这一概念,时空是一整个实体,有可能被弯曲或扭曲。哥德尔现在设想(更确切地说,在数学上计算出),假如宇宙正在旋转——按照他的计算,宇宙的确在旋转(如今这被称为"哥德尔宇宙")——那么时空有可能通过物质分布而发生非常大的变形或扭曲,以至于宇宙飞船有可能以某一(他已计算出的)最低速度穿越宇宙,时间旅行将有可能。[2]

时间旅行的想法当然夺人眼球。但是哥德尔根本不是轻率的人,而且他有深刻的哲学目的,他想要试图在一个后爱因斯坦的世界中理解时间,他的基本观点是:世界是一个空间,而非一段时间。[3] 这显然不是一个可以应对的简单观念。哥德尔及其新理论被忽视了很多年。不过,因为他的思想与弦论有所重叠,对其的兴趣在 21 世纪初(他于 1978 年去世)有日益增长的迹象。

"教化"的回归及其美国化

回顾本章之初,阿兰·布鲁姆关于德国人对美国人文化生活

---

[1] 帕利·尤格拉(Palle Yourgrau):《没有时间的世界:爱因斯坦与哥德尔被遗忘的财富》(*A World without Time: The Forgotten Legacy of Gödel and Einstein*),纽约:基础读物出版社,2005 年,第 94—95 页。
[2] 同上书,第 6 页。
[3] 同上书,第 115 页。

第六编　希特勒之后：困境下德国传统之承续

之影响的评论，听起来很让人想到对回归"教化"（Bildung）的请求。教化是一种全面的人文主义教育，立足于希腊和拉丁文化的经典，因为它们是被思考、被撰写、被图绘……的最好（也是最初）之物。这并不那么让人惊讶，因为布鲁姆本人正是师从德国流亡者利奥·施特劳斯。布鲁姆认为，美国人如今正在根据弗洛伊德的方法而不是更传统的教育途径来寻求满足，而这正是他的悲观主义的一个原因，因为他看不到这何以成功。

布鲁姆的观点和基于这些观点的著作造成了巨大的轰动，尤其是在大学里。在那里，关于他是否言之有物这一问题，看法分化尖锐：是如他所言，人类面临的重大问题并未改变，社会科学"发现"的许多"新"思想事实上在很久以前——在古希腊（"最佳模式"）——就已被提出，后来主要被德国思想家——黑格尔、康德、尼采、韦伯、胡塞尔和海德格尔——所推升；还是如他的批评者所宣称，他已经过时了，如今文化应该被视为——就像一位批评者所言——"一种种族的狂欢"。

自此，喧闹愈演愈烈，从未真正停止。一个最终的结果是2002年8月在纽约市的巴德学院召开了题为"流亡，科学与教化"的会议，与会学者来自美国、加拿大、英国、法国、德国和匈牙利。早在1930年亚伯拉罕·弗莱克斯纳（Abraham Flexner）的《美国、英国和德国的大学》(*Universities—American, English, German*)一书出版时，关于教化的争论就已经在美国出现，这也是会议的推力，学者们想要知道当时的争论结果如何。弗莱克斯纳是洛克菲勒基金会第一项教育慈善事业"普通教育委员会"的秘书，他提出，美国和英国的高等教育机构实际上都没有超过中学，而"仅有德国

第三十九章 "第四帝国":德意志思想在美国的影响

以威廉·冯·洪堡的历史性创举为基础,懂得了真正的大学"。①教化曾是大学的首要目标。

巴德会议的目的是审视在美国的大量德国流亡学者的职业生涯、出版物和友谊关系,以便看到他们在何种程度上随身携带着德意志的教化思想。在会议上被审视的人物包括托马斯·曼、拉斯洛·莫霍伊-纳吉、埃尔文·潘诺夫斯基、保罗·拉扎斯菲尔德、恩斯特·卡西雷尔、提奥多·阿多诺、马克斯·霍克海默、齐格弗里德·克拉考尔、卡尔·曼海姆和保罗·奥斯卡·克里斯特勒——许多名字在这一章和前一章已被细致考量。

会议发现,事实上许多流亡人士在美国失去了他们对教化的迷恋。没有人能说,这是否因为流亡的体验太难以忍受,是否因为美国太与众不同。与此同时,教化文化的一些方面被吸收进美国生活中,不过在过程当中被美国化了,尤其是在三个领域。第一,作为法兰克福研究所在美工作的成果,批判社会学而非数据处理社会学似乎进展迅速。这并未阻碍数据处理社会学家,但是,由于阿多诺、霍克海默和其他人推上台面的议题,战后批判社会学在美国的确繁盛起来。

第二是德国人对经验主义传统的挑战。他们的哲学家认为,存在"超越他们控制的客观力量支配着他们的命运"。这样想的不单有黑格尔和尼采这样的人,海德格尔也是如此。他们的态度是,我们应该"服从"世界本来的面目,我们应该"照顾"它而不是控制

---

① 戴维·凯特(David Ketter)和赫伯特·劳尔(Herbert Lauer)编:《流亡,科学与教化》(*Exile, Science, and Bildung*),纽约:帕尔格雷夫出版社,2005年,第2—3页。

它。这种态度是一种伦理立场,与美国人的唯物主义思想并不完全相合,但是这种态度来自于教化路径,当战后几十年过去时,它反而变得越来越重要了。

不过教化思想在美国最大的回响、最被美国化的理念是"自我实现"的概念。与此同时,"教化下的自我实现"(Bildung self-realization)这种词进入了美国人的词汇表,弗洛伊德主义和它的个人自我实现概念也是如此。正如所料,精神分析学或者说心理学方法是极其私人和个性化的。它的道德要旨被含蓄地限制在这样一个信条上,即(精神上)健康的公民比不健康的公民要更好。它不像传统教化或者说传统自我实现那样,探索道德或政治意义上的一位好公民意味着什么,或者做"一个文化伦理人"意味着什么。所以,的确,教化已经来到美国,但却是以一种"贫困"的形式。

我们将会在结语部分重回这些问题。目前我们可以说,相对而言,少数流亡美国的德国移民拥有与其人数不成比例的巨大影响;不过他们自己也深受流亡经历影响(在某些情况下还被击败)。

这与英国的情况有所不同。

| 第四十章 |

"陛下最忠诚的敌国子民"

当13万德国流亡者在美国定居时,在英国的相应人数大约是5万。① 照比例来看,这是一个更大的数字,毕竟美国的人口是英国的四倍,国土是它的十倍。然而,除此之外,要比较在这两国的流亡者的经历并不容易。丹尼尔·斯诺曼(Daniel Snowman)采访了许多定居英国的较为杰出的德国流亡者,他发现他们有两个特征:他们都成长于"浸淫音乐"的家庭,从母亲身上学习文化知识,而父亲都非常重视教化(或教养)。②

---

① 注释中关于德国流亡者的一般参考书目,参见第38章注释②(现第1032页注②)和第39章注释④(分别为第1032页注②、现第1055页注①。——译者)。此外,关于英国的文献包括格哈德·希施费尔德(Gerhard Hirschfeld)编:《流亡英国:来自希特勒德国的避难者》(*Exile in Great Britain: Refugees from Hitler's Germany*),利明顿温泉镇:德意志历史研究所和贝格出版社,伦敦,1984年。该书主要涉及政治和工业影响;威廉·阿比(William Abbey)等编:《两种语言之间:1933—1945年在英国的德语流亡者》(*Between Two Languages: German-speaking Exiles in Great Britain, 1933-1945*),斯图加特:汉斯-迪特尔·海因茨出版社,1995年,该书有一个有趣部分是关于试图向英国警示纳粹的德国人,有一部分是关于用英语创作的德国作家和戏剧家;帕尼科斯·帕纳伊(Panikos Panayi)编:《1500年以来在英国的德国人》(*Germans in Britain since 1500*),伦敦:汉布尔登出版社,1996年,该书提供了一个长时段的审视。

② 丹尼尔·斯诺曼:《希特勒的流亡者》(*The Hitler Emigres*),伦敦:查托-温达斯出版社,2002年,第12—13页。

第六编　希特勒之后：困境下德国传统之承续

他们来到的这个国家对德意志文化并不特别感兴趣。大多数有文化的英国人把注意力对准了法国，在一定程度上还有意大利。克里斯托弗·伊舍伍德(Christopher Isherwood)20世纪30年代在柏林和汉堡待了一段时间，他曾言受到友人们的抨击，他们谴责他对德国的兴趣，"并且希望我更多地去法国……普鲁斯特和法国印象派者的法国"。第一次世界大战以来，德意志艺术和文化已成为令人厌恶之物，尽管在战前像作曲家爱德华·埃尔加和唐纳德·托维(Donald Tovey, 1875—1940)这样的人已经觉得有必要在德国获得认可更甚于在英国。

正如那些早早到达美国的流亡者一样，也有一些人在20世纪30年代早期来到了英国。卡尔·艾伯特(Carl Ebert)和鲁道夫·宾(Rodulf Bing)就在首批人之列，前者是达姆施达特一家剧院的经理（在与戈林的一次不光彩会面后辞职），后者是柏林夏洛滕堡剧院的经理。他们成功地合作创办了格莱德堡歌剧节。1947年，宾接着创办了爱丁堡音乐节，尽管他"几乎不知道苏格兰在哪儿"。[①] 瓦尔特·格罗皮乌斯是另一位早期到达之人。他在1934年就为了在英国皇家建筑师学会举办的作品展而访问了英国。同年晚些时候，他应邀重返英国，那时他开始了大量合作，尤其是参与设计了剑桥北部的平顿学院。鲁道夫·拉班(Rudolf Laban)在斯图加特的拉班舞蹈学校最初在1937年迁至巴黎，接着迁至德文郡的达廷顿，在那里，莱昂纳德和多萝西·埃尔姆赫斯特夫妇(Leonard and

---

① 鲁道夫·宾：《在剧院的5000个夜晚》(5,000 *Nights at the Opera*)，伦敦：哈米什·汉密尔顿出版社，1972年，第86页。

第四十章 "陛下最忠诚的敌国子民"

Dorothy Elmhirst)的艺术家团体正在引起轰动,而拉班以前的学生、舞蹈编导库尔特·约斯(Kurt Jooss)已经定居下来。[①] 亚历山大·科尔达,匈牙利血统,说德语,在柏林受教育。1926年,他离开了德国首都前往好莱坞,但他没有成功。因此,他出现在了伦敦,在那里,他的命运改变了,他成为了有史以来最为成功的电影制片人之一。另一位亲德国的匈牙利流亡者埃默里克·普雷斯布格尔(Emeric Pressburger)曾与罗伯特·西奥德马克、比利·怀尔德和卡尔·迈耶(《卡里加利博士的小屋》的创作者)在柏林共事,在1933年春被迫离开。在英国,科尔达把他介绍给了抱负不凡的导演迈克尔·鲍威尔(Michael Powell),一段持久的合作关系诞生了。未来的艺术史家恩斯特·贡布里希在1935年离开了维也纳前往英国,诸如奥斯卡·科科施卡和库尔特·施维特斯这样的画家也加入了这个队伍。

英国当时还未被移民淹没。在希特勒政权的第一年间,英国来了大约2000名难民,远远少于选择法国(21 000人)、波兰(8000人)和巴勒斯坦(10 000人)的人数。但是,随着20世纪30年代越来越黑暗,英国与美国一道成为了首选目的地。当1938年英国人同意接收"一船又一船"来自德国和奥地利的未成年人时,情况更是如此。正如我们所知,丹尼尔·斯诺曼认为儿童的输送开始于1938年12月,持续至下一年战争爆发时的9月,在此期

[①] 关于达廷顿,参见威廉·格洛克(William Glock):《先锋音符:一部以音乐谱就的自传》(*Notes in Advance: An Autobiography in Music*),牛津:牛津大学出版社,1991年,第57—77页。亦参见约翰·霍奇森(John Hodgson):《掌控运动:鲁道夫·拉班的生平与著作》(*Mastering Movement: The Life and Work of Rudolf Laban*),伦敦:梅休因出版社,2001年。

第六编　希特勒之后：困境下德国传统之承续

间，有10 000名年轻人——其中四分之三是犹太人——在英国找到了避难所。

服务学者的学术援助委员会即后来的科学与知识保护学会创建起来了，这是列奥·西拉德、伦敦政治经济学院院长威廉·贝弗里奇（William Beveridge）及其同事莱昂内尔·罗宾斯（Lionel Robbins）的创意。这个在伯灵顿花园的英国皇家学会楼上找到了办公地的组织帮助过卡尔·曼海姆、马克斯·玻恩、汉斯·克雷布斯和鲁道夫·派尔斯等人。[1] 至1992年，不少于74位流亡人士或者流亡人士的子女成为了英国皇家学会会员，更有34位是英国科学院院士。16位获得了诺贝尔奖，18位被授予爵位。[2]

犹太难民并不倾向于在传统的伦敦东区定居，取而代之的是在瑞士小镇修建了一个新的犹太会堂（伯利兹广场会堂）。许多难民一旦找到工作，自然就帮助他们的同伴。1940年春，难民们共同面临着一个问题，当时随着纳粹日益迫近的进犯，他们中数以千计的人被扣留于英属曼岛。其中有马克斯·佩鲁茨（Max Perutz）、斯蒂芬·赫斯特（Stephen Hearst）、汉斯·希德洛夫（Hans Schidlof）、汉斯·凯勒（Hans Keller）、库尔特·约斯、塞巴斯蒂安·哈夫纳（Sebastian Haffner）、库尔特·施维特斯和克劳斯·莫泽（Claus Moser）。[3] 唯一一条好消息是，在曼岛上的人

---

[1] 鲁道夫·恩斯特·派尔斯：《原子的历史》（Atomic Histories），伍德伯里和纽约：AIP出版社，1997年，关于他自己的角色，参见第187—189页。

[2] 斯诺曼：《希特勒的流亡者》，第104页。

[3] 乔治娜·费里（Georgina Ferry）：《马克斯·佩鲁茨与生命的密码》（Max Perutz and the Secret of Life），伦敦：查托－温达斯出版社，2007年，第63—65页。

第四十章 "陛下最忠诚的敌国子民"

才遍布得如此之广,以至于从中国戏剧到伊特鲁里亚语的所有优秀课程都一应俱全。流亡人士开玩笑说,他们是"陛下最忠诚的敌国子民"[①]。

一些难民在几星期后就获释(例如克劳斯·莫泽),而且设置的委员会通常友好地看待被拘留者。这个委员会由诸如拉尔夫·沃恩·威廉斯(Ralph Vaughan Williams)——他领导了一个评估流亡音乐家的委员会——这样的人所组成。陶艺家卢奇厄·里(Lucie Rie)被放出来做消防值班,尼古拉斯·佩夫斯纳(Nikolaus Pevsner)协助清理爆炸造成的破坏,而汉斯·希德洛夫则被训练为牙科技师。但不是所有人都从事无关痛痒的工作。鲁道夫·派尔斯、克劳斯·富克斯(Klaus Fuchs)和约瑟夫·罗特布拉特(Joseph Rotblatt)前往美国成为了曼哈顿计划的一部分,而恩斯特·贡布里希、马丁·埃斯林(Martin Esslin)和格奥尔格·魏登费尔德(George Weidenfeld)在为英国广播公司的监听服务效力。斯蒂芬·赫斯特和查尔斯·斯宾塞(Charles Spencer)则有机会使用他们的语言技能来审问战俘。[②]

亚历山大·科尔达在战争期间形成了自己的风格,创作了反纳粹电影,比如《有翼的狮子》(*The Lion has Wings*),这部电影在战争爆发前就开始创作,并且断言了英国皇家空军之无敌。埃默

[①] 海伦·弗里(Helen Fry):《国王最忠诚的敌国子民:第二次世界大战中为英国而战的德国人》(*The King's Most Loyal Enemy Aliens: Germans Who Fought for Britain in the Second World War*),斯特劳德:萨顿出版社,2007年。

[②] 斯诺曼:《希特勒的流亡者》,第135页。

第六编 希特勒之后:困境下德国传统之承续

里克·普雷斯布格尔创作了《魔影袭人来》(49th Parallel)。[1] 马丁·米勒(Martin Miler)改进了他日后家喻户晓的对希特勒的角色扮演,并且创办了"拉特德尔"——一所奥地利的流亡剧院,专攻(当时在英国几乎不为人知的)卡巴莱表演,坐落在通向诺丁山的维斯特波恩平台上。还有蓝色多瑙河俱乐部和自由德国文化联盟(FDKB),后者是一个援助作家、演员、音乐家和科学家的联合组织,其创始成员包括(在英国从未快乐过的)斯蒂芬·茨威格、伯特霍尔德·菲特尔(Berthold Viertel)、弗雷德·乌尔曼(Fred Uhlman)和奥斯卡·科科施卡。[2]

随着人员和机构从伦敦疏散转移,牛津成为了流亡生活的一个中心:鲁道夫·宾住在那里,作曲家埃贡·韦勒斯(Egon Wellesz)亦是如此(他是勋伯格的学生,拥有牛津大学的荣誉学位),还有诗人迈克尔·汉布格尔(Michael Hamburger)、哲学家恩斯特·卡西雷尔和教授文艺复兴史的尼古拉·鲁宾施泰因(Nicolai Rubinstein)。保罗·魏因德林(Paul Weindling)在其关于第二次世界大战中在牛津大学之德国学者的研究中确定了50多位流亡者,其中一大部分是医学人士。战前就已存在一条柏林-牛津轴线,个人之间保持着良好的交往。剑桥也有它的流亡科学家——赫尔曼·布拉什科(Hermann Blaschko)、汉斯·克雷布斯、鲁道夫·派尔斯、马克斯·佩鲁茨;它还是伦敦政治经济学院在流亡时的避难所,弗里德

---

[1] 查尔斯·德拉津(Charles Drazin):《科尔达:英国唯一的电影大亨》(Korda: Britain's Only Movie Mogul),伦敦:西奇威克-杰克逊出版社,2002年,第221—229页。

[2] 斯诺曼:《希特勒的流亡者》,第135页。

第四十章 "陛下最忠诚的敌国子民"

里希·冯·哈耶克当时安置于此。迄今为止,哈耶克被认定为剑桥人士约翰·梅纳德·凯恩斯(John Maynard Keynes)的主要竞争对手。尽管存在分歧,这两人还是成了坚定忠实的朋友。战后,伦敦政治经济学院成了杰出的流亡学者幸福之家:克劳斯·莫泽、约翰·伯格(John Burgh)、拉尔夫·米利班德(Ralph Miliband)、埃内斯特·格尔纳(Ernest Gellner)、彼得·鲍尔(Peter Bauer)、希尔德·希默尔魏特(Hilde Himmelweit,她是汉斯·艾森克[Hans Eysenck]的助理)、布拉姆·奥本海姆(Bram Oppenheim)和迈克尔·桑德尔(Michael Zander)等。

但是,问题不能忽视。画家路德维希·迈德纳和库尔特·施维特斯承认,他们从未在英国感觉到自己完全受到欣赏。埃利亚斯·卡内蒂(Elias Canetti)①从未克服认为英国如此庸俗的想法(尽管 C. V. 韦奇伍德[C. V. Wedgwood]翻译了他的著作,艾丽斯·默多克[Iris Murdoch]曾称赞他的才华)。克劳斯·莫泽曾告诉丹尼尔·斯诺曼,他的父母"从未重获他们前半生的热忱",他们坚忍地生活在帕特尼一座半独立式的房子里,那里与魏玛共和国时期柏林令人眼花缭乱的世界大不相同。②

当战争的命运发生转变时(并且在战争结束后),机会确实开始出现。瓦尔特·戈尔(Walter Goehr)是一位接受形形色色工作的音乐家,他组建了一个自己的乐团——伦敦爱乐乐团——并且邀请既是指挥家同时也是男高音歌唱家的理查德·陶贝尔(Richard

---

① 卡内蒂1981年获得诺贝尔文学奖。
② 斯诺曼:《希特勒的流亡者》,第169—170页。

第六编　希特勒之后：困境下德国传统之承续

Tauber)担任指挥,陶贝尔取得了巨大的成功。库尔特·约斯被邀请为"新剧院"创作新版本的《魔笛》(The Magic Flute),他在1944年精心设计了一出芭蕾舞剧《潘多拉》(Pandora)。

恩斯特·贡布里希的故事强调了这样一个事实,即流亡者对英国文化生活(连同科学和音乐在内)最重大的影响之一在出版业。贡布里希的写作生涯开始于1934—1935年的维也纳,当时瓦尔特·诺拉伊特(Walter Neurath)让他为儿童写一部世界史。这导致了他写一部艺术史的想法,这本书在1950年以《艺术的故事》为名出版,那时作者和出版商都已经迁居英国。这本书轰动一时,五十年后仍在重印,有600万销量,大概是有史以来最为成功的艺术书籍。贡布里希成为了牛津大学斯莱德教席的艺术教授,出版了另外两本开创性的著作:关于艺术心理学的《艺术与错觉》(Art and Illusion)和关于装饰艺术的《秩序感》(The Sense of Order)。1959年,他成为了瓦尔堡研究院的院长,直至1976年退休,那时他已经受封爵位。①

下述名单进一步证实了流亡者对出版业之影响的观点:格奥尔格·魏登费尔德、汤姆·马施勒(Tom Maschler)、瓦尔特·诺拉伊特、保罗·哈姆林(Paul Hamlyn)、彼得·欧文(Peter Owen)、安德烈·多伊奇(Andre Deutsch)、保罗·埃莱克(Paul Elek)、罗伯

---

① 理查德·伍德菲尔德(Richard Woodfield)编:《对艺术史的反思:观点与评论》(Reflections on the History of Art: Views and Reviews),牛津:费顿出版社,1987年,第231页。贡布里希有些令诺伯特·林顿(Norbert Lynton,曾名诺伯特·勒文施泰因[Norbert Loewenstein],1927年出生于柏林)黯然失色。林顿是艺术委员会的展览总监,在他的许多书中,通过对肯尼思·阿米蒂奇(Kenneth Armitage)、维克多·帕斯莫尔(Victor Pasmore)和威廉·斯科特(William Scott)的研究,竭力提倡英国当代艺术。

第四十章 "陛下最忠诚的敌国子民"

特·马克斯韦尔(Robert Maxwell)。斯坦利·昂温(Stanley Unwin)购买了维也纳费顿出版社的所有股份后,在一定程度上负责确保了把它安全地搬迁到英国,从技术上把这家公司"雅利安化"了,它成为了英国企业的一家"子公司"。

出版业最为成功的故事或许是格奥尔格·魏登费尔德的故事。战后,魏登费尔德的首要目标是创办一份杂志,他认为这份杂志是《纽约客》(*The New Yorker*)、《新共和国》(*The New Republic*)和《新政治家》(*The New Statesman*)的结合,称其为《接触》(*Contact*)。他向伯特兰·罗素、恩斯特·贡布里希和贝内代托·克罗齐(Benedetto Croce)约稿,但是《接触》并没有获得预期的成功。而当他与马莎百货的一位董事伊斯雷尔·西夫(Israel Sieff)共进午餐时,他命运的转折点出现了。午餐后,西夫带魏登费尔德去他公司在大理石拱门(Marble Arch)的门店,向他的客人展示了一个柜台,在那里,美国制造的儿童经典文学"极其畅销"。他邀请魏登费尔德同样这么做并且直接卖给马莎百货。

魏登费尔德迅速出版了诸如《金银岛》(*Treasure Island*)、《黑骏马》(*Black Beauty*)和《格林童话》(*Grimm's Fairy Tales*)版权已经失效的众所周知的图书。图书接替了杂志。1949年,魏登费尔德-尼科尔森出版社诞生了。在魏登费尔德其他值得注意的出版奇袭行动中,有弗拉基米尔·纳博科夫(Vladimir Nabokov)的《洛丽塔》(*Lolita*),以赛亚·柏林(Isaiah Berlin)的《刺猬与狐狸》(*The Hedgehog and the Fox*),大卫·本-古里安(David Ben-Gurion)、戈尔德·梅厄(Gold Meir)、阿巴·埃班(Abba Eban)、摩西·达扬(Moshe Dayan)和西蒙·佩雷斯(Shimon Peres)的回

第六编　希特勒之后：困境下德国传统之承续

忆录，更不必说诸如恩斯特·诺尔特（Ernst Nolte）的《法西斯主义的三张面孔》(Three Faces of Fascism)和拉尔夫·达伦多夫的《德国的社会与民主》(Society and Democracy in Germany)这种在本书中展开讨论的一些书（参见下章）。

与魏登费尔德在出版业中的成就几乎一样令人印象深刻的是尼古拉斯·佩夫斯纳的成就。他于1936年抵达英国，为一位家具设计师工作。在战争期间，他出任了《建筑评论》(The Architectural Review)的（代理）编辑，兼职在伦敦大学的伯贝克学院任教，并且出版了一本关于欧洲建筑的著作。1955年，他承接了英国广播公司的里斯讲座，选择以"英国艺术的英国风格"为主题。不过另外两个计划或许有更大的影响。一个是与企鹅出版集团的创办者艾伦·莱恩（Allen Lane）对话的结果，出版一系列名为《鹈鹕艺术史》(Pelican History of Art)的庞大的多卷本丛书，纵览世界各地的艺术发展。第二个系列丛书是由佩夫斯纳本人研究和撰写的，关于英国最重要和最美丽的建筑。[①] 该丛书的陆续出版长达三十年，但是他的研究现在仍然是不朽之作。诺伊拉特是一个小圈子的中心，成员包括亨利·莫尔（Henry Moore）、巴巴拉·赫普沃思（Barbara Hepraths）、本·尼科尔森（Ben Nicholson）。

一项晚些的成就是历史学家艾瑞克·霍布斯鲍姆（Eric Hobsbawm）的贡献。他在维也纳长大，十几岁的时候迁至柏林。他被共产主义所吸引，认为它不仅是资本主义的替代品，而且是犹

---

① 斯诺曼：《希特勒的流亡者》，第276页。

第四十章 "陛下最忠诚的敌国子民"

太复国主义的替代品,他对犹太复国主义几乎没有同情。在英国,他成为了伦敦大学伯贝克学院的一位令人印象深刻的历史老师,帮助创建了一本极富影响的期刊《过去与现在》(*Past and Present*),撰写了大量关于下层阶级的著作(如《原始的叛乱》[*Primitive Rebels*],1959年;《工人》[*Labouring Men*],1964年)和一个广受欢迎的综合四部曲:《革命的年代》《资本的年代》《帝国的年代》与最近的《极端的年代》。①

卡尔·波普尔和弗里德里希·冯·哈耶克都在20世纪40年代初延续了对社会主义和历史主义的抨击。1959年,波普尔出版了《科学发现的逻辑》一书。在该书中他陈述了自己的观点。他认为科学家作为局外人遭遇这个世界,也就是自然,而让科学事业远离其他事物的就是它只容纳能够证伪的知识或经验。对于波普尔来说,这就是把科学与宗教或者形而上学区分开来之物;这就是一个"开放"社会的切实体现。1950年,哈耶克离开英国前往芝加哥大学,这让他本来可以很容易在关于前往美国的移民那章里被加以思考,不过他后来仍然回到了说德语的欧洲,回到了萨尔茨堡,然后是弗赖堡,所以他被放在这里。1960年,在冷战的高潮期,他出版了《自由秩序原理》一书,在书中他超越了"计划"这一早期著作的焦点,把论点延伸至道德领域。当时他的论点认为,我们的价值观就像我们的智力那样发生了进化,进化了的正义法则是自由。"社会正义"(social justice)概念——它后来在20世纪60年代变

---

① E. J. 霍布斯鲍姆:《我的20世纪人生:趣味横生的时光》(*Interesting Times: A Twentieth-century Life*),伦敦:艾伦·莱恩出版社,2002年,第335页。

第六编　希特勒之后：困境下德国传统之承续

得如此流行——和"大社会"(the Great Society)的概念无论在过去还是现在都是一个神话。在进化过程中，法律是"人类自然史的一部分"；它与社会是同时期的，因此，至关重要的是，它要先于国家的出现。"社会正义"的不合理要求是对自然进程毫无根据（且行不通）的干涉。波普尔和哈耶克两者都不是传统的德意志风尚中的文化悲观主义者，但是在他们的路径中，可以辨认出他们是达尔文主义者。1974年，哈耶克获得了诺贝尔经济学奖；1984年，他被授予英国名誉勋位。波普尔在1965年受封爵位。

出版业、文学和历史学的一个另类的冒险是阿尔弗雷德·维纳(Alfred Wiener)在伦敦组织起来的大屠杀图书馆。维纳是一个土生土长的柏林人，他参与过第一次世界大战并且获得了铁十字勋章。他始终对民族社会主义的威胁心生警惕，最早从1928年起他就着手用文档记录它的活动，但是在1933年他被迫出逃，先是到了阿姆斯特丹，然后到了伦敦。"二战"后他创办了维纳图书馆，是大屠杀文档记录的主要来源之一。[1]

莱奥·贝克(Leo Baeck,1873—1956)是一位相似之人，在某些方面甚至令人印象更深刻。他出生于现在波兰境内而当时属于德国的利沙，在柏林跟从威廉·狄尔泰学习哲学，并且成为了一名拉比。1905年，为了回应阿道夫·冯·哈纳克的《基督教的本质》，他出版了《犹太教的本质》，该书把新康德主义与希伯来思想混合在一起。对于贝克在德国的犹太同胞来说，该书的成功让他

---

[1] 本·巴尔科(Ben Barkow):《阿尔弗雷德·维纳与大屠杀图书馆的产生》(*Alfred Wiener and the Making of the Holocaust Library*)，伦敦：瓦伦丁·米切尔出版社,1997年；关于这一想法的孕育，参见该书第51、104页。

第四十章 "陛下最忠诚的敌国子民"

在一定程度上成为了英雄。[1]他在第一次世界大战期间充当了军队拉比,自此以后他在某种形式上扮演着留存在德国的犹太社区守护者的角色,他在各委员会和团体中担任职位来保护犹太人的利益。最终,他于1943年被放逐至特莱西恩施塔特集中营,在那里,他成为了长老会的成员。当该集中营在1945年5月被俄国人解放时,他仍然在那里。战后,他搬迁至伦敦,在那里他出版了第二本书《以色列人》(*The People Israel*),这本书进一步提高了他的地位。为了表彰他在灾难时代中的作用,1955年建立了"莱奥·贝克说德语犹太人之历史与文化研究所"。一年后,贝克去世。现在在墨尔本和多伦多有莱奥·贝克中心,在伦敦、耶路撒冷和纽约有莱奥·贝克研究所。

流亡英国的新闻工作者大部分聚集在英国广播公司周围,而在平面媒体方面则是戴维·阿斯托(David Astor)的《观察家报》(*Observer*),这份报纸发表过塞巴斯蒂安·哈夫纳、亚瑟·库斯勒、理查德·勒文塔尔(Richard Löwenthal)、恩斯特·F."弗里茨"·舒马赫(Ernst F. "Fritz". Schumacher)和伊萨克·多伊彻(Isaac Deutscher)的文章。当然,除了新闻和影视外,英国广播公司其他的优势在于音乐。流亡人士在这一领域的影响与在科学、出版和社会或政治理论上的影响同样深入且重要。战后的岁月里,直至20世纪70年代,有三位维也纳流亡者对广播公司的产品

---

[1] 克里斯特哈德·霍夫曼(Christhard Hoffmann)编:《保留德国犹太人的遗产:1955—2005年莱奥·贝克研究所史》(*Preserving the Legacy of Germany Jewry: A History of the Leo Baeck Institute, 1955—2005*),图宾根:莫尔·西贝克出版社,2005年。

第六编　希特勒之后：困境下德国传统之承续

产生了超常的影响：汉斯·凯勒、马丁·埃斯林和斯蒂芬·赫斯特。

凯勒在第一次世界大战刚结束时出生于维也纳，在德奥合并后，他从奥地利出逃前往英国，他有一位姐妹在英国。作为乔治·格什温（George Gershwin）和克劳德·德彪西（Claude Debussy）的仰慕者以及深受弗洛伊德心理学影响之人，凯勒开始作为音乐评论家而出名，并且是本杰明·布里顿（Benjamin Britten）的早期崇拜者。1959 年，威廉·格洛克（William Glock）成为了英国广播公司的音乐总监，不久之后他就招募了凯勒。这两人都喜爱海顿和莫扎特（后者在这个阶段还未受世人敬仰），不过也决心要推广现当代音乐。① 经由他们，英国的音乐欣赏达到了前所未有的高度。凯勒的传记作者把他描述为英国广播公司的"音乐良心"。②

埃斯林对英国广播公司的戏剧同样贡献很大。他出生于布达佩斯，不过在维也纳长大，他接受了典型的以教化为目标的德意志教育（11 岁学习拉丁语，12 岁学习希腊语，不久后学习哲学）。生母去世后父亲再娶的妻子让埃斯林接触到了瓦格纳，并对他产生了激情，不过她也给了埃斯林一个木偶剧院。这间接地把他引向了豪普特曼、施尼茨勒和布莱希特。那时他就打算就这些人写一些深受欢迎的书。基于此，他被英国广播公司接纳，在 1963 年成

---

① 格洛克：《先锋音符》，第 78—86 页。
② 阿尔辛·加纳姆（Alsion Garnham）：《汉斯·凯勒与 BBC：1959—1979 年英国广播公司的音乐良心》（*Hans Keller and the BBC: The Musical Conscience of British Broadcasting, 1959—1979*），奥尔德肖特：阿什盖特出版社，2003 年，第 63—65 页。

第四十章 "陛下最忠诚的敌国子民"

为了戏剧部的主管。[1]

作为英国广播公司第二台的台长,斯蒂芬·赫斯特要负责英国影响最深远的文化机构。作为一个亲英派,他在维也纳上学时就筹划了《不可儿戏》(The Importance of Being Earnest)的一场英语演出。在德奥合并的次日,他出逃奥地利,先是到了牛津大学,后来加入了英国广播公司。20世纪60年代和70年代早期是英国电视中艺术与文化的"英雄时代",是肯尼斯·克拉克(Kenneth Clark)的《文明》(Civilisation)和阿利斯泰尔·库克(Alistair Cook)的《美利坚》(America)的时代,就此而言,赫斯特始终认为自己是幸运的。[2]

在音乐领域,我们已经提到过鲁道夫·宾,他在1947年启动了爱丁堡音乐节(后来他继续担任纽约大都会歌剧院的总监)。同一年,卡尔·兰克尔(Karl Rankl)被任命为伦敦科芬园皇家歌剧院的音乐总监。他并非第一人选。这一职位曾与尤金·古森斯(Eugene Goossens)和布鲁诺·瓦尔特(Bruno Walter)商洽,但是他们的要求太苛刻了。尽管兰克尔不像其他人那样出名,但是他并非毫无经验。他曾在柏林师从勋伯格和克伦佩勒,并且在格拉茨和布达佩斯担任过相关职位。他于1939年逃往英国,当时曾被拘禁。一段时间后,兰克尔开始发挥他的才能。战争期

---

[1] 例如参见马丁·埃斯林:《剧坛:戏剧符号如何在舞台和荧幕上创造意义》(The Field of Drama: How the Signs of Drama Create Meaning on Stage and Screen),伦敦:梅休因出版社,1987年,该书集中关注莎士比亚、易卜生、歌德、席勒和贝克特。

[2] 斯诺曼:《希特勒的流亡者》,第404、408页。

第六编　希特勒之后：困境下德国传统之承续

间，科芬园的歌剧院曾被出让给麦加咖啡有限公司，充当士兵回家休假时的舞厅，而芭蕾舞剧那时已在全国巡演中获得了巨大的成功。兰克尔把歌剧团稳固地建立了起来。尽管在他的任期内剧团没有在公众心目中赶超芭蕾舞剧，但是它最终做到了这一点。

很多年来，对许多人而言，德国人在英国音乐舞台上最显著的存在，是被熟知者称为"沃尔夫·冈"（Wolf Gang）的四位男子，或者更正式地说，是阿玛迪乌斯弦乐四重奏团。他们的第一场音乐会于1948年1月10日在威格摩尔音乐厅举行，以莫扎特的《d小调协奏曲，K.421》恰当地开场。四重奏团中的三位成员只是在流亡英国时才成为朋友。诺贝特·布雷宁（Norbert Brainin）和西格蒙德·尼塞尔（Siegmund Nissel）是小提琴家，汉斯·希德洛夫是中提琴家；这三人都年龄相仿，他们都曾是马克斯·罗斯塔（Max Rostal）的学生；而正是罗斯塔的另一位学生把他们介绍给了四重奏团的第四名成员——大提琴家马丁·洛维特（Martin Lovett）。他们的第一场演出是1947年夏受伊莫金·霍尔斯特（Imogen Holst）的邀请在达廷顿举行的，当时他们叫"布雷宁弦乐四重奏团"。[1] 霍尔斯特被表演所折服，他们最终决定使用莫扎特的中间名字"阿玛迪乌斯"来为乐团命名。他们在威格摩尔音乐厅的第一场伦敦音乐会广受好评，以至于来自英国广播公司和其他公司的邀请纷至沓来，其中还包括一场1950年在德国本土的巡演，之后

---

[1] 缪里尔·尼塞尔（Muriel Nissel）：《嫁给阿玛迪乌斯：与一个弦乐四重奏团在一起的生活》（*Married to the Amadeus: Life with a String Quartet*），伦敦：吉尔斯·德·拉·马雷出版社，1998年，第7页。

第四十章 "陛下最忠诚的敌国子民"

不久他们与德国唱片公司签订了合约。

克劳斯·莫泽最初想成为一名钢琴家,但是没有成功。他1922年出生于柏林,1936年随家人搬迁至英国帕特尼,在那里他进入了伦敦政治经济学院学习。经历了在曼岛的拘禁后,他重返伦敦政治经济学院,最终成为社会统计学教授(1961—1970)。首相哈罗德·威尔逊安排他出任英国中央统计局局长,该机构早先曾由于他的敌国侨民身份而拒绝他。所有敌国侨民中最忠诚的这位在1973年被封为爵士,2001年成为终身贵族,但这并非全部:在他的时代,莫泽曾是皇家统计学会主席、牛津大学瓦德汉学院学监、牛津大学副校长、大英博物馆发展信托基金会会长和英国科学促进会主席。他还曾是英国皇家音乐学院理事、英国广播公司音乐咨询委员会会员、伦敦爱乐乐团受托人和科芬园皇家歌剧院院长。实际上,他成为了一个"一人机构"。

罗纳德·格里尔森(Ronald Grierson)几乎同样多才多艺。他1921年出生在纽伦堡,原名罗尔夫·汉斯·格里斯曼(Rolf Hans Griessmann),在巴黎巴斯德公立中学接受教育,1936年搬迁至英国,进入牛津大学贝利奥尔学院。他曾遭到拘禁,后来应征入伍,参加了在北非和其他地方的战斗,在北非的战报中他曾受到提名表扬。战后,他被委派至对德管制委员会,在那里,他最艰巨的任务是说服康拉德·阿登纳(Konrad Adenauer)从他的被迫退隐中走出来(阿登纳已经被解除了科隆市市长一职)。20世纪40年代晚期格里尔森在羽翼未丰的联合国服务,70年代在布鲁塞尔的欧洲委员会工作。他还曾是华宝集团主管和通用电气公司董事长,1984年接任南岸中心总裁一职。南岸中心是一个艺术综合体,位

第六编　希特勒之后：困境下德国传统之承续

于伦敦市中心泰晤士河的南岸，为英国国家剧院、国家电影院、皇家音乐厅和海沃德美术馆提供场地。他发现当代音乐是他不得不面对的最具争议的艺术问题：政府指责中心呈现"具有煽动性的音乐"，而大厅有一半以上是空的。他在1990年受封爵位。[①]

在许多出生于德国、定居于英国并且在那里成名的学者中，我们可以看到马克思·玻恩、格奥尔格·斯坦纳(George Steiner)、鲁道夫·维特科尔、埃德加·温德(Edgar Wind)、玛丽·雅霍达、马克思·佩鲁茨、彼得·普尔泽(Peter Pulzer)和理查德·沃尔海姆(Richard Wollheim)。或许最大名鼎鼎的是路德维希·维特根斯坦，他继《逻辑哲学论》(*Tractatus*)之后的第二部力作《哲学研究》(*Philosophical Investigations*)在1953年出版，而他已在两年前因癌症在62岁这一相对年轻的年纪辞世。在这本书中，他的主要论点之一是，我们所理解的许多哲学问题其实是错误的问题，主要是因为我们被语言所误导。在维特根斯坦看来，心灵这个概念是多余的，我们需要对我们如何思考"大脑"这个问题非常小心。是人感觉到希望或失望，而不是他的大脑。对维特根斯坦而言，就精神生活谈论"内在"和"外在"只是隐喻。

维特根斯坦的著作是20世纪50年代后期和60年代日益增长的对弗洛伊德之抨击的一部分。弗洛伊德本人已于1939年在伦敦去世，那时他刚与家人从维也纳搬来不久。他的女儿安娜曾接受他的训练，在他去世后，安娜开设了一家汉普斯特德战争托儿

[①] 罗纳德·格里尔森：《懒惰脾性》(*A Truant Disposition*)，肯特郡法尔萨姆：韦斯盖特出版社，1992年。

第四十章 "陛下最忠诚的敌国子民"

所,后来开了另一家诊所来检测战时压力(包括成为孤儿)对儿童的影响。① 就在那时,她与另一位说德语的女性儿童精神分析学家梅兰妮·克莱恩(Melanie Klein)发生了冲突。

克莱恩也是犹太人,曾对桑多尔·费伦齐和卡尔·亚伯拉罕进行过精神分析。② 1882年她生于维也纳。她同样对儿童感兴趣并且被埃内斯特·琼斯邀请至伦敦。克莱恩的个人生活相当不如人意,但是她确实拥有对儿童的敏感。她最早观察到,通过游戏,尤其是通过心理失常之幼儿对待玩具的态度可以找到一条了解他们想法的路径。③ 这导致了她关于客体关系的理论,这一理论声称,自我惯于以一种特有的方式面对世界,而这种惯性是许多问题的缘由。

她与安娜·弗洛伊德有一场关于儿童内心世界的持久战。④ 安娜·弗洛伊德辨认出儿童经历的不同发展阶段,这些阶段影响

---

① 伊丽莎白·扬—布吕尔:《安娜·弗洛伊德传》(*Anna Freud: A Biography*),伦敦:麦克米伦出版社,1989年,第246—257页。乌韦·亨里克·彼得斯(Uwe Henrik Peters):《安娜·弗洛伊德:为儿童的一生》(*Anna Freud: Ein Leben für das Kind*),慕尼黑:金德勒出版社,1979年,第238—251页。
② 扬—布吕尔:《安娜·弗洛伊德传》,第24—29页。
③ 同上书,第163—184页。
④ 菲利斯·格罗斯库特(Phyllis Grosskurth):《梅兰妮·克莱恩的世界与工作》(*Melanie Klein: Her World and Her Work*),伦敦:霍德—斯托顿出版社,1986年。珀尔·金(Pearl King)、里卡尔多·施泰纳(Riccardo Steiner):《1941—1945年弗洛伊德—克莱恩争论》(*The Freud-Klein Controversies, 1941—1945*),伦敦:塔维斯托克或劳特利奇(Tavistock/Routledge),1991年。该书包含许多会议的长篇副本。在这些会议上分歧彻底暴露出来了,其他知名的精神病学家——米歇尔·巴林特(Michael Balint)、爱德华·格洛夫(Edward Glover)、苏珊·伊萨克(Susan Isaacs)和约翰·鲍比(John Bowlby)——也参与其中。

第六编　希特勒之后：困境下德国传统之承续

了症状的表现；反之，梅兰妮·克莱恩认为精神生活通常是在抑郁期与躁狂期之间的一种振荡。① 这两人从未达成和解，至今英国精神分析协会根据培养方式依然分裂为克莱恩派、安娜·弗洛伊德派和无派系。

先前介绍过诺贝特·埃利亚斯(1897—1990年)。在德国，他进入了包括埃里希·弗洛姆、利奥·施特劳斯、利奥·洛文塔尔和格尔肖姆·肖勒姆在内的一个小圈子，不过对他的人生产生真正影响的是卡尔·曼海姆，他在法兰克福大学成为了曼海姆的助教。1933年，当曼海姆的研究所被纳粹关闭时，埃利亚斯迁往巴黎，开始撰写他最广为人知的著作《文明的进程》(*The Civilising Process*)。1935年，他移民英国，又与曼海姆相遇，再次成为他的助教，这次是在伦敦政治经济学院。至战争爆发时，他已经完成代表作，不过被囚禁于曼岛。他职业生涯的重大转机迟迟未到，直至1969年《文明的进程》再版。② 这本书追溯了欧洲各种行为方式的发展——性行为、餐桌礼仪、身体机能、言语形式以及仆从与主人之间的关系。埃利亚斯使用文件、回忆录和绘画作为史料来展现法庭礼仪如何传播，羞愧和厌恶如何形成与扩大，自我约束如何开始作为民主的一个方面而获得赞赏。他曾被忽视的研究路径当时受到了欢迎，被认为对心理学和社会科学正在发展的道路

---

① 朱莉娅·克里斯蒂娃(Julia Kristeva)：《梅兰妮·克莱恩》(*Melanie Klein*)，罗斯·古贝曼(Ross Guberman)英译，纽约：哥伦比亚大学出版社，2001年，第73页。
② 理查德·基尔明斯特(Richard Kilminster)：《诺贝特·埃利亚斯：后哲学的社会学》(*Norbert Elias: Post-philosophical Sociology*)，阿宾顿和纽约：劳特利奇出版社，2007年，第72—74页。

第四十章 "陛下最忠诚的敌国子民"

至关重要。理查德·桑内特(Richard Sennett)形容该书"无疑是自马克斯·韦伯以来历史社会学最为重要的一部专著"①。

和埃利亚斯一样,埃内斯特·格尔纳(1925—1995)也在伦敦政治经济学院和剑桥大学教书。他在被卡夫卡称为三元文化的布拉格长大。在那里,他就读于说英语的文法学校,这是他的父亲所做的一个有先见之明的举动,因为他们家在1939年搬迁至英国;后来埃内斯特获得了牛津大学贝利奥尔学院的奖学金。在他取得学位前,他前往捷克斯洛伐克第一装甲旅服役,参与了敦刻尔克大撤退。从贝利奥尔学院毕业后,他前往伦敦政治经济学院,随后成为了哲学、逻辑学和科学法的教授。

格尔纳因为《词与物》(Words and Things,1959)一书而出名,这本书是对维特根斯坦、吉尔伯特·赖尔(Gilbert Ryle)和其他他认为对他们自身的方法草率行事的语言哲学家的一个聪明的批判。赖尔是如此愤怒,他拒绝在他主编的杂志《心灵》(Mind)上评论此书。伯特兰·罗素写信向《泰晤士报》控诉,吵闹持续了数周。《犁、剑与书》(Plough,Sword and Book,1988)也是格尔纳的著作之一,在该书中他主张,历史发展经历了三大阶段——狩猎和采集、农业生产以及工业生产——它们符合人类活动的三大等级:生产、强制和认知。他在《词与物》之后最重要的著作或许是《民族与民族主义》(Nations and Nationalism,1983)。20世纪60年代,格尔纳移居至剑桥大学并且转向社会人类学,他把研究西方

---

① 埃利亚斯:《德国人:19—20世纪的权力斗争与习性变迁》。

第六编　希特勒之后：困境下德国传统之承续

世界之外的社会当作分内之事。[1] 1933年退休后，他回到了布拉格，领导一个关于民族主义研究的新中心，该中心由乔治·索罗斯（George Soros）资助，是新建的中欧大学的一部分。身为登山家和狂热的啤酒爱好者，格尔纳的写作风格令人无法效仿："J. O. 维兹德姆（J. O. Wisdom）博士曾经对我说，他知道有人认为在黑格尔之后无哲学，另一些人则认为在维特根斯坦之前空无一人；而他看不出有任何理由可以排除两者都正确的可能性。"

尽管奥斯卡·科科施卡和库尔特·施维特斯是在英国寻求流亡的最著名的成年画家，但是战争爆发时年仅七岁的弗兰克·奥尔巴赫（Frank Auerbach）或许是流亡者中最广为人知的当代画家，他的渐淡画法和浓重的厚涂技法是最接近德国表现主义传统的。他出生于柏林，1939年被父母送往英国，而他们自己则死在集中营中。[2] 在英国，奥尔巴赫被送往邦斯院，一所在肯特郡为难民而设、由安娜·埃辛格（Anna Essinger）——一位犹太血统的贵格会教徒——管理的学校（学校从德国施瓦本汝拉山脉地区的赫尔林根搬迁而来）。奥尔巴赫由作家艾丽斯·奥里戈（Iris Origo）资助。

由于父母双亡，战争结束后奥尔巴赫留在了英国，师从戴维·

---

[1] 西尼沙·马莱舍维奇（Sinisa Malesevic）、马克·豪高（Mark Haugaard）：《埃内斯特·格尔纳与当代社会思想》（*Ernest Gellner and Contemporary Social Thought*），剑桥：剑桥大学出版社，2007年，第125—139、168—186页。

[2] 他登上了儿童运输船——8000—10 000名儿童在1939年9月前被运出。关于第一手资料和生动的照片，参见马克·哈里斯（Mark Harris）、德博拉·奥本海默（Deborah Oppenheimer）：《投入陌生人怀抱：儿童运输的故事》（*Into the Arms of Strangers: Stories of the Kindertransport*），伦敦：布鲁姆斯伯里出版公司，2000年。

第四十章 "陛下最忠诚的敌国子民"

邦贝格(David Bomberg),因其所绘伦敦市内工业化的——或者至少是城市化的——场景而逐渐出名。奥尔巴赫被认为是自弗朗西斯·培根以来最激动人心的"英国"天才。1978年,他有了一次艺术委员会的回顾展;2001年,他在皇家艺术院举办了主要作品回顾展;1986年,他代表英国参加了威尼斯双年展,在那里他与西格玛尔·波尔克(参见第41章)共享了金狮奖。[①] 根据2003年的报道,他拒绝了爵位封号。

虽然没有一位在英国的德国流亡者赢得像托马斯·曼、阿尔伯特·爱因斯坦、比利·怀尔德、玛琳·黛德丽、汉娜·阿伦特或者赫伯特·马尔库塞那样的世界声望,但是总的看来,他们在英国生活得比其在美国的同伴更幸福。他们之中回德国的人更少,他们让自己更顺利、更彻底地融入了英国生活,最终占领了传统"权力结构"的高层——英国广播公司、牛津大学、剑桥大学,还有诸如科芬园和大英博物馆这样的主要文化机构。这是因为英国作为一个欧洲国家更容易被他们所理解吗?这是因为他们有机会以某种方式进行战斗,或者说他们离战斗更近,从而有助于他们适应吗?海伦·弗里的《国王最忠诚的敌国子民》一书讲的是为英国而战的德国人,没有一本美国人的著作与之相似,尽管毫无疑问,有许多在美国的德国人为战时的努力出力颇多。被拘禁的经历在一定程

[①] 凯瑟琳·兰伯特(Catherine Lampert)、诺尔曼·罗森塔尔(Norman Rosenthal)和伊莎贝尔·卡莱尔(Isabel Carlisle):《弗兰克·奥尔巴赫:油画和素描,1954—2001》(*Frank Auerbach: Paintings and Drawings, 1954—2001*),英国:皇家艺术院,2001年,第111页。亦参见罗伯特·休斯(Robert Hughes):《弗兰克·奥尔巴赫》(*Frank Auerbach*),伦敦:泰晤士-哈得孙出版社,1990年。

第六编　希特勒之后：困境下德国传统之承续

度上也有净化作用吗？因为尽管它在持续时令人不快，但它是一个公共体验，人们可以从英国的视角理解它并非全然不合理，并且重要的是在心理上意识到，当拘禁结束时所有的苦难就终止了。许多流亡者在1940年前就抵达了英国，他们与这个国家的主人共同经历了最黑暗的时日——"安然度过"的体验影响了他们后来的调整和忠诚吗？

我们永远无法下一定论。不过确定的是，流亡人士比大多数英国人所承认的要更具影响力。

| 第四十一章 |

"分裂的天空":从海德格尔到哈贝马斯再到拉青格

欧洲大陆的枪声在 1945 年 5 月沉寂下来后,德国一片废墟,数百万人颠沛流离,无家可归。1945 年 3 月乔治·奥威尔(George Orwell)时在科隆,他写道,步行穿过被毁的城市"就切实感受到对文明存续的怀疑"。① 瓦尔特·格罗皮乌斯在 1947 年 8 月的一次访问中回到柏林,他发现这座城市几乎是"一个僵尸";他建议美国人在美因河畔的法兰克福建造一个新首都。② 其他人认为,应该让废墟作为废墟保留下来,作为"废弃第三帝国的纪念碑"。德国人需要以前所未有的规模修建新住宅——据说,大约有 650 万个单位被损毁。③ 正如沃尔夫冈·席费尔布施所言,不单是需要居住之所,还需要一个新视野。这个国家的建筑师和规划师再造和恢复已被毁损之物,还是重新开始?

他们两者都干了。在一些区域——慕尼黑、弗赖堡和明斯

---

① 史蒂夫·克劳肖(Steve Crawshaw):《一个更宽容的祖国:21 世纪的德国》,第 25 页。
② 同上书,第 15 页。
③ 沃尔夫冈·席费尔布施:《在一个寒冷的火山口》(*In a Cold Crater*),伯克利和伦敦:加利福尼亚大学出版社,1998 年,第 2 页。

第六编　希特勒之后：困境下德国传统之承续

特——他们重建了失去之物。在其他地方——杜塞尔多夫、汉堡、科隆和美因河畔法兰克福——他们有了新的开始。然而，颇具讽刺意味的是，他们到处使用阿尔伯特·施佩尔为"被轰炸城市重建计划工作班底"草拟的规划。① 除了住宅，剧院、音乐厅、大学和体育馆等都从废墟中拔地而起，争相让人更赏心悦目，比如本斯贝格的表现主义市政厅（戈特弗里德·伯姆[Gottfried Böhm]，1962—1967），或者是柏林自己的爱乐厅（汉斯·夏隆[Hans Scharoun]，1956—1963）。② 最值得注意的建筑是密斯·凡德罗（Mies van der Rohe）用玻璃和钢筋构建而成的新国家画廊，它有着简洁的线条，画作被陈列于地下。③

在这种废墟和重建中，柏林的精神生活在战争结束后立刻有了一个短暂而急剧的复兴，因为流亡者回来了，曾经躲藏在地下的人们敢于露出他们的脸庞，而且盟军把文化生活作为比砖石构成的断壁残垣更容易重建之物来鼓励。布莱希特对此的简练格言是："柏林：根据希特勒的想法而成的一幅丘吉尔的蚀刻画。"④

德国民主革新文化联盟——简称文化联盟——得到了俄国人

---

① 埃娃·科林斯基（Eva Kolinsky）、维尔弗里德·冯德威尔（Wilfried van der Will）编：《剑桥现代德国文化指南》（*The Cambridge Companion to Modern German Culture*），剑桥：剑桥大学出版社，1998年，第297页。

② J.克里斯托夫·伯克勒（J. Christoph Burkle）：《汉斯·夏隆与现代性：理念，计划和剧院建设》（*Hans Scharoun und die Moderne: Ideen, Projekte, Theaterbau*），美因河畔法兰克福：坎帕斯出版社，1986年，第141—143页。

③ 科林斯基和冯德威尔编：《剑桥现代德国文化指南》，第299页。

④ 席费尔布施：《在一个寒冷的火山口》，第2页。

第四十一章 "分裂的天空":从海德格尔到哈贝马斯再到拉青格

的许可,不久就有了9000名会员,这证明了——如果没有其他因素的话——被毁城市对文化的渴求。文化联盟最初认为托马斯·曼或许能成为它的名誉领袖。但是曼在一封公开信中遭到了抨击,这封信指责他实际上隔着一段"舒适"的距离来注视战争,因此曼拒绝了一切提议。取而代之的是,文化联盟找到了当时年届七十、居住在西里西亚的格哈特·豪普特曼,他同意担任名誉主席。文化联盟举办了一系列关于当代音乐的音乐会和讲座,成立了一个组织来推广自然科学和人文科学。但不久它引起英国当局不友好的关注,英国当局认为它是一个由俄国官方授意的共产主义组织。文化联盟关闭了。①

报纸、广播和电影的相关举措必须得到占领当局的批准。在此最有趣的发展之一是同意埃里希·波默的回归,他是环球电影公司的《卡里加利博士的小屋》、《马布斯博士的遗嘱》(The Testament of Dr. Mabuse)、《大都会》(Metropolis)和《蓝天使》(The Blue Angel)等产品背后的原动力。他于1946年7月回到德国,并且广受欢迎,用他自己的话来说,"就像救世主来了"。他在柏林有一套可用的住宅,并且给他配备了私佣。好莱坞大声疾呼反对此事——因为直至1933年,德国电影已经是他们最主要的竞争对手——协议最终达成,双方都接受了这一事实,即当时他们的主要目标将是与苏联的冷战宣传对抗。②

苏联在1948年7月24日封锁了柏林与西方世界的所有

---

① 席费尔布施:《在一个寒冷的火山口》,第86页。
② 同上书,第143—144页。

第六编 希特勒之后:困境下德国传统之承续

公路和铁路交通,所有这些举措都被打断了。这导致了持续至1949年9月30日的著名空运(空中桥梁[Luftbrücke])。① 至此,"铁幕"被牢牢地固定了。1961年夏天,当柏林墙修建起来时,它到达了顶峰。战后德国文化中的一个重要问题是"Vergangenheitsbewältigung"——克服(或者说接受)过去——的过程。康拉德·阿登纳总理任用曾经的纳粹高层在当局就职的政策,并没有对这一进程有所裨益,即便他觉得他们能够协助管理被20世纪50和60年代的"经济奇迹"所知之事,或者协助管理参与冷战之事。可以说,在这一决定中最不名誉的元素是这样一个事实:德国和美国政府都知晓阿道夫·艾希曼从1952年起就化名里卡多·克莱门特(Ricardo Clement)定居在阿根廷,但是他们对其加以庇护以防他向公众泄露他所掌握的一些人物的信息,比如汉斯·格洛布克(Hans Globke),他是为希特勒的纽伦堡种族法作注的作者,接着成为了阿登纳手下的高层人物。以色列人直至1962年才抓获艾希曼。

冷战的紧急状况以这样或那样的方式持续妨碍着克服过去的进程。

罗伯特·康奎斯特(Robert Conquest)已经指出,由于苏联出席了纽伦堡审判,非纳粹者的世界在设法对付"希特勒主义"时受到了阻碍。"反常的似乎是,参加判决纳粹德国为侵略者的国家

---

① 美国主导的空运成功意味着,对于德国人,西柏林得到国际联盟的援助要多于其他德国人。

第四十一章 "分裂的天空":从海德格尔到哈贝马斯再到拉青格

中,有一个早在六年前就已经因为这项指控被开除出了国际联盟。"① 第一部试图确保德国人正被迫接受其过去的完整著作,确实出现得比所有人预期的要早得多。马克斯·魏因赖希(Max Weinreich)的《希特勒的教授们:德国对犹太民族所犯罪行中的学术》(Hitler's Professors: The Part of Scholarship in Germany's Crimes against the Jewish People)于 1946 年 3 月问世,当时战争结束还不到一年。魏因赖希 1893 年出生于拉脱维亚,在柏林和马尔堡学习德国哲学。在完成意第绪语(Yiddish)的博士学位后,他最终成为了维尔纳一所机构的负责人,这一机构后来发展成为了犹太研究所(YIVO)。当波兰被兼并时,魏因赖希正在布鲁塞尔参加会议,他非常艰难地去了美国。在美国,当他获悉维尔纳作为苏德瓜分波兰的一部分而落入苏联控制之中时,他着手在纽约重建犹太研究所。这一经历自然让他聚焦于希特勒麾下用自己的名誉和赞许,协助纳粹种族灭绝政策的学者们。在他的书中,魏因赖希使用了 2000 种战时出版物,其中许多在这之前还是机密。他还浸淫于其他 5000 篇第三帝国内部确认的文章,比如,作为种族灭绝政策之一的"大型实验"。他揭露了纳粹如何制造一种隔离科学,他们如何发展自己的"族民"和"空间"概念,"种族科学"如何开展,死亡工厂的科学面貌如何,以及在本书的第 35 章(原书第 649

---

① 吉娜·托马斯(Gina Thomas)编:《未解决的过去:德国历史中的一场争论(惠特兰基金会赞助的一次会议,由拉尔夫·达伦多夫主持和介绍)》(The Unresolved Past: A Debate in German History; A Conference Sponsored by the Wheatland Foundation, Chaired and Introduced by Ralph Dahrendorf),伦敦:魏登费尔德-尼科尔森出版社(联合惠特兰基金会),1990 年,第 49 页。

第六编 希特勒之后:困境下德国传统之承续

页)讨论的许多事件如何与"纳粹学术"相关联。随着1989年柏林墙倒塌,许多学者已经对魏因赖希最初揭露之物做了补充,但是对此的开端之举正是魏因赖希,他的书今天也可以理所应当地被视为经典之作。

齐格弗里德·克拉考尔也在纽约度过了战争那几年,当时他与在魏玛共和国的同事提奥多·阿多诺不期而遇。在1930年完成开创性的研究《雇员们》——第31章已对此做了论述——之后,身为犹太人的他在1933年搬到了巴黎,之后来到美国。在美国,他在现代艺术博物馆工作,受古根海姆和洛克菲勒奖学金资助。这导致了他开创性的影评著作《从卡里加利到希特勒:德国电影的心理史》(*From Caligari to Hitler: A Psychological History of German Film*, 1947)。在这本书里,他探求并且发现了魏玛时期的电影、历史和政治之间的相似之处,他认为,这一定程度上解释了希特勒的出现。克拉考尔和之后的洛特·艾斯纳(Lotte Eisner)——艾斯纳在《鬼魅的银幕》(*The Haunted Screen*, 1955)一书中检视了魏玛共和国的电影美学——都提出理由论证魏玛电影中的背景威胁是混乱(就像在《卡里加利博士的小屋》中通过马戏团所表现出来的那样),其中一个专横的人物(就像卡里加利那样)是救赎性的。[①] 克拉考尔也着眼于这一时期的其他主要电影——《M》、《大都会》和《蓝天使》——并且拓展了他的论点:"魏玛的银幕"是"德国的浩劫"能够被理解的土壤。尤其是,

---

① 齐格弗里德·克拉考尔:《从卡里加利到希特勒:德国电影的心理史》,普林斯顿和纽约:普林斯顿大学出版社,1947年。

第四十一章 "分裂的天空":从海德格尔到哈贝马斯再到拉青格

他把打闹喜剧视为与权力和危险打情骂俏的一个隐喻。在打闹喜剧中,喜剧演员总是因为偶然因素而逃脱权力的钳制,保有了他的自由,但危险仍然存在。克拉考尔的书也成为了经典,尽管对《卡里加利博士的小屋》原始脚本的偶然发现和近期的其他研究对该书的主要主题产生了质疑:电影是否像克拉考尔所言,能够被认为完全把握了与意象、与政治之间的一种直接联系?①

德国综合征

1961年,汉堡历史学家弗里茨·菲舍尔出版了专著,论述德国在第一次世界大战中的目的。在前文第29章中已经提到过,在菲舍尔看来,1912年12月,德皇威廉二世及其军事顾问在臭名昭著的"战争委员会"上"已经决定,到1914年的夏天触发一场大规模的战争,并且用中间这几个月的时间来让国家为解决账单做好准备"。不仅如此,菲舍尔还提出了在两次世界大战之间德国目的的连续性——这是令这本书在此处的讨论语境中如此重要的原因所

---

① 亦参见齐格弗里德·克拉考尔:《大众装饰:魏玛文集》(The Mass Ornament: Weimar Essays),托马斯·Y. 莱温(Thomas Y. Levin)英译,剑桥和马萨诸塞:哈佛大学出版社,1995年。该书是献给阿多诺的。除了书名的这篇文章外,还包括《畅销书与他们的读者》(Bestsellers and Their Audience)、《作为新中产阶级之艺术形式的传记》(The Biography as an Art Form of the New Bourgeoisie)、《作为思想载体的团体》(The Group as a Bearer of Ideas)、《酒店大堂》(The Hotel Lobby)。所有的论述都非常有预见性。关于克拉考尔对现代性的论述,参见戴维·弗里斯比(David Frisby):《现代性的碎片:齐美尔、克拉考尔和本雅明著作中的现代性理论》(Fragments of Modernity: Theories of Modernity in the Work of Simmel, Kracauer, and Benjamin),剑桥:政体出版社,1985年。

第六编 希特勒之后:困境下德国传统之承续

在。对于一些圈内的历史学家而言,这言过其实了。比如,格哈德·里特尔"愤怒地拒绝"在贝特曼·霍尔维格与希特勒之间、在德国1914年前的外交政策与20世纪30年代的外交政策之间、在俾斯麦的德意志帝国与希特勒的第三帝国之间加以比较的可能性。[①] 菲舍尔以匿名的经济史和社会史为代价强调戏剧性事件中行动者的作用,他这么做在德国国内点燃了一场关于德国历史的争论,这段德国历史在此之前已经得到了流亡海外、主要是横跨大西洋在美国的德国人的更多关注。

在德国国内,出生日期发挥了作用。那些在1929年或者之后出生的人被认为是无辜的,属于"清白一代"。君特·格拉斯(Günter Grass,1927年生)、马丁·瓦尔泽(Martin Walser,1927年生)和库特·松特海默尔(Kurt Sontheimer,1928年生)是第三帝国的一部分,虽然是最低限度的;但于尔根·哈贝马斯、拉尔夫·达伦多夫和汉斯·马格努斯·恩岑斯贝格尔(Hans Magnus Enzensberger)——他们都出生于1929年——却并非如此。社会学家赫尔穆特·舍尔斯基(Helmut Schelsky)通常被认为是正确的,他把后者确定为"怀疑的一代",他们可能是最早克服把"纯洁"的文化领域与"肤浅且卑劣的政治世界"对立起来的传统德国"鸿沟"之人。[②] 在很多人心中,1933—1941年的第三帝国仍然与"好时光"联系在一起,并且与1941—1948年的大屠杀以及对其的"发

[①] 布莱克本、埃利:《德国史的特性》,第29—30页。
[②] 扬-维尔纳·米勒:《另一个国度:德国知识分子、统一与民族认同》(*Another Country: German Intellectuals, Unification and National Identity*),康涅狄格州纽黑文和伦敦:耶鲁大学出版社,2000年,第8页。

第四十一章 "分裂的天空":从海德格尔到哈贝马斯再到拉青格

现"——这种"发现"是消极的、创伤性的——相分离。[①]

当时还出现了其他一些与菲舍尔事件中的主题并非毫无关联的研究。其中有威廉·勒普克(Wilhelm Röpke)的《德意志问题》(*Die deutsche Frage*,1945)、莱昂纳德·克里格的《德国的自由观念》(*The German Idea of Freedom*,1957)、弗朗茨·诺依曼的《民主与专制国家》(*The Democratic and the Authoritarian State*,1957)、沃尔夫冈·蒙森(Wolfgang Mommsen)的《马克斯·韦伯与德国政治》(*Max Weber und die deutsche Politik*,1959)、赫尔穆特·普莱斯纳(Helmuth Plessner)的《迟到的民族》(*Die verspätete Nation*,1959)、弗里德里希·A.冯·哈耶克的《自由秩序原理》(1960)、弗里茨·斯特恩的《文化绝望的政治》(1961)、格哈德·里特尔的《德意志问题》(*Das deutsche Problem*,1962)和赫尔曼·艾希(Hermann Eich)的《不被爱的德国人》(*The Unloved Germans*,1963)。不过,格奥尔格·卢卡奇的《理性的毁灭》(*Die Zerstörung der Vernunft*,1962)和拉尔夫·达伦多夫的《德国的社会与民主》(1965年)凸显了出来。

卢卡奇的《理性的毁灭》(英译本为 *The Destruction of Reason*)审视了"哲学上通往希特勒之路",是率先对这条众所周知的道路进行探讨的论著中的一本。这条路从路德维希·贡普洛维奇(Ludwig Gumphlowicz)和休斯顿·斯图尔特·张伯伦到威廉·狄尔泰,从斐迪南·滕尼斯、马克斯·韦伯和奥斯瓦尔德·施本格勒到马克斯·舍勒、马丁·海德格尔、卡尔·雅斯贝尔斯和卡

---

① 扬-维尔纳·米勒:《另一个国度:德国知识分子、统一与民族认同》,第33页。

第六编　希特勒之后：困境下德国传统之承续

尔·施密特。卢卡奇属于最早对德国在资本主义发展上的"迟到"状态、对19世纪晚期和20世纪早期德国知识分子中的贫困及其文化悲观主义进行评论之人。他将其首先归因于康德的唯心主义。他指出，这一理论给了直觉一个美好的名字并且以生机论（vitalism）的形式达到了顶峰，除了其他方面外，生机论还阻止了理性得多也科学得多的马克思主义在德国这个"阶级斗争"与别处不同的地方落地生根。哲学上，德国欣然接受了歌德—叔本华—瓦格纳—尼采这条路线（卢卡奇对尼采尤为不屑），而不是莱辛、海涅、康德、黑格尔、费尔巴哈到马克思和恩格斯的这条更为"丰富"的路线。卢卡奇声称看到非理性主义在第二次世界大战后的美国扎下根来，而在斯大林的大清洗逐渐为人所知时，这连同他认为列宁主义—马克思主义是一个"更高的智识阶段"的论点在某种程度上损害了他的论证。

另一方面，达伦多夫的《德国的社会与民主》（英译本为 Society and Democracy in Germany）则不那么富有争议，他的可取之处在于顾及了其他论著中的大多数观点，并且使用了新近的社会学与调查的成果来证实或反驳它们的论点。①

达伦多夫于1929年出生在汉堡，是魏玛共和国一位社会民主党议员的儿子。他在汉堡大学接受了传统与现代相弥合的教育——攻读了古典语言文学和社会学。1956年，他在伦敦政治经

---

① 格奥尔格·卢卡奇：《理性的毁灭》，彼得·帕尔默（Peter Palmer）英译，伦敦：梅林出版社，1980年，关于生机论的观点，参见第403—405页，关于"可供选择的道路"，参见第755—757页。拉尔夫·达伦多夫：《德国的社会与民主》，伦敦：魏登费尔德—尼科尔森出版社，1967—1968年。

第四十一章 "分裂的天空":从海德格尔到哈贝马斯再到拉青格

济学院获得了博士学位,此后他的职业生涯分跨学术世界和现实的政治实践。1969—1970年,他成为了德国议会的议员,随后被任命为布鲁塞尔欧洲委员会委员。之后,他回到了伦敦政治经济学院担任院长,接着成为了牛津大学圣安东尼学院院长,获得了英国国籍并晋升进入英国上议院。2009年,辞世。

在《德国的社会与民主》中,达伦多夫打算回答他所谓的"德国问题":为什么在德国信奉自由民主原则的人如此之少?他进一步写道:"有一种自由的观念认为,只有在以经验为基础的求知态度、互相竞争的社会力量和自由的政治制度彼此结合的地方,人们才能够获得自由。这一观念从来没有真正在德国落地生根。为什么没有?这就是德国问题。"

他首先强调德国的工业化与其他国家的平行(或者并不那么平行的)进程之间的一些重要差别。比如,他注意到德国的工业企业倾向于比英国的要大得多(就资本总额而言是三倍大),而这引发的一个结果就是"德国的工业化吞噬了自由原则而不是发展它"。这导致他得出结论,"与许多人的信念相反,工业革命根本不是现代世界的原动力"[1]。在德国,工业部门如此巨大以至于它与国家结成了联盟,而"在这些结构中,一个数量可观的、政治上自信的资产阶级没有了容身之所"[2]。

达伦多夫追溯了最初由滕尼斯推广开来的这样一个观点的起源,即原始的人类共同体(Gemeinschaft)受到人为的社会

---

[1] 达伦多夫:《德国的社会与民主》,第46页。
[2] 同上。

第六编 希特勒之后:困境下德国传统之承续

(Gesellschaft)的威胁,他发现不太可能存在过"人的一个甜蜜社区"①。在题为"对综合的怀旧"的一节中,他主张,对待冲突,德国人怀有不同于其他现代国家的态度,而"对待冲突的不同态度意味着对人类境况的不同阐释"②。

在关于大学的一节中,他提出了科学与政治之间的相似之处——两者都是开放式的,它们的方向不能够(并且不应该)被迫遵循任何的单一路径——它们的出乎意料就是它们特征的一部分。就此而言,关键是以经验为基础的态度。达伦多夫觉得这种态度在德国受到了"科学"观念的危害,这里的科学包含着一般的学识,在其中哲学思辨居于中心地位。他认为德国的症状表现在经验科学最终在19与20世纪之交脱离了大学,而在德皇威廉学会中找到了它们的容身之所。他指出,学术探索的"内在自由"反而在大学中获得了胜利,大学允许学者安静平和地工作。另一方面,"经验科学必然需要允许宣传和交流的政治自由"。他得出结论,存在两种科学概念——经验科学和德意志科学——他认为这是至关重要的。"由冲突所产生的知识相当于由冲突所产生的政府……一场充满活力的思想冲突总是给科学的市场提供了知识的最佳可能结果。"③另一方面,"就〔德国模式的〕思辨和理解这个意义而言的知识的确不需要争论"。他认为,这造就了独特的德意志真理观,不是一种在一组实验结果出来后被公共争论击杀出局的真理,而是一条通向"至少对被挑选出来的少数人而言"(也就是专

---

① 达伦多夫:《德国的社会与民主》,第131页。
② 同上书,第147页。
③ 同上书,第157—158页。

第四十一章 "分裂的天空":从海德格尔到哈贝马斯再到拉青格

家)适合可用的"某种知识"的道路。

在政治上,他引发了对马克斯·韦伯的魅力型领导(charismatic leadership)观点——德国的一个流行观点——的关注,并且再一次将其视为一个和谐的过程而不是竞争或者冲突。[①] 他注意到,在德国,"知识分子上层阶级"要比"经济上层阶级"受到更高的重视,但恰恰是这些人在第三帝国时期经历了"内在流亡"(inner emigration)——再次把他们的对抗内化,而不是公开表达或行动。[②]

他发现,认为德国人不关心政治的想法并不正确,至少就公众对普选的参与度而言,它已经从 1871 年的 50% 左右稳步攀升至 1961 年的 88% 左右,而且近期的一项调查表明,几乎五分之二的大学生"对政治有一种自觉的投入"。但是,他发觉另外的五分之三更加引人注意。调查显示,相比与政治有一定关联的同伴,他们过着大相径庭的生活:他们重视他们的家庭生活、他们的隐私、他们与公德的脱离。由此他得出结论,在 20 世纪 60 年代早期,"德国人的政治社会化是不完全的……民主制度被接受了;但它们仍然是表面的、遥远的、根本无关痛痒的……德国人不关心政治,因

[①] 达伦多夫:《德国的社会与民主》,第 202 页。
[②] 达伦多夫也发现德国人和美国人在心理上的不同之处非常有趣。在一项研究中,美国人和德国人被询问他们是否孤独,如果是,那么这对他们而言意味着什么。美国人把孤独与"无力"、"不适"、"悲伤"、"虚弱"和"怯懦"联系在一起,而德国人则把它与"巨大"、"强壮"、"勇敢"、"健康"和"深入"联系在一起。达伦多夫觉得德国人把私德珍视为精神生活的力量,而在美国——在英国程度低一些——情况正相反,人们与公德、公开争论和社会冲突有更多的牵连,这就是为什么孤独被从一种糟糕或悲伤的角度来理解。达伦多夫:《德国的社会与民主》,第 287—288 页。

第六编　希特勒之后:困境下德国传统之承续

为政治对他而言微不足道;德国人是独裁主义者,因为他可能更喜欢不要把他从自己四面墙的'自由'中被拖拽出来。"[1]

在达伦多夫看来,所有这些构成了德国综合征。通过援引德国选民突然转向民族社会主义者的意外之举(1928年是2.6%的得票,1933年已有43.9%),他进一步证明了他的分析:综合征制造了一种爆炸性的混合物——"中间派的极端主义"。这一点,再加上没有成功地出现一群反对派精英来挑战民族社会主义者,就解释了希特勒的崛起并且是对德国问题的一个诊断。他指出,倘若德国存在一群真正的自由主义精英,纳粹党人或许就被阻止了。

达伦多夫相当重视大学在近现代学术和科学的发展以及私人世界与公共世界的分离中发挥的作用。弗里茨·林格在1969年出版的书《德国士大夫阶级的衰落:1890—1933年德国的学术共同体》中专门研究了德国学者在其近现代历史中的作用。[2]

林格(1934—2006年)出生于德国,1947年移民至美国,1956年毕业于阿默斯特学院,1961年在哈佛大学获得博士学位并成为了匹兹堡大学的教授。他的一部分观点已经被弗雷德里克·利尔格(Frederic Lilge)在他短小得多的著作《学术的滥用:德国大学的失败》中先一步提出。利尔格是伯克利大学的教授,他提出,在威廉·洪堡与谢林、费希特、F. A. 沃尔夫和施莱尔马赫

---

[1] 达伦多夫:《德国的社会与民主》,第342—343页。
[2] 弗里茨·K.林格:《德国士大夫阶级的衰落:1890—1933年德国的学术共同体》(*The Decline of the German Mandarins: The German Academic Germany, 1890—1933*),剑桥和马萨诸塞:哈佛大学出版社,1969年。

第四十一章 "分裂的天空":从海德格尔到哈贝马斯再到拉青格

等人的影响下产生的德意志人文主义的繁荣实在太短暂了;早在1837年,当把自己视为"国家之良心"的七位哥廷根大学学者(哥廷根七君子)被驱逐时,唯心主义和德国学术的力量已经开始摇摇欲坠。他认为,科学的发展、实验室的引进和与日俱增的专门化代表着人文主义学术之原初理念的进一步损毁,"硬"科学家不久就加深了对唯心主义和唯心主义者的轻视,这导致了科学与哲学的隔离,"并且在这个世纪剩下的时间里给德国的精神生活留下了影响巨大的纷争"。1870—1871年后,当政府在一个军事环境中到处看到科学的价值时,这种隔离就越来越大了。① 最后,利尔格觉得,研究变成了只是一种职业,反思变得困难了,学术转变成除了激励专家的小圈子迎合其爱好外无所作为的苦差。利尔格相信这是像保罗·德·拉加德、尤利乌斯·朗本和奥斯瓦尔德·施本格勒这类人的观点流行开来的原因之一,这些人在大学外亮相,带着宏大且一以贯之的思想体系,迎合了人们对凝聚性——如果不是确定性的话——的需求。② 教化被遗忘了。

利尔格的短小著作很精练,但是它的论证略显简单了,忽视了很多东西。弗里茨·林格的著作虽然有一个相似的主题,但整体上更有说服力。以朱利安·邦达在《知识分子的叛变》(前文第33章,原书第611页)一书中的论证,以及利尔格和达伦多夫为基础,林格首先强调普鲁士的非贵族官僚"代表着欧洲其他

---

① 弗雷德里克·利尔格:《学术的滥用:德国大学的失败》(*The Abuse of Learning: The Failure of the German University*),纽约:麦克米伦出版社,1948年,第69页。

② 林格:《德国士大夫阶级的衰落》,第114页。

第六编 希特勒之后:困境下德国传统之承续

地方无法匹敌的一个极端"。他指出,在普鲁士,在"学问意味着精神'修养'"的语境下,学问是能够作为高贵出身的"值得尊敬的替代品"而起作用的一个崇高目标。[1] 行政管理阶层和专业人士阶层在19世纪聚集起来,共同形成了"一种智识和精神的特权阶级",这涉及不再只是用专业化的知识,而且用"通识修养"来定义独特的精英。[2]

不过,林格的主要论题是,这类精英在社会上和精神上的重要性在1890年之后、在20世纪20年代——希特勒出现之前——的危机中开始衰落。"士大夫阶级"——他以此来称呼官僚和教授的共同体——看到自己正在被新兴的金融和企业家团体所取代,以至于在德国食利者、专业人士、学者与手工艺人和小职员之间形成了一个全新的、幻想破灭的、无处容身的联盟。这最明显地体现在令人吃惊的统计数据中:1913年,德国高级公务员的收入是非技术工人的七倍,而到了1922年只有两倍。[3] 通过考察启蒙运动、虔信主义、教化概念("士大夫传统中唯一最重要的信条")、洪堡大学的人文主义、唯心主义、历史主义传统以及德语的"科学"(Wissenschaft)与英语的"科学"(science)之间的含义差别——所有这一切都意味着大学教育旨在"于精神上变得高贵而不是发挥狭隘的功利主义作用"——林格追溯了士大夫传统。[4]

---

[1] 林格:《德国士大夫阶级的衰落》,第20页。
[2] 同上书,第34—35页。
[3] 同上书,第60页。
[4] 同上书,第104—105页。

第四十一章 "分裂的天空":从海德格尔到哈贝马斯再到拉青格

然而,有教养的精英逐渐开始采取一种更为防御性的立场,这令他们越来越保守。他们变得更为关心德国的文化传统,尤其是当第一次世界大战即将到来时,他们"感觉到在这片土地上需要一个英国的平衡力"①。他们认为民族之伟大由文化创造力而实现,并且,"倘若物质繁荣干扰这些目的,倘若它没有为个体尽可能的自我发展创造前提条件,那么在它那里就看不到任何意义"②。在士大夫中存在一种对共和国拥有强有力首脑的执着兴趣,因为甚至在第一次世界大战后——实际上尤其是在第一次世界大战后——他们还期待一位领袖把德国恢复成"一个以文化和才能、智力和精神为基础的天然的精英统治国家",以反驳唯物主义利益政治的"肤浅"。③

这些力量导致的后果是,德国大学尤其是在20世纪20年代"成为了新政权之右翼反对派的大本营"。特别是,反现代性与反犹主义联合起来了。④ 在20世纪20年代,重新回归了对专门化和经验主义的抨击,并且追求综合、学问之统一和一种既不是马克思主义,也不是社会主义,而是"德国式的社会主义"的思维模式,这其实是一种与族民(Volk)、帝国(Reich)之类模糊不清的新概念"相互作用的形而上学",其中一个重要元素是"对共同体的自愿服从"。林格认为,德国的大学教授觉得自己卷入了一场真正的悲

---

① 林格:《德国士大夫阶级的衰落》,第126、140页。
② 同上书,第146页。
③ 同上书,第212页。
④ 同上书,第224页。

第六编　希特勒之后：困境下德国传统之承续

剧,其中"精神及其代表丧失了对社会的控制"①。他指出,没有人知道精神与政治之间的这种割裂是如何发生的,但是它在士大夫当中造成了某种自怨自艾,而这常常转变为歇斯底里,有时也转变为仇恨。林格认为,法国和其他地方的知识分子也为这些问题而苦苦思索,但是这种普遍焦虑在德国最为强烈。问题之一是,如此众多的士大夫——例如舍勒、迈内克和施普兰格——认为只有一个极小的少数派、一批精英才有能力从伟大的传统中获益并且展现它。正如卡尔·雅斯贝尔斯所表达的,"所有的准则都在适应一大批平庸之辈的尝试中被牺牲殆尽"②。这些在对意义、对总体连贯性的探求中把知识聚集起来的尝试,成为了众所周知的"合成运动"(Synthesis Movement)。③

林格断言,这样的结果就是魏玛德国——至少在某些领域——某种形式的令人不安的反智主义,而这让民族社会主义者获利。因为士大夫们先是输掉了经济战,接着又在争夺普罗大众之感情和理智的斗争中落败,所以他们对纳粹分子几乎没有形成阻力。德国唯心主义已经在物质主义、实证主义和专门化的攻击下被削弱,而纯技术思维"已经毁掉了知识与教化之间的联系"。林格断定,"希特勒一伙人"只是完成了一些无论如何将要发生的事。

在一系列已经发表几十年但在1969年才引人注目的出版物中,诺贝特·埃利亚斯主张,德国的内在冲突与"有能力决斗的社

---

① 林格:《德国士大夫阶级的衰落》,第247页。
② 同上书,第254页。
③ 同上书,第423页。

第四十一章 "分裂的天空":从海德格尔到哈贝马斯再到拉青格

会"(satisfaktionsfähige Gesellschaft)有关。这是一个很难翻译的术语,它指的是一个围绕着一种荣誉准则的社会,在这种准则里决斗和对"满足"的要求与给予处于显眼的位置。他指出,这种社会的影响是使一大部分中间阶层成员变得冷酷无情,把他们放在文化市民阶层(Bildungsbürgertum)的对立面,并且把他们从人文主义导向转变为民族主义导向。这些人形成了第一次世界大战军官的主体,他们建立了魏玛共和国的准军事志愿军(Freikorps),制造了一种持久的暴力背景噪音,动摇了20世纪20年代的稳定。

埃利亚斯认为,这种社会的长期效应是多方面的:它的存在及其作用使得中产阶级德国人的一种积极的自我形象很难维持;由于他们比起道德更关心荣誉,所以道德意识在德国的成形要比其邻国更弱;相比其他欧洲人,德国人当中理想与身份的差距更加明显,(正如林格和其他人所言)这让他们更容易顾影自怜。后来,这在一定程度上导致了他们比原来更多地容忍了纳粹民族主义者不切实际的计划和政策。①

正如我们所知,提奥多·阿多诺像关心德国的缺点一样关心美国的缺点,在回到德国后他的确成为了德国政治思想中的主导力量。他像卡尔·勒维特、弗朗茨·诺依曼、阿诺德·贝格施特雷瑟(Arnold Bergstraesser)这些人一样都被贴上了"再流亡者"或

---

① 埃利亚斯甚至还为德国人创作了他自己"丘吉尔式的""热血、辛劳、眼泪和汗水"演讲,在其中他重复了达伦多夫的观点,即德国人的冲突需要以一种民主的方式,而不是在"有能力决斗的社会"中来解决。关于演讲,参见埃利亚斯:《德国人》,第409页;亦参见林格:《德国士大夫阶级的衰落》,第444页。

第六编　希特勒之后:困境下德国传统之承续

者"重回故土之人"的标签。① 但是战前留下来的其他重要人物仍然在世,继续参与到哲学、人文科学以及对德国和现代状况的社会批判这些更广阔的领域中去。

卡尔·雅斯贝尔斯有一个犹太人的妻子,在纳粹统治下,他过得并不顺利。1937年9月,他被解职。他试图前往牛津、巴黎和巴塞尔,但均未能成行。1943年,他被禁止发表任何言论。战争结束后,情况有了好转。他在同盟国就与纳粹之牵扯无污点人士的"白名单"上居于显著的位置。他成为了被委托重开海德堡大学的几位教授之一(一位美国评论者描述这所大学"曾经声名显赫,如今声名狼藉",因为它"仍然到处潜伏着"纳粹人士),并且在那时开启了他不仅在哲学上,而且在政治上最富创造力的写作期。② 他重视公民道德,认为一种自由的人文主义教育是在德国各地传播民主观念的最佳途径。他仍然坚定地反对曾与纳粹有所瓜葛的教授复职,他的作品和广播讲话在当时发挥了重要作用。③

---

① 阿尔方斯·佐尔纳(Alfons Sollner):"规范的西方化? 再流亡者对德国政治思想之形成的影响"("Normative Westernisation? The Impact of Remigres on the Formation of Political Thought in Germany"),见扬-维尔纳·米勒编:《1945年以来德国的意识形态:对波恩共和国政治思想和文化的研究》(*German Ideologies since 1945: Studies in the Political Thought and Culture of the Bonn Republic*),纽约和贝辛斯托克:帕尔格雷夫·麦克米伦出版社,2003年,第40—42页。
② 关于大学——尤其是海德堡大学——的重开,参见詹姆斯·A.穆佩(James A. Mumper):"1945—1946年海德堡大学的重开:马约尔·厄尔·L.克拉姆与美国战后政策的模糊"("The Re-opening of Heidelberg University, 1945—1946: Major Earl L. Crum and the Ambiguities of American Post-war Policy"),见霍姆、威尔克斯编:《德国与欧洲》(*Germany and Europe*),第238—239页。
③ 爱德华·N.扎尔塔(Edward N. Zalta)主编:《斯坦福哲学百科全书》(*Stanford Encyclopaedia of Philosophy*),条目"卡尔·雅斯贝尔斯",第5页(共18页),http://plato.stanford.edu/。

第四十一章 "分裂的天空":从海德格尔到哈贝马斯再到拉青格

在一定程度上,雅斯贝尔斯接受了英国和法国关于政治自由的经典观念。[①] 理论上他想要看到这一典范被引入他的祖国德国,但是他一定曾怀疑这是否会发生,因为在1948年,他接受了巴塞尔大学的教授职位并成为了瑞士公民,他说:"十五年来,他第一次觉得自己重新呼吸了。"[②] 也是在这一年,他出版了《面对启示的哲学信仰》(*Der philosophische Glaube angesichts der Offenbarung*,英译本为 *Pholosophical Faith*),这是一部复杂难懂但富有影响的著作,他在其中声称真理(假设经由信仰)而制造的"证明"总有可能是似是而非且含糊不清的。因此,教条主义在宗教信仰中是难以令人信服的,而一种批判的哲学形式能够成为除宗教不得不说的话之外的一个重要帮助;雅斯贝尔斯把使神学适应当下的现实情况并与之相关联视为哲学的主要目的之一。这导致他不但与卡尔·巴特(Karl Barth),而且与鲁道夫·布尔特曼(Rodolf Bultmann)均相对峙。[③] 雅斯贝尔斯还回到了马克思关于受教育之中间阶层精英的角色的观点上。马克思指责这些精英以政治为代价让文化成为了他们的避难所。雅斯贝尔斯辩称,受教育之中间阶层精英目睹其角色已遭破坏的社会将始终是

---

① 卡尔·雅斯贝尔斯:《哲学逻辑遗稿》(*Nachlass zur philosophischen Logik*),汉斯·萨纳(Hans Saner)、马克·汉吉(Marc Hanggi)编,慕尼黑:皮珀出版社,1991年。

② 苏珊娜·柯克布赖特(Suzanne Kirkbright):《卡尔·雅斯贝尔斯传:真理导航》(*Karl Jaspers:A Biography:Navigations in Truth*),康涅狄格州纽黑文市和伦敦:耶鲁大学出版社,2004年,第209页。

③ 苏珊娜·柯克布赖特:《卡尔·雅斯贝尔斯传:真理导航》,第203—205页。

第六编　希特勒之后：困境下德国传统之承续

"内在动荡的"，而政治环节要发挥的首要作用是维护民主文化。

雅斯贝尔斯以前的好友马丁·海德格尔自战争结束起度过了一段更艰辛的时光。1946年，他被同盟国禁止从事教学（直至1949年），而他的两个儿子当时仍然被关押在俄国。[1] 为海德格尔带来光明的是汉娜·阿伦特，她在1950年拜访了他并在两年后再次造访。最终，她从内心原谅了他；从1967年起，他们每年见面直至海德格尔于1976年去世。[2]

海德格尔战后在哲学上的成就包含了三个主题——人文主义、思维特质和技术问题。[3] 在此他也与提奥多·阿多诺有一场激烈的公开交流，后者直截了当批判了他。

在1946年的一篇论文《论人文主义》(Über den Humanismus)中，海德格尔反对仍然以"存在"(Being)和"诗"(poesis)的名义对"理性"和"现代性"进行执着且顽固的批判，这种立场与西方尤其是美国——在那里许多人对现代世界，"对伴随它而来的恐怖和灾难"大失所望——战后新兴的舆论思潮非常契合。海德格尔的观点常常由萨特和雅克·德里达(Jacques Derrida)等法国追随者传

---

[1] 查尔斯·B. 吉尼翁(Charles B. Guignon)：《剑桥海德格尔指南》(The Cambridge Companion to Heidegger)，剑桥：剑桥大学出版社，2006年，第70—96页。

[2] 吕迪格·沙弗兰斯基(Rüdiger Safranski)：《来自德国的一位大师：海德格尔及其时代》(Ein Meister aus Deutschland: Heidegger und seine Zeit)，慕尼黑：汉泽尔出版社，1994年，第332—334页。

[3] 汤姆·罗克莫尔(Tom Rockmore)：《论海德格尔的纳粹主义和哲学》(On Heidegger's Nazism and Philosophy)，伦敦：哈维斯特·惠特谢夫，1992年，关于纳粹主义对海德格尔哲学的影响，参见第282页。

第四十一章 "分裂的天空":从海德格尔到哈贝马斯再到拉青格

播出来。① 雅斯贝尔斯的这条路径构成了战后后现代主义发展的主要基础。

巴伐利亚艺术科学院从 20 世纪 50 年代早期开始邀请海德格尔在那里讲学。1953 年讲座变得很有名。海德格尔的主题是"关于技术的问题",会场里挤满了慕尼黑的知识分子——维尔纳·海森堡、恩斯特·云格尔和何塞·奥尔特加·伊·加塞。吕迪格·沙弗兰斯基(Rüdiger Safranski)认为这或许是海德格尔在战后德国最大的成就,听众长时间起立向他鼓掌致敬。正如沙弗兰斯基指出的那样,在这次讲座之时,有一种对技术社会之威胁的普遍焦虑,这并非德国仅有,但是在那里尤为如此。② 同年问世的阿尔弗莱德·韦伯(Alfred Weber)的《第三种人与第四种人》(*Der dritte oder der vierte Mensch*)对未来的机器人世界进行了可怕的想象。而恩斯特·云格尔的兄弟弗里德里希·格奥尔格·云格尔(Friedrich Georg Jünger)已经发行了《技术的完美》(*Die Perfektion der Technik*)。他在书中提出,技术已经改变了人类,科技人员被禁锢在对地球的不可逆转的剥削中,而这最终将毁灭我们。没过多久,君特·安德斯(Günther Anders)出版了《过时的人》(*Die Antiquiertheit des Menschen*),他在书中也主张技术必须

---

① 理查德·沃林:《海德格尔之子》(*Heidegger's Children*),新泽西州普林斯顿:普林斯顿大学出版社,2001 年,第 xii 页。罗克莫尔:《论海德格尔的纳粹主义和哲学》,第 244—246 页。亦可参见约翰·麦夸里(John Macquarrie):《一种存在主义神学:海德格尔与布尔特曼的比较》(*An Existential Theology: A Comparison of Heidegger and Bultmann*),伦敦:SCM 出版社,1955 年,第 16、18、84 页。

② 罗克莫尔:《论海德格尔的纳粹主义和哲学》,关于纳粹主义与技术,参见第 204 页。吉尼翁编:《剑桥海德格尔指南》,第 345—372 页。

第六编　希特勒之后：困境下德国传统之承续

谨慎地得到约束,否则它将可能毁灭我们。

海德格尔把技术视为一个恶性循环：技术繁殖出更多的技术并且"挑战"大自然,而人们则生活在技术的"支架"(Gestell)上或者说"框架"(frame)中。在这种情况下,我们失去了自由的要素。海德格尔说,因为技术是如此猖獗,如此时刻存在,所以"存在"(Being)的原初体验不见了。我们无法任自然"自在"(be),我们几乎不能服从,不能听凭存在的体验；在一个技术社会里根本无法获得"朝向外物的释放"；对世界的诗性体验消失了并且被技术所压倒。

这种观点被海德格尔对美国的看法所强化了。美国常常成为德国人思考的对象。对海涅来说,美国是所有浪漫主义憎恶之物的象征。在横渡大西洋的一次访问后,尼古拉斯·雷瑙(Nikolaus Lenau)——有时被称为德国的拜伦——形容这个国家已经被它的政治和外部强加的文化毁得面目全非。尼采预计美国会把一种精神虚无传遍欧洲；尽管恩斯特·云格尔钦佩美国倾全国之力参与第一次世界大战的能力,但莫勒·凡登布鲁克和施本格勒对它毫不在意。[①] 对海德格尔来说,美国是我们这个时代的危机的象征,"这一危机也是有史以来最深刻的危机"。它代表着人最大的异化、其真实性最深的丧失,而且它是对精神再度觉醒的极度妨碍。美国把所有一切都缩减为最迎合公众口味之物,把所有体验都缩减为例行公事：一切都很琐碎并且变得索然无味。海德格尔

---

① 詹姆斯·W.凯撒(James W. Ceasar):《重构美国：现代思想中的美国象征》(Reconstructing America: The Symbol of America in Modern Thought),康涅狄格州纽黑文市和伦敦：耶鲁大学出版社,1997年,第7章。

第四十一章 "分裂的天空":从海德格尔到哈贝马斯再到拉青格

认为,美国人对"人类与存在的邂逅""完全不在意"。[1] 在第一架太空探测器发射成功后,海德格尔这样写道:"就地球上人诗意地栖居而言,再没有'人间'和'天堂'。"技术时代是我们的宿命,美国是这场"灾难"的发源地。[2]

海德格尔在战前就写过关于美国的文章,他的论点本质上并没有改变,而只是得到了修正。而这部分就是提奥多·阿多诺在他著名的对海德格尔的攻击中——20世纪60年代中期作为小册子出版的题为《本真性的行话》(*Jargon der Eigentlichkeit*)一书——的观点。不得不说,阿多诺毫不妥协的立场有一个更广阔的语境。20世纪50年代冷战的发展给前纳粹党人以可乘之机。阿登纳总理渴望彻底消除"政治上毫无瑕疵之人"与"并非毫无瑕疵之人"之间的差别。1951年通过了一项法律允许"受连累"之人重新担任公职,而1953年的《联邦公务员法》则协助确保了一些受纳粹政权迫害之人因为有信仰共产主义的嫌疑而被免除公职。当时阿多诺和霍克海默再次看到了反犹主义倾向的暴露。

《本真性的行话》很重要,因为阿多诺觉得海德格尔的整个本真思想——对田园的暗示、对族民的强调、对现代性作为人为之物的憎恨——都是伪造的,是一种"除了自我偶像崇拜外……空无一物的……庄严的胡言乱语"的形式。[3] 阿多诺认为,当人们使用

---

[1] 詹姆斯·W. 凯撒(James W. Ceasar):《重构美国:现代思想中的美国象征》,第187—192页。
[2] 同上书,第195页。
[3] 马丁·杰伊(Martin Jay):"承担本真性的耻辱:阿多诺对真实的批判"("Taking on the Stigma of Authenticity: Adorno's Critique of Genuineness"),《新德国评论》,第33卷,第1期(2006年冬),第15—33页。

第六编　希特勒之后:困境下德国传统之承续

"本真"这样的词汇时,他们让这些词听起来似乎意味着某些比他们实际上所说的"更高端"之物,而海德格尔尤其对此负有罪责。[1]

海德格尔从未对阿多诺做出回应。阿多诺表达了一些有力的论点,但是它们几乎没有影响海德格尔的长期声誉。这更多地是与理查德·沃林所谓的"海德格尔之子"有关。在这些人之中,我们已经了解了汉娜·阿伦特、汉斯·约纳斯、赫伯特·马尔库塞和利奥·施特劳斯,他们在移民后一直待在美国。另外两位,一位是卡尔·勒维特,他在1952年回到了德国;另一位是汉斯-格奥尔格·伽达默尔,他从未离开过德国。

回到德国后,勒维特受聘为海德堡大学的教授,主要因为三部原创性极强的著作而为人所知:《从黑格尔到尼采》(*From Hegel to Nietzsche*)是对德国哲学之碎裂的一次清算;《历史中的意义》(*Meaning in History*)涉及的是现代哲学与其神学前身之间的关系;《马克斯·韦伯与卡尔·马克思》(*Max Weber and Karl Marx*)描述了社会学的形成。勒维特在他的著作里自始至终主张20世纪的灾祸最初形成于19世纪中期,"当时受教育之精英决然地转过身去背对歌德和黑格尔的古典主义。他们对'永恒'的或者说超越人类现世存在之限制的价值观越来越失去耐心。自然和天堂不再是价值和意义的试金石,人反而成为了尺度"。在勒维特看来,欧洲在虚无主义上的沦陷在对"人类意志主权"的"毫无约束"上达到了顶点。对勒维特而言,尼采的"权力意志"是"一种非道德

---

[1] 沙弗兰斯基:《来自德国的一位大师》,第24页;关于他在达沃斯与卡西雷尔的争论,参见第407—409页。亦参见迈克尔·弗里德曼:《分道扬镳:卡尔普纳、卡西尔和海德格尔》,第129—144页。

第四十一章 "分裂的天空":从海德格尔到哈贝马斯再到拉青格

性的放纵"。比起马克思或者尼采,他更喜欢海德格尔及其对斯多葛哲学——"对命运的默许"——的倡导。[1]

师从海德格尔之前,勒维特曾跟随胡塞尔学习。在海德格尔的指导下,他研究了自我形成过程中"主体间性"的作用。在他的博士论文中,他提出"我"(I)首先由人与人之间亲密关系的世界所形成和塑造,他把这个世界称为"共同世界"。据勒维特对海德格尔的阐释,"人类并非'理性动物',反而是容易心醉神迷的'存在之牧羊人'"。追求控制世界的科学思维是这种心醉神迷的原始感受的衰败。[2]

汉斯-格奥尔格·伽达默尔(1900—2002年)的职业生涯和思想与其余的海德格尔之子大相径庭。他出生于马尔堡,是一位药理学教授的儿子。在第一次世界大战后回到马尔堡之前,他在布雷斯劳求学。他在那里的早期老师是保尔·纳托尔普(Paul Natorp)和尼古拉·哈特曼(Nicolai Hartmann),但是海德格尔对他影响最大,而且他还一度担任海德格尔的助教。[3] 伽达默尔后来曾说:"我曾经总是有那该死的感觉,觉得海德格尔看不起我。"[4]

在20世纪30和40年代,伽达默尔先是让自己适应民主社会主义,然后又短暂地适应共产主义。尽管后来他被指责"太过默默

---

[1] 沃林:《海德格尔之子》,第72页。
[2] 同上书,第81页。
[3] 同上书,第95页。
[4] 让·格龙丹(Jean Grondin):《汉斯-格奥尔格·伽达默尔传》(*Hans-Georg Gadamer: A Biography*),乔尔·魏因斯海默(Joel Weinsheimer)译,康涅狄格州纽黑文市和伦敦:耶鲁大学出版社,2003年。

第六编　希特勒之后:困境下德国传统之承续

顺从",但他从未成为纳粹党党员,他似乎一直没有抛头露面。战争结束时,他收到了莱比锡大学的任命,成了大学校长,当时他已经被美国占领军认为没有纳粹主义的污点。当时共产主义的东德不合他的心意,他离开了,最终在 1949 年接替了卡尔·雅斯贝尔斯在海德堡大学的教席。在某种程度上,伽达默尔在海德堡试图帮助海德格尔恢复名誉。1953 年,他和赫尔穆特·库恩(Helmut Kuhn)一起创建了《哲学评论》(*Philosophische Rundschau*),这是一个影响极大的期刊。不过伽达默尔并没有在他自己的专业圈子外被人所知,直到他在 1960 年出版了《真理与方法》(*Wahrheit und Methode*)。在许多人眼里,这本书确立了他作为 20 世纪最重要的思想家之一的地位。[①]

伽达默尔在《真理与方法》中的出发点之一是海德格尔在 1936 年作的题为"艺术品的由来"一系列讲座(这些讲稿直到 1950 才出版)。海德格尔在此介绍了他关于真理之"自行植入"、真理之"祛蔽"的观点,这一观点与视真理为"正确"的看法形成了对比,后者经常意味着陈述与世界之间的某种一致。艺术品有一种完整性,在这种完整性内"一个"真理被从披露之物中展示出来,不过这种披露是一种永远不可能完全或真正客观的诠释。无论我们选择把什么理解为真理,我们都在其中发挥了一定作用。康德的影响显而易见。

伽达默尔在《真理与方法》中进一步阐述了这些观点。他指出我们在真理之自行植入中的参与始终基于我们的成见,基于我们

[①] 让·格龙丹:《汉斯-格奥尔格·伽达默尔传》,第 283—285 页。

第四十一章 "分裂的天空"：从海德格尔到哈贝马斯再到拉青格

自身拥有的"预期的结构"，这种结构允许或者说决定了我们对任何真理之自行植入的理解都将以某种方式被领悟，并且伴随着"对圆满的预期"——这是新康德主义的另一个概念，它包含着这样一个假设，"即将被理解之物构成了某个可以理解之物、某个作为连贯且有意义的整体而被构成之物"①。伽达默尔认为，与此同时，历史也在我们的理解中发挥了作用。我们被"植入"在我们独有的历史中并且无法摆脱它的影响。另外还需要确定的是，理解不仅仅是主观主义；新意义的浮现不是借由进入某些"内在境界"的通路，而是借由"视域融合"（Horizontverschmelzung）。②

因此，伽达默尔得出结论，人文科学，也就是精神科学（Geisteswissenschaften）永远无法获得"自然科学"的方法论立足点，这样的一种尝试是误入歧途。他甚至认为自然科学对其方法宣称太过。理解是一个没有最终完结点的持续过程，这一立场令伽达默尔与后来的维特根斯坦和托马斯·库恩如出一辙。最终，他得出了一个理解的模型，这一模型认为理解就像一场"谈话"：它用语言来进行，每个人都带着他的理解来交谈或协商。

最后一个方面是伽达默尔对文化的探究，尤其是"美丽的相关性"，在其中他认为"艺术就是游戏、象征和节日"。③ 他认为，在现

---

① 杰斯·马尔帕斯（Jess Malpas）：《斯坦福哲学百科全书》（*Stanford Encyclopaedia of Philosophy*），条目"伽达默尔"，第 7 页（共 16 页），http://plato.stanford.edu/。

② 沙弗兰斯基：《来自德国的一位大师》，第 289 页。

③ 罗伯特·伯纳斯科尼（Robert Bernasconi）：《汉斯-格奥尔格·伽达默尔：美丽的相关性》（*Hans-Georg Gadamer: The Relevance of the Beautiful*），尼古拉斯·沃克（Nicholas Walker）英译，剑桥：剑桥大学出版社，1986 年，第 123—130 页。

第六编　希特勒之后:困境下德国传统之承续

代世界,艺术的意义,或者说角色或功能,常常迷失;而游戏——这种无私的快乐活动——也被忽视了。[①] 艺术的象征作用就是为我们开启"一个空间,世界和我们自己在世界中的位置都在这个空间中作为一个单一但无尽丰富的总体被揭露出来",我们可以在那里超越普通的时间而"存在"。我们在艺术中领会的无私的快乐,帮助我们逃脱普通的时间而进入"自治的时间"。成功的艺术品最后的特性是作为节日,这也带我们脱离普通的时间,并且让我们洞见"共同体真正的可能性"[②]。

伽达默尔致力于两场著名的争论:与雅克·德里达和与于尔根·哈贝马斯。争论的问题是:我们究竟能否超越历史?这如何影响对当代社会的批判?这种批判究竟是否能够真正客观(并且因此能够有什么有效性)?与德里达的争执没有结论。但是另一场争论的一个结果是,伽达默尔与哈贝马斯成为了挚友,前者帮助并确保了后者在海德堡大学的教席任命。

反思的成就

然而,比起伽达默尔,哈贝马斯对政治更感兴趣,并且对他自己的国家更富有批判性。哈贝马斯于1929年出生于古默斯巴赫,

[①] 蒂莫西·克拉克(Timothy Clark):《奇异性的诗学:海德格尔、德里达、布朗绍和后期伽达默尔的反文化主义转向》(*The Poetics of Singularity: The Counter-Culturalist Turn in Heidegger, Derrida, Blanchot, and the Later Gadamer*),爱丁堡:爱丁堡大学出版社,2005年,第61—63页。

[②] 马尔帕斯:《斯坦福哲学百科全书》,第12页(共16页)。

第四十一章 "分裂的天空":从海德格尔到哈贝马斯再到拉青格

父亲是科隆工业联合会会长,祖父是一位牧师。[1] 纽伦堡审判给青少年时期的哈贝马斯造成了巨大影响,他开始强烈批判自己的国家,尤其是对国内的学者。1949—1954年,他在哥廷根学习了哲学;他惊讶地注意到大多数教授在教学中对1933—1945年的事件置之不理。因此,他的首篇文章批判了海德格尔及其在否定希特勒思想上的失败。对马克思主义的兴趣把哈贝马斯引向了卢卡奇的《历史与阶级意识》和霍克海默与阿多诺的《启蒙辩证法》,这是他初次与批判学派——他逐渐非常认同的学派——相遇。他曾在海德堡教书,1964年在法兰克福大学执掌哲学与社会学教席,1971年在施塔恩贝格(慕尼黑附近)的马克斯·普朗克研究所任职。在这些年里,他作为学生抗议运动的理论家在国际上广为人知。

哈贝马斯的著述涵盖的领域非常惊人:政治、哲学、社会进化、宗教和社会科学在现代生活中的作用、弗洛伊德,甚至还有儿童心理学在公民生活中的作用。但是他最标新立异、最经久不衰的贡献是在批判理论和"交往行为"领域。

对哈贝马斯而言,批判理论的目的是促进对交往行为的理解。交往行为就是社会的各个不同方面往往无意识地、无计划地彼此连接的方式,以使文化进化(这是一个核心理念)成为

---

[1] 罗伯特·武斯诺(Robert Wuthnow):《文化分析:彼得·L.贝格尔、玛丽·道格拉斯、米歇尔·福柯和于尔根·哈贝马斯》(*Cultural Analysis: The Work of Peter L. Berger, Mary Douglas, Michel Foucault, and Jürgen Habermas*),马萨诸塞州波士顿和伦敦:劳特利奇出版社,1984年,第16页。

第六编 希特勒之后：困境下德国传统之承续

可能。[1] 在《理论与实践》(*Theorie und Praxis*)中，他开始着手考察使马克思主义变得不合时宜的四个历史发展。其中最重要的是，国家不再像在放任自由的资本主义时代那样从经济中分离出来，而是在规划和实施中发挥关键作用，这意味着现在需要对国家的运作给予谨慎的批判性关注。第二个关键的考察是，先进社会不断提高的生活标准已经以某些方式改变了压迫的模式，马克思没有预见到这些方式，而正在经历压迫的那些人也没有充分领会到这些方式。新的约束条件是心理和道德上的，而不是经济上的；而他的交往行为理论尤其适用于这一领域。[2] 特别是，哈贝马斯认为资本主义社会福利国家的出现使得真正的人类解放变得更加困难，科学与技术很大程度上在我们一无所知的情况下决定了我们思考的方式。

哈贝马斯在法兰克福学派的传统上试图把马克思和弗洛伊德密切结合起来。对他而言，他不仅仅把弗洛伊德的精神分析法视为一个受青睐的方法，而且还视为对他想要在更广泛的社会中看到之物的一个隐喻。在这个更广泛的社会里，深刻的反思揭露了许多（通常无意识地）施加在个体上的隐藏约束条件，导致了自我洞察与解放。他关于反思本身深思熟虑的反思是《认知与旨趣》(*Erkenntnis und Interesse*)一书的主题。他指出，我们只有以这种方式才能重新发现"和谐且相互依赖地共同生活、同时尊重个人

---

[1] 狄波拉·库克（Deborah Cook）：《阿多诺、哈贝马斯和对理性社会的探寻》(*Adorno, Habermas, and the Search for a Rational Society*)，伦敦：劳特利奇出版社，第112—123页。

[2] 武斯诺：《文化分析》，第181页。

第四十一章 "分裂的天空":从海德格尔到哈贝马斯再到拉青格

自治、但不牺牲现代技术之进步的道路"①。哈贝马斯从来没有像许多后现代主义者那样反科学。在他看来,我们不得不找到途径来"支撑(一个)道德共同体以面对猖獗的个人主义"。② 这取决于人们是否能够有效地互相交往。

哈贝马斯相信,现代在关键之处不同于所有之前的时代。尤其是理性的概念已经被科学的发展所扭曲。启蒙哲学家的动机是要发展对一个时代流行的设想做出评价和评论的批判;这些以经验为基础并且导向更好之自由的批判,相当于扩大人类自我意识的反思形式。然而,科学——在此他同意韦伯的意见——提供了工具理性,这里的理性成为了控制和操纵自然的一种方式。③ 另一方面,他把传统的学术定义为人类通过增强的反思能力而实现的解放,而文化科学正是在令我们更多地意识到反思的成就这一点上起作用。④

没有慰藉的生活

因此,我们今天有一个与马克思所提出的"虚假意识"(false consciousness)大相径庭而且更为普遍的"虚假意识"形式:我们正生活在一个被彻底扭曲的现实中,或者像哈贝马斯所表述的那样,

---

① 武斯诺:《文化分析》,第197—198页。
② 同上书,第190页。
③ 库克:《阿多诺、哈贝马斯和对理性社会的探寻》,第66—68页。
④ 武斯诺:《文化分析》,第195页。

第六编　希特勒之后：困境下德国传统之承续

生活在"被系统扭曲的交往"条件下。事实上，这如今已是一种被接受的状态，生活在其中的我们所有人都知道，事实和价值观"不能不加批判地作为'既定之物'而被接受"，没有任何被告知之事能够在表面上被接受：晚期资本主义依靠市场营销和公共关系获得了繁荣，结果是我们被交往行为包围在大众媒体中，这些交往行为说一件事，却意味着另一件事——不是完全不同，但是有着未宣之于口却当下存在的它们自己的动机。[1]

哈贝马斯主张，解决之道是"一个理想的交往共同体"。在这个共同体内，政治脱离"专家"之手，创建某种"公共领域"，一种共识能够基于共同关注而在该领域内出现。[2] 这种共同体的天然家园或许是大学（尽管哈贝马斯也考虑过意识不断提高的团体），但是迄今为止，公平地说，这样一种机制尚未出现。哈贝马斯指出，当代大学更多地恢复了18世纪教学机构的理念，而不是将自己当作批判性反思的家园。

另外，哈贝马斯指出，世界上所有的科学进步很少促进我们对苦难、忧伤、孤独和罪行这些传统的宗教关心之物的理解。科学已经摧毁了信仰的基础，它没有提供任何替代品，我们必须"心甘情愿地过没有慰藉的生活"。

---

[1] 武斯诺：《文化分析》，第224—225页。
[2] 尼克·克罗斯利（Nick Crossley）、约翰·迈克尔·罗伯茨（John Michael Roberts）："哈贝马斯之后：公共领域之新透视"（"After Habermas: New Perspectives on the Public Sphere"），《社会学评论》（Sociological Review），牛津：布莱克维尔2004年，第131—155页。文章把网络看作一个公共空间，它的前景是一种"跨国民主"。

第四十一章 "分裂的天空":从海德格尔到哈贝马斯再到拉青格

1968年的"转折"

在康拉德·雅劳施于2006年出版的英文题为《希特勒之后：1945—1995年重新教化的德国人》(*After Hitler: Recivilising Germans, 1945—1995*)这项令人印象深刻的研究中，哈贝马斯占据了突出的位置。这本书德文版的标题是《反转：1945—1995年德国的转变》(*Die Umkehr: Deutsche Wandlungen, 1945—1995*)。[①] 这两个书名以各自不同的方式充满争议。

雅劳施是北卡罗来纳大学教堂山分校欧洲文明吕尔希教席教授，并且是德国波茨坦当代史研究中心主任。他确定了对"二战"后德国史而言至关重要的三个轮廓分明的时期。第一个是直接战后期，这一时期见证了德国的裁军和非军事化、纳粹机构的解体、纳粹宣传的禁止，以及为了消除战争之潜在可能的经济非集权化。[②] 他调查了它所牵涉的人与事（80 000名纳粹领导人被捕，70 000名纳粹活动者被解雇，3000家德国企业被解散），还调查了全体民众如何逐渐接受他们"部分主动，部分被动"地参与了对犹太人的种族灭绝，如何放弃民族主义（"以民族的崩塌作为立足点"），以及"后民族国家"(postnation nation)的概念如何起源。[③]

[①] 康拉德·H.雅劳施：《希特勒之后：1945—1995年重新教化的德国人》，牛津：牛津大学出版社，2006年。

[②] 康拉德·H.雅劳施：《希特勒之后：1945—1995年重新教化的德国人》，第16页。

[③] 同上书，第48页。

第六编 希特勒之后:困境下德国传统之承续

他注意到,在德意志文化中,"极端民族主义"比民族社会主义更为"根深蒂固";贫苦大众在这一时期——一个"所有大腹便便都消失"的时期——饱受苦难,这挑起了"对他们新发现的受害者角色"的自我怜悯感,这种感觉使得"原来挑衅性的民族主义"转变为防御性的"残留的民族性意识。……虽然德国认同已经被纳粹罪行严重损坏,但是它并没有彻底消失,确切地说,是转变了它的特质,成为了一个'命运共同体'"。①

他注意到了贯穿20世纪50年代的一个引人注目的经济增长期(感谢某些凯恩斯主义的举措,年均增长达到了8.2%)。然而,直到20世纪60年代,在阿登纳时期的"相对稳定"以及价值观和行为举止的美国化之后,由于长期占领和"某些智识上的交换计划",向一个现代公民社会的突破才出现。②

雅劳施接着把1968年——波兰、柏林、纽约和巴黎的学生叛乱之年,苏联入侵捷克斯洛伐克之年,越南战争结束期的开始之年——看成一个"要求一条(与政治路径截然不同的)更好被理解的文化路径"的转折。扬-维尔纳·米勒赞同这一点,他也认为这一时期产生了"感觉的新结构";迪尔克·凡拉克(Dirk van Laak)甚至声称20世纪60年代就像20世纪20年代那样是变化的开始。③ 在此的一个驱动力是战后成长起来的年轻一代,他们乐意

---

① 康拉德·H. 雅劳施:《希特勒之后:1945—1995年重新教化的德国人》,第63页。
② 同上书,第16页。
③ 米勒编:《1945年来德国的思想意识》,第122页。雅劳施:《希特勒之后》,第100页。

第四十一章 "分裂的天空":从海德格尔到哈贝马斯再到拉青格

检视他们父母那群人与民族社会主义的牵连甚于他们父母本人。因此,德国的特有境遇锐化了这种代沟并且引发了重要的文化后果。特别是,雅劳施确定了一个"批判的公共领域"和一种新的专业社会思潮——"它赞成对当代的批判更胜于对政府政策的认可"——的出现。他指出,一种批判话语在 20 世纪 60 年代浮现出来,它提倡更广阔的社会自主。哈贝马斯在他的《公共领域的结构转型》(*Der Strukturwandel der Öffentlichkeit*)一书中主张,公共讨论是"公民自由至关重要的前提条件"。雅劳施认为,在其他西方国家,这或许是陈词旧言,但是在德国,陈旧的专制思想仍然广为流传,许多人仍然不甘愿参与政治活动。不过,他强调,至少是在受教育的中间阶层当中,1968 年事件和一个批判的政治领域的出现标志着民主价值观与行为的国际化。哈贝马斯持相同看法,他把"1968 年人"的运动称为"第一场相当成功的德国革命;而埃利亚斯则将其描述为'代群链条'中的一个重要断裂和德国'追赶'西方的最后阶段"。[①](不得不说许多年长的德国人排斥这一解释,他们坚持早就有过的对纳粹罪行的揭露,他们已直面过这些罪行。一本经常被引用的著作是欧根·科贡[Eugen Kogon]于 1946 年出版的《党卫军国家:德国集中营体系》[*Der SS-Staat: Das System der deutschen Konzentrationslager*]。)

雅劳施指出,抗议集中在消费社会的"内在空虚"上,赫伯特·马尔库塞的《单向度的人》一书随着它的"压抑性的宽容"概念成为

---

① 米勒编:《1945 年来德国的思想意识》,第 147 页。

第六编　希特勒之后:困境下德国传统之承续

了关键文本。① 这场时而暴力的对抗花了整整十年时间才平息，它在1977年的"德国之秋"时——伴随着雇主联合会主席的被杀、摩加迪沙被劫持飞机的获救、"红军旅"首领安德烈亚斯·巴德尔（Andreas Baader）在1977年10月18日"充满争议的"自杀，以及乌尔丽克·迈因霍夫（Ulrike Meinhof）在1976年5月8日的自杀——达到了顶峰。雅劳施认为，对抗的策略失败了，绝大多数持对抗立场之人，包括约施卡·菲舍尔，都"找到了他们回归宪法国家的道路"。但是，这无法掩盖德国社会已经从根本上发生了改变这个事实：虽然德国的权力结构没有被1968年和十年之后的事件所改变，但是已经有了"反独裁主义的价值观的转换"。正如君特·格拉斯、海因里希·伯尔（Heinrich Böll）、罗尔夫·霍赫胡特和彼得·魏斯（Peter Weiss）的作品所示（参见下章），德国认同作为一个消极的概念也开始发生了变化；此外还有向更强烈的国际主义的转向。（或者，更确切地说，是向非民族主义；这一代人已经不再羞于成为德国人，但是他们的视野也不是必然国际化的。②）不过，正如克劳斯·舍恩霍文（Klaus Schönhoven）所表述的，"有更多空气来呼吸了"。

雅劳施的分析强调了，与德国人的大多数近邻对他们的理解相比，德国人对自己有不同看法。这很重要。然而，这并非全部。据一位研究者所言，在德国"有规模惊人的历史文盲"。在一项

---

① 雅劳施：《希特勒之后》，第167页。
② 罗尔夫·霍赫胡特：《行动者与思想者：从凯撒到云格尔的方针与问题》（*Täter und Denker：Profile und Probleme von Cäsar bis Jünger*），斯图加特：德意志出版社，1987年，第41—42页。

第四十一章 "分裂的天空":从海德格尔到哈贝马斯再到拉青格

1977年出版的名为《我听说过的阿道夫·希特勒》(What I Have Heard about Adolf Hitler)的调查中,孩子们对希特勒做了各种描述,说他是瑞士人、荷兰人或者意大利人;他是一位教授,是东德共产党的一位领袖;他生活在17或19世纪。罗尔夫·霍赫胡特在1978年首映的《法学家》(Die Juristen)中关注了一位现实生活中的律师,他仍然否认他的战争罪行。① 就在当时,总理赫尔穆特·科尔使用"晚出生的恩赐"(Gnade der Späten Geburt)②这一措辞,来描述在纳粹的罪恶中可能没有起任何作用的一代人。这有一定的可信之处,但是考虑到已经显示出来的历史文盲,这也不是全部的事实。③

雅劳施概括的、在德国转型中的第三个时期,以1990年10月3日的德国统一日为中心,不过他也花了一些时间来检视东德在20世纪80年代的思想转变,并把这视为研究"民主爱国主义的一条中间路线"如今在神学家理查德·施罗德(Richard Schröder)所谓的一个"麻烦的祖国"是否得以可能的先导。雅劳施认为,甚至那时,"在(德国)公民社会的新兴结构中(就有)一个持续的弱点"。④ 不管怎样,他发现,批判的少数派已经在德意志民主共和国中逐渐发展起来,已经有"向私生活的撤退",有一种别墅文化(dacha culture),有对一种有意识的双重生活的培养,这种双重生活"意味着在公共领域的顺从和在私人领域的反抗"。在某种程度

---
① 克劳肖:《一个更宽容的祖国》,第42页。
② 德国谚语"晚出生的恩赐",最早由君特·高斯创造,并被广泛接受。
③ 克劳肖:《一个更宽容的祖国》,第49页。
④ 雅劳施:《希特勒之后》,第186页。

第六编 希特勒之后:困境下德国传统之承续

上,这是一种令人不安的、与纳粹时代的"内在流亡"相类似的情况。但是,雅劳施指出,这有助于东德国家的稳定,因为它内在地转移了对政权的不满。[①] 虽然如此,一个"协商社会"的想法小规模地确立起来了。

一个"正常"的德国

在德国,重新统一——正如罗尔夫·霍赫胡特所言,那时"德国人的时钟摆动同步了"(而诸如君特·格拉斯和玛格丽特·撒切尔等人却为此担心,他们认为这或许是对侵略性的德意志民族主义的回归)——所激发的心理和理智上最重要的改变,是探寻"大屠杀所决定的后民族自我理解",是探寻德国如今在何种程度上是"正常"的,或者能在将来某个时刻是"正常"的。[②]

这种探寻引发了什么? 在20世纪90年代早期,东部的改变惊人,尽管一度有很多人还保留着"大脑中的一堵墙"。当时在"东德佬"(Ossis)和"西德佬"(Wessis)之间依然泾渭分明,而对秘密警察之广泛勾结的披露在很多东德人心中引发了沮丧情绪。不过,后来,在2000年下半年出现了一种"东德情结"(Ostalgie,这一术语最早由单人喜剧表演家贝恩德·卢茨·朗厄[Bernd Lutz Lange]所使用),在东德的前居民当中出现了对这个国家的怀旧,尤其是对弗洛雷纳牌肥皂、凯奈特牌食品,甚至是小红帽香槟酒等

[①] 雅劳施:《希特勒之后》,第197页。
[②] 雷内·泰尼(Rainer Taëni):《罗尔夫·霍赫胡特》(*Rolf Hochhuth*),慕尼黑:贝克出版社,1977年。雅劳施:《希特勒之后》,第225页。

第四十一章 "分裂的天空":从海德格尔到哈贝马斯再到拉青格

曾经耳熟能详的产品和商标的怀旧——马丁·布卢姆(Martin Blum)说,这些商品在年轻人当中已经提升至被崇拜的地位。在还能找到这些产品的地方,它们不再被用来消费,而是连包装都原封不动地被放置在客厅,充作对假想的西方消费文化之优势的挑战。① 位于艾森许滕施塔特的民主德国日常文化文献中心(DDR)以一种更为正式的方式这样做,它一直保留着以德意志民主共和国物质文化为中心、主题不断变换的展览。

在关于"正常性"的争论中,有四位人士脱颖而出:卡尔·海因茨·博雷尔(Karl Heinz Bohrer)、汉斯·于尔根·西贝尔贝格(Hans Jürgen Syberberg)、博托·施特劳斯(Botho Strauss)和马丁·瓦尔泽。博雷尔是比勒费尔德大学的日耳曼文学教授、记者、《信使》(*Merkur*)杂志——"欧洲思想的德国杂志"——的编辑。他主张重新统一是必要的,这样两个"部分民族"能够一起"一同回忆"并且建立起一个"共同记忆";他还写道,重新统一,包括彼此和解,能够变成与过去的和解,这样德国的"灵魂"能获得安宁并且民族作为一种文化现象可以得到革新。② 至少,只有现在,能够有一个现代的德意志民族。③

西贝尔贝格以其电影《希特勒:一部德国的电影》(*Hitler, ein Film aus Deutschland*, 1977)和《帕西法尔》(*Parsifal*, 1982)——

---

① 鲁思·A. 斯塔克曼(Ruth A. Starkman)编:《新德国之转型》(*Transformations of the New Germany*),纽约和贝辛斯托克:帕尔格雷夫·麦克米伦出版社,2006年,第133页。
② 米勒:《1945年来德国的思想意识》,第192页。
③ 同上书,第194页。

第六编　希特勒之后:困境下德国传统之承续

在后者中他把"非理性主义、音乐和浪漫主义看作德国认同与理智的核心"——而广为人知。他也写过一些书,在书中他主张,德国认同的核心在第二次世界大战后已经遗失了,留下的空间被外国——主要是美国——文化所填满。[1] 他的论点在《最后一场战争后从不幸到幸福的德国艺术》(*Vom Unglück und Glück der Kunst in Deutschland nach dem letzten Krieg*,1990)一书中最为凸显。[2] 在东德出生的西贝尔贝格在重新统一的视角下检视了德国的认同与美学。这本书有意识地接受了德国例外论的说法,重新提及了悲观的反资本主义的德意志传统和一种反美主义的消费主义形式,并且主张艺术和美学是人类存在之首要领域,"所有其他领域都是次要的"。由于这个原因,纳粹时代最悲惨的受害者不是犹太人而是艺术本身。对西贝尔贝格而言,希特勒是现代化的顶点,是启蒙运动之黑暗面的化身。而且他主张,韦伯所认同的工具理性主义把丑陋和野蛮,尤其是把体现在"波恩金钱民主"中的卑劣强加给了世界。在他看来,德国是"欧洲真实性"地图上一个独一无二的地区,是"一个新的深度的家园,这种深度必须被重新发掘"[3]。

博托·施特劳斯也是一位作家,主要撰写剧本,但是他富有争论性的文章"高涨的山羊之歌"(Anschwellender Bocksgesang)在

---

[1] 斯塔克曼编:《新德国之转型》,第37页。
[2] 汉斯·于尔根·西贝尔贝格:《阴郁的社会:去年的笔记》(*Die freudlose Gesellschaft: Notizen aus dem letzten Jahr*),慕尼黑和维也纳:汉泽尔出版社,1981年。
[3] 斯塔克曼编:《新德国之转型》,第40—45页。

第四十一章 "分裂的天空":从海德格尔到哈贝马斯再到拉青格

1993年发表时既引发了喝彩,也招来了争议。当然,"山羊之歌"在希腊语中的原意是"悲剧"。就像西贝尔贝格,事实上就像尼采一样,施特劳斯同样表达了对艺术而不是对工具理性之原始强力的渴望。① 施特劳斯提出,"德国人生活中与日俱增的波动性和不愉快来自于这样一种感觉,即整个生活方式已经达到了反常的极限,不可能把原西德缺乏思考、自以为是、挥霍浪费的物质主义继续进行下去"。施特劳斯哀悼德意志文化遗产中他认为最有价值部分的丧失,就是对经济功利主义和物质主义加以批判的非理性主义。"我们对未来悲剧的面目一无所知。我们所能听到的一切就是神秘之声越来越强……"②

2002年5月,当时德国的外交部部长约施卡·菲舍尔在《法兰克福汇报》上发表了一篇文章,在文中他在德国语境下探究了"正常性"这个概念。他提出,对德国人而言,"正常性"有两个重要的含义。一个与德国人和犹太人相关,他认为,在这一点上,他赞成回归正常性。不过,他进一步指出,很多人没有认识到,那时的德国有三分之一是由1945年后到来的移民构成,包括300万土耳其穆斯林和15万名苏联犹太人,后者在20世纪90年代加入到了大约28 000名早已在德国定居的、主要是老年人的犹太人队伍中。

---

① 丹尼斯·卡兰德拉(Denis Calandra):《新德国剧作家:关于彼得·汉德克、弗朗茨·克萨韦尔·克勒茨、赖纳·维尔纳·法斯宾德、海纳·穆勒、托马斯·布拉施、托马斯·伯恩哈德和博托·施特劳斯的研究》(*New German Dramatists: A Study of Peter Handke, Franz Xaver Kroetz, Rainer Werner Fassbinder, Heiner Muller, Thomas Brasch, Thomas Bernhard, and Botho Strauss*),伦敦:麦克米伦出版社,1983年,第150—161页。

② 斯塔克曼编:《新德国之转型》,第48页。

第六编 希特勒之后:困境下德国传统之承续

从2000年起,德国国籍要求已经摆脱了"鲜血与祖国"(blood and soil)的标准,当时,公民权扩展到在德国出生、父母一方已在此居住超过八年的个人。所有这一切都指向一个日益增强的德国与"外来性"之间的通融。

与此同时,菲舍尔抵制另一个正常性的概念,这种正常性反映了保守主义者把德国的纳粹历史"一笔勾销",并且"恢复积极的德意志民族认同"的努力。与菲舍尔一样,哈贝马斯同样反对这种正常性。[1]

但是有一些德国人认为,有障碍物正被放置在他们回归"正常性"的道路上(当时所有的德国人中有十分之七在第二次世界大战后出生)。1998年,小说家马丁·瓦尔泽被授予了久负盛名的德国书业和平奖。在他的得奖演说中——该演说导致了一场争议——他质疑了他看到的在20世纪90年代日益增长的对大屠杀的强调,他说,当他"不断承受着媒体上的德国之耻的形象"时,他已经开始"移开目光"。[2] 他拒绝接受柏林新的大屠杀纪念碑,他认为这是"出于当下目的把我们的羞耻工具化";尽管他自己将"永不离开被告席",但是他强调个人的良心和"救赎的个性"要比"固定不变的公共关注"更重要、更关系重大。虽然当天许多听众对他表示赞同(格哈德·施罗德和约施卡·菲舍尔频频点头,而且全场向瓦尔泽起立鼓掌),但是有一位——德国犹太人中央委员

---

[1] 斯塔克曼编:《新德国之转型》,第234页。
[2] 虽然马丁·瓦尔泽的《生活与写作:日记》(Leben und Schreiben: Tagebücher, 汉堡的赖恩贝克:罗沃尔特出版社,2005—2007年)终止于1973年,但是它含有瓦尔泽的诗歌和画作,这两者也成为他日记的一部分。他似乎是一位没有成功的毕加索。

第四十一章 "分裂的天空":从海德格尔到哈贝马斯再到拉青格

会主席伊格纳茨·布比斯(Ignatz Bubis)——随后抨击瓦尔泽所谓"施罗德政府被迫默许建造纪念碑"的措辞是反犹主义的。哲学家赫尔曼·吕伯(Hermann Lübbe)曾提出一种与瓦尔泽相似的观点,他指出,早期联邦共和国关于过去的集体"交际性沉默"(kommunikatives Beschweigen),通过提供稳定的环境,使西德能够逐渐发展出一种正常运作的民主。[①] 争执在继续(把它称为一场争论太过严苛了)。2007年,大屠杀研究的杰出历史学家索尔·弗里德兰德(Saul Friedländer)获得了和平奖。在颁奖典礼的一次采访中,他声称,瓦尔泽在1998年的演讲是想终止对大屠杀之关注的一种周期性的德国趋势的典型代表。

卡尔海因茨·斯托克豪森(Karlheinz Stockhausen)2001年9月16日在汉堡的一次记者招待会上的言辞,引起了另一场激怒。他把"9·11"事件描述成一个"存在过的可能最伟大的艺术品",一次"完成了音乐无法完成之事"的行动。"人们为了一场音乐会不间断地、绝对狂热地练习了十年,然后他们死去了。这是人们在整个宇宙中所能想象的最伟大的艺术品。"[②]斯托克豪森的音乐会随即被取消,还有人要求将他送入精神病院。但是正如克劳斯·舍尔普(Klaus Scherpe)所指出的,在德国的文学史上(在马克斯·道滕代[Max Dauthendey]、伯恩哈德·克勒斯曼[Bernhard Kellermann]、格哈特·豪普特曼的作品中),有许多对美国灾变,甚至是纽约作为现代化象征而被摧毁的虚构。

[①] 米勒:《1945年来德国的思想意识》,第58页。
[②] 斯塔克曼编:《新德国之转型》,第60页。

第六编　希特勒之后：困境下德国传统之承续

哈贝马斯在2001年10月——9·11袭击后仅一个月——获得了德国书业和平奖。他在宗教原教旨主义和纳粹主义之间看到了相似性。他认为，我们不应该把两者归因于"他者"或"野蛮人"，但是我们应该认识到两者都是现代性的"果实"（这是我的，而不是哈贝马斯的措辞），两者都代表着启蒙运动的黑暗面。对德国人来说，如果他们认识到别人或许在犯下暴行这一点上加入了他们，那么这是一条达到"正常性"的无望道路，而且并非所有人都有可能无条件地接受这样一种推论。但是，就恳求"对本质的、教条的信仰作一个永久的解构"而言，哈贝马斯无疑是正确的。①

最后，另外有两个考察表明，有一种不同类型的德国至少正在形成，战后历史的一个新阶段如今正在进行中。A.迪尔克·摩西（A. Dirk Moses）的研究在引言中，在解释他如何提供了一个"代群"模型来理解德国人如何应对——或者无法应对——民族社会主义遗留之物时，已有提及。在摩西看来，20世纪20年代晚期出生、1945年时接近成年的"1945年人"已经被民族社会主义所社会化，他们对此前的德国几乎一无所知，而且无论如何并不觉得自己对暴行负有责任，因为他们当时还太年轻。尽管如此，他们组成了"沉默的大多数"，至少直至1968年，他们在德国成为一个联邦民主国家并且实现某种稳定的道路上——他们认为这种稳定包括为他们曾对暴行负有责任的父母提供庇护——提供了帮助。正如精神分析学家亚历山大和玛格丽特·米切利希夫妇在他们的研究

---

① 斯塔克曼编：《新德国之转型》，第61页。

第四十一章 "分裂的天空":从海德格尔到哈贝马斯再到拉青格

《无力悲伤》(1967年)中所主张的,这就是为何这一代德国人在考虑过去时被封冻在"心理的墨守成规"中。摩西把"1945年人"分成"非德意志的德国人"和"德意志的德国人",前者想要催促德国迅速成为一个美国、英国或法国模式的西方民主国家,而后者则希望保留大量1933年之前的德国的传统风味。摩西称,这种区分在德国形成了一种贯穿整个战后时期的"文化战争",而这进一步延缓了德国"通往西方的漫漫长路"。1968年的一代人当然对"1945年人"加以抨击,既抨击德意志的德国人,同样也抨击非德意志的德国人,而这也构成了文化战争的一部分。但是,哪怕是摩西,也在他研究的最后,发现——这是一个重要的点——"大屠杀后的第四代德国人"至少已经开始对国家体制寄予信任,关于暴行的记忆"对21世纪的年轻人而言越来越没有存在的重要意义",而柏林的欧洲被害犹太人纪念碑(亦称大屠杀纪念碑),"与其说是一个耻辱或者污点,毋宁说是一个有利可图的旅游胜地,一个无足轻重的物体,或者实际上是儿童的游乐场"。马克斯·黑斯廷斯在评论波茨坦军事史研究所的一项2008年7月刚刚出版的、题为《德国战时社会(1939—1945)》(*German Wartime Soceity 1939—1945*,该书在引言中已有提及)的研究时,阐述了一个相似的观点。他注意到,参加这项研究的年轻学者都完全是在战后出生的,他们至少能够面对——和讲述——这个未经掩饰的事实,即"几乎所有德国人都意识到"犹太人所遭遇的事而且还相信这是他们"应得的下场"。黑斯廷斯也指出,这项研究向新一代德国人致敬,他们准备以一种很少有人能应付的严厉来评论他们的父辈。

如果摩西和黑斯廷斯是正确的,第四代准备并且能够丝毫不

第六编　希特勒之后：困境下德国传统之承续

带"心理的墨守成规"审视自身的话,那么这可以与这一事实,即关于战时德国的全部真相至少已被承认,有所关联——或关系密切——吗?

牧师,教授,教皇

2005年4月19日,约瑟夫·阿洛伊斯·拉青格(Joseph Alois Ratzinger)以79岁高龄,继约翰·保罗二世(John Paul II)之后当选教皇。拉青格1927年出生于巴伐利亚州因河河畔的马克特尔(Marktl am Inn),他是第九位德国教皇,但却是荷兰-德国人阿德里安六世(Adrian VI,1522—1523年在位)之后的第一位。他的父亲是一名警官,但是约瑟夫和他的兄弟格奥尔格很小的时候就想要进入教会。1939年,约瑟夫进入了特劳姆施泰因的神学院;几乎同时,他成为希特勒青年团的团员,因为所有14岁的男孩子都被要求这么做。① 拉青格的家族是反对希特勒的,尤其是1941年,他的一位患有唐氏综合征的堂兄弟——当时也是14岁——被纳粹党人作为优生计划的一分子而杀害时,就更加如此。1943年,约瑟夫应召加入防空部队,不过不佳的健康状况让他免于战时服役。1945年,当战争结束时,他擅离职守返回了故乡,当时美军正在他家的房子里建立他们在当地的总部。作为战俘,他被拘禁了几个月;获释后,他再度与兄弟一起重返神学院。

1951年,他们被任命为牧师,这之后约瑟夫光彩熠熠的学术

---

① 弗里德曼:《分道扬镳:卡尔普纳、卡西尔和海德格尔》,第21—23页。

第四十一章 "分裂的天空":从海德格尔到哈贝马斯再到拉青格

生涯开始了。他先是成为了弗赖辛学院的教授,接着在波恩大学和图宾根大学任教。在图宾根,他成为了汉斯·金(Hans Küng)的同事,并且与爱德华·谢列贝克斯(Edward Schillebeeckx)和卡尔·拉纳(Karl Rahner)这些首屈一指的神学家争执较量。[①] 在第二次梵蒂冈大公会议(1962—1965年)期间,他担任了约瑟夫·弗林斯(Josef Frings)——一位致力于改革的科隆红衣主教——的神学顾问。后来,在1969年,他协助创立了著名的神学杂志《团契》(Communio),该杂志目前以17种语言出版。1977年,他被任命为慕尼黑与弗赖辛的大主教(和红衣主教)。四年后,教皇约翰·保罗二世任命他为信理部部长,信理部即原来的圣部,起源于历史上的宗教裁判所。

拉青格出版了许多著述。虽然在很多事情上他是一位保守主义和传统主义者,但他并不惧怕与当代哲学家、社会评论家,以及宗教和世俗的学者进行彻底的辩论。他的著作充满了对古典希腊思想、对尼采和海德格尔,以及对让·利奥塔(Jean Lyotard)、利奥·施特劳斯、阿拉斯代尔·麦金太尔(Alasdair MacIntyre,印第安纳州圣母大学哲学的研究教授)、尼古拉斯·博伊尔(Nicholas Boyle,剑桥大学日耳曼文学和知识分子史教授,他关于歌德及其时代的杰出的两卷本传记在第四章中已经讨论过了)和于尔根·哈贝马斯(拉青格与其在2007年合著了《世俗化之辩证法》[*Die Dialektik der Säkularisierung*]一书)等人的晚近作品的引证。

可以看出,拉青格在神学和哲学上优先考虑之事符合德国的

[①] 弗里德曼:《分道扬镳:卡尔普纳、卡西尔和海德格尔》,第41—43页。

第六编 希特勒之后：困境下德国传统之承续

传统，这表明了一种对康德、狄尔泰、马克斯·韦伯和迪特里希·朋谭斐尔(Dietrich Bonhoeffer)所提供的神学暗示的关心，即努力应对"我们能够知道什么"这样的问题，应对把片面观点作为绝对指引的危险，尤其是应对韦伯所谓的"工具理性"和被用于控制世界而非欣赏世界的科学推理的危险。[1] 作为直接继承了奥古斯丁和托马斯·阿奎那思想的学生，拉青格也被1968年的事件所震惊。与其他人一样，在拉青格看来，这些事件标志着后现代社会和相对主义的真正到来，相对主义带来了把文化视为一场"狂欢"的理念，在它这里，所有的世界观都有同等效力。[2]

在拉青格看来，近现代历史上的中心事件是启蒙运动；他认为，它发生——也仅可能发生——在欧洲这样的基督教环境下。启蒙哲学家所如此重视的理性的发展本身就是启示的一方面，所以，只要我们继续维持信仰与理性之间的分裂，我们就永远无法完全地享有这个世界——这种分裂是我们的核心困境。拉青格相信，圣父、圣子、圣灵三位一体的神秘在此有助于我们理解现代的——也是古老的——三位一体，也就是美、善和真之间的连接。他说，这些连接向我们显示，现在就有永恒且无限的价值标准，而上帝让我们知晓此事为真的途径，是通过"希望"现象，希望是一种礼物。尼采曾说，希望是上帝对人类开的最后一个玩笑，但是拉青

---

[1] 特雷西·罗兰(Tracey Rowland):《拉青格的神学》(*Ratzinger's Theology*)，牛津：牛津大学出版社，2008年，第5页。

[2] 约瑟夫·拉青格(教皇本笃十六世[Benedict XVI]):《基督教与文化危机》(*Christianity and the Crisis of Cultures*)，布里安·麦克尼尔(Brian McNeill)英译，旧金山：伊格内修斯出版社，2006年，第25—27页。

第四十一章 "分裂的天空":从海德格尔到哈贝马斯再到拉青格

格坚持认为,希望是蚀刻在我们所有人心里的那些"上帝的记忆"的其中之一。

拉青格说,只有基督教——确切地说是天主教——才能提供信仰与理性的恰当结合,因为它独力负责识别这种被感知到的二分法,独力建立将帮助我们"邂逅耶稣"(这是拉青格思想中的一个中心要素)的传统——不仅有智识的传统(奥古斯丁、阿奎那),而且还有礼拜仪式的传统。①

对拉青格而言,基督教就是那个主叙事;在他看来,当后现代世界在宣称主叙事原则上是错误的、实践上往往是危险的时候,完全是束手无策的;而且他强调,当代世界"进化的精神特质"意味着我们唯一的选择是在基督教与虚无主义之间二择其一。他对虚无主义者的回答是,他们必须首先认识到他们"需要被给予一些东西"。② 作为证据和类比,他在此举了婚姻的例子。我们所有人都认为我们需要爱,但是我们无法控制性欲之爱,我们无法控制会爱上谁,我们就像晴天霹雳般经历它,在拉青格看来这就是上帝的一个礼物。性欲之爱不可避免地会消逝,然而,通过教会、教会社区和教会传统的帮助,性欲之爱转变成了另外之物。"爱中未经我的允许就发生的性的维度,只有在无偿自我奉献的神圣维度中才能实现。"③在拉青格看来,神爱的现象——也就是自我奉献——帮助我们超凡入圣,赋予我们"精神上的骑士风度"。"因此,今天我

---

① 约瑟夫·拉青格:《基督教与文化危机》,第47—53页。
② 罗兰:《拉青格的神学》,第69页。拉青格:《基督教与文化危机》,第61—64页。
③ 罗兰:《拉青格的神学》,第69页。

们经常在年轻人的脸上看到一种值得注意的怨恨,一种屈从……这种悲哀最深的根源是缺乏任何伟大的希望,达不到任何伟大的爱:人们可以希望的一切都是已知的,所有的爱都成为了对一个世界中有限性的失望,这种失望的巨大替代品只能是对深刻绝望的可怜伪装。"在某种意义上,正如罗杰·科恩(Roger Cohen)所说,教皇约翰·保罗二世制止了欧洲身体上的分离。"教皇本笃十六世可能治愈了这个大陆历史的创伤。"[①]

---

① 罗兰:《拉青格的神学》,第72页。

| 第四十二章 |

德国咖啡馆:"一个前所未见的德国"

1967年,两位德国精神分析学家亚历山大和玛格丽特·米切利希夫妇出版了《无力悲伤》一书,它针对的是,对于第三帝国的崩溃和随之而来的对大屠杀的可怕揭露,德国的集体长期反应。他们得出了一个颇有争议的结论,即德国仍然被"心理的墨守成规"所攫住。它在感情上被封冻,"刻意遗忘"自己的暴行。他们认为,集体犯罪的极恶罪行就是这样,对德国人来说,承认有罪,承认对希特勒及其思想体系"自我陶醉的忠诚",会以势不可挡的规模让人感到内疚和羞耻,以至于"继续生存所需要的自尊"会完全难以企及。他们总结道,德国人反而需要把自己视为受害者,尤其是被称为"1945年人"的那些人,他们"在法西斯主义与民主主义之间"长大成人,并且在赫尔穆特·舍尔斯基的书中作为"怀疑的一代"而闻名。[1] 米切利希夫妇还强调,心理上墨守成规的问题一直从20世纪50年代持续到60年代。[2]

---

[1] A.迪尔克·摩西:《德国知识分子与纳粹历史》(*German Intellectuals and the Nazi Past*),剑桥:剑桥大学出版社,2007年,第58—61页。

[2] 亚历山大·米切利希、玛格丽特·米切利希:《无力悲伤:集体行为的基础》(*Die Unfähigkeit zu trauern: Grundlagen kollektiven Vehaltens*),慕尼黑:皮珀出版社,1967年。

第六编　希特勒之后：困境下德国传统之承续

他们的研究本身很重要（我们在第 41 章中探究了它是如何与对第二次世界大战后德国精神生活的其他分析相适应的）。但是，这些结论同样有助于我们了解第二次世界大战后德国文学的模式，这种艺术形式可以说是当代世界中德国的精神与道德生活最清晰的一面。我们发现，我们将要辨别的新要素是由两种再熟悉不过的传统关怀所支撑的。首先，我们可以说，鉴于英国文学完全"优雅的娱乐"（基思·布利范特语），那么现代德国文学，就像在美国那样，与当代政治和社会发展有着更为紧密的联系，它已经绝非一般地参与其中，或者说试图如此。这重新唤起了亨利·西奇威克（Henry Sidgwick）的幽灵和"道貌岸然者"（prig）这个概念，但是，正如我们现在看到的，它几乎不适用于此。其次，我们可以说，当代德国文学以已经不止一次遭遇的、现实主义与"内倾化"（inwardness）之间的常见冲突为特点（或者说被其所困扰）。这种内倾化坚决主张"内向性"（Innerlichkeit）是文学的真境界，与来源于理性思考过程的知识截然相反，它是诗人或者小说家的"直觉智慧"，它真正关系重大；其他一切，尤其是现实主义都是微不足道的（德语中的低俗文学）。①

1945 年后的一段时间，无处不在的外部世界的废墟曾强烈地影响到作家的想象，但是，所谓的废墟文学毕竟没有产生很多持续的成果。除此之外，如果说 1945 年后德国的文学生活中没有直接的彻底决裂，没有创新的爆发，也没有鲜明的停顿，是令人吃惊的

---

① 基思·布利范特：《德国文学的未来》（The Future of German Literature），牛津/罗得岛州普罗维登斯：贝格出版社，1994 年，第 37 页。

第四十二章 德国咖啡馆:"一个前所未见的德国"

事吗?可能有人会期望这样一个分水岭,直到他想起关于第一次世界大战的伟大著作也花了很多年才出现(参见前文,第三十一章)。第二次世界大战后的延时更久。20世纪60年代对文学的精心改造表明,甚至连所谓"四七社"——1947年成立,本应是年轻德国作家的代表——的成就都被太过高估了。

事实上并没有诸如"零点"(Stunde Null)这种词所暗示之物。令人不快的事实是,像恩斯特·云格尔和戈特弗里德·贝恩这样的作家在1945年后仍然活跃,他们仍然拒绝现代主义运动,认为它是启蒙运动强加在人身上的一件"人造紧身衣",之所以说是"人造"的,是因为"它对人之本性不加考虑"。这些作家仍然关注我们在本书中已经记述的贯穿整个近现代德国史的"内在世界"。然而,这不是影响改变的唯一要素。许多其他作家试图找到应对战争后初期自己所处之新环境的各自方法,他们曾经是士兵或战俘,曾被美国人迷恋建立德国人的集体负罪感所阻碍。在某种程度上,这是另一件紧身衣。

正如米切利希夫妇所说,德国——包含两个德国——力图"摆脱"旧的身份认同,取而代之的是向胜利者——前苏联或者美国——看齐(日本就是这么做的)。他们都开始着手一种重建的"盲目劳动",这在西德创造了康拉德·阿登纳的"经济奇迹",在东德创造了"苏联集团最成功的经济"。①

在这种混乱的环境中,出现了三位并不特别年轻的作家(他们

---

① 尼古拉斯·博伊尔(Nicholas Boyle):《德国文学:通识读本》(*German Literature: A Very Short Introduction*),牛津:牛津大学出版社,2008年,第143页。

都是"1945年人",都是"怀疑的一代"的成员),他们是战后世界中最早认真对待刚刚过去之德国历史的人。

首先是来自海因里希·伯尔(1917—1985年)的一系列警告和抗议。伯尔出生于科隆,在战争中四次负伤,他非常敏锐地感觉到了纳粹时代在道德上的失败(他抗拒加入希特勒青年团),并且投入了很多精力来记录当时的混乱、暴行、黑市、饥饿和无家可归。在《流浪人,你若来斯巴……》(*Wanderer, kommst du nach Spa...*, 1950)一书中,描述了一位身受致命伤的学生兵被送到一个紧急手术室,这个手术室原来就在他六个月前刚刚离开的那所学校里。在那里,在被毁的废墟中,他辨认出了他亲手涂鸦在一块黑板上的一句希腊格言。伯尔向我们展示的不仅仅是这位学生兵的死亡,而且还有教化的死亡。①

伯尔向他的德国同胞提出的主要警告是"富裕或许会带来遗忘"。在包括《九点半钟的台球桌》(*Billard um halb Zehn*, 1959)和《小丑之见》(*Ansichten eines Clowns*, 1963)在内的著作中,他探究了阿登纳"一切照常"的信条如何导致了家庭内部年轻一代反对年长一代时在道德上产生严重危害的冲突。这种冲突稍后在20世纪70年代晚期大量所谓的"父亲小说"中得到了强化。

伯尔的创作在《丧失名誉的卡塔琳娜·布卢姆或者暴力如何形成且能通向何处》(*Die verlorene Ehre der Katharina Blum oder Wie Gewalt entstehen und wohin sie führen kann*, 1974)中

---

① 洛塔尔·胡贝尔(Lothar Huber)、罗伯特·C. 康拉德(Robert C. Conrad)编:《书籍和银幕中的海因里希·伯尔》(*Heinrich Böll on Page and Screen*),伦敦:德意志历史研究所,1997年,第17—19页。

第四十二章 德国咖啡馆:"一个前所未见的德国"

达到了顶峰。在这篇小说中,他抨击阿克塞尔·施普林格出版社大肆鼓吹政府安全部门针对大学生和左翼分子的独裁策略,安全部门认为这些人为 20 世纪 70 年代对德国造成极大破坏的恐怖分子"在精神上铺路"。① 毫无疑问,伯尔的书看来确实对资本主义的病理进行了细致论述,为此,他的作品在东欧总是广受欢迎。他在 1972 年获得了诺贝尔文学奖。当亚历山大·索尔仁尼琴(Alexander Solzhenitsyn)被前苏联驱逐出境时,伯尔为他提供了庇护。史蒂夫·克劳肖声称,《丧失名誉的卡塔琳娜·布卢姆》及其改编的电影是一个转折点,此后,在谈论过去这一问题上的沉默、在许多前纳粹分子仍然大权在握这一事实上的沉默,终于被克服了。(此时已经是 1974 年,这进一步强化了米切利希夫妇的论点。)

三巨头中的第二位是君特·格拉斯(1927—),他在 1999 年获得了诺贝尔文学奖,其最著名的著作是《铁皮鼓》(*Die Blechtrommel*,1959)——有时被称为《但泽三部曲》中的第一部,另外两部是《猫与鼠》(*Katz und Maus*,1961)和《非常岁月》(*Hundejahre*,1963),三部作品都针对但泽市内及其周边纳粹主义的兴起。表面上,《铁皮鼓》追踪的是奥斯卡·马策拉特的一生,他在三岁时决定停止长大,然后只用一只铁皮鼓为武器开始终生流浪。尽管他最后在一家精神病院——他在那里整理自己的回忆——结束了一生,但是似乎无论如何没有什么能触动他,甚至连

---

① 洛塔尔·胡贝尔、罗伯特·C.康拉德编:《书籍和银幕中的海因里希·伯尔》,第 65—67 页。

第六编 希特勒之后:困境下德国传统之承续

希特勒帝国最滑稽、最可怖的荒谬言行也不行。[1] 然而,在更深的层面,这本书是对格拉斯眼中教化小说(Bildungsroman)的自以为是传统的讽刺。在文体上,该书是以此来实现其效果的,即通过把在叙述中展露的孩童般的理解与格拉斯超复杂的语言风格相对照,这就像德国战后困境的隐喻:精湛的技法与畸形的道德并存。一个令人难忘的场景描述了一家只供应洋葱的时髦餐馆。人们品尝洋葱,就可以在"无泪的(20)世纪"体验流泪的感觉。这种"畸形"的道德在随后几年一直困扰着格拉斯。[2]

伯尔和格拉斯两人都把自己视为战后德国的道德卫士。在政治上,两人都参与了和平运动。[3] 但是,当格拉斯本人也曾是武装党卫队(Waffen-SS)成员一事在2006年被披露时,格拉斯作为道德卫士的角色光芒被极大削弱了。[4] 并不是所有人都接受这仅仅是一位误入歧途的青少年"履行自己的职责"。

三巨头中的第三位马丁·瓦尔泽(1927—)也在格拉斯的批评者之列。他曾是纳粹国防军的一员,并且有可能在战时加入过纳粹党。比起另外两位,瓦尔泽是一位更加诙谐的作家,措辞尖刻,但是在德国境外却不是那么广为人知。他开始的首要主题是中产阶级员工中的激烈竞争的影响(《间歇》[*Halbzeit*,1960]和《独角兽》[*Der Einhorn*,1966]),不过后来,更为有趣的是,他探究

---

[1] 米夏埃尔·于尔格斯(Michael Jürgs):《公民格拉斯:一位德国诗人的传记》(*Bürger Grass: Biographie eines deutschen Dichters*),慕尼黑:C.贝塔斯曼出版社(C. Bertelsmann),2002年,关于奥斯卡的早期想法,参见第138—140页。
[2] 克劳肖:《一个更宽容的祖国》,第28页。
[3] 同上书,第87页。
[4] 于尔格斯:《公民格拉斯》,第144—145页。

第四十二章 德国咖啡馆:"一个前所未见的德国"

了生活在一个分裂的国家中的心理后果(例如在他的中篇小说《多莱与沃尔夫》[*Dorle und Wolf*,1987]中)。瓦尔泽不想——至少不想公开地——追忆往昔:德国当前的问题太过紧迫逼人了。他在英语世界中最广为人知的作品是《惊马奔逃》。①

俄狄浦斯式的哀悼

于是,首先是伯尔和格拉斯终于开始与第三帝国展开争论,这刺激了一种渴望最终在20世纪60年代和70年代萌发。但是他们的集体成就不止如此。用基思·布利范特的话说:"对先验世界的终极关怀终于消失殆尽了,消失的还有对人生重大问题的讽喻的、神秘的处理,这种处理没有真正关注当下重大问题。"②

然而,当时,他们都不再年轻了,因此他们就不像比如说马克斯·弗里施、彼得·施耐德和彼得·魏斯那种程度地参与20世纪60年代的大学生激进主义。更年轻的那一代人还深受20世纪70年代早期(巴德尔-迈因霍夫集团)的恐怖主义影响,主要是因为恐怖主义激起(并因此揭露)了政府机关一如既往的独裁本性的方式。尤其是施耐德的《伦茨》(*Lenz*,1973)和弗里施的《施蒂勒》(*Stiller*,1964)探究了在1968年前后民主价值观国际化——前一章已有提及——之前独裁主义的氛围。20世纪70年代晚期,当

---

① 马丁·瓦尔泽:《惊马奔逃》(*Runaway Horse*),莱拉·文内维茨(Leila Vennewitz)英译,伦敦:塞克和沃伯格出版社,1980年。亦可参见马丁·瓦尔泽:《人之魂》(*The Inner Man*),莱拉·文内维茨英译,伦敦:多伊奇出版社,1986年。

② 布利范特:《德国文学的未来》,第30页。

第六编　希特勒之后：困境下德国传统之承续

首席大法官、银行高官和德国工业联合会主席都遇刺身亡时，这种氛围在后来所谓的"德国之秋"中达到了顶点。作家与政府之间的隔阂在恐怖主义时期扩大了。作家们指责国家限制公民权，而政治家们则反复宣称作家们正在"为无政府主义"提供"精神支持"。

但是，并不是所有的德国文学作品都能够被紧密地纳入"学会面对过去"这个模型中。评论家汉斯·马格努斯·恩岑斯贝格尔和瓦尔特·延斯（Walter Jens）让人注意到，大约从1970年起，德国作家有了更强的意愿，要在最广泛的意义上（公民权、安置在德国领土上的美国核导弹、世俗化）有更多政治意识。这种"新现实主义"的重要方面是对语言的强调（语言现实主义）、纪实性的叙事（具体现实主义）和妇女运动——它在德国的涌现和在其他地方一样。在此，最重要的名字或许是英格伯格·巴赫曼（Ingeborg Bachmann，1926—1973）和埃尔弗里德·耶利内克（Elfriede Jelinek，1946—），两位都是奥地利人，天主教徒。在《钢琴教师》(*Die Klavierspielerin*，1983）中，尤其是在《情欲》(*Lust*，1989）中，耶利内克揭露了，在据说是现代的电影和媒体世界中，女性仍然以同样陈旧的方式——往往作为性对象——被对待。[①] 耶利内克的文风刻意不动声色，以便使读者尤其是男性读者直面色情描写如何对女性造成冲击。[②]

---

① 汉斯·赫勒（Hans Höller）：《英格伯格·巴赫曼：友谊书简》(*Ingeborg Bachmann: Briefe einer Freundschaft*)，慕尼黑：皮珀出版社，2004年。

② 英格伯格·巴赫曼：《黑暗说：诗歌选集》(*Darkness Spoken: The Collected Poems*)，彼得·菲尔金斯（Peter Filkins）译，马萨诸塞州布鲁克赖恩：西风出版社，2006年，第XX页。埃尔弗里德·耶利内克：《啊，荒野，啊，保护荒野》(*Oh Wildnis, Oh Schutz vor ihr*)，汉堡：罗沃尔特出版社，1985年。

第四十二章　德国咖啡馆:"一个前所未见的德国"

20世纪70年代晚期,"父亲小说"形成了德语文学的一种独特类型,它以某种集体的俄狄浦斯式的反抗来面对父辈之纳粹过去的负担。这些作品出现的时机更进一步证实了米切利希夫妇的结论。①

作者与读者在民主德国的联盟

向东是另一个德国——德意志民主共和国。这个国家经历了自己的历程,在那里,除了宗教教育在中小学中被废除外,审查制度也时松时紧,它限制了创作的主题,并且最终在读者与作者之间创造了一种隐性联盟,这些人学会了创作和吸收一系列在一定程度上会被当局所接受的暗号、比喻和潜台词。结果民主德国以"读者之国"(Leserland)而闻名。② 最初有一种乐观主义,像安娜·西格斯(Anna Seghers)这样的作家把全新的社会主义国家描述为第三帝国的一个可行替代方案,甚至敢于将其与歌德和席勒时期的魏玛一较高下。③ 但这种乐观主义并没有持续很久。自20世纪50年代晚期起,在布鲁诺·阿皮茨(Bruno Apitz)关于布痕瓦尔德集中营的畅销书《赤裸在狼群中》(*Nackt unter Wölfen*,1958)、赫尔曼·康德(Hermann Kant)的《大礼堂》(*Die Aula*,1965)、乌尔

---

① 布利范特:《现实主义的今天:当代西德小说面面观》,第222页。
② 富尔布鲁克编:《犹太大屠杀之后的德国民族认同》,第258页。
③ 克里斯塔·沃尔夫:《黏稠的生活:书信、谈话和杂文集》(*Das dicht besetzte Leben:Briefe,Gespräche und Essays*),安格拉·德雷舍尔(Angela Drescher)编,柏林:建设袖珍书出版社,2003年。

第六编 希特勒之后：困境下德国传统之承续

里希·普伦茨多夫(Ulrich Plenzdorf)的《少年W的新烦恼》(Die neuen Leiden des jungen W., 1972)，还有克里斯塔·沃尔夫(Christa Wolf)的几本著作尤其是《卡桑德拉》(Kassandra, 1983)这样的作品中，作者们从美学上思考他们正在失去什么，因为有如此多的社会主义国家实行了中央集权。当时，作家们被允许有艺术创作的空间，后来也一样，但直接的批判仍然不可以。①

我们原本可以期待女性作家在东德熠熠发光，因为在诸如产假和托儿所等事务的法律支持下，东德（至少官方地）致力于性别平等。但是这种想法忽略了这一事实，即东德拥有的许多领土曾属于大多数男性都是保守性的传统主义者的普鲁士。这使得关于性别角色的冲突在东德比在其他地方都更为根深蒂固。正是这些因素，或是其中某些因素，合力孕育了克里斯塔·沃尔夫这位在其他地方或许无法生存的作家。她的《追思克里斯塔·T.》(Nachdenken über Christa T., 1968)是关键之作，在这个故事里，与作家同名的克里斯塔去追求一种教化的形式，追求一种更圆满的自我实现，在故事里她密友的不治之症成了民主德国的一个隐喻。② 沃尔夫的所有作品中最具争议的是她在1979年写就，但直至1990年才发行的《还剩什么》(Was bleibt)。这本书半虚构地记述了东德国家安全部对她的监视和她对这种

---

① 萨拉·基尔施(Sarah Kirsch)：《诗歌全集》(Sämtliche Gedichte)，慕尼黑：德意志出版社，2005年。可比较约尔格·马格瑙(Jörg Magenau)：《克里斯塔·沃尔夫传》(Christa Wolf: Eine Biographie)，柏林：金德勒出版社，2002年，第328—330页。
② 马格瑙：《克里斯塔·沃尔夫传》，第192—194页。罗布·伯恩斯(Rob Burns)编：《德国文化研究》(German Cultural Studies)，牛津：牛津大学出版社，1995年，第177页。

第四十二章 德国咖啡馆:"一个前所未见的德国"

生活的应对。然而,因为这本书在德国重新统一的"转折"后才出版,沃尔夫被指责没有足够的勇气在民主德国内部将其"公之于众"。[①]

正如马丁·斯韦尔斯(Martin Swales)指出的,许多书特别论述了东西德之间心理和文化的不同。这些书包括乌韦·约翰逊(Uwe Johnson)的《两种观点》(*Zwei Ansichten*,1965)、彼得·施耐德的《跳墙者》(*Der Mauerspringer*,1982)和托尔斯滕·贝克尔(Thorsten Becker)的《誓言》(*Die Bürgschaft*,1985)。[②] 定居在英国的约翰逊在他的书中表明,就特征而言,如何不能有单纯且唯一的真理,这一论点(或启示)在德国获得了比在其他地方更多的共鸣。

已经明确的是,东西德之间最大的文化差异之一是言论自由。在这个问题上,民主德国曾搬起石头砸了自己的脚,它在1976年剥夺了沃尔夫·比尔曼的国籍,"因为他说了太多逆耳的事实"。比尔曼用诗歌和歌曲讲述事实,他与其他词曲作者是20世纪70年代晚期和80年代柏林墙两边的年轻人政治化的一个重要方面。比尔曼的被除籍激起了一股文人向西德移民的浪潮。这之后是《海姆法》(Lex Heym)的通过,它宣告任何"有可能"危害国家的文字材料即为违法。斯特凡·海姆(Stefan Heym)于1979年在西德发表了对20世纪50年代斯大林主义的腐败加以抨击

[①] 伯恩斯编:《德国文化研究》,第189页。
[②] 贝恩德·诺依曼(Bernd Neumann):《乌韦·约翰逊(含迪特尔·里策尔特所绘12幅肖像)》(*Uwe Johnson,mit zwölf Porträts von Diether Ritzert*),汉堡:欧洲出版公司,1994年,关于约翰逊的20世纪60年代,参见第269—271页。

第六编　希特勒之后：困境下德国传统之承续

的小说《科林》(Collin)，因为这项法律在此后出台，所以以海姆的名字命名。① 然而其他人继续在施压。在诸如彼得·汉德克(Peter Handke)的《真情实感的时刻》(Die Stunde der wahren Empfindung,1975)、克里斯多弗·梅克尔(Christoph Meckel)的《我父亲的拼图》(Suchbild：Über meinen Vater,1980)和福尔克尔·布劳恩(Volker Braun)的《人人小说》(Hinze-Kunze-Roman,1985)等小说里，占主导地位的主题是限制与麻木的精神状态之间的联系。

这让来自东德内部的批判似乎看上去——如果不是广泛存在的话——至少是很活跃的。但这并没有阻止君特·库纳特(Günter Kunert)的看法，他认为，如果没有这么多的作家持续为民主德国辩护的话，它的瓦解会容易得多。彼得·施耐德对此表示赞同。现在看来令人难以置信的是，1989年后，不止一位原东德作家公开表示，为一个联邦—资本主义国家之"乌托邦式的替代品"的失败而遗憾。更不用说克里斯塔·沃尔夫在1990年的一次采访中提出的论点，"伟大的意识形态不仅变得越来越值得怀疑，而且变得次要，不再为道德价值观或行为举止提供指引"②。这样的观点遭到了恩岑斯贝格尔毫不留情的嘲笑，因为这些人为失落的"基本经验"和"行动滞缓的星期天"而痛苦。③

---

① 克劳肖：《一个更宽容的祖国》，第199页。
② 布利范特：《德国文学的未来》，第98页。
③ 同上书，第91页。

第四十二章 德国咖啡馆:"一个前所未见的德国"

德国人苦难的维度

我们应该再一次提醒自己注意,不要把战后德国的写作硬塞进一两个简单的模型中。(东德女演员科琳娜·哈尔富什[Corinna Harfouch]曾说:"我们不仅曾有过秋天和冬天,我们也曾有过春天和夏天。")① 在此我们必须提及一类愤怒的作家,像托马斯·伯恩哈德(Thomas Bernhard)、费利克斯·米特雷尔(Felix Mitterer)、格哈德·罗特(Gerhard Roth)这样的奥地利人,和彼得·比克塞尔(Peter Bichsel)这样的瑞士人。伯恩哈德去世于1989年,即在两德统一出现时,但在此之前他(和其他像他这样的人)已经出版了大量书籍,谴责德国是"一个邪恶的地方",是一个从未解决自己历史问题的寒冷的、被孤立的"无道德的水坑"。他的书名反映了他的定论:《地下室:撤销》(*Der Keller:eine Entziehung*,1979)、《寒冷:隔绝》(*Die Kälte:eine Isolation*,1981)和《灭绝:崩塌》(*Auslöschung:eine Zerfall*,1986)。②

20世纪末,出现了三位与伯尔、格拉斯和瓦尔泽相似的作家。伯恩哈德·施林克(Bernhard Schlink)最广为人知的书是《朗读者》(*Der Vorleser*,1995)。这本书的背景设置在20世纪50年代,讲述了一个后来成为法律系学生的青少年的故事。他恋上了汉

---

① 克劳肖:《一个更宽容的祖国》,第100页。
② 吉塔·霍内格(Gitta Honegger):《托马斯·伯恩哈德:一位奥地利人的打造》(*Thomas Bernhard:The Making of an Austrian*),康涅狄格州纽黑文市和伦敦:耶鲁大学出版社,2001年,第128—130页。

娜，一位年长的有轨电车女售票员。只有当我们读下去之后，我们才会发现汉娜有一个曾在集中营做看守的秘密。秘密暴露时，我们还是觉得她是一个讨人喜欢的人。但是施林克的潜在观点是，汉娜认罪了，在战后初年的德国，比起那些要为更大的不道德行为负责的人，犯了小罪的人更容易承认他们的罪行。在施林克看来，较大与较小的罪恶之间的差别是克服过去的一个重要元素。这在一定程度上让米切利希的论点变得完整饱满了，也就是说一名战犯所犯的罪行越大，他就越有可能陷入"心理的墨守成规"。汤姆·鲍尔（Tom Bower）在伦敦的《星期日泰晤士报》（*Sunday Times*）上解构了汉娜这个以某位现实中的女性为原型的人物，他说明了这样一个不会读写的人物在第三帝国不可能存在。①

W. G. 泽巴尔德（W. G. Sebald）在他最后一本也是最著名的书《奥斯特利茨》（*Austerlitz*，2001）中，讲述了一个在1939年从布拉格撤退至威尔士的孩子去寻找自己过去的故事。这场旅行——作者在当中的某个阶段用长达十页的一句话描述了对集中营的参观和其所剩之物——让他直面了德国人的苦难。作者冷静的笔调让人想起歌德。泽巴尔德在《大轰炸与文学》（*Luftkrieg und Literatur*，1999）中回归了德国人的苦难这个主题，他在这本书中生动地描绘了1943年同盟国对汉堡实施的大火力轰炸。这一主题在约尔格·弗里德里希（Jörg Friedrich）的《大火》（*Der Brand*，2002）中得到了更为明显的探究，他用了600页来论述在空袭中丧生的德国

---

① 汤姆·鲍尔："我与汉娜死亡集中营的冲突"（"My Clash with Death-Camp Hanna"），《星期日泰晤士报》（伦敦），2009年2月15日。

第四十二章 德国咖啡馆:"一个前所未见的德国"

人人数与第二次世界大战战场丧生人数相比的失衡。尤其是,在汉堡和德累斯顿的两晚空袭中丧生了 8 万人,在轰炸中死去的人比全英国在整场战争中死去的还多。总的来说,有 60 万德国人死于轰炸,是死亡的英国人的十倍还要多。弗里德里希并没有试图为纳粹分子开脱,也没有试图"危险地软化"德国人的罪责——他在 1984 年的《冰冷的赦免》(*Die kalte Amnestie*)一书中列举了战后年代的西德体制如何被纳粹主义"持续地影响"。但是他确实引起了对这一事实的关注,即盟军的大规模屠杀并没有任何军事利益。①

同样在 2002 年,君特·格拉斯发表了《蟹行》(*Im Krebsgang*)。德国邮轮威廉·古斯特洛夫号在 1945 年 1 月被苏联潜艇用鱼雷击沉,有 9000 名乘客罹难。通过描写这一事件,这本书再次涉及了对德国人苦难的记忆与质疑。这是有史以来最大的一场海难,遇难人数是泰坦尼克号的六倍。②

正如史蒂夫·克劳肖所言,这些作者并没有试图"粉饰"令人不快的不相干的事实:德国人的苦难与犹太人的苦难无法相提并论。"不过,它们都是真实存在的……德国有时被认为是不变的。事实上,它是一个蟹行者的民族——德国移动得比它自己有时似乎所注意到的要更为迅速,朝着未来,朝着创造一个我们还未曾见过的德国。"③

《星期日法兰克福汇报》(*Frankfurter Allgemeine Sonntag-*

---

① 克劳肖:《一个更宽容的祖国》,第 200 页。
② 君特·格拉斯:《剥洋葱》(*Peeling the Onion*),迈克尔·亨利·海姆(Michael Henry Heim)英译,伦敦:哈维尔·塞克出版社,2007 年。
③ 克劳肖:《一个更宽容的祖国》,第 205 页。

第六编　希特勒之后：困境下德国传统之承续

szeitung）艺术与文学版主编福尔克尔·魏德曼（Volker Weidermann）是德国近代文学史的权威。2008年，他出版了《焚书之书》(Das Buch der verbrannten Bücher)，这本书是对1933年5月10日事件与背景的叙述。在大学生的煽动下，纳粹分子在这天烧毁了49位德国作家和37位外国作家的作品。魏德曼追踪了当中依然健在的德国作家，把几位从被人遗忘中拯救出来。两年前，他还出版了《光年》(Lichtjahre)，在这本书中他找到了最新的许多值得一读的德国作家，其中包括创作《33个幸福瞬间》(33 Augenblick des Glücks, 1995)的英戈·舒尔策（Ingo Schulze）、创作《我们这样的英雄》(Helden wie wir, 1995)的托马斯·布鲁瑟希（Thomas Brussig）和其作品试图把流行文化与严肃文化桥接起来的托马斯·迈内克。

魏德曼也拨出篇幅叙述了瓦尔特·肯博夫斯基（Walter Kempowski）。肯博夫斯基出生在罗斯托克，1948年时，因为向西方国家偷运表明俄国人正在破坏与美国人之战略协定的文件而被捕，被判服劳役二十五年。他在八年后获释，之后开始着手通过平民百姓的故事来记录德国20世纪的悲剧，为此他搜集了一份包含8000部日记和30万张照片的档案。他的小说在20世纪70年代很受欢迎。肯博夫斯基也撰写了一系列关于德国历史的小说，对他而言，对德国历史的描述远离英雄事迹。或许因为如此，对他的认可来得很慢，不过，当他在2007年去世时，他的名望正在上升。[①]

[①] 福尔克尔·魏德曼：《焚书之书》，科隆：基彭霍尔-维趣出版社，2008年，第300—302页。

第四十二章 德国咖啡馆:"一个前所未见的德国"

奥斯维辛之后的诗歌、沉默和私密

1949年,提奥多·阿多诺引人注目地宣称,奥斯维辛之后写诗"是野蛮的"。但是,在某种意义上,德国在战后比以往任何时候都需要更多的诗。负罪、悲痛和羞耻的状态是私事也是公事。而用私密的术语来对此加以表述是战后德国诗歌的一个特色,就像它的另一个特色是为以德国之名的所作所为而愤怒一样。

在早些时候,沃尔夫冈·魏劳赫(Wolfgang Weyrauch)明确提出需要一种他所谓的"清光"(Kahlschlag)策略,一种对语言的清除,处理掉过去的"废墟"并且需要创造一种净化过的、焕然一新的,同时也是有价值的语言。这就是奥斯维辛之后第一首真正成功的诗歌——君特·艾希(Günter Eich)令人印象深刻且简单易懂的《盘点》(*Inventur*,1948)——出现的语境,这首诗以其"对生存条件之单调盘点"而著称,其中故意运用了平淡的语言作为某种形式的清洁,丢弃了格律、节奏和隐喻的传统,是一首没有诗歌构架的诗歌。[①]

20世纪50年代,戈特弗里德·贝恩的诗集《静态诗》(*Statische Gedichte*)被众人所知。虽然曾经被纳粹分子所禁止,但贝恩仍持续秘密写作,而这本集子则在私下流通。在其中最好的一首叫作《再见》(*Farewell*)的诗中,贝恩承认,早在20世纪30年代他就已

[①] 伯恩斯编:《德国文化研究》,第192页。

第六编　希特勒之后：困境下德国传统之承续

经背叛了他的世界、他的"天堂之光"，而救赎不可能："只有两种东西：空虚与建构的自我。"正如尼古拉斯·博伊尔所总结的："如果自我成为了纯粹的建构之物，而不是由与其过去经验或与一个既定世界的交互构成，那么就没有诗歌的立足之地，从歌德到拉斯克-许勒尔（Lasker-Schüler）的德国就是如此行事。"①在1951年发表的文章《抒情诗之问题》（Probleme der Lyrik）中，贝恩概述了他的观点。他认为，艺术遵从它自己的规则，诗歌尤其应该以私密和隐私为目标以便超越政治的范围；他说，诗歌是一个有着自己规则的封闭世界，而只有当它如此保有自我时，它才有救赎作用。② 现已证实，这种赫耳墨斯主义曾对诸如保罗·策兰（Paul Celan）、英格伯格·巴赫曼和罗丝·奥斯兰德尔（Rose Ausländer）等作家产生过影响。③

策兰最著名的作品《死亡赋格》（Todesfuge）写就于第二次世界大战结束的那一年，当时犹太人大屠杀的整个程度正在逐渐为人所知。这首诗以"清晨的黑牛奶"开头，高潮是"死神是来自德国的大师"这一恐怖短语，它是对死亡集中营的控诉。它的标题反映（并且预期）了一种将要对罪行之记忆加以折磨的危险歧义："Fuge"一词可以解释为赋格曲，它是一首乐曲，一件艺术品；但是

---

① 博伊尔：《德国文学》，第145页。
② 马克·威廉·罗什（Mark William Roche）：《戈特弗里德·贝恩的〈静态诗〉：美学与思想史的解读》（Gottfried Benn's Static Poetry: Aesthetic and Intellectual-Historical Interpretations），教堂山和伦敦：北卡罗来纳大学出版社，1991年。
③ 英格伯格·巴赫曼：《友谊书简》（Briefe einer Freundschaft），汉斯·赫勒编，汉斯·维尔纳·亨策（Hans Werner Henze）序，慕尼黑：皮珀出版社，2004年。一些信用英文所写。亨策觉得英国人很"讨厌"，但是喜欢伦敦的饮品，参见第335页。就像公交车站"插队"的音乐家那种文雅的无礼（是这样吗？）。

第四十二章　德国咖啡馆："一个前所未见的德国"

也可以解释为神游症，是一种回避，一种心理疾病，并且（可能）是一种逃避。[①] 策兰的风格逐渐变得更简洁，他将此称为"迫奏"（Engführung）。后来，他主张真正的诗歌反映了一个天然的"朝向沉默的趋势"，这也可以理解为是奥斯维辛之后的诗歌。身为犹太人的策兰在1970年自杀身亡。

这种朝向沉默的趋势并非所有人的共识。在《狼的辩护》（*Verteidigung der Wölfe*，1957）中，汉斯·马格努斯·恩岑斯贝格尔既是布莱希特——他在这本诗集出版的前一年去世——的天然继承者，又是一个学派的领袖，这个学派修改了布莱希特关于诗歌应该是一种"日用品"（Gebrauchsgegenstand）的信念。恩岑斯贝格尔的作品以愤怒和挑衅为特征，并且敦促他的读者拥有更强的政治意识，这与贝恩和策兰的目标截然相反。[②]

畸形的现实

在铁幕的另一边，在民主德国内部，一旦它摆脱了深受嘲讽的"拖拉机诗歌"（阿多诺讽刺它是"男孩遇上拖拉机"），并且当约翰内斯·R.贝希尔（Johannes R. Becher）——一位拥有非凡天赋的诗人——在1954年当选为首任文化部部长时，早期的诗歌创作环

[①] 保罗·策兰：《诗集》（*Poems*），米夏埃尔·汉布格尔（Michael Hamburger）英译，曼彻斯特：卡卡奈特新出版社，1980年，双语版。关于《死亡赋格》，参见第51页。

[②] 汉斯·马格努斯·恩岑斯贝格尔：《诗选》（*Selected Poems*），作者和米夏埃尔·汉布格尔英译，泰恩河畔纽卡斯尔：布拉达克斯图书公司，1994年。

境看来非常鼓舞人心。① 但是,贝希尔不久就被免职了。而且,这种看法无论如何没有把布莱希特考虑进去:布莱希特几乎没有浪费时间,他创作了一系列快照式的诗歌(《烟》[*Der Rauch*]、《换车轮》[*Der Radwechsel*]和《糟糕的早晨》[*Böser Morgen*]),这是关于东德生活的一连串令人不快的真相。当布莱希特在1956年去世后,君特·库纳特竭尽全力去填补这个空白。他以官僚主义为批判目标,激发了聚集在莱比锡约翰内斯·R.贝希尔文学研究院里的更年轻一代的诗人。② 福尔克尔·布劳恩曾经是(并且现在还是)这所学校的最佳代表,他最好的作品把对民主德国的独特的强烈个人不适与这个国家公然宣称的乌托邦式的主张并列而置。萨拉·基尔施(Sarah Kirsch)和沃尔夫·比尔曼也与他一样。③

至少在理论上,东德的官僚主义鼓励这些声音,在埃里希·昂纳克(Erich Honecker)于1971年发表的臭名昭著的"百无禁忌"演讲中尤其如此。但是,内在的张力无法长久地被掩盖。如前所述,比尔曼在1976年被驱逐出境了。他的被除籍对许多人来说打

---

① 关于他对于深度冷战期中诗歌的看法,参见约翰内斯·R.贝希尔:《诗的力量:诗的信仰》(*Macht der Poesie: Poetische Konfession*),柏林:建设出版社,1951年。

② 君特·库纳特:《成人游戏:回忆录》(*Erwachsenenspiele: Erinnerungen*),慕尼黑:汉泽尔出版社,1997年。

③ 福尔克尔·布劳恩:《大花园,普鲁士:诗选》(*Lustgarten, Preussen: Ausgewälte Gedichte*),美因河畔法兰克福:苏尔坎普出版社,1996年。沃尔夫·比尔曼:《普鲁士的伊卡鲁斯:歌曲、民谣、诗歌和散文》(*Preussischer Ikarus: Lieder, Balladen, Gedichte, Prosa*),科隆:基彭霍尔-维趣出版社,1978年。萨拉·基尔施:《诗歌全集》(*Sämtliche Gedichte*),慕尼黑:德意志出版社,2005年;关于"猫的生活"(Katzenleben),参见第249页,关于"深不可测"(Bodenlos),参见第405页。

第四十二章　德国咖啡馆："一个前所未见的德国"

击太大了,君特·库纳特、赖纳·孔策(Reiner Kunze)和萨拉·基尔施都追随他去了西方。①

这之后,唯一的出路就是向前。20世纪80年代苏联的自由化政策起了一定作用,"出身于"社会主义的新一代诗人也起了一定作用,他们对作为一种乌托邦的民主德国的期望微乎其微。在诸如海因茨·切霍夫基斯(Heinz Czechowksi)、恩斯特·莫里茨·阿恩特(Ernst Moritz Arndt)和赖纳·埃尔布(Rainer Erb)等作家看来,这简直就是一个畸形的现实,他们鼓起勇气说不。沃尔夫冈·埃梅里希(Wolfgang Emmerich)甚至声称,民主德国的"一个重要遗产"将是它的抒情诗。这让人想起安娜·艾哈迈托娃(Anna Akhmatova)的断言,俄国的"抒情财富"不会被斯大林主义者所摧毁。

不管怎么样,东德和西德的诗歌在20世纪80年代彼此靠得更近了。两者都脱离了社会主义(在民主德国这被称为"告别"[Abschied nehmen]或者是"辞别一个正在消失的世界"),都展示了德国传统的、对坚持不懈的技术发展的渴望。恩岑斯贝格尔凭借他的叙事长诗《泰坦尼克号的沉没》(*Der Untergang der Titanic*,1978)也在此凸显出来。约阿希姆·凯泽注意到,其实德国文学没有重新统一的需求:"它深厚的集体性从来没有被撕裂……只是受到了威胁。"②

在1989年"转折"——一个彼得·施耐德认为与1945年"在

---

① 布利范特:《德国文学的未来》,第167页。
② J.凯泽:"德国文学未曾被撕裂"("Die deutsche Literature war nicht zerrissen"),《南德意志报》(*Süddeutsche Zeitung*),1990年10月2—3日,引自布利范特:《德国文学的未来》,第172页。

第六编　希特勒之后：困境下德国传统之承续

思想上可相提并论"的转折点——的高涨情绪期间和之后突然迸发的诗歌大爆炸中，福尔克尔·布劳恩的《讣告》(*Nachruf*)作为20世纪90年代的一个范例而凸显出来，它为死去的民主德国乌托邦梦想而哀悼，更甚于为那些由于这些理想而遭受煎熬的生命。"讣告"形成了一种对"存货"的归类。

较年轻的诗人也亲历了重新统一，他们中的许多人住在柏林，比如说芭芭拉·克勒(Barbara Köhler)和杜尔斯·格仁拜因(Durs Grünbein)，后者的《清晨的灰色区域》(*Grauzone morgens*，1988)受到了热烈欢迎，不过关于德累斯顿轰炸的《瓷器：我城市的毁灭之诗》(*Porzellan: Poem vom Untergang meiner Stadt*，2005)则受到更多褒贬不一的评论。①

考虑到我们从何处——就是用米切利希夫妇的结论——开始这一章，对德国文学的这一简单调查证实了，哀悼的领域如今已经被德国作家探索过了。不一定是以会取悦所有人的方式，但是如果局外人想要理解现代德国人，就要求教于他们富于想象力的作家们。现代德国文学远离了"优雅的娱乐"。

作为文化而非娱乐的戏剧

在戏剧领域，包括歌剧和舞蹈，布莱希特、皮斯卡托、赖因哈特、拉班和约斯的名字在第二次世界大战之前和战争期间引领着世界。

---

① 福尔克尔·魏德曼：《光年：1945年至今的德国文学简史》(*Lichtjahre: Eine kurze Geschichte der deutschen Literatur von 1945 bis heute*)，科隆：基彭霍尔-维趣出版社，2006年，第245页。

第四十二章 德国咖啡馆:"一个前所未见的德国"

战后初年,皮斯卡托对一种将要在整个欧洲尤其是在英国——比如在戴维·黑尔(David Hare)处——产生共鸣的新型戏剧产生了兴趣。"纪实戏剧"的著名例子是罗尔夫·霍赫胡特的《代表》(*Der Stellvertreter*,1963)——它针对的是教皇庇护十二世在制止犹太人大屠杀上袖手旁观后接下来所作所为的不幸角色,还有《法学家》(*Die Juristen*,1979)——它把大量谴责加诸巴登-符腾堡州州长汉斯·菲尔宾格(Hans Filbinger)之身,致使他被迫辞职。

在魏玛时期,皮斯卡托曾与布莱希特并驾齐驱;然而,他在美国比布莱希特更为成功,布莱希特则在德国有着明显优势。从1949年至1956年去世,布莱希特一直担任柏林剧团的剧作家和艺术指导,他创造性的编剧才能如此强大以至于整个欧洲都感觉到了这一点。他往往很简单的舞台布景浓缩提炼了剧本,并且被他"陌生化"的概念所强化。"陌生化"是一种让熟悉之物变得陌生的尝试,因此观众体验了以陌生与疏离的态度来看待剧中人,而不仅仅是被动共鸣的看客。

但是布莱希特的传统绝非唯一的传统。最著名的替代物是"平民百姓"的戏剧。这种戏剧也被称为"大众戏剧"——这是莱辛的说法。它关注战后德国工人阶级的生活,主要作家是马丁·施佩尔(Martin Sperr,1944—2002)、赖纳·维尔纳·法斯宾德(Rainer Werner Fassbinder,1945—1982)和博尔托·施特劳斯(Bortho Strauss,1944—)。① 我们也不能忽视格奥尔格·毕希纳

---

① 关于法斯宾德在37岁去世后随之而来的"传奇",参见戴维·巴尼特(David Barnett):《赖纳·维尔纳·法斯宾德与德国戏剧》(*Rainer Werner Fassbinder and the German Theatre*),剑桥:剑桥大学出版社,2005年,第1—3页。

第六编 希特勒之后:困境下德国传统之承续

和弗兰克·韦德金德、马克斯·赖因哈特和弗里茨·朗的传统——一种在德国之外难以想象之类型的实验和演出。① 在这些剧目中脱颖而出的是彼得·魏斯的一个势不可挡的剧本,它的场景设置在一家疯人院中,但讲述的是法国大革命的事件,名为《由萨德侯爵导演夏雷顿精神病院病人演出的让-保罗·马拉被迫害和刺杀的故事》(*Die Verfolgung und Ermordung Jean Paul Marats dargestellt durch die Schauspielgruppe des Hospiyes zu Charenton unter Anleitung des Herrrn de Sade*,通常被简称为《马拉和萨德》[*Marat/Sade*],1964)。这一戏剧类型在海纳·米勒(Heiner Müller)七个半小时的《哈姆雷特机器》(*Hamlet-Maschine*)中继续存在,这部剧于1990年在柏林德国剧院上演。

评论家马塞尔·赖希-拉尼奇(Marcel Reich-Ranicki)和赫尔穆特·海森比特尔(Helmut Heissenbüttel)最早认定,第二次世界大战后,德语区的戏剧有了两位很难归类的富有革新精神的剧作家,只能说他们表现出了后期表现主义的倾向和其他现代主义的影响。瑞士人弗里德里希·德伦马特(Friedrich Dürrenmatt, 1921—1990)最为人称道的是《老妇还乡》(*Der Besuch der alten Dame*, 1955),迈克尔·帕特森(Michael Patterson)和迈克尔·赫胥黎(Michael Huxley)称其是在德国演得最多的战后戏剧。主角是一位非常富有的、与从前判若两人的老妇人,她回到了故乡,向年轻时曾引诱她后来却拒不承认是她孩子父亲的男孩——如今也是老男人了——加以报复。

---

① 布利范特:《德国文学的未来》,第218页。

第四十二章 德国咖啡馆:"一个前所未见的德国"

德伦马特在1990年去世后,彼得·汉德克继承了他的衣钵。[804]汉德克在20世纪60年代凭借《骂观众》(*Publikumsbeschimpfung*)和《自我控诉》(*Selbstbezichtigung*)这两出"说话剧"(Sprechstück)就已成名,这两出剧在表演中呈现了一个空旷的舞台,没有明显的情节,没有人物的性格化,有时甚至没有对话。彼得·汉德克对语言的保留态度把德国戏剧与哲学——比如维特根斯坦——联系在一起,并且在他的剧本《形同陌路的时刻》(*Die Stunde da wir nichts voneinander wußten*,1992)中找到了(迄今为止)的最终形式。这出戏的背景设置在一个城市广场中,在1小时45分钟的时间里,有24位演员扮演将近400个穿越广场的角色,但没有一人开口说话。① 戏剧导演彼得·斯泰因(Peter Stein)也掀起了一股浪潮。

正如德伦马特的《老妇还乡》是第二次世界大战后演得最多的德语舞台剧,库特·约斯的《绿桌子》(*Der grüne Tisch*)则是演得最多的舞蹈剧,明显"比现代剧目中的其他作品要更多地被舞蹈公司上演"②。约斯在1979年去世,此后他的学生皮娜·鲍什(Pina Bausch,1940—)发展了她和其他人所谓的"舞蹈剧场"。"舞蹈剧场"以慕尼黑的鲁道夫·拉班(1879—1958年)、斯图加特的约翰·克兰科(John Cranko,1927—1973)和柏林的玛丽·维格曼(Mary Wigman,1883—1973)的传统为基础,是一种叙事、表现主义和纯

---

① 科林斯基和凡德威尔编:《剑桥现代德国文化指南》,第223页。
② 苏珊·曼宁(Susan Manning):《销魂与恶魔:玛丽·维格曼舞蹈中的女性主义和民族主义》(*Ecstasy and the Demon: Feminism and Nationalism in the Dances of Mary Wigman*),伯克利和伦敦:加利福尼亚大学出版社,1993年。

感官享受的混合物。① 她的突破是1971年受乌珀塔尔剧院委托,为《舞者的活动》(Aktionen für Tänzer)设计舞蹈动作,这之后她有了一系列迅速成为现代经典的作品。最好的是《米勒咖啡馆》(Café Müller),在这出剧中,舞台上几乎充满了以惊人速度来回移动的椅子,只有状态非常好、协调能力非常高的舞者才能表演这一幕而不发生灾难。

还是像帕特森和赫胥黎指出的那样,这强调了这样一个事实,即戏剧在德国大体上代表的是"文化"而不是"娱乐"。在德语中没有"娱乐业"(show-business)的等价概念;在德国戏剧中,虽然有几所剧院专门从事喜剧表演——它们被称为"林荫道剧院"(Boulevardtheater)——但没有百老汇的等价物。在德国戏剧中,观众们大体上期望一些反映欧洲文化传统的严肃的高雅文化表演。这就需要远远超过在别处可以获得的经济资助。帕特森和赫胥黎提供的数字表明,21世纪初,在德国,国家和地方对剧院的补贴数额大约是美国对所有艺术提供的公共资助额的七倍,而柏林歌剧院单独获得的补贴几乎与英国艺术委员会为其资助的所有剧院的花费一样多。德国剧院倾向于有自己的场地,内部设计更加精心,作品更加雄心勃勃,这样的结果是,戏剧在德国文化生活中的作用比在其他地方更为重要。

在20世纪80年代的东德,戏剧与诗歌一样也成为了政治的一个辩论场所,尽管像上一节所提到的那样,这种辩论隔着一定的

---

① 《今日戏剧》(Theater heute),1989年12月,第6页。

第四十二章 德国咖啡馆:"一个前所未见的德国"

距离并且是隐晦地提及。① 事实上,在 20 世纪 80 年代,只有教堂和剧院为政治辩论提供了空间。

"德国电影的第二次繁荣"

与小说和诗歌一样,在电影方面,"废墟"的景象也是早期的一个主题(比如罗伯托·罗塞利尼[Roberto Rossellini]的《德意志零年》[*Germania anno zero*,1947]),但是这并不是一个非常繁盛的类型。更为成功的是沃尔夫冈·施陶特(Wolfgang Staudte)的《凶手就在我们中间》(*Die Mörder sind unter uns*,1946),影片中,一位心理受创的医生试图应对战争的影响,并且将他的前指挥官绳之以法。

在东德,电影制作受政党控制,它通过"德国电影股份公司"维持着对影片摄制实质上的统治(这与纳粹时期的"全球电影股份公司"并没有太大不同)。早期的电影常常将视线投向资本主义,不过也有其他类型,包括"反法西斯主义电影"、为提升执政的德国统一社会党形象的说教电影,同样在一种教化的儿童电影上投入了大笔资金。原来的全球电影股份公司在波茨坦-巴贝尔斯贝格(Potsdam-Babelsberg)的片场当时被德国电影股份公司所用。后者最令人难忘的反纳粹电影是《星星》(*Sterne*,1959),影片讲述了一位步兵爱上了一位即将被送往奥斯维辛的犹太女子的故事。

此外还有有意识地回归魏玛共和国的"无产阶级电影"的现实

---

① 科林斯基和凡德威尔编:《剑桥现代德国文化指南》,第 311 页。

电影。在诸如斯拉唐·杜多夫(Slatan Dudow)的《我们每日的面包》(Unser täglich Brot,1949)等影片中,导演们试图展现东德的真实状况。但是他们被一些大事所碾压,尤其是1956年的匈牙利十月事件。这之后引进了更严厉的审查制度,直至1961年边境被封锁后,热点话题才再度被允许讨论。康拉德·沃尔夫(Konrad Wolf)执导的、根据克里斯塔·沃尔夫同名小说改编的《分裂的天空》(Der geteilte Himmel,1964)从一位东部人的视角出发看待德国的分裂。这部影片激励青年导演们拍摄温和的批判电影,审视诸如代际冲突、法律体系中的腐败等主题。这种相对自由在1965年德国统一社会党第六届中央委员会第十一次全体会议后戛然而止,结果是半年多来拍摄的影片都被弃之不用。① 这些所谓的"禁片"是证明新一代人已经对老一代人持批判态度的鲜明证据。在埃里希·昂纳克1971年臭名昭著的讲话后,事态再度发生了变化。之前已经提到过,他在这次讲话中指责了艺术中的禁忌。一个直接后果是海纳·卡洛夫(Heiner Carow)的《保罗和葆拉的传奇》(Die Legende von Paul und Paula,1972),这部由乌尔里希·普伦茨多夫编剧的影片获得了巨大的成功。它讲述了一对情侣在东德体制内对个人幸福的寻求,在这一过程中,它提出,性是实现自由和现代性的一种手段。弗兰克·拜尔(Frank Beyer)执导的根据小说改编的《撒谎者雅各布》(Jakob der Lügner,1974)讲述了战时一位犹太人的故事。他假装自己有一台收音机,向他的朋友们编造"新闻"来让他们保持高昂的斗志。这是德国电影股份

---

① 科林斯基和凡德威尔编:《剑桥现代德国文化指南》,第312页。

第四十二章　德国咖啡馆："一个前所未见的德国"

公司唯一一部被提名奥斯卡金像奖的影片。①

在西德,虽然战争甫一结束也拍摄了"废墟电影",但是德国人自己的作品被大量美国电影——通常是译制片——所淹没。另外,这一时期的特点是乡土影片的流行——安全的、逃避现实的浪漫故事,不会唤醒历史的幽灵。

关于美国电影对德国的影响,有两种观点。一种认为美国电影令德国文化变得无足轻重,而另一种则认为德国人把美国文化视为与纳粹历史决裂的一种手段欣然接受。②

事实上,(联邦)德国的电影业当时是如此疲软,以至于1961年的柏林电影奖没有颁发联邦电影奖。*　这种姿态看来似乎有些影响。仅仅一年后,在奥伯豪森国际短片电影节上,一个由26位青年导演组成的小组签署了关于"新德国电影"运动的发起文件。被称为《奥伯豪森宣言》的这份文件导致了一个资助青年导演拍摄新电影的组织——"青年德国电影管理委员会"诞生。不过在实践上,直至20世纪60年代晚期和70年代,德国电影才经历了真正的复兴;而且像大多数的复兴那样,这与一群真正的"明星"在几乎同一时间的成熟有关。

1968年,维尔纳·赫尔佐克(Werner Herzog)发行了他的第一部剧情长片《生命的讯息》(*Lebenszeichen*),这是他一系列作品

---

① 伯恩斯编:《德国文化研究》,第317页。
② 伊恩·布鲁玛(Ian Buruma):"赫尔佐克与他的英雄"("Herzog and His Heroes"),《纽约书评》,2007年7月19日,第24—26页。
*　该处信息有误。联邦电影奖当时是柏林电影节的一个特殊单元,这一年该单元只是没有颁发最佳影片奖,最佳男女主角等奖项仍然颁发了。——译者

中的第一部,这些作品的人物都是怪诞的、却被刻薄的幽默救赎的孤独者和流浪者。赫尔佐克认为,他的影片设法展现"销魂的真实"而非实录电影之"会计师的真实"。他的影片探究了孤独、内心状态、"内在景观"——卡斯帕·戴维德·弗里德里希(Caspar David Friedrich)是他最喜欢的艺术家之一。赫尔佐克认为"旅游是犯罪",20世纪是一个"灾难性的错误"。他对"技术文明"的憎恶让人联想起海德格尔,不过他现在为了"集体的梦想"住在洛杉矶,他爱这个城市。①

几乎同一时间,赖纳·维尔纳·法斯宾德拍摄了他的警匪片三部曲,这些影片也检视孤独和隔离的内心世界(《爱比死更冷》[*Lieber ist kälter als Tod*]把汉娜·许古拉[Hanna Schygulla]介绍给了全世界)。在20世纪70年代,很快就紧随赫尔佐克和法斯宾德而来的是维姆·文德斯(Wim Wenders)及其著名的公路电影,它们的主角也是漂泊无依、焦虑不安的孤独者,其中最值得关注的是《城市里的夏天》(*Summer in the City*)。②

像法斯宾德、亚历山大·克卢格(Alexander Kluge)、玛格丽特·冯·特罗塔(Margarethe von Trotta)、沃尔克·施伦多夫(Volker Schlöndorff)和赖因哈德·豪夫(Reinhard Hauff)这样的导演,绝没有对民族社会主义的罪恶视而不见。但是,就像马丁·瓦尔泽那样,他们更乐于处理20世纪晚期的事件,比如说移民工

---

① 亚历山大·格拉夫(Alexander Graf):《维姆·文德斯的电影院:电影高速公路》(*The Cinema of Wim Wenders: The Celluloid Highway*),伦敦:壁花出版社,2002年,第48—54页。

② 科林斯基和凡德威尔编:《剑桥现代德国文化指南》,第311—312页。

第四十二章 德国咖啡馆:"一个前所未见的德国"

人(法斯宾德的《恐惧吞噬心灵》[Angst essen seele auf,1974])和恐怖主义(集体电影《德国之秋》[Deutschland im Herbst,1978]和赖因哈德·豪夫的《脑中刀》[Messer im Kopf,1978])。虽然汉斯·于尔根·西贝尔贝格确实在共四部分的《希特勒:一部来自德国的电影》(Hitler,ein Film aus Deutschland,1977)中直面了纳粹主义,但是这一代导演在很大程度上对德国的分裂未做探索。[①]

20世纪80年代,政府对电影业的支持减少了,但是涌现出了很多才华横溢之人。这一时期见证了埃德加·赖茨(Edgar Reitz)的《乡归何处》(Heimat,1984)的上映,这部影片由11个部分组成,编年式地讲述了在洪斯吕克山区的一个虚构的村庄沙巴赫里的生活。它还见证了维姆·文德斯的《柏林苍穹下》(Der Himmel über Berlin,1987),这部影片的剧本部分由彼得·汉德克创作,它讲述了两位——除了孩子其他所有人都看不见的——天使的故事,他们在柏林城中游荡,倾听每个人和他们的问题。这部影片曾在戛纳电影节上斩获奖项。20世纪80年代也是几部非常优秀的纪录片问世的年代,尤其值得一提的是哈特穆特·比托姆斯基(Hartmut Bitomsky)的《大众汽车建筑群》(VW-Komplex)和大量新锐女导演的作品,玛格丽特·冯·特罗塔在某种程度上是她们当中最杰出的一位。

1989年柏林墙的倒塌刺激了大量影片的产生,其中最意想不到的是重新统一的喜剧。这类电影由赫尔穆特·迪特尔(Helmut Dietl)的《冒牌货!》(Schtonk!,1992)和克里斯多夫·施林根西夫

---

① 科林斯基和凡德威尔编:《剑桥现代德国文化指南》,第233页。

第六编 希特勒之后：困境下德国传统之承续

(Christoph Schlingensief)的《德国电锯杀人狂》(Das deutsche Kettensägen Massaker, 1990)首开先河，前者是一部关于"希特勒日记"丑闻的讽刺作品，后者是对柏林墙倒塌后欣喜若狂之氛围的辛辣的讽刺模仿，它讲述了一个"西德佬"家庭搜寻"东德佬"并用电锯和斧头把他们做成了香肠的故事。在《再见，列宁！》(Good-Bye, Lenin!, 2003)中，在东德过着近乎正常生活的克里斯蒂亚娜，在1989年10月第一个大规模反政府抗议爆发的那一天，突发心脏病陷入了昏迷。直到几个月后民主德国正要消失时，她才恢复意识。医生警告说任何的打击都有可能致她死亡，因此她的孩子们被迫滑稽地假装东德仍然存在。他们拿回了在此期间已被换下的家具，编造了"广播"来"解释"一些变化（例如政府已经慷慨地允许西德佬作为来自资本主义—帝国主义的难民逃亡东部）。在由弗洛里安·亨克尔·冯·唐纳斯马克(Florian Henckel von Donnersmarck)编剧和执导、获得2007年奥斯卡最佳外语片奖的《窃听风暴》(Das Leben der Anderen)中，讲述了一名东德国家安全局的官员逐渐对他身处其中的政权失去了认同。尽管他试图帮助他监控的一部分人，但是他无力阻止不同层级的腐败的结合，结果制造了一出悲剧，他本人无意中帮助诱捕的一位女性自杀了。

关于德国的电视文化，有三点凸显出来。第一，电视非常流行。德国电视二台(ZDF)是欧洲最大的电视台。第二，比起德国的音乐、绘画、舞蹈或者电影，它在国际上的影响要小得多。第三，或许是最有趣的一点，比起其他地方，关于电视文化之影响的争论在德国要多得多。赫尔穆特·施密特在担任德国总理时曾指责有线电视比"核能更危险"。诸如君特·安德斯、汉斯·马格努斯·

第四十二章 德国咖啡馆:"一个前所未见的德国"

恩岑斯贝格尔和于尔根·哈贝马斯等一些专业评论家,均在将电视视为一种文化"黑洞"这一点上意见一致。

达姆施达特的音乐统治

我们永远不能忘记,音乐在第三帝国中没有像绘画和学术等其他领域那样遭到损害。不管发生了什么,战后德国在废墟之外仍然难以置信地拥有大约 150 家歌剧院和管弦乐团,拥有无以伦比的音乐教育学院,一种未被冲淡的音乐学传统生产着举世无双之品质和创意的音乐学术,而且,比起任何其他国家,它有更多数量的专门刊载音乐的专业期刊。①

在西德,一旦"经济奇迹"开始显现,乐曲和音乐作品就迅速重新获得了之前的地位。1948 年,理查德·施特劳斯曾言"我已经活得太久了",但事实并非如此——次年他就创作了极为流行的《最后四首歌》(Vier letzte Lieder)。② 柏林爱乐乐团很快恢复了在戈培尔时期之前的杰出声誉,1947—1954 年它由威廉·富特文勒(Wilhelm Furtwängler)负责,之后转归钢琴神童赫伯特·冯·卡拉扬领导。德国留声机公司也重新振作起来。③ 卡拉扬的纳粹

---

① 罗斯:《余者皆噪音:倾听 20 世纪》,第 10 页。
② 维尔纳·厄尔曼(Werner Oehlmann):《柏林爱乐乐团》(Das Berliner Philharmonische Orchester),卡塞尔/巴塞尔/图尔/伦敦:巴伦赖特尔出版社,1974 年,第 117—119,127—129 页。
③ 罗格·沃恩(Roger Vaughan):《赫伯特·冯·卡拉扬:传记肖像》(Herbert von Karajan: A Biographical Portrait),伦敦:魏登费尔德-尼科尔森出版社,1986 年,第 116 页。

第六编　希特勒之后：困境下德国传统之承续

历史紧紧纠缠着他，他自1935年起一度是纳粹党员。他在1942年与第二任妻子结婚时发现她原来有四分之一的犹太血统，于是纳粹党让她成为了德国五位"名誉雅利安人"之一：这一事实强调了卡拉扬的优厚待遇。由于他的纳粹历史，诸如伊萨克·斯特恩和伊扎克·佩尔曼等一些音乐家拒绝与他同台演奏。1946年，他被苏联占领当局禁止指挥。

压力是否开始折磨他呢？他求助于卡尔·荣格的精神分析。不过，1948年，卡拉扬还是协助创办了新组建的伦敦爱乐乐团；1955年，他接替富特文勒被任命为柏林爱乐乐团终身音乐总监；两年后，他又成为维也纳国家歌剧院艺术指导。① 他还密切参与了萨尔茨堡音乐节。在接下来的三十年，他作为"经济奇迹的天才"发掘了好几位艺术家（比如安妮-索菲·穆特[Anne-Sophie Mutter]和小泽征尔[Seiji Ozawa]），并且成为了有史以来最畅销的古典音乐唱片艺术家，卖出了大约两亿张唱片。

即使纳粹曾如此反对勋伯格及其学生安东·冯·韦伯恩的作品还有他这个人，他们的技法在20世纪50年代——在开始于达姆施达特的一年一度的夏季作曲课程的推动下——还是不可避免地几乎要成为一种新的正统。三位才华横溢的年轻作曲家贝恩德·阿洛伊斯·齐默尔曼（Bernd Alois Zimmermann，1918—1970）、汉斯·维尔纳·亨策（Hans Werner Henze，1926—）和卡尔海因茨·斯托克豪森（1928—2007）在20世纪50年代应运而生，他们每个人都曾在达姆施达特求学。以其关于第三帝国音乐的书而最

---

①　科林斯基和凡德威尔编：《剑桥现代德国文化指南》，第252页。

第四十二章　德国咖啡馆："一个前所未见的德国"

为人所知的评论家埃里克·莱维(Erik Levi),把齐默尔曼的歌剧《士兵们》(Die Soldaten)描述为"自贝格的《璐璐》之后最为重要的德国歌剧"。①

亨策是勋伯格的狂热崇拜者。尽管如此,为了保持自我对其他音乐创新的开放心态,他搬迁到了意大利。他的两部由美籍英国诗人 W. H. 奥登(W. H. Auden)撰词、卡拉扬首演的歌剧《年轻恋人的悲歌》(Elegie für junge Liebende,1961)和《酒神的伴侣》(Die Bassariden,1966)不久就被公认为音乐与戏剧的成功结合。后来,亨策被 20 世纪 60 年代后期的学生革命运动所吸引,他的作曲开始具有更尖锐的刀锋,他的目光横跨世界投向卡斯特罗之古巴的音乐,并且向库尔特·魏尔回归。②

战后少壮派中的第三位,即斯托克豪森是他们当中最为激进的一个。斯托克豪森是电子音乐的著名先锋,他像美国作曲家约翰·凯奇(John Cage)设计的那样,试验了不确定性音乐(或者说机遇音乐),20 世纪 70 年代时他成为了被狂热崇拜的偶像,尤其是在某些摇滚音乐家当中。③ 20 世纪 80 年代他的影响衰退了。1977 年后他专注于一种瓦格纳式的、由七部宗教歌剧——每一部代表一星期中的一天——组成的歌剧集,这并没有对他的声望有所助

---

① 汉斯·维尔纳·亨策:《音乐与政治:作品集(1953—1981)》(Music and Politics: Collected Writings, 1953—1981),彼得·拉班尼(Peter Labany)英译,伦敦:法贝尔出版社,1982 年;关于"革命性音乐的任务",参见第 196 页。

② 米夏埃尔·库尔茨(Michael Kurtz):《斯托克豪森传》(Stockhausen: A Biography),理查德·图普(Richard Toop)英译,伦敦:法贝尔出版社,1992 年,第 110—112 页。

③ 同上书,第 210—212 页。

益。这七个作品被集结为《光》(Licht),时间长达 29 个小时。直至斯托克豪森 2007 年去世时,它还尚未被全套上演。困难之一是,在某一时刻,室内乐团被指定要乘坐直升机从歌剧院上方进行演奏。

时至今日,为了学习和表演,学音乐的学生仍然成群结队地涌向德国。

跨越过去的绘画

最适应纳粹历史的艺术形式是绘画和雕塑。要考虑的第一位人物是阿尔弗莱德·奥托·沃尔夫冈·舒策(Alfred Otto Wolfgang Schulze,1913—1951),他更多地被称为沃尔斯(Wols)。他出生于柏林,曾学习小提琴,但更喜欢跟随包豪斯的莫霍伊-纳吉学习。1933 年他前往巴塞罗那(拒绝了纳粹帝国义务劳动军的征召),随后又去了巴黎,在那里以摄影为生,直到 1939 年被拘禁并开始作画。战争期间他忍受了极度的贫困。虽然让-保罗·萨特向他伸出了友谊之手并扶助他,但是这并无法阻止他因酗酒成瘾而在 38 岁就早早离世。沃尔斯的画作正式被称为点彩派,它们公开展现了他自己的生活和他的民族对他造成的创伤。正如一位评论家所言,这些画作是"猩红和漆黑的喷发",在形式上让人想起尸体、化脓的伤口和以这些伤口为生的昆虫。在沃尔斯的作品中没有救赎。[①]

[①] 维尔纳·哈夫特曼(Werner Haftmann):《沃尔斯札记:水彩、警句、素描》(Wols Aufzeichnungen: Aquarelle, Aphorismen, Zeichnungen),科隆:M.迪蒙·绍贝格出版社,1963;关于让-保罗·萨特的一个评注,参见第 10,32 页。

第四十二章 德国咖啡馆:"一个前所未见的德国"

战后初年主要的普遍现象是抽象主义的复兴。它的特征是克莱和康定斯基这样的艺术家的平反昭雪。不过这有一个令人遗憾的副作用,它强力地忽视了其他一些德国艺术家,这最终促使一群画家于1957年在杜塞尔多夫奥托·皮纳(Otto Piene)的画室中举办了一系列展览。当诸如格哈德·里希特和西格玛尔·波尔克等艺术家,在20世纪50年代晚期和60年代早期从东德来到杜塞尔多夫,创造出他们融合了媚俗与流行的混合艺术时——这种艺术被讽刺地称为"资本主义式的现实主义"——在这个城市就出现了一个主导流派。(里希特的岳父曾负责审查纳粹统治时妇女的大规模绝育手术,其中也包括里希特自己的姨妈。)

围绕在皮纳周围的一群人自称为"零族"(Zero),他们深受伊夫·克莱恩(Yves Klein)及其"艺术事关思想而非任何对现实的看法"信条的影响。[①] 他们的目标是"让现实出局",尤其是通过否定形式,以及创作除了纯粹的能量外没有任何实体性存在的图像(往往是单色画,或者是对白度的探索)。在此,皮纳在1963年创作的《威伦多夫的维纳斯》(*Venus of Willendorf*)和君特·于克尔(Günther Uecker)的《洪斯吕克大街》(*Hunsrückenstrasse*)——一条整个被漆成白色的街道——是最典型的作品。"零族"的发展伴随着一项重要的私人倡议,这项倡议成为了20世纪晚期艺术世界中最为成功的元素之一。这就是卡塞尔文献展的设立,它是当代艺术最杰出的论坛之一。

[①] 尼古拉斯·夏勒特(Nicolas Charlet):《伊夫·克莱恩》(*Yves Klein*),米夏埃尔·泰勒(Michael Taylor)英译,巴黎:亚当·比罗/维洛国际出版社,2000年,第18—20页。

第六编　希特勒之后：困境下德国传统之承续

约瑟夫·博伊于斯与时间的对话

812　　所有这一切都因为约瑟夫·博伊于斯（Joseph Beuys）的出现而黯然失色，他在德国战后艺术界自成一家（并且对许多人来说出类拔萃）。博伊于斯1921年出生于克雷菲尔德，他的艺术目标是找到一种全新的视觉语言，这种视觉语言将会超越战争历史并且同时找到一条不忽视所有发生之事的前行之路。他从未偏离这一信仰。

博伊于斯相信，艺术作品存在于"永恒时间、历史时间和个人时间"中。①他曾在第二次世界大战中担任纳粹德国空军飞行员并在苏联上空被击落，当地人用毛毡和动物油脂治好了他的冻伤。这些东西与其他不那么私人化的物质互相融合，成为了博伊于斯运用在（某些）艺术中的材料。②他觉得，观众应该意识到这些使用的材料对艺术家而言意味着什么，这样他们的审美体验就被提升至一个意识层面：艺术家是一个有过去的人，他是民族历史的一部分。他的著名作品《有轨电车站》（Strassenbahnhaltestelle）把他的个人经验（他小时候常常使用一个重要纪念碑旁边的有轨

---

①　阿兰·博雷尔（Alain Borer）:《不可或缺的约瑟夫·博伊于斯》(The Essential Joseph Beuys)，洛塔尔·席尔默（Lothar Schirmer）编，伦敦：泰晤士－哈得孙出版社，1996年。

②　关于博伊于斯的艺术材料的讨论，参见理查德·德马科（Richard Demarco）："救济院的三口锅"（"Three Pots for the Poorhouse"），载《约瑟夫·博伊于斯：革命就是我们》（Joseph Beuys: The Revolution Is Us），这是一本1993—1994年在利物浦举办的一场展览的目录，由泰特美术馆的藏品受托人出版，利物浦：1993年。

第四十二章 德国咖啡馆:"一个前所未见的德国"

电车站)与民族历史(以轨道为特写让观众想起铁路在纳粹德国曾被用在何处)融合起来。但是,他的轨道线路略有弯曲,这暗指着进步,暗指一条向前的、向上的道路。博伊于斯说,在体验其雕塑的今日之美时,我们必须再次体验往事——这就是他与时间的对话。①

虽然马尔库斯·吕佩茨(Markus Lüpertz)、格奥尔格·巴塞利茨(Georg Baselitz)和 A. R. 彭克(A. R. Penck)等更为年轻的一代,反对博伊于斯的作品所展示的那种与高雅文化的关联,但是博伊于斯经由他的学生,尤其是约尔格·伊门多夫(Jörg Immendorff)和安塞尔姆·基弗(Anselm Kiefer),仍产生了影响。基弗的素材包括沙子、稻草和烧焦的木头,它们往往叠加成漂浮在下方风景之上的一幅简单图像,让人觉得作品更为稠密、更为破损、更为混乱。对基弗而言,这就是羞耻的层次。② 巴塞利茨是一位受爱德华·蒙奇(Edvard Munch)影响的大型画画家,用他自己的话来说,这些画试图创造一种色彩的"进攻性失调",不过他也将自己的体验——比如说柏林墙和 1968 年的反叛——融入到他的作品中。彭克的《火柴人》(*stick figure*)把洞穴壁画与街头涂鸦结合在了一起,展现了骇人听闻、纵情声色、亲密关系的滥用与病态。在彭克

---

① 戈茨·阿德里尼亚(Gotz Adriani)、温弗里德·康纳茨(Winfried Konnertz)、卡琳·托马斯(Karin Thomas);《约瑟夫·博伊于斯》(*Joseph Beuys*),科隆:迪蒙图书出版社,1994 年(权威版照片)。

② 君特·格雷肯(Günther Gereken);《林中-(横切)-路》(Holz-(schnitt)-wege),展出于格罗宁根博物馆展览《安塞尔姆·基弗》(*Anselm Kiefer*),格罗宁根:1980—1981 年。

第六编 希特勒之后:困境下德国传统之承续

看来,这是纳粹最严重的罪行。①

在赖纳·费廷(Rainer Fetting)、赫尔穆特·米登多夫(Helmut Middendorf)和伊里·格奥尔格·多库佩尔(Jiri Georg Dokupil)等最新一代人的作品中,所有高雅文化的装饰都已经为了"最为疯狂的"摇滚文化而被抛弃了,以至于在艺术家与被描述的主题之间有一段(实在太过后现代的)具有讽刺意味的距离。②在此,标志性的作品是伊门多夫的大型系列油画《德国咖啡馆》(Café Deutschland)。这些画创作于20世纪70年代,画中,德国政治史的主要场景发生在迪斯科舞厅、吸毒场所、穿着奇装异服的歌舞表演,甚至是飞机的驾驶舱中。用伊里特·罗戈夫(Irit Rogoff)的话说,绘画已经变成"嘈杂的不拘礼节"之物(而这也是一个我们前所未见的德国)。③

柏林墙倒塌后文化和跨文化方面最大的发展是东德的彻底崩溃。作为个体的东德人现在仍然在绘画、电影、文学上大放异彩;在德累斯顿等城市、在莱比锡的原棉纺织厂,仍然有歌剧院和艺术家聚集地;在莱比锡、德累斯顿和柏林,仍然有实力强劲的合唱团。但是,在德国分裂的岁月里,在民主德国之外,几乎没有人理解它的基础结构有多么虚弱,以至于经济互助委员会内部的贸易往来会如此简单地就消失不见,没有什么可以依靠。在麦森的工厂里,

---

① A. R. 彭克:《回顾彭克》(Auf Penck zuruckblickend [1978]),展出于巴塞尔艺术博物馆展览《A. R. 彭克——Y:至1975年的画作》(A. R. Penck—Y. Zeichnungen bis 1975),巴塞尔:1978年。
② 赖纳·费廷:《木画》(Holzbilder),马尔堡画廊展览,纽约:1984年。
③ 科林斯基和凡德威尔编:《剑桥现代德国文化指南》,第280页。

第四十二章　德国咖啡馆："一个前所未见的德国"

人们的技艺还在,但是"转折"后所有的机器都被扔掉了。甚至连东德的葡萄园都需要重新种植。德累斯顿的相机制造商潘太康(Pentacon)在共产主义时期曾经拥有过世界市场10%的份额,1990年时有5000名员工,但不到一年的时间就只剩下了200名。① 民主德国科学院(DDR)曾在东德有2.4万名成员(当中有很多人只是在此"挂名",其实是赋闲之人),而后来重新组建的柏林-勃兰登堡科学院如今则只有200名院士和175名研究员。②

在原先东德的学术项目中,马克思和恩格斯作品全集的最终版编辑工作被柏林-勃兰登堡科学院接手,一本对歌德语言进行编目和分析的歌德词典也是如此。民主德国的学术优势主要是在数学、计算机科学、分子生物学、药理学、能源、人文学科、东方语言和古代语言(该学科的曼弗雷德·比尔韦施[Manfred Bierwisch]众所周知)等领域。但是现在,这些领域的绝大多数优势已不复存在,几乎所有的学术期刊都已经停刊,然而德国总的出版业每年都以1.9%的速度增长。

在科学领域,德裔的物理学家、化学家和医学家在1945年后已经获得了25次诺贝尔奖。除此之外,伯尔和格拉斯获得了诺贝尔文学奖,维利·勃兰特在1971年获得了和平奖。科学上的这种成功主要是由于马克斯·普朗克学会:在全德散布有76个马克斯·普朗克研究所(在原民主德国有22个),荷兰有1个,意大利有2个,佛罗里达有1个,在巴西的玛瑙斯有1个子研究所。目前

---

① 克劳肖:《一个更宽容的祖国》,第92页。
② 与沃尔夫-哈根·克劳特(Wolf-Hagen Krauth)关于普鲁士科学院的私人会谈,柏林,2008年4月9日。

第六编　希特勒之后:困境下德国传统之承续

的研究优势在湍流研究、超导性、量子光学、量子爱因斯坦引力论和进化生物学。位于柏林达勒姆区的马克斯·普朗克科学史研究所重新致力于德意志传统中对知识特性的关注,开展的研究计划包括"实验科学史"、"机械世界观的兴衰"、"科学观测史"、"遗传文化史"和一项关于知识与信念之间关系的调查。

1999—2004年,马克斯·普朗克学会调查了威廉皇家学会在民主社会主义时期的作用,该项目聚焦于科研活动的连续性和非连续性,研究科学在何种程度上被用于政权政策的"合法化",哪些专家在何时对种族卫生学、军事研究、东方研究和生存空间研究知晓多少。*①

在柏林的其他地方,这个城市已经成为欧洲最大的当代建筑聚集地。上一章一开始就已考察了最先从1945年废墟中拔地而起的建筑。上一章也提到过的汉斯·夏隆在20世纪60年代继续光芒四射。②他在斯图加特祖文豪森区设计了被当地人称为"罗密欧与朱丽叶"的双子公寓楼(1954—1959年),户型左倾右斜,其构造随后经由弗兰克·格里(Frank Gehry)在全世界流行开来。③

---

* 从2000年起,该项目的研究成果陆续在赖因哈德·吕鲁普(Reinhard Rürup)和沃尔夫冈·席德尔(Wolfgang Schieder)主编的丛书中发表,共17册,最后一册在2007年出版。

①　关于威廉皇家学会第三帝国史,参见 http://www.mpiwg-berlin.mpg.de/KWG/projects_e.htm。

②　彼得·布伦德尔-琼斯(Peter Blundell-Jones):《汉斯·夏隆》(Hans Scharoun),伦敦:费顿出版社,1995年,第94—102页。

③　克里斯蒂娜·霍-斯洛德斯奇(Christine Hoh-Slodczyk)等:《汉斯·夏隆:德国的建筑师(1893—1972)》(Hans Scharoun: Architekt in Deutschland, 1893-1972),慕尼黑:贝克出版社,1992年,第98—101页。

第四十二章 德国咖啡馆:"一个前所未见的德国"

深受夏隆影响的君特·贝尼施(Günter Behnisch)与弗里茨·奥尔(Fritz Auer)和弗赖·奥托(Frei Otto)共同设计了慕尼黑奥林匹克公园建筑群(1965—1972年)。他们覆盖在运动场、奥林匹克运动馆和游泳馆上的高耸的"帐篷屋顶"后来在地球另一边的巴巴多斯(Barbados)机场找到效仿者。20世纪80年代,西德各地建造了大量博物馆,尤其是奥地利建筑师汉斯·霍莱因(Hans Hollein)在法兰克福设计了现代艺术博物馆(1985、1987—1991年)。[①]

重新统一为建筑设计创造了史无前例的机会。最初,主要目的是为了重建曾属于东德的柏林市中心。在早期竣工或修葺一新的建筑中,包括拥有诺曼·福斯特(Norman Foster)设计的玻璃穹顶的德国国会大厦、联邦档案馆、弗兰克·格里设计的德国中央合作银行(DZ Bank)、诺曼·福斯特设计的柏林自由大学图书馆、彼得·埃森曼(Peter Eisenmann)设计的大屠杀纪念碑,还有1995年后被全区重建的波茨坦广场。

在某种程度上,最令人印象深刻、最美丽,也呈现出一个我们前所未见之德国面貌的建筑计划(或者它更是雕刻品),是冈特·德姆尼希(Gunter Demnig)设计的"绊脚石"(Stolpersteine)。这些首先在科隆开始嵌入人行道的石头是略微凸起的混凝土石,它们铺设在一些房屋前,这些房屋正是被杀害的犹太人在赶往集中营之前的居所。每块石头上都钉着一块黄铜板,上面包含着人物的基本信息:"莫里茨·罗森塔尔(Moritz Rosenthal)曾在这里生

[①] 关于图片和平面图,参见J.克里斯托夫·比尔克勒(J. Christoph Bürkle):《汉斯·夏隆与现代主义:理念、计划、剧院建筑》(*Hans Scharoun und die Moderne: Ideen, Projekte, Theaterbau*),美因河畔法兰克福:坎帕斯出版社,1986年。

第六编　希特勒之后：困境下德国传统之承续

活,他出生于1883年,1941年被驱逐出境,1942年2月28日遇害于罗兹。"德姆尼希铺设第一块石头时曾是非法的,但是这个想法逐渐流行起来并且在1992年得到了官方认可。现在,在科隆和其他一些城市已经有超过1000块这样的石头。①

1999年,曾在伦敦、费城和弗赖堡求学,时任汉堡大学英语文学教授的历史学家、哲学家迪特里希·施万尼茨(Dietrich Schwanitz)出版了《教化》(*Bildung*)一书。他认为德国教育中出现了危机,这本书本质上是他处理这一危机的"指南"。在书中,他重新介绍了"正典"之作来教育学生要精通文化,要理解为何自己要熟悉"莎士比亚、歌德和梵高",要与历史对话,要领会让他们走到了今天这步的"宏大的欧洲叙事"。他认为,至少在德国,在中小学生活与大学生活之间已经出现了断裂,教化是桥接两者的最好方法。施万尼茨坚持主张教化也是一个有着附庸风雅成分在内的游戏。这多少有损于他的论点,但是或许他觉得在当代世界,为了"兜售"他的观点,这种粉饰是必要的。他讨论了洪堡、哈登贝格、赫尔德和黑格尔,雄心勃勃地试图让时光倒流。当本书交梓付印时,他的书已经印刷了22次;从这个意义上来说,他的尝试在一定程度上成功了。②

当我们注意到德意志文化在民族社会主义时期之后以何种方式"回归"时,当我们看到德国战后诗歌的巨大深度和多样性,戏剧的严肃性,舞蹈家们的雄心壮志,音乐领域中作曲、表演和研究上

---

① 克劳肖:《一个更宽容的祖国》,第115页。
② 迪特里希·施万尼茨:《教化:我们必须知道的一切》(*Bildung: Alles, was man wissen muss*),慕尼黑:威廉·戈尔德曼出版社,2002年。

第四十二章 德国咖啡馆:"一个前所未见的德国"

的持续优势,电影业的第二次复兴,对艺术而非娱乐的偏爱,对一般大众文化尤其是电视之有害影响的激烈辩论时,我们认识到,高雅文化就是受教育之中产阶级的文化,即使是今天,即使在发生了那么多事后,这一整套想法和理念在德国仍然比在其他地方都更为根深蒂固。

| 结语 |

德国天才：眼花缭乱，奉若神明以及内在性的危机

典型德国人最为细腻的特征，也是尽人皆知并令其自尊心自鸣得意的，就是他的内在性。

——托马斯·曼①

1939年1月，英国诗人奥登抵达美国。他说他之所以移民，是因为在美国更容易"以机智而立足"。奥登是20世纪最为著名的同性恋者之一，但在当时他却是有妇之夫：他于1936年娶了托马斯·曼的女儿埃丽卡·曼，目的是为了让她获得英国护照而逃避纳粹的迫害（"不然要男同性恋有什么用？"他自己曾经如此反诘）。奥登在美国结识了曼家族的很多人：他担任过克劳斯·曼的杂志《决定》（*Decision*）的编辑顾问；还拜会过托马斯·曼和卡佳·曼夫妇，地点不仅是他们在加州的家中，还有他们位于罗德岛

---

① 引自托马斯·曼：《一个不关心政治者的观察》（*Betrachtungen eines Unpolitischen*），柏林：菲舍尔出版社，1918/1922年，英文译本为 W. D. 莫里斯（W. D. Morris），*Reflections of a Non-Political Mann*，纽约：昂加尔出版社，1983年。此句还出现在 W. H. 布拉福德（W. H. Bruford）：《德意志自我修养的传统：从洪堡到托马斯·曼的教化理念》（*The German Tradition of Self-Cultivation: Bildung from Humboldt to Thomas Mann*），剑桥大学出版社，1975年，第 vii 页。

结语 德国天才:眼花缭乱,奉若神明以及内在性的危机

的、从卡罗琳·牛顿(Caroline Newton)手上租来的房子里——后者是东海岸的一位贵妇,曾经接受过弗洛伊德和卡伦·霍尔奈(Karen Horney)的心理分析治疗。奥登还结识了格式塔心理学的开创者之一沃尔夫冈·克勒,并将其描述为"一位神经症十分严重的伟大人物"。奥登进入了一个德国人的,或者说对德国人十分友好的圈子里。他本来就在很多方面异于常人,而此时此刻,他又表现出与其他受过教育的英美人士的差异性,即他一直以来就对德意志文化情有独钟。奥登1929年曾经在德国住过几个月,期间多与其朋友克里斯托弗·伊舍伍德在一起。他们二人曾经在一部戏剧中有过合作。奥登用(蹩脚的)德语写过少量的诗句。就是从那时起,他开始了长诗《演说家们》(The Orators)的创作。他在柏林期间的日记记述了他"在男妓身上耗费钱财,身处白色奴隶的交易当中"。虽然在性生活上沉沦,但奥登认识到德国人在很多方面都主宰着他所生活的时代。他曾经将诗作《周五的孩童》(Friday's Child)题献给了迪特里希·邦赫费尔(Dietrich Bonhoeffer),也为1939年去世的弗洛伊德撰写过悼诗。诗中强调了弗洛伊德影响力的性质与程度:

> 致一位在敌人当中生活了如此长久的人:
> 即便他时常谬误,间或荒唐,
> 对我们而言,他已非凡人
> 而是孕育一切见解的土壤。
> 在他指引之下,我们构造不同的人生……

结语　德国天才:眼花缭乱,奉若神明以及内在性的危机

两年之后的1941年,奥登又将弗朗茨·卡夫卡描写为:"与我们这个时代之间的关系最贴近于但丁、莎士比亚、歌德与其各自所处时代之间关系的艺术家。"①

尽管怀有对民族社会主义的恐惧,奥登还是继续投身于德国的文化与观念当中。② 在纽约,他经常光顾位于约克维尔的一家德语影院,与布莱希特展开了合作,和汉娜·阿伦特建立了亲密的友谊;另一位流亡美国的德国心理学家布鲁诺·贝特尔海姆针对自闭症的学说也使奥登着迷。奥登自认为,在一定程度上,他自闭的童年与最终以诗人为己业是有关联的。

1959年,奥登在维也纳郊外的基希施泰特买了一所房子。他越来越感到自己被歌德所吸引(他还将自己称作"大西洋彼岸的小歌德")。他创作了一系列"对爱情的沉思散文",并模仿歌德的自传,将它们称为"诗与真"(Poetry and Truth)。时隔不久,奥登还翻译了这位德意志的天才诗人在意大利之旅中所写下的游记。奥登与汉斯·维尔纳·亨策合作了一部歌剧《酒神的伴侣》(The Bassarids)。很多人认为这是亨策的典范之作。奥登的葬礼就是在基希施泰特当地的教堂举行的,仪式当中的音乐是瓦格纳的歌剧《诸神的黄昏》(Götterdämmerung)中西格弗里德吹奏的葬礼进行曲。

奥德拥抱德国的文化与观念,而无视在20世纪上半叶所发生

---

① W. H. 奥登(W. H. Auden):《短篇诗集(1930—1944)》(Collected Shorter Poems, 1930—1944),伦敦:费伯出版社,1950年,第171—175页。
② R. P. T. 达文波特-海因斯(R. P. T. Davenport-Hines):《奥登传》(Auden),伦敦:海涅曼出版社,1995年,第157页。

结语　德国天才：眼花缭乱，奉若神明以及内在性的危机

的一切。正因如此，他即便不是独一无二的，也是一位不同寻常的英美文化圈的名人。然而，正如接下来要澄清的那样，奥登所追随的道路并没有错。他自己或许也会得出相同的结论：人们赖以构造不同人生的土壤来自德意志，即便人们不想接受这一事实。

除了市场经济与自然选择之外，当代的观念世界是——广而言之——由下列的人物与事件开创的：依时间顺序大致是伊曼纽尔·康德、格奥尔格·威廉·弗里德里希·黑格尔、卡尔·马克思、鲁道夫·克劳修斯、弗里德里希·尼采、马克斯·普朗克、西格蒙德·弗洛伊德、阿尔贝特·爱因斯坦、马克斯·韦伯，以及两次世界大战。而另一位德意志人格雷戈尔·孟德尔的观念自21世纪伊始也越来越被人们所接受：已经探明的是，基因左右着各种行为的一切方式，从暴力的某些特定形式、到抑郁、再到乱交——然而这些并没有与上述那些德国天才们所创造的图景粘连在一起。

在说德语的人当中，除阿道夫·希特勒之外，卡尔·马克思应该对刚刚结束的20世纪，以及当下世界的塑造产生了更直接的影响，且远甚于其他任何人。没有马克思就没有列宁、斯大林等，也不会产生任何或者只会有少数几个有悖于时代的当权者。没有马克思就不会有俄国的十月革命（或者不会有马克斯·普朗克和阿尔贝特·爱因斯坦）。会有冷战吗？会有德国的分裂吗？这些都可能吗？殖民地的自治化还是这样的进程吗？以色列可以建国吗？中东能成为问题之地吗？"9·11"会发生吗？马克思主义所带来的深远影响是其他观念无可比拟的。

英国作家弗朗西斯·惠恩（Francis Wheen）在其传记性著作《资本论》（*Das Kapital*）的结尾一句中断言，马克思"还可能成为21世

纪最具影响力的思想家"。他援引了一系列人物作为佐证，而一般人则会把这些人视作右翼人士、保守的大商人，他们正是马克思主义者——信仰马克思乃至罗莎·卢森堡的人——的对立面。问题不仅仅在于马克思对垄断、全球化、不平等及政治腐败的断言，一百五十年后听起来仍然都是切中要害的，更在于人们至今受益于马克思如此之多，以至于很多人都察觉不到了。从内心讲，人们接受经济是人类发展驱动力的观点，接受社会存在决定意识的想法，接受国家之间是相互依赖的观念，同样接受资本正在破坏它所创造之成果的结论，特别是在自然环境当中。在2008年的信贷危机与股市崩盘之后，《资本论》的销量显著上升，尤其是在德国。

惠恩援引那些人物作为论据，目的是想借此指出，自柏林墙的拆除以及社会主义者的"另一种选择"倒向资本主义以来，马克思的论断越来越显性化。是不是两个德国的存在，以及它们相互之间激起的对抗，使得资本主义看上去比另一种选择更健康，以至于根本就不存在可选择性？然而无论怎样，德国人和德国都处于论争的核心。

对现代世界最具影响力的当代人

西格蒙德·弗洛伊德的灾难性影响力仅次于马克思，而由其所导致的重大结果却毫不逊色。考查弗洛伊德对后世的影响，有两条路径。一条是对其本人进行单独研究，将精神分析如何影响所有人生活的种种方式清晰地加以勾勒；另一条则是将他与同时代的人（如尼采和马克斯·韦伯）联系起来一起加以研究。而接下

结语 德国天才：眼花缭乱，奉若神明以及内在性的危机

来的考查将要双管齐下，因为这是赏鉴德国思想家大军所形成的全部冲击力的不二法门。

美国评论家艾尔弗雷德·卡津（Alfred Kazin）在其1956年发表的纪念弗洛伊德诞辰一百周年的文章中强调，"弗洛伊德甚至影响到对其从未有所耳闻的人"①。卡津认为，在20世纪中期的美国，"对于那些没有信仰的人来说，弗洛伊德主义偶尔会成为这些人的生命哲学"②。"在当时的每天每时"，人们无论是在对一个名字挥之不去之时，或是陷入某种消沉，抑或结束一段婚姻之刻，都会为此询问"弗洛伊德式"的原因是什么。在卡津看来，弗洛伊德的观点——"在人的生命中，人之情欲是比社会认可的道德更为强大的推动力"，为小说和绘画注入了新的活力（例如托马斯·曼、托马斯·艾略特*、欧内斯特·海明威、威廉·福克纳**、巴勃罗·毕加索、保罗·克利***、表现主义、超现实主义、抽象派）。弗洛伊德主义中"最显著的成效"是，将童年"视为对人格发展施加独一无二影响力"的觉悟在不断地增长。③ 卡津认为，强调个人的幸福——精神分析疗法的目标——是现代历史上最具革命性的推动力，它是自我实现的现代形式。

---

① 本杰明·尼尔森（Benjamin Nelson）编：《弗洛伊德与20世纪》（*Freund and the 20th Century*），伦敦：乔治·艾伦—昂温出版社，1958年，第13页。
② 同上书，第14页。
* 艾略特（1888—1965年），美国作家、1948年诺贝尔文学奖获得者。——译者
** 福克纳（1897—1962年），美国意识流文学的代表人物、1949年诺贝尔文学奖得主。——译者
*** 保罗·克利（1879—1940年），瑞士画家、造型艺术家。——译者
③ 尼尔森编：《弗洛伊德与20世纪》，第15页。

结语 德国天才：眼花缭乱，奉若神明以及内在性的危机

再来看弗洛伊德对后世影响的另一方面。用弗兰克·富里迪的话来讲——转引自菲利普·里夫(Philip Rieff)的著作《治疗的胜利》(The Triumph of the Therapeutic)，人们现在生活在一个"治疗社会"当中。在这样的社会里，富里迪认为"存在一种向内的转向……个人通过自省的行为对自我理解的诉求是现代性的遗产之一……自我通过内心的体验——情感生活——而获得了意义……"[1]特别是在那些不再信仰宗教的人群当中，存在着对另一种自我的广泛信念，它在内心的某处，与之相伴的实际上是治疗的信念：只要人们能与这种内在的、另一种（更完美且"更高层级的"）自我"建立联系"，人们就会找到幸福感、满足感、成就感。而"灵魂"也就降落凡间了。

并不是每个人都笃信弗洛伊德。理查德·拉皮尔认为，他称之为"弗洛伊德式的伦理"应该对现代社会中的很多不满情绪与虚假路径负责。"在弗洛伊德式的观念当中，人并没有与生俱来地去追求生命、自由、幸福的权利；他与生物性的动力捆绑在一起，这样的动力无法自由地获得表达，而是将人置于与其所处社会之间持久且惨烈的冲突之中。"[2]在拉皮尔看来，弗洛伊德主义必须要为"松散的家庭"、"进步派的学校"、"对犯罪的纵容"，以及"政治上的

---

[1] 弗兰克·富里迪(Frank Furedi)：《治疗文化：迷茫时代的弱点培养》(Therapy Culture: Cultivating Vulnerability in an Uncertain Age)，伦敦：劳特利奇出版社，2004年。还可参见例如丹尼斯·海耶斯(Dennis Hayes)："来自教室的幸福驱动教育"("Happiness Drives Education from the Classroom")，《泰晤士高等教育增刊》，2007年9月14日，第22版。

[2] 理查德·拉皮尔(Richard Lapierre)：《弗洛伊德式的伦理》(The Freudian Ethic)，伦敦：乔治·艾伦—昂温出版社，1960年，第60页。

结语 德国天才:眼花缭乱,奉若神明以及内在性的危机

婆婆妈妈"(现在简称为身份政治)负责。其实他自己对此全不予关心。

克里斯托弗·拉斯克(Christopher Lasch)本人就是一位精神分析师,他的意见更为刻薄。他曾经开诚布公地说,人们现在所拥有的是一种他称之为自我陶醉的文化,被经济所决定的人(即马克思主义者认为的人)必须让位于被精神支配的人。他还说,人们已经进入了一个"对治疗很敏感"的时期;他认为,治疗将自身定位于"承继粗略的个人主义与宗教"。这种新式的自我陶醉意味着,人们对于个性的改变比对政治上的变化更感兴趣,群体之间的遭遇以及其他形式的认知培养助长了真正意义上的内在私人生活的废止——私密通过"亲密意识形态"(ideology of intimacy)变为了公开。这就使人远离个人主义,不再有真正的创造性,加重了对时尚与流行的狂热。拉斯克还认为,持久的友谊、恋爱关系、成功的婚姻越来越难以获得;反过来,当一切重新开始时,人们又被一下子推回到了自身。拉斯克的结论是,现代人实际上是被禁锢于他的自我意识当中了。现代人渴望"已经失去了的自然迸发出的情感中所饱含的纯真。他在表达情感时,无法不估算对其他人会产生的影响,他会质疑别人所表达出来的真实性,由此,他只能从听众对他自己的表达所做出的反应当中获得有限的慰藉"。[①]

不乏证据表明,"对治疗的敏感"对当代社会所造成的惊人穿透力。幼女童军(troop of Brownies)在加利福尼亚州有专门为八岁女童设立的减压医院;在英格兰,利物浦的一所小学为承受压力

[①] 沃森:《现代观念》或《可怖之美》(*Modern Mind / Terrible Beauty*),第 601 页。

结语　德国天才：眼花缭乱，奉若神明以及内在性的危机

的学童们提供了芳香疗法。1993年，在英国的报纸上每年出现400次"咨询"（counseling）一词；到了2000年，该词出现的频率上升至7250次；在英国，每个月约有120万次的治疗咨询。最近，坎特伯雷的大主教宣称，治疗正在西方国家"取代基督教"，"基督是救世主"正在变为"基督是咨询师"。①

如果把上述一切都推卸给弗洛伊德看上去有些过分的话——那么好吧，我们其实还没有真正开始。因为，必须要把弗洛伊德与同时代的德国同胞们（如弗里德里希·尼采和马克斯·韦伯）联系起来一并加以解读。

现代思想的"入口"

尼采最知名的——也有人会说是最恶名昭彰的——警句是"上帝已死"。与马克斯·韦伯相类似，尼采最重要的成就之一，是通过感情的暗示去思考并直面这种暗示，总结出在他看来属于现代性所引发的结果中的惊人细节：一个由人口高度密集的城市群体所组成的世界，大众交通，大众传播——以往的确定性荡然无存。在现代性世界里，宗教所给予的慰藉与安抚对很多人而言已然消失；科学获得了权威性。但在尼采看来，它既枯燥又空洞，

---

①　参见例如亚历山德拉·布莱尔（Alexandra Blair）："对五岁以下孩童的开除年增三倍"（"Expulsion of Under-Fives Triples in Year"），《泰晤士报》，伦敦：2007年4月20日，第17版；以及亚历山德拉·弗里恩（Alexandra Frean）："对情感的强调创造出'无能'大学生"（"Emphasis on Emotions Creates 'Can't Do' Students"），《泰晤士报》，伦敦：2008年6月12日，第13版。

结语 德国天才：眼花缭乱，奉若神明以及内在性的危机

亦如它的非人性化与蔚为壮观。正因如此，马丁·海德格尔将尼采称为现代性的"顶峰"。也就是说，尼采比任何人都更为敏锐地感受到了所失去的以往，又以生动的色彩描绘出了失去的一切。

正统的观点认为，尼采的影响力仅次于古希腊哲人和康德。即便如此，也未必称得上是对他公允的评判。简言之，直到第二次世界大战时期，尼采的影响还主要体现在文学与艺术领域。罗伯特·穆齐尔（Robert Musil）将尼采的思想视为"20世纪最重大的成就之一"。①

在艺术领域之外，阿纳托利·卢纳察尔斯基（Anatoly Lunasharski）*和马克西姆·高尔基（Maxim Gorky）**曾经努力在俄国构造出一种"尼采式的马克思主义"，但它的短命未能目睹民族社会主义的崛起。此二人也没能看到那些人对尼采某些话题的挪占（以及倒置，就后一点而言，尼采其实并不反犹）。然而，伴随着20世纪的进程，尼采的重要意义越来越清晰。斯蒂芬·阿斯克海姆（Stephen Aschheim）在对尼采之于德国遗留影响的研究中列举了很多书目，详述了这位哲学家对意大利、"盎格鲁-撒克逊"（也就是英国和美国）、西班牙、奥匈帝国、日本，乃至天主教以及犹太教的影响。卡尔·雅斯贝尔斯视尼采为"或许是已逝的最后一

---

① 我参考的是伯恩特·马格努斯（Bernd Magnus）、凯瑟琳·希金斯（Kathleen Higgins）编：《剑桥尼采研究手册》（*The Cambridge Companion to Nietzsche*），剑桥大学出版社，1996年，第282页。
* 也拼作 Lunacharsky（1875—1933年），俄国的马克思主义革命家。——译者
** 马克西姆·高尔基（1868—1936年），苏联无产阶级作家。——译者

结语　德国天才:眼花缭乱,奉若神明以及内在性的危机

位哲学伟人"。正如恩斯特·贝勒在将西方思想史分为两个时期时所注明的那样:"第一个时期的标志是逻各斯(logos)的主导地位以及对'认知自我'的警示,巅峰人物是黑格尔;另一个时期的特征是对理性自信的理想彻底破灭,所有的界限全部消融,一切权威全都倒掉,这个时期就始于克尔凯郭尔和尼采。"贝勒认为他们与马克思一道,"就站在现代思想的入口"。①

在海德格尔看来,尼采的哲学"使西方的形而上学功德圆满";他将存在(Being)解释为通向权力的意志,从而"认识到了哲学最为极端的可能性"②。在当代哲学家当中,尼采的影响力在米歇尔·福柯、吉尔·德勒兹(Gilles Deleuze)、理查德·罗蒂(Richard Rorty,他将当今的时代统称为"后尼采时代")、亚历山大·尼哈马斯(Alexander Nehamas)、欧根·芬克(Eugene Fink),以及雅克·德里达的著作当中均有非常强烈的反应。正如伯恩特·马格努斯与凯瑟琳·希金斯所言:"尼采的影响在我们的文化当中无法回避。"③

这种文化就是"现代性",而尼采在探求对现代性的理解和解释的过程中,实际上是告诉了人们,"绝对真实、普遍价值、纯粹自由"是可觅而不可得的。④ 尼采认为,现代世界的人在内心深处的心理或者说哲学状况,是长久以来一直笃信那些古老的、传承下来的确定性;然而,人们无能为力的是,已经在科学发现中陷得太深,

---

① 马格努斯、希金斯编:《剑桥尼采研究手册》,第309—310页。
② 同上书,第314页。
③ 同上书,第2页。
④ 同上书,第4页。

结语　德国天才：眼花缭乱，奉若神明以及内在性的危机

也就是说破坏了古老的信仰，但用来取而代之的却是——虚无。进步、哲学的前行，都陷入了僵局："……破坏原则给我们的时代打上了烙印。"①

尼采称这种状况为道德的目的地乃至方向的缺失，即"虚无主义"。它导致了——至少——三个严重的后果：事情的结果不具有意义，人们丢掉了对任何事都会有所成就或者能够完成的信念；历史不存在连贯的模式；不存在任何人们意见统一或者一直渴望的普遍性的东西。世界主要是被人自己的内在心理需求所主宰，而不是被任何"真理"所驱动（对一件毫无意义的、可制造的物品而言，它的唯一目标就是增强人们对权力的感受）。尼采认为，人的主要心理需求正是举世闻名的"权力意志"；对于人自身而言，既然所有的根基都已经消失无踪，一切判断力的唯一依据就只剩下了审美一项。

即便是在做出审美判断时，由于人们在任何"深邃的"或者普遍的意义上都缺少共同认可的理由，再加之对于意义而言不再有任何依据，那么可以用来判断原创性、创造力，或者美的唯一标准就是要看它们是否具有"新颖性"。然而即便如此，新颖也将会或多或少地马上被抛弃，因为除了它是新的这一事实之外，别无意义。这不但适用于人的变化，还可用于通常的艺术作品、历史的发展，抑或时尚当中。人的个性发展当中不可能有方向，只存在无意义的变化，不过是为了变化而变化而已。

无须说明，这是有史以来对人之状况的最为绝望的分析，而这

---

① 马格努斯、希金斯编：《剑桥尼采研究手册》，第 225 页。

1233

结语　德国天才：眼花缭乱，奉若神明以及内在性的危机

正是尼采的用意所在。(尼采的著名格言就是："我是到目前为止尚存的最糟糕的人。这并不妨碍我将来有可能成为最有益的人。")尼采认为，他——所有人——都生存在历史的某个独一无二的时间点，无可遁逃；当哲学和心理发生突变的时候，才能诞生一位"新人"。这则冷酷的断言响彻了20世纪，只有马克斯·韦伯的意见才使其略有缓和。

就像尼采的名言是"上帝已死"，韦伯的名言则是人们现今生活在"祛魅"(*Entzauberung*)世界之中，也就是"破除魔力"(disenchanted)之后的状态。韦伯对现代生活做出过两个主要的断言。其一，正如劳伦斯·斯卡夫(Lawrence Scaff)对此的解释：现代生活的诸多不满是由资本主义、科技、经济的理性主义以及工具主义的制度化所带来的——换言之，现代的主要目标是要在一种抽象的、知性的模式当中去控制世界，而不是以一种审美的或者感性的方式去享受世界。现代世界的状况是人必须在——用韦伯的话形容是"不合时宜的和使人困扰的"——知识与忍受一次"知性牺牲"之间做出选择，亦如我们投入到一种宗教信仰或者是一个封闭的哲学体系当中，例如基督教、马克思主义，或者黑格尔主义。[①] 人们相信通过计算就能够掌控一切——现在有一种"浪漫主义存在于数字当中"；还相信科学能够维护生命。而与此同时，科学不能"回答这个被维护起来的生命所具有的品质是否值得去拥有"[②]。一个"统一的自我"的观念纯然凌驾于人所领会到的现

[①] 劳伦斯·斯卡夫：《逃离铁笼》(*Fleeing the Iron Cage*)，加州大学出版社，1989年，第226页。

[②] 同上书，第230页。

结语　德国天才:眼花缭乱,奉若神明以及内在性的危机

代世界之上。①

韦伯的另一个论断是,现代性包含着一种对"内在自我"的高度专注,它使人们"不得不从自己的内心出发"去创造自己的理想与价值。"人无法在探究出来的结果当中读懂世界的意义,无论其结果多么完美,取而代之的是人必须准备好去创造意义……所以,最高的理想,也是对人最有力的驱动,一直以来只在与其他的理想进行抗争中才被激发出来,而这些其他理想对人而言也是同样神圣的。"②韦伯认为,只有在西方,人类才发展出了以一种普遍的方式去理解自身的观念,换句话说,就是原则上可以适用于任何时代的所有人——这在本质上是科学的目标所在。而在其他的文化当中,人们并没有这个目标,他们满足于将自己解释为自己,他们在历史中某个特定的点上,在世界的某个位置上。西方人为何对此那么专注,难道这不将我们判归了空虚且冷漠的存在?韦伯认为,对于很多人乃至多数人而言,这样的结果便是,生命的唯一意义成为了追逐享乐、消遣、自我欣赏或者金钱。他还认为,资本主义在美国全无任何宗教的或者伦理的意义,它获得了体育竞赛的特征,由此使它取代了对救赎的追求。西方人受知识过于丰富所累,而知识并没有告诉人们如何生活、为何生活。

在韦伯看来,钉在现代文化的棺椁上的最后一根钉子是如下事实:大多数人工作得过于辛劳、工作时间过长,以至于他们无暇——在忙完一天的工作之后也没有意愿——去把握现代世界的

---

① 马格努斯、希金斯编:《剑桥尼采研究手册》,第80页。
② 同上书,第82页。

结语　德国天才：眼花缭乱，奉若神明以及内在性的危机

状况，去为他们自己清理出如何以最好的方式去体验世界，去提出这样的问题："接下来会怎样？"①

显而易见，韦伯与尼采之间存在大量的重叠。他们的共通核心是，二人都道出了构建于现代世界之中的恐怖，又相互扩展了对方的论断。韦伯的悲观态度只是以最低限度略轻于尼采。他的论著暗示了，现代世界至少可以被终止；相反，尼采总体而言认为人类已经无能为力了。海德格尔的向世界"屈从"的概念——也就是接受世界的样子或者"关爱"世界而不是去控制它，是在接受韦伯观点的挑战，亦如马尔库塞的"大拒绝"（the great refusal）观念。

至此，应该已经明朗的是，在多大程度之上人们确实生活在一个后尼采的、后韦伯的虚无世界里。例如，在当下高雅艺术的领域内，唯一的评判标准就是新颖性，大型的拍卖会具有体育竞赛的一切特质，而艺术收藏对于很多人而言变成了救赎的一种形式。时尚界是现代世界中的另一个虚无的侧面，其一锤定音的标准更是纯粹的新颖性。在所有这些界域之中，金钱都是主角。

然而在某种意义上，这些都很肤浅。人们或许会问，既然虚无主义者无视世界的道德目标，也无视他们将残酷所施予的对象，20世纪那些令人发指的腥风血雨在多大程度上是由虚无主义者所引发的呢？汉娜·阿伦特就认为，恐怖根源于极权主义，而虚无主义则肯定是恐怖的极致。

此外，在法西斯主义、斯大林主义等所产生的虚无主义式的惊骇之上，人类生活还被另一种方式所感染——也仍在受其影响，这

---

① 马格努斯、希金斯编：《剑桥尼采研究手册》，第172页。

结语　德国天才：眼花缭乱，奉若神明以及内在性的危机

就是尼采和韦伯所认为的冷酷、空洞、荒凉的景象。这就又回到了弗洛伊德。几乎可以肯定，绝大多数的人从未读过尼采或者韦伯。不过，正如艾尔弗雷德·卡津所说，即便是对弗洛伊德闻所未闻的人也在受其影响；对于从未听说过尼采或者韦伯的人也是同样的情形。

除却在2008年夏秋之交所发生的经济大地震之外，我们始终生活在一个空前繁荣与舒适的世界里——至少很多西方人是如此。即便是情况最差的发达国家，也以福利国家的形态掩盖了物质上的绝对堕落。但我们又被暴力犯罪、滥用毒品、虐待儿童、高校血案、黑帮仇杀、海上强盗、卖淫组织、沦为性奴等所包围——而这些却已经是老生常谈。监狱和精神病院里的人数高到了前所未有的程度，四处泛滥着破坏行为，酗酒在疯狂滋长。不过分地说，这些都是对现代生活中虚无存在景象的回应——虽然尚属早期。做出回应的那些人尽管从未读过尼采或者韦伯，却还是认识到、或者体会到、抑或感知到，他们自身已经陷入这些由德国大师们所指明的空洞、冷酷、荒凉的地带。人们做出的无条理反应恰是现代世界状况的一部分。

这肯定有助于解释为何弗洛伊德造成了冲击力。近些年来，弗洛伊德广受攻评。而这些批评不失公允，因为他杜撰证据，歪曲早期的"疗法"，总体而言，他是错的。不过，就本书的讨论而言，并不存在对他的曲解。弗洛伊德与尼采及韦伯是同时代的人（这一点很少被人们注意到）。当他们在为现代生活的困境下诊断时，弗洛伊德找到了、或者说发明了、抑或偶然发现了对此困境的一种解脱。精神分析、治疗、"谈话疗法"，如果将它们只理解为或者主要

1237

结语　德国天才：眼花缭乱，奉若神明以及内在性的危机

理解为治疗神经病或者其他形式精神疾病的方法，那它们都会被人误解（这就是通常所说的为什么它们在治病方面被判断为无效的原因）。弗洛伊德的《梦的解析》的出版年恰是尼采去世之年。弗洛伊德在书中正是要阐明一种方法，即人们可以用其各自的历史为生命重构意义。这种方法具有偏见性、假定性、抽象性、临床的不确定性。人们可以用它去关联现代世界中围绕在身边的碎片以及纯然的无意义。治疗是我们（即便是年轻人）生命中的一部分这个事实凸显出了，我们正居住在尼采的虚无世界里。

现代历史的首发阵容

再次强调：康德、洪堡、马克思、克劳修斯、孟德尔、尼采、普朗克、弗洛伊德、爱因斯坦、韦伯、希特勒，无论他们善恶与否，是否有任何其他民族国家能够组成这样一支足球队的11人（乃至人数更多的）阵容，与上述这些人对现代思维方式所施加的持续影响力相抗衡？我认为没有。然而，事情并非只是德国涌现的天才数量多那么简单。本书在导言中就用了不小的篇幅讨论过，令很多人——而且依旧使人——着迷乃至无法自拔的一个问题是，德国的历史是否走过了一条"特殊道路"（Sonderweg），这条独一无二之路径命中注定的必然结果是否是民族社会主义以及大屠杀的恐怖和极端。就我所知，还没有人以学术的方式、从全方位的视角探索过，政治史与文化史之间是否存在系统关联？然而，看看本书对于德意志文化的回眸（此处的文化是指法兰西-盎格鲁-美利坚意义上的，而不是德意志的文化[Kultur]含义），对于让文化史赶上时代步伐的提

结语　德国天才：眼花缭乱，奉若神明以及内在性的危机

携——书中关注了德意志文化在大屠杀之前以及之后的成就，对待希特勒也是如此。或许有读者会得出如下结论：也许可以这么看待德意志文化中的数个人物，即便他们不是必然会导致灾难发生，但他们至少有助于解释为什么发生在德国的那些事情偏偏只在德国发生。

当然，任何解释都不是完满的解释。本书就此阐明论点：在现代的德意志文化中，有五个鲜明而又环环相扣的方面，它们组合在一起，可被用来解释德意志文化中同时具有的眼花缭乱之显赫成就与令人震惊之覆灭结局。

受过教育的中间阶层

就一般常识而言，特别是自马克思以来，各个社会通常都被理解为由三个等级或者阶层构成：贵族阶层、中间阶层、无产阶层或者称为劳动阶层。然而本书至此应该已经阐明了，受过教育的中间阶层与余下的中间阶层并无多少共通之处，在德国肯定是如此。或许从历史上看，它可以被视为一个单独的实体。其实，受过教育的中间阶层之所以隶属于中间阶层，仅仅是因为，以正统的马克思主义观点来看，他们的生产方式与贵族阶层以及劳动阶层均不相同。然而中间阶层栖息于学术的、艺术的、人文的、科学的世界中，以法律、医药、宗教为业。他们与有组织的劳工、店主、零售商人、企业家或者金融家，无论是在动机、诉求或者日常志趣与行为方面，都鲜有共通之处。此间区别在 19 世纪已然泾渭分明。但显而易见的是，德意志在此之前就成为首个拥有受过教育的中间阶层的国

结语 德国天才：眼花缭乱，奉若神明以及内在性的危机

家，这一点对该阶层作为一股强大力量最终出现是至关重要的。

一些统计学家想要强调，普鲁士从19世纪20年代开始强制7岁到14岁的孩子接受学校教育（英国的孩子直到1880年才被强制送入学校）。19世纪90年代时，普鲁士在校大学生在人口中所占之比是英格兰的2.5倍之多。[1] 本书第二十二章已经说明了，在19世纪晚期，德国军队中的文盲率要比意大利或者奥匈帝国军队少很多。德国军队的文盲率是1∶1000，相对而言意大利的是330∶1000，奥匈帝国是68∶1000。本书有一章还展示了，在1785年的德意志，有1225种公开发行的期刊杂志，而法兰西只有260种。德国在1900年有4221家报纸，法国大约有3000家（俄国才125家）。[2] 在19世纪早期，英格兰才只有四所大学，德国则有50多所。詹姆斯·鲍恩在其三卷本的《西方教育史》中指出，德意志于19世纪早期在科学社团方面独领风骚，他们以自己的语言发行了在数量上占绝对优势的期刊，使德语成为科学与学术在当时的引领性语言。[3] 1900年，德国的文盲率是0.5%，英国是1%，法国是4%。1913年，德国当年出版的图书（31 051种新书）比当时世界上任何一个国家都要多。[4]

不妨说，德国人在很多相关领域依旧处于领先位置，即便很多

---

[1] 芭芭拉·塔奇曼（Barbara Tuchman）：《骄傲之塔》（The Proud Tower），伦敦：纸页社团出版社，1995年，第284页。

[2] 休·斯特罗恩（Hew Strachan）：《第一次世界大战的爆发》（The Outbreak of the First World War），牛津大学出版社，2004年，第183页。

[3] 詹姆斯·鲍恩（James Bowen）：《西方教育史》（A History of Western Education），全三卷，伦敦：梅休因出版社，1981年，第1卷，第321、345页。

[4] 《泰晤士报》，伦敦：2006年3月23日，第9版。

结语　德国天才:眼花缭乱,奉若神明以及内在性的危机

德国人自己不这么认为(参见迪特里希·施瓦尼茨的评论,原书第815页)。2006年的一份调查表明,研究发现北欧人和中欧人的平均脑容量要比南欧人的大(1320毫升对比1312毫升)。而这反映出了更高的智商,德国和荷兰的数值最高(智商为107),奥地利和瑞士是101,英国(作为此研究的主导)是100,法国是94。①

在19世纪后半叶,正是受过教育的中间阶层做出了学术领域内令人振奋的进展,正是他们吸引了海外的学者(特别是来自美国的),正是他们使还在凝聚成形过程中的德意志官僚体系变得如此高效与具有创造力,也正是他们开拓出石破惊天的科学成就,从而在经济领域改造了德意志。现代世界的繁荣——不仅对德国而言——在很大程度上都有赖于此。受过教育的中间阶层的兴起与衰落是在德国所发生一切的核心,而他们仍旧具有当代意义。

现代学术的发展,教化(Bildung)的概念,还有以研究为基础的大学创新,它们在19世纪初的德意志被视为道德进步的一种方式。教育不是简单地获取知识,它在当时被仰视为人格发展的过程:在教育的过程中,一个人学到如何形成批评性的判断,做出一项具有创造力的原创贡献,并且认识到自身(无论是他或者她)在社会中的位置以及相应的责任、权利、义务。教育作为教化的一部分,包含了一个形成的过程,它是一种人世间的完美形式,抑或是一种救赎——这对于生活在怀疑论与达尔文之间

---

① 格特鲁德·希梅尔法伯(Gertrude Himmelfarb):《通向现代性之路:英国、法国与美国的启蒙》(The Roads to Modernity: The British, French, and American Enlightenments),纽约:温迪奇出版社,2005年,第51页。

结语　德国天才:眼花缭乱,奉若神明以及内在性的危机

那个时期的受过教育的中间阶层而言,正是其人生的支点。

在1775—1871年之间的德意志,受过教育的中间阶层所完成的重要角色是,他们先是接手而且拓展了此前由神职人员所占据的位置,而后保持住自己作为最重要且最具开创性的社会成分的地位。但在该时代的末期变化开始出现,而且如本书所言,情况越来越复杂。

"内在性"

看上去显而易见的是,德国人曾经(或许依旧)比其他国家的人更注重"内在"——例如法国人、英国人、美国人(虽然格特鲁德·希梅尔法伯认为,启蒙在英国也是"伴随着虔信而兴盛起来的")。在这方面,德国人看来在大多数情况下肯定是这么认识自己的,就如同本书结语部分开篇所引用的托马斯·曼的文字。[①]

就此而言,路德主义与虔信主义的结合是其起点。两者都更为醉心于内在的信服,而甚于笃信的外在表现。另一个因素则是,德国的学术中心——大学——是应怀疑论出现与达尔文自然选择理论产生之间的时代潮流而生的。当时,神学对人的理解正承受着严重的威胁,而达尔文的生物学解释还没有出现。当然,也不仅是德意志处于上述的状态之中,只不过出于某些原因,那里表现得更为强烈。当时,很多人转而相信,如果传统的上帝观念受到了威胁,那么生命就一定另有意义,且存在某种其他的目的性。正如在

---

① 参见结语的首页。

结语 德国天才：眼花缭乱，奉若神明以及内在性的危机

本书第二章和第五章，即原书第 65 页和 135 页所写明的，德意志人在当时接受了一种生物目的论的进化形式；与此同时，思辨哲学的伟大体系正在形成：包括康德的唯心主义、费希特、黑格尔、自然哲学、马克思主义以及叔本华。怀疑论与达尔文之间的时期是属于思辨哲学的伟大时代，很多人都认为，尤其是康德发明了一种审视内在的新方法，这是一条对人之精神的新结构进行观测的新路径。

其间还出现了阅读的革命。阅读是一种比大多数流行性文化，例如先于它出现的跳舞和歌唱，更为私密的——因此也是内在的——活动（参见原书第 55—58 页）。鉴于德意志人的阅读量更大，他们的识字率更高，因而这都加深了他们的内在性。

浪漫主义与音乐也是内在性的两个方面。倾听"内在心声"乃是浪漫主义的主旨之一，这是他们从东方宗教吸收的"内在"信仰原则；艺术家们的创作由内而生，于是他们就成了人上之人。康德所说的本能与直觉，叔本华和尼采笔下的意志，弗洛伊德和荣格推崇的"无意识"，全都是"内在"本质、内在概念。正如"第二个自我"，它被困于内，在等待着被释放。

谢林认为，音乐是"最为内在的"艺术——音乐本就是一种尤为德意志化的艺术形式。德意志的诗歌与音乐之间不断重复的、长久以来的相互协作又加深了谢林的观点，这在舒伯特、舒曼、胡戈·沃尔夫的作品中有明显的体现。在 19、20 世纪之交，恩斯特·特奥多尔·阿马多伊斯·霍夫曼认为，音乐为一个"独立的、超现象的界域"提供了入口。前文第六章原书第 153 页指出，交响乐曾被视为哲学的一个方面，这确是因为它具有超越文字、穿透内

1243

结语　德国天才:眼花缭乱,奉若神明以及内在性的危机

心的能力。

本书也曾述及,在威廉·冯·洪堡看来,教化(Bildung)乃是通过人性进行的教育,是通向内在自由的真正路径。德意志启蒙者的主要目标就是建设教化型国家(Bildungsstaat),这样的国度以"丰富人的内在生命"为理想。苏珊·马钱德认为,弗里德里希·奥古斯特·沃尔夫对语言学的精雕细琢"为大学在1800年之后的集体转向内在做出了贡献",这是一项"重要的学术创举"。康定斯基和弗兰茨·马克通过自己的努力确证了,他们在对"一种内在的自然施以印象",这是"非物质的内在感觉",由此诞生了抽象画派。埃里卡·卡特认为,存在一种"1968年之后的内在化",它是由1968年革命带来的变化所导致的,这些变化的心理影响对德国比对其他国家更为严重。① 用扬-维尔纳·米勒的话来说,马丁·瓦尔泽总结出了一个"德国式的内在化形式",它是"原本私密自我"的对立面,"毫无瑕疵的内在性针对的是肤浅的甚至虚伪的公共领域",他的著名论断是"诗歌与内在性"从"意见的非真实世界"中指明了逃生路径,而"意见的非真实世界"常常导致自以为是,这是"娱乐产业"的一部分。② 绘画与电影中的心理分析和表现主义,在其各种伪装之下的异化概念,德国独一无二的小说形式——教化型小说中英雄的内心之旅,"英雄与商人"之间的二元对立,所有这些都强调了德国的内在性、生命的德国方式、德国传统对价值的设定。

① 埃里卡·卡特(Erica Carter):"两个德国的文化、历史、民族认同(1945—1999)"("Culture, History and National Identity in the Two Germanies, 1945—1999"),富尔布鲁克(Fulbrooke):《21世纪的德国》(*Twentieth-Century Germany*),第266页。
② 米勒:《另一个国度》,第172—173页。

结语 德国天才:眼花缭乱,奉若神明以及内在性的危机

卡尔·雅斯贝尔斯与君特·格拉斯都援引了赫尔德的"另一个、更伟大的、更深邃的德国"——文化型国家(Kulturnation)。① 马丁·瓦尔泽宣称,由于德国人具有"宗教性的、审视内在的虔信",他们很难"像英国人那样去采取政治行动"。② 卡尔·海因茨·博雷尔(Karl Heinz Bohrer)认为,两德统一之后最为紧迫的任务就是将德国恢复成"一个精神与思想的可能性"③。在扬–维尔纳·米勒看来,就连1968年的事件也是"马克思主义与精神分析"的一个混合体。④

当然,内在性像所有事物一样也会产生后果。卡尔·海因茨·博雷尔嘲笑"新教的内在性"是"权力保护之下的内在性"。他认为,它导致了地方主义的一种形式,一种对国家身份的忽视,由此"可能滋生了国家主义者的暴力",并助长了民族国家产生的"延后性"。⑤ 或许,内在性的最重大结果在于"教化"这个概念自身。格特鲁德·希梅尔法伯是少数几位对亚当·斯密的"看不见的手"与黑格尔的"理性的狡诈"之间相似性做出过解释的历史学家之一。截然相反的是,"看不见的手"使人能够拥抱一个前途未卜的未来,"理性"则在德国被植入了教化之中。教化使远在两千五百年前的古希腊成为了理想国度的化身,最终,又由教化之中生成了文化悲观主义的顽疾。然而,人们越是热盼高深的学术和理想中产生无所不能的人,教化最后在德国投下的阴影就会成为更强大

---

① 米勒:《另一个国度》,第71页。
② 同上书,第161页。
③ 同上书,第189页。
④ 米勒:《1945年以来的德国意识形态》,第131页。
⑤ 米勒:《另一个国度》,第179、196页。

结语　德国天才：眼花缭乱，奉若神明以及内在性的危机

的力量。

人们对其他人的成见往往是粗鄙的，几乎可以定义为过分浅薄，这只会增加麻烦而不是简化问题。就德国人而言，他们对自己的成见也是他们的麻烦之一。

教化

从某些方面看，教养是受过教育的内在性的基本成就——确实，它可以被视为其天然的最终结果。这里要再次引述歌德。他特别指出了，当上帝不再存在的时候（他在1788年的夏天丧失了信仰），生命的意义就在于形成，形成对自身的超越。"人性之最终意义在于，人在自己身上发展出了更高级的人类……"（参见原书第120页）。康德认为，动物与人的区别是，人能为自己设定目标，"还能培养人性中不成熟的潜力"。康德创造了人的内在意义的观念。在此期间，他感受到了人对自身的"释放"和对周围环境的扩展。这是内在性、教养和共同体（参见原书第836页）的统一。

威廉·布拉福德一路追踪小说中的教化观点，从19世纪一直到了20世纪——涉及阿达尔贝特·施蒂夫特、尼采、托马斯·曼的《魔山》等。20世纪中叶，卡尔·曼海姆将教化描写为"走向连贯的生命定位的趋势，将个体发展设定为文化-伦理的人格"。他认为，社会学的研究能够带来对教化的更多领悟。弗里茨·林格将教化描述为"官僚传统的唯一重要宗旨"。克里斯塔·沃尔夫（Christa Wolf）在其小说《对克里斯塔的思考》（*Nachdenken über Christa T.*）中，对教化在共产主义东德的意义和可能性做出了探

结语　德国天才:眼花缭乱,奉若神明以及内在性的危机

索。在美国,艾伦·布卢姆的《美国心灵的封闭》实质上是在呼吁回归这一德意志的理念。教化适合于受过教育的中间阶层——它使教育在后基督教的世界里成为人生中最核心的方面、最重要的意义。当然,从其定义来看,受过教育的中间阶层会优先获得教养。教化塑造了他们,将他们与其他人区别开来。1968 年,西德就曾出现过一场"让所有人都受教化"的运动。

就此而言,牧师们的后代扮演了一种决定性的角色,这也是德国的独一无二之处。本书已然说明了,很多德国思想家——直至当下的时代,都是牧师的子嗣——例如萨穆埃尔·普芬多夫、戈特霍尔德·莱辛、雅各布·米夏埃尔·赖因霍尔德·伦茨、克里斯托夫·维兰德、弗里德里希·谢林、弗里德里希·施莱格尔和奥古斯特·威廉·施莱格尔、弗里德里希·施莱尔马赫、约翰·赫尔德、卡尔·申克尔、约翰·克里斯蒂安·赖尔、鲁道夫·克莱修斯、伯恩哈德·黎曼、特奥多尔·蒙森、雅各布·布克哈特、古斯塔夫·费希纳、海因里希·施里曼、尤利乌斯·朗本、威廉·文特、弗里德里希·尼采、威廉·狄尔泰、费迪南德·滕尼斯、马克斯·舍勒、卡尔·巴尔特、鲁道夫·布尔特曼、保罗·蒂利希、阿尔贝特·施魏策尔、埃马努埃尔·希尔施、马丁·尼默勒、戈特弗里德·本恩、卡尔·古斯塔夫·荣格、于尔根·哈贝马斯(也不要疏漏安吉拉·默克尔,她是一位牧师的女儿)。除了注重内在,上述名录之中的很多人都放弃了自己的信仰而无法继承父业,但尽管如此他们也都受到了父辈的影响;很多例证表明,救赎的世俗化与完美极致的世俗化是他们传下来的遗产与成就。人们很难摆脱救赎的隐喻。很多德国教授就在日常生活中依旧保持着牧师的

结语 德国天才:眼花缭乱,奉若神明以及内在性的危机

风范。

教化所产生的影响并不都是积极的。弗里茨·林格就总结道,在德国,人文主义者的经典教化观念与政治上的保守主义和社会上的附庸风雅"纠缠"到了一起。① 这产生出了深远的影响。

科学研究、博士学位、学术和现代性

科学研究并不是德国人的发明。早在 12 世纪,林肯主教兼牛津大学名誉校长罗伯特·格罗斯泰斯特(Robert Grosseteste)就坚信,实验在未来是通向知识的路径。然而,18 世纪末至 19 世纪初德意志大学重要的——独具特色的——成就乃是将科学研究制度化了,柏林大学以及后起的大学都以此为标榜。尤为值得一提的是,现代的博士学位概念是个德意志观念——可以想象,在唯心主义、马克思主义、弗洛伊德主义之后,它是近现代最具有影响力的一项德意志创举,但它远被低估了。

下面的描述或许看上去有些夸张,但培养一位受过良好教育的年轻人的惯常做法确是如此:他或者她二十多岁、年近三十,要耗时三到四年去考查世界上某个专门领域的一切细节。这不是为了微薄的收入,而是出于对研究题目的热爱,同样也是为了能够在自己的名字前面加上"博士"(Dr.)头衔,由此使自己略微与众不同,也获得了一定的职业认可。这对于我们的时代特别有效。它意味着,人们只用相对较小的代价就比从前——例如 1780

---

① 林格:《德国士大夫阶级的衰落》,第 29 页。

结语 德国天才：眼花缭乱，奉若神明以及内在性的危机

年——的任何人获得了对这个世界更多细节的认知，前人对此是无法想象的。

科学研究的制度化造就了世界上的一种全新的行为实践，很多人尽管不是天才，却也精于此道。现代民主政治的特征就来自各种全新的产业，每个行业都有自己的才俊——这些领域包括广告与市场、导演影片、体育竞技、新闻时事等。科学研究是其中最早的之一，也是到目前为止最重要的一个领域，因为有更多的领域是以它为基础的。

科学研究制度化的第三个结果是，它成为造成世界细分化、碎片化的因素之一。博士学位直接导致新学科的数目激增，不仅在自然科学领域（虽然它增长的数目尤多），也包括人文科学和社会科学。世界的碎片化与科学家的专业化都是现代性所带来的问题，德国的作家、哲学家、艺术家为此受到了特别的指责。

第四个结果是，科学研究现在成为了世界上与权威竞争的一种形式——这种竞争针对的是传统、宗教、政治阅历。现在，几乎所有的政府方针以及大型工商企业的商业行为都是在经过兢兢业业的科学研究之后才得以实施的。而且，很多人更乐于接受这种形式的权威，因为科学研究采用的方法是可靠的，它易于同时满足理性与道德双方面的标准。事实是，这样的一种非人化的权威既有长处也有弱点。它更公平，但或许与人格格不入。

实际上，科学研究于当下对人们的生活是如此重要——几十年来或许一个世纪以来已然如此，以至于它作为现代性生活的决定性现象之一，实应该在城市化、工业化、大众媒体发展的同一行列里获得一席之地。

结语 德国天才：眼花缭乱，奉若神明以及内在性的危机

对救赎共同体的渴望

这个题目贯穿了现代德国的哲学、文学、社会科学、历史学、艺术以及政治。它与另一种渴望，即对"整体"的追求，既有重叠也相辅相成。

康德就曾经痴迷于研究整体与局部之间的关系，即有机的统一。在歌德看来，加入合唱就适于用来培养公民观念。霍夫曼斯塔尔相信，终极的戏剧体验就是"整体的欢庆"。汉娜·阿伦特认为，大众社会的问题——及其悲剧性——在于它制造了隔绝与孤寂，而不是创造了"人类共同的更高级形式"。她坚称，隔绝与孤寂乃是恐怖以及官僚体系中既冷酷又刻板的逻辑性的共同基础，最终产生了刽子手。在马克斯·韦伯看来，现代世界除"社会情操"之外已别无救赎可言。[1] 瓦格纳想要创作出总体艺术；弗里德里希·迈内克提倡组成"歌德社团"，想由此复兴对"德意志精神"的热爱；格式塔心理学是围绕着对"自发性"整体的领悟而建立起来的一整套体系；费迪南德·滕尼斯与维尔纳·桑巴特合著了不少有关共同体及其可能提供的救赎的著作。[2] 历史学家恩斯特·坎托罗维奇对此表示认同，他专门称之为"用于救赎的共同体"。民族社会主义者对此有自己的概念，"命运的共同体"。戈培尔坚称，在第三帝国，广播的目的是"使共同体团结起来"；希特勒也曾提

---

[1] 斯卡夫：《逃离铁笼》，第96页。
[2] 米勒：《另一个国度》，第23页。

结语　德国天才:眼花缭乱,奉若神明以及内在性的危机

及,"大众的汽车共同体"在新建高速公路上分享驾驶自由,这会在新技术成就的享用中将人们凝聚在一起。在托马斯·曼的《浮士德博士》中,用于救赎的共同体是书中的特点之一。马丁·瓦尔泽赞成一种"不被疏远的、在一定程度上具有共同体主体性"的理想。① 这就是他认为良心应该是一件私人事务的原因,"由此才可能使重新联合起来的民族共同体协调一致"②。

在德国,学者们自己就是他们用于救赎的共同体中的一部分,这一点要比在其他地域明显。这不仅表现在很多德国思想家是牧师之子——在19世纪的成长环境中,牧师就是一个共同体的中枢人物;而且还体现于在当时的德国(相对于其他国家而言就更为鲜明),学者们在接受学术训练的过程当中辗转于三至四所大学之间是很平常的事,这是当时的体制给予的方便。这就自然会导致学术共同体、学者们用于救赎的共同体、受过教育的中间阶层的联合体,这种意识在德国要远比在其他国家强烈。伽达默尔在对"美的相关性"的探索中认为,艺术节"将人们从日常中带了出来",为人们打开了"共同体的真正可能性"。在哈贝马斯看来,现代生活的核心问题是,人们"面对着泛滥的个人主义"如何找到"维持一个道德共同体"的途径。

上述五个因素,每一个单独看来都是重要的。即便它们对德国来说不是独一无二的,它们在那里也获得了更多的发展,持续的时间更长,也最受认真对待。然而这只是分别对它们做出的考察。

---

① 米勒:《另一个国度》,第155页。
② 同上书,第175页。

结语　德国天才:眼花缭乱,奉若神明以及内在性的危机

当将它们综合起来,视之为一个环环相扣的动力系统时,其效力在尼采、韦伯、弗洛伊德身上就更大、更显著。

民族主义下的文化悲观主义

在怀疑论即将来临之际,也就是西方人开始失去信仰之时,有两件事的发生或许并不令人称奇。第一,受过(更多世俗)教育的中间阶层崛起,他们接管了此前由神职人员所承担的部分职责。在德国,这一变化所反映出的事实是,有如此之多的新产生的思想家,其本人是牧师的子嗣——他们是这一变化的完美代表。阅读革命也恰在此时发生,起到了推波助澜的作用。本尼迪克特·安德森已然阐明,阅读革命推动了想象的共同体现象的出现——也就是本书所考查的受过教育的中间阶层第一次将他们自己看作一个群体。第二,在该群体形成的同时,群中人自然而然地要用某些东西去替代宗教的观念。此时,又发生了两件事。其一是古希腊异教文化的第三次复兴,这要感谢温克尔曼;其二是康德以及其他思辨哲学家的出现和成就。在此情况之下,神学在怀疑论与达尔文之间的那个时代被思辨哲学所取代就是水到渠成之事了。这些发展成功导致了德意志文化和思想的普遍复苏,还引出了教化的概念,以及视教育为培养的概念,特别是作为救赎的一种世俗形式,另外就是将内在性作为通达真理的路径——这不仅蕴含在唯心主义的哲学里,还表现在浪漫主义文学以及音乐当中。所有这一切都可以归结为内在性的生长。

与内在性的兴起相提并论的是受过教育的中间阶层的另一项

结语　德国天才：眼花缭乱，奉若神明以及内在性的危机

主要成就，即现代学术的开创，特别是科学研究的制度化。本书在前文已经论及了这对于向现代性的过渡具有根本性的重大意义。不过，科学研究对德国受过教育的中间阶层还具有另一层深远的重要性。起初，科学研究是早期学术专家的工具——特别是在古典学、语文学、历史学等人文学科中占主导地位。然而，从19世纪30年代至40年代开始，尤其是随着现代（细胞）生物学的发展以及物理学（能量守恒定律）的发现，科学研究开始更多地被应用于"硬"科学的领域。这是最重要的变化。

早在1809—1810年，人文学科中的科学研究在柏林大学就制度化了；然而，正如前文第18章原书第355页所述，至晚到19世纪五六十年代，大型工商企业设置实验室才在德意志推行起来。首先，如此变化导致传统学者的地位下降，例如古典学、历史学、文学领域的学者们。而随着硬科学的兴起，人文学科与科学之间被嵌入了楔子。由此产生双方之间的差别在德国是如此之大（有时甚至是苦斗），是其他国家——虽然也发生了同样的情况（例如英国）——无可比拟的。于是，德语中就出现了不同的表述来承载双方的分野，例如文化（Kultur）、文明（Zivilisation）、学术（Wissenschaft）、教化（Bildung）等。而事态在19世纪末又再次被激化，自然科学的研究被搬出大学，迁入了独立的威廉皇家学会。上述分野，以及在其形成时随之而来的人文学科的地位丧失，都对学术造成了直接的影响。

随着海因里希·冯·特赖齐克、约翰·古斯塔夫·德罗伊森、[839]保罗·德·拉加德、尤利乌斯·朗本，以及马克斯·诺尔道等人的作品问世，从此开启了民族主义下的文化悲观主义的大时代，其顶

结语　德国天才：眼花缭乱，奉若神明以及内在性的危机

峰就是维尔纳·桑巴特的《英雄与商人》与奥斯瓦尔德·斯宾格勒的《西方的没落》。就传统学者们的担心而言，他们的悲叹所描述的全都是事实——他们的领域正在衰落：自然科学占据了科学研究的观念与实践。当德国在1871年成为统一国家时，自然科学已经整装待发，可以为开创现代的大众社会而生产顶尖科技的产品。本书在第17—21、25章讨论过，传统的学术领域在当时感觉日益边缘化了。文化悲观主义及其成因成为德国作家和学术界从此以往、时至今日的一个主要话题。这有助于解释德国思想中显著的保守倾向，以及对反犹主义于19世纪晚期的滋长避而不谈。

怀疑论的产生导致的进一步结果是——鉴于德意志的虔信主义传统，此结果在那里尤为明显——用于救赎的共同体的观念产生了。在今生帮助他人成为一种自然而然的伦理观，它源于对未来国度的观念——也就是与基督教浑然一体的逝后观念——崩塌了。当上帝被宣告已死，共同体——人们生活在一起的基础——或许是唯一尚存的伦理空间供人探索。德意志——虔信主义的故土、300个独立小邦的集合，在形成领土国家之前先成为文化型国家——是共同体这一观念的天然家园。[①] 在整个现代时期，对共同体提供的救赎力量的关注遍布于德国的学术、文化、与政治之中。

用于救赎的共同体与文化悲观主义自然是关联在一起的，前者通常被视作是后者的"疗法"。在很大程度上，文化悲观主义者

[①] 武斯诺：《文化分析》，第189页。

结语　德国天才：眼花缭乱，奉若神明以及内在性的危机

寻求返回到更早期的、更理想型的共同体中去。（在现代性到来之前曾经有过一个共同生活的黄金时代的想法，在米夏埃尔·哈内克[Michael Haneke]的电影《白丝带》[*The White Ribbon*]中受到了猛烈的抨击，该影片获得了2009年的金棕榈大奖。）

文化悲观主义之下的德语文学，尽管它以总览一切的传统为典型特点，但并不是当时学术性分析的唯一形式。与费希特、黑格尔、马克思、叔本华等人的思辨体系不同，并在一定程度上与尼采相异，狄尔泰、齐美尔、舍勒等人的哲学更为适度、更平实，也因此使他们的哲学更清新、更有益。然而，压倒一切的事实是，面对着由自然科学所推动的进步，特别是第一次世界大战之前的四五十年里，德国受过教育的中间阶层，也就是人们称之为的传统意义上的"教养阶层"（Bildung classes），遭受了两项挫折，而这些挫折在20世纪20年代的魏玛共和国时期又被激化了。其一，他们失去了地位与影响力。他们发现自己长久以来的思想志趣在新出现的城市大众空间里被贬低、被边缘化；随后，在恶行通货膨胀时期，他们又发现自己的经济利益被摧毁了。其二，这一点在德国尤为明显，受过传统教育的教化阶层发现自己被获得了现代科学教育的受教阶层疏远了——又被他们替代了。这具有决定性的意义，因为当危机出现时，当纳粹分子开始耀武扬威时，仅德国在受过教育的人当中没有出现过与极权对立的抗议人群，或者承担起进行真正抵抗的责任。

托马斯·斯特恩斯·埃利奥特在其小书《文化定义刍议》（*Notes Towards the Definition of Culture*，1948）中，提出了一个合理的框架。他认为，文化最重要的意义就在于它对政治形成的

结语　德国天才:眼花缭乱,奉若神明以及内在性的危机

冲击力。而且,权力精英需要文化精英,因为文化精英是最好的解毒剂,他们能为任何社会的政客提供最犀利的批评。批评推动了社会进步,防止了它的沉沦与腐朽。在埃利奥特看来,在任何一种文化当中,更高级的、"更进化的"层次肯定会影响较低的层次,途径则是对怀疑论的更全面了解和应用(人除非先了解怀疑为何物,否则不能正确地怀疑)。埃利奥特的观点是,这就是知识和教育的目的所在。以事后之明看,德国并非如此。

这肯定会为魏玛共和国时期的历史带来潜台词和新语境。1914年,《九十三人宣言》曾经宣称,即将打响的战争是为了捍卫德国文化的理想。而后,战争失败了,胆气与意志也都投降了。斯宾格勒在1918年的著作、莫勒·范登布鲁克在1922年的著作中,都延续了他们对文化悲观主义的看法,强调了战争没有解决任何问题。1923—1924年的恶行通胀好像又确证了他们的担忧。放纵文化开始流行——灯红酒绿中的莺歌燕舞、表现主义(尤其体现在电影的新形式当中)、超现实主义,还有布莱希特、勋伯格、理查德·施特劳斯等人所颠覆的世界,以及泡利不相容原理之下的平滑世界、海森伯格的不确定原则、哥德尔的认知有限论,所有这一切瓦解了传统的观念,也将热爱古典的教化阶层越来越推向边缘。正如马克斯·韦伯告诫过他们的那样,新兴科学永远无法告诉人们该如何生活。沃尔夫冈·席维尔布施在对被他称为"挫败的文化"的研究中指出,众多德国战后的观察家都将(战争失败的)灾难起源确定在帝国建立之年,他们想要返回的世界并不是战前时代,而是1871年之前的时代——由教养阶层所开辟的时代。而他们感到,那个以"精神实质"为普遍性的时代被物质主义、重商主义以

结语 德国天才：眼花缭乱，奉若神明以及内在性的危机

及科学摧毁了，这使德国"失去了自己的灵魂"。[1]

这就是汉娜·阿伦特的语境。她的主张是，在德国于20世纪20年代至30年代所发生的不过是受过教育的精英与暴民结成了临时联盟。她解释道，第一次世界大战自身才是"新世界秩序的真正鼻祖"，"持续而致命的独裁"成为了"巨大的平衡器"，瓦解了各个阶层，把它们都装进了"大众"之中。[2] 阿伦特感到，这造就了一个"命运共同体"，其目标就是一往无前，其导致的行为"要么是英雄式的要么是犯罪"，而暴民与受过教育的精英都参与其中，借此可以表达他们的"挫败感、愤怒和无端的仇恨，这是一种政治上的表现主义……"[3] 她认为，这种集体的痛苦是"前极权主义时期的氛围"，其最终结果就是使"体面"二字死掉了，真与假之间的区别"不再具有客观性，而沦为权力与取巧的玩偶"[4]。朱利安·邦达和尼尔·弗格森都对此表示赞同。邦达认为，野蛮的国家主义在德国被点燃了，其始作俑者就是知识分子。而在《世界的战争》中，弗格森写道："学术性的教育远不能使人对纳粹主义免疫，反而可能把人推向它。"[5]

在上述内容中，没有任何一点会导致1933—1945年恐怖时代的必然性。然而，人们现在可以说，德国在第二次世界大战时期以及之前的那些年里，最失败的，首先是也最初始于受过教育的中间

---

[1] 席费尔布施：《失败的文化》，第231页。
[2] 阿伦特：《我们时代的负担》，第320—321页。
[3] 同上书，第324页。
[4] 同上书，第326页。
[5] 尼尔·弗格森（Niall Ferguson）：《世界的战争：仇恨时代的历史》（*The War of the World: History's Age of Hatred*），伦敦：阿兰·雷恩出版社，2006年，第243页。

结语　德国天才:眼花缭乱,奉若神明以及内在性的危机

阶层。这恰恰是因为他们独占了可以用来怀疑的教育,可以在暴民的行为与举动之前先发制人的教育。汉娜·阿伦特在那之后很久提出,只有受过教育的人才能拥有私人生活。这与埃利奥特关于怀疑才是教育最大目的论点相当契合。人们一定不能忘记,教育为人提供了足够的私人空间,就是为了使人能够发展出一种健康的怀疑精神。没有私人空间的人马上会沦为暴民,一遇到问题或者遇到看似问题的问题,就会上街去解决。

上述均已成为过往。我想要陈述的,不仅仅是德国受过教育的中间阶层在七十年前发生的背叛;我还想说,这样的背叛不会再发生了。何以如此肯定呢?原因就在于,德国造就了它自己的民主革命,虽然说它——令人惊讶地——被外界大大地低估了。

1945 年,德国又经历了一次自上而下的革命,亦如 1848 年和 1871 年。然而这一次革命不仅仅源自上层,还来自外部。占领国给战后的德国强加了一套政治-法律结构。但是,关键性的节点在于——很多德国以外的人仍旧无法领会该要点(而德国人自己也没能理解外人为何没有认识到这个深刻真相的价值):1968 年的社会革命,它对于西德而言比在其他任何地方都是为重大的事件。

康拉德·胡戈·雅劳施为这次巨变书写了编年史,并在书中将此描绘为不亚于一次"大分野"。① 他主张,虽然民主制度在战后的德国得以成功建立,但极权主义的思维模式"有残存的倾向",而直到 20 世纪 60 年代(援引拉尔夫·达伦多夫的用词)"现代化的亏空"依旧没有被填补。雅劳施认为,这里面至关重要的因素是

---

① 雅劳施:《希特勒之后》,第 100 页。

结语　德国天才：眼花缭乱，奉若神明以及内在性的危机

"发生在1968年的一代人的反叛",年轻一代将矛头对准了父辈们在第三帝国("褐色的过去")中对恐怖的默许,对准了父辈们对罪行的无能;只是在1968年,德国人才开始在内心中接受民主价值,并发展出了"反对派精英"以及对自治和"对抗权"的需求。① 扬-维尔纳·米勒在本质上也同意此观点,他将1968年的事件描述为"马克思主义与精神分析的"混合物。②

本书的第41章探究了这次巨变的实质,这里只需要再补充两个要点。其一,德国自那时起拥有了一群具有批判精神的、善于质疑的公众,这样的实体在例如英国、法国、美国自几代人以来已经司空见惯,而最后终于降临德国。其二,人们开始关心生活的质量、关心文化,尤为关心环境。在经过一段时间后,绿党成立了,由此引起了西德的政治生活中翻天覆地的变化。③ 德国人的注意力已经从内在性上移开了——也许并不是坏事。用海因里希·温克勒的话来说,这个国家完成了它"漫长的西行之路"。在本书的前言和第41章中提及的迪尔克·莫西斯以及波茨坦军事史研究所的研究,均认可了上述分析的正确性,也就是德国的西化过程完成了。德国战后的第四代人已经矫正了对自己国家过去的态度,他们有勇气面对如下事实,即第三帝国时期的"几乎每一个人"其实是知道到底在发生着什么。

或许我们还无法弄明白希特勒到底怎么会上台,不过,考虑到对罪行的认知已经是如此普遍,这明显是一项极其重大的进步。

---

① 雅劳施:《希特勒之后》,第139页及以下诸页。
② 米勒:《另一个国度》,第131页。
③ 伯恩斯:《德国文化研究》,第253、257页。

结语　德国天才:眼花缭乱,奉若神明以及内在性的危机

2006年6月,《世界报》(*Die Welt*)驻伦敦的通讯员托马斯·基林格尔(Thomas Kielinger)在伦敦的日报《每日电讯》上撰文,给他身处的国家上了一课。他写道,英国人不断地"反复唠叨"德国"值得庆幸地覆灭了",这已然索然无味了。"如果把纳粹德国与当今的德国混为一谈,那么趣味就会离人而去……在我们的头脑中,那时与当下之间、在纳粹十字架之下的贱民与我们重建的国家之间,有一道清晰的防火线。我们重建了'所有人的自由与公正'——也包括将我们自己的过去贬入地狱的自由。与此相对照,有太多的英国人、我们曾经的敌人,被冻结在了过去、塑封在1945年,就像琥珀中的昆虫……德国已经看开了,放下了仇恨。"①我想补充的是:当你与德国人长谈时,聊上一会儿,他们中的很多人就会承认,他们活得并不十分自在。与此同时,最新出版的最后一位德意志皇帝的传记颇受欢迎。德国人正在做出的改变要比英国人多,也比英国人所认为的德国人在做的要多。当然,人们或许会说,德国还有很多要改进之处,也许有更多改变的需要。然而,事实并非英国人所想的那样,或者如英国(其次是法国、美国)自己所为,德国在对第三帝国以及第二次世界大战的看法上并没有停滞不前。

德意志意识形态与人性的未来

德国是一个人杰地灵的国度。从某些方面看,这个国家走过了一条不寻常的路途,甚至时而是虚幻的——或者说它自己感觉

---

① 《每日电讯》(*Daily Telegraph*),伦敦:2006年6月11日,第24版。

结语　德国天才:眼花缭乱,奉若神明以及内在性的危机

如此。尽管度过了1933—1989年的"漫漫黑夜",当今的德国艺术家已经能够与其他任何国家最杰出的艺术家竞相媲美,德国的电影工作者正在主导一次复苏,其影响甚至波及到了英语国家(《再见!列宁》《窃听风暴》获得了奥斯卡奖),德国的小说家们正在与英语作家独霸天下的局面进行前所未有的竞争(温弗雷德·格奥尔格·泽巴尔德、伯恩哈德·施林克、达尼尔·克尔曼,还有君特·格拉斯),德国的作曲家和编舞家依旧熠熠发光。还有很多德国人的名字值得一提:汉斯·约尔格·尼森(Hans J. Nissen),他的考古队为揭示美索不达米亚的古文明做出了突出贡献,直至海湾战争爆发;新出现的莱比锡画派则使传统的具象艺术保持着活力。德国的自然科学界虽然还没有回到1933年之前的领先地位——当时获得诺贝尔奖的德国科学家比英美两国之和还要多,但已经又开始获奖——1995年、1998年、2000年、2001年、2008年各有两位获奖者。在欧洲范围内,德国的专利注册绝对领先,其数量比位居第二的法国高出近三倍。在2008年统计的研究物理学领先的国家榜单中,奥地利和德国赫然分列第五、六两位,紧随首位的瑞士以及丹麦和美国之后,而高于英国、法国、俄罗斯的名次。① 在2008年世界范围内最顶尖的20所工程院校的名单里,非美国的机构只有位列第15位的马克斯-普朗克研究所、第16位的苏黎世联邦理工学院,以及第20位的丹麦科技大学(法国和英国的机构无一上榜)。②

---

① 《泰晤士高等教育增刊》,2008年3月27日,第19版。
② 同上。

结语 德国天才：眼花缭乱,奉若神明以及内在性的危机

除此之外,2008年春,又一次历史性论辩在德国爆发了,这次的内容是有关重新引入铁十字勋章并授予军功获得者的计划。尽管这一勋章具有悠长与多彩的出身(参见原书第213—214页),拿破仑战争期间佩戴铁质的珠宝是富裕的体现,因为这些人将黄金捐献给了战争,不过,柏林的德国政府还是认为,铁十字依旧与纳粹有过于紧密的联系,于是取消了重新引入的计划。

这种谨慎的态度还要持续多久呢?本书意在展示,人们有很多要感谢德国人的地方。铁十字的事件更加突出了,德国的历史远不止1933—1945年。所以,本书将以一段同样会引发争议的说明作为结尾,下面将要考察的对象是20世纪最具争议的哲学家之一马丁·海德格尔,看看人们能从他那里学到些什么。不错,他是一个纳粹分子;无疑,他背叛了自己犹太裔的爱人汉娜·阿伦特,而且是以很卑怯的方式;也可以说,从某种意义上看,正如阿伦特所言,海德格尔"谋杀"了他的犹太裔同事埃德蒙德·胡塞尔。然而,进入21世纪以来,德国的哲学传统——法国学者路易·杜蒙(Louis Dumont)称之为德意志意识形态——(至少)在两个领域里可能重回焦点而将使人更为受益。很多非德国人认为,唯心主义者的思想不但难解而且含糊——即便康德不是如此,费希特、黑格尔、胡塞尔、海德格尔肯定是这样。他们使用的是一套对经验传统而言既陌生又不顺畅的语言(例如"存在"、"真实"、"释放"等);这使人们想起了威克汉姆·斯蒂德(Wickham Steed)的高论,即德国人可以潜得很深,但依旧能够满身泥藻地浮上来。与此同时,德意志意识形态之下针对科技以及技术进步所产生的反感,可能(对持经验主义的英美学人的思想而言)全都是虚幻的,是一个针

结语　德国天才:眼花缭乱,奉若神明以及内在性的危机

对"进步"的必然性持悲观态度的、过于理论化的、空疏抽象的对立面。

然而正如第二次世界大战之后德国的哲学天才当中最有意思的一位于尔根·哈贝马斯所言,近来在生物技术领域中所取得的发展反映出,海德格尔虽然口是心非、图谋私利、对于自己加入纳粹一事拒不认错,但他在一点上或许是对的,即敏锐洞察到了科技最终将会导致的威胁,而且,他还把这些都表达了出来。人们如果想严肃对待人在当下所为,就需要关注一下海德格尔所言。

哈贝马斯在其《人性的未来》(*Die Zukunft der menschlichen Natur*,2003)一书中,不但反思了人们或许会加害于自身的"破损的生活"(阿多诺语),还加入了他自己预见的新形式。他解释说,生物技术领域的最新进展允许,或者说很快就会允许产前的基因干预。这就给予了父母们机会,不但可以排除掉他们不希望孩子具有的某些特征(例如严重的生理障碍,也就是"消极优生学"),还可以加入他们确实希望孩子具有的某些特征(例如眼睛颜色、头发颜色、性别、高智商、音乐天赋等)——所谓"积极的优生学"。哈贝马斯警告人们,有一条界线或许正在被打破——他称之为卢比孔线(Rubicon)*,这对人如何理解自由具有深刻的含义。他认为,现在需要一种哲学意义上的分析,而不是技术—科学—精神病学意义上的。①

---

* 意大利中北部的一条河流。公元前 49 年恺撒违反罗马共和国的法律,率部跨过卢比孔河进军罗马,以切实行动宣告了罗马公民之间的内战爆发。——译者

① 于尔根·哈贝马斯:《人性的未来》(*The Future of Human Nature*),剑桥:政体出版社,2003 年,第 38 页。

结语　德国天才:眼花缭乱,奉若神明以及内在性的危机

未来,孩童一代的特征将由另一代人(孩子们的父母)给予,其结果将是无法挽回的。哈贝马斯由此问道,这对于个体就其自身的理解意味着什么,他或者她——用海德格尔的话讲——存在的意义何在? 在哈贝马斯看来,这项新技术模糊了"成长"与"制造"之间的界限,混淆了机会与选择,而所有这些都是人之所以为人、人感受到自己存在的本质因素。他还认为,如果上述进程获得允许,未来一代接一代的孩童面临的危局是,他们不再是生物而只是物品。在一定程度上,任何一代新人都将由他们的父辈们选择出来,而这意味着,他们将更不自由。哈贝马斯还援引海德格尔的观点认为,"成功塑造自身"这一伦理观将被抛弃。然而,人的神圣而不可侵犯性,却"必须是基于道德理由而且受到法律保护的",也是永远不能受他人"摆布"的。

在哈贝马斯看来,上述情形不仅对人的本质"存在感"提出了威胁,也威胁到了人的能力所限,即人是否拥有平等看待自己与他人的自由与自主的能力,是否具有"全人类普遍性"的观念,也就是说人人是否都是平等的。[1] 哈贝马斯认为,物种的进化是由自然决定的,即便是最低限度地干预也会标志着人类历史的新纪元,或许会有更糟糕的事情发生。[2] 他坚称,进化不应该被"越俎代庖",然而本出于好意的父母们可能就会这么做。

哈贝马斯担忧的是,这样的干预积累起来将会导致在哥白尼与达尔文之后的第三次世界观的"偏离",人对于"自我"的意义以

---

[1] 于尔根·哈贝马斯:《人性的未来》,第39页。
[2] 同上书,第48页。

结语　德国天才：眼花缭乱，奉若神明以及内在性的危机

及个人对于"人类"的理解都将会产生无法逆转的改变，这将对人们共同的道德生活产生无法估量的后果。① 他警告说，人们或许将再也感受不到"其自身就是目的"，再也感受不到无可替代性，再也感受不到在这副躯体中是何等自在，再也感受不到与例如羞耻或者骄傲这样的情感之间的联系，再也感受不到以同样的眼光去看待他人的生命，再也感受不到平等相待。哈贝马斯更为根本性的担忧则在于，对于在基因上被事先规划好了的人而言，形成认同感所需的最初状态将因此而改变，"作为道德共同体中正式成员身份的核心前提，即主体资质"由此受到影响而再也无法唤回了。②"'内在本性'的技术化却产生出违反自然界限的东西。"③

哈贝马斯确实怀疑过，自己是否过分敏感。在一定程度上，对基因的干预已经在应用，例如在中国，独生子女政策的结果之一是对男孩的绝对偏好，导致了在很多乡村中青年男子找不到配偶。这还会引发社会问题，例如人们所知的非临床性精神疾病的流行。然而哈贝马斯认为，这还只是特殊性的、非典型性的案例，因为并非全部个体都是被选择出来的。所以，针对身份认同而言，还没有实施具体的干预。

哈贝马斯主张，人对于"存在"的态度是一个复杂的哲学性问题。他以人的尸体与死胎为例解说人们的伦理行为，人们一直坚持对他们进行有尊严的处理——他们对人们而言并非无生命的物体；他们曾经存在——成长过，他们不是被制造出来的——所以不

---

① 于尔根·哈贝马斯：《人性的未来》，第 56 页。
② 同上书，第 79—81 页。
③ 同上书，第 87 页。

结语　德国天才:眼花缭乱,奉若神明以及内在性的危机

是物品。

哈贝马斯总结道,人并不拥有躯体,人就是躯体,这个典型的海德格尔式区分才是最为重要的。人类站在对人之本性的理解正在发生重大转变的边缘上面,人们选择怎样的前行之路(虽然没有事情是不可避免的,然而人们可能会被"进步"的概念蒙蔽),是一个哲学性的问题,而不是科学—精神病学—技术性的问题。

纵观之下,进而会步入一个具有当然讽刺意味的层次。声名狼藉的优生学政策是在第三帝国时期开始贯彻执行的,而认识到基因预先编排存在潜在威胁的哈贝马斯又是一位德国人,这就具有了救赎的意味。哈贝马斯本人自然是对这层关联有所觉察,他于2001年援引德国总统约翰内斯·劳的话说:"一旦你开始将人的生命作为工具,一旦你开始区分值得活下去的生命与不值得生存的生命,你就走上了一条无法停顿的道路。"①

基因预先编排并不是人们所面临的亟待解决的唯一哲学性问题。其他的问题还包括例如全球变暖正在损害我们的星球,雨林和冰川正在同时减少,内陆湖泊正在消失,恐怖分子对销毁核武器发出威胁,种族屠杀与饥馑依然在非洲肆虐,印度和中国都开始缺水等,这些听上去难道不是越来越像海德格尔曾经深刻地指出过的(看来他也并非"自以为是")那样,人们应该停止利用光鲜的技

---

① 2008年5月,当汉斯-约阿希姆·泽韦林(Hans-Joachim Sewering)医生——他与在埃格尔芬-哈尔(Eglfing-Harr)灭绝营发生的对900名儿童的谋杀有牵连——获得了德国内科医学联盟的最高荣誉君特-布德尔曼奖章的时候,对这些政策的记忆又再次被强化了。约翰内斯·劳:"人类已经成为进化的参与者"("Der Mensch ist jetzt Mitspieler der Evolution geworden"),《法兰克福汇报》(*Frankfurter Allgemeiner Zeitung*),2001年5月19日。

结语 德国天才：眼花缭乱，奉若神明以及内在性的危机

术对这个世界进行开发和控制？这些难道不是傲慢的一种表现吗？它总有一天会摧毁人们拥有的一切。难道人们不应该转而去学会接受这个世界，去服从——不加干涉——自然所提供的愉悦，像诗人一样去享受它们？人们当下的主要立足点、摆在首要位置的也是唯一的优先事项，难道不是去关心这个世界么？

海德格尔沉湎于将民族社会主义视作救赎的力量，但他在这一点上大错而特错了。然而，虽然科学与资本拥有着毋庸赘言的优越，现如今它们对自己带来的毁坏看起来已无力回天了。汉娜·阿伦特劝告人们要成熟起来，她自己走向成熟的其中一步就体现在她原谅了海德格尔，在这层意义上也使后者获得了救赎。我们也可以做到这一点么，不计前嫌，仍旧向他（或者她）求教？

就此而言，德国自身永远都无法获得救赎么？或许，诺贝特·埃利亚斯的说法是对的，他认为，除非对希特勒的上台给出令人心悦诚服的解释，否则德国是无法前行的。而海德格尔是有先见之明的，他与德国的思想家们自康德开始至费希特、黑格尔、叔本华、尼采、伽达默尔、哈贝马斯等一脉相承，他们都对现代性持怀疑的态度（再次强调"怀疑主义"这个词），他们提醒人们，人之本性——生命自身——乃是关乎自尊、廉耻、独立、凝聚、尊重等，它们既施于他人也针对自身，它们适用于道德、人的"内在环境"、自治、直觉以及厌恶——因为它事关金钱、市场、谋利动机和技术的硬性驱使。德国不仅是一个在现代性方面"迟延了的"国家，还是一个对现代性不太情愿的国家，然而这种不情愿或许是有教益的。如果科学和资本——或者说市场——无法阻止人们的生存环境乃至人类世界的退化，如果它们现在反而是造成荒芜的首要因素，那么只

结语　德国天才:眼花缭乱,奉若神明以及内在性的危机

有人做出改变、做出意志的转变,才能停止这一切。德国人告诉了人们,脱离这种两难境地的道路并非是技术性抑或科学性的问题,而是哲学性问题。

绝对不会出现的情况是,当人们总结德国的过去时,将1933—1945年的历史另当别论,将其置之为历史链条上的一次灾难而不理。格哈德·施罗德的说法是正确的:"我们德国人难以从我们的过去中摆脱出来。或许我们不该对此有所奢望。"①

德国不该冀图或者寻求置自己的过去于身后。然而针对这一点,博伊于斯、君特·德米希和他的"绊脚石"理论、哈贝马斯、拉青格都表达过,德国人不需要永远把自己束缚在过去当中。正如史蒂夫·克劳肖所言,所有德国人都不具有与希特勒"自娘胎里带来的联系"。德意志的历史组成远不是只有第三帝国,本书就旨在说明,它还包含了很多值得人们学习的东西。

德国所处的困境并不易破解,而本书的论点也不会取悦所有人。这本《德国天才》就献给那些难以跨越希特勒而勇往直前的人。

---

① 克劳肖:《一个更宽容的祖国》,第219页。

| 附录 |

三十五位被低估的德国人

我绝对无意表达下面列举的人物是默默无闻的,他们不是。实际上,对于很多专业人士而言,他们当中包含了在当时——乃至任何时代——都最为优秀的头脑。这篇附录的目的是以更鲜活的方式突出本书的主要论点之一,即两次世界大战干扰了人们对过去的见解,这些德国人的名字普遍地没有赢得他们本该拥有的美誉,他们值得获得更为广泛的公众群的赞赏。

举例而言,很多科学家就其对人们的生活所产生的影响来看,可以轻而易举地与弗洛伊德、孟德尔、爱因斯坦相提并论。不少哲学家或许无法与黑格尔、尼采、叔本华相匹敌,但他们确是与维特根斯坦、伯特兰·罗素、亨利·柏格森、威廉·詹姆斯、约翰·杜威等这些家喻户晓的名字平起平坐的。还有很多作家与数学家也遭受了低估。

1. 威廉·冯·洪堡(1767—1835 年)

正如书中的正文(特别是在第十章和结论部分)所言明的,现代大学的概念、科学研究的制度化、现代学术的很多方面,以及对现代科学崛起所发挥的间接作用,这些都要归功于威廉·冯·洪堡。现在,他应该被视为现代性的最重要的开创者之一。

附录 三十五位被低估的德国人

2. 亚历山大·冯·洪堡(1769—1859年)

亚历山大·冯·洪堡曾经在某个阶段是科学世界中最知名的人物,有十几处地理地貌都以他命名(其中一处在月球上)。1859年,他的讣告占据了一期纽约《时代》杂志封面的全版。同时,如斯蒂芬·杰伊·古尔德所言,他又是科学界被"遗忘最多"的人。亚历山大的数次探险之旅,他对新科学领域的调查认定,以及他对如此众多的年轻同事的积极鼓励,使他成为19世纪科学发现的英雄时代中最伟大的人物之一。是时候对他遭遇的命运反复再次进行翻转了。

3. 卡斯帕尔·大卫·弗里德里希(1774—1840年)

虽然弗里德里希或许在德国被冠以空谈画家的恶名,但他在技术上是如此辉煌,又预示了诸多现代的绘画运动,例如超现实主义、杰出的美国风景画派等。他应该与约瑟夫·马洛德·威廉·特纳、约翰·康斯坦布尔(John Constable),以及萨尔瓦多·达利齐名。

4. 卡尔·弗里德里希·高斯(1777—1859年)

对于数学家和科学家而言,高斯当然是闻名遐迩。然而他范围广泛的成就,他在数学想象力方面的创造,确定了他乃是爱因斯坦的先行者。这其实意味着,高斯应配享数学天才们高贵的众神殿,位居阿基米德、欧几里得、哥白尼、牛顿之列。

5. 卡尔·申克尔(1781—1841年)

他如同克里斯托弗·雷恩(Christopher Wren)、保罗·纳什(Paul Nash)、詹姆斯·巴里(James Barry)、乔治-欧仁·豪斯曼(Georges-Eugène Haussmann)一样出类拔萃,他既是画家、也是设计师、还是建筑师。虽然他时常被描述成"建筑师的建筑师",但身为建筑师的雷恩也理应获得公众的认可。没有他,柏林城的建设是无法想象的。

6. 路德维希·费尔巴哈(1804—1872 年)

仅凭他给像卡尔·马克思以及理查德·瓦格纳等各类人杰播下的影响力,费尔巴哈就应该为更多的人所知。而他对基督教的研究,他对上帝被人所创亦如神之造人的领悟,使他成为了思想史当中与巴鲁赫·斯宾诺莎或者巴蒂斯塔·维柯同等重要的人物。

7. 扬·伊万杰利斯塔·浦肯野(1787—1869 年)

8. 卡尔·恩斯特·冯·贝尔(1791—1876 年)

9. 弗里德里希·韦勒(1800—1882 年)

10. 尤斯图斯·冯·利比希(1803—1873 年)

11. 马蒂亚斯·雅各布·施莱登(1804—1881 年)

12. 特奥多尔·施万(1810—1882 年)

13. 鲁道夫·维尔绍夫(1821—1902 年)

14. 奥古斯特·克库勒(1829—1896 年)

15. 罗伯特·科赫(1843—1910 年)

16. 保罗·埃尔利希(1845—1915 年)

这一组群星灿烂的名字可能构成了西方思想史上最大的黑洞。虽然他们对专业人士而言已经尽人皆知,但他们的大名却无法企及像弗洛伊德、孟德尔、爱因斯坦这样在全体普罗大众当中都耳熟能详的科学家们。恰恰相反,一般大众对他们的成就——无论是个人成果还是集体结晶——大多毫无察觉。然而,他们中的

附录　三十五位被低估的德国人

每一位都在人对自然的理解，或者人与自然的关系，抑或生命过程本身的实质和结构，以及人对疾病的认知、治疗、控制等方面，产生过至深的影响。如果没有他们的成就，人们既无法想象也无法承受现代生活。

17. 弗里德里希·恩格斯(1820—1895年)

在某种意义上，凡是听说过卡尔·马克思的人也都对恩格斯有所耳闻。然而，就在用笔记本电脑输入本书的文稿时，微软Word软件中的拼写检查功能认出了马克思的名字，Marx下面没有红线，而恩格斯的名字Engels就全然不同了。世上只有马克思主义，而没有恩格斯主义。作为《共产党宣言》的共同作者，以及三卷本《资本论》后两卷的编纂者，恩格斯的影响力是巨大的。而他自己的著作也应获得更大的知名度，它们所涉猎的范围更加广泛、更为博学，也比马克思的书更有趣。恩格斯作为"欧洲最博学的人"所取得的成就应该得到更多的激赏，尤其是因为他具有令人惊讶的先见之明。

18. 鲁道夫·克劳修斯(1822—1888年)

19. 路德维希·波尔茨曼(1844—1906年)

20. 海因里希·赫兹(1857—1894年)

21. 赫尔曼·冯·黑尔姆霍尔茨(1821—1894年)

22. 威廉·伦琴(1845—1923年)

这一组群星构成了思想史中的另一个黑洞。然而，20世纪最激动人心的发现之一理论物理学的起源，必须回溯至这群19世纪德意志的人物。正如本书正文中所论，该研究领域虽然很国际化，而德国人却是引路人。

19世纪的两个自然科学的"黑洞"——一个在生物学、另一个在物理学,对人们当今的生活产生了更为直接的影响,其效力有甚于那些更知名的科学家如开普勒、哥白尼、伽利略、牛顿等人在自然科学的早期阶段所取得的突破。

23. 威廉·狄尔泰(1833—1911年)

评论德国人的常见陈词滥调之一就是他们都很理论化、抽象化、钟爱能支配一切而无所不包的体系,他们当中的哲学家尤其如此。狄尔泰则证伪了这种论调,他清楚地展示出了,他作为常人的能力所及。

24. 胡戈·沃尔夫(1860—1903年)

很多鉴赏家都直接将沃尔夫视作史上最伟大的歌曲作家,他"将德国的艺术歌曲带上了顶峰"。他是一位来自波希米亚的叛逆者,而且愤世嫉俗。他的创作生涯凝聚在了三个年头之内,其间书写了200多首歌曲,还为歌德、凯勒等人谱过曲。沃尔夫的生命在流亡中终结,他在等待一位好莱坞的电影导演去发掘,从他的艺术与生命中领会出一部具有史诗规模的现代悲剧。

25. 格奥尔格·齐美尔(1858—1918年)

齐美尔不仅受教于他所处时代的几位素有民族主义者恶名的历史学家(特赖奇克、聚贝尔、德罗伊森),也从学于思想更开放的黑尔姆霍尔茨。他在海外(特别是在俄国和美国)受推崇的程度要远高于在德国,肯定比在有反犹倾向的大学巨擘中要高。而他是率先对现代性所带来的新道德状况、对人们处于更自由与负有更多责任之间的谜团中有所认知的人。他第一个预言了现代生活会"更加神经紧张",以及"低级的智力功能将获得提升"。

26. 罗伯特·穆希尔(1880—1942年)

对某些读者而言,《没有个性的人》令托马斯·曼与赫尔曼·黑塞的作品黯然失色,它是对20世纪早期在其他各个领域中的发展所做出的最显著的回应。如果人对自身的一切了解都只源于科学家所说,如果伦理与价值都不再有意义,人们该如何生活呢?穆希尔以精彩的方式揭穿了现代生活中进退维谷的核心困境。

27. 马克斯·舍勒(1874—1928年)
28. 鲁道夫·布尔特曼(1884—1976年)
29. 卡尔·巴尔特(1886—1968年)
30. 迪特里希·潘霍华(1906—1945年)

20世纪初发生在德国的神学复兴是思想史上的第三个黑洞,这应该受到更多的重视。随着尼采对"上帝已死"的认知,以及马克斯·韦伯刻画出了"祛魅"的世界,20世纪初的德国神学家们或者说哲学家们针对"危机状况"做出了比其他任何人更令人信服的、更具有关联性的回应。两位20世纪晚期的教皇约翰·保罗二世(Jean Paul Ⅱ,本名 Karol Wojtyla)与本尼迪克特十六世(Benedict ⅩⅥ,本名 Joseph Ratzinger)继承了他们的观念。这一事实表明,这些(新教)思想家已经被欣然地吸收进了天主教会,如果他们真的游离在外的话。

31. 利翁·福伊希特万格(1884—1958年)

一个两次从战争的牢狱中逃脱的人显然是少有的,也是异常勇敢的。在他的杰作《成功》中贯穿着勇气,人们可以在书中发现希特勒、法本化工公司等"角色"受到了严厉的指责。万幸,福伊希特万格逃到了美国。如果他没有流亡而是被害了,应该会比现在更加知名。

32．卡尔·雅斯贝尔斯(1883—1969年)

雅斯贝尔斯的"轴心时代"说认为,全世界的现代精神灵性差不多源于同一时期(以赛亚、孔子、佛陀、柏拉图)。这使他成为了阐释历史的集大成者,他以一种从任何方面看都是最基本的方式解释了人们的世界,亦如约翰·杜威和威廉·詹姆斯,可能比他们更出色。

33．海因里希·德雷泽(1860—1924年)

34．阿图尔·艾兴格林(1867—1949年)

35．菲利克斯·霍夫曼(1868—1946年)

在阿司匹林被发明的一个世纪之后,现在每年有4万吨的这种药剂被生产出来。这肯定可以视作它所产生的冲击力的量度之一。在之前于镇痛、偏头疼、风湿症、发烧、流感,以及控制各种动物性疾病中表现出效力之后,在20世纪的后半叶,这种麻醉药剂被发现还有助于抗凝血,由此对预防心绞痛、心脏病以及中风都有效。这足以使德雷泽、艾兴格林、霍夫曼的大名被镌刻在任何一根功勋柱上。他们为人类带来的助益肯定要多于一些名人例如卡尔·荣格,他肯定在被高估的、说德语的名人榜中名列前茅。

索 引

（词条中的页码为原书页码，即本书边码）

A

Abbe, Ernst, 恩斯特·阿贝 365, 366, 387

Abbt, Thomas, 托马斯·阿布特 78

Abitur（examination），中学毕业考试 109, 234

Abraham, Karl, 卡尔·亚伯拉罕 613, 753

Abuse of Learning, The: The Failure of the German University（Lilge），《学术的滥用：德国大学的失败》（利尔格）765—766

Abu Telfan（Raabe），《阿布·台尔凡》（拉贝）440

academic institutions, 学术机构 359；也见 Gymnasien
  贵族学院, 50
  技术性学校, 168
  魏玛时期的～, 570

academies of sciences, 科学院 226

Academy of Antiquities（Kassel），古文物学会（卡塞尔）100

Ace in the Hole（film），倒扣的王牌 591

Achenwall, Gottfried, 戈特弗里德·阿亨瓦尔 73

Actions for Dancers（Aktionen für Tänzer）（Wigman），《舞者的活动》（维格曼）804

Acton, John Emerich Edward Dalberg, 阿克顿勋爵 317, 409, 538

Addresses to the German Nation（Reden an die deutsche Nation）（Fichte），《对德意志民族的演讲》（费希特）262

Adenauer, Konrad, 康拉德·阿登纳 753, 759, 772, 791

Adorno, Theodor, 特奥多尔·阿多诺 572, 631, 702, 716, 724—726, 741, 768—769, 771—772, 799

AEG, 德国通用电气公司 379—380, 509

Aenesidemus（Schulze），《埃奈西德穆》（舒尔策）148

Aesthetic Paganism in German Literature（Hatfield），《德语文学中的审美崇拜》（哈特菲尔德）101

aesthetics 美学

索 引

纳粹～,629—648
作为～概念的完美,74—75
～18 世纪的复兴,94
After Hitler(*Umkehr*,*Die*)(Jarausch),《希特勒之后》(雅劳施) 778—781
Age of Capitalism,*The*(Hobsbawm),《资本的年代》(霍布斯鲍姆) 749
Age of Constantine the Great,*The*(*Zeit Konstantins des Grossen*)(Burckhardt),《君士坦丁大帝的时代》(布克哈特) 91
Age of Extremes,*The*(Hobsbawm),《极端的年代》(霍布斯鲍姆) 749
Age of Empire,*The*(Hobsbawm),《帝国的年代》(霍布斯鲍姆) 749
Age of Revolution,*The*(Hobsbawm),《革命的年代》(霍布斯鲍姆) 749
Akhmatova,Anna,安娜·艾哈迈托娃 801
Aktion T4,T4 行动 671—672
Albers,Joseph,约瑟夫·阿尔贝斯 702,734
Albert,Prince(England),阿尔伯特亲王(英国) 318—321,357
Alceste(Gluck),《阿尔切斯特》(格鲁克) 155
Alder Wright,C. R. ,C. R. 奥尔德·赖特 364
Alexander(Baumann),《亚历山大》(鲍曼) 637
Alexander,Franz,弗朗茨·亚历山大 570,613
alienation,concept of,异化概念 239—259,251—252,572,612,675,803
Allegory of History(Mengs),《历史的寓言》(门斯) 210
Allen,William,威廉·艾伦 20
Allgemeine Literatur-Zeitung(periodical),《文学通报》(期刊) 146
Allgemeine musikalische Zeitung,《音乐通报》162,164
All Quiet on the Western Front(*Im Westen Nichts Neues*)(Remarque),《西线无战事》(雷马克) 579—581
Also Sprach Zarathustra(Nietzsche),《查拉图斯特拉如是说》(尼采) 336
Altenstein,Karl,卡尔·阿尔滕施泰因 108,236—237,244
Altertumswissenschaft,《古代通学》52,107
Althaus,Paul,保罗·阿尔特豪斯 685—686
Aly,Götz,格尔茨·阿利 669,671,672
Amadeus String Quartet,阿玛迪乌斯弦乐四重奏团 752
American Friends of German Freedom,德国自由美国之友 700
American Journal of Sociology,《美国社会学期刊》445
American Judaism(Glazer),《美国犹太人》(格莱斯) 8
American Philosophical Society,美国哲学会 326
American Psychoanalytic Association,美国精神分析协会 716
Americks,Karl,卡尔·阿梅里克斯 138
Ancestress,*The*(*Die Ahnfrau*)(Grillparzer),《太祖母》(格里尔帕泽) 294
"Andenken"(Remembrance)(Hölderlin),《思念》(荷尔德林) 291—292
Anders,Günther,君特·安德斯 771,808
Anderson,Benedict,本尼迪克特·安德森 58,114,837
"An die Kulturwelt","致文化世界" 33—34

1277

索 引

Angestellten, Die (The Salaried Classes) (Kracauer),《雇员们》(克拉考尔) 588—589, 760

"Angststurm" (Stramm),《恐惧席卷》(施特拉姆) 550

Anheisser, Siegfried, 西格弗里德·安海塞尔 643

Annalen der Chemie und Pharmacie,《化学和药学年鉴》342

Annalen der Physik,《物理学年鉴》482

Annalen der Physik und Chemie,《物理和化学年鉴》342, 343, 345

anthropology, 人类学 385

anti-Catholicism, 反天主教 421—425

anti-Semitism 反犹主义
  邦达论~, 622
  ~一词的创造, 522
  欧洲国家的~, 858 注 45
  阿多诺对~的考察, 725
  荣格的~, 661
  基特尔的~, 685
  范登布鲁克的~, 617—618
  泛德意志联合会的~, 421
  政党与~, 434
  第二次世界大战前的~, 521—522, 767
  对~的批评, 491, 492, 499
  特赖奇克的~, 408
  维也纳的~, 501
  魏宁格的~, 495

Anzeiger des Westens, Der (newspaper),《西部人报》326

Apartment, The (film),《桃色公寓》(电影) 591

Apitz, Bruno, 布鲁诺·阿皮茨 795

Apologia for the Reasonable Worshippers of God (Apologie oder Schutzschrift für die vernünftigen Verehrer Gottes (Reimarus),《为神的理性崇拜者而辩》(赖马鲁斯) 103—104

Appleyard, Rollo, 罗洛·阿普尔亚德 478

archaeology, 考古学 95, 100, 385, 404, 410—415, 539

Architectural Review,《建筑评论》748

architecture, 建筑 211—215, 305, 490, 496, 510, 523, 570—571, 814—815
  包豪斯~, 571, 629

Archiv der reinen und angewandten mathematik (journal),《纯数学和应用数学档案》226

archives, 档案 263, 267, 407, 409

Archives Interdites (Combe),《被关闭的档案》(孔布) 16

Archiv für die Physiologie (journal),《生理学档案》83

Ardenne, Manfred von, 曼弗雷德·冯·阿登 692

Arendt, Hannah, 汉娜·阿伦特 553, 651, 701, 719, 720—721, 770, 818, 836, 841—842

armaments, 武器 370, 371—373, 404, 417
  atomic bomb research, 核武器研究 691, 913 注 14

armies. 见 military

Arndt, Ernst Moritz, 恩斯特·默里茨·阿伦特 309, 801

Arnheim, Rudolf, 鲁道夫·阿恩海姆 734

Arnim, Achim von, 阿希姆·冯·阿尼姆 230

Arnold, Thomas, 托马斯·阿诺德 317

Arp, Hans, 汉斯·阿尔普 563, 564—565

art and artists, 艺术与艺术家 73—76,

索 引

也见 painting
阿尔伯特与艺术,319
当代~,844
作为创作者的艺术家,194—195
移民~,630,734—735
艺术的作用,197
"内在性"与艺术家,403
康德论艺术,144
迎合低级趣味的作品,568
慕尼黑的艺术,504—505,515,516,517
叔本华论艺术,333
第三帝国时期的~,621,629—631,632—633
瓦格纳论艺术,328—329
温克尔曼论古代~,98—99
第二次世界大战与~,13,15
Art and Illusion(Gombrich),《艺术与错觉》(贡布里希) 747
art history,艺术史 95—100,218,732—733
ARTnews(magazine),《艺术新闻》15
Aryan mystique,雅利安人的奥秘 429—432,435
Aschheim,Stephen,斯蒂芬·阿斯克海姆 823
Ashton,Rosemary,罗斯玛丽·阿什顿 314
aspirin,阿司匹林 365,887 注 36
Assistance Fund for German Science,德国科学援助基金 595
Astel,Karl,卡尔·阿斯特尔 671
Astor,David,戴维·阿斯托 750
atheism,无神论 67,332
Athenäum(periodical),《雅典娜神庙》(期刊) 119
athletic clubs,体育俱乐部 429
Auch eine Philosophie der Geschichte zur Bildung der Meinschheit(Herder),《人之形成的又一历史哲学》(赫尔德) 123
Auden,W. H.,威斯坦·休·奥登 296,578,810,817—819
Auer,Fritz,弗里茨·奥尔 814
Auerbach,Frank,弗兰克·奥尔巴赫 755—756
Aufklärung,启蒙 69,261,832
Aurora Press,奥罗拉出版社 735
Ausländer,Rose,罗丝·奥斯兰德尔 800
Austerlitz(Sebald),《奥斯特利茨》(泽巴尔德) 797—798
Austria,奥地利 304,567. 也见 Vienna
Austro-Prussian War(1866),普奥战争(1866 年)372,408,418
Authoritarian Personality,*The*(Adorno),《权威人格》(阿多诺) 725
automobiles,汽车 375—379
Aveling,Edward,爱德华·埃维林 426
Ayer,A. J.,A. J. 艾尔 602,603,631
Ażbe,Anton,安东·阿斯比 515

B

Baader,Andreas,安德烈亚斯·巴德尔 780
Baader-Meinhof terrorism,巴德尔-迈因霍夫恐怖主义 22,793
Baal(Brecht),《巴尔》(布莱希特)586
Bach,Johann Sebastian,约翰·塞巴斯蒂安·巴赫 41—43,60,153—154
Bacharach,Burt,布尔特·巴哈拉赫 593
Bachmann,Inbegorg,英格伯格·巴赫曼 794,800
Badische Beobachter(periodical),《巴登观察者》425
Baeck,Leo,莱奥·贝克 750
Baer,Karl Ernst von,卡尔·恩斯特·

1279

索　引

冯·贝尔 37,286—287,853
Bagge,Harald,哈拉尔德·巴格 287
Bahr,Hermann,赫尔曼·巴赫 490
Baird,Jay,杰伊·贝尔德 634
Ball,Hugo,胡戈·鲍尔 564,565
Baran,Paul,保罗·巴兰 727
Barbie,Klaus,克劳斯·巴比 17
Barker,Christine,克里斯汀·巴克 579
Barlach,Ernst,恩斯特·巴拉赫 617,633
Barmen Declaration(1934),巴门宣言(1934年) 677
Barnack,Oscar,奥斯卡·巴纳克 367
Baron,Hans,汉斯·巴伦 731
Barr,Alfred,阿尔弗雷德·巴尔 701
Barren,William,威廉·巴伦 604
Barry,Martin,马丁·巴里 287
Barth,Karl,卡尔·巴尔特 676—677,769,855
Bartholdy,Salomon,萨洛蒙·巴托尔迪 218
Bartók,Béla,贝拉·巴尔特 702,703
Baselitz,Georg,格奥尔格·巴塞利茨 812
BASF,巴斯夫 361,695
Bassarids, The (Die Bassariden)(opera, Henze and Auden),《酒神的伴侣》(歌剧,亨策和奥登) 810,819
Battle of Teutoburg Forest, The (Die Hermanns-schlacht)(Kleist),《条顿堡森林战役》(《赫尔曼战役》)(克莱斯特) 293
Batty,Peter,彼得·巴蒂 370,371
Bauer,Bruno,布鲁诺·鲍尔 247,248,249
Bauer,F. C.,弗迪南德·克里斯蒂安·鲍尔 245
Bauer,Franz,弗朗茨·鲍尔 282

Bauer,Peter,彼得·鲍尔 746
Bauhaus,包豪斯 571,629
Baumann,Hans,汉斯·鲍曼 618,634,636—638
Baumeister,Willi,维利·鲍迈斯特 700
Baumgarten,Alexander,亚历山大·鲍姆加滕 74
Baumgarten,Hermann,赫尔曼·鲍姆加滕 421
Baumgarten,Sigmund,西格蒙德·鲍姆加滕 70
Bäumler,Alfred,阿尔弗雷德·鲍伊姆勒 650
Bausch,Pina,皮娜·鲍什 804
Bayer,拜尔制药 360—361,362,695,887注36
Bayer,Friedrich,弗里德里希·拜尔 362
Bayreuth festivals,拜伊罗特音乐节 329,644
Becher,J. R.,约翰内斯·R.贝希尔 801
Becker,Thorsten,托尔斯滕·贝克尔 796
Beckmann,Max,马克思·贝克曼 629,630,633,699
Beer,John,约翰·比尔 358—359,362
Beethoven,Ludwig van,路德维希·范·贝多芬 59,158—159,162—163,239
Before Dawn (Vor Sonnenaufgang)(Hauptmann),《日出之前》(豪普特曼) 524
Beggar's Opera, The (Gay),《乞丐歌剧》(盖伊) 586
Begriffsschrift (Frege),《概念演算》(弗雷格) 486
Behler,Ernst,厄恩斯特·贝勒 823
Behltle,Charles,弗里德里希·贝尔特勒 366—367

索 引

Behnisch, Günter, 君特·贝尼施 814
Behrens, Peter, 彼得·贝伦斯 215, 509—510, 516, 571
Being and Time (*Sein und Zeit*) (Heidegger),《存在与时间》(海德格尔) 603—604, 651
"Beiträge zur Phytogenesis" (Schleiden), "植物发生论"(施莱登) 284
Bell, Daniel, 丹尼尔·贝尔 296
Benda, Julien, 朱利安·邦达 622—625, 766, 841
Benedict, Ruth, 露丝·贝内迪克特 716, 717
Benjamin, Walter, 瓦尔特·本雅明 449, 609, 619, 669, 709
Benn, Gottfried, 戈特弗里德·本恩 454, 655, 710, 790, 799—800
Benz, Karl, 卡尔·本茨 375—376
Berek, Max, 马克斯·别雷克 367
Berenhorst, Georg Heinrich von, 格奥尔格·海因里希·冯·贝伦霍斯特 187
Berg, Alban, 阿尔班·贝尔格 302, 515, 568, 584, 585, 643
Berger, Peter, 彼得·贝格尔 730
Bergmann, Carl, 卡尔·贝格曼 287
Bergstraesser, Arnold, 阿诺尔德·贝格施特雷瑟 650, 768—769
Berlin, 柏林 519—545; 也见 University of Berlin
 犹太学研究院, 655
 艺术与科学学院, 61
 美术学院, 527
 普鲁士科学院, 356
 第二次世界大战后的~, 758
 建筑, 211—215
  当代建筑, 814—815
  教堂重建, 219
 艺术与艺术家(也见 Berlin Sezession)

  达达派, 565
  演奏者, 584
 1938 年 3 月烧毁艺术品, 633
 柏林艺术家协会, 527
 柏林评论协会, 244
 1933 年焚书行动, 580, 798
 勃兰登堡门, 211—212, 213
 博士俱乐部, 245, 248
 普法战争后的经济, 520
 教育
  皇家炮兵工程学院, 355
  弗里德里希·威廉学院, 383
  普法战争后的经济, 529
  柏林战争学院, 185
 电影节(1961 年), 806
 热尔梅内·德·埃斯塔尔, 312
 大屠杀纪念碑, 784, 785—786, 815
 十字山战争纪念碑, 213—214
 医疗机构, 384, 388
 博物馆, 528—529
  老博物馆, 214, 528
  民族学博物馆, 414
  弗里德里希皇帝博物馆, 528
  国家美术馆, 528, 630
  新博物馆, 528
  皇家博物馆, 415
 音乐
  革新, 59
  歌剧, 467, 643, 805
  管弦乐团, 525—526, 642, 645, 809
 皇家艺术学院, 527
 卡巴莱小剧场"声与烟", 525
 苏联与音乐, 759
 剧院
  德意志剧院, 524, 525, 589, 592
  柏林自由剧场, 523
  德意志大话剧院, 647
  皇家剧院, 214

1281

索引

人民剧场,647
柏林墙,759
Berlin, Isaiah, 以赛亚·伯林 193—194, 196
Berlin Alexanderplatz (Döblin),《柏林亚历山大广场》(德布林) 619
Berline Illustrierte Zeitung (newspaper),《柏林画报》427
Berliner Abendblätter (newspaper),《柏林晚报》293
Berlin Physics Society, 柏林物理学会 482
Berlin Psychoanalytic Institute, 柏林精神分析研究所 570, 613
Berlin Psychoanalytic Society, 柏林精神分析协会 661
Berlin Psychological Institute, 柏林心理学研究所 661
Berlin Sezession, 柏林分离派 507, 516, 527—528
Berne, Eric, 埃里克·博恩 719
Bernhardi, Friedrich von, 弗里德里希·冯·伯恩哈迪 409, 534, 539
Berning, Heinrich, 海因里希·贝尔宁 696
Bernstein, J. G., 约翰·戈特洛布·伯恩斯坦 228
Bertalanffy, Ludwig von, 路德维希·冯·贝塔朗菲 567
Berzelius, Jöns Jakob von, 约恩斯·雅各布·冯·贝尔塞柳斯 273, 276
Bethe, Hans, 汉斯·贝特 659, 738—739
Bethmann-Hollweg, Theobad von, 费利克斯·冯·魏因加特纳 533
Bettelheim, Bruno, 布鲁诺·贝特尔海姆 662, 717—718, 818
Bettinelli, Saverio, 萨维里奥·贝蒂内利 92
Bettmann, Otto, 奥托·贝特曼 735
Beuys, Joseph, 约瑟夫·博伊于斯 812, 849
Beyer, Frank, 弗兰克·拜尔 806
Bianconi, Giovanni Lodovico, 乔万尼·洛多维科·比安科尼 207
Bible,《圣经》66, 70—71, 105, 245, 679
"Biedermann's Evening Socialising" (Scheffel), "比德曼的晚间社交" (舍费尔) 305
Biedermeier culture, 比德迈尔文化 304—307
Biermann, Wolf, 沃尔夫·比尔曼 796, 801
Bierwisch, Manfred, 曼弗雷德·比尔韦施 813
Big Heat, The (film, Lang),《大内幕》(电影,朗) 590
Bild, Das (newspaper),《图片报》6
Bildung, 教养、教化 53—54, 833—834, 838
　～的美国化, 740—742
　柏林大学与～, 87
　作为教育的～, 830
　歌德对～的追求, 118
　赫尔德与～, 124
　威廉·冯·洪堡论～, 109—110, 262—263
　内在性与～, 832—833
　音乐欣赏与～, 163
　新人文主义与～, 109
　虔信主义与～, 87
　席勒论～, 130
　～的世俗化, 87—88
　维兰德与～, 113
Bildung (Schwanitz),《教化》(施万尼茨) 815
Bildungsstaat, concept of, 教化型国家

1282

索 引

的概念 77
Bildungstrieb,生长动力 82
Bildunsbürgertum,教化之民众 270
Billiards at Half Past Nine(*Billard um Halb Zehn*)(Böll),《九点半钟的台球桌》(伯尔) 791
Billinger,Richard,理查德·比林格 648
Bilse,Benjamin,本雅明·比尔泽 525
Bing,Rudolf,鲁道夫·宾 744,746,751
bioethics,生命伦理学 384—386
biology,生物学 68,78—84,201,271—287,615,660
Birkeland,Kristian,克里斯蒂安·伯克兰 361
Birth of Tragedy out of the Spirit of Music,*the*(*Die Geburt der Tragödie aus der Geist der Musik*)(Nietzsche),《悲剧的诞生:源于音乐的灵魂》(尼采) 336—337
Bismarck,Otto von,奥托·冯·俾斯麦 371—372,373,385,404,407,519
Bitomsky,Hartmut,哈特穆特·比托姆斯基 808
Blackbourn,David,大卫·布莱克本 27
Black Lines(Kandinsky),《黑线》(康定斯基) 517
Black Mountain College,黑山学院 702,734
Blanning,Tim,蒂姆·布兰宁 43,54,56,59,60
Bleichröder,Gerson,格尔森·布莱希罗德 520
Bleker,Johanna,乔安娜·布勒克 387
Bloch,Felix,费利克斯·布洛赫 659,738
Bloom,Allan,阿兰·布鲁姆 713—714,740,833—834
Blue Angel,*The*(film),《蓝天使》(电影) 513,591—592
Blum,Martin,马丁·布卢姆 781
Blumenbach,Johann Friedrich,约翰·弗里德里希·布卢门巴赫 81—82,86
Bock,Hieronymus,希罗尼穆斯·博克 79,80
Bode,Wilhelm von,威廉·冯·博德 433,528—529
Bodmer,Johann Jakob,约翰·雅各布·博德默尔 57,74,124
Boeckh,August,奥古斯特·伯克 235,345
Boehm,Anthony,安东尼·贝姆 316
Boehm,Max Hildebert,马克斯·希尔德贝特·伯姆 655
Böhm,Karl,卡尔·伯姆 645
Böhmer,Caroline.伯默尔·卡罗利妮 见 Schlegel,Caroline
Böhmer,Johann Friedrich,约翰·弗里德里希·伯默尔 266
Bohr,Niels,尼尔斯·玻尔 596,597—598,691
Bohrer,Karl Heinz,卡尔·海因茨·博雷尔 782,832
Böll,Heinrich,海因里希·伯尔 28,780,791—792
Bollingen Press,"波林根丛书" 735
Bölsche,Wilhelm,威廉·伯尔施 426,427
Boltzmann,Ludwig,路德维希·玻尔兹曼 348,483,854
Bonds,Mark Evans,马克·埃文斯·邦兹 161,162
Bonhoeffer,Dietrich,迪特里希·潘霍华 680—681,818,855
Book of Burnt Books,*The*(*Das Buch der verbrannten Bücher*)(Weidermann),《焚书之书》(魏德曼) 29,798

1283

索　引

Book of Songs（*Buch der Lieder*）（Heine），《诗歌集》（海涅）298
Bopp, Franz, 弗朗茨·博普 191,192
Bormann, Martin, 马丁·博尔曼 620
Born, Max, 马克斯·玻恩 598,659, 745,753
Börne, Ludwig, 路德维希·伯尔内 303
Borsig, August, 奥古斯特·博尔西希 375
Bosch, Carl, 卡尔·博施 361,666
botany, 植物学 79—80,85,203
Bothe, Walter, 沃尔特·博特 653
Böttger, J. F., 约翰·弗里德里希·伯特格尔 168
Bötticher, Paul Anton, 保罗·安东·伯蒂歇尔；也见 Lagarde, Paul de
Boumann, Johann, 约翰·布曼 213
Boureau, Alain, 阿兰·布罗 607
Bourgeois, Der（Sombart），《现代资本主义》（桑巴特）453—454
Bousquet, René, 勒内·布斯凯 17
Bowen, James, 詹姆斯·鲍恩 829
Bower, Tom, 汤姆·鲍尔 797
Boyer, Carl, 卡尔·博耶 349
Boyle, Nicholas, 尼古拉斯·博伊尔 29, 115,122,800
Bracher, K. D., K. D. 布拉赫尔 22
Brahm, Otto, 奥托·布拉姆 524
Brahms, Johannes, 约翰内斯·勃拉姆斯 133,173,292,459—462,465,525,558
Brainin, Norbert, 诺贝特·布雷宁 752
Brandt, Max, 马克斯·勃兰特 587
Brandt, Willy, 维利·勃兰特 733
Braun, Volker, 福尔克尔·布劳恩 796, 801,802
Braun, Wernher von, 维尔纳·冯·布劳恩 693,695
Brecht, Bertolt, 贝尔托·布莱希特 584,
585—587,588,590,651
　论阿多诺,724
　反战诗,552
　柏林剧团与布莱希特,803
　与奥登的合作,818
　与本雅明的友谊,619
　论在民主德国的生活,801
　与十一月团体,569
　在美国避难,702,715,736—737
　返回欧洲,738
Breitinger, Johann Jakob, 约翰·雅各布·博德默尔 57
Breker, Arno, 阿尔诺·布雷克尔 632
Brentano, Clemens, 克莱门斯·布伦塔诺 212,230
Brentano, Franz Clemens, 弗兰茨·克莱门斯·布伦塔诺 492—493
Brentano, Lujo, 卢约·布卢塔诺 533
Breuer, Josef, 约瑟夫·布洛伊尔 395, 396,492—493
Breuer, Stefan, 斯特凡·布罗伊尔 454—455
Bridgwater, Patrick, 帕特里克·布里奇沃特 547
Bright Picture（Kandinsky），《明亮的画》（康定斯基）517
Brinkmann, Carl, 卡尔·布林克曼 650
Britain 英国
　在德国学习的英国学者,538
　伦敦人类学协会,430
　染色工业,359
　德意志对伦敦大学的影响,317
　论德国学术,538
　1851年万国博览会（伦敦）,320
　对德意志文化的兴趣,314—318
　接收德国未成年难民,744—745
　1862年万国博览会（伦敦）,356
　伦敦爱乐乐团,809

索　引

难民,699,743—756
　　学术援助委员会,663,745
　　艺术家难民委员会,699
　　英国广播公司与难民,750
　　难民在剑桥,746
　　自由德国文化联盟,699,746
　　扣留在曼岛的难民,745,754
　　难民在牛津,746
　　滕尼斯探访难民,450
　　关于两个德国的"一战"宣传,534
British Arts and Crafts movement,英国艺术与手工艺运动 510
British Association for the Advancement of Science,英国科学促进会主席 752
British Psychoanalytic Society,英国精神分析协会 754
Britten,Benjamin,本杰明·布里顿 292
Brod,Max,马克斯·布罗德 578
Brodie,Bernard,伯纳德·布罗迪 184
Broken Jug, The（*Der Zerbrochene Krug*）(Kleist),《破罐记》(克莱斯特) 293
Brotherhood of St. Luke,圣路加兄弟会 215—217;也见 Düreristen
Brotstudium,concept of,面包学业 229
Brown,Robert,罗伯特·布朗 282,284
Browning,Christopher,克里斯托弗·勃朗宁 20
Brücke,Die,桥社 516,528
Brücke,Ernst,恩斯特·布吕克 235
Bruckmann,Peter,彼得·布鲁克曼 510
Bruckner,Anton,安东·布鲁克纳 459,469
Bruford,William,威廉·布拉福德 119,833
Brügmann,Walter,瓦尔特·布吕格尔曼 646
Brunfels,Otto,奥托·布伦费尔斯 79

Brussig,Thomas,托马斯·布鲁瑟希 799
Buber,Martin,马丁·布伯 609,682—683,685
Bubis,Ignatz,伊格纳茨·布比斯 784
Büchner,Georg,格奥尔格·毕希纳 290,301—303,585
Büchner,Ludwig,路德维希·毕希纳 301,426
Buckingham,John,约翰·白金汉 272—273,279
Buddenbrooks（T. Mann）,《布登勃洛克一家》(托马斯·曼) 511—512
Bühler,Emil,埃米尔·比勒 375
Bühler,Karl,卡尔·布勒 717
Bullitt,William,蒲立德 662
Bullivant,Keith,基思·布利范特 36,452,618,790,793
Bülow,Adam Heinrich Dietrich von,亚当·海因里希·迪特里希·冯·比洛 187
Bülow,Hans von,汉斯·冯·比洛 459,460,462,466,525—526
Bultmann,Rudolf,鲁道夫·布尔特曼 677,678—679,769,855
"Bummelmeir's Complaint"(Scheffel),《布姆尔迈尔的抱怨》(舍费尔) 305
Bunsen,Robert,罗伯特·本生 348
Burckhardt,Jacob,雅各布·布克哈特 22,91,250—251,410,441
bureaucracy 官僚制
　　受教育中间阶层与～,830
　　普鲁士～,45,48—49,108
　　韦伯论～,457
Burgh,John,约翰·伯格 746
Burke,Peter,彼得·伯克 92
Burnouf,Émile,埃米尔·比尔努夫 184
Burns,Mary,玛丽·白恩士 257

1285

索 引

Burte, Hermann, 赫尔曼·布尔特 634
Butler, E. M., E. M. 巴特勒 97, 100
Buxtehude, Dietrich, 迪特里希·布克斯特胡德 153

C

Cabinet of Dr. Caligari, The (film),《卡里加利博士的小屋》(电影) 569
Café Deutschland (Immendorf),《德国咖啡馆》(伊门多夫) 813
Café Müller (Wigman),《米勒咖啡馆》(维格曼) 804
cafés, 咖啡馆 470, 490, 504, 521, 563—564
Cahn, Arnold, 阿诺德·卡恩 362
Calleo, David, 大卫·卡列奥 421
Calvert, Frank, 弗兰克·卡尔弗特 412
cameras, 照相机 367
Camera Work (journal),《摄影作品》(杂志) 517
Campbell, Thomas, 托马斯·坎贝尔 317
Campendonck, Heinrich, 海因里希·坎彭东克 699
Canetti, Elias, 埃利亚斯·卡内蒂 746
Cantor, Georg, 格奥尔格·康托尔 37, 174, 485—486
Cantor, Norman, 诺尔曼·康托 35
Cantril, Hadley, 哈德利·坎特里尔 726
Capa, Robert, 罗伯特·卡帕 735
Capitalism, Socialism and Democracy (Schumpeter),《资本主义、社会主义与民主》(熊彼特) 704
Carlyle, Thomas, 托马斯·卡莱尔 314, 315
Carnap, Rudolf, 鲁道夫·卡尔纳普 601, 602, 631, 729—730
Carnaval (Schumann),《狂欢节》(舒曼)

307
Carow, Heiner, 海纳·卡洛夫 806
cartels, 卡特尔 361—362
Carter, Erica, 埃里卡·卡特 832
Case of J. Robert Oppenheimer, The (In der Sache J. Robert Oppenheimer) (Kipphardt),《J. 罗伯特·奥本海默事件》(基普哈特) 736
Cassirer, Bruno, 布鲁诺·卡西尔 527, 606
Cassirer, Ernst, 恩斯特·卡西尔 136, 143, 564, 605—607, 723, 741, 746
Cassirer, Paul, 保罗·卡西尔 527, 606
Castle, The (Das Schloss) (Kafka),《城堡》(卡夫卡) 577, 578
Cat and Mouse (Katz und Maus) (Grass),《猫与鼠》(格拉斯) 792
Catholic Church 天主教会
  反天主教, 421—425
  对《20 世纪神话》的禁令, 621
  希特勒与～, 683
  修道院, 423, 425, 687
  罗森贝格论天主教, 620
Caucasian Chalk Circle, The (Der kaukasische Kreidekreis) (Brecht),《高加索灰阑记》(布莱希特) 736
Celan, Paul, 保罗·策兰 800
Cellar, The: A Withdrawal (Der Keller: eine Entziehung) (Bernhardt),《地下室：撤销》(伯恩哈德) 797
Central Council of Jews in Germany, 德国犹太人中央委员会 784
Central European University, 中欧大学 755
Centre for the Study of Nationalism (Prague), 民族主义研究中心 (布拉格) 755
ceremonies of the whole, 整体仪式 647,

索 引

836

Chamberlain, Houston Stewart, 休斯顿·斯图尔特·张伯伦 421, 434, 435—436, 449, 452, 892 注 61

Chamisso, Adelbert von, 阿尔德贝特·冯·卡米索 305

Chemisches Journal, 《化学期刊》 226

chemistry, 化学 168, 271, 272, 279, 358

Chickering, Roger, 罗杰·切克林 428, 536

Childhood and Society (Erikson), 《童年与社会》(埃里克森) 717

choral societies, 164, 325

Christianity, 基督教 673, 677—678, 683—685, 686, 788, 853; 也见 Catholic Church; Protestantism

Positive Christianity, "正教" 684

Cicerone, The (Der Cicerone) (Burckhardt), 《导引》(布克哈特) 91

Cieszkowski, August von, 奥古斯特·冯·切斯考夫斯基 245

Cincinnati Volksblatt (newspaper), 《辛辛那提人民报》 326

Civilisation of the Renaissance in Italy, The (Der Culture der Renaissance in Italien) (Burckhardt), 《意大利文艺复兴时期的文化》(布克哈特) 91, 92

Civilising Process, The (Elias), 《文明的进程》(埃利亚斯) 609, 754

Civilization and Its Discontents (Das Unbehagen in der Kultur) (Freud), 《文明及其缺憾》(弗洛伊德) 611—612

Civil Service law (1933), 《重设公职人员法》(1933 年) 660

Class, Heinrich, 海因里希·克拉斯 421

Classical Scholarship: A Summary (Darstellung der Altertumswissenschaft) (F. A. Wolf), 《古代通学概论》(F. A. 沃尔夫) 106, 107

Clausewitz, Carl Philipp Gottlieb von, 卡尔·菲利普·戈特利布·克劳塞维茨 184—188

Clausius, Rudolf, 鲁道夫·克劳修斯 345—348, 479, 819, 854

Clement, Ricardo. 里卡多·克莱门特 See Eichmann, Adolf 见阿道夫·艾希曼

climatology, 气候学 180

Closing of the American Mind, The (A. Bloom), 《美国精神的封闭》(艾伦·布卢姆) 833—834

Coffin, Henry Sloane, 亨利·斯隆·科芬 680

Cold Amnesty (Die kalte Amnestie) (Friedrich), 《冰冷的赦免》(弗里德里希) 798

Coldness, The: An Isolation (Die Kälte: eine Isolation) (Bernhard), 《寒冷:隔绝》(伯恩哈德) 797

Coleridge, Samuel Taylor, 塞缪尔·泰勒·柯勒律治 314—315, 883 注 10

Collin (Heym), 《科林》(海姆) 796

Colm, Gerhard, 格哈德·科尔姆 726

Cologne, 科隆 517, 757

Combes, Sonia, 索妮亚·孔布 16

Commentary (magazine), 《评论》(杂志) 720

Communio (journal), 《团契》(期刊) 787

Communist League, 共产主义者联盟 253

Communist Manifesto, The (Manifest des kommunistischen Partei) (Marx and Engels), 《共产党宣言》(马克思和恩格斯) 253—254, 257

Community and Civil Society (Gemein-

索　引

schaft und Gesellschaft）（Tönnies），
《共同体与社会》(滕尼斯) 450—452
Concept of the Corporation, *The*（Drucker），《公司的概念》(德鲁克) 728
Concept of the Political, *The*（Der Begriff des Politischen）（Schmitt），《政治概念》(施密特) 668—669,723
Concerning German Literature（Friedrich the Great），《论德语文学》(弗里德里希大王) 62
Concerning the Spiritual in Art（Kandinsky），《艺术中的精神》(康定斯基) 517
Condition of the Working Class in England（Die Lage der arbeitenden Klasse in England）（Engels），《英国工人阶级状况》(恩格斯) 251,257
Confessing Church（Bekennende Kirche），宣信会 678,680
Congress of German Naturalists and Physicians，德国自然学家和医生大会 365
Conquest, Robert，罗伯特·康奎斯特 759
consciousness，自觉意识 125,144,147。也见 self-consciousness
Conservative Revolution，保守革命 452,618—619
Constitution of Liberty, *The*（Hayek），《自由秩序原理》(哈耶克) 749
Contact（magazine），《接触》(杂志) 747
Contemporary Crisis in German Physics, *The*（Die gegenwärtige Krise der deutschen Physik）（Stark），《德国物理学中的当代危机》(斯塔克) 599
Continuity and Irrational Numbers（Dedekind），《连续性与无理数》(狄德金) 485

Conze, Alexander，亚历山大·康策 415
Conze, Werner，维尔纳·康策 670
Copenhagen（Frayn），《歌本哈根》(弗雷恩) 691
Corinth, Lovis，洛维斯·科林斯 528
Cornelius, Peter von，彼得·冯·柯内留斯 217—218,218—219,239
Cornwell, John，约翰·康韦尔 660,691
Correns, Karl，卡尔·科伦斯 286,391
Coser, Lewis，刘易斯·科泽 726,728,730
Courage to Be, *The*（Tillich），《存在的勇气》(田立克) 730
Courant, Richard，理查德·库朗 487,659,664
Crabb Robinson, Henry，亨利·克拉布·罗宾森 314,315
Crabwalk（Im Krebsgang）（Grass），《蟹行》(格拉斯) 798
Craig, Gordon，戈登·克雷格 33,402,403—404
Cranko, John，约翰·克兰科 804
Crawshaw, Steve，史蒂夫·克劳肖 22,23,792,798
Creation, Redemption, and the Last Judgment（Cornelius），《创世》《救赎》《最后的审判》(柯内留斯) 239
Crell, Lorenz，洛伦茨·克雷尔 226
Crelle, August Leopold，奥古斯特·利奥波德·克雷勒 349
Crelle's Journal，克雷勒的杂志 349—350
Cristofori, Bartolomeo，巴尔托洛梅奥·克利斯托福里 154
critical method 批判方法
马克思对～的采用,251
～的转变,231
critical theory 批判理论

索 引

法兰克福学派,573
哈贝马斯与批判理论,775—776
Critique of Judgment (*Kritik der Urteilskraft*)(Kant),《判断力批判》(康德) 143—145,161,201
Critique of Practical Reason(*Kritik der praktischen Vernunft*)(Kant),《实践理性批判》(康德) 142—143
Critique of Pure Reason (*Kritik der reinen Vernunft*)(Kant),《纯粹理性批判》(康德) 139—142
Crookes,William,威廉·克鲁克斯 479
Cross on the Mountains(Friedrich),《山上的十字架》(弗里德里希) 221,239
Cullen,William,威廉·卡伦 175—176
Cultural Alliance for the Democratic Revival of Germany,德国民主革新文化联盟 758
cultural pessimism,tradition of,文化悲观主义传统 616—618,675,837—842
culture 文化
　德国的～概念;也见 *Kultur*
　尼采对现代～的批判,339
Culture of Defeat,*The*(*Die Kultur der Niederlage*)(Schivelbusch),《失败的文化》(席费尔布施) 566
Cuno,Theodor,西奥多·库诺 256
Curtius,Ernst,恩斯特·库尔提乌斯 410—411,415
Czechowksi,Heinz,海因茨·切霍夫斯基 801

D

Dada,达达 563—565
Dahlmann,Friedrich Christoph,弗里德里希·克里斯托弗·达尔曼 408,410
Dahrendorf,Ralf,拉尔夫·达伦多夫 452,732,748,761,762—765,842

Daimler,Gottlieb,戈特利布·戴姆勒 376—377
Daimler,Paul,保罗·戴姆勒 377,378
Dali,Salvador,萨尔瓦多·达利 221
Damm,Christian Tobias,克里斯蒂安·托比亚斯·达姆 95
Dannhauser,Josef,约瑟夫·丹豪泽 305—306
Danton's Death(*Dantons Tod*)(Büchner),《丹东之死》(毕希纳) 302
Darnton,Robert,罗伯特·达恩顿 56
Darwin,Charles,查尔斯·达尔文 180,430,615
Darwinism,达尔文主义 426—428,427,431
Dawson,John,Jr.,小约翰·道森 601
Daxelmüller,Christoph,克里斯托弗·达克斯米勒 655
Dead City,*The*(*Die tote Stadt*)(opera,Korngold),《死亡之城》(歌剧,科恩戈尔德) 591
Death in Venice(*Der Tod in Venedig*)(T.Mann),《死于威尼斯》(托马斯·曼) 513—314
Debit and Credit(*Soll und Haben*)(Freytag),《借方与贷方》(弗赖塔格) 439
Debreyne,P.J.C.,P.J.C.德布劳内 395
Decision(magazine),《决定》(杂志) 817
"Declaration of Notables"(Berlin),"名流宣言"(柏林) 522
Decline of the German Mandarins,*The* (Ringer),《德国士大夫阶级的衰落》(林格) 765—768
Decline of the West,*The*(*Der Untergang des Abendlandes*)(Spengler),《西方的没落》(施宾格勒) 560,620,

1289

索 引

839
Dedekind, Richard, 理查德·戴德金 174, 485
defense of the wolves (verteidigung der wölf) (Enzensberger), 《狼的辩护》(恩岑斯贝格尔) 800
degeneracy/degeneration, 蜕化 428, 429
Degenerate Art exhibition, 颓废艺术巡展 632—633, 908 注 7
degenerate art law (May 1938), 《颓废艺术法》(1938 年 5 月) 633
Degeneration (Entartung) (Nordau), 《蜕化》(诺尔道) 429
Dehmel, Richard, 理查德·德默尔 510, 532
Deichman, Ute, 乌特·戴希曼 696
De l'Allemagne (Staël), 《论德意志》(斯塔埃尔) 311, 313, 323
Delbrück, Hans, 汉斯·德尔布吕克 409, 533—534
Delius, Frederick, 弗雷德里克·戴留斯 336
Demnig, Gunter, 冈特·德姆尼希 815 849
Democracy in Germany (Dahrendorf), 《德国的民主》(达伦多夫) 748
Democratic and the Authoritarian State, The (Newmann), 《民主与专制国家》(纽曼) 762
"Denial of the Vagina, The" (Horney), "拒绝阴道"(霍尔奈) 613
Denying the Holocaust (Lipstadt), 《否认犹太人大屠杀》(利普施塔特) 7
Deputy, The (Der Stellvertreter) (Hochhuth), 《代理者》(霍赫胡特) 736, 802
design 设计
 比德迈尔家具, 305—306
 青年风格与～, 498

维也纳的～, 496—499
Dessoir, Max, 马克斯·德索瓦 395
Destruction of Reason, The (Die Zerstörung der Venunft) (Lukács), 《理性的毁灭》(卢卡奇) 762
Deutsche Chronik (Schubart), 《德意志编年》(舒巴特) 55
Deutsche Demokratische Republik (DDR) 德意志民主共和国; 也见 East Germany
Deutsche Forschungsgemeinschaft, 德国科学基金委员会 690
Deutsche Frage, Die (Röpke), 《德国统一问题》(勒普克) 762
Deutsche Gelehrtenrepublik, Die (Klopstock), 《德意志的学者共和国》(克洛普施托克) 102
Deutsche Grammatik (J. Grimm), 《德语语法》(雅各布·格林) 230
Deutsche Hochschule für Politik (German Institute for Politics), 德国政治学院 570
Deutsche Merkur, Der (monthly), 《德意志的信使墨丘利》(月刊) 113
Deutsche Mythologie (J. Grimm), 《德意志神话》(雅各布·格林) 266
Deutschen, Die (Moeller van den Bruck), 《德意志人》(范·登·布鲁克) 617
Deutsche Problem, Das (Ritter), 《德意志问题》(里特尔) 762
Deutscher, Isaac, 伊萨克·多伊彻 750
Deutscher Sozialismus (Sombart), 《德国的社会主义》(桑巴特) 454
Deutscher Werkbund, 德国工艺联盟 510
Deutsches Wörterbuch (Grimm brothers), 《德语词典》(格林兄弟) 230
Deutsch-Französische Jahrbücher (Ger-

索 引

man-French Annuals),《德法年鉴》249

Deutschland, Deutschland über alles (Tucholsky),《德国，德国高于一切》（图霍尔斯基）582

Deutschlands Schicksal (Hirsch),《德国的命运》（希尔施）686

Deutschland und der Weltkrieg (Hintze, Meinecke, Oncken, and Schumacher),《德国与世界大战》（欣策、迈内克、翁肯、舒马赫）534

Dewey, John, 约翰·杜威 539—542

Diagnosis of Our Time (Mannheim),《我们这个时代的诊断》（曼海姆）703—704

Dialectic of Enlightenment (Dialektik der Aufklärung) (Adorno and Horkheimer),《启蒙辩证法》（阿多诺、霍克海默）725, 775

Dialectics of Secularisation, The (Die Dialektik der Säkularisierung) (Habermas and Ratzinger),《世俗化之辩证法》（哈贝马斯、拉青格）787

Diary of a Ne'er-do-well (Aus dem Leben eines Taugenichts) (Eichendorff),《废物的生涯》（艾兴多夫）290

Dibelius, Martin, 马丁·迪贝柳斯 650

Dichterliebe (Schumann),《诗人之恋》307

"Dichtung und Wahrheit" (Auden), "诗与真"（奥登）818

Dido (Charlotte von Stein),《狄多》（夏洛特）118

Diederichs, Eugen, 欧根·迪德里克斯 614

Diehl, Carl, 卡尔·迪尔 323, 324

Diesel, Rudolf, 鲁道夫·狄塞尔 378

Dieterle, William, 威廉·迪特勒 736

Dietl, Helmut, 赫尔穆特·迪特尔 808

Dietrich, Marlene, 玛琳·黛德丽 513, 581, 592, 593

Dill, Ludwig, 路德维希·迪尔 507

Dilthey, Wilhelm, 威廉·狄尔泰 441—444, 447, 455, 605, 675, 682, 750, 854

Dinter, Artur, 阿图尔·丁特尔 674

Dirichlet, Peter Gustav Lejeune, 皮特·古斯塔夫·勒热纳·狄利希 174, 234, 350, 485

Discourse der Mahlern (periodical),《研磨絮语》（杂志）57

Discovery of the Unconscious, The (Ellenberg),《无意识的发现》（艾伦伯格）393

Dismissal of Bismarck, The (film),《俾斯麦的离职》（电影）593

Divided Heaven, The (film),《分裂的天空》（电影）806

Diwald, Helmut, 赫尔穆特·迪瓦尔德 11

Dix, Otto, 奥托·迪克斯 553, 565, 629, 700

Döblin, Alfred, 阿尔弗雷德·德布林 619, 738

Doctor Faustus (T. Mann),《浮士德博士》（托马斯·曼）737, 836

Documenta (Kassel), 卡塞尔文献展 811

Dog Years (Hundejahre) (Grass),《非常岁月》（格拉斯）792

Dohnanyi, Christoph von, 克里斯托弗·冯·多纳尼 680

Dohnanyi, Hans von, 汉斯·冯·多纳尼 680

Dohnanyi, Klaus von, 克劳斯·冯·多纳尼 680

Dokupil, Jiri Georg, 伊里·格奥尔格·多库佩尔 813

1291

索 引

Doll, Richard, 理查·多尔 665
Döllinger, Johann, 约翰·德林格 317
Don Carlos (Schiller), 《唐·卡洛斯》(席勒) 128
Don Juan (R. Strauss), 《唐璜》(施特劳斯) 465, 466
Don't Mention the War (Ramsden), 《别再提起战争》(拉姆斯登) 5
Doppler, Christian Johann, 约翰·克里斯蒂安·多普勒 391
Dorn, Walter, 沃尔特·多恩 49
Dornberger, Walter, 沃尔特·多恩贝格尔 658
Dörpfeld, Wilhelm, 威廉·德普费尔德 410, 413—414
Double Ego, The (*Dar Doppel-Ich*) (Dessoir), 《双重自我》(德索瓦) 395
Double Indemnity (film), 《双重赔偿》(电影) 591
Double Life (*Doppelleben*) (Benn), 《双重生活》(贝恩) 710
Dow, James R., 詹姆斯·R. 道 654
"Dread of Women, The" (Horney), 《女性的恐惧》(霍尔奈) 613
Dream, a Life, The (*Der Traum, ein Leben*) (Grillparzer), 《梦幻人生》(格里尔帕泽) 294
Dreser, Heinrich, 海因里希·德雷泽 364, 365, 856
Drost-Hülshoff, Annette von, 阿奈特·冯·德罗斯特-许尔斯霍夫 305
Droysen, Johann Gustav, 约翰·古斯塔夫·德罗伊森 410, 424, 445, 839
Drucker, Peter, 彼得·德鲁克 728
Du Bois-Reymond, Emil Heinrich, 埃米尔·海因里希·迪布安-雷蒙 235
Dudow, Slatan, 斯拉坦·杜多夫 588, 805

Duino Elegies (*Duineser Elegien*) (Rilke), 《杜伊诺哀歌》(里尔克) 574—575
Duisberg, Carl, 卡尔·杜伊斯贝格 362, 363—364
Dumont, Louis, 路易·杜蒙 845
Dupuy, Trevor, 特雷弗·迪普伊 543—544, 698
Dürer, Albrecht, 阿尔布莱希特·丢勒 43
Düreristen, 丢勒会 217—220
Dürrenmatt, Friedrich, 弗里德里希·德伦马特 803
du Sautoy, Marcus, 马科斯·杜·索托伊 174
dye industry, 染色工业 358—359, 387

E

Earth Spirit (*Erdgeist*) (Wedekind), 《地灵》(魏德金德) 515
East Germany, 东德 781, 782, 813
电影, 805—806
文学, 794—796
Ebert, Carl, 卡尔·艾伯特 744
Eckhart, Dietrich, 迪特里希·埃克哈特 436, 562
Eckstein, Ferdinand, 费迪南德·埃克施泰因 193
economics and refugees in the United States, 美国的经济学与避难者 727—728
Eddington, Arthur, 阿瑟·艾丁顿 172, 658—659
education, 教育; 也见 academic institutions
第三帝国的～预算, 689
中小学与大学～的区别, 229
普鲁士的义务～, 829
弗里德里希大王与～, 63

索　引

德国～对英国的影响,316—317,318
德国～对美国的影响,323
哈勒与哥廷根大学的影响,54
康德论～,143
莱辛论～,124
曼海姆论～,704
军队中教会组织与～,48
物理学研究所,476
虔信运动与～,47
～改革,227,233—234
国家与学校的关系,108—109
科技～,234
Effi Briest(Fontane),《艾菲·布里斯特》(冯塔娜) 440—441
Efficiency of Our Race and the Protection of the Weak，The(*Die Tüchtigkeit unsrer Rasse und der Schutz der Schwachen*)(Ploetz),《我们种族之能力与弱者之保障》(普罗茨) 433—434
Effusions of an Art-Loving Monk(*Herzensergiessungen eines kunstliebenden Klosterbruders*)(Wackenroder and Tieck),《一位爱好艺术的修道士的心声》(瓦肯罗德、蒂克) 216
Egotism in German Philosophy(Santayana),德国哲学中的唯我主义 542
Ehrenfels,Christian von,克里斯蒂安·冯·埃伦费尔斯 493,494—495
Ehrlich,Paul,保罗·埃尔利希 278,388,390—391,853
Eich,Günter,君特·艾希 799
Eich,Hermann,赫尔曼·艾希 762
Eichendorff,Joseph von,约瑟夫·冯·艾兴多夫 200,290,463
Eichengrün,Arthur,阿图尔·艾兴格吕恩 364,856
Eichhorn,Karl Friedrich,卡尔·弗里德里希·艾希霍恩 264—266

Eichmann,Adolf,阿道夫·艾希曼 695,721—722
Eichmann in Jerusalem(Arendt),《耶路撒冷的艾希曼》(阿伦特) 721—722
Eichrodt,Ludwig,路德维希·埃希罗特 305
"Eighteenth Brumaire of Louis Bonaparte，The"(Marx),"路易·波拿巴的雾月十八日"(马克思) 248
Einstein,Albert,阿尔伯特·爱因斯坦 482—484,598,599,738
当代思想界与～,819
哥德尔与～,739—740
希尔伯特与～的合作,487
～所受迫害,552,595,658—659
～论科学理论,905 注 7
Eisenmann,Peter,彼得·埃森曼 815
Eisenstaedt,Alfred,阿尔弗莱德·埃森斯塔特 735
Eisler,Hanns,汉斯·艾斯勒 641
Eisner,Lotte,洛特·艾斯纳 760
Elegy for Young Lovers(*Elegie für junge Liebende*)(opera,Henze),《年轻恋人的悲歌》(歌剧,亨策) 810
Elektra(opera,R. Strauss and Hofmannsthal),《厄勒克特拉》(歌剧,R.施特劳斯、霍夫曼斯塔尔) 465,466,467—468
Eley,Geoffrey,杰弗里·伊利 27
Elgio storica del Cabaliere Antonio Raffaelle Mengs(Bianconi),《安东·拉斐尔·门斯雅士的行迹》(比安科尼) 207
Elias,Norbert,诺贝特·埃利亚斯 31,437,531,566,568,607,608—609,698,754,768,848
Eliot,George,乔治·艾略特 314,316,331

1293

索引

Eliot, T. S. , T. S. 艾略特 34, 840
Elkana, Yehuda, 耶胡达·艾尔卡纳 9—10
Ellenberger, Henri, 亨利·艾伦伯格 393
Elman, Mischa, 米沙·埃尔曼 702
Elmhirst, Leonard and Dorothy, 莱昂纳德与多萝西·埃尔姆斯特夫妇 744
Elon, Amos, 阿莫斯·埃隆 431, 475
Emergency Rescue Committee (ERC), 紧急援助委员会 700
Emergency Society of German Scholars Abroad, 海外德国学者紧急协会 663
Emil and the Detectives (*Emil und die Detektive*) (Kästner),《埃米尔擒贼记》(凯斯特纳) 583
Emmerich, Wolfgang, 埃梅里希·沃尔夫冈 801
Emperor, Rome and Renovatio (*Kaiser, Rom und Renovatio*) (Schramm),《皇帝、罗马与革新》(施拉姆) 607—608
Empty Fortress, The (Bettelheim),《空堡垒》(贝特尔海姆) 717
Endell, August, 奥古斯特·恩德尔 508
End of Economic Man, The (Drucker),《经济人的末日》(德鲁克) 728
Engels, Friedrich, 弗里德里希·恩格斯 188, 245, 249, 251, 256—259, 853—854
engineering, 工程学 356, 844
engines, 引擎 375, 378, 600, 692, 693
"Englishness of English Art, The" (lectures by Pevsner), "英国艺术的英国风格"(佩夫斯纳的演讲) 748
Enigma, 恩格码密码机 693
Enlightenment, 启蒙; 也见 *Aufklärung*
Entarte Musik exhibition "堕落音乐"展 (Düsseldorf, 1938) (杜塞尔多夫, 1938年), 643
Entartete Kunst exhibition (Degenerate Art) "颓废艺术"巡展, 632—633, 908注7
Enzensberger, Hans Magnus, 汉斯·马格努斯·恩岑斯贝格尔 761, 794, 796, 800, 802, 808
Epistle to the Romans (*Römerbrief*) (Barth),《罗马书》(巴尔特) 677
Erb, Rainer, 赖纳·阿尔布 801
Erdmannsdorff, Friedrich, 弗里德里希·埃德曼斯多夫 211
Ericksen, Robert, 罗伯特·埃里克森 685, 686
Erickson, Raymond, 雷蒙·埃里克森 304—305
Erikson, Erik, 爱利克·埃里克森 717
Ernst, Max, 马克斯·恩斯特 222, 699, 701, 735
Ernst August Konstantin (Weimar), 恩斯特·奥古斯特·康斯坦丁 112
Ernst Mach Society, 恩斯特·马赫学会 602; 也见 Vienna Circle
Eros and Civilization (Marcuse),《爱欲与文明》(马尔库塞) 722
Erwartung (Schoenberg),《等待》(勋伯格) 472
Esalen Institute, 伊沙兰学院 719—720
Esau, Abram, 阿布拉姆·以扫 691
Escape from Freedom (Fromm),《逃避自由》(弗洛姆) 718—719
Essay Concerning Human Understanding (Locke),《人类理解论》(洛克) 68
"Essay on a New Principle for Ascertaining the Curative Power of Drugs, with a Few Glances at Those Hitherto Employed" (Hahnemann), "探索麻药疗效的新原理以及对目前所用麻药的

索 引

一些讨论"(哈内曼) 176
Essence of Christianity , The（*Das Wesen des Christentums*）（Feuerbach），《基督教的本质》（费尔巴哈） 245—246,329,674
Essence of Judaism , The（Baeck），《犹太教的本质》（贝克） 750
Essinger, Anna,安娜·埃辛格 755
Esslin, Martin,马丁·埃斯林 745,751
Ethics（*Ethik*）（Bonhoeffer），《伦理学》（潘霍华） 680—681
Ettinghausen, Richard,理查德·埃廷斯豪森 734
Ettingshausen, Andreas von,安德里亚斯·冯·埃廷斯豪森 285,293
eugenics,优生学 433—434
Euler, Leonhard,莱昂哈德·奥伊勒 171,351
Europäische Triarchie , Die（Hess），《欧洲的三足鼎立》（埃斯） 247
Evans, Richard,理查德·埃文斯 12,20,21,28,428
events of 1968,1968年诸事件 22,719,779,785,832,842
Everett, Edward,爱德华·埃弗里特 323
Every Tom , Dick , and Harry Novel（*Hinze-Kunze-Roman*）（Braun），《人人小说》（布劳恩） 796
evolution, pre-Darwinian idea of,达尔文前的进化思想 202—203
evolutionism,进化论 84—88
Exhortation to the Germans to Exercise Their Reason and Their Language Better（*Ermahnung an die Deutschen , ihren Verstand und ihre Sprache besser zu üben*）（Leibniz），《告诫德意志人更好地训练自己的理性和自己的语言》（莱布尼茨） 57
"Exile, Science and Bildung"（conference, 2002），"流亡、科学与教化"（会议,2002年） 741
Extinction : A Degeneration（*Auslöschung : ein Zerfall*）（Bernhard），《灭绝:崩塌》（伯恩哈德） 797
Eyde, Sam,萨姆·艾德 361
Eyes of the Mummy , The（film），《木乃伊的眼睛》（电影） 589

F

Fabian（Kästner），《法比安》（凯斯特纳） 583
Fackel , Die（periodical），《火炬》（期刊） 490
Failure of Illiberalism , The（Stern），《非自由主义的失败》（斯特恩） 401
"Farewell"（Benn），《再见》（贝恩） 800
Fassbinder, Rainer Werner,赖纳·维尔纳·法斯宾德 803,807
Faust（Goethe），《浮士德》（歌德） 116,120—121,217—218
Faust, Albert,阿尔伯特·福斯特 323
Dr. Faust legend,浮士德博士的传说 105,121
Fear Eats the Soul（film），《恐惧吞噬心灵》（电影） 807
Fechner, Gustav,古斯塔夫·费希纳 394
Fehling, Jürgen,于尔根·费林 648
Feigl, Herbert,赫尔伯特·法伊格尔 631
Feininger, Andreas,安德烈亚斯·法伊宁格 735
Feininger, Lyonel,莱昂内尔·法伊宁格 630,702
Fenichel, Otto,奥托·费尼切尔 570,

1295

索 引

613,718—719
Ferguson,Niall,尼尔·弗格森 841
fertilizers,化肥 271—272,279—281
Fetting,Raiser,赖纳·费廷 812
Feuchtwanger,Lion,利翁·福伊希特万格 578—579,586,701,702,855—856
Feuerbach,Ludwig,路德维希·费尔巴哈 245—246,296,329—330,853
Fichte,Johann Gottlieb,约翰·戈特利布·费希特 148—151,262
 邦达论~,623
 斯塔埃尔夫人与~,312—313
 ~论德意志民族,262
 ~的理性主义,138
 康德对~的影响,138,148
 ~对恩格斯的影响,256
 ~论教授的作用,226,228,229,233
 申克尔与~,212
 ~论自我,195—196
 ~对意志的理解,197
 ~在柏林大学,227,228
 ~《知识学》,119
Fifth International Congress for Genetics (1927),第五届国际遗传学大会(1927年) 697
filmmaking 电影摄制
 柏林墙倒塌后的~,808
 第二次世界大战后的~,758,805—809,806—808
 当代的~,844
 在好莱坞的导演,587,589,590
 东德的影视,805—806
 电影拍摄中的表现主义,568—569
 "现实电影",805
 乡土影片,806
 希特勒时期的~,638—639
 德国人对英国的影响,744
 青年德国电影管理委员会,806—807

科恩戈尔德谱曲,591
"新德国电影",806
"废墟电影",806
"禁片",806
魏玛共和国时期的~,587—593,760
第一次世界大战时期的~,552
Fink,Eugene,欧根·芬克 823
Fink,Karl,卡尔·芬克 203,204
Finkelstein,Norman G.,诺尔曼·G.芬克尔施泰因 10
Fire,The(*Der Brand*)(Fridrich),《大火》(弗里德里希) 798
Fischer,Eugen,欧根·菲舍尔 697
Fischer,Fritz,弗里茨·费舍尔 536—537,761
Fischer,Joschka,约施卡·菲舍尔 2,733,780,783,784
Fischer,Karl,卡尔·费舍尔 429
Fischer,Samuel,塞穆埃尔·费舍尔 575
Fitzgerald,F. Scott,F.斯科特·菲茨杰拉德 581
Five Cantos/August 1914(*Fünf Gesänge*)(Rilke),《五首诗》,《1914年8月》(里尔克) 574
Fliegende Blätter(magazine),《飞扬的叶子》(杂志) 305
Flute Concert,The(Menzel),《长笛演奏会》(门采尔) 526
folklore,Third Reich and,第三帝国与民俗 654—657
Fontane,Theodor,特奥多尔·冯塔纳 440,520,522
Fontes Rerum Germanicarum(Böhmer),《德意志史料》(伯默尔) 266
Forster,Georg,格奥尔格·福斯特 178
Förster-Nietzsche,Elisabeth,伊利莎白·弗尔斯特-尼采 561,676
Fortunatus and His Sons(Hofmannst-

1296

索　引

hal),《福图内斯特的儿子们》(霍夫曼斯塔) 492
Forty-Eighters,四八一代 324
Forty-Fivers,1945年人 785,789
49th Parallel(film),《魔影袭人来》(电影) 746
Foster,Norman,诺曼·福斯特 815
Foundations of Arithmetic(*Die Grundlagen der Arithmetik*)(Frege),《算术基础》(弗雷格) 486
Foundations of the Nineteenth Century, The(*Die Grundlagen des Neunzehnten Jahrhunderts*)(Chamberlain),《19世纪的根基》(张伯伦) 436,620
Foundations of the Whole Doctrine of Science, The(*Die Grundlage der gesamten Wissenschaftslehre*)(Fichte),《全部知识学的基础》(费希特) 148—149,150
Founding of the German Empire, The(*Die Begründung des deutschen Reichs*)(Sybel),《德意志帝国的建立》(聚贝尔) 407
"Frage nach der Technik, Die"(lecture, Heidegger),"关于技术的问题"(演讲,海德格尔) 770
France,法国;也见 Franco-Prussian War(1870-71)
　蒙森的反法立场,405
　～的反犹主义,20,499
　～的染色工业,359
　～艺术家联盟,699
　～大革命的影响,129,197,261
　～的知识分子,54—55
　～对德国文化的兴趣,311—314
　利伯曼在～,506
　关于是否炮击巴黎的讨论,373
　难民在巴黎,699

Franck,James,詹姆斯·弗兰克 545
Francke,August Hermann,奥古斯特·赫尔曼·弗兰克 47,52,125,316
Franco-Prussian War(1870-71),普法战争(1870—1871) 385,386,418,421,519
Frank,Hans,汉斯·弗兰克 652
Frank,Philipp,菲利蒲·弗兰克 602
Frankfurt am Main,美因河畔法兰克福 59,757,814
Frankfurt Institute,法兰克福研究所 572,630—631,679—680,702,718—719,722,725
freedom,concept of,自由概念 76
　费希特与～,149—150
　德意志哲学中的～,26
　哈耶克论～,706
　兰克对～的影响,270
　康德与～,150
　道德自由,446
　滕尼斯论～,451
Frege,Gottlob,戈特洛布·弗雷格 486,487,559,609,729—730
Freiligrath,Ferdinand,弗迪南德·弗莱利格拉特 247,290,299,304
Freischütz, Der(Weber),《射手》(韦伯) 160
Frenkel-Brunswik,Else,艾尔泽·弗伦克尔-布伦斯瑞克 662
Freud,Anna,安娜·弗洛伊德 717,753,754
Freud,Sigmund,西格蒙德·弗洛伊德 37,395—397,611—612
　～与荣格决裂,553—555
　～在英国,753
　当代观念世界与～,819,820—822,827
　～移民,662
　德国流亡艺术家和科学家学会与～,

1297

索 引

700
～的影响,468,706
～在美国的影响,713
作为～患者的马勒,469—470
作为布伦塔诺的学生,492—493
～论美国,716
～第一次世界大战之后在维也纳,567
Freud,Sophie,索菲亚・弗洛伊德 567
Freudianism and Marxism,弗洛伊德主义与马克思主义 572—573
Freundlich,Otto,奥托・弗罗因德利希 699
Freyer,Hans,汉斯・弗赖尔 454,650
Freytag,Gustav,古斯塔夫・弗赖塔格 430,439
Frick,Wilhelm,威廉・弗里克 611
"Friday's Child"(Auden),"周五的孩童"(奥登) 818
Friedlander,Max,马克斯・弗里德兰德 734
Friedländer,Saul,索尔・弗里德兰德 784
Friedländer,Walter,瓦尔特・弗里德兰德 734
Friedrich II the Great(Prussia),弗里德里希大王(普鲁士) 45,49,60—63
约翰・塞巴斯蒂安・巴赫与～,41
～传记,315,608
～论同时代文化,62
兰克对～的研究,268
Friedrich August I(Saxony),弗里德里希・奥古斯特一世(萨克森) 168
Friedrich August II(Saxony),弗里德里希・奥古斯特二世(萨克森) 208
Friedrich Wilhelm I(Prussia),弗里德里希・威廉一世(普鲁士) 45,48
Friedrich Wilhelm II(Prussia),弗里德里希・威廉二世(普鲁士) 211

Friedrich Wilhelm III(Prussia),弗里德里希・威廉三世(普鲁士) 213—214,227
Friedrich Wilhelm IV(Prussia),弗里德里希・威廉四世(普鲁士) 219,299,304,320—321
Friedrich,Caspar David,卡斯帕尔・大卫・弗里德里希 220—222,472,508,807,852
Friedrich,Jörg,约尔格・弗里德里希 798
Friedrich,Walter,瓦尔特・弗里德里希 480
Friend of Health,*The*(*Freund der Gesundheit*)(Hahnemann),《健康之友》(哈内曼) 175
Friendship(Pforr),《友谊》(普福尔) 217
Frings,Josef,约瑟夫・弗林斯 787
Frisch,Karl von,卡尔・冯・弗里施 660
Frisch,Max,马克斯・弗里斯 793
Frisch,Otto,奥托・弗里施 666
Fritsch,Theodor,特奥多尔・弗里奇 673
Froberger,Johann Jacob,约翰・雅各布・弗罗贝内格 153
From Caligari to Hitler(Kracauer),《从卡里加利到希特勒》(克拉考尔) 588—589,760
From Hegel to Nietzsche(Löwith),《从黑格尔到尼采》(勒维特) 772
Fromm,Erich,埃里希・弗洛姆 572,608,631,701,718—719
Front Page,*The*(film),《满城风雨》(电影) 591
Fry,Helen,海伦・弗里 756
Fry,Varian,范里安・弗里 700—701,

1298

索 引

728
Fuchs,Klaus,克劳斯·富克斯 745
Fuchs,Leonhart,莱昂哈特·福克斯 79,80
Fuchsel,J. C.,J. C.福克瑟尔 169
Füger,Fridrich Heinrich,弗里德里希·海因里希·富泽利 215
Führerprinzip(film),《领袖原则》(电影) 593
Fundamental Law of Arithmetic (*Grundgesetze der Arithmetik*)(Frege),《算术基础》(弗雷格) 559
Funk,Leo,利奥·冯克 377
Furedi,Frank,弗兰克·富里迪 821
Fürsten und Völker von Süd-Europa (Ranke),《南欧的君主和人民》(兰克) 267
Furtwängler,Wilhelm,威廉·富特文勒 641,644,645,809
Fustel de Coulanges, Numa Denis,努马·丹尼斯·菲斯泰尔·德·古朗士 624
Future of an Illusion,*The*(*Die Zukunft einer Illusion*)(Freud),《一场幻觉的未来》(弗洛伊德) 611
Future of Human Nature,*The*(*Die Zukunft der menschlichen Natur*) (Habermas),《人性的未来》(哈贝马斯) 845—847
Future of Industrial Man,*the*(Drucker),《工业人的未来》(德鲁克) 728

G

Gadamer,Hans-Georg,伽达默尔 291,720,772,773—775,837
Gaffky,Georg,格奥尔格·加夫基 387,388
Gaines,James,詹姆斯·盖恩斯 41

"Galius Dei"(T. Mann),"上帝之剑"(托马斯·曼) 503
Gang vor die Hunde,*Der*(Kästner),《走向狗》(凯斯特纳) 583
Gärtner,Friedrich von,弗里德里希·冯·格特纳 219
Gas I(Kaiser),《瓦斯一世》(凯泽) 552
Gatterer,Johann Christoph,约翰·克里斯托弗·加特雷尔 71,862 注 4
Gauss,Carl Friedrich,卡尔·弗里德里希·高斯 170—174,177,350,353,485,852
Gawthrop,Richard,理查德·高思罗普 46,69
Gay,John,约翰·盖伊 586
Gay,Peter,彼得·盖伊 573,604,607
Gay-Lussac,Joseph-Louis,约瑟夫·路易·盖-吕萨克 273
Geiger,Hans,汉斯·盖革 691
Gellert,Christian,克里斯蒂安·格勒特 57—58
Gellner,Ernest,埃内斯特·格尔纳 746,754—755
Gemeinschaft,concept of,共同体概念 451,763
Genesis(Werth),《起源》(维尔特) 434
genius,concept of,关于天才的概念 75—76,145
Genius for War,*A*(Dupuy),《战争天才》(迪普伊) 543—544
Gentz,Heinrich,海因里希·根茨 212,213
geology,地质学 66,167,168—169,203,557
George,Stefan,斯特凡·格奥尔格 292,471,547,574,608,618,682
Georgekreis(around Stefan George),"格奥尔格圈子"(围绕斯特凡·格奥尔

1299

索 引

格）574，608
Gerhardt，Charles Frédéric，夏尔・弗雷德里克・热拉尔 276
German Academy of the Arts and Sciences in Exile，德国流亡艺术家与科学家学会 699—700
German Central Work Station for Folk and Cultural Landscape Research，德国民俗与文化景观研究中央工作站 654
German Chainsaw Massacre，The (film)，《德国电锯杀人狂》（电影）808
German Economy in the Nineteenth Century，The（Die Deutsche Volkswirtschaft im neunzehnten Jahrhundert）(Sombart)，《十九世纪的德意志国民经济》（桑巴特）453
German Historical Institute (Washington，D. C.)，德国历史研究所（华盛顿特区）36
German History in the Time of the Reformation（Deutsche Geschichte im Zeitalter der Reformation）(Ranke)，《宗教改革时期的德国史》（兰克）268
Germania anno zero（film），《德意志零年》（电影）805
German Idea of Freedom，The (Krieger)，《德国的自由观念》（克里格）762
German Ideologie，The（Die deutsche Ideologie）(Marx and Engels)，《德意志意识形态》（马克思和恩格斯）252，257
Germanien（magazine），《日耳曼人》（杂志）657
German language，德语语言 3，56，57
German Navy League（Deutscher Flottenverein），德国海军协会 420
Germanness，德意志秉性 45，669—672

German Orchestra（New York），德意志管弦乐团（纽约）325
German Philosophy and Politics（Dewey），《德国哲学与德国政治》（杜威）539—542
Germans，The（Elias），《德国人》（埃利亚斯）31
"German Schools of History，The"（Acton），"德国的历史学派"（阿克顿）317
Germantown（Pennsylvania），"德国镇"（宾夕法尼亚）323
Germantown Zeitung（periodical），《德国镇报》325
German unification，德国统一 94，289。也见 reunification demand for
迪斯累利论~，859 注 56
German Wartime Society 1939-1945（Potsdam Institute of Military History），《1939—1945 年德国战时社会》786
Germany 德国
贝多芬时代的概念变化，164
期刊呈分散状态的影响，56
弗里德里希与自由运动，221—222
~在英国的形象，2
~的自我形象，401
两个~理论，537—538
"Germany，You Eternal Flame"（Schumann），"德意志，你是永远燃烧的火焰"（舒曼）635
Germany and the Next War（Deutschland und der nächste Krieg）(Bernhardi)，《德国与下一场战争》（伯恩哈迪）539
Germany in Autumn（film），《德国之秋》（电影）807
Germany's Aims in the First World

索 引

War（Griff nach der Weltmacht）
（Fischer），《争雄世界》（费里茨·费舍尔）536—537
Gershenkron，Alexander，亚历山大·格申克龙 727
Geschichte des Agathon（Wieland），《阿迦通的故事》（维兰德）113
Gesellschaft，Die（monthly），社会（月刊）510
Gesellschaft as opposed to Gemeinschaft，与共同体相对的"社会"451，763
Gesellschaft und Demokratie in Deutschland（Dahrendorf），《德国的社会与民主》（达伦多夫）452
Gesner，Johann Matthias，约翰·马蒂亚斯·格斯纳 52
Gewissen（journal），《良知》（杂志）617
Gierke，Otto von，奥托·冯·基尔克 533
Gildersleeve，Basil，巴兹尔·吉尔德斯利夫 324
Gilly，David，大卫·吉利 212
Gilly，Friedrich，弗里德里希·吉利 212—213
Giving of the Keys（Mengs），《钥匙的交接》（门斯）210
Glazer，Nathan，内森·格莱斯 8
Globke，Hans，汉斯·格洛布克 759
Glock，William，威廉·格洛克 750—751
Gluck，Christoph Willibald，克里斯托弗·维利巴尔德·格鲁克 155—156
Gneist，Rudolf von，鲁道夫·冯·格奈斯特 326
"Goat Song，Swelling Up"（"Anschwellender Bockgesang"）（B. Strauss），"高涨的山羊之歌"（施特劳斯）783

Gobineau，Joseph-Arthur de，约瑟夫-阿蒂尔德·德·戈比诺 434，615
Gödel，Kurt，库尔特·哥德尔 601—602，631，739—740，841
Goebbels，Joseph 约瑟夫·戈培尔
　柏林爱乐乐团与～，642
　～对《西线无战事》进行批判，580
　～出席希特勒与张伯伦的会谈，436
　国民教育与宣传部长，629
　默勒·范登布鲁克与～，618
　广播的力量，638
　宣传，639
　剧院与～，646，647
Goehr，Walter，瓦尔特·戈尔 747
Goethe，Johann Wolfgang von，约翰·沃尔夫冈·冯·歌德 58，114—122
　生物学与～，201
　～论共同体，836
　斯塔埃尔夫人与～，312
　赫尔德与～，123
　亚历山大·冯·洪堡与～，177
　～论法国文化渗入普鲁士，62
　对～的影响，99，191
　魏玛的卡尔·奥古斯特与～，114，116
　尼布尔与～，264
　波斯语与～，192
　诗配乐，160，463
　～肖像，215
　～论人生的目的，833
　谢林与～，128—129
　原现象，203—205
　～在魏玛宫廷，114
Goethe's Elective Affinities（Goethes Wahlver-wandtschaften）（Benjamin），《歌德的亲和力》（本雅明）619
Goldene Spiegel，Der（The Golden Mirror）（Wieland），《金色明镜》（维兰德）112—113

1301

索 引

Goldhagen, Daniel, 丹尼尔·戈德哈根 18, 21; 也见 Hitler's Willing Executioners

Goldscheid, Rudolf, 鲁道夫·戈德沙伊德 447

Goldsmid, Isaac Lyon, 伊萨克·莱昂·戈德斯米德 317

Goldstein, Eugen, 欧根·戈尔德施泰因 479

Gombrich, Ernst, 恩斯特·贡布里希 567, 733, 744, 745, 747

Gooch, G. P., G. P. 古奇 263, 266—267

Good-Bye, Lenin!（film）《再见，列宁!》（电影）808

Goodman, Nelson, 纳尔逊·古德曼 729

Goosepluckers, The（Liebermann）,《拔鹅毛的妇女们》（利伯曼）506

Göring, Hermann, 赫尔曼·戈林 435, 646, 668, 695

Göring, M. H., M. H. 戈林 661

Gorky, Maxim, 马克西姆·高尔基 823

Gospel of John, The（Das Evangelium des Johannes）（Bultmann）,《约翰福音》（布尔特曼）679

Gothic Revival, 哥特风格复活 216

Gottsched, Christoph, 克里斯托弗·戈特舍德 57, 124

Gottsched, Johann, 约翰·戈特舍德 102

Götz von Berlichingen with the Iron Hand（Götz von Berlichingen mit der eisernene Hand）（Goethe）,《伯利欣根的铁手格茨》（歌德）58, 114

Gould, Stephen Jay, 斯蒂芬·杰伊·古尔德 177, 852

Grabbe, Christian Dietrich, 克里斯蒂安·迪特里希·格拉贝 303

Grass, Günter, 君特·格拉斯 28, 761, 780, 781, 792—793, 798, 832

Graupner, Gottlieb, 戈特利布·格劳普纳 325

Grauzone morgens（Grayzone in the Morning）（Grünbein）,《清晨的灰色地带》（格仁拜因）802

Great Society of Mannheim, 曼海姆的大社会 703—704

Green Henry（Der grüne Heinrich）（Keller）,《绿衣亨利》（凯勒）296, 297

Greenspan, Nancy Thorndike, 南希·桑代克·格林斯潘 598

Green Table, The（Die grüne Tisch, Der）（Jooss）,《绿桌子》（约斯）804

Grierson, Ronald（Rolf Hans Griessmann）, 罗纳德·格里尔森 752—753

Grillparzer, Franz, 弗朗茨·格里尔帕泽 290, 293—294, 558

Grimm, Jacob, 雅各布·格林 230, 265, 309, 310

Grimm, Wilhelm, 威廉·格林 230, 309, 310

Gropius, Walter, 瓦尔特·格罗皮乌斯 510, 568, 571, 744, 757

Gross, Michael, 米夏埃尔·格罗斯 422, 423

Gross, Walter, 瓦尔特·格罗斯 651

Grosz, George, 格奥尔格·格罗斯 565, 629, 734—735

Grotefend, Georg Friedrich, 格奥尔格·弗里德里希·格罗特芬德 181—184

Grünbein, Durs, 杜尔斯·格仁拜因 802

Gründerzeit,"创业者时代" 374

Gründgens, Gustaf, 古斯塔夫·格林德根斯 648

Grundmann, Reiner, 赖纳尔·格伦德曼 453

Grundzüge der wissenschaftlichen Bota-

nik(Schleiden),《植物科学入门》(施莱登) 284
Gruner,Ludwig,路德维希·格鲁纳 319
Gruppe 47(Group 47),"四七社" 790
Gumpert,Martin,马丁·冈佩尔特 174,176
Günther,H. F. K.,H. F. K. 京特 621
Gutzkow,Karl,卡尔·古茨科 303
Gymnasien,高级中学 109,233—234

H

Haber,Fritz,弗里茨·哈伯 361,533,545,660
Haberler,Gottfried von,戈特弗里德·冯·哈伯勒尔 727
Habermas,Jürgen,于尔根·哈贝马斯 11,494,761,775—777,849
～与伽达默尔的论战,775
～在1968年诸事件中,779
～论海德格尔,775,845—847
～论宗教原教旨主义与纳粹主义之间的相似性,784—785
～论读书社团,56
～论救赎共同体,837
～论电视,809
～论魏玛宫廷,116
Haeckel,Ernst,恩斯特·黑克尔 421,426,427,428,533
Haffner,Sebastian,塞巴斯蒂安·哈夫纳 745,750
Hagen,Paul(Karl Frank),保罗·哈根 700
Hahn,Otto,奥托·哈恩 545,666,691
Hahnemann, Samuel Christian Friedrich,伯恩哈德·黎曼 174—177
Halftime(Halbzeit)(Walser),《间歇》(瓦尔泽) 793
Haller,Albrecht von,阿尔布雷希特·冯·哈勒尔 80—81
Halske,Johann Georg,约翰·格奥尔格·哈尔斯克 356
Hamann,Brigitte,布丽吉特·哈曼 501
Hamann,Johann Georg,约翰·格奥尔格·哈曼 77
Hamburg,汉堡 59,757
Hamburgische Dramaturgie, Die(periodical),《汉堡剧评》(期刊) 103,131
Hamlet-Machine(Müller),《哈姆雷特机器》(米勒) 803
Hammer and Anvil(Hammer und Amboss)(Spielhagen),《锤与砧》(施皮尔哈根) 439—440
Handel,Georg Friedrich,格奥尔格·弗里德里希·亨德尔 60,153—154
Handel and Haydn Society,韩德尔海顿协会 325
Handke,Peter,彼得·汉德克 796,804,807—808
Hangmen Also Die(film),《刽子手也死了!》(电影) 590,737
Hanna,Martha,玛莎·哈娜 538
Hanslick,Eduard,爱德华·汉斯利克 469
Harbou,Thea von,特亚·冯·哈伯 590
Hardenberg,Friedrich von,弗里德里希·冯·哈登贝格;也见Novalis
Hardenberg,Karl August von,卡尔·奥古斯特·冯·哈登贝格 108,227,236—237
Harfouch,Corinna,科琳娜·哈尔富什 797
Harnack,Adolf von,阿道夫·冯·哈纳克 674,675,676
Harris,Henry,亨利·哈里斯 282
Harteck,Paul,保罗·里特布施 690—691

索 引

Hartley, Marsden, 马斯登·哈特利 525
Hartmann, Eduard von, 爱德华·冯·哈特曼 394
Hartmann, Heinz, 海因茨·哈特曼 602
Hartmann, Nicolai, 尼古拉·哈特曼 773
Hartnack, Edmund, 埃德蒙德·哈特耐克 386
Harvard University, 哈佛大学 323, 324
Harvey, Elizabeth, 伊丽莎白·哈维 588—589
Harvey, Lilian, 莉莲·哈维 639
Harz Journey, The(*Die Harzreise*)(Heine),《哈尔茨山游记》(海涅) 298
Haskins, Charles Homer, 查尔斯·霍默·哈斯金斯 92
Hastings, Max, 马克斯·黑斯廷斯 25, 786
Hata, Sachahiro, 秦佐八郎 390
Hatfield, Henry, 亨利·哈特菲尔德 100, 101
Haunted Screen, The (Eisner),《鬼魅的银幕》(艾斯纳) 760
Hauptmann, Elisabeth, 伊丽莎白·豪普特曼 586
Hauptmann, Gerhart, 格哈特·豪普特曼 404, 506, 524, 532, 586
Hausegger, Siegmund von, 西格蒙德·冯·豪泽格尔 644
Hauser, Arnold, 阿诺尔德·豪泽 703
Hausmann, Raoul, 劳尔·豪斯曼 565
Haydn, Franz Joseph, 弗朗茨·约瑟夫·海顿 59, 156—157, 159
Hayek, Friedrich von, 弗里德里希·冯·哈耶克 567, 705—706, 727, 746, 749
Hayman, Ronald, 罗纳德·海曼 586
Hearst, Stephen, 斯蒂芬·赫斯特 745, 751

Heartfield, John, 约翰·哈特菲尔德 565, 582, 699
Heaven Has No Favorites (Remarque),《上帝没有宠儿》(雷马克) 581
Hebbel, Friedrich, 弗里德里希·黑贝尔 296
Heckel, Erich, 埃里希·黑克尔 700
Hecker, Waldemar, 瓦尔德马·黑克 516
Hegel, Georg Wilhelm Friedrich, 格奥尔格·威廉·弗里德里希·黑格尔 241—244
　当代思想界与～, 819
　批判
　　费尔巴哈对～的批判, 246
　　波普尔对～的批判, 707—708
　～作为早期浪漫主义者, 200
　～与荷尔德林的友谊, 291
　～的学生海涅, 298
　希特勒与～, 615
　～的唯心主义, 138
　～的影响, 248, 251, 256
　对～的影响, 99, 148
　刘易斯与～, 316
　桑塔亚纳论～, 542—543
　维克曼为～塑像, 215
　～的思辨哲学, 240
　～论温克尔曼, 100
Heilbut, Anthony, 安东尼·海尔布特 716
Heidegger, Martin, 马丁·海德格尔 291, 292, 454, 494, 603—604, 650, 651—652, 770—772, 845, 863 注 21
　存在主义与～, 603
　哈贝马斯论～, 775, 845—847
　～对布尔特曼的影响, 678
　纳粹主义与～, 672
　～论尼采, 823

1304

~论关联性,847—848
~的学生,722,723,773
Heidegger's Children(Wolin),《海德格尔之子》(沃林) 720,772
Heiden,Konrad,康拉德·海登 701
Heilbut,Anthony,安东尼·海尔布特 724—725,736
Heim,Susanne,苏珊·海姆 669,671,672
Heimat(film),《乡归何处》(电影) 807
Heine,Heinrich,海因里希·海涅 160,192,247,290,298—301,303,771
Heine,Thomas,托马斯·海涅 511
Heinkel,Ernst,恩斯特·海因克尔 600
Heinroth,Johann Christian August,约翰·克里斯蒂安·奥古斯特·海因洛特 394
Heisenberg,Werner,维尔纳·海森堡 597—599,665,691,692,841
Heissenbüttel,Helmut,赫尔穆特·海森比特尔 803
Helm,Georg,格奥尔格·黑尔姆 477
Helmer,Olaf,奥尔夫·黑尔默 631
Helmholtz,Hermann von,赫尔曼·冯·亥姆霍兹 234,343,344—345,348,445,477,486,854
Hempel,Carl,卡尔·亨佩尔 631
Henckel,Florian,弗洛里安·亨克尔 808
Henle,Jacob,雅各布·亨勒 386
Hennings,Emmy,埃米·亨宁斯 564
Henze,Hans Werner,汉斯·维尔纳·亨策 810,819
Hepp,Paul,保罗·黑普 362—363
Herbart,Johann Friedrich,约翰·弗里德里希·赫巴特 394
Herder,Caroline,卡罗利妮·赫尔德 120

Herder,Johann Gottfried von,约翰·戈特弗里德·冯·赫尔德 77,79,99,122—127,138,192,195,309,310
Herf,Jeffrey,杰弗里·赫夫 454
Heroes Like Us(*Helden wie wir*)(Brussig),《我们这样的英雄》(布鲁瑟希) 799
Heroes versus Traders(Sombart),《英雄与商人》(桑巴特) 839
Hertz,Gustav,古斯塔夫·赫兹 659
Hertz,Heinrich Rudolf,海因里希·鲁道夫·赫兹 477—478,599,854
Herwegh,Georg,格奥尔格·赫尔韦格 247,290,304,329
Herzl,Theodor,特奥多尔·赫茨尔 470,490,499,682
Herzog,Werner,维尔纳·赫尔佐克 807
Hess,Moses,摩西·埃斯 245,247
Hesse,Hermann,赫尔曼·黑塞 575—576
Heydrich,Reinhard,莱因哈德·海德里希 652
Heym,Georg,格奥尔格·海姆 547
Heym,Stefan,斯蒂凡·海姆 796
Heyne,Christian Gottlob,克里斯蒂安·戈特洛布·海涅 52,100,106,181,228,230
Hieronymus Holzschuher(Dürer),《希罗尼穆斯·霍尔茨舒尔》(丢勒) 528—529
Higgins,Kathleen,凯瑟琳·希金斯 823
Higher Schools and Universities in Germany(Pattison),《德国的高校和大学》(帕蒂森) 318
Hilbert,David,达维德·希尔伯特 487,597,600—601,662
Hillgruber,Andreas,安德烈亚斯·希尔格鲁贝尔 11

索　引

Hilpert, Heinz, 海因茨·希尔伯特 646, 648

Himmelfarb, Gertrude, 格特鲁德·希梅尔法伯 830, 832—833

Himmelweit, Hilde, 希尔德·希默尔魏特 746

Himmler, Heinrich, 海因里希·希姆莱 20, 435, 620, 656—657, 670, 684

Hindemith, Paul, 保罗·欣德米特 292, 568—569, 586, 587, 643—644, 663

Hindenburg, Karl Friedrich, 卡尔·弗里德里希·兴登堡 226

Hinrichs, Carl, 卡尔·欣里希斯 45

Hinsberg, Oskar, 奥斯卡·欣斯贝格 363

Hinschius, Paul, 保罗·辛希乌斯 422

Hintze, Otto, 奥托·欣策 409, 533, 534

Hirsch, Emanuel, 埃马努埃尔·希尔施 686

Hirschman, Albert, 艾尔伯特·希尔施曼 727—728

Hirt, August, 奥古斯特·希尔特 696

Hirth, George, 格奥尔格·希斯 509

Historical Evaluation and Research Organization (HERO), 历史评价与研究组织 544

historicism, 历史主义 69—73, 163, 261—270

～在美国的影响, 713, 731

法律与～, 264—266

温克尔曼与～, 100

Histories of the Romanic and Germanic Peoples from 1491 to 1514 (Geschichte der romanischen und germanischen Völker von 1494 bis 1514) (Ranke), 《拉丁和条顿民族史, 1494—1514》（兰克）267

Historikerstreit, "历史学家之争" 10—15, 733

Historische Zeitschrift (journal) 《史学杂志》, 406, 408

history, 历史 30, 70—72, 263

邦达论～, 623—624

～批判传统, 231

～在美国难民的影响, 730—733

作为人类征服自然的精神斗争的～, 76

民族主义与～, 404—410

国家社会主义与～, 615, 653—654

标准～课程, 436

哥廷根大学～, 51

魏玛德国～, 607—609

History and Class Consciousness (Geschichte und Klassenbewusstsein) (Lukács), 《历史与阶级意识》（卢卡奇）775

History of European Thought in the Nineteenth Century (Merz), 《19世纪欧洲思想史》（默茨）170

History of German Law and Institutions (Deutsche Staats-und Rechtsgeschichte) (Eichhorn), 《德国国体与法制史》（艾希霍恩）264—265

History of Germany in the Nineteenth Century (Deutsche Geschichte im 19. Jahrhundert) (Treitschke), 《19世纪德国史》（特赖奇克）408—409

History of Modern Germany, A (Holborn), 《现代德国史》（霍尔波恩）731

History of Prussia (Geschichte Preussens) (Voigt), 《普鲁士史》（福格特）266

History of Roman Law in the Middle Ages (Geschichte des römischen Rechts im Mittelalter) (Savigny), 《中世纪罗马法史》（萨维尼）265

History of Rome(Römische Geschichte)(Mommsen),《罗马史》(蒙森) 405
History of Rome(Römische Geschichte)(Niebuhr),《罗马史》(尼布尔) 231
History of the Art of Antiquity, The (Geschichte der Kunst des Altertums)(Winckelmann),《古代艺术史》(温克尔曼) 30,97—98,207
History of the First Crusade, The(Geschichte des ersten Kreuzzuges)(Sybel),《第一次十字军东征史》(聚贝尔) 405—406
History of the French Revolution(Geschichte der Revolutionszeit 1789-95)(Sybel),《革命时代的历史(1789—1795)》(聚贝尔) 406
History of the German People(Geschichte des teutschen Volkes)(Luden),《德意志人民的历史》(卢登) 266
History of the Popes(Die römischence Päpste)(Ranke),《教皇史》(兰克) 268
History of the Popes from the Close of the Middle Ages(Geschichte der Päpste seit dem Ausgang des Mittelalters)(Pastor),《中世纪结束以来的教皇史》(帕斯托) 607
History of the Synoptic Tradition, The(Die Geschichte der synoptischen Tradition)(Bultmann),《符类福音传承史》(布尔特曼) 678—679
History of the Thirty Years War(Geschichte des Dreissigjährigen Krieges)(Schiller),《三十年战争史》(席勒) 130—131
"Hitler"(Schumann),"希特勒"(舒曼) 635

Hitler,Adolf,阿道夫·希特勒 614—616
～论艺术,630
贝克曼的讽刺画,630
～论教育,559
德国工人党,562
～会见张伯伦,436
～在《莎乐美》首映夜,467
多头独裁,697—698
宗教与～,673—687
施拉姆与～,608
～在维也纳,501
～论意志,631—632
Hitler,a Film from Germany(Hitler, ein Film aus Deutschland)(Syberberg),《希特勒：一部德国的电影》(西贝尔贝格) 782,807
"Hitlergeist und Wissenschaft"(The Hitler Spirit and Science)(Stark and Lenard),"希特勒精神与科学"(斯塔克与莱纳德) 599
Hitler's Professors(Weinreich),《希特勒的教授们》(魏因赖希) 759—760
Hitler's Willing Executioners(Goldhagen),《希特勒的志愿行刑者》(戈德哈根) 18—22,733
Hitler：The Man and the Military Leader(Hitler as militärische Führer)(Schramm),《希特勒其人及作为军事领袖》(施拉姆) 608
Hitler Youth Quex(film),《希特勒青年奎克斯》(电影) 640
Hobhouse,Hermione,埃尔米奥娜·霍布豪斯 319
Hobsbawm,Eric,艾瑞克·霍布斯鲍姆 748—749
Höch,Hanna,哈娜·赫娜 565
Hochhuth,Rolf,罗尔夫·霍赫胡特

索引

736,780,781,802
Hoffmann, Eric Achille, 埃尔利希·阿希尔·霍夫曼 390
Hoffmann, E. T. A., E. T. A. 霍夫曼 162—163,200,831
Hoffmann, Felix, 费利克斯·霍夫曼 364,856
Hoffmann von Fallersleben, August Heinrich, 奥古斯特·海因里希·霍夫曼·冯·法勒斯莱本 299,304
Hofmann, August Wilhelm von, 奥古斯特·威廉·冯·霍夫曼 318,357,358,491—492
Hofmann, Hans, 汉斯·霍夫曼 734
Hofmannsthal, Hugo von, 胡戈·冯·霍夫曼斯塔尔 467—468,490,492,567,612,619
Holborn, Hajo, 哈约·霍尔鲍恩 570,730,731—732
Holbrooke, Richard, 理查德·霍尔布鲁克 733
Hölderlin, Friedrich, 弗里德里希·荷尔德林 138,200,241,291—292,548
Hollein, Hans, 汉斯·霍莱因 814
Holocaust, denial of, 否认犹太人大屠杀 6—10
Holocaust in American Life, The (*The Holocaust and Collective Memory*)(Novick),《大屠杀与集体记忆》(诺维克) 7—8
Holocaust Industry, The (Finkelstein),《犹太人大屠杀产业》(芬克尔施泰因) 10
Holocaust Library (London), 大屠杀图书馆(伦敦) 749
Holst, Imogen, 伊莫金·霍尔斯特 752
Holy Family, The (*Die heilige Familie*)(Engels and Marx),《神圣家族》

(马克思与恩格斯) 257
Hölzel, Adolf, 阿道夫·赫尔茨 507
Homeopathy (journal),《顺势疗法》(杂志) 174
Honecker, Erich, 埃里希·昂纳克 801,806
Hörbiger, Hanns, 汉斯·赫尔比格 658
Horen, Die (periodical),《时令女神》(期刊) 129
Horkheimer, Max, 马克斯·霍克海默 572,631,702,725,741
Horney, Karen, 卡伦·霍尔奈 570,612—613,662
Hottinger, Johann Konrad, 约翰·康拉德·霍廷格 216
Hour of True Feeling, The (*Die Stunde der Wahren Empfindung*)(Handke),《真情实感的时刻》(汉德克) 796
Hour We Knew Nothing of Each Other, The (*Die Stunde da wir nichts von einander wußten*)(Handke),《形同陌路的时刻》(汉德克) 804
House of Jewish Learning, 犹太人学习之家 682
Houtermans, Fritz, 弗里茨·豪特曼斯 691—692
Howard, Thomas, 托马斯·霍华德 54
Hoyer, Hermann, 赫尔曼·霍耶 632
Huber, Kurt, 库尔特·胡贝尔 655
Huch, Ricarda, 丽卡达·胡克 193
Hufbauer, Karl, 卡尔·胡夫鲍尔 226
Hugenberg, Alfred, 阿尔弗雷德·胡根贝格 420—421
Hughes, Everett C., 埃弗雷特·C. 休斯 453
Hulse, Michael, 迈克·赫尔斯 115,116
Hülsenbeck, Richard, 理查德·许尔森贝克 564,665

索　引

Human Condition, The (Arendt),《人的境况》(阿伦特) 721
Humann, Carl, 卡尔·胡曼 414—415
Humann, Franz, 弗朗茨·胡曼 414
Humboldt, Alexander von, 亚历山大·冯·洪堡 81, 138, 177—181, 212, 427, 852, 871n26, 871n33
Humboldt, Wilhelm von, 威廉·冯·洪堡 86, 87, 108—110, 124, 138, 227, 851—852
　～论教化, 832
　斯塔埃尔夫人与～, 312
　～教育改革, 226, 227—228, 233—234
　～论法兰西民族, 262
　～论世界历史的目标, 262
　申克尔与～, 212
　海涅的学生, 228
Humperdinck, Engelbert, 恩格尔贝特·许佩尔丁 532
Hunley, J. D., J. D. 亨雷 259
Hunsrückenstrasse (Uecker),《洪斯吕克大街》(于克尔) 811
Hunt, The (Stuck),《狩猎》(施图克) 508
Hunt, Tristram, 特里斯特拉姆·亨特 257, 259
Husserl, Edmund, 埃德蒙德·胡塞尔 37, 486—487, 493—494, 605, 652
　～的学生们, 603, 722, 723, 773
Hutton, James, 詹姆斯·霍顿 169
Huxley, Michael, 迈克尔·赫胥黎 803, 804
Hyperion (Hölderlin),《许佩里翁》(荷尔德林) 291
hypnotherapy, 催眠疗法 556

I

I and Thou (*Ich und Du*) (Buber),《我和你》(布伯) 682—683
"Iconoclasm in German Philosophy" (Oxenford), "德意志哲学中的偶像破坏运动"(奥克森福德) 331
Idealism, 唯心主义 138, 139, 732
　～的出现, 136
　～对学术意识形态的影响, 228
　器乐与～, 162
　非德国人与～, 845
Ideas for the Philosophy of History of Humanity (*Ideen zur Philosophie der Geschichte der Menschheit*) (Herder),《人类历史哲学的理念》(赫尔德) 261
IG Farben, 法本利益共同体 361, 695
Iggers, George, 格奥尔格·伊格尔斯 263, 269, 270
Illiger, Johannes, 约翰内斯·伊利格尔 81
"Illustrations of the Dynamical Theory of Gases" (Maxwell), "气体动力学理论图解"(麦克斯韦) 347
imagined communities, 想象的共同体 58, 114
"Im Granatloch" (Schnack), "弹坑中"(施纳克) 551
Immendorf, Jörg, 约尔格·伊门多夫 812, 813
Indian Summer (*Die Nachsommer*) (Stifter),《暮年的爱情》(施蒂夫特) 295
individualism, types of, 个人主义的类型 449—452
individuality, change in meaning of, 个性含义的转变 193—196
Informed Heart, The (Bettelheim),《知情的心》(贝尔特海默) 717
insecticides, 杀虫剂 360—361
Institute for Advanced Study (Prince-

1309

索 引

ton），高等研究院（普林斯顿）659
Institute for Research on the Jewish Question(Frankfurt)，犹太问题研究所（法兰克福）656
Institute of East European Economic Studies(Königsberg)，柯尼斯堡东欧经济研究所 670
Institute of Fine Arts(New York University)，美术研究所（纽约大学）702，733—734
Institute of Theoretical Physics(Copenhagen)，理论物理研究所（哥本哈根）596. 也见 Bohr, Niels
instruments, musical, 器乐 154, 869 注 5
Intellectual History Association，思想史协会 656
International Congress of Mathematicians(Paris, 1900)，数学家国际大会（巴黎，1900 年）487
International General Medical Society for Psychotherapy，国际心理治疗协会 661
International Research Council，国际研究委员会 595
Interpretation of Dreams, The（*Die Traumdeutung*）(Freud)，《梦的解析》（弗洛伊德）395，397，827
In the Beginning Was the Word(Hoyer)，《太初有道》（霍耶）632
In the Land of Cockaigne（*Im Schlaraggenland*）(H. Mann)，《懒人乐园》（亨利希·曼）511，512
Intrigue and Love（*Kabale und Liebe*）(Schiller)，《阴谋与爱情》（席勒）128，132
"Inventur"(Eich)，"盘点"（艾希）799
inwardness，内在性 87，110，194，403，437，713，790，830—833，838

Iphigenie auf Tauris(Goethe)，《在陶里斯的伊菲革涅亚》（歌德）117
Irving, David, 大卫·欧文 6—7
Iselin, Isaak, 伊萨克·伊泽林 76
Isherwood, Christopher, 克里斯托夫·伊舍伍德 743，818
Israel in Egypt(Handel)，《以色列人在埃及》（亨德尔）154
Italia and Germania(Overbeck)，《意大利与德意志》（奥弗贝克）217
Italienische Forschungen(Rumohr)，《意大利研究》（鲁莫尔）218

J

Jachmann, Reinhold, 赖因霍尔德·雅赫曼 135
Jacobi, Carl Gustav Jacob, 卡尔·古斯塔夫·雅可比 234—235，350
Jacobi, Friedrich Heinrich, 弗里德里希·海因里希·雅各比 138，147，149
Jacobi, Lotte, 洛特·雅各比 735
Jacobs, Ian, 伊恩·雅各布斯 738
Jacob the Liar(film)，《撒谎者雅各布》（电影）806
Jaehne, Friedrich, 弗里德里希·耶内 695
Jahn, Friedrich Ludwig, 弗里德里希·路德维希·雅恩 309
Jahoda, Marie, 玛丽·雅霍达 753
Jahrbuch der Psychoanalyse，《心理分析年鉴》555
Jahrbücher für wissenschaftliche Kritik(periodical)，《学术评论年鉴》244
Jakobson, Roman, 罗曼·雅各布逊 700
James, Clive, 克莱夫·詹姆斯 489，583，709，859n49
James, William, 威廉·詹姆斯 662
Janco, Marcel, 马塞尔·扬科 564

Janet,Pierre,皮尔·雅内 394—395
Jannings,Emil,埃米尔·强宁斯 592,648
Janowitz,Hans,汉斯·雅诺维茨 568
Jarausch,Konrad H.,康拉德·雅劳施 778—781,842
Jargon of Authenticity, The(*Jargon der Eigentlichkeit*)(Adorno),《本真性的行话》(阿多诺) 771—772
Jaspers,Karl,卡尔·雅斯贝尔斯 608,652,767,769—770,823,832,856
Jawlensky,Alexei,阿列克谢·雅夫伦斯基 515,516,564
Jay,Martin,马丁·杰伊 630—631
Jeffreys,Diarmuid,迪米尔德·杰弗里斯 357,363
Jelinek,Elfriede,埃尔弗里德·耶利内克 794
Jellinek,Emil,埃米尔·耶利内克 378
Jellinek,Walter,瓦尔特·耶利内克 650
Jena,Battle of(1806),耶拿之战(1806年) 108,138,185
Jenninger,Philip,菲利普·延宁格 12
Jens,Walter,瓦尔特·延斯 794
Jewish Colonial Trust,犹太殖民地信托基金 499
Jewish Question, The(lecture,Kittel),《犹太人问题》(演讲,基特尔) 685
Jewish-Theological Seminar(Breslau),犹太教研讨班(布雷斯劳) 655
Jewish Volkskunde,犹太民俗 655—656
Jews,犹太人;也见 anti-Sermitism
　～在柏林,520
　张伯伦论～,436
　～在大屠杀中未予重视,8—9
　作为～的海因里希·海涅,298,300
　～为1873年经济崩溃负责,521
　"蜕化"象征,434
　有限公民权,108
　犹太医生,661
　在伦敦的犹太难民,745
　魏玛时期犹太文化复兴,619
Jews and Modern Capitalism,The(*Die Juden und das Wirtschaftsleben*)(Sombart),《犹太人与经济生活》(桑巴特) 452
Joachim,Joseph,约瑟夫·约阿希姆 460,462
Jodl,Alfred,阿尔弗雷德·约德尔 608
Joël,Karl,卡尔·约埃尔 447
Johnson,Alvin,阿尔文·约翰逊 701,726
Johnson,Uwe,乌韦·约翰逊 796
Johnst,Hans,汉斯·约翰斯特 646
Johnston,William,威廉·约翰斯顿 567
Jomini,Antoine Henri de,安托万·亨利·德·若米尼 187
Jones,Ernest,欧内斯特·琼斯 394,662,754
Jones,Mumford,芒福德·琼斯 159
Jones,William,威廉·琼斯 190
Jonny spielt auf(Krenek),《乔龙奏乐》(克雷内克) 587
Jooss,Kurt,库特·约斯 744,745,747,804
Joseph in Prison(Mengs),《狱中的尤瑟夫》(门斯) 209
Joule,James Prescott,詹姆斯·普雷斯科特·焦耳 344
Journal für die reine und angewandte Mathematik,《纯数学和应用数学杂志》 349—350
journalism,新闻业 325,750
journals,professional,专业期刊 52,226,234,476
J. R. Becher Institute for Literature

(Leipzig),约翰内斯·R.贝希尔文学研究院(莱比锡) 801
Judgment of Paris, The(Mengs),《帕里斯的评判》(门斯) 209
Jüdin von Toledo, Die(Grillparzer),《托莱多的犹太女郎》(格里尔帕泽) 294
Jugend(journal),《青年》(杂志) 509
Jugendstil,"青年风格" 498,508—510,516
Jung,Carl,卡尔·荣格 553—555,612,661
Jung,Edgar,埃德加·容 618
Jünger,Ernst,恩斯特·云格尔 454,618,669,709—710,771,790
Jünger,Friedrich Georg,弗里德里希·格奥尔格·云格尔 770—771
Junges Deutschland(Young Germany),"青年德意志"派 303—304
Jung Wien(Young Vienna),"青年维也纳"派 490
Jurisprudence(Klimt),《法学》(克里姆特) 498

K

Kaczynski,Jaroslaw,雅罗斯瓦夫·卡钦斯基 18
Kaczynski,Lech,莱赫·卡钦斯基 18
Kafka,Franz,弗朗茨·卡夫卡 577—578,818
Kaiser,Georg,格奥尔格·凯泽 552
Kaiser,Joachim,约阿希姆·凯泽 802
Kaiser Proclamation in Versailles(Werner),《皇帝在凡尔赛加冕》(维尔纳) 526—527
Kaiser Wilhelm Institutes,威廉皇帝学院 529,689,696,697,814,838
Kalnein,Wend von,文德·冯·卡尔奈因 211

Kandinsky,Wassily,瓦西里·康定斯基 472,508,515—518,832
Kansteiner,Wulf,伍尔夫·坎施坦恩 23
Kant,Hermann,赫尔曼·康德 795
Kant,Immanuel,伊曼纽尔·康德 59,136,139—146
　生长动力与～,82—83
　生物学与～,201
　～论布卢门巴赫,81
　～论共同体,836
　当代思想世界与～,819
　杜威论～,540—541
　～论人与动物的差别,833
　法国人论～,537
　～学生赫尔德,123
　荷尔德林与～,291
　～论理想型现实,201
　～的影响,149,171,315,331—332,443,682
　～对自我的观点,150
　桑塔亚那论～,542
　～论自我,195
Kantorowicz,Ernst,恩斯特·坎托罗维奇 35,574,607,608,731,836
Kapital, Das(Marx and Engels),《资本论》(马克思和恩格斯) 254—255,258—259,819—820
Kaprow,Alan,阿兰·卡普罗 734
Karajan,Herbert von,赫伯特·冯·卡拉扬 809
Karl August, Duke of Sachs-Weimar-Eisenach,卡尔·奥古斯特,魏玛公爵 112,114,116
Karpinska,Luise von,路易斯·冯·卡平斯卡 394
Kassandra(C.Wolf),《卡桑德拉》(沃尔夫) 795
Kästner,Erich,埃里希·凯斯特纳 581,

索 引

582—584

Kastner, Wilhelm, 威廉·克斯特纳 273

Katona, George, 格奥尔格·康托纳 728

Kaufmann, Fritz, 弗里茨·考夫曼 556

Kautsky, Karl, 卡尔·考茨基 572

Kazin, Alfred, 艾尔弗雷德·卡津 820—821

Kekulé, August, 奥古斯特·凯库勒 271, 277—278, 853

Keller, Gottfried, 戈特弗里德·凯勒 37, 296—297, 463

Keller, Hans, 汉斯·凯勒 745, 750—751

Keller, Heinrich, 海因里希·凯勒 215

Kellner, Carl, 卡尔·克尔纳 366

Kelly, Alfred, 阿尔弗雷德·凯利 416, 427, 428

Kelly, Michael, 迈克尔·凯利 464

Kempowski, Walter, 瓦尔特·肯博夫斯基 799

Kennedy, Paul, 保罗·肯尼迪 418, 544

Kershaw, Ian, 伊恩·克肖 22, 23

Kersting, Georg Friedrich, 格奥尔格·弗里德里希·克斯廷 215

Kessler, Henry, Count, 哈里·凯斯勒伯爵 584

Keylor, William, 威廉·凯勒 537

Keynes, John Maynard, 约翰·梅纳德·凯恩斯 559, 704, 746

Kiefer, Anselm, 安塞尔姆·基弗 812

Kielinger, Thomas, 托马斯·基林格尔 843

Kielmeyer, Carl Friedrich, 卡尔·弗里德里希·基尔迈尔 81, 83—84, 86

Kindertransport (Children's Transport) to Britain, "儿童输送" 744—745

Kinder-und Hausmärchen (Grimm brothers), 《儿童与家庭童话集》(格林兄弟) 230, 265—266

King Candaules (Hofmannsthal), 《坎道列斯王》(霍夫曼斯塔尔) 492

King's Most Loyal Enemy Aliens, The (Fry), 《国王最忠诚的敌国子民》(弗里) 756

King's Two Bodies, The (Kantorowicz), 《国王的两个身体》(坎托罗维奇) 608

Kipphardt, Heinar, 海纳·基普哈特 736

Kirchner, Ernst Ludwig, 恩斯特·路德维希·基希纳 528, 630, 633, 700

Kirchoff, Gustav, 古斯塔夫·基尔霍夫 477

Kirsch, Sarah, 萨拉·基尔施 801

Kissinger, Henry, 亨利·基辛格 724, 733, 916 注 40

Kittel, Gerhard, 格哈德·基特尔 685

Klácel, Matthew, 马修·克拉切尔 391

Klages, Ludwig, 路德维希·克拉格斯 618

Klarsfeld, Serge, 塞尔日·克拉斯菲尔德 16

Klauer, Martin, 马丁·克劳尔 215

Klee, Paul, 保罗·克莱 515, 629, 630

Kleiber, Erich, 埃里希·克莱伯 585, 645

Klein, Felix Christian, 费利克斯·克莱因 350, 352—353

Klein, Fritz, 弗里茨·克莱因 533

Klein, Melanie, 梅拉妮·克莱恩 570, 613, 753—754

Klein, Yves, 伊夫·克莱恩 811

Kleist, Heinrich von, 海因里希·冯·克莱斯特 200, 290, 293

Klemperer, Otto, 奥托·克伦佩雷尔 641, 645, 701, 702

Klemperer, Victor, 维克托·克伦佩雷尔

索 引

633—634
Klenze,Leo von,利奥·冯·克伦茨 212,215,219
Klimt,Ernst,恩斯特·克里姆特 497
Klimt,Gustav,古斯塔夫·克里姆特 470,497—498,507—508,558
Klinger,Max,马克斯·克林格 507—508,532
Klopstock,Friedrich Gottlieb,弗里德里希·戈特利布·克洛普施托克 102
Kluge,Alexander,亚历山大·克卢格 807
Knappertsbusch,Hans,汉斯·克纳佩茨布施 645
Knife in the Head(film),《脑中刀》(电影) 807
Knipping,Paul,保罗·克尼平 480
Knopp,Guido,吉多·克诺普 23
Knorr,Ludwig,路德维希·克诺尔 360
Knowledge and Human Interests (*Erkenntnis und Interesse*)(Habermas),《认知与旨趣》(哈贝马斯) 776
Koch,Joseph Anton,约瑟夫·安东·科赫 215
Koch,Robert,罗伯特·科赫 386—389,853
Koestler,Arthur,阿瑟·库斯勒 278,750
Koffka,Kurt,库夫特·考夫卡 716
Kogon,Eugen,欧根·科贡 779
Kohl,Helmut,赫尔穆特·科尔 733,780
Köhler,Barbara,芭芭拉·克勒 802
Köhler,Joachim,约阿希姆·克勒 328
Köhler,Johann David,约翰·大卫·科勒 70
Köhler,Wolfgang,沃尔夫冈·克勒 661,714,716,817

Kojève,Alexandre,亚历山大·科耶夫 669
Kokoschka,Oskar,奥斯卡·科科施卡 552,699,744,746
Kolbe,Hermann,赫尔曼·科尔贝 279
Kollwitz,Käthe,凯特·珂勒惠支 527,552,629
Kootz,Samuel,塞缪尔·科茨 735
Korda,Alexander,亚历山大·科达 744,745—746
Korngold,Erich,埃里希·科恩戈尔德 591,736
Kosmos(A. von Humboldt),《宇宙》(亚历山大·洪堡) 180
Kracauer,Siegfried,齐格弗里德·克拉考尔 588—589,741,760—761
Krafft,Adam,亚当·克拉夫特 43
Krafft-Ebing,Richard von,理查德·冯·克拉夫特-埃宾 496
Kragh,Helge,黑尔格·克拉格 475
Kraus,Karl,卡尔·克劳斯 470,490,515,552,553,567,586
Krauss,Werner,维尔纳·克劳斯 648
Krautheimer,Richard,理查德·克劳特海默 734
Krebs,Hans,汉斯·克雷布斯 745,746
Kreisler,Fritz,弗里茨·克莱斯勒 702
Krenek,Ernst,恩斯特·克雷内克 587
Krieck,Ernst,恩斯特·克里克 650—651,652,653,672
Krieger,Leonard,莱昂纳德·克里格 732,762
Kris,Ernst,恩斯特·克里斯 734
Kristeller,Paul Oskar,保罗·克里斯特勒 731,741
Kritische Journal der Philosophie,《哲学评论杂志》 241
Kronecker,Leopold,利奥波德·克罗内

索 引

克尔 486
Krupp,Alfred,阿尔弗雷德·克虏伯 369—375
Kubizek,August,奥古斯特·库比茨克 501
Kuhle Wampe(film),《旺贝坑》(电影) 588
Kuhn,Helmut,赫尔穆特·库恩 773
Kuhn,Thomas,托马斯·库恩 342,344
Kultur,"文化" 30—31,34
  作为一个民族的自觉意识,125
  第一次世界大战的因素,531—532
  与"文明"相对,31,532,535—536,541,838
  施宾格勒论~,561
Kulturbund deutscher Juden,德国犹太人文化团体 641
Kulturkampf,"文化斗争" 422
Kulturstaat,theory of,文化国家理论 236
Kunert,Günter,君特·库纳特 796,801
Küng,Hans,汉斯·金 786
"Kunstwerk im Zeitalter seiner technischen Reproduzierbarkeit,Das"(Benjamin),《机械复制时代的艺术品》(本雅明) 709
Kuntze,Reiner,赖纳·孔策 801

L

Laak,Dirk van,迪尔克·凡拉克 779
Laban,Rudolf,鲁道夫·拉班 744,804
laboratories,实验室 355—367,476
Labouring Men(Hobsbawm),《工人》(霍布斯鲍姆) 749
Lachmann,Karl Konrad,卡尔·康拉德·拉赫曼 232
Lacquer,Walter,瓦尔特·拉奎尔 563
Lagarde,Paul de,保罗·德·拉加德 434—435,614,839
Lagrange,Joseph-Louis,约瑟夫-路易·拉格朗日 353
Lam,Wilfredo,维尔弗雷多·拉姆 701
Lamentations of Germany, The(Vincent),《德意志的哀歌》(文森特) 44
Lamprecht,Karl,卡尔·兰普雷希特 33,533
Landes,David,戴维·兰德斯 732
Lane,Allen,艾伦·莱恩 748
Lane,George,乔治·莱恩 324
Lang,Fritz,弗里茨·朗 587,589—590,702
Langbehn,Julius,尤里乌斯·朗本 432—433,452,522,614,839
Lange,Bernd Lutz,贝恩德·卢茨·朗厄 781
Langhans,Carl Gotthard,卡尔·戈特哈特·朗汉斯 211—212,213
language,语言。也见 German language
  赫尔德论~,124
  ~作为民族的标识,124—125
  ~在哥廷根大学的重要性,51
  ~作为教育的核心,110
Language, Truth and Logic(Ayer),《语言、真理与逻辑》(艾尔) 631
Lanner,Josef,约瑟夫·莱纳尔 464
Laplace,Pierre-Simon,皮埃尔-西蒙·拉普拉斯 139,171
Large,David Clay,戴维·克莱·拉奇 520
Lasch,Christopher,克里斯托弗·拉斯克 821—822
Lasker,Edward,爱德华·拉斯克 521
Lassen,Christian,克里斯蒂安·拉森 184
Lasson,Adolf,阿道夫·拉松 535
Last,R.W.,R.W.拉斯特 579,583

1315

索 引

Last Command, *The*(film),《最后的命令》(电影) 593

Last Days of Mankind, *The*(*Die letzten Tage der Menschheit*)(Kraus),《人类的末日》(克劳斯) 490,553

Laterndl(cabaret),"拉特德尔"(餐厅) 746

Laube,Heinrich,海因里希·劳伯 303

Laudan,Rachel,蕾印尔·劳登 170

Laue,Max von,马克斯·冯·劳厄 480,659,665,692

Lavery,John,约翰·莱弗里 505

law 法(法律)
　普鲁士～,63
　作为文明的决定性成就,265
　历史主义与～,264—266
　为纳粹规章提供合法性,650
　自然～,72,194

Lawyers, *The* (*Die Juristen*) (Hochhuth),《法学家》(霍赫胡特) 780,802

Lazarsfeld,Paul,保罗·拉扎斯菲尔德 716,726—727,741

Lazarus,Moritz,莫里茨·拉扎勒斯 445

League of German Societies for Folklore,德国民俗协会 655

League of the Just,正义者同盟 250,253

Leander,Zarah,扎拉·莱安德 639

Le Corbusier(Charles-Édouard Jeanneret),勒·柯布西耶(夏尔-爱德华·让纳雷) 510,571

Lecture Hall, *The* (*Die Aula*) (H. Kant),《大礼堂》(H.康德) 795

Lectures on the Philosophy of History (*Vorlesungen über die Philosophie der Geschichte*)(Hegel),《哲学史讲演录》(黑格尔) 243

Leeuwenhoek,Anton van,安东·范·列文虎克 281

Legend of Paul and Paula, *The*(film),《保罗和葆拉的传奇》(电影) 806

Lehar,Franz,弗朗茨·莱哈尔 584

Lehmann,Karl,卡尔·莱曼 734

Lehrhaus Movement,"教堂"运动 619

Leibniz,Gottfried,戈特弗里德·莱布尼茨 57,69,79,85,88,123—125

Leistikow,Walter,瓦尔特·莱斯蒂科 528

Leitz,Ernst,恩斯特·莱茨 365,366,367

Lenard,Philipp,菲利浦·莱纳德 533,599,649,652,672

Lenau,Nikolaus,尼古拉斯·雷瑙 771

Lenoir,Timothy,蒂莫西·勒努瓦 37,83

Lenz(Büchner),《伦茨》(毕希纳) 302

Lenz(Schneider),《伦茨》(施耐德) 793—794

Lenz,Johann Michael Reinhold,约翰·米夏埃尔·赖因霍尔德·伦茨 77

Lenz,Max,马克斯·伦茨 409,533,876 注 32

Leo Baeck Institute for the Study of the History and Culture of German-speaking Jewry,莱奥·贝克说德语犹太人之历史与文化研究所 750

Leonce und Lena(Büchner),《莱翁采和莱纳》(毕希纳) 302

Lepenies,Wolf,沃尔夫·莱佩尼斯 30—33

Lessing,Gotthold Ephraim,戈特霍尔德·埃弗拉伊姆·莱辛 78,101—105,124,131,215,623

Letters from Berlin(*Briefe aus Berlin*)(Heine),《柏林来信》(海涅) 298

Letters on the Kantian Philosophy (*Briefe über die kantische Philosoph-*

ie)(Reinhold),《有关康德哲学的通信录》(莱因霍尔德) 147
Levassor,Émile,埃米尔·勒瓦瑟 377
Levi,Erik,埃里克·列维 642,644,645,810
Levi,Hermann,赫尔曼·列维 643
Levi-Civita,Tullio,图莱奥·莱维-奇维塔 663
Lewes,George Henry,乔治·亨利·刘易斯 314,315—316
Lewin,Kurt,库尔特·勒温 716,717
Libermann,Max,马克斯·利伯曼 33,505—507,515,527,528,532,629
Licht(Light)(operas, Stockhausen),《光》(歌剧,斯托克豪森) 810
Liebenfels,Jörg Lanz von,朗茨·冯·里本费尔斯 434
Liebig,Justus von,尤斯图斯·冯·李比希 272,275,279—281,318,341,358,366,853
Liebknecht,Karl,卡尔·李卜克内西 565
"Lied der Deutschen,Das"(Hoffmann von Fallersleven),《德意志人之歌》(法勒斯莱本) 299
Lieder(Schubert),歌曲(舒伯特) 160,305
"Lieutenant Gustl"(Schnitzler),《古斯特少尉》(施尼茨勒) 491
Life of Jesus,The(Das Leben Jesu)(Strauss),《耶稣传》(施特劳斯) 245,256,316
Light Years(Lichtjahre)(Weidermann),《光年》(魏德曼) 798—799
Lilge,Frederic,弗雷德里克·利尔格 765—766
Linde,Carl von,卡尔·冯·林德 378
Lindner,Richard,理查德·林德纳 735

Link,Heinrich Friedrich,海因里希·弗里德里希·林克 81
Lion Has Wings,The(film),《有翼的狮子》(电影) 746
Lipstadt,Deborah,德博拉·利普施塔特 7
List,Friedrich,弗里德里希·李斯特 325,878 注 31
Liszt,Franz,弗朗兹·李斯特 133,460,466
literacy rates,识字率 56,426,829
literature,文学;也见 Nobel Prize for Literature;poetry
"沥青作家",635
东德～,794—796
德裔美国人与～,325
德意志式中篇小说,296—297
小说
  小说中的教化,833
  教化型小说,119,295,297
  当代小说,844
  成长小说,440
  社会批判小说,304
  "父亲小说",791,794
专业学术,232
废墟～,790
～作品中的结核病,389
Lives of Others,The(film),《窃听风暴》(电影) 808
Lixfeld,Hannjost,汉约斯特·利克斯费尔德 654
Locarno Pact(1925),《洛迦诺公约》(1925 年) 595
Locquin,Jean,让·洛坎 210
Loeffler,Friedrich,弗里德里希·勒夫勒 387,388
Logical Foundation of Probability(Carnap),《概率的逻辑基础》(卡尔纳普)

索 引

729

Logical Investigations(*Logische Untersuchungen*)(Husserl),《逻辑研究》(胡塞尔) 494

Logical Structure of the World, *The* (*Der logische Aufbau der Welt*)(Carnap),《世界的逻辑结构》(卡尔纳普) 729

Logic of Scientific Discovery, *The* (*Logik der Forschung*)(Popper),《科学发现的逻辑》(波普尔) 706,749

Logic of the Cultural Sciences, *The* (*Zur Logik der Kulturwissenschaften*)(E. Cassirer),《文化学逻辑》(卡西尔) 606

Lorenz,Konrad,康拉德·洛伦佐 696—697

Lorre,Peter,彼得·洛尔 586,590,702

Lost Honour of Katharina Blum (*Die verlorene Ehre der katharina Blum*)(Böll),《丧失名誉的卡塔琳娜·布卢姆》(伯尔) 792

Lost Weekend, *The*(film),《失去的周末》(电影) 591

Love Is Colder than Death(film),《爱比死更冷》(电影) 807

Love-Life in Nature(*Das Liebesleven in der Natur*)(Bölsche),《自然界的爱情生活》(伯尔施) 427

Love Parade, *The*(film),《璇宫艳史》(电影) 589

Lovett,Martin,马丁·洛维特 752

Lowenthal,Leo,利奥·洛文塔尔 572,608

Löwenthal,Richard,理查德·勒文塔尔 750

Löwith,Karl,卡尔·勒维特 720,768,772—773

Lübbe,Hermann,赫尔曼·吕贝 23,784

Lubitsch,Ernst,恩斯特·刘别谦 552,587,589

Luden,Heinrich,海因里希·卢登 266

Ludendorff,Erich,埃里希·鲁登道夫 560,566

Ludwig I(Bavaria),路德维希一世(巴伐利亚) 218

Ludwig I(Hesse),路德维希一世(黑森) 273

Ludwig II(Bavaria),路德维希二世(巴伐利亚) 329

Ludwig Feuerbach and the End of Classical German Philosophy (*Ludwig Feuerbach und der Ausgang der klassischen deutschen Philosophie*)(Engels),《路德维希·费尔巴哈和德国古典哲学的终结》(恩格斯) 258

Lueger,Karl,卡尔·卢埃格尔 434,501—502

Luisa Miller(Verdi),《路易莎·米勒》(威尔第) 128

Lukács,Georg,格奥尔格·卢卡奇 37,298,449,703,762

Lulu(opera,Berg),《露露》(歌剧,贝格) 515,585,643

Lulu(Wedekind),《露露》(魏德金德) 515,585

Lunasharski,Anatoly,阿纳托利·卢纳察尔斯基 823

Lüpertz,Markus,马尔库斯·吕佩茨 812

Lust(Jelinek),《兴致》(耶利内克) 794

Luther,Martin,马丁·路德 26,87

Luxemburg,Rosa,罗莎·卢森堡 565,820

M

M(film),《M》(电影) 590

索 引

Macaulay, Thomas Babington, 托马斯·巴宾顿·麦考莱 264
Mach, Ernst, 恩斯特·马赫 495, 500, 576
Machinist Hopkins (Brandt), 《机工霍普金斯》(勃兰特) 587
Machlup, Fritz, 弗里茨·马克卢普 727
Macke, August, 奥古斯特·马克 552
Magee, Bryan, 布赖恩·马吉 327, 331, 334
Magic Flute, The (*Die Zauberflöte*) (Mozart), 《魔笛》(莫扎特) 158, 747
Magic Mountain, The (*Der Zauberberg*) (T. Mann), 《魔山》(托马斯·曼) 562, 575
Magnus, Bernd, 伯恩特·马格努斯 823
Mahler, Gustav, 古斯塔夫·马勒 336, 459, 467, 469—470, 558, 591
Mahler-Werfel, Alma, 阿尔玛·马勒-韦费尔 465, 701, 702
Maier, Charles, 查尔斯·梅尔 11, 28
Major, Traugott, 特劳戈特·马约尔 215
Makela, Maria, 玛丽亚·梅克拉 505
Malkin, Joseph, 约瑟夫·马尔金 702
Management: Tasks, Responsibilities, Practices (Drucker), 《管理:任务、责任、实践》(德鲁克) 728
Man for Himself (Fromm), 《为自己的人》(弗洛姆) 719
Manifesto of the 93, 《九十三人宣言》33—34, 532, 676—677, 840
Mann, Erika, 埃里克·曼 648, 817
Mann, Heinrich, 海因里希·曼 510—514, 562—563, 701, 702, 735
Mann, Klaus, 克劳斯·曼 648, 710, 737—738, 817
Mann, Thomas, 托马斯·曼 21, 510—514, 575—576, 618, 654, 741
～论《西方的没落》, 561
"战时思考", 34
受早期浪漫主义影响, 200
～论文化, 532, 535—536
～论拉加德, 435
德意志对～的意义, 37
～论慕尼黑, 503
～论救赎共同体, 836
美国流亡者, 700, 702, 737—738
～论施蒂夫特, 296
～论瓦格纳和叔本华, 327
～论第一次世界大战, 562
Mannheim, Karl, 卡尔·曼海姆 37, 605, 608, 631, 703—704, 741, 745, 754, 914 注 7
Mannheim Gas Engine Company, 曼海姆发动机公司 375
Man without Qualities, The (*Der Mann ohne Eigenschaften*) (Musil), 《没有个性的人》576—577, 855
Marat/Sade (Weiss), 《马拉或萨德》(魏斯) 803
Marc, Franz, 弗兰茨·马克 517, 552, 832
Marchand, Suzanne, 苏珊·马钱德 106, 107, 832
Marcks, Erich, 埃里希·马克斯 533
Marcuse, Herbert, 赫伯特·马尔库塞 720, 722, 779
有意结合弗洛伊德主义和马克思主义, 572—573
～与法兰克福学派, 572
～与 20 世纪 60 年代的学生, 719
Maria Stuart (Schiller), 玛丽亚·斯图亚特(席勒) 131, 132
Marr, Wilhelm, 威廉·马尔 522
Marrus, Michael R., 迈克·R. 马鲁斯

1319

16
Marx, Eleanor, 埃莉诺·马克思 249, 256
Marx, Karl, 卡尔·马克思 246—247, 250—256
　～与当代世界思想, 819—820
　～与埃斯, 247
　施努特劳斯《犹太人的生活》对～的冲击, 245
　～的影响, 571, 713
　反对～, 704, 707—708
Marxism, 马克思主义 240
　达尔文主义与～, 428
　弗洛伊德主义与～, 572—573
　哈贝马斯论～, 776
Masaryk, Jan, 扬·马萨里克 701
Masaryk, Tomáš, 托马斯·马萨里克 492—493
Maser, Werner, 韦尔纳·马泽尔 616
Maslich, Bruce, 布鲁斯·马兹利什 247
masochism, coining of term, 术语"受虐" 496
Masson, André, 安德烈·马森 701
Mass Psychology of Fascism, The (*Die Massenpsychologie des Faschismus*) (Reich),《法西斯主义的大众心理学》(赖希) 719
Mathematical Reviews (journal),《数学评论》(杂志) 663—664
mathematics, 数学 349—353, 484—487
　高斯与～, 171—173, 852
　～与物理学知识重叠处, 600—601
　矩阵函数, 597
　纳粹统治下的～, 910注41
　相对于诗歌, 76—77
　～在哥廷根大学, 51
Mathis der Maler (Hindemith),《画家马蒂斯》(欣德米特) 644

Mattusek, Matthias, 马蒂亚斯·马图塞克 1—2, 5
Mattusek, Thomas, 托马斯·马图塞克 1, 3—4, 6
Maude, F. N., F. N. 莫德 188
Maupertuis, Pierre de, 皮埃尔·德·莫佩尔蒂 61
Max Planck Institute, 马克斯·普朗克研究所 775, 814
Max Weber and Karl Marx (Löwith),《马克斯·韦伯与卡尔·马克思》(勒维特) 772
Max Weber und die deutsche Politik (Mommsen),《马克斯·韦伯与德国政治》(蒙森) 762
Maxwell, James Clark, 詹姆斯·克拉克·马克斯韦 347, 476
May, Joe, 乔·梅 716
Maybach, Wilhelm, 威廉·迈巴赫 376, 377, 378
Mayer, Julius Robert von, 尤利乌斯·罗伯特·冯·迈尔 341—342, 344
May Laws, 五月法令 425
Mayr, Ernst 恩斯特·迈尔 80, 84, 917注60
Mazlish, Bruce, 布鲁斯·马兹利什 252, 253, 254
McDougall, William, 威廉·麦独孤 538, 615
McGrath, Alistair, 阿利斯泰尔·麦克拉斯 674
McLellan, David, 戴维·麦克莱伦 247, 257
McLuhan, Marshall, 马歇尔·麦克卢汉 619
Meaning in History (Löwith),《历史中的意义》(勒维特) 772
mechanists, 机械、机器; 也见 atheism

1320

Meckel, Christoph, 克里斯托弗·梅克尔 796

Meckel, Johann Friedrich, 弗里德里希·约翰·梅克尔 81

medicine, 医学 383—397
  抗生素, 390
  癌症, 德国学者论～, 664—665
  顺势疗法, 174—177
  医生与纳粹党, 661

Medicine (Klimt),《医学》(克里姆特) 498

Medizinische Reform, Die (weekly),《医疗改革》(周刊) 384

Meidner, Ludwig, 路德维希·迈德纳 528, 699, 746

Meier, Christopher, 克里斯托弗·迈尔 12

Meinecke, Friedrich, 弗里德里希·迈内克 263, 409, 532, 533, 534, 535, 731, 836

Meinecke, Thomas, 托马斯·迈内克 799

Meiner, Ludwig, 路德维希·迈纳 630

Meiners, Christoph, 克里斯托弗·迈纳斯 430

Meinhof, Ulrike, 乌尔丽克·迈因霍夫 780

Mein Kampf (Hitler),《我的奋斗》(希特勒) 614, 632, 661

Meistersinger von Nürnberg, Die (Wagner),《纽伦堡的名歌手》(瓦格纳) 329, 334

Meitner, Lise, 莉泽·迈特纳 666

Memoirs of an Infantry Officer (Sassoon),《一个步兵军官的日记》(萨松) 579

Mendel, Gregor, 格雷戈尔·孟德尔 37, 86, 286, 391—393, 819

Mendelssohn, Felix, 菲利克斯·门德尔松 133, 239, 298, 307, 308—309

Mendelssohn, Moses, 摩西·门德尔松 74—75, 78, 102—103, 136, 137

Mengele, Josef, 约瑟夫·门格勒 697

Mengs, Anton Raphael, 安东·拉斐尔·门斯 207—208, 215

Mengs, Ismael, 伊斯迈尔·门斯 207

Menschen am Sonntag (film),《星期天的人们》(电影) 588, 590

Menzel, Adolf von, 阿道夫·冯·门采尔 526

Merck, Johann, Heinrich, 约翰·海因里希·默克 77

Merkur (magazine),《信使》(杂志) 782

Merry Vineyard, The (*Der fröhliche Weinberg*) (Zuckmayer),《欢乐的葡萄园》(楚克迈尔) 592

Merz, John Theodore, 约翰·特奥多尔·默茨 170

Messiah, The (*Der Messias*) (Klopstock),《弥赛亚》(克洛普施托克) 102

Metamorphosis (*Die Erwandlung*) (Kafka),《变形记》(卡夫卡) 577, 578

Metropolis (film),《大都会》(电影) 590

Metropolis and Mental Life, The (*Die Großstadt und das Geistesleben*) (Simmel),《大都会与精神生活》(齐美尔) 448—449

Metternich, Klemens von, 克莱门斯·冯·梅特涅 304

Meyer, Carl, 卡尔·迈尔 568

Meyer, Eduard, 爱德华·迈尔 533

Meyer, Karl, 卡尔·迈尔 374

Meyer, Rudolf, 鲁道夫·迈尔 296

Michaelis, Johann D., 约翰·D. 米夏埃利斯 71, 72—73, 200, 227

索　引

Michael Kohlhaas(Kleist),《米歇尔·科尔哈斯》293
Michelet, Jules, 儒勒·米什莱 92, 395
Micrographia(Hooke),《显微术》(胡克) 281
microscope, 显微镜 283—284, 365—367, 386, 387, 390
Middendorf, Helmut, 赫尔穆特·米登多夫 812—813
middle class 中产阶层
　比德迈尔文化与～, 306
　受教育的～, 403, 837
　文化悲观主义与～, 840
　与未受教育中间阶层对比, 828—830
　政治排斥, 403
　～用达尔文主义作为思想武器, 426—428
Midsummer Night's Dream, A(film),《仲夏夜之梦》(电影) 736
Mies van der Rohe, Ludwig, 路德维希·密斯·范德罗 215, 510, 571, 758
military 军事, 军事力量
　空战, 545
　化学战争, 544—545
　柏林保卫战, 521
　拿破仑入侵战争, 186, 417
　军事制度化, 543—544
　虔信派对～的影响, 48
　普鲁士, 417—418
　宗教与～, 683
　舰船吨位, 420
　第一次世界大战期间的～, 902 注 44
　第二次世界大战期间的～, 698
Military Society, 军事协会 185
Miller, Martin, 马丁·米勒 746
Milliband, Ralph, 拉尔夫·米利班德 746
Mind(journal),《心灵》(杂志) 755

Minima Moralia(Adorno),《最低限度的道德》(阿多诺) 726
mining, 采矿业 117, 167—168
Mirat, Crescence-Eugénie(Mathilde), 克莱桑斯-欧仁尼·米拉(玛蒂尔德) 300—301
Mises, Ludwig von, 路德维希·冯·米塞斯 727
Mitscherlich, Alexander and Margarete, 亚历山大·米切利希和玛格丽特·米切利希 24, 785, 789—790
Mitscherlich, Eilhardt, 艾尔哈特·米切利希 234, 275
Mitterrand, François, 弗朗索瓦·米特朗 15, 17
Möbius, August Ferdinand, 奥古斯特·费迪南德·默比乌斯 174
Modern Capitalism(*Der moderne Kapitalismus*)(Sombart),《现代资本主义》(桑巴特) 452, 453
modernism 现代主义
　拉加德的反～, 435
　维也纳作为犹太～, 501
　反～, 454
modernity 现代性
　20 世纪 20 年代泛德意志反～, 767
　～的敌意, 432—437
　《货币哲学》最先对～的社会学分析, 448
　对～的怀疑主义, 848
　马克斯·韦伯论～, 825—826
Modern Man in Search of a Soul(Jung),《寻找灵魂的现代人》(荣格) 612
Moeller van den Bruck, Arthur, 阿瑟·默勒·范·登布鲁克 616—618, 771, 840, 859 注 45
Moholy-Nagy, László, 拉斯洛·莫霍伊-

索 引

纳吉 571,701,741
Moleschott,Jacob,雅各布·莫勒朔特 427
Moltke,Gebhardt von,格布哈特·冯·毛奇 2
Moltke,Helmuth von,the elder,老毛奇（赫尔姆特·冯·毛奇）188,418,519
Mommsen,Hans,汉斯·蒙森 404,445
Mommsen,Theodor,特奥多尔·蒙森 231,404—405,408,433
Mommsen,Wolfgang,沃尔夫冈·蒙森 404,762
Monge,Gaspard,加斯帕德·蒙日 353
Monte Carlo（film）,《蒙特卡洛》（电影）589
Monthly Register,《月报》314
Monumenti antichi inediti（Unpublished Relics of Antiquity）（Winckelmann）,《未刊录之古代遗迹》97
Moore,Marianne,玛丽安娜·穆尔 296
morality,道德 68,142,442
Morell,Theo,特奥·莫雷尔 672
Morgenstern,Oskar,奥斯卡·莫根施特恩 727,918 注 89
Morgue（Benn）,《太平间》（贝恩）710
Mörike,Eduard,爱德华·默里克 305
Morocco（film）,《摩洛哥》（电影）593
Morris,Charles,查尔斯·莫里斯 729
Morris,William,威廉·莫里斯 571
Moser,Claus,克劳斯·莫泽 745,746,752
Moses,A. Dirk,A. 迪尔克·摩西 23—24,36,785,843
Mosse,George L.,格奥尔格·L. 摩西 614,615
Mötke,Eduard,爱德华·默特克 463
Mozart,Wolfgang Amadeus,沃尔夫冈·阿马多伊斯·莫扎特 59,155,157—158
Mühlfeld,Richard,理查德·米尔费尔德 462
Mühsam,Erich,埃里希·米尔萨姆 504
Müller,Heiner,海纳·米勒 803
Müller,Jan-Werner,扬·维尔纳米勒 779,832,842
Müller,Johannes,约翰内斯·米勒 234,283,383
Müller,Max,马克斯·米勒 318
Müller,Wilhelm,威廉·米勒 305
Munch,Edvard,爱德华·蒙奇 527,812
Münchhausen,Gerlach Adolf von,格拉赫·阿道夫·冯·明希豪森 50—51
Mundt,Theodor,特奥多尔·蒙特 303
Munich,慕尼黑 503—518
  艺术和艺术家
    ～艺术研究所,515
    ～艺术协会,504—505
    巴伐利亚艺术研究院,770
    德意志艺术之都,632
    新艺术家协会（NKVM）,516,517
    ～皇家艺术学会,504
  德国工业展 1854,504
  路德维希教堂,219
  慕尼黑考古所,632
  博物馆
    雕塑博物馆,219
    新美术馆,504
  奥林匹克运动建筑群,814
  第二次世界大战中的重建,757
  施瓦宾文化区,504
Munich Putsch of 1923,1923 年慕尼黑暴动 614
Munich Sezession,慕尼黑分离派 503—504,505,509
Münter,Gabriele,加布里埃莱·明特尔 516,517

1323

索 引

Murders Are Among Us,*The*(film),《凶手就在我们中间》(电影) 805
Murnau,F. W.,F. W. 穆尔瑙 587
Murrow,Edward R.,爱德华·R. 穆尔瑙 664
Museum of Modern Art(New York),现代艺术博物馆(纽约) 733,760
music,音乐 58—59,153—165,459—473. 也见 opera
　第二次世界大战后的~,809—810
　无调~,471,584
　巴洛克~,43
　受席勒激励的作曲家,133
　作为主导力量的指挥家,160,308
　当代~,844
　管弦乐全部配置的发展,155
　德国对美国~的影响,325
　~革新,59
　内在性与~,831
　意大利文艺复兴与~,93—94
　犹太~家,641
　曼海姆作曲家派,155
　现代剧目,308
　19 世纪~成就,30
　用方言讲授圣经文本,59—60
　诗歌与~,831
　公开~会,58—59,161
　种族与~,908 注 30
　英国难民~家,751—752
　美国难民~家,735—736
　勋伯格论~,334
　序列~,584
　交响乐,59
　　勃拉姆斯与~,459,461—462
　　~的兴起,161
　　莫扎特,158
　第三帝国时期的~,641—645,642,643

　现代~的兴起《特里斯坦与伊索尔德》,335
　华尔兹,463—464
　魏玛共和国时期的~,583—587
music festivals,音乐节 164,329,644
Musikalische Patriot,*Der*(periodical),《音乐爱国者》(期刊) 60
Musikvereins,音乐协会 325
Musil,Robert,罗伯特·穆西尔 576—577,735,823,855
Mutter,Anne-Sophie,安妮-索菲娅·穆特 809
Mylius,Christlob,克里斯特洛布·米利乌斯 102
Mysticism of Paul the Apostle,*The*(*Mystik des Apostels Paulus*),《使徒保罗的神秘主义》682
Myth of the State,*The*(E. Cassirer),《国家的神话》(E. 卡西尔) 606—607
Myth of the Twentieth Century,*The*(*Der Mythus des 20. Jahrhunderts*)(Rosenberg),《20 世纪的神话》(罗森贝格) 620

N

"Nachruf"(Obituary)(Schneider),"讣告"(施耐德) 802
Nachtsheim,Hans,汉斯·纳赫茨海姆 696
Nägeli,Carl,卡尔·内格利 285—286
Naked amidst Wolves(*Nackt unter Wölfen*)(Apitz),《狼群中的赤裸》(阿皮茨) 795
Napoleon,拿破仑 185—186,212,227,261—262
Napoleon III,拿破仑三世 372—373
Nathan der Weise(*Nathan the Wise*)(Lessing),《智者纳坦》(莱辛) 104,

索 引

314
nation, concept of, 国家观念 262
National Broadcasting Company (Germany), 国家广播公司（德国） 638
nationalism, 国家主义 403, 417—437
　文化中的~, 290, 437
　费希特的~, 196
　米勒·范·登·布鲁克的~, 617
　~与理性主义对比, 619
　学术中的~, 266
　瓦尔纳和~, 330
National Peace League and the Society for Racial Hygiene, 民族和平同盟和种族卫生学社团 428
National Socialism, 民族社会主义 562. 也见 Third Reich
　~思想的一致性, 634
　共产主义与~, 836
　文化或知识基础, 619—621
Nationalsozialistische Deutsche Arbeiterpartei (NSDAP), 德意志民族社会主义工人党 620
Nations and Nationalism (Gellner), 《国家与国家主义》（格尔纳） 755
Natorp, Paul, 保罗·纳托尔普 773
Nature (journal), 《自然》（杂志） 653, 667, 690
nature, meaning of, 自然的意义 72, 201
Naturphilosophie, 《自然哲学》 201, 228, 342, 426—428
navy, 海军 420, 421
Nazarenes 拿撒勒会. 见 Düreristen
Nazism 纳粹主义. 见 National Socialism; Third Reich
Negri, Pola, 保拉·内格里 589
Nehamas, Alexander, 亚历山大·尼哈马斯 823
neoclassicism, 新古典主义 209, 210, 211, 215
Neo-Conservatives, 新保守主义 617
neohumanism, 新人文主义 108, 109, 228
Neologists, 新词创造家 70—71
Nernst, Walter, 瓦尔特·能斯脱 665
Netherlands, refugees in, 在荷兰的流亡者 506, 507, 699
Neue Sachlichkeit (New Objectivity) movement, 新客观主义运动 568, 583
Neues vom Tage (Daily News) (Hindemith), 《每日新闻》（欣德米特）587
Neue Zeitschrift für Muzik (journal), 《音乐新期刊》（杂志）461
Neumann, Franz, 弗兰茨·诺依曼 234, 236, 570, 572, 762, 768
Neumann, John von, 约翰·冯·诺依曼 487, 739
Neumann, Sigmund, 西格蒙德·诺依曼 570
Neurath, Otto, 奥托·诺拉伊特 567, 602, 603
Neurotic Personality of Our Time, The (Horney), 《我们时代的神经质人格》（霍尔奈）613
Nevelson, Louise, 路易斯·内韦尔森 734, 735
New American Library, 新美国图书馆 735
New English Arts Club, 新英国艺术俱乐部 699
Newes, Tilly, 蒂莉·内韦斯 515
Newman, Ernest, 恩斯特·纽曼 466
New Republic (magazine), 《新共和国》（杂志）720
New School for Social Research (New York), 社会研究新学院（纽约）701, 720, 726, 736

1325

索 引

newspapers,报纸 829
　第二次世界大战中的～,758
　在美国的德国～,325—326
New Sufferings of Young W.,*The*(*Die neuen Leiden des jungen W.*)(Plenzdorf),《少年 W 的烦恼》(普伦茨多夫) 795
New Vienna Daily(newspaper),《新维也纳日报》472
New World,scientific discovery of,新大陆的科学发现 177—181
New Yorker Staats-Zeitung,*Die*(newspaper),《纽约国家报》326
Nicolai,Friedrich,弗里德里希·尼科莱 102
Niebuhr,Barthold,巴托尔德·尼布尔 231,264
Niebuhr,Reinhold,莱因霍尔德·尼布尔 679
Niemöller,Martin,马丁·尼默勒 686—687
Nierendorf,Karl,卡尔·尼伦多夫 735
Nietzsche,Friedrich,弗里德里希·尼采 296
　～对弗洛伊德思想的影响,394
　当代思想世界与～,819,822—823
　康托尔的批判主义,486
　弗里茨·费舍尔论～,536
　～的影响,468,517,682
　与韦伯重叠,826
　雅利安一词的使用,430
　瓦格纳与～,335—338
Nietzsche contra Wagner(Nietzsche),《尼采反对瓦格纳》(尼采) 337
Nightingale,Florence,弗罗伦斯·南丁格尔 317—318
nihilism,虚无主义 147,823—825
Nine Books of Prussian History(*Neun Bücher preussische Geschichte*)(Ranke),《九卷普鲁士史》(兰克) 268
Ninotchka(film),《异国鸳鸯》(电影) 589,590—591
Nipperdey,Thomas,托马斯·尼佩代 30,46,58,197,227,228,232,279,305,427,446,456
Nissel,Siegmund,西格蒙德·尼塞尔 752
Nissen,Hans J.,汉斯·J.尼森 844
Nixon,St. John,约翰·尼克松爵士 376
Nobel Peace Prize,诺贝尔和平奖 681,682,814
Nobel Prize for Economics,诺贝尔经济学奖 749
Nobel Prize for Literature,诺贝尔文学奖 404,792,814
Nobel Prize for Physics,诺贝尔物理学奖 596,598,599
Nobel Prize for Physiology or Medicine,诺贝尔生理或医学奖 389,391,814
Noddack,Ida and Walter,伊达·诺达克和瓦尔特·诺达克 666
Nolde,Emil,埃米尔·诺尔德 568,630,633
Nolte,Ernst,恩斯特·诺尔特 11,748
No Man's Land(*Dorle und Wolf*)(Walser),《无人之地》(多莱与沃尔夫)(瓦尔泽) 793
No More Parades(Ford),《不再检阅》(福特) 579
Nonne,Max,马克斯·农内 556
Non：Pour le Mérite(film),《蓝马克斯勋章》(电影) 640
Nordau,Max,马克斯·诺尔道 428,431,839
North German Confederation,北德意志联盟 424

1326

Norton,Anne,安妮·诺尔顿 723

Notes Towards the Definition of Culture(Eliot),《试论文化的定义》(艾略特) 34,840

Novalis(Friedrich von Hardenberg),诺瓦利斯(弗里德里希·冯·哈登贝格) 138,191,200

Novembergruppe,"十一月团体" 568—569,585

Novick,Peter,彼得·诺维克 7—8,9,10,732

Nye,Mary Jo,玛丽·乔·奈 343

O

Oberhausen Manifesto,奥伯豪森国际短片电影节 806

Oberländer,Theodor,特奥多尔·奥伯兰德 670

Oberth,Hermann,赫尔曼·奥伯特 693

Obrist,Hermann,赫尔曼·奥伯里斯特 508,509,515,516

Observe and Question,《观察与问题》 13

Obsoleteness of Man,The(*Die Antiquietheit des Menschen*)(Anders),《过时的人》(安德斯) 771

Oesterle,Anna,安娜·厄斯特勒 656

Offenbach,Jacques,雅克·奥芬巴赫 463

Offending the Audience(*Publikumsbeschimpfung*)(Handke),《骂观众》(汉德克) 804

Office of Ancestral Inheritance,祖先遗产办公室 656

Ohain,Hans von,汉斯·冯·奥海恩 600

Ohm,Martin,马丁·欧姆 355

Oken,Lorenz,洛伦茨·奥肯 85,228,282,430

Oliphant,Mark,马可·奥里芬特 667

Öllinger,Hans,汉斯·欧里格尔 14

Olympia(film),《奥林匹亚》(电影) 639

Oncken,Hermann,赫尔曼·翁肯 534

One Dimensional Man(Marcuse),《单向度的人》(马尔库塞) 722,779

On Humanism(*Über den Humanismus*)(Heidegger),《论人文主义》(海德格尔) 770

On Nationalism and the Jewish Question(*Über Nationalismus und die Judenfrage*)(Jünger),《论民族主义与犹太问题》(云格尔) 709

On Social Differentiation(*Über social Differenzierung*)(Simmel),《论社会关系》(齐美尔) 446—447

On the Aesthetic Education of Man(*Über die ästhetische Erziehung des Menschen*)(Schiller),《论人类的美育》(席勒) 129—130

On the Concept of Number(*Über den Begriff der Zahl*)(Husserl),《论数的概念》(胡塞尔) 486

On the Connection between the Animal and Spiritual Nature of Man(Schiller),《论人的动物属性与精神本质之间的联系》(席勒) 127

"On the Consequences of a Theorem in the Theory of Trigonometric Series"(Cantor),"论三角级数理论中一个定理的后果"(康托尔) 486

On the Conservation of Force(Helmholtz),《论力的守恒》(亥姆霍兹) 344

"On the Hindus"(Jones),"论印度人"(琼斯) 190

"On the Hypotheses which Lie at the Foundation of Geometry"(Riemann),"论以几何为基数的假设"(黎曼) 350

索 引

"On the Jewish Question"(Marx),"论犹太问题"(马克思) 249

"On the Kind of Motion that We Call Heat"(Clausius),"论热运动形式"(克劳修斯) 346—347

On the Marble Cliffs（*Aufden Marmorklippen*）(Jünger),《大理石悬崖》(云格尔) 709

On the Misfortune and Fortune of Art in Germany after the Last War（*Vom Unglück und Glück der Kunst in Deutschland nach dem letzten Krieg*）(Syberberg),《最后一场战争后从不幸到幸福的德国艺术》(西贝尔贝格) 782

"On the Moving Force of Heat, and the Laws Regarding the Nature of Heat That Are Deductible Therefrom"(Clausius),"论热动力以及由此推导出的关于热学本身的诸定律"(克劳修斯) 345

On the Natural History of Destruction（*Luftkrieg und Literatur*）(Sebald),《大轰炸与文学》(泽巴尔德) 798

On the Origin of Species(Darwin),《物种起源》(达尔文) 259, 393, 426

On the Vocation of the Scholar(Fichte),《论学者的使命》(费希特) 228

On the World Soul（*Von der Weltseele*）(F. Schelling),《论世界灵魂》(谢林) 202

On War（*Vom Kriege*）(Clausewitz),《战争论》(克劳塞维茨) 184, 185—188

Opel, Fritz von, 弗里茨·冯·欧宝 693

Open Society and Its Enemies, The(Popper),《开放社会及其敌人》(波普尔) 706, 707

opera, 歌剧 155—156

雅利安神话与～, 435

～的形式, 328

希特勒治下的～, 644

意大利～, 155

莫扎特的～, 157, 158, 643

韦伯的～, 160

时代～, 587

Operation Paperclip, 曲别针行动 695

Oper und Drama(Wagner),《歌剧与戏剧》(瓦格纳) 328

Oppenheim, Bram, 布拉姆·奥本海姆 746

optics, 光学 203, 204—205, 366

Orators, The(Auden),《演说家们》(奥登) 818

Ordinary Men(Browning),《普通人》(布朗宁) 20

Orfeo ed Euridice(Gluck),《奥菲欧与尤丽迪茜》(格鲁克) 155

Organic Chemistry in Its Applications to Agriculture and Physiology(Liebig),《有机化学在农业和生理学中的应用》(李比希) 280

Organon of Homeopathic Medicine, The（*Die Organon der rationellen Heilkunde*）(Hahnemann),《合理疗法的原则》(哈内曼) 176

Oriental Renaissance, The(Schwab),《东方的复兴》(施瓦布) 181, 189

Origin of Continents and Oceans, The（*Die Entstehung der Kontinente und Ozeane*）(Wegener),《大陆和海洋的诞生》(韦格纳) 557

Origin of German Tragic Drama, The（*Ursprung des deutschen Trauerspiels*）(Benjamin),《德国悲剧的起源》(本雅明) 619

Origin of Kingship in Germany, The

索引

(*Die Entstehung des deutschen Königtums*)(Sybel),《德意志王权的兴起》(聚贝尔) 406

Origin of the Family, Private Property and the State, The(*Der Ursprung der Familie, des Privateigentums und des Staats*)(Engels),《家庭私有制和国家的起源》(恩格斯) 258

Origins of Totalitarianism, The(Arendt),《极权主义的起源》(阿伦特) 720—721

Origo, Iris, 伊里斯·奥里格 755

Ossietsky, Carl von, 卡尔·冯·奥西茨基 582

Ostini, Abbate Pietro, 枢机主教皮耶特罗·奥斯迪尼 217

Ostwald, Ludwig, 路德维希·奥斯瓦尔德 477

Otto, Frei, 弗雷·奥托 814

Ottomans and the Spanish Monarchy of the Sixteenth and Seventeenth Centuries(Ranke),《16 和 17 世纪奥斯曼和西班牙王朝》(兰克) 267

Our Daily Bread(film),《我们每日的面包》(电影) 805

Our Sons(Michelet),《我们的儿子》(米什莱) 395

"Outlines of a Critique of Political Economy"(Engels),"政治经济学批判导言"(恩格斯) 250

Overbeck, Johann Friedrich, 约翰·弗里德里希·奥弗贝克 215,217,218

Owen, Richard, 理查德·欧文 85

Owen, Wilfred, 韦尔弗雷德·欧文 551

Oxenford, John, 约翰·奥克森福德 331

Oyster Princess, The(film),《牡蛎公主》(电影) 589

Oz, Amos, 阿莫斯·奥茨 9

Ozawa, Seiji, 小泽征尔 809

Ozment, Steven, 史蒂文·奥兹门特 43

P

Pacelli, Eugenio(Pius XII), 尤金尼奥·帕切利(庇护十二世) 668,683

Pachelbel, Johann, 约翰·帕赫尔贝尔 60,153

painting 绘画
　抽象表现主义～,734
　第二次世界大战后的～,810—813
　比德迈～,306
　壁画,218,220,239,875 注 39
　德国—美国人与～,325
　风景画,221
　　达豪～,507

Painting with Skiff(Kandinsky),《小船》(康定斯基) 516—517

paleontology, 古生物学 170

Pallas, Peter Simon, 彼得·西蒙·帕拉斯 169

Pan(periodical),《潘》(季刊) 510

Pandora(ballet),《潘多拉》(芭蕾) 747

Pandora's Box(*Die Büchse der Pandora*)(Wedekind),《潘多拉的盒子》(魏德金德) 515

Pan-German League(Alldeutscher Verband), 泛德意志联合会 420—421,501

Pan-German Thule Society, 泛德意志图勒社 562

Pankok, Bernhard, 伯恩哈德·潘科克 508,509

Panofsky, Erwin, 埃尔文·潘诺夫斯基 570,607,702,714,733,734,735,741

Papon, Maurice, 莫里斯·帕蓬 17

Papst, Eugen, 欧根·帕普斯特 636

Park, Robert, 罗伯特·帕克 453

1329

索 引

Parsifal(film),《帕西法尔》(电影) 782
Parsifal(Wagner),《帕西法尔》(瓦格纳) 327,329,334,339
Parsley,Malcolm,马尔科姆·帕斯利 157
Partisan Review(magazine),《党派评论》(杂志) 714
Passavant,Johann David,约翰·大卫·帕萨万特 215
Past and Present(journal),《过去与现在》(杂志) 749
Pasteur,Louis,路易斯·巴斯德 388
Pastor,Ludwig von,路德维希·冯·帕斯特 433,607
Pastorius,Franz Daniel,弗朗茨·达尼埃尔·帕斯托利乌斯 323
Pastors' Emergency League,牧师紧急联盟 680
pastors' sons,role of,教师后代的角色 834,837
Pater,Walter,瓦尔特·帕特 315
patriotism,爱国主义 94,230,622
Patterson,Michael,迈克尔·帕特森 803,804
Pattison,Mark,马克·帕特森 318
Pauli,Wolfgang,沃尔夫冈·泡利 596—597,738,841
Paulsen,Friedrich,弗里德里希·保尔森 226,450,542
Paxton,Robert,罗伯特·帕克斯顿 16
Péan,Pierre,皮埃尔·皮昂 17
Peano,Giuseppe,古赛普·皮亚诺 486
Peasants at Midday(Kirchner),《正午的农民》(基希纳) 633
Pechstein,Max,马克斯·佩希施泰因 630
Peculiarities of German History,*The*(Black-bourn and Eley),《德国历史的特殊性》(布莱克本和伊利) 27
Peierls,Rudolf,鲁道夫·派尔斯 667,745,746
Pelzel,Thomas,托马斯·佩尔策尔 209
Penck,A. R.,A. R. 彭克 812
Penn,William,威廉·本 321—322
People of Seldwyla,*The*(*Die Leute von Seldwyla*)(Keller),《塞尔德维拉的人们》(凯勒) 297
Perfection of Technology(*Die Perfektion der Technik*)(Jüger),《技术的完美》(云格尔) 770—771
Perkin,William,威廉·珀金 357
Perls,Fritz,弗里茨·佩尔斯 719—720
Perls,Hugo,雨果·帕尔斯 735
perpetual peace,Kant's notion of,康德的永久和平观念 145—146
Pertz,Georg Heinrich,格奥尔格·海因里希·佩尔茨 266
Perutz,Max,马克斯·佩鲁茨 745,746,753
Peter,Friedrich,弗里德里希·彼得 14
Pevsner,Nicholas,尼古拉斯·佩夫斯纳 745,748
Pfaff,Johann Friedrich,约翰·弗里德里希·普法夫 226
Pfannkuche,A. H. T.,A. H. T. 普凡库赫 428
Pfeil,L. H.,L. H. 普法伊尔 316
Pfister's Mill(*Pfisters Mühle*)(Raabe),《饥饿牧师》(拉贝) 440
Pfitzner,Hans,汉斯·普菲茨纳 644,645
Pforr,Franz,弗朗茨·普福尔 215
Phaidon Press,费顿出版社 747
Phalanx group,艺术团体方阵 516
pharmaceutical industry,制药业 360,364,387

1330

PhD degree,哲学博士学位 53,835

Phenomenology of the Spirit(*Phänomeno-logie des Geistes*)(Hegel),《精神现象学》(黑格尔) 241,243

philhellenism,希腊独立主义 100,108

Philological Museum,*The*(periodical),《哲学博物馆》(季刊) 317

philology,语文学、文献学 230,317

Philosophia botanica(Linnaeus),《植物的哲学》(林奈) 117

Philosophical Faith(*Der philoso-phische Glaube angesichts der Offen-barung*)(Jaspers),《面对启示的哲学信仰》(雅思贝尔斯) 769

Philosophical Investigations(Wittgen-stein),《哲学研究》(维特根斯坦) 753

Philosophical Magazine,《哲学杂志》347

Philosophie der Mythologie(Schell-ing),《神话的哲学》(谢林) 191

Philosophische Gespräche(M. Mendels-sohn),《哲学对话录》(门德尔松) 137

Philosophische Rundschau(journal),《哲学评论》(杂志) 773

philosophy,哲学;也见 freedom, concept of
  大学中的黑格尔～,237
  在美国的流亡者的影响,729—730
  逻辑实证主义,602—603,631
  音乐与～,161—163
  怀疑～,239—240,831,838
  逻辑论,559
  魏玛德国的～,603—607

Philosophy(Klimt),《哲学》(克里姆特) 498

Philosophy of Arithmetic(*Philosophie der Arithmetik*)(Husserl),《算术哲学》(胡塞尔) 486—487

Philosophy of Money,*The*(*Die Philo-sophic des Geldes*)(Simmel),《货币哲学》(齐美尔) 447,449

Philosophy of Symbolic Forms(*Philos-ophie der Symbolischen Formen*)(E. Cassirer),《符号形式哲学》(卡西尔) 606

photography,摄影、摄影术 387,735

physics,物理、物理学 341—353,475—484,666—667
  反相对论者的～,599
  雅里安人的～,653
  当代～,844
  移民物理学家的～,659—660
  ～与数学之间的知识重叠处,600—601
  理论～,854
  魏玛德国的～,506—603

Physikalisch-Technische Reichsanstalt,帝国物理技术学院 343

Physiology Society(Berlin),生理学会(柏林) 388

Pia Desideria(Spener),《虔诚的期望》(施佩纳) 47

Piano Player,*The*(*Die Klavierspieler-in*)(Jelinek),《钢琴教师》(耶利内克) 794

Picture Bible(Schnorr),《图画圣经》(施诺尔) 220

Picture Book for Good Children(*Bilderbuch für artige Kinder*)(H. and T. Mann),《给好孩子的图画书》(亨利希·曼和托马斯·曼) 511

Picture Puzzle(*Suchbild*)(Meckel),《我父亲的拼图》(梅克尔) 796

Piene,Otto,奥托·皮纳 811

Pierrot lunaire(Schoenberg),《月迷彼埃罗》(勋伯格) 472—473

索 引

Pietas Hallensis(Woodward),《哈勒的虔诚》(伍德沃德) 316
Pietism,虔信主义 45—46,67—68,87,321,830
Pinax(Bauhin),《植物图录纵览》(博安) 80
Pinkard,Terry,特里·平卡德 146
Piscator,Erwin,埃尔文·皮斯卡特 584,586,701,736,803
Planck,Max,马克斯·普朗克 345—346,352,476,480—482,533,552,598,659,660,665,819
Playfair,Nigel,奈杰尔·普莱费尔 586
"Plea for Forgetting, A"(Elkana),"恳求遗忘书"(埃尔卡纳) 9—10
Pledge, The(*Die Bürgschaft*)(Becker),《誓言》(贝克尔) 796
Plenzdorf,Ulrich,乌尔里希·普伦茨多夫 795
Plessner,Helemuth,赫尔穆特·普莱斯纳 762
Ploetz,Alfred,阿尔弗雷德·普罗茨 431,433—434
Plough, Sword and Book(Gellner),《犁、剑与书》(格尔纳) 755
Plücker,Julius,尤利乌斯·普吕克 234
poetry 诗歌
 比德迈尔派~,305
 东德~,801—802
 作为语言与自然的联系,205
 与数学相对,76—77
 作为母语,192
 音乐与~,831
 政治~,304
 ~的优势,291—292
 倾向性诗人,299
 西德~,799—800
 第一次世界大战期间的~,547—550

Poggendorff,Johann Christian,约翰·克里斯蒂安·波根多夫 342,343,345
Pogge von Strandmann,Hartmut,哈特穆特·波格·冯·斯特兰德曼 381
Poland,波兰 18,669—670
Polanyi,Karl,卡尔·波兰尼 727
Polanyi,Michael,迈克尔·波兰尼 567
Poliakov,Leon,列奥·波利亚科夫 431
Political Collapse of Europe, The(Holborn),《欧洲的政治崩溃》(霍尔波恩) 731—732
political science and refugees in the United States,美国的政治学与难民 720—724
"Politicisation of the Intelligentsia, The"(Benjamin),"知识分子的政治化"(本雅明) 619
Politics of Cultural Despair, The(F. Stern),《文化绝望的政治》(斯特恩) 762
Polke,Sigmar,西格马尔·波尔克 756,811
Pollock,Friedrich,弗里德里希·波洛克 572,631
Pommer,Erich,埃里克·玻默 568,589,758
Poncelet,Jean-Victor,让-维克托·彭赛列 353
Popper,Karl,卡尔·波普尔 567,602,706—708,749
population,Nazi classification system,纳粹人口分类系统 670—671
porcelain manufacturing,瓷器制造业 168,306
Porter,Noah,诺厄·波特 324
Porzellan: Poem vom Untergang meiner Stadt(Grübein),《瓷器:我城市的毁灭之诗》(格仁拜因) 802

索　引

Potonié, Henry, 亨利·波托尼 85
Pötsch, Leopold, 利奥波德·波奇 559
Potsdam Institute for Military History, 波斯坦军事史研究所 24, 843
Poverty of Historicism, The (Popper), 《历史决定论的贫困》(波普尔) 707
Powell, Michael, 迈克尔·鲍威尔 744
Power (*Jud Süss*) (Feuchtwanger), 《权力》(福伊希特万格) 579
Preminger, Otto, 奥托·普莱明格 587
Pressburger, Emeric, 埃默里克·普雷斯布格尔 744, 746
Preussentum und Pietismus (Hinrichs), 《普鲁士与虔信运动》(欣里希斯) 46
Preussische Jahrbücher,《普鲁士年鉴》408, 521—522
Preyer, Wihelm, 威廉·普赖尔 427
Primitive Rebels (Hobsbawm),《原始的叛乱》(霍布斯鲍姆) 749
Prince Frederick of Homburg (*Prinz Friedrich von Homburg*) (Kleist),《洪堡亲王》(克莱斯特) 200, 293
Princeton Institute for Advanced Study, 普林斯顿高级研究所 734
Princeton University, German scholars at, 普林斯顿大学的德国学者 631
"Principles of Communism" (Engels), "共产主义原理"(恩格斯) 259
Private and Public Happiness (Hirschman),《个人幸福与公共幸福》(希尔施曼) 728
Problems of Poetry, The (*Probleme der Lyrik*) (Benn),《抒情诗问题》(贝恩) 800
Professor Unrat (H. Mann),《垃圾教授》(亨利希·曼) 512—513, 592
Prolegomena to Homer (*Prolegomena ad Homerum*) (F. A. Wolf),《荷马研究绪论》(沃尔夫) 106, 232
Protestant Ethic and the Spirit of Capitalism, The (*Die Protestantische Ethik und der Geist des Kapitalismus*) (Weber),《新教伦理与资本主义的兴起》(韦伯) 456
Protestantism, 新教 198, 300, 424, 456, 830
Protogaea (Leibniz),《原态》(莱布尼茨) 85
Prüfer, Kurt, 库尔特·普吕弗 695
Prussia, 普鲁士。也见 Friedrich II the Great
　～音乐, 58—60
　～虔信主义, 45—49
　～阅读革命, 55—58
　～大学的兴起, 49—55
Prussian Academy, 普鲁士学会 480—482
Prussian Academy of Art, 普鲁士艺术协会 527
Prussian Experience, The (Rosenberg),《普鲁士经验》(罗森贝格) 49
"Prussian Universities and the Research Imperative, 1806 to 1848, the" (Turner), "普鲁士大学和研究律令(1806—1848年)"(特纳) 225
psychiatry, World War I and, 第一次世界大战与精神病学 553
psychoanalysis, 精神分析学 553, 556
　英国的～, 753—754
　第三帝国的～, 661—662
　美国的～, 716—720
psychology 心理学
　共同体与格式塔～, 836
　在美国的流亡者的影响, 716—720
　～的纳粹化, 661
　格式塔理论, 493

1333

索 引

"Psychology of Money,The"(Simmel),
"货币哲学"(齐美尔) 447
Psychology of the Unconscious,*The*
(Jung),《无意识心理学》(荣格)
555—556
Psychopathia Sexualis(Krafft-Ebing),
《性心理病态》(克拉夫特主埃宾) 496
Psychopathology of Everyday Life,
The(Freud),《日常生活的精神病学》
(弗洛伊德) 556—557
publication,freedom of,自由的公开 263
public health,公共健康 385,386
public hygiene policy,公共卫生政策
175
publishing,出版业、出版 829
　三十年战争后的～,56
　期刊～,103,829
　在英国的流亡者的～,747—748
　在美国的流亡者的～,735
Pufendorf,Samuel,萨穆埃尔·普芬多
夫 44
Pulzer,Peter,彼得·普尔泽 21,753
"Purity of the Reich,The"(Schumann),
"祖国的纯洁"(舒曼) 635
Purkyně(Purkinje),Jan Evangelista,伊
万格利斯塔·浦肯野 37,234,282,
853
Putnam,Hilary,希拉里·普特南 729
Pütter,Johann Stephan,约翰·斯蒂
凡·皮特 73

Q

Qualification and Curriculum Authority
(Britain),资格与课程局(英国) 4
quantum theory,量子理论 480,483,
597—598
Quest of the Historical Jesus(*Von Reimarus zu Wrede*)(Schweitzer),《历史上耶稣的任务》(《从赖马鲁斯到弗雷德》)(施韦泽) 681—682
Quine,Willard Van Orman,威拉德·范·奎因 603,729,730
Quinet,Edgar,埃德加·基内 189

R

Raabe,Wilhelm,威廉·拉贝 440
Rabbi von Bacharah(Heine),《巴赫拉赫的拉比》(海涅) 300
racial theory,种族理论 430,434—436
radar,雷达 693
radio,无线电 478,600,758,908 注 20
Radio Times(magazine),《广播时报》2
Rahner,Karl,卡尔·拉纳 787
railways,铁路 370—371,417
Ramsden,John,约翰·拉姆斯登 5
Ranke,Leopold von,利奥波德·冯·兰克 26,91,231,266—269,405
Rankl,Karl,卡尔·兰克尔 751
Rapaport,David,大卫·拉帕波特 662
Rathenau,Emil,埃米尔·拉特瑙 379,509
Rathenau,Walther,瓦尔特·拉特瑙
379—380,509,659
Ratzinger,Joseph Alois(Benedict XVI),约瑟夫·阿洛伊斯·拉青格(本尼迪克特十四世) 5,786—788,849
Rau,Johannes,约翰内斯·劳 847
Rauch,Christian,克里斯蒂安·劳赫 215
Rauschenberg,Robert,罗伯特·劳申贝格 734
Read,Herbert,赫伯特·里德 622
Reader,*The*(*Der Vorleser*)(Schlink),《朗读者》(施林克) 797
reading revolution,阅读革命 55—56,
831,837

Realism,现实主义 440,524
redemptive community,救赎共同体 836—837,839
"Rede vor Arbeitern in Wien"(T. Mann),"面向维也纳工人的演讲"(托马斯·曼) 200
Redlich,Fritz,弗里茨·雷德利希 727,728
Reflections of a Nonpolitical Man(*Betrachtungen eines Unpolitischen*)(T. Mann),《一位不问政治者的思考》(托马斯·曼) 563
Reflections on Christa T.(*Nachdenken über Christa T.*)(C. Wolf),《追思克里斯塔·T.》(C.沃尔夫) 795,833
Reflections on the Philosophy of the History of Mankind(*Ideen zur Philosophie der Geschichte der Menschheit*)(Herder),《论人类历史哲学的观念》(赫尔德) 123
refugees 难民流亡者
  在英国的~,699,743—756
  海外德国学者紧急协会,663
  美国人的印象,716
  在荷兰的~,506,507,699
  移民,769
  在美国的~,720—724,727—728,729—730,730—733
Reger,Max,马克斯·雷格 292,459,469
Reich,Wilhelm,威廉·里希 570,613,701,718—719
Reich Board for Industrial Rationalization,帝国经济合理化委员会 669
Reich Commissioner for the Strengthening of German Nationhood,德意志民族强化委员会 670
Reichenbach, Hans,汉斯·赖兴巴赫 631,729
Reichmann,Frieda,弗里达·赖希曼 718—719
Reich-Ranicki,Marcel,马塞尔·赖希·拉尼奇 803
Reichsdramaturg,戏剧咨询 646
Reichskommissar für Festigung deutschen Volkstums,德意志民俗维护专员 657
Reich Union for Folk-Nation and Homeland,帝国民族与故乡联合会 656
Reil,Johann Christian,约翰·克里斯蒂安·雷尔 83,86,202—203,228
Reill,Peter Hanns,彼得·汉斯·雷尔 69,72—73,74
Reimarus,Hermann,赫尔曼·赖马鲁斯 71,103—104
Rein,Adolf,阿道夫·雷恩 650
Reinhardt,Max,马克斯·莱因哈特 467,514,524—525,533,647,700,736
Reinhold,Karl Leonhard,卡尔·莱昂哈德·赖因霍尔德 138,147,149
Reitz,Edgar,埃德加·赖茨 807
relativity,theories of,相对论 483—484,487
religion,宗教;也见 Catholic Church; Christianity; Protestantism
  对~产生怀疑,65,837
  呼吁一种新~,435
  资本主义与~,457
  弗尔巴哈论~,246
  曼海姆论~,704
  纳粹与~,621,683
Remak,Robert,罗伯特·雷马克 287
"Remarks on the Forces of Inanimate Nature"("Bemerkungen über die Kräfte der unbelebten Natur")(Mayer),"论无机界的力"(迈尔) 342

索 引

Remarque, Erich Maria, 埃里希·玛丽亚·雷马克 579—581, 587, 738
Rembrandt as Teacher (*Rembrandt als Erzieher*) (Langbehn), 《作为教师的伦勃朗》(朗本) 432—433
Remy, Steven, 史蒂文·雷米 649, 650, 654
Renan, Ernst, 恩斯特·勒曼 431
Renner, Karl, 卡尔·伦纳 14
research 研究
　～观念, 53, 146, 227
　～机构国家化, 834—836, 838, 851
　第三帝国的～
　　基金, 689
　　不道德, 696
Resewitz, Friedrich Gabriel, 弗里德里希·加布里尔·雷泽维茨 75
reunification 统一
　建筑与～, 815
　喜剧电影, 808
　～日(1990年10月3日), 780
Reunion, The (Barlach), 《团聚》(巴拉赫) 633
Reuter, Ernst, 恩斯特·罗伊特 663
Revolt of the Weavers, The (Kollwitz), 《纺织工人起义》(珂勒惠支) 527
Revue des deux mondes, 《来自两个世界的报告》538
Rhapsodien über die Anwendung der psychischen Curmethode auf Geisteszerrüttungen (Reil), 《对使用心理疗法医治精神分裂的狂想》(赖尔) 202
Rheinische Zeitung (newspaper), 《莱茵报》249
Richard, Jules, 朱尔斯·理查德 601
Richard, Robert J., 罗伯特·J. 理查德 199—200

Richter, Gerhard, 格哈德·里希特 811
Richter, Hans, 汉斯·里希特 564, 588, 735
Richter, Jean Paul, 让·保罗·里希特 138
Rie, Lucie, 卢奇厄·里 745
Riefenstahl, Leni, 莱尼·里芬施塔尔 638—639
Rieff, Philip, 菲利普·里夫 821
Riehl, Alois, 阿洛伊斯·里尔 533
Riehl, Wilhelm Heinrich, 威廉·海因里希·里尔 444—445, 452, 655
Riemann, Bernhard, 伯恩哈德·黎曼 174, 350—352, 353
Riemerschmid, Richard, 理查德·里默施密德 508, 509, 510
Rienzi (Wagner), 《黎恩济》(瓦格纳) 328
Rilke, Rainer Maria, 莱纳·玛利亚·里尔克 511, 547, 574—575, 604
Ring der Norda, "北欧人社团" 434
Ring des Nibelungen, Der (Wagner), 《尼伯龙根的指环》(瓦格纳) 327, 329, 330
Ringer, Fritz, 弗里茨·林格 765—768, 833, 834
Rise and Fall of the City of Mahagonny, The (*Aufstieg und Fall der Stadt Mahagonny*) (Brecht and Weill), 《马哈哥尼城的兴衰》(布莱希特和魏尔) 587
Rise of Political Anti-Semitism in Germany, The (Pulzer), 《德国政治反犹主义的兴起》(普尔策) 21
Ritter, Alexander, 亚历山大·里特尔 466
Ritter, George, 格奥尔格·里特尔 762
Ritter, Gerhard, 格哈德·里特尔 761

索引

Ritter, Karl, 卡尔·里特尔 634, 639—641
Ritterbusch, Paul, 保罗·里特布施 690
Rivers, Larry, 拉里·里弗斯 734
Road Back, The (Remarque),《归途》（雷马克）581
Road into the Open, The (*Der Weg ins Freie*) (Schnitzler),《通往旷野之路》（施尼茨勒）491
Road to Serfdom, The (Hayek),《通往奴役之路》（哈耶克）706
Robbers, The (*Die Räuber*) (Schiller),《强盗》（席勒）127—128, 315
Robinson, Ritchie, 里奇·罗宾逊 301
Rochlitz, Friedrich, 弗里德里希·罗赫利茨 164
rocket science, 火箭学 693—694
Rogall, Georg Friedrich, 格奥尔格·弗里德里希·罗加尔 48
Rogoff, Irit, 伊里特·罗戈夫 813
Rolland, Romain, 罗曼·罗兰 563, 576
Romanticism, 浪漫主义 77, 192, 194, 199, 298, 393
　内在性与～, 831
　康德的天才论与～, 145
　种族论与～, 430
　斯塔埃尔创造的术语, 311, 313
Romantic School, The (*Die Romantischer Schule*) (Heine),《浪漫主义学派》（海涅）299
Röntgen, Wilhelm, 威廉·伦琴 479—480, 854
Röpke, Wilhelm, 威廉·勒普克 762
Rorty, Richard, 理查德·罗蒂 823
Rose, Hajo, 哈约·罗泽 699
Rose, Max, 马克斯·罗泽 375
Rosenberg, Alfred, 阿尔弗雷德·罗森贝格 435, 436, 562, 620, 630, 656

Rosenberg, Hans, 汉斯·罗森贝格 49, 731
Rosenberg, Isaac, 伊萨克·罗森贝格 551
Rosenkavalier, Der (R. Strauss and Hofmannsthal),《玫瑰骑士》（R. 施特劳斯和霍夫曼斯塔尔）465—466, 468
Rosenstock, Sami (Tristan Tzara), 塞米·罗森施托克（特里斯坦·查拉）564
Rosenzweig, Franz, 弗朗茨·罗森茨魏格 682
Ross, Alex, 阿里克斯·罗斯 471
Ross, Ludwig, 路德维希·罗斯 410
Rossellini, Roberto, 罗伯托·罗塞利尼 805
Rostal, Max, 马克斯·罗斯塔尔 752
Rottblatt, Joseph, 约瑟夫·罗特布拉特 745
Round Table, The (Menzel),《圆桌》（门采尔）526
Rousso, Henry, 亨利·卢梭 16
Rubens, Heinrich, 海因里希·鲁宾斯 481
Rubinstein, Artur, 阿图尔·鲁宾斯坦 702
Rudolph, Hermann, 赫尔曼·鲁道夫 11—12
Rudolphi, Karl Asmund, 卡尔·阿斯蒙德·鲁道菲 228, 283
Ruge, Arnold, 阿诺德·卢格 245, 249
Rumbledump, The (*Schüdderump, Der*) (Raabe),《运尸车》（拉贝）440
Rumohr, Friedrich von, 弗里德里希·冯·鲁莫尔 218
Rumpff, Carl, 卡尔·伦普夫 362
Runaway Horse (*Ein fliehendes Pferd*) (Walser),《惊马奔逃》（瓦尔泽）793

1337

索　引

Russell, Bertrand, 伯特兰·罗素 148, 350, 494, 552, 559
Rust, Bernhard, 伯恩哈德·鲁斯特 653, 662, 691
Ryle, Gilbert, 吉尔伯特·赖尔 755

S

Sacher-Masoch, Leopold von, 利奥波德·冯·萨克·马索克 496
Sachs, Hans, 汉斯·萨克斯 43, 717
Salome(R. Strauss), 《莎乐美》(R. 施特劳斯) 465, 467
Salzburg, 萨尔茨堡 59, 809
Sane Society, *The* (Fromm), 《健全社会》(弗洛姆) 719
Santayana, George, 乔治·桑塔亚纳 99, 539, 542—543
Sartor Resartus (Carlyle), 《衣裳哲学》（卡莱尔）315
Sassoon, Siegfried, 西格弗里德·萨松 579
Sauer, Christopher, 克里斯托弗·绍尔 325
Savigny, Friedrich Carl von, 弗里德里希·卡尔·冯·萨维尼 212, 228, 265, 405
Scaff, Lawrence, 劳伦斯·斯夫卡 825
Sceptical Generation, *The* (*Die skeptische Generation*) (Schelsky), 《怀疑的一代》(舍尔斯基) 789
Schadow, Friedrich, 弗里德里希·沙多夫 215, 218
Schadow, Johann Gottfried, 约翰·戈特弗里德·沙多夫 211, 215, 217
Schadow, Rudolf, 鲁道夫·沙多夫 217
Schadow, Wilhelm, 威廉·沙多夫 217
Schaffer, Yvonne, 伊冯娜·沙费尔 647
Scharnhorst, Gerhard von, 格哈德·冯·沙恩霍斯特 185, 187
Scharoun, Hans, 汉斯·夏隆 814
Schaudinn, Fritz, 弗里茨·绍丁 390
Scheffel, Josef Victor von, 约瑟夫·维克托·冯·舍费尔 305
Scheler, Max, 马克斯·舍勒 532, 533, 604—605, 855
Schelling, Friedrich, 弗里德里希·谢林 85
～论艺术, 162
生物学与～, 201, 202
～论布卢门巴赫, 81
～论共享神话, 191
～论费希特, 149
～与荷尔德林的友谊, 291
唯心主义, 138
～论音乐, 831
自然哲学与～, 228
～论职业作用, 226, 228
怀疑哲学, 240—241
精神的自我发展, 196—197
～在图宾根, 241
～论无意识, 197
～论学术, 229
"Schelling und die Offenbarung" (Engels), "谢林和启示"(恩格斯) 256—257
Schelsky, Helmut, 赫尔穆特·舍尔斯基 761, 789
Schemann, Ludwig, 路德维希·舍尔曼 434, 435
Scherchen, Hermann, 赫尔曼·谢尔欣 641
Scherpe, Klaus, 克劳斯·舍尔普 784
Schick, Gottlieb, 戈特利布·希克 215
Schidlof, Hans, 汉斯·希德洛夫 745, 752
Schiele, Egon, 埃贡·席勒 567

Schillebeeckx,Edward,爱德华·谢列贝克斯 787

Schiller,(Johann Christoph) Friedrich, 弗里德里希·席勒 108,112,127—133,138,160,177,191

Schilling,Klaus,克劳斯·席林 697

Schillings,Max von,马克斯·冯·席林斯 641,644—645

Schindewolf,Otto Heinrich,奥托·海因里希·申德沃尔夫 85

Schinkel,Karl Friedrich,卡尔·弗里德里希·申克尔 212—215,221,414,852—853

Schivelbusch,Wolfgang,沃尔夫冈·席费尔布施 566,757,841

"Schlachtfeld"(Battlefield)(Stramm),"战场"(施特拉姆) 549—550

Schlegel,August Wilhelm,奥古斯特·威廉·施莱格尔 138
  斯塔埃尔论～,312
  早期浪漫主义者,200
  受温克尔曼的影响,99
  ～论音乐,162
  东方主义与～,190—193

Schlegel,Caroline(Böhmer),卡罗利妮（伯默尔）·施莱格尔 138,200

Schlegel,Dorothea(Veit),特罗特娅（法伊特）·施莱格尔 138

Schlegel,Friedrich,弗里德里希·施莱格尔 138,217
  雅利安神话与～,430
  ～受温克尔曼的影响,99
  ～论生物学与诗歌联姻,202
  东方主义与～,191
  浪漫主义与～,197,200
  ～论威廉·迈斯特,119,197—198

Schleicher,Rüdiger,吕迪格·施莱歇 680

Schleiden,Matthias Jakob,马蒂亚斯·雅各布·施莱登 283—284,366,853

Schleiermacher,Friedrich,弗里德里希·施莱尔马赫 138
  狄尔泰的研究对象,441
  早期浪漫主义者,200
  对恩格斯的影响,256
  新人文主义与～,228
  东方主义与～,191
  ～论职业作用,226,228
  ～论宗教起源,193
  ～论大学,229
  ～在柏林大学,227,228

Schlemmer,Oskar,奥斯卡·施莱默 629,700

"Schlesischen Weber,Die"(Heine),"西里西亚的纺织工人"(海涅) 300

Schlüter,Andreas,安德列亚斯·施吕特 213

Schlick,Moritz,莫里茨·施里克 559,601,602,707,729

Schliemann,Heinrich,海因里希·施里曼 385,410,411—414

Schlingensief,Christoph,克里斯托弗·施林根西夫 808

Schlink,Bernhard,伯恩哈德·施林克 28

Schlöndorff,Volker,沃尔克·施伦多夫 807

Schlosser,Raine,赖瑟·施洛瑟 646

Schlözer,August Ludwig von,奥古斯特·路德维希·冯·施勒策 73

Schmidt,Helmut,赫尔穆特·施密特 733,808—809

Schmidt-Rottluff,Karl,卡尔·施密特·罗特卢夫 700

Schmitt,Carl,卡尔·施密特亨纳 454,668—669,723

1339

索 引

Schmitthenner, Paul, 保罗·施密特亨纳 652,653,672,689

Schmoller, Gustav, 古斯塔夫·施莫勒 533

Schnack, Anton, 安东·施纳克 548, 550—552

Schneider, Peter, 彼得·施耐德 793, 796,802

Schnitger, Arp, 阿尔普·施尼特格 154

Schnitzler, Arthur, 阿图尔·施尼茨勒 489,490—491,859 注 49

Schnorr von Carolsfeld, Julius, 尤利乌斯·施诺尔·冯·卡罗尔斯费尔德 218,219—220

Schocken Books, 朔肯图书公司 735

Schoenberg, Arnold, 阿尔诺·勋伯格 336,459,470—473,584—585,587, 641,702

scholarship 学术
原创性与～,232—233
现代～的起源,105—110

Scholem, Gershom, 格斯霍姆·朔勒姆 607,608,609,718—719

Schonberg, Harold, 哈罗德·勋伯格 37,43,156,461—462,463

Schonbühne, Die (magazine),《舞台》(杂志) 581

Schönerer, George, 乔治·舍纳尔 501

Schönhoven, Klaus, 克劳斯·舍恩霍文 780

Schönlein, Johann L., 约翰·L. 舍恩莱因 383

Schopenhauer, Arthur, 阿图尔·叔本华 191,327,330—333,336,338—339, 394,430

Schott, Otto, 奥托·肖特 366

Schott Glass Manufacturing Company, 肖特玻璃制造厂 390

Schrader, Gerhard, 格哈德·施拉德 695

Schramm, Percy Ernst, 佩尔西·恩斯特·施拉姆 35,607—608

Schröder, Gerhard, 格哈德·施罗德 784

Schröder, Richard, 理查德·施罗德 781

Schrödinger, Erwin, 埃尔温·薛定谔 30,598,600,659,708—709

Schtonk! (film),《冒牌货》(电影) 808

Schubart, Christian, 克里斯蒂安·舒巴特 55

Schubert, Franz, 弗朗茨·舒伯特 133, 159—160,239,298,305,306,464

Schubert's Vienna (Erickson),《舒伯特的维也纳》(埃里克森) 304—305

Schuckmann, Kaspar Friedrich von, 卡斯帕·弗里德里希·冯·舒克曼 228

Schüfften, Eugen, 欧根·许夫滕 590

Schulze, Alfred Otto Wolfgang (Wols), 阿尔弗雷德·奥托·沃尔夫冈·舒尔茨(沃尔斯) 810—811

Schulze, G. E. L., G. E. L. 舒尔茨 148

Schulze, Hagen, 哈根·舒尔策 289

Schulze, Ingo, 英戈·舒尔策 799

Schulze, Johannes, 约翰内斯·舒尔策 237

Schumacher, Ernst (Fritz), 恩斯特(弗里茨)·舒马赫 510,750

Schumacher, Hermann, 赫尔曼·舒马赫 534

Schumann, Gerhard, 格哈德·舒曼 634—636

Schumann, Robert, 罗伯特·舒曼 133, 298,306—307,461

Schumann-Heink, Ernestine, 埃内斯蒂娜·舒曼-海因克 468

Schumpeter, Joseph, 约瑟夫·熊彼特 704—705

Schütz, Heinrich, 海因里希·许茨 153

Schwab, Raymond, 雷蒙·施瓦布 181, 189

Schwanitz, Dietrich, 迪特里希·施万尼茨 815

Schwann, Theodor, 特奥多尔·施旺 283, 284—285, 853

Schwarzenegger, Arnold, 阿诺德·施瓦辛格 723—724

Schweigsame Frau, Die(opera, Strauss and Zweig),《沉默的女人》(歌剧, 施特劳斯和茨威格) 641

Schweitzer, Albert, 阿尔贝特·施韦泽 681—682

Schwitters, Kurt, 库尔特·施维特斯 564, 565, 630, 699, 744, 745, 746

Schygulla, Hanna, 汉娜·许古拉 807

science, 科学。也见 scientists; *Wissenschaft*

　文化~与自然~, 77

　受教育中间阶层与~, 830

　第一次世界大战期间的法国~观, 538

　歌德对~的贡献, 203—205

　人文主义与~, 838

　马赫论~, 500

　军事与~, 544

　纳粹的~观念, 657—665

　19世纪~成就, 30

　~的普及, 426—428, 457

　~中的浪漫主义, 201—203

　威廉一世与~, 529

　第二次世界大战期间的~, 689—698

Science(journal),《科学》(杂志) 663

scientific method, 科学方法 205, 707

scientific societies, 科学社团 829

scientists 科学家

　1945年以来获诺贝尔奖的~, 814(见 *entries starting with Nobel Prize*)

　第三帝国期间的~, 658, 738—739

Sebald, W. G., W. G. 泽巴尔德 28, 296, 797—798

Sebaldt von Werth, Max, 马克斯·泽巴尔特·冯·维尔特 434

Seduction of Culture in German History, The(Lepenies),《德国历史中的文化诱惑》(莱佩尼斯) 31

Seghers, Anna, 安娜·西格斯 795

Self-Accusation(*Selbstbezichtigung*)(Handke),《自我控诉》(汉德克) 804

self-consciousness, 自我意识 58

　费希特论~, 149

　语言与~, 125

self-realization, notion of, 自我实现观念 741—742

Sell, Ernst, 恩斯特·塞尔 358

Selle, Götz von, 格茨·冯·泽勒 51

seminars, 研讨班 52—53, 233—236

Semler, Johann Salomo, 约翰·萨洛莫·泽姆勒 71

Semmelweiss, Ignaz, 伊格纳兹·塞麦尔维斯 386

Sendschreiben(Open Letters)(Winckelmann), 公开信(温克尔曼) 97

Sennett, Richard, 理查德·塞内特 754

Sense of Order, The(Gombrich),《秩序感》(贡布里希) 747

Serkin, Rudolf, 鲁道夫·塞尔金 584

Seven Deadly Sins, The(Dix),《七宗罪》(迪克斯) 630

Seven Year Itch, The(film),《七年之痒》(电影) 591

Sewering, Hans-Joachim, 汉斯·约阿希姆·泽韦林 926注58

sex, 性 395, 427, 495, 496

Sex and Character(*Geschlecht und Charakter*)(Weininger),《性与性格》(魏宁格) 495

索　引

Sezession 分离派；见 Berlin Sezession；Munich Sezession
Shadows in Paradise（Remarque），《天堂里的影子》（雷马克）581
Sidgwick, Henry, 亨利·西奇威克 120, 124, 538, 790
Sieff, Israel, 伊斯雷尔·西夫 747—748
Siegfried（opera, Wagner），《齐格弗里德》（歌剧，瓦格纳）329, 334
Siemens, Werner von, 维尔纳·冯·西门子 355, 362
Siemens & Halske Telegraph Construction Company, 西门子和哈尔斯克电报机设备公司 356
Signs of Life（film），《生命的讯息》807
Silberman, Andreas, 安德烈亚斯·西尔伯曼 154
Silberman, Gottfried, 戈特弗里德·西尔伯曼 154
Simmel, Georg, 格奥尔格·齐美尔 37, 445—449, 452, 855
　斯特凡·布罗伊尔论～, 454
　～的影响, 455, 682
　～在美国的影响, 713
　《作为教师的伦勃朗》的观点, 433
　～的学生舍勒, 605
　特赖奇克的～, 409
　特勒尔奇与～, 675
Simplicissimus（weekly），《呆瓜》（周刊）511, 514
Sin（Stuck），《原罪》（施图克）508
Siodmak, Robert, 罗伯特·西奥德马克 587, 588, 590
Sites of Memory, Sites of Mourning（Winter），《记忆之地，悼念之地》（温特）732
Smiling Lieutenant, The（film），《微笑上尉》（电影）589

Smith, Hugh, 休·史密斯 185
Snowman, Daniel, 丹尼尔·斯诺曼 743, 744, 746—747
Social Darwinism, 社会达尔文主义 427, 428, 614
Socialist Decision, The（*Die sozialistische Entscheidung*）（Tillich），《社会主义者的抉择》（田立克）679
Social Research（journal），《社会研究》（杂志）726
Social Teaching of the Christian Churches, The（*Die Soziallehren der christlichen Kirchen und Gruppen*）（Troeltsch），《基督教会和团体的社会学说》（特勒尔奇）674—675
Society and Democracy in Germany（*Gesellschaft und Demokratie in Deutschland*）（Dahrendorf），《德国的社会与民主》（达伦多夫）762—765
Society for Jewish Folklore, 犹太民俗协会 655
Society for Racial Hygiene, 种族卫生学社团 434
Society for the Abolition of Slavery, 废奴协会 326
Society for the Study of Early German History（Berlin），早期德国历史研究学会（柏林）266
Society of Arts（Britain），艺术协会（英国）320
Society of German Naturalists and Doctors, 德国自然学家和医生协会 283
Sociologie（*Soziologie*）（Simmel），《社会学》（齐美尔）448—449
sociology, 社会学 163—165, 439—458, 726, 741
Söderbaum, Kristina, 克里斯蒂娜·泽德尔鲍姆 639

索 引

Soldaten,*Die*（opera,Zimmermann），《士兵们》（歌剧,齐默尔曼）810
"Soldier's Prayer"（Schumann），"士兵的祈祷"（舒曼）636
Solms,Bernhard,索尔姆斯·伯恩哈德 646
Solzhenitsyn,Alexander,亚历山大·索尔仁尼琴 792
Sombart,Werner,维尔纳·桑巴特 452—454,532,653,836,839
Some Like It Hot（film），《热情似火》（电影）591
Sommerfeld,Arnold,阿诺德·佐默费尔德 665
Sonderweg,特殊道路 25—27,32,828
Songs of the Reich（*Die Lieder vom Reich*）（G. Schumann），《国家赞歌》（G. 舒曼）635
Sonnenfels,Joseph von,约瑟夫·冯·索南费尔斯 55
Sonnemann,Emmy,埃米·松内曼 648
Sons and Daughters of the Jewish Deportees of France,法国犹太被驱逐者子女组织 16
Sontheimer,Kurt,库尔特·松特海默尔 761
Soros,George,乔治·索罗斯 755
Sorrows of Young Werther,*The*（*Die Leiden des jungen Werthers*）（Goethe），《少年维特的烦恼》（歌德）115—116
Sound of Music,*The*（film），《音乐之声》（电影）14
Speer,Albert,阿尔伯特·施佩尔 658,692,757,913 注 14
Speier,Hans,汉斯·施派尔 726
Spemann,Adolf,阿道夫·施佩曼 634
Spencer,Charles,查尔斯·斯宾塞 745

Spencer,Herbert,赫尔伯特·斯宾塞 431
Spener,Philipp Jacob,菲利普·雅各布·施佩纳 47
Spengler,Oswald,奥斯瓦尔德·斯宾格勒 449,452,454,560—562,618,620
　文化悲观主义与～,839,840
　～论美国,771
　～论第一次世界大战,534—535
Sperr,Martin,马丁·施佩尔 803
Spiegel,*Der*（weekly），《明镜周刊》1—2
Spielhagen,Friedrich von,弗里德里希·冯·施皮尔哈根 439
Spinoza,Baruch,巴鲁赫·斯宾诺莎 442
Spiro,Eugen,欧根·施皮罗 699
Sport im Bild（periodical），《图片中的运动》（期刊）580
Spranger,Eduard,爱德华·施普兰格 535
Spring Awakening（*Frühlingsverwachen*）（Wedekind），《青春觉醒》（魏德金德）514
SS-Staat,*Der*（Kogon），《党卫军国家》（科贡）779
Stadler,Anton,安东·施塔德勒 157
Staël,Germaine de,热尔梅娜·德·斯塔埃尔 311—313
Stapel,William,威廉·施塔佩尔 655
Stargardt,Nicholas,尼古拉斯·施塔加特 418
Stark,Johannes,约翰内斯·施塔特 599
state,国家,政府 54—55,150,269
State Pietism,国家虔信主义 48,49
Static Poems（*Statische Gedichte*）（Benn），《静态诗》（贝恩）799—800
Staudinger,Hans,汉斯·施陶丁格 726
Staudte,Wolfgang,沃尔夫冈·施陶特

1343

Stead, Wickham, 威克汉姆·斯蒂德 845
Steffens, Henrik, 亨里克·斯特芬斯 226, 228
Stehr, Nico, 尼克·施特尔 453
Steiger, Peter, 彼得·施泰格尔 296
Steiger, Robert, 罗伯特·施泰格尔 122
Steigmann-Gall, Richard, 理查德·施泰格曼-加尔 684
Stein, Charlotte von, 夏洛特·冯·施泰因 117
Stein, Gertrude, 格特鲁德·施泰因 516
Stein, Heinrich Friedrich Karl vom und zum, 海因里希·弗里德里希·卡尔·冯和楚·施泰因 266
Stein, Lorenz von, 洛伦茨·冯·施泰因 245
Stein, Peter, 彼得·施泰因 804
Steiner, George, 格奥尔格·施泰纳 753
Steiner, Rudolf, 鲁道夫·施泰纳 676
Steinheil, Carl August von, 卡尔·奥古斯特·冯·施泰因海尔 174
Stekel, Wilhelm, 威廉·施特克尔 553
Stephenson, George, 乔治·史蒂芬生 376
Steppenwolf (Hesse),《黄原狼》(黑塞) 576
Stern (magazine),《明星》(杂志) 657
Stern, Ernst, 恩斯特·斯特恩 516
Stern, Fritz, 弗里茨·斯特恩 20, 21, 22, 35, 401, 433, 436, 537, 616—617, 732—733, 762
Stern, Moritz, 莫里茨·斯特恩 343
Sternberg, Josef von, 约瑟夫·冯·斯特恩贝格 513, 592
Sterne (film),《星星》(电影) 805
Sterne, Carus, 卡鲁斯·施特内 426
Stibbe, Matthew, 马修·施蒂伯 531

Stieglitz, Alfred, 阿尔弗雷德·施蒂格利茨 517
Stifter, Adalbert, 阿达尔贝特·施蒂夫特 290, 295—296
Stiller (Frisch),《施蒂勒》(弗里斯) 793—794
Stinnes, Hugo, 胡戈·施廷内斯 375
Stockhausen, Karlheinz, 卡尔海因茨·斯托克豪森 784, 810
stock market crash (1873), 股票市场崩盘(1873年) 374, 521
stock market crash (1929), 股票市场崩盘(1929年) 611
Storm of Steel (*In Stahlgewittern*) (Jünger),《钢铁风暴》(云格尔) 618
Story of Art, The (Gombrich),《艺术的故事》(贡布里希) 747
Stoss, Veit, 法伊特·施托斯 43
Stramm, August, 奥古斯特·施特拉姆 548, 549—550
Strategy of Economic Development (Hirschman),《经济发展战略》(希尔施曼) 728
Strauss, Botho, 博托·施特劳斯 782—783, 803
Strauss, David, 大卫·施特劳斯 245
Strauss, Eduard, 爱德华·施特劳斯 465
Strauss, Johann, I, 老约翰·施特劳斯 173, 459
Strauss, Johann, II, 小约翰·施特劳斯 459, 463, 464—465
Strauss, Leo, 列奥施特劳斯 608, 669, 690, 720, 722—723, 740
Strauss, Pauline, 保利娜·施特劳斯 465
Strauss, Richard, 理查德·施特劳斯 459, 465—469, 492, 809
～在希特勒治下, 641
～为荷尔德林的诗歌配乐, 292

~的影响,133,336
~论约翰·施特劳斯(兄弟),465
~论科恩戈尔德,591
~论勋伯格,470
华尔兹与~,173
威廉一世与~,526
Streicher,Julius,尤利乌斯·施特莱歇尔 661
Stresemann,Gustav,古斯塔夫·施特雷泽曼 421
Strobach,Hermann,赫尔曼·施特罗巴赫 655
Structural Transformation of the Public Sphere, The(*Der Strukturwandel der Öffentlichkeit*)(Habermas),《公共领域的结构转型》(哈贝马斯) 779
Stuart,Gisela,吉塞尔·斯图亚特 5
Stuck,Franz von,弗兰茨·冯·施图克 507—508,515
Studies in Hysteria(*Studien über Hysterie*)(Freud and Breuer),《臆症研究》(弗洛伊德和布洛伊尔) 395
Stuhlinger,Ernst,恩斯特·施图林格 695
"Stukalied"(song),"斯图卡之歌"(歌曲) 640
Stukas(film),《斯图卡》(电影) 640—641
Sturm, Der(periodical),《风暴》(期刊) 549
Stürmer,Michael,米夏埃尔·施蒂默尔 12
Sturm und Drang(Storm and Stress)movement,狂飙突进运动 77,114
Submissive Belgium(report),《顺从的比利时》(报告) 13
Success(*Erfolg*)(Feuchtwanger),《成功》(福伊希特万格) 579,856

Sullivan,Arthur,阿图尔·苏利文 463
Sulzer,Johann,约翰·祖尔策 78
Summer in the City(film),《城市里的夏天》(电影) 807
Sunday Circle,星期日小组 703
Sunset Boulevard(film),《日落大道》(电影) 591
Sutter,Joseph,约瑟夫·祖特尔 216
Swales,Martin,马丁·斯韦尔斯 795
swastika,"纳粹十字",即卐字符 562
Sybel,Heinrich von,海因里希·冯·聚贝尔 405—407,421—422,445
Syberberg,Hans Jürgen,汉斯·于尔根·西贝尔贝格 782,807
Symbols of Transformation(*Wandlungen und Symbole der Libido*)(Jung),《转化的象征》(荣格) 555
Szilard,Leo,列奥·西拉德 660,666,690,738,745

T

Taeuber,Sophie,索菲亚·托伊伯 564
Tanztheater,舞蹈剧场 804
Tauber,Richard,理查德·陶贝尔 747
Teaching Institute for Judaic Studies(Breslau),"犹太教研讨班"(布累斯劳) 655
telegraph,电报 172,356
Telemann,Georg Philipp,格奥尔格·菲利普·特勒曼 60
telescopes,望远镜 366
television,电视 600
television culture,电视文化 808—809
Teller,Edward,爱德华·泰勒 738—739
Temkin,Oswei,奥思维·特姆金 85
Tendenzdichter(committed poets),"倾向性诗人" 299

索　引

ter Meer, Fritz, 弗里茨·特尔·梅尔 695
Testament of Dr. Mabuse, *The*（film），《马布斯博士的遗嘱》（电影）590
theater, 戏剧、剧院 802—805
　　魏玛宫廷的戏剧爱好者, 116
　　柏林的～, 523—524
　　比德迈尔派, 306
　　希特勒治下的～, 645—648
　　莱辛与～, 102
　　讨论～的杂志, 581
　　音乐～, 735—736
　　大众～, 803
　　德国～补贴, 804—805
　　《统一剧院法》, 647
　　魏玛柏林的～, 584
　　维兰德论～, 113—114
　　第一次世界大战与～, 552—553
theologians, 神学家 673—687
　　20世纪早期复兴运动的～, 674—680, 855
　　希特勒治下的～, 683—687
Theory and Practice（*Theorie und Praxis*）(Habermas)，《理论与实践》（哈贝马斯）776
Theory of Chronic Diseases（Hahnemann），《慢性疾病的理论》（哈内曼）176
"Theory of Knowledge in the Exact Sciences"(Königsberg,1931)，"精确科学中的知识理论"（柯尼斯堡, 1931 年）601
Theozoology（Liebenfels），《理论动物学》（里本费尔斯）434
Third or Fourth Man, *The*（*Der dritte oder der vierte Mensch*）(A. Weber)，《第三种人与第四种人》(A. 韦伯) 770

Third Reich, 第三帝国 629—648
　　～的艺术, 621, 629—631, 632—633
　　～艺术与文化部, 630
　　～宣信会, 678, 680
　　人口经济学, 669—672
　　教育基金, 689
　　德国基督教会, 677—678
　　第一届纳粹戏剧节（德累斯顿, 1934 年）, 646
　　民俗, 654—657
　　德国信仰运动, 687
　　海丁格尔与～, 604
　　希特勒论通婚, 615
　　洛伦茨的研究与～, 697
　　大屠杀，～的科学, 695
　　～的数学, 653
　　精神病人，～的屠杀, 672
　　～音乐, 641—645
　　异教与～, 687
　　～的哲学, 631
　　～的医生, 661
　　～的物理学, 652—653, 658—660
　　～的诗歌, 634—637
　　～的精神分析学, 661—662
　　德意志民俗维护专员, 657
　　～的科学, 657
　　～的戏剧, 645—648
　　～的神学, 683—687
　　～的非道德研究, 696
　　～的大学和学者, 649—652
Third Reich, *The*（*Das dritte Reich*）(Moeller van den Bruck)，《第三帝国》（默勒·范·登·布鲁克）617—618, 839
33 Moments of Happiness（*33 Augenblicke des Blücks*）(Schulze)，《33 个幸福瞬间》（舒尔策）799
This People Israel(Baeck)，《以色列人》

1346

（贝克）750

Thoma,Hans,汉斯·托马 532

Thoma,Ludwig,路德维希·托马 511

Thomasius,Christian,克里斯蒂安·托马修斯 57,136,137

Thomas Paine（Johnst),《托马斯·潘恩》(约翰斯特) 646

Thorak,Josef,约瑟夫·托拉克 632

"Thoughts in Wartime"("Gedanken im Krieg")(T. Mann),"战时思考"(托马斯·曼) 34,535—536,562

Three Comrades（Remarque),《三个战友》(雷马克) 581

Three Faces of Fascism（Nolte),《法西斯主义的三张面孔》(诺尔特) 748

Threepenny Opera,The（Die Dreigroschenoper）(Brecht and Weill),《三毛钱歌剧》(布莱希特和魏尔) 586—587

Thyssen,August,奥古斯特·蒂森 375

Ticknor,George,格奥尔格·蒂克纳 323

Tieck,Christian Friedrich,克里斯蒂安·弗里德里希·蒂克 215

Tieck,Ludwig,路德维希·蒂克 138,216

Tiedemann,Friedrich,弗里德里希·蒂德曼 86

Tier rang gewaltig mit Tier（Schnack),《野兽间的厮杀》(施纳克) 551

Tillich,Paul,保罗·蒂利希 604,631,675,679—680,686,714,720,730

Time to Love and a Time to Die,A（Remarque),《生死存亡的时代》(雷马克) 581

Tin Drum,The（Die Blechtrommel）(Grass),《铁皮鼓》(格拉斯) 792

Tirpitz,Alfred von,阿尔弗雷德·冯·提尔皮茨 421

Tischbein,Heinrich Wilhelm,海因里希·威廉·蒂施拜因 118,210,215

Toch,Ernst,恩斯特·托赫 641

Tod eines Kritikers（*Death of a Critic*）(Walser),《批评家之死》(瓦尔泽) 28

"Todesfuge"(Celan),"死亡赋格"(策兰) 800

Todt,Fritz,弗里茨·托特 692

Toller,Ernst,恩斯特·托勒 618,552

"Tomorrow Belongs to Me"("Morgen Gehört mir")(Baumann),"明天属于我"(鲍曼) 636—638

Tonio Kröger（T. Mann),《托尼奥·克勒格尔》(托马斯·曼) 512

Tönnies,Ferdinand,费迪南德·托尼斯 445,449—452,453,454,455,682,713,836

Torquato Tasso（Goethe),《托尔夸托·塔索》(歌德) 117

Totem and Taboo（*Totem und Tabu*）(Freud),《图腾与禁忌》(弗洛伊德) 611

Touch the Water,Touch the Wind（Oz),《触摸自然》(奥茨) 9

Touvier,Paul,保罗·图维耶 17

Tractatus Logico-Philosophicus（Wittgenstein),《逻辑哲学论》(维特根斯坦) 552,558,559

Trakl,Georg,格奥尔格·特拉克尔 547,548—549

Tram Stop（*Strassenbahnhaltestelle*）(Beuys),《有轨电车站》(博伊于斯) 812

Traveller,if You Come to Spa（*Wanderer,kommst du nach Spa...*）(Böll),《流浪人，你若来斯巴……》(伯尔) 791

Treason of the Learned,The（Benda),

1347

索引

《知识分子的背叛》(邦达) 622—625, 766
Treatise on the Materia Medica (Cullen),《论医药物质》(卡伦) 175—176
Treitschke, Heinrich von, 海因里希·冯·特赖奇克 321, 405, 408—410, 424, 445, 477, 521—522, 839
Treviranus, Georg Reinhold, 格奥尔格·莱因霍尔德·特雷维拉努斯 81
Trial, The (Der Prozess) (Kafka),《判决》(卡夫卡) 577, 578
Tristan und Isolde (Wagner),《特里斯坦与伊索尔德》(瓦格纳) 327, 329, 334, 335
Tristia ex Ponto (Grillparzer),《来自大海的哀歌》(格里尔帕泽) 294
Triumph of the Therapeutic, The (Rieff),《治疗的胜利》(里夫) 821
Triumph of the Will (film),《意志的胜利》(电影) 638—639
Troeltsch, Ernst, 恩斯特·特勒尔奇 263, 532, 674—675
Trotha, Margarethe von, 玛格丽特·冯·特罗塔 807, 808
Truth about Genius (Versuch über das Genie) (Resewitz),《试论天才》(雷泽维茨) 75
Truth and Method (Wahrheit und Methode) (Gadamer),《真理与方法》(伽达默尔) 773—774
Tschermak, Erich, 埃里希·切尔马克 391
Tschudi, Hugo von, 胡戈·冯·楚迪 529
tuberculosis, 肺结核 386, 387—388, 389
Tucholsky, Kurt, 库尔特·图霍尔斯基 581—582, 619

Turner, R. Steven, R. 史蒂文·特纳 225, 226, 228, 232, 233, 236, 237
Twain, Mark, 马克·吐温 522
Twilight of the Idols (Götzendämmerung) (Nietzsche),《偶像的黄昏》(尼采) 337
Two Fundamental Problems of the Theory of Knowledge (Die beiden Grundprobleme der Erkenntnistheorie) (Popper),《知识理论的两个基本问题》(波普尔) 706
Two Views (Zwei Ansichten) (U. Johnson),《两种观点》(U. 约翰逊) 796
Tyranny of Greece over Germany, The (Butler),《古希腊文明雄霸德国》(巴特勒) 100

U

Über den Bildungstrieb und das Zeugungsgeschäfte (Blumenbach),《生长动力与繁殖活动》(布卢门巴赫) 81
Über die Geschichte der Menscheit (Iselin),《人类历史的哲学假设》(伊泽林) 76
Über die Sprache und Weisheit der Indier (F. Schlegel),《论印度人的语言与智慧》(施莱格尔) 191
"Über formal unentscheidbare Sätze der Principia Mathematica und verwandter Systeme" (Gödel), "论《数学原理》及有关系统的形式不可判定问题"(哥德尔) 601
Übermensch, 超人 339
Uecker, Günther, 君特·于克尔 811
Uhde, Fritz von, 弗里茨·冯·乌德 507
Uhlman, Fred, 弗雷德·乌尔曼 746
Ulmer, Edgar G., 埃德加·G. 乌尔默 590

索 引

unconscious, the, 无意识 196—198, 393—397
Unger, Franz, 弗朗茨·翁格尔 86, 285, 392
Unicorn, The (*Der Einhorn*) (Walser), 《独角戏》(瓦尔泽) 793
United States 美国
　德国人对～音乐的影响, 325
　在～的德国火箭科学家, 695
　德国人对于～的观念, 771
　德国与～, 321—326
　在～的难民和移民, 321, 324, 699, 700, 713—742
Unity in Science, 科学统一 631
universities, 大学 829
　德国～联合会, 649
　与英国～比较, 49—50
　达伦多夫论～, 763—764
　纳粹主义与～, 649, 689—690
　作为研究机构, 225—226
　林格论～, 767
　～的兴起, 49—55, 831
Universities—American, English, German (Flexner), 《美国、英国和德国的大学》(弗莱克斯纳) 741
University in Exile, 流亡大学 720, 723
University of Berlin, 柏林大学 529
　在～的美国学生, 323
　～的创建, 109, 227
　～的人文主义, 94
　～的教授, 107, 150, 241, 264, 384, 388, 404, 408, 441, 445, 480
　～的学生, 876 注 32
University of Bonn, 柏恩大学 228
　在～的美国学生, 323
　在～的科学研讨班, 234
　在～的聚贝尔, 405, 407
University of Breslau, 布累斯劳大学 50, 282
University of Erlangen, 埃朗根大学 50
University of Göttingen, 哥廷根大学 47, 50, 226, 487
　～的美国学生, 323
　～的"林盟"圈, 102
　～的影响, 50—51
　～的数学, 352, 484
　～的物理研究, 597
University of Halle, 哈勒大学 47, 50, 106
　～的美国学生, 323
　～的数学, 484
　～的研讨班, 52
University of Heidelberg, 海德堡大学 653
　～的美国学生, 323
　希特勒的～550 周年庆典, 652
　～的数学, 484
　～的教授, 241, 775
　第二次世界大战后～重新开放, 769—770
University of Jena, 耶拿大学 146—147
　～的数学, 484
　～的教授, 148—150, 241
University of Königsberg, 柯尼斯堡大学 48, 147
　英国在～的影响, 136
　C. G. J. 雅各比在～, 236
　～的改革, 227
University of Marburg, 马尔堡大学 406, 678—679
University of Munich, 慕尼黑大学 406
University of Vienna, 维也纳大学 348, 391, 469
University of Würzburg, 维尔茨堡大学 384, 479
Unloved Germans, The (Eich), 《不被爱

1349

索 引

的德国人》(艾希) 762
Unseen Revolution, *The* (Drucker),《看不见的革命》(德鲁克) 728
"Untergang der Titanic, Der" (Enzensberger),"泰坦尼克号的沉没"(恩岑斯贝格尔) 802
Unwin, Stanley, 斯坦利·昂温 747
uprisings of 1848, 1848年革命 384, 402
"Uranium Club", "铀俱乐部" 691
Urlaub auf Ehrenwort (film),《诺言假期》(电影) 640
"Ursprung der Kunstwerks, Der" (lectures, Heidegger),"艺术品的由来"(海德格尔) 773—774
Uses of Enchantment, *The* (Bettelheim),《魔法的用途》(贝特尔海姆) 717, 718

V

Valentin, Curt, 柯特·瓦伦丁 735
values, 价值 194, 605
Veit, Dorothea, 多罗特娅·法伊特 217
Veit, Johann, 约翰·法伊特 217
Veit, Philipp, 腓力普·法伊特 217, 218
Venus im Pelz (Sacker-Masoch),《穿裘皮的维纳斯》(萨克-马索克) 496
Venus of Willendorf (Piene),《威伦多夫的维纳斯》(皮纳) 811
Vereinigte Werkstätten für Kunst und Handwerk, 艺术和手工业联合会 509
Vergangenheitsbewältigung, 克服(或接受)过去 759
Verspätete Nation, *Die* (Plessner),《迟到的民族》(普莱斯纳) 762
"Versuch einer Kritik aller Offenbarung, Ein" (Fichte),"试评一切天启"(费希特) 148
Versuche über Pflanzenhybriden (Mendel),《植物杂交试验》(孟德尔) 286,

393
Vichy France and the Jews (Marrus and Paxton),《维希法国与犹太人》(马鲁斯和帕克斯顿) 16
Vichy Syndrome, *The* (Rousso),《维希综合征》(鲁索) 16
Vienna, 维也纳 489—502
  第一次世界大战后的～, 567—568
  咖啡馆社会, 490
  音乐
    歌咏学院, 461
    勃拉姆斯在～, 461
    音乐学院, 469
    发明音乐, 59
    国家歌剧院, 809
  "钱战士", 531, 545
Vienna Circle, 维也纳学派 500, 602
  哥德尔与～, 601
  波普尔与～, 706
  涌入美国难民中的～, 631, 729—730
Viertel, Berthold, 伯特霍尔德·菲特尔 746
Views of a Clown (Ansichten eines Clowns) (Böll),《小丑之见》(伯尔) 791
Vincent, Edgar, 埃德加·文森特 584
Vincent, Philip, 菲利普·文森特 44
Virchow, Rudolf, 鲁道夫·菲尔绍 366, 383—386, 428, 431, 853
Viret, Pierre, 皮耶尔·维雷 67
Vischer, Peter, 彼得·菲舍尔 43
Visit, *The* (Der Besuch alten Dame) (Dürrenmatt),《老妇还乡》(德伦马特) 803
vital force, concept of, 活力观念 273—274
Vogel, Ludwig, 路德维希·福格尔 216
Vogt, Carl, 卡尔·福格特 426, 427

1350

索 引

Voigt,August,奥古斯特·福格特 504
Voigt,Georg,格奥尔格·福格特 92
Voigt,J.C.W.,J.C.W.福格特 117
Voigt,Johannes,约翰内斯·福格特 266
Volk 民族、族民
　～文化,309,310,654—657
　希特勒治下～被提升到神秘和神圣高度,684
　海德格尔与～,604
　赫尔德与～,125
　～术语,309—310
Völkerpsychologie,民族心理学 405
Völkischer Beobachter（The People's Observer）(newspaper),《人民观察家报》620
Volksstück,《大众戏剧》803
Volkstum und Heimat（journal）,《民族与故乡》（杂志）656
Volk und Rasse（journal）,《民族与种族》（杂志）654
Voltaire,伏尔泰 61,67,92
"Von der Lebenskraft"（Reil）,"论生命力"（赖尔）83
Von Heute auf Morgen（Schoenberg）,《从今天到明天》（勋伯格）587
Vormärz,《三月前》（文学）304
Voss,Heinrich,海因里希·福斯 508
Vossische Zeitung（newspaper）,《人民报》102,331,580,582
Vossler,Karl,卡尔·浮士勒 533
Vranitsky,Franz,弗朗茨·弗拉尼斯基 15
Vries,Hugo de,胡兰·德·弗里斯 391
Vulpius,Christiane,克里斯蒂亚娜·乌尔皮乌斯 118
VW-Complex（film）,《大众汽车建筑群》（电影）808

W

Waagen,Gustav Friedrich,古斯塔夫·弗里德里希·瓦根 212,214
Wackenroder,Wilhelm Heinrich,威廉·海因里希·瓦肯罗德 216
Wagner,Cosima,柯西玛·瓦格纳 467
Wagner,Franz Josef,弗朗茨·约瑟夫·瓦格纳 6,164—165
Wagner,Otto,奥托·瓦格纳 496—497
Wagner,Richard,理查德·瓦格纳 328
　共同体与～,836
　～的影响,471
　对～的各种影响,200,327,329—330
　尼采与～,335—338
　作为再造雅利安神话起源的戏剧,435
　种族观念与～,434
　理查德·施特劳斯与～,466
　威廉一世与～,526
Wagner,Rudolph,鲁道夫·瓦格纳 81,283,287
Wagner,Siegfried,西格弗里德·瓦格纳 532,645
Wagner Case,The（Nietzsche）,《瓦格纳事件》（尼采）337
Walden,Herwarth,赫尔瓦特·瓦尔登 528
Waldheim,Kurt,库尔特·瓦尔德海姆 14
Waldseemüller,Martin,马丁·瓦尔德泽米勒 321
Wallace,Stuart,斯图亚特·沃勒斯 538
Wallenstein trilogy（Schiller）,《华伦斯坦》（席勒）131—132
Wall Jumper,The（*Der Mauerspringer*）（Schneider）,《跳墙者》（施耐德）796
Wallot,Paul,保罗·瓦洛特 523
Walser,Martin,马丁·瓦尔泽 28,761,

1351

索 引

782,783—784,793,832,836
Walter,Bruno,布鲁诺·瓦尔特 558,645,702
Walther,Helmut,赫尔穆特·瓦尔特 692—693
Wanderer above the Sea of Fog,*The*(Friedrich),《翻越雾海的流浪者》(弗里德里希) 221
Wandlung,*Die*(*The Transformation*)(Toller),《转变》(托勒尔) 552—553
Warburg,Aby,阿贝·瓦尔堡 570
Warburg Institute of Art History(Hamburg),瓦尔堡艺术史研究所(汉堡) 570,630,747
Ward,Adolphus William,阿道尔夫斯·威廉·沃德 317
Ward,Lester,莱斯特·沃德 446
War of the World,*The*(Ferguson),《世界的战争》(弗格森) 841
Wasserman,August von,奥古斯特·冯·沃瑟曼 388,390
Waves of Sea and Love,*The*(*Des Meeres und der Liebe Wellen*)(Grillparzer),《海浪与爱浪》(格里尔帕泽) 294
Way of All Flesh,*The*(film),《众生之路》(电影) 592
Weavers,*The*(*Die Weber*)(Hauptmann),《织工》(豪普特曼) 524
Weber,Alfred,阿尔弗雷德·韦伯 532,608,649,690,770
Weber,Carl Maria von,卡尔·玛利亚·冯·韦伯 160,173,328
Weber,Karl,卡尔·韦伯 95
Weber,Marianne,玛丽安娜·韦伯 690
Weber,Max,马克斯·韦伯 455—458,649
　斯特凡·布罗伊尔论～,455
　～论共同体,836

　当代世界观念与～,819,822—823,825—826
　达伦多夫论～,764
　～的影响,713
　泛德意志同盟与～,421
　～论《货币哲学》,447
　熊彼特反对～,704
　～论桑巴特,453
　～论第一次世界大战,535
Weber,Wilhelm,威廉·韦伯 173,350
Webern,Anton von,安东·冯·韦伯恩 585,643
Wedekind,Frank,弗兰克·维德金德 511,514—515,563,585
Weerth,Georg,格奥尔格·韦尔特 304
Wegener,Alfred,阿尔弗雷德·韦格纳 557—558
Wehler,Hans-Ulrich,汉斯-乌尔里希·韦勒 25—28
Weidenfeld,George,格奥尔格·魏登菲尔德 745,747—748
Weidermann,Volker,福尔克尔·温德曼 29,798—799
Weierstrass,Karl,卡尔·魏尔斯特拉斯 486
Weill,Kurt,库尔特·魏尔 568,586,590,641
Weimar(city),魏玛(城市) 111,114,128,312
Weimar Republic,魏玛共和国 567—593
　作为德国政治观念的背叛者,34
　～的电影业,587—593
　～的医生,661
　～的音乐,583—587
Weingartner,Felix von,费利克斯·冯·魏因加特纳 533
Weininger,Otto,奥托·魏宁格 495
Weinrich,Max,马克斯·魏因赖希

索 引

759—760

Weiss, Peter, 彼得·魏斯 780, 793, 803

Weisse Rose(White Rose)resistance group(Munich), 白玫瑰抵抗组织（慕尼黑）690

Weisskopf, Victor, 维克多·魏斯科普夫 739

Weizsäcker, Carl Friedrich von, 卡尔·弗里德里希·冯·魏茨泽克 691

Welles, Orson, 奥逊·威尔斯 593

Welt, Die(periodical),《世界》（期刊）843

Weltbühne, Die(magazine),《世界论坛》（杂志）581, 582, 583

Wenders, Wim, 维姆·文德斯 807—808

Werefkin, Marianne von, 玛丽安娜·冯·韦雷夫金 515, 516

Werfel, Franz, 弗朗茨·韦费尔 564, 701, 702, 735

Werner, Abraham Gottlob, 亚伯拉罕·戈特洛布·维尔纳 117, 167—170, 178

Werner, Anton von, 安东·冯·维尔纳 526—527

Wertheimer, Max, 马克斯·韦特海默 716, 732

Weskott, Johann Friedrich, 约翰·弗里德里希·威斯考特 362

Westminster Review,《威斯特明斯特评论》331

West-östlicher Divan(Goethe),《西东诗集》（歌德）192

Westphalia, Treaty of(1648),《威斯特伐利亚和约》(1648年) 44, 289

Weyl, Hermann, 赫尔曼·韦尔 487, 659

Weyrauch, Wolfgang, 沃尔夫冈·魏劳赫 799

What Does the German Worker Read? (*Was liest der deutsche Arbeiter?*)(Pfannkuche),《德意志工人读什么?》（普凡库赫）428

What I Have Heard about Adolf Hitler(survey, 1977),《我听说过的阿道夫·希特勒》（调查，1977年）780

"What Is Life"(lectures, Schrödinger), "生命是什么"（演讲，薛定谔）708

What Remains(*Was bleibt*)(C. Wolf),《还剩什么》（C.沃尔夫）795

Wheen, Francis, 弗朗西斯·惠恩 819

white generation(*weisse Jahrgänge*), "清白一代" 761

Whitney, William Dwight, 威廉·德怀特·惠特尼 324

Whittle, Frank, 弗兰克·惠特尔 600

Why Is There No Socialism in the United States? (*Warum gibt es in den Vereinigten Staaten keinen Sozialismus?*)(Sombart),《为什么美国没有社会主义?》（桑巴特）452

Wickmann, Karl, 卡尔·维克曼 215

Wiederbelebung des classischen Altertums, Die(Voigt),《古代的复兴》（福格特）92

Wiedermann, Gustav, 古斯塔夫·维德曼 343

Wieland, Christoph, 克里斯托弗·威兰德 112—113

Wienbarg, Rudolf, 鲁道夫·维恩巴格 303

Wiene, Robert, 罗伯特·维内 568

Wiener, Alfred, 阿尔弗雷德·维纳 749—750

Wiesenthal, Simon, 西蒙·维森塔尔 14

Wigman, Mary, 玛丽·维格曼 804

Wilamowitz-Moellendorff, Ulrich von, 乌尔里希·冯·维拉莫威茨-默伦多

1353

索 引

夫 105,533
Wilder,Billy,比利·怀尔德 587,588,589,590—591,593
Wilhelm I(emperor),威廉一世(皇帝) 418,519
  阿尔伯特与～,321
  克鲁普与～,371
  现代音乐与～,525—526
  赖因哈特的作品与～,525
Wilhelm II(emperor),威廉二世(皇帝) 321
  ～讨厌柏林,522—523
  ～的家庭教师维尔纳,527
  第一次世界大战与～,536
Wilhelm Meister(Goethe),《威廉·迈斯特》(歌德) 119—120,197—198
Wilhelm Tell(Schiller),《威廉·退尔》(席勒) 131
Wilkins,Maurice,莫里斯·威尔金斯 709
Williams,Raymond,雷蒙·威廉斯 619
Willis,Thomas,托马斯·威利斯 68
Willkom,Ernst,恩斯特·威尔科姆 304
Willstätter,Richard,理查德·维尔斯泰特 533,595—596
"Will zum Glück, Der"(T. Mann),"对幸福的愿望"(托马斯·曼) 511
Winckelmann,Johann Joachim,约翰·约阿希姆·温克尔曼 30,95—100,207,208—209,210,211
Wind,Edgar,埃德加·温德 753
Wings of Desire(film),《分裂的天空》(电影) 807—808
Winkler,Heinrich,海因里希·温克勒 843
Winter,Jay,杰伊·温特 732
Wintergerst,Joseph,约瑟夫·温特格斯特 216

Winterreise, Die(Schubert),《冬之旅》(舒伯特) 307
Wirth,Herman,赫尔曼·维尔特 655,656
Wissenschaft,学术 53。也见 science
  柏林大学与～,87
  教化与～,838
  英国与～,538
  谢林与～,229
"Wissenschaft als Berug"(Science as a Vocation)(Weber),"以学术为业"(韦伯) 457
Wissenschaft des Judentums,《犹太教知识》 619
Wissenschaftlichkeit as part of *Bildung*,作为教化一部分的学术性 110
Wissenschaftsideologie,学术意识形态 228,229,230,237
Wissenschaftsleher(Fichte),《知识学》(费希特) 119,148—149,150
Wistar,Caspar,卡斯帕·维斯塔 326
Wittgenstein,Ludwig,路德维希·维腾施泰因 494,552,558—560,561,601,753
Wittkower,Rudolf,鲁道夫·维特科尔 734,753
Wöhler,Friedrich,弗里德里希·维勒 272,273,274,275,853
Wojtyla,Karol(John Paul II),卡罗尔·沃伊蒂瓦(约翰保罗二世) 604
Wolf,Christa,克里斯塔·沃尔夫 795,796,833
Wolf,Friedrich August,弗里德里希·奥古斯特·沃尔夫 105—108,124,832
  古典哲学与～,230
  ～的批判方法,232
  ～论教师的角色,226,228

索 引

海涅的学生,228
～在柏林大学,227,228
Wolf,Hugo,胡戈·沃尔夫 37,305,459,462—463,854
Wolf,Konrad,康拉德·沃尔夫 806
Wolff,Abraham,亚伯拉罕·沃尔夫 48
Wolff,Albert,阿尔伯特·沃尔夫 215
Wolff,Christian,克里斯蒂安·沃尔夫 88,136,137
Wolff,Kaspar Friedrich,卡斯帕尔·弗里德里希·沃尔夫 281
Wolff,Kurt and Helen,库尔特和海伦·沃尔夫 735
Wolin,Richard,理查德·沃林 720,772
Wollheim,Gert,格特·沃尔海姆 699
Wollheim,Richard,理查德·沃尔海姆 753
Wols(Alfred Otto Wolfgang Schulze),沃尔斯(阿尔弗雷德·奥托·沃尔夫冈·舒尔策) 810—811
Woltmann,Ludwig,路德维希·沃尔特曼 431,614
women's movement,妇女运动 425,794
women writers in East Germany,东德的女作家 795
Woodward,Josiah,约西亚·伍德沃德 316
Woolsey,Thomas Dwight,托马斯·德怀特·沃尔西 324
"Word for the Germans,A"(Eliot),"适用于德国人的一个词"(艾略特) 316
Words and Things(Gellner),《词与物》(格尔纳) 755
Worker,The(Der Arbeiter)(Jünger),《工人》(云格尔) 709
Works of Art of the Future,The(Das Kunstwerk der Zukunft)(Wagner),《未来的艺术作品》(瓦格纳) 328

World as Will and Representation,The(Die Welt als Wille und Vorstellung)(Schopenhauer),《作为意志和表象的世界》(叔本华) 327,331,394
World War I,第一次世界大战 531—545
～期间在苏黎世的艺术家,563—564
关于～的小说,579
～的诗歌,547,548—549
World War II,第二次世界大战
出生日期与～,761
～期间的玛琳·黛德丽,593
～期间的音乐,809
Woyzeck(Büchner),《沃伊采克》(毕希纳) 301—303
Woyzeck(opera,Berg),《沃伊采克》(歌剧,贝尔格) 302,585
Wundt,Wilhelm,威廉·冯特 33,493,533,554,682
Wyler,William,威廉·维勒 736

X

x-rays,x-射线 480

Y

Yale University,German-trained professors at,耶鲁大学的留学德国的教授 324
YIVO Institute for Jewish Research(Vilna),犹太研究所(维尔纳) 759
You and Me(film),《你和我》(电影) 590
Youth Movement,"青年运动" 429

Z

Zadkine,Ossip,扎德金·奥西普 702
Zander,Michael,迈克尔·桑德尔 746
Zeiss,Carl Fridrich,卡尔·弗里德里

索 引

希·蔡司 365—366
Zeit, *Die* (newspaper),《时代报》490
Zeitgeist,时代精神 125,497
Zeitgenossen, *Die*（Moeller van den Bruck),《同一时代》617
Zeitschrift für Sozialwissenschaft (journal),《社会学杂志》726
Zemlinsky,Alexander von,亚历山大·冯·策姆林斯基 591
Zentralblatt für Mathematik und ihre Grenzbebiete (journal),《数学文摘》(杂志) 663
Zero (art group),"零族"（艺术团体) 811
Ziegler,Adolf,阿道夫·齐格勒 632,643
Ziegler,Wilhelm,威廉·齐格勒 656
Zimbalist,Efrem,埃弗雷姆·津巴利斯特 702
Zimmer,Ernst,恩斯特·齐默尔 292
Zimmermann,Bernd Alois,贝恩德·阿洛伊斯·齐默尔曼 810
Zinnemann,Fred,弗雷德·齐内曼 587,588,590

Zionism,犹太复国主义 499,608,609,682
Zivilisation versus Kultur,文明与文化 31,532,535—536,838
Zmarzlik,Hans-Günter,汉斯-君特·茨马尔茨利克 428
Zollverein,关税同盟 370,424
Zsigmondy,Richard,理查德·席格蒙迪 390
Zuckmayer,Carl,卡尔·楚克迈尔 513,586,592,738
"Zum ewigen Frieden"（Of Eternal peace)(Kant),"论永久和平"（康德) 199
Zur Geschichte und Literatur (periodical),《历史与文学》(期刊) 103
Zuse,Konrad,康拉德·楚泽 693
Zwanzigst Jahrhundert, *Das* (magazine),《20世纪》(杂志) 510—511
Zweig,Stefan,斯蒂芬·茨威格 49,490,641,700,746
Zwischen den Zeiten (journal),《时代之间》(杂志) 677

编辑说明

《德国天才》由我馆 2016 年首次出版中文版，于次年获第十二届文津图书奖。该书自出版以来，深受读者欢迎。本次特约北京交通大学软件学院副教授刘铎对于部分专业内容详加校订，予以再版。

本书各章节翻译工作具体分工如下：

前插页：张弢译
中文版序言：杜廷广译
导言：孟钟捷译
作者的话：张弢译
第一编：张弢译
第二编：张弢译
第三编：王志华译
第四编：王琼颖 孟钟捷译
第五编：王莹译
第六编：范丁梁译
结语：张弢译
附录：张弢译
索引：鲁大东 杜廷广整理翻译

在此向各位译校者谨表谢忱！

商务印书馆编辑部
2024 年 8 月

图书在版编目(CIP)数据

德国天才：近现代德意志的思想、科技和文化 / (英)彼得·沃森著；张弢等译. -- 北京：商务印书馆，2025. -- ISBN 978 - 7 - 100 - 25116 - 7

Ⅰ. G325.16

中国国家版本馆 CIP 数据核字第 2025X0Z364 号

权利保留，侵权必究。

德 国 天 才
近现代德意志的思想、科技和文化
（上下册）

〔英〕彼得·沃森 著
上册：张弢 孟钟捷 王志华 译
下册：王琼颖 王莹 范丁梁 孟钟捷 张弢 译

商 务 印 书 馆 出 版
（北京王府井大街 36 号 邮政编码 100710）
商 务 印 书 馆 发 行
北京盛通印刷股份有限公司印刷
ISBN 978 - 7 - 100 - 25116 - 7

2025 年 6 月第 1 版　　开本 880×1230　1/32
2025 年 6 月北京第 1 次印刷　印张 43⅛
定价：198.00 元